NANDO SACRI ROMANI IMP. MONARCHIS SEMPER AVGVSTIS ETC. DICAVIT CASPAR VOPELIVS.
EVROPÆ
PONTVS EVX NVS
MÆOTIS
PALVS
TARTARIA
SCYTHIÆ
GOTHIA
LITVANIA
TVR
ASIA
HADRIA
TICVM
TERRA
NEVM
Mittellendig Meer
AEGEVM
MARE
MARE RVBRVM
SINVS ARA PARS
BICI PARS
Tripolitana
SYRTIS MAGNA
CYRENES
Libya deserta
ARMENIÆ
COMANIA
GEORGIANI

EUROPA

Jean-Baptiste Duroselle

EUROPA

Eine Geschichte seiner Völker

Mit einer Einführung
von Karl Dietrich Erdmann †

Wissenschaftliche Beratung:
Juan Antonio Sánchez García-Sauco,
Sergio Romano, Keith Robbins,
Karl Dietrich Erdmann †

Das Werk beruht auf einer Initiative
von Frederic Delouche

Bertelsmann Lexikon Verlag

Die Übersetzung aus dem Französischen haben besorgt:
Horst Berger (Kapitel 1 bis 15), Carina von Enzenberg und
Hartmut Zahn (Kapitel 16 bis Nachwort)

Autor der Karten: Eckart Schwalm

Chefredakteurin: Margarete Schwind
Redaktion: Dieter Lang
Redaktionelle Mitarbeit: José Barth und Sibylle Auer
Bilddokumentation: Elisabeth Lezius, Max Oberdorfer
Buchgestaltung, Produktion und Schutzumschlag: Wolfgang Mudrak
Kartenzeichnungen: Kartographisches Institut, Gütersloh

Der Band enthält 565 Abbildungen und 43 Karten

Frontispiz: Athen, die Geburtsstätte der europäischen Demokratie – Blick vom Areopag, wo einst der Gerichtshof seinen Sitz hatte, auf die Akropolis. Foto Erich Lessing. Über Rom vor allem gelangte das griechisch-hellenistische Erbe nach Westeuropa. In Byzanz, dem zweiten Rom, blieb die antike Zivilisation bis 1453 lebendig.

Vor- und Hintersatz: Europakarte von Caspar Vopelius Medebach aus «Europae primae et potissimae tertiae terrae partis recens descriptio», Antwerpen 1572. Kolorierter Holzschnitt, Herzog August Bibliothek Wolfenbüttel.

Umschlagbild: «Markt in Antwerpen.» Gemälde eines unbekannten Meisters, Ende 16. Jahrhundert. Musées Royaux des Beaux-Arts de Belgique, Brüssel.

Satz: Filmsatz Schröter GmbH, München
Reproduktion: Brennerstudio, München
Druck und Bindung: Mohndruck Graphische Betriebe GmbH, Gütersloh
Printed in Germany · ISBN 3-570-03748-7

Dank

Mit diesem Werk geht ein Wunsch in Erfüllung, den ich jahrelang gehegt habe. Eine einfache und zugleich großartige Idee wurde Wirklichkeit: ein Buch über die Geschichte Europas, geschrieben aus gesamteuropäischer Sicht, eine Geschichte unseres Kontinents, die gleichzeitig in möglichst vielen europäischen Sprachen erscheint.

Als Initiator des Unternehmens möchte ich das Erscheinen des Buchs nutzen, meine Dankbarkeit gegenüber all denen zum Ausdruck zu bringen, die an seinem Gelingen mitwirkten.

Jean-Baptiste Duroselles Begeisterung und Wissen haben das Werk erst möglich gemacht. Dem Autor möchte ich dafür meinen tiefsten Dank aussprechen. Der Bertelsmann Lexikon Verlag ermöglichte die Umsetzung der Idee in die Wirklichkeit. Danken möchte ich dem Leiter des Verlags, Dr. Günther Hadding, und der Chefredakteurin Margarete Schwind sowie dem Herstellungsleiter Wolfgang Mudrak. Er koordinierte die Arbeit an den acht nationalen Ausgaben des Werks und gab dem Buch seine Gestalt. Besonderer Dank gilt Dieter Lang, der Textredaktion und Bildauswahl besorgte. Ich danke ebenfalls allen übrigen Verlagen und Verlegern für ihre Mitarbeit an dem Projekt: François de Vivie und Thérèse-Marie Mahé von der Librairie Académique Perrin, Paris; Karsten Diettrich von France Loisirs, Paris; Tony Lacey und Judith Flanders von Penguin Books, London; Emiliano Martinez und Mauricio Santos von Aguilar El Pais, Madrid; Mario Andreose und Carla Tanzi von Fabbri Bompiani, Mailand; Ib Askholm von Lademann, Kopenhagen; Liesbeth de Vries von Kosmos, Utrecht; Manfred Grebe vom Circulo de Leitores; Nelson de Matos von Publicações Dom Quixote, Lissabon.

Für ihre unschätzbare Mithilfe in Form von Anregung und Kritik sei den Historikern Professor Karl Dietrich Erdmann (Kiel), Professor Keith Robbins (Glasgow), Botschafter Sergio Romano (Rom), Professor Juan Antonio Sánchez García-Sauco (Madrid) besonders herzlich gedankt.

Vor allem danke ich meiner Frau für ihren unerschütterlichen Beistand in Zeiten, in denen es schien, als hätte das Unternehmen nicht genügend Wind in den Segeln oder wäre in einen Sturm geraten.

Dank schulde ich auch den Mitgliedern der Europäischen Kommission. Sie gaben mir Einblicke in die Entwicklung des modernen Europa und zeigten Interesse an unserem Unternehmen. Es wird unweigerlich Kontroversen heraufbeschwören, dadurch aber, so hoffe ich, die Europäer auf irgendeine Weise anregen, über ihre gemeinsame Zukunft nachzudenken.

Paris, im Mai 1990 *Frederic Delouche*

Einführung

Es ist eine alte Erkenntnis, daß die Weltgeschichte alle fünfzig Jahre neu geschrieben werden muß. Auch die kritische, auf objektive Aussage gerichtete Geschichtsforschung, der es – mit Ranke – darauf ankommt, zu ergründen, «wie es wirklich gewesen», weiß zugleich von dem subjektiven Moment der raum-zeitlichen Perspektivität der Geschichte. Ein Gebirgszug präsentiert sich dem Auge des Betrachters in verschiedenen Konturen, je nachdem aus welcher Himmelsrichtung und ob er aus der Nähe oder der Ferne betrachtet wird. So sind auch in dieser hier vorliegenden, wissenschaftlich fundierten Darstellung der Geschichte Europas ein objektives und ein subjektives Moment notwendig miteinander verbunden. Beides widerspricht sich nicht, sondern bedingt einander.

Professor Jean-Baptiste Duroselle, seit 1975 Mitglied der Académie des sciences morales et politiques und 1985/86 Präsident des Institut de France, ist der führende Repräsentant der französischen Schule moderner politischer Geschichtsschreibung. Seine beiden letzten großen Veröffentlichungen zeigen die Breite seines Zugangs. Einer monumentalen Clemenceau-Biographie, die dem Gang der Ereignisse in einer dichten Geschichtserzählung nachgeht, steht eine Schrift mit dem proklamatorischen Titel gegenüber: *Jedes Reich wird zugrundegehen*. Auf hoher struktur-, geistes- und ereignisgeschichtlicher Ebene stellt sie auf vergleichender Grundlage eine aus historisch-politischer Erfahrung gewonnene Synthese dar unter der strengen Disziplin einer die empirische Stoffülle gliedernden Fragestellung.

Eine straff und folgerichtig durchgehaltene Frage bestimmt auch die Konturen der hier vorgelegten europäischen Geschichte. Sie lautet: Was läßt sich in den aufeinanderfolgenden Zeitabschnitten jeweils für die verschiedenen Länder und Völker als etwas gemeinsam Europäisches ausmachen? Es geht also nicht um das Aneinanderreihen oder Ineinanderfügen verschiedener Nationalgeschichten. Nicht das individuell Besondere, nicht das, worin sich die Völker Europas voneinander unterscheiden, ist der Gegenstand des Interesses, und schon gar nicht das Aufstellen einer europäischen Rangliste. Das mag manchen Nationalisten kleiner und großer, alter und neuerer Völker gegen den Strich gehen, die den Namen der eigenen Nation gerne ganz oben auf der Rangliste der europäischen Ursprungs- und Mustervölker sähen.

Der Text, wie er jetzt nach manchen Beratungen in einem kleinen internationalen Kollegenkreise vorliegt, zeigt natürlich, daß sein Verfasser ein Franzose ist und daß ihm zur Illustration seiner Europathesen Beispiele aus der nationalen Geschichte Frankreichs am nächsten zur Hand sind. Aber wie könnte das anders sein! Entscheidend und überzeugend ist, daß es Duroselle vermocht hat, in der Abfolge der Kapitel von der Steinzeit bis zur gegenwärtigen Revolution in Mitteleuropa die europäische Perspektive konsequent durchzuhalten.

Das Buch verdankt seine Entstehung einer politischen Wertentscheidung, in der der Wissenschaftler Duroselle und der viel gereiste, in allen Hauptsprachen Europas sich frei bewegende anglofranzösische Geschäftsmann Frederic Delouche einander begegneten: Wenn das Werk der Einigung Europas gelingen soll, dann nur, wenn es im Wissen und Willen der Europäer verankert wird, wenn sich ein europäisches Identitätsbewußtsein entwickelt, das die Nationen übergreifend verbindet. Darum der von Frederic Delouche vorangetriebene Gedanke, einer Geschichte Europas zur Darstellung zu verhelfen, die gleichzeitig in mehreren Sprachen erscheint.

Unterstützt werden mußte dies durch die eingängige Sprache der Bilder, der gleichen Veranschaulichung Europas in den einzelnen nationalsprachlichen Ausgaben. Hier kamen die reichen Erfahrungen des Bertelsmann Lexikon Verlags dem Vorhaben zugute.

Wie weit reicht Europa? Welche inhaltliche Wertvorstellung verbindet sich mit diesem Wort? Beide Fragen hängen eng miteinander zusammen.

Umstritten war und ist die Subsumierung Rußlands unter den Begriff Europa. Geographisch zu Europa gehörend, hat es historisch eine Entwicklung genommen, die es auf einen von Europa abgezweigten Sonderweg geführt hat. Die Spaltung der Kirche im Mittelalter in eine orthodoxe und lateinische Christenheit, die Entwicklung eines Cäsaropapismus mit dem Zaren als Oberhaupt, das Fehlen gestufter Zwischengewalten, wie sie in dem feudalen und ständischen Sozialgefüge des Mittelalters vorliegen, und das Fehlen eines eigengewachsenen kräftigen Bürgertums ließen Rußland als ein fremdartiges Gebilde erscheinen – unbeschadet der Rolle, die es in dem machtpolitischen Ringen der europäischen Mächte spielte. So war für Ranke die Geschichte Europas die Geschichte der romanisch-germanischen Völker. Aber zugleich war für ihn das Aufsteigen

Rußlands als einer der Mitspieler in der europäischen Pentarchie der Mächte eines der großen Themen der europäischen Geschichte. Im 19. und 20. Jahrhundert entwickelte sich in Rußland ein Schrifttum höchsten Ranges, das nachhaltig auf Philosophie, Theologie und Literatur in West- und Mitteleuropa, nicht zuletzt in Deutschland, einwirkte.

Politisch steigerte sich das Gewicht Rußlands in Europa im 20. Jahrhundert durch Revolution und Krieg zu einer hegemonialen Vormachtstellung, in deren Herrschaftsbereich die Länder des Baltikums, Ostmitteleuropas und große Teile Südosteuropas einbezogen wurden. Die Expansion der Sowjetunion nach Westen erhielt dadurch ihre besondere Brisanz, daß die missionarische Ideologie, auf die sie sich stützte, ihre Wurzeln im westeuropäischen Denken, besonders in französischer Aufklärung und deutschem Marxismus hatte. Die kommunistische Ideologie hat nach dem Kriege auf Teile der europäischen Bevölkerung eine große Faszination ausgeübt. Versprach sie doch nach dem Kollaps Europas in dem Trümmerfeld, das Faschismus, Nationalsozialismus und Krieg hinterlassen hatten, den nach Orientierung suchenden Menschen zuverlässige Auskunft zu geben über das Woher und Wohin und den Sinn der geschichtlichen Entwicklung. Die geistige Auseinandersetzung Europas mit dem Kommunismus ist also eine Auseinandersetzung Europas mit sich selbst. Hinter den Marxismus zurückfragend, richtet sich der Blick auf die Ambivalenz der Französischen Revolution. Diese steht mit ihrer Erklärung der Menschen- und Bürgerrechte in der glorreichen Tradition der westlichen Freiheitsrevolutionen: 1689 England, 1776 Amerika, 1789 Frankreich. Zugleich ist damals aber auch in dem Überwachungs- und Terrorsystem der Jakobiner der Prototyp eines Totalitarismus in Erscheinung getreten, dessen argumentative Grundlagen in der Sozialphilosophie des bis zu Lenin hin einflußreichen Jean-Jacques Rousseau zu suchen sind. Es gehört zu den starken Eindrücken der von Duroselle erzählten Geschichte, zu sehen, wie im Lauf der Jahrhunderte aus den zwiespältigen Erfahrungen der Europäer mit sich selbst in einem langen, schmerzhaften Prozeß unter vielen Rückschlägen schließlich jene Grundsätze für eine freiheitliche und soziale Rechtsordnung erwuchsen, die nunmehr im Westen allgemein anerkannt sind und die die Richtwerte darstellen für das Europa, das wir meinen.

Das Buch ist konzipiert und geschrieben worden in jener zweiten Hälfte der 80er Jahre, als die Europäische Gemeinschaft, auf der die Hoffnung Europas ruht, sich anschickte, über die Erfolge ihrer wirtschaftlichen Zusammenarbeit hinaus das höhere Ziel einer künftigen politischen Union der freien Staaten Westeuropas ins Auge zu fassen.

Dann geschah das unerwartete Ereignis der Revolution in Ostmitteleuropa. Man darf ihr, obwohl ihre letzten Konsequenzen für Europa noch nicht abzusehen sind, getrost eine epochale Bedeutung zuschreiben. Vollziehen sich hier doch vor unseren Augen zum erstenmal in der blutigen Geschichte der europäischen Revolutionen und Kriege der Sturz von Gewaltherrschaft und eine radikale Gewichtsverlagerung im System der Mächte auf unblutige Weise. Deutschland ist durch das Niederbrechen der die Nation und Europa zertrennenden Mauer und Grenzsperren an diesem Vorgang in besonderer Weise beteiligt und von ihm betroffen. Die Wiedervereinigung Deutschlands wird zum Vehikel für die Zusammenführung des europäischen Westens mit dem Osten. Europa steht an einem Wendepunkt. Die Geschichte des historischen Europa, wie sie Duroselle erzählt, führt bis an diesen Wendepunkt heran. Das Buch gibt dem, der wie sein Verfasser skeptisch, aber nicht ohne Zuversicht die Gefährdungen und die Chancen eines möglichen künftigen veränderten Europa bilanziert, einen festen Ausgangspunkt für sein Urteil.

Kiel, am 22. Juni 1990 *Karl Dietrich Erdmann †*

1 Europa – was ist das?

Geographische Besonderheiten

Von allen Kontinenten läßt sich Europa am wenigsten einer geometrischen Form zuordnen. Australien etwa bildet ein weitgestrecktes Rechteck; Amerika setzt sich aus zwei Dreiecken zusammen, die durch eine Art Gürtel miteinander verbunden sind; Afrika erscheint wie ein um den Golf von Guinea gekrümmtes Massiv, und Asien ähnelt wiederum einem Rechteck. Gewiß, auch Asien, das im Westen in andere Erdteile übergeht, hat unförmige Umrisse: die drei großen Halbinseln Arabien, Indien und Indochina im Süden und mehrere Inselketten im Osten, von den Kurilen über Japan bis zu den Philippinen und nach Indonesien.

Die asymmetrische Form. Doch wie unförmig erscheint erst Europa! Es ist massig im Osten, wo es an Asien grenzt, und immer feingliedriger nach Westen zu – wenn man will, ein Dreieck mit einer künstlich gezogenen Grundlinie, dem Uralgebirge und dem Uralfluß in Rußland, und immer bizarreren Formen, je weiter man sich dem Atlantik nähert.

Im Süden verläuft die Grenze Europas entlang einer West-Ost-Achse durch das Mittelmeer, ein gleichsam «kontinentales» Meer, das bei Gibraltar nur durch eine Meerenge mit dem Atlantik verbunden ist. Aus drei Halbinseln setzt sich Europas Südküste zusammen. Halbinseln, die so verschieden sind, wie es sich nur denken läßt: das spanisch-portugiesische Quadrat, der italienische «Stiefel» und die gekrümmten «Finger» des griechischen Peleponnes.

Im Norden senkt sich ein anderes, wesentlich kleineres Meer in die Landmasse des Erdteils, die Ostsee. Der Zugang durch den Öresund, den großen und kleinen Belt ist nicht einfach zu finden – er verläuft zwischen der nach Süden ausgreifenden norwegisch-schwedischen Halbinsel und Dänemark, das sich mit Jütland und den ausgefransten Küsten eines vorgelagerten Archipels nach Norden erstreckt. Im Gegensatz zum Mittelmeer ist die Ostsee ein «europäisches Binnenmeer» mit Schweden und Finnland an der Nordküste, Deutschland, Polen und den baltischen Ländern am südlichen Rand.

Zieht man von der russisch-norwegischen Grenze eine Linie nach Cadiz im äußersten Süden Spaniens, dann fällt auf, daß es zu beiden Seiten Halbinseln, Inseln und einen Festlandsockel gibt. Dessen Mitte nimmt Deutschland ein, ein Land, das nach dem Zweiten Weltkrieg willkürlich geteilt wurde.

Die geographische Form der einzelnen Länder Europas ist völlig verschieden. Lediglich die Iberische Halbinsel, die einem Quadrat gleicht, und Frankreich mit seinem berühmten «Sechseck» haben so etwas wie eine geometrische Gestalt.

In der gemäßigten Zone. Das westliche Europa gehört mit Ausnahme des hohen Nordens zu den gemäßigten Breiten. Der 45. Breitengrad teilt die nördliche Halbkugel in zwei etwa gleich große Hälften. Im Verhältnis zu ihm ist Westeuropa ein wenig verschoben, das heißt, ein Drittel von Frankreich, beinahe ganz Italien, Spanien und Portugal befinden sich im Süden, alle übrigen Länder im Norden. Dennoch kommt uns der 50. Breitengrad bedeutsamer vor. Er verläuft im Süden Englands und verweist das flämische Belgien, die Niederlande, den größten Teil Deutschlands und die skandinavischen Länder in den Norden. Vor allem aber trennt er im westlichen Europa die Menschen des Nordens von jenen des Südens. Diese Völker sind kulturell deutlich voneinander unterschieden.

Ein Mosaik von Landschaften. Hunderte von Kilometern kann man in den Ebenen der Vereinigten Staaten zurücklegen, man kann die Wälder Rußlands durchqueren, die Weiten der Ukraine und die

1 *«Europa» taucht zum ersten Mal bei den Griechen auf: In Gestalt eines Stiers entführte Zeus die Tochter des Phönizierkönigs nach Kreta. Wandfresko aus Pompeji.*

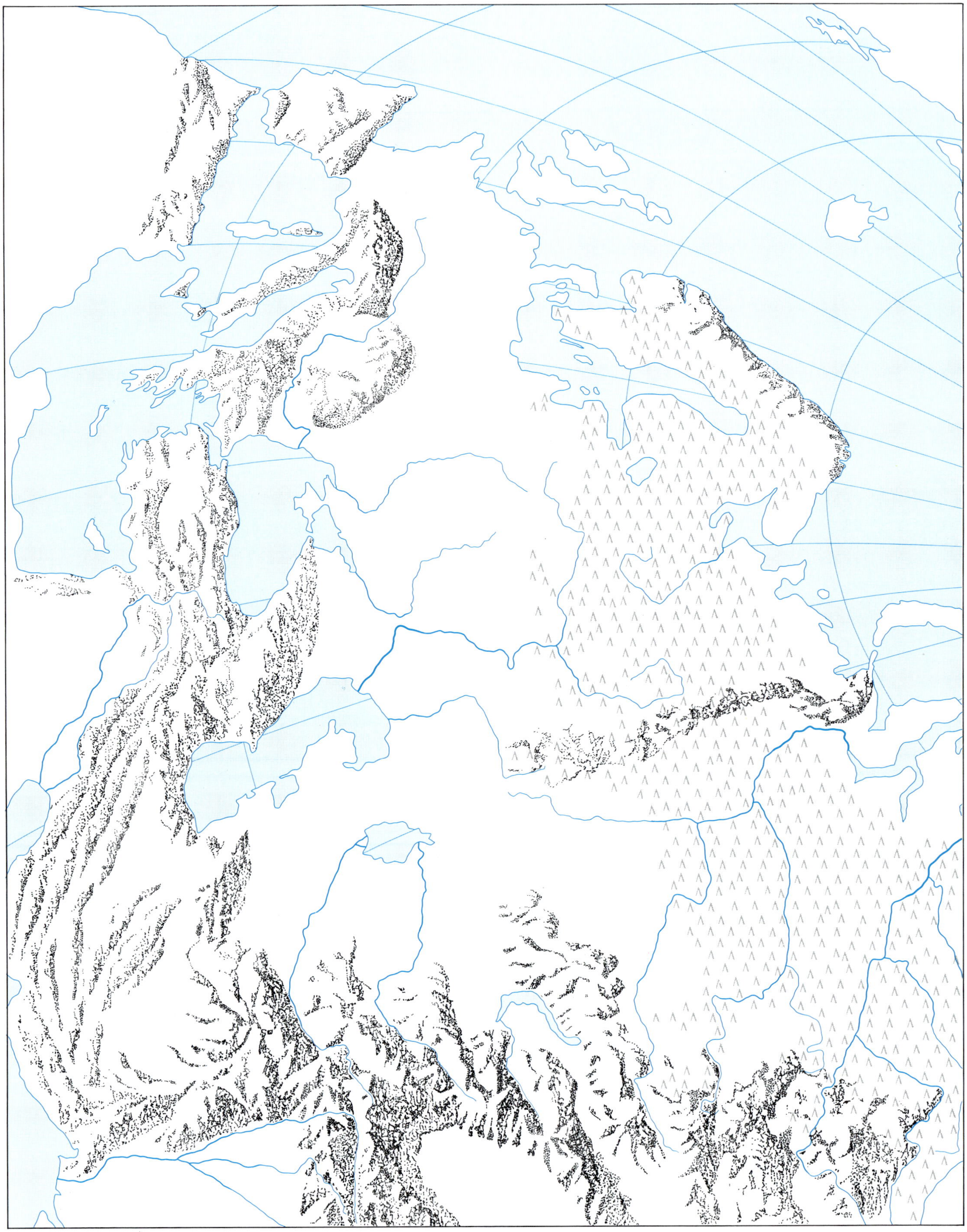

unendlichen Regenwälder am Amazonas und in Äquatorialafrika, die Wüstengebiete der Subtropen, die Gebirge Zentralasiens oder die Anden in Südamerika – und die jeweilige Landschaft ändert sich kaum. Im westlichen Europa hingegen genügt es, auch nur hundert Kilometer weit zu reisen, und schon wechselt die Landschaft ihren Charakter. Sie gleicht einem wahren Museum der Geologie: Man betrachte nur die Schichten des Urgebirgs, ob in Schottland oder in Skandinavien, in Frankreich oder in Deutschland. Oder man denke an die «jüngeren» Gesteinsschichten etwa der Pyrenäen oder der Alpen, an die Grabenbrüche des Rhône- oder des Rheintals, an die weiträumigen Sedimentbecken und die Kalkhochflächen, an die Gebirge, die Küsten oder die Wälder und an die Vulkane, von denen in Süditalien noch einige tätig sind. Die Iberische Halbinsel ist für diese überwältigende Vielfalt das beste Beispiel – «die Negation jedweder Eintönigkeit».

Das ausgeglichene Klima. Die verschiedenen Breiten Europas bedingen tiefgreifende Unterschiede in der Vegetation. Allein der Golfstrom, eine warme Meeresströmung an der Westküste des Kontinents bis hinauf nach Nordnorwegen, verstärkt die Gegensätze.

Das milde, regenreiche Atlantikklima mit dem Hauptniederschlag im Winter; das rauhere Festlandsklima mit dem Hauptniederschlag im Sommer; das im Sommer trockene, in den Übergangszeiten regnerische Mittelmeerklima; das fast polare Klima im hohen Norden – all dies ergibt eine buntscheckige Fauna und Flora, ein Gefüge, das in ähnlich kleinen Räumen einzigartig ist. Doch fehlt dem westlichen Europa das Klima der Subtropen. So können seine Landwirte weder Datteln noch Kaffee, Baumwolle, Tee oder Kakao anpflanzen. Dagegen ist Europa für die Viehzucht eine der geeignetsten Regionen der Welt.

Zusammenfassung. Man darf wohl versuchen, grundlegende Schlüsse zu ziehen, die den Einfluß der Geograpie auf den Menschen verdeutlichen, ohne sich auf einen «Determinismus» festlegen zu müssen. Denn der menschliche Geist findet tausend Möglichkeiten der Anpassung an die Gegebenheiten der Natur.

2

3

4

5

Europäische Landschaften: **2** *die Drei Zinnen in den Dolomiten;* **3** *Glen Shee in Schottland;* **4** *Waldtundra in Nordfinnland;* **5** *die Sierra de los Filabres in Spanien.*

Karte 1: *Die geographische Gestalt Europas, einer Halbinsel Asiens – zerklüftete Küsten, ein Mosaik von Landschaften.*

6

7

8

9

1. Die Länge der zerklüfteten Küsten und ihre zahlreichen Naturhäfen bestärken die Annahme, daß die Europäer die Chance hatten, ausgezeichnete Seefahrer, Fernkaufleute und Forschungsreisende zu werden. Man denke hierbei besonders an die Griechen, die Wikinger, die Italiener, die Deutschen zur Zeit der Hanse, die Portugiesen, die Spanier, die Holländer und die Engländer.

2. Vom gemäßigten Klima, das noch durch den Golfstrom gemildert wird, profitiert auch die Landwirtschaft. Darüber hinaus ist für den Getreideanbau ein bräunlicher und äußerst fruchtbarer Boden von Vorteil, der Löß, den kräftige Winde auf zahlreiche Ebenen Westeuropas geweht haben. Winde, die den Moränenstaub der Eiszeitgletscher abtrugen.

Das einzige Gebiet in Europa, das kein gemäßigtes Klima kennt, ist der hohe Norden. Er ist daher dünn besiedelt und wurde ursprünglich nur von den Lappen mit ihren Rentieren bewohnt. Das Land ist indes reich an Eisenerz und Wasserkraft.

3. Aus dem Mosaik kleiner Länder entsteht die Vorstellung stark variierender Ressourcen, die Jahrtausende hindurch die Phantasie der Menschen angeregt haben. Die Siedlungen, Ackerbaugeräte und häuslichen Gebrauchsgegenstände lassen die Hypothese zu, daß der schöpferische Geist der Europäer durch die Zersplitterung des Kontinents geradezu beflügelt wurde.

Die Westgrenze Europas bildet das Meer. Was aber läßt sich von seiner Ostgrenze sagen? Man ist versucht, sie mangels einer «natürlichen Grenze» willkürlich oder nach historischer Überlieferung festzulegen. Heute hat man sich für das Uralgebirge entschieden, das 2900 Kilometer in Nord-Süd-Richtung verläuft, für den Mittel- und Unterlauf des Urals, der ins Kaspische Meer mündet, für das Kaspische Meer selbst, den Kamm des Kaukasus, das Schwarze Meer und schließlich den Bosporus und die Dardanellen. Europa vom Atlantik bis zum Ural ist eine geographische Formel. Unter anderen benutzte sie der französische Staatspräsident de Gaulle, ohne allerdings jemals zu erläutern, welchen politischen Sinn er ihr beimaß.

Auf jeden Fall kann die Teilung Europas, wie sie 1945 vollzogen wurde, nur als eine Fehlentscheidung betrachtet werden. Doch ehe wir eine notwendigerweise unvollkommene Lösung dieser Frage vorschlagen, wollen wir einen Blick auf die ganze europäische Geschichte werfen.

6 *Der Rhein bei Kaub mit Burg Gutenfels, Deutschland;* **7** *Dünen an der Nordseeküste;* **8** *die Steilküste der Algarve, Portugal;* **9** *Rauchfahne über dem Ätna, Sizilien.*

Völker und Sprachen

Die Menschen Westeuropas bilden keine rassische Einheit; der Übergang zu Mitteleuropa ist praktisch kaum wahrnehmbar.

Die Vielzahl der Völker. Es geht hier nicht um Anthropologie, also um eine Wissenschaft mit immer noch unsicheren Antworten. Die Kennzeichen des menschlichen Körpers, die Farbe der Haut, der Augen, der Haare, der Körperwuchs und die Schädelform sind uns für zurückliegende Epochen ja nur insoweit bekannt, als wir Abbildungen oder Beschreibungen besitzen. Und von den Menschen der Vorgeschichte sind oft nur spärliche Knochenreste erhalten geblieben. Schon aus diesem Grund wissen wir vom Jungpaläolithikum, der Zeit von 35000 bis etwa 6000 v. Chr., sehr wenig.

Menschen verschiedener Art haben sich in Europa niedergelassen. Sie haben sich vermischt, manchmal auch einander bitter bekämpft. Zahlreiche, vielschichtige Invasionen und Wanderungen hat es gegeben. Eine Reihe von Fragen taucht hierzu auf. Sind die Eindringlinge mit der Masse der unterworfenen Völker gleichsam verschmolzen? Haben sie diese beherrscht, oder sind die Eindringlinge von den Unterworfenen aufgesogen worden? Geschahen die Wanderungen allmählich oder plötzlich?

Die Frage der Wanderungen ist wichtig, wenn man das Werden Europas recht verstehen will. Begnügen wir uns zunächst mit dem Hinweis, daß man in den Dolmen-Gräbern zwei Schädeltypen gefunden hat: die Langschädel und die Rundschädel. Ein Beweis dafür, daß seit jener Zeit das westliche Europa schon von verschiedenen Rassen besiedelt war.

Die Weißen. Sicher ist nur, daß Westeuropa zum Siedlungsgebiet der weißen Rasse gehört. Vom Einfall der Hunnen und der Mongolen war es kaum berührt worden. Erst seit Ende des Zweiten Weltkriegs siedelten sich Schwarzafrikaner und Asiaten an – eine neue Form der Einwanderung.

Man unterscheidet drei große Gruppen von Menschen der weißen Rasse: a) im Norden eine mittellangschädlige, blonde, die sogenannte nordische Rasse; b) in der Mitte und im Osten eine kurzschädlige,

Menschen in Europa: **10** *Island;* **11** *Friesland;* **12** *Schweden;* **13** *England;* **14** *Flandern;* **15** *Frankreich;* **16** *Österreich;* **17** *Rumänien;* **18** *Polen;* **19** *Italien;* **20** *Kreta;* **21** *Spanien.*

10

11

12

13

14

15

16

17

18

19

20

21

blonde, dazu vier dunkelhaarige Rassen: die alpine, dinarische, anatolische und turanische; c) im Süden eine langschädlige, dunkelhaarige Rasse, unterteilt in die mediterrane, die südorientalische und die indoafghanische. Eine letzte Rasse in Ostasien muß noch hinzugefügt werden: die Ainu.

Die Folgen der Rassenmischung. Aus dieser Übersicht, die uns über Jahrtausende hinweg ein Völkergemisch vor Augen führt, können wir zwei Schlüsse ziehen:
1. Die Theorien, die seit dem 18. Jahrhundert in Umlauf sind, wonach der Adel als eine Rasse von Eroberern und das Volk als eine Rasse von Unterworfenen erscheint, entbehren jeder Grundlage.
2. Ähnlich absurd und noch gefährlicher ist die Annahme, es gäbe eine Rangordnung zwischen «niederen» und «höheren» Rassen. Derartige Thesen findet man zum Beispiel bei Joseph-Arthur Graf von Gobineau, Vacher de Lapouge und Houston Stewart Chamberlain. Ernstzunehmende Anthropologen hingegen gehen davon aus, daß die Rassen bei aller Verschiedenheit gleichwertig sind. Wenn eine Theorie wie die der Überlegenheit einer Rasse von einem gerissenen und skrupellosen Politiker wie Hitler übernommen wird, führt dies zu unheilvollen Konsequenzen: zur Eroberung von «Lebensraum» auf Kosten der «minderwertigen» Rassen, zu Rassenzüchtung und Rassenvernichtung.

Die Indoeuropäer. Alle Westeuropäer sprechen Sprachen, die zur großen «indoeuropäischen» Sprachfamilie gehören – mit Ausnahme der Basken im Norden Spaniens und im französischen Departement Basses-Pyrénées. Sprachwissenschaftler und Archäologen sind sich noch nicht über die Ursprünge der baskischen Sprache einig – der ältesten in Europa. Andere Sprachen haben überhaupt keine Verbindung zum Indoeuropäischen: so das Finnische, das von 90 Prozent der Bewohner Finnlands gesprochen wird, das Estnische und das Ungarische. Die Indoeuropäer stammen wahrscheinlich aus dem heutigen Iran und den benachbarten Regionen. Nur ein Zweig der Indoeuropäer gelangte in das westliche Europa: die Kelten zusammen mit den Italikern.

Die Kelten. Einige Völkerschaften unter den Kelten wie die Goidel kamen bis nach Irland. Andere wiederum, die Britonen, besiedelten Großbritannien und die Küstengebiete um den Kanal. Zugleich eroberten sie beinahe das gesamte heutige Deutschland. Keltische Gruppen zogen auch nach Spanien: Gallier, die sich mit den Iberern mischten. Später unterwarfen sich die Gallier die Poebene, und wieder andere, die Galater, siedelten sich in Anatolien an. Östlich des Rheins mischten sich die Kelten mit den Germanen, die aus dem Norden eingewandert waren.

Die Römer. Die Italiker waren zunächst die Vorfahren der Latiner, die Rom gründeten, dann der Umbrier. Die Macht der Römer führte dazu, daß alle Länder, die von ihnen erobert wurden – Gallien, Südengland, Spanien und Portugal –, ihre keltische Sprache zugunsten des Lateins aufgeben mußten. Daraus entwickelten sich im westlichen Europa vier große romanische Sprachen: das Italienische, das Portugiesische, das Spanische und das Französische, denen noch weitere Sprachen wie zum Beispiel das Katalanische oder das Provenzalische hinzugefügt werden müssen.

Die Germanen. Mit der Invasion der Angeln und Sachsen vor allem seit dem 2. Jahrhundert n. Chr. gingen auf den Britischen Inseln die lateinische und die keltische Sprache unter. Das Keltische lebt indes heute noch in mehreren irischen Dialekten weiter, so im Gälischen Schottlands, im Dialekt der Insel Man oder im Walisischen.
Die heutige Sprachsituation in Europa, die bereits im 9. Jahrhundert weitgehend gefestigt war, kann somit wie folgt zusammengefaßt werden: Die Länder des Nordens gehören mit Ausnahme Finnlands zur germanischen Sprachwelt: so Island, Dänemark, Norwegen, Schweden, England, Holland, Deutschland, Österreich und die deutsche Schweiz. Die Iren versuchen, wieder ein Land der keltischen Sprache zu werden, während die gesprochene Sprache noch immer das Englische ist. In Belgien spricht etwas mehr als die Hälfte der Bewohner Flämisch, das heißt, Holländisch. Die Länder des Südens gehören mit Ausnahme des Baskenlands und Griechenlands zur romanischen Sprachgruppe: Portugal, Spanien, Frankreich, das wallonische Belgien, die romanische und französische Schweiz sowie Italien. Wie die Sprachgrenze, so folgt auch die religiöse Trennlinie ungefähr dem 50. Breitengrad: Die Länder des Nordens sind mit Ausnahme von Irland, dem flämischen Belgien und Polen überwiegend protestantisch, die Länder des Südens hingegen überwiegend katholisch.

Amerika. Geographische Namen sind oft zufällig und ohne eigentliche Bedeutung, so zum Beispiel Amerika. Man hat diesem

22

23

gewaltigen Kontinent einen Namen gegeben, der dem Vornamen eines europäischen Seefahrers entnommen wurde: des Amerigo Vespucci aus Florenz. 1451 geboren, im gleichen Jahr wie Christoph Kolumbus, behauptete Vespucci, als erster auf dem Kontinent gelandet zu sein und als erster einen Bericht über seine Reisen angefertigt zu haben (1507). Das machte ihn berühmt, so daß man der Neuen Welt seinen Vornamen gab, obgleich nicht wenige Zeitgenossen in Vespucci einen Hochstapler sahen.
Wie auch immer: Amerika heißt so, weil die Eltern des Vespucci den Vornamen Amerigo für ihren Sohn gewählt hatten

24

Altgriechische Darstellungen des Raubs der Europa: **22** *auf einer Metope des Tempels Y in Selinunt (Sizilien) um 590 v. Chr. und* **24** *auf einer Vase (aus der Sammlung in der Villa Giulia, Rom). – Für den Historiker Herodot* **23** *(römische Kopie einer griechischen Herme aus dem 4. Jahrhundert v. Chr.) war Europa bereits der Name eines Erdteils.*

und weil dieser sich gut zu «verkaufen» verstand. Auch für Europa scheint bei der Namensgebung mehr der Zufall als die Logik gewaltet zu haben.

Die Halbgöttin Europa. Das Wort «Europa» taucht zwar zum ersten Mal im Griechischen auf. Aber es kommt noch nicht bei Homer vor, weder in der *Ilias* noch in der *Odyssee.*

Dem griechischen Dichter Hesiod zufolge (um 700 v. Chr.) war die Halbgöttin Europa entweder eine der zehntausend Töchter des Okeanos oder die Tochter Agenors, des Königs von Phönizien, und die Schwester des Kadmos. Sie war also eine Asiatin. Der Götterkönig Zeus verliebte sich in Europa und entführte sie, in Gestalt eines Stiers, nach Kreta. Von ihm bekam sie drei Söhne: Sarpedon, Rhadamanthys und Minos, der das berühmte «Labyrinth» auf Kreta baute und nach seinem Tod Richter in der Unterwelt war. Kadmos soll auf der Suche nach seiner Schwester bis nach Griechenland gelangt sein. Bei dieser Gelegenheit hat er, der Sage nach, den Griechen das Alphabet gebracht, eine Erfindung der Phönizier.

In diesem Mythos spiegelt sich zweifellos die Rivalität zwischen Griechenland und Troja wider. Die Stadt, berühmt geworden durch die Epen des Homer, lag in Kleinasien, unmittelbar südlich der Dardanellen. In beide Richtungen soll es eine ganze Reihe von Entführungen gegeben haben. So wurde Io, die Tochter des Inachos, Königs von Argos, von den Phöniziern entführt. Der Raub der Phönizierin Europa war eine Art Blutrache der Griechen, die sich auch der Medea bemächtigten. Als die drei Göttinnen Hera, Aphrodite und Athene den jungen Trojaner Paris zum Richter über ihre Schönheit gemacht hatten, gab er, ein Asiate, den Preis an Aphrodite. Als Belohnung erleichterte ihm die Göttin den Raub der schönen Helena, der Ehefrau des Menelaos, Königs von Sparta. Dies ging den Griechen zu weit. Sie begannen Troja zu belagern. Nach zehn Jahren eroberten sie die Stadt durch eine List. Athene half ihnen dabei, weil sie darüber verärgert war, daß Paris nicht sie zur Schönsten erkoren hatte.

Wie kommt es, daß ausgerechnet Europa unserem Erdteil den Namen gegeben hat? Zitieren wir den ersten wirklichen Historiker, den Griechen Herodot (um 490 bis 430 v. Chr.), der zahlreiche Reisen zu historischen Stätten unternahm und dabei eine außerordentliche geistige Neugier an den Tag legte. In dem Gedicht eines Zeitgenossen Hesiods, «Hymne an Apollon den Pythier», so fand Herodot, erschien gegen Ende des 8. Jahrhunderts v. Chr. Europa nicht mehr als Frauenname, sondern als geographische Bezeichnung. Der unbekannte Dichter erinnert darin an die Menschen, «die auf dem reichen Peloponnes leben, die Europa bevölkern und die meerumspülten Inseln». Mit «Europa» ist hier also der Norden des griechischen Festlands gemeint; der Peloponnes und die Inseln gehören nicht dazu. Zwischen dem 8. und dem 5. Jahrhundert erfuhr die Bezeichnung «Europa» eine Ausweitung. Die Griechen, sagt uns Herodot, «teilen die Erde in drei Zonen ein – Europa, Asien und Libyen (das heutige Afrika)». Europa erstreckt sich nun weit nach Norden, über die Donau hinaus bis in die Küstenregionen des Nordmeers, und reicht im Osten bis zum Don und zum Asowschen Meer. Dennoch handelt es sich hier um ein Europa, das nicht so umfassend ist, wie wir es zuvor abzugrenzen suchten.

Und noch einmal: warum gerade dieser Name Europa? Herodot schreibt dazu mit viel Humor: «Ich kann nicht erraten, warum die Erde, die doch eine Einheit bildet, drei Namen hat und diese von drei Frauen abgeleitet werden [...] und ich vermag auch nicht die Namen jener wiederzufinden, welche die Welt auf diese Weise geteilt haben. Es entzieht sich außerdem meiner Kenntnis, wo sie diese Bezeichnungen gefunden haben [...] Besonders merkwürdig ist, daß Europa von asiatischer Herkunft war und niemals in den Erdteil gekommen ist, den die Griechen jetzt Europa nennen [...]» Aber, schließt Herodot, «wir werden die überkommenen Namen aus Gewohnheit weiterverwenden».

Unsichere Etymologie. Die Herkunft des Wortes Europa liefert keine befriedigende Antwort. Am häufigsten wird es auf das griechische Eigenschaftswort *eurus* (weit) und das Hauptwort *ops* (Auge, Gesicht, Erscheinung) zurückgeführt. *Zeus euruopè* heißt «Zeus sieht weit». In der weiblichen Form bezeichnet das Wort eine Frau mit schönen Augen und schönem Gesicht. All das ist sicher schmeichelhaft, erklärt aber nichts.

Eine andere Hypothese lautet: Die Wörter «Asien» und «Europa» stammen vom Akkadischen ab, einer Sprache aus dem Zweistromland (Irak). Im Akkadischen bedeutet das Wort *asu* soviel wie »aufgehen« und *erebu* «untergehen». Der erste Begriff würde somit das Morgenland bezeichnen, wo die Sonne aufgeht, der zweite das Abendland, wo sie untergeht.

So läßt sich aufs ganze gesehen nur sagen, daß Europa seinen Namen einer Reihe historischer Zufälle verdankt, die ebenso wenig schlüssig sind wie die Tatsache, daß man Amerika nach Vespucci genannt hat.

Europa – ein Ergebnis der Geschichte

West-, Nord-, Mittel- und Südeuropa haben von altersher immer wieder Zeiten der Gemeinsamkeit gekannt.

Seit dem Neolithikum (etwa 4000-2000 v. Chr.) gibt es in weiten Teilen des westeuropäischen Vierecks die «Großen Steine», die Menhire und vor allem die Dol-

25

men. Die Errichtung solcher Grabstätten setzt voraus, daß die Menschen eine gemeinsame Vorstellung vom Tod, eine gemeinsame religiöse Überzeugung hatten, und auch eine Technik, die sie dazu befähigte, die riesigen Steinblöcke zu behauen, zu befördern und aufzurichten.

Weitere Beispiele für gemeinsame historische Phasen unterschiedlichen Typus und unterschiedlicher Intensität sind:

- die Epoche der Kelten vom 6. bis 1. Jahrhundert v. Chr.
- das Weströmische Reich im 4. Jahrhundert n. Chr.
- die Epoche der Germanen vom 5. bis 8. Jahrhundert
- das Reich Karls des Großen
- die westliche Christenheit
- die Zeit der gotischen Kathedralen vom 12. bis 15. Jahrhundert
- die Renaissance des 16. Jahrhunderts
- die Zeit der Vorherrschaft in Handel und Industrie, Wissenschaft und Technik.

Bei keinem dieser Beispiele kann man von vollständiger Gemeinsamkeit sprechen: so haben Irland, Skandinavien und das Deutschland östlich des Rheins nicht zum Herrschaftsbereich der Römer gehört. Die Skandinavier wurden weder von den Kelten noch von den Römern angegriffen, sie trieben aber mit beiden einen intensiven Handel, und Irland wurde nur begrenzt von den Germanen beeinflußt.

Gemeinsame Einflüsse. Das westliche Europa war derart vielen gemeinsamen Einflüssen ausgesetzt, daß man es zeitweise mit einem großen Schmelztiegel vergleichen kann. Wichtig sind in diesem Zusammenhang die Kelten, ein Volk, das sich wie kein zweites auf die Kunst des Ackerbaus verstand. Den Römern verdanken wir die Schrift, das Recht, die Verwaltung, das städtische Leben und das Verkehrswesen. Im ganzen Westen verbreiteten die Römer Kunst, Literatur, Mathematik, Astronomie und Philosophie der Griechen. Der Einfluß der Germanen machte sich geltend in der Ausübung von Herrschaft, in den Sitten, in der Wertschätzung der Frau, bei der Entwicklung der Metallurgie, im Militärwesen.

25 *Ursprünge Europas in der Antike: die Weltkarte des Ptolemäus (um 100-160 n. Chr.), gedruckt 1482 in Ulm bei Lienhart Holl.*
Karte 2: *Der Vielfalt der Landschaften entspricht die Vielzahl der Völker und Staaten – Europa heute.*

Und schließlich spielt der jüdisch-christliche Einfluß eine beherrschende Rolle, vor allem der des Papsttums. Der Bruch zwischen der römischen und der griechisch-orthodoxen Kirche (1054) gehört zu den fundamentalen Erscheinungen im Werden des Abendlands.

Unter all den westlichen Völkerschaften, die allgemeinen Einfluß ausübten, gab es indes auch einige, die gänzlich absorbiert wurden, so zum Beispiel die Wikinger. Sie wurden zu einem Gutteil Normannen. Andere wiederum haben sich überhaupt nicht anpassen können, wie etwa die Araber in Spanien.

Innere Widersprüche. Wir beabsichtigen nicht, all das herunterzuspielen, was gegen die Einheit des Kontinents spricht:

so vor allem die Verschiedenheit der Sprachen und Dialekte, die Spaltung der Kirche. In dieser Hinsicht besitzt jedes Land seinen eigenen Charakter.

Wir leugnen auch nicht die schier unaufhörlichen Kriege in Europa. Sie haben sich gerade in den Jahrhunderten entwickelt, als Europa dem Gipfel seiner Größe zustrebte – vom 16. bis ins 20. Jahrhundert. Die Eroberung von Kolonialreichen zu dieser Zeit war vielleicht eine Quelle des Reichtums, aber sie hat auch zur Entstehung des Nationalismus und seiner Ausuferung beigetragen. Die Kriege wurden immer mehr zu Schreckenstaten und erreichten ihren Höhepunkt im 20. Jahrhundert: die Kriege von 1914 bis 1918 und von 1939 bis 1945 führten dazu, daß Europa seine führende Rolle in der Welt verlor.

Die Wende von 1945. Für die Zeit nach dem Zweiten Weltkrieg läßt sich folgendes feststellen:

- Es hat in Europa keinen Krieg mehr gegeben. Und es ist anzunehmen, daß es auch künftig keinen mehr geben wird.
- Durch die Atomrüstung entstand ein «Gleichgewicht des Schreckens», Europa wurde durch einen «Eisernen Vorhang» geteilt.
- Zugleich begann der Zusammenbruch der europäischen Kolonialreiche.
- Das Ende der Kriege förderte die Demokratisierung in den westeuropäischen Ländern bis hin zur Abschaffung der Diktaturen in Portugal (1974) und in Spanien (1975).
- Mit dem Ende der Kriege ließ der Nationalismus in den Ländern Westeuropas erheblich nach. Es entwickelte sich ein «europäisches Denken«.

Der Geist der Solidarität. Ohne besonders optimistisch zu sein oder andere Völkergemeinschaften wie etwa die chinesische, sowjetrussische oder arabische herabzusetzen, kann man von den Europäern sagen, daß sie im Hinblick auf «Solidarität», «Gleichheit» und «Menschlichkeit» gewisse Fortschritte erzielt haben.

Man denke etwa an die Abschaffung der Sklaverei und der Leibeigenschaft, an die zunehmende Wertschätzung der Frau seit den Zeiten der «höfischen Liebe», an den Kampf gegen Ungerechtigkeit und gegen die Grausamkeit im Strafvollzug, an die Idee der Gewissensfreiheit, wie sie aus Reformation und Aufklärung erwuchs. Dann die «Erklärung der Menschenrechte» von 1789, die Idee der Freiheit und der Demokratie, das Ideal der Gerechtigkeit in all seinen Äußerungen, den christlichen und den sozialistischen. Selbstverständlich handelt es sich bei diesen Errungenschaften nicht um einen geradlinigen Fortschritt. Auch das westliche Europa kannte Zeiten des Rückschritts mit furchtbaren Greueltaten: Folter, Inquisition, Hexenverbrennungen, gewaltsame Vertreibungen, Terror, Ausbeutung der Arbeiterschaft, Völkermord, Rassismus.

Aufstieg und Niedergang. Europa hat noch immer eine Führungsposition inne, wenn auch nicht kulturell in Kunst und Literatur (wo Vergleiche immer schwierig sind), so doch im schöpferischen Potential seiner Intelligenz. Über mehr als vierhundert Jahre hinweg wurden fast alle großen Erfindungen in Europa gemacht. Die industrielle Revolution war zunächst ein englisches, dann ein europäisches Phänomen und ist auf die Erfolge im Handel sowie auf die Anhäufung von Kapital zurückzuführen.

Seit dem 11. Jahrhundert war das westliche Europa von Invasionen weitgehend verschont geblieben, im Gegensatz zu Osteuropa, das durch die Einfälle der Mongolen und Türken geschwächt wurde.

2 Die Vorgeschichte Europas

Die ersten Menschen

Nichts fasziniert mehr als die Entdekkung der eigenen Ursprünge.

Noch in den zwanziger Jahren meinte man, daß der Mensch vom Affen abstamme und vor etwa 300 000 oder 400 000 Jahren auf der Erde erschienen sei, in einer Periode der Erwärmung zwischen der Riß- und der Würmeiszeit, also im Quartär, einem Zeitraum, in dem wir heute noch leben und der vor ungefähr zwei Millionen Jahren begonnen hat.

Seit der Entdeckung eines fossilen Schädels, des Australopithecus africanus 1924 in Botswana, und zahlreicher ähnlicher Knochenfunde, darunter der berühmten «Lucie» im Jahr 1974, stürzten sich die Paläontologen auf die Suche nach fossilen Menschen. Dabei fand man heraus, daß einige Knochenreste einer anderen Gattung angehören, die man zunächst Praeanthropus (Vormensch) und schließlich Homo habilis nannte – ein Mensch, der fähig war, etwas herzustellen. Darüber hinaus konnte man die ältesten Funde des Australopithecus auf ungefähr acht bis neun Millionen Jahre vor Christus datieren und die ältesten Menschen auf knapp drei, dann auf vier und sogar auf fünf Millionen Jahre.

Homo habilis. Im Körperbau weist der Homo habilis einige Unterschiede zu den beiden bekannten Gattungen des Australopithecus auf. Der Homo habilis ist etwa 1,20 bis 1,40 Meter groß und wiegt 30 bis 50 Kilogramm. Sein Schädelvolumen schwankt zwischen 500 und 800 Kubikzentimetern. Seine Stirn ist höher als die des Australopithecus. Er ist ein Allesesser und bewegt sich fast ausschließlich auf zwei Beinen. Der Australopithecus africanus und der Homo habilis haben aller Wahrscheinlichkeit nach mit den großen Menschenaffen, dem Orang-Utan, dem Gorilla und dem Schimpansen, einen gemeinsamen Vorfahren. Aber der Zweig der Affen und jener der Hominiden – menschenähnlicher Wesen, die noch keine Menschen sind – haben sich vor etwa dreißig Millionen Jahren auseinanderentwickelt.

Trotz allem kommt man am Hauptunterschied zwischen allen Tieren und dem Homo habilis nicht vorbei: Er besaß bereits die Fähigkeit, schöpferisch tätig zu sein; er fand Mittel und Wege, seine Lebensumstände zu verbessern, sich mit Nahrung zu versorgen, sich zu verteidigen. Jedes Tier ist mit einer gewissen Intelligenz begabt. Es weiß einige Dinge. Aber der Mensch allein versteht es, über das, was er weiß, auch nachzudenken: Er kann sich Ziele setzen, neue Methoden suchen und mitunter auch finden, um die angestrebten Ziele zu erreichen.

Der Homo habilis lebte in kleinen Gemeinschaften, die er auf einem Territorium in eigens errichteten Wohnstätten gründete; er sammelte Früchte und ging auf die Jagd, behaute den Stein, bearbeitete den Knochen, den Zahn, das Horn und wahrscheinlich auch das Holz, und die Kenntnisse und Fertigkeiten, die er dabei erwarb, gab er seinen Kindern weiter. Sein Mittel des Überlebens war die Intelligenz.

Das Auftauchen des Menschen in Europa

Wie kam dieser Mensch, der ursprünglich in Afrika beheimatet war, dazu, sich in Europa niederzulassen? Der Homo habilis wurde durch eine neue Untergattung abgelöst, den Homo erectus, den aufrecht gehenden Menschen, dessen Schädelvolumen größer war.

Der Homo erectus. In der letzten Eiszeit erschließt sich dieser Mensch Europa vom Mittelmeerraum aus. Je weiter die Eismassen sich zurückziehen, desto weiter folgt

26 *Das Europa der Megalithzeit: die Kultstätte von Stonehenge in der Salisbury Plain, Südengland (3./2. Jahrtausend v. Chr.).*

ZEITTAFEL 1: Kulturen des Jungpaläolithikums (34000–8000 v. Chr.)

Zeitraum v. Chr.	*Kultur*	*Werkzeugformen*	*Kunst*	*Religion*	*Siedlungsform*
	Moustérien (nach der Höhle von Le Moustier)				
34000 **32000** **30000**	**Châtelperronien** (Neandertaler), eng verwandt mit dem Moustérien (nach der Höhle bei Châtelperron)	Verwendung von rotem Ocker, primitiver Schmuck			Rechteckige Hütten (Höhlen von Cueva Mora, Spanien) Ovale Hütten (Tibava in der Slowakei) Siedlungen mit Gräbern
27000 **26000**	**Aurignacien** (nach der Höhle von Aurignac)	Vielfältige Werkzeugformen aus Knochen	Schematisierte Tierdarstellungen, Figurinen mit männlichen und weiblichen Geschlechtsmerkmalen	Gräber mit Kleidung und Schmuck	Kreisförmige Zelte
	Gravettien (nach dem Fundort La Gravette)	Waffen mit Klingen, Werkzeuge aus Mammut-Elfenbein, vielfältiger Schmuck aus Elfenbein	Felszeichnungen, Malereien, Skulpturen, weibliche Figurinen aus Elfenbein oder Stein		Einheitliche Formen: große Rundhütten mit Steineinfriedungen
20000 **19000** **16000**	**Solutréen** (nach dem Fundort bei Solutré-Pouilly)	Höhepunkt der Steinverarbeitung (behauene Pfeilspitzen, Blattspitzenform), erste Nadeln mit Öhr	Höhlenmalereien mit Tierdarstellungen, monumentale Skulpturen, erste Flachreliefs		
15000 **10000**	**Magdalénien** (nach dem Fundort La Madeleine)	Meißel, kleine Klingenwerkzeuge, zunehmende Verarbeitung von Knochen (Harpunen, Wurfspieße)	Bisonfiguren aus Ton **Höhepunkt der paläolithischen Kunst** (heute sind mehr als 150 Höhlen mit Wandgemälden bekannt: Lascaux, Niaux, Altamira)		Jägersiedlungen ähnlich dem Gravettien
8000	**Azilien** (nach dem Fundort bei Le Mas d'Azie)	Kleine, kreisförmige Schabwerkzeuge	Niedergang prähistorischer Kunstformen		

27

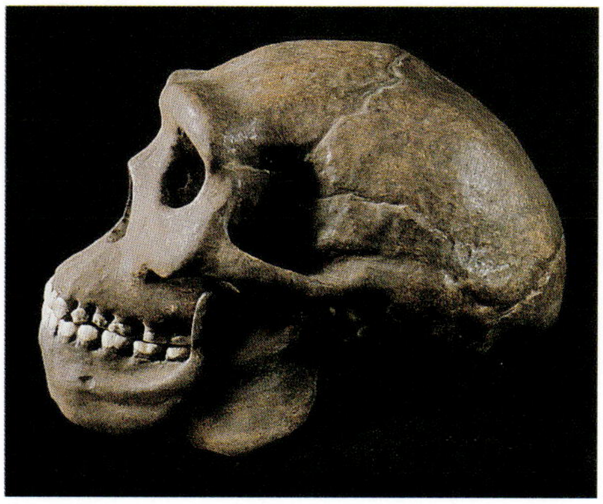

28

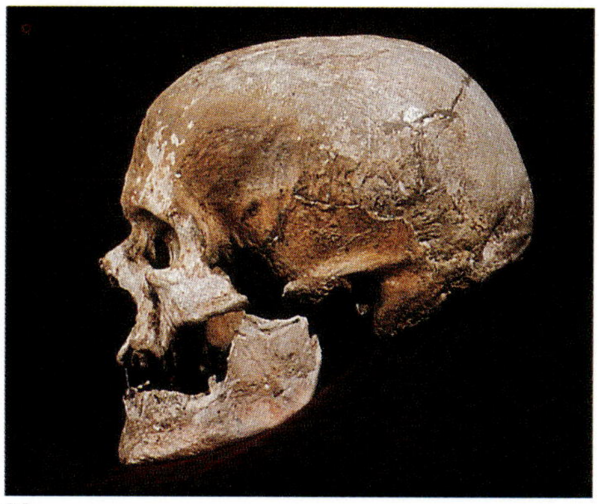

29

Erste Menschen: **27** *der Australopithecus africanus (etwa 4 Mio. Jahre alt);* **28** *der Neandertaler – seine Kulturstufe war das Moustérien;* **29** *der Mensch von Cro-Magnon – Vorfahr des heutigen Menschen.*

er ihnen hinauf nach Norden. Die Wanderung begann vor etwa 1,5 Millionen Jahren. Sie hat an verschiedenen Stellen unseres Kontinents Spuren hinterlassen, von denen nur die bedeutendsten und bekanntesten genannt werden sollen: Chilhac, Mauer, Tautavel, Terra Amata, Swanscombe und Neandertal.

Chilhac. In Chilhac in der Auvergne hat man die ältesten Spuren einer menschlichen Niederlassung in Europa gefunden: Sie ist etwa 1,8 Millionen Jahre alt. Der Fund besteht aus fünf Werkzeugen, simplen Kieselsteinen, die Spuren menschlichen Willens zeigen, menschlicher Arbeit, die auf ein klares Ziel gerichtet war: die Jagd. Gewiß, die Vertreter des Homo erectus mögen uns primitiv und noch sehr ungeschickt vorkommen. Aber was für eine Leistung war es, von Afrika bis nach Chilhac zu gelangen! Wieviel Tausende von Lagerstellen oder festeren Quartieren sind für immer unauffindbar oder noch nicht entdeckt worden!

Mauer. Der zweite Name, den man sich merken muß, ist das Dorf Mauer in Baden-Württemberg, nicht weit von Heidelberg entfernt. Man hat dort neben fossiler Fauna – einem «Urelefanten», dem «etruskischen Nashorn» und dem «Säbelzahntiger» – einen menschlichen Kieferknochen gefunden, dessen Alter auf 650000 Jahre datiert wird. Nach Meinung der Archäologen gehörte der Kiefer einem Mann von ungefähr vierzig Jahren. Aber zwischen dem Menschen von Chilhac und dem von Mauer liegen 1,55 Millionen Jahre! Halten wir uns also Zehntausende von Generationen primitiver Menschen vor Augen, gering an Zahl, hungernd und einer entsetzlichen Sterblichkeit ausgesetzt, bedroht von einer feindseligen Natur – Menschen, die sich langsam den Weg der Menschlichkeit in Europa ebnen.

Tautavel. Erst seit einiger Zeit kennt man den Menschen von Tautavel, einem Ort im Roussillon, nicht weit von Perpignan entfernt. Im Lauf des Jahres 1964 entdeckte man bei Ausgrabungen unter der Leitung von Henry de Lumley-Woodyear mehr als zwanzig vorgeschichtliche Siedlungen. Doch die wirklich sensationelle Entdekkung wurde am 22. Juli 1971 gemacht: der fast vollständige Schädel eines Mannes von ungefähr zwanzig Jahren, mit einem Schädelvolumen von 1150 Kubikzentimetern. Am selben Tag hat man außerdem etwa fünfzig menschliche Überreste freigelegt. Ihr Alter wird auf 650000 und 450000 Jahre geschätzt. Der Mensch von Tautavel ist ein Homo erectus, ähnlich den Menschenfunden in Java, in China, in Afrika und im übrigen Europa – in Ungarn, Deutschland, Italien und Großbritannien.

Das Feuer. Weder in Mauer noch in Tautavel oder an einem anderen vorgeschichtlichen Ort bis etwa 400000 v. Chr. hat man Feuerspuren entdeckt. Die erstaunlichste aller Erfindungen ist indes die Bändigung des Feuers.

Terra Amata liegt bei Nizza an den Hängen des Mont Boron. In der letzten der drei Schichten menschlicher Besiedlung tauchen Feuersteine mit Brandspuren auf, aus der Zeit zwischen 600000 und 380000 v. Chr.

Es gibt noch mehr Spuren von Feuergebrauch: so in Vertesszöllös, etwa sechzig Kilometer von Budapest entfernt, in einer Schicht, die 350000 bis 450000 Jahre alt ist; oder in Torre in Pietra und in Castel di Guido nördlich von Rom, in einer Schicht, deren Alter auf 430000 Jahre geschätzt wird.

Von der Zwischeneiszeit an, also seit etwa 350000 bis 300000 Jahren, sind dann überall in Europa Feuerstellen anzutreffen.

Und so stellt sich ein Archäologe das Leben der Menschen in jener Zeit vor, die von einer wahren Umwälzung in der Lebenseinstellung und der sozialen Strukturen geprägt war: «In der Wohnstatt, um das Feuer herum, berichteten die Jäger an den langen Winterabenden von ihren Großtaten, besprachen die Jagd für den morgigen Tag, erzählten die Jagdabenteuer legendärer Helden der Vergangenheit und festigten so die Verbundenheit der Familie und des Stammes [...] Seit jener Zeit entwickeln sich große regionale Kulturtraditionen, eine Quelle der Verschiedenheit unter den Menschen.»

Swanscombe. Vor ungefähr 300000 Jahren, noch immer in der Zwischeneiszeit, gelangte der Homo erectus auch nach England. Man hat seine Spuren gefunden, die nördlichsten bei Pontnewydd in Wales, wo sich wahrscheinlich nur kleinere Jägergruppen vorübergehend niederließen. Doch die schönste aller Fundstellen ist Swanscombe an der Themse, fünfzig Kilometer stromabwärts von London. Dort hat man die hintere Schädelhälfte eines Menschen von etwa zwanzig Jahren wieder herstellen können, wahrscheinlich einer jungen Frau: Ihr Schädel ist weiter entwikkelt als der des Menschen von Tautavel. Es gibt also einen Fortschritt. Man nähert sich dem Typus des heutigen Menschen. Wir befinden uns in der Zeit um 280000 v. Chr.

Neandertal. Während die meisten Fundstellen, die wir erwähnt haben, erst in jüngster Zeit entdeckt worden sind, stammt der Fund von Neandertal aus dem Jahr 1856. Das Neandertal ist eine kleine Schlucht in der Nähe von Düsseldorf. Man fand dort in einer Höhle ein Schädelstück und Teile von Gliederknochen. Andere, jüngere Schädel des «Neandertalers» wurden in Spanien, Portugal, Italien, Jugoslawien, Frankreich, Belgien und im übrigen Deutschland entdeckt. Diese Funde belegen hinreichend, daß wir es mit einem Menschen zu tun haben, der dem heutigen Typus sehr ähnlich, aber noch unvollendet

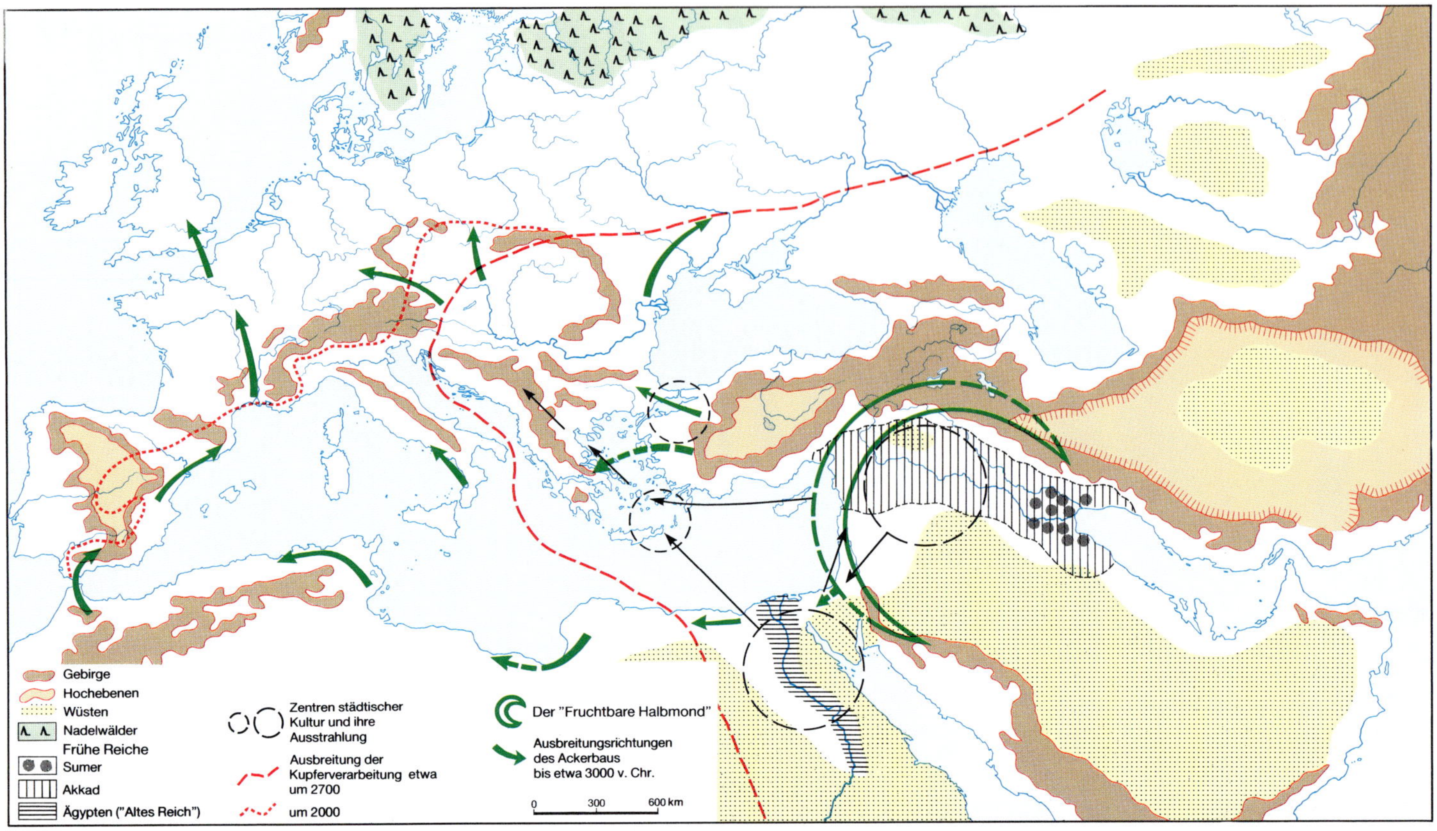

ist: großer Schädel, schon wegen des Knochenbaus, aber noch begrenzte Leistungsfähigkeit des Gehirns.

Die ersten Grabstätten. Es gibt keinen sicheren Nachweis dafür, daß in der Zeit vor dem Neandertaler Grabstätten angelegt wurden. Die wenigen menschlichen Überreste sind zwischen Tierknochen verstreut. Im Lauf der nächsten 100 000 Jahre indes tauchen Anhäufungen verkohlter Knochen auf, die aus rituellen Gründen angeordnet zu sein scheinen; daneben jedoch findet man auch eindeutige Grabstätten, in denen die menschlichen Körper der Länge nach oder leicht in die Hocke gelehnt bestattet sind.
Man kann die Bedeutung dieser neuen Praxis nicht genug betonen. Das Grabmal ist der erste Nachweis für das Vorhandensein eines Glaubens an das Jenseits. Diese einfachen Menschen suchten angesichts einer launenhaften Natur, angesichts guter wie schlimmer Ereignisse die Erklärung dafür in unbekannten, übernatürlichen Kräften. Doch wie die mögliche Existenz einer übersinnlichen Welt mit einem Leben nach dem Tod, in welcher Form auch immer, zu verknüpfen sei, ist eine Frage, die sich die Menschheit auch heute noch mit Bangen stellt.

Zusammenfassung. Ist es schon schwer, sich den ungeheuren Zeitraum vorzustellen, der die Menschen in Mauer von denen in Swanscombe trennt, so ist es mindestens ebenso schwer, sich jene kleinen wandernden Menschengruppen zu vergegenwärtigen, wie sie nur langsam vorankommen, einander nur selten begegnen und allmählich ihre Werkzeuge verbessern, wie sie – die Berechnungen weichen oft Tausende von Jahren voneinander ab – «fast gleichzeitig» in Europa und in China den Gebrauch des Feuers entdeckt haben.
Anders ausgedrückt: Unser weitläufiger Erdteil wurde von kleinen Menschengruppen durchzogen, die vielleicht unsere Vorfahren gewesen sind. Ihre Zahl war aber zu gering für ein soziales Gefüge, das es erlauben würde, von einem «Ureuropa» zu sprechen.

Die Entstehung der Kunst in Europa

Cro-Magnon. Für den Lebenszeitraum des Homo habilis rechnet man Millionen, für den des Homo erectus Hunderttausende und für den des Neandertalers einige zehntausend Jahre. Das bedeutet auch, daß in der Zeit von 40 000 bis 34 000 v. Chr. ein Wandel von außerordentlicher Tragweite eingetreten ist: das Auftauchen des Homo sapiens, des Menschen von Cro-Magnon, der bereits den Typus des heuti-

Karten 3 und 4: *Der Beginn der Hochkulturen im Orient und die Megalithkultur in Europa.* **30** *Die Entstehung der Kunst in Europa: «Venus von Willendorf» (Oberösterreich), eine Kalksteinschnitzerei aus dem Aurignacien.*

30

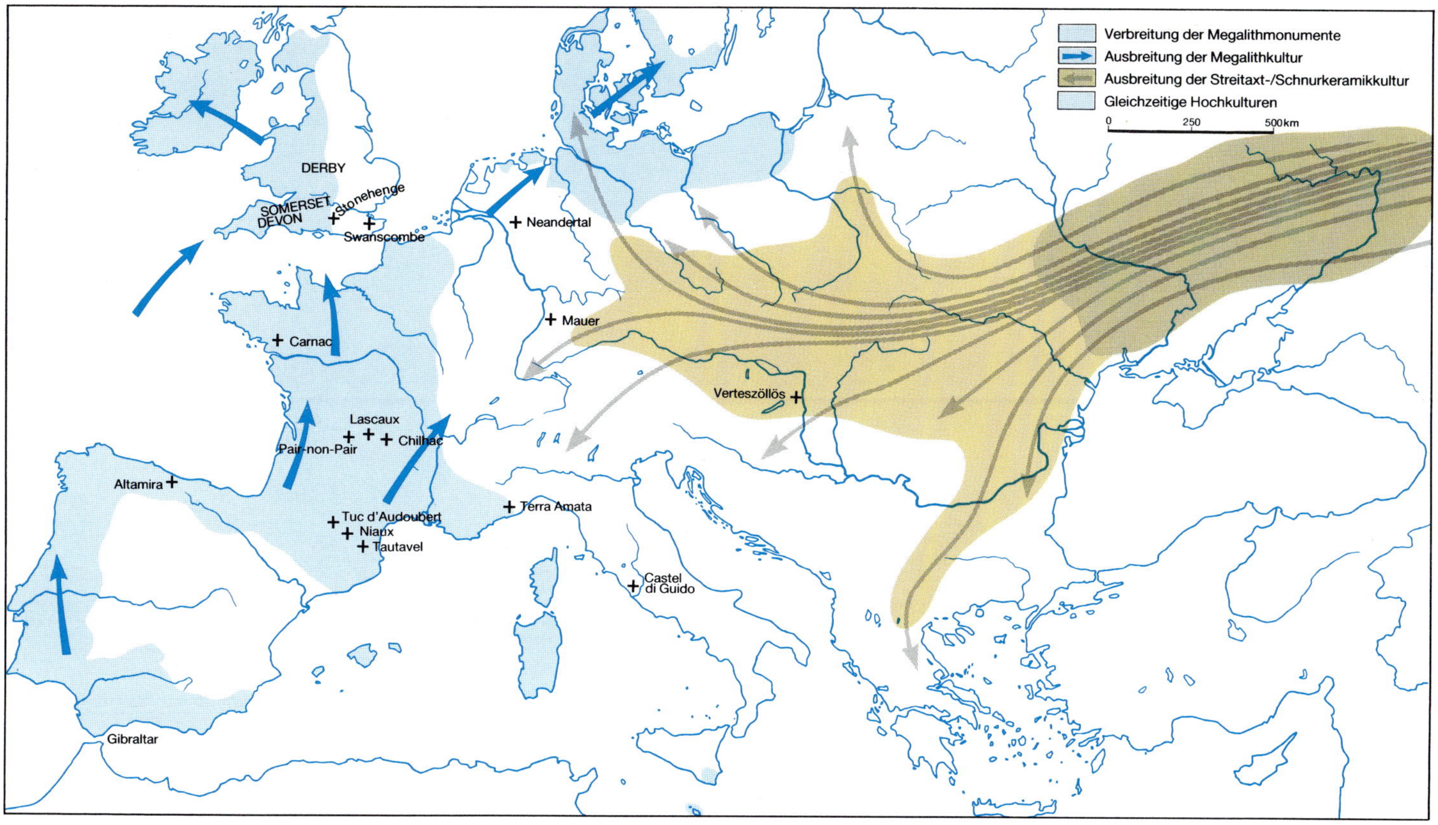

gen Menschen darstellt. Von nun an zählen wir nur noch in Tausender-Jahren. Henry de Lumley-Woodyear schreibt über den Menschen von Cro-Magnon: «Mit dem Menschen von Cro-Magnon, einem kräftigen Jäger mit flinken Beinen und hoher Stirn, entwickelten sich im Lauf von mehr als 25 000 Jahren vom Atlantik bis zum Ural und von der Ostsee bis zum Mittelmeer die großen Kulturen der Jägervölker des Jungpaläolithikums [...] Neue Errungenschaften bereichern das kulturelle Erbe der Menschheit [...] Aber die wichtigste kulturelle Errungenschaft des modernen Menschen ist die Erfindung der Kunst: das Gravieren, Malen und Bildhauern als Zeugnis des Denkens in Symbolen.»

Die Entstehung der Kunst. Alles deutet darauf hin, daß mit dem Auftreten des modernen Menschen auch die Kunst beginnt. Die geradezu leidenschaftliche Entwicklung der Kunst erstreckt sich über 26 000 Jahre, dreizehn christliche Jahrhunderte einbezogen! Doch jetzt gibt es nicht mehr jene kleinen Menschengruppen, die wie Tiere in einer feindlichen Umgebung umherirren. 26 000 Jahre – das setzt große Wanderungen voraus, von denen wir so gut wie nichts wissen, Veränderungen im Typus des Menschen trotz gemeinsamer Anlagen. Wir wissen nicht einmal sicher, ob all diese Völkerschaften unsere direkten Vorfahren sind. Und selbst wenn man in Rechnung stellt, daß die Ausgrabungen in Westeuropa methodischer betrieben worden sind als anderswo, so bleibt doch unleugbar, daß die Kunst gleichzeitig auf unserem Erdteil und in der Sahara entstanden ist.

Lascaux und Altamira. In Pair-non-Pair, in der Gegend von Bordeaux, wurde das erste Pferd auf eine Felswand gemalt. Es dauerte indes noch 12 000 bis 15 000 Jahre, ehe die Meisterwerke des Magdalénien entstanden, einer Kulturstufe des Jungpaläolithikums, benannt nach dem Fundort La Madeleine in der Dordogne.
Sprechen wir aber zunächst von der Höhle in Lascaux. Sie wurde durch einen Zufall im September 1940 entdeckt, ist 550 Meter lang und befindet sich in einer kalkhaltigen gelblichen Kreideformation. In zwei «Gängen» hat man 150 Tierbilder gezählt, dazu 850 Gravuren und Zeichnungen. Vermutlich sind sie 15 000 Jahre alt. Die Zerstörung des Höhlengesteins als Folge des massiven Ansturms von Touristen hat dazu geführt, jeden weiteren Zutritt zur Höhle zu untersagen.
Ein anderes Meisterwerk ist die Höhle von Altamira, die «Sixtinische Kapelle der paläolithischen Kunst». Sie wurde 1879 von Marcelino de Sautuola entdeckt, auf dem Gebiet der Gemeinde Santillana del Mar, nicht weit von Santander in Spanien. Ihre vielfarbig bemalte Decke besteht aus einem Gewölbe von achtzehn auf neun Metern. Man sieht dort fünfzehn Büffel in verschiedenen Haltungen, ein großes Pferd und drei Hirschkühe. Das Alter der Malereien wird auf 13 000 Jahre geschätzt.
Aus dieser Zeit stammen auch die Höhlenmalereien von Niaux in der Ariège. Auf einer Länge von über zwei Kilometern sind mehr als hundert Tiere zu sehen, darunter Bisons, Pferde, Steinböcke und Fische.
Das gleiche Interesse verdienen die Lehmplastiken zweier Bisons in der Höhle von Tuc d'Audoubert. Sie wurden kurz vor 1914 von den drei Töchtern des Grafen Begouen entdeckt, eines berühmten Kenners der Vorgeschichte.
Relativ selten sind Fundorte aus dem Jungpaläolithikum auf den Britischen Inseln. Es gibt lediglich einige Höhlen in Derby, Somerset und Devon. Ähnliches gilt für Skandinavien und für den Norden Deutschlands. In diesen Gegenden herrschte damals noch die Eiszeit. Sie machte den gesamten Norden Europas unbewohnbar.

Kunst und Religion. Man kann die Künstler jener Zeit nur bewundern: Sie mußten den Sinn für das Bild, für das Symbol erst entwickeln und Techniken erfinden, um auf einer Fläche eine Welt aus drei Dimensionen darstellen zu können; der Ocker mußte entdeckt werden, man mußte lernen, durch Brennverfahren die

31

32

33

Färbungen zu verändern oder sie durch Zeichnen und Gravieren zu modifizieren. Es steht außer Zweifel, daß dieser künstlerische Impuls erheblich mit der Religion verbunden war: Vielleicht sind einige der Tiere Götter, einige der Zeichen Gebete oder Gesänge. Die religiöse Symbolik war eng an die Vergegenwärtigung von Jagdszenen geknüpft. Während der Jagd stellten sich die Menschen unter den Schutz übersinnlicher Mächte.

Zwei Bemerkungen drängen sich hierbei auf: Einmal, wie sehr wir uns von diesen Jägern, die zu Künstlern wurden, entfernt haben. Wir wissen nicht einmal, ob wir von ihnen oder von späteren Einwanderern abstammen! Zum andern, daß sich das westliche Europa in der Zeit von 13000 bis 12000 v. Chr. an der Spitze des Fortschritts befunden zu haben scheint. In den folgenden zehntausend Jahren war dies nicht mehr der Fall. Denn die neolithische Revolution, die größte von allen, vollzog sich im Nahen Osten und nicht in Westeuropa. Sie erreichte unsere Region erst mit einer Verspätung von mehreren tausend Jahren.

Europa zur Zeit der neolithischen Revolution

Bis etwa 8000 v. Chr., zur Zeit der Felsmalereien, befand sich das Zentrum der Zivilisation in Westeuropa, vor allem in Frankreich und Spanien. Dieses Zentrum verlagerte sich aus unseren Regionen in den Nahen Osten. Dort begann die «neolithische» Revolution. Der unzureichende Begriff «Neolithikum» – die Zeit der geschliffenen Steine – bezieht sich in Wirklichkeit auf den bedeutendsten Fortschritt in der menschlichen Geschichte: die Entdeckung des Ackerbaus und der Viehzucht, der Töpferei und bald auch der Weberei.

Vom Sammeln zum Herstellen. Es bedurfte einer außerordentlichen geistigen Anstrengung herauszufinden, welche Beziehung zwischen Korn und Pflanze überhaupt besteht und wie dann, in einer bestimmten Zeitspanne, mit Hilfe von Körnern eine reiche Ernte zu erzielen sei. Man lernte allmählich, die Nahrungsmittelvorräte erheblich zu steigern. Ähnlich verfuhr man mit den Tieren, der Ziege, dem Hund, dem Schaf, dem Schwein und zuletzt dem Rind. Der Mensch ging von einer Gesellschaft der «Nahrungssammler» zu einer Gesellschaft der «Nahrungshersteller» über.

Die Bewohner der ersten Städte. Aufgrund dieser neuen Versorgung mit Nahrungsmitteln nahm die Anzahl der Menschen rasch zu: sie betrug gegen Ende des Jungpaläolithikums, um 8000 v. Chr., etwa zehn Millionen, um 1000 v. Chr. bereits 100 Millionen. Eindeutiges Zeichen des bemerkenswerten Zuwachses ist das Aufkommen befestigter Marktflecken und sogar kleiner Städte. Die erste bekannte Stadt in der Geschichte unserer Erde ist Jericho, das um 8850 v. Chr. gegründet wurde. Die Stadt bedeckte bald eine Fläche von fünf Hektar und war von einer zehn Meter hohen Mauer umgeben. Eine ähnliche Stadt war Mallaha im oberen Jordantal.

Die neolithische Revolution begann aus immer noch unbekannten Gründen im Zweistromland, in Anatolien und auf Zypern. Sie dehnte sich langsam aus, zunächst über den gesamten Nahen Osten und vor allem Ägypten; danach erfaßte sie auch Europa, Südost- und Ostasien.

Um das Jahr 4000 v. Chr. erreichte die neolithische Revolution die Atlantikküste, dank der Seeschiffahrt entlang der Küsten. Im Mittelmeerraum gab es bereits Seefahrer. Eine andere Route nach Norden war die Schiffahrt auf der Donau.

Doch die neue Hochblüte der Zivilisation hat ihr Zentrum im Nahen Osten. In der Zeit von 3500 bis 3300 v. Chr. entstehen die ersten Schriften: die Keilschrift der Sumerer und Akkader in Mesopotamien und die Hieroglyphen der Ägypter. Um das Jahr 2600 v. Chr. ist der Bau der Cheopspyramide vollendet – der größten aller Pyramiden. Die Kunst der Wandmalerei, das Behauen von Steinen, die Skulptur bis hin zum Flachrelief, die Symmetrie der Bauten, der rechte Winkel in der Architektur sind unverkennbare Zeichen des wissenschaftlichen und technischen Fortschritts. Ihren Höhepunkt erreicht diese Entwicklung durch die Ägypter und die Mesopotamier im 2. Jahrtausend v. Chr. mit der Erfindung des Rads und dem Bau von Wagen.

Der rückständige Westen. Was geschah im Westen in jenen Jahren zwischen 4000 und 2000 v. Chr.? Im Unterschied zu Südosteuropa, das mit dem Nahen Osten immer in Kontakt stand, war Westeuropa isoliert. Man findet nicht eine einzige Spur des Imports kostbarer Gegenstände oder verbesserter Waffen, wie sie in den Ländern des östlichen Mittelmeers hergestellt wurden. Die Warenproduktion des Westens war im Vergleich so zurückgeblieben, daß sich die Frage der Einfuhr für die Ägypter etwa gar nicht stellte. Und doch gibt es in West- und Mitteleuropa zu jener Zeit, etwa 1500 Jahre lang, eine einzigartige Gemeinsamkeit: die Megalithkultur.

Die Megalithen. Um die Mitte des 4. Jahrtausends, etwa um 3600 v. Chr., tauchen die riesigen Steindenkmäler auf. Sie sind

34

Meisterwerke der Felsmalerei in Westeuropa aus der Zeit des Magdalénien: Tierbilder aus den Höhlen von **31** *Altamira, der «Sixtinischen Kapelle der paläolithischen Kunst» in Spanien,* **32** *Niaux (Ariège) und* **33** *Lascaux (Dordogne) in Frankreich. – Ein Zentrum der Megalithkultur in Europa war die Mittelmeerinsel Malta:* **34** *ein Terrakottanapf, um 2500 v. Chr.;* **35** *die neolithische Tempelanlage von Mnajdra, 3270-2400 v. Chr.*

35

unförmig und nicht behauen, aufgerichtet in einer Reihe oder in Parallelreihen wie die Menhire, in Kreisen oder auch in Doppelkreisen gruppiert wie die Kromlechs, und schließlich sehen wir «Steintische», die Dolmen. Sie stehen ungeschützt da, sind manchmal mit einer Menge kleiner Steine oder auch mit Erde bedeckt, wie die Tumuli.
Wir wissen nicht, ob die Dolmen nicht alle mit Steinen oder mit Erde bedeckt waren. Die Archäologen und Prähistoriker sind sich darüber uneins. Sicher ist nur, daß die Dolmen, welche Form sie auch immer haben, Grabstätten gewesen sind, Gräber wahrscheinlich von Häuptlingen oder bedeutenden Männern. In den Kromlechs zum Beispiel hat man oft viele Grabbeigaben gefunden, aber niemals etwas am Fuß der Menhire. Wie dem auch sei, die Errichtung solcher Steindenkmäler setzt voraus, daß die Menschen eine gemeinsame Religion hatten.

Westeuropa und die Megalithkultur. Im großen Viereck des westlichen Europa vor allem finden wir die Steindenkmäler der Megalithkultur. Hat es sie also nur in diesem Raum gegeben? Man findet sie auch zahlreich in Transkaukasien und sogar in Äthiopien. Sie sind sehr selten im Iran, in Pakistan, in Zentralindien und in Indonesien, ohne eindeutigen Zusammenhang mit Europa. In großer Zahl wiederum trifft man Megalithen in Südindien, in der Mandschurei, in Korea, Japan und Ozeanien. Aber sie sind dort älter als in Europa.
So kann man sagen, daß um das 4. Jahrtausend vom Nahen Osten aus die Megalithkultur nach Westeuropa gelangt ist. Geschah dies auf dem Landweg oder entlang den Küsten? Wir wissen es nicht. An den Küsten Portugals und der Bretagne stehen immerhin die ältesten Dolmen. Aus der Zeit um 3600 v. Chr. stammen die Dolmen von Barnenez, Guennoc und Kercado im Departement Finistère. Vor diesen Dolmen gab es Grabmäler auf den Inseln Teviec und Moedic. Hier ruhen die Menschen zu sechst oder siebt, in Hockstellung unter bloßen Steinhaufen. Ist das der Ursprung der Dolmen?
Am anderen Ende des Zeitraums um das Jahr 2000 erreicht die Megalithkultur in den Kromlechs, der Steinkreisanlage Stonehenge, zwischen Bristol und Southampton in Großbritannien, ihren Höhepunkt. Dort scheinen die gewaltigen Steinblöcke, in Form eines Quadrats aufgerichtet, einen heiligen Ort zu umgrenzen. Von 3500 bis 2000 v. Chr. ist eine lange Zeit – die Zeit einer einzigartigen gemeinsamen Kultur Europas.

36

37

38

Megalithmonumente der Bretagne: **36** *Menhire bei Carnac;* **37** *die Statue eines Menschen aus Rodez;* **38** *der Dolmen von Rondossec. – Die Glockenbecherkultur:* **39** *ein verzierter Becher aus Altdorf (Niederbayern), um 2000 v. Chr.; davor zwei Wildschweinzähne, das Amulett eines Toten.*

Eine gemeinsame Religion und Technik. Daß es auf den Britischen Inseln 2000, in Frankreich 5000 und in Dänemark 3000 Dolmen oder «Hünengräber» gibt, läßt auf zwei kulturgeschichtliche Tatsachen schließen:
1. Wenn man die Toten nicht mehr bloß beerdigt, sondern zu ihrem Gedächtnis unter großen Anstrengungen gewaltige Grabmäler über der Erde errichtet, muß es dafür religiöse Gründe geben. Einige Forscher sprechen in diesem Zusammenhang von der «megalithischen Idee»: Den Menhiren und Dolmen liegt ein gemeinsamer Totenkult, der Glaube an ein Jenseits und an göttliche Kräfte zugrunde. Kurz, in einem weiten Gebiet hat es mehrere hundert Jahre lang eine gemeinsame Philosophie und Religion gegeben.
2. Zum Errichten der Menhire und Dolmen war eine präzise Technik nötig, und das in einer Zeit, in der man das Rad nicht kannte und es noch keine Zugtiere gab. Man hat Hinweise dafür, daß Blöcke von mehreren Tonnen Gewicht über viele Kilometer herangeschafft worden sind. Der große Menhir von Locmariaquer in der Bretagne – er ist auseinandergebrochen – war 20 Meter hoch und wog 360 Tonnen. Andere sind etwa 10 Meter hoch und wiegen 40 bis 60 Tonnen. Und wenn die Menhire kleiner sind, dann sind sie zu Hunderten, ja zu Tausenden aufgereiht, wie bei Carnac im Morbihan. Um solche Steinmonumente anzulegen, mußten die Menschen mit Seilen, Holzrollen und Holzkeilen umgehen können; sie wußten, wie man Nuten zieht und Gefälle ausnützt, sie betrieben, wie in Stonehenge, den Transport zu Wasser.
Die geographische Verbreitung der Steindenkmäler läßt den Schluß zu, daß zwischen den verschiedenen Regionen eine technische Zusammenarbeit bestand – eine Bestätigung dafür, daß es eine vage religiöse Gemeinschaft in Westeuropa gegeben hat. Man mache sich klar, welch gewaltige Anstrengung nötig war, jene Monumente zu errichten: Tausend Arbeiter sind erforderlich, um an einem Tag eine Stein-

39

40

41

42

Die Urnenfelderkultur: **40** *Detail eines in Goldblech getriebenen Kultkegels aus Ezelsdorf (Franken), um 1300 v. Chr. – die Räder- und Scheibensymbole weisen auf einen Sonnenkult hin;* **41** *Begräbnisurnen, 1200-850 v. Chr.;* **42** *neolithisches Hockergrab in Irland, um 2000 v. Chr.*

platte von fünfzig Tonnen Gewicht einen Kilometer weit voranzubringen.

3. Den Kultmonumenten der Megalithzeit stehen jedoch keine bedeutenden weltlichen Bauten gegenüber.

Unter den Werkzeugen taucht erstmals die geschliffene Axt auf. Spezialwerkstätten werden gegründet, man beginnt zu handeln. So breitet sich zum Beispiel zwischen 3200 und 2700 v. Chr. die Chassey-Töpferei in der Bretagne, in England und in Südeuropa aus, danach folgt die Töpferei von Lagozza. Nur wenig später zeichnet sich die sogenannte Seine-Oise-Marne-Kultur durch die Herstellung scharfer Waffen aus Feuerstein aus. Und um das Jahr 2000 steht die «Glockenbecherkultur» in gewisser Blüte.

Die Menschen des Megalithzeitalters leben in rechtwinklig angelegten Dörfern und in ebenfalls rechtwinklig gebauten Häusern. Nur in England findet man vor allem Rundlinge. Überall in Westeuropa mag es so etwas wie kleine Reiche gegeben haben; sogar Sklaverei kann man sich vorstellen. Doch die Bewohnerzahl war immer gering. Selbst in der Bretagne mit ihrer ausgeprägten Megalithkultur betrug sie höchstens 100000, nur wenig mehr als in Belgien.

Die Bedeutung der Steinmonumente. Die religiös bewegten Menschen der Megalithzeit bedeckten mit Hilfe ihrer einfachen Technik Westeuropa mit Steindenkmälern und wußten offenbar nichts davon, daß im Nahen Osten ihre Zeitgenossen weiter fortgeschritten waren als sie selbst, daß die Ägypter noch größere Steine transportierten, bearbeiteten und aufeinanderschichteten, daß sie bereits Skulpturen meißelten. Auf den Steindenkmälern in Europa ist die Felskunst sehr mittelmäßig. Die Felsmalerei hatte man sogar seit langem vergessen, während sie von den Ägyptern wiederentdeckt und in hohem Maße verbessert wurde: Ihre Wandmalereien sind ausgewogen, nüchtern, kraftvoll und klar. In Westeuropa hingegen gibt es nichts außer den Steindenkmälern.

43

Bronzezeit: ***43*** *der Kultwagen mit Sonnenscheibe und Pferd als Zugtier (Bronze und Goldblech) aus dem Moor bei Trundholm auf der Insel Seeland, Dänemark – die älteste Dokumentation des Speichenrads in Nordeuropa, 1400 v. Chr.;* ***44*** *Bronzefigurine aus Dänemark, um 800-400 v. Chr.;* ***45*** *Bronzeschwerter, 1250-850 v. Chr.*

Das Ende der Megalithkultur. Um 2000 bis etwa um 1850 v. Chr. verschwindet die Megalithkultur plötzlich. Den riesigen aristokratischen Steingrabstätten folgen, aus dem Osten kommend, kleine, individuelle Gräber, ein wenig später dann die «Urnenfelder»: Jede der Urnen enthält die eingeäscherten Überreste eines Menschen.

Während des zweiten Jahrtausends und zu Beginn des ersten – also vor der Ankunft der Indoeuropäer – machen sich östliche Einflüsse bei den Grabmonumenten und selbst in der Religion bemerkbar, dank zunehmendem Handel auch in Kunst und Technik. Die Metalle breiten sich allmählich aus. Doch sind mit der Megalithkultur auch die Menschen der Megalithzeit verschwunden? Nicht wenige Forscher neigen heute zu der Ansicht, daß die Menschen jener Zeit, die vielleicht «Vorkelten» – Ligurer, Iberer usw. – geworden sind, die Masse unserer Vorfahren ausmachen. Die Völkerwanderungen, die im nächsten Kapitel behandelt werden, haben auf diese Masse eingewirkt, ohne jedoch deren Kern zu verändern. So findet man in Megalithgräbern verschiedene rassische Typen; solche mit langem Schädel und solche mit kurzem, flachen Schädel, wie er vor allem in der Alpenregion anzutreffen ist. Die Menschen sind meist von kleinem Wuchs, aber man weiß nichts von der Farbe ihrer Haare, Augen und Haut. Ihre Anzahl steigt: Sie machten das Land urbar und konnten so die Versorgung mit Nahrungsmitteln verbessern. Und sie haben in den fünfzehn oder zwanzig Jahrhunderten der Megalithzeit die Anfänge eines neuen Gemeinschaftslebens entwickelt.

Auf der Suche nach Metallen: Gold, Kupfer, Bronze

Die Menschen des Jungpaläolithikums haben bewundernswerte Geräte aus Feuerstein, Quarz oder Quarzit geschliffen. In der Zeit danach erfand man die geschliffene Axt. Die Kunsthandwerker suchten nach schönen bunten Steinen, die sie möglichst leicht bearbeiten konnten. Und die Metalle leisteten ihre Dienste sowohl bei der Jagd und im Krieg als auch bei der Herstellung von Schmuck.

Man weiß noch immer nicht genau, wie die Menschheit darauf gekommen ist, sich die Metalle verfügbar zu machen. Der Mensch hat sich wohl zuerst des Goldes bedient, das ja in einem «ursprünglichen» Zustand gefunden wird. Dann kam das Kupfer, das fast immer mit anderen Stoffen verbunden ist, danach die Bronze und schließlich das Eisen, mit dem man durch Meteorite vertraut wurde.

Die Metallurgie der Steinzeit. Heute ist die Paläometallurgie ein Zweig der Wissenschaft. Ihre Aufgabe ist es, die Anfänge des Metallhandwerks und der Metallindustrie zu rekonstruieren. Ihre Ergebnisse bestärken uns darin, im Gold und im Kupfer die ersten Gebrauchsmetalle zu sehen, das Kupfer seit dem 2. Jahrtausend v. Chr. in Anatolien. Beide Metalle wurden auf dieselbe Weise bearbeitet. Das setzte große Fortschritte im Gebrauch des Feuers voraus, vor allem die Erzeugung der Holzkohle und die Erfindung des Blasebalgs. Nur mit ihrer Hilfe konnte man die Metalle zum Schmelzen bringen. Bei diesen Entdeckungen hat vermutlich der Zufall eine Rolle gespielt, das Experimentieren kam erst an zweiter Stelle.

Der Zufall war es wohl auch, der zur Entdeckung der Bronze führte – einer Legierung aus Kupfer und Zinn. Man merkte rasch, daß Bronze einen niedrigeren Schmelzpunkt als Kupfer hat, daß man sie leichter als reines Kupfer gießen kann und daß ihre Festigkeit höher ist. Die Bronze tauchte zwischen 4000 und 3000 v. Chr. auf, zur gleichen Zeit wie die Legierungen aus Silber und Gold. Diese Errungenschaften verdanken wir vor allem den Ägyptern. Auch die Westeuropäer gebrauchten zu-

44

45

erst das Kupfer und dann die Bronze. Der englische Frühhistoriker Stuart Piggott bemerkt dazu: «Wie die Landwirtschaft hat auch die Metallurgie von Nicht-Eisen-Metallen ihren Ursprung in einer besonderen Region des Nahen Ostens, nicht weil es außerhalb dieses Gebiets keine Rohstoffe gab, sondern weil die Gesellschaft dort für diese Neuerungen besonders empfänglich war. In der Tat hat es Ägypten, das sehr rasch ein leistungsfähiges Kupferhandwerk entwickelte, immer an Rohstoffen gefehlt, außer in der Wüste Sinai. Auch die Mesopotamier mußten die erforderlichen Erze einführen. Unsere Metallurgie hätte auch in Irland oder auf der Iberischen Halbinsel beginnen können, wären die Bauern dort für jene Technik reif und empfänglich gewesen.»

Die Bronze in Mitteleuropa. Um das Jahr 1500 v. Chr. nahm Mitteleuropa den ersten Rang in der Bronzeherstellung ein, dank der Kupfer- und Zinnfunde in der heutigen Tschechoslowakei. Von dort aus brachten die «Streitaxtleute» die neue Technik bis nach Südeuropa, nach Spanien, Portugal, Italien, Sardinien, Sizilien und Südfrankreich. Ihre ursprüngliche Heimat war vielleicht, um das Jahr 1800 v. Chr., Südrußland. Wie die «frühen» Kelten, Latiner und Germanen waren diese Eindringlinge Europäer.

Die Herstellung von Bronze breitete sich in Westeuropa allmählich aus: Zinnminen gab es vor allem in Cornwall, aber auch, in kleineren Lagerstätten, an der Atlantikküste von Cotentin bis zur Gironde.

Keramik aus Zypern: **46** *Marmorschüsseln, Schnabelkanne und Idol, 2700-2500 v. Chr.;* **47** *weibliches Idol, 1400-1200 v. Chr.*

46

47

48

Bronze wurde somit 1. auf beiden Seiten des Kanals hergestellt, 2. in Irland, 3. dank den Kupfervorkommen in den Alpen auch in Süddeutschland, in Polen, im Elsaß, im Jura, in der Südschweiz und im Rhônetal, 4. im erzlosen Südskandinavien und Norddeutschland, wo man dank dem Bernsteinhandel die nötigen Erze kaufen konnte, und 5. in der spanischen Provinz Almeria, die mit den Ländern des östlichen Mittelmeers Verbindung hatte.

Der große Handel. In der Bronzezeit gibt es bereits Handelsrouten, auf denen Waffen, Töpferwaren und Kunstgegenstände befördert wurden. Vor allem die Kunst, die im Neolithikum fast ganz verschwunden war, tritt wieder in Erscheinung.
Der lokale Handel wird allmählich vom Fernhandel überlagert. Man sieht auf den Flüssen Einbäume (das Schiff von Pont d'Ancenis), Boote aus Holzplanken (North Ferriby, Yorkshire), Barken aus Holz, die mit Kupfer beschlagen sind (Schottland, Wales). Es gibt bereits Schiffe, die so solide gebaut sind, daß man sich auf den Atlantik wagen kann. Man hat gelernt, mit dem Segel umzugehen. Die furchterregenden schweren Schiffe aus der Zeit des gallischen Kriegs stammen von jenen Schiffen ab. Zu Land befördert man die Waren mit Pferd und Wagen.

Die Metallproduktion. Machen wir uns ein Bild von der Produktion der Metallhandwerker. Allein in Armorika, der heutigen Bretagne, hat man 23700 Bronzeäxte gefunden. Nehmen wir an, es habe davon dreimal mehr gegeben, dann kommen wir auf etwa 75000. Jede Axt wiederum wog 200 Gramm, so daß insgesamt 15 Tonnen Bronze in einem Jahrtausend verarbeitet wurden.

Die Siedlungen. Über die Siedlungen in der Nachbarschaft der Grabhügel wissen wir wenig: umzäunte Rundanlagen mit großen rechteckigen Hütten, die wahrscheinlich aus Rundhölzern und Astwerk gefertigt und mit Stroh bedeckt waren. Auch einige befestigte Anlagen sind bekannt. Wegen des Totenkults mit seinen Urnenfeldern können wir uns von den Menschen der Bronzezeit kein Bild machen. Man findet nur Aschenreste.

Jagd und Sammeltätigkeit. Die Jagd und das Sammeln von Wildfrüchten sicherte noch immer einen Gutteil der Nahrung. Man gebrauchte dazu Köder, Dolche und Lanzen, Pfeil und Bogen, Fallen, Schlingen und Netze, von denen man später in den Schweizer Seen eine große Anzahl gefunden hat.
Man jagte die Wildrinder, den Hirsch und das Wildschwein. Gefischt wurde mit Angelhaken aus Bronze. Man fing Meerestiere.

Ackerbau und Handwerk. Der Ackerbau, dank der Pollenanalyse gut erforscht, existierte bereits vor der Ankunft der Kelten. Zur Rodung des Bodens benutzte man das Feuer. Hauptgetreidearten waren Weizen und Gerste. Archäologen haben sogar

49

50

Siedlungen aus dem Spätneolithikum: **48** *Bories bei Gordes in der Provence – Hirten benutzten sie noch vor kurzem als Unterschlupf für ihre Herden;* **49** *rekonstruierte Pfahlbauten bei Unteruhldingen am Bodensee. – Jagd in der Bronzezeit:* **50** *Harpune im Schulterblatt eines Rentiers,* **51** *Felszeichnung aus Bohuslän, Schweden, um 1500 v. Chr.*

51

«Mühlen» zum Zerreiben der Körner gefunden. Man baute Flachs an, züchtete kleine Pferde, halbwilde Schweine, Schafe und Ziegen. Zu den Handwerkern gehörten die Metallgießer, die Zimmerleute, die Tischler, die Sattler, die Flachsweber. Gegen Ende der Bronzezeit entstanden die ersten Meersalinen.

Die Krieger. Wie überall müssen die Krieger eine wichtige Rolle gespielt haben. Dennoch, so scheint es, waren in den Gesellschaften der Bronzezeit die Totenfeiern kein Anlaß, Kriegern große Grabmonumente zu errichten: «Die Gesellschaft blieb bis zum Ende der Bronzezeit stark gemeinschaftsbezogen; der Krieger war nur ein Rädchen von gleichem Wert wie der Erzschürfer, der Schmied, der Töpfer, der Hirt oder der Bauer. In dieser Welt des Handels und des Warenaustauschs vermochte es einzig und allein der Kaufmann, Reichtümer und Kunstgegenstände anzuhäufen; nur er durfte sich von der Gemeinschaft absondern.»

3 Die Epoche der Kelten

Die große Familie der Indoeuropäer

Vom 8. bis zum 1. Jahrhundert v. Chr. wurde ein bedeutender Teil Westeuropas von einer Völkerschaft geprägt: den Kelten.
Vom 1. Jahrhundert v. Chr. bis zum 4. Jahrhundert n. Chr. löste sie ein anderes Volk ab, die «Römer». Im Lauf des 4. Jahrhunderts n. Chr. kam noch eine dritte Völkerschaft hinzu, die Germanen, die das Weströmische Reich zum Einsturz brachten.
Wir, die Westeuropäer des 20. Jahrhunderts, wurden von zahlreichen Einflüssen geformt: von der Megalithkultur, der Kultur der Kelten, der Griechen, der Römer, der Germanen und später auch der Slawen. Zugleich stehen wir unter Einflüssen, die von außen gekommen sind. Aber jene erstgenannten Einwirkungen machen unsere ureigene Substanz aus, vor allem in Sprache und Kultur.
Von unseren Vorfahren aus der Megalithzeit kennen wir nicht einmal den Namen. Immerhin läßt sich von ihnen sagen, daß sie mit jenen Völkerschaften identisch sind, die man in Nordeuropa Ligurer und in Südeuropa Iberer nennt. Der Name «Kelten» ist von einem griechischen Geschichtsschreiber überliefert. Hekataios von Milet erwähnt zu Beginn des 5. Jahrhunderts v. Chr. ein Gebiet in unmittelbarer Nähe Liguriens: das «Keltenland».

Das indoeuropäische Phänomen. Die Expansion der Kelten vollzog sich relativ spät im Umfeld eines sehr weitreichenden Phänomens: der Differenzierung einer umfassenden Sprachfamilie, der indoeuropäischen oder arischen.
Man ist sich heute weitgehend darüber einig, daß der Ursprung der Indoeuropäer im Süden Zentralasiens oder im heutigen Iran zu suchen ist. Es gilt auch als sicher, daß sie eine annähernd gemeinsame Sprache besaßen. Diese Sprache differenzierte sich jedoch immer mehr, als indoeuropäische Völkerschaften in andere, weit voneinander entfernte Gegenden abwanderten. Nur einige Sprachwurzeln sind in allen indoeuropäischen Sprachen noch heute vorhanden, andere wiederum findet man nur in bestimmten indoeuropäischen Sprachgruppen. Auf der Graphik (siehe Seite 40) ist die große Familie der indoeuropäischen Sprachen dargestellt. Die Sprachen Westeuropas – das Keltische, Italische und Germanische – sind besonders hervorgehoben.
Die Expansion der Kelten selbst verlief unterschiedlich, denn die keltischen Völkerschaften waren in zahlreiche Sippen aufgeteilt, aber auch sehr langsam, was wiederum die Mannigfaltigkeit der Sprachgruppen erklärt. Die indoeuropäischen Wanderungen dauerten vom 15. Jahrhundert v. Chr. bis zum 11. Jahrhundert n. Chr. Sie müssen massiv gewesen sein, denn die Neuankömmlinge haben jeweils ihre Sprache den einheimischen Völkern aufgezwungen.

Arier, Hethiter und Seevölker. Unter den großen indoeuropäischen Wanderungen außerhalb Europas ragen die der Arier hervor und noch vor ihnen die der Hethiter, deren kulturelle Überlegenheit vor allem auf der Hieroglyphen- und der Keilschrift beruhte.
Und noch ein anderes indoeuropäisches Volk sollte eine glänzende Zukunft vor sich haben. Seit etwa 1350 v. Chr. wird das ägyptische Reich, damals an der Spitze der Zivilisation, von den «Seevölkern» aus dem Norden angegriffen. Gegen Ende des 3. Jahrhunderts haben sich «ägäische» Völkerschaften im Westen von Kleinasien, in Griechenland, auf Kreta und in Süditalien niedergelassen. Sie sind zusammen mit ihren Nachfolgern – den Mykenern, Dorern, Phrygern und Achäern – die Vorfahren der Griechen. Als Griechenland vom 6. bis 4. Jahrhundert v. Chr. ein besonders strahlender kultureller Mittelpunkt wurde, erlebten auch die Kelten ihren, wenn auch weit bescheideneren Höhepunkt.

52 *Keltischer Wagenlenker. Detail aus einem Bronzerelief der Hallstattzeit, Niederösterreich, um 400 v. Chr.*

ZEITTAFEL 2: Kelten und Römer (8.–1. Jahrhundert v. Chr.)

Bronze- oder Kupferzeit in Westeuropa – KELTEN – ANKUNFT DER UMBRIER UND ITALIKER – BEGINN DER HALLSTATTKULTUR

	8. Jh. v. Chr.	*7. Jh. v. Chr.*	*6. Jh. v. Chr.*
Britannien	Ankunft der Goidel in Irland und der Britonen in Britannien		
Iberische Halbinsel		Die Kelten in Spanien **654** Gründung von Ebyzos (Ibiza)	Griechische Seefahrer an der spanischen Küste
Gallia Transalpina		**um 620** Gründung von Massalia (lat. Massilia) durch die Griechen	
Gallia Cisalpina			
Etrusker	Die Etrusker in Zentralitalien		Die Etrusker kämpfen gegen die Römer und gegen die griechischen Kolonien
Rom	**753** Legendäre Gründung Roms, noch unter etruskischer Vorherrschaft		**509** Rom befreit sich von der Vorherrschaft der Etrusker
«Großgriechenland»	Kolonialisierung Süditaliens und Siziliens («Großgriechenland»)		
Karthago			**535** Seeschlacht bei Alalia (Niederlage der Griechen) Kämpfe zwischen Karthagern und Siziliengriechen
Makedonien und Hellas	**776** Erste olympische Spiele		**510** Fall der Tyrannis in Athen
Orient		**612** Die Babylonier und die Meder erobern Ninive	**587** Nebukadnezar II. erobert Jerusalem **559** Persische Eroberungen (Kyros II.)

BEGINN DER KULTUR VON LATÈNE

5. Jh. v. Chr.	*4. Jh. v. Chr.*	*3. Jh. v. Chr.*	*2. Jh. v. Chr.*	*1. Jh. v. Chr.*
				Zwei Feldzüge Caesars in Britannien
Die Karthager beherrschen die Südküste Spaniens (Cadiz); Eroberung des Südostens der Halbinsel		**237** Hamilkar Barkas erobert den Südosten Spaniens (Sierra Morena); Hasdrubal gründet Neukarthago (Cartagena) **219** Hannibal erobert Sagunt **209** Die Römer erobern Ampurias	**144–133** Letzter keltiberischer Krieg **133** Zerstörung von Numantia durch Scipio Aemilianus; Widerstand der Lusitanier gegen die römische Eroberung	**80–71** Befriedung der Pyrenäen **71** Sieg des Pompejus über Sertorius **27–19** Unterwerfung Norspaniens
	332–312 Reise des Massalioten Pytheas nach Britannien		**125–118** Eroberung der Gallia Narbonensis	**58–51** Caesar erobert die Gallia Comata (das «Gallien der Langhaarigen»)
Einfall der Kelten in die Poebene		**225–190** Niederlage der Gallier; die Römer erobern die Poebene **218** Hannibal in der Poebene **241–224** Die Römer erobern Etrurien	**113–101** Einfall und Niederlage der Kimbern und Teutonen	
	387 Die Gallier nehmen Rom ein **343–291** Eroberung des Apennins und Kampaniens	**241** Ende des 1. Punischen Kriegs; Eroberung Etruriens **218–201** 2. Punischer Krieg; Eroberung der Poebene; Eroberung Spaniens; Eroberung Siziliens, Sardiniens, Korsikas durch die Römer	**172–146** Rückeroberung der Gallia Cisalpina **146** Eroberung Griechenlands **125–118** Annexion der Gallia Narbonensis	**98–89** Auseinandersetzungen zwischen Rom und den Italikern (Bundesgenossenkrieg) **89** Die Italiker erhalten das Bürgerrecht zurück
	348 Vertrag Rom–Karthago	**241** Ende des 1. Punischen Kriegs **218–201** 2. Punischer Krieg **211** Hannibal vor Rom **202** Scipio besiegt Hannibal bei Zama	**149–146** 3. Punischer Krieg **146** Zerstörung Karthagos **111–105** Jugurthinischer Krieg in Numidien	
431–404 Peloponnesischer Krieg **404** Niederlage Athens	**359–336** Philipp II. von Makedonien **336–323** Alexander der Große	**298** Gallier in Bulgarien, Makedonien und Hellas **279** Plünderung Delphis durch die Kelten	**146** Die Römer erobern Griechenland	
500 Beginn der Perserkriege **490** Schlacht bei Marathon **480** Seeschlacht bei Salamis	Eroberung Asiens **323–280** Diadochenkämpfe nach dem Tod Alexanders des Großen	Gallische Söldner in Ägypten	**129** Sieg der Parther über die Seleukiden **129** Provinz Asien	**67–63** Siege des Pompejus in Asien

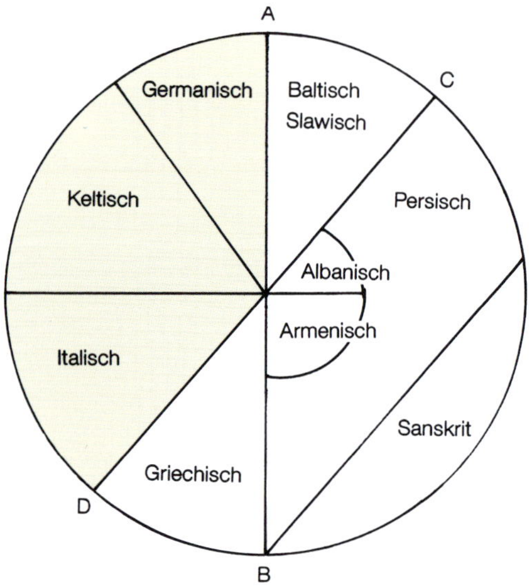

☐ *Sprachen, in denen 100 von* centum *abgeleitet ist.* ☐ *Sprachen, in denen 100 von* satem *abgeleitet ist.*

Die Linie AD unterscheidet die Sprachen, bei denen sich die Zahl 100 von satem *herleitet (rechts), von der Sprachgruppe, bei der 100 von* centum *stammt (links).*

Die Linie CD trennt zwei Sprachgruppen, die untereinander eine enge Verwandtschaft aufweisen.

Dieser Höhepunkt verdient unser besonderes Interesse. Denn obgleich das Griechentum eine unserer geistigen Quellen ist, so zählen doch für fast alle Völker der heutigen Europäischen Gemeinschaft die Kelten zu den gemeinsamen Vorfahren.

Die Bronzezeit und die ersten Kelten

Wir haben bereits an die Gräber der Megalithkultur erinnert, vor allem an die Dolmen aus der Zeit zwischen 3600 bis etwa 2000 v. Chr. Zu Beginn der Bronzezeit treten Einzelgräber in Erscheinung, und mit den ersten Kelten tauchen auch wieder Tumuli auf: kleine Erdhügel, bedeckt mit Steinen wie die Megalithmonumente. Doch werden die Toten nun in Einzelgräbern bestattet.

Die Urnenfelder. Gegen Ende der Bronzezeit indes ereignete sich in der Totenbestattung eine wirkliche Revolution: um 1250 v. Chr. wurde die Beerdigung durch die Einäscherung ersetzt. Im heutigen Ungarn gab es sie bereits vor dieser Zeit. Man spricht von einer «Urnenfelderkultur». Die Urnen wurden in Friedhöfen auf flachem Gelände gruppenweise angeordnet. Man findet sie in Mitteleuropa, in Süddeutschland, in Ost-, Zentral- und Südfrankreich. Besonders zahlreich sind die Urnenfelder in Burgund und in der Champagne. Diese Zivilisation, die im Tod eine relative Gleichheit kannte, war eine Kultur von Bauern, die sich an die Scholle gebunden fühlten. Eine Kultur, die sich der Außenwelt gegenüber nur wenig öffnete.

Im 11. Jahrhundert v. Chr. erreichten die Menschen der «Urnenfelderkultur» Norditalien, im 9. Jahrhundert Gallien, im 8. Jahrhundert Südfrankreich und kurz danach Spanien. Auffallend an diesen Wanderungen ist die beträchtliche Verspätung gegenüber Großbritannien. Dort scheint die Einäscherung bereits seit 2000 v. Chr. in Gebrauch gewesen zu sein, als Alternative zu anderen Bestattungsarten. Die frühen Kelten behielten die Einäscherung bis ins 5. Jahrhundert v. Chr. bei, weil sie erschwinglicher war als die Dolmen. Nur die Fürsten waren davon ausgenommen. Übrigens öffnete sich nun, im 2. Jahrtausend, das Tor nach Osten. Die Kultur Ägyptens war den Menschen der Megalithzeit unbekannt geblieben.

53

54

Die «Seevölker» aus dem Norden, Vorfahren der Griechen: **53** *auslaufende Flotte, Gemälde aus einem Haus auf der Insel Santorin, dem antiken Thera, um 1300 v. Chr. –* **54** *Seit 500 v. Chr. überquerten keltische Stämme die Alpen und ließen sich in der Poebene nieder: Terrakottarelief eines keltischen Kriegers, Cività Alba (Italien), um 200 v. Chr.*

Die Entdeckung des Eisens

Die Eisenherstellung ist komplizierter als die Technik der Kupfergewinnung oder des Bronzegusses. Der einzige Vorteil besteht darin, daß die Lagerstätten für Eisenerz viel reichhaltiger sind.

Die Hethiter und das Eisen. Wahrscheinlich im 15. Jahrhundert v. Chr. begannen die Hethiter damit, Eisen in beachtlichen Mengen herzustellen. In den folgenden Jahrhunderten verbreitete sich diese Technik immer weiter nach Westen. Um das 9. Jahrhundert v. Chr. erreichte sie Griechenland und Kreta. In Kontinentaleuropa taucht sie zusammen mit der Urnenfelderkultur auf, also mit den frühen Kelten, ebenso in Süditalien. Doch erst im 7. Jahrhundert wurde diese Technik vor allem in Mitteleuropa in großem Stil entwikkelt: mit der Herstellung langer Schwerter. Das Verfahren änderte sich kaum zur Römerzeit, außer in Skandinavien. Erst im Mittelalter wurden wieder wesentliche Fortschritte erzielt, erneut unter Einfluß aus dem Osten, diesmal aus Indien und Damaskus, wo nicht mehr nur Eisen, sondern auch Stahl geschmiedet wurde.

Die Vorteile des Eisens. Wichtig war nicht so sehr der Sieg des Eisenschwerts über den Bronzeschild, als vielmehr die Herstellung von Werkzeugen, die den Schiffbau und den Ackerbau revolutionierten. Während man in den Mittelmeerländern noch Holzpflüge benutzte, die nur wenig in das Erdreich eindrangen, verwendete man in den großen, fruchtbaren Ebenen des Nordens den Pflug mit Eisenschar und Rädern. Dieser Pflug grub den Boden besser um, ließ sich aber weniger leicht wenden als der alte Holzpflug. Deshalb legte man nun die Felder «offen und länglich» an, es entstanden die «offenen Felder» vor allem nördlich der Loire, in Belgien, in Südengland und in weiten Teilen Deutschlands. Das blieb so bis ins 11. Jahrhundert hinein, als der Pflug mit zwei Scharen in Gebrauch kam, den man leicht wenden kann.

Die Archäologen teilen die Eisenzeit, die in Europa mit dem Triumph der Kelten zusammenfällt, in zwei große Abschnitte ein: die erste Eisenzeit oder die Hallstattzeit, benannt nach einem Ort in Österreich, von 700 bis etwa 450 v. Chr. und die zweite Eisenzeit oder Latènezeit, nach einem Ort in der Schweiz, von 450 bis um 51 v. Chr., dem Jahr der Eroberung Galliens durch die Römer.

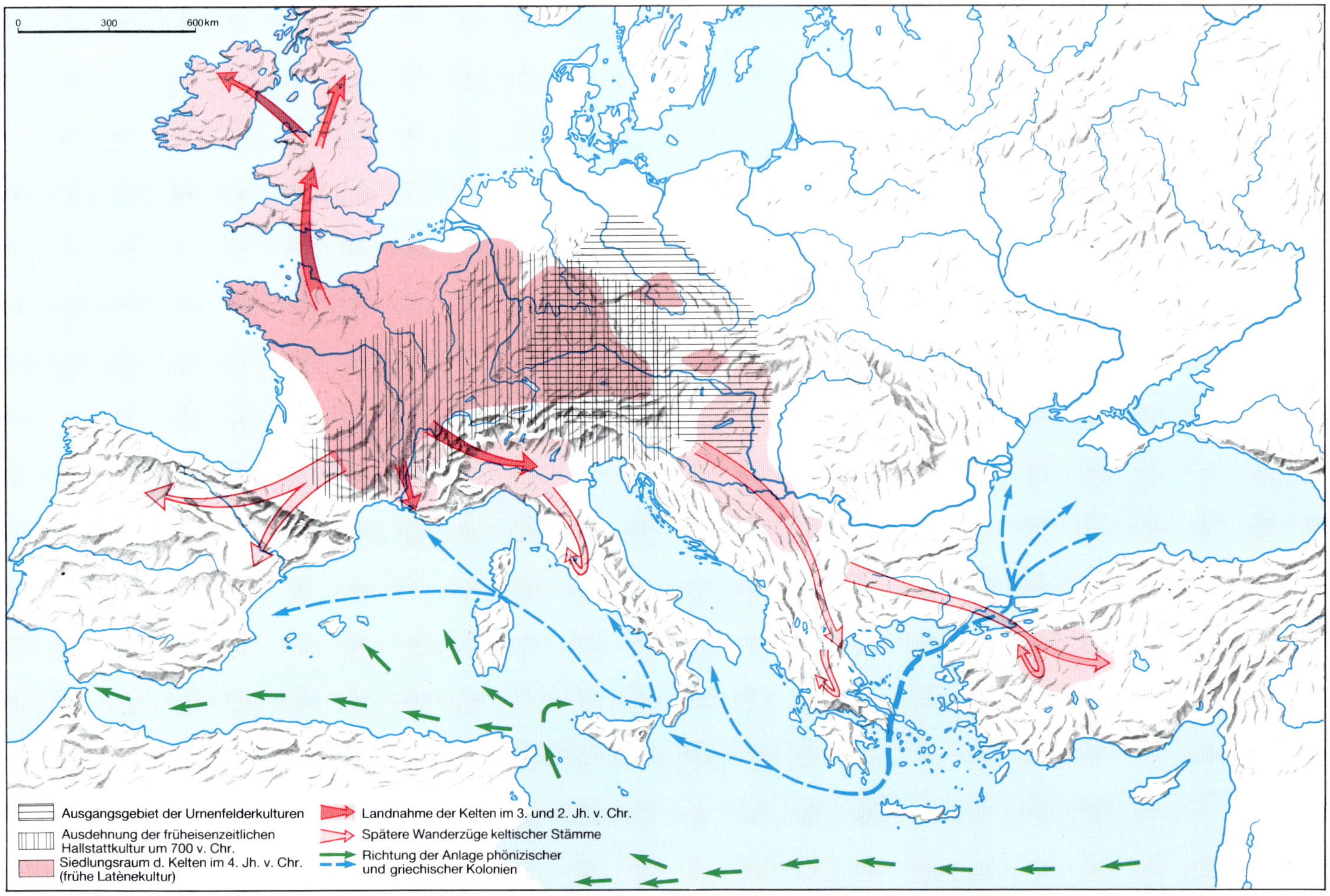

Die Hallstattzeit

Müßte man dem Zeitraum vom 8. bis zum 5. Jahrhundert v. Chr. einen Namen geben, würden wir ihn «das Erwachen des Westens» nennen. Denn er war für die Entwicklung der gallischen Zivilisation von fundamentaler Bedeutung. Die Kelten traten in die Geschichte ein und entwickelten eine besondere Form der Kunst und Kultur. Diese Zivilisation war indes sehr heterogen, bedingt auch durch zahlreiche äußere Einflüsse und regionale Besonderheiten.

Die Wanderungen der Kelten. Von Mitteleuropa aus wurden durch eine Invasion von Reitervölkern aus Südrußland die Kelten nach Westen gedrängt. Von ihnen übernahmen die Kelten ein neues Pferdegeschirr und den leichten zweirädrigen Kampfwagen. Mehr noch, sie brachten das Eisen mit und lange Schwerter aus diesem Metall, die sich besonders gut für den Kampf zu Pferd eigneten.

Norditalien. Die keltische Wanderung dauerte bis ins 5. Jahrhundert v. Chr. Sie ging ungeordnet vor sich und breitete sich in alle Richtungen aus. Die keltische Kultur von Hallstatt erstreckte sich in den böhmischen Raum, nach Norddeutschland, nach Frankreich, bis ins Tal der Rhône und nach Aquitanien, ja bis nach Nordspanien. Um 400 v. Chr. überquerten keltische Einwanderer die Alpen und ließen sich in der Poebene nieder, der «Gallia Cisalpina». Sie eroberten Rom im Jahr 386 v. Chr. Einige keltische Völkerschaften setzten nach Griechenland über, wo sie Delphi plünderten, und gelangten nach Anatolien. Dort nannte man sie Galater: ein Völkername, der von einem ihrer Hauptzweige, den Galliern, abgeleitet wurde.

Die Britischen Inseln. Einige Stämme der Kelten wandten sich nach Nordwesten, vor allem den Britischen Inseln zu. Zwei Einwanderungswellen folgten einander. Die erste wurde von den Goidel angeführt, die bis nach Irland kamen und sich dort auf Dauer ansiedelten. Sie vermischten sich mit den einheimischen Völkerschaften und zwangen ihnen die keltische Sprache auf. Die zweite Wanderung erfolgte durch die Britonen – von daher die Bezeichnung britisch, Britannien, Britain,

Karte 5: *Der keltische Kulturraum.* **55** *Keltische Industrie der Hallstattzeit: Tragkorb aus einem Bergwerk in Österreich.*

55

56

59

57

58

Die Hallstattkultur: **56** *Bankettszene auf einem Bronzerelief aus Slowenien, um 600 v. Chr.;* **57** *reichverzierter Bronzespiegel aus Desborough, Großbritannien.* **58** *Trägerfigur der bronzenen Totenliege aus dem Grab des Keltenfürsten von Eberdingen-Hochdorf bei Ludwigsburg in Baden-Württemberg. Das Grab wurde zwischen 550 und 500 v. Chr. angelegt.* **59** *Der rekonstruierte vierrädrige Wagen mit Wagenkasten und Deichsel aus der Grabkammer des Keltenfürsten von Eberdingen-Hochdorf. Der Wagen war weitgehend mit verziertem Eisenblech überzogen. Diese Teile konnten restauriert werden.*

Bretagne. Sie ließen sich in Großbritannien nieder, dessen vorkeltischer Name «Albion» lautete – ein indoeuropäisches Wort, verwandt mit dem lateinischen *albus* (weiß). Seit Mitte des 6. Jahrhunderts v. Chr. benutzten die Britonen das Eisen.
Es fällt in diesem Zusammenhang auf, daß die Kelten nicht oder nur in geringem Maß bis ins Gebiet des heutigen Dänemark vorgedrungen sind, ebensowenig nach Norddeutschland und nach Nordskandinavien. Dort entfaltete sich eine andere große Familie der Indoeuropäer, die Germanen. Auch im Süden der Poebene und jenseits des Apennin gelangte die keltische Wanderung offenbar an Grenzen: Hier setzten sich die Etrusker, die Italiker und schließlich die Griechen zur Wehr, die in Süditalien und auf Sizilien Kolonien gegründet hatten.

Die Wagengräber. Noch um das Jahr 900 v. Chr. waren die Friedhöfe in der Hauptsache Urnenfelder. Seit etwa 800 bis 750 v. Chr. jedoch, mit dem Beginn der Hallstattzeit, taucht eine neuartige Bestattungsform auf: Hügelgräber und kreisförmige Grabanlagen. Die kreisförmigen Grabanlagen waren nichts anderes als Kultgräber, dazu bestimmt, eine Verbindung zwischen den Menschen und den Mächten der Unterwelt zu ermöglichen, den Beschützern der Toten und auch der Lebenden. Die Gräber waren zunächst nur mit wenigen Beigaben versehen. Gegen Ende des 8. Jahrhunderts werden sie zahlreicher. Man kann jetzt sogar von «Fürstengräbern» sprechen. Den Toten, die bisher gefunden wurden, hatte man Pferdegeschirr und Zaumzeug mit auf den Weg gegeben. Die ältesten dieser Gräber wurden von Archäologen in Süddeutschland und in Ungarn entdeckt; hinzu kommen Grabfunde vor allem im belgischen Court Saint-André, im norditalienischen Sesto Labule, in Mailhac in der Languedoc und in Vix-les-Joyeuses in Burgund.
Neben den Waffen und dem Pferdegeschirr hat man Wagen gefunden. Zunächst große Wagen mit vier Rädern, dann etwas leichtere etruskischer und illyrischer Bauart, ja selbst zweirädrige Wagen, wie sie bei den Hethitern und den Ägyptern bereits tausend Jahre zuvor in Gebrauch waren. Daraus läßt sich schließen, daß neben der Masse der Bauern und der Kaufleute eine neue Klasse, die der berittenen Krieger, eine Rolle zu spielen begann. In der Latènezeit werden dann die Grabbeigaben noch reichhaltiger: kostbaren Schmuck aus Gold, Silber und Bronze gab man den Toten mit auf den Weg.

Das Aufkommen des Fernhandels. Seit dem Ende des 8. Jahrhunderts v. Chr. – die Fülle der neueren Entdeckungen bestätigt es – wird der gesamte Kontinent mit Waren beliefert, die in den Mittelmeerländern hergestellt wurden, vor allem in Etrurien, in Norditalien und in Griechenland. Mit viel Geduld haben die Archäologen die Zentren dieses Handels ausfindig gemacht: auf dem Land Handelsplätze, Kontore und Lagerhäuser, entlang der Küste Faktoreien.

Die Landwege. Auf dem europäischen Festland unterschied man mehrere große Handelsstraßen. Die eine begann in der Languedoc, seit dem 6. Jahrhundert in Marseille. Sie durchzog das Rhône- und das Saônetal und gabelte sich dann: eine Abzweigung führte in Richtung Nordeuropa und Großbritannien, die andere in die Bretagne. Die zweite große Handelsstraße verlief über die Alpen in die Schweiz und ins Elsaß.
Eine andere wichtige Route war die Donau. Vom Balkan aus gelangte man auf dem Fluß an die Stellen, wo andere Handelswege den Strom kreuzten, und schließlich an den Ort, wo eine Straße ins Rheintal weiterführte.

Seewege und Seevölker. Noch interessanter als die Landwege sind die Seerouten. Drei Völker stritten sich um die westlichen Küsten des Mittelmeers, ja sogar jene des Atlantiks: die Phönizier – nach ihnen ihre Kolonie Karthago –, die Griechen und die Etrusker.
Außer ihren hervorragenden Schiffen besaßen diese drei Völker bereits eine bewundernswerte Errungenschaft: das Alphabet, eine Erfindung der Phönizier. Der erste Nachweis seines Gebrauchs stammt von einer Inschrift auf einem Sarkophag aus dem 13. Jahrhundert v. Chr. Dieses Alphabet war die Grundlage für alle nachfolgenden Schriften: des Griechischen, Etruskischen, Lateinischen und später auch des Kyrillischen.
Phönizier, Griechen und Etrusker hatten indes die große Seefahrt nicht erfunden. Wie wir gesehen haben, segelten bereits die Menschen der Megalithzeit vor allem von Großbritannien in die Bretagne und von dort nach Nordspanien. Zu Beginn der Bronzezeit kam es sogar zu einer Art Höhepunkt im Seehandel: ein Beweis dafür ist die außerordentliche Verbreitung der Glockenbecherkultur. In der Eisenzeit steigerte sich dann die Seefahrt beträchtlich: Die Phönizier, die Griechen und dann auch die Etrusker – diese ausschließlich im Mittelmeer – richteten Handelskontore ein. Von diesen Stützpunkten aus wandte man sich auf dem Landweg dem Innern des Kontinents zu.
Was den Handel selbst betrifft, so importierte man Töpferwaren, Schmuck, Waffen, Schilde und Fibeln, aber auch Salz und in bedeutendem Umfang Amphoren mit Wein. Der Wein gehört zu den großen Errungenschaften der westlichen Zivilisation. Dazu eine interessante Einzelheit: die

60 *Ein keltisches Schiff aus Irland: man fuhr damit auf die hohe See.*

Kelten erfanden das mit Eisenringen beschlagene Weinfaß aus Holz, das viel praktischer ist als die Amphore aus den Mittelmeerländern.
Welche Waren aber konnten die Westeuropäer exportieren? Vor allem Bernstein von der Ostseeküste – er war als Schmuck sehr gefragt –, dann Kupfer und Zinn, und nicht zuletzt Sklaven – eine Art Vorwegnahme des Sklavenhandels in moderner Zeit.

Die Latènekultur

Zwischen 500 und 450 v. Chr. taucht inmitten der keltischen Welt, zwischen der Maas und dem Main-Nekkar-Gebiet, eine überaus originäre Kultur auf, die mit dem eurasischen Osten und den Mittelmeerländern Beziehungen unterhält: die Kultur von Latène.

Die Eigentümlichkeit der Latènezeit. Die Verbindung dieser Kultur mit der Hallstattzeit ist offensichtlich: grundbesitzender Adel, Wagengräber, wohlhabendes Bauerntum, geschicktes Handwerk. Aber die kulturellen Hervorbringungen sind brillanter, kostbarer als die der Hallstattzeit. Der Adel hatte an Zahl zugenommen, in den Gräbern findet man zweirädrige Wagen, aber auch Prunkgegenstände. Die Bauern scheinen sehr wohlhabend gewesen zu sein: sie benutzten den Radpflug und mähten das Grünland mit der Eisensense.
Mit dem Reichtum und dem Bevölkerungszuwachs ging eine zunehmende Rodung des Bodens einher. Auch in der Kunst entstanden glänzende Werke, wenn auch die etruskische Kunst zunächst noch vorherrschte. Es war die Zeit, in der die Kelten nach Norditalien vordrangen. Ein Teil der keltischen Welt – vom Atlantik bis zum Rhein, vom Ärmelkanal bis zu den Pyrenäen und zum Mittelmeer – nahm den von den Römern erfundenen Namen «Gallien» an.
Um dieselbe Zeit, im Verlauf des 4. Jahrhunderts, nahm auch die Urbanisierung zu. Und während die Kelten der Hallstattzeit noch regional zersplittert waren, erweist sich die Latènekultur von Beginn an als homogen und expansiv.
Wir wollen den Verlauf der Latènezeit jedoch nicht im einzelnen schildern, sondern die umfassenden europäischen Bezüge herausgreifen.

Stadt und Land. Die Kelten hatten schon kleine Städte. Im Inland waren es Befestigungsanlagen, die von Böhmen bis zur Bretagne einander glichen. In der Nähe der Mittelmeerküste indes entwickelten sich regelrechte gallorömische Städte. Unter ihnen ist Glanum bei Saint-Rémy in der Provence ein besonders schönes Beispiel.
Die Häuser, fast alle aus Holz, waren in der Regel rechtwinklig gebaut, außer in Großbritannien, wo der Rundbau noch vorherrschte.

Ein Volk von Bauern. In der Landwirtschaft hatte es seit der Megalithzeit offenkundig Fortschritte gegeben. So kannten die Kelten schon die Sichel, erfanden aber auch eine Art Mähmaschine mit einer Eisenschneide, wovon uns Plinius der Ältere im 1. Jahrhundert n. Chr. eine Beschreibung hinterlassen hat. Sie erfanden auch, wie wir bereits gesehen haben, den Radpflug, der zu einer neuen Form von Ackerbau, den offenen Feldern führte. Im Nordwesten Frankreichs existierte auch bereits die Heckenlandschaft mit ihren Streusiedlungen und mit Fluren, umgrenzt von Steinmauern, von Gebüsch oder von Böschungen mit Bäumen und Sträuchern. In Irland, Cornwall, Wales und ganz Westfrankreich, überall dort, wo die Viehzucht über den Ackerbau die Oberhand gewinnt, finden wir diese Art der Landschaft.
Wir sehr die Kelten die Landwirtschaft entwickelt haben, zeigt sich auch in der großen Zahl keltischer Wörter aus diesem Bereich, die in eine romanische Sprache wie das Französische direkt übernommen wurden: *charrue* (Pflug), *soc* (Pflugschar), *glaise* (Lehm), *lande* (Heideland), *bruyère* (Heidekraut), *javelle* (Schwade), *glaner* (Ähren lesen), *arpent* (Feldmaß in der Größe eines Morgens), *chemin* (Weg) und schließlich das wichtigste Wort: *blé* (Weizen, Getreide), das vom keltischen *bladum* kommt. Die übrigen europäischen

61 *Die Rekonstruktion eines Latènehauses, Roggendorf/Niederösterreich: Feuerplatz mit Kessel und Küchenutensilien.*

61

62

64

63

65

Sprachen besitzen ebenfalls Wörter, die aus dem Keltischen stammen, jedoch nicht in so großer Zahl.

Die Kelten stellten eine Gruppe verwandter Völkerschaften dar, die sich aber dennoch voneinander unterschieden und deren Religion als ein Zweig der indoeuropäischen Religionsfamilie zu betrachten ist. Sie kannten die Schrift, scheinen aber keine geschriebene Literatur besessen zu haben. Die Sozialstruktur war nicht sonderlich gegliedert. Es gab eine Kriegerkaste und darüber die «Fürsten», deren Gräber besonders prachtvoll ausgestattet waren. Hinzu kamen die Kaufleute, die durch ihren Beruf eine größere Weltkenntnis hatten, und schließlich die Priester, die Druiden, vielleicht auch «Literaten» und Heilkundige.

Die Sklaverei war so gut wie unbekannt – ausgenommen der Verkauf von Sklaven an reiche Leute in den Mittelmeerländern. Vielleicht trugen die Druiden dazu bei, die rauhen Sitten der Kriegerkaste zu mildern. Und dennoch: man weiß aufgrund späterer literarischer Quellen, daß es bei den Kelten Menschenopfer gab.

Die gallischen Götter. Von den gallischen Göttern weiß man nur etwas seit der Eroberung des Landes durch die Römer: Der gallische Pantheon wurde Stück für Stück der römischen Götterwelt angeglichen. Die Existenz einer Muttergöttin ist bekannt, auch die von Göttern des Jenseits. Und über der Götterdreiheit von Esus, Teutates und Taunis gab es vielleicht sogar einen höchsten Gott, der zum einzigen Gott werden konnte.

Funde aus der Latènezeit: **62** *Gold- und Bernsteinschmuck, um 500 v. Chr.;* **63** *Tonkrüge und Gefäße, um 450-250 v. Chr.;* **64** *vergoldeter Helm, 400 v. Chr.;* **65** *Pferdestatuette mit Menschenkopf, um 440 v. Chr.*

Die Weltsicht der Kelten

Es wäre völlig anachronistisch zu glauben, daß die Kelten über ihre Verschiedenheit hinweg auch nur im geringsten ein keltisches Solidaritätsgefühl gekannt hätten. Ihre Hauptgruppe seit der Latènezeit, die Gallier, kannte ebensowenig etwas wie nationale Solidarität. Wie war es zum Beispiel, als der Arverner Vercingetorix den Kampf gegen Julius Caesar aufnahm? Es war zweifellos eine tiefe Abneigung gegen alle Fremden vorhanden, ja geradezu ein Haß gegen die Fremdherrschaft. Aber es gab kein gallisches «Vaterland»: Vielmehr versuchten einige gallische Völkerschaften die anderen zu beherrschen. Das war auch bei den Arvernern der Fall. Die Koalition, die Vercingetorix zum Kampf gegen Rom vereint hatte, umfaßte alle Völker vom Atlantik bis ins Zentrum Galliens, von der Seine bis zur Garonne. Nach dem Abwehrerfolg des Vercingetorix bei Gergovia schlossen sich andere Völkerschaften an. Doch hätte diese gegen eine Bedrohung von außen gebildete Koalition im Fall eines durchschlagenden Siegs nicht zusammengehalten.

Der griechische Einfluß. Die Kelten hatten eine ziemlich genaue Vorstellung von der östlichen Welt.
Seit dem 6. Jahrhundert v. Chr. war der griechische Einfluß so weitreichend, daß man selbst im Innern Galliens griechische Wörter vor allem technischer Bedeutung verwendete. Der große Einfluß der griechischen Kultur auf Westeuropa, den sie später durch Vermittlung der Römer ausgeübt hat, kam also bereits vorher zur Geltung; die Griechen hatten sich schon vor der römischen Eroberung in diesem Raum angesiedelt.

Das Auftauchen der Germanen. Die Kelten hatten sich mit den Germanen auseinanderzusetzen. Diese tauchten zum ersten Mal in der Latènezeit auf, und zwar von Norden und Nordwesten her. Die verschiedenen Stämme, namentlich die Sweben und Markomannen, geben neben den Kelten noch eine recht blasse Figur ab. Was die Kimbern und Teutonen betrifft, die 113 v. Chr. in Norditalien einfielen und einige Jahrzehnte später von einem römischen Feldherr geschlagen wurden, so zweifeln einige Geschichtsschreiber daran, ob diese Stämme tatsächlich Germanen waren, da ihre Anführer keltische Namen hatten. Die Germanen waren sicher im Durchschnitt größer und blonder als die Gallier. Aber die Unterschiede waren doch sehr gering, zumal die Gallier nur in

66 *Die Religion der Kelten: Modell eines Kultwagens aus der Hallstattzeit, gefunden bei Merida, Spanien.*

66

67

68

Kriegszeiten rote – das heißt rot gefärbte – Haare hatten. Der Rassismus erscheint auch hier eher als ein Mythos. Dies um so mehr, als Kelten und Germanen kaum Mühe hatten, sich einander anzugleichen, vor allem nach dem Sieg Caesars über die Gallier. Die römische Besatzung veranlaßte zahlreiche Gallier, nach Osten auszuweichen.

Was von den keltischen Sprachen übrigblieb. Im Unterschied zum Lateinischen, das die Grundlage aller romanischen Sprachen in Europa wurde, blieben vom Keltischen nur lokale Dialekte übrig und darüber hinaus einige Wörter im Französischen.

Keltische Dialekte trifft man noch in der Bretagne an, in Schottland, in Wales, auf der Insel Man sowie in Irland. Dort ist – ein Sonderfall – die keltische Sprache seit der Unabhängigkeit der Republik Irland (1921) zur Staatssprache neben dem Englischen geworden.

Besonders in den Ortsnamen finden sich Spuren des Keltischen. Dies trifft vor allem auf Irland, Großbritannien und Frankreich zu. Aber die wirkliche Verbreitung ist weit größer. Zahlreiche keltische Wörter sind im westlichen Deutschland zwischen Rhein und Donau auszumachen: So tragen alle Nebenflüsse des Rheins von Osten her, vom Neckar bis zur Lippe, keltische Namen.

Hier einige Beispiele: Die Endung *dun* scheint einen herausgehobenen Ort oder eine Festung zu bezeichnen. Aus Lugdunum wurde Lyon; Chateaudun und Verdun sind ebenfalls keltischen Ursprungs. Die Endung *briga* bezeichnet ebenfalls einen befestigten Ort: so etwa Conimbriga, das heutige Coimbra in Portugal.

Magos als Endung verweist auf eine «Ebene» und hat sich im Stadtnamen Doromagus – Dormagen bei Düsseldorf erhalten, auch in Novromagus – Neumagen in der Nähe von Trier oder in Rigomagus – Remagen nahe Koblenz und in Nimwegen in den Niederlanden.

Ein besonders gutes Beispiel für das Überleben keltischer Bezeichnungen sind die Wörter für Wasser. Vom Keltischen *dubro* oder *dubra* leiten sich noch heute Flußnamen oder Ortsnamen in der Nähe von Wasserläufen her: Douvre im Calvados; die Dobra, ein Nebenfluß der Sella in Spanien; der Vernoublan von Vernodubra, ein Fluß im Kanton Fribourg.

Renos oder *rinos* bezeichnete bei den Kelten ebenfalls einen Wasserlauf, worauf der Name des Rheins zurückzuführen ist.

Der große Umschwung. Nach einigen Geschichtsschreibern der Antike und selbst noch unserer Zeit war das Vordringen der Kelten eine der größten Völkerwanderungen in der Geschichte Europas. Herodot spricht bereits im 5. Jahrhundert v. Chr. von den Kelten. Er siedelt sie längs der Donau an, verlegt aber unglücklicherweise die Quelle dieses Stroms in den Ostteil der Pyrenäen.

Der Historiker André Aymard hat versucht, die Wanderung der Kelten zu charakterisieren: «Sie veränderten die Besiedlung ganzer Landstriche, zerstörten oder schwächten zumindest die betroffenen Reiche, wie zum Beispiel das der Etrusker, und sie versetzten die alteingesessenen Völker in Angst und Schrecken.» Die Menschen in Italien und in der ganzen hellinistischen Welt waren entsetzt. Die zivilisierte Welt empfand angesichts der entfesselten Barbarei ein ähnliches Gefühl der Vergänglichkeit und Tragik, wie später bei den Einfällen der Germanen in das Römische Reich. Meist handelte es sich dabei nicht um die Wanderung eines ganzen Volkes oder Stammes, sondern um den Aufbruch aufeinanderfolgender Horden, angeführt von adligen Häuptlingen, begleitet von Frauen und Kindern auf irgendwelchen Karren. Abenteuerlust trieb diese Horden. Sie vertrieben selbst ihre Vorgänger; sie ließen keine Gelegenheit aus, die sich zum Plündern bot, und suchten vor allem einen Platz, wo sie sich niederlassen konnten, bereit, ihn mit Gewalt und Blutvergießen zu erobern oder ihn durch Übereinkünfte zu erwerben.

Mit Recht bemerkt André Aymard: «Unter den westlichen Völkern waren die Kelten

69

Die gallische Götterwelt wurde nach und nach der römischen angeglichen: **67** *Bronzemaskaron eines göttlichen Wesens, Manching/Bayern, um 150 v. Chr.;* **68** *Bronzekopf der keltischen Göttin Rosmerta, der Gemahlin des Merkur, Mainz-Finten, 2. Jahrhundert n. Chr.;* **69** *der Kultpfeiler aus Pfalzfeld, um 450 v. Chr. –* **70/71** *«Regenbogenschüsselchen», gewölbte keltische Münzen, 1. Jahrhundert v. Chr., gefunden bei Meßkirch/Baden. Sie galten noch im 19. Jahrhundert als Glücksbringer. Man glaubte, sie befänden sich bei Gewittern dort, wo der Regenbogen beginnt.*

die letzten, die unter das römische Joch kamen. Als die Kultur der Etrusker und der Karthager unterging, hatte sie wenigstens zuvor eine Zeit der Blüte gehabt. Die Kultur Galliens hat sich jedoch nicht vollenden können. Als Ganzes betrachtet, hat sie nur im Zustand eines Versprechens existiert.»

Zusammenfassung. Am Ende der Bronzezeit gab es in ganz Westeuropa eine neolithische Bevölkerung, die sich wahrscheinlich mit den Ligurern und den Iberern vermischte. Fast zweitausend Jahre lang erlebt dieses Gebiet eine Reihe von Völkerwanderungen, die man in drei große Phasen teilen kann: die keltische, römische und die germanische.

«Invasion» oder «Völkerwanderung» sind vielschichtige und zweischneidige Begriffe. Sie können die schnelle Attacke einer Armee bezeichnen, die sich nach dem Plündern wieder zurückzieht; auch den Vorstoß einer Armee, die durch Vernichtung oder Versklavung der Besiegten die Niederlassung des eigenen Volkes im eroberten Gebiet vorbereitet; und schließlich die allmähliche Einwanderung eines Volkes, das im Lauf mehrerer Jahrzehnte die Einheimischen gleichsam aufsaugt – falls es an Menschenzahl überlegen ist – oder aber selbst in der Minderheit bleibt. Diese Art von Invasion kann demnach zu einem Zusammenleben oder zur Assimilation führen.

Mit diesen Ausführungen sollen die Legenden zerstört werden, die der exzessive Nationalismus des 19. und des 20. Jahrhunderts in die Welt gesetzt hat.

Die erste Legende besteht darin zu meinen, daß jedes der heutigen Völker sich von einer dieser Wanderungen allein herleite. In Wirklichkeit sind fast alle Völker aus mindestens zwei oder gar drei der erwähnten Wanderungen hervorgegangen.

Vom Standpunkt der «Reinheit» aus betrachtet, stehen die Iren in Westeuropa an erster Stelle. Sie stammen von den Menschen des Neolithikums ab, dann kamen

70

71

die Kelten hinzu und später, wenn auch geringer an Zahl, germanische Völkerschaften durch die englische Eroberung. Ähnliches trifft auf die Skandinavier zu. Sie entgingen sowohl dem Vordringen der Kelten, von denen sie jedoch kulturell beeinflußt wurden, als auch der Eroberung durch die Römer. Was Portugal betrifft, so haben sich dort vor allem in der Hallstattzeit die Menschen des Neolithikums mit den Kelten vermischt, dann kamen die Römer und errichteten die Provinz Lusitania. Die Germanen, erst Alanen und dann Sweben, haben hier nur eine relativ untergeordnete Rolle gespielt.

Im eigentlichen England, in Frankreich mit Wallonien und der französischen Schweiz sowie in Deutschland mit Österreich und der deutschen Schweiz, in Italien und Spanien vollzog sich die Mischung der Völker in unterschiedlichem Ausmaß. Es ist daher unzulässig, wenn Mussolini das Italien des 20. Jahrhunderts auf das Römische Reich zurückführt. Oder wenn der französische Historiker Ferdinand Lot die Niederlage des Galliers (oder des Kelten) Vercingetorix bei Alesia im Jahr 52 v. Chr. als «die größte Katastrophe» der französischen Geschichte bezeichnet.

Beiläufig sei erwähnt, daß das Wort *galli*, die Gallier, wie es Julius Caesar benutzt, die Bezeichnung war, mit der die Römer Völkerschaften benannten, die sich selbst als «Kelten» empfanden. Caesar hat auch die Grenze Galliens in die Nähe des Rheins gerückt, obgleich sich die keltische Welt über ganz West- und auch Mitteleuropa erstreckte, von wo sie dann nach und nach von den Germanen verdrängt wurde.

Ebenso absurd ist die Auffassung einiger deutscher Historiker des 19. Jahrhunderts, die Kelten seien eigentlich Germanen gewesen. Man kann und darf einer weit zurückreichenden Vergangenheit nicht Vorstellungen und Meinungen unterstellen – hier das Nationalgefühl –, die ihr völlig fremd waren. Jules Michelet, der große romantische Historiker, hat dazu eine treffende Formulierung gefunden, die auf alle Länder des Westens angewandt werden kann: «Die Rasse? Ich sehe sie nicht mehr. Ich weiß nicht mehr, was dieses Wort bedeutet [...] Gallier, Germanen, Römer und Franken sind Namen von Menschen der Vergangenheit, und von diesen Menschen, ihrem Blut, ihren physischen Anlagen ist nichts Fühlbares in unserem nationalen Leben geblieben. Hütet euch vor dem Wort Rasse! Nur allzuleicht wird es zum Vorwand, mit Hilfe der Vergangenheit für alle Zukunft den Haß, die Eifersucht und die Streitigkeiten der Gegenwart zu rechtfertigen.»

4 Griechische Weisheit und römische Größe

Der Aufstieg Roms

Zwischen der keltischen und der germanischen Völkerwanderung machte sich ein kleines Volk italischer Herkunft daran, vom Zentrum Italiens aus das ganze Land von den Alpen im Norden bis zum Ende des Stiefels im Süden samt den dazugehörigen Inseln zu erobern – und das im Lauf von drei Jahrhunderten.

Etrusker, Griechen, Gallier, Karthager. Mit vier großen Kulturen sahen sich die Römer unmittelbar konfrontiert: der etruskischen in der Toskana und in Umbrien, der griechischen in «Großgriechenland» im Süden Italiens und in einem Teil von Sizilien, der gallischen in der Poebene und in den Alpen, schließlich der karthagischen auf Sizilien und Sardinien. Während im 5. und 4. Jahrhundert die Gallier für kurze Zeit Rom erobert hatten und dabei auch die Etrusker unterwerfen konnten, begannen die Römer den Großteil ihrer Eroberungen im 3. Jahrhundert v. Chr. Im Jahr 200 v. Chr. beherrschte Rom mit seinen latinischen Verbündeten bereits ganz Italien und hatte sogar die ersten Expeditionen außerhalb Italiens unternommen.
Rom konnte diese Vorherrschaft erringen, weil es in den Punischen Kriegen Karthago besiegt hatte; doch blieb die militärische und wirtschaftliche Bedrohung durch Karthago bestehen. Außerdem wollten die Griechen, die sich in verschiedenen Bündnissen zusammengeschlossen hatten, und ihre rauhen Vettern, die Makedonen, nicht hinnehmen, daß die Griechen in Italien von den Römern geschlagen worden waren.

Die Makedonen. Im 4. Jahrhundert v. Chr. brachte Makedonien in Nordgriechenland zwei der größten Eroberer der Geschichte hervor: König Philipp von Makedonien (359-336) und seinen Sohn Alexander (336-323). Doch der Eroberungszug Alexanders richtete sich gegen den Osten, er unterwarf die wohlhabenden und hochzivilisierten Reiche Asiens und beachtete den weniger anziehenden Westen kaum. Ebenso ist auch verständlich, daß die Römer von ihrer adriatischen Küste aus die Gegenküste ins Auge faßten und sich von einigen Teilen des Alexanderreichs anlokken ließen – vor allem von Makedonien und Griechenland. Mit den Punischen Kriegen wurden auch zugleich die Illyrischen Kriege ausgefochten: Im Jahr 229 überquerten die Römer zum ersten Mal die Adria, und bald darauf begannen die Kriege um Makedonien. Bei einem dieser Feldzüge wurden im Jahr 167 tausend achäische Griechen vom Peloponnes nach Italien verschleppt. Unter ihnen befand sich auch einer der bedeutendsten Geschichtsschreiber des Altertums, Polybios.

Polybios. Man kann keine Geschichte Europas schreiben, ohne von Polybios zu sprechen, der griechisch schrieb. Er wurde zum Historiker des unaufhaltsamen Aufstiegs der Römer, dessen Zeuge er war. Und er ist zugleich das Symbol der ungebrochenen griechischen Kultur innerhalb der römischen Welt. Es heißt, das geschlagene Griechenland habe seine Bezwinger besiegt. In der Tat hatte dieses Griechenland in unserer westlichen Welt vor allem durch die Gründung von Kolonien an der Mittelmeerküste Fuß gefaßt, so etwa in Massalia, dem heutigen Marseille, aber es herrschte in Westeuropa niemals über ein großflächiges Territorium. Erst durch römische Vermittlung wurde das Griechentum eine der wesentlichen Komponenten unserer Kultur. Polybios hat zu erklären versucht, warum unter allen Metropolen Rom allein dazu in der Lage war, einen Großteil der damals bekannten Welt zu erobern.
Polybios wurde um 200 v. Chr. in Megalopolis (Arkadien) geboren und gehörte zu jenen Griechen, die sich nie mit der Idee eines griechischen Städtebunds anfreunden konnten.

72 *Römische Kaiserresidenz: Säulenumgang mit Insel und Pavillon der Villa Hadriana bei Tivoli, erbaut 126 bis 134.*

ZEITTAFEL 3: Das Römische Reich von Augustus bis Julian (1.–4. Jahrhundert n. Chr.)

	1. Jh. n. Chr.		*2. Jh. n. Chr.*			
Dynastien	Julisch-Claudische (**27** v. Chr.–**68** n. Chr.)	Flavische (**69–96**)	Antonine (**96–192**)			
Kaiser	Augustus (**27** v. Chr.–**14** n. Chr.) Tiberius (**14–37**) Caligula (**37–41**) Claudius (**41–54**) Nero (**54–68**)	Galba, Otho (**68–69**) Vitellius, Vespasian (**69–79**) Titus (**79–81**) Domitian (**81–96**)	Nerva (**96–98**) Trajan (**98–117**) Hadrian (**117–138**)	Antoninus Pius (**138–161**) Marc Aurel (**161–180**) Commodus (**180–192**)		
Römisches Reich	**55** Mord an Britannicus **59** Mord an Agrippina **64** Brand von Rom		**132** «Prätorianisches Edikt» (Humanisierung der Rechtsprechung)			
Italien	Titus Livius (**58** v. Chr.–**17** n. Chr.): «Geschichte Roms»	Tacitus (**50–116** [?]): «Germania» Sueton (um **70–140** [?]): «Kaiserbiographien»	Apulejus (geb. um **125**): «Der goldene Esel»			
Gallien **Britannien** **Iberische Halbinsel**	**43** Beginn der Eroberung Britanniens durch Claudius **69** Aufstand des Vindex in Gallien	**70** Unterdrückung des Aufstands des Germanen Civilis				
Rätien **Dekumatenland**	Vitellius Befehlshaber der Rheinarmee	**74** Eroberung des Dekumatenlands **90** Bau des Limes				
Norikum **Pannonien** **Dakien**		**85–89** Krieg gegen die Daker	**107** Sieg über die Thraker in Dakien; Errichtung der Provinz Dacia			
Griechenland **Orient** **Afrika**	**43** Provinz von Mauretanien **51–63** Kriege gegen die Parther **66** Vespasian befehligt die Armee in Palästina	**70** Titus erobert und zerstört Jerusalem	**105–106** Annexion der Provinz Arabia	**114–117** Siegreicher Krieg Trajans gegen die Parther; jüdischer Aufstand	**132–135** Revolte der Juden unter Bar Kochba gegen die Römer	**162** Beginn des Partherkriegs
Das nichtrömische Europa	**9** Schlacht im Teutoburger Wald; die Cherusker unter Arminius zerschlagen das Heer des Varus				**166** Aufstand der Donauvölker unter Führung der Markomannen	**180** Marc Aurel stirbt bei Wien
Christentum	**28/30** Tod Jesu; Bekehrung des Paulus **64** Erste große Christenverfolgung unter Nero				**177** Christenmassaker in Lyon	

3. Jh. n. Chr.		*4. Jh. n. Chr.*	
Severer (**193–235**)	Soldatenkaiser (**235–284**)	Diokletian und die Tetrarchie (**284–305**)	Konstantinische Dynastie (**305–363**)
Septimius Severus (**193–211**) Caracalla (**211–217**) Elagabal (**218–222**) Severus Alexander (**222–235**)	Decius (**249–251**) Valerian und Gallienus (**253–268**)	**286** Diokletian, Maximian (Augusti) **293** Konstantius, Galerius (Caesares)	Konstantin (**305–337**) Constantius II. (**337–361**) Julian (**361–363**)
212 Edikt des Caracalla: Alle freien Männer erhalten das römische Bürgerrecht	Wirtschaftskrise, Staatsstreiche, Revolten, Abfall einzelner Gebiete, Grenzverletzungen **275** Bau der Aurelianischen Mauer in Rom		**306** Konstantin wird zum Augustus ausgerufen **311** Tod des Galerius **324** Tod des Licinius **330** Konstantinopel wird Hauptstadt des Römischen Reichs
	258 Alemannen in Norditalien		
208–211 Septimius Severus kämpft in Britannien, stirbt bei York	Postumus und später Tetricus herrschen in Gallien (**258**), Britannien (**268**), Spanien (**273**) Die Franken fallen in Spanien ein **269** Unterwerfung der Bretagne		
235 Severus Alexander und seine Mutter in Mainz ermordet	**270** Dekumatenland und Dakien fallen endgültig ab		
		294–296 Wiederherstellung der Grenzen an Rhein und Donau	
217 Caracalla wird auf einem Feldzug gegen die Parther ermordet; Feldzüge gegen die Parther **224** Das Partherreich geht im Perserreich der Sassaniden auf **231–232** 1. Krieg gegen die Perser	**238–244** Kaiser Gordianus I., II., III. **244–249** Kaiser Philippus Arabs **269–272** Unabhängigkeit Palmyras **284** Friede mit den Persern	**297–298** Diokletian führt Krieg gegen Persien	**363** Julian stirbt auf einem Feldzug gegen Persien
	268–278 Völkerwanderungswelle vor allem germanischer Stämme		**341** Wulfila wird Missionsbischof unter den Westgoten **357** Julian schlägt die Alemannen und wird zum Kaiser ausgerufen
	249–251 Verfolgung unter Decius **157–258** Verfolgung unter Valerian	**303–305** Diokletianische Christenverfolgung	**313** Toleranzedikt von Mailand zum Schutz der Christen **314** Konzil von Arles **325** Konzil von Nicäa

73

74

75

Auch der makedonischen Eroberung stand er feindselig gegenüber. Seine Familie war wohlhabend, republikanisch und antimakedonisch gesinnt, seine Heimatstadt hatte sich dem Achäischen Bund angeschlossen, in dem sein Vater eine bedeutende Rolle spielte. Polybios bewunderte die Achäer, verabscheute die Böotier, die Makedonen, die Ätolier, die Athener, ja sogar die Spartaner und erhielt wohl eher eine politisch-militärische als eine philosophisch-literarische Erziehung.

Rom erobert Griechenland. Seit etwa 200 v. Chr. hatte sich der Achäische Bund im Norden des Peloponnes mit den Römern gegen König Philipp V. von Makedonien verbündet. In der Folgezeit eroberten die römischen Legionen Griechenland, zogen sich aber im Jahr 194 v. Chr. beutebeladen wieder zurück, ohne das Land – für den Augenblick wenigstens – zu annektieren.

Dennoch war dieser Rückzug der Beginn einer unaufhaltsamen Entwicklung. Die Römer drangen nämlich bis nach Kleinasien vor, um den König von Pergamon gegen die Makedonen zu unterstützen. Vielleicht hat Polybios mit einem achäischen Kontingent an dieser Intervention teilgenommen. Im Jahr 170 war er jedenfalls einer der Anführer des Achäerbunds. Doch nun brachen die Römer das Bündnis mit den Griechen und nahmen tausend achäische Würdenträger als Geiseln – unter ihnen Polybios. Von 167 bis 150 v. Chr. wurde er dann in Italien festgehalten. Dabei ergriff er die Gelegenheit, den Werdegang Roms genau zu verfolgen, wodurch er sich die Achtung bedeutender römischer Staatsmänner und Militärs erwarb: so des Aemilius Paullus, des Siegers über Makedonien; des Scipio Aemilianus, des Bezwingers von Karthago und des berühmten Cato.

Polybios begriff, warum Rom die Oberherrschaft über die griechischen Städte erlangen konnte. Daher nahm er auch das Angebot an, im Jahr 147 v. Chr. Scipio Aemilianus im dritten und letzten Punischen Krieg, der mit der Vernichtung Karthagos endete, als Berater zu begleiten. Danach unternahm er eine Reise an die Küsten des Atlantiks, von Portugal bis Marokko, begab sich nach Ägypten, nach Syrien und nach Sizilien und starb um das Jahr 126 kurz nach seinem Freund Scipio.

Die Gründe für die Vorherrschaft Roms. Unter all den Beobachtungen, die Polybios als Zeuge seiner Zeit gemacht hat, war die Erklärung des Aufstiegs der Stadt Rom zur Weltmacht die bedeutendste. Man halte sich vor Augen: Rom, eine belie-

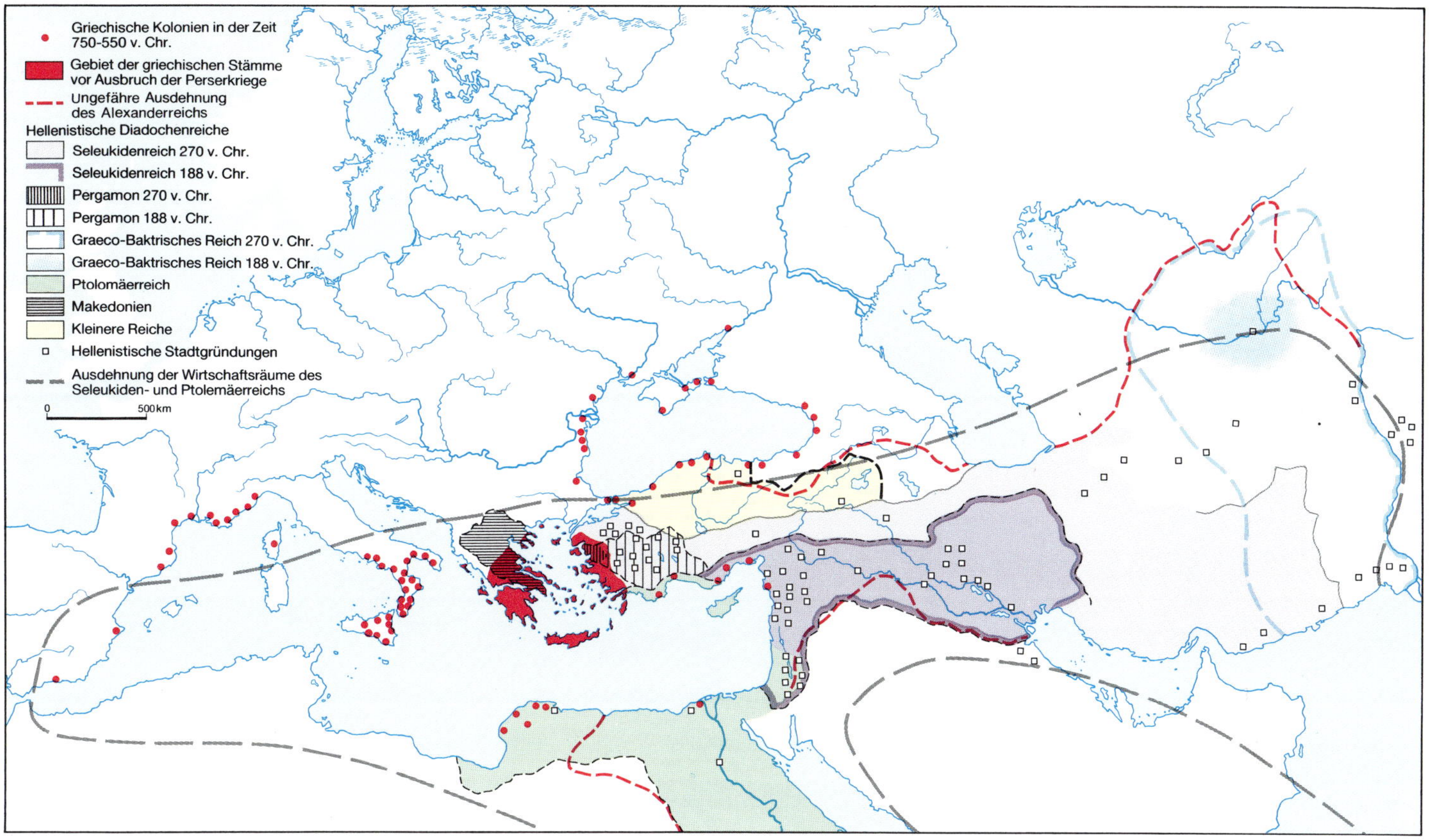

76

Karte 6: *Griechentum und Hellenismus.* **73** *Kunst der Etrusker: Wandmalerei aus dem Leopardengrab in der etruskischen Stadt Tarquinia (Latium/Italien), 500 v. Chr.* **74** *Alexander der Große: Detail aus einem Mosaik in Pompeji, der Kopie eines griechischen Gemäldes aus dem 4. Jahrhundert v. Chr. Es stellt die Schlacht bei Issos (333 v. Chr.) zwischen Alexander und dem Perserkönig Darius dar.* **75** *Griechische Architektur: der Poseidontempel auf Kap Sunion, 500 v. Chr.* **76** *Römische Mythologie: Kopf der Wölfin, die Romulus und Remus säugte, Bronzefigur, 500 v. Chr.*

bige Stadt unter anderen, eroberte nacheinander Illyrien, Makedonien, Griechenland und sogar einen Teil Kleinasiens, Gebiete in Spanien, im heutigen Tunesien und entlang der algerischen Küste.

Wie konnte es dazu kommen? Die Römer waren den Latinern, den Griechen, den Etruskern und den Karthagern, die alle das Alphabet kannten, kulturell und technisch-industriell ja nicht überlegen. Polybios verglich die Römer mit den Persern. Doch die Perser scheiterten immer dann, wenn sie die Grenzen Asiens überschritten. Und was die Spartaner betrifft, so war deren Herrschaft nur von kurzer Dauer. Und die Makedonen? Sie haben niemals versucht, Sizilien, Sardinien und Afrika zu erobern. Polybios kommt in seiner Geschichte zu dem Schluß: die Römer schätzten ihre Fähigkeiten und Möglichkeiten richtig ein und führten auf dieser Grundlage den Plan aus, die Welt zu beherrschen.

Polybios kennt und betont vor allem die außergewöhnliche Tapferkeit der römischen Soldaten, die Überlegenheit der römischen Legion gegenüber dem Heer der Griechen und dem Söldnerheer Karthagos. Die Siege der Karthager etwa seien nicht dank der Überlegenheit ihrer Bewaffnung oder ihrer Schlachtordnung errungen worden, sondern allein durch die Tüchtigkeit und den Weitblick Hannibals.

Doch der wahre Grund für die Überlegenheit Roms liege in der Verfassung, in den Institutionen des Landes. Diese Verfassung aber, die man ständig zu verbessern suche, sei auf einzigartige Weise monarchisch, aristokratisch und demokratisch zugleich. Die Konsuln – so Polybios – sind wahre Monarchen. Alle öffentlichen Ämter, außer dem Volkstribunat, sind ihnen unterstellt. Im Kriegsfall ist ihre Amtsautorität beinahe souverän. Der Senat hingegen verkörpert die Aristokratie. Er entscheidet über die öffentlichen Finanzen und die auswärtigen Beziehungen. Das Volk selbst hat ebenfalls einen bedeutsamen Anteil an dieser Verfassung: Es allein verleiht Ehrungen oder verhängt Strafen. Es wählt die Konsuln und die übrigen hohen Beamten.

Polybios kommt zu dem Schluß: «In allen kritischen Situationen findet zwischen den drei Gewalten eine vollendete Abstimmung statt. Man kann kein besseres Regierungssystem finden. Tritt plötzlich eine äußere Bedrohung auf, die alle betrifft und sie zwingt, die Kräfte zu bündeln, so gewinnt der Staat eine solch umfassende Energie, daß nichts außer acht gelassen wird, was zur Selbstbehauptung erforderlich ist.»

Stabilität der Herrschaft und Schriftkultur. Der griechisch-römische und der jüdisch-christliche Einfluß haben Europa wahrscheinlich mehr geprägt als etwa die

Kultur der Iberer und der Ligurer, ja selbst der Kelten, der Germanen, der Sarazenen, der Slawen und der Byzantiner. Denn die römische Eroberung war vor allem von langer Dauer. Sie war ein geduldiges Anhäufen von Siegen und diplomatischen Erfolgen, zwar unterbrochen von Rückschlägen, aber von einer bewundernswerten Stetigkeit. Und wenn auch Irland, der Norden Schottlands, Skandinavien, der überwiegende Teil Deutschlands und die slawischen Länder von dieser Eroberung ausgenommen blieben, so gerieten sie doch durch den Handel und durch die Völkerwanderungen unter römischen Einfluß.

Rom hat politisch ganz Italien beherrscht, aber auch für vier Jahrhunderte Gallien, für zweieinhalb Jahrhunderte Großbritannien, für fünfeinhalb Jahrhunderte einen großen Teil Spaniens, für dreieinhalb Jahrhunderte das übrige Spanien und Portugal.

Außer der Stabilität ihrer Herrschaft ist die Schriftkultur der Römer von großer Bedeutung. Dank der Vorarbeit der Griechen und Karthager konnten sich die Römer das einfachste aller Alphabete zusammenstellen. Die lateinische Schrift wurde zunächst nur für Archivzwecke und besondere Inschriften wie zum Beispiel an Grabmälern benutzt, dann aber wurde sie die Grundlage der Literatur – unter dem Einfluß der Griechen.

Gewiß, auch die Gallier und die Germanen haben eine Schrift gehabt, die Etrusker besaßen sogar ein ausgeklügeltes Schriftsystem, aber sie haben es nur für religiöse oder praktische Zwecke benutzt, besonders für Rechnungen. Keines dieser Völker entwickelte von sich aus eine geschriebene Literatur – das geschah erst, als sie die lateinische Schrift übernahmen, um die alten Mythen und Legenden aufzuzeichnen, die sonst nur mündlich überliefert wurden. Die lateinische Schrift wurde die Schrift des gesamten Westens.

78

79

80

77

Der griechische Einfluß. Der Gegensatz zwischen Griechen und Römern ruft Bewunderung hervor. Die Griechen waren jahrhundertelang mit einem wahrhaft geistigen Genie begnadet. Zu Beginn ihrer Geschichte besaßen sie bereits die *Ilias* und die *Odyssee*. Sie erfanden buchstäblich das philosophische Denken und die Grundlagenwissenschaft – im Unterschied zu einem bloßen Nützlichkeitsdenken.

In Griechenland entstanden die Tragödien von Aischylos, Sophokles und Euripides, die Komödien des Aristophanes sowie die Geschichtsschreibung von Herodot und Thukydides. Die Werke von Sokrates, Platon, Xenophon und Aristoteles demon-

77 *Römische Wandmalerei: Porträt eines Mädchens mit hölzernem Schreibtäfelchen und Griffel, die sogenannte Sappho, Pompeji.* **78** *Forum Romanum – das Zentrum der römischen Welt. Rechts die drei Marmorsäulen des Castor- und Pollux-Tempels, im Hintergrund der Titusbogen.* **79** *Die Griechen, Lehrmeister Roms und des modernen Europa: der Tragödiendichter Sophokles (496-406 v. Chr.), römische Kopie einer griechischen Bronzestatue, 100 n. Chr.;* **80** *der Philosoph Aristoteles (384-322 v. Chr.).* **81** *Der römische Homer, Dichter der «Aeneis» und der «Bucolica»: Vergil (70-19 v. Chr.).* **82** *Ein Meister lateinischer Prosa und Repräsentant römischer politischer Kultur: Marcus Tullius Cicero (106-43 v. Chr.).* **83** *Römische Erziehung: Schulszene, Neumagen, 3. Jh. n. Chr.*

strieren in glänzender Weise, was dialektisches, in der eigentümlichen Form des Dialogs sich äußerndes Denken zu sein vermag.

Doch trotz dieser geistigen Brillanz und der Höhe ihres künstlerischen Geschmacks verstanden es die Griechen nicht, sich politisch zu einigen. Ihre Städte führten gegeneinander Krieg und wurden eine leichte Beute für die zupackenden Makedonen und auch, wie wir gesehen haben, für die Römer. Diese eroberten Jahrhundert für Jahrhundert ein Gebiet nach dem andern, ohne nennenswerte Anfänge einer Literatur zu besitzen. Glänzen die Griechen mit einer faszinierenden Kultur, so die Römer durch ihr faszinierendes politisches System.

Doch man kann Griechenland nicht erobern, ohne von den Griechen zivilisiert zu werden. Seit dem 4. Jahrhundert v. Chr., also ein Jahrhundert nach den großen Dichtern und Denkern der Griechen, erreichte der Hellenismus Rom: einmal, weil die römischen Gelehrten griechisch lernten, dann aber auch durch die Literatur selbst. Griechische Künstler und Autoren aller Art suchten ihr Glück in Rom, wo sie bald die Etrusker verdrängten. Die gesamte lateinische Literatur lebte seit ihrem ersten Auftauchen im 1. Jahrhundert v. Chr. weitgehend vom griechischen Vorbild. Mit Prosaschriftstellern wie Cicero und Tacitus, mit Dichtern wie Horaz, Vergil, Lukrez oder Ovid erreichte sie eine außerordentliche Kraft und Fülle. Der Philosoph und Moralist Seneca, der Dichter Lukan, die in so hohem Maße die lateinische Literatur geprägt haben, stammen beide aus Spanien. Doch das ist kaum noch von Bedeutung: so groß war die Assimilationskraft der griechisch-römischen Kultur.

Außerhalb Italiens wirkte der griechische Einfluß auf verschiedene Weise. Da gab es zunächst die besondere Ausstrahlung der griechischen Kolonien vor dem Aufstieg Roms, dann den Einfluß der Griechen durch die Vermittlung Roms. Doch seit dem 5. Jahrhundert n. Chr. lernte man in Westeuropa nicht mehr griechisch. Platon und Aristoteles, vor allem die Philosophen und Naturwissenschaftler, auch die Dichter und Schriftsteller wurden nur noch in unvollständigen und ungenauen lateinischen Übersetzungen gelesen. Im 12. und 13. Jahrhundert kamen dann noch Übersetzungen griechischer Texte ins Arabische hinzu, vor allem in Spanien, dank der Übersetzerschule von Toledo. Erst im 15. und 16. Jahrhundert wurden die griechische Sprache, die griechische Kultur und Wissenschaft wiederentdeckt, begann vor allem die wissenschaftliche Beschäftigung mit dem Griechentum.

81

82

83

Marseille und Gallien. Noch vor den Römern haben griechische Seefahrer, besonders aus Marseille, ihren Einfluß über das gesamte westliche Becken des Mittelmeers ausgedehnt, bis ins Rhônetal hinein, in den Süden und Osten Spaniens und sogar in den Süden der Britischen Inseln. In Massalia, dem heutigen Marseille, das 600 v. Chr. gegründet wurde, sprach man Griechisch, Latein und Gallisch: Die Stadt besaß für die Gallier, die dort eine höhere Bildung erwerben wollten, große Anziehungskraft. Den Griechen verdanken die Westeuropäer vor allem den Sinn für die Abstraktion, das Vernunftdenken, die reine Wissenschaft.

Römische Bildung. Die Römer kannten die Schrift, hatten Sinn für Verwaltung und waren bestrebt, nicht nur junge Aristokraten zu erziehen, sondern möglichst viele junge Leute im Lesen und Schreiben zu unterrichten. Nach der Eroberung Griechenlands wurde das gesamte Erziehungswesen nach griechischem Vorbild umgeformt. Einige Familien besorgten die Ausbildung ihrer Kinder selbst, andere wiederum ließen ihre Sprößlinge in Griechenland studieren, und die wohlhabenden Römer stellten gar Hauslehrer an – oft Griechen, sei es als Sklaven, Freigelassene oder freie Männer.

Es entstanden Schulen, in denen man lesen lernte – aber auch die Liebe zum Vaterland, die Praxis des öffentlichen Lebens. Die Hingabe an den Staat hatte umfassend zu sein. Der Lehrer war entweder ein studierter Mann, der seine eigene Schule gründete, oder ein Sklave, der fähig war, als Lehrer zu dienen. Unterrichtet wurde zunächst in Griechisch, dann aber zunehmend in Latein. Es gab sogar griechisch-lateinische Handbücher.

Das höhere Schulwesen war einer Elite vorbehalten. Sie lernte Grammatik und Mathematik, vor allem aber las sie die Schriftsteller. Die Erläuterung von Texten, die Metrik und die Rhetorik machten den Hauptteil der Übungen aus. Es mutet seltsam an, sich vorzustellen, daß sich der junge Bürgersohn im Europa des 19. Jahrhunderts an den humanistischen Gymnasien über die gleichen Texte beugte wie der junge Römer tausendachthundert Jahre zuvor.

Ein Detail am Rande: damit Mädchen und auch Jungen nicht den Gefahren der Straße ausgesetzt wurden, ließen die reichen Leute sie von einem «begleitenden Sklaven» beschützen, dem *paidagogos,* wie er auf griechisch genannt wurde. Daraus wurde unser Wort «Pädagoge», Lehrer.

Im 2. Jahrhundert v. Chr. schrieb der Schriftsteller Aelianus: «Überall gibt es Gymnasien, Springbrunnen, Säulenhallen, Tempel und Schulen.» Die Größe Roms bestand vor allem in dieser Kultur. Sie wurde durch die Germanen zunächst zerstört; lediglich in Italien konnten sich die Schulen ein Jahrhundert länger halten, bis sie auch dort durch die Langobarden ihr Ende fanden. Wenn man diese Invasion als «barbarisch» bezeichnen kann, dann deshalb, weil die Schulen verschwanden. Die neuen Schulen, die sich in den Klöstern, dann an den Bischofssitzen und in einfachen Pfarrgemeinden bildeten, hatten nicht mehr viel mit den vorchristlichen Schulen gemein. Was ihre geographische Verbreitung betrifft, so folgte sie der Errichtung von Pfarrgemeinden und damit der Christianisierung des flachen Landes im Lauf des 6. Jahrhunderts. Nur selten wurden Schulen in gallorömischen Städten gegründet. Die christlichen Schulen dienten vornehmlich der Heranbildung von Priestern. Nicht die römischen, sondern diese Kloster- und Pfarrschulen stehen am Beginn unseres heutigen Schulwesens.

Die Künste. In den schönen Künsten gibt es immer wieder intensive Anstrengungen, zum Stil der Klassik zurückzukehren: Man hofft in der Antike Maß und Regel wiederzufinden. Der Klassizismus, der von den Vereinigten Staaten von Amerika übernommen und von Kolonisatoren in der ganzen Welt verbreitet wurde, ist europäisch, und sein Ursprung geht auf das griechisch-römische Erbe zurück. So verschmähen die Architekten der Renaissance die Gotik und greifen auf antike Motive zurück. Die «Klassik», welche der Renaissance folgt, ahmt die Antike nach, wie zum Beispiel an den Kolonnaden des Pariser Louvre zu sehen ist. Das Barock wiederum lehnt die strenge Geometrie der Klassik ab. Aber vor allem in der zweiten Hälfte des 18. und zu Beginn des 19. Jahrhunderts werden Tempel nachgebaut wie das Pantheon in Paris, «Triumphbögen» wie der Arc de l'Etoile, der Marble Arch in London, das Brandenburger Tor in Berlin oder die Puerta de Alcala in Madrid.

In der Renaissance und in der Reformationszeit hat man auch wieder damit begonnen, die griechische Sprache zu lernen: Die von Erasmus von Rotterdam besorgte Ausgabe des griechischen *Neuen Testaments* war eine der Grundlagen von Luthers Bibelübersetzung. Die junge englische Prinzessin Elisabeth, die künftige Königin von England, wurde im Geist griechischer Kultur erzogen.

84

Recht, Staat, Familie

Die Stadt Rom, die zunächst von einer Oligarchie regiert wurde, dehnte ihre Herrschaft über weite Gebiete aus. Mit der Verfassung einer kleinen Stadtrepublik konnte man jedoch nur erobern, nicht regieren und herrschen. Die Alternative zur Oligarchie hieß jedoch nicht notwendigerweise Despotie. Die Römer fanden zu Beginn des Kaiserreichs eine andere Lösung: die *res publica,* die in weitem Sinn als Staat verstanden werden muß. Die Kaiser regierten – mit Unterstützung der Götter – diese «moralische Person», die den gesamten Herrschaftsbereich und seine Einwohnerschaft umfaßte. Die *res publica* überlebte stets den Tod des Kaisers. Mit der Auflösung des Kaiserreichs im 5. Jahrhundert verschwand auch der Staat. Aber das Ideal blieb bestehen, und wo immer versucht wurde einer Herrschaft im Innern eine feste Gestalt zu geben, da waren die Gelehrten in ihrer Begeisterung für Rom mit mehr oder weniger Geschick bemüht, dessen Institutionen nachzuahmen.

Das römische Recht. Die Römer sind noch mehr als die Griechen hervorragende Gesetzgeber gewesen. Vor allem aber besaßen sie einen ausgeprägten Sinn für das Recht. Es galt als ein zusammenhängendes Ganzes, war vernünftig geordnet und hatte Gerechtigkeit zum Ziel: Der einzelne Bürger konnte sich seines Besitzes erfreuen – vorausgesetzt, er war männlichen Geschlechts, Familienoberhaupt und ein freier Mann. Seit dem Zwölftafelgesetz aus der Zeit um das Jahr 450 v. Chr. – von diesem Gesetz ist nichts erhalten geblieben – nahm die Zahl der römischen Gesetzessammlungen und Vorschriften stark zu.

Das römische Recht zeichnete sich nach Ansicht des großen deutschen Juristen Rudolf von Jhering durch zwei fundamentale Errungenschaften aus: einmal durch die Präzision und Entschlossenheit, mit der Willkürurteile ausgeschlossen wurden, zum andern durch die Garantie der Freiheit. Sie war beträchtlich, aber dem Staatsbürger, dem freien Mann und dem Familienoberhaupt vorbehalten.

Im Kaiserreich erhöhte sich die Zahl geschriebener Verträge, die Kodifizierung des Rechts insgesamt vollzog sich indes – wie auch heute noch – recht langsam: Der Rechtskodex von Kaiser Theodosius II. wurde 438 fertiggestellt, zur Zeit des Hunneneinfalls unter Attila, der *Corpus Juris Civilis* von Justinian 529; danach folgten Digesten oder Pandekten – Sammlungen und Auszüge aus juristischen Werken –, Institutionen – Einführungen in die Rechtswissenschaft – und Nachtragsgesetze.

85

84 *Römisches Leben zur Kaiserzeit, wie man es sich im 19. Jh. vorstellte: im Atrium einer Villa, Aquatinta, um 1827. – Das römische Heer:* **85** *Militärdiplom für einen Legionär in Rätien, um 140 n. Chr.;* **86** *Legionäre überqueren die Donau, Detail von der Trajanssäule, Rom, 113 n. Chr.;* **87** *Modell des Römerlagers von Zwentendorf/Niederösterreich, 4. Jh. n. Chr. Es war für eine Kohorte von 500 Mann errichtet.*

Die Politik. Der Historiker Sir Moses Finley glaubte, dem Einfluß der griechisch-römischen Kultur auf Westeuropa noch eine weitere Komponente hinzufügen zu können: Griechen und Römer hätten die Politik erfunden.

In der Tat: Wahlen und Wahlkämpfe, Debatten, die Rolle der Rhetorik, Parteien oder wenigstens Parteiungen, die Propaganda im Sinne der *captatio benevolentiae*, all dies gab es in den Städten des antiken Griechenland und in der römischen Republik. Wenn man unter Politik vor allem Wahlen und die damit verbundenen Auseinandersetzungen versteht, dann hat Westeuropa viel von Griechenland und Rom übernommen. Meint man mit Politik aber die Wissenschaft von der Macht, vom Handeln, dann ist sie so alt wie das menschliche Zusammenleben und weit älter als Griechen und Römer.

Das Römische Reich war in anderer Hinsicht vorbildhaft: nämlich durch seine drei permanenten Institutionen – die Armee, die Verwaltung und das Steuerrecht.

Das stehende Heer. Die Bedeutung der Armee sowohl für die Eroberung als auch für die Verteidigung eines solch riesigen Herrschaftsraumes läßt sich leicht erraten. Das Römische Reich war eine «Militärmonarchie». Sie beruhte zunächst auf einer Bürgerarmee, die allmählich in eine Armee aus Berufssoldaten überging. Unter Caesar wurde die Legion in eine stehende Einheit umgewandelt. Der Militärdienst dauerte in der Regel sechzehn Jahre und länger. Manche Soldaten haben mehr als dreißig Jahre lang gedient. Weil sie nicht heiraten konnten, lebten sie mit Konkubinen zusammen, die schließlich einen Sonderstatus erhielten.

Die Soldaten bekamen einen Sold, der je nach der Einheit, der sie angehörten, verschieden hoch war, und besondere Zugaben. Bei der Rückkehr ins Zivilleben gab man ihnen entweder Geld oder Land und natürlich Orden und Auszeichnungen. Ein Ausländer, der *peregrinus*, der als Soldat gedient hatte, konnte römischer Bürger werden. Der militärische Schliff war hart: Märsche, Läufe, Sprungübungen, Schwimmen, Scheibenschießen, Fechten, Reiten und Auskundschaften. In Friedenszeiten bauten die Soldaten Feldlager, Aquädukte, Tempel und Brücken, legten Sümpfe trokken und halfen beim Ausbau der berühmten «Römerstraßen», die das gesamte Reich wie ein Netz durchzogen.

Das Heer setzte sich aus Legionen zusammen, die kleinen Divisionen ähnlich und in zehn Kohorten unterteilt waren. Jede Kohorte umfaßte drei Manipel, und jedes Manipel wiederum zwei Hundertschaften. Neben den Legionen gab es zahlreiche Hilfstruppen und die Heere der Verbündeten.

In der Blütezeit des Reichs bestand das römische Heer aus 400000 Mann, bei einer Einwohnerzahl von 80 Millionen. Diese Heeresstärke erwies sich als ungenü-

86

87

gend und zwang zu schwierigen und gefährlichen Truppenverschiebungen von einer Grenze zur anderen. Um dies zu verhindern, rekrutierte man zunehmend Truppen auf lokaler Ebene. Es entstanden Regionalarmeen, die sich stark voneinander unterschieden: so in Britannien, an Rhein und Donau, in Spanien, in Afrika und im Nahen Osten.

Die römische Armee besaß eine klar gegliederte Hierarchie. Es gab Unteroffiziere und Offiziere, und der Kaiser hatte um sich einen großen Generalstab aus den *comites,* wovon sich im Französischen *comte,* der Graf, herleitet.

Das Heer symbolisiert auf bewundernswerte Weise Rom: Die Soldaten haben Disziplin gelernt und vor allem Kämpfen, sie können Strapazen auf sich nehmen und besitzen den Geist der Kameradschaft. Sie haben Jahre miteinander verbracht und kennen einander. Im Kampf weiß daher jeder, was er vom andern erwarten kann! Doch all diese Tugenden hätten nichts vermocht, wenn nicht – wenigstens bis zu Beginn des 3. Jahrhunderts – ein patriotischer Geist geherrscht hätte, eine moralische Kraft auf allen Befehlsebenen.

Alle schriftlichen Zeugnisse der lateinischen Literatur künden von diesem Geist, und es läßt sich erahnen, welch prägenden Einfluß er auf die Armeen des 19. Jahrhunderts ausüben sollte – in der Epoche des Nationalismus.

Das römische Heer war nicht dazu da, um zu zerstören. Es hatte die befestigte Grenze des Limes zu halten: etwa 390 Kilometer in Obergermanien, 166 Kilometer in Rätien, dazu Grenzbefestigungen im Donauraum, im Nahen Osten und in Afrika. Im allgemeinen, außer in Karthago und in Judäa, wo das jüdische Volk vertrieben wurde, zeigten sich die Römer tolerant. Man förderte die Assimilierung oder begnügte sich mit einem Protektorat und respektierte die Existenz verschiedener Nationalitäten.

Die Verwaltung. Im 1. Jahrhundert n. Chr. behaupteten die Städte noch ihre Steuerfreiheit. Es herrschte übrigens eine große Flexibilität und Verschiedenheit im Ämter- und Steuerwesen. In seiner Glanzzeit erscheint das Römische Reich als ein von Städten geprägtes Herrschaftssystem. Der Verlust ihrer Freiheiten im 4. Jahrhundert führte zum Untergang vieler Städte. Neben den Stadtfreiheiten gab es noch Provinzversammlungen, die dem Kaiser Beschwerden gegen einen Gouverneur vortragen konnten.

Die Entwicklung der römischen Verwaltung soll hier nicht im einzelnen beschrieben werden. Es sei nur daran erinnert, daß noch heute im Verwaltungswesen viele Begriffe aus jener Zeit in Gebrauch sind, vor allem in den romanischen Sprachen: Gouverneur, Magistrat, Tribun, Präfekt, Legat, Provinz, Senat oder Zensur.

Die immerwährenden Steuern. Das Steuersystem der Römer war ebenfalls bemerkenswert. Rom stieg zu einem gewaltigen Finanzplatz auf, wurde ein einzigartiger Kapitalmarkt, zu einem Zentrum für den Import. Dagegen waren die Provinzen des Reichs zunächst geradezu schamlos ausgebeutet worden.

Das Finanzsystem wurde aber allmählich so fortentwickelt, daß diese Ungleichheit abgeschafft wurde. Auch brauchte dieses Riesenreich mit seinem stehenden und besoldeten Heer und seiner mächtigen Verwaltung ein geregeltes Steuersystem.

Die Steuern waren direkt und indirekt. Zu den direkten Steuern gehörte zunächst die Grundsteuer. Unter Augustus veranstaltete man zu diesem Zweck eine erste Volkszählung, zu der sich die Eltern Jesu nach Bethlehem begeben mußten. Man begann mit der Arbeit an einem Kataster, das wegen des riesigen Aufwands erst unter Trajan (98-117) fertiggestellt wurde. Eine direkte Steuer war auch die Kopfsteuer oder *capitatio* (von *caput*, Kopf, Haupt). Grund- und Kopfsteuer wurden vom jeweiligen Einkommen entrichtet. Daneben gab es noch eine Art Kapitalsteuer: ein Zwanzigstel auf alle Erbschaften.

Unter den indirekten Steuern galt der Zoll als die bedeutendste Erhebung. Es gab kaum Zollabgaben im Außenhandel, weil sich das Römische Reich weitgehend selbst versorgte, dafür aber innere Zollschranken und außerdem eine Steuer auf Handelsgeschäfte.

Im Prinzip hatten die Römer zwei Hauptkassen. Das *Aerarium,* die Senatorenkasse, wurde durch die Steuer aus Italien und den Senatsprovinzen gespeist. Der *Fiscus,* die kaiserliche Kasse, zog in steigendem Maße alle aufkommenden Geldmittel an sich. Dieses System erforderte immer mehr Fachleute, die bei ihrer Arbeit von Freigelassenen und Sklaven unterstützt wurden. In jeder Provinz übernahm ein Finanzbevollmächtigter die Regelung von Steuerfragen, zumal das alte Verfahren, Steuern zu verpachten, durch eine unmittelbare Steuererhebung ersetzt wurde.

Die Familie und das Recht. Ein Charakteristikum des römischen Rechts besteht

88

89

darin, ein Rechtsstatut für unterschiedliche Kategorien von Personen festgelegt zu haben; ein Kapitel in den Digesten handelt davon. Die Sklaven – Kriegsgefangene und Kinder, die von einer Sklavin geboren wurden – besitzen keine Rechtspersönlichkeit. Ihre Herren können über sie wie über Eigentum verfügen, sie schlagen und sogar töten. Sklaven dürfen auch nicht Eigentümer werden oder vor Gericht gehen.
Die Nicht-Römer sind in zwei Gruppen unterteilt: die Latiner, die das Recht haben, mit Römern Heiratsverträge zu schließen, und die Peregriner, die dieses Recht nicht besitzen, es sei denn dank außergewöhnlichen Vorrechten.
Die Freien, die nicht Familienväter sind, haben ebenfalls keine Rechtspersönlichkeit. Die Söhne erhalten sie, sobald sie eine Familie gründen, die Frauen niemals. Sie unterstehen der Autorität des Vaters, nach dessen Tod der eines Onkels oder eines Vetters und nach der Heirat der Autorität des Ehemanns.
Die klassische römische Familie war unendlich strenger als die der Kelten oder der Germanen. Heute ist der Europäer von der beengenden römischen Familienordnung befreit, auch wenn diese am Ende der Republik ein paar Lockerungen erfuhr, darunter einen neuen Heiratsmodus, der es den Frauen erlaubte, ihr Vermögen zu behalten.

Römische Fernstraßen: **88** *Reisewagen aus Kärnten (Stiftskirche Maria Saal), 1. Jahrhundert n. Chr.;* **89** *Meilenstein im Pustertal, Südtirol.* **90** *Römische Silberdenare aus der Zeit der Republik, gefunden bei Ried, Vorarlberg.* **91** *Spätrepublikanische Porträtkunst: die Familie des Lucius Vibius, Sarkophag-Relief.*

90

91

Das Recht auf unbeschränktes Eigentum. Ein anderer Wesenszug des römischen Rechts ist das Recht auf unbeschränktes Eigentum, das *dominium ex jure Quiritum.* Das französische Wort *domaine,* deutsch Domäne, und das englische *dominion* kommen vom lateinischen *dominium.* Der *Code Civil* Napoleons aus dem Jahr 1804 wurde von diesem Recht beeinflußt. Allerdings entgingen zahlreiche Ländereien oder Liegenschaften diesem Besitztitel: so zum Beispiel «öffentliche» Ländereien, die durch Eroberung an den Staat gefallen waren, oder «kommunale» Ländereien.

Nachwirkungen. Was den Erfolg des römischen Rechts in ganz Europa bewirkt hat, war weniger sein Inhalt als die bewundernswerte Genauigkeit seiner Bestimmungen.
Zuerst breitete sich das römische Recht auf Kosten der «Gesetze» der germanischen Völker im Westen aus. Man kennt die Gesetze der Goten und vor allem ihr Zusammentreffen mit dem römischen Recht in Italien und in Spanien. Dabei pflegte die Minderheit germanischer Herkunft ihre eigenen Gesetze, während die «Lateiner» und die «Hispano-Lateiner» dem römischen Recht folgten. Auch das *Salische Gesetz* der Franken ist bekannt, in dem nicht der Einzelne zählt, sondern die Familie.
Während des Hochmittelalters war das Recht fast ausschließlich Gewohnheitsrecht; alles systematisch geordnete Recht war verschwunden. In manchen Ländern wie in England tauchte das römische Recht nicht wieder auf, und das *Common Law,* eine Eigenschöpfung, ersetzte es endgültig.
Eine eigenartige Entwicklung tritt ein: Die Anwendung des Rechts bei Gericht geschieht nach dem Gewohnheitsrecht; Verträge werden ausdrücklich anhand der schriftlich niedergelegten Gewohnheitsrechte formuliert und geschlossen. Aber die Universitäten und die «herrschende Lehrmeinung» nehmen durchweg das Kanonische Recht der katholischen Kirche sowie das römische Recht an.
Folgen wir dieser Entwicklung durch die Jahrhunderte. Die Renaissance verstärkte seit Ende des 14. Jahrhunderts das wissenschaftliche Studium des römischen Rechts. Das ist typisch für Europa. Einer der hervorragenden Gelehrten auf diesem Gebiet war Jacques Cujas (1522-1590), Professor in Valence und in Bourges.
Im 18. Jahrhundert erfreute sich das römische Recht steigender Beachtung und Erforschung in Deutschland und Holland. Im 19. Jahrhundert war Friedrich Karl von Savigny, von 1810 bis 1842 Professor in Berlin, eine allererste Autorität auf diesem Gebiet. Wie Montesquieu war Savigny der Auffassung, daß das Recht «historisch» studiert werden müsse: eine Forderung, die er in seinem Hauptwerk *Geschichte des Römischen Rechts im Mittelalter* einzulösen versuchte.

Die Assimilierung der Völker

Im Jahr 31 v. Chr. – nach seinem Sieg über Antonius in der Seeschlacht bei Actium – wurde Octavian Alleinherrscher der römischen Welt; 476 n. Chr. entledigte sich der Germane Odoaker des letzten weströmischen Kaisers Romulus Augustulus. Es soll hier keine Zusammenfassung der Geschichte Roms in diesem Zeitraum gegeben werden. Von höchster Bedeutung für die Geschichte Westeuropas war aber die Bekehrung Kaiser Konstantins zum Christentum im 4. Jahrhundert. Davon soll im nächsten Kapitel die Rede sein.

Res publica und kein Königtum. Octavian, der den Beinamen Augustus, der Erhabene, führte, dachte nicht daran, das römische Königtum wiederherzustellen, dem ein unheilvoller Ruf anhing. Aber er bemühte sich darum, wie es alle Alleinherrscher tun, die Erblichkeit der Herrschaft durchzusetzen. Nach Lage der Dinge konnte er sie aber nicht unmittelbar proklamieren. Es galt also, den erblichen Nachfolger zum Mitregenten zu machen, solange er noch selbst regierte.

Der Julisch-Claudischen Dynastie, die Kaiser Augustus gegründet hatte, folgte die Dynastie der Flavier, der Antonine mit Trajan, Hadrian, Antoninus Pius, Marc Aurel und Commodus, eine Dynastie, die das gesamte 2. Jahrhundert n. Chr. regierte. Es war eine Epoche, in der das Römische Reich seine Blütezeit erlebte.

Welche Eroberungen haben die Kaiser jenen der Republik und Caesars hinzugefügt? Vor allem Britannien bis zu einer Linie, die von der Bucht bei Solway im Westen bis nach Newcastle im Osten reichte, eine Eroberung, die durch eine Befestigungsanlage gesichert wurde, den Hadrianswall. Wenig später wurde diese Grenze nach Norden verlagert, quer durch Schottland hindurch, etwa von Glasgow bis zum Firth of Forth. In Germanien verstärkten die Römer eine ähnliche Grenzzone zwischen der Lahn und der Donau und errichteten dort den Limes.

Unter Trajan hatte das Römische Reich seine größte territoriale Ausdehnung. Er eroberte in den Jahren von 101 bis 107 Dakien, das heutige Rumänien, ein Land, das sich trotz aller Invasionen in der Folgezeit seine Sprache bewahrte, die vom Lateinischen abstammt.

Was der Historiker Léon Homo zur Herrschaft Hadrians sagt, gibt eine Vorstellung davon, wie groß das Römische Reich zu dieser Zeit war: «Hadrian war davon überzeugt, daß eine gute Regierung des Reichs die wiederholte Anwesenheit des Souveräns in den verschiedenen Provinzen erforderlich machte. Die Person des Kaisers trug viel zur Einheit des Reichs bei, er verkörperte sie gleichsam in Fleisch und Blut vor den Augen der zahlreichen Völker. So reiste Hadrian als Oberhaupt des Staates mit seinem ganzen Hof – einer wahrhaft ‹ambulanten Hauptstadt› –, mit seinen Beratern und den Spitzen seiner Verwaltung. Er machte vier große Reisen, von denen die zweite und die vierte am längsten dauerten, nämlich jeweils fünf Jahre. Im Jahr 117, kurz nach seiner Ausrufung zum Kaiser, durchquert er Kleinasien, setzt nach Europa über, besichtigt die Grenzanlagen längs der Donau, hält sich einige Zeit in Dakien auf und gelangt dann im Sommer 118 nach Rom. Drei Jahre später, 121, bricht er zu einer Reise nach Gallien auf, besucht die Provinzen Rätien und Noricum an der oberen Donau und die Provinz Germania am Rhein, setzt über nach Britannien, durchquert ganz Gallien, um nach Spanien und bis nach Mauretanien zu gelangen. Von dort aus begibt er sich direkt über das Meer wieder nach Kleinasien, verbringt den Winter 125/126 in Athen und kehrt über Sizilien nach Rom zurück. Im Sommer 128 besucht er die römischen Provinzen in Afrika. Schließlich verläßt er im gleichen Jahr aufs neue seine Hauptstadt, um seine vierte und letzte große Reise anzutreten. Er gelangt nach Athen, wo er sich den Winter 128/129 über aufhält, dann weiter nach Kleinasien, Syrien, Palmyra, Palästina, Ara-

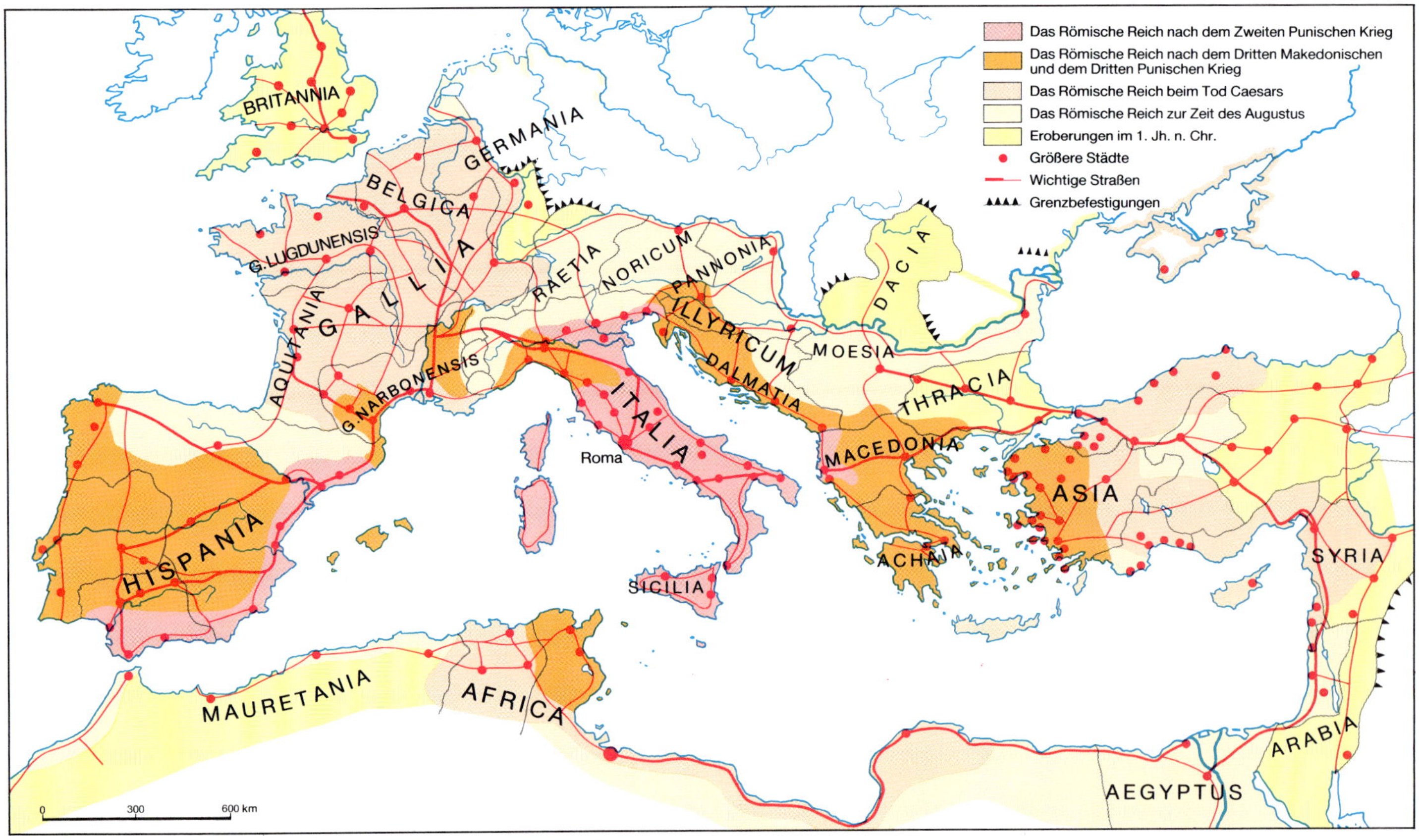

92

93

94

Karte 7: *Das Imperium Romanum und seine Zivilisation. – Römische Cäsaren:* **92** *Gajus Julius Caesar (100-44 v. Chr.), der Eroberer Galliens;* **93** *Augustus (63 v.-14 n. Chr.), Adoptivsohn Caesars und erster Kaiser;* **94** *Trajan (53-117 n. Chr.). Unter ihm erreichte das Reich seine größte Ausdehnung. – Römische Grenzbefestigungen:* **95** *der Limes bei Taunusstein (Rekonstruktion);* **96** *der Hadrianswall bei Greenhead, England.*

95

96

bien und Ägypten, wo er lange bleibt, um es in Muße zu besichtigen. Von Ägypten aus schifft er sich nach Athen ein, reist durch Mittelgriechenland weiter in den Norden bis nach Makedonien, Mösien und Dakien und kehrt noch im Winter 132/133 ein drittes Mal nach Athen zurück. Im Jahr 133 ruft ihn der Aufstand in Judäa in den Nahen Osten, und im Jahr darauf begibt er sich nach Rom. Hadrian genießt seine Reisen wie ein Tourist, und er nutzt sie zugleich als Kaiser. So sucht er berühmte Denkmäler auf: in Melissa das Grabmal des Alkibiades, in Theben den Koloß von Memnon. Im Jahr 126 besteigt er bei stürmischem Wetter den Ätna, 129 den Berg Kasios in Kappadokien, um den Aufgang der Sonne zu erleben; in Libyen geht er auf Löwenjagd. In Athen läßt er sich in die Mysterien von Eleusis einweihen. Als Staatsoberhaupt führt er in Palästina Krieg gegen die aufständischen Juden. Er inspiziert bei Lambaesis in Afrika die Armee, läßt sich die III. Legio Augusta vorführen und erteilt ihr einen Tagesbefehl, dessen Epigraph noch zu einem großen Teil erhalten geblieben ist. Er setzt die Grenzanlagen am Rhein, an der Donau und in Dakien in Verteidigungsbereitschaft, in Britannien läßt er einen Befestigungswall bauen, der seinen Namen trägt. Er verwaltet und richtet, beruft Provinzversammlungen ein wie die von Tarragona in Spanien, gründet Städte wie Hadrianopolis, das heutige Adrianopel, oder Aelia Capitolina, das wiederaufgebaute Jerusalem. Er läßt große Bauten errichten: das Maison Carrée in Nîmes zu Ehren des Philosophen Plotin; das Olympieion, den Hera-Tempel und das Illissusviertel in Athen; in Pelusium wird das Grabmal des Pompejus wieder aufgerichtet. Im Jahr 134, als er für immer nach Italien zurückkehrt, beginnt er seine prächtige Villa in Tivoli zu bauen, wo er während seiner letzten Lebensjahre in Erinnerungen an seine großen Reisen schwelgt, die in seinem Leben einen solchen bemerkenswerten Platz eingenommen haben.»

Nach einer kaiserlosen Zeit erbte im Jahr 193 die Dynastie der Severer ein Reich, dessen Verteidigungskraft schon geschwächt war und das noch weiter erschüttert wurde. Das Heer spielte jetzt eine bedeutende Rolle. Als Septimius Severus den Senat entmachtete, schaltete er damit zugleich ein Gegengewicht aus, das man dem Militär entgegensetzen konnte. In Rom hörten von nun an die Meutereien nicht mehr auf. Überall revoltierten die Legionen, und die Dynastie der Severer endete in einer Militäranarchie, die fünfzig Jahre lang dauerte, bis 285. Die «Barbaren» drangen nun von allen Seiten in das Römische Reich ein. Die Kaiser, von den Soldaten auf den Schild gehoben, wurden mit einer einzigen Ausnahme alle ermordet: Valerian hatte das Glück, vom Feind gefangengenommen zu werden.

Ein Beweis für die Unsicherheit in dieser Zeit ist zum Beispiel die Menge der versteckten Schätze, die ihre Besitzer sich nie mehr zu eigen machen konnten. Zu keiner Zeit der römischen Geschichte findet man etwas Derartiges. Unrechtmäßige Aneignungen und Invasionen halten an bis zum Beginn der Herrschaft Diokletians im Jahr 285. Diokletian entschloß sich, das Reich in vier Herrschaftsgebiete zu unterteilen. Auf diese Weise entstand das System der Tetrarchie, der Vierherrschaft.

Die Assimilierung. Wenn auch das Römische Reich schließlich unterging, so war doch der Versuch, die besiegten Völker zu assimilieren, ein großes Unternehmen. Von Rom aus wurde das Bürgerrecht zunächst den Bewohnern von Latium, dann von ganz Italien gewährt, darüber hinaus als Auszeichnung einzelnen «Ausländern». So war Saulus, der spätere Paulus, ein Jude aus Tarsus, römischer Bürger. Diese Entwicklung fand ihren Abschluß mit dem Edikt Caracallas aus dem Jahr 212, wonach alle freien Männer das römische Bürgerrecht erhielten.

Die Assimilierung äußert sich nicht zuletzt in der einheitlichen Architektur. Die römische Straße mit breiten Steinplatten, die Kolonnaden und Säulenhallen, die nachgeahmten griechischen Tempel, die Amphitheater finden sich überall: von Petra in Jordanien bis Alba Julia in Rumänien, von Nîmes und Arles in Südfrankreich bis nach Volubilis in Marokko. Ja, man kann sagen, daß die römische Kunst bis ins 10. Jahrhundert hinein Vorbild blieb, ehe die Romanik und dann die Gotik für einen grundlegenden Wandel sorgten.

Gewiß, die Assimilierung gelang nur mehr oder weniger gut. Das Lateinische behauptete sich in unterschiedlichen volkssprachlichen Formen und ständiger Entwicklung lediglich in Gallien, Italien, auf der Iberischen Halbinsel und in Dakien (Rumänien). Es verschwand im 6. Jahrhundert in Großbritannien zugunsten des Angelsächsischen, das aber im Gefolge der normannischen Eroberung von 1066 einen beträchtlichen galloromanischen Wortschatz übernahm. Was Dänemark, Schweden, Norwegen und Irland betrifft, so haben diese Länder das Latein als Sprache nicht gekannt. Das Kirchenlatein spielte im Mittelalter eine Rolle.

97

Alltagsleben auf Wandmalereien in Herkulaneum, Rom und Pompeji: **97** *Ankleidungsszene,* **98** *junges Mädchen beim Umfüllen von Parfüm,* **99** *der Brotverkäufer aus dem «Haus des Bäckers», Pompeji.*

Die Vorstellung Roms von Europa

Mit der römischen Expansion verlagerte sich das politische Zentrum der Mittelmeerwelt nach Westen, in die europäische Stadt Rom. Die Kenntnis der Welt hatte sich bereits erheblich erweitert, und wir können uns davon eine genaue Vorstellung machen, wenn wir die Geographen befragen.

Das Europa Strabos. Strabo, ein nach Rom emigrierter Grieche, hat seine *Geographie* wenige Jahre vor Beginn des christlichen Zeitalters verfaßt. Dabei gelang ihm eine detailgenaue Beschreibung

98

99

Europas, die jene seiner Vorgänger übertrifft, auch die des Polybios. Zuerst zeigt Strabo, daß Europa «von den drei Kontinenten die unregelmäßigste Gestalt» aufweist. Dann versucht er, eine Gesamtschau zu geben: «Ich muß mit Europa beginnen, weil es zugleich reich an Formen und von Natur bestens geeignet ist, herausragende Menschen und Regierungssysteme hervorzubringen [...].»
Europa – so Strabo – ist bis auf eine kleine Kaltzone am Asowschen Meer und im Gebiet des Don bewohnbar. Die bewohnbare Zone wiederum setzt sich aus Gebirgen und Ebenen zusammen. In den Gebirgen herrscht natürlich die Armut. Aber die Bewohner dieser Gegenden werden zivilisiert, sobald dort eine gute Verwaltung existiert. Dazu gibt es ein gutes Beispiel: «Die Römer haben sich Völker unterworfen, die von Natur aus wild waren wie die Gebiete, in denen sie lebten [...] Sie haben aber diese Völker nicht nur miteinander bekannt gemacht, sondern ihnen, selbst den wildesten, auch beigebracht, nach den Gesetzen der Regierung zu leben.»
Für Strabo sind die Ebenen mit ihrem milden Klima heiter, die Menschen dort friedlich. So meint er, daß friedliche Flachlandbewohner und kriegerische Bergvölker einander ergänzen. Und weil das friedliche Element stärker gewesen sei, habe es das gesamte Reich zu prägen vermocht. «Daher ist Europa von anderen Ländern ganz und gar unabhängig, vor allem was Krieg und Frieden betrifft. Es ist reich an Metallen und an Vieh und führt lediglich Gewürze und kostbare Steine ein.»
Das Europa Strabos umfaßt Iberien, das Keltenland zwischen Pyrenäen und Rhein und Britannien. Im Osten wird es von der Donau in zwei Teile geteilt: auf dem linken Ufer des Stroms leben die Germanen, die Geten, die Bastarner und die Sarmaten bis zum Don. Auf dem rechten Ufer trifft man die Thraker, Illyrer und Griechen. Die Römer «besitzen fast ganz Europa, außer dem Gebiet jenseits der unteren Donau und der Küstenregion des Ozeans zwischen Rhein und Tanais (Don)». Strabo kennt zwei Regionen überhaupt nicht: die skandinavischen Länder, weil er die Ostsee mit dem Ozean verwechselt, und die weiten Ebenen Osteuropas bis zum Don. Übrigens: während Strabo seine *Geographie* schrieb, erweiterten die Römer die Grenzen ihres Reichs über Europa hinaus bis nach Afrika, wo sie das heutige Tunesien eroberten, und bis nach Asien, wo sie den Westen und Norden Kleinasiens sowie einen Teil Syriens in Besitz nahmen.

Das Europa Plinius' des Älteren. Plinius der Ältere hat seine *Naturgeschichte* ein knappes Jahrhundert nach Strabo geschrieben. Die Bücher III und IV sind Europa gewidmet.
Die Welt ist auch für ihn in drei Teile geteilt: Europa, Asien und Afrika. «Ich werde zunächst von Europa sprechen, das ein Volk hervorgebracht hat, das alle anderen besiegte, und bei weitem das schönste aller Länder ist.»
Plinius kannte den Nordosten Europas schlecht. Dort lebten für ihn hinter dem Borysthenes, dem heutigen Dnjepr, irgendwelche Nomadenvölker, aber auch Menschenfresser und schließlich die «Hyperboreer», die hinter den Bergen Wohnenden, eine glückliche Nation, berühmt durch ihre Wundergeschichten. Dort ist außerdem das Ende der Welt.
Mit Xenophon Lampsacenus werden die Grenzen Europas im Norden präziser festgelegt, man spricht von der «Baltia» und von «Scandinavia».
Der bedeutendste aller Geographen des Altertums, Claudius Ptolemäus aus Alexandria, verbesserte in der zweiten Hälfte des 2. Jahrhunderts die Kenntnis von Europa,

100

101

aber auch er glaubte noch, daß Skandinavien eine Insel sei.
Wie auch immer die geographischen Kenntnisse damals gewesen sein mögen – die römische Eroberung vollzog sich unabhängig davon. Das Mittelmeer diente allein als Ausgangspunkt. Und geopolitisch gesehen ist die Einheit, die um ein Meer entsteht, nicht weniger unlogisch als die Einheit um eine kontinentale Landmasse. Die Geographie determiniert nichts. Die Zufälle der Geschichte, welche die Menschen dazu bringen, politische Herrschaft zu errichten, haben im Einzelfall ein größeres Gewicht.
Die römische Eroberung hat für mehrere Jahrhunderte die Mittelmeerwelt geprägt. Waren dabei die Erfordernisse der Wirtschaft ausschlaggebend? Fühlte sich die römische Republik durch die hellenistischen Monarchien bedroht? War es einfach der Zauber, mit dem Kleopatra erst Caesar und dann Antonius für sich einnahm, der die Zukunft bestimmte? Stets zog Rom die Südküste des Mittelmeers den germanischen Ländern vor, lockte der Nahe Osten mehr als die Länder der nördlichen Donau – mit Ausnahme von Dakien, und das erst unter der Herrschaft Trajans.
Kann man unter diesen Bedingungen wirklich von einem «politischen» Europa sprechen? Sicher nicht. Auch war damals von Europa selten die Rede. Caesar erwähnt es mit keinem Wort. Vergil spricht von Europa nur beiläufig, ohne ihm eine besondere Bedeutung beizumessen. Ähnlich ist es bei Cicero, Horaz, Sallust, Tacitus, Appian und beim heiligen Augustinus.

Zusammenfassung. War nun das römische Zusammengehörigkeitsgefühl, zumindest auf dem Höhepunkt römischer Macht, wenn nicht vollkommen, so doch wenigstens ausreichend? War die römische Welt «integriert», oder gab es in ihr Spannungen, gar eine Kluft zwischen Orient und Okzident?
Eine Antwort auf diese Frage ist schwierig und muß nicht für jedes Jahrhundert gleich ausfallen. Unter Augustus beginnt die Eroberung des Orients. Die Menschen im Westen lieben es, ihre Überlegenheit zu zeigen. So etwa Vergil. Für ihn ist Aeneas das Symbol der Vereinigung von Orient und Okzident, aber auch Symbol westlicher Überlegenheit. Es ist kein Zufall, daß er von Troja nach Westen flieht. Wo wird er sich im Westen niederlassen? In Afrika? Nein. Der Charme Didos reicht nicht aus, ihn dort festzuhalten. In Europa geht er an Land, und seine Wahl ist ein Symbol der künftigen Schlacht von Actium, wo der Westen mit Octavian den Sieg über den Osten davonträgt, mit dem sich Antonius verbunden hat.
Ein Jahrhundert später sieht es so aus, als könne die Einheit über die Vielheit den Sieg davontragen. Orientalen strömen nach Rom und mit ihnen ihre Religionen, die sich im ganzen Reich verbreiten. Der Handel entwickelt sich in großem Stil. Straßen und Schiffe bilden gleichsam strukturelle Verbindungslinien im Reich. Die Legionen werden nicht mehr von Fall zu Fall an Ort und Stelle ausgehoben, sie bewegen sich jetzt oft von einer Küste zur andern innerhalb des riesigen Reichs. Das römische Stadtrecht weitet sich aus. Das Recht, von hervorragenden Juristen entwickelt, gilt in Syrien wie in Britannien für alle Menschen, und im Jahr 212 werden sogar alle freien Männer römische Bürger.
Vor allem aber besteht das Römische Reich aus einem Netz von Städten, urbanen Kernen, die das Land beherrschen. Die Städte, weit mehr als das Heer, bewirken den Zusammenhalt des Reichs. Sie sind in der Tat die Stützen einer soliden, zentralisierten Verwaltung. Der Niedergang des Zusammenhalts im Römischen Reich fällt mit dem Niedergang der Städte zusammen.
Von Syrien bis Gallien, von Spanien bis Tunesien findet man dieselben Tempel, dieselben Säulenhallen, dieselben Wasserleitungen, dieselben Arenen. Das Reich kennt zwei Hauptsprachen: man spricht Griechisch und Latein, daneben ein Mo-

102

Handel und Verkehr: **100** *ein Pferdehändler, 1. Jahrhundert v. Chr.;* **101** *ein Weinschiff auf der Mosel, römische Kaiserzeit.* **102** *Die Gemma Augustea (um 12 n. Chr.). Oben thront Augustus neben der Göttin Roma, rechts – im Wagen – Tiberius; unten gefangene Barbaren.*

saik von Volkssprachen, die in der Regel keine Ausstrahlung mehr haben.
Doch vergessen wir nicht, daß diese Einheit trotz der schweren Krise im 3. Jahrhundert insgesamt vier Jahrhunderte bestanden hat. Das Römische Reich war keine ephemere Erscheinung, sondern eine tief empfundene, historisch einzigartige Wirklichkeit. Im Vergleich dazu dauerten die Kolonialreiche der Spanier und Portugiesen höchstens drei Jahrhunderte. Und dabei haben auch Spanier und Portugiesen ihren Kolonien die Sprache der Metropolen übermittelt. Und was soll man erst von den noch kurzlebigeren Weltreichen der Franzosen und der Briten sagen? Das Europa der Antike war weitgehend auf die Donau bezogen, die es in zwei Teile schnitt – mit den Römern im Süden und den Barbaren im Norden. Die Politik hatte ihr Zentrum in der Mittelmeerwelt – sie berührte im Norden Europa und im Süden Afrika. Niemand stellte diese historische Wirklichkeit in Frage. Niemand hätte voraussehen können, daß nach sechs Jahrhunderten der Erschütterung im 9. Jahrhundert eine neue Ordnung entstehen würde, der unseren viel näher als die alte. Dies aber war das Ergebnis des doppelten Bruchs zwischen Orient und Okzident, zwischen Nord und Süd. Die Voraussetzung des Mittelalters waren der Zusammenbruch des Römischen Reichs und zahlreiche andere Wechselfälle der Geschichte.

5 Die ersten vier Jahrhunderte des siegreichen Christentums im Westen

Der jüdisch-christliche Einfluß

Neben der «klassischen Geschichte» gibt es auch die «heilige Geschichte». Aber die Verbindung zu ihr ist lange Zeit schlecht gepflegt worden. Die Textkritik des 19. Jahrhunderts ist manchmal sogar so weit gegangen, überlieferte Ereignisse der heiligen Geschichte nicht anzuerkennen, wenn sie nicht auch in der klassischen Geschichte genannt wurden: Selbst die Existenz Jesu Christi wurde geleugnet. Die vertieften Forschungen des 20. Jahrhunderts, unter anderem auch die Arbeiten auf der Grundlage der *Schriften vom Toten Meer*, haben zahlreiche Verbindungen der heiligen mit der klassischen Geschichte nachgewiesen. Es steht einwandfrei fest, daß Jesus existiert hat: *The Historical Jesus*, «Der historische Jesus», lautet zum Beispiel der Titel eines lesenswerten Buches von Goalyah Corneeld aus dem Jahr 1982.
Man weiß auch, daß mit Abraham, der um das Jahr 1800 v. Chr. – inmitten der Bronzezeit – Ur in Chaldäa verließ, die Geschichte eines «heiligen Volkes» beginnt. Es nimmt den Namen von Abrahams Enkel Jakob an, der nach seinem Kampf mit dem Engel im Traum Israel heißt: «der mit Gott gerungen hat».

Das Alte Testament. Alle Schriften zur Geschichte dieses Volkes, das Jahwe als einzigen Gott verehrt, sind in der Bibel aufgezeichnet, dem Buch der Bücher. Die Bibel ist das heilige Buch der Israeliten, Hebräer oder Juden: eines leidenschaftlichen, oft siegreichen, manchmal unterworfenen Volkes, das alle Unbill der Zeiten überstand. Das Wort «Jude» leitet sich übrigens von Juda her, einem der Söhne Jakobs.
Für die Christen ist die jüdische Bibel das *Alte Testament*. Über Europa und Afrika zerstreut, vor allem nach der Zerstörung Jerusalems durch Titus im Jahr 70 n. Chr., waren die Juden der Diaspora, Seite an Seite mit den Christen, in ihrer Existenz oftmals gefährdet. Im Lauf der vergangenen zweitausend Jahre übten sie einen beachtlichen unmittelbaren Einfluß auf Europa aus. Durch das christliche Erbe jedoch zählen die Juden zu den Begründern unserer europäischen Geschichte und Kultur.

Das Neue Testament. Das Christentum ist in Palästina auf der Grundlage jüdischer Überlieferung entstanden, gleichsam als deren Frucht – das Werk eines einfachen Zimmermanns aus Nazareth, Jesus. Als im 6. Jahrhundert der skythische Mönch Dionysius Exiguus versuchte, den neuen christlichen Kalender nach der Geburt Jesu Christi mit dem Julianischen Kalender abzustimmen, täuschte er sich um vier Jahre: Jesus von Nazareth wurde im Jahr 4 v. Chr. geboren. Er wurde von Johannes dem Täufer an Ostern im Jahr 28 im Jordan getauft. Nachdem er drei Jahre lang als Prediger umhergezogen war, wurde er wahrscheinlich im April des Jahres 30 gekreuzigt, auf Befehl des römischen Statthalters Pontius Pilatus, der dem Druck Jerusalemer Notabeln nachgegeben hatte. Erinnern wir uns daran, daß Palästina von Rom annektiert worden war, nachdem Pompejus das Land im Jahr 64 v. Chr. unterworfen hatte.
Die vier Erzählungen über das Leben und Leiden Jesu, die Evangelien, sowie die Briefe des Apostels Paulus berichten, daß Jesus am dritten Tag auferstanden und mehrmals den «Aposteln» und seinen «Jüngern» erschienen sei, die er um sich geschart hatte. Matthäus, einer der vier Evangelisten, erzählt, Jesus habe sich den Jüngern in Galiläa auf einem Berg gezeigt und ihnen gesagt: «Mir ist gegeben alle Gewalt im Himmel und auf Erden. Darum gehet hin und lehret alle Völker und taufet sie im Namen des Vaters und des Sohnes und des Heiligen Geistes, und lehret sie halten alles, was ich euch befohlen habe. Und siehe, ich bin bei Euch alle Tage bis an der Welt Ende.» Dieses «Missionsge-

103 *Das siegreiche Christentum: Christus überreicht Petrus die Gesetzesrolle. Relief vom Sarg des Junius Bassus, Rom 359.*

104

105

Das Dogma und die Mysterien. Alle Westeuropäer, Gläubige wie Ungläubige, sind bis in unsere Zeit tief vom Christentum geprägt worden. Das Christentum unterscheidet zwischen den «Wahrheiten», dem Dogma, das jeder Christ anzunehmen hat, sowie den «Geboten» der Moral, die er zu befolgen hat. Zu den wesentlichen Glaubenslehren gehören das Mysterium der Trinität, das Mysterium der Menschwerdung Gottes und das Mysterium der Auferstehung.

Die neue Religion, welche die gesamte Bibel der Juden übernimmt und ihr das *Neue Testament* hinzufügt, besitzt derart viele Erzählungen, Episoden und Abenteuer, daß die ganze Bilderwelt des Westens davon inspiriert wurde. Die Schlange des Gartens Eden, die Arche Noah, die Übergabe der Gesetzestafeln an Moses, die Verkündigung des Engels an die Jungfrau, die Taufe Jesu, die Passion und die Auferstehung sind Teil unseres alltäglichen Dekors geworden – in Tausenden von Kirchen im ganzen Abendland. Wir leben in dieser Welt des biblischen und des christlichen «Wunders», dem zu gewissen Zeiten die «Wunder» der Heiden, die griechische und römische Mythologie, einverleibt wurden. Wie mit der Bilderwelt verhält es sich auch mit dem christlichen Gottesdienst, seinen Zeremonien, Emblemen

Jüdisch-christliche Bilderwelt: **104** *die Arche Noah, spanische Buchmalerei, 970;* **105** *die Flucht des Paulus aus Damaskus, Emailleplatte, England, 11. Jahrhundert;* **106** *Szene aus der Jonas-Legende, Fußbodenmosaik im Dom von Aquileja (4. Jahrhundert).*
Karte 8: *Die Ausbreitung des Christentums.*

bot» vollendete die Lehre Christi, des «Gesalbten». Das Wort «Christus» ist eine griechische Übersetzung des hebräischen «Messias»: «der kommen wird, das auserwählte Volk zu erlösen». Das Missionsgebot Jesu wurde zum Grundgesetz der Kirche, einer Gemeinschaft, die sich über zwei Jahrtausende hinweg als lebenskräftig erwiesen hat.

Zunächst, so erfahren wir aus der *Apostelgeschichte*, waren die Christen eine bescheidene Sekte, die nur Juden aufnahm. Alles aber änderte sich mit der Bekehrung eines Intellektuellen und Schriftgelehrten, der sich auf dem Weg nach Damaskus befand und der bis zu diesem Zeitpunkt die Christen verfolgt hatte: Er hieß Saulus, ein Jude und römischer Bürger aus Tarsus. Nach seiner Bekehrung nannte er sich Paulus. Ein bewundernswerter Denker und Schriftsteller, unermüdlicher Prediger und Organisator, begriff er das Christentum als eine Religion, die sich an alle Menschen wendet – an Juden und «Heiden». Seine grundlegende Idee bestand darin, den gesetzestreuen Kult bestimmter jüdischer Rabbiner durch ein Gebot zu ersetzen, das der Rabbi Jesus besonders hervorgehoben hatte: Liebe unter den Menschen und Hoffnung auf ein ewiges Leben.

106

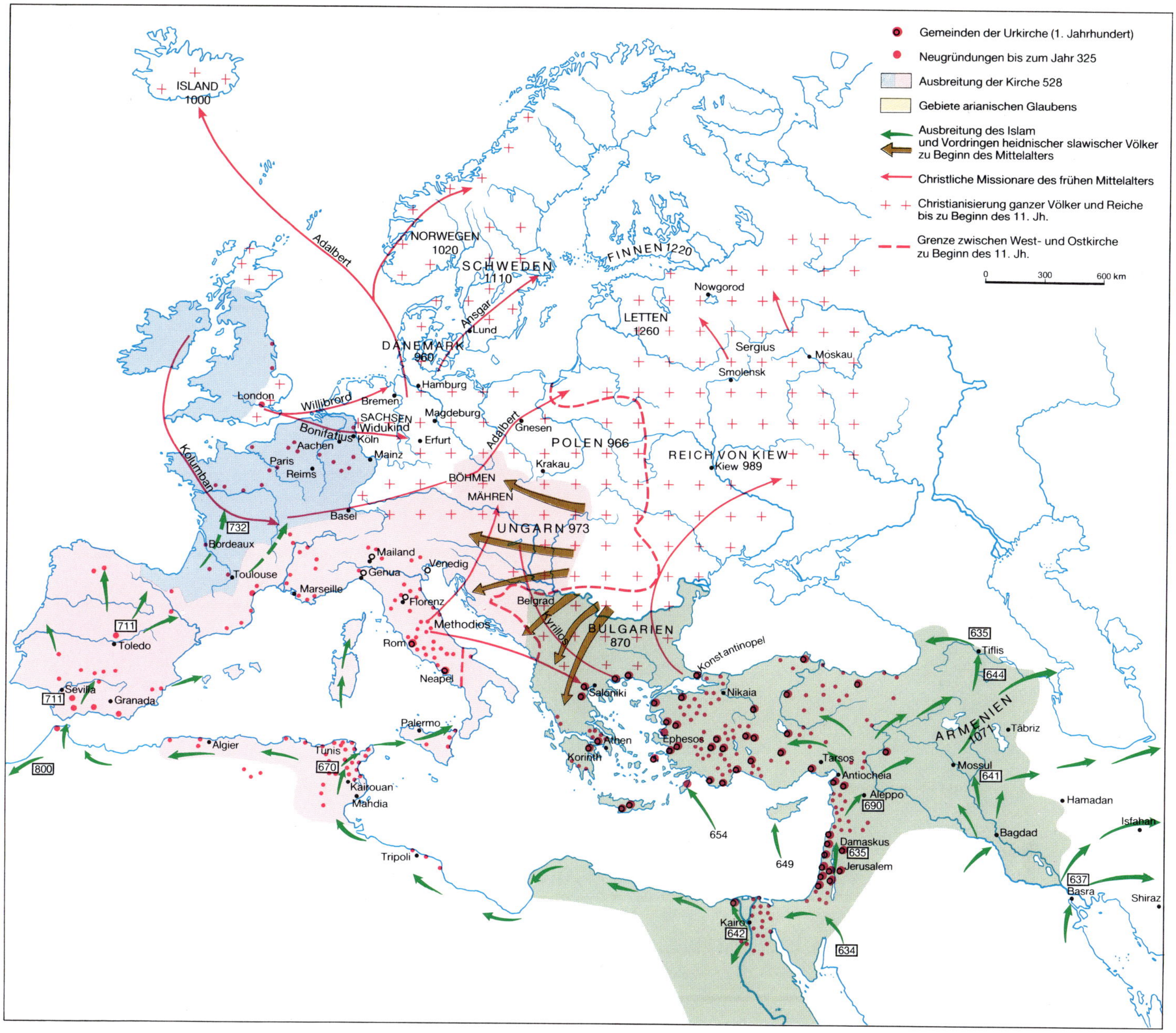

und liturgischen Gewändern. Und schließlich faszinierte das Christentum die Menschen aufgrund seiner Menschlichkeit und seines Gottesideals, das es der römischen Religion entgegenstellte, einer Religion, deren Götter mit allen Lastern der Sterblichen behaftet waren. Mit seiner rigorosen Sexualmoral, aber auch seiner großen Fähigkeit zur Vergebung mußte das Christentum die herrschenden Sitten umstürzen und schließlich auch die Wirtschaft weltweit verändern.

Gewiß, es konnte nicht sofort Sklaverei und Krieg abschaffen, aber es versuchte, beides zu mildern. Aus christlicher Hingabe oder aus schlechtem Gewissen machten viele Menschen geistlichen Würdenträgern Schenkungen, die dazu führten, daß die Kirche reich wurde. Manch einer dieser Würdenträger neigte allerdings mehr dazu, diese Reichtümer zu genießen, als sie zum Nutzen der Kirche und der Armen zu verwenden.

Irrlehren. Die komplizierten Dogmen der Kirche, vor allem die Trinitätslehre und die Lehre von der Menschwerdung Gottes in der Gestalt Jesu, hatten heftige Auseinandersetzungen und sogar «Häresien» zur Folge, denen die Ostkirche weit stärker ausgesetzt war als die des Westens.

Der Arianismus ist dafür ein Beispiel. Seine Vertreter sahen in Jesus nur einen Menschen und begründeten damit eine Irrlehre, die im 4. Jahrhundert aufkam und drei Jahrhunderte lang Bestand hatte.

Die Nestorianer hingegen behaupteten, Jesus besitze zwei Naturen und folglich auch zwei verschiedene Gestalten, nämlich eine als Mensch Jesus und eine als Sohn Gottes. Diese Irrlehre breitete sich in Chaldäa, in Persien und in Indien aus, wo es heute noch Spuren von ihr gibt. Zur Zeit Marco Polos und noch im 16. Jahrhundert haben nestorianische Christen in China gelebt.

Eine andere Irrlehre aus dem 5. Jahrhundert war der Monophysitismus, wonach Jesus nur eine und damit göttliche Natur besaß, in einem menschlichen Scheinleib. Die Monotheletisten wiederum glaubten an die zwei Naturen in Christus, die allerdings einem einzigen Willen unterworfen waren; das menschliche Wollen sei im göttlichen untergegangen.

All diese östlichen Irrlehren haben ihre Scharfsinnigkeiten. Wenn sie im Westen weit weniger zahlreich waren, so deshalb

107

109

Frühes Christentum: **107** *die Heiligen Drei Könige, Mosaik in Sant' Apollinare Nuovo, Ravenna, 5. Jahrhundert;* **108** *Grabplatte in den Römischen Katakomben;* **109** *Taufe Christi, Baptisterium der Arianer, Ravenna, 6. Jahrhundert.* **110** *Das Christentum folgte den Römerstraßen: Via Appia.* **111** *Kaiser Nero (37-68).* **112** *Christenverfolgung unter Nero, kolorierter Holzstich, 19. Jahrhundert.*

108

weil Häresien sich dort weniger auf Glaubenslehren als auf moralische Erwägungen bezogen. Derlei Überlegungen müssen uns heute seltsam erscheinen. Aber vergessen wir nicht, daß in jenen Zeiten eines intensiven Glaubens die Wissenschaft wenig entwickelt war und alles Forschen sich innerhalb der Theologie, der Gottesgelehrsamkeit, vollzog, so sehr, daß man Probleme bedeutsam fand, die heutige Christen kaum noch interessieren.

Der Begriff «Häresie» ist an ein Prinzip gebunden, das sich in der lateinischen Kirche durchgesetzt hat, weit weniger in der griechischen: daß nämlich die Wahrheit durch die Gemeinschaft der Kirchen untereinander und vor allem mit der Kirche von Rom definiert wird. Die heiligen Schriften können nur in Übereinstimmung mit einer Tradition gedeutet werden, die von der Versammlung der Bischöfe, den Konzilien, verbindlich erarbeitet wird. Das erste ökumenische Konzil fand – mit Zustimmung des Bischofs von Rom – im Jahr 325 in Nicäa statt.

Die Katholische Kirche. Die Bischöfe gelten als die Nachfolger der Apostel, und der Bischof von Rom ist der Nachfolger des heiligen Petrus, der nach der Überlieferung um das Jahr 65/66 n. Chr. in Rom gestorben sein soll. Jesus hatte zu diesem einfachen Fischer die folgenschweren Worte gesagt: «Du bist Petrus der Fels, und auf diesen Felsen will ich meine Kirche bauen.» Die Gemeinschaft mit Rom, von den Ostkirchen einige Jahrhunderte lang toleriert, wird für den Westen zum Wahrheitskriterium: Die Kirche nennt sich «katholisch», nach dem griechischen *katholikos*, das heißt universal, «über die ganze Erde» verbreitet. In einem Brief an die Gemeinde in Smyrna schrieb der heilige Ignatius, der im Jahr 107 den Märtyrertod starb: «Wo Christus ist, dort ist auch die katholische Kirche.» Gegenläufige Bewegungen wurden damit zwangsläufig «häretisch».

Die Kirche des heiligen Petrus. Der Kirchenvater Irenäus, seit 177/178 Bischof von Lyon, verteidigte in seinem Buch *Wider die Häretiker* die Überlieferung der Apostel. Jede Kirche müsse mit ihnen in Verbindung stehen, vor allem aber «die größte und älteste, die allen bekannt ist und in Rom von den beiden ruhmreichen Aposteln Petrus und Paulus gegründet wurde. Wegen der Autorität ihres Ursprungs müssen sich dieser Kirche sämtliche Kirchen unterordnen.» Als Folge dieser Forderung brach die griechische, teils bereits slawische Ostkirche 1054 mit Rom und drängte damit den Einfluß des lateinischen Katholizismus zurück. Im 16. Jahrhundert gründeten dann die Reformatoren neue Kirchen, aus Protest gegen materielle und moralische Mißstände, gegen die «autoritäre Tradition» Roms; «Autorität» wurde durch die Freiheit des an die Schrift gebundenen Gewissens ersetzt.

Das Schisma des 11. Jahrhunderts hat für lange Zeit den Westen mit seinem lateinischen Ritus von den Christen im Osten getrennt. Die Reformation wiederum berührte die Ostkirche kaum und spaltete die lateinische Kirche in einem Augenblick, als Westeuropa sich anschickte, neue, mehr weltliche als religiöse Formen des Zusammenlebens zu entwickeln.

110

111

112

Die Ausbreitung des Christentums im Westen

Warum konnten sich die kleinen Gemeinden, die sich um die Jünger und die Apostel bildeten, im ganzen Römischen Reich verbreiten? In einem solchen Ausmaß, daß sich im 4. Jahrhundert sogar die Kaiser zum Christentum bekannten?

Man darf nicht glauben, daß sich die Menschen ausschließlich von ihren materiellen Interessen leiten lassen. Für die Sklaven bedeutete das Christentum sicher vorübergehend Trost und die Hoffnung, wenigstens vor Gott gleich zu sein, doch von den Reichen und Herrschenden verlangte es Opfer. Dennoch fand das Christentum sowohl im Kaiserlichen Palast und in den Villen der Reichen Anklang als auch bei den notleidenden Menschen der großen Städte.

Das Streben nach höheren Werten fand im Christentum Befriedigung. Die neue Lehre wurde von einem Mann, den wir bereits kennen, Paulus aus Tarsus, gewissermaßen publikumswirksam in Umlauf gebracht. Überall bildeten sich kleine Gruppen, aus denen wieder neue Gemeinschaften hervorgingen. Doch vor allem hat das junge Christentum von der römischen Eroberung und Verwaltung profitiert. Es breitete sich zunächst in den östlichen Provinzen des Römischen Reichs aus und hatte dann auch noch das Glück, daß seine beiden großen Apostel – Petrus als Oberhaupt der Kirche und Paulus als ihr erster Missionar – in die Hauptstadt Rom gekommen waren, wo sie beide den Märtyrertod fanden. Zudem besaß das Römische Reich ein hervorragendes Straßennetz, das die einzelnen Städte miteinander verband. Diese Straßen galten als sicher. Ihnen folgte das Urchristentum und erwies sich somit als eine urbane Erscheinung.

Die ersten Christen des Westens. Jesus starb um das Jahr 30. Wann jedoch entdeckte die «heidnische» Literatur die Christen? Durch Sueton wissen wir, daß Kaiser Claudius noch im Jahr 49 die Christen mit den Juden verwechselte. Er beschloß, sie alle zu vertreiben, weil sie «durch Anstiftung eines gewissen Chrestos» für Unruhen verantwortlich seien. In den folgenden Jahren nahmen die Christen an Zahl rasch zu, doch die meisten Römer hielten sie noch lange für eine der zahlreichen östlichen Sekten, deren Kult orgiastisch, ja sogar blutrünstig sein sollte. Im Jahr 64 ließ Nero Rom in Brand stecken und fand auf der Suche nach «Schuldigen» die Christen. Der Geschichtsschreiber Tacitus hat in seinen 117 veröffentlichten *Annalen* die Martern beschrieben, unter denen zahlreiche Christen starben. «Weder menschliche Anstrengungen noch die Freigebigkeit des Kaisers oder religiöse Sühnefeierlichkeiten vermochten die ehrenrührige Ansicht zum Schweigen zu bringen, wonach die Feuersbrunst angeordnet gewesen sei. Um den Gerüchten ein Ende zu setzen, ließ Nero angeblich Schuldige ergreifen und schlimmsten Folterungen für ihre abscheulichen Taten aussetzen. Im Volk wurden sie Christen genannt. Ihr Name kam von einem Christus, der unter Tiberius von Pontius Pilatus zum Tode verurteilt und hingerichtet worden war. Für eine gewisse Zeit unterdrückt, brach dieser verderbliche Aberglaube von neuem aus, nicht nur in Judäa, dem Ursprung allen Übels, sondern auch in Rom selbst, wo all das, was es überall an Gemeinheiten und Scheußlichkeiten gibt, zusammenströmt und Anhänger findet. Man begann alle diejenigen zu verhaften, die sich zu ihrem Glauben bekannten, danach, anhand ihrer Enthüllungen, sehr viele andere, die weniger des Brandes wegen als wegen ihres Hasses gegen das Menschengeschlecht überführt wurden. Aus den Hinrichtungen machte man ein Volksvergnügen: Die einen wurden, bedeckt mit Tierfellen, von Hunden zerfleischt, andere wurden ans Kreuz geschlagen und bei Einbruch der Nacht als lebendige Fackeln angezündet. Nero hatte für dieses Schauspiel seine Gärten zur Verfügung gestellt und ließ dabei Zirkusspiele aufführen; er mischte sich als Kutscher unters Volk und lenkte einen Wagen. Wenn diese Menschen auch schuldig waren und harte Strafen verdienten, so rührten sie doch die Herzen der Menschen; denn die Hinrichtungen dienten nicht dem öffentlichen Wohl, sondern befriedigten nur die Grausamkeit eines einzelnen.«

Die Verfolgungen. Es hat den Anschein, als habe Nero die Christen nur deshalb umbringen lassen, weil sie Christen waren.

Am meisten schadete ihnen die Weigerung, am Kult des vergöttlichten Kaisers teilzunehmen. Dieser Kult aber war gleichsam der Kitt des Reichs und der römischen Einheit. Daraus ergab sich eine ganze Reihe von Christenverfolgungen: vom Jahr 64 unter Nero bis zu Diokletian in den Jahren 303 bis 305, dazwischen Zeiten der Unterbrechung und auch immer wieder Regionen, die weitgehend verschont blieben.

Hat es viele «Märtyrer» gegeben? Einige christliche Autoren haben dies bestätigt. Sie neigen dazu, die Zahl der Gemarterten noch zu erhöhen, wie zum Beispiel Tertullian in seiner *Apologie* aus dem Jahr 197 oder Lactantius und Eusebius von Caesarea, dem wir die erste Kirchengeschichte verdanken, im 3. und 4. Jahrhundert.

Die Christenverfolgungen waren im Osten des Römischen Reichs verbreiteter als im Westen. Aber auch im Westen und selbst unter der Herrschaft des Philosophenkaisers Marc Aurel wurden Christen verfolgt – man denke nur an den Bischof Pothinus von Lyon. Die Ansicht Tertullians, wonach «der Samen des christlichen Blutes» das Martyrium sei, hat bewirkt, daß es immer wieder neue Freiwillige für das Martyrium gab. Sie wurden von der kirchlichen Autorität getadelt und gehörten exaltierten, ja häretischen Gruppen an.

Christen höheren Standes. Es ist schwierig, die Ausbreitung des Christentums in den ersten beiden Jahrhunderten seines Bestehens zu verfolgen und darzustellen. Denn in jener Zeit versammelten sich die Christen heimlich, zum Beispiel in den Katakomben von Rom.

Während sich das Christentum in Rom seit dem 1. Jahrhundert fest etabliert hatte und sich im Osten – in Griechenland, Ägypten und in Nordafrika – immer schneller entwickelte, waren die Verhältnisse im Westen des Römischen Reichs – in Spanien, Gallien, Britannien und in den «barbarischen» Ländern wie Irland und Germanien – völlig anders. Die relative Verspätung des Christentums im Westen hat ihren Grund nicht zuletzt darin, daß das Griechische damals die Sprache der Liturgie war, eine Sprache, die das Volk nicht verstand. Ende des 4. Jahrhunderts lernte ein herausragender Kirchengelehrter, der in Pannonien (dem heutigen Ungarn) geborene heilige Hieronymus, Hebräisch, um die Bibel direkt ins Lateinische zu übersetzen. Sein Text, die *Vulgata*, im 16. Jahrhundert vom Konzil zu Trient als

113

kanonisch anerkannt, war trotz einiger Irrtümer im Detail so vorzüglich, daß ihn die katholische Kirche bis ins 20. Jahrhundert benutzte.

Italien. Ein besonderes Kennzeichen der Kirche im 2. und zu Beginn des 3. Jahrhunderts ist die geringe Zahl von Bischofssitzen. In Italien gab es außerhalb Roms zunächst nur einen Bischof in Mailand und einen in Ravenna. Um das Jahr 250 kommen Aquileja, ein wenig später Verona und Brescia als Bischofsstädte hinzu. Sie alle aber befinden sich in Oberitalien. Auf der eigentlichen Halbinsel scheint sich die Zahl der Bischofssitze auf den engeren Umkreis von Rom zu konzentrieren: Ostia, Porto, Albano und Tibur. Zu Beginn des 3. Jahrhunderts erhalten Neapel und Capua erstmals Bischöfe.

Ein Schreiben des Papstes Cornelius an Fabius von Antiochien enthält eine wertvolle Statistik zur Situation der Kirche in Rom um die Mitte des 3. Jahrhunderts. Neben dem Papst zählte man dort «46 Priester, 7 Diakone, 7 Subdiakone, 42 Pfarrhelfer, 52 Teufelsaustreiber, Katecheten und Türschließer sowie 1800 Witwen und Bedürftige». Rom dürfte demnach etwa 40000 Christen in seinen Mauern gehabt haben, bei einer Gesamteinwohnerschaft von einer Million. Im Circus Maximus gab es damals 300000 Sitzplätze und 50000 im Kolosseum.

Die Tatsache allein, daß Papst Cornelius im Jahr 251 eine Synode mit sechzig Bischöfen einberufen konnte, beweist, daß die Zahl der Christen besonders in den Städten ständig gewachsen war.

Gallien. Von Gallien weiß man, daß es im 2. Jahrhundert einen einzigen Bischof gehabt hat, und zwar in Lyon. Aber seine ersten Bischöfe – der heilige Pothinus und der heilige Irenäus – stammten aus dem Morgenland. Tournus, Châlon und Autun

113 *Der gute Hirte, Wandmalerei in der Priscilla-Katakombe, Rom.* **114** *Der Reichserneuerer Diokletian und sein Mitkaiser Maximian, Porphyrsäule (Vatikan).* **115** *Der Apostel der Gallier, Sankt Martin. Fresco von Simone Martini, Basilica di San Francesco, Assisi, 1320.*

114

115

brauchten nicht allzu lange auf ihren eigenen Bischof zu warten. Zwischen 200 und 250 entwickelte sich der Episkopat vor allem im Süden Galliens,in der *Gallia Narbonensis.* Eine Legende, die der Geschichtsschreiber Gregor von Tours (6. Jahrhundert) in seiner *Historia Francorum* erwähnt, berichtet, daß im Jahr 250 sieben Bischöfe – die sieben galt als heilige Zahl – von Rom aufgebrochen seien, um die Bistümer von Tours, Arles, Narbonne, Toulouse, Clermont und Limoges zu gründen. Im 3. Jahrhundert war in Gallien die Christianisierung bereits weit fortgeschritten: Reims, Trier, Vienne, Paris, Rouen, Sens, Soissons, Chalons, Bourges und Bordeaux hatten nun ebenfalls Bischöfe.
Um das Jahr 325 gab es in Gallien 28 Bistümer, fünfzig Jahre später 54. Missioniert wurde nun vor allem im Nordwesten und Nordosten, ganz besonders im Rheinland um Basel, Straßburg, Speyer, Worms und Mainz.

Großbritannien. Nach Tertullian kam das Christentum zu Beginn des 2. Jahrhunderts nach Großbritannien; im 4. Jahrhundert, zur Zeit der Christenverfolgungen unter Diokletian, gab es dort bereits mehrere Märtyrer. Ein weiteres Anzeichen, daß das Christentum auf den Britischen Inseln Fuß gefaßt hatte: Am Konzil von Arles im Jahr 314 nahmen drei britische Bischöfe teil, aus London, York und Lincoln.

Spanien. Aller Wahrscheinlichkeit nach hat der Apostel Paulus kurz vor seinem Tod Spanien besucht; aber vor Mitte des 3. Jahrhunderts gibt es keine Quellen über die Ausbreitung des Christentums auf der Iberischen Halbinsel. Immerhin weiß man, daß zu dieser Zeit die christlichen Gemeinden bereits solide organisiert waren. Wie in den übrigen Teilen des Reichs entstanden die ersten Gemeinden zuerst in den Hafenstädten, von wo aus Missionare in die großen Städte des Inlands zogen.
Es gibt Anzeichen dafür, daß die Christenverfolgung unter Diokletian auch spanische Gläubige getroffen hat. Man weiß auch, daß am ersten spanischen Konzil – in Illiberis, dem heutigen Granada, zu Beginn des 4. Jahrhunderts – ein Bischof aus Galicien, zwei aus Tarragonien, acht aus der *Provincia Carthaginiensis* (dem Gebiet um das heutige Cartagena), einundzwanzig aus der *Baetica* (dem andalusischen Gebirgsland) sowie drei aus Lusitanien (dem heutigen Portugal) teilgenommen haben.

Die späte Missionierung auf dem Land. Der wichtigste Beweis für die späte Missionierung auf dem Land ist die Seltenheit christlicher Inschriften in ländlichen Gebieten. Zu Beginn des 4. Jahrhunderts waren viele Bauern noch nicht bekehrt. Das lateinische Wort *paganus*, französisch *paysan*, «Landmann», «Bauer», konnte auch zu französisch *païen*, «Heide», werden. Das Übergreifen des Christentums auf ländliche Gebiete ist uns für das 4. Jahrhundert nur in Gallien bekannt. Ein ehemaliger Offizier, der heilige Martin, wurde vom Bischof von Poitiers unterstützt und gründete in Ligugé ein Kloster. Im Jahr 373 wurde er selbst Bischof von Tours und gründete das Kloster von Marmoutier. Dort wurden zahlreiche Missionare und Prediger ausgebildet. Martin, der im Jahr 397 gestorben ist, wurde auf diese Weise als «Apostel der Gallier» bekannt. Ähnliches geschah überall auf dem Land. Gegen Ende des 5. Jahrhunderts gab es in den ländlichen Gegenden Europas nur noch ein paar «heidnische Inseln».

Das christliche Reich

Man kann verstehen, daß die Christenheit die Bekehrung der Kaiser mit Enthusiasmus aufgenommen hat, war man doch drei Jahrhunderte lang Verfolgungen ausgesetzt gewesen und hatte die eigenen Rituale und Gottesdienste nur im Verborgenen abhalten können. Die Bekehrung der Kaiser setzte indes voraus, daß die Bewohner des Reichs bereits überwiegend Christen waren. Nur so konnte ein gewisser Druck auf das Staatsoberhaupt ausgeübt werden. Man kann sich jedoch auch eine persönliche Bekehrung der Kaiser vorstellen, mit allen Konsequenzen, die eine solche Bekehrung für die Untertanen eines autoritären Herrschaftssystems mit sich brachte. Tatsächlich handelte es sich bei der Bekehrung um eine Verbindung beider Möglichkeiten. Die Bekehrung der Kaiser nahm denn auch einen beachtlichen Zeitraum in Anspruch – er dauerte von 313 bis 395.

Diokletian. Das Römische Reich, das von Invasionen und inneren Unruhen gekennzeichnet war, wurde um die Mitte des 3. Jahrhunderts von Diokletian von Grund auf erneuert. Er hatte erkannt, daß die schiere Größe eine Dezentralisierung der Macht erforderte. Deshalb teilte er das gesamte Reich zunächst in einen Ost- und einen Westteil und einen jeden von ihnen noch einmal in zwei Hälften. Auf diese Weise entstand die Tetrarchie, die Vierherrschaft. Dieses System erlaubte es, die Grenzbefestigungen zu verstärken und Aufstände zu unterdrücken. Das Reich schien gerettet.
Zu Beginn der Tetrarchie wurden die Christen schon wegen ihrer wachsenden Zahl kaum belästigt, auch war ihr Gottesdienst inzwischen der Öffentlichkeit weitgehend bekannt. Christen bekleideten wichtige Ämter in der Verwaltung der Städte und der Provinzen. Bei der Ausübung dieser Ämter waren jedoch oft heidnische Zeremonien erforderlich, die christliche Beamte nicht mit ihrem Glauben vereinbaren konnten. Deshalb einigte man sich auf dem Konzil im spanischen Illiberis (Granada) darüber, was den Christen in dieser Frage erlaubt und was ihnen untersagt war.
Diokletian, der unter dem Druck der in der Mehrzahl heidnischen Staatsbeamten stand, sah im Verhalten der Christen eine gefährliche Disziplinlosigkeit. Deshalb erließ er mehrere Edikte gegen die Christen und leitete Verfolgungen ein. Die Christen wurden aus der Armee entlassen, der Gottesdienst wurde verboten. Die Kirchen sollten zerstört, die heiligen Bücher der Christen verbrannt werden. Sie durften schließlich keine öffentlichen Ämter mehr bekleiden. Die Priester wurden aufgefordert, nach heidnischem Brauch zu opfern. Jede Weigerung wurde mit dem Tod bestraft.
Die Christenverfolgung unter Diokletian war besonders grausam im Osten; im Westen wütete sie vor allem in Italien, Spanien und in den Provinzen längs der Donau. Es kam zu zahlreichen Hinrichtungen. Viele Christen fielen auch von ihrem Glauben ab.

Konstantin. Die Abdankung des großen Reformers Diokletian im Jahr 305 führte zu einem langen Bürgerkrieg, von dem hier nicht die Rede sein soll. Konstantin, der Sohn von Constantius Chlorus, der in der Tetrarchie mit der Regierung Galliens und Britanniens betraut war, wurde nach dem Tod seines Vaters im Jahr 306 von seinen Soldaten zum Augustus ausgerufen. Es gelang ihm nach und nach, seine Gegner auszuschalten. Im Jahr 312, während der Schlacht an der Milvischen Brücke über den Tiber, einige Kilometer stromaufwärts von Rom, soll Konstantin der Überlieferung zufolge eine Vision gehabt haben, die zu seiner Bekehrung führte. Er habe eine Standarte mit einem Kreuz und der Inschrift gesehen: *In hoc signo vinces* – In diesem Zeichen wirst du siegen. Doch scheint diese Vision nicht christlich gewesen zu sein; denn Konstantin ließ sich erst 337, im Angesicht des Todes, taufen und dies noch von einem arianischen Priester.
Viel bedeutsamer als diese Taufe war hingegen eine Reihe von Maßnahmen zum Vorteil der Christen, Maßnahmen, die vor

allem in Übereinstimmung mit Konstantins Schwager und Mitkaiser Licinius getroffen wurden. Die Verordnungen werden fälschlicherweise als «Edikt von Mailand» (313) bezeichnet. Die Christen erhielten wieder das Recht, ihre Religion frei auszuüben. Alle Güter, die der Staat beschlagnahmt hatte, wurden ihnen zurückgegeben, sogar, wenn sie an Dritte veräußert worden waren. Später beschloß die kaiserliche Regierung, daß Geistliche von öffentlichen Abgaben zu befreien seien. Gegen die «Heiden» ergriff man nun immer schärfere Maßnahmen.

Das Jahr 313 war, wie man gesagt hat, das erste Jahr des «Kirchenfriedens». Aus der Lage des Verfolgten war das Christentum in die des Privilegierten gekommen. Kirchliche Liegenschaften wurden von der Grundsteuer befreit, die Kirchen erhielten das Recht, Vermögensüberschreibungen anzunehmen. Der Lateranpalast, der zuvor der Gattin Konstantins gehört hatte, wurde dem Bischof von Rom als Amtssitz übergeben. Dank der Mutter des Kaisers wurden in Palästina Kirchen gebaut, vor allem in Bethlehem und in Jerusalem: fortan das Ziel unzähliger Pilgerreisen. Auf den Münzen des Römischen Reichs erschien ein christliches Emblem. Eine neue Form der Sklavenbefreiung wurde eingeführt, die «Befreiung vor dem Bischof». Die Heiligung des Sonntags war Pflicht.

Eine Entscheidung Konstantins sollte für den Werdegang Westeuropas unvorhersehbare Folgen haben: die Umwandlung der alten griechischen Stadt Byzanz in ein zweites Rom. Konstantinopel – so hieß die Stadt nun – erlebte eine intensive Bautätigkeit und wurde im Jahr 330 Gott geweiht. Ein zweites Rom im Osten zu gründen, in einer strategisch äußerst günstigen Lage, das hieß aber auch, im Herzen des Reichs und der Kirche eine Gegenkraft aufzubauen, die eines Tages den Bruch mit Rom herbeiführen konnte.

Das Konzil von Arles. Konstantin, der Beschützer der Christenheit, betrachtete sich als ihr Oberhaupt – auch als Oberhaupt des Papstes. Der Kaiser, und nicht der Papst, hatte 314 das Konzil von Arles einberufen. Die Bischöfe konnten kostenlos mit der Reichspost anreisen, ebenso Priester und Begleitpersonal. Sechsundvierzig Bischöfe nahmen am Konzil teil – alle aus dem Westen. Die «Kanones» lagen auf der Linie der Beschlüsse des Konzils von Illiberis. Das Hauptinteresse des Konzils von Arles bestand nach den Verfolgungen vor allem darin, Christen die Übernahme öffentlicher Ämter zu ermöglichen. Soldaten, die gegen die staatliche Obrigkeit revoltierten, drohte nunmehr die Exkommunikation. Der Staatsdienst galt nicht mehr als gottlos, denn das Christentum war Staatsreligion geworden. Kaiser Konstantin wies übrigens die Richtung für die neue Ära, indem er seine Kinder im christlichen Glauben erziehen ließ und ihnen als Erzieher den Schriftsteller Lactantius gab. Konstantin wählte aus Kirchenleuten auch einige seiner engsten Ratgeber, unter ihnen den Bischof von Cordoba.

Julian. Beim Tod Konstantins im Jahr 337 hatte das Christentum noch nicht endgültig gesiegt. Ein Gegenschlag des Heidentums war immer möglich: Dies geschah unter der Regierung Kaiser Julians (361-362), der in Paris residierte.

Julian, vom Temperament her ein Philo-

116

Das christliche Reich: **116** *Bronzekopf Kaiser Konstantins I., um 330. Konstantin machte das Christentum zur Staatsreligion.* **117** *Der Konstantinsbogen in Rom, errichtet in den Jahren 312-315 nach dem Sieg Konstantins über Maxentius in der Schlacht an der Milvischen Brücke bei Rom. Eine Kreuzesvision vor dieser Schlacht soll zur Bekehrung Konstantins geführt haben.* **118** *Christliche Konstantinslegende: die Taufe Konstantins, Gemälde aus der Schule Raffaels, Vatikan. In Wirklichkeit hatte sich Konstantin erst auf dem Totenbett taufen lassen – von einem arianischen Priester.*

117

118

soph, war der Überzeugung, daß das Heidentum den Vorteil habe, eine Synthese verschiedenster Lehren zu sein und darüber hinaus den Römern eine «nationale» Idee zu vermitteln, während das universale, kosmopolitische Christentum sich vom Wesen her nicht um den Staat oder gar um Grenzen kümmere. Trotz anfänglicher Verfolgungen unter Julian war jedoch der Siegeszug des Christentums nicht mehr aufzuhalten.

Der Arianismus. Eine weitere Gefahr für das katholische Christentum stellte der bereits erwähnte Arianismus dar. Konstantin selbst war von einem arianischen Priester getauft worden, und auch sein dritter Sohn war Arianer; und der Nachfolger Julians, Flavius Claudius Jovianus, beschützte diese Glaubensgemeinschaft.
Die endgültige Bekehrung der Römer zum rechtgläubigen Christentum war das Werk eines Kaisers aus Spanien. Geboren in Cauca, dem heutigen Coca in der Provinz Segovia, war es Theodosius gelungen, das riesige Reich für kurze Zeit wieder zu einen: Von Dauer allerdings blieb der Triumph des Christentums.

Die Einheit des Westens durch die Bischöfe. Das weströmische Reich war offiziell christlich geworden, und die Missionierung erreichte Stadt und Land. Die geistige Einheit des Westens wurde auch durch die lateinische Sprache gesichert, die Sprache der Kirche. Alle Bischöfe des Westens schrieben in Latein, und im 4. Jahrhundert gab es eine bemerkenswerte Generation christlicher Schriftsteller. Die Bischöfe bekämpften die Häresien aus dem Osten und aus Afrika, besonders den Arianismus, der auch den Westen bedrohte. Zu diesen Bischöfen zählten vor allem Hosius in Cordoba, Gregorius in Elvira, Maximin in Trier, Hilarius in Poitiers und Ambrosius, der Bischof von Mailand, der Kaiser Theodosius den Zutritt zur Kirche verwehrte, sofern er nicht Buße für seine Sünden geleistet hatte.
Unter allen lateinischen Kirchenvätern war der bedeutendste ein Afrikaner: Aurelius Augustinus, geboren 354 zu Tagaste in Numidien, Sohn eines heidnischen Vaters und einer christlichen Mutter, der heiligen Monika. Er wurde, obwohl seine Schriften ketzerische Gedanken enthalten, der große christliche Lehrer des lateinischen Europa.
In seinen berühmten *Bekenntnissen* erzählt Augustinus, daß er zunächst das vergnügungssüchtige Leben wohlhabender junger Heiden geführt habe. Er war hochgebildet und unterrichtete Rhetorik zuerst in Tagaste, dann in Karthago und schließlich in Mailand. Dort lernte er den heiligen Ambrosius kennen. Ambrosius gelang es mit Hilfe der heiligen Monika, Augustinus zu bekehren. Augustinus ließ sich im Alter von zweiunddreißig Jahren taufen, gab seinen Unterricht auf, kehrte nach Tagaste zurück, verteilte alle seine Güter unter die Armen und führte fortan ein Leben des Gebets, des Fastens und der Buße. Vom Bischof von Hippo Regius zum Priester geweiht, wurde er selbst 395 in dieser Stadt Bischof.
Seine Tätigkeit umfaßte ein weites Feld: Er gründete Klöster, predigte, unterrichtete, half den Armen, leitete Kirchenversammlungen und bekämpfte Irrlehren. Viele seiner Schriften sind erhalten geblieben. Augustinus glaubte nicht an den freien Willen des Menschen und war nicht weit entfernt von der Vorstellung, daß Gott in seiner Allwissenheit alles vorherbestimmt habe, die Erlösung oder die ewige Verdammnis des Menschen.
Zwei Beispiele zeigen die Tragweite der Lehre des heiligen Augustinus: Martin Luther, der große deutsche Reformator, war Augustinermönch gewesen. Und ein Jahrhundert später gab Cornelius Jansen, der Bischof von Ypern und Begründer des Jansenismus, seinem Hauptwerk den Titel *Augustinus*.

Die Bereicherung der Kirche. Die tiefe Frömmigkeit der Menschen hatte aber noch eine andere Folge – den großen Reichtum der Kirche, die in relativ kurzer Zeit zu einer bedeutenden Wirtschaftsmacht im westlichen Europa aufstieg. Die Spenden und Güterüberschreibungen der Gläubigen mehrten sich. Sie dienten vor allem dazu, den Lebensunterhalt der Priester zu sichern, Kirchen zu bauen, den Armen und Kranken zu helfen. Die Kirche wurde sehr reich, sie brachte zugleich aber der antiken Welt eine neue Lebenseinstellung, ein neues Verhalten nahe: die tätige Nächstenliebe.

119 *Der Kampf gegen den Arianismus: auf dem Konzil von Nicäa (325) wurde Arius der Irrlehre bezichtigt, Kaiser Konstantin präsidierte dem Gericht. Das Konzil verurteilte Arius und verbannte ihn nach Illyrien. Zehn Jahre später holte ihn der Kaiser zurück. Fresko eines bulgarischen Meisters, Kloster Batschkowo, 12. Jahrhundert.* **120** *Kaiser Theodosius I. bekehrte die Römer endgültig zum rechtgläubigen Christentum. Ausschnitt aus einer Geschenkplatte aus Silber, um 388.* **121** *Der Lehrmeister des christlichen Abendlands: Augustinus, Bischof von Hippo Regius. Mittelalterliche Buchmalerei.*

119

120

121

Verwaltungsbezirke und Kirchensprengel

Das Christentum, zunächst eine urbane Erscheinung, verbreitete sich, wie wir gesehen haben, im ganzen Römischen Reich und paßte sich dabei den weltlichen Verwaltungsbezirken an.

Rom und das Papsttum. Da gab es zuerst Rom, die Hauptstadt – später nur noch die Hauptstadt des Westens – und den Bischof von Rom, den Papst. Wenn auch Rom, das im Jahr 410 von den Westgoten erobert wurde, seine Rolle als Mittelpunkt der Welt verlor, so sah sich das Papsttum, statt ebenfalls zu zerfallen, zunehmend gestärkt. Daß die Apostel Petrus und Paulus etwa zur selben Zeit nach Rom gekommen waren und dort starben, war für die Kirche des Westens ein Glücksfall, denn er bekräftigte ihre Autorität. «Der Apostel Petrus lebt nur im Bischof von Rom weiter. Wenn der Papst die Last all derer trägt, die seiner Hilfe bedürfen, dann zweifelt er nicht daran, daß der selige Apostel Petrus die schwere Last mit ihm und in ihm trägt und daß er nur den beschützt, der Erbe seines Amtes ist. Das heißt: er ist ausgestattet mit Rechten und Pflichten, die ausschließlich dem Bischof des Apostolischen Stuhls als solchem zustehen, und hat mit keinem der anderen Bischöfe etwas gemein.» So heißt es in einem Brief des Papstes Siricius aus dem Jahr 385. Viele Beispiele dieser Art lassen sich anführen. Hier eines aus dem 5. Jahrhundert. Papst Innozenz I. (402-417) erörterte alle Fragen – die Angelegenheiten des Ostens, Illyriens, Afrikas – aber auch und vor allem des Westens: Italiens, Spaniens und Galliens. Von überallher bekam der Papst Schreiben von Bischöfen, die sich mit Fragen der Glaubenslehre oder der Kirchenzucht auseinandersetzten. An einen Bischof schrieb Innozenz: «Wer weiß nicht, daß alles, was der Fürst aller Apostel, Petrus, die Römische Kirche gelehrt hat und was diese noch heute beachtet, von allen beachtet werden muß. Es steht übrigens fest, daß in ganz Italien, in Gallien, Spanien und Afrika, auf Sizilien und den Inseln [...] nur der ehrwürdige Apostel Petrus oder seine Nachfolger Bischöfe eingesetzt haben.»

Verwaltungsbezirke im 5. Jahrhundert. Rom unterstanden die Provinzen des Reichs. Im 5. Jahrhundert wurden die *Notitia dignitatum*, die Listen der hohen Ämter, verfaßt. Das Reich ist darin in zwei Hälften geteilt, den Osten und den Westen. Jedes dieser beiden Teilreiche ist wiederum in zwei Präfekturen unterteilt, jede Präfektur in Diözesen, jede Diözese in Provinzen und jede Provinz in *civitates*, das heißt städtische Kreise. Das Westreich, das uns hier vor allem interessiert, umfaßte also die Präfekturen Gallien und Italien.
Die Präfektur Gallien, deren Hauptstadt Trier ist, bestand wiederum aus den Diözesen Spanien, Gallien und Britannien. Die Präfektur Italien hatte Mailand zur Hauptstadt und war in die drei Diözesen Italien, Rom und Afrika unterteilt. Die Kirche richtete nun ihre Bistümer nach den Verwaltungsbezirken des Reichs ein. Dabei erhielt zunächst jede Stadt ihren Bischof mit seinen Gehilfen, den «Weihbischöfen», die sich des flachen Landes annahmen. Von den Priestern und den Pfarrgemeinden wird später die Rede sein.
Danach hatte jede Provinz ihren «Metropolitan»-Bischof. In Gallien gab es Metropolitanbischöfe in Mainz, Köln, Trier, Reims, Besançon, Lyon, Rouen, Tours, Sens, Bourges, Bordeaux, Auch, Narbonne, Vienne, Embrun und Moutiers. Der Begriff «Diözese» wurde erst viel später für den Verwaltungsbezirk eines Bischofs verwendet, er war ursprünglich der *civitas* zugeordnet. Die *civitas* war eine wichtige Verwaltungseinheit. Nach und nach bezeichnete man mit diesem Begriff nur noch die Hauptstadt: so wurde zum Beispiel die *civitas* der Pariser, Lutetia, zu Paris, die *civitas* der Londoner zu London und jene der Treverer zu Trier.
Die Ostkirche wiederum hatte vier Patriarchen an ihrer Spitze: den Patriarchen von Antiochien, den von Alexandrien, den von Jerusalem und den von Konstantinopel. Der Westen hingegen hatte und hat nur den Bischof von Rom.

Die Pfarrei. Viel bedeutsamer als alle übrigen Verwaltungseinheiten ist für Europa jedoch die Pfarrei geworden. Neben den Städten, deren Viertel von Priestern verwaltet wurden, ist das flache Land seit dem 6. und vor allem im 7. Jahrhundert mit einem Netz kirchlicher Verwaltungsbezirke überzogen, in denen die Priester das Recht haben zu taufen, zu lehren und die Messe zu lesen. Es gibt sogar «ländliche» und «städtische» Erzpriester. Oft hat jede *villa* eine Kirche, aber viele dieser großen Höfe verschwinden und werden durch Dörfer ersetzt; jeder *vicus*, jeder *burgus* oder Marktflecken hat bald seine eigene Kirche. Die Priester oder *presbyteri* unterstehen dem Bischof.
Seit dem 7. Jahrhundert stehen Kirchen, die von den Großgrundbesitzern, den *potentes*, gestiftet wurden, unter dem Einfluß ihrer Gründer, welche schließlich diese Kirchen wie ihr persönliches Eigentum betrachten und darin eine Art «Mehrwert» für ihre *villa*, ihr «Haus», sehen.
Heute entspricht die Diözese dem Verwaltungsbezirk eines Bischofs, während die Pfarrei einem Pfarrer untersteht und in allem vom zuständigen Bischof abhängig ist. Doch lange Zeit hat man zwischen den beiden Begriffen keinen Unterschied gemacht. Was die Stadt betrifft, so war sie grundsätzlich einem Bischof unterstellt.
In den Ländern, die nie vom Römischen Reich abhängig waren, ließen sich die Bischöfe im allgemeinen in Städten mit Befestigungsanlagen wie zum Beispie in Magdeburg und in Hamburg nieder. Diese Städte wurden dann *civitates* genannt. Eine Stadt mit Bollwerk, aber ohne Bischof, war keine *civitas*, sondern ein einfaches befestigtes Lager oder *castrum*.
Jede *civitas* wiederum besaß eine Hauptkirche, einen Dom oder eine Kathedrale, deren Schutzpatron vielen Orten in Westeuropa den Namen gegeben hat. Allerdings ist der Einfluß der römischen Verwaltungsbezirke in einigen Ländern nicht so stark gewesen, so zum Beispiel in Spanien, das von den Arabern erobert wurde.
Die Pfarrei ist für die Geschichte Europas ein wesentliches Fundament. Bereits im

122

123

9. Jahrhundert hatten Gallien und Italien ein dichtes Netz von Landkirchen. Und immer neue Pfarreien kamen im 10. und 11. Jahrhundert hinzu. In Deutschland gab es im 9. Jahrhundert erst wenige Landkirchen, aber ihre Anzahl erhöhte sich im folgenden Jahrhundert dank der Missionierung und Urbarmachung des Landes. Böhmen, Polen und Ungarn erlebten im 11. Jahrhundert einen ähnlichen Aufschwung.
Die Pfarreien stehen am Beginn der Gemeinden, die unser Leben umrahmen. Es sind die Pfarreien, die mit dem Tauf-, Ehestands- und Sterberegister den «Zivilstand» aller Bürger begründet haben, sogar noch als dieser entkonfessionalisiert wurde. Jede Pfarrei – von Polen bis Portugal, von Irland bis Sizilien, von Norwegen bis nach Böhmen – besitzt ihre eigene Kirche und manchmal auch mehrere Kirchen in den Ländern, wo die Menschen nicht zerstreut leben, wie etwa in Italien. Wir leben heute noch in einem Umfeld, das durch die Pfarrei und durch die Gemeinde geprägt worden ist.

Zusammenfassung. Zwei Jahrtausende lang verteidigte ein kleines Volk aus dem Orient, das Volk Israel, unerschrocken und ohne jedes Zugeständnis eine monotheistische Religion. Diese Religion hat trotz der Zerstreuung ihrer Anhänger bis heute überlebt. Das Judentum hat somit immer wieder einen unmittelbaren Einfluß auf die Europäer ausgeübt.

122 *Die Einheit des Westens durch die Bischöfe: der Thron des Bischofs Maximian in Ravenna, einem der ältesten Bischofssitze Italiens.* **123** *Ikonographie der Ostkirche: Christusmosaik in der Sophienkirche von Byzanz, um 560.* **124** *Das Christentum hat sich in Westeuropa endgültig durchgesetzt: Leben Christi, illuminierte Handschrift, Italien 8. Jahrhundert.*

Nach dem Tod Jesu von Nazareth, eines jüdischen «Propheten», der unter Pontius Pilatus um das Jahr 30 hingerichtet wurde, glaubten seine «Apostel» und «Jünger», ihr Rabbi sei von den Toten auferstanden. Sie brachen mit dem herkömmlichen Judentum und gründeten eine zunächst kleine Gemeinde. Wichtigster Verkünder und Theologe der neuen Lehre war Saulus, ein Jude und römischer Bürger, der zu Paulus wurde.
Innerhalb von drei Jahrhunderten entwickelte sich die kleine Sekte der Christen zur Kirche. Sie eroberte das Römische Reich und überschritt seine Grenzen mit dem Ziel, eine universale, das heißt katholische Kirche zu werden. Sie formte dabei das neue Europa nach ihrem Bild.

124

6 Das Zeitalter der Germanen

Die Germanen betreten die politische Bühne

Germanen und Kelten. Das Wort «Germane» taucht zum ersten Mal bei dem griechischen Geschichtsschreiber Poseidonios im 1. Jahrhundert v. Chr. auf.
Von 113 bis 101 v. Chr. zogen die Kimbern und Teutonen von Südjütland und den Elbniederungen bis in die Poebene. Bei Aquae Sextiae, dem heutigen Aix-en-Provence, und bei Vercellae, heute Vercelli, wurden sie schließlich vom römischen Feldherrn Marius geschlagen. Doch waren sie aller Wahrscheinlichkeit nach Kelten und keine Germanen, denn die Namen ihrer Anführer hören sich keltisch an. Der Irrtum geht auf Julius Caesar zurück. Als er Gallien eroberte, gebrauchte er das Wort *Germani* für links- und dann auch rechtsrheinische Stämme, die stark keltisiert waren.

Germanen und Römer. Die Germanen selbst hatten sich keinen Namen für die Gesamtheit ihrer Stämme zugelegt. Man kennt sie nur durch die Namen ihrer Völkerschaften wie zum Beispiel der Alemannen, was so viel heißt wie «alle Männer», eine übergreifende Bezeichnung für verschiedene Stämme. Das Wort *theodisc*, deutsch, kommt erst im 8. Jahrhundert n. Chr. in Gebrauch. Es bedeutet «zum Volk gehörig» und bezieht sich auf die Leute, die die Volkssprache sprechen, im Gegensatz zum Latein der Gelehrten und dem *Walhisc*, dem Welsch der Romanen.
Von der Sprache her gesehen lassen sich die germanischen Völkerschaften folgendermaßen einteilen:
1. Nordgermanische Dialekte werden von den Menschen in Skandinavien – ein Begriff aus der Wissenschaft – gesprochen; diese Dialekte stehen am Beginn der skandinavischen Sprachen von heute.
2. Die Goten, die Burgunder und die Wandalen sprachen ostgermanische Dialekte.
3. Westgermanische Dialekte finden wir bei Franken, Alemannen, Langobarden, Angeln, Sachsen, Friesen und Bajuwaren. Von diesen Dialekten leiten sich das heutige Deutsch, Niederländisch und Englisch ab.

Der Limes. Diese Völker, die Caesar in den Jahren 58 bis 51 v. Chr. am Rhein aufgehalten hat, haben ihrerseits verhindert, daß die Römer weiter nach Mitteleuropa vordrangen. Der Limes, den die Römer errichteten – eine aus militärischer Sicht hervorragende Grenzbefestigung – konnte indes den Handel und Verkehr der Völker untereinander nicht verhindern, eine gegenseitige Durchdringung, die wiederum Grundlage weiterer Invasionen war. Im 1. und 2. Jahrhundert n. Chr., bis zu Kaiser Marc Aurel, blieb die Lage an der Grenze jedoch ruhig.
Während der Regierungszeit des Augustus hatten die Germanen in der Schlacht im Teutoburger Wald (9 n. Chr.) die Legionen des Varus vernichtet, der den Auftrag hatte, das germanische Gebiet bis zur Elbe zu erobern. Die Römer mußten sich fortan mit einem Länderdreieck begnügen, das von der Lahn bis zur Donau reichte, den Schwarzwald und die Schwäbische Alb umfaßte: die *agri decumates*, das Dekumatenland. Der römische Einfluß machte sich während der Friedenszeit bemerkbar. Germanen traten als Söldner in den Dienst der Römer, die Wohlhabenden eigneten sich eine lateinische Bildung an. Der römische Luxus wurde nachgeahmt. Selbst die Skandinavier fühlten sich von dieser neuen Welt angezogen. Die Handelsstraßen führten bis nach Westjütland, von wo die Römer vor allem Bernstein bezogen.
In der Schriftkultur kam während des 2. Jahrhunderts in Dänemark ein neues Alphabet auf: die Runen. Die Runenschrift hielt sich bis ins 7. Jahrhundert im eigentlichen Germanien, bis ins 9. Jahrhundert in England und bis ins 15. Jahrhundert in Skandinavien. Für die Literatur jedoch hatte sie keine große Bedeutung.

125 *Germanen in Afrika: Ein Wandale zu Pferd. Mosaik aus einer Villa in Karthago, um 500 n. Chr. Unter Geiserich hatten die Wandalen 429 die römische Provinz Afrika erobert.*

ZEITTAFEL 4: Das Zeitalter der Germanen (5.–8. Jahrhundert n. Chr.)

406 GROSSER EINFALL DER GERMANEN ÜBER DIE RHEINGRENZE

	5. Jh. n. Chr.			*6. Jh. n. Chr.*		
Kirche	**451** Das Konzil von Chalkedon verurteilt die monophysitische Lehre	**452** Papst Leo I. erreicht durch Verhandlungen mit Attila den Abzug der Hunnen aus Italien		**536–537** Papst Silverius wird von Kaiser Justinian abgesetzt	**585** Einführung des Kirchenzehnten	**590–604** Papst Gregor I. der Große
Westrom	**395** Tod des Theodosius; Nachfolger wird **395–423** Honorius	**410** Plünderung Roms durch die Westgoten unter Alarich **425–455** Valentinian III.	**455** Plünderung Roms durch die Wandalen unter Geiserich **476** Ende des weströmischen Reichs			
Kelten	**um 410** Die letzte römische Garnison räumt Britannien **um 435** Christianisierung Irlands; Mönchskirche	**seit 450** Landnahme der Jüten, Angeln und Sachsen	**450–600** Britonen ziehen nach Armorika (Bretagne)	**um 590** Iroschottische Mission: der heilige Kolumban gründet Luxeuil		**597** Der Mönch Augustinus bringt die Regel des hl. Benedikt nach Britannien; Bekehrung der Angelsachsen
Franken	**457** Der Merowinger Childerich, Vater Chlodwigs, König; salische Franken in Tournai	**481–511** Chlodwig erster christlicher König, Gründer des Frankenreichs	**486** Sieg Chlodwigs über Syagrius **498** Übertritt Chlodwigs zum katholischen Christentum	**507** Chlodwig schlägt die Westgoten bei Vouillé **507/511** Salisches Gesetz	**531–537** Die Franken erobern Thüringen, Burgund und die Provence	**558–561** Chlothar I. vereinigt das Frankenreich; nach seinem Tod Reichsteilung: Neustrien, Austrien, Burgund
Burgunder	**um 400** Die Burgunder im Rhein-Main-Gebiet	**436** Zerstörung des ersten Burgunderreichs durch Aëtius	**443** Gründung des zweiten Burgunderreichs am Genfer See; Ausdehnung entlang der Rhône und der Saône	**um 516** Gundobad (480–516) läßt ein burgundisches Gesetz niederschreiben		**534** Eroberung des Burgunderreichs durch die Franken
Ostgoten Langobarden		**488** Beginn der Eroberung Italiens durch Theoderich; Sieg über Odoaker	**493** Theoderich erobert Ravenna; Gründung des Ostgotenreichs	**526** Tod Theoderichs **552** Ende des Ostgotenreichs durch Byzanz	**568** Die Langobarden fallen in Italien ein **572** Pavia Hauptstadt des Langobardenreichs (bis 774)	**590–615** Agilulf König der Langobarden
Westgoten	**um 376** Einfall der Westgoten in das Römische Reich **378** Schlacht von Adrianopel	**401–403** Alarich (†410) greift Italien an **410** Plünderung Roms **413** Westgoten in Aquitanien	**419** Gründung des Königreichs Toulouse durch die Westgoten **466–484** Unter Eurich Höhepunkt der westgotischen Herrschaft in Spanien	**507** Niederlage der Goten gegen die Franken bei Vouillé; Verlust Aquitaniens; Ende des Königreichs von Toulouse	**568–586** Leowigild König der Westgoten; Toledo wird Hauptstadt **587** Übertritt der Westgoten vom	Arianismus zum Katholizismus **571–624** Die Westgoten erobern Andalusien von Byzanz zurück
Andere german. Völker	**409** Die Wandalen in Spanien; die Alemannen in Spanien von den Westgoten geschlagen	**429** Die Wandalen in Afrika; Gründung des Wandalenreichs **439** Einnahme Karthagos	**430** Jüten, Angeln und Sachsen in England **455** Plünderung Roms durch die Wandalen	**496–502** Unterwerfung der Alemannen durch Chlodwig	**534–535** Zerstörung des Wandalenreichs durch Belisar	
Ostrom	**394–395** Theodosius der Große ist Alleinherrscher **395–408** Arkadios		**408–527** Das oströmische Reich wird von Germanen und Hunnen bedroht	**527–565** Herrschaft Justinians; Rückeroberung Italiens	**528–535** Kodifikation des römischen Rechts unter Justinian	**536** Belisar in Rom
Nicht-german. Völker	**um 400** Die Hunnen in Pannonien **434–453** Attila	**451** Die Hunnen in Gallien; Schlacht auf den Katalaunischen Feldern	**452** Die Hunnen in Norditalien **482** Erste Erwähnung der Bulgaren			**565–602** Blütezeit des Awarenreichs unter Khagan Bajan

7. Jh. n. Chr.			*8. Jh. n. Chr.*		
625–638 Papst Honorius I. stimmt der monotheletischen Lehre Kaiser Heraklios' zu	**680/681** 6. Konzil von Konstantinopel verdammt die monotheletische Lehre;	Papst Honorius wird als Häretiker verurteilt; Ende der Vormachtstellung der römischen Kirche	**726** Papst Gregor II. bekämpft das Bilderverbot des byzantinischen Kaisers Leon III.	**um 750** «Konstantinische Schenkung»	
627 König Edwin von Northumbrien († 633) tritt zum Christentum über; es folgen Mercien, Essex, Kent		**um 689** Iroschottische Mission: Märtyrertod des heiligen Kilian in Franken			
613–629 Chlothar II. vereinigt das Gesamtreich **629–639** Dagobert I.	**639–679** Regierung der Hausmeier **679–714** Pippin II. Hausmeier von Austrien	**687** Sieg bei Tertry über den Hausmeier von Neustrien-Burgund	**709–712** Alemannen unter fränkischer Herrschaft	**714–741** Karl Martell Hausmeier	**732** Sieg Karl Martells über die Araber bei Tours und Poitiers
607 Agilulf tritt zum Katholizismus über **636–652** Rothari König der Langobarden;	Kodifizierung des langobardischen Volksrechts **650** Die Langobarden erobern Genua	**seit 652** Die Langobarden treten zum Katholizismus über	**712–744** Der Langobardenkönig Liutprand versucht eine Einigung Italiens; Angriffe auf Ravenna und Rom	**751** Eroberung Ravennas durch Aistulf; Ende der byzantinischen Herrschaft in Mittelitalien	
636 Tod des Erzbischofs Isidor von Sevilla	**654** «Lex Visigothorum» des Königs Rekkeswinth		**711** Sieg der Araber über die Westgoten; Ende des Westgotenreichs		
627 Bekehrung König Edwins von Northumbrien	**678** Wilfrid von York beginnt mit der Bekehrung der Friesen	**seit 690** Willibrord missioniert in Friesland	**713–744** Liutprand König der Langobarden	**seit 716** Bonifatius missioniert in Friesland, Hessen, Thüringen und Bayern	**722** Bonifatius wird Bischof **751** Die Langobarden erobern Ravenna
610–641 Kaiser Heraklios	**617** Die Slawen vor Konstantinopel	**626** Die Awaren vor Konstantinopel	**726** Beginn des Bilderstreits		
um 600 Die Chasaren bilden ein Reich zwischen Wolga und Don	**600–650** Bulgaren und Slawen auf dem Balkan	**um 670** Blüte des Bulgarenreichs unter Kuvrat	**seit 711** Die Araber erobern das Westgotenreich in Spanien		

126

127

128

126 *Die Schriftkultur der Germanen: der Runenstein bei Schloß Gripsholm am Mälarsee in Schweden; er wurde um 1050 n. Chr. errichtet. Die Inschrift lautet: «Tola hat diesen Stein nach seinem Sohn Harald, dem Bruder Ingvars, aufstellen lassen. Sie fuhren mutig in die Ferne nach Gold und nach Osten. Gaben dem Adler [zu fressen], starben im Süden, in Särkland.»* **127** *Eine germanische Siedlung zur Völkerwanderungszeit: Versuch einer Rekonstruktion im Freilichtmuseum Oerlinghausen im Teutoburger Wald.* **128** *Erinnerung an die Hunnen in Europa: eine Medaille des Hunnenkönigs Attila (R 434-453) aus dem 16. Jahrhundert; Sammlung Kaiser Rudolfs II.*
Karte 9: *Die Germanen – Feinde und Erben des Römischen Reichs.*

Die Völkerwanderung. Vom zeitlichen Ablauf her kann man zwei Invasionen unterscheiden.
Die erste Invasion begann 166 n. Chr., als Quaden und Markomannen in Venetien einfielen. Im Jahr 254 durchbrachen die Germanen den Limes und setzten auf das linke Rheinufer über. In den Jahren 260 und 270 drangen die Alemannen in Italien ein, die Goten stießen nach Griechenland und Kleinasien vor. Erst Diokletian gelang es gegen Ende des 3. Jahrhunderts, dieser anhaltenden Einfälle Herr zu werden, einer Quelle großen Leids für die Menschen.

Der Hunneneinfall. Eine zweite Invasionswelle im Verlauf des 4. und 5. Jahrhunderts ließ sich jedoch nicht aufhalten. Sie entstand unter dem gewaltigen Druck, den die Hunnen, ein Steppenvolk aus der Mandschurei, auf Westeuropa ausübten. Sie griffen die Goten in der Ukraine an. Die Römer – vor allem im Ostreich – hielten es für möglich, mit den Hunnen Bündnisse gegen die Germanen zu schließen, als Goten, Franken und Burgunder sich nach Italien und Gallien wandten.
Wer aber waren die Hunnen? Ein mongolisches Volk? Das ist unwahrscheinlich. Man hat sie mit den Hsiung-nu der Chinesen in Verbindung gebracht. Die Hsiung-nu scheinen jedoch eine weiße und keine gelbe Hautfarbe gehabt zu haben. Waren die Hunnen Vorfahren der Türken? Auch das ist nicht sicher. Für die Menschen des Westens waren sie die schlimmsten Barbaren. Barbaren, die Greise töteten, auf ihren Pferden lebten und sich von rohem Fleisch ernährten.
Um das Jahr 425 lassen sie sich in Pannonien nieder, dem heutigen Ungarn. Ihre Erbkönige, von denen Attila der bekannteste ist, können sich auf einen kriegerischen Adel stützen. Im Jahr 395 geboren, kommt Attila 434 an die Macht. Er verhandelt mit dem Gallier Aëtius, der einen Großteil des Westens regiert. Plötzlich, im Jahr 451, hört Attila auf, gegen Ostrom vorzugehen, und überschreitet bei Mainz den Rhein. Er plündert Belgien und stößt bis Orléans vor. Aëtius stellt sich ihm mit einer Armee aus Franken, Burgundern, Galliern und Westgoten entgegen und besiegt Attila und sein Heer auf den «Katalaunischen Feldern» in der Champagne. Attila zieht sich aus Gallien zurück und fällt 452 in Norditalien ein, wo ihn Papst Leo durch Tributzahlungen von der Zerstörung Roms abbringen kann. Nach Attilas Tod im Jahr 453 brechen Streitigkeiten über die Nachfolge aus – die Hunnen verschwinden wieder aus der Geschichte.
Die grausamen Einfälle der Hunnen hatten eine geringere Bedeutung als die der Germanen im 5. und 6. Jahrhundert. Denn die Völkerwanderung der Germanen war auf eine allmähliche Durchdringung von Gebieten gerichtet, die den Römern und Kelten streitig gemacht wurden.

Wandalen und Alanen. Seit 406 überquerten die Alanen den Rhein und drangen 409 bis Spanien vor. Im Jahr 414 standen sie an der Rhône. In Spanien indes unterwarfen sie sich rasch den Westgoten, dann den Wandalen. Die Könige der Wandalen trugen den Doppeltitel *rex Vandalorum et Alanorum*.

Die Goten. Es ist nicht ausgeschlossen, daß die Goten aus Skandinavien kamen. Zwei skandinavische Völker hatten ähnliche Namen: die *Gutar* von der Insel Gotland und die *Götar* von Götaland in Mittelschweden. Den römischen Geschichtsschreibern Plinius und Tacitus waren die Goten bekannt. Unter den Germanen genossen sie eine besondere Wertschätzung. Von den Hunnen bedrängt, wichen die

Goten nach Thrakien, ins Oströmische Reich aus. Die Ostgoten und die Westgoten hatten sich seit 341 zum Christentum bekehren lassen – durch den arianischen Bischof Wulfila, der mit dem gotischen Alphabet die erste germanische Buchstabenschrift entwickelte und die Bibel ins Gotische übersetzte.

Die Westgoten hatten zwar 378 und 395 Konstantinopel bedroht, dann aber richtete sich ihr Vorstoß unter der Führung Alarichs auf Norditalien. Sie gelangten bis vor die Tore Roms und umzingelten Ravenna, das durch Sümpfe geschützt war. Am 24. August des Jahres 410 zog Alarich in Rom ein – für das gesamte Reich und die katholische Welt ein Schock.

Doch Alarich starb bereits gegen Ende des Jahres. Sein Schwager und Nachfolger Athaulf zog mit den Westgoten nach Gallien. Sie ließen sich in Narbonne nieder, wo sie drei Jahrhunderte bleiben sollten, sowie in Toulouse und in Bordeaux. In Narbonne heiratete Athaulf eine berühmte Gefangene, die Tochter des römischen Kaisers Theodosius I., Galla Placidia. Ihr Mausoleum in Ravenna ist das vielleicht größte Meisterwerk der antiken Mosaikkunst. Zu Herren Aquitaniens geworden, setzten die Westgoten ihren Zug nach Spanien fort. Aber es gelang ihnen nicht, die Meerenge von Gibraltar zu überwinden. Für den Augenblick wenigstens standen sie in den Diensten Roms.

Die Westgoten in Spanien. Die Invasionswelle der Franken brachte das westgotische Königreich merklich zum Schrumpfen.

Unter der Herrschaft von Eurich (466-484) erlebte das «Königreich von Toulouse» seinen Höhepunkt. Eurich dehnte seinen Herrschaftsbereich bis in die Auvergne aus und festigte seine Macht in Spanien. Im Jahr 507 jedoch drängten die Franken die Westgoten nach Spanien und ins Gebiet von Narbonne ab. Das «Königreich von Toulouse» hörte damit zu existieren auf. Indessen vermochten es die Westgoten nicht, die gesamte Iberische Halbinsel zu besetzen. Die Sweben hatten nämlich 406 den Rhein überquert und drangen 409 in Spanien ein. Sie errichteten dort ein kleines Königreich, das sich von Galicien bis nach Nordportugal erstreckte. Unentwegt griffen die Westgoten das swebische Königreich an, bis sie es 585 unter König Leowigild eroberten.

Die Westgoten hatten Toledo zu ihrer Hauptstadt gemacht. Von hier aus kämpften sie ständig gegen die Truppen des oströmischen Kaisers Justinian, der die Einheit des Reichs wiederherstellen wollte. Justinian hatte damit in Italien und in Nordafrika Erfolg, stieß aber in Gallien bei den Burgundern auf Widerstand. Im Jahr 551 landeten seine Truppen auf der Iberischen Halbinsel in der alten Provinz Baetica und bei Carthago Nova, zwischen der Mündung des Guadalquivir und des Jucar, sowie bei Kap São Vincente im Süden Portugals. Erst 628 wurden die Byzantiner endgültig aus Spanien vertrieben, das nun neunzig Jahre lang – bis auf das Baskenland – von den Westgoten beherrscht wurde.

Die Westgoten – vielleicht dreihunderttausend Menschen an der Zahl – verstanden sich im allgemeinen mit den Hispanoromanen recht gut. Das gegenseitige Verständnis wuchs, als König Rekkared I. im Jahr 587 vom Arianismus zum katholischen Glauben übertrat und der Bischof Isidor von Sevilla sein Lob auf «die Nation der Goten» verfaßte. Das Land gehörte zu zwei Dritteln den Westgoten und zu einem Drittel den Hispanoromanen. Ein richtiger Staat entstand, mit einem königlichen Hof, mit Provinzen und Städten. Aber noch vor der Eroberung durch die Mauren im Jahr 711 fiel das Königreich aufgrund lehnsherrlicher Zersplitterung in die Gewalt des Adels.

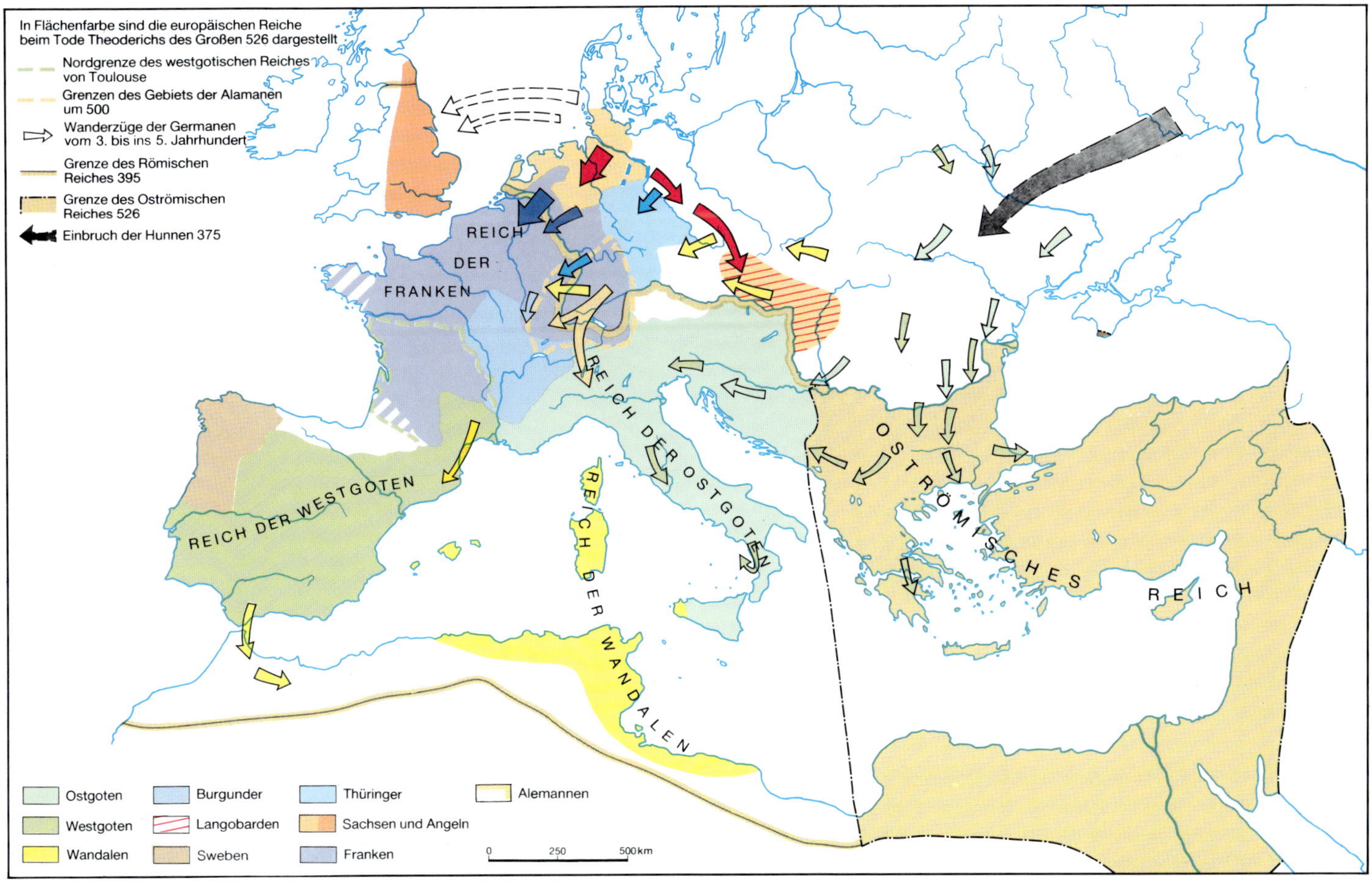

Verweilen wir hier ein wenig bei Isidor von Sevilla, diesem außergewöhnlichen Mann aus der romanisierten katholischen Baetica. Er wurde um das Jahr 560 geboren und starb 636. Im 7. Jahrhundert war er «die Zierde der Kirche Spaniens», der «bedeutendste Name des christlichen Spanien und der letzte der Kirchenväter im Abendland». Die Gelehrsamkeit Isidors war enzyklopädisch und umfaßte sowohl das Wissen des Altertums als auch die Schriften der Kirchenväter. Er interessierte sich für die Chronologie, die Liturgie, die Philosophie, die Grammatik, die Theologie und die Physik; Fragen des Schiffsbaus beschäftigten ihn ebenso wie Kleiderordnungen, Eßgewohnheiten, Naturgeschichte, Kosmographie und Arithmetik. Er schrieb eine *Geschichte der Goten*, dann auch eine *Geschichte der Wandalen und der Sweben*. Isidor von Sevilla besaß eine gut ausgestattete Bibliothek, vernachlässigte aber fast ganz das Griechische.
Einige Kritiker meinen, die Autorität des Kirchenlehrers vor allem während des Mittelalters habe dazu beigetragen, den Fortschritt der Menschheit zu verlangsamen. Das ist ein strenges Urteil. Isidor entwickelte seine Philosophie in den drei Büchern der *Sentenzen*. Sein Hauptwerk sind indes die *Etymologien*, in denen er sein Erziehungssystem darlegt. Isidors Einfluß auf die Karolingische Renaissance, auf Thomas von Aquin und auf Dante war außerordentlich groß. Zuletzt noch ein historisch interessantes Detail: Isidor, dessen Muttersprache das Latein war, betrachtete sich mehr als Goten denn als Römer. Er war erfreut darüber, daß die Westgoten die Byzantiner wieder aus Spanien vertrieben hatten.

129

130

131

129 *Westgotenkönige in Spanien: eine Seite aus dem «Codex Vigilanus» von 976; in der unteren Reihe der Schreiber und seine Gehilfen. Die Westgoten waren unter König Rekkared I. (R 586-601) zum Katholizismus übergetreten.* **130** *Ostgotisches Kunsthandwerk: eine Adlerfibel aus 22karätigem Gold. In die kleinen Metallzellen waren Edelsteine eingepaßt.* **131** *Die Ostgoten in Italien: der Palast des Ostgotenkönigs Theoderich (um 453-526) in Ravenna auf einem Mosaik in der Hofkirche Sant' Apollinare Nuovo; sie wurde um 500 unter Theoderich erbaut. Ihre Mosaiken zählen zu den bedeutendsten Kunstwerken der frühen christlichen Kultur.*

Die Ostgoten in Italien. Die Ostgoten haben weniger dauerhafte Spuren hinterlassen, dafür aber umso bemerkenswertere. Zum Zeitpunkt der Schlacht bei Adrianopel im Jahr 378 lebte ein Teil der Ostgoten unter der Schutzherrschaft der Hunnen in Pannonien. Ein anderer Teil dieses Volks stand im Dienst von Ostrom und siedelte auf dem Balkan. Als die Herrschaft der Hunnen zusammenbrach, näherten sich die Goten aus Pannonien der Reichsgrenze. Theoderich, ein Neffe des Königs, wurde als Geisel gestellt und verbrachte neun Jahre in Konstantinopel. Im Jahr 473 bestieg er selbst den gotischen Thron. Er bemächtigte sich des Balkans zur gleichen Zeit, als der letzte weströmische Kaiser Romulus Augustulus von dem germanischen Heerführer Odoaker abgesetzt wurde.
Der oströmische Kaiser Zenon versuchte daraufhin, Theoderich als Bundesgenossen gegen Odoaker zu gewinnen. Von Bulgarien aus fiel Theoderich mit einer zusammengewürfelten Armee in Italien ein. Nach vierjährigem Kampf besiegte er Odoaker, den er mit seiner Familie ermorden ließ. Als Herrscher über Italien erlangte Theoderich der Große Berühmtheit vor allem durch seinen Minister, den Schriftsteller Cassiodor.
Theoderich teilte Italien in zwei Verwaltungsbereiche, einen gotischen und einen römischen, beide voneinander getrennt, doch jeder dem König unterstellt. Von den Römern wurde Theoderich bald akzeptiert, und er selbst zögerte nicht, die ehemaligen Kaiser *majores nostri* zu nennen, unsere Vorfahren. Im Jahr 500 wurde er in Rom inthronisiert. Bei dieser Gelegenheit sagte er in einer Rede: «Es gefällt uns, unter römischem Recht zu leben, das wir mit der Waffe in der Hand zu verteidigen gedenken [...]. Wozu hat man die Unordnung der Barbaren in die Schranken gewiesen, wenn man dafür sein Leben nicht auf das Gesetz gründete?»
Geschickt und klug zugleich nahm Theoderich nicht den Titel eines Kaisers in Anspruch. Er ließ sich in Ravenna nieder und verschönerte dort seinen Hof mit zahlrei-

chen Gebäuden. Theoderich beherrschte nicht nur Italien, sondern auch Rätien, den Norden Illyriens, Dalmatien, einen Teil Pannoniens, Ostsizilien und nach 511 auch die Provence.
Vor allem auf kulturellem Gebiet zeichnete sich Theoderichs Regierung aus. Drei Namen ragen hervor: Ennodius, der künftige Bischof von Pavia, Cassiodor, der Staatsmann, ehe er im Kloster Vivarium eine Art «Kulturkonservatorium» ins Leben rief, und Boëthius, der letzte originäre Geist, den das Altertum hervorbrachte – ein Beamter hohen Ranges, aber vor allem ein Philosoph und Mathematiker, durchdrungen von griechischer Bildung. Theoderich der Große starb 526. Sein Mausoleum ist eines der bedeutendsten historischen Denkmäler Ravennas.

Die Burgunder. Die Burgunder waren zunächst im Baltikum ansässig und kamen vermutlich aus Skandinavien: aus Borgund am Sognefjord in Norwegen und von der dänischen Insel Bornholm, deren Name von Borgundarholm hergeleitet wird.
Im 3. Jahrhundert zogen die Burgunder nach Westen, drangen aber erst 406 ins Römische Reich ein. Sie ließen sich am Rhein nieder, stromabwärts von Koblenz, und blieben dort etwa dreißig Jahre lang. Von den Alemannen bedrängt, erhielten sie dann von den Römern die Erlaubnis, sich bei Genf in der *Sapaudia*, dem heutigen Savoyen, anzusiedeln.
Die Burgunder kämpften nun mit den Römern gegen die Hunnen und die Sweben. Als Ausgleich dafür durften sie ihr Gebiet von Lyon bis zu den Seealpen ausdehnen. Der König residierte in Lyon, sein Nachfolger blieb in Genf. Mit den Römern unterhielten die Burgunder gute Beziehungen, weshalb sie sich lange Zeit behaupten konnten. Aber ihr Reich wurde von den Goten im Süden angegriffen und von den Franken im Norden, die schließlich ganz Burgund unterwarfen.

Die Alemannen. Die Alemannen oder Alamannen werden zum ersten Mal im Jahr 213 erwähnt. Im Jahr 260 durchbrachen sie den Limes, überquerten die Alpen und gelangten nach Mailand. Sie bewohnten das Dekumatenland. Die Fremden nannten sie Alemannen, sie selbst zogen den Namen Sweben, Schwaben, vor.
Im 4. Jahrhundert steigerten sie ihre Angriffe im Elsaß und in der Gegend südlich von Mailand. Ein Jahrhundert später, 406, spielten sie beim Germanenansturm eine große Rolle. Ihr Hauptgegner waren die Franken. Im Jahr 496 besiegte der Frankenkönig Chlodwig die Alemannen. Aus Dankbarkeit über diesen Sieg, so die Überlieferung, sei Chlodwig in Reims zum katholischen Glauben übergetreten – ein wichtiges Datum in der Geschichte Europas.
Die Alemannen konnten sich unterdessen in der Schweizer Ebene und im Jura behaupten. Doch 536 wurde dieses heidnisch gebliebene Volk einem fränkischen Herzog von Austrien tributpflichtig. Im Jahr 590 wurde in Konstanz ein Bistum errichtet, doch ging die Bekehrung der Alemannen weiterhin nur langsam vonstatten.

Die Bajuwaren. Die Bajuwaren oder Bayern werden zum ersten Mal im Jahr 551 erwähnt. Schon damals befanden sie sich in ihrem heutigen Siedlungsraum. Sie überquerten die Alpen und gelangten bis Südtirol. Die Herzöge der Bajuwaren, die Agilolfinger, sind lange unabhängig gewesen. Erst Karl der Große gliederte ihr Herzogtum 788 dem Frankenreich ein.

Die Franken. Die Franken sind – mit den Westgoten – das einzige germanische Volk, das ein dauerhaftes Königreich errichtete. Sie waren die hauptsächlichen Nutznießer der Völkerwanderung. Erwähnt werden sie zum ersten Mal 241, dann 257. Ihre Sprache bildet die Grundlage des heutigen Niederländischen. Den Franzosen gaben sie ihren Namen; ein Großteil von ihnen wurde zu Vorfahren der heutigen Deutschen.
Die Franken setzten sich aus einer Vielzahl von Völkerschaften zusammen, die am Niederrhein, in der Gegend von Köln, also in unmittelbarer Nähe der römischen Grenze siedelten. Bedeutung erlangten vor allem die niederrheinischen Salier, bekannt durch ihr *Salisches Gesetz*, und die Ripuarier oder Rheinfranken in einem Gebiet, das sich um 475 zu beiden Ufern des Rheins erstreckte, von Mainz bis Nimwegen und längs der Mosel von Toul bis Koblenz. Die Ripuarier bildeten den Kern des späteren deutschen Stammes der Franken.
In den Schriften des fränkischen Geschichtsschreibers Gregor von Tours aus dem 6. Jahrhundert findet man die Namen einiger Könige: Childerich, den Vater Chlodwigs, und auch den sagenumwobenen Merowech, den Gründer der Merowingerdynastie, die zweieinhalb Jahrhunderte Bestand hatte.
Das Eindringen der Franken ins Römerreich geschah im wesentlichen durch Unterwanderung der Legionen und durch friedliche Besetzung weniger besiedelter Gebiete. Die Franken kämpften an der Seite der Römer und beteiligten sich daher nicht am großen Germanenansturm des Jahres 406. Sie begnügten sich damit, Gebiete im Rheinland und in Westfalen zu besetzen, aus denen die Römer sich zurückgezogen hatten.

Die Eroberungen Chlodwigs. Chlodwig, etwa um das Jahr 465 geboren, bestieg seinen bescheidenen «Thron» um 481 und verstand es, den Franken sofort Ansehen und Macht zu verschaffen. Die Südgrenze seiner Besitzungen erreichte kaum die Linie Verdun – Worms. Nun aber begann Chlodwig das Gebiet zwischen Seine und Loire zu erobern und unternahm bald danach Kriegszüge gegen die Thüringer im Osten, die Burgunder und Alemannen im Süden. Weil Chlodwig bei seiner Taufe im Gegensatz zu den Goten nicht den Arianismus angenommen hatte, erwarb er sich die Sympathie des Papstes und vor allem die Treue seiner galloromanischen Untertanen.
Gegen Ende seines Lebens gelang Chlodwig ein besonders großer Sieg: der vernichtende Schlag gegen die Westgoten bei Vouillé südlich von Tours. Die Franken

132 *Funde aus alemannischen Gräbern bei Hüfingen in Baden-Württemberg: viele der Gläser stammen aus dem Rheinland, aus Burgund oder Italien. Hüfingen lag im Schnittpunkt römischer Handelsstraßen.* **133** *Heidnische Amulette aus bajuwarischen Gräbern: die Purpurschnecken und die gefaßten Steine, häufig aus Bergkristall oder Rauchtopas, wurden von Frauen und Kindern getragen.*

132

133

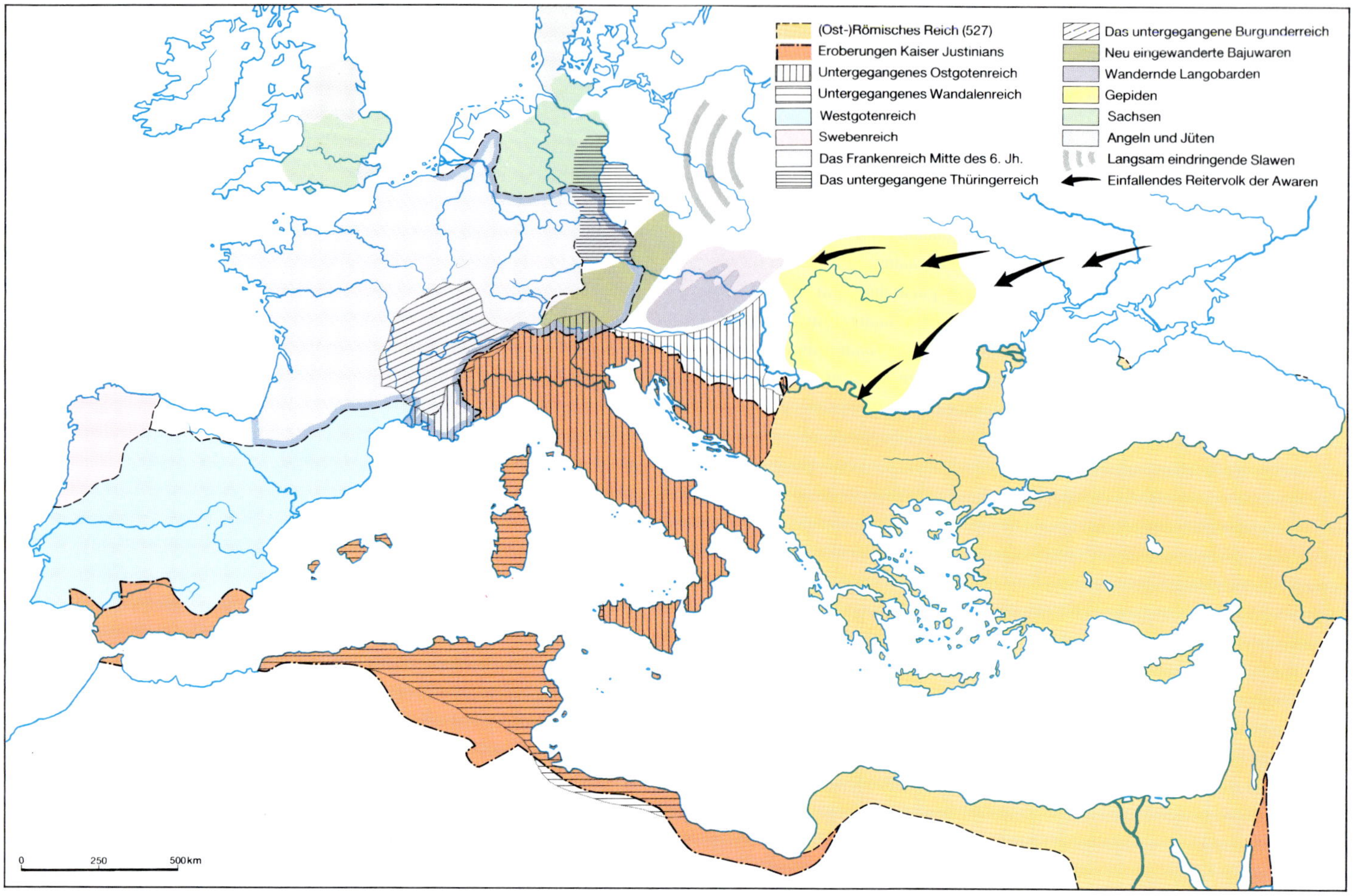

Karte 10: *Das Reich zur Zeit Justinians.*
134 *Grabstein aus Niederdollendorf, 7. Jh. Der Krieger im Jenseits hält in der Linken einen Breitsax, mit der Rechten kämmt er sich: Sinnbild fortwährender Lebenskraft. Für sein leibliches Wohl ist gesorgt. Die Schlange wehrt Unheil ab.*

besetzten daraufhin Toulouse und Bordeaux.
Chlodwig achtete sehr darauf, daß der germanische Charakter seines Königreichs erhalten blieb. Allmählich entwickelte sich indes im Süden des Frankenreichs eine enge Zusammenarbeit zwischen den Germanen und dem römischen Senatsadel. Er umfaßte insgesamt etwa 3000 Familienväter. Die meisten waren aus den Städten im Norden geflohen, als die Franken dort eindrangen, und hatten sich im Süden niedergelassen. Den Namen nach zu schließen, waren die hohen Amtsträger im Norden Galliens, unter ihnen auch die Bischöfe, meist Franken, während im Süden die Galloromanen überwogen. Erst im 8. Jahrhundert war die Verschmelzung der beiden Völker vollkommen.

Die Eroberungen nach Chlodwig. Nach Chlodwigs Tod (511) setzten die Franken ihre Eroberungen fort. Das burgundische Königreich wurde 533/34 angegliedert, 537 die Provence. Allein Septimanien blieb den Westgoten, während im äußersten Westen die Bretagne ihre Unabhängigkeit behielt.
Im Osten unterwarfen die Franken 531 Thüringen; das Land geriet unter fränkische Schutzherrschaft, blieb aber heidnisch. Die Alemannen am Rhein hatte Chlodwig besiegt; Theudebert, der Enkel Chlodwigs, eroberte den Rest Alemanniens im Jahr 555. Das Elsaß und die Pfalz wurden christlich, nicht aber das Germanien jenseits des Rheins. Den Franken gelang es sogar, für kurze Zeit Tribute zu erheben: im Norden von den Sachsen, im Süden von den Bajuwaren und selbst von den Langobarden. Zum ersten Mal war Germanien einer Herrschaft unterworfen, deren Zentrum westlich des Rheins lag und die der Aufsplitterung in Stämme ein Ende setzte. Nur Friesen und Sachsen bewahrten ihre Unabhängigkeit.

Die Rückeroberung Westroms durch Justinian. Alle Ereignisse des 6. Jahrhunderts wurden indes von einem einzigen überschattet: der Rückeroberung Afrikas, Italiens und Südostspaniens durch Kaiser Justinian. Dieser Eroberungszug, von dem schon die Rede war, kam 560 zum Stillstand, und die Byzantiner beschränkten sich fortan auf die Defensive. Bald darauf, 568, brachen die Langobarden in Italien ein. Sie waren aus Pannonien von den

134

Awaren vertrieben worden, einem Steppenvolk aus dem Gebiet nördlich des Schwarzen Meers.

Die Langobarden. Der Einfall der Langobarden ins Römische Reich war die letzte der Germaneninvasionen. Alboin, ein fähiger Herrscher, faßte 568 den Entschluß, Pannonien zu verlassen und mit seinem Volk nach Italien zu ziehen. Mit der Besetzung Pannoniens hatten die Awaren die Handelsstraße zwischen der Adria und der Ostsee unterbrochen; die slawischen Stämme wurden zu Raubzügen auf dem Balkan ermutigt, und Skandinavien war bis in die Zeit der Wikinger vom Handel mit den Mittelmeerländern abgeschnitten. Alboin eroberte den größten Teil der Poebene mit Mailand. Fast drei Jahre brauchte er, um Pavia einzunehmen. Als Hauptstadt wählte er zuerst Verona, dann Pavia. Danach fielen die Langobarden in die Toskana und in Latium ein, nachdem sie die byzantinischen Besitzungen zwischen Mantua, Ravenna, Rimini und Rom eingekreist hatten.
Ein Jahrhundert lang zog sich der Kampf zwischen den Langobarden und den Byzantinern hin. Unter den Königen Liutprand und Aistulf erreichte das Langobardenreich seine größte Ausdehnung. Fast ganz Italien wurde zur «Lombardei». Im Jahr 774 setzte Karl der Große mit der Eroberung Pavias dem Langobardenreich ein Ende. Die langobardische Königswürde ging an die Karolinger über.

135

136

135 *Die «Eiserne Krone» der Langobarden. Den goldenen Reif hält im Innern ein Eisenring zusammen, der angeblich aus einem Nagel vom Kreuz Christi geschmiedet wurde.*

136 *Frühe Seefahrt der Germanen: das Boot aus dem Nydam-Moor in Nordschleswig, Dänemark, um 400 n. Chr. Es befindet sich heute im Museum von Gottorp.*

Die Seefahrten der Germanen

Die Germanen nutzten auf ihren Kriegszügen auch das Meer, besonders im äußersten Norden der den Römern bekannten Welt.

Die Britischen Inseln. Das römische Britannien zog im Westen und Norden der Insel vor allem die Pikten und die Schotten an, aber auch Völkerschaften des Kontinents: aus den Niederlanden, von der deutschen Nordseeküste und aus Südskandinavien.
Bereits aus dem 3. Jahrhundert sind Seefahrten der Germanen überliefert. Die wenig bekannten Heruler, entfernte Vorläufer der Wikinger, griffen 287 und 409 Gallien an. Um das Jahr 456 schifften sie sich nach Spanien ein und plünderten die galicische und die kantabrische Küste. Im Jahr 459 versuchten sie, sich mit den Westgoten gegen die Franken zu verbünden – danach verschwanden sie aus der Geschichte.

Den Herulern folgten die Angeln, die Sachsen, die Friesen und die Jüten. Die Angeln werden zum ersten Mal von Ptolemäus erwähnt, als germanisches Volk, das zusammen mit anderen an der Ostseeküste siedelt und dessen ursprüngliche Heimat Jütland ist. Wenig später kommt Ptolemäus auf die Sachsen im heutigen Norddeutschland zu sprechen. Die Friesen sind sogar seit dem 1. Jahrhundert bekannt. Die Jüten erscheinen in den vorhandenen Texten erst gegen Ende des 3. Jahrhunderts.
Was war die Ursache dieser gefährlichen Meeresfahrten? Man hat unter anderem auf den Fortschritt im Schiffbau hingewiesen. Doch diese Erklärung überzeugt nicht. Das einzige Schiff, das aus jener Zeit gefunden wurde, das Langboot von Nydam – heute im Museum von Gottorp –, mißt etwa 23 Meter. Seine Eichenholzplanken sind mit Eisennägeln zusammengefügt worden. Doch der Kiel ist klein, es hat keinen Mast, und fortbewegt wurde es mit Rudern. Es eignete sich gut für die Küstenfahrt und konnte auch kürzere Strecken auf offener See bewältigen. Man war aber noch weit entfernt von den Schiffen der Wikinger. Die Erklärung der Meeresfahrten ist also eher darin zu sehen, daß jene Völker von anderen gezwungen wurden, das eigene Land zu verlassen.

Angeln, Sachsen, Jüten und Friesen. Während die Sachsen alle Küsten des Kontinents und der Nordseeinseln vom Ärmelkanal bis zur Gironde verwüsteten, wurde in Britannien am Ende des 3. Jahrhunderts eine Art Küstenlimes errichtet, der *Litus Saxonicum*.
Überall flohen die Bewohner in die Wälder und ließen zahlreiche Schätze zurück, die sie vergraben hatten. Die Angeln, Friesen und Jüten fielen in Britannien von Osten und Süden her ein. Die Friesen setz-

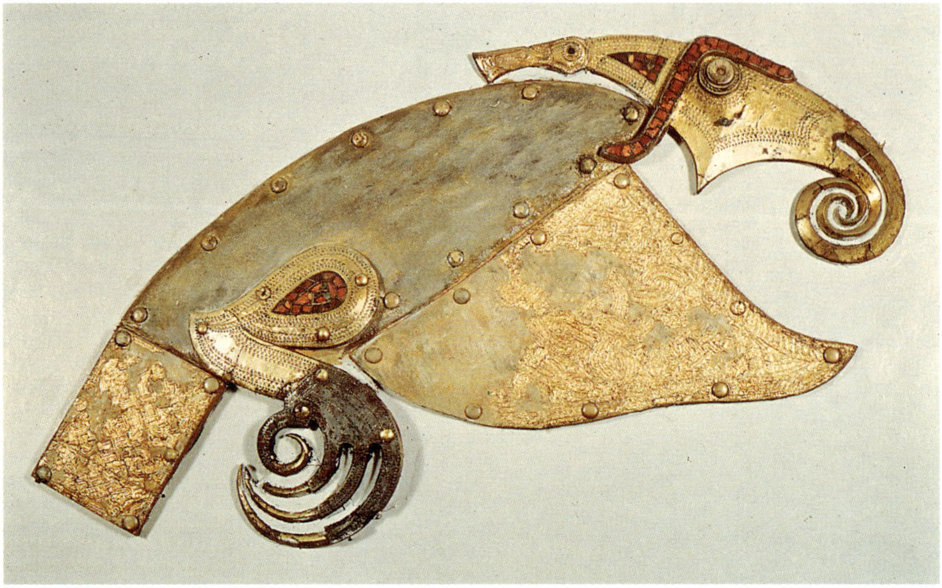

137

137 *Fund aus dem Schiffsgrab von Sutton Hoo bei Woodbridge in Suffolk, England, 7. Jahrhundert: angelsächsischer Schildbeschlag in Form eines Adlers. Forscher bringen das Grab mit den ostanglischen Königen in Verbindung.*

ten sich im 9. Jahrhundert zwischen Ems und Weser fest, dann zwischen Elbe und Eider anstelle der Sachsen, von denen ein Teil übers Meer nach Britannien zog.
Von den Jüten ist noch immer wenig bekannt. Nach Beda Venerabilis (672-735), dem großen Geschichtsschreiber und Autor einer *Kirchengeschichte des englischen Volkes*, haben die Jüten das Gebiet von Kent, die Insel Wight und einen Teil von Hampshire besiedelt. Aber es finden sich dort keine Spuren der jütischen Sprache mehr. Die Angeln aus der Landschaft Angeln in Schleswig hatten eine Sprache und eine Kultur, die der sächsischen verwandt war. Sie verließen alle das Festland, und das Gebiet des heutigen Dänemark wurde von nicht ausgewanderten Jüten besiedelt, von Dänen, Schweden und Friesen, auch von Slawen.

Die Angelsachsen. Die Karte Britanniens zeigt besser als jeder Vortrag das Vordringen der Angelsachsen in dieser Region, immer in Richtung Westen. Die ersten kamen vermutlich als Söldner im Dienst der Römer und kämpften gegen die Pikten und Schotten. Doch die große Einwanderungswelle begann erst um 430 und steigerte sich von 500 an. Damit war Britannien für das Römische Reich verloren, und auch der Handel mit dem Festland geriet ins Stocken. Die meisten der kleinen Städte und der befestigten Landsitze wurden Zug um Zug zerstört. Auch an der gegenüberliegenden Küste, im heutigen Belgien und Nordfrankreich, mußten die Römer den Platz räumen: Dort ließen sich an ihrer Stelle die Franken nieder. War Britannien noch im 4. Jahrhundert ein von Rom abhängiges Land, so erscheint es im folgenden Jahrhundert als autonomes keltoromanisches Gebiet. Danach wurde es im Westen rein keltisch und im Osten angelsächsisch. Die Hilferufe der Keltoromanen an den galloromanischen General Aëtius blieben ungehört: Aëtius hatte gegen die Hunnen zu kämpfen.

Das Verschwinden der Keltoromanen. Nach 500 bestand Britannien aus angelsächsischen Königreichen. Das Christentum verschwand aus den nichtkeltischen Gebieten und tauchte dort erst wieder nach 597 auf, nachdem Papst Gregor der Große Missionare auf die Insel geschickt hatte.
Aber dieses neue England unterhielt seit dem 7. Jahrhundert Beziehungen zum Kontinent. Ein Beweis dafür ist das Schiffsgrab von Sutton Hoo (Suffolk), das 1939 entdeckt worden ist. Unter einem Grabhügel fand man die Reste eines Schiffes, das 27 Meter lang und 4,70 Meter breit war, bei einem Tiefgang von 1,50 Metern. Diese Grabstätte, in der es keinerlei menschliche Überreste gab, enthielt Silberarbeiten aus Byzanz, Schmuck und Waffen, merowingische Goldmünzen des 7. Jahrhunderts und Münzen aus Skandinavien, vor allem aus dem Gebiet des heutigen Schweden. Das angelsächsische England war demnach keine isolierte Welt, seine Aristokratie nahm an allen Strömungen der europäischen Zivilisation teil.
Etwa zu dieser Zeit hörte die Einwanderung fremder Völkerschaften allmählich auf. Das Latein als Verkehrssprache war in Vergessenheit geraten und durch das «Altenglische» ersetzt worden. Die kleinen Königreiche, die sich jetzt bildeten, vor allem Wessex, Mercien und Northumbrien, breiteten sich langsam nach Westen hin aus und brachten die Britonen auf dieser Seite der Insel in Bedrängnis. Viele von ihnen flohen übers Meer nach Armorika, in die heutige Bretagne. Gegen die Kelten in Wales errichteten die Könige von Mercien einen mächtigen Erdwall: *Offa's Dyke*. Die ehemaligen Seeleute wandten sich bald vom Meer ab und wurden Bauern. Ihre Dörfer – außer in Kent, wo die Siedlungen zerstreut waren – ähnelten jenen in Niedersachsen: rechteckige Holzhäuser und offene Felder. Erst im 9. Jahrhundert brachen die kulturellen Beziehungen mit den Sachsen auf dem Kontinent völlig ab. Wenn Großbritannien im Verhältnis zu Kontinentaleuropa einen eigenen Charakter besitzt, dann auch deshalb, weil die germanische Einwanderung nicht nur eine Kolonisierung «von oben», sondern auch «von unten» mit sich brachte. Es kam dort nicht wie in Frankreich zu einer Angleichung der relativ wenigen Franken an die Masse der Galloromanen. Das ganze Land wurde angelsächsisch, mit Ausnahme des Nordens und des Westens, die keltisch blieben.

Irland. Die Iren, deren Insel lange Zeit von den großen Invasionen verschont blieb, besaßen eine eigene Zivilisation und bewahrten ihre keltische Sprache. Charakteristisch für Irland war sein urtümliches Mönchstum und seine Mönchskirche. Die Mönche galten als unermüdliche, zupackende Missionare und sprachen ein besseres Latein als sonstwo in Europa; denn in diesem keltischen Land bestand keine Gefahr, daß die Volkssprache mit der Sprache der Kirche vermischt wurde. Die westliche Kultur fand in Irland Zuflucht, als Papst Gregor der Große Mönche, die nach der Regel des heiligen Benedikt lebten, auf die Insel schickte.

Die Mönche des Westens

In einer Welt, die politisch in kleine lokale Herrschaftsbezirke zersplittert war, in der sich der Handel fast ausschließlich auf den Austausch von Waren beschränkte und Kirchenämter gelegentlich von Laien ausgeübt wurden, bildete das Mönchstum ein einzigartiges Band gemeinsamer Kultur.

Eremiten und Zönobiten. Während sich im Orient zu jener Zeit das Eremitentum durchgesetzt hatte, ging man im Westen zum Zönobitentum über: im Orient Mönche, die sich in die Einsamkeit zurückziehen, um dort ein gottgefälliges Leben zu führen, und die sich nur von den Gaben frommer Nachbarn ernähren – im Westen dagegen Mönche, die sich für ein Leben in der Gemeinschaft entschließen; Zönobit ist vom griechischen *koinòs bíos*, gemeinsames Leben, abgeleitet.

Die strengen Klosterregeln des 5. Jahrhunderts interessieren uns hier nur beiläufig. Doch vom 6. Jahrhundert an gibt es in Westeuropa mit der Regel des heiligen Benedikt und der des heiligen Kolumban ein wesentliches Element gemeinsamer Kultur. Zum Leben der Mönche gehörten fortan das Gebet, die geistige und die körperliche Arbeit.

Das Gebet gemäß einer Regel, die Tausende von Mönchen in Hunderten von Klöstern verpflichtete, den gleichen liturgischen Gepflogenheiten zu folgen, trug entscheidend dazu bei, eine bestimmte Form religiösen Denkens, von «Spiritualität», bis in die entlegensten Gegenden hinein zu verbreiten.

Die geistige Arbeit der Mönche – in jenen schweren Zeiten waren die Klöster die einzigen Zentren kulturellen Lebens – umfaßte unter anderem das Kopieren von Manuskripten, die Niederschrift von Chroniken, die Aufzeichnung der Geschichte der verschiedenen Völker. Man denke etwa an die *Frankengeschichte* des Gregor von Tours, an die *Geschichte der Goten, Sweben und Wandalen* Isidors von Sevilla oder an Bedas *Kirchengeschichte des englischen Volkes*.

Die körperliche Arbeit der Mönche bestand hauptsächlich in der Urbarmachung des Landes, im Trockenlegen von Sümpfen, im Bau von Häusern und in handwerklichen Tätigkeiten.

Das Mönchstum neigt, bei aller relativen Ähnlichkeit der Klosterregeln, entweder zu einer gewissen Milde, wie etwa der heilige Benedikt oder später die Kluniazenser und selbst noch die Jesuiten – zur Verteidigung des Glaubens muß man stark und daher auch gut genährt sein –, oder zur Strenge, dem Quell der Heiligkeit: so der heilige Kolumban, später die Zisterzienser und die Trappisten.

Benedikt von Nursia. Vom Leben des heiligen Benedikt von Nursia (heute Norcia) in Mittelitalien wissen wir nur etwas dank Gregor von Tours, der 599 eine Schrift *Über das Leben und die Wunder der italienischen Väter* verfaßte. Benedikt stammte aus einer wohlhabenden Familie und führte das Leben eines Eremiten in einer Höhle bei Subiaco. Dann wandte er sich dem Zönobitentum zu und zog auf den Monte Cassino. Dort gründete er ein Kloster, das zur Keimzelle des Benediktinerordens wurde. Auf dem Monte Cassino verfaßte er seine berühmte Regel unter dem Leitwort *ora et labora*, bete und arbeite. Seine Regel zog auch Menschen an, die in der Gesellschaft jener Zeit keine Lebensmöglichkeit fanden. Das Mönchstum bot ihnen wenigstens einen bescheidenen Platz in der Gesellschaft und materielle Sicherheit. Die Benediktinerregel breitete sich über das gesamte Abendland aus. Augustinus von Canterbury, der Apostel der Angelsachsen, brachte sie 592 nach England, dank Isidor von Sevilla gelangte sie im 8. Jahrhundert nach Spanien, Gallien und Germanien.

Kolumban. Der Ire Kolumban wurde um das Jahr 543 in Leinster geboren. Als Mönch in dem berühmten Kloster Bangor empfand er im Alter von fünfzig Jahren den glühenden Wunsch, die Heiden zu bekehren, und brach mit zwölf anderen irischen Mönchen nach Gallien auf. Der König von Burgund wies ihm einen Ort in den Vogesen zu. Dort gründete Kolumban das Kloster Luxeuil, das zum Zentrum seiner Missionstätigkeit wurde. Er verfaßte eine überaus strenge und asketische Regel: Sie gründete sich auf die Buße, auf Geißelungen, das Fasten bei Wasser und Brot und andere religiöse Übungen. Unermüdlich trieb Kolumban die Gründung neuer Klöster voran, von denen einige heute noch sehr bekannt sind: so Coutances in der Normandie, Jouarre östlich von Paris, Bregenz in Österreich, Sankt Gallen in der Schweiz – benannt nach dem heiligen Gallus, einem seiner irischen Gefährten – oder Bobbio in Italien, wo Kolumban im Jahr 615 starb. Nach seinem Tod wuchs die Zahl seiner Anhänger, die wiederum andere Klöster gründeten. Dabei ging die Initiative meist von den Mönchen in Luxeuil aus, deren Kloster überbelegt war und die deshalb neue Wirkungsstätten suchen mußten. Auf diese Weise entstanden die Klöster Saint-Wandrille in der Normandie, Corbie in der Pikardie und Remiremont in den Vogesen. Die äußerst strenge Regel Kolumbans erfuhr indes allmählich eine Abschwächung durch die kluge, mildere Regel Benedikts. Sie überdauerte in verschiedenen Formen die Jahrhunderte und wird von Mönchen noch heute befolgt.

Päpste und Konzile schrieben schließlich vor, nur der Regel Benedikts zu folgen. Auch deshalb sind in der römischen Kirche noch immer zahlreiche Gebete und Gesänge benediktinischen Ursprungs zu hören. Darüber hinaus verdanken wir den Benediktinern nicht nur die Urbarmachung der Böden, sondern auch die Gründung zahlreicher Dörfer und den Bau von Hospizen, in denen Pilger und Kaufleute eine Herberge fanden. Auch den Handel förderten die Benediktiner tatkräftig. Ihre Bibliotheken waren ein Hort abendländischer Wissenschaft und Kultur. Benediktinermönche kopierten auch die Manuskripte antiker heidnischer Autoren, deren Schriftzeichen aber allzuoft getilgt wurden, um heiligen Texten Platz zu machen.

138

138 *Der heilige Benedikt (um 480-545) mit seinen Mönchen beim gemeinsamen Mahl im Kloster Monte Cassino. Ausschnitt aus dem Gemälde Sodomas (1477-1549) «Der Heilige bekommt das Mehl und speist die Mönche», Abtei Monte Oliveto Maggiore.*
Auf dem Monte Cassino hatte Benedikt um 530 seine Mönchsregel geschrieben, in der er regelmäßige Arbeit – Handarbeit und geistige Tätigkeit – zur Pflicht machte. Die maßvolle, lebenskluge Benediktinerregel fand in ganz Europa Verbreitung. In Sodomas Gemälde ist eine der Regeln festgehalten: das Mahl wird schweigend eingenommen, ein Mönch liest zur Erbauung aus einer religiösen Schrift vor. Zur irdischen kommt die geistliche Nahrung.

Die Kirche in England. Nach Beda Venerabilis soll Papst Gregor der Große einmal auf einem Sklavenmarkt in Rom ein paar junge Männer von auffallender Schönheit gefragt haben, wer sie seien. «Angeln oder Angli», hat man ihm geantwortet. «Nein ihr seid wohl mehr Engel oder Angeli», erwiderte daraufhin der Heilige Vater.

Wie auch immer, die Aufmerksamkeit des Papstes richtete sich auf England. Er wollte es missionieren und dort einen einheimischen Klerus gründen. So schickte er Augustinus, den Prior des römischen Klosters St. Andreas, auf die Insel. Um die Osterzeit des Jahres 592 landete Augustinus mit etwa vierzig Mönchen in Thanet im Königreich Kent. Dessen König Ethelbert war bereit, Christ zu werden, und ließ sich im Jahr 597 taufen. Seine Untertanen folgten ihm zu Tausenden. Augustinus selbst wurde Erzbischof von Canterbury und stand über den Erzbischöfen von York und London. Er brachte, wie bereits erwähnt, die Benediktinerregel nach England, und machte Canterbury zum ersten Benediktinerkloster. Es folgten Westminster, Peterborough, Ripon, Malmesbury, Hexham, Wearmouth, Jarrow, wo Beda lebte, und Exeter, von wo Winfrid, genannt Bonifatius, auszog, um die Germanen auf dem Kontinent zu bekehren.

Doch im Norden und Westen der Insel lebten nach wie vor keltische Britonen. Augustinus strebte eine Zusammenarbeit zwischen dem britonischen und dem englischen Klerus an. Die Britonen indes blieben unnachgiebig, so groß war ihr Haß auf die Eroberer, von denen sie in weniger zugängliche Gebiete abgedrängt worden waren. Darüber hinaus unterschieden sich die beiden Völker in der Liturgie und in den Lebensgewohnheiten.

Nach dem Beispiel von Kent und Essex nahmen die übrigen angelsächsischen Königreiche das Christentum an, so Northumbrien, Ostanglien, Wessex, Mercien und schließlich Sussex. Aus dieser neuen englischen Kirche ging einer der fähigsten Geister des europäischen Mittelalters hervor: Beda Venerabilis. Er war Mönch in Jarrow und empfing 702 die Priesterweihe. Im Kloster Wearmouth, wo er wirkte, gab es eine vorzügliche Sammlung römischer und gallischer Handschriften, die Beda in die Lage versetzten, einer der großen Gelehrten des 7. und 8. Jahrhunderts zu werden, ähnlich wie Papst Gregor der Große am Ende des 6. und zu Beginn des 7. Jahrhunderts. Von Beda sind zahlreiche Schriften zur Rhetorik, Philosophie und Theologie erhalten, darunter die berühmte *Kirchengeschichte des englischen Volkes* und ein Lehrbuch der Dialektik.

Die keltische Christenheit. In den äußersten Winkel Westeuropas getrieben, lebten die Kelten besonders im 6. Jahrhundert völlig isoliert, ehe die Missionare aus

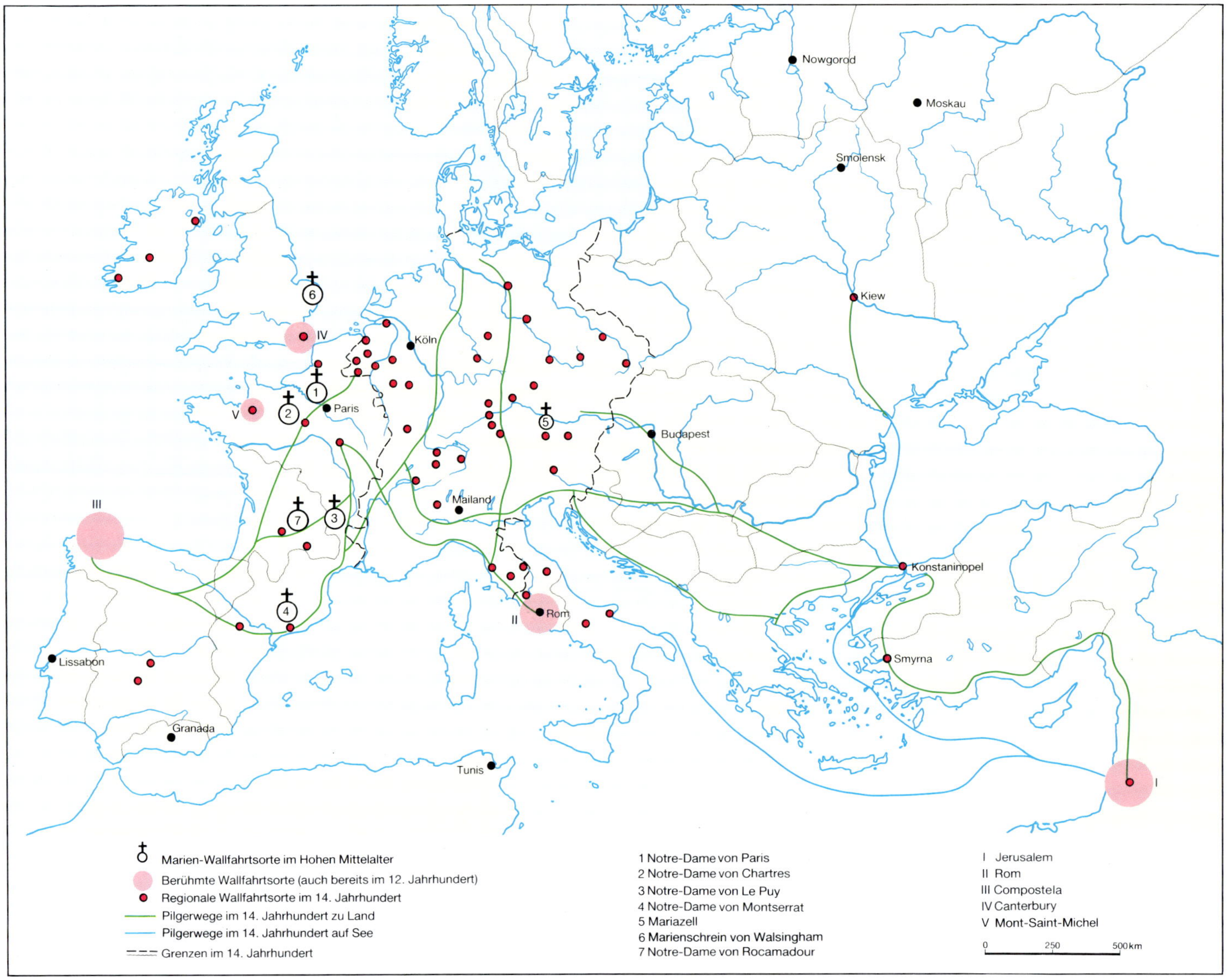

Rom zu ihnen gelangten. So hatten sich in Irland einige Besonderheiten entwickeln können, vor allem das Asketentum des heiligen Kolumban. Er hatte das Kloster von Iona gegründet und widmete sein Leben Irland, den Pikten in Schottland und der Bretagne. Die irischen Mönche trugen eine sichelförmige Tonsur, die sie von den Mönchen im übrigen Europa mit ihrer runden Tonsur unterschied. Sie feierten das Osterfest nicht am gleichen Tag wie die übrige Kirche. Kein Wunder, daß es bei der Ankunft der Missionare aus Rom zu heftigen, manchmal blutigen Auseinandersetzungen kam. Und schließlich hatten diese irischen Mönche eine Leidenschaft fürs Reisen, für die Pilgerschaft um Christi willen, wie etwa der heilige Kolumban und – noch legendenumwobener – der heilige Brendan der Seefahrer.

Die Missionierung Germaniens. Im 7. und 8. Jahrhundert erlahmten die Missionsbemühungen der Ostkirche. Die Zersplitterung der östlichen Christenheit, die unerwartete Expansion des Islam, Invasionen und Bürgerkriege hatten zur Folge, daß die Missionierung, die unter Justinian so hoffnungsvoll begonnen hatte, aufhörte. Im 7. und 8. Jahrhundert lag die Initiative der Heidenmission nicht mehr in Byzanz, sondern in Rom.

Die Missionare des Westens spielten bei der Herausbildung einer neuen geistigen Kultur in Europa eine überragende Rolle. Sie zerstörten bei ihrer Missionstätigkeit weder die Volkssprachen noch das regionale Brauchtum der Menschen. Aber sie brachten der intellektuellen Elite, den Klerikern, eine Philosophie und eine gemeinsame Sprache, das Latein. Unter der strengen Moral des Christentums entwickelte sich eine neue Einstellung dem Leben gegenüber. Zwar sündigten die Menschen auch weiterhin gegen das Gebot der Keuschheit, gegen Hab und Gut und das Leben anderer, aber sie hatten jetzt Angst vor dem Teufel und vor der Hölle. Das löste wiederum das Gefühl der Reue aus; man vermachte der Kirche Schenkungen, und es kam auch zu Aufwallungen gesteigerter Frömmigkeit.

Zu den großen Missionaren in Westeuropa gehörten Mönche wie der heilige Amandus (gestorben 679). Er stammte aus dem Poitou, war Mönch im Sinne des heiligen Kolumban und pilgerte nach Rom. Bei seiner Rückkehr 629 wurde er Bischof und nahm sich mit aller Kraft der Bekehrung der Belgier an, besonders in der Gegend von Antwerpen. Das hinderte ihn aber nicht, auch noch längs der Donau und in den Pyrenäen den Glauben zu verbreiten. Der heilige Kolumban selbst brach von seinem Kloster Bobbio in Italien nach Norden auf, um die Wenden zu bekehren. Sein Schüler, der heilige Gallus, betätigte sich in gleicher Weise im Gebiet zwischen Zürich- und Bodensee. Der heilige Fridolin, vermutlich ein Schotte, bekehrte die Alemannen zwischen Basel und Konstanz zum katholischen Glauben. Im Münster Sankt Fridolin zu Säckingen wird noch heute sein Grab verehrt. Der heilige Pirmin gründete 724 das Kloster Reichenau, und der heilige Rupert, ein Ire, missionierte in Bayern. Ein anderer Ire, der heilige Kilian, wurde der Frankenapostel.

139

140

141

142

139 *Clonmacnoise, eine der berühmtesten Klosterstädte des Mittelalters. Das irische Klosterbistum war zwischen 544 und 548 gegründet worden.* **140** *«Muiredach's Cross» in Monasterboice. Die Hochkreuze sind eine Art «Bilderbibel»; sie stammen fast alle aus dem 9. und 10. Jahrhundert.* **141** *Bonifatius, der «Apostel der Deutschen», spendet die Taufe. Miniatur aus dem Sakramentar von Fulda, 9. Jahrhundert.* **142** *Irisch-keltische Buchkunst: der Evangelist Johannes. Miniatur aus einer Handschrift des 7. Jahrhunderts, St. Gallen.* **Karte 11:** *Wallfahrtsorte und Pilgerwege (s. auch S. 150f.).*

Willibrord und Bonifatius. Von großer Bedeutung waren vor allem die beiden Angelsachsen Willibrord und Bonifatius. Willibrord (658-739), der Apostel der Friesen und Patron der Beneluxländer, kam aus dem Kloster Ripon in Northumbrien und erhielt mit elf Gefährten, die später alle den Märtyrertod fanden, vom Papst die Vollmacht, in der Gegend von Utrecht und Trier zu predigen. Bonifatius, der Apostel der Deutschen, hieß eigentlich Winfrid. Er wurde um das Jahr 675 bei Exeter im Königreich Wessex geboren. Im Jahr 716 schiffte er sich nach Friesland ein, danach begab er sich nach Rom. Drei Jahre später, 719, verlieh ihm Papst Gregor II. den neuen Namen Bonifatius und betraute ihn mit der Missionierung der heidnischen Germanen. Zu diesem Zweck hielt er sich drei Jahre lang in Thüringen auf. Danach bekehrte er einige tausend Hessen und wurde dafür vom Papst 722 zum Bischof geweiht. Im Jahr 732 ernannte ihn der Papst zum Erzbischof. Als Missionar in Franken und Bayern hatte Bonifatius große Erfolge, in Hessen gründete er die berühmte Abtei von Fulda. Im Alter von etwa achtzig Jahren wandte er sich wieder Friesland zu, wo er 754 von Heiden ermordet wurde. Sein Leichnam wurde nach Fulda gebracht. Dort wird Bonifatius noch heute als großer Heiliger verehrt.

Germanische und romanische Sprachen

Die drei großen «Invasionswellen» der Kelten, Römer und Germanen haben vor allem in den westeuropäischen Sprachen einen bleibenden Niederschlag gefunden.

Die Kelten hatten sehr alte, wahrscheinlich neolithische Völker besiegt und herrschten über ein Gebiet, das sich vom heutigen Deutschland bis nach Irland erstreckte sowie Teile der Iberischen Halbinsel und Norditalien umfaßte. Die römische Eroberung spielte bei der Entwicklung der Sprachen eine erhebliche Rolle. So leiten sich im Westen vier große Sprachen vom Lateinischen her: das Italienische, das Spanische, das Portugiesische und das Französische. Das übrige Westeuropa übernahm mit Ausnahme einiger kleiner Gebiete, in denen sich das Keltische halten konnte, die germanischen Sprachen: Deutsch, Englisch, Niederländisch, Dänisch, Norwegisch, Schwedisch, Isländisch usw. Das Keltische hat aber weder dem Lateinischen noch dem Germanischen widerstehen können, so unterschiedlich auch diese beiden Sprachen waren.

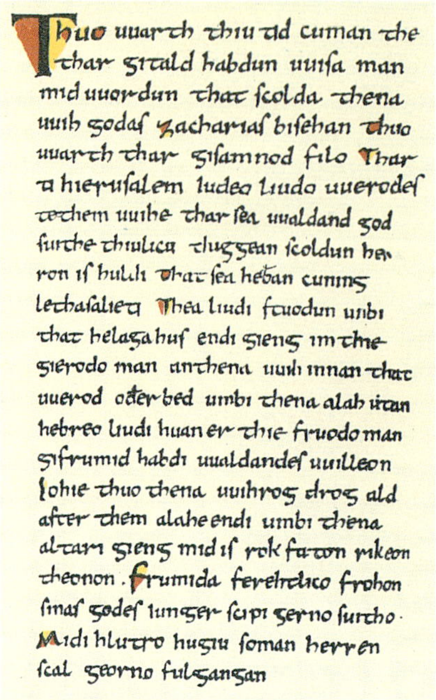

143

144

143 *Germanische Sprachen: Faksimile aus dem altsächsischen «Heliand», einer Lebensgeschichte Christi, die um 830 niedergeschrieben wurde.* **144** *Die Schreibkunst irischer Mönche: Seite aus einem Psalterium des 8. Jahrhunderts.* **145** *Ladiner und Walchen im alten Herzogtum Bayern: Romanen auf den Fresken von Sankt Prokulus in Naturns, Südtirol, 9. Jahrhundert. Vom 10. Jahrhundert an verschwanden die romanischen Sprachinseln in germanischer Umgebung nahezu ganz, die Romanen gingen im Volk der Bayern auf. Die Ladiner im Tiroler Etschland haben ihre rätoromanische Sprache bis heute bewahrt.*

Das Latein. Das Latein besitzt eine großartige Schrift, die einfachste auf der ganzen Welt. Das lateinische Alphabet entstand im 6. Jahrhundert v. Chr. Zunächst hatten die Latiner die etruskische, dann auch die griechische Schrift nachgeahmt. Im Westen des Römischen Reichs wurde in der Verwaltung nur eine Sprache gesprochen, die der Eroberer, das Latein. Im Osten hingegen setzte sich das Griechische durch.

Kelten, Griechen und Lateiner. Ein Volk gibt natürlich seine Muttersprache nicht nur deshalb auf, weil in der Verwaltung eine fremde Sprache gesprochen wird. So hat man zum Beispiel in Gallien zahlreiche keltische Inschriften gefunden. Vom 3. Jahrhundert v. Chr. an tauchen «gallogriechische» Beschriftungen auf, eine Folge des Einflusses der reichen Griechenkolonie in Massalia. Dann folgen «gallolateinische» Inschriften. Doch diese gallogriechischen und gallolateinischen Inschriften beziehen sich nie auf literarische Texte. Es muß in Gallien eine mündliche Literatur gegeben haben. Wir wissen nichts von ihr. Auch über die mündliche Literatur der Iren, die erst im 6. Jahrhundert n. Chr. von den Mönchen aufgezeichnet wurde, können wir nur Vermutungen anstellen. Doch wer über eine ungenügende Schrift und über keine eigene Literatur verfügt, der muß sich der Sprache des Siegers bedienen, zuallererst beim Lernen in der Schule.

Der Geist der Assimilation. Die Sprache des Siegers wird schließlich bei allen geistigen Tätigkeiten gebraucht, in Gesetzestexten und Kaufverträgen, bei Handelsgeschäften, im Schriftverkehr und in religiösen Texten. In der Religion entwickelte sich noch vor der Ausbreitung des Christentums eine Art Verschmelzung zwischen keltischen und römischen Göttern. Für die eigene Religion zu werben, daran lag den Römern nicht. Warum also sollten die Gallier sich nicht mit ihnen zusammentun, zumal die Römer einen höheren Lebensstandard mitbrachten: Straßen, Theater, Arenen, Tempel, Spiele, bessere Häuser? Die Legionen, die das Land besetzten, führten Ingenieure mit sich, die Aquädukte bauten, Kanäle anlegten und so den Wohlstand im Land förderten. Als die Germanen in Gallien, Spanien und Britannien einfielen, waren die Einheimischen bereits Galloromanen geworden. Sie hatten sich die lateinische Kultur angeeignet. Selbst die Britonen waren im 5. und 6. Jahrhundert romanisiert.

Die Niederlage des Lateins in Britannien. Britannien war erst 43 n. Chr. unter Kaiser Claudius unterworfen worden, hun-

145

dert Jahre nach der Eroberung Galliens. Der Norden der Insel war von Pikten und von Schotten bewohnt, Kelten, die aus Irland eingewandert waren. Der Hadrianswall, ein leicht zu verteidigender Limes, trennte diesen Teil der Insel von der römischen Region im Süden. So kam es, daß der schrittweise Zusammenbruch des Römerreichs in Britannien nicht von Norden, sondern vom Osten und Süden her erfolgte. Bereits in den Jahren 410 und 420 war Britannien von Rom unabhängig geworden, nicht zuletzt auch wegen der Ohnmacht der immer spärlicher werdenden römischen Truppen.

Die Germanen setzten sich im heutigen Belgien fest. Die Sachsen fielen in Britannien ein und drängten die Britonen nach Westen. Eine Zeitlang war England durch eine Nord-Süd-Linie in zwei Teile zerschnitten. Auffallend ist, daß in den Zentren des Widerstands gegen die Sachsen, in Schottland, in Wales und in Cornwall, noch lange keltisch gesprochen wurde und nicht lateinisch. In England blieben keine romanischen, wohl aber keltische Sprachinseln erhalten. Die Romanisierung war dort also weniger tiefgreifend als in Gallien. Später, vom 11. Jahrhundert an, gelangten durch die Invasion der romanisierten Normannen Tausende von lateinischen Wörtern in die angelsächsische Sprache. Sie wurden neben den angelsächsischen Ausdrücken verwendet, wodurch die englische Sprache einen sehr reichen Wortschatz bekam.

Das freie Germanien. In allen Ländern Nordeuropas, vor allem in Skandinavien und im Germanien östlich des Limes, konnten die Germanen ihre Sprache durchsetzen. Dies waren Gebiete, die nie von den Römern erobert worden waren. Selbst wenn es hier durch den Handel römischen Einfluß gab, war er viel zu schwach, als daß die lateinische Sprache sich hätte ausbreiten können.

Die Sprachgrenze. Außer in Großbritannien, Belgien und den Niederlanden, wo die Römer die beherrschende Macht waren, fielen die Germanen auch in das lateinische Westeuropa ein. Die Erklärung, warum sich im einen Land die lateinische, im andern die germanische Sprache durchgesetzt hat, liegt in der jeweiligen zahlenmäßigen Stärke der beiden Völkergruppen. Im einzelnen haben sicher zahlreiche andere Faktoren eine Rolle gespielt. Folgt man der Sprachgrenze auf dem Kontinent, wird das deutlich.

Sie beginnt in Boulogne (inzwischen ist das Romanische bis nach Dünkirchen vorgedrungen), verläuft nach Osten in Richtung Lille (Saint-Omer ist eine germanische Sprachinsel) und schwenkt dann nach Norden bis Tournai; sie überquert die Maas zwischen Lüttich und Maastricht und führt in die Gegend westlich von Aachen. Von dort aus wendet sie sich in einem scharfen Winkel nach Süden durch die Ardennen bis südwestlich von Arel, dann biegt sie von neuem ab, umgeht Metz nach Nordwesten hin (eine romanische Sprachinsel) bis zum Donon. In den Vogesen, wo in einigen Hochtälern des Elsaß romanische Überreste erhalten geblieben sind, und in der Burgundischen Pforte trifft das Romanische nicht mehr auf das Fränkische, sondern auf das Alemannische.

Einige Sprachforscher vertreten übrigens die Ansicht, das Germanische hätte sich bis an die Loire ausgedehnt und es habe dort vom 6. bis 9. Jahrhundert Zweisprachigkeit geherrscht, der dann die romanische Rückeroberung gefolgt sei. Zum Beispiel findet man nördlich einer Linie Abbéville – Versailles – Nancy Ortsnamen mit der Endung *bais*, vom fränkischen *baki*, der Bach. Ortsnamen wie Marbais im Hennegau oder Rebais in der Brie entsprechen Marbach oder Roßbach in Deutschland. Der fränkische Einfluß im romanischen Sprachgebiet zeigt sich vor allem bei Ortsnamen – nahezu die Hälfte der Gemeinden in Frankreich hat Namen fränkischen Ursprungs – und bei Personennamen.

Die Sprachgrenze zwischen dem Romanischen und dem Alemannischen hingegen verläuft ziemlich klar, vom Donon in den Vogesen bis zum Großen Sankt Bernhard. Sie wird allerdings im Oberwallis zugunsten des Deutschen recht fließend. In den alten römischen Provinzen Rätien und Noricum verschwand das Romanische, während es sich seltsamerweise im alten Dakien, dem heutigen Rumänien, inmitten von Slawen und Bulgaren erhalten hat.

Eine romanische Rückeroberung ist am Ende der karolingischen Epoche in Armorika zu beobachten, der französisch gewordenen Bretagne. Die Grenze zwischen dem bretonischen Sprachgebiet mit seinen fünf Dialekten und den galloromanischen Ländern teilt die Halbinsel von Nord-Nordost nach Süd-Südost in zwei Sprachräume, auf einer Linie fünfzehn Kilometer östlich von Vannes bis nach Saint-Brieuc. Ortsnamen, die mit *Trè* (Weiler), *Lan* (Einsiedelei) und *Plou* (Pfarrgemeinde) beginnen, stammen alle aus der Zeit vom 5. bis 8. Jahrhundert. Auf einer Breite von mehr als hundert Kilometern östlich der heutigen Sprachgrenze findet man eine große Anzahl bretonischer Ortsnamen.

Spuren des Germanischen. Im lateinischen Europa, das mehrmals von Germanen durchzogen und schließlich von germanischen Königen beherrscht wurde, haben sich Spuren des Germanischen in unterschiedlicher Weise erhalten.

In Portugal haben die Sweben so gut wie keine Spuren hinterlassen, außer ein paar swebischen Wörtern im Portugiesischen.

Für die Wandalen in Spanien läßt sich ähnliches sagen: Sie machten dort auf dem Durchzug nach Nordafrika halt. Das Wandalenreich in Spanien zu Beginn des 5. Jahrhunderts scheint sich mehr oder weniger auf Besetzung und Plünderung beschränkt zu haben.

Dagegen wurde Spanien in bemerkenswerter Weise von den Westgoten geprägt. Zusammen mit den Ostgoten in Italien waren sie die einzigen, denen an der Entwicklung geistigen Lebens lag.

Von den Goten stammt das europäische Ritual der Salbung und Krönung der Könige. Zur Zeit der Reconquista wurden die Goten als die großen Vorfahren, als die Gründer der «Hispanität» gefeiert. Zahlreiche Personennamen wie Aldefonsus, Alvarus, Fredenardus oder Rodericus, auch Orts- und Flurnamen bei Burgos und Segovia leiten sich vom gotischen Erbe ab. Das Spanien der Goten fühlte sich den großen römischen Autoren der Spätantike verbunden und nahm von der zeitgenössischen Kultur im Frankenreich oder in Italien, von einem Cassiodor und Boëthius, keine Notiz. Das monumentale Lebenswerk des letzten abendländischen Kirchenvaters Isidor von Sevilla ist dafür der Beweis.

Die Franken gaben Gallien zunächst einmal den Namen, den das Land übernehmen sollte: *Francia*, Franzien und schließlich *La France*, Frankreich. Der Fall der Franken war in der Tat einzigartig. Ihr Werk hatte als einziges im gesamten Hochmittelalter Bestand. Das Westgotenreich in Spanien hingegen wurde von den Arabern vernichtet, das Ostgotenreich des Theoderich fand durch die Byzantiner sein Ende, und das Königreich der Langobarden fiel den Franken und den Byzantinern zum Opfer.

Allein die Franken verstanden es, über längere Zeiträume hinweg einen Großteil Galliens zusammenzuhalten, zuerst unter den Merowingern, dann unter den Karolingern. Tatsächlich gelang hier eine vollständige Verschmelzung der Galloromanen und Germanen, allen rassistischen Mythen des 18. Jahrhunderts zum Trotz, wonach der Schwertadel angeblich von fränkischer, die Bauern aber von galloromanischer Rasse seien. Die heutigen Franzosen sind ein Mischvolk vor allem aus Kelten (Galliern), Römern und Franken (Germanen) – und nicht zu vergessen den Menschen des Neolithikums.

Nach dem Ende des Weströmischen Reichs im Jahr 476 bildete Italien keine politische Einheit mehr. Etwa siebzig Wörter aus dem Gotischen leben in der heutigen italienischen Sprache fort, Wörter, die sich auf das Alltagsleben beziehen. Unter den Orts- und Flurnamen sind es vor allem Namen auf *engo* in der Lombardei, wie Marengo, Gottolengo und Offanengo. Das Erbe der Langobarden fällt noch geringer aus und reduziert sich im wesentlichen auf Begriffe wie *adolingus*, adelig, oder *aldio*, halbfrei. Im Gegensatz zu den Goten sind die Langobarden mit den Latei-

146

147

148

146 *Die Germanen als Bewunderer römischer Kultur: der Wandale Stilicho, Heermeister des Westreichs, mit Lanze, Schwert und Schild als Konsul im Jahr 400; neben ihm seine Gattin Serena, die Nichte des Kaisers Theodosius, mit ihrem Sohn Eucherius. Klapptafel aus Elfenbein; Domschatz von Monza, um 400 n. Chr.* **147** *Spuren der Westgoten in Spanien: der Innenraum der Basilika San Juan de Baños, 7. Jahrhundert.* **148** *Christliche Buchkunst der Langobarden: Einband des Evangeliars der Königin Theodelinde. Gold mit Perlen und Steineinlagen, erste Hälfte des 7. Jahrhunderts.*

nern sehr hart umgegangen. Sie enteigneten und töteten die Landbesitzer oder machten sie zu Halbpächtern. Italien wurde vor allem von den Byzantinern vom 7. bis zum 9. Jahrhundert *Langobardien* genannt. Im Gegensatz dazu führte das Gebiet des Statthalters von Ravenna, das sogenannte Exarchat, das sich den Langobarden erfolgreich widersetzt hatte, den Namen *Romania*. Erst im 9. Jahrhundert tauchte der Ländername Italien wieder auf.

Zusammenfassung. Das 1. Jahrhundert v. Chr. erscheint wie ein Symbol: Es war die Zeit, in der die Kelten von den Römern besiegt wurden und aufhörten, jene politische Rolle zu spielen, die sie seit dem 8. Jahrhundert v. Chr. wahrgenommen hatten. Und es war die Zeit, in der die Germanen zum erstenmal auf der politischen Bühne Europas erschienen. Sie hatten ihre große Zeit vom 6. bis 9. Jahrhundert. Aber man muß vorsichtig sein: Die Bezeichnung «Germanen», die im 1. Jahrhundert v. Chr. aufkam, bezog sich auf bestimmte Stämme in Mitteleuropa, unter ihnen auch solche, die keltisch sprachen. Die wirklichen Germanen hingegen waren die Völker, die germanisch sprachen. Seit dem 4. Jahrhundert ist das eindeutig. Nach zahlreichen Einfällen, nach immer wieder neuer Eingliederung in die römischen Legionen eroberten die Germanen von 404 bis 476 das Weströmische Reich. In Westeuropa ließen sich Franken, Burgunder, Westgoten, Ostgoten, Wandalen und Sweben nieder, auf den Britischen Inseln Angeln, Jüten, Sachsen und Friesen. Skandinavien scheint die ursprüngliche Heimat der germanischen Völker gewesen zu sein. In dieser recht rauhen Zone Europas reichte bereits eine zu rasche Zunahme der Geburtenzahl aus, um die Menschen zu veranlassen, sich auf die Suche nach besseren Lebensbedingungen zu begeben. Sie brachen zu einer «Völkerwanderung» auf – nach Süden und Westen.

Die Zeitabfolge der Ereignisse kann man sich folgendermaßen vorstellen: zwei große Völkerwanderungen lernfähiger Völkerschaften, der Kelten und dann der Germanen; dazwischen eine Periode der Schriftkultur – die großartige, kraftvolle Zivilisation der Römer. Der manchmal ungeschliffene Charakter germanischer Invasoren hat dazu geführt, das Ende des Weströmischen Reichs als Rückfall in die Barbarei erscheinen zu lassen. Aber diese Auffassung ist zu oberflächlich. Von Anfang an war der Anteil der Germanen an der Entwicklung des modernen Europa von hoher Bedeutung. Viele Germanen waren, wie Theoderich, Bewunderer der römischen Kultur und wünschten nichts mehr, als sie in ihrer christlichen Form fortzusetzen, übertragen in ihre eigene, germanische Vorstellungswelt.

7 Karl der Große – König von Europa?

Der Herrschaftsantritt der Karolinger

Die Erben Merowechs und vor allem Chlodwigs, die Merowinger, herrschten in einem *regnum Francorum*, das bald unter einem König vereint, bald geteilt war, aber immer als Einheit in drei Teilen betrachtet wurde: im Westen Neustrien oder Franzien, im Osten – bis in das Zentrum des heutigen Deutschland – Austrien, und im Süden Burgund, das nicht mehr von den Burgundern, sondern von den Franken beherrscht wurde. Zur gleichen Zeit entstand in Spanien die *patria Gothorum*, das Vaterland der (West-)Goten, und in Italien tobte der Kampf zwischen Langobarden und Byzantinern, die unter Justinian im 6. Jahrhundert auch Gebiete in Afrika und Spanien zurückeroberten. Seit 711 wurde das Königreich der Westgoten ein Opfer der Sarazenen.

Daneben gab es noch andere Vaterländer, Skandinavien zum Beispiel, die Wiege der Germanen, von wo sich, begünstigt durch Fortschritte im Schiffbau, die Seefahrer der «Wikinger» auf ihre Raub- und Handelszüge begaben.

Im heutigen Deutschland wiederum gruppierten sich um die austrischen Franken im Norden Sachsen und Friesen, im Süden Bajuwaren und Alemannen, während sich im Osten die Slawen bemerkbar machten. Was die Britischen Inseln anbelangt, so blieb Irland keltisch, Großbritannien jedoch zerfiel in kleine Herrschaftsgebiete, schottische und keltische im Norden und Westen, angelsächsische Königreiche im Osten. Die großen Verlierer auf der Insel waren die romanischen Britonen. Im Gegensatz zu den Galloromanen, deren Sprache allen Invasionen trotzte, verschwand die keltoromanische Sprache der Britonen, was nicht heißt, daß auch das Lateinische in Vergessenheit geriet, die Sprache der Liturgie und der Gelehrten, die einzige geschriebene Sprache zu einer Zeit, als das Griechische im Westen allmählich außer Gebrauch kam.

Angesichts dieser Zersplitterung, die sich bald durch weitere Invasionen verschärfen sollte, entwickelte sich auf dem Festland eine aufsteigende Macht, das Königreich der Franken, das einen Großteil des heutigen Frankreich und Deutschland umfaßte.

Das Merowingerreich. Der Aufstieg der Franken, und damit verbunden der Karolinger, war ein äußerst vielschichtiger Vorgang. Zwei gegenläufige Phänomene fallen auf: einerseits der Einheitswille im Umkreis der «Hausmeier», andererseits die Entwicklung «regionaler Nationalitäten». Die Dynastie der Merowinger herrschte insgesamt 263 Jahre über das Frankenreich, doch hat es nur 72 Jahre lang einen einzigen König an seiner Spitze gegeben. Zieht man davon noch die 52 Jahre der Könige ohne Macht ab, der «faulen Könige» am Ende der Dynastie, dann bleiben nur 20 Jahre. Dagegen hat Austrien 138 Jahre seinen eigenen König gehabt, Neustrien 119 und Burgund 49 Jahre, wobei es noch mit Neustrien eine Union eingegangen war, die 69 Jahre währte. Diese Dauer erklärt die Kraft und Lebendigkeit regionaler Einheiten wie Burgund, Lotharingien oder Nordfrankreich.

Die Hausmeier. Seit dem 7. Jahrhundert ging die Macht in steigendem Maße vom König an den *major domus*, den Hausmeier, über. Von 700 an gab es für das gesamte Königreich nur einen einzigen neustrischen König. Für Austrien und Neustrien war jeweils ein Hausmeier zuständig. Beide gehörten jedoch zur selben Familie, denn die Nachfolge war erblich geworden. Man hatte einen König, der «herrschte» und über die *auctoritas* verfügte, eine mystische Macht, und einen Hausmeier oder *princeps*, der regierte, also die faktische Macht oder *potestas* ausübte.

Ein solcher *princeps* war Pippin II., der

149 *Renovatio Imperii – die Erneuerung des Reichs: Papst Leo III. krönt Karl den Großen am Weihnachtstag des Jahres 800 in Rom zum Kaiser. Miniatur aus den «Grandes Chroniques de France», 1472.*

ZEITTAFEL 5: Europa zur Zeit Karls des Großen (8./9. Jahrhundert n. Chr.)

	8. Jh. n. Chr.			*9. Jh. n. Chr.*		
Papsttum	**731** Gregor III. verurteilt den Bilderstreit in Byzanz; der Papst verbündet sich mit den Franken gegen die Langobarden		**795–816** Papst Leo III.			
Frankenreich	**732** Sieg Karl Martells über die Araber bei Tours und Poitiers **741** Tod Karl Martells; Teilung des Reichs zwischen Pippin dem Kurzen und Karlmann **747** Pippin der Kurze vereinigt das Frankenreich	**751** Pippin wird nach der Absetzung des letzten Merowingerkönigs zum König der Franken gewählt **754** Salbung Pippins durch Papst Stephan II. **768** Tod Pippins des Kurzen	**771** Karl der Große König der Franken **774** Karl der Große König der Langobarden	**800** Kaiserkrönung Karls des Großen durch Leo III. in Rom	**812** Vertrag von Aachen: Friede mit Byzanz **814** Tod Karls des Großen in Aachen	**833** Absetzung Ludwigs des Frommen **842** Straßburger Eide Karls des Kahlen und Ludwigs des Deutschen **843** Reichsteilung im Vertrag von Verdun
Germanien	**754** Märtyrertod des heiligen Bonifatius in Friesland **782** Tag von Verden: Karl der Große läßt aufständische Sachsen hinrichten	**788** Absetzung Herzog Tassilos von Bayern	**799** Deportation von Sachsen in fränkisches Gebiet	**um 825** Gründung des Kastells Hammaburg (Hamburg)		**834** Papst Gregor IV. bestätigt das Erzbistum Hamburg als Missionszentrum für Nordeuropa
Britische Inseln	**735** Tod des Beda Venerabilis	**757–796** Offa König von Mercien	**793** Erste Einfälle der Wikinger in England; Plünderung des Klosters Lindisfarne		**840–841** Die dänischen Wikinger in England	
Skandinavien	Die norwegischen Wikinger auf den Shetland- und	Orkney-Inseln, den Faröern, den Hebriden und Irland	Die Waräger gelangen bis zum Dnjepr	**um 800** Eroberung des heutigen Holland	**um 820** Erste Normanneneinfälle in Gallien	**874** Die Wikinger auf Island
Spanien	**756** Gründung des Emirats von Cordoba	**759** Pippin der Kurze erobert Narbonne von den Arabern zurück	**778** Niederlage der Franken bei Roncesvalles	**801** Die Franken erobern Barcelona	**811** Die Franken stürmen Tortosa	
Italien	**751** Die Langobarden erobern Ravenna **754** Feldzug Pippins gegen die Langobarden	**756** Die Langobarden belagern Rom	**774** Karl der Große König der Langobarden; Kapitulation des Desiderius bei Pavia	**831** Die Araber erobern Palermo	**840** Erstes Friedens- und Handelsabkommen zwischen Venedig und dem Frankenreich;	die Araber erobern Bari
Byzanz	**726** Beginn des Bildersturms **740–775** Konstantin V. Kopronymos; Angriffe gegen das Bulgarenreich	**775** Tod Konstantins V. **780–797** Konstantin VI. **797** Kaiserin Irene stürzt ihren Sohn Konstantin VI.		**802** Irene wird von ihrem Kanzler Nikephoros gestürzt **812** Byzantinische Gesandte in Aachen: Friedensschluß mit dem Frankenreich	**825** Kreta wird von den Sarazenen erobert	

Hausmeier von Austrien. Am Ende des 7. Jahrhunderts übernahm er nach Kämpfen mit Friesen und Sachsen die Macht. Sein natürlicher Sohn Karl – angelsächsisch Cearl, althochdeutsch Charal oder Karal, französisch Charles: der tapfere Soldat, der Kerl – schlug im Jahr 719 die Neustrier, sicherte sich die Herrschaft über ganz Austrien, verfolgte die Sachsen bis über die Weser und eroberte Utrecht von den Friesen. Man gab ihm den Beinamen Martell, der Hammer.

Um ein starkes Heer aufzubauen, verteilte er an Adlige und freie Männer Kirchengüter – ein Verfahren, das ihm die Feindschaft vieler Kirchenmänner zuzog. Als Gegenleistung für dieses *beneficium* stellte der «Vasall» oder Gefolgsmann des Königs einen Krieger mit Pferd und Waffen, anstatt einen «Zins» zu entrichten. Auf diese Weise verfügten Karl und seine Nachfolger über eine regelrechte Berufsarmee. Karl Martells Sohn Pippin III. – genannt der Kurze – und sein Enkel Karl der Große machten dieses System zur Regel und gestanden der Kirche einen Ausgleich zu, in Form des Zehnten, den jeder Nutznießer zu entrichten hatte.

Karl Martell unterstützte nach außen hin die «faulen» Merowingerkönige, baute in Wirklichkeit aber seine eigene Macht aus, bis er dann 737 allein regierte – ohne König. Er ließ Festungsanlagen errichten und nach römischem Vorbild Straßen in Deutschland bauen, mit Stationen für den Pferdewechsel. Die Pferde wurden von Kolonisten gestellt, die der König in den eroberten Gebieten angesiedelt hatte. Hessen, Franken und Thüringen wurden in dieses System einbezogen, auch Alemannien und der Nordgau Bayerns. Dort förderte er die Mission des heiligen Bonifatius. Karl Martell plünderte Aquitanien und schlug 732 die Araber bei Poitiers. Unter den Friesen, die sich gegen ihn erhoben hatten, richtete er 734 ein Blutbad an. Vier Jahre später eroberte er mit Hilfe der Langobarden die Provence.

Sein Sohn Pippin der Kurze verfolgte die gleiche Politik, nachdem er Zug um Zug seinen Bruder Karlmann ausgeschaltet hatte, suchte dabei aber die Unterstützung der Kirche und schützte die Päpste vor den Langobarden. Diese Politik brachte ihm zwei wesentliche Erfolge ein: zum einen die erneute Vereinigung Austriens und Neustriens und zum anderen die Absetzung des letzten Merowingerkönigs 751, die Erklärung des Papstes, daß der Königstitel ihm zustehe, damit verbunden die Königswahl durch die Versammlung der Großen des Reichs, die Salbung durch den heiligen Bonifatius und schließlich 754 die Krönung durch den Papst selbst, der dem König darüber hinaus den Titel «Schutzherr der Römer» verlieh. Als Gegenleistung vermachte der König dem Papst im selben Jahr 754 eine Schenkung: die Stadt Rom mit großen Teilen Italiens.

Pippin der Kurze wurde 768 in der «Basilika« Saint-Denis beigesetzt, nachdem er seinen Söhnen Karl und Karlmann den Auftrag hinterlassen hatte, eine größere und schönere Kirche zu bauen.

150

151

Die Dynastie der Karolinger: **150** *der Sarazenenbezwinger Karl Martell (um 688-741). Holzschnitt aus der «Weltchronik» von Hartmann Schedel, Nürnberg 1493.* **151** *Der Sohn Karl Martells und Vater Karls des Großen, Pippin der Kurze (um 714-768). Er machte den Päpsten die «Pippinsche Schenkung». Miniatur aus dem Sakramentar von Metz.*

Karl der Große

Karl mit dem Beinamen «der Große» – *Carolus magnus* im Lateinischen, *Charlemagne* auf französisch, *Carlomagno* im Italienischen – bestieg 768 zusammen mit seinem Bruder Karlmann den Thron. Dieser starb bereits drei Jahre später, und Karl war somit Alleinherrscher.
In vielerlei Hinsicht war er ein überragender Mann. Er besaß die Eigenschaften eines Kriegsherrn und war zugleich ein kluger, einfallsreicher Diplomat. Seine Frömmigkeit, die ihn allerdings nicht vor den Versuchungen des Fleisches schützte und kaum seine Rachegefühle zähmen konnte, sicherte ihm, wie bereits seinem Vater, die Unterstützung des Papstes. Karl war nicht der «Kaiser mit dem sprießenden Bart», wie es die Legende will, sondern trug lediglich einen üppigen Schnurrbart. Aber er selbst wurde zur Legende: für die Franzosen der «Glaubenskämpfer», für die Deutschen der «Gesetzgeber». Einige betrachten ihn gar als Heiligen, was ihn selbst wohl sehr überrascht hätte.

Der Eroberer. Vor allem war Karl ein Eroberer. Im Jahr 769 überschritt er die Garonne; 773/74 hielt er sich in Rom auf; 776 befand er sich in Francien und 778 jenseits der Pyrenäen; 781 war er nochmals in Rom, 787 in Capua. Im Jahr 789 hielt er sich jenseits der Elbe und an der Ostsee auf; 791 zog er nach Ungarn; im Jahr 800 sehen wir ihn an der Atlantikküste, in Aachen und erneut in Rom, in Spoleto ein Jahr später, und 803 zog er in Salzburg ein. Ein oder mehrere Male im Jahr war er in Sachsen. Vier Eroberungen waren besonders bedeutsam.

Italien. Als erstes schützte er den Papst vor den Langobarden, die Ravenna angriffen und sich auf den Weg nach Rom machten. Er bemächtigte sich der «Lombardei», zwang die Langobarden im Jahr 774 zur Kapitulation und machte sich zu ihrem König, während er dem Papst ganz Mittelitalien überließ.

Deutschland. Nach diesem Erfolg wandte er sich nach Norden gegen das fränkische Austrien. Besonders Sachsen, das Land zwischen Ems und Elbe, hatte es ihm angetan, war es doch noch fast ganz heidnisch geblieben – ebenso das Gebiet des heutigen Hessen. Diese Eroberungszüge dauerten dreißig Jahre und wurden grausam geführt. Den Sachsen und Hessen blieb nur die Wahl zwischen der Taufe und dem Henkersschwert. Erst im Jahr 804 waren die Sachsen endgültig besiegt. Karls Reich erstreckte sich nun bis an die Grenze von Dänemark.

Die Marken im Osten. In Bayern, einem bereits christianisierten Land, mußte Herzog Tassilo III. im Jahr 788 abdanken. Weil er Verbindung zu den Awaren aufgenommen hatte, verurteilte ihn Karl zum Tod, begnadigte ihn dann aber zu lebenslänglicher Klosterhaft. Tassilos Gemahlin, seine beiden Töchter und die beiden Söhne mußten ebenfalls ins Kloster gehen. Seine Neuerwerbungen sicherte Karl durch Grenzmarken. So besiegte er im Südosten die Awaren und drängte sie über die Donau zurück, dann fiel er in das heutige Ungarn ein und machte den Khagan der Awaren zu seinem Vasallen: er mußte zum Christentum übertreten. Karl der Große dehnte seinen Einfluß auch östlich der Elbe aus, wo er slawische Völkerschaften tributpflichtig und zu Verbündeten machte.

Spanien. Die vierte Stoßrichtung der Eroberungszüge Karls des Großen lag in Spanien. Er wollte dieses Land seinem Reich ebenfalls einverleiben. Doch der Angriff auf Pamplona und Saragossa im Jahr 778 scheiterte. Auf dem Rückzug wurde die fränkische Nachhut unter Roland, dem Markgrafen der Bretagne, bei Roncesvalles von den Basken vernichtend geschlagen. Die Legende machte aus Roland einen Neffen des Königs.
Karl gelang es lediglich, in Katalonien eine Grenzmark zu errichten, in Barcelona und Tortosa Fuß zu fassen und politisch auf der Iberischen Halbinsel eine aktive Rolle zu spielen. Er unterstützte den christlichen König von Galicien und Asturien, der sich im Jahr 798 Lissabons bemächtigte. Sogar ein maurischer Thronanwärter von Cordoba machte sich auf die Reise nach Aachen, um sich der Unterstützung Karls zu versichern.

Die Hierarchie. Am Ende der Eroberungszüge Karls des Großen ist das Reich von Grenzmarken umgeben: die bretonische Mark im Nordwesten mit Vannes, Nantes und Rennes, die spanische Mark jenseits der Pyrenäen, die Mark Friaul in Italien sowie im Osten eine awarische, swebische, wendische und dänische Mark. In diesen Grenzmarken lag die Herrschaft bei einem Herzog oder Markgrafen, der zugleich die lokale Armee befehligte.

152

153

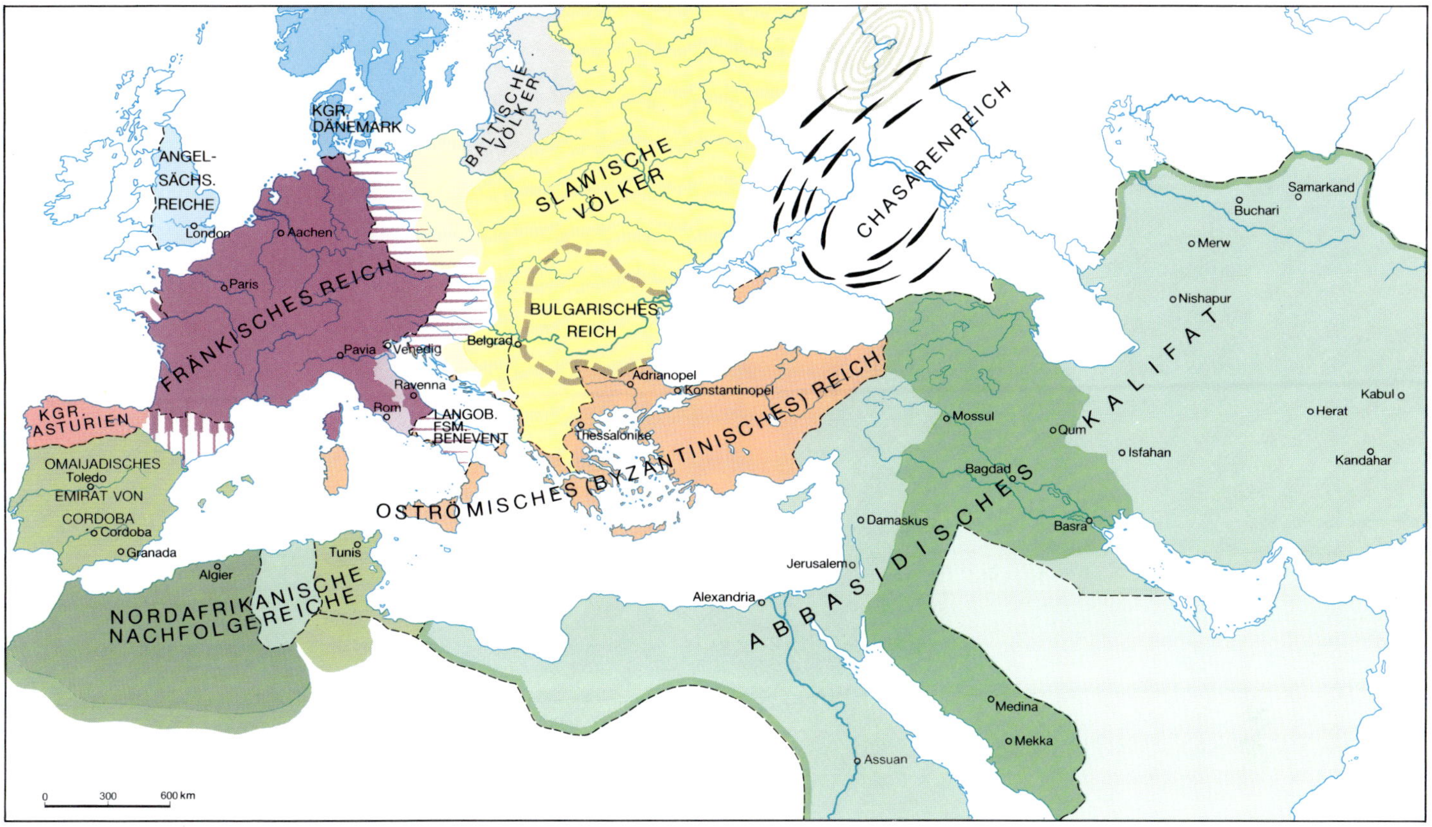

154

155

Zwei Darstellungen Karls des Großen: **152** *eine Steinplastik in der Klosterkirche Sankt Johann, Müstair/Graubünden, um 1170, und* **153** *das berühmte Gemälde Albrecht Dürers aus dem Jahr 1512.* **154** *Karl der Große als Eroberer: der Frankenkönig in der Schlacht gegen die Sarazenen. Miniatur aus «Ogier le Danois», 1493.* **155** *«Rolands Ritt durch die Pyrenäen», Miniatur aus «Karl der Große», einem Versepos des Strickers; Handschrift aus dem 14. Jahrhundert.* **Karte 12:** *Abendland und Morgenland zur Zeit Karls des Großen.*

Die Grafen und andere Repräsentanten des Königs aus allen Teilen des Reichs versammelten sich einmal im Jahr um Karl den Großen in der Reichsversammlung oder auf dem Hoftag. Die *missi dominici*, die Königsboten, eilten durch alle Provinzen des Reichs und übermittelten die Anordnungen des Königs. Die Bischöfe waren zwar theoretisch vom Kirchenvolk und vom Klerus in ihr Amt gewählt worden, wurden aber, wie auch die Äbte, vom König ebenfalls in die Verwaltung des Reichs eingebunden.

Der Historiker der Karolingerzeit kennt mehr die *potentes*, die Würdenträger des Reichs, als die *pauperes*, die freien Männer oder gar die Bauern. Durch die Leibeigenschaft waren die Bauern an die Scholle gebunden. Auch Sklaven gab es im Reich Karls des Großen. Das Wort kommt von *sclavi* oder *sclavoni*, denn gefangene Slawen wurden oft zu Sklaven gemacht.

Das Heer. Lange Zeit war man der Meinung, das Heer Karls des Großen habe nicht mehr als fünftausend Mann umfaßt. Das kann nicht sein. Neben den eigentlichen Kampftruppen muß es auch Einheiten für die Besatzung in eroberten Gebieten gegeben haben.

Das ganze Reich war in Kirchendistrikte eingeteilt: in Erzbistümer, Bistümer und Abteien, in denen ein Graf als Vertreter des Königs Militärbefehlshaber war. Sobald der Graf eine Anordnung des Königs erhielt, mobilisierte er seine Vasallen und deren berittene Krieger. Der Bischof oder der Abt lieferten Pferde, Verpflegung und große Planwagen mit einem Verdeck aus Leder. Jeder Graf – es gab insgesamt etwa 500 – versammelte um sich etwa zwanzig bis dreißig Krieger. Jeder Vasall wiederum – sie waren noch zahlreicher als die Grafen – stellte dem König zehn bis zwölf Kriegsleute. Man kommt auf etwa 50000 Berittene und auf eine noch höhere Zahl Fußvolk. Die Disziplin in der Armee war erbarmungslos streng. Nicht daß Karl der Große persönlich grausam gewesen wäre, aber er hielt es für seine Pflicht, dafür zu sorgen, daß ihm gehorcht wurde. So ließ er zum Beispiel 782 nach einem Aufstand der Sachsen, die eine fränkische Armee geschlagen hatten, viertausend Sachsen bei Verden an der Aller töten und handelte sich mit dieser Bluttat den Beinamen «der Sachsenschlächter» ein.

Die Schwächen der Armee. Dennoch war diese Armee, die sich hervorragend für Eroberungen eignete, für Verteidigungszwecke so gut wie untauglich. Ging es um einen Angriff, dann hielt das gesamte fränkische Königreich wie ein Mann zusammen. Man agierte im Namen des *populus christianus*, der Christenheit, und nicht mehr im Namen der alten Königreiche. Wenn aber kein Landgewinn in Aussicht stand, dann löste sich die Kampfgemeinschaft auf und der Partikularismus kehrte wieder ein. Es gab kein stehendes Heer, keine soliden Befestigungsanlagen, keine Finanzmittel, die diesen Namen verdienten, ja nicht einmal eine breite Unterstützung durch das Volk. Plötzlichen Gefahren war das Reich Karls des Großen nicht gewachsen.
Das Fehlen einer umfassenden Verteidigungspolitik führte schließlich zur Errichtung privater Burgen aus Holz und Erde, den *castellae*, in den Augen des Königs ein ungesetzliches Vorgehen. In Italien, das besser verteidigt werden konnte, lebten die Einwohner innerhalb besonderer Wallanlagen.

Das Reich

Ursprünge der Kaiseridee. Karl der Große wurde im Jahr 800 zum Kaiser gekrönt, nachdem er bereits zweiunddreißig Jahre lang regiert hatte. Die Idee, das Römische Reich wieder zu errichten, war unter den *potentes* im Westen weit verbreitet. Doch verwirklicht hat diese Idee vor allem Papst Leo III.
Noch im Jahr 792 nannte sich Karl der Große *rex Francorum et Langobardorum atque patricius Romanorum*, König der Franken und Langobarden und Schutzherr der Römer. In Konstantinopel hingegen residierte der *basileus*, der oströmische Kaiser. Als Papst Leo III. dem Frankenkönig die Kaiserkrone anbot, wollte er für sich einen Schutzherrn gewinnen, der alle übrigen überragte, zugleich aber fern genug war, um dem Papst nicht lästig zu fallen. Karl sollte Kaiser über die gesamte Christenheit werden, Byzanz inbegriffen. So hoffte der Papst, seine Oberhoheit im Orient wiederherstellen zu können. Karl der Große indes wünschte vor allem, dem Kaiser von Byzanz gleichgestellt zu sein.

Die Krönung. Im April 799 hatte es in Rom einen Eklat gegeben: eine Revolte war ausgebrochen, und Leo III. sah sich von römischen Adligen angeklagt, daran beteiligt gewesen zu sein. Der Papst wurde überfallen und erlitt dabei Verletzungen. Man hatte sogar versucht, ihm die Augen auszustechen. Sobald er wieder genesen war, suchte er Karl den Großen in Paderborn auf und bat ihn, nach Rom zu kommen.
Der Frankenkönig bereitete sich sorgfältig auf seine Reise in den Süden vor, betete am Grab des heiligen Martin von Tours und schickte Königsboten nach Rom, die dort eine Art Gericht einberiefen, vor dem Leo III. sich für unschuldig erklären sollte. Kurz vor dem Weihnachtsfest des Jahres 800 traf Karl in Rom ein. Der Papst war sich der Demütigung bewußt, seine Unschuld vor dem König erklären zu müssen, also zuzugeben, daß er dessen Untertan sei. Am Weihnachtstag krönte er Karl zum Kaiser. Karl der Große wollte vor allem Kaiser der Christenheit sein, der «neue Konstantin, den Gott erwählt hat, die Völker zu regieren». Auf Münzen ließ er sich mit dem Lorbeerkranz und dem Mantel der römischen Imperatoren abbilden, der an der Schulter durch eine Fibel zusammengehalten wird. Er bestätigte bei dieser Gelegenheit aufs neue die – gefälschte – «Konstantinische Schenkung» an das Papsttum und bekräftigte die Macht des Papstes in Rom.

Die Anerkennung durch Byzanz. Nun galt es, die Byzantiner für die Anerkennung des Kaisertitels zu gewinnen. Doch der Basileus lehnte das Ansinnen ab, und Karl begann den Krieg. Auf der Adria waren die Byzantiner den Franken weit überlegen, aber Karl siegte zu Land: Er bemächtigte sich Friauls, Istriens und selbst Venedigs, das neutral bleiben wollte, um seinen aufblühenden Handel zu schützen.

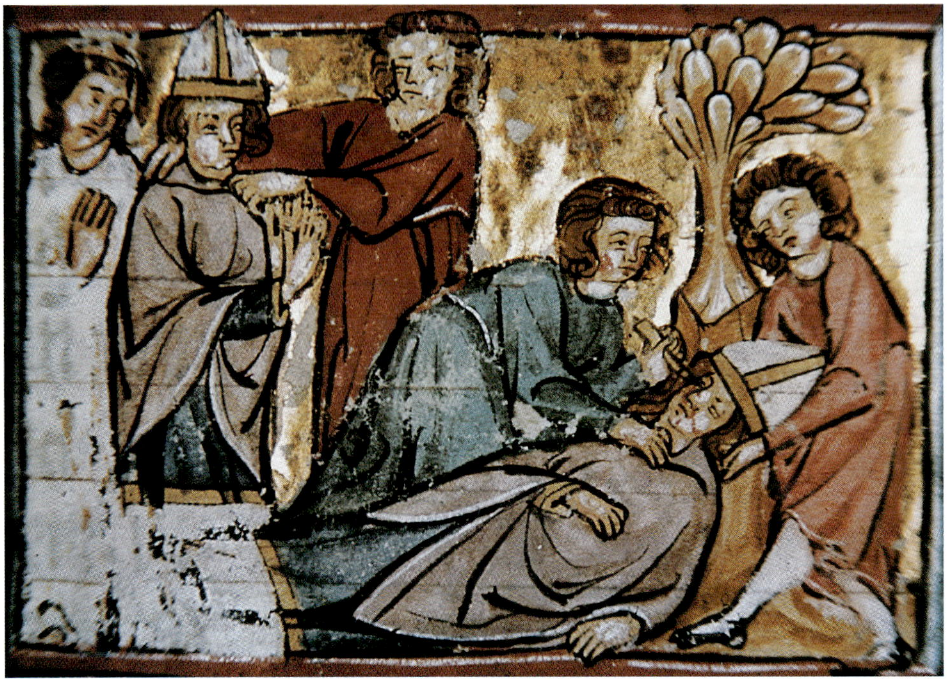
156

157

Erst im Jahr 812 kam es zu einem Vertrag mit Byzanz. Die Byzantiner erkannten den Kaisertitel Karls des Großen an. Als Gegenleistung erhielten sie Venedig. Karl der Große behielt jedoch die Mark Friaul und die übrigen Gebiete im Norden der Adria. Sein Sohn und Nachfolger Ludwig der Fromme erhielt den Titel «Kaiser und Augustus», aber nicht «Römischer Kaiser», den die Byzantiner für sich selbst beanspruchten.

Die Karolingische Renaissance

Das 6. und 7. Jahrhundert gelten in manchmal übertriebener Abwertung als «dunkle Jahrhunderte», als eine Zeit der Unwissenheit. Im Gegensatz hierzu spricht man von einer «Karolingi-

158

156 *Der Überfall auf Papst Leo III. im April 799: Man versucht, ihm die Augen auszustechen. Miniatur aus der «Sächsischen Weltchronik», 13. Jahrhundert.* **157** *Karl der Große ersucht den Basileus in Byzanz um Anerkennung des Kaisertitels – ein Treffen, das vermutlich nie stattgefunden hat. Miniatur aus einer französischen Handschrift.* **158** *Karolingische Buchkunst: der «Codex Aureus» von Sankt Emmeram in Regensburg, 9. Jahrhundert.*

schen Renaissance». Die Kultur hatte zuletzt in Irland und in Spanien Zuflucht gefunden. Doch Spanien wurde in der harten Zeit der arabischen Eroberung vom christlichen Kulturzusammenhang getrennt. In gewisser Weise war die Karolingische Renaissance im Frankenreich für diesen europäischen Kulturverlust ein Ausgleich.

Das Bildungswesen. Karl der Große hat sich durch alle Jahrhunderte hindurch den Ruf bewahrt, der Vater des europäischen Schulwesens zu sein. In Wirklichkeit folgten seine Berater, wie in anderen Fällen, den Vorstellungen Isidors von Sevilla, die mit der römischen Überlieferung übereinstimmten. Das Studium umfaßte sieben Zweige, die *artes liberales:* das *Trivium* mit Grammatik, Rhetorik und Dialektik und das *Quadrivium* mit Arithmetik, Astronomie, Musik und Geometrie. Die Krönung dieser Disziplinen war die Theologie – die Herrin aller Wissenschaften.

Beda Venerabilis. In der zweiten Hälfte des 7. Jahrhunderts gab es in den Klöstern Englands Schulen, in denen nach diesem Vorbild unterrichtet wurde und die über beachtliche Bibliotheken verfügten, das heißt, mit einigen Hundert Büchern ausgestattet waren. Jarrow in Northumbrien war das bedeutendste dieser Schulzentren dank einem außergewöhnlichen Gelehrten: Beda Venerabilis. Er kannte die lateinisch-heidnische Bildung so gut wie die christliche und vor allem auch die Schriften der Kirchenväter. Beda war ein großer Sammler von Handschriften, ein unermüdlicher Autor, der in Latein schrieb, obwohl seine Muttersprache das Keltische war. Mit allen Wissenschaften setzte er sich auseinander, mit der Grammatik, der lateinischen Dichtung, der Kirchengeschichte, der Exegese, den Naturwissenschaften, der Astronomie und mit der Chronologie.

In seiner bereits erwähnten *Kirchengeschichte des englischen Volkes* benutzt Beda übrigens zweimal das Wort «Europa». Die eine Stelle findet sich im ersten Kapitel, wo er die Britischen Inseln beschreibt: «Britannien, eine Insel im Ozean, die früher Albion genannt wurde, liegt im Nordwesten, genau gegenüber von Germanien, Gallien und Spanien, den drei größten Ländern Europas, aber von diesen durch einen breiten Zwischenraum getrennt.» In Kapitel 13 sagt Beda von Attila, er sei «ein derart unduldsamer Feind der menschlichen Gemeinschaft» gewesen, «daß er fast ganz Europa verwüstet, Schlösser und Städte angegriffen und zerstört» habe.

Beda verstand sich mehr als Angelsachse denn als Europäer. Aber sein Ideal war die eine universale, katholische Kirche. Von den Britischen Inseln gelangte die angelsächsische «Vorrenaissance» dank Bonifatius ins Frankenreich, der mit Hilfe der ersten Karolinger die fränkische Kirche reformierte.

Moralische Erneuerung. Vom fortschreitenden Verfall der Kirchenzucht im Frankenreich wurde schon einiges angedeutet. Karl Martell hatte mit der Enteignung von Kirchenbesitz zugunsten der Ritterschaft seinen Teil zur inneren Destabilisierung der Kirche beigetragen. Das Reformwerk, das lange Zeit in Anspruch nahm, wurde von den beiden Söhnen Karl Martells begonnen: Pippin bemühte sich um Gallien, und Karlmann um die Rheinlande. Beide ließen sich vom heiligen Bonifatius beraten.

Im selben Augenblick, als Karl der Große seine Eroberungszüge ausweitete, wurde vor allem durch die Angriffe der Sarazenen der geographische Einflußbereich der westlichen Christenheit eingeengt. Der Westen war schließlich mit dem Frankenreich identisch. Von der spanischen Mark bis nach Kärnten, Bayern, Thüringen und Sachsen, von der Nordsee bis in die römische Campagna war Karl der Große das weltliche Oberhaupt der Christenheit. In den *Libri Carolini*, den Karolingischen Büchern (um 790), einer theologischen Streitschrift, die auf Karls Veranlassung ge-

schrieben wurde, sagt der Frankenkönig zum Papst: «Unsere Aufgabe ist es, mit dem Beistand der Barmherzigkeit Gottes an allen Orten die Kirche Christi gegen die Angriffe der Heiden zu schützen. Eure Aufgabe ist es, die Hände zum Himmel zu erheben, wie Moses es getan hat, und auf diese Weise unseren Kampf zu unterstützen, so daß durch eure Gebete unter der Führung und Gnade Gottes die Christenheit überall den Sieg davonträgt.»
Karl der Große nahm entscheidenden Anteil an der inneren Verwaltung der Kirche. Für ihn waren die Grenzen zwischen der geistlichen und der weltlichen Gewalt fließend. Seine Gesetzgebung in Gestalt der Kapitularien war durchdrungen von religiöser Fürsorge und Moral. So versuchte er die vollkommene «christliche Stadt», ein «himmlisches Jerusalem», auf Erden zu errichten.
In der Reform des Bildungswesens jedoch fand der europäische Geist Karls des Großen seinen hauptsächlichen Niederschlag.

Auf der Suche nach Gelehrten. Im Unterschied zu den Angelsachsen, die er sich als Vorbild nahm, wünschte Karl, daß die Bildungsreform in seinem Reich neben der Geistlichkeit auch die Laien erfassen sollte. Er wollte die besten Gelehrten des Abendlands an seinem Hof versammeln. So holte er aus Italien die Grammatiker Petrus von Pisa und Paulinus von Aquileja sowie den Historiker Paulus Diaconus, aus England den Angelsachsen Alkuin, einen der vielen Schüler Bedas. Alkuin hatte Rom besucht und die Domschule von York geleitet. Er wurde der Freund und Lehrer Karls des Großen, der ihm unter anderen die Abteien Saint-Martin in Tours und Saint-Loup in Troyes schenkte. Ähnlich wie Beda war Alkuin ein Gelehrter mit enzyklopädischen Kenntnissen und ein guter Theologe. Er war der Inspirator des Schulwesens im Frankenreich. Ein Kapitular des Königs regelte den Aufbau von Dom- und Klosterschulen, damit möglichst viele junge Leute auch aus den niederen Ständen unterrichtet werden konnten.
Andere bedeutende Männer der Karolingischen Renaissance waren Hrabanus Maurus (um 780 geboren) aus Mainz, ein Schüler Alkuins, Abt in Fulda und künftiger Erzbischof von Mainz mit dem Beinamen *Praeceptor Germaniae*; der Westgote Theodulf, der aus Spanien zu Karl gekommen war, Mitarbeiter an den *Libri Carolini*, Bischof von Orléans und Königsbote, sowie der Mainfranke Einhard (770-840), ein Vertrauter und Berater Karls des Großen und Verfasser der ersten Herrscherbiographie des Mittelalters, der *Vita Caroli magni* (um 830).

Die Architektur. In Architektur und Kunst machte sich byzantinischer Einfluß bemerkbar. Karl ließ zahlreiche Kirchen und Kathedralen errichten, so in Köln, Paderborn und Saint-Denis. Viele von ihnen wurden in der Folgezeit umgebaut oder zerstört. Der herrliche Dom von Aachen und die Kirche Germigny-des-Prés bei Orléans führen indes vor Augen, was die karolingischen Baumeister zu leisten imstande waren. Eine besondere Kostbarkeit sind die in ganz Europa verbreiteten karolingischen Miniaturen.

Die karolingische Schrift. Aus europäischer Perspektive verdient eine Leistung besonders hervorgehoben zu werden: die Reform der Schrift. Die karolingische Minuskel, die vor allem in den Schreibstuben in Franzien gepflegt wurde, setzte sich schließlich in ganz Europa durch, bis nach Spanien, England und Süditalien, als es

159 *Ein Gelehrter der Karolingerzeit: Hrabanus Maurus kniet vor dem Kreuz. Miniatur aus dem Kloster Fulda, um 840.* **160** *Karolingische Architektur: das Oktogon mit dem Thron Karls des Großen in der Pfalzkirche zu Aachen, einem architektonischen Symbol der Kaiserwürde. Vorbild für den achteckigen Zentralbau war die Kirche San Vitale in Ravenna. Die antiken Säulen versinnbildlichen die Erneuerung des Reichs.* **161** *Karolingische Initialen aus einem Evangeliar des Klosters Weingarten, 9. Jahrhundert.* **162** *Der Nachfolger Karls des Großen: Kaiser Ludwig der Fromme (778-840). Französische Miniatur, 9. Jahrhundert.*

159

160

längst keine Karolinger mehr gab. Unsere Kleinbuchstaben stammen von dieser Schrift, während die Großbuchstaben, die «Majuskeln», römischen Inschriften entnommen sind. Die karolingische Schrift ist eines der ersten Beispiele für jene Vereinheitlichungen, die das internationale Zusammenleben erleichtert haben: wie etwa der Gregorianische Kalender, das metrische System oder der heutige Weltpostverein. Karl der Große konnte übrigens nur lesen und nicht schreiben. Für einen «Laien» war das damals immerhin viel.

Der Verfall des Reichs und die Entstehung der Königreiche

Als der Kaiser im Jahr 814 starb, schien alles vollendet zu sein. Sogar die Byzantiner hatten das Reich anerkannt. Doch weniger als dreißig Jahre reichten aus, um dieses Riesenwerk zum Einsturz zu bringen.

Ludwig der Fromme. Ludwig, der schon zum Kaiser gekrönt worden war, befand sich in der Nähe von Saumur, als er die Nachricht vom Tod seines Vaters erhielt. Er begab sich nach Aachen, und dort ersetzten nun seine Ratgeber und Diener die Karls des Großen. Als sein hauptsächlicher Ideengeber stand ihm ein sehr frommer Mann zur Verfügung: der heilige Benedikt von Aniane. Hatte sich Karl der Große durch eine volksnahe Frömmigkeit ausgezeichnet, so befleißigte sich Ludwig einer übertriebenen Verehrung für Priester und Mönche. Man hat ihn später «den Gutmütigen» genannt. Karls Nachfolger war in jeder Hinsicht mittelmäßig und wenig geeignet, das Lebenswerk seines Vaters fortzuführen.

Das Lehnswesen. In dieser Zeit entwickelte sich überall im Frankenreich das Lehnswesen. Die «Großen» auf der höchsten Stufe der Lehnspyramide, die geistlichen und weltlichen Würdenträger, betrachteten sich immer mehr als vom König unabhängig. Karl der Große hatte sie noch zum Gehorsam gezwungen, Ludwig der Fromme war dazu nicht mehr in der Lage.

Die drei Söhne Ludwigs. Die Folge war die Teilung des Reichs: Lothar, der älteste Sohn Ludwigs, erhielt den Kaisertitel, die übrigen Söhne wurden Könige: Pippin von Aquitanien und Ludwig – der künftige Ludwig der Deutsche – in Bayern, Österreich, Pannonien und Kärnten. Zugleich ergriff Ludwig eine Reihe von Maßnahmen, um die «Einheit des Reichs» zu sichern, die mit der Einheit der Christenheit verwechselt wurde. Doch die Zersplitterung war stärker als der Einheitsgedanke. Die Teilungsfrage spitzte sich zu, als Ludwig der Fromme, der in zweiter Ehe mit einer bayrischen Prinzessin verheiratet war, noch einen weiteren Sohn, Karl, erhielt. Ihm mußte man nun auch sein Erbteil geben, und das zu einem Zeitpunkt, als sich die äußere Lage des Reichs verschärfte: im Norden Unruhen an der Grenze zu Dänemark, im Osten die Invasion der Bulgaren und im Süden Aufstände in der spanischen Mark, die von den Sarazenen ausgenutzt wurden. All dies wurde den Versäumnissen des Kaisers und seiner Ratgeber zugeschrieben. Die kirchlichen Würdenträger sahen das Heilmittel darin, den Kaiser dem Papst zu unterstellen und die Großen des Reichs den Bischöfen. Damit begann ein Streit, der vier Jahrhunderte dauern sollte.

Der Bürgerkrieg. Als Karl 829 im Alter von sieben Jahren Alemannien mit dem Elsaß, Rätien und einem Teil von Burgund als Erbe bekam, empörten sich seine drei älteren Halbbrüder und revoltierten gegen ihren Vater. Ludwig der Fromme blieb zwar anfänglich siegreich, aber der Aufstand schwelte weiter. Als er in der Nähe von Colmar mit einem starken Heer seinen Söhnen entgegentrat, ließ er sich zu Verhandlungen bewegen. Doch die Rebellen nutzten die Verhandlungen dazu, das kaiserliche Heer abspenstig zu machen. Lothar ließ Ludwig den Frommen und des-

161

162

sen Sohn Karl gefangensetzen (833), den Kaiser betrachtete man als abgesetzt.

Der Tod Pippins und Ludwigs des Frommen. Alsbald wurden die drei Söhne untereinander zu Rivalen. Der Tod Pippins 838 und das Ableben Ludwigs des Frommen im Jahr 840 beendeten diese Auseinandersetzungen, schufen aber ein neues Problem: das der Nachfolge an der Spitze des Reichs. Lothar proklamierte sich zum Kaiser und fand die Unterstützung der Bischöfe, doch die beiden jüngeren Brüder Karl und Ludwig sowie eine große Anzahl von Adligen waren ihm feindselig gesinnt.

Die Straßburger Eide. Am 14. Februar 842 schworen Karl der Kahle und Ludwig der Deutsche in Straßburg einen Bündniseid. Der Text in Romanisch und Althochdeutsch ist das erste Sprachdokument der späteren französischen und deutschen Sprache. Das Lateinische blieb jedoch weiterhin die Sprache der europäischen Christenheit.
Nach ihrem Sieg über Lothar schlossen die beiden Brüder mit ihm im August 843 den Teilungsvertrag von Verdun. Westfranzien, die Länder westlich von Saône und Rhône, fielen an Karl den Kahlen, Ostfranzien mit Sachsen, dem ehemaligen Austrien, Alemannien und Bayern an Ludwig den Deutschen.
Zwischen diesen beiden Königreichen erstreckte sich von Friesland bis zur Provence und in die Lombardei der Machtbereich Lothars, Lotharingien – die reichsten, aber auch am schwersten zu verteidigenden Länder des Frankenreichs. Mittelitalien von Ravenna bis Rom gehörte dem Papst, während Süditalien unter byzantinischer Herrschaft blieb – bald aber arabische und normannische Herrscher bekommen sollte.

Das Ende des Königreichs Europa. Es war der Anfang einer Anarchie, wenn auch die gemeinsame geistige Kultur weiterhin Bestand hatte, eine Kultur, aus der im 9. Jahrhundert einer der größten Gelehrten des Mittelalters hervorging: Johannes Scotus Eriugena – «der Ire» –, ein Philologe, Theologe und Philosoph neuplatonischer Richtung.
Nach Lothars Tod wurde sein Reich unter seine drei Söhne aufgeteilt. Einer von ihnen, Ludwig II., wurde Kaiser, doch Karl der Kahle und Ludwig der Deutsche verbündeten sich gegen ihn. Als dann Ludwig II. im Jahr 875 starb, ohne männliche Erben zu hinterlassen, erklärte Papst Johannes VIII. Karl den Kahlen zum Kaiser. Ludwig der Deutsche erkannte diese Ent-

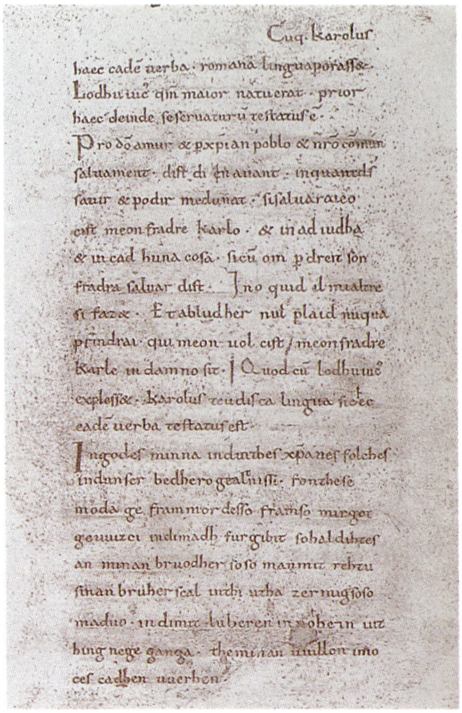
Cum q. Karolus
haec eadem verba romana lingua perorasset.
Lodhuuuicus quia maior natu erat. prior
haec deinde se servaturum testatus est.
Pro do amur & xpian poblo & nro commun
saluament. dist di en auant. in quant ds
sauir & podir me dunat. si saluarai eo
cist meon fradre karlo. & in ad iudha
& in cad huna cosa. sicu om p dreit son
fradra saluar dift. In o quid il mi altre
si faz&. Et ab ludher nul plaid nunqua
prindrai. qui meon uol cist meon fradre
Karle in damno sit. Quod cum lodhuuuicus
explesset. karolus teudisca lingua sic hec
eadem uerba testatus est.
In godes minna ind in thes xpanes folches
ind unser bedhero gealtnissi. fon thesemo
dage frammordes so fram so mir got
geuuizci indi madh furgibit so hald ih tes
an minan bruodher soso man mit rehtu
sinan bruher scal. in thiu thaz er mig soso
ma duo. indi mit ludheren in nohein uuiht
thing ne gegango. the minan uuillon imo
ces cadhen uuerhen.

163

164

scheidung nicht an und nahm den Kampf gegen Karl auf – das war das Ende des europäischen Reichs.

Wann und wo beginnt Europa?

Der Werdegang der Karolinger mit seinem Höhepunkt im Jahr 800 wirft die Frage auf, ob mit dem Kaisertum auch ein klares Bewußtsein von einer umfassenden europäischen Wirklichkeit verbunden war.

Die Anfänge Europas. Es ist nicht erstaunlich, daß es unter Historikern leidenschaftliche Debatten darüber gibt, ob das Karolingerreich der «Beginn Europas» sei oder nicht. Versteht man unter Europa eine kulturelle oder politische Einheit, dann – so der Italiener Carlo Curcio – beginnt es im Zeitalter der Karolinger; begreift man Europa hingegen als eine «Gemeinschaft selbstbewußter Nationen», dann wird man seine Anfänge ins 13. und 14. Jahrhundert verlegen müssen, wenn nicht noch später. Curcios Ansicht wird vor allem von dem Belgier Henri Pirenne in seinem Buch *Mohammed und Karl der Große* geteilt, von den Deutschen Franz Steinbach und Franz Petri in ihrem Werk *Zur Grundlegung der europäischen Einheit durch die Franken*, von dem Franzosen Joseph Calmette und anderen Historikern. «Die Auslöschung Europas» überschreibt dagegen der Franzose Edouard Perroy in seinem Werk *Allgemeine Geschichte der Zivilisationen* das Kapitel über das 8. bis 10. Jahrhundert, wenngleich er die Einheit der karolingischen Welt hervorhebt. Endlos ließe sich über die «Geburt Europas» weiterstreiten. Alles hängt von den Kriterien ab, die man dafür wählt. Man ist versucht, dem Italoamerikaner Robert Lopez zu folgen, wenn er schreibt: «Wer heute Europa sagt, der denkt nicht so sehr an einen einheitlichen Glauben oder an einen einheitlichen Staat als vielmehr an ein Netz gemeinsamer politischer Institutionen, wissenschaftlicher, künstlerischer und literarischer Traditionen, ökonomischer und sozialer Interessen. Von diesem Gesichtspunkt aus war das Karolingerreich ein bemerkenswerter Versuch, doch alle Mühe war am Ende umsonst.»

Der Begriff Europa. Fragen wir bei Zeitgenossen nach, dann kommt das Wort Europa in der Antike relativ selten vor und noch seltener vom 6. bis 8. Jahrhundert. Dann jedoch taucht es in klarer Bedeutung wieder auf: als Einheit der westlichen Christenheit – die Britischen Inseln gehörten allerdings nicht dazu.
Im Jahr 769 beschrieb im Kalifat von Cordoba ein Christ mit Namen Isidor der Jüngere die Schlacht bei Poitiers. Gegen die Sarazenen kämpften die *Europeenses*, die Europäer des Karl Martell: «Als die Europäer am Morgen ihre Häuser verließen, erblickten sie die wohlgeordneten Zeltreihen der Araber.»

163 *Die «Straßburger Eide» zwischen Karl dem Kahlen und Ludwig dem Deutschen aus dem Jahr 842: das älteste Dokument der späteren französischen und deutschen Sprache. Das Bündnis gegen Lothar I. wurde von beiden Heeren in der eigenen Sprache beschworen.* **164** *Sakrales Kaisertum: der heilige Petrus überreicht Karl dem Großen die Fahne von Rom und Papst Leo III. die Stola als Zeichen der weltlichen und der geistlichen Macht. Mosaik vom Triklinium Leos III. im Lateranpalast in Rom.* **Karten 13 und 14:** *Die Reichsteilungen von 843 (oben) und 880 (unten). Von 855 bis 887 einigte Karl III. das Reich noch einmal. Danach zerfiel es endgültig.*

Kurz vor der Kaiserkrönung im Jahr 800 wurde in einem Gedicht des fränkischen Geistlichen Angilbert der Frankenkönig als «ehrwürdiges Haupt Europas» gefeiert, als «Vater Europas», als «höchste Zierde Europas», gar als «ehrwürdiger Leuchtturm Europas». Im 9. Jahrhundert umfaßte für manchen Zeitgenossen das Frankenreich *tota occidentalis Europa*: das gesamte westliche Europa.

Der fränkische Geschichtsschreiber Nithard (790-844), Sohn Berthas, einer Tochter Karls des Großen, urteilte: «Karl, von allen Völkern der große Kaiser genannt, hat ganz Europa mit seiner Gunst überhäuft.» Einige Jahre später, um das Jahr 884, schrieb «der Mönch von Sankt Gallen» in seiner *Geschichte Kaiser Karls*, das Werk Karls des Großen umspanne «ganz Europa». Und Widukind von Corvey (925-973) bekräftigte in seiner *Sachsengeschichte*, daß «der Kaiser zu Recht der Herr über ganz Europa ist».

Weder Französisch noch Deutsch. Der Glanz der karolingischen Zeit darf uns nicht zu falschen Schlüssen verleiten. Karl der Große war weder ein König von Frankreich noch König von Deutschland. Solche Zuordnungen sind reiner Anachronismus. Karl war ein «König der Franken». Die Franken wiederum teilten sich in Neustrier im Westen und Austrier im Osten. Die Dynastie der Karolinger, aus der Karl stammte, kam aus Austrien, aber Karl wurde wahrscheinlich in Neustrien geboren und verbrachte dort seine Jugend. Er war zweisprachig, während die alteingesessenen Neustrier in den Abteien von Prüm oder Fulda das Fränkische lernen mußten. Die «Karolingische Renaissance» war nicht an germanischen, sondern an lateinischen Werten orientiert. So sehr, daß Historiker des Dritten Reichs Karl den Großen, den «Sachsenschlächter», nicht als «echten Deutschen» anerkennen wollten: eine Würde, die sie dessen Gegner, dem Sachsen Widukind, zuerkannten – ein absurdes Zeugnis dafür, daß Karl der Große nichts mit den deutsch-französischen Konflikten einer späteren Zeit zu tun hatte.

Die Teilung von 843. Zu diesen anachronistischen Fehlschlüssen gehört auch die Vorstellung, Karl der Große sei der König von Frankreich und Deutschland gewesen und die Teilung von 843 habe Franzosen und Deutsche zu Erbfeinden gemacht, die sich nun tausend Jahre lang um das Mittelreich, um Lotharingien, stritten. Der Historiker Heinz-Otto Sieburg hat nachgewiesen, daß die Bezeichnung «Erbfeind» erst um 1840 in Deutschland auftaucht, und nach 1886 in Frankreich.

Das Reich bleibt römisch. Die Vorstellung von einem neuen Reich, das sich deutlich vom Römischen Reich und von Byzanz abhebt, ist ebenfalls falsch. Das Ideal Karls des Großen, der Päpste und der gesamten geistigen Elite war die Wiederherstellung des Römischen Reichs. Dieses Imperium umfaßte West und Ost. Dazu paßt das Argument aus dem Jahr 800, die Byzantiner hätten mit Irene als Oberhaupt in Wahrheit keinen richtigen Kaiser und Karl könne daher über das Reich verfügen.

Der Traum Karls war also die Wiedererrichtung des Römerreichs, solide gegründet auf die Kirche und auf die Autorität des Papstes, der in Wirklichkeit unter der Schutzherrschaft des Kaisers stand. Allenfalls konnte man eine Teilung des Reichs, dessen Ideal – wie unter Konstantin – die Einheit war, in zwei große Teilreiche hinnehmen, das eine im Westen, das andere im Osten, um die Verwaltung zu erleichtern, nach dem Vorbild Diokletians.

Die Teilung des Frankenreichs im Jahr 843 in drei Herrschaftsbereiche hat die Entwicklung zu einem geeinten Europa unterbrochen und das Problem eines «unvollendeten Europa» hinterlassen. Dennoch verdient das Reich Karls des Großen als geistige und kulturelle Gemeinschaft unser Interesse. Es gehört zum kulturellen Erbe aller westeuropäischen Völker.

قرنت بالرقعة درهما وقطعة وقلت لها ان رغبت في المشوف المعلم

فهو جيبي بالسر المدهم وان ابيت ان تشرحي فخذي القطعة وابيني برحي

8 Das belagerte Europa

Die Sarazenen

Mohammed. Als Mohammed den Islam als neue Religion gründete, nahm der Westen kaum davon Notiz. Das war eine Angelegenheit des Ostens und außerdem ziemlich weit weg. Allenfalls die Byzantiner, die in Westeuropa allgemein verhaßt waren, konnten sich als Christen davon betroffen fühlen. Beim Tod Mohammeds im Jahr 632 befand sich der Islam in vollem Aufbruch.
Diese streng monotheistische Offenbarungsreligion, die von den Gläubigen völlige Unterwerfung unter den Willen Allahs verlangt, gebar eine zugleich politische und religiöse Welt, die ähnlich wie das Christentum in Konfessionen zerfiel, zunächst aber die Wüstenbeduinen, nomadische Reitervölker, zu einer gewaltigen Eroberung inspirierte. Im Jahr 637 fiel Jerusalem, die erste schwere Niederlage der Christenheit.

Die Eroberungszüge der Araber. Von Arabien und Syrien aus stürmten die Muslime – in Europa nannte man sie auch Sarazenen, vom arabischen *scharkin*, Bewohner des Ostens – nicht nur nach Osten, sondern griffen Ende des 7. Jahrhunderts auch Nordafrika, Ägypten, Libyen und den Maghreb an. Sie besiegten und bekehrten die Berber. Siebentausend »Mauren« nutzten den Zerfall des Westgotenreichs in Spanien und überquerten 711 unter ihren Anführer Tarik die Meerenge zwischen Afrika und Europa: Straße von Gibraltar – *Dschebel al Tarik*, der Felsen des Tarik – lautet heute noch der Name. Einige Fürsten der Westgoten übergaben freiwillig ihre Länder. Cadiz, dann Sevilla, bald auch Cordoba und Toledo wurden in wenigen Monaten erobert und besetzt. Im Jahr 711 besiegten die Sarazenen den letzten christlichen Westgotenkönig Roderich und töteten ihn. Zwei Jahre später proklamierte der Kalif von Damaskus die Übernahme Spaniens durch den Islam. Ein Jahr später fiel Aragon, es folgten Katalonien, das Roussillon und die niedere Languedoc mit Narbonne in den Jahren 710 bis 720.

165 *Arabische Reiterkapelle. Der Pauker überragt auf seinem Maulesel die Trompeter und die Standartenträger auf den Pferden. Arabische Miniatur aus einer Handschrift der »Makamen« des Al Hariri, 1237.*

Die Sarazenen in Gallien. Würde auch Gallien muslimisch werden? Im Jahr 725 ritten die Sarazenen das Rhônetal hinauf, ohne auf nennenswerten Widerstand zu stoßen, und plünderten Autun, während der Herzog von Aquitanien, Eudo, die Städte Carcassonne und Toulouse verteidigte. Ein anderer Teil des Sarazenenheers brach 732 von Pamplona auf, gelangte über den Gebirgspaß von Roncesvalles nach Dax, überquerte die Garonne in Richtung Bordeaux und griff Tours und Poitiers an. Doch diesmal trafen sie auf Widerstand: Der Hausmeier Karl Martell, der seine Macht im fränkischen Gallien gefestigt hatte, trat ihnen mit seiner Streitmacht entgegen. Im Oktober 732 lieferten die Franken den Sarazenen zwischen Tours und Poitiers eine Schlacht. Die Sarazenen litten unter der Kälte, ihr Anführer fiel, und sie zogen sich nach Süden zurück. Fünf Jahre später schlug sie Karl Martell erneut südlich von Narbonne. Von 759 an blieben sie jenseits der Pyrenäen, in Spanien. Um 750 war indes die Omaijaden-Dynastie von Damaskus, der Urheber jener Eroberungszüge, nicht mehr in der Lage, die Einheit des gewaltigen Reichs aufrechtzuerhalten, und wurde durch die Abbasiden-Dynastie verdrängt. Ihr Gründer, Abul Abbas, kam aus Persien. Er ließ sich in Bagdad als Imam nieder: als Sprecher Gottes und Oberhaupt aller Muslime. Mit diesem Wechsel im Kalifat endete die arabische Vorherrschaft im Orient.

Das Emirat von Cordoba. Auf der Iberischen Halbinsel ging die wirkliche Macht an die Abbasiden über. Im Jahr 756 landete der Enkel des letzten Omaijaden-Kalifen in der Nähe von Malaga und schlug den Statthalter von Cordoba.

ZEITTAFEL 6: Das belagerte Europa (9.–11. Jahrhundert n. Chr.)

	9. Jh. n. Chr.			*10. Jh. n. Chr.*	
Papsttum	**858–867** Papst Nikolaus I.; Konflikt mit Photios	**872–883** Papst Johannes VIII.		**955–964** Papst Johannes XII.; der Verfall des Papsttums hat seinen Tiefpunkt erreicht	
Heiliges Römisches Reich	**864** Karl der Kahle entsendet Botschafter nach Cordoba			**936** Thronbesteigung Ottos I. des Großen	**955** Otto I. besiegt die Ungarn auf dem Lechfeld bei Augsburg
Westfrankenreich	**883** Die Normannen bei Amiens **885** Die Normannen belagern Paris	**888** Absetzung Karls des Dicken, des letzten Karolingers	**888–898** Odo, Graf von Paris, gegen den Karolinger Karl den Einfältigen zum König gewählt	**um 910** Gründung des Reformklosters Cluny	**911** Vertrag von Saint-Clair-sur-Epte: der Normanne Rollo erhält von Karl dem Einfältigen die Normandie zum Lehen
Ostfrankenreich	**834** Missionserzbistum Hamburg unter Ansgar	**843–876** König Ludwig der Deutsche	**888–899** König Arnulf von Kärnten; endgültiger Zerfall des Karolingerreichs	**900** Einfälle der Ungarn in Bayern	**919–936** König Heinrich I.
Mittel- und Osteuropa	**846** Rastislaw regiert das Großmährische Reich	**863** Kyrillos und Methodios missionieren in Mähren	**893–927** Simeon I. der Große, Zar der Bulgaren	**um 900** Überfälle der Ungarn; Ungarn lassen sich in Pannonien nieder	**921–929** Wenzel I. der Heilige in Böhmen **937** Raubzüge der Ungarn in Frankreich und Italien
Slawen	**862** Herrschaftsbeginn des Warägerfürsten Rurik in Nowgorod	**870** Das Heer Ludwigs des Deutschen besiegt die Mähren	**882** Nowgorod und Kiew unter Oleg zum Kiewer Rus vereinigt	**924** Königreich Kroatien unter Tomislaw I.	**929** Beginn der Unterwerfung der Slawen zwischen Elbe und Oder durch das Reich
Britische Inseln	**867** Die Wikinger lassen sich in York nieder	**871–900** Alfred der Große bekämpft die Wikinger	**885** Rückeroberung Londons		
Wikinger	**845** Die Normannen zerstören Hamburg **850–870** Die Wikinger greifen England an	**859–860** Die Normannen bedrohen das Rhônetal und Norditalien **885** Die Normannen belagern Paris	**874–930** Die Norweger siedeln in Island **896** Dänische Wikinger an der Seinemündung	**904** Geburtsjahr des isländischen Nationalhelden Egil Skallagrimsson	**922** Die Wikinger, Waräger oder Rus an der Wolga: Bericht von Ibn Fadlan; Handel mit Byzanz
Sarazenen **Iberische Halbinsel**	**844** Die Normannen verwüsten die spanische Atlantikküste **850** Die Araber erobern Korsika	**864** Gesandtschaft Karls des Kahlen in Cordoba **870** Die Sarazenen erobern Malta		**um 900** Die Sarazenen setzen sich in der Provence fest; Eroberung Nordafrikas durch die Fatimiden	**929** Gründung des Kalifats von Cordoba **951** Arabische Angriffe auf Leon
Italien	**831** Die Sarazenen erobern Palermo **846** Die Sarazenen brandschatzen Rom		**878** Die Byzantiner räumen Syrakus **888–924** Königreich Italien unter Berengar I.	**902** Eroberung Taorminas durch die Sarazenen; Sizilien in arabischer Hand	**962** Hilferuf Berengars II. an König Otto I.; Otto I. König der Lombarden
Byzanz	**843** Ende des Bilderstreits	**867** Photios, der Patriarch von Konstantinopel, löst die Ostkirche von Rom: Schisma des Photios	**867–886** Basilios I. der Makedone; makedonische Dynastie		**961** Die Byzantiner erobern Kreta zurück

10. Jh. n. Chr.		*11. Jh. n. Chr.*				
996–999 Der Deutsche Bruno wird Papst Gregor V.	**999** Gerbert von Aurillac wird Papst Silvester II.	**1058–1061** Papst Nikolaus II.	**1073–1085** Papst Gregor VII.	**1075** Dictatus Papae	**1077** König Heinrich IV. in Canossa	**1095** Papst Urban II. ruft in Clermont zum Kreuzzug auf
962 Kaiserkrönung Ottos in Rom; Beginn des Heiligen Römischen Reichs Deutscher Nation	**983–1002** Kaiser Otto III. **997** Otto III. macht Rom zur Hauptstadt seines Reichs	**1001** Aufstand in Rom gegen Otto III.	**1014–1024** Kaiser Heinrich II. der Heilige; Höhepunkt des Reichskirchensystems	**1024–1039** Konrad II.; Dynastie der Salier	**1056–1106** König Heinrich IV., seit 1084 Kaiser; Investiturstreit	
	987 Wahl von Hugo Capet zum König von Frankreich; Dynastie der Kapetinger			**1040** Gottesfriede: Fehdeverbot von Donnerstag abend bis Sonntag	**1096** Aufbruch französisch-normannischer Ritter zum Kreuzzug	**1098** Reformkloster von Cîteaux: Zisterzienserorden
936–973 Otto der Große deutscher König; Treueid aller deutschen Herzöge	**968** Erhebung Magdeburgs zum Erzbistum			**1033** Vereinigung des Königreichs Burgund mit dem Reich	**1073** Aufstand der Bürger von Worms gegen ihren Bischof	**1096** Massaker der Kreuzfahrer an den Juden im Rheinland
972 Gründung des Bistums Prag **977–1014** Samuel Zar der Bulgaren	**975** Taufe Stephans von Ungarn **997–1038** Die Ungarn treten zum Katholizismus über	**1003** Polen annektiert Böhmen	**1017** Deutsch-russisches Bündnis gegen Polen	**1041** Böhmen wird Lehen des Heiligen Reichs	**1067** Die Kumanen besiegen das Kiewer Reich	**1076** Die Ungarn unterwerfen Kroatien
966 Taufe Herzog Mieszkos I.; Piastendynastie **988** Taufe Wladimirs I. von Kiew	**990** Polen erobert Schlesien **992–1025** Boleslaw I. Chrobry König von Polen	**1000** Errichtung des Erzbistums Gnesen **seit 1025** Anarchie in Polen	**1040** Kirche der heiligen Sofia in Kiew		**1076–1079** Boleslaw II. König von Polen	
seit 980 Die Dänen fallen in England ein		**1013** Eroberung Englands durch die Dänen	**1016–1035** Knut der Große König von Dänemark und England		**1066** Wilhelm von der Normandie erobert England (Schlacht von Hastings)	
950–986 Harald Blauzahn König von Dänemark	**seit 1000** Christianisierung Skandinaviens	**um 1000** Wikinger unter Leif Eriksson gelangen nach Vinland (Amerika)	**1009** Erste Normanneneinfälle in Italien	**1043** Die Normannen entreißen Unteritalien (Apulien) den Arabern	**1061–1091** Die Normannen erobern das arabisch besetzte Sizilien	
977–1002 Al Mansur herrscht über Spanien		**1031** Ende des Kalifats von Cordoba; Auflösung in islamische Teilreiche; Beginn der Reconquista	**1037** Ferdinand I. der Große gewinnt Leon		**1085** Alfons VI. von Kastilien erobert Toledo	**1094** Zeitweilige Einnahme Valencias durch den Cid
982 Niederlage Kaiser Ottos II. bei Cotrone gegen die Sarazenen		**um 1000** Venedig erlangt Herrschaft über Istrien und Dalmatien **1015** Die Pisaner vertreiben die Sarazenen aus Sardinien	**1037–1038** Kampf Kaiser Konrads II. gegen Aribert v. Mailand; Niederlage gegen die lombardischen Städte	**seit 1061** Die Normannen unter Robert Guiscard erobern Sizilien	**1071** Einnahme Baris: Ende der byzant. Herrschaft in Italien **1090** Lombardischer Städtebund	**1082** Venedig erhält von Byzanz wertvolle Handelsprivilegien; Beginn der venezianischen Levantemacht
	976–1025 Basilios II., der «Bulgarentöter»	**1014–1018** Eroberung Bulgariens durch Basilios II.	**1054** Großes Schisma zwischen Ost- und Westkirche	**1071** Sieg der Türken bei Mantzikert über die Byzantiner;	Errichtung des Sultanats von Ikonion	**1081–1118** Alexios I. Komnenos

166 *Mohammeds Nachtreise als Himmelfahrt, nach der 17. Sure des Korans. Der Prophet ist ohne Gesicht dargestellt. Geleitet vom Erzengel Gabriel, reitet er auf Burak, einem Maulesel mit menschlichem Antlitz. Miniatur aus der Schule von Bagdad, Britisches Museum London.*

Er ließ sich zum «Emir von Spanien» ausrufen und ordnete bald darauf an, das Gebet in seinem Namen zu sprechen. Er wagte es aber nicht, den Titel «Kalif», Nachfolger Mohammeds und Beherrscher der Gläubigen, anzunehmen. Das geschah unter einem anderen Emir erst im Jahr 932. Um Cordoba, die Hauptstadt des Emirats, entwickelte sich ein blühender Staat auf einem kulturellen Niveau, das sich mit dem anderen, östlichen Zentrum der islamischen Welt, Bagdad, messen konnte.

Die Eroberung Siziliens. Im Jahr 800 bildete sich um die heilige Stadt Kairuan in Tunesien ein weiteres Emirat unter Ibrahim Ibn Al Aghlab, dem Begründer der Aghlabiden-Dynastie.

Die Aghlabiden versuchten von Tunesien aus Sizilien zu erobern. Sie landeten 827 im Westen der Insel, erreichten 831 Palermo und standen 843 in Messina. Dann griffen sie Süditalien an und stießen bis nach Kalabrien und sogar bis Mittelitalien vor. Im Jahr 846 landeten sie bei Ostia und plünderten Sankt Peter in Rom. Selbst der Südwesten, Brindisi, Tarent, Bari und Benevent, war in ihren Händen. Gewiß, Bari und Tarent konnten sie nicht lange halten, doch ihr Vormarsch ging ungehindert weiter. Sie fuhren die Adria hoch und plünderten Comacchio nördlich von Ravenna.
Im Jahr 870 nahmen sie die Insel Malta ein und kontrollierten damit die Durchfahrt zwischen dem westlichen und dem östlichen Mittelmeer. Zur gleichen Zeit verwüstete der Emir von Cordoba mit seinem Heer die Küstengebiete der Languedoc und schickte seine Reiterscharen mehrere Male das Rhônetal hinauf. In der Provence bei La Garde-Freinet errichteten seine Krieger einen Stützpunkt.

Der arabische Handel. Für viele christliche Europäer stand fest, daß eine Rückeroberung – eine «Reconquista», wie die Spanier sagen – stattzufinden hatte. Doch die Christen in Spanien und in Süditalien mußten vorerst mit den Sarazenen auskommen. Wie war das Verhältnis zwischen Siegern und Besiegten?
Da gab es zunächst einmal den Handel. Im 9. und 10. Jahrhundert beherrschten die Muslime den europäischen Seehandel und kontrollierten auch die seefahrenden Kaufleute Italiens. Die Herrschaft im Orient gestattete es den Arabern, die Länder um das westliche Mittelmeer mit Waren aus Zentralasien und selbst aus China zu beliefern. Der französische Historiker Marc Bloch und der deutsche Historiker Alfons Dopsch haben nachgewiesen, in welch hohem Maß die Ost-West-Handelsbeziehungen im Mittelmeerraum trotz der Eroberungen der Araber intakt blieben: Die bekannte These des großen Historikers Henri Pirenne, sie seien durch den Islam unterbrochen worden, muß also modifiziert werden. Als Städtegründer gaben sich die Araber selten fanatisch und machten auch wenig Anstalt, die unterworfenen Völker zu bekehren. Wie viele Juden waren die Sarazenen Großhändler und überließen den Christen im allgemeinen den Kleinhandel. Die byzantinische Goldmünze, den Solidus, ersetzten sie durch den Golddinar und den Silberdirham. Sie benutzten kleine Schiffe mit einem Dreieckssegel, auf dem Land trat an die Stelle der Römerstraße die Karawanenpiste. Zwischen den einzelnen Städten entstanden Karawansereien. Die Bauern hingegen

führten ein armseliges Leben, hart an der Grenze zum Ruin, waren sie doch dem Druck der muslimischen Grundbesitzer und der Soldaten ausgesetzt.

Die Bewohner des Kalifats von Cordoba. Das Kalifat von Cordoba hatte um das Jahr 800 etwa 3,5 Millionen Einwohner. Im Jahr 1000 waren es bereits sieben Millionen. Neben den muslimischen Arabern und Berbern, denen als Sieger der Großgrundbesitz gehörte, gab es die Muwallas, die zum Islam übergetretenen Spanier, die Mozaraber, die christlich gebliebenen Spanier, die spanischen Juden, besonders in den Städten, und die Sklaven, meist Schwarze und Slawen.

Die arabische Sprache war die heilige Sprache, auch die Sprache der Literatur, der Poesie und der Wissenschaft. Für den Handel im Mittelmeerraum gab es eine *Lingua franca*, eine Verkehrssprache, die stark mit arabischen Begriffen durchsetzt war. Die Christen behielten indes ihre vom Latein abgeleitete romanische Sprache bei, konnten weiterhin Kirchenversammlungen abhalten und mit den christlichen Königreichen im Norden in Verbindung bleiben.

Zahlreiche Worte aus dem Arabischen sind durch italienische und spanische Vermittlung in die europäischen Sprachen übernommen worden. So zum Beispiel Alkohol, Aprikose, Artischocke, Kalfaktor, Karmesin (Farbstoff), Cotton (Baumwolle), Schach, Elixier, Ziffer, Tarif, Zenit, zero (null). Übrigens benutzten die muslimischen Dichter gern das *Muwaschschah*, in dem sich das Romanische mit der arabischen Literatursprache mischt.

Trotz alledem kam es in Spanien zu keiner Assimilierung. Zwischen Muslimen und Christen herrschte ein dauernder Kampf, mit wechselnden Siegen und Niederlagen.

Die Christen im Norden. Der Nordwesten der Halbinsel – Galicien und Asturien – ist niemals von den Mauren wirklich erobert worden. Andererseits träumte Karl der Große davon, Spanien zu erobern, vor allem nach seinen Siegen in Italien und in Sachsen. Die Mehrung des Reichs war schließlich ein frommes Werk: kämpften doch Christen gegen Ungläubige, die Muslime. Im Jahr 778 scheiterte er jedoch, wie bereits erwähnt. Aber 801 eroberte er Barcelona und Katalonien. Dem König von Galicien und Asturien, Alfons II., gelang es 798 mit Karls Hilfe, Lissabon einzunehmen, das allerdings schnell wieder verlorenging – bis 1135. Doch ein Teil des heutigen Portugal, das Gebiet nördlich des Douro, blieb frei.

Zwischen 950 und 1100 eroberten die

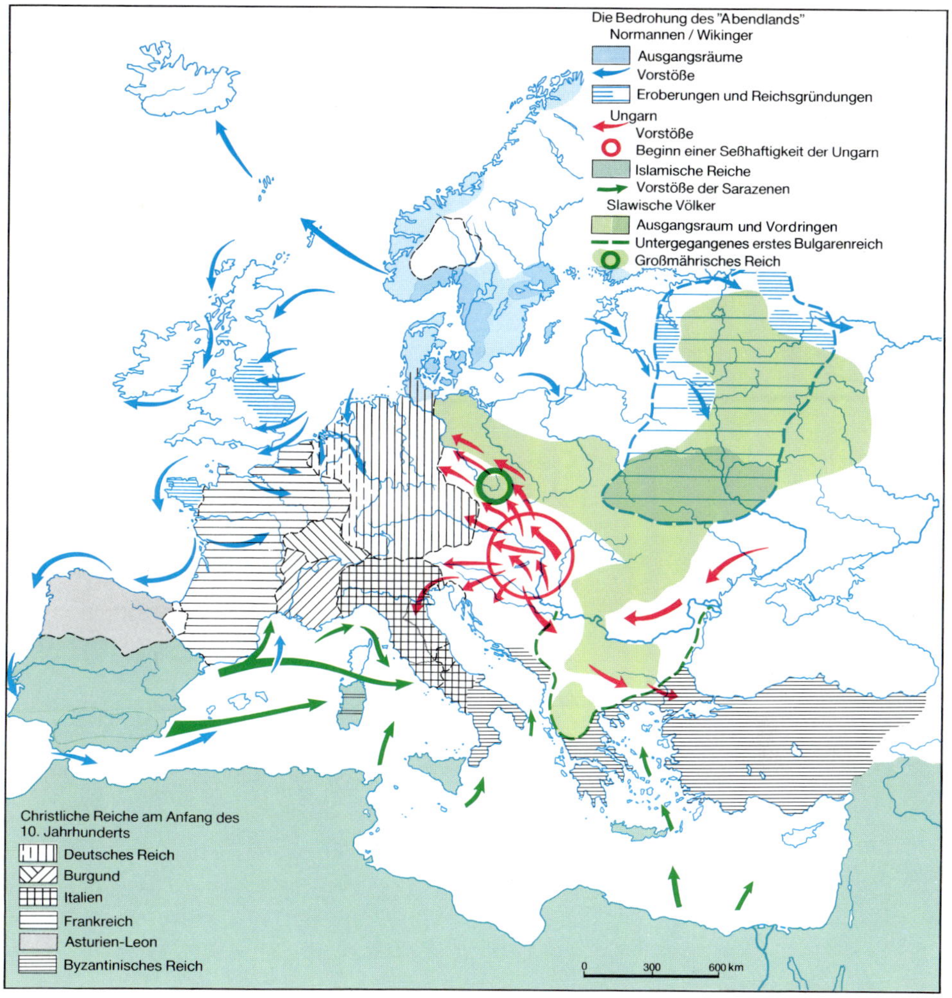

Karte 15: *Bedrohtes Abendland. Drei Invasionen waren im 10. und 11. Jahrhundert für Europa bedeutsam: die der Normannen im Norden und Süden, die der Sarazenen im Süden und die der Ungarn im Osten. Der Angriff der «Steppenvölker» drängte die Slawen nach Westen.*

Christen lediglich Kastilien mit Salamanca zurück. Alfons VI., König von Kastilien, hielt im Jahr 1085 Einzug in Toledo, das von nun an christlich blieb. Die Anfänge der Reconquista wurden vor allem durch zwei afrikanische Dynastien erschwert, die nacheinander in Spanien Fuß faßten: die Almoraviden und die Almohaden.

Nach dem Tod Al Mansurs, des Regenten von Cordoba, im Jahr 1002 befand sich das muslimische Spanien in voller Auflösung. Zur gleichen Zeit wurde der Maghreb von Berberstämmen überwältigt. Der Islam schien verloren.

Die Almoraviden. Rettung kam aus der Sahara: dem Senegal und dem Niger. Dort wurden unter dem Befehl von Abd Allah Ibn Jasin die Berberkrieger in befestigten Klöstern auf den Heiligen Krieg vorbereitet: Sie nannten sich die *Al Murabitun*, die im Kloster Lebenden, die Almoraviden. Zuerst erprobten sie sich im Kampf gegen benachbarte Berberstämme und gegen Schwarzafrikaner: Um 1076 besiegten sie das Königreich Ghana.

Danach richtete sich ihre Expansion nach Norden. Die Almoraviden machten Marrakesch zu ihrer Hauptstadt und eroberten halb Algerien; 1082 nahmen sie Algier ein. Von muslimischen spanischen Fürsten herbeigerufen, überquerten sie die Straße von Gibraltar und einten das muslimische Spanien vom Tajo bis zum Ebro, ohne jedoch das christliche Toledo einnehmen zu können. Zur abenteuerlichen Seite jener Zeit der gepanzerten Ritter gehört der tapfere Kastilier und spanische Nationalheld Rodrigo Díaz de Vivar, genannt el Campeador, der Cid. Er eroberte im Jahr 1094 Valencia zurück. Im Feldlager des Christenheers fanden sich auch Ritter aus Frankreich ein, um den Kastiliern zu helfen.

Bereits nach zwanzig Jahren geriet die Herrschaft der Almoraviden in Spanien ins Wanken. Zu Beginn des 12. Jahrhunderts wurden die Kämpfe gegen die Christen

167

168

besonders in Portugal und Katalonien immer verlustreicher. Der Gegenangriff der französisch-spanischen Ritter war von Erfolg gekrönt: Portugal wurde 1189 völlig befreit. Im 12. Jahrhundert trieben die Heere der christlichen Königreiche die Streitkräfte der Almoraviden mit unwiderstehlichem Elan immer weiter nach Süden zurück.

Die Almohaden. Erneut kam Hilfe aus Afrika, diesmal von Berbern aus den Bergen Marokkos. Ein «Apostel auf dem Weg zurück zu den Wurzeln» war Muhammed Ibn Tumart, der die absolute Einheit Gottes predigte und 1121 verkündete, er sei der verheißene Mahdi, der Erneuerer des Islam am Ende der Zeiten, der einzige Wahrer des Gesetzes und der Überlieferung. *Al Muwahhidun*, die Almohaden, Bekenner der göttlichen Einheit, nannten sich seine Anhänger. Sein Nachfolger Abd Al Mummim bemächtigte sich Marrakeschs, Algeriens und des heutigen Tunesien.
Im Jahr 1145 begann er mit der Eroberung Spaniens. Das almohadische Spanien entwickelte sich zu einem neuen Kalifat neben dem von Bagdad und von Kairo. Die Herrschaft der Almohaden dauerte in Spanien länger als die der Almoraviden. Doch 1212 besiegten die christlichen Heere aus Aragon, Navarra, Kastilien und Leon die Almohaden bei Las Navas de Tolosa. Im Jahr 1236 verlor der Islam für immer die glanzvolle Hauptstadt Cordoba, wo er zahlreiche Monumente hinterließ, darunter eine prächtige Moschee. Nur im Südwesten der Halbinsel hielt sich das kleine muslimische Königreich Granada bis 1492.

Der kulturelle Einfluß der Sarazenen. Die Tatsache, daß der Islam aus dem Osten kam, erklärt viele seiner Beiträge zur europäischen Kultur.
In der Tierzucht zum Beispiel verdanken wir den Sarazenen die «Araber», eine Pferderasse, die aus einer Kreuzung zwischen «Berbern» und «Persern» entstand, und das Merinoschaf. Seine Verbreitung in Spanien führte zur Gründung einer mächtigen Schäfergenossenschaft, der «Mesta».
Auch neue Kulturpflanzen brachten die Sarazenen mit: den Aprikosenbaum, die Artischocke, den Blumenkohl, die Petersilie, die Rübe, den Sellerie, den Fenchel, die Melone, den Kürbis, die Zitrone und die Aubergine. Die Sarazenen kultivierten in Spanien den Anbau von Olivenhainen und Weinbergen, führten den Hartweizen in Süditalien und in Spanien ein, brachten den Reis aus Indien und die Dattelpalme ins Tal des Guadalquivir. Hochentwickelt war auch die Gartenkunst der Muslime. Die weiße Rose von Damaskus galt in ganz Europa als eine Kostbarkeit.
Hinzu kamen Errungenschaften wie zum Beispiel die Herstellung von Seide, die sich dank den Sarazenen in Sizilien und in Spanien ausbreitete; ebenso die Baumwolle und das Papier, eine chinesische Erfindung. Um 800 findet man es in Bagdad, daraufhin bringen es die Sarazenen nach Andalusien und nach Rom, im 14. Jahrhundert trifft man es in Südwestfrankreich. Es bedeutete das Ende des Papyrus und des Pergaments und war die Voraussetzung für das Druckereiwesen.
Fast alle großen West-Ost-Handelsstraßen waren während des gesamten Hochmittelalters in den Händen der Muslime. Dennoch gründeten sie nur einen einzigen Hafen in Spanien: Almeria.

Die Wikinger

Die Herkunft. Dänemark und der südliche Teil der skandinavischen Halbinsel wurden in den ersten sechs Jahrhunderten n. Chr. von germanischen Völkerschaften besiedelt. Sie wagten sich mit Ruderschiffen aufs Meer und unterhielten mit der römischen Welt vielfältige Handelsbeziehungen. So kauften sie Amphoren und Gegenstände aus Bronze, Glas oder Silber und verkauften im Gegenzug unter anderem Pelze und Bernstein. In zahlreichen Grabstätten in Dänemark hat man römisches Geschirr gefunden.
Diese Völker fielen nun, wie bekannt, auf dem Kontinent ein: die Friesen, die Burgunder (von der Insel Bornholm), die Wandalen (aus Vendsyssel in Nordjütland), die Goten und die Langobarden (aus Gotland, Göteborg in Schweden). Im 5. Jahrhundert setzten die Angeln, Jüten und Sachsen auf die Britischen Inseln über. Einige dieser skandinavischen Krieger dienten in den römischen Legionen und brachten in ihre Heimat Geld und Gegenstände aus Gold.
Der Vorstoß slawischer Völkerschaften nach Westen unterbrach für eine gewisse Zeit den Handel zwischen Skandinavien und dem Süden, vor allem auf Oder und Elbe. Ein ganzes Jahrhundert lang hielten nur friesische und jüdische Kaufleute den Warenaustausch aufrecht, dessen Zentrum in Dorestad lag, östlich von Utrecht am Alten Rhein, der heute versandet ist. Es

Arabische Architektur in Europa: **167** *der Löwenhof der Alhambra, der «roten Burg» von Granada, 12. bis 14. Jahrhundert; zwölf Löwen aus schwarzem Marmor tragen die Alabasterschale des Springbrunnens.* **168** *Der Innenhof der Omaijaden-Moschee von Cordoba (789-990), dem Mekka des Westens. – Wikingerschiffe:* **169** *Wikingerschiff mit Segel auf einem Runenstein auf Gotland in Schweden, um 770.* **170** *Detail des Oseberg-Schiffs mit reicher Bandornamentik. Fund aus dem Bootsgrab am Oslofjord, Mitte 9. Jahrhundert.*

169

170

gibt zum Beispiel ein Bild des heiligen Bonifatius, wie er in London ein friesisches Schiff besteigt, seine Überfahrt aufs Festland bezahlt und in Dorestad an Land geht (716). Nach Norden erstreckte sich der friesische Handel bis nach Jütland.

Zwischen 650 und 800 n. Chr. tauchten dann die Wikinger auf. Es handelte sich dabei zuerst um Svear, die Gründer des künftigen Schweden, nahe dem alten Uppsala und im Gebiet um den Mälarsee. In Dänemark und Norwegen gab es bereits kleine Königreiche. Im Schiffbau entwikkelten die Skandinavier zu Beginn des 9. Jahrhunderts zwei Typen: ein robustes Segellastschiff, das hochseetüchtig war, und ein leichter gebautes Kriegsschiff, das in der Regel gerudert wurde, mit dem aber auch gesegelt werden konnte. Mit diesen Schiffen begaben sich die Skandinavier immer häufiger auf «Wikingfahrt», zunächst vor allem zu den Britischen Inseln. Bei Ausgrabungen in Skandinavien fand man neben Lanzenspitzen und Schmuckkästen auch Kunstgegenstände aller Art, die aus England stammen.

Der Überfall auf Lindisfarne. Diese Seefahrervölker, die mehr längs der Flüsse als an der Ostseeküste siedelten, beherrschten bald die dänischen Meerengen. Während Karl der Große gegen die Sachsen kämpfte und sich dabei wahrscheinlich der Slawen als Bundesgenossen bediente, unternahmen die Wikinger ihre ersten großen Raubzüge.

Am 8. Juni 793 sahen die Mönche des Klosters Lindisfarne, an der Grenze zwischen England und Schottland, wie sich fremde Schiffe mit riesigen Drachenköpfen am Bug der Küste näherten. Ihre Besatzungen stürzten an Land, brachten die Mönche um, zerbrachen die Kreuze, bemächtigten sich aller Schätze, töteten das Vieh und brachten das Fleisch an Bord. Dann legten sie Feuer an alles, was noch übriggeblieben war, und verschwanden wieder.

Nichts konnte die Überfälle der Wikinger oder Nordmänner eindämmen. Mit ihren Drachenschiffen hatten sie in ganz Westeuropa bald einen schrecklichen Ruf; denn die Berichte über ihre Raubzüge wurden von ihren Gegnern verfaßt. Raubzug und Handel wechselten einander ab.

Der Einfluß der Wikinger. Der Begriff *Viking* kommt von *vik* oder *vic*, wie er uns in Narvik, Schleswig oder Lundenwic (London) begegnet. In Westeuropa gibt es 870 Ortsnamen, die auf *vik* enden. *Vik* und «weichen» hängen zusammen. Gemeint ist damit ein Ort, an den man sich zurückzieht, aber auch, wo die Erde ihren Platz dem Wasser überläßt. Besucht man dreißig Kilometer östlich von Stockholm die Insel Björkö im Mälarsee, so findet man dort die Reste einer regelrechten Stadt – Birka – von 12 Hektar Fläche und einen Friedhof, auf dem man bereits 2000 Gräber gesichert hat, einfache kleine Grabhügel dicht über dem Erdboden. Ähnliche Stadtsiedlungen hat man auch andernorts gefunden, so zum Beispiel Haithabu bei Schleswig.

Der Einfluß der Wikinger auf Westeuropa ist viel größer, als man es bislang glauben wollte. Ohne Kompaß und Steuerruder gelangten diese kühnen Seefahrer nach Island, Grönland und zu den Färöer-Inseln, ja sogar an die Ostküste Nordamerikas.

Die Svear oder Schweden. Die Svear ließen sich an den Küsten der Ostsee nieder, wo sie ihre Handelsstützpunkte vermehrten. Danach drangen sie auf den Flüssen bis nach Rußland vor. Mit Hilfe von Trägern brachten sie ihre Schiffe sogar auf die Zuflüsse zum Schwarzen Meer und gelangten so nach Byzanz und in die muslimischen Länder des Nahen Ostens. Der Gesandte Ibn Fadlan – er wurde 922 vom Kalifen von Bagdad nach Bolgar an der Wolga gesandt – hat von den Wikingern, den Rus, eine Beschreibung hinterlassen: «Niemals in meinem Leben habe ich solch stattliche Menschen gesehen. Sie sind so groß wie Palmen, haben blonde Haare und eine ganz helle Haut. Sie tragen weder Hemden noch Mäntel mit Ärmeln. Die Männer sind mit einem Umhang bekleidet, den sie so über die Schultern werfen, daß sie eine Hand frei haben. Jeder Mann trägt ein Beil, einen Dolch und ein Schwert. Man sieht sie nie ohne diese Waffen. Ihre Frauen tragen Ketten in solcher Zahl, als besäße der Ehemann 10 000 Dirhem.»

Die Wikinger handelten mit Rauchwaren – mit Zobel-, Hermelin-, Marder-, Fuchs- und Biberfellen – sowie mit Bernstein, Bienenwachs, Honig, Schwertern, Harnischen und vor allem Sklaven. Nach Schweden wiederum brachten sie Gegenstände aus Bronze, Vasen aus feinem Glas, Schalen aus Silber und vor allem Seide, die in Byzanz erstanden wurde. Bei diesem Warenaustausch spielten die arabischen Münzen eine gewichtige Rolle. Allein auf der Insel Gotland in der Ostsee hat man 40 000 arabische Silberstücke gefunden, im übrigen Schweden und in Dänemark noch einmal 17 000. Gold besaß gegenüber dem Silber nur eine untergeordnete Bedeutung: In Afghanistan gab es Silberminen. Sehr rasch wurde jedoch das arabische Geld durch europäische Münzen ersetzt. In Norwegen, das mit dem Westen Handel trieb, fand man übrigens 400 dieser arabischen Silbermünzen.

Die Norweger und der Atlantik. Die großen Expeditionen nach Westen gingen in der Hauptsache von Norwegen aus. Im

Norden gelangten die Norweger bis nach Narvik, das der Golfstrom weitgehend eisfrei hält. Sie trafen dort auf die Lappen oder Samen, in deren Land selbst im Sommer der Schnee nicht schmilzt. Die Lappen aßen rohes Fleisch, kleideten sich in Tierfelle und züchteten Rentiere. Aber die Bewohner Lapplands waren vor dem 12. und 13. Jahrhundert kaum am europäischen Handel beteiligt. Ein gewisser Ottar, ein Bauer aus Nordnorwegen, segelte am Ende des 9. Jahrhunderts bis zum Nordkap und – weiter als die Walfänger – bis ins Weiße Meer.

Das große Abenteuer der norwegischen Wikinger war jedoch die Fahrt nach Westen. Sie gelangten zuerst zu den Shetland-Inseln, wo sie einen Stützpunkt für ihre weiteren Seefahrten errichteten. Von hier ging es zu den Färöer- oder «Schafsinseln», wo bereits irische Eremiten lebten und Schafe züchteten. Im 9. Jahrhundert waren die Färöer der bestausgebaute Stützpunkt der Wikinger.

Amerika. Den Wikingern gebührt der Ruhm, als erste den amerikanischen Kontinent erreicht zu haben. Es war wohl dem Zufall von Stürmen zuzuschreiben, daß der Schwede Gardar Svarvarsson, der sich in Dänemark niedergelassen und eine Norwegerin geheiratete hatte, in eine Westdrift geriet und bereits gegen Ende des 8. Jahrhunderts die Existenz einer großen Insel feststellte. Mehrere Seefahrer aus Norwegen folgten ihm dorthin und nannten sie Thule, später Island – die Insel des Eises. Um 874 siedelten sich dort die ersten Norweger an und gründeten Reykjavik. Sie waren nach Island gekommen, weil sie nicht Untertanen Harald Schönhaars sein wollten, der um diese Zeit ganz Norwegen zu einem Königreich vereinte. Gegen 930 zählte man auf Island bereits 16000 bis 20000 Menschen. Islands Nationalheld Egil Skallagrimsson wurde dort um 910 geboren. Eine altnordische Saga erzählt uns seine Geschichte als Seefahrer und Krieger, als er noch in den Diensten des Königs von England stand. Auf Island, weit vom europäischen Kontinent entfernt, entstand das Thingvellir, wenn man will, das erste Parlament Europas.

Am Ende des 10. Jahrhunderts gelangte ein anderer isländischer Abenteurer, Erik der Rote, zum ersten Mal nach Grönland. Er gab der Insel den Namen «Grünes Land» und begann mit der Erkundung seiner Fjorde. Im Jahr 986 landeten 25 Schiffe an der Südwestküste Grönlands. Sie hatten etwa 500 Menschen an Bord, Männer, Frauen und Kinder, dazu Vieh, Pferde, Holz und nützliche Gerätschaften. Bald lebten 3000 Menschen auf der Insel. Von

171

172

173

171 *Handel zur Wikingerzeit: der Schatz von Varby am Malärsee in Schweden, um 940. Die Beschläge, ein Teil der Anhänger und die Münzimitationen sind orientalische Arbeiten. Die große runde Spange gehörte zu einer Frauentracht und ist nordischer Herkunft.* **172** *Die Wikinger in England: Steinkreuz mit einem dänischen Landbesitzer in Kriegsausrüstung, Middletown/Yorkshire, 10. Jahrhundert.* **173** *Kirchenruine einer Wikingersiedlung in Hualsey auf Grönland.* **174** *Die Normannen erobern England, 1066: die Fahrt über den Kanal auf dem Wandteppich von Bayeux, 1077.*

Oktober bis Mai jeden Jahres waren sie aufgrund des rauhen Klimas vom Rest der Welt völlig abgeschnitten.
Ein junger mutiger Mann, Bjarne Herjulfsson, machte sich allein nach Grönland auf, passierte es zu weit im Süden und sah sich eines Tages bewaldeten Hügeln gegenüber: Er war in Amerika gelandet, an der Küste von Labrador, fünfhundert Jahre vor Christoph Kolumbus!
Nach ihm segelte Leif Eriksson, der Sohn Eriks des Roten, von Grönland aus nach Westen an Labrador vorbei und erreichte das «Vinland» mit seinen angeblichen Weinbergen, Wäldern und Lachsen. Der Tau sei dort so süß wie Honig, berichtete Leif Eriksson. Er war wohl ein wenig prahlerisch. Man vermutet, daß die Wikinger etwa bis zum 41. Längengrad gekommen sind. Thorwald, ein Bruder Leifs, kehrte von dort im Jahr 1004 zurück. Der Versuch einer Kolonisierung scheiterte 1020 am Widerstand der Einheimischen.
In Grönland jedoch hatte die Ansiedlung der Wikinger zunächst Erfolg. Es entstanden ein Bistum, sechzehn Kirchen und zwei Klöster. Einem Angriff der Eskimos konnten die isolierten Siedler jedoch nicht standhalten, und ihre Kolonie wurde zerstört.

Die Wikinger in Nordwesteuropa. Historisch bedeutsamer waren die Eroberungszüge der Wikinger in Europa.
Die Norweger wandten sich zunächst gegen Irland, dann gegen Nord- und Westschottland. Die Dänen bevorzugten die Küsten von Friesland, Holland, Seeland und Südengland. Diese Länder besaßen noch keine Flotte, mit der sie sich hätten wehren können. Da die Drachenboote der Wikinger nur einen Meter Tiefgang hatten, waren sie auch in der Lage, die Flüsse hinaufzufahren. Immer häufiger wagten sie sich auf den Atlantik. Im Jahr 820 erreichten sie die Seinemündung und fast gleichzeitig die Mündung der Loire und fuhren die Flüsse hinauf wie bereits zuvor die Schelde und den Rhein. Während die Norweger zwischen 830 und 840 fast ganz Irland in Besitz nahmen, machten die Dänen blutige Raubzüge in Friesland und Holland. Sie ließen sich in Duurstede (heute Dorestad) nieder und blieben dort bis 885.
In den Jahren 840 und 841 eroberten sie Essex, Kent, Hampshire und Dorset, nahmen gleichzeitig Rouen und die ganze Pikardie ein und plünderten Nantes. Im Jahr 844 fuhren sie die Garonne hinauf, segelten an der Küste Spaniens und Portugals entlang und drangen auf dem Guadalquivir bis nach Sevilla vor. Am 29. März 845 plünderten sie Paris, 848 verwüsteten sie Bordeaux und 849 Périgueux.

Raubzüge im Mittelmeergebiet. Von 850 an begannen die Nordmänner sich in dem Land niederzulassen, dem sie ihren Namen gegeben haben: in der Normandie. Karl der Kahle versuchte, ihren Abzug zu erhandeln, indem er ihnen einen erheblichen Tribut entrichtete. Von 859 bis 861 segelten sie nach Süden, durch die Straße von Gibraltar, kreuzten vor dem Roussillon auf, überwinterten in der Camargue und plünderten von dort aus die Städte Avignon, Arles und Nîmes. In Italien brandschatzten sie Pisa und die Toskana. Dann kehrten sie wieder auf den Atlantik zurück, fuhren, an Land von Berittenen unterstützt, die Flüsse hinauf und plünderten 872/73 zahlreiche Städte, darunter Poitiers, Limoges, Clermont-Ferrand und Angers.

Die Dänen in England. Die Dänen spielten in der Geschichte Englands eine bedeutsame Rolle. In der zweiten Hälfte des 9. Jahrhunderts zogen sie aus der Zerstückelung des Landes in kleine Königreiche Nutzen und machten Eroberungen, die allerdings von relativ kurzer Dauer waren. Einzig und allein Alfred dem Großen, dem König von Wessex (871-900), gelang es, sie aufzuhalten. Das hinderte die Dänen aber nicht daran, in die Flußmündung von Humber und Trent einzudringen und 874 das Königreich Mercien zu erobern. Zugleich führten sie den Kampf gegen Alfred fort. Der kluge und gebildete König schloß mit Guthrum, dem Heerführer der Dänen, der sich taufen ließ, den Frieden von Wedmore. Neben den angelsächsischen Königreichen im Südosten gab es nun ein dänisches Gebiet im Nordosten der Insel.

Das kurzlebige Dänenreich. Dank König Alfred und seinen Nachfolgern konnten die Dänen im Lauf des 10. Jahrhunderts zurückgedrängt werden. Aber im Jahr 980 setzten sie wieder zum Gegenangriff an. Harald Blauzahn, der Christ geworden war, hatte Dänemark unter seiner Herrschaft geeint. Die Dänen eroberten Südostengland zurück und schließlich ganz England mit London. Dies geschah unter Knut II. dem Großen, einem Enkel Harald Blauzahns. Als er sich in seinem ganzen Königreich anerkannt fühlte, er-

174

oberte er 1028 Norwegen. So entstand in seiner Regierungszeit ein großes dänisches Reich, das England und Norwegen umfaßte, aber auch Island und Grönland. Geschickt nutzte Knut die Hilfe des Klerus, ließ überall im Land Kirchen und Klöster errichten und pilgerte sogar nach Rom. Auch förderte er Heiraten zwischen dem dänischen und dem englischen Adel. Er starb im Jahr 1035. Sein Sohn Knut III. versuchte, England zu halten. Doch nach seinem Tod 1042 endete die dänische Herrschaft auf der Insel.

Wilhelm der Eroberer. Und doch bedeutete dieser Rückzug nicht das Ende der Wikingermacht auf der großen Insel. Denn im Jahr 1066, einem berühmten Datum in der Geschichte Englands, schlug der Herzog der Normandie, Wilhelm der Eroberer, den letzten sächsischen König von England, Harald II., bei Hastings und gründete die normannische Dynastie.
Die Normannen waren Wikinger, die sich Zug um Zug die heutige Normandie angeeignet hatten und als Rückzugsgebiet die Niederlande benutzten. Sie profitierten vor allem von den Kämpfen innerhalb der Karolingerdynastie, zwischen Karl dem Einfältigen, einem Nachkommen Karls des Großen, und dem gewählten König Odo, einem Vorfahren von Hugo Capet, der 987 die Dynastie der Kapetinger gründete. Karl merkte recht früh, daß die Nordmänner immer zahlreicher an den Küsten des Kanals auftauchten. Im Jahr 911 erhielt der Wikingerfürst Rollo von Karl dem Einfältigen das Herzogtum der Normandie als fränkisches Lehen. Rollo, ein Riese von Gestalt, den angeblich kein Pferd tragen konnte, ließ sich taufen und heiratete Gisela, eine Tochter des Königs von Frankreich. Wilhelm der Bastard oder der Eroberer war ein Abkömmling Rollos. Auf dem berühmten Wandteppich von Bayeux ist in vielen, oft humorvollen Details die Eroberung Englands durch die Normannen zu sehen. Die Wikingerzeit freilich war zu diesem Zeitpunkt längst Vergangenheit. Die normannischen Edelleute, die mit Wilhelm dem Eroberer nach England zogen, sprachen französisch.

Die Normannen auf Sizilien. Französisch war auch das normannische Königreich, das zwischen 1058 und 1090 auf Sizilien entstand. Tankred von Hauteville schickte acht seiner zwölf Söhne nach Sizilien, unter ihnen Robert Guiscard und Roger, die Gründer der dortigen Dynastie. Die Mittelmeerinsel, die von Karthagern, Griechen, Römern, Wandalen, Byzantinern und Arabern geprägt war, geriet nun unter den Einfluß der Normannen. Im 13. Jahrhundert kam aus Sizilien ein großer Europäer: der Stauferkaiser Friedrich II.

175

176

177

Kulturelle Einflüsse. Den Wikingern verdanken wir Fortschritte im Schiffbau und in der Seefahrt, schöne Schwerter und Eisenwaffen sowie Kunstgegenstände und Möbelstücke von beachtlicher Qualität. Die Wikinger waren ausgezeichnete Verzierungskünstler – man denke etwa nur an den Bug ihrer Schiffe. Aber weder ihre Grabstätten noch ihre Architektur konnten sich mit der Baukunst in den von ihnen besetzten Ländern messen. Dafür besaßen sie eine reiche Literatur in Gestalt der Sagas. Ihre eigene Schrift, die Runen, wurde für Inschriften auf «Runensteinen» benutzt, wie zum Beispiel auf der Insel Man, aber auch auf Runenstäbchen, den *runakéfli,* für Mitteilungen im Alltag.

Das Prinzip der Gleichheit. In der Politik jedoch verwirklichten die Wikinger ihre eigenen Vorstellungen von Freiheit und praktizierten vor allem das Prinzip der Gleichheit. Nur der, den sie gewählt hatten, konnte ihr Anführer sein. Als Karl der Einfältige mit ihnen verhandeln wollte, fragte er sie nach ihrem Herrscher. «Wir haben keinen Herrscher. Wir sind alle gleich,» lautete die Antwort. Dann schickten sie Rollo, der ihr wirklicher Souverän war. In der Normandie waren die Menschen auf dem Land so frei wie in einer nordischen Stadt und unabhängig vom Feudalsystem, wie es im übrigen Frankenreich herrschte. Ihre allmähliche Bekehrung zum Christentum, von der noch die Rede sein wird, bestärkte diese Haltung.

Von den Wikingern zur Hanse. Der Niedergang der Wikinger begann in Nordeuropa. Während sie sich noch in der Normandie, in England und auf Sizilien Stützpunkte sicherten, wurde ihr Ostseehandel durch wendische Piraten empfindlich gestört. Der Anfang vom Ende des Wikingertums war jedoch die Gründung der Kaufmannssiedlung Lübeck im Jahr 1143, des späteren Zentrums der deutschen Hanse. Diese Gemeinschaft von Kaufleuten verfügte über große Handelsschiffe, die Koggen. Sie waren für den Krieg weniger geeignet, dafür aber dank ihrem Tiefgang und ihrer Stabilität äußerst seetüchtig. Die Koggen besaßen vor allem ein völlig neues Segel, die Fock, und einen Mast am Bug, den Bugspriet. Die Lastschiffe der Wi-

178

179

175 *Die Normannen auf Sizilien: der Krönungsmantel König Rogers II. (1095-1154). Goldstickerei auf roter Seide, belegt mit Perlen und Edelsteinen, arabische Arbeit.* **176** *Ein Goldbrakteat aus Schweden, 6. Jahrhundert. Im Mittelfeld der Götterkönig Odin auf seinem achtfüßigen Hengst Sleipnir.* **177** *Freyr, der Gott des Lichts und der Fruchtbarkeit. Bronzestatuette aus Rällinge in Schweden. – Die Bekehrung der Dänen zum Christentum:* **178** *Christus-Darstellung auf dem Haraldstein von Jelling, um 980.* **179** *Die Taufe des Dänenkönigs Harald Blauzahn (940-980). Goldplakette, Nationalmuseum Kopenhagen.*

kingerzeit mit ihrer geringen Lademöglichkeit konnten da nicht mehr mithalten.

Die allmähliche Bekehrung der Wikinger. Im Unterschied etwa zu den Slawen haben die Völker des Nordens, die Schweden, Norweger und Dänen, einen großen Einfluß auf das übrige Europa ausgeübt, ehe sie sich zum Christentum bekannten. Wirklich integriert in die europäische Völkergemeinschaft wurden sie aber erst nach ihrer Bekehrung.
Dänemark war allein schon wegen seiner geographischen Lage für die christliche Mission zugänglicher als die übrigen Länder des Nordens. Im Jahr 822 wurde Ebbo, der Erzbischof von Reims, von Papst und Kaiser mit der Missionierung des Landes beauftragt. Das einzige Ergebnis von Ebbos Bemühungen waren einige Taufen, darunter die des Thronanwärters Harald. Ein ständiger Vertreter der Kirche, so Ebbos Vorstellung, sollte fortan in Dänemark residieren. Die Wahl fiel auf Ansgar, einen ehemaligen Mönch aus dem Kloster Corbie in der Pikardie und Lehrer an der Klosterschule von Corvey, dem «neuen Corbie» in Sachsen. Ansgar, der «Apostel des Nordens», war ein von Glaubenseifer beseelter Mann und nahm den Auftrag mit Begeisterung an. Sein erster Aufenthalt bei den Dänen war allerdings nur kurz. Als er jedoch nach Worms zurückkehrte, wo Ludwig der Fromme Hof hielt, traf er dort Gesandte des schwedischen Königs Björn. Ansgar folgte der Bitte, sich nach Schweden zu begeben, wo er auch bald in Birka eintraf. Dort nahm er einige Taufen vor. Zur Sicherung seiner Mission gründete man für Ansgar das Erzbistum Hamburg. Nun konnte er eine Reihe von Diözesen errichten – doch gab es noch zu wenige Christen. Die hochgesteckten Erwartungen erfüllten sich nicht. Der Einfluß des Frankenreichs begann zu schwinden, die Wikinger verwüsteten immer mehr die Küstenregionen Nordeuropas. Hamburg wurde 845 gebrandschatzt, woraufhin der Bischof seinen Sitz nach Bremen verlegte. Als Ansgar 865 in Bremen starb, war das Christentum in Dänemark und in Schweden eine Religion der Fremden geblieben. Das vereinigte Erzbistum Hamburg-Bremen besaß zu diesem Zeitpunkt keinen einzigen Diözesanbischof. Statt ein Zentrum für die Skandinavienmission zu sein, erschien das Erzbistum wie der bedrohte Außenposten der Christenheit.
Da wagte es Unni (917-936), der Erzbischof von Hamburg-Bremen, an den Hof König Gorms von Dänemark zu reisen, des Feinds und Verfolgers der Christen. Nachdem Unni in Schleswig missioniert hatte, erhielt er von Harald Blauzahn, Gorms Sohn, und von der Königin, die bereits Christin war, das Recht, auch in Dänemark den christlichen Glauben zu verbreiten. Der deutsche Chronist und Domscholaster Adam von Bremen schrieb dazu um 1072 in seiner Geschichte des Bistums Hamburg-Bremen: «Von Harald geschützt, konnte Unni das ganze festländische Dänemark und selbst die Inseln durchwandern, wobei er den Heiden den Glauben predigte und die christlichen Gefangenen, die es dort gab, in ihrem Glauben an Christus bestärkte. Dann fuhr er auf den Spuren Ansgars, des großen Apostels, über die Ostsee und gelangte nicht ohne Schwierigkeiten nach Schweden in die Handelsstadt Birka, wo seit Rimbert kein christlicher Priester mehr hingekommen war.» Unni starb dort im Jahr 936.
Harald Blauzahn, der seinem Vater Gorm im Jahr 950 folgte, ließ sich mit seiner Frau und seinem Sohn Sven taufen. Der Erzbischof von Hamburg-Bremen, Adalag, der sein Amt fünfzig Jahre lang ausübte und 988 starb, wußte diese Situation zu nutzen. Er errichtete Diözesen nicht nur in Dänemark, sondern auch in Norwegen, wo König Haakon eine Volksabstimmung über die Annahme oder die Ablehnung des Christentums abzuhalten gedachte. Harald starb im Jahr 987.
Nachfolger Haralds wurde sein bereits getaufter Sohn Sven Gabelbart. Während seiner Herrschaft, die bis 1014 dauerte, kam es zu Christenverfolgungen und ständigen Kriegszügen, wobei Sven versuchte, aus allen Ländern des Nordens einschließlich Englands ein großes Reich zu bilden. Im Jahr 1013 nahm er London ein und starb ein Jahr später, nachdem er eine vorsichtige Rückkehr zum Christentum eingeleitet hatte.
Der Weg für einen Sieg des Christentums war damit frei. In Norwegen, das für kurze Zeit wieder einmal unabhängig geworden war, regierte König Olaf der Heilige. Von Trondheim aus bekämpfte er die heidnischen Wahrsager und Magier, die großen Einfluß auf die skandinavische Kultur hatten. Olaf war ein zuverlässiger Freund des deutschen Erzbistums Hamburg-Bremen.
Den Durchbruch schaffte jedoch Svens Sohn, der berühmte Knut, der im 11. Jahrhundert Dänemark, Schweden, Norwegen und England zu einem einzigen Reich vereinte. Dieses Reich wurde nun christlich. Wie Karl dem Großen fehlte es auch Knut häufig an christlicher Moral. Aber er war gläubig und unternahm sogar von 1026 bis 1028 eine Pilgerfahrt nach Rom, «um für die Vergebung meiner Sünden und für das Heil der Königreiche und Völker zu beten, die mir untertan sind». Mit Umsicht bemühte sich Knut um den Aufbau einer kirchlichen Hierarchie und um die Erneuerung des Glaubens. Unter seiner Herrschaft verschwand das Heidentum aus dieser Weltgegend, mit Ausnahme des volkstümlichen Aberglaubens.
Das Wesentliche an diesem dritten Anlauf

zur Christianisierung des europäischen Nordens unter König Knut, der 1035 starb, war der Bruch mit dem Erzbistum Hamburg-Bremen. Von nun an war nicht mehr die deutsche Kirche der Patron der Christen in Skandinavien, sondern die englische. Sie schickte Mönche, Priester und Bischöfe aus England, Irland und Schottland in den Norden. Dem Bruch mit Hamburg-Bremen gingen harte Auseinandersetzungen voraus. In Hamburg hatte man an ein «nordisches Patriarchat» gedacht, das allerdings nicht den Traditionen der römischen Kirche entsprochen hätte. Es war viel einfacher, die Kirchen in Skandinavien in das englische System einzubeziehen, um so mehr, als siebenunddreißig Jahre nach der Herrschaft König Knuts die Normannen England eroberten und dort die Herrschaft übernahmen.

Die Slawen

Die slawischen Völker haben in der Geschichte Europas eine beträchtliche Rolle gespielt. Noch heute sprechen außer den Russen, Weißrussen und den Ukrainern viele Millionen Menschen in Europa slawische Sprachen: Polen, Tschechen, Slowaken, Slowenen, Kroaten, Serben und Bulgaren.

Die Herkunft. Um das 4. Jahrhundert n. Chr. erstreckte sich das Kernland der Slawen im Umkreis des Quellgebiets der Weichsel, des Dnjeprs und des Pripjets. Vermutlich waren sie dort schon seit Jahrhunderten ansässig. Die Urnenfelderkultur der Bronzezeit ist kennzeichnend für die Grabstätten dieser Slawen, die mit den Germanen und Kelten im Westen in Kontakt standen. Alles weitere geschah nun unter dem Druck der Invasionen aus dem Osten. Von Asien her drangen Mongolen und Turkvölker immer wieder nach Westen vor. Die Slawen scheinen von diesen Eindringlingen teilweise überrannt worden zu sein. Doch die Reiche der Awaren, Bulgaren, Chasaren, Petschenegen, Kumanen, Mongolen und, im 17. Jahrhundert, der Kalmücken verschwanden nacheinander, wie sie entstanden waren. Einzig und allein die Ungarn ließen sich auf Dauer in Pannonien nieder. Die Slawen selbst aber blieben immer in ihrem ursprünglichen Gebiet.

Die Awaren. Seit 558 gewannen die Awaren in Europa an Bedeutung. Sie erreichten 561 die Donau. Sechs Jahre später schlugen sie im Bündnis mit den Langobarden die Byzantiner. Salona (heute Solin, bei Split), wo Kaiser Diokletian gelebt hatte, wurde 600 von den Slawen belagert und 614 von den Awaren zerstört. Auch Sirmium, heute Mitrowitz, die Hauptstadt von Pannonien, wo Kaiser Marc Aurel starb, fiel in ihre Gewalt. Seit 822 hörte man dann nichts mehr von den Awaren.

Die Bulgaren. Die Bulgaren werden zum ersten Mal im Jahr 482 als Bewohner der Ukraine erwähnt. Sie sind mit den Türken verwandt. Durch ihre slawischen Hilfstruppen wurden sie im Lauf der Zeit eines der südslawischen Völker mit einer slawischen Sprache. Im Jahr 680 überschritten sie die Donau und eroberten Mösien, das heutige Nordbulgarien. Pliska wurde die Hauptstadt ihres ersten Königreichs.

Die Chasaren. Die Chasaren siedelten im Gebiet zwischen Ural, Wolga und Don und verschwanden im 10. Jahrhundert. Im Jahr 679 unterwarfen sie das Bulgarenreich. Die Petschenegen um 860 und das aufkommende Kiewer Reich im 10. Jahrhundert beendeten schließlich die Herrschaft der Chasaren in diesem Gebiet. Im 8. Jahrhundert hatte das Chasarenreich, das sich durch ein hohes Maß an religiöser Toleranz auszeichnete, seine Blütezeit. Einige seiner Fürsten waren zum Judentum übergetreten. Von den Chasaren gilt, was Lucien Musset angemerkt hat: «In unseren Quellen finden wir eher die Geschichte von Völkernamen als die Geschichte von Menschen. Die Menschen aber bleiben häufig, bis sich das Glück wendet, und finden sich dann bald in einem anderen Milieu wieder. Mehrere Reiche, die uns sehr verschieden vorkommen, weil wir nur ihre herrschenden Kreise kennen, können sich so nacheinander auf gleiche ethnische Gruppierungen stützen. Das sprachliche Etikett darf also nicht überbewertet werden. Denn viele nur kurzlebige Staatengebilde sind mehrsprachig, und der Name eines Volkes besteht oft noch fort, wenn es sich bis in die Sprache hinein völlig verändert hat – so wurden zum Beispiel aus den Bulgaren, einem Turkvolk, am Ende Slawen.»

Die Slawen. Die Slawen waren ausgezeichnete Fußsoldaten, die Awaren und andere Steppenvölker hingegen hervorragende Reiter. Die Verbindung beider Kampfarten bei den Slawen erklärt die Niederlagen der Byzantiner, aber auch der germanischen Völker. Der Kampf zwischen Slawen und Germanen erreichte vom 8. bis 10. Jahrhundert seinen Höhepunkt.
Zur Zeit Karls des Großen und seiner ersten Nachfolger können die Slawen in drei große Gruppen eingeteilt werden: Die

180

Ostslawen hatten über Schweden und Byzanz Kontakt zu Westeuropa. Sie lebten in Steppen und Wäldern, wo sie allen Invasionen aus Asien standhielten.
Zu den Westslawen zählen die Obotriten und die Wilzen am Ostufer der Niederelbe, den Sachsen und Franken am Westufer direkt gegenüber; etwas weiter im Süden siedelten an beiden Ufern der Elbe die Sorben und die Wenden, und noch weiter im Süden die Mähren, Tschechen und Slowaken.
Die Südslawen – Serben, Kroaten und Slowenen – zogen die Donau hinauf in das Gebiet des heutigen Jugoslawien (Südslawien), zur gleichen Zeit, als die Venezianer, die 1008 die byzantinische Oberherrschaft endgültig abschüttelten, sich an der dalmatinischen Küste niederließen.

Die slawischen Marken. Die Spuren slawischen Einflusses auf das damalige Westeuropa sind kaum wahrnehmbar. Erst nach ihrer Christianisierung fügten sich die Slawen in die europäische Völkergemeinschaft ein, sei es in die römische, sei es in die byzantinische Christenheit.
Wer hat die Slawen christianisiert? Für Karl den Großen eroberten zunächst einmal die Krieger das Land, und dann folgte die Zwangsbekehrung. So verfuhr er mit den Sachsen. In ähnlicher Weise errichtete er im Grenzgebiet zu den Slawen Marken, deren Lehnsherr er war. Die Grenzmarken gingen bald wieder verloren, doch konnten Karls Sohn Ludwig der Fromme und sein Enkel Ludwig der Deutsche sie vorübergehend zurückerobern. Dabei ging Ludwig der Fromme im Unterschied zu seinem Vater bei der Missionierung

181

182

Spuren der Steppenvölker in Ost- und Mitteleuropa: **180** *Awarische Riemenzunge mit Ritzzeichnung aus dem Gräberfeld von Linz-Zizlau in Österreich, 7. Jahrhundert. Die Awaren siedelten vom 7. bis 9. Jahrhundert im Karpatenbecken und waren Nachbarn der Bajuwaren.* **181** *Steppenreiter aus dem Fürstengrab von Kul Oba bei Kertsch auf der Krim, 4. Jahrhundert v. Chr.* **182** *Eiserne Steigbügel aus einem Awarengrab von Bicske in Ungarn, Anfang 7. Jahrhundert.*

menschlicher vor. Statt Kriegsleute schickte er glaubenseifrige Missionare, meist Deutsche, zu den Slawen.

Die Slowenen. Die ersten Slawen, die den christlichen Glauben annahmen, waren im 8. Jahrhundert die Slowenen. Bedroht von den Awaren im Norden, hatten sie den Schutz Pippins des Kurzen gesucht, des Königs der Franken und Lehnsherrn von Bayern. Zwei slawische Fürsten aus Kärnten, die als Geiseln in Bayern lebten, ließen sich im Kloster Chiemsee taufen. Sie bestiegen nacheinander den Thron und wandten sich an den Bischof von Salzburg, den Iren Virgil. Man baute Kirchen und gründete die Klöster Innichen und Kremsmünster. Es gab zwar heidnischen Widerstand, aber der Bayernherzog Tassilo nahm Kärnten wieder ein, bis sich Karl der Große sowohl Kärntens als auch Bayerns bemächtigte. Die Bekehrung der Slowenen – aber nicht die der Awaren – vollzog sich nun durch friedliche Durchdringung, und es war die römische Kirche, die hier einen Teil der slawischen Stämme für sich gewann.

Die Mähren. Das große Ereignis im 9. Jahrhundert war die Bekehrung der Mähren. Unter dem heidnischen Fürsten Mojmir war ein Großmährisches Reich entstanden. Wenngleich kein Christ, ließ Mojmir kurz vor 850 eine erste Kirche bauen, unter der Oberhoheit der Bistümer Salzburg und Passau. Kaiser Ludwig der Deutsche setzte Mojmir ab und erhob dessen Neffen Rastislaw zum König, einen äußerst fähigen Herrscher. Rastislaw hatte verstanden, daß die römische und die byzantinische Kirche Konkurrenten waren. Angesichts des steigenden Einflusses des Ostfrankenreichs schickte er 862 eine mährische Delegation nach Konstantinopel, die dort den Patriarchen Photios aufsuchen sollte.

Kyrillos und Methodios. Photios erkannte, daß er in Mähren der römischen Kirche zuvorkommen konnte. So schickte er zwei Missionare nach Mähren: die Brüder Methodios (eigentlich Michael) und Kyrillos (eigentlich Konstantin). Kyrillos und Methodios wurden in Thessalonike (Saloniki) geboren. An der Universität in Konstantinopel, wo auch der große Gelehrte Leo der Mathematiker tätig war, erhielten sie ihre Ausbildung. Beide Brüder fühlten sich dazu berufen, als Missionare den Glauben zu verkünden. Kyrillos begab sich zuerst zu den Chasaren, die zu einem Großteil die jüdische Religion angenommen hatten. Auf seinem Rückweg wurde er dann zusammen mit Methodios vom Patriarchen nach Mähren geschickt. Ihre Idee war, den slawischen Völkern, die weder Griechisch noch Latein verstanden, eine eigene slawische Liturgie vorzuschlagen und dafür die Bibel in die slawischen Sprachen zu übersetzen. Dabei fügten sie dem griechischen Alphabet etwa ein halbes Dutzend neuer Buchstaben hinzu. Aus diesem neuen kirchenslawischen Alphabet, der *Glagoliza*, entwickelte sich vermutlich die kyrillische Schrift, die heute noch von den Russen, den Bulgaren und den Serben benutzt wird. In Mähren bekehrten die beiden Slawenapostel zahlreiche Menschen.

Reise nach Rom. Das Zusammenleben der beiden missionierenden Brüder aus Byzanz mit den römischen Christen mußte zu Reibungen führen. Kyrillos und Methodios, denen an Frieden und Verständigung lag, entschlossen sich deshalb, nach Rom zu reisen und dem Papst den Fall darzulegen. Dort herrschte gerade die schwere Auseinandersetzung zwischen Papst Nikolaus I. und Patriarch Photios über den päpstlichen Führungsanspruch. Als Zeichen der Versöhnung brachten die beiden Brüder die Reliquien des vierten Papstes mit, die Gebeine von Clemens, ein Geschenk, das für die damalige Zeit von unschätzbarem Wert war. Der neue Papst Hadrian II. empfing daher die beiden Brüder, als wären sie «Gesandte Gottes». Während ihres Aufenthalts in Rom überzeugten sie den Papst davon, daß man Gott auch in einer anderen Sprache als den drei heiligen Sprachen – Hebräisch, Griechisch und Latein – loben und preisen könne. Kyrillos wurde 869 zum Bischof von Mähren ernannt, starb aber noch im selben Jahr in Rom.

Methodios kehrte allein nach Mähren zurück. Auf die Bitte mährischer Adliger wurde das alte Bistum von Sirmium wiederbelebt. Dies mißfiel wiederum der byzantinischen Kirche, der das Gebiet Illyriens unterstand. Zur selben Zeit besiegten die Söhne Ludwigs des Deutschen den Für-

183

184

183 *Christus und die Slawenapostel Kyrillos und Methodios. Fresko in San Clemente, Rom, 9. Jahrhundert.* **184** *Aus der Zeit der Ungarnzüge: Gürteltasche mit Palmettenverzierungen auf teilweise vergoldetem Silberblech, 9./10. Jahrhundert.* **185** *Das Ulrichskreuz, Augsburg 1492, mit einer Darstellung der Schlacht auf dem Lechfeld, 955. Bischof Ulrich hatte die Stadt erfolgreich gegen die Ungarn verteidigt.*

sten Rastislaw, der 870 in diesem Kampf den Tod fand. Damit hatte Methodios seinen mächtigen Schutzherrn verloren und geriet mit den lateinischen Missionaren in Streit, die ihn vor der Synode in Regensburg anklagten und ihn einsperren ließen. Es gelang ihm aber, sein Geschick dem Papst zur Kenntnis zu bringen, der den Urteilsspruch der Synode mißbilligte. Methodios nahm seine Missionstätigkeit wieder auf und erhielt dafür die volle Unterstützung des Papstes, den er ein zweites Mal in Rom aufsuchte.

Dann begab sich der unermüdliche Missionar nach Konstantinopel, das er seit achtzehn Jahren nicht mehr gesehen hatte. Kaiser und Patriarch hießen ihn herzlich willkommen; sein Tod im Jahr 885 vereitelte die Rückkehr nach Mähren.

Die Bulgaren und die Kirche von Byzanz. In Mähren bestimmten nun die deutschen Bischöfe das religiöse Leben und untersagten die kirchenslawische Liturgie. Die Schüler des Methodios wurden aus dem Land gewiesen. Die meisten von ihnen flohen ins Reich der Bulgaren, über das König Boris herrschte. Boris und seine Nachfolger übernahmen die slawische Liturgie.

Während also die Mähren von der lateinischen Christenheit aufgenommen wurden, entschieden sich die Bulgaren für die byzantinische Kirche. Der Versöhnungsversuch der beiden Slawenapostel Methodios und Kyrillos war damit gescheitert.

Die Bekehrung der Polen. Seit der Mitte des 10. Jahrhunderts tauchten aus dem Osten die Polen auf. Unter der Piastendynastie gründeten sie zwischen der Ostsee und den Karpaten ein mächtiges Reich. Dann verstärkten sie unter Fürst Mieszko I. (963-992) und unter dessen Sohn Boleslaw Chrobry dem Tapferen (992-1025) den Druck nach Westen. Boleslaw kämpfte erfolgreich gegen Kaiser Heinrich II. und erwarb Schlesien, für kurze Zeit auch Mähren und Böhmen. Bevor er starb, gab er sich selbst den Titel eines Königs.

Fürst Mieszko I. hatte 966 Dobrawka geheiratet, die Tochter des böhmischen Herzogs Boleslaw. Sie bekehrte ihn mit Hilfe des böhmischen Klerus zum Christentum. Während die Kirche in Böhmen eng mit der Kirche in Deutschland verbunden war, versuchte Mieszkos Nachfolger Boleslaw Chrobry in Polen eine kirchliche Hierarchie aufzubauen, die vom Erzbistum Magdeburg unabhängig war. Mit Zustimmung Kaiser Ottos III. und Papst Silvesters II. wurde im Jahr 1000 das Erzbistum Gnesen errichtet, dem fortan die polnischen Bischöfe unterstanden.

Die Wenden. Die Slawen im Wendenland waren während des 10. Jahrhunderts von den deutschen Königen unterworfen und kolonisiert worden. Seit den Jahren 940 bis 950 war nicht mehr die Elbe, sondern die Oder die Grenze des Ostfrankenreichs. Die Bekehrung der Wenden vollzog sich jedoch nicht ohne Konflikte im Umkreis des Erzbistums Magdeburg. Dessen erster Bischof hieß Adalbert, der ehemalige Abt der mächtigen Abtei von Weißenburg im Elsaß. Die Wenden widerstanden dem Christentum lange. Erst gegen Ende des 11. Jahrhunderts waren das Wendenland und alle Westslawen Glieder der Christenheit.

Die Kriegszüge der Ungarn. Obwohl sie keine Slawen sind, sondern wie Finnen und Esten zu den finnisch-ugrischen Völkern gehören, muß hier ein Wort zu den Ungarn gesagt werden. Dieses erstaunliche Volk suchte zwischen 900 und 950 mit seinen Raubzügen ganz Mitteleuropa heim und ging dann vom Nomadentum zu Ackerbau und Viehzucht über.

Die Ungarn stammen wahrscheinlich aus Zentralasien. Ihre Gesichtszüge ähnelten denen der Mongolen, ihre Sitten und Gebräuche glichen denen der Hunnen, die dreihundert Jahre zuvor gekommen waren.

Als glänzende Reiter gefürchtet, hatten sich die Ungarn eine besondere Kampftaktik ausgedacht: Waren sie nahe am Feind, verwirrten sie ihn mit einem furchtbaren Pfeilhagel, dann zielten sie auf die Pferde. Auf ihren verheerenden Kriegszügen plünderten und verbrannten sie alles, besonders die Kirchen. Wenn zum Beispiel Tournus an der Saône heute eine schöne romanische Kirche besitzt, dann deshalb, weil die Ungarn den karolingischen Bau zerstört haben, der dort stand.

Das ungarische Reiterheer war in sieben Horden eingeteilt, die sich manchmal zu einer Einheit formierten. Die Ungarn setzten sich in Pannonien fest, das ihre Ausgangsbasis wurde. Von dort aus unternahmen sie ihre Raubzüge und wagten sich dabei immer weiter nach Westen. Ihr Hauptopfer war seit 862 Deutschland. Erst

185

im Jahr 955 wurden sie durch Otto den Großen und sein Heer, darunter Krieger aus Böhmen, auf dem Lechfeld bei Augsburg entscheidend geschlagen.
Die Ungarn waren im Nordwesten bis nach Flandern vorgestoßen, durch Bayern, das Elsaß, Lothringen und die Champagne; im Westen plünderten sie Basel und Burgund, im Südwesten die Alpenregion, das Tal der Isère, die Languedoc und Aquitanien, im Süden Venedig, die Lombardei, die Toskana und die Abruzzen; im Osten das Königreich der Bulgaren und Thrakien bis zum Bosporus, im Norden suchten sie das Tal der Weser heim, Bremen und das heutige Westfalen.
Angesichts der Burgen Heinrichs I. und Ottos des Großen, vor allem aber nach der Schlacht auf dem Lechfeld, hörten die Raubzüge der Ungarn allmählich auf, und durch die Christianisierung wurden sie ein Glied der europäischen Völkergemeinschaft. Ende des 10. Jahrhunderts kamen deutsche Missionare nach Ungarn, ausgesandt von Erzbischof Pilgrim von Passau und Bischof Adalbert von Prag. Der ungarische Großfürst Geza und sein Sohn Wojk ließen sich 975 taufen. Wojk, der im Alter von zehn Jahren den Namen Stephan annahm und 997 die Nachfolge seines Vaters antrat, war ein bemerkenswerter Herrscher, den die Kirche zu einem Heiligen machte. Er gründete die «Krone des heiligen Stephan» mit einer autonomen Kirche und ließ sich 1001 mit einem Diadem krönen, das von Papst Silvester II. geweiht worden war.

Der Bruch der römischen Kirche mit Byzanz

Die Isolierung Konstantinopels. Im 8. und 9. Jahrhundert gab es kaum noch Beziehungen zwischen dem Westen und Byzanz. Von Nordeuropa war das byzantinische Reich durch die Slawen, Awaren, Bulgaren und Ungarn abgeschnitten, im Süden herrschten die Muslime über das reiche Syrien und den «Fruchtbaren Halbmond», Ägypten und den Maghreb. Die byzantinische Handelsflotte war im Vergleich zur arabischen im Niedergang begriffen, und wenn auch Byzanz sich weiterhin als Römisches Reich verstand, so besaß es im Westen nur noch ein paar Stützpunkte: Venedig, Neapel, Kalabrien und Sizilien.
Auch bildeten die lateinische und die griechische Christenheit keine Einheit mehr. Die Auseinanderentwicklung hatte mit dem Ende der griechischen Kultur im Westen begonnen. Papst Gregor der Große (590-604), ein reicher Römer und ehemaliger Legat in Konstantinopel, sprach das Griechische nicht mehr. Weder der Spanier Isidor von Sevilla noch Gregor von Tours oder der Angelsachse Beda Venerabilis konnten gut griechisch – ein Kulturverlust ersten Ranges.

Die Bilderstürmer. Seit dem Regierungsantritt Kaiser Leos III. des Syrers, dem 740 sein Sohn Konstantin Kopronymos folgte – ein guter General, aber ein fanatischer Despot –, ist der Konflikt zwischen Rom und Byzanz unlösbar. Aus Überzeugung waren beide Kaiser, vor allem Konstantin, eifrige «Bilderstürmer». Der Ikonenkult erschien ihnen wie eine Rückkehr zum Heidentum: Es kam vor, daß Priester von einem verehrten Bild etwas Farbe abkratzten und im Kelch mit Meßwein mischten. Trotz solcher Mißbräuche lehnte der Papst das Bilderverbot der Byzantiner ab.

Das Frankenreich – ein Universalreich? Als Karl der Große im Jahr 800 in Rom zum Kaiser gekrönt wurde, herrschte in Konstantinopel eine Frau, Kaiserin Irene, die mit dem Sohn Konstantins verheiratet war. Sie soll sehr schön und intelligent gewesen sein, aber auch skrupellos. Ihrem Sohn, dessen Vormundschaft sie führte, ließ sie die Augen ausstechen. Die westlichen Theologen vertraten die Auffassung, daß Karl, als Kaiser in Sankt Peter zu Rom gesalbt, Herrscher über das gesamte Imperium sei. Ein byzantinischer Chronist berichtet, Irene habe Gesandte zu Karl geschickt, um ihm ihre Hand anzubieten. Aber sie starb im Jahr 803. Karl dem Großen blieb nichts anderes übrig, als in einem Vertrag mit den Byzantinern zu vereinbaren, daß man an der Einheit des Reichs festhalte, wenn auch mit zwei Kaisern an der Spitze, wie zur Zeit Diokletians, der eine Kaiser im Westen, der andere im Osten. In den Jahren 812 bis 814 einigte man sich darüber, aber nur für kurze Zeit.
Der Bruch zwischen Rom und Byzanz wurde immer tiefer. Eine dauerhafte Grenze zwischen der römischen Christenheit im Westen und der griechischen im Osten

186

bildete sich heraus – zeitweise geradezu ein «eiserner Vorhang».
Fünf Ursachen haben diesen Bruch bewirkt:
1. Da war zunächst einmal der Unterschied in den Lebensverhältnissen. Das byzantinische Reich mit seinem ausgeprägten Wohlstand, seiner Prachtentfaltung und geistigen Kultur löste im Westen Argwohn aus. Literatur und Wissenschaft, die kirchlichen Gewänder, die Liturgie, alles schien in diesem «zweiten Rom» mehr Glanz zu entfalten als im ersten.
2. Das zweite Rom, Konstantinopel, war erst um das Jahr 330 gegründet worden, in unmittelbarer Nähe des antiken Byzantion. Das bedeutete eine gewisse Minderwertigkeit. Denn die großen Kirchenmetropolen hatten ihren Rang durch die Apostel, von denen sie angeblich gegründet worden waren. Besonders in Gallien und in Spanien entstanden dazu zahlreiche Legenden, die den jeweiligen Kirchen ihre «Apostolizität» nachwiesen. In den Augen der Byzantiner gab es fünf Patriarchen, eine Pentarchie: Rom – als Bistum vom heiligen Petrus gegründet –, Jerusalem, Antiochien und Alexandrien, ebenfalls von Aposteln ins Leben gerufen, und eben Konstantinopel, das sich auf keinen Apostel berufen konnte. Daher brachte Photios die Legende in Umlauf, der heilige Andreas, der ältere Bruder des Petrus, sei mit einer Mission ans Schwarze Meer geschickt worden und habe dabei die Christengemeinde von Byzanz gegründet. In Rom selbst lehnte man eine Pentarchie ab und glaubte an den Vorrang der Kirche des heiligen Petrus, das heißt der römisch-katholischen.
3. Zu all diesen Konflikten kam noch ein Dogmenstreit über die Trinitätslehre. Ihrem Glaubensbekenntnis fügten die romtreuen Christen das Wort *filioque* hinzu: «Der Heilige Geist geht vom Vater *und* vom Sohn aus.» Die Ostkirche dagegen vertrat die Auffassung, der Heilige Geist gehe vom Vater *durch* den Sohn aus.
4. Streit herrschte auch über die Kirchenzucht. Für die Lateiner war das Zölibat der Priester die Regel, trotz aller Verstöße dagegen. Die Ostkirche gestattete die Priesterheirat vor der Ordination. Auch die Fastenregeln waren verschieden. Darüber hinaus wurde in der Ostkirche das Abendmahl in beiderlei Gestalt, mit Brot und Wein, verabreicht, während die Gläubigen im Westen den Leib Christi nur in Form ungesäuerten Brotes erhielten. Auch die Messe feierte man anders: Liturgie, Kommunion, die Gegenwart des Heiligen Geistes standen bei den Griechen im Mittelpunkt, die Predigt, wie sie im Westen praktiziert wurde, kannte man nicht. Die Unterschiede zwischen griechisch-orthodoxer und römisch-katholischer Kirche sind so groß, daß man heute, im Zeichen der Ökumene, eine Annäherung zwischen Griechen und Lutheranern eher für möglich hält als zwischen Griechen und Katholiken.
5. Der vielleicht wichtigste Grund für die Entfremdung zwischen beiden Teilen der Christenheit war, daß sie einander die Mission in Osteuropa streitig machten, besonders die Bekehrung der Bulgaren. Es ging darum, ob diese Völker dem Papst in Rom oder dem Patriarchen von Konstantinopel unterstellt werden sollten. Außerdem stritten sich Rom und Konstantinopel um Illyrien und das heutige Jugoslawien.
All diese Gegensätze führten zu heftigen Konflikten, zu Verdächtigungen, zu Schmähschriften, zu gegenseitiger Exkommunikation und auch zu blutigen Auseinandersetzungen.

186 *Die Hagia Sophia (griechisch: «Heilige Weisheit»), die einstige Krönungskirche der oströmischen Kaiser in Byzanz. Nach der Eroberung der Stadt durch die Osmanen unter Sultan Muhammad II. im Jahr 1453 wurde die Kirche in eine Moschee umgewandelt.*

Photios und Ignatios. Die erste schwere Krise entzündete sich an der Person des Photios. Er war ein großer Gelehrter, der in mehreren Sprachen schrieb. Um das Jahr 810 in Konstantinopel geboren, stammte er aus einer wohlhabenden Familie und hatte sich schon während seiner Studienzeit einen Namen gemacht. In ziemlich kurzer Zeit wurde er Beamter, schließlich Leiter der kaiserlichen Kanzlei. Als junger Mann war er mit einer Mission zu den Arabern betraut worden. Zu seinen Werken zählen ein Lexikon, Erläuterungen zu antiken Autoren sowie zahlreiche theologische Schriften und Bibelkommentare. Als 858 der Kaiser den Patriarchen Ignatios absetzte, wurde der Laie Photios zum Patriarchen gewählt – ein Verstoß gegen das Kirchenrecht.
Der Tradition gemäß schrieb Photios nach Rom und an die übrigen Patriarchen, um ihre Anerkennung einzuholen. Die Patriarchen von Antiochien, Jerusalem und Alexandrien, deren Bistümer unter muslimischer Herrschaft standen, machten eine klägliche Figur. Papst Nikolaus I. zögerte und schickte erst einmal zwei Gesandte nach Konstantinopel. Diese ließen sich für Photios gewinnen. Doch eine römische Synode erklärte 863 Photios für abgesetzt. In dieser Situation verschärfte die bulgarische Frage zusätzlich den Konflikt. König Boris war von Byzantinern in der Glaubenslehre unterwiesen worden, er hatte sich taufen lassen, und der Kaiser von Byzanz war sein Pate. Aus politischen Gründen verhandelte Boris indes auch mit Rom, das im Jahr 866 Missionare ins Bulgarische Reich schickte, um das Bekehrungswerk der Byzantiner rückgängig zu machen. Das Ergebnis dieser Krise war 867 der öffentliche Bruch zwischen Rom und Konstantinopel. Ein Konzil in Konstantinopel beschloß die Absetzung des Papstes.

Kaiser Basilios I. Makedon. Das Schisma dauerte indes nicht lange, denn in Byzanz fand ein Staatsstreich statt. Ein General aus bäuerlichen Verhältnissen, Basilios Makedon, der Makedone, ließ den Kaiser ermorden und setzte sich an dessen Stelle. Eine seiner ersten Amtshandlungen war die Absetzung von Photios und die Wiedereinsetzung von Ignatios im September 867. Die makedonische Dynastie, die bis ins 11. Jahrhundert herrschte, stellte die Größe des byzantinischen Reichs wieder her: sie eroberte das Zweistromland, Kilikien, Aleppo und einen Teil Syriens zurück und besiegte die Bulgaren. Dabei zeichnete sich vor allem Basilios II. aus, der «Bulgarentöter». Basilios I. war ein Befürworter der Union mit Rom und dem weströmischen Kaiser.
Unterdessen griff aber Boris von Bulgarien erneut die Griechen an. Ignatios starb, und Photios folgte ihm auf den Patriarchenstuhl, nachdem er sich mit Basilios II. versöhnt hatte. Im Jahr 886 wurde Photios jedoch ein zweites Mal abgesetzt.
Das «Schisma des Photios» war demnach nur eine Episode. Die Spannungen aber blieben bestehen und dauerten fast einhundertfünfzig Jahre, bis es zu einem neuerlichen, diesmal endgültigen Bruch kam. Photios wurde zur übermächtigen Leitgestalt der byzantinischen Kirche.

Michael Kerullarios. Es waren die Erfolge der makedonischen Dynastie, die zu diesem Bruch führten. Er wurde unter dem Patriarchen Michael Kerullarios (1043-1058) vollzogen, einem mehr geschickten als frommen Mann. Kerullarios wollte eine Verständigung seines Kaisers mit Rom verhindern. Er beteiligte sich sogar an Übergriffen gegen die Lateiner, die sich in Konstantinopel niedergelassen hatten. Den Papst ließ er wissen, eine Versöhnung mit Rom sei nur dann möglich, wenn die römische Kirche das byzantinische Kirchenrecht übernehme, eine unannehmbare Bedingung.

Der feierliche Bruch. Am 16. Juli 1054 führten die Legaten Roms in Konstantinopel einen Eklat herbei, weil sie begriffen hatten, daß hier nichts zu erhoffen war.

187

188

187 *Prachtentfaltung und Wohlstand der Byzantiner: Reste eines Seidentuchs mit Elefantenmuster aus dem Grab Karls des Großen in Aachen.* **188** *Kaiser Basilios II. der Bulgarentöter (um 956 bis 1025). Unter ihm erlebte Byzanz den Höhepunkt seiner Macht. Der Balkan gelangte in byzantinischen Besitz, und Rußland wurde von den «Griechen» christianisiert. Miniatur aus dem Codex des Herrschers.*

Sie begaben sich während eines feierlichen Gottesdiensts in die Hagia Sophia und legten auf dem Altar das Exkommunikationsurteil gegen Michael Kerullarios nieder. Dann verließen sie die Kirche und schüttelten den Staub von ihren Schuhen. Sie grüßten den Kaiser und verließen die Stadt. Kerullarios antwortete am 24. Juli mit einem Synodaledikt, das den Bruch mit Rom vollzog. Lateiner und Griechen faßten sich gleichermaßen als Sieger auf. Der gegenseitige Bann wurde erst im Jahr 1965 aufgehoben.

Die Folgen für Europa. Der Haß auf beiden Seiten war groß. Griechen und Lateiner, die sich in Italien und Konstantinopel begegneten, betrachteten sich gegenseitig als Häretiker und Schismatiker. In Konstantinopel entstand sogar eine neue Literaturgattung: unzählige Traktate gegen die Lateiner.
Ein militärischer Konflikt kam hinzu. Die Päpste verbündeten sich mit den Normannen auf Sizilien und schlossen 1059 den Vertrag von Melfi. Nun verstärkten die Normannen ihre Anstrengungen, um die byzantinischen Stützpunkte in Italien zu erobern. Im Jahr 1081 belagerten sie Epirus. Die normannischen Angriffe erschienen den Byzantinern als Folge des Schismas und als Auftakt der Kreuzzüge. Der Begriff des «Abendlands» als einer Wertegemeinschaft entstand Ende des 11. Jahrhunderts in Byzanz. Es ist bezeichnend, daß die Byzantiner von «Lateinern» sprachen, um die Völker im Westen zu charakterisieren, ohne Rücksicht auf deren ethnische Herkunft und politische Verfassung. «Latinität» und «Gräzität» bezeichnen fortan zwei Welten, die sich in ihren Traditionen, ihrer Kultur und ihren geistigen Hervorbringungen deutlich voneinander unterscheiden.

Auf dem Weg zur abendländischen Christenheit

Dreihundert Jahre lang wurde Europa von nichtchristlichen Völkern angegriffen. Das Wort «Europa» verschwindet schließlich bis ins 14. Jahrhundert. Doch was wurde aus den Menschen der westlichen Welt? Die Zerstückelung des Frankenreichs war nach dem Vertrag von Verdun 843 endgültig. Es gab zwar noch Kaiser in Deutschland: Das «Heilige Römische Reich Deutscher Nation» bestand bis zu seiner Auflösung durch Napoleon im Jahr 1806. Auf die Ottonen (919-1024) folgten die Salier (1024-1125), dann die Staufer und schließlich, 1273, Rudolf von Habsburg und – 150 Jahre später – seine Nachfahren, die Habsburger. Aber dieses Reich umfaßte im Gegensatz zu seinem universellen Anspruch nurmehr Deutschland und einen Teil Italiens, erstreckte sich zeitweise bis in die Niederlande und bis ins Königreich Arelat. Die römisch-deutschen Kaiser konnten ihren Anspruch auf Vorrang gegenüber den übrigen Herrschern in Europa nicht mehr durchsetzen.

Die Christenheit in der Hand von Laien. War damit die Einheit des Westens zu Ende? Auf politisch-staatlicher Ebene gewiß. Doch bildete sich allmählich eine andere Einheit, eine geistliche und geistige Gemeinschaft: die lateinische, katholische Christenheit, die Kirche. Sie war allerdings von Anfang an gefährdet. Vom 15. Jahrhundert an sollte sie wieder auseinanderbrechen.

Im Mittelalter hatte die Kirche zwei Versuchungen zu widerstehen, die das Ämterwesen und die Kirchenzucht betrafen: Simonie und Nikolaitismus.

Simonie. Die Simonie hat ihren Namen von Simon dem Zauberer: Er hatte Petrus gebeten, seine Macht, Wunder zu wirken, ihm, Simon, zu verkaufen. Die Kirche versteht unter Simonie das Abtreten von Kirchenämtern – Bistümern, Abteien, Pfarreien – für eine bestimmte Summe. Man verkaufte ein Amt nicht an den, der dafür am besten geeignet war, sondern an den Meistbietenden. Diese Praxis wurde dadurch erleichtert, daß der Besitz eines Bistums eine «Ehre» geworden war, ein Lehen, das ein Lehnsherr dem Inhaber vergab. Ein Bischof wurde normalerweise vom Klerus und von den Gläubigen gewählt und nach kanonischem Recht durch einen Bischof in sein Amt eingeführt. In sein Lehen jedoch mußte er von einem Lehnsherrn eingesetzt werden, der am Verkauf verdiente oder es dazu benutzte, seinen eigenen Kandidaten durchzubringen – eine gute und ökonomische Art, sich Freunden gegenüber erkenntlich zu zeigen.

Nikolaitismus. Viel häufiger noch als der Ämterkauf hat der Nikolaitismus das Ansehen des Klerus unter den Gläubigen erschüttert. Nikolaiten nannte man im Mittelalter nichtzölibatär lebende Priester (nach Apostelgeschichte 6, 5).
In einem Brief des Bischofs von Vercelli, Atto, an seinen Klerus um die Mitte des 10. Jahrhunderts heißt es: «Ich schäme mich, darüber zu sprechen, aber ich glaube, es wäre gefährlich, es zu verschweigen: mehrere unter euch sind so sehr der Leidenschaft verfallen, daß sie es unanständigen Kurtisanen gestatten, bei sich im Haus zu wohnen, das Essen mit ihnen zu teilen und sich mit ihnen in der Öffentlichkeit zu zeigen. Vom Reiz der Frauen überwältigt, überlassen sie ihnen den Haushalt und die Erziehung ihrer Bastarde zu Erben [...] Die Kirche wird dadurch beraubt, und die Armen leiden.»
Besonders schwerwiegend war, daß durch diesen Sittenverfall die Diözesen in kleinere Einheiten zerfielen, die manchmal einander sogar befehdeten. Doch der Niedergang des Papsttums brachte es mit sich, daß diese Mißstände nicht behoben wurden.
Nikolaus I. (858-867) war noch ein großer Papst. Er bot Photios die Stirn und blieb selbst gegenüber Souveränen standhaft. So untersagte er Kaiser Lothar II. die Scheidung. Überall war er bemüht, die Kontrolle durch den Heiligen Stuhl auszuweiten. Als zum Beispiel Hinkmar von Reims, der mächtigste Bischof im fränkischen Gallien, den Weihbischof von Soissons absetzte, ohne ihm die Appellation an die römische Gerichtsbarkeit zu erlauben, erhob Nikolaus I. Einspruch, rief den Weihbischof nach Rom und erzwang dessen Wiedereinsetzung.

Der Verfall des Papsttums. Auf Nikolaus I. folgte der energische Papst Johannes VIII. (872-882); er wurde von seiner nächsten Umgebung ermordet. Das Papsttum erlebte im 10. Jahrhundert seine tiefste Erniedrigung. Es fiel in die Hände zahlreicher Parteien – der kaiserlichen Partei, mehrerer Parteien der römischen Aristokratie –, so daß die Papstwahl kaum jemals ohne Schwierigkeiten vonstatten ging. Marozia, die Tochter des Senators Theophylakt und Gemahlin des Markgrafen Guido von Tuszien, erstickte 928 mit einem Kopfkissen Papst Johannes X. und bestimmte seine Nachfolger, unter ihnen Johannes XI. (931-935), ihren eigenen Sohn, dessen Vater Papst Sergius III. (904-911) war.
Der Gipfel der Verkommenheit war die Krönung von Johannes XII. (955-964): Er war nicht einmal zwanzig Jahre alt, feierte anstelle der Messe Bankette, liebte mehr die Jagd als gute Werke und führte ein ausschweifendes Leben. Zeitweise gab es sogar zwei Päpste. Gegen Ende des 10. Jahrhunderts jedoch besserte sich die Lage in Rom, als der erste auswärtige Papst, der Deutsche Bruno, Kaplan des Königs und Sohn des Herzogs von Kärnten, unter dem Namen Gregor V. (996-999) das Pontifikat übernahm. Ihm folgte der Franzose Gerbert, ehemaliger Domscholaster und Erzbischof von Reims, der einen großen Anteil an der Thronbesteigung Hugo Capets als König von Frankreich hatte. Unter dem Namen Silvester II. (999-1003) wurde er ein Papst, der wie Bruno eifrig bemüht war, die Unabhängigkeit des Heiligen Stuhls zu wahren. Aber eine wirkliche Reform des Papsttums ließ noch auf sich warten – sie begann erst um die Mitte des 11. Jahrhunderts unter dem Mönch Hildebrand, dem Papst Gregor VII.

Gregor VII. Hildebrand wurde in Soana in der Toskana zwischen 1019 und 1030 geboren. Er stammte aus einer einfachen Familie. Seine Ausbildung erhielt er in einem römischen Benediktinerkloster, dessen Abt einer seiner Onkel war. Recht schnell wurde Hildebrand Ratgeber verschiedener Päpste und reiste nach Deutschland und Frankreich, wo er sich als außergewöhnlicher Diplomat erwies.
Im Jahr 1073 wurde er durch die Akklamation des Volks von Rom und nach dem Willen der Kardinäle unter dem Namen Gregor VII. Papst. Er war ein überaus frommer Mann, dazu ein eifriger Autor, der vor allem zahlreiche Briefe schrieb: an sein Beichtkind, die Markgräfin Mathilde von Tuszien, an Abt Hugo von Cluny und an die europäischen Könige. 848 dieser Briefe sind erhalten geblieben! Gregor VII. war demütig und mildtätig. Er glaubte, sein Amt von Christus selbst erhalten zu haben, und nahm sich vor, es zur gründlichen Reform der Kirche zu nutzen: die Simonie und den Nikolaitismus abzuschaffen, die Kirche zu einen und ihre Rechte gegenüber den Königen zu sichern.

Gregor VII. und die Könige. Seine Beziehungen zu den Herrschern der abendländischen Christenheit reichten von gutem Einvernehmen – etwa mit Wilhelm dem Eroberer und den Fürsten in Norditalien – bis zu heftigem Streit – mit dem König von Frankreich und dem Kaiser. Gregor VII. sicherte die Oberhoheit des Kirchenstaats über die Fürstentümer von Salerno und Capua. Mit König Heinrich IV. waren die Beziehungen besonders schwierig. Der Papst verlangte, daß der König die Reformdekrete des römischen Konzils von 1074 anerkannte. Auch die meisten Bischöfe in Deutschland lehnten diese Dekrete ab, und in Frankreich stießen sie auf den Unwillen König Philipps I., eines eingefleischten «Simonisten».
Mit den entlegensten Ländern nahm Gregor Kontakt auf und versuchte auf diese Weise seinen Einfluß in Europa zu vergrößern. Dabei lag ihm Dänemark beson-

189 *Papst Gregor VII. (R 1073-1085), ein leidenschaftlicher Kämpfer für die Reinheit und Freiheit der Kirche. Miniatur, 12. Jahrhundert.*

189

ders am Herzen, denn dort hatte König Sven II. die letzten Spuren des Heidentums beseitigt und um den «Schutz des allerseligsten Petrus» gebeten.
Der Papst korrespondierte mit Olaf III., König von Norwegen, und übte einen steigenden Einfluß auf den König von Polen Boleslaw II. aus, bis dieser den Bischof von Krakau ermorden ließ. Mit Wratislaw II. von Böhmen unterhielt Gregor einen Briefwechsel, während die Kontakte zu Ungarn eher sporadisch waren. Dafür bat Herzog Swonimir von Kroatien um den Beistand des Papstes.
Im Süden stützte Gregor VII. sich auf die Abtei Sankt Viktor in Marseille, von wo aus er seine Politik in Spanien betrieb. Er stand mit den Königen von Aragon, Leon und Navarra in guter Verbindung. Sein sehnlichster Wunsch war es, «Spanien den Händen der Heiden zu entreißen» und die wiedereroberten Gebiete der Oberherrschaft Roms zu unterstellen. Das gelang ihm auch teilweise in Katalonien und in Kastilien, wo für ihn Kardinal Richard, Abt von Sankt Viktor, tätig war.

190 *Der Investiturstreit: König Heinrich IV. bittet Markgräfin Mathilde und Abt Hugo um Vermittlung. Aus dem «Leben der Mathilde» von Donizo, 1114.*

Der Dictatus Papae. Um die Ausführung seines Programms zu sichern, genügte es ihm nicht, Konzile abzuhalten. Er wollte es auch schriftlich niederlegen. Das geschah in dem außerordentlich kühnen *Dictatus Papae*, den 27 Leitsätzen des Papstes. Darin heißt es unter anderem:

«2. Nur der römische Papst trägt zu Recht den Titel des universalen Papstes.
9. Alle Fürsten haben die Füße einzig und allein des Papstes zu küssen.
12. Der Papst kann Kaiser absetzen.
17. Gegen seine Autorität kann kein Kapitel und kein Buch als kanonisch gelten.
20. Niemand darf den verurteilen, der an den apostolischen Stuhl appelliert.
22. Die Römische Kirche hat nie geirrt und wird nach dem Zeugnis der Heiligen Schrift auch in Ewigkeit nicht irren.»

Dieser *Dictatus Papae* stellt ein Maximalprogramm dar. Er gibt dem Papst die absolute Gewalt nicht nur über die Kirche selbst, sondern auch über die Laien, nach der Devise: «Die Würde des Papsttums ist höher als die der Könige.»
Es versteht sich von selbst, daß die Fürsten und auch viele Bischöfe gegen diesen Anspruch heftigen und oft auch erfolgreichen Widerstand leisteten. Doch Gregor VII. trieb während der zwölf Jahre seines Pontifikats seine Reformen energisch voran, wobei ihm vor allem Legaten zur Seite standen, die er in alle Winkel Europas entsandte.

Der Investiturstreit. Der *Dictatus Papae* löste den Investiturstreit aus, den Kampf zwischen Papsttum und Kaisertum, der sich bis ins folgende Jahrhundert hinein fortsetzte. Der Tradition nach hatte der Kaiser bei der Papst- und Bischofswahl ein Mitspracherecht und konnte den Papst sogar absetzen. Jetzt hingegen galt bereits die Investitur eines geistlichen Würdenträgers durch den christlichen Kaiser als Simonie.
König Heinrich IV. (1056-1106) hatte seine Macht im Reich gestärkt. Seine erste Reaktion auf den *Dictatus Papae* bestand darin, daß er Gregor VII. durch die deutschen Bischöfe auf der Synode in Worms (1076) absetzen ließ. Der König klagte den Papst an, er habe gegen die Lehre von den «zwei Schwertern» verstoßen, wie sie im Evangelium bei Lukas (22, 38) zu finden sei. Die königliche Gewalt, die von Gott gewährt sei, könne nicht von einem Menschen abhängen, auch nicht vom Papst.

Der Gang nach Canossa. Gregor VII. zögerte nicht lange, setzte seinerseits Heinrich IV. ab und löste damit in Deutschland eine Bestürzung ohnegleichen aus. Eine große Zahl deutscher Fürsten erhob sich nun gegen den König. Viele Bischöfe folgten ihnen, beschämt darüber, zuvor den Papst abgesetzt zu haben. Heinrich IV. stand plötzlich allein da. Auf Wunsch der deutschen Fürsten und Bischöfe sollte der Papst nach Deutschland kommen und dort sein endgültiges Urteil sprechen. Da faßte der König den Beschluß, Gregor zuvorzukommen. Kurz vor Weihnachten 1076 verließ er Deutschland und zog mit großer Begleitung über Besançon, Genf, den Mont Cenis und Turin nach Canossa südwestlich von Reggio Emilia, der Burg der Markgräfin Mathilde von Tuszien. Dort weilte der Papst mit Abt Hugo von Cluny. Der König erschien im Büßergewand, barfüßig ohne die Insignien der Königswürde, und bat den Papst drei Tage lang um Vergebung. Gregor lehnte zunächst ab, sprach aber am 28. Januar 1077 den König vom Bann los. Heinrich IV. leistete dafür dem Papst den Treueid.

Der Tod Gregors VII. Doch der Bußgang des Königs nach Canossa löste das Problem nicht. Es folgten erneut gegenseitige Verurteilung und Absetzung. Heinrich IV. ließ einen Gegenpapst, Clemens III., wählen, eine blasse, dem König ergebene Persönlichkeit. Dann begab er sich nach Rom, ließ sich am 31. März 1084 zum Kaiser krönen, vertrieb Gregor VII. aus der Stadt, die nun dem Normannen Robert Guiscard ausgeliefert war. In seinem Exil in Salerno gab der besiegte Papst bis zu seinem Tod am 25. Mai 1085 den Kampf nicht verloren. Andere große Päpste, Urban II. und Innozenz III., führten sein Werk fort.

Das Reformkloster Cluny. Die Gregorianische Reform war nicht zuletzt von den Mönchen des Klosters Cluny vorbereitet worden. Seit Jahrhunderten gab es bereits zahlreiche Klöster und Domkapitel. Doch wie die meisten Kirchenpfründen waren auch fast alle Klöster im Zustand heillosen Verfalls. Die Äbte behielten die Einkünfte ihrer Klöster für sich und ließen den Mönchen kaum etwas. Die Mönche wiederum irrten umher, übten niedere Verrichtungen aus und hielten sich kaum noch an die Regel des heiligen Benedikt. In den großen Abteien wurde der Abt vom König ernannt: so im deutschen Fulda, im englischen Hereford oder in Saint-Germain-des-Prés bei Paris. In den kleineren Klöstern erfolgte die Investitur durch Herzöge oder Grafen. Die Christen in Europa waren über diesen Verfall beunruhigt. Die Reform von Cluny wollte dieser Entwicklung Einhalt gebieten.

Berno. Zwei Männer hatten sich zusammengetan, um einen neuen Orden zu gründen, der zur wahren Regel des heiligen Benedikt zurückkehren sollte: der Mönch Berno aus Burgund und der Laie Wilhelm der Fromme, Graf der Auvergne und Herzog von Aquitanien. Wilhelm vermachte Berno das Anwesen Cluny, wo am 11. September 910 ein Kloster gegründet wurde, das von weltlicher Gewalt völlig unabhängig war. Es unterstand einzig und allein dem Papst.

191 *Besuch Papst Urbans II. in der dritten Abteikirche des Klosters Cluny, der größten Kirche der Christenheit im Mittelalter. Miniatur aus dem «Chronicon Cluniazense», Nationalbibliothek Paris. Dauer der Bauzeit: 1089-1225. Länge der Kirche: 187 m; Breite des Langhauses: 40 m; Höhe des Mittelschiffs: 30 m. Die Kirche war ein Gegenbau zum Dom von Speyer, dem Symbol der weltlichen Macht des Kaisers.*

Von der Zeit Bernos an (910-926) erlebte der neue Orden einen außerordentlichen Aufschwung. Er hatte das Glück, von bedeutenden Äbten mit langer Regierungszeit geleitet zu werden. Zahlreiche Fürsten, die ebenfalls Reformen wünschten, baten den Orden um Rat und Tat bis hin zur Gründung von Klöstern. So unterstand dem Abt von Cluny bald eine wachsende Zahl anderer Reformklöster.

Odo. Der Nachfolger Bernos, der heilige Odo (927-942), verbreitete den Orden von Cluny in ganz Europa. Unermüdlich reiste er in eigener Sache, besuchte in Begleitung seiner Mönche, die eine schwarze Soutane trugen, alle erreichbaren Klöster, unterrichtete und bestärkte die reformwilligen Mönche und ließ Kluniazenser zurück. Odo reiste auch nach Rom und traf dort den Papst, dem allein er Gehorsam schuldete. Der Papst legte ihm besonders die Klöster in Rom ans Herz, damit er sie im Geiste Clunys reformiere.

Majolus. Odos Nachfolger wurde Aymard; auf ihn folgte ein Adliger aus Avignon, der heilige Majolus. Er bekleidete sein Amt etwa dreißig Jahre lang. Wie Odo begab er sich auf Reisen, nach Frankreich, Burgund und Italien. In Deutschland, wo alle Klöster dem Reich unterstanden, hatten die ottonischen Kaiser eher Vorbehalte gegenüber seiner Reformtätigkeit.

Odilo. Im Jahr 994 folgte ihm der heilige Odilo. Er regierte Cluny bis zum Jahr 1049. Dank Kaiser Heinrich II. konnte er die kluniazensische Reform auch in deutschen Klöstern verbreiten. Die Zahl der großen Klöster stieg von 37 auf 65. Hinzu kamen Hunderte von Prioraten. Klöster und Priorate bildeten ein dichtes Netz der Missionierung und Frömmigkeit, waren aber zugleich eine politische Kraft. Cluny präsentierte sich als ein zentralisierter Klosterverband, der von der Mutterabtei aus regiert wurde. In Cluny selbst gab es mehr als 300 Mönche, dazu eine weit größere Anzahl von Laienbrüdern. Insgesamt unterstanden der Abtei in Europa über zehntausend Mönche.

192

Hugo. Im Lauf des 11. Jahrhunderts erreichte die Reformbewegung von Cluny ihren Höhepunkt, als dem heiligen Odilo, der fünfundfünfzig Jahre lang Abt des Klosters gewesen war, der heilige Hugo folgte. Er war bereits im Alter von 25 Jahren Abt geworden und behielt dieses Amt von 1049 bis 1109 – ganze sechzig Jahre. In zweihundert Jahren hatte Cluny nur sechs Äbte. Die lange Regierungszeit der ersten Äbte trug sehr zur Stabilität der Reformbewegung bei.
Als Hugo sein Amt antrat, war die Zentralisierung abgeschlossen. Ein einziger Abt, der von Cluny, verfügte über alle Rechte und ernannte vor allem die Äbte und die Prioren der übrigen Klöster des Ordens. Hugo kam aus Burgund und war der Sohn eines Grafen von Semur. Er entwickelte sich schnell zu einer Persönlichkeit von europäischem Rang: Taufpate von Kaiser Heinrich IV., Freund von Papst Gregor VII. und Papst Urban II., unterhielt er enge Beziehungen zu den Königen in Europa. Dennoch waren die Kluniazenser eher ein französischer denn ein europäischer Orden. Ein paar Zahlen belegen das: Am Ende des 11. Jahrhunderts gehörten dem Orden 815 Häuser in Frankreich an, 105 in Deutschland, 52 in Italien, 43 auf den Britischen Inseln und 23 in Spanien. Einige Kluniazenserabteien gab es auch in Polen und im Heiligen Land.

Deutschland. Unter Wilhelm von Hirsau (1069-1091) verbreitete sich die Kluniazensische Reformbewegung allmählich in Deutschland. Das Kloster Hirsau im Schwarzwald war ihr Zentrum. Abt Wilhelm gab sich jedoch nicht damit zufrieden, die Ordensregeln von Cluny in deutschen Klöstern heimisch zu machen, sondern ergriff im Investiturstreit leidenschaftlich Partei für das Papsttum. Der heilige Hugo hingegen versuchte, zwischen Papst und König zu vermitteln.

England. Auf den Britischen Inseln führten Wilhelm der Eroberer und sein geistlicher Ratgeber Lanfranc die kluniazensische Reform ein. In England wie in Spanien gab es Widerstand gegen die straffe Zentralisierung.
Der 1098 gegründete Zisterzienserorden mit seinen autonomen Klöstern war, wie wir noch sehen werden, wesentlich europäischer als die Kluniazenser. Dank Cluny gewann jedoch die Kirche im Westen gegen Ende des 11. Jahrhunderts ihre Unabhängigkeit zurück und einigte die lateinische Christenheit in religiöser Hinsicht wie nie zuvor. Sie hat es jedoch nicht vermocht – oder nicht gewollt –, die gesamte oberste Macht auszuüben. Der Westen entging somit zwei Gefahren: dem Cäsaropapismus – der Kaiser ist zugleich Oberhaupt der Kirche – und der Theokratie – das religiöse Oberhaupt ist zugleich der höchste politische Machthaber.

Das religiöse Leben um das Jahr 1000. Wie schreiend auch die Mißstände waren, so haben dennoch einige herausragende Persönlichkeiten ein intensives religiöses Leben geführt. Das war der Fall bei Robert dem Frommen, König von Frankreich, und vor allem bei Kaiser Heinrich II., der im Jahr 1146 heiliggesprochen wurde.
Die Volksfrömmigkeit war immer noch von Aberglauben und Magie durchdrungen. Die einfachen Menschen suchten in bestimmten Fällen das Eingreifen des Teufels zu erkennen, gleichsam um ein Gegengewicht gegen die allzu strenge Vorsehung zu haben. Vor dem Ende der Welt fürchtete man sich kaum, und es ist übertrieben, vom «Schrecken des Jahres 1000» zu sprechen. Man glaubte an das stetige wundersame Eingreifen Gottes in das menschliche Handeln. Daraus erklären sich auch die Gottesurteile. Zur Vergewisserung der Schuld oder Unschuld eines Menschen unterwarf man ihn der Duell-, der Feuer- oder Wasserprobe: Gott wurde sozusagen aufgefordert, durch ein Wunder einzugreifen und so die Schuld oder Unschuld eines Menschen zu beweisen.
Trotz aller Gewalttätigkeit und trotz der Amoralität vieler Geistlicher setzte die Kirche ihr zivilisatorisches Werk fort. Sie bemühte sich, den Königen und Herren ein Gefühl für ihre Pflichten zu vermitteln, sie von Krieg und Fehde abzubringen. Was die Sklaverei betrifft, so ist sie im 20. Jahr-

193

192 *Der Kaiser als Sachwalter Gottes auf Erden: Heinrich II. der Heilige (R 1002-1024; Kaiser seit 1014). Miniatur aus dem Sakramentar des Herrschers.* **193** *Aus dem Leben des einfachen Volkes: Kutscher und Bauern mit ihren Gespannen. Miniatur, Monte Cassino 1028.* **194** *Die geistige und kulturelle Einheit Europas im Mittelalter, ein Verdienst der Mönche: Initiale mit einer Szene aus dem Alltagsleben der Mönche. Miniatur aus «Moralia in Job», Cîteaux um 1111.*

hundert fast ganz verschwunden. Ist dies ausschließlich ein Verdienst der Kirche? Sie hatte die Sklaverei nicht verurteilt, sondern lediglich die Freilassung gefördert und die Beziehung zwischen Herr und Sklave humanisiert. Der Kirche ging es nicht um die soziale Revolution, sondern um die innere Wandlung der Gesellschaft. Die Aufhebung der Sklaverei und die Einführung der Leibeigenschaft hatte sicherlich auch technische, demographische, wirtschaftliche und soziale Ursachen, so etwa die Erfindung einer zugkräftigeren Anschirrtechnik für Gespanne oder die unumgängliche Erblichkeit der Berufe in der entvölkerten spätantiken Gesellschaft. Doch die Kirche änderte immerhin die Lebenseinstellung der Menschen und milderte ihre Sitten, so daß jener gesellschaftliche Wandel keine Illusion blieb.

Friedensprogramme. Besonders bemerkenswert war der Kampf gegen den Krieg. Unsicherheit herrschte nicht nur in den Grenzgebieten, sondern überall. Die Normanneneinfälle und die Kämpfe der Feudalherrn gegeneinander führten dazu,

194

daß ganz Europa mit Burgen und Befestigungsanlagen aller Art übersät wurde: den *castra, roccae, firmitates, oppida, castella, turres* und wie sie alle hießen.

Doch seit Ende des 10. Jahrhunderts entwickelte sich allmählich eine Friedensbewegung. Auf mehreren Konzilen, vor allem 1054 in Narbonne, kodifizierte man die *Treuga Dei*, den Gottesfrieden. Dazu gehörte die Respektierung aller Wehrlosen, die Unantastbarkeit des Eigentums der Bauern und der Kirche, das Verbot von Fehden zu bestimmten «heiligen» Zeiten – im Advent, an Weihnachten, in der Karwoche, zu Ostern, an Himmelfahrt, an den Festen der Heiligen Jungfrau, Johannes' des Täufers und der Apostel sowie unter der Woche von Donnerstag abend bis Sonntag, den Passionstagen. Der Bruch des Gottesfriedens wurde mit Kirchenstrafen geahndet, mit Exkommunikation, Kirchenbann oder weniger schweren Bußen. Die Gottesfriedenbewegung breitete sich in ganz Europa aus, in Spanien seit 1068, im anglonormannischen Königreich dank Wilhelm dem Eroberer, in Deutschland durch das Konzil von Mainz 1085, in Süditalien seit dem Konzil von Melfi 1089.

Die Päpste verhielten sich lange zurückhaltend, bis Nikolaus II. 1059 in einem Erlaß verbot, Schutzlose wie Pilger, Geistliche, Mönche, Bauern, Frauen und Kinder anzugreifen. Doch erst unter Urban II. wurde der Gottesfrieden ein Gemeingut der Gesamtkirche. Gegen die Ungläubigen predigte dieser Papst indes den heiligen Krieg.

Zusammenfassung. Nach der Reichsteilung von Verdun 843 kam es zu einer extremen Zersplitterung der Staatsgewalt in den einzelnen Königreichen, eine Folge des sich immer mehr ausbreitenden Feudalsystems. Unter den letzten Karolingern befand sich das Reich Karls des Großen in voller Auflösung. Im Ostfrankenreich waren Sachsen und Bayern so gut wie unabhängig, ebenso das Herzogtum der Alemannen. Von Sachsen ging schließlich die Wiederherstellung des Heiligen Römischen Reichs aus: unter König Heinrich I. und vor allem unter seinem Enkel Otto, der in Aachen zum König und 962 in Rom zum Kaiser gekrönt wurde.

Für die europäische Geschichte insgesamt von Bedeutung waren in jenen zwei Jahrhunderten jedoch vor allem drei große Invasionen: im Süden die der Sarazenen, im Norden und Süden die der Normannen und im Osten jene der Slawen, die ihrerseits von den «Steppenvölkern», den Awaren, Bulgaren und Ungarn, nach Westen gedrängt wurden, wobei die Ungarn ihre Kriegs- und Raubzüge bis ins Rhônetal und in die Poebene ausdehnten. Von diesen Völkerschaften gliederten sich Normannen, Slawen, Bulgaren und Ungarn in die europäische Völkergemeinschaft ein.

Was die Sarazenen betrifft, so übten sie einen gewaltigen Einfluß aus. Doch lebten sie wegen ihrer mulimischen Religion neben und nicht mit den besiegten christlichen Völkern. Die Christen mit Gewalt zum Islam zu bekehren, lag den Sarazenen fern.

Daß in Europa zu jener Zeit eine geistige und spirituelle Einheit entstand, war vor allem das Verdienst der Mönche.

9 Der Höhepunkt der Christenheit im 12. und 13. Jahrhundert

Weltliche und geistliche Gewalt

Papst Urban II. In der erbitterten Auseinandersetzung zwischen Kaiser und Papst schien zu Beginn des 12. Jahrhunderts die Lage für das Papsttum günstig zu sein. Dem großen Papst aus Châtillon, Urban II. (1088-1099), war es gelungen, die Macht des Gegenpapstes Clemens III. (Wibert von Ravenna, 1080 gewählt, im Jahr 1100 gestorben) erst einzuschränken und schließlich zu beseitigen.
Das Schisma wurde dank energischer Maßnahmen behoben. Dazu gehörten zahlreiche Ernennungen und Einsetzungen, Reformen im Kirchenrecht und in der Kirchenzucht. Legaten und einzelne Bischöfe unterstützten den Papst dabei tatkräftig, so Lanfranc, der Erzbischof von Canterbury, Bischof Hugo von Lyon, Bischof Gebhard von Konstanz und Odo, der Erzbischof von Toledo. Die größten Schwierigkeiten gab es in Rom, wo Papst und Gegenpapst jeweils eine regelrechte Besatzungszone in Beschlag hielten. Was Kaiser Heinrich IV. betrifft, den Canossa-Gänger, so wurde er von seinem Sohn Heinrich V. besiegt und abgesetzt – er starb 1106 in Lüttich im Elend.
Urban II. war ein Theokrat. Sein ganzes Streben war selbstverständlich auf die Einheit der Kirche gerichtet. An Lanfranc schrieb er einmal: «Bemüht Euch darum, der römischen Kirche zu Hilfe zu kommen und unsere so verschiedenen Ortskirchen in die katholische Einheit einzugliedern.» Aber er benutzte diese Politik dazu, seine Vorherrschaft über die Könige zu fordern. So bekräftigte er seinen Anspruch gegenüber Alfons VI., dem König von Kastilien, der 1085 gerade Toledo zurückerobert hatte: «Es gibt, König Alfons, zwei Gewalten, von denen die Welt hauptsächlich regiert wird, die Priesterwürde und das Königsamt. Aber die Priesterwürde, mein lieber Sohn, steht so sehr über dem Königsamt, daß wir dem Herrn der Welt von den Taten selbst der Könige Rechenschaft geben müssen.»

Der Investiturstreit. In der Tat lebte der Streit zwischen Königtum und Papsttum wieder auf und dauerte mit all seinen Höhen und Tiefen bis 1250. Er entwickelte sich zu einer Auseinandersetzung über die Investitur von Bischöfen.
In der Lehnsgesellschaft wurde der Vasall durch seinen Lehnsherrn in sein Lehen eingesetzt. Die Bischöfe etwa waren Verwalter großer weltlicher Güter in ihren Diözesen und zugleich Lehrer und Verteidiger des Glaubens. Die weltlichen Herren ihrerseits trachteten danach, die Bischöfe ihrer Domänen selbst zu bestimmen und in ihr Amt einzusetzen. In den Augen der Päpste war dies unmöglich: Ein Laie kann einen Geistlichen nicht in sein Amt einsetzen. Die Päpste, denen eine Theokratie vorschwebte, strebten somit danach, die gesamte Investitur vorzunehmen. Diesen Absichten lief indes eine neue Auffassung zuwider. Sie kam gegen Ende des 11. Jahrhunderts auf und berief sich auf die Lehre von den «Zwei Schwertern», dem geistlichen und dem weltlichen, nach Matthäus 22, 21: «Gebt dem Kaiser, was des Kaisers ist, und Gott, was Gottes ist.» Von dieser Position aus gestanden die Könige Englands und Frankreichs dem Papst bereits 1107 die Investitur durch «Ring und Stab» zu. Kaiser Heinrich V. jedoch versuchte noch lange, diese Investitur sich selbst vorzubehalten. Die Folge dieser antipäpstlichen Politik war, daß der Kaiser in Italien Kriege führen und Gegenpäpste ernennen mußte, die ihm genehm waren. Erst das Wormser Konkordat von 1122 zwischen Heinrich V. und Papst Calixt II. setzte dem Streit ein Ende. Es unterschied im Bistum zwischen den geistlichen Rechten, den Spiritualien, symbolisiert durch Ring und Stab, die dem Papst zustanden, und den weltlichen Rechten oder Temporalien, deren Symbol das Zepter war und über die der König verfügte.

195 *Der Papst und der Bettelmönch: Innozenz III. bestätigt die Ordensregel des heiligen Franziskus. Fresko von Giotto di Bondone in San Francesco in Assisi, um 1295/1300.*

ZEITTAFEL 7: Der Höhepunkt der abendländischen Christenheit: 12. und 13. Jahrhundert

12. Jahrhundert

Papsttum	**1096** Urban II. predigt den ersten Kreuzzug	**1098** Gründung des Zisterzienserordens	**1122** Wormser Konkordat; Ende des Investiturstreits	**1145–1153** Eugen III.	**1145** Der hl. Bernhard von Clairvaux predigt nach dem Fall Edessas den 2. Kreuzzug	**1153** Tod des hl. Bernhard	**1198–1216** Innonenz III.
Heiliges Römisches Reich	**1096** Judenmassaker der Kreuzfahrer im Rheinland **1127** Freiheitsbriefe für die flandrischen Städte	**1138** Thronbesteigung Konrads III.; das Haus der Staufer folgt auf das Haus der Salier **1152–1190** Kaiser Friedrich Barbarossa	**1176** Barbarossa unterliegt bei Legnano dem lombardischen Städtebund		**1180** Prozeß Heinrichs des Löwen **1183** Friede von Konstanz	**1186** Heinrich VI. heiratet Konstanze von Sizilien	**1190–1197** Heinrich VI.
Britische Inseln	**1066–1154** Normannenherrschaft **1100–1135** König Heinrich I. Beauclerc	**um 1130** Einrichtung einer Rechenkammer unter Heinrich I.	**1144** Judenverfolgung in Norwich	**1152** Heirat Heinrich Plantagenets mit Eleonore von Aquitanien	**1154–1189** Heinrich II. (Haus Anjou-Plantagenet)	**1170** Ermordung des Thomas Becket in der Kathedrale von Canterbury	**1189–1199** Richard I. Löwenherz **1199–1216** Johann ohne Land
Frankreich	**1108–1137** Ludwig VI.; Vergrößerung der Krondomäne; das Ansehen des Königtums steigt	**1124** Ludwig VI. zieht mit einem Heer gegen Kaiser Heinrich V.	**1137** Ludwig VII. (1137–1180) heiratet Eleonore von Aquitanien	**1144** Gottfried von Anjou wird Herzog der Normandie			**1180–1223** Philipp II. August
Italien	**1101–1154** Roger II. Graf von Sizilien	**1130** Roger II. wird in Palermo zum König von Sizilien gekrönt (Normannische Dynastie)	**1138** Beginn des Konflikts zwischen Guelfen und Ghibellinen	**1143** Arnold von Brescia predigt gegen die Verweltlichung des Papsttums und verbündet sich mit der römischen Stadtopposition	**1162** Barbarossa erobert und zerstört Mailand	**1165** Barbarossa erobert Rom	**1198–1250** Friedrich II.
Spanien und Portugal		**1106–1111** Militärische Erfolge der Almoraviden	**1116** Erhebung in Compostela gegen den Bischof	**1118** Alfons I. von Aragon erobert Saragossa von den Moslems	**1126** In Kastilien folgt die Dynastie der Burgunder der von Navarra **1126–1157** Alfons VII.	**1139** Alfons I. Henriques läßt sich nach dem Sieg von Ourique über die Muslime zum König von Portugal ausrufen	**1147** Alfons I. erobert Lissabon **1188** Erste Ständeversammlungen (Cortes) in Leon
Nord- und Osteuropa	**1102** Kroatien wird in Personalunion Teil des ungar. Reichs **1113–1125** Wladimir II. Monomach Fürst von Kiew	**1134–1185** Dänemark vorübergehend deutsches Lehen **1147** «Wendenkreuzzug» in Mecklenburg und Pommern	**um 1150** Beginn der deutschen Ostsiedlung **um 1150** Gründung von Moskau	**1155–1160** Erich der Heilige König von Schweden	**1158** Wladislaw II. von Böhmen erhält von Friedrich I. Barbarossa die Königskrone	**1157–1227** Expansion Dänemarks	**1173–1196** Bela III. König von Ungarn
Byzanz	**1108** Alexios I. Komnenos zwingt Bohemund von Tarent zum Lehnseid für Antiochia	**1118–1143** Johannes II. Komnenos	**1143–1180** Manuel I. Komnenos	**1158** Byzantinische Oberlehnsherrschaft über die Kreuzfahrerstaaten in Syrien	**1171** Vernichtungsschlag der Byzantiner gegen die Venezianer	**1176** Vernichtende Niederlage der Byzantiner gegen die Türken bei Myriokephalon; endgültiger Verlust Kleinasiens	
Orient	**1096** 1. Kreuzzug; Sieg der Kreuzfahrer über den Sultan von Ikonion **1099** Einnahme Jerusalems durch die Kreuzfahrer	**1126–1198** Averroës (Ibn Ruschd) **1144** Der Emir von Mossul erobert Edessa; 2. Kreuzzug	**1148** Niederlagen der Kreuzfahrer bei Damaskus und Askalon **1154** Nur ad-Din erobert Damaskus	**1155** Normannischer Überfall auf Alexandria **1174–1185** Balduin IV. der Aussätzige König von Jerusalem	**1187** Vernichtende Niederlage der Christen bei Hattin gegen Sultan Saladin; Fall Jerusalems	**1187** Saladin erobert Jerusalem; **1189–1192** 3. Kreuzzug	**1191** Einnahme Akkons durch die Kreuzfahrer; Eroberung Zyperns durch Richard Löwenherz

13. Jahrhundert

1209–1229 Albigenserkreuzzug	**1227–1241** Gregor IX. **1231** Gregor IX. beauftragt den Dominikanerorden mit der Inquisition	**1243–1254** Innozenz IV. **1245** Das erste Konzil von Lyon setzt Kaiser Friedrich II. ab	**1252** Innozenz IV. erlaubt die Anwendung der Folter bei der Inquisition **1254–1261** Alexander IV.	**1274** Zweites Konzil von Lyon; Union der lat. mit der griech.-orthodoxen Kirche **1294–1303** Bonifaz VIII.	**1300** Ausrufung des ersten Heiligen Jahrs	
1216 Friedrich II. römischer König	**1220–1250** Friedrich II. Kaiser **1231** «Statutum in favorem principum»: weltliche Fürsten erhalten die gleichen Herrschaftsrechte wie die geistlichen	**1254–1273** Interregnum **1254** Rheinischer Städtebund		**1268** Hinrichtung Konradins, des letzten Staufers, in Neapel	**1273–1291** Rudolf von Habsburg König	**1291** «Ewiger Bund» der drei Waldstätte Uri, Schwyz und Unterwalden; Beginn der Schweizer Eidgenossenschaft
1215 Magna Charta libertatum **1216–1272** Heinrich III.	**1254** Erweiterung der «Großen Ratsversammlung» durch vier gewählte Ritter als Vertreter jeder Grafschaft	**1258–1265** Aufstand der Barone	**1264** Einnahme von Amiens; Simon von Montfort schlägt Heinrich III. und nimmt ihn gefangen	**1265–1267** Heinrich III. stellt das weltliche Vorrecht wieder her; Simon von Montfort fällt bei Evesham	**1272–1307** Eduard I. **1286** Tod Alexanders III. von Schottland; letzter gälischer König **1290** Vertreibung der Juden aus England	**1297** Eduard I. erkennt die Finanzhoheit des Parlaments an
1202 Philipp August konfisziert die französischen Lehen des Johann ohne Land **1212** Philipp August läßt eine Mauer um Paris bauen	**1214** Sieg Philipps II. August bei Bouvines über Joh. ohne Land **1223–1226** Ludwig VIII.; Erwerb des Poitou; Albigenserkreuzzug	**1226–1270** Ludwig IX. der Heilige **1229** Vertrag von Paris; Ende der Albigenserkriege, Annexion der gesamten Languedoc	**1246** Ludwig IX. belehnt seinen Bruder Karl mit Anjou; Erwerb d. Provence; **gegen 1250** Bildung des Parlaments von Paris **1254** Vertreibung der Juden aus Frankreich	**1260** Verbot der Fehde durch Ludwig IX. **1270** Tod Ludwigs d. Heiligen auf dem 7. Kreuzzug vor Tunis	**1271** Tod des Alfons von Poitiers; Ost- und Westfrankreich wieder vereint **1294–1297** Engl.-franz. Krieg um das Herzogtum Guyenne	**1302** Versammlung der Generalstände in Paris
1231 Konstitutionen von Melfi **1237** Friedrich II. schlägt die lombardischen Städte bei Cortenuova	**1240** Das Bürgertum übernimmt die Macht in Siena **1258–1266** Manfred, König von Sizilien, erhebt Anspruch auf das Kaiserreich	**1264** Guelfen triumphieren bei Florenz **1266–1268** Karl von Anjou, Bruder Ludwigs des Heiligen, erobert das Königreich Sizilien	**1267** Vertreibung der Staufer aus Florenz; fortan ist die Stadt guelfisch **1270** Erste Seekarte des Mittelmeerraums	**1277** Visconti Herren von Mailand **1282** «Sizilianische Vesper»; Peter III. von Aragon vertreibt die Franzosen aus Sizilien	**1291** Benedetto Zaccaria vernichtet eine marokkanische Flotte bei Gibraltar	**1293** «Ordinamenti della Giustizia» in Florenz (Ausschluß des Adels vom politischen Leben)
Eroberungen Aragons: **1204** Montpellier (1349 wieder verloren) **1229–1235** Balearen **1282** Sizilien (1295 wieder verloren)	**1212** Sieg der Christen über die Almohaden bei Las Navas de Tolosa **1213–1276** Jakob I. der Eroberer König von Aragon	**1229** Jakob I. erobert Valencia **1236** Ferdinand III. der Heilige von Kastilien erobert Cordoba; Ende der Reconquista **1248** Die Kastilier erobern Sevilla	**1252–1284** Alfons X. der Weise von Kastilien **1253** Alfons III. von Portugal annektiert ganz Algarve	**1260** Kastilien überfällt Salis (Marokko) **1262** Teilung des Königreichs Aragon; Gründung des Königreichs Mallorca	**1282** Alfons X. der Weise von Kastilien wird abgesetzt	
1217–1263 Haakon IV.; Gründung des Erbkönigtums in Norwegen **1227** Waldemar II. von Dänemark bei Bornhöved von den Deutschen geschlagen	**1230–1283** Der Deutsche Orden erobert Preußen **1232–1241** Mongoleninvasion in Osteuropa (Polen, Ungarn)	**1240** Aufstand der Prußen gegen den Deutschen Orden	**1241** Rückzug der Mongolen aus Polen nach der Schlacht bei Liegnitz **1242** Niederlage des Deutschen Ordens gegen die Großfürstentümer Pleskau und Nowgorod	**1263** Antiklerikaler Aufstand in Polen **1278** Ende des großböhmischen Königreichs	**1282–1321** Ausdehnung Serbiens unter Stephan II. **1287** Letzter Mongolenüberfall auf Polen	
1204 Plünderung und Zerstörung Konstantinopels durch die Kreuzfahrer	**1205** Vernichtende Niederlage und Gefangenschaft des lateinischen Kaisers Balduin I. in der Schlacht bei Adrianopel gegen die Bulgaren				**1261** Wiederherstellung des byzantinischen Kaiserreichs durch Kaiser Michael VIII. Palaiologos	**1282–1328** Andronikos II. Kaiser von Byzanz
1202–1204 4. Kreuzzug **1206** Thronbesteigung Dschingis Khans	**1217–1221** 5. Kreuzzug **1228–1229** Kreuzzug Friedrichs II. (6. Kreuzzug) **1244** Endgültiger Verlust Jerusalems	**1227** Tod Dschingis Khans; Krönung Ügedeis	**1248–1254** 7. Kreuzzug; Ludwig der Heilige in Ägypten; Niederlage bei al-Mansurah; **seit 1250** Mamelukken in Ägypten	**1253–1254** Mission Wilhelms von Rubruk bei den Mongolen **1259–1294** Kublai Khan Mongolenherrscher	**1270–1275** 8. Kreuzzug **1271–1295** Reise Marco Polos nach China	**1291** Fall Akkons; Ende des fränkischen Syrien

Es war eine Lösung des gesunden Menschenverstands und ein Beweis dafür, daß der Kompromiß oft die beste Lösung eines Konflikts ist. Nicht nur der Kaiser und die Könige hatten Zugeständnisse gemacht. Die Päpste, die den theokratischen Lehren Gregors VII. und Urbans II. anhingen, waren der Meinung, daß sie bis an die Grenze des Zumutbaren gegangen seien. Durch ständige Einmischung in die Politik verstärkten sie den Einfluß Roms. Einen Beweis dafür lieferte das 1139 von Innozenz II. einberufene Laterankonzil. Mehr als fünfhundert Bischöfe, vielleicht sogar tausend, waren dem Ruf des Papstes gefolgt. Auf der Eröffnungsversammlung erklärte Innozenz II.: «Ihr wißt, daß Rom das Haupt der Welt ist.» Kurz danach veröffentlichte Gratian, ein Mönch aus Bologna, unter dem Titel *Concordantia discordantium canonum* eine umfassende Sammlung von etwa 3800 Texten zum Kirchenrecht. Deutlicher denn je ging daraus hervor, daß erstens der Papst der Herr der Kirche ist, daß zweitens die Kirche von der weltlichen Macht vollkommen unabhängig ist und daß drittens die weltlichen Fürsten in zahlreichen Fragen den Priestern gehorchen müssen.

Friedrich I. Barbarossa. Der Investiturstreit entzündete sich von neuem zwischen Friedrich I. Barbarossa (1122-1190), der 1155 in Rom zum Kaiser gekrönt wurde, und Papst Alexander III. (1159 bis 1181), der sich an der Universität Bologna als Lehrer des Kirchenrechts ausgezeichnet hatte. Und wieder ergab sich eine ähnliche Abfolge der Ereignisse: Der Kaiser besaß ein wirksames Druckmittel, den Kriegszug nach Italien. Der Papst wiederum bediente sich der Exkommunikation. Barbarossa setzte daraufhin Gegenpäpste ein, drei nacheinander, und abermals trug der Papst den Sieg davon. Alexander III. erzwang 1177 von Barbarossa den Frieden von Venedig – ein neues Canossa. Auf einem weiteren Laterankonzil, 1179, festigte der Papst abermals seine Macht.

Seit 1215 nannte man in Italien die Parteigänger des Kaisers «Ghibellinen» und die des Papstes «Guelfen», nach den beiden rivalisierenden Dynastien in Deutschland: den Staufern oder Ghibellinen (nach ihrem Gut Waiblingen) und den Welfen oder Guelfen. Friedrich Barbarossa stammte von beiden Familien ab.

Innozenz III. War Europa dabei, eine Theokratie zu werden? Es sah fast danach aus, als der größte Papst des Mittelalters, Innozenz III., 1198 den Stuhl Petri bestieg.

Ursprünglich Lothar Graf von Segni, aus altem römischen Adel, hatte er zunächst in Rom, dann in Paris und in Bologna Kirchenrecht studiert. Er wurde Kardinaldiakon, erhielt aber seine Priester- und Bischofsweihe erst nach seiner Wahl zum Papst, die einstimmig erfolgte.

Obgleich Innozenz III. Humanist, Jurist, Schriftsteller und ein tiefgläubiger Mann war, erscheint er in den Augen mancher Historiker als ruhmsüchtig, unaufrichtig, autoritär und wenig flexibel. Andere schreiben seine unbeugsame Haltung der Tatsache zu, daß er sein ganzes Leben in den Dienst Gottes stellte. Im Jahr 1213 schrieb er einmal: «Zwei Dinge liegen mir vor allem am Herzen, die Befreiung des Heiligen Landes und die Reform der universalen Kirche.»

Mit Nachdruck und offensichtlichem Erfolg arbeitete er daran, daß die Ostkirche wieder unter die Hoheit des Papstes kam. Der deutsche Historiker Albert Hauck sah darin den Ausdruck des päpstlichen Strebens nach «Weltherrschaft». Deshalb habe Innozenz III. vom Patriarchen von Konstantinopel die Anerkennung der *plenitudo potestatis* des Papstes gefordert.

Die Machtfülle des Papstes erstreckte sich zunächst auf die Kirche, denn der Papst war nun der «Stellvertreter Christi auf Erden». Sie erstreckte sich auch auf die Staaten, deren Fürsten wie die Bischöfe dem Papst zu gehorchen hatten. Doch dachte Innozenz III. in Wirklichkeit differenzierter. Er begnügte sich oft damit, den Fürsten ihre Pflichten vor Augen zu halten und sie zur Ordnung zu rufen, wenn sie die Gebote der Moral verletzten. Das war der Fall bei Philipp II. August, dem König von Frankreich, bei mehreren spanischen Fürsten, beim Herzog von Österreich und auch beim jungen Friedrich von Sizilien, dem künftigen Kaiser Friedrich II. Innozenz III. ging so weit, die Fürsten zum Frieden aufzufordern. Doch immer stand für ihn «das Priestertum notwendigerweise über dem Königtum».

Strebte dieser Papst nach weltlicher Herrschaft und damit nach der Einigung Europas unter seiner Führung? Auf jeden Fall beanspruchte er die weltliche Macht über einen großen Teil Italiens, um sich gegen erneute Kriegszüge der Kaiser verteidigen

196

197

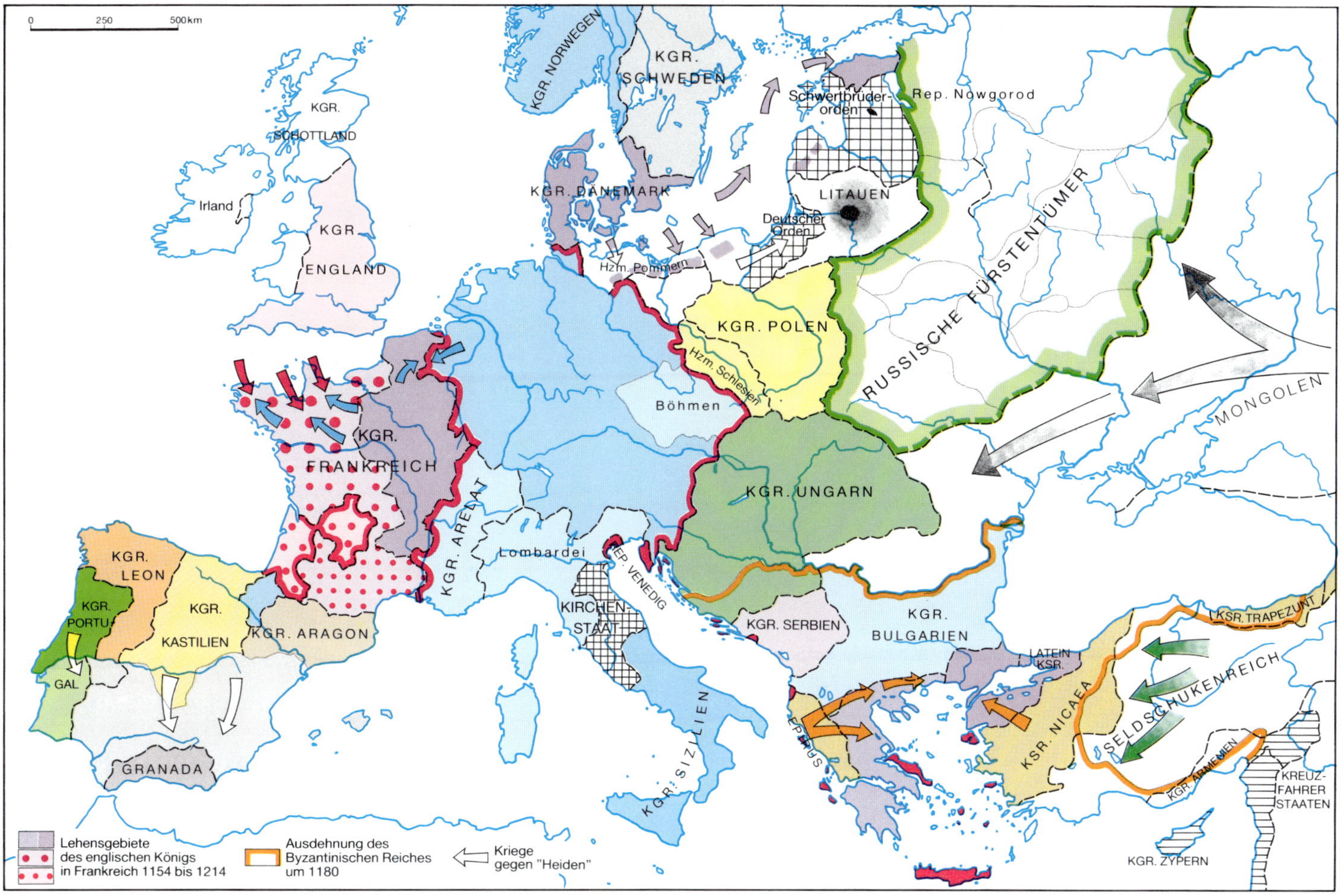

196 *Ein Gelehrter und Staatsmann unter den Päpsten: Alexander III. (1159-1181). «Die Übergabe des Schwertes an den Dogen Ziani», Fresko von Spinello Aretino (1332-1410) im Palazzo Pubblico von Siena.* **197** *Der größte Papst des Mittelalters: Innozenz III. (1198 bis 1216). Für ihn stand das Priestertum notwendigerweise über dem Königtum. Fresko in der Kirche Sacro Speco in Subiaco, 13./14. Jahrhundert.* **Karte 16:** *Papst, Kaiser und Könige im Hohen Mittelalter.*

zu können. König Peter von Aragon bot sein Königreich sogar der Kirche an, um es von Innozenz III. als Lehen zu erhalten. Dabei mußte er versprechen, daß er «seinem Oberherrn, dem Papst Innozenz und dessen katholischen Nachfolgern, immer treu und gehorsam sei wie auch der römischen Kirche». Selbst wenn Innozenz III. öffentlich kundgab, daß der Papst dazu berufen sei, «nicht nur die Kirche, sondern auch die Welt» zu regieren, so stellte er doch auch fest, daß ihm das in der Praxis verwehrt sei. Im Fall von Sünden, Eidbrüchen und Friedensverletzungen spielte er die Rolle des obersten Richters – und das war schon sehr viel.

Den Höhepunkt seiner Amtszeit erlebte Innozenz III. während des vierten Laterankonzils im Jahr 1215. Bei dieser Kirchenversammlung waren über vierhundert Bischöfe anwesend, unter ihnen die Patriarchen von Konstantinopel und von Jerusalem. Achthundert Äbte und Prioren nahmen an den Sitzungen teil, zusammen mit den Gesandten des Kaisers von Konstantinopel, der Könige von Deutschland, Frankreich, England, Jerusalem, Aragon, Portugal und Ungarn sowie zahlreichen Herren aus Südfrankreich (wegen der Albigenser) und hohen kirchlichen Würdenträgern aus Polen und Dalmatien. Die meisten griechischen Bischöfe hatten sich allerdings geweigert, nach Rom zu kommen. Das Konzil entschied eine Reihe politischer, dogmatischer und rechtlicher Fragen. Man beriet über die neuen Orden und über die Albigenserfrage. Ein Kreuzzug wurde vorbereitet. Innozenz III. starb kurz nach Beendigung des Konzils im Jahr 1216.

Die Niederlage Kaiser Friedrichs II.

Ein letzter Kampf zwischen Papsttum und Kaisertum entbrannte unter Friedrich II. (1220-1250). Der junge Staufer wurde 1194 in Iesi bei Ancona geboren und wuchs in Sizilien auf, wo er stark von der arabischen Kultur beeinflußt wurde. Hochmütig und moralisch gleichgültig wie er war, ähnelte er mehr einem orientalischen Despoten, der im größten Luxus lebte, als einem christlichen König. War er einer der ersten Agnostiker der Christenheit? Auf jeden Fall übte er auf Sizilien Toleranz in religiösen Dingen: Die römischen und die griechischen Kirchen, die Synagogen und die Moscheen existierten dort nebeneinander. Die Bedeutung Friedrichs II. für die Naturwissenschaft und die Philosophie werden wir im nächsten Kapitel kennenlernen. Wichtig ist hier, daß Friedrich II. die Politik der Kaiser wiederaufnehmen und die Macht der Päpste zerstören wollte.

Die oberste Gewalt sollte wieder dem Kaiser zustehen. Friedrich II. sah sich als Kaiser von Gottes Gnaden, so, wie es ihn seine Lehrer, die Juristen der Universität Bologna, gelehrt hatten. Die Kirche war nach dieser Auffassung ein Teil des Reichs und diesem untergeordnet. Der Kaiser war ein römischer Kaiser, Caesar, Augustus, «Felix, Victor et Triumphator» – der Glückliche, Siegreiche und Triumphator. Er herrschte über die Fürsten und Könige.

198

199

198 *Der «Mann aus Apulien»: Friedrich II. (1220-1250) heiratet Isabella von Brienne, Erbin der Krone Jerusalems. Miniatur aus einer Handschrift der Biblioteca Chigiana, Vatikan.*
199 *Castel del Monte: der Achtstern als Symbol kaiserlicher Macht, «ein hübscher architektonischer Einfall, gespeist durch sizilische Kindheitseindrücke und spätere Reiseerlebnisse in Orient und Okzident» (Horst Stern).*

Reichte die Diplomatie nicht aus, diese Ziele zu verwirklichen, dann gebrauchte Friedrich II. nicht selten Gewalt und führte Krieg.

Der Nachfolger von Innozenz III. auf dem Heiligen Stuhl, Cencio Savelli, der sich als Papst Honorius III. nannte, war ein friedfertiger Greis, ein ehemaliger Lehrer des jungen Friedrich. So war er ihm gefällig. Honorius stimmte zu, daß Friedrich 1220 in Rom zum Kaiser gekrönt wurde.

Die beiden folgenden Päpste, Gregor IX. (1227-1241) und Innozenz IV. (1243-1254), wehrten sich heftig gegen die Übergriffe des Kaisers. Friedrich II. konnte sein Ziel nicht verwirklichen. Mehrmals wurde er exkommuniziert, der Ketzerei angeklagt und sah seinen Einfluß schwinden. Ein Konzil, das Innozenz IV. nach Lyon einberufen hatte, machte dem Kaiser den Prozeß. Er wurde erneut exkommuniziert und abgesetzt: «durch Gott all seiner Ehrentitel und Würden entkleidet». Fünf Jahre lang widersetzte sich der Kaiser dem Konzilsbeschluß. Dann wollte er gegen Lyon ziehen. Aber der französische König Ludwig der Heilige hinderte ihn daran. Friedrich II. starb im Jahr 1250 in seinem Königreich Sizilien, dem einzigen Land, das ihm geblieben war.

Die kaiserlose Zeit. Dies bedeutete den Sieg des Papsttums, zumal das Reich von 1254 bis 1273 ohne Kaiser blieb. Es war die Zeit des großen Interregnums, das mit der Wahl Rudolfs von Habsburg zu Ende ging. Doch in Wirklichkeit zog das Papsttum aus dieser Situation keinen Vorteil. Als Gregor IX. und nach ihm Innozenz IV. versuchten, ihre Oberhoheit über die Herrscher des Abendlands durchzusetzen, sträubten sich diese dagegen, sogar Ludwig der Heilige von Frankreich. In einem Punkt war dessen Widerstand besonders heftig. Der päpstliche und der königliche Fiskus waren nämlich Konkurrenten. «Der König kann nicht dulden, daß die Kirchen seines Königreichs auf diese Weise regelrecht ausgeraubt werden; er muß sich vielmehr den Kirchenschatz, über den er frei verfügen kann wie über seine eigenen Güter, für die Erfordernisse des Königreichs vorbehalten», schrieb ein Berater des Königs. So erstarkte in dem Augenblick, als für eine kurze Zeit die Einheit der Christenheit ihrer Verwirklichung nahe gekommen schien, die Macht der Staaten in Europa.

Aus unserer europäischen Sicht mag es beunruhigend erscheinen, eine derartige Zerstückelung sich am Horizont abzeichnen zu sehen. Für die Entwicklung der künftigen Freiheiten war jedoch entscheidend, daß Europa auf diese Weise der Vermischung von weltlicher und kirchlicher Gewalt zu entgehen vermochte, die eine der Ursachen des Totalitarismus ist.

Dennoch war die Idee der Einheit nicht tot. Vor allem Dante, der ein Anhänger der Ghibellinen war, befürwortete in seiner Schrift *De monarchia* eine geeinte Christenheit unter der Führung des Kaisers.

Der heilige Bernhard und die weißen Mönche

Cluny im 12. Jahrhundert. Es ist sehr schwer für religiöse Orden, den Niedergang zu verhindern, besonders dann, wenn sie Ansehen genießen; denn in Zeiten hoher Frömmigkeit werden sie reich. Sie erhalten Schenkungen, Vermächtnisse frommer Menschen oder reuiger Sünder, die von der Aussicht auf ewige Verdammnis und Höllenpein in Schrecken versetzt sind. In Cluny waren die Verfallserscheinungen kaum wahrnehmbar – eine verhältnismäßig gepflegte Küche, Zimmer für die Mönche und Ordensgewänder aus gutem Stoff. Doch mit Asketentum hatte dies nichts mehr zu tun.

Außerdem sah die Regel des heiligen Benedikt, der die Reformbewegung von Cluny inspiriert hatte, vor, daß die Mönche ihre Zeit zwischen körperlicher Arbeit, geistiger Arbeit und Gebet aufteilen. In Cluny bestand man kaum noch auf körperlicher Arbeit. So verkümmerte die Anziehungskraft des Ordens zu Beginn des 12. Jahrhunderts.

Petrus Venerabilis, 1122 zum Abt gewählt, versuchte noch einmal, die alte Zucht und Ordnung wiederherzustellen, die Lust an Wohlleben und feiner Küche zu bekämpfen. Der Abt hatte Erfolg und unterstützte weiterhin, so gut er konnte, das Papsttum. Die Führung des geistigen Europa war indes bereits an andere Ordensgemeinschaften übergegangen: an die Mönche von Cîteaux und Clairvaux. Weitere Orden waren im Entstehen begriffen.

Kartäuser und Prämonstratenser. Der heilige Bruno von Köln (um 1030-1101) gründete 1084 mit sechs Mitbrüdern in der Cartusia, der Grande Chartreuse bei Grenoble, ein Kloster: die Chartreuse oder Kartause. Die Kartäuser widmeten sich ganz der Meditation in Stille und Abgeschiedenheit, ihre Nahrung war fleischlos. Der Orden erstrahlte in hellem Glanz. Bruno wurde Berater von Papst Urban II. Doch er lehnte die Übernahme eines Erzbistums ab und gründete in Kalabrien eine neue Kartause.
Ein anderer Deutscher, Norbert von Xanten, ehemaliger Kaplan Kaiser Heinrichs V., erneuerte den Orden der Augustinerchorherren und ließ sich 1120 mit seinen Gefährten in Prémontré bei Laon nieder; das war der Beginn des Prämonstratenserordens. Im Jahr 1126 wurde Norbert Erzbischof von Magdeburg, dem wichtigsten Zentrum für die Mission in Osteuropa.
Neben diesen Neugründungen entstanden auch, wie wir noch sehen werden, Ritterorden für die Kreuzzüge. Doch weit mehr als durch all diese Orden wurde das 12. Jahrhundert durch Cîteaux geprägt. Die große Gestalt des Zisterzienserordens war der heilige Bernhard – ein Europäer von Rang.

Cîteaux. Cîteaux liegt 22 Kilometer nordöstlich von Beaune. Dorthin kam im Jahr 1098 ein heiliger Mann, Robert von Molesme, mit seinen Gefährten. Sie nahmen ein heruntergekommenes Benediktinerkloster in Besitz, um dort eine Gemeinschaft zu bilden, die sich streng an die Regel des heiligen Benedikt hielt: schlafen auf blankem Boden, als Nahrung ein Pfund Brot und zwei Teller Gemüse am Tag, kein Fleisch, kein Fisch, keine Milchspeisen; bescheidene, schmucklose Behausungen; als Ordenskleid ein einfaches weißes Gewand aus grobem Tuch; ein Leben in Schweigsamkeit und Stille.
Diese harte Askese schreckte nicht ab. Im Gegenteil: Sie übte eine außerordentliche Anziehungskraft aus. Im Jahr 1112 kam der junge Bernhard von Fontaines mit gleichgesinnten Freunden nach Cîteaux. Er war 23 Jahre alt, das dritte von sieben Kindern eines Burgherrn. Bald folgten ihm mehrere seiner Brüder, Onkel und Vettern.

Der heilige Bernhard. Von Cîteaux aus zogen die Mönche ins Land und gründeten zunächst vier Abteien: Pontigny, La Ferté, Morimond und Clairvaux.
Im wilden und unwirtlichen Vallée de l'absinthe, dem Wermuttal in der Gegend von Langres, trafen am 25. Juni 1115 dreizehn Mönche ein. Ihr Abt war Bernhard selbst, ernannt vom Abt von Cîteaux. Voller Zuversicht tauften die Mönche das wilde Land Clairevallée oder Clairvaux, das lichte Tal, und begannen mit dem Bau eines Klosters, wobei sie Gott kaum mehr Luxus zubilligten als sich selbst.
Von Clairvaux aus entstanden bald neue Abteien: Trois Fontaines, Fontenay, Foigny. Da jedes einzelne Kloster unabhängig war, gingen von ihnen aus die Klostergründungen weiter. Der Ruf des heiligen Bernhard war indes so einzigartig, daß er – ohne jegliche Rechtsbefugnis – vierzig Jahre lang den Zisterzienserorden prägte und zugleich einen außerordentlichen Einfluß auf die Kirche, die Päpste, die Kaiser, die

200

200 *«Der heilige Bernhard von Clairvaux erläutert seinen Mönchen das Hohelied», Miniatur aus dem «Stundenbuch des Estienne Chevalier» von Jean Fouquet, um 1453.*

Könige von Frankreich, England, Aragon und Kastilien, auf die Italiener, die Dänen und die Polen ausübte.
Doch Bernhard hatte sich, eine Folge der Askese, ein schweres Magenleiden zugezogen. Als halbkranker Mann reiste er, stets von Mönchen seines Ordens begleitet, kreuz und quer durch Europa und entfaltete eine fieberhafte Aktivität. Er schrieb Hunderte von Briefen zu Fragen des Glaubens und der Kirchenpolitik – oft in einem gebieterischen Ton, den er mit dem Interesse Gottes rechtfertigte, doch immer in großer Bescheidenheit –, dazu Predigten und theologische Abhandlungen.
Gegenüber Cluny, dessen Mönche weniger asketisch waren, verhielt sich der heilige Bernhard unschlüssig. Er bewunderte den Orden, weigerte sich aber, dort Zisterzienser anzuwerben, und war schmerzlich berührt, als einer seiner Mönche Clairvaux verließ, um nach Cluny zu gehen. Bernhard erteilte nicht nur den Äbten von Cluny Ratschläge, sondern unterstützte auch die Reform der berühmten königlichen Abtei von Saint-Denis, deren Abt Suger (1082-1151) der geschätzte Ratgeber Ludwigs VI. und Ludwigs VII. war.
Zwei Ereignisse im Leben des heiligen Bernhard seien besonders hervorgehoben: sein Kampf gegen den Gegenpapst Anaklet II. und der zweite Kreuzzug.

Papst und Gegenpapst. Im Februar 1130 wurden in Rom am selben Tag durch zwei rivalisierende Gruppierungen innerhalb des Kardinalskollegiums zwei Päpste gewählt: frühmorgens Innozenz II. und mittags Anaklet, der von mächtigen Feudalherren unterstützt wurde. Innozenz mußte aus Rom fliehen.
Im August desselben Jahres berief der französische König Ludwig VI. eine Kirchenversammlung nach Etampes ein. Sie sollte sich für einen der beiden Päpste entscheiden. Das Votum des heiligen Bernhard gab den Ausschlag zugunsten von Innozenz. Innozenz war inzwischen nach Frankreich geflohen; in Cluny traf er mit Abt Suger zusammen, von dem er erfuhr, daß er im Wahlstreit den Sieg davongetragen hatte. Nun galt es, die ganze Christenheit zu gewinnen. Der heilige Bernhard, der in Etampes mit König Ludwig VI. gesprochen hatte, traf nun in Chartres König Heinrich I. Beauclerc von England und überzeugte ihn davon, daß der englische Klerus Anaklet die Treue aufzukündigen habe. Zur selben Zeit versuchte Norbert von Xanten zusammen mit Bernhard von Clairvaux, den deutschen König Lothar dazu zu bewegen, Innozenz als Papst anzuerkennen und seine Macht in Rom wiederherzustellen. Als Innozenz im März 1131 mit dem späteren Kaiser zusammentraf, begegnete er einem Zauderer. Doch der ebenfalls anwesende Bernhard bot Lothar die Stirn, bis er nicht mehr zu widersprechen wagte. Danach kehrte Bernhard nach Clairvaux zurück.
Von dort sandte er Mönche aus, die einen ins Waadtland, die anderen nach Hessen. Überall gründeten sie Klöster. Dank Bernhard von Clairvaux wurden die Zisterzienser zu einem europäischen Orden.
Als der Papst nach Clairvaux kam, merkte er bald, daß man ihm zu Ehren keine Ausnahme von der strengen Regel machte. Er wurde ärmlich untergebracht. Sein einziges Vorrecht war, daß man ihm bei Tisch einen Fisch servierte. Von Clairvaux begaben sich Bernhard und Innozenz nach Reims. Dort nahm der Papst die «Unterwerfung» der Könige von Aragon und Kastilien entgegen. Jetzt standen nur noch Aquitanien, Mittel- und Süditalien auf Anaklets Seite. Bernhard nahm sich zunächst Aquitaniens an, errang dort aber nur einen Teilerfolg. Dann begab sich Lothar 1133 mit der Absicht nach Italien, auf Rom zu marschieren. In Pisa schloß sich ihm Bernhard an. Da der Herzog von Sizilien ein Anhänger Anaklets war, beschloß Bernhard, ihn auszuschalten. Das konnte gelingen, wenn Genua und Pisa, die gegeneinander Krieg führten, Frieden schlossen und Sizilien bedrohten. Bernhard brachte das diplomatische Kunststück fertig. Ein Erfolg, der zeigt, welches Ansehen dieser Mann, nunmehr 43 Jahre alt, genoß.
Am 30. April 1133 zogen Innozenz, Lothar und Bernhard in Rom ein. Lothar wurde im Lateran zum Kaiser gekrönt. Doch Anaklet hielt den Vatikan besetzt, so daß Bernhard seinen Herzenswunsch, das Grab des heiligen Petrus zu sehen, nicht verwirklichen konnte. Als er nach Clairvaux zurückreiste, zog sich Kaiser Lothar nach Deutschland zurück, und Anaklet verjagte Innozenz erneut aus Rom. Innozenz floh diesmal nach Pisa.
Im Jahr 1135 schwebte dann Kaiser Lothar selbst in Gefahr. Bernhard, der unermüdlich Reisende, machte sich nach Deutschland auf und versöhnte in Bamberg Kaiser Lothar mit Friedrich von Hohenstaufen, dem späteren Kaiser Barbarossa. Dann zog Bernhard weiter nach Pisa, um auch dort die Rolle des Schiedsrichters zu übernehmen. Er nutzte die Gelegenheit, in der Nähe von Mailand das Zisterzienserkloster Chiaravalle zu gründen: ein italienisches Clairvaux.
Wieder kehrte Bernhard nach Clairvaux zurück; dann brach er ein drittes Mal nach Italien auf. Er reiste bis nach Bari, danach zum Monte Cassino. Der Tod Anaklets im Jahr 1138 beendete den Kampf der Päpste.
Während all dieser Auseinandersetzungen hatte Bernhard das übrige Europa nicht vergessen. Ein großer irischer Prälat, der heilige Malachias – auf einer Romreise hatten sie einander kennengelernt –, suchte ihn in Clairvaux auf. Die Lage in Irland sah nicht gut aus. Die irische Kirche stand in ihrer Mehrheit auf der Seite Anaklets. Mit vier Zisterziensern kehrte Malachias in seine Heimat zurück. Sie errichteten dort das erste Zisterzienserkloster.
Auch in die Affäre um Abälard war Bernhard verwickelt. War dieser junge, brillante Professor ein Ketzer oder nicht? Bernhard ließ ihn verurteilen. Beiläufig sei erwähnt, daß Abälard nach all seinem Unglück seine Tage in Cluny beendete. Abt Petrus besaß das Taktgefühl, nach Abälards Tod 1142 einen Bericht über dessen letzte Stunden an Héloïse zu schicken, die mit Abälard eins war «zuerst durch die Bande der irdischen, dann durch die stärkeren, heiligen Bande der göttlichen Liebe».

Bernhard und der Kreuzzug. Die zweite große, Gemeinschaft stiftende Tat des heiligen Bernhard war sein Bestreben, die gesamte Christenheit des Abendlands für einen zweiten Kreuzzug zu gewinnen. Die Grafschaft Edessa, die dem Emir von Mossul in die Hände gefallen war, sollte zurückerobert werden.
Gerade zu dieser Zeit, 1145, wurde ein Zisterzienser zum Papst gewählt, Eugen III., ein Edelmann aus Pisa und Schüler Bernhards. Dieser treue Freund konnte sich nun auf Bernhard stützen, dessen geistige Kraft Fürstentümer und Königreiche zu bewegen verstand.
Die Nachricht vom Fall Edessas hatte zur Folge, daß Bernhard sich erneut auf den Weg machte. König Ludwig VII. von Frankreich war bereit, ins Heilige Land zu ziehen. (Seine Frau Eleonore von Aquitanien heiratete später König Heinrich II. von England.)
In Anwesenheit des Königs verlas Bernhard am 31. März 1146 in Vézelay auf einer Tribüne unter freiem Himmel die Bulle des Papstes, die zum Kreuzzug aufrief. Eine riesige Menschenmenge hörte zu. Nun galt es, den Kaiser zu gewinnen. «Ihr habt als Kaiser zwei Pflichten: Eure Pflicht als König, die darin besteht, Eure Krone zu schützen, und Eure Pflicht als Anwalt der Kirche, die darin besteht, sie zu verteidigen», schrieb ihm Bernhard.
Bernhard begab sich nach Deutschland, um den neuen König Konrad zu treffen. Unterwegs setzte er einer Bewegung ein Ende, die unter dem Vorwand einer Ausweitung des Kreuzzugs die Juden wie die Muslime als Feinde betrachtete. Die Juden seien «Fleisch und Bein des Messias».

201

202

Die «weißen Mönche von Cîteaux» waren ein europäischer Orden: **201** *Das Zisterzienserkloster Sénanque im abgeschiedenen Tal der Sénancole in der Provence, 1148 begonnen, Anfang des 13. Jahrhunderts vollendet.* **202** *Die Kirche des Zisterzienserklosters Chorin in der Uckermarck (erbaut 1272-1334), ein bedeutendes Beispiel deutscher Backsteingotik.*

Bernhard durchquerte die heutige Schweiz, Konstanz, den Breisgau und fuhr anschließend im Triumphzug den Rhein hinab bis nach Köln. Am Weihnachtsfest des Jahres 1146 traf er in Speyer ein. Dort bewog er Konrad, das Kreuz zu nehmen. Wieder in Clairvaux, sandte Bernhard in alle Himmelsrichtungen Schreiben aus, um das übrige Europa für den Kreuzzug zu gewinnen: die Engländer, die im Einvernehmen mit den Flamen den Krieg im Mittelmeer vorbereiteten; einige italienische Bischöfe, die Böhmen, die Bayern. Auch die Sachsen, die Mähren und die Dänen wollten am Kreuzzug teilnehmen. Als Bernhard dies erfuhr, verhandelte er mit ihnen und überzeugte sie davon, an Ort und Stelle gegen die heidnischen Slawen zu kämpfen. Auch dies sei ein Kreuzzug. Es dürfe nicht geschehen, daß die Christenheit, von Kriegern entblößt, neue Invasionen aus dem Osten erleide. Nur die Spanier schlossen sich dem Kreuzzug im Orient nicht an. Sie hatten im eigenen Land einen «Kreuzzug» auszufechten.

Bernhard der Europäer. Für Bernhard geziemte es sich nicht, Ritterheere zu befehligen. Auf dem Schlachtfeld selbst war der zweite Kreuzzug weniger erfolgreich, aufgrund strategischer Fehler und Streitigkeiten unter den Kreuzrittern. Etwas später dachte Bernhard daran, einen erneuten Kreuzzug persönlich zu leiten. Aber seine zerrüttete Gesundheit ließ die Verwirklichung dieses Wunsches nicht zu. Bernhard zog sich nach Clairvaux zurück.

Außergewöhnlich bleibt, daß Bernhard, dieser Asket schlechthin, der sein Leben ganz in den Dienst Gottes stellte, in jenem Zeitalter tiefer Frömmigkeit gelegentlich eine Begeisterung zu wecken verstand, die die Völker Europas religiös und auch politisch einte.

Bernhard hat nie daran gedacht, etwa Frankreich zu verteidigen. Der Mönch Guibert von Nogent, der von den «Taten Gottes durch die Franken» sprach, den *Gesta Dei per Francos*, sowie der Mönch und Minister Suger dachten bereits als Franzosen. Bernhard dagegen – so der französische Historiker Georges Goyau – «wurde als Feudalherr geboren und ist Europäer geworden. Die Idee der Nation nimmt in seinem Denken weniger Platz ein als bei Guibert.»

Befremdlich mag auch erscheinen, daß dieser Asket, der die Kirche unter der Führung des Papstes zu befrieden suchte, den Muslimen gegenüber eine so kriegerische Haltung einnahm. Das hing damit zusammen, daß seiner offensichtlich fanatischen Überzeugung nach die Christenheit, die mit der Eroberung Jerusalems nur ihren rechtmäßigen Besitz zurückgeholt hatte, sich fortan in der Defensive gegenüber «unerträglichen feindlichen Einfällen» befand. Von den Krieger-Mönchen, den Templern, schrieb Bernhard: «Die Soldaten Christi können in voller Sicherheit die Schlachten des Herrn schlagen; sie haben nichts zu fürchten, weder die Sünde, wenn sie den Feind töten, noch die ewige Verdammnis, wenn sie im Kampf fallen. Denn für Christus sterben oder töten ist einerseits nicht verbrecherisch und andererseits höchst rühmenswert.»

Völlig entkräftet starb Bernhard im August 1153, einen Monat nach Papst Eugen III.

Das Europa der Kreuzzüge

Die Kreuzzugsidee. Papst Urban II., dessen Bedeutung wir bereits kennengelernt haben, ist vor allem deshalb berühmt, weil er den ersten Kreuzzug in die Wege geleitet hat.

Im Jahr 1095 fand das Konzil von Piacenza statt. 4000 Kirchenleute und 30000 Laien hielten sich in der Stadt auf. Bei diesem Konzil empfing Urban II. eine Gesandtschaft des Kaisers von Byzanz, Alexios' I. Komnenos. Sie bat im Namen des Kaisers um die Hilfe aller Christen gegen die Muslime, die einen Großteil seines Reiches erobert hätten. Papst Urban II., der gerade zu einer Reise nach Frankreich aufbrechen wollte, dachte zunächst daran, die Hilfstruppen für die Byzantiner sofort zusammenzustellen. Dann aber kam ihm eine andere, ehrgeizigere Idee: die großen Erfolge der Reconquista in Spanien und Portugal – 1085 war Toledo, 1092 Valencia und 1093 Lissabon wiedererobert worden – im Orient zu wiederholen.

Auf seiner Frankreichreise kam Urban II. auch nach Le Puy, dessen Bischof Ademar von Monteil mit der religiösen Leitung des

Kreuzzugs betraut wurde. Danach begab sich Urban II. nach Cluny, wo er einst Mönch gewesen war, und berief ein Konzil nach Clermont ein. Dort verkündete er am 27. November 1095 beim Verlassen der Kirche, in der die Konzilssitzungen stattfanden, vor einer begeisterten Volksmenge den Plan eines Kriegszugs nach Jerusalem. Ademar von Monteil und die anwesenden Ritter «nahmen das Kreuz»: Auf den Rücken oder die Schulter ihrer Umhänge nähten sie als Symbol ein Kreuz. Gleichzeitig faßte das Konzil Beschlüsse zum Schutz der Lehnsgüter aller abwesenden Kreuzritter.

Der Papst wollte der oberste Leiter des Kreuzzugs sein. Weil er selbst nicht nach Jerusalem zog, betraute er Ademar von Monteil mit dem Oberbefehl. Der Tradition nach hätte Kaiser Heinrich IV. den Kreuzzug anführen müssen. Doch er war exkommuniziert, ebenso König Philipp I. von Frankreich. Und der König von England, Wilhelm der Rote, hatte sich noch nicht zwischen Papst Urban II. und dem Gegenpapst Clemens III. entschieden. Ademar von Monteil fand jedoch in Raimund von Saint-Gilles, dem Grafen von Toulouse, einen weltlichen Mitstreiter.

So erscheint der erste Kreuzzug einerseits als ein Versuch, die Christenheit zu einigen; andererseits führte die Kirche den bereits bekannten, aber kaum erprobten Begriff des «heiligen Krieges» ein und brach so mit ihrer friedlichen Tradition. Kein Begriff ist gefährlicher; denn selbst wenn es darum geht, unterdrückten Brüdern beizustehen, läuft der Fanatismus Gefahr, entsetzlichen Greueln Tür und Tor zu öffnen.

Der erste Kreuzzug. Der Papst hatte nur ein einziges Heer vorgesehen. Aber drei brachen zum Kreuzzug auf: die Franzosen auf den königlichen Domänen unter Führung eines Bruders des Königs, dem sich der Graf der Normandie und der Graf von Flandern anschlossen; Nordfranzosen, Lothringer und Deutsche unter Gottfried von Bouillon, dem Herzog von Niederlothringen, der der erste christliche Herrscher von Jerusalem wurde; und schließlich die Normannen aus Süditalien und Sizilien.

Die europäische Ritterschaft war also in großer Zahl dem Aufruf Urbans II. gefolgt. Zum tiefen Glauben, zur Abenteuerlust der Kreuzritter gesellte sich auch der Wunsch zahlreicher nachgeborener und damit besitzloser Brüder, der Kadetten, sich ein Lehen zu verschaffen und die sagenumwobenen Reichtümer des Orients zu erbeuten. Unter den Kadetten befanden sich viele Normannen aus Nordfrankreich und Sizilien, wo die Geburtenrate sehr hoch war. Dieser Kriegerschar schloß sich noch eine Horde ausgehungerter Bauern an, die sich mit ihren Karren und ihren Familien auf den Weg machten, aufgestachelt von Peter dem Eremiten, einem Mönch aus der Pikardie. Viele dieser Bauern waren sicher von einer tiefen Frömmigkeit durchdrungen, sie begingen aber schreckliche Greueltaten, vor allem im Rheinland, wo sie die Juden beraubten und ermordeten.

Ein Teil der Kreuzritter ging in Bari und Brindisi an Bord von Schiffen, die man in Genua gemietet hatte. Die Kreuzritterheere trafen in Konstantinopel zusammen, wo sie Kaiser Alexios nicht wenig zusetzten. Enttäuscht mußte Alexios erkennen, daß diese Männer nicht seinetwegen gekommen waren, sondern aus purem Eigennutz. Sie überquerten den Bosporus und zogen durch Kleinasien und Syrien weiter nach Jerusalem.

Ademar von Monteil starb an der Pest. Sein Tod verschärfte die Zwietracht unter den Heerführern. Einige von ihnen wandten sich dann auch vom eigentlichen Ziel ab, um die Fürstentümer Edessa und Antiochien zu erobern. Am 15. Juli 1099 nahmen die Kreuzritter Jerusalem ein und befleckten ihren Ruhm durch ein furchtbares Massaker, bei dem Ströme von Blut flossen, wie die Chronisten berichten.

Sehr schnell errichtete der Papst Amt und Sitz eines lateinischen Patriarchen in Jerusalem. Aber er vermochte es nicht, sich dort der politischen Macht zu versichern. Nach dem Tod Gottfrieds von Bouillon nahm dessen Bruder Balduin von Boulogne den Titel eines Königs von Jerusalem an.

Eine der Folgen des Kreuzzugs war, daß der Streit zwischen der lateinischen und der griechischen Christenheit seinen Höhepunkt erreichte. Die Vertreibung des hohen griechischen Klerus aus den Ländern des Nahen Ostens rief bei den Byzantinern eine tiefe Rachsucht hervor. Selbst angesichts des Islam schlossen sich die beiden Gruppen der Christenheit nicht zusammen.

In der Folgezeit wurden die Kreuzzüge nur noch geführt, um dem Königreich von Jerusalem und den christlichen Fürstentümern in der Levante zu Hilfe zu kommen.

Die übrigen Kreuzzüge. Erinnern wir uns an das Ziel des zweiten Kreuzzugs (1147-1149), für den der heilige Bernhard eingetreten war. Man wollte Edessa zurückerobern und Damaskus einnehmen. Die Heerführer des Unternehmens waren

203

204

205

206

Das Europa der Kreuzzüge: **203** *Papst Urban II. (1088-1099) ruft auf der Synode zu Clermont am 27. November 1095 zum «Heiligen Krieg» gegen die Muslime auf. Französische Miniatur, 1490.* **204** *Ritterorden im Heiligen Land: Templer brechen zur Schlacht auf. Fresko aus der Templer-Kapelle in Cressac, Frankreich, 12. Jahrhundert.* **205** *Der Krak des Chevaliers, die Johanniterburg bei Homs im heutigen Syrien, erbaut seit 1110.* **206** *Die Marienburg an der Nogat in Westpreußen, von 1309 bis 1457 Sitz der Hochmeister des Deutschen Ordens.*

Ludwig VII. von Frankreich und König Konrad III. Die Auseinandersetzungen unter den französischen und den deutschen Kreuzrittern endeten in der Niederlage und der Rückkehr nach Europa. Als dann Saladin, der Sultan von Ägypten, 1187 Jerusalem zurückeroberte, wurde der dritte Kreuzzug (1189-1192) vom französischen König Philipp II. August, vom englischen König Richard I. Löwenherz und von Kaiser Barbarossa geführt. Barbarossa ertrank im Saleph, dem heutigen Göksu in der Türkei, während Richard und Philipp II. August bis nach Akkon kamen und sich dort zerstritten. Allein gelassen, vermochte es Richard nicht, Jerusalem zu nehmen. Die restlichen Kreuzzüge sind aus europäischer Sicht ohne Belang.

Die Kreuzzüge führten auch zur Gründung neuer religiöser Orden, der Mönchsritter. Im Jahr 1119 wurde der Templerorden gegründet. Von Akkon und Zypern aus verbreiteten sich die Templer in ganz Europa, wo sie bis zu sechstausend Ordenshäuser besaßen und immense Reichtümer anhäuften, bis der Orden von Papst Clemens V. und König Philipp II. August im Jahr 1312 verboten und aufgelöst wurde. Der Ritterorden des heiligen Johannes vom Hospital zu Jerusalem wurde zu Beginn des 11. Jahrhunderts gegründet. In den Hafenstädten des Mittelmeerraums richteten die Johanniter vorbildliche Hospitäler ein, und im 14. Jahrhundert gründeten sie auf der Insel Rhodos einen Ordensstaat. Zur Zeit Kaiser Karls V. wurden sie von Rhodos vertrieben; der Kaiser übergab ihnen die Insel Malta, wo sie einen kleinen souveränen Inselstaat errichteten und den Namen Malteser annahmen. Der Deutsche Orden, 1190 vor Akkon von Lübecker und Bremer Bürgern als Hospitalsbruderschaft gestiftet, ließ sich in Italien, Ungarn, Siebenbürgen und vor allem in Deutschland nieder, wo Kaiser Friedrich II. den Hochmeister des Ordens zum Reichsfürsten machte. Von Herzog Konrad von Masowien gegen die heidnischen Prußen um Hilfe gebeten, kamen sie ins Kulmer Land. Die Ordensritter unterwarfen die Prußen, bekehrten sie zum Christentum und errichteten im Prußenland einen Ordensstaat. Im Jahr 1237 schloß sich der Orden mit den Schwertbrüdern zusammen und dehnte seinen Machtbereich bis nach Kurland, Livland und Estland aus. Hauptsitz des Deutschen Ordens – zunächst Akkon, dann Venedig – wurde 1309 die Marienburg in Westpreußen. Seine Blütezeit erlebte der preußische Ordensstaat im 14. Jahrhundert. Dann begann der Niedergang. Im Jahr 1525 trat Hochmeister Albrecht von Brandenburg zum Luthertum über, verheiratete sich und nahm das Ordensland für sich und seine Erben in Besitz.

Die Bettelorden und die Mission

In einer Zeit intensiven religiösen Empfindens machen die Gläubigen ihren Kirchen und Klöstern derart bedeutende Schenkungen, daß der Reichtum den Kirchen gleichsam in den Schoß fällt. Reichtum lockt die Geldgierigen und verleitet zu Mißbrauch. Die Frommen entrüsten sich darüber. So bilden sich Sekten, die Armut predigen und praktizieren. Die Waldenser und die Katharer in Südfrankreich sind die bekanntesten unter ihnen. Doch mußte man sie mit Feuer und Schwert vernichten, wie es im Albigenserkreuzzug des Simon von Montfort von 1208 bis 1215 geschah? Hätte man diese Gemeinschaften nicht in die Kirche zurückführen können? Einige dieser Schwärmer wurden von den Päpsten anerkannt: so die Humiliaten, die demütigen Armen, in der Lombardei und die Armen von Lyon.

Die Dominikaner. Dem heiligen Dominikus, einem spanischen Priester, schwebte ein anderer Weg vor. Um 1170 in Caleruega in der Provinz Burgos geboren und einer angesehenen Familie entstammend, den Guzmán, wollte er mit seinem Freund Didacus, dem Bischof von Osma, die Kumanen missionieren, ein Volk, das sich zwischen den Karpaten und dem Schwarzen Meer angesiedelt hatte. Die Freunde begaben sich 1205 nach Rom, wo Papst Innozenz III. ihnen auftrug, nicht die Kumanen, sondern die Katharer zu bekehren. Aus ihren Gesprächen mit dem Papst ging die Idee hervor, einen Predigerorden zu gründen. Die Ordensmitglieder sollten wie die Prediger der Katharer in völliger Armut leben, keinerlei irdische Güter anhäufen und Tag für Tag von den Gaben der Nächstenliebe ihren Lebensunterhalt bestreiten. «Demütig wie Jesus sollen sie handeln und predigen, sie würden zu Fuß gehen, ohne Heller und Pfennig, und in allem dem Beispiel der Apostel nacheifern.» Am 22. Dezember 1216 bestätigte Papst Honorius III. in einer Bulle den neuen Orden.

Die Inquisition. Der heilige Dominikus wurde indes mit einer anderen, neuen Institution der Kirche in Verbindung gebracht, der Inquisition. Sie sollte bald Anlaß zu schlimmem Mißbrauch bieten.
Die ersten Inquisitoren waren Mönche aus Cîteaux. Im Jahr 1215 erhielt Dominikus vom Papst den Titel eines Generalinquisitors. Die Inquisition war ein Gericht, das den Auftrag hatte, Ketzer aufzuspüren und zu bestrafen. In Frankreich war die Inquisition nicht von langer Dauer; von 1221 an breitete sie sich in Italien aus, danach in Deutschland. In Spanien entfaltete sie schließlich ihre größte Macht. König Ferdinand II. der Katholische von Aragon und Isabella I. die Katholische von Kastilien und Leon machten die Inquisition im Jahr 1478 unter dem Namen Heiliges Offizium zu einer staatlichen Institution. Der Dominikaner Tomás de Torquemada aus Valladolid, Beichtvater von Isabella und Ferdinand, wurde Großinquisitor. Seine Tätigkeit erlangte traurige Berühmtheit und war weit von dem entfernt, was Dominikus einst vorgeschwebt hatte.

Die Dominikanerregel. Erst im Jahr 1217 wurde die Dominikanerregel auf der Grundlage der Augustinerregel festgelegt. Das erste Generalkapitel arbeitete 1220 ein Ordensstatut aus, das später ergänzt wurde. Die «Predigerbrüder» hatten von Anfang an Erfolg. Auch ein entsprechender Frauenorden, die Dominikanerinnen, wurde vom heiligen Dominikus gegründet. Von Toulouse aus sandte Dominikus Brüder des Ordens nach Spanien und Paris. Er selbst ließ sich in Rom nieder. Immer mehr Dominikanerklöster entstanden – in Italien, im Rheinland, in England, in Ungarn.
Im Jahr 1221 zählten die Dominikaner bereits fünfhundert Mönche und einhundert Nonnen, die auf acht Ordensprovinzen verteilt waren: Spanien, Frankreich, die Provence, die Lombardei, Rom, Deutschland, England und Ungarn. Von 1228 an kamen noch vier Provinzen hinzu: das Heilige Land, Griechenland, Polen und Skandinavien. Eine große Anzahl Päpste und hervorragende Gelehrte gingen aus dem Dominikanerorden hervor, man denke etwa an Albertus Magnus und Thomas von Aquin. Die Stärke der Dominikaner lag in ihrer geistigen Ausbildung, die sie dazu befähigte, überzeugende Priester zu sein.

207

208

209

207 *In Spanien entfaltete die Inquisition ihre größte Macht: «Das Inquisitionsgericht tagt unter dem Vorsitz des heiligen Dominikus», Gemälde des spanischen Malers Pedro Berruguete, um 1500.* **208** *Dienst an den Menschen in Armut und Buße: der heilige Franz von Assisi bekehrt die heilige Klara und gründet mit ihr im Jahr 1212 den Klarissenorden. Tafelbild (Ausschnitt) aus der Kirche Santa Chiara in Assisi, 13. Jahrhundert.* **209** *Auf Missionsreise in Ägypten: der heilige Franz von Assisi legt vor dem Sultan die Feuerprobe ab. Fresko von Giotto di Bondone aus der Oberkirche von San Francesco in Assisi, um 1295/1300.* **Karte 17:** *Christen, Ketzer und Feinde des Glaubens im Hohen Mittelalter.*

Die Franziskaner. Der zweite große Bettelorden wurde von einer völlig anderen Persönlichkeit gegründet, vom heiligen Franz von Assisi. Sein Vater war der wohlhabende Tuchhändler Bernardone, und sein Sohn Francesco, 1182 geboren, führte das Leben eines reichen Bürgerssohns. Zwar mied er dabei übertriebenen Luxus, war aber weit entfernt von jeglicher Armut. Im Städtekrieg zwischen Perugia und Assisi von 1202 kämpfte er mit und wurde gefangengenommen. Wieder in Freiheit, hatte er den Ehrgeiz, mit Hilfe der Waffen ein großer Fürst zu werden. Doch im Alter von 23 Jahren zog er sich nach einer Vision in eine Höhle bei Assisi zurück, tat Buße, folgte dem Ruf der «Frau Armut», unternahm 1206 eine Pilgerreise nach Rom, kleidete sich in Lumpen und erbettelte das tägliche Brot – zur Entrüstung seiner Familie. Im Jahr 1209 vernahm er während einer Messe den Befehl des Herrn: «Trage weder Gold noch Silber noch Geld in deinem Gürtel, nimm keinen Sack für die Reise, keine Kleider zum Wechseln, keine Schuhe, keinen Wanderstab. Aber wenn du in ein Haus trittst, dann grüße mit den Worten: Friede sei diesem Haus» (Matthäus 10, 9-10).
Franz von Assisi war ein Schüler der italienischen Asketen, vor allem des heiligen Petrus Damiani, doch er unterschied sich von ihnen darin, daß er Gleichgesinnte um sich scharte und daß ihm die Predigt als eine wesentliche Pflicht erschien. Er versuchte vergebens, nach Syrien, dann nach Marokko zu gelangen. Im Jahr 1219 kam er nach Ägypten, suchte dort vergeblich das Martyrium und machte dann eine Pilgerreise nach Jerusalem. Doch es ge-

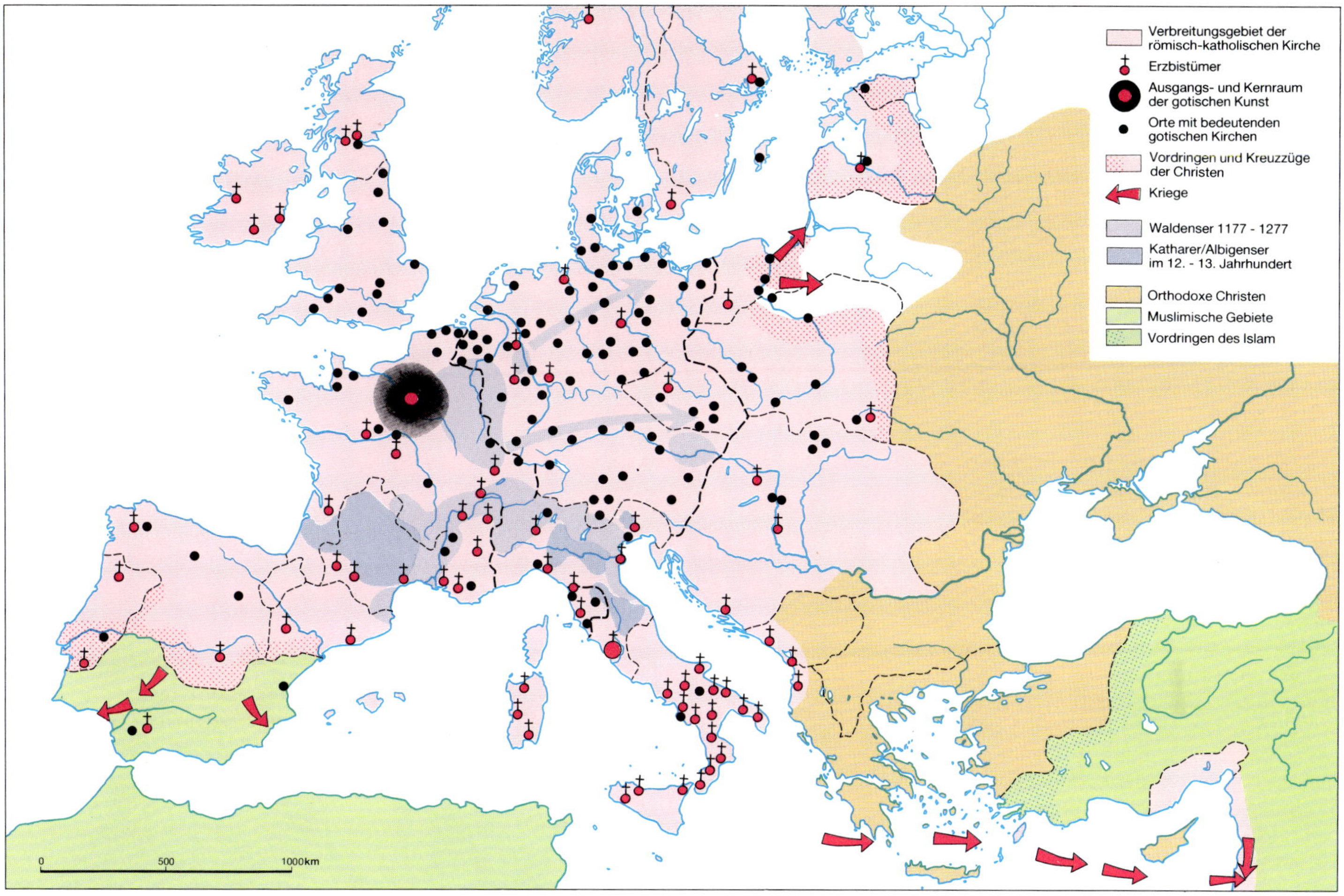

lang ihm, viele junge Menschen zu einem Leben in Entsagung zu bewegen, unter ihnen die junge Adlige Chiara (Klara) de Favorino, die unter seiner Anleitung den Klarissenorden gründete.

Die Mission. Die Wanderprediger wurden zunächst schlecht aufgenommen. Doch als Franz von Assisi 1210 Papst Innozenz III. in Rom aufsuchte, konnte er ihn ebenso überzeugen wie der heilige Dominikus fünf Jahre zuvor. Ein Orden wurde gegründet, die «Minderen Brüder» oder Franziskaner. Die Ordensregel wurde 1223 festgelegt. Bis zu diesem Zeitpunkt hatte ein Individualismus geherrscht, der mitunter zu chaotischen Zuständen führte, über die der heilige Franz bestürzt war. Doch als sie ihr Gemeinschaftsleben geordnet hatten, erlebten die Franziskaner einen großen Aufschwung. Bald zählte man sie zu Tausenden. Von Italien schwärmten sie aus nach Frankreich, Spanien, Deutschland und Ungarn. Franz von Assisi starb 1226, nachdem er seinen *Sonnengesang* geschrieben und die Wundmale Christi empfangen hatte.
Die Päpste Gregor IX. (1227-1241) und Innozenz IV. (1243-1254) verstanden es sehr wohl, sich dieser zahlreichen ergebenen Gottesstreiter zu bedienen, die ihren Glauben nicht nur in Europa, sondern auch in fernen Ländern verkündigen wollten. Wenn auch die Päpste der Kreuzzugsidee noch wohlwollend gegenüberstanden, so sahen sie ihre Berufung doch immer mehr im Apostelamt der Mission. Gregor IX. schrieb im Jahr 1238 an die Franziskaner: «Wir glauben, daß es in den Augen des Erlösers ebenso gut ist, die Ungläubigen dazu zu bringen, daß sie das Wort Gottes bekennen, wie mit dem Schwert die Niedertracht der Sarazenen in die Schranken zu weisen.» So war Franz von Assisi nach Ägypten und Syrien gereist, hatte Dominikus 1203 in Dänemark gepredigt.
Die Nachfolger des heiligen Dominikus, der Deutsche Jordan von Sachsen, der Katalane Raimund von Peñaforte, der Deutsche Johannes von Freiburg, der Franzose Humbert de Romanis schickten ihre Mönche in alle Himmelsrichtungen. Das gleiche taten die Franziskaner. Im Heiligen Land, in Konstantinopel, auf Zypern und in Antiochien, in Bagdad und in Ägypten wurden zahlreiche Klöster gegründet. Dominikaner und Franziskaner predigten in Tunesien und Marokko, und in Spanien befahl das Dominikanerkapitel von Toledo acht Mitbrüdern, Arabisch zu lernen.
Auch bei den Kumanen gab es bald Missionsstationen der Dominikaner. Doch die Kumanen wurden von den Mongolen vernichtet, und viele Missionare verloren ihr Leben. Nun schickte der Papst Missionare direkt zu den Mongolen, um den Mongolenkhan und sein Volk zum Christentum zu bekehren. In Osteuropa unterstützten die Franziskaner den Deutschen Orden und missionierten von Danzig aus Preußen, Livland, dann Kurland, Estland und schließlich auch Finnland. Im Jahr 1245 gab es einen Erzbischof von Preußen. Die Diözesen wurden unter den Deutschordensrittern, den Franziskanern und den Dominikanern aufgeteilt. Selbst in Kiew tauchten Dominikaner auf.

Das Europa der Universitäten

Kloster- und Domschulen. Nach dem Untergang des weströmischen Reichs hatten sich die Klosterschulen der Pflege der antiken Wissenschaft angenommen. Wie wir gesehen haben, spielten im 6. Jahrhundert die Iren hierbei eine bedeutende Rolle. Doch diese Schulen befanden sich im Niedergang. Weder Cluny noch Cîteaux interessierten sich sonderlich für den Schulunterricht. Einige Domschulen übernahmen indes diese wichtige Aufgabe: so Reims, Chartres, Paris, Laon, dann Angers, Bourges, Orléans und Montpellier in Frankreich; Canterbury und Durham in England; Toledo, Salamanca und Valencia in Spanien, wo man die Wissenschaft und die Philosophie der Araber lehrte. Bologna und Ravenna in Italien waren Hochburgen des römischen Rechts, Salerno und Neapel Zentren der Medizin.

Die Gründung von Universitäten. Die wachsende Zahl der Studenten, der Wunsch nach Unabhängigkeit von Bischöfen und weltlichen Herren und der korporative Geist, der sich überall während des 12. und 13. Jahrhunderts entwickelte, führten schließlich zur Gründung von Universitäten. In der *Universitas,* der Gemeinschaft der Lehrenden und Lernenden, bildete sich ein Korporationswesen ganz neuer Art. Die bedeutendsten Universitäten nahmen Studenten aus ganz Europa auf und besaßen dank den Päpsten das Recht, überall zu unterrichten, die *licentia ubique docendi*. Zu einer Zeit, als sich die Handwerker, Meister und Gesellen in den Städten nach Berufsgruppen zu Zünften und Gilden zusammenschlossen, taten Lehrmeister und Scholaren dasselbe. Im 13. Jahrhundert hatten die Universitäten einen wahrhaft europäischen Charakter. Erst im 14. und 15. Jahrhundert wurden sie zunehmend national.

In Paris gab die von einem Rektor geleitete Artistenfakultät den Anfängerunterricht für die Vierzehn- bis Zwanzigjährigen, der nach zwei Jahren mit dem Bakkalaureat abschloß. An der Artistenfakultät konnte man den *baccalaureus artium* erwerben. Dann trat man einer der drei «höheren Fakultäten» bei: der juristischen (an der auch Kirchenrecht gelehrt wurde), der medizinischen oder der theologischen.

Medizin und Jura studierte man in der Regel zwanzig bis fünfundzwanzig Jahre. Für die Theologie waren etwa fünfzehn Jahre Studium erforderlich, und das Doktorat erreichte man erst nach fünfunddreißig Jahren. Jede der drei Fakultäten wurde von einem Dekan geleitet.

Dieser Aufbau findet sich – mit geringen Abweichungen – an allen Universitäten. Dank dem Schutz der Päpste besaßen die Universitäten besondere Privilegien wie das alleinige Recht, akademische Grade zu vergeben, Lehrfreiheit, Steuerfreiheit, eine eigene Gerichtsbarkeit und freies Geleit.

Die verliehenen Grade waren überall in Europa in etwa dieselben: der *baccalaureus* nach dem Studium an der Artistenfakultät, der *licentiatus* (er hatte Lehrerlaubnis, die *licentia docendi*) und der *doctor*. Wer die *licentia docendi* besaß, konnte Magister werden.

Die reichen Studenten wohnten in der Stadt zusammen mit ihren Dienern und manchmal sogar ihren Erziehern. Die weniger wohlhabenden lebten in klosterähnlichen Kollegien und Bursen, Einrichtungen, die von Mäzenen gegründet worden waren. Dort fanden sie in bescheidenem Maße freie Kost und Logis. Die *pauperes*, die armen Studenten, erhielten gelegentlich einen Freiplatz.

Der Unterricht selbst bestand aus der *lectio*, der Vorlesung, der *disputatio*, dem Streitgespräch, und den *quaestiones*, den Streitfragen. Die Vorlesungen wurden mitunter veröffentlicht. Die oft berühmten Lehrmeister waren Rivalen, wenn es um die Anwerbung von Studenten ging. Beide, Meister und Schüler, besaßen das Recht, den Titel eines *clericus* zu führen. Das Latein blieb überall Unterrichtssprache. Im ganzen gesehen herrschte in dieser äußerst regen, kosmopolitischen Welt der Universitäten ein Hang zur Freiheit, der im Lauf der Jahrhunderte ein Merkmal des europäischen Geistes werden sollte. Es gab eine wahrhafte «Internationale» der Intellektuellen im mittelalterlichen Europa.

Den Universitäten fehlte es immer an Räumlichkeiten. Nicht selten mieteten die Lehrmeister einen Raum, in den man sich dann hineinzwängte. Man saß auf Bänken oder sogar auf Strohballen. Die Studenten benutzten einfaches Schreibzeug. Allmählich wurde das Pergament feiner und weißer, und die Holzgriffel konnten durch Gänsekiele ersetzt werden. Man begann, Bücher in Serie herzustellen, aus der *pecia*, der Schafshaut, die in Bogen zu vier

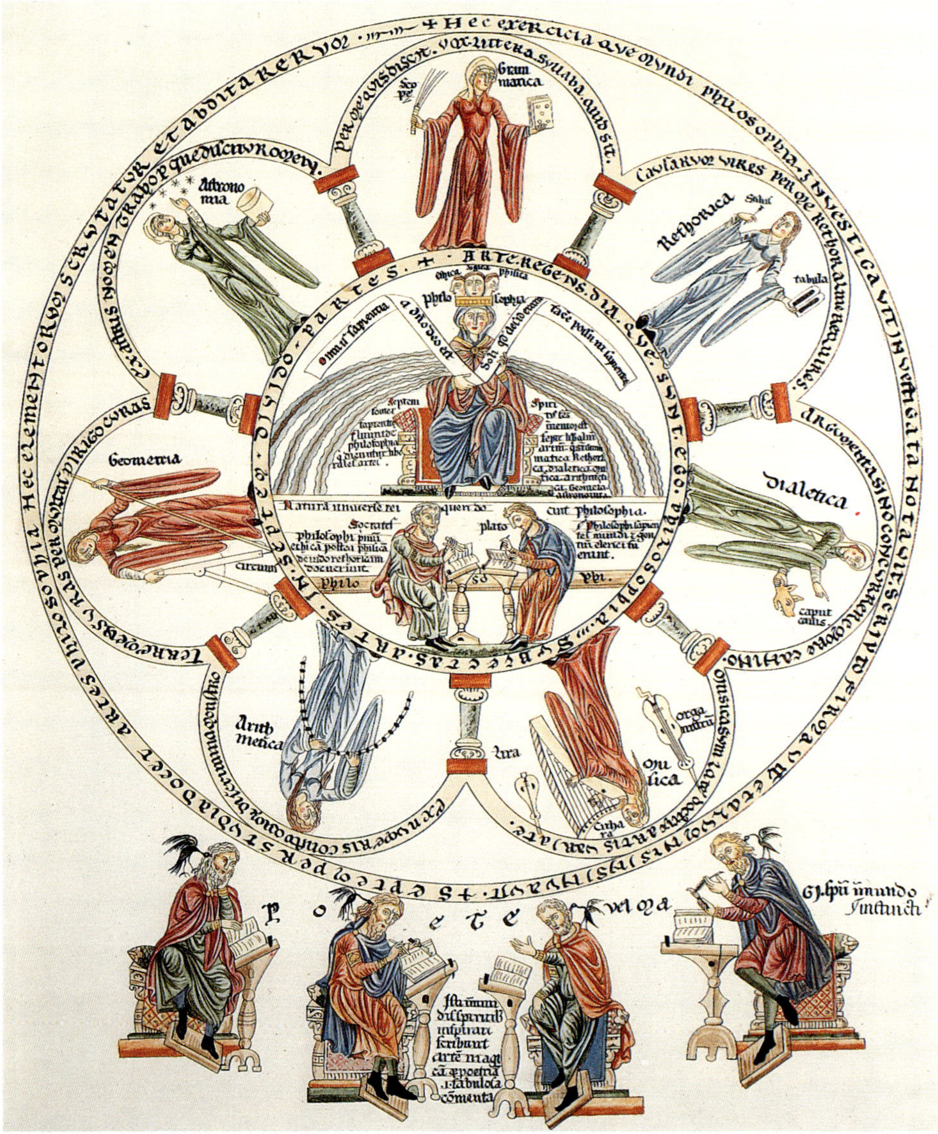

210

211

212

210 *Wissenschaft im Hohen Mittelalter – das Europa der Universitäten: «Die Philosophie und die sieben freien Künste.» Die Schreiber (unten) symbolisieren die Disziplinen der Literatur. Miniatur aus dem «Paradiesgarten» der Herrad von Landsberg (1125/30-1195), Äbtissin des Chorfrauenstifts Hohenburg auf dem Odilienberg im Elsaß.* **211** *«Der Mönch Amalrich von Bena hält eine Vorlesung an der Universität Paris», Miniatur aus den «Grandes Chroniques de France».* **212** *Die Universität Salamanca in Spanien. Sie wurde 1218 gegründet und gehörte zu den bedeutendsten Universitäten des Mittelalters.*

Blättern gefaltet wurde. Etwa vierzig Schreiber konnten so eine kleine Auflage zustande bringen. Was das Papier betrifft, das bei gleicher Bogengröße fünfzehnmal billiger als Pergament und in China bereits seit langem bekannt war, so erreichte es Europa erst nach der Gründung der großen Universitäten. Die ersten Papiermühlen tauchten 1238 dank den Arabern in Játiva in Spanien auf, danach 1268 in Fabiano in Italien, 1338 im französischen Troyes und 1390 in Nürnberg.

Das Universitätsstatut hatte eine weitgehende Unabhängigkeit von der bischöflichen Amtsgewalt zur Voraussetzung. Die Privilegien, die diese Unabhängigkeit garantierten, wurden von den Königen, Kaisern und Päpsten bewilligt.

Die Universität Bologna. Die ersten drei Universitäten in Europa waren Bologna, Paris und Oxford. Sie gingen aus Domschulen hervor, und der Übergang vollzog sich gelegentlich recht langsam.

Bologna, die Hochburg des römischen und des Kirchenrechts, erhielt 1158 seine erste Universitätsverfassung von Kaiser Friedrich Barbarossa. Daneben gab es aber auch noch andere Schulzentren, die Bologna den Rang streitig machten, so Padua, Vercelli und vor allem Neapel, das von Kaiser Friedrich II. gefördert wurde.

Professoren und Studenten bildeten in Bologna keine Gemeinschaft wie in Paris, sondern es gab sogenannte Doktorenkollegien und seit dem 12. Jahrhundert die *Universitas scholarium*, unterteilt in Nationen mit je einem Studenten als Rektor an der Spitze. Der Rektor der Universität, zunächst nur Leiter der Artistenfakultät, wurde ebenfalls von den Studenten gewählt.

Das Studium und die Verleihung der akademischen Titel waren im Prinzip unentgeltlich, doch erwarteten die Professoren von den Studenten ein Unterrichtsgeld. Gegen diesen Brauch wehrten sich vor allem die Päpste des 13. Jahrhunderts und führten ein festes Gehalt für die Universitätslehrer ein.

Vom 12. Jahrhundert an erlangte die Universität Bologna große Berühmtheit. Orlando Bandinelli, der spätere Papst Alexander III. und erbitterte Gegner Friedrich Barbarossas, war dort Professor für Kirchenrecht. Lothar Graf von Segni, als Innozenz III. (1198-1216) der wohl mächtigste Papst des Mittelalters, hatte in Bologna Recht studiert. Sein Neffe, Papst Gregor IX. (1227-1241), war ein großer Jurist, ebenfalls von der Universität Bologna. In einer Bulle aus dem Jahr 1231 machte er das Universitätsstatut von Bologna für alle Universitäten in seinem Herrschaftsbereich verbindlich.

Die Universität Paris. Die zweite große Universität in Europa war die Universität Paris. Sie ging aus einer Domschule hervor und erlangte in wenigen Jahren europäische Bedeutung.

Gegen Ende des 12. Jahrhunderts zog eine steigende Zahl von Studenten in ein neues Stadtviertel auf dem linken Seine-Ufer, die Montagne Sainte-Geneviève. Es waren stürmische junge Leute, oft fahrende Scholaren und Geistliche, Vaganten, die man in Frankreich Goliarden nannte. Sie führten ein ungebundenes Leben, liebten eine derbe, bacchantische Poesie, frivole Trink-, Tanz- und Liebeslieder, antiklerikale Parodien und Schwänke. In Frankreich, England und Deutschland entstand eine regelrechte Vagantenliteratur. Einiges davon ist zum Beispiel in den *Cambridger Liedern* aus dem 11. Jahrhundert überliefert sowie in einer Pergamenthandschrift des 13. Jahrhunderts, den *Carmina Burana*, die 1803 im Kloster Benediktbeuern entdeckt wurde.

Auf Anordnung von Papst Alexander III. war von 1170 an das Studium in Paris unentgeltlich, darüber hinaus garantierte der Papst die Freiheit der Lehre. Im Jahr 1200 stellte König Philipp II. August die Schüler von der königlichen Gerichtsbarkeit frei. Und 1208 gründeten Professoren die *Universitas magistrorum*, die Universität der Lehrenden. Robert von Courçon, der Legat Papst Innozenz' III., wandte sich 1215 in einem Gesetz an «alle Pariser Magister und Scholaren». Schließlich, im Jahr 1222, erhielt die Universität ihre völlige rechtliche Unabhängigkeit.

Seit Mitte des 16. Jahrhunderts bürgerte sich übrigens für die Universität der Name «Sorbonne» ein, ursprünglich ein Kolleg für arme Theologiestudenten, das Robert von Sorbon 1257 gegründet hatte.

Die Universität Oxford. Oxford entwikkelte sich als Zweig der Pariser Universität um die Abtei Oseney. Der Auszug von Pariser Studenten im Jahr 1167 stand an ihrem Anfang. Eine Urkunde des päpstlichen Legaten aus dem Jahr 1214 stärkte die Rechtsstellung dieser Schulgründung. Die Bezeichnung «Universitas» für Oxford wurde zum erstenmal im Jahr 1219 gebraucht. Ein vom Papst ernannter Kanzler über-

213 *Der Theologe, Philosoph und Naturforscher Albertus Magnus (1193-1280). Fresko von Tommaso da Modena aus dem Kapitelsaal des Dominikanerklosters in Treviso, 1352.*

nahm die Leitung der Universität. Einer der ersten war der Bischof von Lincoln, Robert Grosseteste.

Die Gründung weiterer Universitäten. Um die drei Universitäten Bologna, Paris und Oxford entwickelten sich im Verlauf des 13. und 14. Jahrhunderts allmählich andere: in Italien die Universitäten Padua (1222), Siena (1246), Vercelli, Arezzo, Rom und Neapel, nach 1300 die Universitäten Perugia, Pisa und Florenz; in Frankreich Orléans (1229), bald bekannt durch ihre Juristenfakultät, Angers (1231) und Montpellier (1220-1240), wo es bereits eine berühmte Schule für Ärzte gab. Im Jahr 1229 gründete Graf Raimund VII. in Toulouse eine Universität, um so die Katharer zu bekämpfen. Die Universitäten Cahors, Grenoble und Avignon sind Gründungen des 14. Jahrhunderts.
Von Oxford aus entstand zu Beginn des 13. Jahrhunderts, im Jahr 1209, die Universität Cambridge, der künftige große Rivale.
Die Schule in Coimbra aus dem 12. Jahrhundert wurde im 13. Jahrhundert die erste portugiesische Universität. Studenten und Professoren zogen jedoch bald nach Lissabon. Spaniens erste Universitäten waren Palencia, Salamanca, Valencia, Lérida und Perpignan, das damals zu Aragon gehörte. Valladolid kam zu Beginn des 14. Jahrhunderts hinzu.
In Mitteleuropa gab es vor 1300 keine richtigen Universitäten. Im Jahr 1348 wurde in Prag die erste deutsche Universität zugelassen, die schnell Zulauf fand und vor allem von Böhmen, Deutschen, Franzosen und Italienern besucht wurde. Sie war eine Gründung Kaiser Karls IV. aus dem Hause Luxemburg, der zugleich auch König von Böhmen war. Im Jahr 1409 kam es zum Auszug der deutschen Studenten nach Leipzig, als König Wenzel IV. das Universitätsstatut zugunsten der böhmischen Nation änderte.
Wie wir noch sehen werden, wurde zwischen 1350 und 1400 in Europa eine beachtliche Zahl von Universitäten gegründet, sie beläuft sich auf insgesamt 55.
Die Mobilität der Professoren und Studenten war im Mittelalter außerordentlich groß. Die Studenten gruppierten sich nach Studienfächern, doch hatten sie natürlich auch den Wunsch, sich nach landsmannschaftlicher Zugehörigkeit zusammenzuschließen, nach *nationes*, wie man damals sagte. In Paris stand an der Spitze jeder Nation ein Prokurator. Man unterschied vier Nationen: die französische (dazu zählten die Franzosen aus Zentralfrankreich, die Italiener, die Spanier und die Studenten aus dem Osten), die normannische, die englische und die pikardische. In Oxford kannte man nur zwei Nationen, während es in Bologna zunächst vier gab: die lombardische, die römische, die campagnische und die ultramontane, die Gemeinschaft der Studenten aus den Ländern nördlich der Alpen.
Auch die Lehrmeister, die Professoren, lebten in einer großen internationalen Gemeinschaft. Übrigens geschah es oft, daß sich die Professoren bei Auseinandersetzungen innerhalb der Universität den Studenten anschlossen. So kam es zum Beispiel im Jahr 1229 an der Universität Paris zu Krawallen, und mehrere Studenten wurden getötet. Die ganze Universität verließ daraufhin die Stadt. Allein die päpstliche Bulle *Parens scientiarum* (Gründung der Wissenschaften) von 1231 machte es möglich, daß die Mehrheit der ausgezogenen Studenten und Professoren sich von neuem zusammenfand und die Universität wieder eröffnet werden konnte.
Nur einige wenige große Gelehrte seien hier genannt, um die Internationalität der frühen Universitäten vor Augen zu führen. Der deutsche Dominikaner Albertus Magnus (1193-1280), ein umfassend gebildeter Theologe, Philosoph und Naturforscher, wurde in Lauingen an der Donau geboren, studierte in Bologna, Padua und Paris, war dort von 1242 bis 1248 Professor und ging dann nach Köln, wo er ein *Studium generale* gründete. Der Engländer Roger Bacon (um 1219-1292), *Magister artium* in Paris, lehrte dort an der Universität von 1241 bis 1246 aristotelische Naturphilosophie. Der heilige Thomas von Aquin (1225-1274) stammte aus der Familie der Grafen von Aquino. In Neapel ging er auf die Artistenfakultät, trat dann in den Dominikanerorden ein und studierte bei Albertus Magnus in Köln, danach in Paris. Er lehrte an der Universität Paris, in Orvieto, Viterbo und Rom, danach wieder in Paris und schließlich in Neapel. Sein Hauptwidersacher in der Philosophie war Siger von Brabant (1235-1284), *Magister artium* an der Pariser Universität. Wegen seiner philosophischen Kühnheiten mußte Siger 1276 unter der Anklage der Ketzerei aus der Stadt fliehen. Er hatte unter anderem die Eigenständigkeit der Philosophie gegenüber der Theologie behauptet.

Das Europa der Pilger

Die Pilgerreise war für Menschen aus verschiedenen Schichten und Völkern eine außergewöhnliche Möglichkeit, einander kennenzulernen. Sie war allerdings keine Erfindung des Christentums, sondern gehörte schon zu den Traditionen des Judentums, wie sie in der *Thora*, dem *Alten Testament* der Christen, überliefert sind. Es gibt sie auch in allen übrigen großen Religionen.
Die großen Weltreligionen sind Offenbarungsreligionen, in denen eine übersinnliche, metaphysische Welt sich für den Menschen faßbar in Raum und Zeit verkörpert. So gibt es Orte, wo zu einer bestimmten Zeit Gott oder seine Propheten, danach die Jünger dieser Propheten erschienen sind. Solche Orte sind selbstverständlich Gegenstand besonderer Verehrung, und man erwirbt sich Verdienste um sein Seelenheil, wenn man sie aufsucht. Und weil in Zeiten großer Frömmigkeit auch der Glaube an Wunder zunimmt und zu einem Bestandteil des täglichen Lebens wird, liegt der Gedanke nahe, daß solche Wunder sich dort auf besonders spektakuläre Weise ereignen, wo die großen Heiligen gelebt haben, wo man ihre «Reliquien» hat erwerben können.
So begibt man sich auf Pilgerschaft nicht mehr nur um des ewigen Heils willen oder um Vergebung für schwere Sünden zu erlangen, sondern auch um Gott und seinen Heiligen für eine Wohltat zu danken oder, noch häufiger, um einen Erfolg oder eine Gabe zu erflehen, die man sich sehnlichst wünscht.

Pilgerreisen in Europa. Trotz der schier endlosen Kriege zwischen den Feudalherren, trotz der Bedrohungen aus dem Osten durch Mongolen und Turkvölker,

trotz der schlechten Verkehrswege zwischen den Ländern und Völkern – die verfallenen Römerstraßen waren nicht erneuert worden – erlebte Europa vom 11. bis 13. Jahrhundert den Höhepunkt der Pilgerreisen. Hunderttausende von Menschen machten sich auf den Weg, die Armen zu Fuß, die Reichen zu Pferd oder im Wagen, einzeln oder in Gruppen von oft mehreren hundert Personen.
Der Aufschwung dieser Pilgerreisen hatte mehrere Ursachen. Der Hauptgrund liegt wohl in der allgemeinen Expansion des Westens: Die Reconquista in Spanien und Portugal war im 13. Jahrhundert nahezu abgeschlossen; hinzu kamen die Wiedereroberung Siziliens und die Kreuzzüge; die Seefahrt war außerdem sicherer geworden; auch begünstigte die Entwicklung der Wirtschaft und des Handels die Pilgerreisen, und nicht zuletzt waren die Völker Skandinaviens, die Ungarn und die Slawen zum Christentum übergetreten. Von nun an kamen Schiffe mit Pilgern aus Skandinavien, aus Osteuropa und aus England. Darüber hinaus führte die zeitweilige Eroberung des Heiligen Landes zur Entdeckung einer großen Anzahl von Reliquien, deren Echtheit freilich höchst fragwürdig ist – das Wunder galt als ihr einziges Kriterium.
Ein ausufernder Reliquienhandel war die Folge, den das vierte Laterankonzil im Jahr 1215 verurteilte. Es kam zu regelrechten, manchmal blutigen Kämpfen um den Besitz von Reliquien, sogar zu Diebstählen von Kloster zu Kloster.

Das Heilige Land. Wohin reisten die Pilger? Das wichtigste, verdienstvollste Ziel waren die heiligen Orte, wo Christus gelebt hatte. Der Wunsch, an den heiligen Stätten ungestört beten zu können, war eine der Ursachen der Kreuzzugsidee des 11. Jahrhunderts, noch vor der Eroberung Jerusalems im Jahr 1099. Die Wiedereinnahme Jerusalems durch Saladin 1187 und der endgültige Verlust der Stadt 1244 unterbrachen die Pilgerreisen ins Heilige Land nicht. Nur riefen die Päpste im 13. Jahrhundert nicht mehr dazu auf. Die Muslime indes waren im allgemeinen sogar bereit, die christlichen Pilgerfahrten zu erleichtern, natürlich für eine beträchtliche Summe. Die Päpste, die noch immer von Kreuzzügen träumten, wollten dieses Geld lieber für die Finanzierung von Ritterheeren genutzt wissen.
Man reiste ins Heilige Land über See, später, nach der Bekehrung König Stephans I. von Ungarn, auch auf dem Landweg. Das Mittelmeer, das im 11. Jahrhundert nicht sehr sicher war, wurde ein Jahrhundert später wieder zu einer sicheren Reiseroute. Die Palästinapilger kamen vor allem aus Deutschland, Italien und Frankreich, weniger aus England und Spanien.

214 *Das Europa der Pilger: der Mont-Saint-Michel auf einer Felseninsel vor der Mündung des Couesnon. Schon im 8. Jahrhundert hatten Mönche dort eine Michaelskirche erbaut.*

Rom. Die Pilgerfahrt nach Rom, wo man die Reliquien der Apostel Petrus und Paulus verehrte, erlebte bis zum «Jubeljahr» 1300, dem ersten Heiligen Jahr, einen Niedergang. Der Kampf zwischen Papsttum und Kaisertum führte zu ständigen Gewalttätigkeiten. Im Jahr 1083 wurde Rom von Kaiser Heinrich IV. besetzt, ein Jahr später wurde es von Robert Guiscard geplündert.
Die Pilgerreisen nach Rom gingen indes weiter, vor allem dank der Ablaßpraxis und der *Ad-limina*-Besuche der Bischöfe, einer aus dem Devotionsbesuch bei den Apostelgräbern entstandenen Sitte, regelmäßig den Papst aufzusuchen und ihm Bericht zu erstatten. Die Vorstellung eines Fegefeuers kam auf, in dem die Sünder, die nicht die Hölle verdient hatten, vor dem Eintritt ins Paradies durch Leiden gereinigt wurden. Der Ablaß verkürzte den Aufenthalt im Fegefeuer. Durch gute Taten, wie das Gebet, die Pilgerfahrt oder das Geben von Almosen, konnte man einen Ablaß erwerben. Das gab Anlaß zu zahlreichem Mißbrauch und wurde eine der Ursachen der Reformation.

Marienwallfahrten. Neben den Pilgerreisen nach Jerusalem und Rom müssen auch die Marienwallfahrten erwähnt werden. Hier gab es weder Wunsch noch Möglichkeit, Reliquien zu erwerben, denn die Himmelfahrt hatte die Heilige Jungfrau ins Paradies erhoben. Doch der Kult nahm zu, und man errichtete ihr zu Ehren bewundernswerte Heiligtümer, die in der Regel wundertätige Marienstatuen oder -bilder bargen: Notre-Dame von Chartres, Notre-Dame von Paris, Notre-Dame von Le Puy in Frankreich; Nostra Senyora von Montserrat in Katalonien, der Marienschrein in Walsingham in England, Mariazell in Österreich usw. Das volkstümlichste Marienheiligtum war im 13. Jahrhundert Notre-Dame von Rocamadour, nach Amator, dem legendären Diener Mariens, der nach ihrer Himmelfahrt bis nach Gallien gekommen sein soll. Pilger von hohem Rang kamen nach Rocamadour, mehrere Herzöge von Lothringen, König Heinrich II. von England 1159 und 1170, König Ludwig IX. von Frankreich mit seiner Mutter Blanka von Kastilien und seinen drei Brüdern 1244. Im Jahr 1172 entstand das *Mirakelbuch* von Notre-Dame von Rocamadour, in dem die Pilgerwege von England, Deutschland und Italien nach Rocamadour beschrieben sind.

Der heilige Michael. Auch zu Ehren des Erzengels Michael fanden zwei große Pilgerreisen statt. Die eine führte auf den Monte Gargano in Apulien, eine Niederlassung des Klosters Monte Cassino, die anfänglich unter dem Einfluß der Byzantiner stand. Die andere, die seit dem 8. Jahrhundert immer bedeutender wurde, ging auf den Mont Dol, den berühmten Mont-Saint-Michel, wo einst ein Mithras-Tempel gestanden hatte. Dem Wallfahrtsort kam die wachsende Macht der Herzöge der Normandie zugute. Im Jahr 1065, ein Jahr bevor er England eroberte, pilgerte Herzog Wilhelm der Bastard mit dem angelsächsischen König Harald zur Michaelskapelle. Viele Könige von Frankreich wallfahrteten ebenfalls dorthin.

Canterbury. In Canterbury führte die Ermordung von Erzbischof Thomas Becket durch Höflinge König Heinrichs II. am 29. Dezember 1170 sehr schnell zu einer Wallfahrt. Thomas galt als Märtyrer und wurde drei Jahre nach seinem Tod von Papst Alexander III. heiliggesprochen. Die Pilger kamen nicht nur aus Nordengland, Wales und Cornwall, sondern auch aus Flandern, aus Nord- und Zentralfrankreich. Man sah in Canterbury die Erzbischöfe von Köln und von Lyon, den späteren Papst Innozenz III., als er noch in Paris studierte, und König Ludwig VII. von Frankreich.

Santiago de Compostela. Unter allen großen Pilgerfahrten war jedoch die bedeutendste die Wallfahrt nach Santiago de Compostela im Nordwesten Spaniens. Etwa um das Jahr 800 glaubte man, dort die sterblichen Überreste des heiligen Jakobus in einem Marmorsarg entdeckt zu haben, und zwar in einem *compostum*, einer christlichen Totenstadt. Daher der Name Santiago de Compostela, Sankt Jakob von Compostela.

Im 10. Jahrhundert begann das Heiligtum überregionale Bedeutung zu erlangen. Doch die Mauren waren noch nah. Sie eroberten die Stadt, zerstörten die Basilika und führten die Einwohner in die Sklaverei. Nur die Reconquista rettete Compostela. Im 11. Jahrhundert strömten dann aus allen Teilen des Kontinents die Pilger herbei, Franzosen, Wallonen, Flamen, Deutsche, Engländer, Italiener. Compostela, 1120 zum Erzbistum erhoben, wurde so zu einem Anziehungspunkt für ganz Europa, auch für die Großen dieser Welt: für König Ludwig VII. von Frankreich, den unermüdlichen Pilger, den Bischof von Winchester, den Erzbischof von Mainz, den Erzbischof von Lüttich, den Herzog von Österreich, den heiligen Franz von Assisi, holländische und deutsche Kreuzfahrer, nestorianische Mönche vom Hof des Großkhans der Mongolen, eine schwedische Prinzessin. Für die Spanier war der heilige Jakobus der Schutzherr der Reconquista. Er erschien in den großen Schlachten, vor allem 1212 bei Las Navas de Tolosa. Für die anderen Völker war Jakobus der Fürsprecher und Heiler von Krankheiten, dessen Einfluß bei Gott den der übrigen Heiligen übertraf. Eine Zeitlang war Compostela die berühmteste Stadt in Europa und Rom ebenbürtig.

215

Auf Pilgerfahrt. Folgen wir einem Pilger, der aus England, Ungarn oder Italien kommt. Als erstes konnte er zahlreiche Wallfahrtskirchen in unmittelbarer Nachbarschaft aufsuchen. Die meisten von ihnen waren von Mönchen errichtet, oft an der Stelle eines ehemaligen heidnischen Heiligtums. Weil sie so zahlreich waren, war ihr Einzugsgebiet klein, auch standen sie untereinander in harter Konkurrenz. Der Lokalpatriotismus war bei den Verwesern dieser Wallfahrtskirchen äußerst verbreitet, und die Hagiographen, welche die Wunder des Ortsheiligen priesen, versäumten nicht, darauf hinzuweisen, daß der Heilige der Nachbarkirche die Kranken nicht geheilt habe, während der eigene Kirchenpatron deren Gebete gerade erhört hatte. Nach einer solchen Wallfahrt konnte man sich auf die große Pilgerreise begeben. Und dort traf man dann auf Europäer aus allen Ländern des Kontinents.

Zunächst fällt auf, daß sie alle die gleiche Kleidung anhatten, wie man sie heute noch an vielen Statuen des heiligen Jakobus in den gotischen Kirchen sehen kann: Sie trugen die *cotte*, eine Art Tunika, die für Frauen länger war als für Männer, dazu einen Umhang, aus dem im 14. Jahrhun-

216

215 *Fünfmal nacheinander erscheint dem Raimundus Lullus, Philosoph und Edelmann am Hof des Königs von Mallorca, der Gekreuzigte. Erschüttert beschließt Raimundus, der Welt zu entsagen. Er wallfahrtet nach Rocamadour und nach Compostela. Miniatur von Thomas Le Myésier, 14. Jahrhundert.* **216** *«Das Galgenwunder des heiligen Jakobus», Gemälde aus der Nürnberger Schule, um 1520/30. An der Mütze der Pilger: die Jakobsmuschel.*

dert ein weites drapiertes Kleidungsstück wurde, die sogenannte Pelerine. Wer nach Santiago de Compostela pilgerte, trug am Hut oder an der Kappe die berühmte Jakobsmuschel, das Erkennungszeichen der Pilger. Sie marschierten mit einem Stock, dem Pilgerstab, und einem Quersack. Alle diese Utensilien wurden vor Beginn der Wallfahrt gesegnet.

Doch wie kommt es zum Entschluß zur Reise, und wie soll sich der Pilger in einer Welt ohne gute Straßen, ohne Karten zurechtfinden? Mönche waren es, die ihn mit ihren Predigten und Ratschlägen zur Wallfahrt veranlaßten. Für die Pilgerreisen nach Compostela, dem wichtigsten Wallfahrtsort, war vor allem der stark zentralisierte Kluniazenserorden zuständig. Es gab regelrechte Führer, in denen die Reiseroute vermerkt war und auch die heiligen Orte, die es aufzusuchen galt: für Rom zum Beispiel seit dem 9. Jahrhundert das *Itinerar von Einsiedeln*, im 12. Jahrhundert die *Mirabilia urbis Romae* (Die Wunder der Stadt Rom) und die *Descriptio plenaria totius urbis* (Vollständige Beschreibung der gesamten Stadt). Für den Mont-Saint-Michel schrieb der Troubadour Wilhelm von Saint-Pair gegen Ende des 12. Jahrhunderts den *Roman du Mont Saint Michel*. Im *Mirakelbuch* von 1172 ist unter vielen anderen der Reiseweg zwischen Notre-Dame von Le Puy und Notre-Dame von Rocamadour beschrieben, mit allen Kirchen, die der Jungfrau Maria geweiht sind. Die meisten Reiseführer gab es natürlich für die Pilgerfahrt nach Compostela; die weiteste Verbreitung fand das *Liber Sancti Jacobi* aus dem Jahr 1139.

Auf vier großen Pilgerrouten in Frankreich, welche die Kluniazenser eingerichtet hatten, waren für Pilger, die von weit her kamen, die Ausgangspunkte Tours, Vézelay, Le Puy und Arles markiert, ferner die Heiligtümer in unmittelbarer Umgebung sowie die Überquerung der Pyrenäen – über Roncesvalles für die ersten drei Routen und über den Paß von Somport für die *via tolosana*, die von Arles kam. Alle Pilgerstraßen vereinigten sich in Puente la Reina; von dort gab es nur noch eine Straße nach Compostela, über Burgos, Leon und Villafranca.

Man pilgerte im allgemeinen zu Fuß, manchmal auch barfuß, um Buße zu tun. Oft wurden aber auch Pferde, besonders jedoch Maultiere und Esel benutzt, vor allem für die Überquerung der Gebirgspässe. Die Kranken zog man auf Karren, oder ein Verwandter trug sie auf dem Rükken. Die Risiken einer solchen Reise waren hoch. Banditen lauerten längs der großen Pilgerwege. Straßenräuber mischten sich unter die Pilger, man nannte sie wegen ihres Zeichens *coquillards*, «Muschelmänner». Beim Überqueren von Flüssen wurden die Pilger oft von den Fährleuten ausgenommen, und manch ein Führer erpreßte die Pilger mit hohen Geldforderungen. Auf dem Seeweg lief man Gefahr, von muslimischen Piraten ausgeraubt zu werden. Die Schiffe, die vor allem von Marseille und Venedig aus zu den heiligen Stätten segelten, hatten bis zu fünfhundert Pilger an Bord. Von Komfort konnte da keine Rede sein.

Auf der Wanderschaft selbst brauchte man Herbergen. Schlafen konnte man in den Kirchen. Aber wo gab es etwas zu essen? Hier leisteten die Mönche Abhilfe. Alle Klöster hatten einen «Empfangsdienst», die *porta*. Vom 9. Jahrhundert an wurde die *porta* unterteilt in die *hôtellerie*, den Gästetrakt für wohlhabende Leute, die zu Pferd unterwegs waren, und in die *aumônerie*, die Almosnerei für die Armen. Die Großen, die Könige, trugen durch Schenkungen zur Finanzierung dieser Hospize bei, die zugleich Hospitäler waren.

Außer den Kluniazensern kümmerten sich auch andere Orden um das Wohl der Pilger, so im 12. Jahrhundert der Orden von Aubrac im französischen Zentralmassiv, der Orden von Roncesvalles, der berühmte Johanniterorden und der Orden vom Heiligen Grab zu Jerusalem. Daneben gab es auch private Herbergen, die sich natürlich ihre Dienste bezahlen ließen.

Es ist nicht leicht, sich die Menschenmengen vorzustellen, die von überall her zusammenströmten, die unterschiedlichsten Dialekte sprachen und in immer größeren Gruppen dem Heiligtum zustrebten. Für die wenigen Priester oder Gelehrten, die mit ihnen zogen, bot das Latein die Möglichkeit, miteinander zu reden. Und man kommunizierte untereinander am Heiligtum durch gemeinsames Beten, durch Berühren der Reliquien sowie durch das Überreichen von Geschenken und Weihgaben. Dann kehrte man in die Heimat zurück, berichtete von seinen Reiseerlebnissen, den Begegnungen und den Wallfahrten zu anderen, kleineren Heiligtümern, die man unterwegs auch noch aufgesucht hatte. Einige Pilger schrieben sich auch als Mitglieder in die Bruderschaften des heiligen Jakob von Rocamadour oder anderer Orden ein.

Gewiß setzte sich der Pilger großen Gefahren aus, aber er stand auch unter besonderem Schutz, sobald er das Pilgergelübde abgelegt hatte. Es war für ihn bindend, und nur der Bischof konnte es aufheben. Für den Schutz der Pilger gab es im 13. Jahrhundert geradezu ein internationales europäisches Recht. Sowohl das Kirchenrecht als auch das Zivilrecht schützten den Pilger vor willkürlicher Verhaftung, vor Gewalt und finanzieller Ausbeutung. Wer gegen diese Gesetze verstieß, wurde exkommuniziert. Die Ermordung eines Pilgers wurde strenger bestraft als andere Morde. Weitere Bestimmungen garantierten den Besitz des Pilgers während seiner Abwesenheit. Anders ausgedrückt: Nirgends wurde der Pilger als Ausländer betrachtet und behandelt.

Die große Streitfrage

Ein neues intellektuelles «Publikum». Bei dieser Streitfrage ging es um den Konflikt zwischen Glauben und Vernunft, eine Debatte, die von Anbeginn des Christentums bis heute geführt wird. Im 12. und 13. Jahrhundert erfuhr sie aus mehreren Gründen eine Ausweitung. Zunächst erhöhte sich ganz einfach die Zahl der Menschen, die wir heute als Intellektuelle bezeichnen. Zu ihnen zählten nun nicht mehr nur die Kleriker im eigentlichen Sinne, sondern auch die Studenten der neuen Universitäten, die fahrenden Scholaren und Minnesänger, manche Schloßherren und Schloßherrinnen. Von nun an hatten Schriftsteller eine «Öffentlichkeit», ein Publikum.

Die Araber als Vermittler. Ein weiterer Grund dieser «Renaissance» war die Entdeckung unbekannter griechischer Texte, darunter Fragmente des Aristoteles. Diese Entdeckung verdanken die Europäer weniger den Byzantinern als vielmehr den Arabern. Bis zu dieser Zeit waren die wenigen bekannten Übersetzungen aus dem Griechischen ins Lateinische häufig Zitate von Autoren aus spätantiker Zeit wie zum Beispiel von Boëthius. Diese Autoren hatten jedoch die schlechte Angewohnheit, Kommentare oder «Glossen» in die Originaltexte einzufügen, ohne dabei genau anzugeben, was nun Zitat war und was Wiedergabe in eigenen Worten.

In der Blütezeit der arabischen Kultur kam es häufig dazu, daß muslimische Gelehrte Texte vom Griechischen ins Arabische übertrugen. Nun übersetzte man in Europa diese Schriften aus dem Arabischen ins Lateinische. Von einer originalgetreuen Wiederherstellung der Texte war man noch weit entfernt; denn Philologie, Papyruskunde und Inschriftenkunde, Wissenschaften, die erst im 16. Jahrhundert auftauchen sollten, waren noch unbekannt.

Zu den Autoren, deren Schriften man auf diese Weise sammelte, gehörten nach dem Philosophen Aristoteles der Mathematiker Pythagoras, die Ärzte Hippokrates und Ga-

217

218

217 *Die Araber als Lehrmeister der Europäer: «In der Apotheke», Miniatur aus einer Handschrift des «Canon major» von Avicenna, 15. Jahrhundert. Avicennas Handbuch war bis ins 17. Jahrhundert Grundlage für Lehre und Praxis der Medizin an den europäischen Universitäten.* **218** *Die Vernunft beweist den Glauben: Petrus Abälard. «Abälard und Heloïse», Miniatur aus dem «Roman de la Rose», 14. Jahrhundert.* **219** *Der Triumph des Glaubens: Thomas von Aquin. Fresko von Andrea di Bonaiuto in Santa Maria Novella, Florenz, um 1380.*

len, der Geograph Ptolemäus, die Neuplatoniker Plotin, Proklos und Porphyrios. Eigenartigerweise waren nur sehr wenige Texte Platons und des Geographen Strabo darunter, viele philosophische und wissenschaftliche Abhandlungen, aber kaum Werke der Literatur. Die Dominanz des Aristoteles, den die Muslime dazu benutzten, um in ihrem Glauben an den *Koran* bestärkt zu werden, war vor allem dem Wirken Ibn Sinas zu verdanken, den wir Avicenna nennen, eines Persers, der im Jahr 1037 starb und dem man den Beinamen «Aristoteles und Hippokrates der Araber» gegeben hat.

Die geistigen Schätze der Araber wurden den Europäern über drei besondere Stationen vermittelt. Die erste war zur Zeit der Kreuzzüge die Region von Syrien und Palästina, die zweite der normannische Hof auf Sizilien. Die Normannen waren die Nachfolger der Byzantiner und der Araber, die auf der Insel viele Spuren hinterlassen und mit den Juden, den griechischen und lateinischen Christen zusammengelebt hatten. Muslimische Künstler hatten sogar am Bau und an der Ausstattung christlicher Kirchen mitgewirkt. Die dritte und wichtigste Vermittlungsstation für Europa war jedoch Spanien. Dort hatte der Islam eine besonders herausragende Form seiner Hochkultur hervorgebracht. Neben vielen anderen können zwei Männer als Symbol dieser Vermittlung betrachtet werden: Ibn Ruschd (1126-1198), den die Europäer Averroës nennen, ein Muslim aus Cordoba mit dem Beinamen «der Kommentator», weil er einen Kommentar zum Gesamtwerk des Aristoteles verfaßt hatte; und Maimonides (1135-1204), ein Jude aus Cordoba, der dreißig Jahre seines Lebens im Maghreb und in Ägypten verbrachte und mit seinen philosophischen Schriften, einer Synthese zwischen der jüdischen Glaubenslehre und der Lehre des Aristoteles, Thomas von Aquin und Albertus Magnus beeinflußte. Das Griechische war nur noch wenigen Gelehrten geläufig, so zum Beispiel Robert Grosseteste, dem ersten Kanzler der Universität Oxford. Neue Übersetzungen aus dem Griechischen besorgte der flämische Dominikaner Wilhelm von Moerbeke zwischen 1260 und 1285. Er zeigte den Lateinern den wahren Aristoteles, ohne die Glossen der Araber.

Glaube und Vernunft. Das 13. Jahrhundert hat man das «Jahrhundert der Philosophie» genannt. Die Metaphysik und die Logik beschäftigten so viele Denker, daß dies zu einem gewissen Rückgang der literarischen Werke führte, der großen «Romane» zum Beispiel, die im 11. und 12. Jahrhundert eine bedeutende Rolle gespielt hatten.

Gewiß, jedermann bekannte sich zum Glauben – einige allerdings in einer Form, die von der Kirche als häretisch betrachtet wurde. Aber man wollte sich darüber klar werden, welchen Anteil die Vernunft an der menschlichen Erkenntnis besaß.

Die reinen Rationalisten. Man kann zwei große Strömungen unterscheiden.

Die eine, die entschieden rationalistische, führte von dem berühmten Iren Johannes Scotus Eriugena (um 810-um 877), einem der größten Metaphysiker des Mittelalters, über Abälard (1079-1142) zu Siger von Brabant (1235-1284).

Abälard aus Le Pallet bei Nantes war der Sohn eines bretonischen Adligen, studierte in Paris bei Wilhelm von Champeaux und wurde bald dessen Rivale, da bis zu dreitausend Hörer seinen Vorlesungen folgten. Héloïse, der Nichte des Domherrn Fulbert, gab er Privatstunden. Er wurde ihr Geliebter, und sie schenkte ihm einen Sohn. Sie schrieb ihm leidenschaftliche Liebesbriefe, und diese Beziehung trug viel dazu bei, ihn berühmt zu machen, ebenso wie ihr beklagenswertes Ende: Fulbert ließ ihn in seinem Bett überrumpeln und entmannen. Danach wurde Abälard Mönch. Seine wissenschaftliche Leistung war immens.

Ein Jahrhundert später ging Siger von Brabant wesentlich weiter als Abälard. Für diesen Gelehrten stand fest, daß man nur der Vernunft zu folgen hatte. Sie lehrt uns Wahrheiten, die mit dem Glauben nicht zu vereinbaren sind: daß zum Beispiel das Universum ewig ist und nicht geschaffen wurde; daß der Mensch ein Lebewesen unter vielen und daß seine Seele nicht unsterblich ist. Kein Wunder, daß Siger von Brabant wegen Ketzerei verurteilt wurde.

Die antirationalistischen Mystiker. Die andere, entgegengesetzte Strömung findet man beim heiligen Anselm (1033 bis 1109) aus Piemont, einem Anhänger des heiligen Augustinus und der Neuplatoniker. Als Mönch der Benediktinerabtei Bec in der Normandie schrieb Anselm das *Monologion* oder «Beispiel der Meditation über die Vernunftmäßigkeit des Glaubens» und das *Proslogion* oder «Der Glaube auf der Suche nach Einsicht». Im Jahr 1093 wurde er Erzbischof von Canterbury.

Im 13. Jahrhundert folgte der Franziskaner, Theologe, Philosoph und Mystiker Bonaventura (um 1221-1274) aus der Toskana, Professor an der Universität Paris, Anselms Spuren. Der Aristotelismus war bei ihm der Lehre des Augustinus und der Neuplatoniker untergeordnet. Man müsse Gott in der Welt der Sinne entdecken, ihn betrachten und von der Kontemplation allmählich zur Erleuchtung fortschreiten. Sein meistgelesenes Werk war das *Itinerarium mentis in Deum* (1259), «Die Reise des Geistes zu Gott». Der heilige Bonaventura erhielt als Kirchenlehrer den Ehrennamen *Doctor seraphicus*, der «engelgleiche Lehrer».

Die Vernunft als Stütze des Glaubens: Thomas von Aquin. Zwischen dem Rationalismus Sigers und dem Mystizismus Bonaventuras war die einflußreichste Schule die des Dominikaners Thomas von Aquin. Sie wurde immer mehr als Schöpferin einer wahrhaft christlichen Philosophie angesehen. Thomas von Aquin hat ein überwältigendes Gesamtwerk hinterlassen: Kommentare zu Aristoteles und vor allem die *Summa theologiae*. Der *Doctor universalis* hat in die Theologie den ganzen Aristoteles eingefügt. Für ihn lassen sich Vernunft und Glaube in vollkommener Weise miteinander in Einklang bringen. Die Vernunft ist der Ausgangspunkt des Glaubens und ein zusätzlicher Beweis für alle Glaubenswahrheiten. Thomas hatte natürlich Gegner. Der Bischof von Paris bezichtigte ihn des «Averroismus»,

219

der Lehre von der doppelten Wahrheit. Auch der Erzbischof von Canterbury und die Universität Oxford verurteilten seine Lehre. In England, wo die Empiriker Robert Grosseteste und Roger Bacon wirkten, wurde Thomas von Aquin lange Zeit als ein gefährlicher Rationalist eingestuft. Ein anderer Schotte, der Franziskaner Duns Scotus (um 1266-1308), Professor in Paris, danach in Köln und berühmt als *Doctor subtilis*, bekämpfte den Thomismus besonders heftig. Gegenüber den «Thomisten» meinten die «Scotisten», daß die Vernunft vom Glauben völlig getrennt und nicht dazu geeignet sei, diesen zu erschließen.

Diese große Debatte wurde auf verschiedene Weise während der folgenden Jahrhunderte fortgesetzt. Sie wurde überall in Europa geführt und brachte den Europäern eine Fülle von Reflexionen und Ideen ein, welche die einen dazu bewog, den mystischen Glauben zu bevorzugen, andere wiederum, den Glauben ganz aufzugeben, weil die allein maßgebliche Vernunft ihn ganz und gar verneine. Es gab fanatische Gläubige, die jeden biblischen Text buchstäblich verstanden wissen wollten. Andere dagegen unterschieden zwischen der Form und dem Wahrheitsgehalt der Texte, die lediglich allegorisch oder symbolisch zu verstehen seien wie etwa der Schöpfungsbericht des *Alten Testaments*. Rationalisten und Empiristen, Nominalisten und Realisten traten gegeneinander an. Glaube und Vernunft waren für manch einen Bereiche, die nichts miteinander zu tun hatten.

Im 13. Jahrhundert machte sich dieser neue Humanismus, der für die europäische Christenheit kennzeichnend war, vor allem in der Theologie bemerkbar. In den Wissenschaften begann man sich vom Prinzip der Autorität zugunsten der Vernunft zu lösen, ein wichtiger Vorgang, der zum Aufstieg Europas beitrug.

Das Europa der Romanik und der Gotik

Ein «weißer Mantel von Kirchen». «Zu Beginn des dritten Jahres nach dem Jahr 1000 sah man fast überall im Land, vor allem jedoch in Italien und Gallien, wie am Umbau der Kirchen gearbeitet wurde; obgleich für die meisten Gotteshäuser, die in der Regel stabil gebaut waren, dazu gar keine Notwendigkeit bestand, trieb der Wetteifer jede christliche Gemeinde an, eine prächtigere Kirche als die der Nachbarn zu besitzen. Man hätte sagen können, daß sich die Welt selbst schüttelte, um ihre alte Hülle abzulegen, und daß sie sich überall mit einem weißen Mantel von Kirchen neu umhüllte.»

Dieser berühmte Text stammt von Radulphus Glaber, einem französischen Chronisten des 11. Jahrhunderts. Und wir sehen mit eigenen Augen, daß er recht hat. Aus der Zeit der Griechen und der Römer sind rund um das Mittelmeer nur mitunter prachtvolle Ruinen erhalten geblieben. Aus der germanischen Zeit, der Zeit der Karolinger überlebten sehr wenige Bauwerke. Viele von ihnen waren aus Holz gebaut, viele wurden ein Opfer der Zeit, der Kriege und Plünderungen oder auch jener Bautätigkeit, die Radulphus Glaber beschrieb.

Im Gegensatz dazu besitzen wir noch Tausende von Baudenkmälern, die vom 10. bis 12. Jahrhundert entstanden sind und dem Baustil der Romanik zugeschrieben werden, eine Bezeichnung, die aus dem Jahr 1819 stammt; die Engländer sprechen eher vom «normannischen» oder «sächsischen» Stil. Vom 12. bis 15. Jahrhundert wurde dann der romanische vom «gotischen» Baustil abgelöst.

Der Anstieg der Einwohnerzahl, der fortlaufende Ausbau der Städte, eine gewisse Anhäufung von Reichtum, die technischen Verbesserungen (in der Holz-, Stein- und Eisenverarbeitung, in der Werkzeugausstattung, im Ackerbau, im Bauwesen), die Zunahme spezialisierter Handwerksberufe – all das verband sich mit dem frommen Bestreben, Bauwerke zu religiösen Zwekken zu errichten. Aber es handelte sich dabei auch um gesellschaftliche Notwendigkeiten.

Die Mönche hatten in ihren Klöstern Gästetrakte für die Pilger eingerichtet. Man brauchte Hospitäler. Die Handelsreisen der Kaufleute und die Wallfahrten der Pilger erforderten den Bau von Brücken. Die Städte umgaben sich mit Mauern. An strategisch wichtigen Plätzen erhoben sich die Burgen der Feudalherren, oft gewaltige Mauerwerke aus Stein.

All dies erweckt den Eindruck, als sei damals ein völlig neues Europa gleichsam dem Erdboden entsprungen. Menschlicher Schöpfergeist war das Merkmal dieser Phase der Geschichte. Die tiefempfundene Einheit der Christenheit äußerte sich in einem wechselseitigen Austausch, zu dem jedes Land seinen besonderen Beitrag leistete.

Im Vergleich zur Kunst in China, Korea, Japan, Indonesien oder Kambodscha zeichnet sich die europäische Kunst durch dauernde Innovation aus, durch die fortlaufende Erneuerung der Verfahrensweisen, kurz: durch eine verblüffende Fähigkeit zur Inspiration.

220

Das Europa der Romanik: **220** *Der Kaiserdom zu Speyer, Ostseite. Er wurde unter Kaiser Konrad II. um 1030 begonnen und unter Kaiser Heinrich IV. um 1106 vollendet.* **221** *Der Kreuzgang des Klosters Santo Domingo de Silos: ein Juwel romanischer Baukunst in Spanien. Mit dem Bau wurde wahrscheinlich 1085 begonnen. Kapitelle und Reliefs lassen arabische und mozarabische Einflüsse erkennen.* **222** *Ein Meisterwerk der normannisch-romanischen Architektur mit gotischen Ergänzungen: die Kathedrale von Durham in England (11. bis 13. Jahrhundert). Im Chormittelschiff befindet sich eines der ältesten Kreuzrippengewölbe Europas.*

Die Romanik und die Mönche. Will man sich von der Romanik ein umfassendes Bild machen, dann bieten sich zunächst die großen Kirchen an, von Cluny und Vézelay bis nach Santiago de Compostela, die Dome in Speyer, Worms und Mainz. Dann als Reaktion darauf die schmucklosen Zisterzienserabteien in Pontigny, Royaumont, Sénanque in Frankreich, Fountains in England, Maulbronn in Deutschland, Poblet in Spanien oder Alcobaça in Portugal. Und schließlich die mittelalterlichen Befestigungsanlagen, von denen der *Krak des Chevaliers*, die Johanniterburg im heutigen Syrien, die größte ist.

Ein Charakteristikum dieses Stils ist der Rundbogen der Portale und Gewölbe, wobei die Gewölbe von starken Mauern getragen und durch Strebepfeiler gestützt werden. Der Grundriß der Kirchen hat die Form eines Kreuzes mit Längsschiff, Chor und Querschiff. Hinter dem Chor ein Chorumgang. Auf beiden Seiten des Längsschiffes Seitenschiffe. Die Fenster sind klein, und die Kirche ist dunkel. Ihre Ausschmückung geht auf antike, byzantinische, armenische und arabische Motive zu-

221

rück. Die Tympanons der Portale und die Kapitelle zeugen von einer bemerkenswerten Steinmetzkunst, die Skulpturen sind manchmal gemessen-feierlich, doch oft in voller Bewegung. Nicht selten befindet sich über der Vierung eine Kuppel nach byzantinischem Vorbild. Doch die romanische Kunst kennt viele Formen. Sie wurde in allen Regionen Europas heimisch und entfaltete dabei einen großartigen Formenreichtum.

Schulen der Romanik. Es ist schwierig, den Ursprung der Romanik zu bestimmen. Im 11. Jahrhundert begannen die Architekten das Problem des Gewölbes zu lösen, nicht ohne tastende Versuche. Doch sehr rasch gelangte man zur Vervollkommnung der neuen Baukunst. Die Anfänge lagen zu einem Teil in Deutschland, denn dort war die Kontinuität zur karolingischen Kunst nicht unterbrochen worden. Aber es gibt auch starke byzantinische Einflüsse, besonders in Italien, und in Spanien den Einfluß arabischer und mozarabischer Baukunst.

Die deutsche Schule scheint die größte Verbreitung gefunden zu haben. Sie reichte bis nach Schweden. Im Süden harmonierte sie dank dem Heiligen Reich mit der lombardischen Schule, die in Italien herrschte. Im Westen folgte sie den Tälern der Mosel, der Maas und der Schelde. Im Südwesten beeinflußte sie den Kirchenbau im Rhônetal. Nach Südosten hin erstreckte sie sich über Österreich bis an die Küste Dalmatiens. Wir finden sie auch in der Schweiz, in den Niederlanden und in Polen.

Die französische Schule zeichnet sich durch eine Fülle von Varianten aus. Man unterscheidet den nordfranzösischen, den normannischen, burgundischen, auvergnatischen, poitevinischen und provenzalischen Stil. Die älteste dieser Schulen ist die der Normandie.

Die englische Schule geht auf normannische Ursprünge zurück. Der normannische Einfluß überlagerte in England den der deutschen Schule. Mit dem Bau der Kathedrale von Durham, der vielleicht schönsten in ganz England, begann man im Jahr 1093; hundert Jahre später war er vollendet. In Irland blieb der karolingische Stil vorherrschend, wie an dem herrlichen Portalvorbau der Kathedrale von Clonfert zu sehen ist.

In Norwegen entwickelte sich eine besondere Form der romanischen Baukunst in Gestalt von Holzkirchen, von denen einige der Zeit widerstanden, wie etwa die Kirche von Gol, die nach Oslo gebracht und dort wiederaufgebaut wurde.

Die Romanik existiert in Spanien nur in den Gebieten, die vor dem 13. Jahrhundert von der Christenheit zurückerobert worden sind, in Kastilien, Leon, Navarra und Katalonien. Dasselbe gilt für Portugal, wo die Kathedrale von Evora zu nennen wäre. Entlang der Pilgerstraße nach Santiago de Compostela vermischte sich die mozarabische Kunst mit der Kunst aus der Languedoc, der Gascogne und aus Burgund. Das größte Wunder der Romanik in Spanien ist die Sankt-Jakobus-Kathedrale in Compostela, die 1078 begonnen, aber erst 1188 vollendet wurde – zu Beginn der Gotik.

Aus all dem läßt sich schließen, daß zwischen den Architekten in Europa ein überaus intensiver Gedankenaustausch stattgefunden hat; fast alle blieben anonym, die meisten von ihnen waren Mönche. Cluny, Cîteaux und vor allem die Kreuzzüge waren an dieser Entwicklung beteiligt. Doch jede Schule besaß ihre Eigenart – was auch für die Bildhauerei mit ihrem staunenswerten Formenreichtum gilt.

222

Die Gotik. Wenn auch der allgemeine Grundriß der gotischen Kirchen nicht verändert wurde, so unterscheidet sich die

223 *Das Europa der Gotik: Die Kathedrale Notre-Dame in Reims, 13. Jahrhundert. Sie ist die Krönungskirche der französischen Könige und gilt wegen der Harmonie des Baus und der Menschlichkeit ihrer Skulpturen als die vollkommenste unter den gotischen Kathedralen.*

Gotik doch wesentlich von der romanischen Baukunst. Die unglückliche Bezeichnung «Gotik» kam im 16. Jahrhundert auf, als man zur Kunst der Antike zurückkehren wollte und die Kathedralen des Mittelalters für barbarisch hielt.

Bestimmten in der Romanik eher Wucht und Schwere den Stil, so kam jetzt Leichtigkeit auf. Nicht mehr dicke Mauern oder Pfeiler tragen die Gewölbe, sondern Strebepfeiler, die durch Strebebögen verstärkt sind. Und die recht dünnen Mauern wurden von immer größeren Fenstern durchbrochen. Dem Dunkel der Romanik folgte das Licht der Gotik, dank den Kirchenfenstern. Der Spitzbogen ersetzte den Rundbogen, und selbst die Gewölbe änderten sich. Nicht das gerippte Gewölbe, das bereits in zahlreichen romanischen Bauten existierte, war ihr besonderes Kennzeichen, sondern daß die Kreuzgrate durch ein Gerippe gestützt wurden, das wie ein Relief aussah: Es entstand das sogenannte Kreuzrippengewölbe.

In gleicher Weise erlebte auch die Skulptur in der Gotik einen besonderen Aufschwung. Sie wurde im Vergleich zur Skulptur der Romanik feingliedrig, anmutig, heiter, natürlich.

Nationale Formen der Gotik. Nach Ansicht des englischen Historikers Kingsley Porter und seines italienischen Kollegen Paolo Verzone findet man die ältesten Kreuzrippen in Italien, in der Gegend von Novara und Vercelli. Dieses System, so der englische Historiker John Bilson, wurde um 1100 beim Bau der Kathedrale von Durham verwendet. Der Franzose Elie Lambert und der Spanier Gómez Moreno haben in der großen Moschee von Cordoba und in der mozarabischen Kunst einen weiteren Ursprung des Kreuzrippengewölbes gefunden. Doch in Nordfrankreich gelangte diese Kunst im zweiten Viertel des 12. Jahrhunderts zu großer Verbreitung, zunächst in den kleineren Kirchen von Morienval und Bellefontaine in der Ile-de-France, dann in größeren Bauten wie vor allem in der Basilika von Saint-Denis, wo zahlreiche französische Könige ihre letzte Ruhestätte gefunden haben. Danach folgten die Kathedralen von Sens, Noyon, Senlis, Laon, etwas später die von Paris und Chartres und zu Beginn des 13. Jahrhunderts Reims und Amiens.

Diese großartigen Bauwerke erregten die Bewunderung der gesamten Christenheit, und es dauerte nicht lange, bis man sie überall nachahmte. Im Gegensatz zu Frankreich hat indes Deutschland seine romanischen Dome – wie etwa in Speyer und Worms – in weitaus größerem Maße erhalten.

Die deutsche Gotik scheint verhältnismäßig spät durch die Zisterzienser vermittelt worden zu sein. So weist der Dom zu Bamberg Einflüsse von Laon und Tours auf, während der Kölner Dom (Grundsteinlegung im Jahr 1248) als der größte Kirchenbau der Gotik, der erst im 19. Jahrhundert vollendet wurde, sein Vorbild in Amiens hat. Die schönste gotische Kathedrale ist vielleicht das Straßburger Münster, das aus Buntsandstein erbaut ist. In Norddeutschland und im Deutschordensstaat entstand die Backsteingotik, die große glatte Flächen aufweist und auf plastischen Schmuck weitgehend verzichtet. Zu ihren schönsten Bauten zählen unter anderem die Marienkirche in Lübeck (1260-1350), die Zisterzienserkirche in Chorin (1273-1334) und die Marienkirche in Danzig (1343-1502).

Die Gotik strahlte bis in die skandinavischen Länder aus. Der französische Architekt und Bildhauer Etienne de Bonneuil leitete den Dombau zu Uppsala in Schweden.

In Spanien war die Eigenständigkeit der Gotik gegenüber Frankreich wegen des arabischen Einflusses größer, besonders in der Skulptur, der häufig arabische Muster zugrunde lagen, wie zum Beispiel in den Kathedralen von Toledo, Burgos, Leon, Barcelona und Palma. Der thro-

224 *Der Bamberger Reiter, um 1230. Sein Vorbild ist vermutlich der dritte König im nördlichen Querhaus der Kathedrale von Reims.*

nende Christus und die Versammlung der Apostel in Toledo sind die Glanzstücke gotischer Skulptur in Spanien.

Die englische Gotik wurde im 12. Jahrhundert sehr stark von den Dombauhütten der Ile-de-France und der Normandie beeinflußt. So vollendete zum Beispiel ein Architekt aus Sens im Jahr 1192 die Kathedrale von Canterbury. Doch sehr schnell entwickelte sich in England ein eigenständiger Stil, mit einer rechtwinkligen Apsis, ohne Chorumgang und gelegentlich mit einem doppelten Querschiff. Die Kathedrale von Salisbury, etwa zeitgleich mit jener in Amiens, hat einen Turm von 127 Meter Höhe, das Straßburger Münster von 147 Meter. Die Kathedralen von Lincoln, York, Worcester, Exeter und Ely entsprechen diesem Typus. Die Linienführung ist geschwungener, die Deckengewölbe sind aufgefächert, und die Fenster scheinen sich fast ins Unendliche zu strecken. Man spricht vom *decorated style*, der «Schmuckgotik». Allein die Westminsterabtei in London behielt noch eine gewisse Nähe zu den Kathedralen in Frankreich.

Nach Böhmen kam die Gotik erst nach 1230 unter dem Einfluß deutscher Kolonisten. Ihren Höhepunkt erreichte sie dort unter Kaiser Karl IV. (1346-1378) mit dem Prager Sankt-Veits-Dom, der 1344 von Matthias von Arras begonnen und 1353 bis 1385 von Peter Parler vollendet wurde. Vor allem Peter Parler, Baumeister und Bildhauer aus Schwäbisch Gmünd, sorgte dafür, daß in Böhmen Kirchen im gotischen Stil gebaut wurden. Parlers Einfluß erstreckte sich bald bis nach Wien, Straßburg, Breslau, Krakau und selbst Mailand.

Polen erreichte den Höhepunkt seiner künstlerischen Entwicklung erst im 16. Jahrhundert. Bis dahin hatte man die Deutschen nachgeahmt. Die religiösen Orden – die Zisterzienser für die Romanik, die Dominikaner und Franziskaner für die Gotik – errichteten in Polen zahlreiche Bauten. Die Deutschordensritter in Preußen waren ebenfalls große Bauherren.

So wurde die Kunst – Architektur, Bildhauerei und Malerei – zu einem der großen Elemente geistiger Einheit in der europäischen Christenheit.

Auf dem Weg zu mehr Menschlichkeit

Das Rittertum. Die beiden Jahrhunderte, in denen das abendländische Christentum seinen Höhepunkt erreichte, waren über alle Gewalttätigkeiten hinweg durch die Entwicklung bestimmter Werte gekennzeichnet, die den Menschen zu einem besseren Leben verhalfen.

Wir haben bereits auf eine gewisse Humanisierung des Krieges hingewiesen, auf den Gottesfrieden und auf den Schutz, der Pilgern gegen Übergriffe, bei Androhung der Exkommunikation, gewährt wurde. Es kam auch zu einer gewissen Humanisierung des Kriegers selbst. So tauchte gegen Ende des 10. Jahrhunderts die Bezeichnung »Ritter« auf. Die Burg war das Lebenszentrum des neuen Standes, ausgenommen der armen Ritter. Am Ende des 11. Jahrhunderts hatte sich das Rittertum zu einer erblichen Kaste entwickelt. Das Lehnswesen setzte sich durch. Ein neuer Adel trat an die Stelle des alten. «Die griechische Philosophie, das römische Recht und die christliche Religion hatten entscheidenden Anteil an der Bildung eines europäischen Bewußtseins», schrieb der italoamerikanische Historiker Robert Lopez. «Auch das Lehnswesen hat dazu einen wesentlichen Beitrag geleistet, indem es den Grundsatz hervorhob, daß die Bande der Abhängigkeit aus gegenseitigen Verpflichtungen bestehen, daß jedem Recht eine Pflicht entspricht.»

So entwickelten sich Rituale und Zeremonien wie der «Ritterschlag», das Bad der Reinigung, das Ablegen der Waffen auf dem Altar, die Nachtwache des Knappen vor dem Ritterschlag. Was die Pflichten des Ritters angeht, so sind sie besonders gut im *Liber de vita Christiana* ausgeführt, dem «Buch vom christlichen Leben» des Bonizo von Sutri (um 1045-um 1095).

Der Ritter muß seinem Lehnsherrn treu ergeben sein, außer wenn dieser ihn in einen ungerechten Krieg führt. Er muß ihn beschützen. Er ist verpflichtet, für sein Land zu kämpfen und sich für die Armen, die Witwen und die Waisen einzusetzen. An Plünderungen darf er sich nicht beteiligen. Häretiker und Schismatiker dagegen hat er zu verfolgen. Vor allem aber muß er seine Gelübde halten. Auf diese Weise steht er im Dienst der Kirche und des Staates. Das Rittertum erscheint so gesehen als eine friedenstiftende Institution.

Das Ideal der Ritterlichkeit breitete sich in der gesamten Christenheit aus. Zwischen 1120 und 1128 erschien das französische *Rolandslied*. Der spanische Ritter, der im *Cantar de mio Cid* besungen wird, gleicht dem französischen.

Neben den internationalen Ritterorden, die während der Kreuzzüge entstanden, vor allem den Templern und den Johannitern, gab es auch einen deutschen Ritter-

225 *Die Burg, Wohn- und Amtssitz des Adels: Rappottenstein/Niederösterreich, der Sage nach um 1170 von Rapoto von Kuenring erbaut.*

225

226

orden, die Deutschordensritter, die in Preußen und im Baltikum einen Ordensstaat aufbauten. Auch in Spanien bildeten sich in den Jahren 1158 bis 1176 rein spanische Ritterorden.

Gewalt und ritterliche Gesinnung verbinden sich im deutschen *Nibelungenlied*, das zu Beginn des 13. Jahrhunderts verfaßt wurde. In den «bretonischen Romanen» des 12. und 13. Jahrhunderts – *Tristan und Isolde, König Artus' Tafelrunde* – werden keltische Überlieferungen und Sitten dargestellt, die durch englische Ritterlichkeit gemildert sind. Das walisische Rittertum wird im *Mabinogion* geschildert, den Erzählungen über das Jugendalter, die von der französischen Literatur stark beeinflußt sind. Auch ein böhmischer Ritterorden, die «Kreuzbrüder», entstand zu jener Zeit, gegründet von Prinzessin Agnes, einer Tochter des großen Böhmenkönigs Ottokar I. (1197-1230).

Die Frau und die höfische Liebe. Im Lauf der Jahrhunderte hat sich das Leben der Frau allmählich gewandelt. Das römische Recht gab nur dem Familienvater die Verfügungsgewalt über die Ehefrau und die Kinder. Dazu gehörte das Recht, sein Kind gleich nach der Geburt zu töten, wenn es ihm nicht gefiel, sei es, weil es ein Mädchen war, sei es, daß es sich um einen schwächlichen oder mißgebildeten Jungen handelte. Zwar war die Frau nicht immer, vor allem nicht in der Oberschicht, ein bloßes Lustobjekt, und manche Frauen spielten eine herausragende Rolle in der Gesellschaft. Aber bei den Römern galt die Frau nicht als «Rechtssubjekt». Der Vater, der Schwiegervater und der Ehemann verfügten über alle Rechte. Das Christentum konnte dies nicht zulassen. Um das Jahr 390 wurde ein Gesetz angenommen, das dem Familienvater das Recht über Leben und Tod seiner Kinder nahm.

Allerdings wurde noch auf einem Konzil unter den Merowingern ernsthaft darüber debattiert, ob die Frau eine Seele habe. Die Antwort fiel immerhin zu ihren Gunsten aus: Im großen und ganzen habe sie eine wie die Männer.

In der Zeit vom 10. bis 13. Jahrhundert wurde, so kann man sagen, unter dem Lehnsrecht das Ehepaar zum Zentrum der Familie und des Gemeinschaftslebens. Die Frau spielte darin eine entscheidende Rolle. Sie war die Herrin des Hauses, sie bestimmte über das Haushaltsgerät, die Möbel, die Wäsche und die Küche. Sie kannte tausend Schönheitsmittelchen. Kleider und Frisuren beschäftigten sie ebenfalls stark.

Etwas wirklich Neues kam in das Dasein der Frau mit der «höfischen Liebe». Der *Traktat über die Liebe* wurde im 12. Jahrhundert von Andreas Capellanus für die Gräfin Marie von Champagne geschrieben,

227

228

226 *Ritterlichkeit als Inbegriff adligen Lebens: Miniatur aus einer italienischen Handschrift von «König Artus' Tafelrunde» (um 1370/80). Von Wales, Cornwall und der Bretagne aus verbreitete sich die Artussage im 13. Jahrhundert in ganz Europa. Der «historische» Artus war vermutlich ein britannischer Heerführer.* **227** *Minnedienst und höfische Liebe: «Der Liebesgarten», Miniatur eines lombardischen Künstlers, 15. Jahrhundert.* **228** *Caballeros aus der Zeit der Kreuzzüge: Der Orden von Santiago war ein rein spanischer Ritterorden. Miniatur aus dem «Libro de los Caballeros», 1338.*

die Tochter Ludwigs VII. und Eleonores von Aquitanien. Darin gab es kaum noch Bezüge zur *Liebeskunst* Ovids. In seinem *Traktat* meint Andreas Capellanus: «Es liegt auf der Hand, daß ein jeder sich darum bemühen muß, den Damen zu dienen, damit der Glanz ihrer Anmut auf ihn falle. Alles Große, das im Leben geschieht, ist ohne Liebe unbegreiflich.»

Dem Autor schwebt vor, «Liebeshöfe» einzurichten, höfische Zirkel, in denen Dichter, Minnesänger, Damen und Herren auf ritterliche und höfliche Weise Gespräche über die Beziehungen zwischen Mann und Frau führen, jenes grenzenlose Thema, das die Menschen wohl niemals langweilt.

Die «höfische Dichtung» wurde eine der bevorzugten Formen der Literatur überhaupt und zu einem Charakteristikum der Feudalgesellschaft. So, wie der Vasall dem Lehnsherrn seine «Huldigung» erwies, so brachte der Ritter seine «Huldigung» der Dame seines Herzens dar. Kein Wunder, daß in jener Zeit Ritterromane in Mode kamen, in denen Tapferkeit und Liebe den ersten Platz einnehmen.

Übrigens waren in dieser Feudalwelt, wo die Ritter Kriege führten, die «Damen» und hohen Frauen oft weit mehr gebildet und belesen als die Männer – die Geistlichen ausgenommen.

Die höfische Kultur verbreitete sich über ganz Europa. Der Hof von Kastilien hatte zu Beginn des 13. Jahrhunderts den Ruf, ein Mittelpunkt höfischer Kultur zu sein. Eleonore von Aquitanien hatte eine ihrer Töchter nach Sachsen, eine nach Sizilien und eine andere – Eleonore die Jüngere – mit Alfons VIII. von Kastilien verheiratet. Auf ihren Burgen in Burgos und Valencia versammelten diese Frauen die Minnesänger um sich. Blanka, eine Tochter Eleonores der Jüngeren, wurde die Frau des Königs von Frankreich und die Mutter von Ludwig dem Heiligen. Der englische Hof und der Hof von Sizilien, der Hof der Staufer und die Fürstenhöfe in Thüringen und Österreich spielten bei der Pflege höfischer Kultur eine ähnliche Rolle.

Die Städte. Eine andere Form des Fortschritts war die allmähliche Entstehung der Stadtfreiheit. Auch dabei handelte es sich um eine allgemeine, höchst facettenreiche Erscheinung in ganz Europa seit dem 11. Jahrhundert.

Die Anfänge kommunaler Selbstverwaltung scheinen in Norditalien zu liegen. Die «bürgerlichen» Einwohner, unter ihnen Ritter und oft arme, aber freie Männer, bemächtigten sich der öffentlichen Gewalt in der Stadt. Der Fall der lombardischen Städte war hier besonders bemerkenswert, denn sie entwickelten sich zu selbständigen Stadtstaaten. Sie bekämpften einander oder schlossen sich gegen die mächtigste Stadt unter ihnen zusammen, Mailand. Barbarossa und Kaiser Friedrich II. stützten sich bei ihren Kämpfen gegen den Papst und gegen Mailand gelegentlich auf die kleinen und mittleren lombardischen Städte. Doch mit dem Sieg von Legnano im Jahr 1176 über Barbarossa

wurden sie alle unabhängige Gemeinwesen.
Neben dem Stadtstaat gab es auch Städte, die erst nach langem Kampf durch einen «Freiheitsbrief» ihre Unabhängigkeit erlangten. Diese Urkunde schränkte die Zuständigkeiten des Stadtherrn ein oder schaffte sie ab. Während die Feudalherren auf dem Land alle Macht besaßen, verloren sie diese in den Städten. Doch mußten sich die Städte häufig auf die Macht des Königs stützen und ihm Steuern zahlen, um einen solchen Freiheitsbrief zu bekommen. Dies war der Fall bei den französischen Städten, die viel schwächer waren als die lombardischen.
Philipp II. August war der erste französische König, der gegen die adligen Grundherren das Bündnis mit den Städten suchte. Die Städte ermöglichten ihm im Jahr 1214 bei Bouvines einen bedeutenden Sieg über den Kaiser, den König von England und den Grafen von Flandern. Der Sieg stärkte übrigens die Zentralisierungsbestrebungen des französischen Königs und half ihm, die Vormundschaft der Kirche abzuschütteln.
In England oder vielmehr in der anglonormannischen Monarchie, die seit den Eroberungen Heinrichs II. Plantagenet von 1154 angloangevinisch und aquitanisch geworden war, entstand der erste wirkliche Staat in Europa. Deshalb waren dort auch die Städte stärker als anderswo dem König unterworfen. Doch wurde diese Abhängigkeit dadurch gemildert, daß die Tradition der lokalen Selbstverwaltung außerordentlich stark war, eine Folge des sächsischen, dann des normannischen Einflusses.
Übrigens zwangen die Barone, ein Teil des Klerus und die Bürger von London König Johann ohne Land nach dessen Niederlage bei Bouvines im Jahr 1215, die *Magna Charta* zu unterzeichnen. Dieser «Große Freiheitsbrief» ist zwar ein äußerst kompliziertes und nicht immer wohlgeordnetes Dokument, aber er ist auch das bei weitem älteste Zeugnis eines parlamentarischen Regiments ständischer und städtischer Mitbestimmung.
In den Ländern Skandinaviens, die schon wegen ihrer dünnen Besiedelung weniger in die große Politik verwickelt waren, vermochte der König nichts ohne die Zustimmung lokaler Volksversammlungen, der «Thinge», ein Erbe aus der Wikingerzeit. In Island und Grönland stützte sich die Regierung auf die Mitwirkung einer allgemeinen Versammlung, des «Althings».
Spanien, das gegen die Mauren kämpfte, war ein Land von Burgen und Kastellen, die kleinen ländlichen Marktflecken ähnelten; Katalonien, Kastilien bedeutet «Land der Kastelle». Die autonomen städtischen Gemeinwesen hingen vom König ab. Dennoch gab es auch dort, mehrere Jahrzehnte vor der Entwicklung in England, eine Vorstufe des Parlamentarismus – die *Cortes*. In dieser ständischen Versammlung hatten die Adligen, die Bischöfe und die Städte Sitz und Stimme. Bereits im Jahr 1188 traten die Cortes von Leon zusammen.
Bürger gegen Adlige, ständige Unruhen, rivalisierende Parteien – die Guelfen gegen die Ghibellinen, die Montaigus gegen die Capulets –, all dies charakterisiert die Kultur der Städte, wie sie sich im 13. Jahrhundert ausbildet und deren Ausdruck wie Rechtfertigung die gotischen Kirchen und Kathedralen sind. Die Reichen haben dafür Geld gegeben, die Armen ohne Entgelt ihre Arbeit.
In Deutschland überließ der Niedergang des Kaisertums den Feudalherren das Feld, so daß die Freiheit der Städte dort stärker bedroht war als anderswo. Deshalb schlossen sie sich zu Bündnissen zusammen, so auch in der Deutschen Hanse und dem Schwäbischen Städtebund.
In Flandern, einem reichen Land, konnten

230

229

229 *Europäische Stadtkultur: die Wohntürme der Kaufmannsfamilien von San Gimignano in der Toskana.* **230** *Das älteste Dokument ständischer und städtischer Mitbestimmung in Europa: die «Magna Charta libertatum» vom 15. Juni 1215.* **231** *Eine Institution städtischer Selbstverwaltung: der Rat. Miniatur aus der Bilderhandschrift des Hamburger Stadtrechts, 1497.* **232** *Ein Privileg für die Stadt Konstanz: das goldene Siegel einer Urkunde Kaiser Heinrichs VI. aus dem Jahr 1192.*

231

232

sich die Städte kraftvoll entfalten. Doch im Unterschied zu den italienischen Stadtstaaten errangen sie nie eine völlige Unabhängigkeit.

Die Institutionen der Städte waren außerordentlich vielfältig und unterschiedlich. Ähnlich den Staaten besaßen sie eine Versammlung aller freien Bürger, die häufig auf dem Rathausplatz zusammenkamen, einen Rat, der sich aus den bedeutendsten Persönlichkeiten zusammensetzte, zeitweise auch aus revolutionären Parteiungen. Und schließlich eine zunächst kollektive, dann individuelle Stadtregierung: den Bürgermeister, *maire* oder *mayor* oder auch, byzantinischen Ursprungs, einen Herzog, wie zum Beispiel den Dogen in Venedig.

So entstand in den Städten eine bedeutsame politische Neuerung: daß nämlich eine Anzahl von Bürgern an der Führung der öffentlichen Angelegenheiten mitwirken konnte. Die Versammlung bot jedem Bürger, der Redegewalt und Mut besaß, eine Tribüne. Dies war ein Schritt vorwärts in Richtung auf das Ideal der Freiheit und zugleich charakteristisch für das damalige Europa.

Zusammenfassung. Betrachtet man die Vielzahl der romanischen Kirchen und Klöster sowie die gotischen Kathedralen, dann spürt man etwas von dem geistigen, künstlerischen und philosophischen Reichtum dieser beiden Jahrhunderte wie auch ihrer tiefreichenden Einheit. Wir begegnen dem namenlosen Europa, einem fast vergessenen Kontinent.

Gewiß bestand das sich festigende Lehnssystem aus einer durch und durch hierarchischen Gesellschaft, in der die Feudalherren einander unaufhörlich bekämpften. Gewiß entbrannte zwischen den Päpsten, als sie den Höhepunkt ihrer Macht erreicht hatten, und den Kaisern eine heftige Auseinandersetzung. Gewiß waren die Christen – es war damals fast unmöglich, kein Christ zu sein – davon überzeugt, daß man gegen die «Ungläubigen», die Muslime vor allem, zum Mittel der Gewalt greifen müsse. Und dennoch gewann die Einheit Europas die Oberhand. Dies war möglich dank einem Prinzip, das später die Grundlage der Freiheit wurde: die Gewaltenteilung zwischen den «Zwei Schwertern», dem geistlichen und dem weltlichen, der Kirche und dem Staat. Es war die Gegenwelt zur *Umma*, der Gemeinschaft des Islam. Wir wissen heute nur zu gut, daß die Vereinigung beider Gewalten die Hauptquelle des Fanatismus und des Totalitarismus ist.

Wir haben in diesem Kapitel – notwendigerweise schematisch – alle Formen erörtert, in denen die Einheit Europas sich äußerte. Da war zunächst die Ausbreitung der großen Mönchsorden: der schwarzen Mönche von Cluny, die weiterhin Zulauf fanden und die sich besonders um die Pilgerreisen nach Santiago de Compostela kümmerten; dann der weißen Mönche von Cîteaux, die viel «internationaler» waren und im 11. Jahrhundert vom heiligen Bernhard entscheidend beeinflußt wurden, einem großen Europäer. Im 13. Jahrhundert kamen die Bettelorden hinzu. Sie waren in Italien entstanden, setzten an die Stelle der Kreuzzüge die Mission und spielten bei der Gründung einer neuen, typisch europäischen Institution eine herausragende Rolle: der Universität. Da war das Europa der Pilgerfahrten, das Europa mit einem menschlichen Antlitz: der Ritterlichkeit, der höfischen Liebe, der städtischen Freiheiten. Die Einheit Europas, sie äußerte sich auch in der großen Debatte über die Beziehung zwischen Glaube und Vernunft. Und schließlich in den Werken aus Stein, den Burgen und Klöstern, den Mauern und den Kirchen der Städte. Das Europa der Kaufleute und der Gelehrten behalten wir uns für das folgende Kapitel vor. Im 12. und 13. Jahrhundert erlebte Europa im Westen wie im Osten eine Blütezeit. Im Westen war man fortan gegen Invasionen geschützt, während ganz Osteuropa im 13. Jahrhundert vom Ansturm der Mongolen überflutet wurde, die bis nach Polen, Ungarn und Böhmen vordrangen.

10 Auf dem Weg zu einem Europa der Staaten: das 14. und 15. Jahrhundert

Das Entstehen des modernen Staates und der Hundertjährige Krieg

Die allgemeine Entwicklung. Weder die verschiedenen Barbarenreiche des 9. und 10. Jahrhunderts noch die Feudalmächte des 11. Jahrhunderts oder die Gemeinschaft der Christenheit entsprachen dem, was wir heute als Staaten bezeichnen. Zu ihrer Entstehung, die sich nur langsam und schrittweise vollziehen konnte, bedurfte es vieler Voraussetzungen. Als erstes trat an die Stelle der persönlichen Bindung zwischen Vasall und König die Hoheitsgewalt des Königs über die verschiedenen Stände in seinem Reich, die großen Lehnsherren, die freien Städte und selbst die Geistlichkeit, sofern es sich um deren weltliche Angelegenheiten handelte. Eine weitere Voraussetzung war die regelmäßige Erhebung von Steuern und infolgedessen wenigstens zu Beginn die Zustimmung der einzelnen Stände. Sie konnten Steuern bewilligen oder ablehnen, indem sie Bevollmächtigte in die Ständeversammlung entsandten, die zu bestimmten Zeiten zusammentrat. Auch mußte der «Souverän» über eine weitaus stärkere Streitmacht verfügen als seine Lehnsherren, also über den Kern eines stehenden Heeres. Und schließlich galt es, die Gruppe der Gefolgsleute, die mit den öffentlichen Angelegenheiten betraut war, durch eine wirkliche Beamtenschaft abzulösen.

Man hätte sich auch ein völlig anders strukturiertes Europa vorstellen können, das zum Beispiel die Meere umspannte: So gab es eine Zeitlang ein anglodänisches Reich an den Küsten der Nordsee. Dreimal hintereinander hätte sich um den Ärmelkanal ein frankoenglisches Königreich bilden können – unter den Normannen, den Angevinern und im Hundertjährigen Krieg (1337-1453). Doch diese Versuche scheiterten, und die europäischen Staaten entwickelten sich aus aneinandergrenzenden Territorien. Seit dem 11. Jahrhundert war England geeint, zu einer Zeit, als die Könige von Frankreich noch sehr viel Mühe hatten, ihre kleine Krondomäne zu vergrößern. Doch im 13. Jahrhundert stand die französische Monarchie auf dem Höhepunkt ihrer Macht und wurde unter den Königen Philipp II. August, Ludwig dem Heiligen und Philipp dem Schönen zur Vormacht Europas. Im Gegensatz zu Frankreich gelang es Deutschland und Italien nicht, einen Einheitsstaat zu bilden. Die Feudalherren, in Italien vor allem die Städte, waren dort mächtiger als die Könige. Allein das Königreich Sizilien und Neapel, das normannische Edelleute im Kampf gegen die Sarazenen zurückerobert hatten und das im 13. Jahrhundert von den Päpsten einer französischen Dynastie übertragen wurde, hatte bis 1860 Bestand. Die skandinavischen Königreiche, Polen, Ungarn und selbst Spanien blieben auf halbem Weg zwischen dem völligen Gelingen des Einheitsstaats wie in Frankreich und England und seinem Mißlingen wie in Deutschland und Italien stecken.

«Der König – Kaiser in seinem Königreich.» Zahlreich sind die Schriften, in denen die These vertreten wird, daß «der König Kaiser in seinem Königreich» sei, daß der Kaiser mit den übrigen Herrschern auf einer Ebene und nicht über ihnen stehe. Oft waren diese Schriften eine Zurückweisung «kaiserlicher» oder «theokratischer» Werke. So zum Beispiel die *Disputatio inter Clericum et Militem* (Streitgespräch zwischen einem Geistlichen und einem Ritter) aus dem Jahr 1296 oder 1297, worin der Ritter das letzte Wort behält. Im *Rex Pacificus* (Der friedenstiftende König) von 1302 steht zu lesen: «Der Papst ist nicht der Herr in den weltlichen Angelegenheiten der Königreiche, die dem Römischen Reich nicht unterstehen. So ist das Königreich Frankreich nicht dem Römischen Reich unterstellt.

233 *«Der König – Kaiser in seinem Königreich.» Karl VII. von Frankreich führt den Vorsitz bei einer Gerichtsverhandlung in Vendôme, 1458. Miniatur (Ausschnitt) von Jean Fouquet aus «Les Cas des nobles hommes et femmes», 1458-60.*

ZEITTAFEL 8: Europa zur Zeit des Hundertjährigen Kriegs

	14. Jahrhundert					
Papsttum	**1294–1303** Bonifaz VIII. **1303** Attentat von Anagni	**1305–1314** Clemens V. **seit 1309** Papsttum in Avignon	**1316–1334** Johannes XXII. **1334–1342** Benedikt XII.	**1377** Gregor XI. kehrt nach Rom zurück	**1378** Beginn des Großen (Abendländischen) Schismas: Urban VI. in Rom, Clemens VII. in Avignon	
Heiliges Römisches Reich	**1308** Königswahl Heinrichs VII. von Luxemburg **1312** Kaiserkrönung Heinrichs VII. in Rom	**1313** Heinrich VII. stirbt in Pisa	**1328** Kaiserkrönung Ludwigs des Bayern in Rom; Wahl des Gegenpapstes Nikolaus V.	**1355** Kaiserkrönung Karls IV. von Luxemburg in Rom	**1356** Erlaß der «Goldenen Bulle», des wichtigsten Grundgesetzes des Reichs	
Britische Inseln	**1308** Eduard II. heiratet Isabella von Frankreich **1323** Franz.-engl. Konflikt in Guyenne	**1325** Huldigung Guyennes an Frankreich **1327–1377** Eduard III.	**1339 Beginn des Hundertjährigen Kriegs** **1346** Sieg der Engländer über die Franzosen bei Crécy	**1356** Sieg bei Maupertuis **1360** Englisch-französischer Friede von Brétigny	**1381** Großer Bauernaufstand **1377–1399** Richard II.	**1396** Waffenstillstand mit Frankreich
Niederlande	**1302** Flandrische Volksmiliz schlägt das französische Ritterheer bei Kortrijk	**1304** Schlacht von Mons-en-Pevèle	**1312–1319** Königliche Heere gegen Flandern	**1328** Erhebung der Städte und der Bauern gegen Ludwig von Nevers, Graf von Flandern	**1340** Flandern unter Artevelde schließt ein Bündnis mit England und bietet König Eduard III. die Krone an	
Frankreich	**1302** Versammlung der Generalstände in Paris **1307–1314** Prozeß gegen die Templer (König Philipp IV. der Schöne)	**1314** Hinrichtung des Großmeisters Jacques de Molay **1328** Karl IV. stirbt ohne Erben; Haus Valois **1328–1350** Philipp VI.	**1339 Beginn des Hundertjährigen Kriegs** **1341** Erbfolgestreit um die Bretagne **1346** Niederlage der Franzosen bei Crécy	**1350–1364** Johann II. der Gute **1356** Niederlage bei Maupertuis	**1358** Bauernaufstand in Nordfrankreich (Jacquerie); Revolte des Étienne Marcel in Paris	**1360** Engl.-franz. Friede von Brétigny **1364–1380** Karl V. der Weise **1380–1422** Karl VI.
Italien	**1310** Heinrich VII. in Italien	**1326** Aragon erobert Sardinien				**1381** Friede zwischen Venedig und Genua; Ende des Chioggia-Kriegs
Iberische Halbinsel	**seit 1345** Allianz Alfons' XI. von Kastilien mit Frankreich	**1350–1369** Peter I. der Grausame König von Kastilien	**1369–1379** Heinrich II. von Trastámara König von Kastilien		**1385–1580** Dynastie Avis in Portugal	**1385–1433** Johann I. König von Portugal
Nordeuropa **Deutschland** **Schweiz**	**1315** Sieg der Schweizer bei Morgarten über die Habsburger			**1370** Friede von Stralsund nach der Niederlage des dänischen Königs gegen ein Bündnis von Hansestädten;	die Hanse auf dem Höhepunkt ihrer Macht	**1386** Sieg der Eidgenossen bei Sempach über Leopold III. von Österreich **1397** Kalmarer Union (Norwegen, Schweden, Dänemark)
Slawen **Magyaren** **Osteuropa**		**1342–1382** Ludwig I. der Große von Ungarn (Anjou) erobert Kroatien, Serbien, Bosnien, Siebenbürgen, Walachei, Moldau, Bulgarien	**1386** Durch Heirat mit der Tochter Ludwigs I. wird Großfürst Jagiello von Litauen König von Polen (Wladislaw II. Jagiello)	**1386–1572** Haus der Jagiellonen macht Böhmen und Ungarn zu Königreichen		
Byzanz **Islamischer Orient**	Türkische Emirate in Kleinasien			**um 1370** Murad I. verlegt seine Residenz nach Adrianopel und erweitert seine Macht auf dem Balkan		**1379** Byzanz wird osmanischer Vasall

15. Jahrhundert

1409 Wahl Alexanders V. auf dem Konzil zu Pisa; gleichzeitig zwei Gegenpäpste	**1414** Beginn des Konzils von Konstanz **1418** Ende des Großen Schismas mit der Papstwahl Martins V.	**1431** Eröffnung des Konzils von Basel	**1439** Das Konzil wählt Felix V. zum Gegenpapst	**1449** Ende des Konzils; Schisma von Basel	
1414 König Sigismund beruft das Konzil von Konstanz ein	**1433** Kaiserkrönung Sigismunds durch Papst Eugen IV.	**1438/39** Albrecht II. deutscher König; danach Habsburger (mit kurzer Unterbrechung 1742/45) Könige/Kaiser bis 1806/1918			
1415 Schlacht bei Azincourt; Sieg der Engländer (Heinrich V.)	**1420** Vertrag von Troyes	**1453 Ende des Hundertjährigen Kriegs** (Schlacht bei Castillon)	**1455–1485** Rosenkriege in England: Haus York (weiße Rose) gegen Haus Lancaster (rote Rose)		
		1464 Erste Generalstaaten der Niederlande in Brügge	**1477** Maria von Burgund, Tochter Karls des Kühnen, Erbin der Niederlande, heiratet Erzherzog Maximilian von Habsburg und bringt damit die Niederlande in österreichischen Besitz		
1407 Ermordung Ludwigs von Orléans in Paris **1415** Schlacht bei Azincourt	**1419** Ermordung von Johann ohne Furcht **1420** Vertrag von Troyes	**1453 Ende des Hundertjährigen Kriegs** **1491** Karl VIII. heiratet Anna von Bretagne	**1494** Feldzug Karls VIII. nach Italien; Eroberung, später Verlust des Königreichs Neapel	**1498** Tod Karls VIII.; Ludwig XII. **1499** Ludwig XII. heiratet Anna von Bretagne	
1409 Aragon erwirbt Sizilien	**1415** Die Portugiesen erobern Ceuta (Nordafrika)	**1435** Kampf um die Thronfolge im Königreich Neapel zwischen Aragon und Anjou	**1443** Alfons, Sohn Ferdinands I. von Aragon und Sizilien, wird vom Papst mit Neapel belehnt		
1438–1481 Alfons V. der Afrikaner König von Portugal	**1454–1474** Heinrich IV. von Kastilien **1469** Ferdinand von Aragon heiratet Isabella von Kastilien	**1481–1495** Johann II. König von Portugal	**1481–1492** Eroberung des muslimischen Königreichs Granada durch die «Katholischen Könige» Ferdinand und Isabella	**1494** Vertrag von Tordesillas zwischen Spanien und Portugal	**1496** Johanna die Wahnsinnige, Tochter der «Katholischen Könige», heiratet Philipp den Schönen von Burgund
		1486 Maximilian von Habsburg zum römischen König gewählt	**1493–1519** Kaiser Maximilian I.	**1495** Reichstag zu Worms; Verkündung des «Ewigen Landfriedens»	**1499** Schwabenkrieg mit dem Reich. Friede von Basel: Eidgenossenschaft bleibt formal im Reich, beteiligt sich aber nicht an der Reichsreform
1410 Schlacht von Tannenberg	**1415** Johannes Huß in Konstanz vom Konzil verurteilt und hingerichtet; von Rom unabhängige böhmische Nationalkirche	**1456–1490** Matthias Corvinus König von Ungarn **1457** Königsberg neuer Sitz des Deutschen Ordens	**1490–1515** Wladislaw II. König von Böhmen und Ungarn	**1491** Preßburger Vertrag: Erbanspruch der Habsburger auf Böhmen anerkannt	
1423 Öffnung der Lateiner gegenüber der griechisch-orthodoxen Kirche **seit 1410** Die Türken erobern Ungarn	**1416** Niederlage der Osmanen gegen Venedig in der Seeschlacht bei Gallipoli	**1439** Konzil von Ferrara-Florenz; Proklamation der Einheit zwischen der lateinischen und der griechisch-orthodoxen Kirche	**1444** Türkischer Sieg über ein polnisches Heer bei Warna am Schwarzen Meer	**1453** Die Türken erobern Konstantinopel	

Im Gegenteil, es gibt und hat seit Menschengedenken genau bestimmte Grenzen gegeben zwischen dem Königreich und dem Römischen Reich. Folglich ist der Papst nicht der Herr des Königreichs Frankreich, er hat nicht die oberste Gewalt in den weltlichen Dingen, sondern allein in den geistlichen, wie überall auf der Welt. [...] Mehr als hundert Jahre lang sind die Könige von Frankreich im ungestörten Besitz des Rechts gewesen, in weltlichen Dingen Gott allein als ihren Herrn zu haben und dabei keinen anderen über sich anzuerkennen, weder den Kaiser noch den Papst. Es ist daher offenkundig, daß sie aufgrund eines langen, stetigen Besitzes das Recht der absoluten Oberhoheit in ihrem Königreich erworben haben.» Ähnliche Überlegungen findet man in der Schrift *De Potestate regia* (Über die königliche Amtsgewalt) des Johann von Paris aus dem Jahr 1302: «Es ist nicht notwendig, daß alle Gläubigen in einer umfassenden Gemeinschaft vereint sind; im Hinblick auf die Verschiedenheit des Klimas, der Sprachen und der Menschen kann es durchaus verschiedene Lebensformen und Verfassungen geben, und was für ein Volk gut ist, braucht noch lange nicht für ein anderes gut zu sein.»

Der Hauptverteidiger dieser These war der Italiener Marsilius von Padua (um 1275-um 1343). Seine Schrift *Defensor pacis* (Verteidiger des Friedens) – in der Papst Clemens VI. über 200 Irrtümer entdeckte und anprangerte – ist zugleich laizistisch und republikanisch. Marsilius tritt darin für die Unabhängigkeit der Staaten ein und beschreibt ausführlich ihre innere Verfassung. Der Titel seiner Schrift täuscht übrigens, denn Marsilius, ein leidenschaftlicher Gegner des Papsttums, glaubte nicht an den ewigen Frieden. Seine Vorstellung unabhängiger, nötigenfalls rivalisierender Staaten wirkt bereits modern.

234

235

236

Der Hundertjährige Krieg. Er dauerte mit Unterbrechungen von 1337 bis 1453, wobei sich zwei Hauptphasen unterscheiden lassen. Unter König Philipp VI., dann unter Johann II. dem Guten erlitten die Franzosen eine Niederlage nach der anderen. Johann der Gute geriet in Gefangenschaft, und im Vertrag von Brétigny im Jahr 1360 erhielt der englische König Eduard III. (R 1327-1377) ein Viertel des Königreichs Frankreich. Danach eroberte Karl V. der Weise (R 1364-1380) die besetzten Gebiete zurück, sogar Aquitanien in Südwestfrankreich, so daß die Engländer nur noch Bordeaux, Cherbourg, Calais und mehrere Festungen in ihrer Hand hatten. Karl V. unternahm auch Kriegszüge nach Kastilien, wo er Peter den Grausamen absetzte und Heinrich II. zum Thron verhalf.

Die zweite Kriegsphase hängt unmittelbar mit der geistigen Umnachtung Karls VI. (R 1380-1422) zusammen, die ihn 1392 befiel. Seine nächsten Verwandten stritten sich nun um die Macht, namentlich Johann ohne Furcht, Herzog von Burgund, und der Herzog Karl von Orléans, der Schwiegersohn des Herzogs von Armagnac. Zwischen den beiden Parteien, den «Armagnaken» und den «Burgundern», entwickelte sich in Frankreich ein Bürgerkrieg, den König Heinrich V. von England (R 1413-1422) ausnutzte. Er schlug die Franzosen bei Azincourt im Jahr 1415 und verbündete sich mit der französischen Königin Isabella (Isabeau) von Bayern und den Burgundern. Im Vertrag von Troyes übergaben sie ihm die Regentschaft über Frankreich, dessen König er nach dem Tod des Dauphins Karl werden sollte. Der Dauphin, der in Bourges Zuflucht gefunden hatte, zweifelte wegen des Lebenswandels seiner Mutter daran, der eheliche Sohn Karls VI. zu sein. Es war das Lothringer Bauernmädchen Jeanne d'Arc, die Jungfrau von Orléans, die – unter Berufung auf die «Stimmen» mehrerer Heiliger – dem Dauphin die Gewißheit gab, daß er der legitime König sei.

Die kurze Intervention der Jeanne d'Arc von 1429 bis 1431 führte zur Krönung Karls in Reims, während der kleine Heinrich VI., der Sohn Heinrichs V. und Katharinas von Frankreich, in Notre-Dame zu Pa-

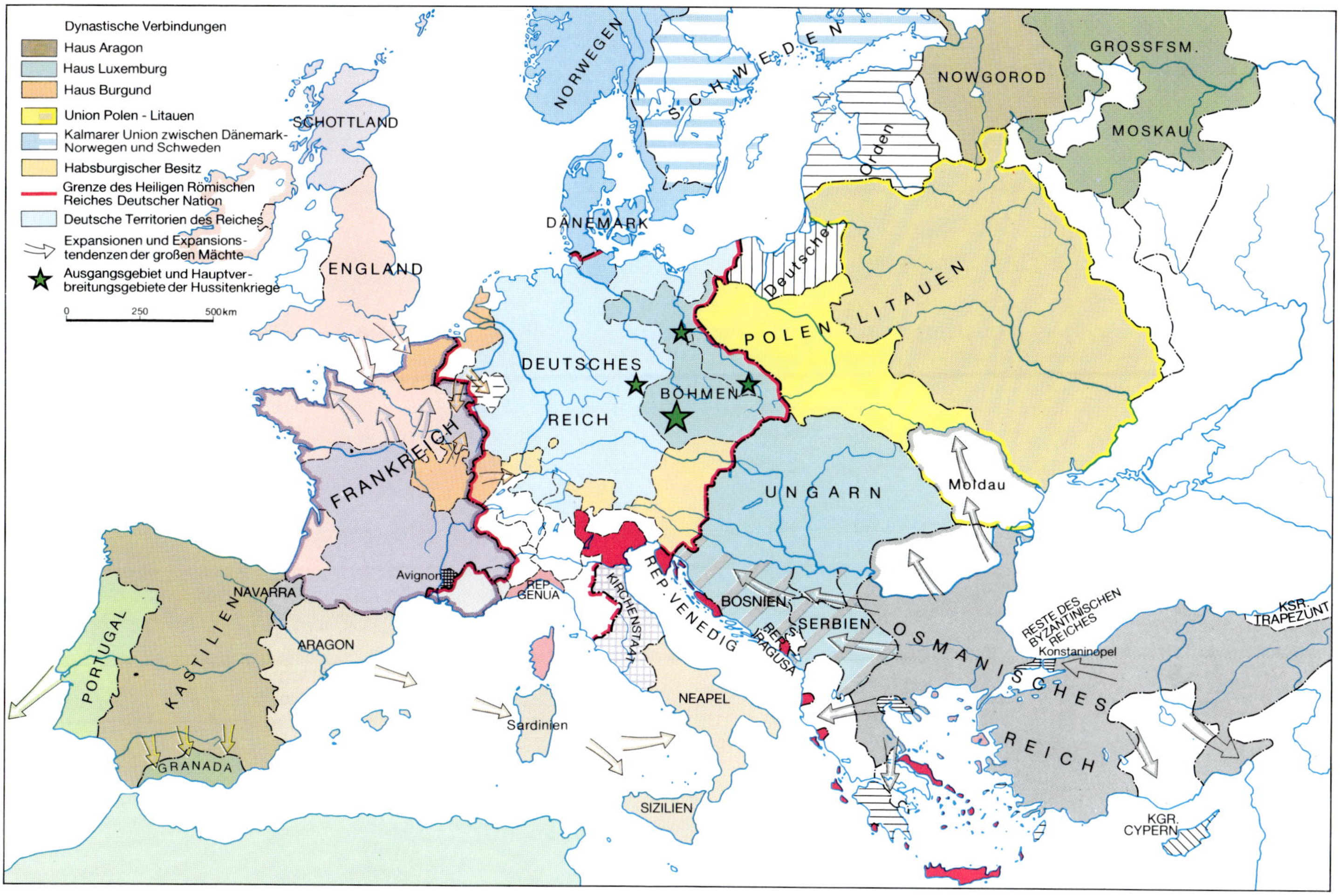

237

Fortsetzung: ris zum König gekrönt wurde. Jeanne errang noch mehrere Siege, wurde aber 1430 bei Compiègne von den Burgundern gefangengenommen und an die Engländer ausgeliefert. In einem kirchlichen Prozeß wurde sie 1431 in Rouen als Ketzerin verurteilt und verbrannt.

234 *Lehnshuldigung: König Eduard I. von England huldigt Philipp IV. dem Schönen von Frankreich, 1299. Miniatur von Jean Fouquet (um 1420-1477/81).* **235** *Karl VII., König von Frankreich, Gemälde (Ausschnitt) von Jean Fouquet, 1444/45.* **236** *Der Hundertjährige Krieg: König Eduard III. von England landet mit seinem Heer 1346 in der Normandie. Miniatur aus Jean Froissarts «Chroniques de France», 1373-1400.* **237** *Jeanne d'Arc – die Nationalheldin der Franzosen. Französische Miniatur, um 1505.* **Karte 18:** *Europa zur Zeit des Hundertjährigen Kriegs.*

Als sich dann Heinrich VI. mit den Burgundern überwarf, konnte Karl VII. einen Gegenangriff einleiten und fast ganz Frankreich zurückerobern. Das Waffenstillstandsabkommen von Tours 1444 führte schließlich zum Frieden, und Heinrich VI. heiratete Margarete von Anjou, eine französische Prinzessin. In der Folgezeit brach in England ein Bürgerkrieg aus, der sogenannte Rosenkrieg zwischen dem König aus dem Hause Lancaster – es führte eine rote Rose im Wappen – und der Familie York, mit einer weißen Rose im Wappen.

Die Lehnshuldigung. Aus europäischer Sicht interessiert vor allem die Beziehung zwischen diesen Kriegen und der Verfassung des modernen Staats. Die Engländer haben als erste ihrem Staat dauerhafte Institutionen gegeben. Verständlicherweise hielt es Eduard III. immer weniger für erträglich, wegen Aquitaniens dem König von Frankreich den Lehnseid leisten zu müssen; diese Provinz war seit der Wiedervermählung Eleonores von Aquitanien mit dem König von England – der König von Frankreich hatte sie verstoßen – im Besitz der englischen Krone. Der Lehnseid hatte unbedingten Vorrang. Weil der König von England über seine Besitzungen auf dem Kontinent uneingeschränkt verfügen wollte, wie es in England der Fall war, benutzte er das Aussterben der Kapetinger in direkter Linie, um die Krone von Frankreich für sich zu beanspruchen. König Karl IV. von Frankreich war im Alter von vierunddreißig Jahren ohne männlichen Erben gestorben, und sein Vetter Philipp von Valois folgte ihm auf dem Thron. Er war der nächste Verwandte des Königs in männlicher Linie. In Frankreich war es in der Tat Rechtsbrauch, daß Frauen keine Thronerbinnen sein konnten. Auch konnte die Tochter eines Königs keine Kronrechte an ihren Sohn übertra-

gen. Genau das aber war in England möglich, und König Eduard III. war der Sohn Isabellas von Frankreich, einer Tochter Philipps des Schönen. Eduard war also nächster Verwandter von Philipp dem Schönen – allerdings über eine Frau.
Eduards Kriegsziel war es nun, mehrere Provinzen zu erobern und sie uneingeschränkt in Besitz zu nehmen. Die großen Siege bei Sluis vor der flandrischen Küste (1340), bei Crécy (1346) und Poitiers (1356) verschafften ihm diese Genugtuung. Im Jahr 1360 verzichteten die Franzosen auf den Lehnseid. So trat allmählich an die Stelle des Feudalrechts die völlige Hoheitsgewalt des Herrschers. Übrigens handelten die Könige von Frankreich ebenso. Beamte des Königs sicherten Zug um Zug dessen Herrschaft auf den Lehnsgütern. Die Zentralisierung nahm ihren Lauf.
Die erste Voraussetzung dafür war die Bildung einer ständigen Verwaltung. Die persönlichen Dienstleute des Königs und seine Vasallen wurden durch Beamte ersetzt, die auch bei einem Thronwechsel im Amt blieben.

Die ständige Verwaltung. Unter Philipp dem Schönen begann der Aufschwung der königlichen Verwaltung. Vor allem die *curia regis*, die königliche Kanzlei, die sich aus sachkundigen und ergebenen Männern zusammensetzte, wollte überall die ausschließliche Zuständigkeit des Königs durchsetzen. Im 14. und 15. Jahrhundert oblag die oberste Rechtsprechung dem Parlament und der Rechnungskammer. Die oberste französische Verwaltung saß in Paris, die englische – der künftige *civil service* – in London.
Wesentlich leichter hatten es die italienischen Stadtstaaten, eine ständige Verwaltung einzurichten. Über das Florenz der Medici-Zeit schrieb der italienische Historiker Alberto Tenenti: «Was die italienische Halbinsel betrifft, so folgt – neben dem Kirchenstaat – Florenz mehr als die übrigen Stadtstaaten der allgemeinen Entwicklung im Westen. Zur selben Zeit gerät das Königreich Neapel allmählich unter spanische Herrschaft, und Venedig [...] bleibt weit mehr seinen mittelalterlichen Strukturen verhaftet als der toskanische Stadtstaat. Während sich Savoyen in jener Zeit erst langsam zu einem Staatsgebilde entwickelt, verliert das in dieser Hinsicht fortgeschrittenere Mailand bald seine Unabhängigkeit und damit die Möglichkeit zu einer wirklich autonomen Entwicklung.»
Nach England, Frankreich und den italienischen Stadtstaaten wurde auch Spanien im Verlauf seiner Einigung zu einem modernen Staat. Im Jahr 1465 setzten aufständische Vasallen König Heinrich IV. von Kastilien ab, zugunsten seiner Schwester und Erbin Isabella.
Vier Jahre später heiratete Isabella den Erben von Aragon, Ferdinand. Damit umfaßte das Königreich Spanien auch Katalonien, die Balearen, Sardinien, Sizilien (1409) und das Königreich Neapel (1435). König Ferdinand (R 1474-1516), eine bemerkenswerte Persönlichkeit, vertrieb mit der Einnahme Granadas 1492 die Mauren endgültig aus Spanien. Im selben Jahr entdeckte in seinem Namen Christoph Kolumbus die Neue Welt.

Das stehende Heer. Zur ständigen Verwaltung kam das stehende Heer. Bis ins 14. Jahrhundert hoben die Könige, wenn sie Krieg führten, für eine begrenzte Zeit Truppen aus – ein Heer aus zügellosen Rittern, deren Bedienstete das ebenso undisziplinierte «Fußvolk» bildeten. In Zeiten großer Bedrängnis wurde gelegentlich auch der Heerbann aufgeboten, eine Art allgemeiner Mobilmachung.
Das starke Heer, das auf diese Weise in Frankreich zu Beginn des 14. Jahrhunderts ausgehoben wurde, erlitt viele Niederlagen: durch die flämischen Bürger 1302 bei Kortrijk und durch die Engländer, die zahlenmäßig unterlegen, aber wesentlich besser geführt waren. So erstritt der Schwarze Prinz, ein Sohn Eduards III., zusammen mit englischen Soldaten und Gaskognern – insgesamt höchstens 7000 Mann – zahlreiche Siege. Daher beschloß König Karl V. von Frankreich im Jahr 1369, eine ständige kleine Truppe von Kriegsleuten, ungefähr 5200 Mann, aufzustellen und ihnen einen regelmäßigen Sold zu zahlen. Diese Entwicklung setzte sich fort. Im 15. Jahrhundert waren viele dieser Kriegsleute ausländische Söldner: Armbrustschützen und Fußsoldaten aus Italien und Spanien, Bogenschützen aus Schottland, Krieger aus Aragon, Kastilien, dem Piemont, der Lombardei. Der Konnetabel von Frankreich war 1424 ein Schotte, John Stuart.

Regelmäßige Steuern. Unter dem Feudalrecht konnte der König nur auf seinen Domänen Steuern erheben und darüber hinaus dort, wo er die oberste Gerichtsbarkeit ausübte. Doch seit Ende des 12. Jahrhunderts brauchte man vor allem in Frankreich und in England beträchtliche Summen für weitreichende Unternehmungen. So erhob zum Beispiel Philipp II. August für einen Kreuzzug gegen Saladin, der Jerusalem erobert hatte, im Jahr 1198 in ganz Frankreich eine Steuer, den «Saladinischen Zehnten». Nach und nach trat an die Stelle der lehnsherrlichen die königliche Steuer.
Den steigenden Finanzbedarf versuchte

238 *Auf dem Weg zu einem Europa der Staaten: Sieg der Eidgenossen 1386 bei Sempach über die Österreicher. Arnold Winkelried drückt sich Spieße in die Brust und bahnt so eine Gasse in das feindliche Ritterheer. Anonymes Gemälde, um 1600.* **239** *Die Türken erobern Konstantinopel, 1453. Miniatur aus der Werkstatt von Jean Miélot, Lille 1455.*

238

239

man durch eine regelmäßige Steuer zu decken. König Philipp der Schöne berief zu diesem Zweck erstmals im Jahr 1302 eine Versammlung von Adligen, hohen geistlichen Würdenträgern und Bürgern privilegierter Städte ein. Die Versammlung sollte den König nicht nur moralisch unterstützen, sondern ihm vor allem Hilfsgelder bewilligen. Seit Ende des 15. Jahrhunderts wurden diese «Generalstände» gewählt und hatten den Charakter einer repräsentativen Versammlung.
Auf den Generalständen von Tours (1435) und von Orléans (1439) vollzog sich die große Wende in der Steuergeschichte. Die Vertreter der Stände beschlossen dort die regelmäßige Erhebung der *aides*, der indirekten Steuern, und der *taille*, einer direkten Steuer für Nichtadlige, die das stehende Heer Karls VII. finanzieren sollte. Die *taille* war eine Art Einkommensteuer, die nahezu ausschließlich auf den Landbewohnern lastete. Auf diese Weise konnte der König, von Juristen unterstützt, aus eigener Machtbefugnis Steuern erheben.
Das Steuersystem in England wies gegenüber dem französischen erhebliche Unterschiede auf. Seit Annahme der *Magna Charta* im Jahr 1215 tagte das Parlament sehr häufig; es hatte sich weit mehr Macht gesichert als die französischen Generalstände. Während seiner fünfzigjährigen Regierungszeit machte Eduard III. dem Parlament zahlreiche Zugeständnisse im Hinblick auf die rechtliche und gesellschaftliche Stellung des einzelnen. Sobald es sich jedoch um die Erhebung von Steuern handelte, verstieß er häufig gegen die Bestimmung der *Magna Charta*, wonach ohne die Zustimmung des Parlaments die Untertanen nicht besteuert werden konnten. Seine großen Siege über Frankreich verschafften ihm eine ausreichende Popularität, so daß er sich über die heftigen Vorhaltungen des Unterhauses hinwegsetzen konnte.
Im übrigen hatten die Ausgaben für den Krieg zur Folge, daß die Steuern jährlich und regelmäßig erhoben wurden. Die Steuerpraxis Eduards III. verstieß eindeutig gegen das bestehende Recht. Als der Papst allerdings im Jahr 1367 den König vor ein kirchliches Gericht in Rom laden wollte, weil er seine Kirchenabgabe nicht entrichtet hatte, erklärte das Parlament einstimmig, daß es die Weigerung des Königs unterstütze: Er dürfe in nichts einer auswärtigen Macht unterstehen, selbst wenn diese kirchlicher Natur sei.

Der Osten Europas. Die Kriege in Osteuropa – erst gegen Tamerlan und dann gegen die osmanischen Türken – hatten nicht die gleiche Wirkung wie der Hundertjährige Krieg. Die slawischen Völker sahen sich in die Verteidigung gedrängt, wobei sich Polen und Böhmen viel schneller vom Joch der Mongolen befreiten als Rußland. Im 14. Jahrhundert erloschen die nationalen Dynastien Böhmens, Polens und Ungarns. Diese Länder wurden nun von auswärtigen Fürsten regiert und mußten sich, Böhmen vor allem, gegen die deutsche Durchdringung zur Wehr setzen. Die polnische Krone indes erlebte in der Auseinandersetzung mit dem Deutschen Orden einen Augenblick des Triumphs. Im Jahr 1386 heiratete die polnische Thronerbin Hedwig den Großfürsten von Litauen, Jagiello, einen mächtigen und gewalttätigen Herrscher, der über ein weites Gebiet von der Ostsee bis zur Ukraine regierte. Er schlug 1410 das Heer des Deutschen Ordens bei Tannenberg. Und während die Skandinavier das Monopol der Hanse in der Ostsee brachen, bemächtigte sich Jagiellos Nachfolger der Stadt Danzig. Darüber hinaus unterstützte er noch die Hussiten und nahm Ungarn in Besitz.

Zur gleichen Zeit begann die große Invasion der Osmanen. Sie eroberten den Balkan, überquerten die Donau, überschritten die Karpaten und verwüsteten Ungarn. Ein Jahrhundert lang sollte Polen in diesem Teil Osteuropas die entscheidende Rolle spielen. Die schwachen Reste des Byzantinischen Reichs vermochten dem Ansturm der Türken nicht zu widerstehen. Muhammad II. der Eroberer (R 1451-1481) nahm 1453 Konstantinopel ein und setzte damit der tausendjährigen Geschichte des Oströmischen Reichs ein Ende.

Die große Bevölkerungskrise

Die Übervölkerung im 13. Jahrhundert. Alles spricht dafür, daß vom Jahr 1000 bis zum Ende des 13. Jahrhunderts die Einwohnerzahl Europas erheblich zunahm und große Fortschritte in der Wirtschaft erzielt wurden. Historiker haben diese Frage besonders genau untersucht, und sie setzen ihre Forschungen fort, denn es gibt natürlich keine umfassenden Statistiken zu diesem Thema. Zwar führten seit etwa 1250 zahlreiche Fürsten und große Herren zu Finanzzwecken sogenannte Herdlisten – wir würden heute Haushaltsbücher dazu sagen. Doch wie viele Menschen gehörten im Durchschnitt zu einem «Herd», einem Haushalt? Relativ gut informiert ist man über das Königreich England durch das *Domesday Book*, ein Grundbuch, das 1085 bis 1087 unter Wilhelm dem Eroberer für 34 Grafschaften angelegt wurde. Zu diesem Zeitpunkt betrug die Einwohnerzahl der Insel etwa 1,1 Millionen. Im Jahr 1348 verzeichnete man bereits 3,75 Millionen. Für Frankreich ergibt sich im Jahr 1328 aus dem Stand der Pfarreien und Haushalte eine Einwohnerzahl zwischen 12,5 Millionen und 15,5 Millionen.

Anhand der Schätzungen britischer und französischer Historiker können wir einige globale Zahlenangaben vorlegen. So lebten im ehemaligen Römischen Reich etwa 54 Millionen Menschen, etwa 23 Millionen von ihnen in den europäischen Gebieten. Die lateinische Christenheit umfaßte zu Beginn des 14. Jahrhunderts zwischen 50 Millionen und 55 Millionen, um das Jahr 1400 nur noch 40 Millionen und um 1500 wieder 50 Millionen Menschen.

Unmittelbar vor dem Ausbruch der Großen Pest zählte Frankreich ungefähr 16 Millionen Seelen; die Iberische Halbinsel und Italien je 8,4 Millionen; die Niederlande 1,1 Millionen; England 3,3 Millionen; Schottland und Irland zusammengenommen vielleicht 1,5 Millionen; die Schweizerische Eidgenossenschaft und die skandinavischen Länder je 600000; Deutschland 6 bis 8 Millionen; Polen 1,3 Millionen und Ungarn etwa 2 Millionen. In ganz Europa herrschte eine Übervölkerung, außer in den Ländern östlich der Elbe und in den Gebieten Spaniens und Portugals, die gerade erst von den Christen zurückerobert worden waren.

Die Landwirtschaft. Die Dynamik in der Bevölkerungszunahme – es gab zum Beispiel einen Überfluß an Handwerkern – und die Dynamik neuer technischer Errungenschaften begünstigten zugleich die Wirtschaft. Man besaß nun das Kummet für Zugpferde, neue Techniken für Ochsengespanne, einen neuen Pflug mit einer doppelten Eisenschar, der im Gegensatz zum alten Schwingpflug auf allen guten Ackerböden von Skandinavien bis an die Loire benutzt wurde. Auch die Fruchtwechselwirtschaft wurde verbessert; bis ins 13. Jahrhundert kam es zu großen Urbarmachungen.

Die Landwirtschaft in dieser vornehmlich bäuerlichen Welt blieb in sich sehr geschlossen, mit großen regionalen Unterschieden: in der Rechtsstellung des einzelnen – der Bogen reichte vom Leibeigenen bis zum freien Bauern –, in den Ackerbaumethoden und in der Größe und Anlage der Siedlungen; manche von ihnen lagen weit verstreut auseinander, andere dicht beisammen.

Handel und Münzwesen. Mit dem Handel wuchsen die Städte. Frühformen des Kapitalismus breiteten sich aus: in den Städten, im Umkreis der Abteien, aber auch der großen Lehnsgüter. Alle Formen des späteren Groß- und Fernhandels waren damals im Entstehen begriffen. Metallgeld kam verstärkt in Umlauf dank den arabischen und byzantinischen Münzen, die in Venedig, Genua und Pisa angehäuft wurden; das Abendland hatte nun Exportüberschüsse vorzuweisen. Manch ein Kreuzfahrer brachte zudem Reichtümer mit, die er im Heiligen Land oder irgendwo unterwegs geraubt hatte. Doch vor allem entdeckte man neue Kupfer- und Silbervorkommen, besonders im Harz, aber auch in den Vogesen, im Jura und in den Ostalpen. Die größte Entdeckung war im Jahr 1170 die der ergiebigen Silberminen bei Freiberg in Sachsen. Im 13. Jahrhundert nahm man in Europa wieder die Prägung von Goldmünzen auf. Zur Römer- und noch zur Merowingerzeit hatte es sowohl Gold- als auch Silbermünzen gegeben. Dann war man zur reinen Silberprägung übergegangen. Jetzt kehrte man zu Gold und Silber zurück. In Italien begann diese Entwicklung.

Dank der Schiffahrt erlebten das Handwerk, die Tuchherstellung, der Gewürz-, Wein- und Salzhandel einen Aufschwung. Auch die Wirtschafts- und Handelsmethoden wurden verbessert: Der Fernhandel nahm zu, es gab immer mehr Messen, und vor allem bediente man sich immer häufiger des Kredits. Christen wie Juden übten den Beruf des Geldleihers aus, besonders zur Finanzierung von Kriegsausgaben der Fürsten. In Genua kam im 12. Jahrhundert unter der Bezeichnung «Geldwechsler» der Beruf des Bankiers auf. Der Begriff

240

241

240 *Landwirtschaft im Spätmittelalter: Bauern bei der Aussaat im März. Monatsblatt aus dem «Calendarium Grimani», Schule des Meisters Bering, Brügge, um 1515.* **241** *Die Entfaltung von Kapitalismus, Handel und Geschäftsgeist in Italien: Bankiers mit ihrer «Bank» in einer Geschäftsstraße. Fresko (Ausschnitt) von Niccolò di Pietro Gerini in San Francesco in Prato, Toskana, 15. Jahrhundert.*
Karte 19: *Der Schwarze Tod in Europa.*

banco, «Bank», setzte sich rasch durch. Depositenbanken und Effektenbanken wurden gegründet, ebenso neue Formen von Handelsgesellschaften und Kaufmannsvereinigungen. Die Initiative hierzu ging gleichfalls von den Italienern aus. In Brügge wurde erst im 14. Jahrhundert eine Bank eingerichtet.

Im 13. Jahrhundert gelangten Wirtschaft und Handel des Mittelalters zu ihrem Höhepunkt. «Die Zahl der Menschen steigt von Tag zu Tag, und die Stadt wächst durch immer neue Bauten [...]. Die Fruchtbarkeit der städtischen Ländereien und der Überfluß an allen Gütern sind jedermann sichtbar [...]. Es gibt keinen gesunden Mann, es sei denn, er wäre ein Taugenichts, dem es nicht gelänge, seinen Lebensunterhalt mit dem Amt zu verdienen, das seiner sozialen Stellung entspricht.» Diese Sätze schrieb Fra Bonvesin de la Riva im Jahr 1288. Sie beziehen sich auf Mailand, eine Stadt von etwa 200000 Einwohnern. In der Tat hat es fast überall in Europa eine sprunghafte Zunahme der Einwohnerzahl gegeben. Im Westen entstanden neue Weiler, Dörfer und Pfarreien. Im Osten überschritten Siedler die Elbe und zogen nach Pommern und Preußen, nach Böhmen, Mähren, Schlesien und Österreich und weiter die Donau hinab bis in die Karpaten.

Der große Hunger und die Pest. Gegen Ende des 13. Jahrhunderts kam es indes zu einem Rückschlag. In der Normandie, in England, in Spanien und in Italien lagen immer mehr Felder brach – eine Folge der Kriege und vor allem der Pest.

Nach mehreren Mißernten herrschte von 1315 bis 1317 eine große Hungersnot in allen Ländern Europas, von England bis Rußland, von den Niederlanden bis Italien. Die Sterblichkeit nahm rapide zu. Hinzu kam in den Jahren 1335 bis 1345 eine Geldkrise.

Doch all diese Plagen verblassen angesichts des «Schwarzen Todes», der Beulenpest. Sie brach zuerst in China aus. Durch Handelskarawanen gelangte sie 1347 bis nach Konstantinopel. Von dort oder von der Krim wurde sie nach Italien eingeschleppt. Im Jahr 1348 erreichte sie Nordafrika, Spanien, Frankreich und den Süden Österreichs. Ein Jahr später wütete die Seuche in Ungarn, in der Schweiz, im Rhône- und im Rheintal, in den Niederlanden, in Norddeutschland und in England. Skandinavien, Preußen, Polen und die baltischen Länder wurden seit 1350 von ihr heimgesucht.

Über die Zahl der Pestopfer gibt es keine genauen Angaben. Lediglich über die Situation in England sind annähernde Schätzungen möglich. Im Jahr 1348 hatte das Land 3,75 Millionen Einwohner, zwei Jahre später 3,127 Millionen und im Jahr 1377 nur noch 2,073 Millionen – ein Rückgang von 40 Prozent innerhalb von 29 Jahren. Im Jahr 1430 betrug die Einwohnerzahl 2,1 Millionen. Die Zahl von 1348 wurde erst um das Jahr 1600 wieder erreicht.

Untersuchungen über die Verhältnisse in einigen Städten bestätigen auch für andere Regionen Europas das Ausmaß der Katastrophe. Zahlreiche italienische Städte verloren 30 bis 60 Prozent ihrer Einwohner. Die Einwohnerzahl von Florenz fiel von rund 110000 im Jahr 1338 auf 50000 im Jahr 1351. In Wien starben an manchen Tagen 500 bis 1200 Menschen. In der Gegend von Avignon zählte man in drei Monaten 60000 Tote. Von 1320 bis 1400 büßten die Grafschaft Nizza und die obere Provence zwei Drittel ihrer Bewohner ein. Im Jahr 1348 lebten in Toulouse 30000 Menschen, 1405 nur noch 22500 trotz einer Einwanderungswelle. Zürich zählte 1350 genau 12375 Seelen; im Jahr 1458 waren es noch 4713. Brabant und Holland hatten weniger zu leiden. Gent konnte mit 50000 seine Einwohnerzahl halten. Aber der Hennegau und das Artois wurden um so heftiger von der Seuche getroffen. In Ypern fiel die Zahl der Einwohner von 30000 auf 18000, in Arras von 20000 auf weniger als 10000.

Ganze Dörfer wurden entvölkert, manche von ihnen niemals wieder besiedelt. In Deutschland nannte man sie «Wüstungen», in England *lost villages*, verlorene Dörfer. Man schätzt, daß von den 170000 Dörfern und Weilern in Deutschland 40000 entvölkert wurden. In England betrug der Anteil der verlorenen Dörfer 20 Prozent, in der Toskana 10 Prozent, in der Romagna 25 Prozent, auf Sizilien und Sardinien gar 50 Prozent.

Die Schrecken des Kriegs. Zu all dieser Not kamen noch die Schrecken des Kriegs, die im 13. Jahrhundert besonders schlimm waren. Im Osten unternahmen die Mongolen unter Tamerlan ihren letzten Ansturm. Wahrscheinlich rettete der Widerstand der muslimischen Mamelucken, die in Ägypten einen mächtigen Staat gegründet hatten, Europa vor den Mongolen. Doch nach den Mongolen fielen die osmanischen Türken in Europa ein. In Frankreich brachte der Hundertjährige Krieg viel Leid über die Menschen. Die Bauern wurden nicht nur von den regulären, schlecht entlohnten Söldnern ausgeplündert, sondern auch noch von regelrechten Räuberbanden drangsaliert. Es bildeten sich die berüchtigten *Grandes Compagnies*, Zusammenschlüsse von Straßenräubern, Bettlern und Wucherern, in Deutschland die «Raubritter», in England die *outlaws*, Gesetzlose, die in den Wäldern lebten, Nachfolger des berühmten Robin Hood, jedoch ohne dessen legendären Ruf. Sie trieben ihr Unwesen in den Kriegen zwischen den Engländern und den Schotten, während der «Rosenkriege» zwischen den Häusern York und Lancaster. Häufig rotteten sich auch – wie in Katalonien – ausgehungerte Bauern gegen die Städte zusammen. In Kastilien herrschte Bürgerkrieg, in Flandern und Süddeutschland Aufruhr. Und in Italien unternahmen *condottieri*, die Anführer von Söldnerbanden, einen Kriegszug nach dem anderen.

Mit diesen Heimsuchungen veränderte sich auch das Wirtschaftsleben tiefgreifend. Fast überall verfielen die Preise und stiegen die Löhne wegen der sinkenden

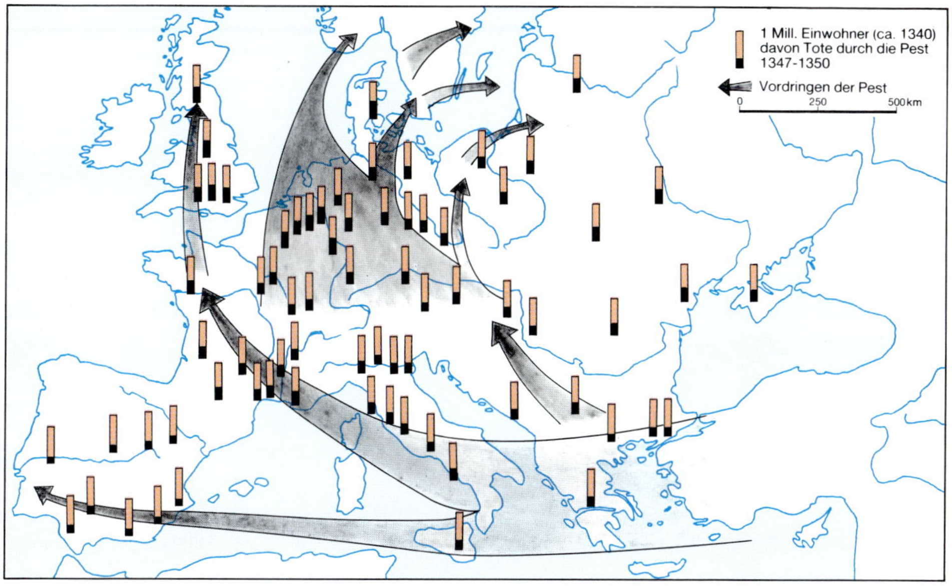

242

242 *Der Schwarze Tod: Von 1348 bis 1352 starben 25 Millionen Menschen in Europa. Noch heute erinnern Pestsäulen und Prozessionen an jene furchtbare Zeit. Miniatur aus einer Chronik von Giovanni Sercambi, Lucca, 14. Jahrhundert.*

Zahl der Handwerker. Aber fallende Preise – so Guy Fourquin – «gehen nicht unbedingt mit einer allgemeinen Verschlechterung der Lebensbedingungen einher. F. Lütge hat für Deutschland und M. M. Postan für England nachgewiesen, daß der relative Niedergang der Wirtschaft im Mittelalter die sozialen Verhältnisse sogar verbessern konnte.» Die Historiker sind sich jedoch nicht darüber einig, wann die Depression beendet war: zu Beginn des 15. Jahrhunderts oder um das Jahr 1470.

Die große Krise der Christenheit

Anders als die spätere Säkularisation war die Krise der Christenheit im 14. und 15. Jahrhundert eine innerkirchliche Krise; sie ereignete sich zu einer Zeit, als die Christenheit auf ihrem Höhepunkt stand. Es handelte sich zunächst um eine politische Krise: Man stritt sich verbissen um die Macht. Es war aber auch eine theologische Krise, denn nicht wenige Zeitgenossen vertraten Lehren, die von der Kirche verworfen wurden. Und schließlich war es eine Krise der Moral, denn wieder einmal wirkte die Anhäufung von Reichtum korrumpierend.
Die große Masse der Christen indes war nach wie vor tief religiös. Doch war die Volksfrömmigkeit immer noch derb, primitiv und abergläubisch. Seit der Mitte des 15. Jahrhunderts befand sich die Christenheit in einem Zustand religiöser Überspanntheit und manchmal geradezu krankhafter Empfindsamkeit.

Die Bruderschaften. Die Entwicklung der Bruderschaften, ein gesamteuropäisches Phänomen, ist hierfür ein Beispiel. Es waren Zusammenschlüsse von Laien und einigen wenigen Priestern. Ihr Ziel war es, die Christen zu sammeln und ihre Frömmigkeit zu vertiefen. Auch Frauen traten in diese Bruderschaften ein. In einer Zeit, als es mehrere Päpste gab und man die Inquisition fürchtete, war es natürlich, daß man zusammenrückte. Darüber hinaus boten diese Vereinigungen nützliche Dienste an, zum Beispiel Hilfe für Gefangene und für die Kranken in den Hospitälern, christliche Unterweisung, die Veranstaltung von Mysterienspielen; oder man kümmerte sich, falls die Bruderschaft mit einer Handwerkerzunft verbunden war, um das einvernehmliche Zusammenleben der Zunftmitglieder. Außer zu Gebeten in einer oft eigens zu diesem Zweck gebauten Kapelle traf man sich an den Feiertagen, veranstaltete Bankette und andere Festlichkeiten.
Bruderschaften gab es in großer Zahl in Frankreich, in England, in den Niederlanden, in Polen und in Dalmatien; in Deutschland betätigten sich die Bruderschaften der Hansestädte als regelrechte Reise-Agenturen und boten Pilgerfahrten und andere Unternehmungen an. Das Land, in dem sie besonderen Zulauf fanden, war Italien. So zählte man zum Beispiel in Florenz im 13. Jahrhundert 15 dieser Vereinigungen, im 14. Jahrhundert 27 und im 15. Jahrhundert sogar 36. Die Bruderschaft zum Heiligen Geist in Rom hatte mehr als 1000 Mitglieder. Manche hatten Niederlassungen im Ausland, so die katalanischen Bruderschaften in Brügge, die flämischen in Florenz und die bretonischen in Paris. Es ging diesen Vereinigungen nicht nur um die Religion, sondern auch um die Entwicklung von Gemeinschaftssinn nach Art einer «Genossenschaft». Gelegentlich waren die Regierungen über die Bruderschaften beunruhigt, denn sie konnten in Krisenzeiten Verschwörungen decken.

Die Spätgotik. Einen weiteren Nachweis der allgemeinen Frömmigkeit liefert die Kunst. Die gotische Baukunst stand weiterhin in Blüte, äußerte sich in immer schlankeren Formen. Hohe Fenster mit feinem Maßwerk, züngelnden Flammen gleich, haben diesem neuen Stil in Frankreich und in Spanien den Namen «flammende Gotik», *gothique flamboyant, gótico flamígero,* eingetragen. Die Gewölbebögen werden verästelter, Zwischenrippen und Nebenrippen sind eingefügt, vor allem in England. Von England aus gelangte der «Flamboyantstil» nach Frankreich.
Im hellen Glanz erstrahlte die religiöse Malerei im 14. und vor allem im 15. Jahrhundert, dem *Quattrocento* der Italiener. Man denke etwa an Giotto (1266-1337) und an Fra Angelico (um 1400-1455).

Die Päpste in Avignon. Das erste Zeichen einer schweren Krise war die Entscheidung des französischen Papstes Clemens V. im Jahr 1309, wegen der anhaltenden Unruhen nicht in Rom zu bleiben, sondern sich in Avignon niederzulassen. Er dachte wohl an einen vorübergehenden Aufenthalt in der Stadt, die von der Grafschaft Venaissin umgeben war, einem Teil des Kirchenstaats. Avignon selbst kauften die Päpste im Jahr 1348 von der Königin von Neapel, die zugleich Gräfin der Provence war. Der gesamte Besitz blieb bis 1791 eine päpstliche Enklave auf französischem Boden.
Die Päpste sollten bis 1377 in Avignon bleiben, wo sie nach und nach zwei Paläste errichteten. Doch wichtig war vor allem die Tatsache, daß in Avignon die Kardinäle – selbst wenn sie Italiener waren – nicht mehr dem Druck der Römer ausgesetzt waren, wohl aber dem des Königs von Frankreich. Zum Verdruß der Römer waren alle Päpste bis 1379 Franzosen. Der bedeutendste unter ihnen war Clemens VI. (1342-1352); er hieß ursprünglich Pierre Roger, war ein Mönch aus La Chaise-Dieu in der Auvergne, wurde Bischof von Arras, dann Bischof von Rouen und schließlich Kanzler König Philipps VI. von Frankreich. Der luxuriöse Lebensstil dieses Papstes, die Verschwendungssucht seines Hofes steigerten die Unzufriedenheit der Römer. Fast überall in Europa ging das Gerücht um, die Pest sei eine Strafe Gottes für das Exil der Päpste in Avignon, ihre «babylonische Gefangenschaft».

243

244

245

243 *«Krankenpflege in einem Hospital»: Fresko von Domenico di Bartolo Ghezzi (um 1400 bis 1447) im Hospital Santa Maria della Scala, Siena, um 1440/44.* **244** *«Die babylonische Gefangenschaft der Kirche»: der Papstpalast in Avignon, Neues Palais, erbaut 1342 bis 1352.* **245** *«Papst Gregor XI. kehrt nach Rom zurück.» Fresko (Ausschnitt) von Benvenuto di Giovanni (1436-1518), Museum der Società di Esecuzione di Pie Disposizioni, Siena.*

Die Rückkehr der Kurie nach Rom fand 1367 unter Papst Urban V. statt, ehedem Abt von Sankt Viktor in Marseille. Doch ein Teil der Kirchenverwaltung blieb in Avignon zurück. Urbans Nachfolger Gregor XI. – ebenfalls ein Franzose – beschloß dann 1376 die völlige Rückkehr nach Rom, vielleicht unter dem Einfluß einer Mystikerin aus dem Orden der Dominikanerinnen, der berühmten heiligen Katharina von Siena.

Die Anfänge des Großen Schismas. Mit dem Tod Gregors XI. im Jahr 1378 steigerte sich das Unglück der Kirche. Das Konklave – es bestand aus sechzehn Kardinälen, die gerade in Rom waren – spaltete sich in drei Gruppen: in eine südfranzösische, eine nordfranzösische und eine italienische. Das Volk von Rom übte einen gewaltigen Druck auf die versammelten Kardinäle aus und schrie: «Wir wollen einen römischen Papst, wenigstens einen Italiener.» Mit fünfzehn Stimmen von sechzehn wurde Bartolomeo Prignano gewählt, der Erzbischof von Bari. Er nahm als Papst den Namen Urban VI. an.

Sogleich erhob der König von Frankreich, Karl V., Einspruch. Dreizehn französische Kardinäle – einige von ihnen waren erst nach der Papstwahl in Rom eingetroffen – zweifelten die Rechtmäßigkeit der Wahl an. Sie trafen sich in Fondi und wählten aus ihrer Mitte den energischen Robert von Genf zum Gegenpapst. Er nannte sich Clemens VII. Das Große Schisma des Abendlands begann.

Es dauerte bis zur Wahl Martins V. im Jahr 1417, nimmt man die weiteren Auseinandersetzungen hinzu, bis 1449, also über siebzig Jahre. Die Christenheit spaltete sich in zwei Parteien, die «Urbanisten» und die «Clementisten». Die Urbanisten hatten ihre Anhänger im Heiligen Reich, in Flandern, in England und in einem Großteil Italiens, auch in Rom mit Ausnahme der Engelsburg, die von clementistischen Kardinälen gehalten wurde. Clementisten waren der König von Frankreich und seine Vasallen vor allem im Languedoc, welche die Rückkehr des Papstes nach Avignon wünschten; ferner die Grafschaft Savoyen, Schottland, das mit Frankreich verbündet war, einige deutsche Fürsten, unter ihnen Herzog Leopold III. von Österreich, der Herzog von Luxemburg und der Herzog von Jülich. Die Schweiz, Böhmen und Mähren waren in dieser Frage gespalten. Die Spanier verhielten sich zunächst neutral, doch Aragon, Kastilien und Portugal schlossen sich bald den Clementisten an. Die Propaganda, angeführt von Legaten und Gegenlegaten, lief auf Hochtouren. Oft kam es zu Gewalttaten, denn die Fürsten bemäntelten weltliche Ansprüche mit dem Schleier einer frommen «antischismatischen» Tat. Die lateinische Christenheit war gespalten.

Papst und Konzil. Da weder Gewalt noch Verhandlungen, noch die Gehorsamsverweigerung, der Entzug der Unterstützung für den einen oder den anderen Papst, den Konflikt lösten, wurde beschlossen, ein allgemeines Konzil einzuberufen. An den Universitäten erhoben sich zahlreiche Stimmen, die behaupteten, die Autorität des Konzils stehe über der des Papstes. Drei Konzile prägten nacheinander das 15. Jahrhundert: das Konzil von Pisa (1409), das Konzil von Konstanz (1414 bis 1418) und das Konzil von Basel (1431 bis 1449).

Das Konzil von Pisa setzte die beiden vorhandenen Päpste ab und wählte einen dritten; weil aber die beiden anderen seine Edikte ignorierten, war die Kirche nun dreigeteilt.

Das Konzil von Konstanz. Dem Konzil von Konstanz gelang es schließlich, diese dreifache Spaltung zu überwinden. Es wählte im Jahr 1417 einen einzigen Papst, der sich dann Martin V. nannte.

Eine weitere Besonderheit des Konzils war, daß sich die Teilnehmer nach «Nationen» gruppierten. Es gab

1. die *italienische Nation* mit Kreta und Zypern,
2. die *englische* mit Wales, Irland und Schottland,
3. die *deutsche* mit dem Heiligen Reich, den Niederlanden, der Schweiz, Dalmatien, Kroatien, Ungarn, Böhmen, Polen und Skandinavien,
4. die *französische*, die auf das Königreich Frankreich beschränkt war.

Die Spanier und die Portugiesen waren nicht anwesend. Sie kamen erst 1415 nach Konstanz und bildeten eine fünfte Nation. So erschien die Christenheit immer mehr als eine Vereinigung von «Nationen».
Mit der Wahl eines einzigen Papstes war im Prinzip das Große Schisma beendet. Nun galt es, die Reform der Kirche in Angriff zu nehmen, die durch die Spaltung verhindert worden war.

Das Konzil von Basel. Das dritte bedeutsame Konzil des Jahrhunderts versammelte sich von 1431 bis 1449 in Basel. Auf der Tagesordnung standen vor allem die Kirchenreform, die Versöhnung mit der Ostkirche und die Abwehr der Türken. Doch tatsächlich versuchte das Konzil von Basel – weitaus mutiger als das von Konstanz –, die Leitung der Kirche nicht mehr dem Papst zu überlassen, sondern selbst zu übernehmen. Der Konflikt zwischen Konzil und Papst brach sofort aus. Die rangniedrigen Kirchenleute – Rechtsgelehrte und Theologen – bestritten zudem auch die Kompetenzen der Bischöfe. War das Konzil dabei, sich zu einer souveränen Versammlung zu entwickeln, deren Entscheidungen «vom Heiligen Geist erleuchtet» wurden?
Das Basler Konzil wählte 1439 einen anderen Papst, Felix V., als Gegenpapst zu Eugen IV., doch dessen Nachfolger Nikolaus V. setzte sich schließlich durch. Zu seinen Anhängern zählte der spätere Papst Pius II. (1458-1464), ein Theologe, Geschichtsschreiber, Geograph, Redner, Diplomat, Rechtsgelehrter und sogar Dichter. Eine langwierige Krise war beendet, und ihr Ende fiel mehr oder weniger mit dem des Hundertjährigen Kriegs zusammen. Doch die Wunden wollten nicht heilen. Zudem hatten die langen Jahre des Kirchenstreits eine Stärkung der Staaten bewirkt. Die Fürsten nutzten die Lage aus und errichteten Nationalkirchen auf Kosten der *res publica christiana*, des universalen europäischen Geistes der «christlichen Republik». Drei Beispiele mögen diese Tendenz verdeutlichen: die Universitäten, die Irrlehren und die Freiheiten gegenüber dem Papst.

Die Universitäten. Zur Zeit des Großen Schismas wuchs die Zahl der Universitäten, und ihr Aufgabengebiet veränderte sich – weg von der Theologie, hin zu den Wissenschaften. Zugleich änderte sich auch die kosmopolitische Zusammensetzung der europäischen «Intelligenzija», denn die Universitäten unterlagen einer immer engeren Überwachung durch die jeweiligen Landesherren.
England hatte nur die beiden Universitäten Oxford und Cambridge. Doch gründete man *colleges* und Bibliotheken; und in Schottland gab es seit 1410 die Universität Saint Andrews. Es war die Zeit, in der das Englische Nationalsprache wurde. Die Krise der Wissenschaft und der Niedergang des Schulwesens waren auf den Britischen Inseln weniger spürbar als auf dem Kontinent.
In Flandern wurde aufgrund einer päpstlichen Bulle 1425 die Universität Löwen gegründet. Wegen des hohen «Salärs» gingen viele Professoren nach Löwen, die zuvor in Paris, Bologna, Pavia, Wien oder Köln gelehrt hatten.
In Deutschland entstanden Universitäten in Wien (1365), Heidelberg (1386), Köln (1388), Erfurt (1392), Leipzig (1409) und Rostock (1419), die zahlreiche Professoren und Studenten aus Paris, Anhänger Urbans, aufnahmen.
Da es in Spanien mehrere Königreiche gab, war ein jedes von ihnen bestrebt, eigene Universitäten zu errichten: Salamanca und Valladolid für Kastilien, Lerida und Perpignan für Aragon.
In Portugal verlegte König Ferdinand (R 1367-1383) die Universität Coimbra nach Lissabon.
In Frankreich blieb die Universität Paris die berühmteste – und ihr Anspruch stieg: Sie maßte sich an, Schiedsrichter in Fragen theologischer Rechtgläubigkeit zu sein; und sie wurde immer mehr die Universität des Königs von Frankreich. Sie schaltete sich sogar in den Prozeß der Jeanne d'Arc ein. Doch der Preis dafür war der Verlust vieler Freiheiten. Mehr noch: das Schisma und die politischen Konflikte kamen anderen Universitäten zugute; Caen war eine englische Gründung (1432); Bordeaux befand sich im englischen Guyenne; Dôle gehörte zu Burgund; Poitiers war eine Zeitlang die Universität Karls VII. und des «Königreichs von Bourges», Aix hingegen die Universität der Provence. Die Universität Toulouse, 1368 gegründet, war der Schauplatz anhaltender politischer Unruhen. Die «Nation» von Guyenne hielt zu England und trat 1418 in den Streik. Die alte Universität Orléans verlor zugunsten von Paris an Bedeutung, während Montpellier dank dem Statut von 1380 eine Hochburg der Medizin wurde. Angers war weniger bedeutend. Avignon zog aus der Anwesenheit der Päpste Nutzen. Die Universität Grenoble wurde im Jahr 1430 gegründet.
Eine ähnliche Vielfalt findet man in Italien, wo es um das Jahr 1400 etwa fünfzehn Universitäten gab, mehr als in Frankreich. Doch Italien bestand damals aus lauter unabhängigen Kleinstaaten. Die Universität Bologna wurde immer noch von zahlreichen Ausländern besucht, vor allem von Spaniern, Deutschen und Engländern. Die Universität Florenz spielte für die Entwicklung des italienischen Humanismus eine bedeutende Rolle. Die beiden Universitäten in Rom waren eher mittelmäßig, weil die Universität in Bologna, das zum Kirchenstaat gehörte, die besten Lehrer und Studenten anzog.
An der Universität von Prag im Königreich Böhmen unterschied man vier «Nationen»: die sächsische (Sachsen, Brandenburg, Braunschweig, die Niederlande, Westfalen); die bayrische (Bayern, Österreich, Frankreich, Schweiz, Rheinland, Holland); die polnische und die böhmische Nation, das heißt die tschechische. Die drei ersten unterstützten den Papst in Rom, während die böhmische clementi-

246

247

246 *Das Ende des Großen Schismas: zwei Kardinäle und König Sigismund krönen 1417 im Konstanzer Münster Martin V. zum Papst. Miniatur aus der Chronik Ulrich von Richentals, um 1465.* **247** *Blüte der Universitäten in England: das Trinity College der Universität Cambridge, gegründet 1546, im 17. und 18. Jahrhundert umgebaut.*

248

248 *Ein Vorläufer Martin Luthers: der englische Reformator John Wyclif (um 1320-1384). Anonymes Porträt aus dem 17. Jahrhundert, King's College der Universität Cambridge.*

stisch war. Im Jahr 1409 erkannte König Wenzel – eine etwas dubiose Person, die als Kaiser von den Kurfürsten abgesetzt worden war – der böhmischen Nation drei Stimmen zu, während die übrigen drei Nationen sich mit einer einzigen Stimme begnügen mußten. Das Ergebnis war, daß die deutschen Studenten die Universität Prag verließen; sie erklärten die Böhmen zu Ketzern und gründeten die Universität Leipzig. Erwähnt sei noch die Gründung der Universität Krakau (1364) in Polen, der Universität Uppsala (1477) in Schweden, der Universität Budapest (1635) in Ungarn und der Universität Helsinki (1640) in Finnland.

Die Irrlehren. Neben dem Großen Schisma und der Konzilskrise zeichnete sich ein weiterer Faktor ab, der die Kirche beunruhigte: die Irrlehren oder Häresien. Die Krise der Christenheit hatte eine durchgreifende Reform der Kirche verzögert. So preschten einige Idealisten vor und machten die Reform selbst. Es entwikkelte sich eine Art «Vorreformation» – die eigentliche Reformation kam erst ein Jahrhundert später. Die beiden bedeutendsten Vorreformatoren, der Engländer John Wyclif und sein böhmischer Schüler Johannes Huß (tschechisch: Jan Hus), trugen dazu bei, das Nationalbewußtsein in ihren Ländern zu festigen.

Als Mystiker war Wyclif (um 1320-1384) ein Zeitgenosse anderer großer Mystiker wie des Flamen Jan van Ruysbroeck und der heiligen Katharina von Siena. Aber man kennt ihn auch als herausragenden Professor der Universität Oxford sowie als Theologen und Verfechter der «königlichen Prärogative». Gegenüber den Päpsten genoß er lange Zeit den Schutz des Herzogs von Lancaster, Johanns von Gent. Wyclif stellte die Bibel über die Kirche und schloß daraus, daß der Papst und selbst der Klerus überflüssig seien. Nicht die offizielle Lehre der Kirche, sondern die freie Gewissensentscheidung eines jeden einzelnen führe zur Wahrheit. Die Sakramente verloren so an Bedeutung, und die Eucharistie, das Meßopfer, war für ihn nur noch ein Symbol. Seine Lehren verbreitete er in volkstümlichen, leidenschaftlichen Predigten. Nach seiner Verurteilung durch die Universität Oxford und durch den Papst wurde er verdächtigt, den großen englischen Bauernaufstand von 1381 mit Hilfe seiner Schüler, der «armen Prie-

Karte 20: *Religiöse und soziale Bewegungen am Ende des Mittelalters.*

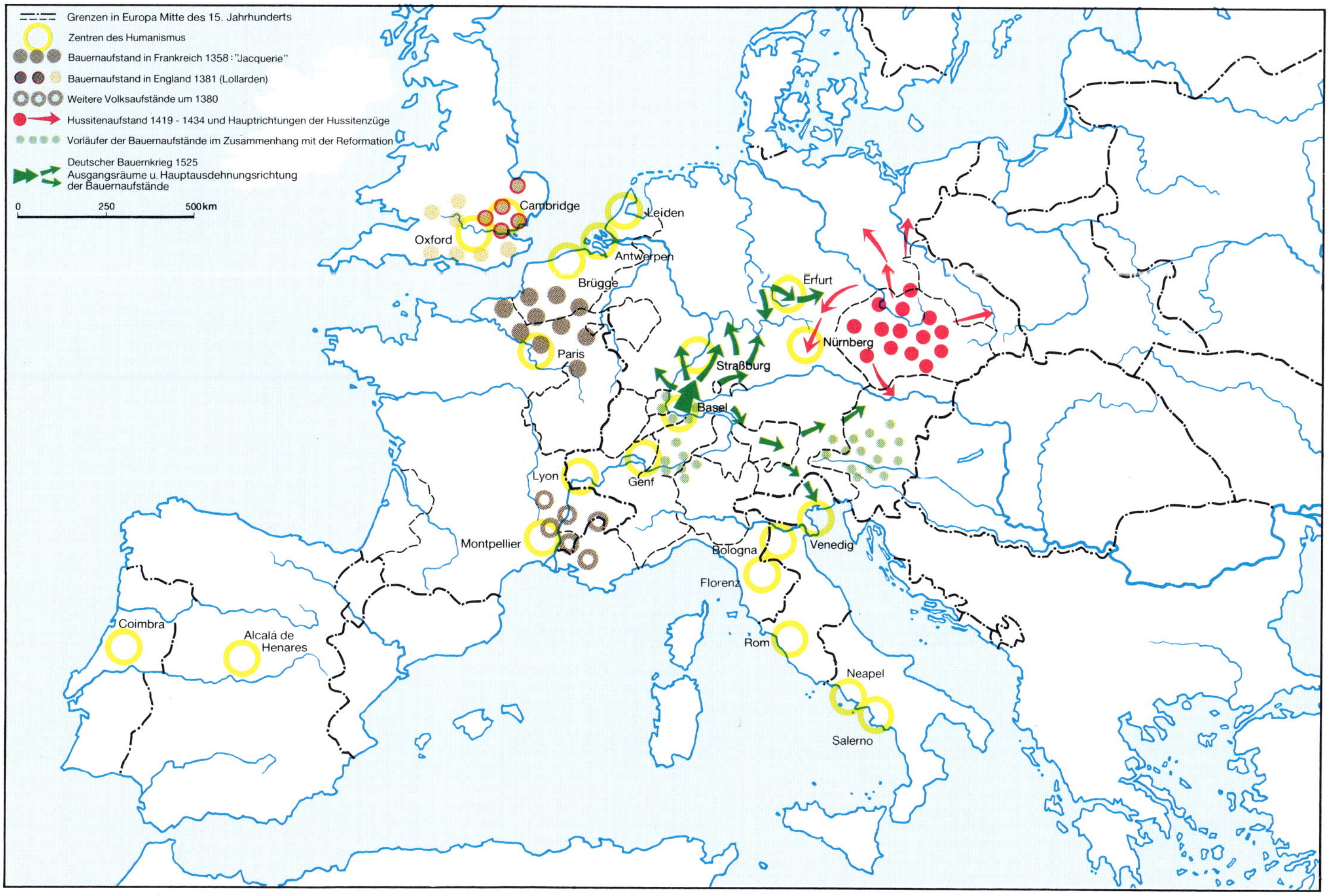

ster», ausgelöst zu haben. Drei Jahre später starb Wyclif. Doch trotz seines Scheiterns war er in England weiterhin sehr beliebt, vor allem auch wegen seiner Übersetzung der Bibel ins Englische. Seine Anhänger waren als «Lollarden» bekannt.

Der Böhme Johannes Huß (um 1370-1415) gehörte einer anderen Generation an als Wyclif. Wie dieser war er Professor und lehrte an der Universität Prag. Eher Moralist als Mystiker, besaß er ein gefürchtetes Talent für die Polemik und war ein ausgezeichneter, volkstümlicher Prediger. Er wollte die Kirche reformieren und bewunderte Wyclif, allerdings mehr dessen Taten als Lehren. Auch Huß glaubte, daß das Papsttum der Kirche mehr Schaden als Nutzen gebracht habe. So populär er in seiner böhmischen Heimat war, so verhaßt war er in Rom. Er bekämpfte die Kardinäle, die zu «fetten Herren» geworden waren, und ihren Ablaßhandel, jene «rechenhafte Frömmigkeit», bei der man die Tage im Fegefeuer zusammenzählte, die der Erwerb eines Ablasses dem Sünder ersparte.

Huß war bereit, seine Vorstellungen dem Konzil von Konstanz vorzutragen, hatte ihm doch der Kaiser freies Geleit zugesichert. Aber es war ein unbedachter Schritt. Huß wurde vor Gericht gestellt und seinen Feinden von der Universität Paris, unter ihnen der große Theologe Jean de Gerson, ausgeliefert. Man verurteilte Huß als Ketzer, enthob ihn seines Priesteramtes und übergab ihn dem «weltlichen Arm». Im Jahr 1415 starb er auf dem Scheiterhaufen. Seine Anhänger trugen in der Folgezeit viel dazu bei, daß sich in Böhmen ein Nationalbewußtsein entwickelte.

Die «Freiheiten» der Nationalkirchen. Auf allen Ebenen der Hierarchie, vom Kardinal bis hinunter zum einfachen Priester, lebte der Klerus von den Pfründen der Kirche. Und die weltlichen Herrscher waren immer mehr darauf aus, diese Einkommensquelle zu kontrollieren, indem sie entschieden, wer eine solche Pfründe bekam. Würden sie deren Inhaber bestimmen, dann hätten sie eine hervorragende Möglichkeit, Gefolgsleute und Freunde zu versorgen, ohne daß es sie selbst einen Pfennig kostete.

Anstatt den Fürsten allein die Entscheidung über die Vergabe kirchlicher Pfründen zu überlassen, bemühten sich die Päpste seit Martin V. darum, gegenseitige Verträge, sogenannte *Konkordate*, zu schließen.

In Frankreich wurden die nationalkirchlichen Bestrebungen als *Gallikanismus* bezeichnet. Sein Ursprung liegt vermutlich in dem berühmten Werk *Le Songe du Vergier* (Der Traum des Kirchendieners), das um 1372 verfaßt wurde, also kurz vor dem Ausbruch des Großen Schismas. Zu Beginn des 15. Jahrhunderts, auf dem Konzil von Paris im Jahr 1406, war die Doktrin des Gallikanismus voll ausgebildet. Der König allein besaß das Recht, Pfründen zu vergeben. Die königlichen Beamten, die kaum noch die Exkommunikation fürchteten, beseitigten nacheinander die Vorrechte des Klerus, seine Steuerfreiheit, seine besondere Gerichtsbarkeit und so fort. «Alle Kirchenleute müssen Abgaben entrichten, denn die Verteidigung des Königreichs erfordert es.» Diese und ähnliche Verfügungen gipfelten in einer Reihe gallikanischer «Verordnungen», wobei zwei Parteien einander gegenüberstanden, die Anhänger des Papstes, zu denen die Universität Toulouse und die «Burgunder» gehörten, und die Gallikaner, unter ihnen Jean de Gerson, der Theologe Petrus de Alliaco und die Armagnaken. Im Jahr 1438 wurde König Karl VII. von Frankreich dank der «Pragmatischen Sanktion» von Bourges, der Charta der gallikanischen Kirche, «der erste Mann der Kirche im Königreich». Bischöfe und Äbte mußten im Prinzip gewählt werden, so daß man von einem «bischöflichen Gallikanismus» sprechen kann, der dem Papsttum feindlich gegenüberstand. Das Herzogtum der Bretagne trennte sich jedoch durch das Konkordat von Redon im Jahr 1441 vom gallikanischen Frankreich.

In England war die Opposition gegen die französischen Päpste in Avignon total; sie kam sowohl vom König als auch vom Parlament. Im Jahr 1398 hatte man mit dem Papst in Rom ein Konkordat geschlossen, wonach Papst und König die Vergabe von Pfründen einfach untereinander aufteilten. Die Könige aus dem Hause Lancaster kündigten das Konkordat auf und betrieben eine anglikanische Politik, die allerdings nicht ganz so extrem war wie der Gallikanismus. Als die Engländer weitere Teile Frankreichs besetzten, brachten sie den *Anglikanismus* mit. Wie sehr sich der französische Klerus den Engländern unterwarf, zeigt das Beispiel des Bischofs von Beauvais Pierre Cauchon, der zum Ankläger der Jeanne d'Arc wurde. Man hat gesagt, in Frankreich heiße die Freiheit verteidigen, sich dem Papst zu widersetzen, in England dagegen, dem König zu gehorchen. Die Iren indes wehrten sich erfolgreich gegen die Einmischung des englischen Königs in die Angelegenheiten ihrer Kirche.

In Deutschland machte das Reich zunehmend den Eindruck eines *Regnum teutonicum*, eines Deutschen Reichs, und nicht mehr den einer Universalmonarchie.

249

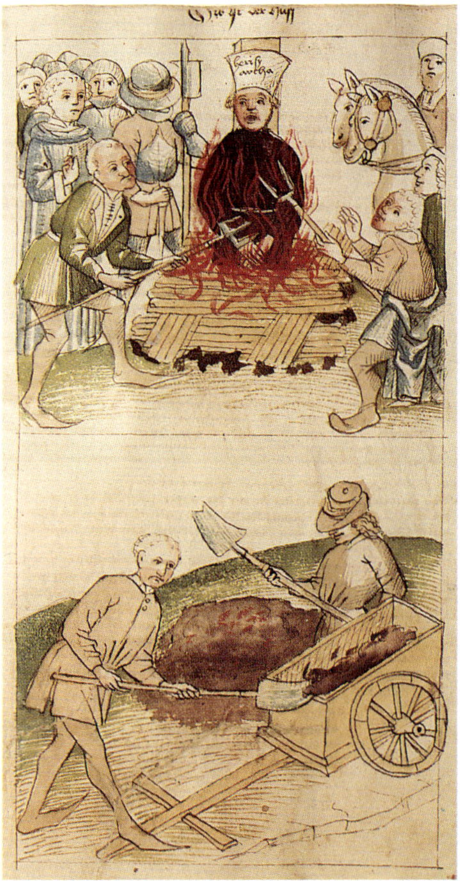

250

251

249 *Auf dem Konzil von Konstanz wird der tschechische Reformator Johannes Huß zum Tode verurteilt: Das Gericht enthebt Huß seiner Priesterwürde, Schergen führen ihn ab.* **250** *Huß wird auf dem Scheiterhaufen verbrannt, seine Asche verscharrt. Miniatur aus der Richental Chronik, um 1465.* **251** *Eine große Mystikerin: die heilige Katharina von Siena (um 1347-1380). Sie bewog Papst Gregor XI. zur Rückkehr nach Rom. Fresko von Francesco Vanni in San Domenico, Siena.* **252** *Auf Reisen in China. Kublai Khan händigt Niccolò und Marco Polo in Peking den kaiserlichen Geleitbrief aus, 1292. Französische Miniatur zur Reisebeschreibung Marco Polos, 1375.*

Doch waren im 15. Jahrhundert die in sich sehr vielgestaltige deutsche Nation und das Reich nicht deckungsgleich. Die Volksfrömmigkeit war immer noch intensiv, und die Kirche fühlte sich den *deutschen Freiheiten* sehr verbunden und war dem Papst gegenüber oft feindselig eingestellt. Dies galt besonders für die geistlichen Kurfürsten von Mainz, Trier und Köln, weniger für die Bischöfe östlich der Elbe, die sich mit kriegerischen Einfällen auseinanderzusetzen hatten und daher größeren Wert auf eine Verbindung zum Heiligen Stuhl legten.

Die Armut des Landes, die Unordnung in der kirchlichen Hierarchie und die Raffgier vieler Bischöfe verstärkten in Deutschland den Willen zur Reform, führten aber auch zu Antiklerikalismus. Sekten fanden Zulauf, der Einfluß der Hussiten machte sich bemerkbar. Die Mystik blühte auf. Einer ihrer großen Wortführer war Nikolaus von Kues, der «Herold eines neuen Zeitalters».

Im Jahr 1446 tagte in Frankfurt am Main eine große Reichsversammlung. Herzöge, Grafen, Bischöfe, der König von Dänemark, der Hochmeister des Deutschen Ordens, Abgesandte der Städte und der Ritterschaft, Vertreter des Konzils von Basel und des Papstes waren anwesend. Die Verhandlungen führten zu den sogenannten Fürstenkonkordaten, in denen «die hohe Stellung des Konzils, nicht aber sein Vorrang» verkündet wurde. Das Wiener Konkordat von 1448 gestand dann dem Papst in Deutschland wesentlich mehr Einfluß zu, als ihm die Pragmatische Sanktion in Frankreich zugebilligt hatte.

In Polen sicherte sich das Papsttum den Löwenanteil bei der Vergabe von Pfründen.

Nach der «Kalmarer Union», in der sich die drei Monarchien Schweden, Dänemark und Norwegen 1397 zusammenschlossen, behielt in Skandinavien jeder Staat seine eigenen Institutionen. Die dänische Kirche blieb unter deutschem Einfluß, die norwegische entzog sich der Verbindung mit der Kirche Schottlands, und die schwedische Kirche war weiterhin mit Rom verbunden. Viele skandinavische Bischöfe kamen aus dem Ausland, der niedere Klerus war ungebildet und hielt sich nicht an das Gebot des Zölibats.

Die Kirche in Island war isoliert und auf sich selbst gestellt. In Ungarn wurden die Bischöfe vom König ernannt oder von Magnaten, die dem Papsttum feindlich gesinnt waren.

Die spanische Nation war zu dieser Zeit geeint und dem Papst treu ergeben, empfand also keine Neigung, den Vorrang des Konzils anzuerkennen. Aus der spanischen Kirche gingen bemerkenswerte Persönlichkeiten hervor, so der große Dominikanerprediger Vinzenz Ferrer, der 1419 in Vannes starb.

Portugal, das stärker von England als von Frankreich beeinflußt war, konnte sich aus den kirchlichen Streitigkeiten im übrigen Europa weitgehend heraushalten. Wie Aragon stürzte es sich in Eroberungen, die man bereitwillig als «Kreuzzüge» bezeichnete. Im Jahr 1415 nahmen die Portugiesen Ceuta ein, «die einzige Stadt in Afrika, dem dritten Teil der Welt, die den Namen Christi bekannte».

Der Aufschwung der Wissenschaft

Im 12. und 13. Jahrhundert erscheint die lateinische Christenheit, das heißt, fast das gesamte heutige Europa, gegenüber den übrigen großen Völkergemeinschaften – den Chinesen, den Arabern und in gewisser Hinsicht auch den Byzantinern – als rückständig. Doch in den folgenden vier Jahrhunderten übernahm Europa in Wissenschaft und Technik die Führung. Gegen Ende des 18. Jahrhunderts nutzten Ingenieure und Unternehmer wissenschaft-

252

liche und technische Erkenntnisse in großem Umfang zur Herstellung von Gütern, die das Leben der Menschen erleichterten. Am Beginn dieses Aufschwungs standen jedoch Einflüsse aus dem Ausland, die der Chinesen und der Araber.

Einflüsse aus der Ferne: China. Die Verbindung zu China war offensichtlich schwer herzustellen. Auf vielen Gebieten waren die Chinesen den Europäern weit voraus. Chinesen hatten die Seide, das Schießpulver, die Granate und die Kanone erfunden. Seit dem 13. Jahrhundert war die Kanone in China in Gebrauch. Die Europäer setzten sie zum erstenmal in der Schlacht von Crécy im Jahr 1316 ein. Der Kompaß, das Papier, Tinte und Tusche, die Sänfte und der artesische Brunnen sind ebenfalls chinesische Erfindungen. Sie gelangten durch die Vermittlung der Araber nach Europa. Direkte Beziehungen zwischen China und Europa waren sehr selten. Als dann im 14. Jahrhundert die Ming-Dynastie an die Macht kam, die Mongolen aus China vertrieben wurden und Tamerlan in Turkestan auftauchte, führte dies dazu, daß die chinesische Grenze lange Zeit für die Europäer geschlossen blieb.

Der Einfluß aus der Nachbarschaft: die Araber. Trotz aller religiösen Gegensätze und Kriege hatte der arabische Einfluß wesentlich weniger Hindernisse zu überwinden als der chinesische. Die arabische und die abendländische Kultur begegneten einander entlang einer gemeinsamen Grenze und im Mittelmeerraum. Der kulturelle Einfluß ging zunächst von Bagdad aus, dann übernahm das maurische Spanien immer mehr die Vermittlung, und vom 13. Jahrhundert an kam Sizilien hinzu.

Viele bedeutende Gelehrte des Mittelalters kamen aus dem Orient oder waren, wie die Christen und die Juden unter ihnen, in der arabischen Kultur aufgewachsen. So stammten in der zweiten Hälfte des 8. Jahrhunderts allein acht große Gelehrte aus dem Orient, im 9. Jahrhundert 31; im 10. Jahrhundert waren von 34 Gelehrten 31 Orientalen und drei spanische Araber; und im 11. Jahrhundert kamen von insgesamt 30 Gelehrten 21 aus dem Orient und neun aus dem maurischen Spanien.

Zu den bekanntesten arabischen – und indischen – Erfindungen zählen die «arabischen» Zahlen, der Abakus und das Astrolabium.

Die Medizin. In der Medizin entwickelte sich zur selben Zeit eine wohl einzigartige Institution: die Schule von Salerno, ein Symbol der kulturellen Durchdringung byzantinischer, arabischer und später normannischer Einflüsse. In Salerno erzielten die Ärzte große Fortschritte, indem sie Sektionen, hauptsächlich an Schweinen, vornahmen. Sie machten Schädelbohrungen und untersuchten krebsartige Tumoren und Magenverletzungen. Wahrscheinlich waren sie die ersten, die Wein destillierten und Alkoholdämpfe kondensierten. Sie förderten damit die Herstellung von Arzneimitteln und Parfümen – aber auch den Alkoholismus.

Avicenna und Averroës. Der Arzt und Philosoph Abu Ibn Sina, um das Jahr 980 in Persien geboren und dort 1037 gestorben, in Europa bekannt als Avicenna, war einer der bedeutendsten Gelehrten der muslimischen Welt. Er zählt zu den größten Aristoteles-Übersetzern, und mehrere orientalische Fürsten holten ihn als Wesir und Leibarzt an ihren Hof.

Nach Avicenna war Averroës, arabisch Ibn Ruschd, geboren 1126 in Cordoba, gestorben 1198 in Marrakesch, der große Übersetzer des Aristoteles. Averroës war ein Schüler des arabisch sprechenden jüdischen Arztes Avenzoar, der um das Jahr 1070 in Peñaflor geboren wurde. Die Aristoteles-Kommentare des Averroës erschienen in lateinischer Sprache. Der jüdische Arzt und Religionsphilosoph Maimonides (1135-1204) war sein Schüler. Averroës schrieb auch eine Abhandlung über Gifte und ein Buch über Arzneimittel. Übrigens lag der Handel mit Arzneien und Gewürzen seit der Zeit Karls des Großen weitgehend in den Händen jüdischer Kaufleute, und es gab überall in Europa jüdische Apotheker; der Beruf wurde vom Vater auf den Sohn vererbt.

Die großen arabischen und jüdischen Gelehrten hatten Schüler in der gesamten Christenheit. Von den arabischen Ländern und den Grenzregionen – Salerno, Cordoba, Sizilien – wirkten diese kulturellen Strömungen auf ganz Europa ein. Auch Toledo wurde nach seiner Rückeroberung durch die christlichen Spanier ein Zentrum geistigen Einflusses.

Besonders die Araber hatten die Werke griechischer und lateinischer Autoren bewahrt und übersetzt. Vor allem für Werke, in denen der Gedanke wichtiger ist als der Stil, war die arabische Vermittlung geradezu ein Segen. Denn die Araber taten mehr, als Wissen nur zu vermitteln. Sie begannen damit, die Begriffe der Griechen an der Erfahrung zu überprüfen. So verdanken die Europäer den Arabern zahlreiche Instrumente, die in der Astronomie, der Mechanik und der Chemie benutzt werden, und in der Medizin die ersten Hospitäler, in denen die Krankenpflege

253

253 *Die arabische Philosophie in Europa: der Augustinertheologe Heinrich von Friemar (um 1245-1340), genannt Henricus de Alemania, in arabischer Kleidung vor seinen Studenten an der Universität Paris. Buchmalerei (Ausschnitt) von Laurentius de Voltalina, Schule von Bologna, 2. Hälfte des 14. Jahrhunderts.*

254

254 *«Zu zeigen, was ist, wie es ist»: Miniatur (Aquarellkopie) aus dem «Liber de arte venandi cum avibus» von Kaiser Friedrich II., Anfang 13. Jahrhundert.* **255** *Eine Seite aus den «Alfonsinischen Tafeln» Alfons' X. des Weisen, die 1272 von Jehuda Ben Mose und Isaak Ben Sid in Toledo zusammengestellt wurden.* **256** *Der Beginn des Lukas-Evangeliums in der 42zeiligen lateinischen «Gutenberg-Bibel», gedruckt in Mainz um 1455.*

mit wissenschaftlicher Forschung und der Ausbildung junger Ärzte einherging.
Zwei «aufgeklärte» Herrscher des 13. Jahrhunderts verdienen besonderes Interesse: der Stauferkaiser Friedrich II. (1194-1250) und König Alfons X. der Weise von Kastilien (R 1252-1284), den man im Ausland «den Astronomen» nannte.

Friedrich II. Der Kaiser verbrachte den größten Teil seines Lebens in Sizilien. Der üblichen Frömmigkeit wenig zugetan, wurde er immer wieder exkommuniziert; ausschweifend in der Lebensführung, grausam gegen Feinde und von hoher Intelligenz, war er ein Förderer der Künste und der Wissenschaften, für viele Zeitgenossen der *stupor mundi*, das «Staunen der Welt». Er beschützte seinen Astrologen Michael Scotus und den größten Mathematiker des Mittelalters, Leonardo von Pisa, und schrieb eine außergewöhnliche Abhandlung über die Falkenjagd. Friedrich II. ließ die erste Giraffe nach Europa bringen. Mit zahlreichen arabischen Gelehrten stand er in Verbindung, und an seinem Hof in Palermo entwickelte sich die sizilianische Dichterschule. In Deutschland wurde der Kaiser eine Gestalt der Sage: Im Kyffhäuser wartete er auf seine Wiederkehr. Die Sage wurde später auf Barbarossa übertragen.

Alfons X. Der König ist uns als Dichter, Musiker, Jurist und Astronom bekannt. Im Jahr 1280 veröffentlichte er in spanischer Sprache die *Libros del saber de astronomía*, ein wissenschaftliches Werk über die Astronomie, worin die Sterne aufgeführt sind und die Instrumente der Himmelskunde erklärt werden. Im Anhang befinden sich die *Alfonsinischen Tafeln*, Tabellen zur Berechnung der Örter von Sonne, Mond und den fünf Planeten Merkur, Venus, Mars, Jupiter und Saturn.
Läßt sich für die Entwicklung der Wissenschaft, die seit dem 14. Jahrhundert überall in Europa zu beobachten ist, eine zufriedenstellende Erklärung finden? Die «Karolingische Renaissance» war das Werk einer Handvoll Intellektueller gewesen, für die das Heilige im Mittelpunkt allen Forschens stand. Die Gelehrten an den Universitäten des 13. Jahrhunderts stellten eine weitaus größere Intellektuellenschicht dar; und sie schätzte das *quadrivium*, das Gegenstück zur heutigen Fakultät der Wissenschaften, keinesfalls gering ein. Die Religion war für die Forschung nur dann ein Hindernis, wenn sie sich in «weltliche» Bereiche einmischte. Doch viele Geistliche waren davon überzeugt, daß kein Wissenszweig sich außerhalb der Theologie entfalten könne. Man nehme als Beispiel die Sektion von Leichen, die für den Fortschritt in der Medizin unterläßlich war. Seit dem 3. Jahrhundert v. Chr. hatte man keine Leichen mehr seziert. Man begann damit erst wieder gegen Ende des 13. Jahrhunderts. Ein Konzil in Venedig, das im Jahr 1368 stattfand, erlaubte eine Sektion jährlich. Während sich der kirchlich-religiöse Zwang allmählich lockerte, wuchs die Kritik an jedweder Autorität in der Wissenschaft überhaupt. Wie die Araber baute man auf Beobachtung und Erfahrung: Sie waren die sichersten Führer zur Wahrheit.

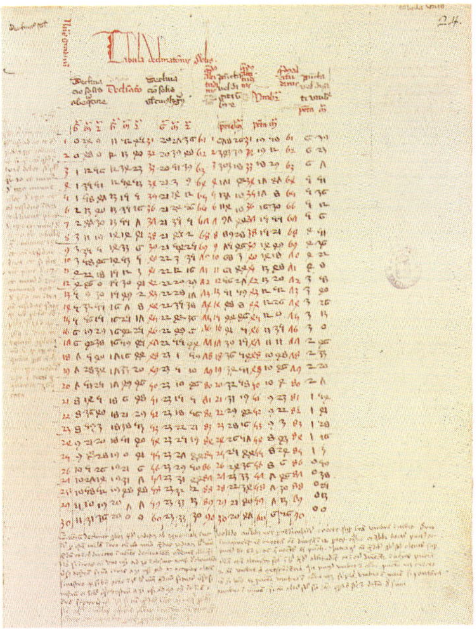

255

256

Die Technik. Insgesamt gesehen entwickelte sich die «angewandte Wissenschaft», die Technik, wesentlich schneller als die Grundlagenforschung. Eine bessere Nutzung der Energie führte unter anderem zum Niedergang der Sklaverei. Man erfand das Zaumzeug für Zugtiere; die Straßen wurden gepflastert; in Spanien tauchte im 10. Jahrhundert die Windmühle auf; die Wassermühle verbreitete sich in der gesamten lateinischen Christenheit; in Deutschland wurde zu Beginn des 15. Jahrhunderts das Kurbelgetriebe benutzt. Andere Erfindungen kamen hinzu: die Seidenraupenzucht, die Falknerei, das Räuchern und Salzen von Heringen, die Verarbeitung von Weißwein zu Champagner in Clairvaux im 14. Jahrhundert, das Spinnrad, der Hochofen und die Verhüttung. Von Bedeutung waren auch die Fortschritte in der Glasbläserei, vor allem in Murano bei Venedig. Das Prinzip der Lupe wurde im 11. Jahrhundert von einem Araber und einem Gelehrten in Oxford entdeckt.

Papier, Tinte und Buchdruck. Im 12. Jahrhundert wurden in Europa die Tinte und das Papier eingeführt, das die Chinesen im 3. Jahrhundert n. Chr. erfunden hatten. Papier stellte man zunächst in Italien her, dann in Frankreich in der Nähe von Paris und Troyes.
Die Verwendung von römischen Großbuchstaben, karolingischen Kleinbuchstaben, von Papier und Tinte war die Voraussetzung der bedeutsamsten Erfindung: des Buchdrucks durch Johann Gensfleisch zur Laden, genannt Gutenberg, der um 1400 in Mainz geboren wurde und 1468 dort starb. Im Jahr 1450 erschien die Gutenberg-Bibel in 130 Exemplaren; drei Jahre später fiel Konstantinopel in die Hand der Tür-

ken. Ein neues Zeitalter war angebrochen. Um das Jahr 1480 zählte man bereits zehn Druckereien in Frankreich und in Genf, vier in England, 13 in den Niederlanden, 26 im Heiligen Reich und in der deutschen Schweiz, eine in Krakau, eine in Budapest, sechs in Spanien, 40 in Norditalien, drei in Süditalien, insgesamt also 104 Druckereien in Europa.

Dank dem Papier – das mit seiner glatten, gleichmäßigen Oberfläche wesentlich billiger war als das Pergament – und dem Buchdruck, der hohe Auflagen ermöglichte, konnte sich das geistige Leben von Grund auf neu entfalten. So wurden zwischen 1450 und 1500 etwa 15 bis 20 Millionen Bücher und Schriften gedruckt; im 16. Jahrhundert waren es 150 bis 200 Millionen bei 150000 bis 200000 Bänden. Davon entfielen ein Viertel auf Frankreich, ein Viertel auf Deutschland, ein Viertel auf Italien, ein Achtel auf die Niederlande und ein Achtel auf das übrige Europa: Spanien, England, Skandinavien und die Länder des Ostens. Privatleute gründeten Bibliotheken, die allerdings nur selten mehr als zweihundert Bände umfaßten. Der berühmte «Bücherturm» des französischen Philosophen Montaigne indes war Ende des 16. Jahrhunderts bereits mit gut tausend Büchern bestückt. Auch gab es hier und dort schon Berufsschriftsteller. Von nun an entwickelte sich außerhalb der Universität eine mächtige geistige Bewegung – der Humanismus, der im 16. Jahrhundert zum Durchbruch gelangte.

Europa meistert die Seefahrt

Seit dem 13. Jahrhundert waren nicht mehr die Wikinger und die Byzantiner die Herren der Schiffahrt, sondern die Kaufleute der Deutschen Hanse und die Italiener, denen bald die Portugiesen und die Spanier folgten.

Alte und neue Schiffstypen. Die Nachfahren der Wikinger benutzten für ihre Fahrten ein Schiff mit geringem Tiefgang und spitzem Bug, das mit Segel und Ruder ausgestattet war. Das Segelschiff der Westeuropäer war rundlicher und lag stabiler im Wasser, war aber langsamer. Die Byzantiner bauten die traditionelle lange Galeere mit einem einzigen Deck und einer Ramme am Vordersteven. Die Handelsschiffe fuhren mit Segel.

Im Jahr 1161, nach dem Friedensschluß zwischen Hamburg und Lübeck sowie den Bewohnern der Insel Gotland, schlossen sich vor allem lübische Kaufleute zur Genossenschaft der deutschen Ostlandfahrer zusammen. Diese Genossenschaft war eine der Keimzellen der Deutschen Hanse. Andere Hafenstädte, darunter Bremen und Hamburg, traten bei. In ihrer Blütezeit, im 15. Jahrhundert, hatte die Deutsche Hanse unter der Führung Lübecks über 160 Mitglieder. Sie unterhielt Kontore in Nowgorod, Bergen, London, Brügge und Antwerpen. Eine wichtige Errungenschaft der Hanse war die Kogge, ein bauchiges Schiff mit ursprünglich nur einem Mast und einem Segel und einem Tiefgang von drei Metern, das erste Schiff mit einem mittschiffs befestigten Heckruder.

257 *Über 200 Städte gehörten zeitweise dem Bund der Deutschen Hanse an: die Zollstelle am Hamburger Hafen, im Hintergrund Hansekoggen. Miniatur zum «Schiffsrecht» aus dem Hamburger Stadtrecht, 1497.*

In Italien stieg Venedig zu einer großen Handelsmacht auf, bald danach folgten Genua und Pisa. Die Venezianer bauten Galeeren nach byzantinischem Vorbild, die allerdings bauchiger konstruiert waren. Doch gab es nur wenige dieser Kaufmannsgaleeren; kleinere Schiffe waren weitaus zahlreicher.

Der Fernhandel. Die großen Seehandelsrouten im Norden und im Süden waren zunächst über Land miteinander verbunden. Dies erklärt den Aufschwung der Messen in der Champagne, in der Region zwischen dem wohlhabenden Flandern und dem reichen Italien. Der Transport von Waren auf dem Landweg war jedoch teuer, und der Hundertjährige Krieg machte die Handelsstraßen in Frankreich unsicher. So trat im 14. Jahrhundert an die Stelle der Landverbindung die Seeroute. Die Hanse, die schwere Waren beförderte – Holz, Getreide, Pelze, Honig, Bernstein, Waren aus Rußland und dem Hohen Norden –, entwickelte ein Schiff, das die Kogge ersetzte, die geräumige Hulk. Die Genueser und die Venezianer verdoppelten ebenfalls ihre Tonnage, und gegen 1450 tauchte ein neuer Schiffstyp auf, die Karavelle. Sie hatte drei Masten, war schnell und konnte 400 Tonnen Nutzlast transportieren.

Navigationsinstrumente. Der Kompaß, eine chinesische Erfindung, war seit 1200 auf europäischen Schiffen in Gebrauch. Seine Magnetnadel bewegte sich ursprünglich auf Wasser und drehte sich dann um eine Pinne. Die Mißweisung der Kompaßnadel wurde indes erst 1492 bestätigt, als Kolumbus feststellte, daß die magnetische Nordrichtung immer stärker von der geographischen abwich, je weiter er nach Westen segelte.

Schon zu Beginn des 13. Jahrhunderts war das Heckruder durch das längsachsige Steuerruder ersetzt worden. Zur selben Zeit erschienen Karten für Seefahrer, die sogenannten *Portulankarten*. Sie waren zwar nicht mehr auf Jerusalem als Mittelpunkt der Welt ausgerichtet, zeigten aber deutlicher als die alten Weltkarten, wie sehr die Christenheit und Europa eine Einheit bildeten. In einigen Karten hatte man die muslimischen Länder mit dem Halbmond des Islam gekennzeichnet.

Diese Karten waren zunächst selten und sehr ungenau. So zeigt die Karte von Cotton aus dem 10. bis 12. Jahrhundert äußerst grob die drei bekannten Kontinente der Alten Welt. Die Weltkarten von Hereford und Ebstorf (1284) weisen ähnliche Mängel auf. Doch bereits ehe diese Karten gezeichnet worden waren, hatte man die wirkliche Geographie wiederentdeckt. Die Araber hatten die Europäer mit dem Werk des Ptolemäus, des größten Geographen der Antike, bekannt gemacht. Seit dem 12. Jahrhundert erschienen immer mehr Karten; Anleitungen für Seefahrer wurden zusammengestellt, mit Routen, die bis nach China führten. Und die Vorstellung, daß Skandinavien eine Insel sei, hatte sich als falsch erwiesen. Die Praxis verlangte nach exakten Seekarten.

Die erste Erwähnung einer Seekarte stammt aus dem Jahr 1270, als König Ludwig der Heilige von Frankreich auf einem Genueser Schiff nach Tunis segelte. Die Hauptzentren der Seekartographie waren Katalonien und Mallorca. Die Entwicklung der Trigonometrie an der Universität Oxford ermöglichte im 13. Jahrhundert die ersten Schritte einer astronomischen Navigation. Die Seefahrt nach dem Stand der

Sterne, die auf dem Mittelmeer unbekannt war, wurde seit 1480 von Portugiesen auf dem Atlantik praktiziert, und zwar bei ihren Hochseefahrten entlang der westafrikanischen Küste.

Die ersten Entdeckungen. Nach Angaben des großen arabischen Geographen Al Idrisi aus Sizilien hatten arabische Abenteurer von Lissabon aus seit 1124 Madeira und die Azoren erkundet. Man suchte den Seeweg nach Indien über die Westroute. Der Nordostpassat trieb die Schiffe zu den Kanarischen Inseln. Einige Kapitäne segelten nordwärts auf der Suche nach den Westwinden, welche die Karavellen zur Iberischen Halbinsel zurückbringen würden. Madeira, die Kanarischen Inseln und die Azoren wurden von 1341 bis 1393 immer häufiger von Portugiesen, Italienern, Mallorquinern, Katalanen und Andalusiern aufgesucht. Im Jahr 1402 brach eine französische Expedition unter Jean de Béthencourt zu den Kanarischen Inseln auf. Doch Genueser und Katalanen waren die großen Seefahrer, die Genueser oft im Dienst Portugals, die Katalanen als Leiter spanischer Expeditionen. So erkundete Jaime Ferrer 1346 die Küste Afrikas jenseits von Kap Bojador, auf dem 26. nördlichen Breitengrad. Der Infant Johann von Aragon förderte Entdeckungsreisen nach Afrika.

Im 15. Jahrhundert wurde Portugal für eine Zeitlang die führende Seemacht. Der junge Heinrich der Seefahrer leitete von 1415 bis 1460 mit Geschick die Erkundung Afrikas, ohne jemals Portugal zu verlassen. Er sammelte Karten, Bücher und Navigationsinstrumente und ließ Experten vor allem aus Mallorca kommen. Schon bald nach seinem Tod bestimmten die Seeleute den Breitengrad nach dem Sonnenstand um 12 Uhr mittags. Man ermittelte zunehmend die eigene Position und kam von der mittelalterlichen Methode der «blinden Berechnung» ab. Die Ermittlung des Längengrads war aber noch so lange

258

258 *Heinrich der Seefahrer (1394-1460) begründete die Weltstellung Portugals als Handels- und Kolonialmacht. Gemälde (Ausschnitt) von Nuño Gonçalves, Lissabon, um 1465.*

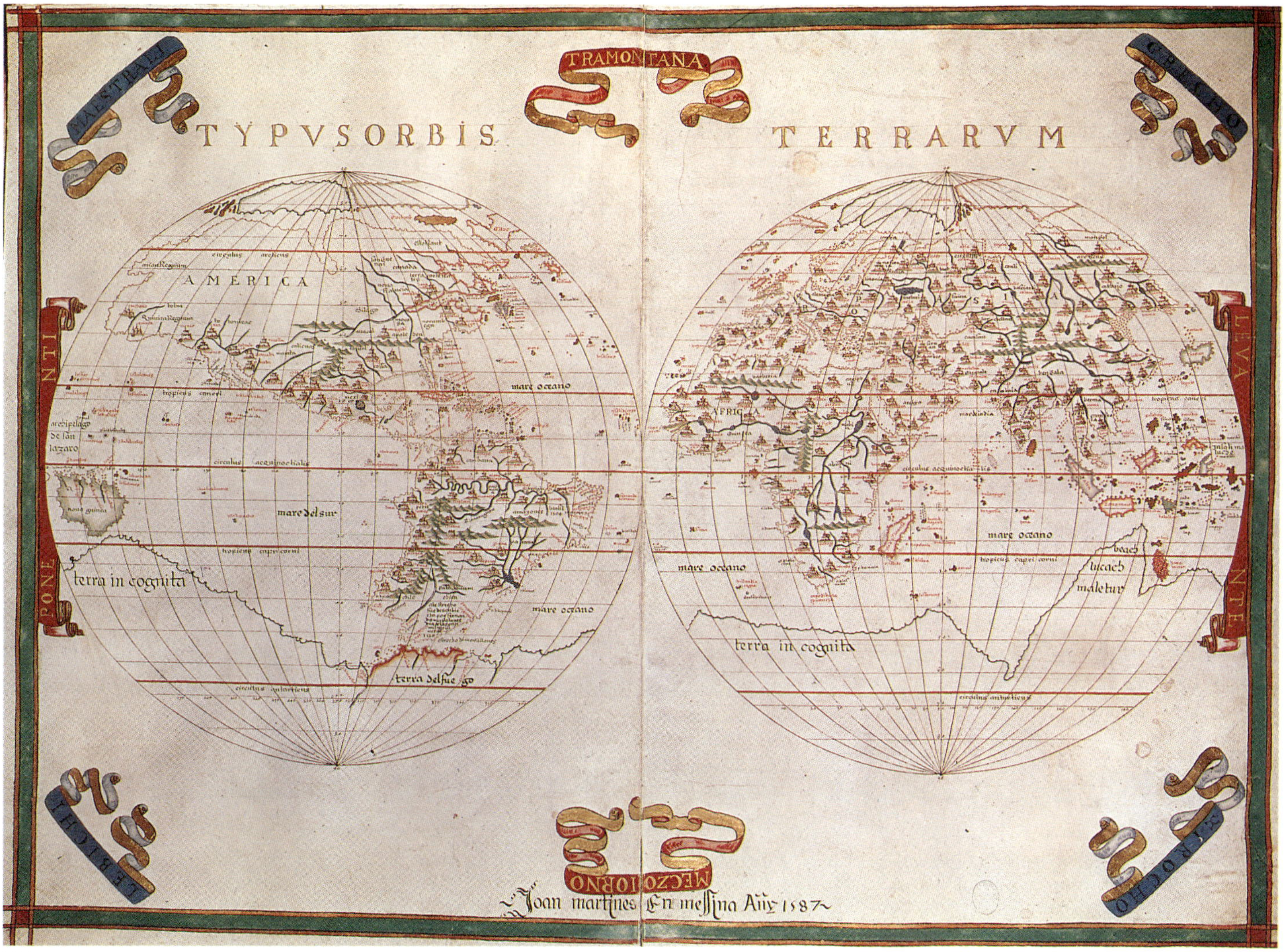

259

259 *Spanische und portugiesische Seefahrer trugen zu einem neuen, realistischen Weltbild bei: die Weltkarte aus dem «Atlas Portulano» von Juan Martínez, Madrid 1587.*

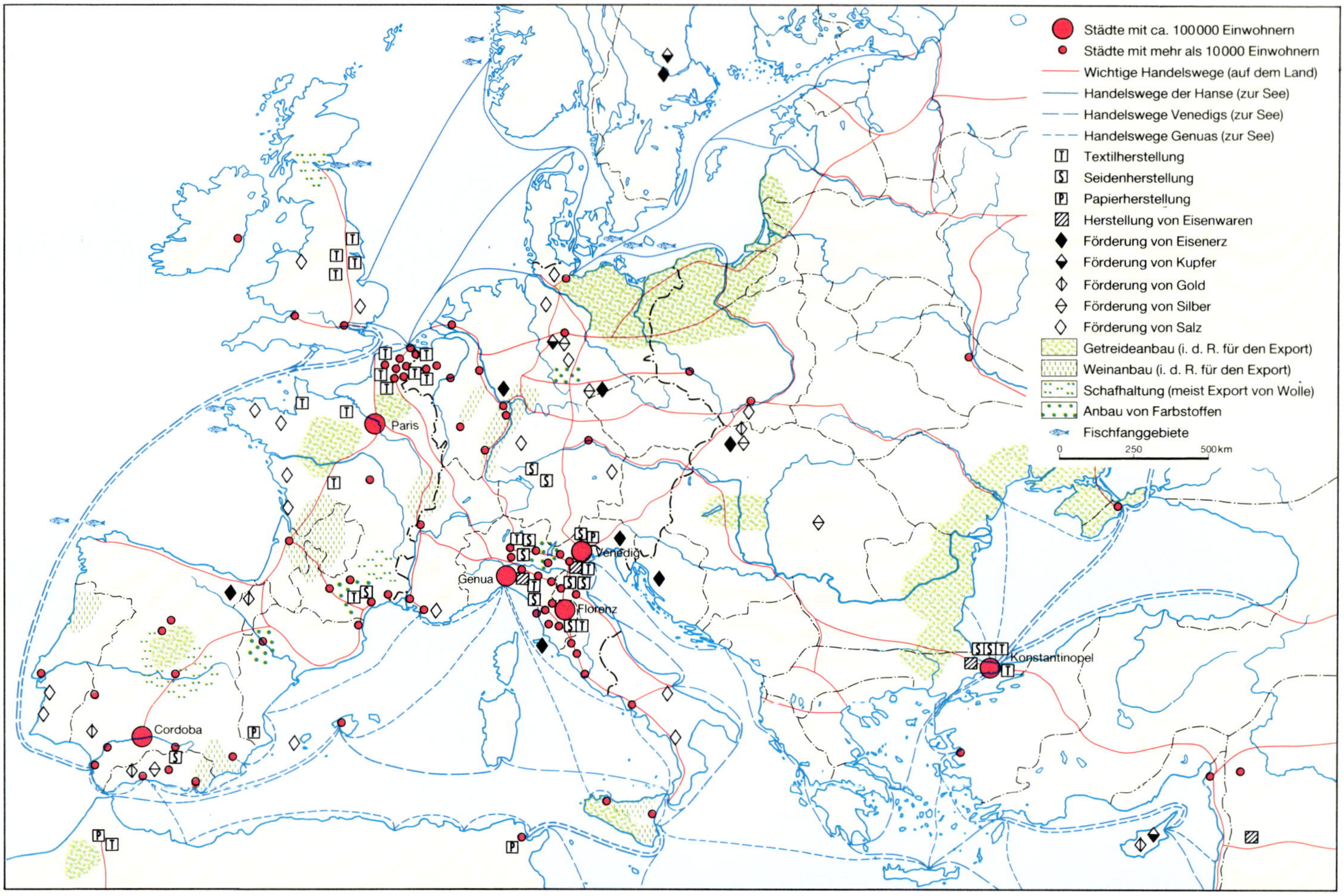

260

261

Karte 21: *Handelswege und Gütererzeugung am Ende des Mittelalters. Im 15. Jahrhundert kamen zu den alten Handelsmächten, den italienischen Stadtrepubliken und der Deutschen Hanse, neue hinzu: die süddeutschen Handelsstädte, Spanien und Portugal.* **260** *Der Augsburger Handelsherr Jakob II. Fugger der Reiche (1459-1525), der Bankier Kaiser Karls V., und sein Hauptbuchhalter Matthäus Schwarz im Kontor. Zeichnung aus dem Kostümwerk des Matthäus Schwarz, um 1518.* **261** *Eines der neuen Handelszentren Europas nach der Entdeckung Amerikas: der Hafen von Sevilla. Gemälde (Ausschnitt) von Alonso Sánchez Coello (um 1531-1588)* schwierig, bis genaue Uhren wirklich den Unterschied zwischen der Orts- und der Greenwich-Zeit angeben konnten.

Alte und neue Handelsmächte. In der zweiten Hälfte des 15. Jahrhunderts hatten die beiden großen Handelsmächte, die Hanse und die italienischen Stadtrepubliken, nichts von ihrer Stärke eingebüßt. Dasselbe galt für den flämischen Handel. Der Hafen von Brügge war noch nicht versandet, und die italienischen Händler boten dort in großer Zahl ihre Waren an. In Antwerpen gab es eine Hamburger und eine Lübecker Straße. In Italien befanden sich die Rivalen Venedig, Genua und Mailand in vollem Aufschwung, und Neapel wurde ein wichtiger Anlegehafen.
Doch zu diesen alten Handelsmächten traten jetzt neue hinzu. In Spanien waren Sevilla und Cadiz die großen Handelszentren, in Portugal Lissabon. In Deutschland wuchs die Wirtschaftsmacht der süddeutschen Handelsstädte, vor allem dank ihren Silber-, Zinn-, Zink- und Kupferminen. Deutsche Kaufleute hatten an allen Handelsplätzen Niederlassungen, so in Venedig den *Fondaco dei Tedeschi*. Auch England war mit seinen *merchant adventurers*, den «Abenteurer-Kaufleuten», ein Neuankömmling; sie versuchten ihr Monopol über den englischen Markt zu sichern, beseitigten die Vorrechte der Deutschen Hanse in London und führten einen erbitterten Kampf gegen sie bis zum Frieden von Utrecht im Jahr 1474. Und schließlich entwickelte sich Holland mit seinen Städten Amsterdam und Rotterdam zu einer starken Handelsmacht.
Frankreich hingegen, das durch Kriege und Entvölkerung zerrüttet war, hatte an dem neuen Großhandel so gut wie keinen Anteil. Die großen französischen Messen verloren rasch an Bedeutung, zunächst die in der Champagne und schließlich auch die *Foire du Lendit* in Saint-Denis. Die Frankfurter Messe trat an ihre Stelle.

Die Päpste teilen die Welt. Die überseeische Expansion Europas hatte gerade erst begonnen. Sie veränderte die Welt, eröffnete dem Denken und Handeln der Menschen neue Horizonte und schien die Überlegenheit der Europäer aller Welt zu beweisen. Doch selbst in Europa hatte die neue Zeit ihre Schattenseite: die Rivalität unter den Entdeckern und Kolonisatoren, aber auch eine Gefährdung der päpstlichen Macht.
Als Sachwalter Gottes beanspruchten die Päpste eine universelle Souveränität über alle neu erworbenen Territorien und damit das Recht, sie als Konzessionen an weltliche Mächte zu verteilen. So beobachteten die Päpste mit hohem Interesse den Konkurrenzkampf zwischen Kastilien und Portugal.
Im Jahr 1443 hatte sich der König von Portugal die absolute Herrschaft über die Küstengebiete Afrikas und den Handel jenseits von Kap Bojador gesichert. Als Kastilien dieses Monopol anfocht, bat der portugiesische König den Heiligen Stuhl, es zu bestätigen. Und damit hatte er auch Erfolg. Papst Nikolaus V. kam diesem Wunsch nach und untersagte in der Bulle *Romanus Pontifex* im Jahr 1455 allen europäischen. Staaten außer Portugal, dort Handel zu treiben.
Im Jahr 1479 schloß König Alfons V. von Portugal in Alcacevas einen Teilungsvertrag mit Ferdinand und Isabella von Kastilien – es war der erste Teilungsvertrag einer langen Reihe, die bis 1914 dauern sollte. Portugal verzichtete auf die Kanarischen Inseln, und Spanien gab als Gegenleistung seine Ansprüche auf die Küste Afrikas auf. Der Vertrag von Alcacevas bestärkte die Spanier in ihrem Bestreben, den unbekannten »Westen« zu entdecken, und lenkte die Expansionslust der Portugiesen nach Süden, entlang der afrikanischen Küste. Beide suchten einen neuen Seeweg nach Indien, die Spanier auf der Westroute und die Portugiesen über die Ostroute um Afrika herum. Der Papst bestätigte die Teilung, die alle übrigen Nationen ausschloß.
Nach der berühmten Entdeckungsreise des Christoph Kolumbus im Jahr 1492 stellte sich die Teilungsfrage in neuem Licht.
Auf Wunsch seines Freundes und Landsmanns Ferdinand von Aragon gestand Papst Alexander VI. in der Bulle *Inter coetera* aus dem Jahr 1493 den Katholischen Königen Spaniens das alleinige Recht zu, jedes Gebiet zu erwerben, das jenseits einer Nord-Süd-Linie 100 Meilen westlich der Azoren und der Kapverdischen Inseln lag. Niemand sollte ohne Zustimmung der Spanier das Recht haben, dieses Gebiet zu erschließen. Und die Spanier waren entschlossen, diese Zustimmung nicht zu gewähren. König Johann II. von Portugal lehnte die Regelung ab, doch die Spanier und die Portugiesen verhandelten weiter. Im Vertrag von Tordesillas vom 7. Juni 1494 wurde die Teilung bestätigt, doch verlegte man die Demarkationslinie um 260 Meilen nach Westen, etwa 1500 Kilometer westlich der Kapverdischen Inseln. Die Portugiesen konnten nun Brasilien kolonisieren.
Der Vertrag von Tordesillas war ein schwerer Schlag gegen die päpstliche Autorität, wurde aber von den übrigen europäischen Mächten nicht angefochten. Frankreich und England waren durch den Hundertjährigen Krieg geschwächt, und die großen Seefahrer-Mächte der Vergangenheit, die Deutsche Hanse und die italienischen Stadtrepubliken, hatten beide wenig Interesse an ungewissen Abenteuern. Die Spanier und die Portugiesen hatten keine Rivalen – noch nicht.

Die Kontinuität der Europa-Idee

Das Wort «Europa» scheint zu verschwinden. In den mittelalterlichen Texten seit dem 11. Jahrhundert findet man das Wort «Europa» nur selten. Europa mit seinen festen geographischen Umrissen paßte schlecht in den Wortschatz der Universalisten. Darüber hinaus breitete sich die Christenheit außerhalb der Grenzen Europas aus. Von 1099 bis 1187 war sie im Besitz von Jerusalem. Ein weiteres Jahrhundert lang gab es im Heiligen Land ein fränkisches Königreich in Akkon. Im Jahr 1204 bemächtigten sich fränkische Ritter des Byzantinischen Reichs. So sprengte die Christenheit für eine kurze Zeit ihre geographischen Grenzen. Erst als die Türken Sieg an Sieg reihten und sich Konstantinopel näherten, sagte ein Priester auf dem Konzil von Konstanz: «Jetzt ist nur noch Europa christlich.»
Historiker wie Denys Hay, Carlo Curcio und Robert Lopez haben die wenigen Texte gesammelt, in denen Europa namentlich genannt wird. Weder Du Cange noch Godefroy erwähnen in ihren Wörterbüchern zur lateinischen und französischen Sprache des Mittelalters das Wort «Europa». Der Begriff wurde vor allem von Geographen benutzt, die glaubten, daß es drei Kontinente gebe. Doch bis zum 13. Jahrhundert waren Geographen eine Seltenheit. Zudem trugen sie die neuen Entdeckungen nicht in ihre laienhaften Karten ein. Sie ignorierten zum Beispiel die Entdeckungsfahrten der Skandinavier und sogar die Kreuzzüge.
Eine seltsame Überlieferung brachte Europa über Japhet, einen der drei Söhne Noahs, mit der Bibel in Zusammenhang; Sem wurde Asien, und Ham, der «Ausgestoßene», Afrika zugeordnet. Zum erstenmal tauchte diese Legende im 4. Jahrhundert beim heiligen Hieronymus auf, und zwar in seinem Buch *In Genesim*. Im Mittelalter war sie weit verbreitet.
Im 14. Jahrhundert schrieb der Mönch und Enzyklopädist Bartholomäus Anglicus (der Engländer): «So, wie einst die Stadt Athen die Mutter der freien Künste, die Amme der Philosophie und aller Wissenschaften

war, so ist es heute Paris, nicht allein für Frankreich, sondern für ganz Europa.» Dies erinnert an den – etwas späteren – Vorschlag des Kölner Kanonikers Alexander von Roes, Frankreich zum Zentrum der Wissenschaften in Europa zu machen. Doch ist hier der Gebrauch des Worts «Europa» interessant. Ein Gelehrter, der sich von der Antike angezogen fühlt, gebraucht es, um den Westen zu bezeichnen. Vielleicht war dies im Sprachgebrauch jener Zeit unüblich, aber immerhin nicht esoterisch.

Friedrich II., der Stauferkaiser, sprach vom *Europa imperialis*, dem kaiserlichen Europa, und Dante Alighieri (1265-1321) benutzte in seinem Werk das Wort «Europa» ein dutzendmal. Er verteidigte das Reich gegen die Kirche und wies deren Anspruch zurück, auch eine weltliche Macht zu sein. In seiner Schrift *Über die Monarchie* (III, 14) schrieb Dante: «Wer könnte sich vorstellen, daß die Kirche durch die Zustimmung aller oder einer Mehrheit eine solche Macht erhalten hätte, wenn nicht nur die Menschen in Afrika und Asien, sondern auch die meisten Menschen in Europa sich gegen ein solches Ansinnen auflehnten?»

Zu der Zeit, als die ersten modernen Staaten entstanden, träumten die Intellektuellen weiterhin von der Einheit. Die Einheit Europas durch das Reich, nicht durch das Papsttum – diese Vorstellung vertrat neben Dante auch der deutsche Mönch und Gelehrte Engelbert von Admont. In seinem Buch *Über den Ursprung und das Ende des Römischen Reichs*, das er von 1308 bis 1313 verfaßt hatte, forderte er «ein einziges Reich mit einem einzigen Haupt» und stellte fest, daß «die Königreiche von Spanien, Frankreich, England und Ungarn zusammen mit den Königreichen der Slawen, Bulgarien und Griechenland, die einst Provinzen oder Königreiche des Römischen Reichs waren, jetzt nicht mehr unter seinem Gesetz stehen; in Afrika und in Asien, jenseits der Meere, besitzt dieses Reich nichts mehr». Doch diese Lage gelte es zu ändern, und sei es auch nur für den möglichen Fall eines Kriegs «zwischen der gesamten Christenheit und der heidnischen Welt». Dies wäre auch ein Mittel, den Frieden zwischen den einzelnen Gemeinwesen aufrechtzuerhalten, die Glieder des Reichs seien. Offenbar dachte Engelbert von Admont nicht an eine Beseitigung der Königreiche und betrachtete den Kaiser als oberste Instanz bei der Bewahrung des Friedens. Er war aufgeschlossen für die Idee, daß «das geltende Recht je nach Land, Sitte und Brauchtum verschieden ist, so daß jedes Volk seinen eigenen König hat», während das «Naturrecht» allen Völkern gemeinsam sei. Diese Auffassung war für Engelbert von Admont mit der Existenz des Reichs durchaus vereinbar.

Die Idee der Einheit um des Friedens willen findet sich auch bei anderen berühmten Gelehrten, so dem Engländer Wilhelm von Ockham (er schrieb von 1338 bis 1341) und dem Franzosen Pierre Dubois (im Jahr 1308). Im 15. Jahrhundert kehrte

262

262 *«Dante mit der Göttlichen Komödie.» Fresko (Ausschnitt) von Domenico di Michelino (1417-1491) im Dom von Florenz. Dante befürwortete die Einheit Europas durch das Reich.*
263 *Das italienische Quattrocento: «Zug der Heiligen Drei Könige.» Fresko von Benozzo Gozzoli (1400-1485) im Palazzo Medici-Riccardi, Florenz, 1459-61. Rechts zu Pferd: Lorenzo de Medici; auf dem vierten Pferd von links: Cosimo de Medici; über dem Bogenschützen: Giovanni de Medici.*

263

der Gedanke wieder. So veröffentlichte im Jahr 1445 Enea Silvio Piccolomini, der künftige Papst Pius II., sein Werk *Über den Ursprung der Autorität des Römischen Reiches*. Für Piccolomini unterstanden alle weltlichen Herrscher dem Kaiser. Oder man denke an den merkwürdigen Vorschlag des böhmischen Königs Georg von Podiebrad aus dem Jahr 1464. Von dem französischen Abenteurer Antoine Marini beeinflußt, schlug Podiebrad ähnlich wie Pierre Dubois eine *Congregatio concordiae* vor, eine Versammlung christlicher Fürsten zur Sicherung des Friedens. Ein Schiedsrichter war vorgesehen; gegen alle, die seinen Spruch zurückwiesen, sollten Sanktionen verhängt werden. Es ist kaum verwunderlich, daß König Ludwig XI. von Frankreich, an den sich Podiebrad zuerst wandte, einen derart «revolutionären» Vorschlag höflich ablehnte. Immerhin tauchte darin zum erstenmal die Idee eines «Fürstenbundes» auf.

Zusammenfassung. Die Einheit Europas durch die Christenheit – wenigstens durch die lateinische – wäre unter der päpstlichen oder der kaiserlichen Oberhoheit möglich gewesen. Der zwei Jahrhunderte währende Kampf zwischen Theokratie und Cäsaropapismus endete indes mit dem Sieg der Königreiche, besonders der von England, Frankreich, Kastilien, Aragon und Portugal. Ihre Könige betrachteten sich als «Kaiser in ihrem Königreich». Zugleich traten an die Stelle der vielfältigen persönlichen Bindungen, die für das Feudalsystem charakteristisch gewesen waren, eine ständige Beamtenschaft, regelmäßige Steuern und ein stehendes Heer. Der Ansturm der Mongolen und später der Türken hinderte Osteuropa daran, diesem Modell zu folgen. Er führte schließlich zum Sturz des Römischen Reichs im Osten. Die Aufsplitterung Europas in souveräne Einzelstaaten schritt voran. Der Hundertjährige Krieg zwischen England und Frankreich war dafür zugleich Beispiel und Symbol.

Die Leiden des Kriegs waren jedoch nur ein Element der «großen Krise» im 14. und 15. Jahrhundert. Es handelte sich um eine Bevölkerungs- und eine Wirtschaftskrise, die Folge von Hunger und Pest. Aber es war auch eine geistige und religiöse Krise, gekennzeichnet durch das Große Schisma und die Entstehung von Bewegungen, die der Papst als häretisch verurteilte und von denen einige Vorläufer der Reformation des 16. Jahrhunderts waren.

Und dennoch gelang den Europäern inmitten all dieser Wirren – vielleicht weil die Freiheit des Denkens zunahm – ein Aufbruch, der ihnen in Wissenschaft und Technik einen wachsenden Vorsprung gegenüber den anderen großen Weltkulturen eintrug, der chinesischen, der indischen und der muslimischen. Ein Aufbruch, der den Europäern den Weg zur Entdeckung der Welt ebnete.

11 Renaissance, Reformation und die Expansion Europas: das 16. Jahrhundert

Kaiser Karl V. und das Gleichgewicht in Europa

Mit der Spaltung der Christenheit im 16. Jahrhundert kommt die Vorstellung vom Gleichgewicht der Mächte in Europa auf. Es handelt sich dabei nicht um ein allgemein anerkanntes Recht, sondern um eine Praxis, die von den Ereignissen auferlegt wurde und die darauf hinauslief, den verschiedenen Mächten Grenzen zu setzen, die zu verletzen gefährlich war. Mit anderen Worten: wenn die internationale Ordnung auf eine Vielzahl souveräner Staaten gegründet ist, kann der Ehrgeiz eines einzelnen unter ihnen nur auf zweierlei Weise gezügelt werden – durch das Vorhandensein einer höheren, umfassenden, gewachsenen Gemeinschaft, wie es die Christenheit zu bestimmten Zeiten ihrer Geschichte gewesen ist, oder aber auch durch das Wechselspiel von Gewicht und Gegengewicht, von Macht und Gegenmacht. Kaiser Karl V., König von Spanien, war der letzte Herrscher, der ein abendländisches Reich anstrebte. An der Verwirklichung dieser Idee hinderten ihn allerdings die übrigen Monarchen Europas.

Das Erbe Karls V. Zur gleichen Zeit, als die Christenheit die letzten Reste ihrer überstaatlichen Autorität verlor, festigten sich die Staaten und wurden gelegentlich, so Fernand Braudel, «zu immer größeren, ungeheuerlichen Zusammenballungen, Föderationen und Koalitionen einzelner Staaten, zu Reichen, wenn man sich dieser bequemen Formel trotz ihres Anachronismus bedienen kann; denn wie anders lassen sich diese Monster bezeichnen?» Diese Monster? Dazu gehörten das Osmanische Reich, das Frankreich der italienischen Kriege mit seinen transalpinen Bestrebungen und vor allem das Spanien Karls V. Spanien bildete den Ausgangspunkt dieser ganzen Entwicklung. Braudel sieht im Aufschwung dieser Macht mehr als das zufällige Zusammentreffen verschiedener Erbschaften, nämlich das Ergebnis einer «Lage, die für große und übergroße Staaten äußerst günstig war», zumindest bis 1550. Nun gut. Aber man sollte hierüber den Zufall nicht vergessen, der einem jungen Mann von nicht einmal zwanzig Jahren eine unvorstellbar große Erbschaft zuspielte.

Karl, im Jahr 1500 in Gent geboren, erlebte von 1516 bis 1519 eine Reihe geradezu märchenhafter Erbfälle zu seinen Gunsten, die Folge einer geschickten Heiratspolitik, aber auch eines außergewöhnlichen Glücks.

Als Sohn von Philipp dem Schönen und Johanna der Wahnsinnigen erbte er vom Vater die Besitzungen in Österreich und Burgund, von der Mutter Spanien mitsamt dem Kolonialreich, das es gerade eroberte, und die italienischen Besitzungen, vor allem Mailand und das Königreich Neapel.

Blieb noch das Reich. König Franz I. von Frankreich wollte es ihm streitig machen. Die Kurfürsten erhielten von den beiden Thronanwärtern mehrmals reichlich Bestechungsgelder und entschieden sich schließlich für Karl V., den Enkel Kaiser Maximilians, wobei sie die Stimmung im deutschen Volk auf ihrer Seite hatten, das um keinen Preis einen «französischen Kaiser» haben wollte. Karl V. konnte bereits über das Gold und Silber aus Mexiko verfügen, das in der ganzen Affäre eine nicht unerhebliche Rolle spielte.

Karls Werdegang und Persönlichkeit. Karl von Burgund wurde nach dem Tod seines Großvaters Ferdinand von Aragon im Jahr 1516 König von Spanien. Der «Katholische König» hatte Karl nicht leiden können und ihm dessen jüngeren Bruder Ferdinand vorgezogen. So wuchs Karl unter der Vormundschaft seiner Tante Margarete von Österreich in Flandern auf. Zumindest anfangs fühlte er sich mehr als Flame denn als Spanier.

264 *Die Europäer in der Neuen Welt: der Eroberer Mexikos, der Spanier Hernán Cortés, zieht in Tlaxcala ein, 1520. Anonymes Gemälde, 16. Jahrhundert.*

ZEITTAFEL 9: Europa im Zeitalter der Entdeckungen

Reformation **Religionskriege**	**1517** Luthers 95 Thesen **1521** Reichstag zu Worms **1523** Beginn der Reformation in der Schweiz	**1530** Confessio Augustana (Augsburgisches Bekenntnis)	**1534** Papst Clemens VII. exkommuniziert Heinrich VIII. von England; Jesuitenorden unter Ignatius von Loyola	**1536** Erscheinen von Calvins «Institutio religionis Christianae»		**1542** Papst Paul III. verschärft die Inquisition
Britische Inseln	**1509** Heinrich VIII. folgt auf seinen Vater Heinrich VII. Tudor; Kampf gegen Frankreich und Schottland	**1513** Sieg über König Jakob IV. von Schottland, der bei Flodden Field umkommt **1520** Begegnung Heinrichs VIII. und Franz' I. auf dem Camp d'Or	**1525** Friede mit Frankreich gegen Karl V.	**1531** Heinrich VIII. macht sich zum Oberhaupt der Kirche, um sich von Katharina von Aragon trennen zu können	**1533** Heirat mit Anna Boleyn **1544** Die Engländer erobern Boulogne	**1547** Tod Heinrichs VIII.; drei Kinder: Eduard VI. (1547-1553) Maria Tudor (1553-1558) Elisabeth I. (1558-1603)
Niederlande		**1516** Die Niederlande kommen zu Spanien (bis 1581 bzw. 1713)	**1531** Erste internationale Börse in Antwerpen		**1559** Philipp II. verläßt die Niederlande; Margarete von Parma Generalstatthalterin mit Staatsrat	
Frankreich	**1508** Liga von Cambrai: Kaiser Maximilian, Ludwig XII. und Papst Julius II. gegen Venedig **1515** Tod Ludwigs XII.	**1515** Franz I. siegt bei Marignano über den Herzog von Mailand und die Schweizerische Eidgenossenschaft **1516** Konkordat von Bologna mit Papst Leo X.: Gallikanische Kirche	**1519** Vertrag von Noyon: Spanien garantiert Frankreich den Besitz Mailands **1519-1544** Franz I. führt insgesamt vier Kriege mit Karl V. um Italien	**1525** Niederlage Franz' I. bei Pavia und Gefangenschaft in Spanien **1526** Friede von Madrid	**1529** Friede von Cambrai **1538** Waffenstillstand von Nizza **1544** Friede von Crépy	
Italien	**1507** Frankreich erobert und annektiert die Republik Genua	**1512** Schweizer vertreiben Franzosen aus Mailand		**1525** Schlacht von Pavia: Karl V. besiegt Franz I.	**1527** Sacco di Roma; Sturz der Republik in Florenz	**1544** Ende der «italienischen Kriege» (Friede von Crépy)
Iberische Halbinsel	**1503** Gründung der «Casa de Contratación» in Sevilla, der «Casa da India» in Lissabon	**1512** Annexion von Navarra durch Ferdinand II. von Kastilien	**1516** Karl I. von Spanien folgt Ferdinand II. auf dem Thron	**1519** Karl I. wird gegen Franz I. zum Kaiser gewählt (als Karl V.)	**1524** Einrichtung des «Indienrats» (Consejo Real y Supremo de lás Indias) in Kastilien	**1554** Philipp II. heiratet Maria Tudor **1556** Abdankung Karls V. zugunsten Philipps II.
Deutschland	**1508** Maximilian wird Mitglied der Liga von Cambrai	**1519** Tod Maximilians I.; Vereinigung von Spanien, Burgund, Deutschem Reich und spanischem Kolonialreich	**1519-1556** Kaiser Karl V.		**1524-1525** Bauernkrieg in Deutschland	**1529** Belagerung Wiens durch die Türken scheitert
Skandinavien **Nordeuropa**	**1513** Ende der Kalmarer Union	**1523-1654** Haus Wasa in Schweden	**1523-1560** Gustav I. Wasa	**1523-1654** Island, Norwegen und Grönland verbleiben in dänischem Besitz		
Osteuropa	**1516-1526** Ludwig II. König von Ungarn und Böhmen	**1521** Türken unter Sulaiman II. nehmen Belgrad ein	**1526** Schlacht bei Mohács gegen die Türken; Ludwig II. fällt	**1526** Ferdinand von Österreich wird zum König von Böhmen und Ungarn gewählt	**1547-1584** Iwan IV. der Schreckliche	**1550** Gründung von Helsingfors (Helsinki)
Große Entdeckungen	**1492-1493** Christoph Kolumbus entdeckt Amerika **1497-1499** Vasco da Gama entdeckt den Seeweg nach Indien	**1511** Die Portugiesen erobern Malakka (Südostasien) **1513** Vasco Núñez de Balboa entdeckt den Pazifik	**1519-1522** Hernán Cortés erobert Mexico **1519-1522** Magellan unternimmt die erste Weltumsegelung	**1521** Die Spanier (Magellan) auf den Philippinen	**1534-1543** Jacques Cartier in Kanada; Erforschung des Sankt-Lorenz-Stroms	**1543** Portugiesische Kaufleute in Japan

1545-1563 Konzil von Trient **1546** Tod Luthers	**1553** Hinrichtung des Freidenkers Michael Servet in Genf; zahlreiche Edikte Heinrichs II. von Frankreich gegen Protestanten	**1562** Beginn der Hugenottenkriege in Frankreich **1564** Tod Calvins	**1572** Bartholomäusnacht (Massaker an Hugenotten) in Paris **1576** Gründung der katholischen Heiligen Liga in Frankreich	**1581** Philipp II. versucht, die Inquisition in den Niederlanden einzuführen **1588** Aufstand der Pariser gegen Heinrich III.	**1593** Heinrich IV. tritt zum Katholizismus über **1589** Das Edikt von Nantes: Glaubensfreiheit für die Hugenotten
1563 Die «39 Artikel»: Grundlage der anglikanischen Staatskirche				**1587** Die Hinrichtung Maria Stuarts, der Königin von Schottland, löst den offenen Konflikt mit Spanien aus; Entsendung der Armada durch Philipp II.	**1601** Niederwerfung der irischen Rebellion
1568 Beginn des Widerstands der Geusen gegen Spanien		**1576** «Genter Pazifikation» (Verkündung der Religionsfreiheit in allen Provinzen)	**1579** «Union von Utrecht» (Zusammenschluß der protestantischen Nordprovinzen) und «Union von Arras» (Rückkehr der Südprovinzen unter spanische Herrschaft)	**1581** Unabhängigkeitserklärung der Niederlande	
1547 Tod Franz' I.; Heinrich II. (verheiratet mit Katharina von Medici) **1552** Allianz Heinrichs II. mit deutschen protestantischen Fürsten gegen Karl V.	**1558** Einnahme des von England besetzten Calais **1559** Friede von Cateau-Cambrésis zwischen Frankreich und Spanien	**1559** Tod Heinrichs II.; drei Söhne: Franz II. (1559-1560) Karl IX. (1560-1574) und Heinrich III. (1574-1589)	**1562** Beginn der Hugenottenkriege in Frankreich	**1589-1792** Haus Bourbon **1589-1610** Heinrich IV.; Kampf gegen die Heilige Liga und Spanien	**1598** Französisch-spanischer Friede von Vervins
		1576 Die Pest in Venedig; Niedergang der venezianischen Wirtschaftsmacht		**1587** Rialto-Bank in Venedig: erste öffentliche Bank	
1556-1598 Philipp II. **1565** Aufstand der Mauren in Andalusien	**1571** Seeschlacht von Lepanto; Sieg der Spanier über die Osmanen; damit ist die muslimische Vorherrschaft im Mittelmeer gebrochen;	Philipp II. unterstützt die Heilige Liga in Frankreich	**1580** Annexion Portugals und seiner Kolonien; Spanien wird zur größten Kolonialmacht Europas	**1587** Francis Drake plündert Cadiz **1588** Untergang der spanischen Armada	**1598-1621** Philipp III.
1546/47 Schmalkaldischer Krieg: Sieg Karls V. über den Schmalkaldischen Bund	**1555** Reichstag zu Augsburg: «Cuius regio, eius religio»	**1556** Abdankung Karls V.; Plan einer katholischen Universalmonarchie gescheitert	**1556-1564** Kaiser Ferdinand I.	**1564-1576** Kaiser Maximilian II., heimlicher Förderer der Reformation	
1563-1570 Schwedisch-dänischer Krieg; Friede von Stettin: Teilung Livlands zwischen Polen und Dänemark			**1587-1688** Die katholische Linie des Hauses Wasa stellt die Könige von Polen	**1587-1632** Sigismund III. König von Polen	
1561 Livland wird polnische Provinz; der Deutsche Orden erhält Kurland vom polnischen König zum Lehen	**1569** Union von Lublin; Litauen wird staatsrechtlich mit Polen vereint	**1571** Krimtataren zerstören Moskau; letzter Tatarentribut	**1573** Pax Dissidentum in Polen: Duldung aller Konfessionen	**1573** Erlöschen der Jagiellonen-Dynastie: Heinrich von Valois (künftiger Heinrich III. von Frankreich) erster gewählter König von Polen	
1549 Der Jesuit Franz Xaver beginnt die Christianisierung Japans	**1553** Die Engländer in Archangelsk	**1557** Die Portugiesen in Macao		**1587** Walter Raleigh gründet eine Kolonie in Virginia	**1596** Die Holländer in Nowaja Semlja und Spitzbergen

Karl umgab sich mit Beratern aus den Niederlanden. Erst achtzehn Monate nach dem Tod seines Großvaters reiste er nach Spanien, wo er von den Cortes Valladolids und Saragossas ziemlich abweisend empfangen wurde. Als er im Jahr 1520 Spanien verließ, um sich ins Heilige Reich zu begeben, brachen in Valencia, in Neukastilien und auf den Balearen Handwerker- und Bauernaufstände aus. Die einzige Hoffnung für das verarmte Spanien war das Gold und Silber aus Amerika.

Karl V. war ein Mann von düsterem Wesen. Große Unternehmungen schwebten ihm vor, von denen er auch einige verwirklichte. In den Jahren 1540 bis 1545 entstand das spanische Kolonialreich, wurde die *reconquista* beendet und mit der Kolonisation begonnen. Doch aufs Ganze gesehen, hatte Karl V. mehr Pech als Glück; vor allem brachten seine ausgedehnten Besitzungen die Nachbarn gegen ihn auf.

Das eingekreiste Frankreich. Für die Geschichte Europas war die Tatsache von Bedeutung, daß diese Besitzungen Frankreich im Norden, Osten und Süden umschlossen. Dieses Resultat eines Zufalls schien von Dauer zu sein. Denn selbst nach der Abdankung Karls V. und der Teilung der Erbfolge zwischen den beiden Hauptzweigen der Habsburger – dem Bruder Ferdinand und dem Sohn Philipp II. – blieb der Einkreisungskomplex für Frankreich bestehen. Von 1519 bis 1714 kämpfte es gegen diese Einkreisung.

Trotz aller Schwierigkeiten im Innern bekam die französische Monarchie die religiösen Konflikte Zug um Zug in den Griff. Die Ideen Luthers trafen in Frankreich auf den Gallikanismus der Könige. Und die Theoretiker taten das Ihre, die absolute Macht des Königs zu rechtfertigen. In seinen *Sechs Büchern über die Republik* von 1576 gab Jean Bodin als erster eine scharfe Definition des Begriffs der Souveränität. Sie stehe dem Fürsten zu, und «es ist unerläßlich, daß der Souverän in keiner Weise den Befehlen eines anderen unterworfen ist und daß er nutzlose Gesetze brechen oder aufheben kann, um andere zu erlassen. Deshalb bestimmt das Gesetz, daß der Fürst von der Macht der Gesetze gelöst ist.»

Das Gleichgewicht in Italien. Machiavelli, der sich darüber klar war, daß Italien innerhalb kurzer Zeit nicht zu vereinigen sei, dachte daran, zwischen den fünf wichtigsten Staaten Italiens, dem Kirchenstaat, Neapel, Florenz, Mailand und Venedig, ein gewisses Gleichgewicht herzustellen. Im übrigen hoffte er, daß das Land von den Barbaren befreit würde.

Das europäische Gleichgewicht. Wer übertrug als erster die Idee des «Gleichgewichts» auf ganz Europa? Der berühmte englische Minister Kardinal Wolsey, der je nach den Umständen – und den Geldern, die ihm nacheinander Franz I. und Karl V. zukommen ließen – ein Bündnis mit Spanien oder eines mit Frankreich einging? Oder Franz I. selbst? Oder die Italiener, die begriffen hatten, daß sie weitreichende Bündnisse schließen mußten, um die Invasion aus Frankreich abwehren zu können? Diese Auffassung vertritt der schottische Historiker William Robertson in seinem 1769 veröffentlichten Werk *Die Geschichte der Regierung Kaiser Karls V.*: «Die plötzliche und entscheidende Wirkung dieses Bündnisses scheint die Fürsten und Staatsmänner Italiens geleitet zu haben. Bei dieser Gelegenheit hatten sie die Grundsätze der Politik, die bis dahin nur in den Kleinstaaten ihres eigenen Landes angewandt worden waren, auf die Staatsgeschäfte Europas ausgedehnt. Sie hatten dabei ein Verfahren gefunden, das jeden Monarchen daran hinderte, seine Macht derart zu erweitern, daß sie mit der allgemeinen Freiheit unvereinbar wurde. Und sie hatten dabei gezeigt, wie wichtig es war, jenes große Geheimnis der modernen Politik zu erwägen, nämlich die Aufrechterhaltung einer angemessenen Machtverteilung zwischen allen Gliedern des europäischen Staatensystems.» Die Idee des Gleichgewichts blieb nicht «auf die italienischen Fürsten beschränkt. Die Sorge um das Machtgleichgewicht war auch Anlaß für andere Mächte, sich dieser Idee anzunehmen. Sie wurde modern und universell.»

Die Bündnisse Franz' I. Die Lektion gereichte Franz I. nicht zum Schaden. Im Jahr 1525 hatten die kaiserlichen Truppen die Franzosen in der Schlacht von Pavia geschlagen, und Franz I. mußte sich ergeben. Kaum war er 1526 aus seiner Gefangenschaft in Madrid entlassen, begann er gegen Kaiser Karl V. eine «Liga» zu bilden. Die Geschichte seiner aufeinanderfolgenden Bündnisse ist kompliziert und soll hier nicht erzählt werden. Für den König von Frankreich jedenfalls rechtfertigte der Erfolg – die Staatsräson – selbst den härtesten Schlag, der je gegen die Christenheit geführt worden war: das Bündnis mit den deutschen Protestanten, ja sogar – der Gipfel des Schreckens – mit dem Türkensultan Sulaiman dem Prächtigen. Im Jahr 1532 spann Franz I. mit den protestantischen Fürsten des Schmalkaldischen Bundes Intrigen. Doch hielt er mit Kaiser Karl V. noch Frieden und begnügte sich damit, den Protestanten Gold und Waffen zu liefern. In der Folgezeit schloß er mit

265

266

265 *In seinem Reich ging die Sonne nie unter: Kaiser Karl V. (R 1519-1556), Herr über Spanien, das spanische Kolonialreich, Burgund und das Heilige Römische Reich Deutscher Nation. Gemälde von Tizian, 1548.* **266** *König Philipp II. (R 1556-1598), Sohn Karls V. und Nachfolger auf dem spanischen Thron. Gemälde von Pantoja de la Cruz (1553-1608).*

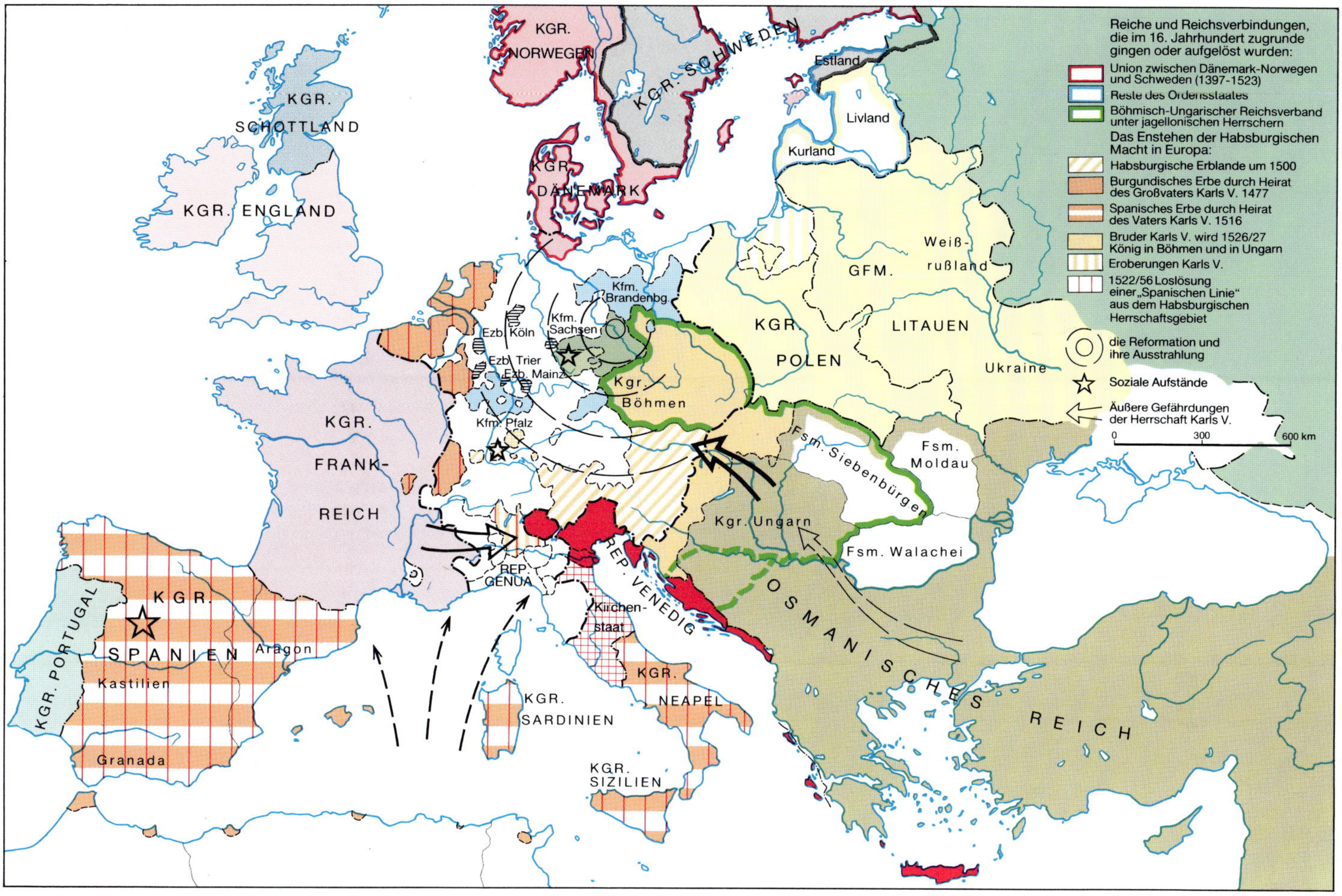

267

267 *Ein Meister der Gleichgewichtspolitik in Europa: König Franz I. von Frankreich (R 1515-1547). Er verbündete sich sogar mit dem türkischen Sultan, dem «Feind der Christenheit», um der «Einkreisung» Frankreichs durch die Habsburger entgegenzuwirken. Gemälde, Jean Clouet zugeschrieben, um 1600.*

Karte 22: *Das Reich Kaiser Karls V.*

ihnen Bündnisse, die allerdings oft dadurch belastet wurden, daß er gegen die Protestanten im eigenen Land energisch vorging. Mit den Türken ging er sein erstes Bündnis im Jahr 1536 ein. Es stieß in Europa auf allgemeine Mißbilligung. Was sollte man erst sagen, als im August 1543 die Stadt Nizza, die dem Herzog von Savoyen gehörte, von französischen und muslimischen Truppen belagert wurde? Auf der einen Seite das Kreuz des Hauses Savoyen, auf der anderen das Lilienbanner des Königs von Frankreich und die Standarten des Sultans mit dem berühmten und gefürchteten Halbmond des Islam!

Die Regeln des Gleichgewichts. Von jetzt an wurde das europäische Gleichgewicht ein wesentlicher Bestandteil des politischen Systems. Man gewöhnte sich an die Vorstellung von Koalitionen gegen diejenige Macht, deren Ehrgeiz zu stark war. Dadurch entstand trotz aller Gegensätze eine Art neuer Solidarität, die Robertson scharfsinnig charakterisiert hat: «Kein Fürst war an Macht den anderen derart hinreichend überlegen, daß seine Anstrengungen unwiderstehlich und seine Eroberungen leicht gewesen wären. Die Vorteile eines Staates wurden durch Umstände aufgewogen, die anderen günstig waren, und das verhinderte, daß einer von ihnen eine Überlegenheit erringen konnte, die für alle hätte verhängnisvoll werden können. Die Nationen Europas waren zu dieser Zeit wie in unseren Tagen einer großen Familie gleich.» Eine uneinige und streitsüchtige Familie zwar, aber immerhin eine Familie. Ein neues Europa machtvoller, geschlossener Staaten war im Entstehen begriffen.

Es dauerte nicht lange, bis der Praxis die Theorie folgte. In seiner *Bilancia politica* – diesen Titel gab man im Jahr 1678 seinen Tacitus-Kommentaren – beschrieb der Italiener Traiano Boccalini mit hoher Präzision das System des europäischen Gleichgewichts. So analysierte er zum Beispiel den Aufstand der Flamen gegen die Spanier, der 1578 begann, als charakteristisch für die Gleichgewichtspolitik, an der sich besonders die italienischen Fürsten beteiligt hatten. Auf gleiche Weise trat er leidenschaftlich für die Gleichgewichtspolitik König Heinrichs IV. ein. Ein anderer italienischer Autor, Tommaso Campanella, der siebenundzwanzig Jahre in spanischen Gefängnissen verbrachte und 1602 eine be-

268 *«Paris ist eine Messe wert»: König Heinrich IV. von Frankreich (R 1589-1610). Anonymes Gemälde, um 1595.*

rühmte Utopie, den *Sonnenstaat*, schrieb, sehnte sich nach der Wiedererrichtung einer geeinten Christenheit und der Universalmonarchie. In seinen *Politischen Reden an die Fürsten Italiens* pries er indes den Wert der Gleichgewichtspolitik. Europa lebe unter der doppelten Spannung des Kampfes zwischen Habsburg und den Türken sowie zwischen Habsburg und Frankreich. Dabei versuchten die italienischen Fürsten die spanische Macht mit Hilfe Frankreichs einzudämmen. Doch würde Spanien zu schwach und Frankreich zu mächtig werden, täten sie genau das Gegenteil und unterstützten Spanien.
Europa trat somit in das Zeitalter des Gleichgewichts und der «Staatsräson» ein, zwei Phänomene, die Machiavelli definiert und deren Zusammenhang der deutsche Historiker Friedrich Meinecke in seinem bedeutenden Buch *Die Idee der Staatsräson in der neueren Geschichte* ausführlich dargelegt hat.

Europa und Übersee

Europa als Seemacht. Wir sind auf unserem Gang durch die Geschichte an dem Zeitpunkt angekommen, wo der Begriff «Übersee» seine Bedeutung ändert. Fortan bezeichnet er nicht mehr die Binnenmeere, wie das Mittelmeer oder die Ostsee, oder die Anrainermeere, wie die Nordsee, die Irische See und den Ärmelkanal. In wenigen Jahren begibt sich ganz Westeuropa auf See, um die Welt zu entdecken und vielleicht zu erobern. Dieselben Völker, die zwei oder drei Jahrhunderte später Afrika und Südostasien unter sich aufteilen werden, entdecken Amerika – entdecken es wieder, wenn man an die Wikinger denkt. In Afrika und in Asien begnügen sie sich damit, feste Plätze, sogenannte Kontore, an den Küsten anzulegen, einige Inseln zu erobern und Handel zu treiben. Es gibt wirklich eine Seemacht Europa! Daneben werden im Osten die Russen einen riesigen Raum erobern – doch einzig und allein durch sukzessives Vordringen auf dem Kontinent.
Alle Westeuropäer waren an der Eroberung des Meeres beteiligt, selbst die Völker, die zunächst keine Eroberung machten, wie etwa die Italiener und die Deutschen. Der Italiener Christoph Kolumbus stand im Dienst des Königs und der Königin von Spanien. Die nautischen Listen, nach denen er segelte, waren in Nürnberg angefertigt worden, der Stadt Martin Behaims. In einer portugiesischen Flotte segelten 1505 auch drei deutsche Schiffe nach Indien.

Die herausragende Rolle der Portugiesen. Im Jahr 1488 entdeckte Bartolomäus Diaz das «Kap der Stürme», das von König Johann II. in «Kap der Guten Hoffnung» umgetauft wurde. 1497 übertraf ihn Vasco da Gama, segelte in den Indischen Ozean und erreichte am 22. Mai 1498 Kalkutta.
So erschlossen die Portugiesen einen neuen Seeweg nach Indien und waren nach etwa vierzehn Jahren die Herren des Indischen Ozeans. Der Gewürzhandel lag nunmehr in portugiesischer Hand, und Lissabon wurde ein großer Gewürzmarkt.
Die Niederlassungen des portugiesischen Reichs in Asien wurden vor allem von Francisco d'Almeida (1505-1509) und Affonso d'Albuquerque (1509-1515) gegründet: Goa, Malakka, Ormuz, Socotora, die Molukken sowie Macao in China. Der Ruhm der portugiesischen Seefahrer wurde von einem großen Dichter verherrlicht, von Luis de Camões in seinem Epos *Die Lusiaden* (1572). Die Römer hatten die Bewohner Portugals «Lusi» oder «Lusitani» genannt.
Auch auf dem amerikanischen Kontinent blieben die Portugiesen präsent und verstanden es, aus dem Vertrag von Tordesillas (1494) Nutzen zu ziehen und sich in Brasilien niederzulassen.

Die herausragende Rolle der Spanier. In der Geschichte der großen Entdeckungen ist die Expedition des Christoph Kolumbus ausschlaggebend geworden.
Kolumbus war davon überzeugt, daß die Erde rund ist, ließ sich aber von den – falschen – Entfernungsangaben des Ptolemäus in die Irre führen. So glaubte er, daß Cipangu (Japan) und Cathay (China) viel näher an Europa lägen, als es in Wirklichkeit der Fall ist. Kolumbus unternahm seit 1492 vier Seefahrten, in deren Verlauf er die Kleinen Antillen, Jamaica, Puerto Rico und die Küste von Mittelamerika entdeckte. Kleinere Seefahrten, wie sie von Alonso de Ojeda, Amerigo Vespucci, Juan de la Cosa und Vicente Yáñez Pinzón erfolgreich unternommen wurden, ermöglichten es, die Umrisse des Golfs von Darién, die Küste Venezuelas, der Antillen und Brasiliens aufzuzeichnen wie auch die Umrisse der Karibik.

269

270

271

269 *«Portugiesinnen in Goa», Buchmalerei aus «Baburnama», der Autobiographie des Begründers der Mogul-Dynastie Zahir Ad-Din Muhammad Babur (1483-1530).* **270** *«Kolumbus landet auf der Watling-Insel», 12. Oktober 1492. Kolorierter Kupferstich von Theodor de Bry aus «Americae Retectio», 1596.* **271** *«Indianisches Goldbergwerk», kolorierter Kupferstich von Theodor de Bry (1528-1598).*

Bereits im Jahr 1500, nur acht Jahre nach der Entdeckung durch Kolumbus, zeigte die Karte von Juan de la Cosa die äußere Gestalt Amerikas. Die Ansiedlung der Spanier vollzog sich nun sehr rasch. Ponce de León eroberte im Jahr 1508 Puerto Rico, Pedro de Esquivel ein Jahr später Jamaica und Diego Velásquez 1511 die Insel Kuba. Im Jahr 1513 entdeckte Núñez de Balboa das «Südmeer», den Pazifischen Ozean. Man begriff, daß die entdeckten Länder einen neuen Kontinent bildeten, und es kam der Wunsch auf, zwischen Atlantik und Pazifik eine Passage nach Asien zu finden. Das war der Hauptgrund für die Expedition von Magellan und Sebastián Juan Elcano 1519 bis 1522.

Seit 1517 drangen die Spanier immer tiefer dort in den amerikanischen Kontinent vor, wo das Klima gemäßigt war. Zwei Phasen lassen sich dabei unterscheiden: die Eroberung Mexikos unter Hernán Cortés 1519 bis 1521, wobei das zentrale Hochland Mexikos als Ausgangspunkt für die Errichtung des Vizekönigreichs von Neuspanien diente, und das Vordringen in die Zentralanden, das heißt die Eroberung des Inkareichs durch Francisco Pizarro von 1524 bis 1533. Eine Handvoll militärisch überlegener Spanier stand Millionen von Einheimischen gegenüber und nahm seit der Mitte des 16. Jahrhunderts diesen Teil Amerikas in Besitz. Die Kultur Westeuropas konnte somit in Amerika Fuß fassen.

Die Spanier verstanden es, sich in der Neuen Welt einzurichten und sie nach ihren Vorstellungen zu formen. Sie wurde nicht als eine Ansammlung von Kolonien betrachtet, sondern als eine Ergänzung Kastiliens, wobei die Einheimischen in rechtlicher Hinsicht Untertanen der spanischen Krone waren.

Die Verwaltung dieser Gebiete hatte ihre Zentrale in Spanien und setzte sich aus zwei wesentlichen Institutionen zusammen: der *Casa de Contratación*, einer Art Handelskammer, die 1503 in Sevilla gegründet wurde, und dem «Indienrat», den Karl V. nach dem Beispiel der Räte der Monarchie 1524 ins Leben rief. Darüber hinaus übertrugen die Spanier ihre Institutionen auf Amerika und errichteten dort zwei Vizekönigreiche, die im 18. Jahrhundert durch zwei weitere ergänzt wurden. Die europäische Kultur wurde auch durch die katholischen Schulen und die Universitäten in Amerika eingeführt. Im Jahr 1553 wurde die Universität Mexiko gegründet; sie erhielt die gleichen Privilegien wie die Universität Salamanca.

Eine der Tragödien der Besetzung Amerikas durch die Spanier hatte ihre Ursache im Amtsmißbrauch der Verwaltung, der trotz Kontrolle durch hohe königliche Beamte aus dem Mutterland nicht beseitigt werden konnte. Moralische Schwierigkeiten kamen hinzu. Man versuchte sie durch die Gesetze von Burgos (1512) zu bewältigen, die das Treuhandsystem für die Indios regelten. Die spanische Krone verlieh den Eroberern das Privileg, Indios zur Arbeit zu verpflichten. Die Kolonisatoren waren dabei verpflichtet, die Zwangsarbeiter im Christentum zu unterweisen. Bartolomé de Las Casas kritisierte diese Bevormundung und erreichte schließlich, daß sie durch die Neuen Gesetze von 1542 abgeschafft wurde.

Zur selben Zeit, als Spanien einen Großteil Amerikas eroberte, in Europa seine Macht entfaltete und die Führung im Kampf gegen die Türken übernahm, entwickelte sich im Land selbst eine große Literatur. Im 15. Jahrhundert hatte noch der «Romancero» die Szene beherrscht, kleine Gedichte, in denen der Kampf gegen die Mauren verherrlicht wurde. Nun, im 16. Jahrhundert, erlebte die Poesie ihren Höhepunkt im Werk Luis de Góngoras, der 1561 in Cordoba geboren wurde: Der subtile, feinsinnige «Gongorismus» verbreitete sich in ganz Europa. Gleichzeitig entstand der Schäferroman, so zum Beispiel *Diana* von Jorge de Montemayor, ein Roman, der den französischen Dichter Honoré d'Urfé zu seiner *Astrée* inspiriert hat. Ebenso der Schelmenroman, Erzählungen voller lebenspraller, deftiger Abenteuer.

Von Interesse sind auch die Geschichtswerke und die mystischen Schriften, neben den Berichten von Cortés vor allem die *Allgemeine Geschichte der Indios* von Gonzalo Fernández de Oviedo, die *Denkwürdigkeiten des Hauptmanns B. D. d. C. oder Wahrhafte Geschichten der Entdekkung und Eroberung Neuspaniens* von Bernal Díaz del Castillo und der *Kurze Bericht über die Vernichtung der Indios* von dem Indianermissionar Bartolomé de Las Casas aus dem Jahr 1552, worin der Autor die Grausamkeiten der spanischen Kolonisatoren schildert.

Auch die Mystik erlebte in Spanien während des «Goldenen Zeitalters» eine Qua-

Kolonien, die von anderen Staaten in Besitz genommen wurden als im Vertrag von Tordesillas vorgesehen

Gebietsverluste der europäischen Staatenwelt seit dem späten Mittelalter

Zur Zeit der europäischen Entdeckungsreisen den Europäern unbekannte Gebiet

Karte 23: *Die Europäer entdecken und erschließen die Welt.*

272

lität und eine Tiefe, die anderswo kaum erreicht wurden. So übte die Karmeliterin Teresa von Avila, die zahlreiche Klöster gründete, mit ihrer Schrift *Der Weg der Vollkommenheit* aus dem Jahr 1565 einen tiefen Einfluß auf die Katholiken in Europa aus.

Engländer, Holländer und Franzosen. Nach den Portugiesen traten – vor allem gegen Ende des 16. Jahrhunderts – die Engländer, die Holländer und die Franzosen auf den Plan. Da es nun wirklich eine «Neue Welt» gab, wurden neben «Neuspanien» auch bald ein «Neufrankreich», ein «Neuengland», ein «Neuschottland», ein «Neubraunschweig», ein «Neuamsterdam», ein «Neugranada» gegründet. Was Frankreich betrifft, so sei an die Entdekkungsfahrten Giovanni da Verrazzanos erinnert, eines Venezianers im Dienst König Franz' I., sowie an die Reisen von Jacques Cartier, der 1534 nach Neufundland segelte und 1535 Montreal am Sankt-Lorenz-Strom gründete.

Die neuen Ressourcen. Der Erwerb von Gold war ein Motiv für die Eroberungssucht in der Neuen Welt. Hinzu kamen Neugier, Abenteuerlust und ein unbedingter Missionierungswille. Gleichwohl war die Fixierung auf Gold – und bald auch auf Silber – aus Peru eine fundamentale Erscheinung im Wirtschaftsleben Europas. Die Zunahme der Gold- und Silberproduktion in der Welt – von 5800 Kilogramm in den Jahren 1493 bis 1520 auf 8510 von 1545 bis 1560 bei Gold und von 47 auf 311 Tonnen bei Silber – führte zu einem Preisverfall bei den Edelmetallen. Folglich stiegen die Lebensmittelpreise, in Spanien zum Beispiel gar um 50 Prozent von 1501 bis 1525, eine Entwicklung, welche die gesamte spanische Wirtschaft lähmte. Die Zeitgenossen hatten dafür keine Erklärung.

Neben diesen Metallen hat Amerika der Alten Welt weitere Produkte geliefert, die das Alltagsleben verändern sollten: so zum Beispiel den Truthahn, die Tomate, die Bohne, die Ananas, die Vanilleschote und die Chinarinde. Tabak wurde zum erstenmal 1510 in Kastilien angepflanzt. Aus Peru und Chile kamen die «Erdäpfel» – italienisch *tartufolo*, Trüffel, daher das deutsche Wort «Kartoffel» – im Jahr 1535 nach Spanien; König Ludwig XIII. aß sie zum erstenmal 1613. Kakaoprodukte wie die Schokolade verbreiteten sich in Europa ebenso wie seit dem 17. Jahrhundert der Mais und im 18. Jahrhundert die Erdbeere. Umgekehrt brachte Europa der Neuen Welt Zugtiere wie Pferde, Esel und Maultiere sowie Rinder und Schafe. Schleppten die Europäer unbekannte Krankheiten in Amerika ein, so kamen aus Amerika bis dahin unbekannte Schädlinge nach Europa, darunter die Reblaus, der Mehltau und der Kartoffelkäfer.

Der Mensch und der Relativismus. Man entdeckte plötzlich, daß in der Neuen Welt Menschen lebten, daß es dort zwei bewundernswerte Kulturen gab, die weit voneinander entfernt und ohne jeden Kontakt miteinander existierten, die der Azteken und der Mayas in Mexiko und die der Inkas in Peru. Doch hat es bei der Begegnung mit der Neuen Welt nicht nur Überraschung oder staunende Neugier ge-

273

geben. Allein die zahlreichen Geschichten aus dem Mittelalter, darunter die berühmte Legende von der abenteuerlichen Meerfahrt des heiligen Brendan, konnten einem den Spaß an der Entdeckung verderben. Die ersten spanischen Seefahrer waren auch sehr zurückhaltend, wenn sie ihre Erlebnisse erzählten. In der Folgezeit aber rankten sich Legenden darum, und ebenso entstand manch zwiespältiges Urteil.

Besonders interessant sind unter diesem Aspekt die Vorstellungen Michel de Montaignes (1533-1592) über Europa und die Neue Welt. Was bei diesem neugierigen Beobachter, dem Feind aller Leidenschaften, vor allem überrascht, ist sein «Relativismus». Weil der Mensch überall Mensch bleibt und Klima und Sitten auf ihn einwirken, berührten Montaigne die Unterschiede in den Lebensformen der einzelnen Nationen nur aufgrund seiner «Freude an der Verschiedenartigkeit».

In seinen *Essais* prangerte er den französischen «Touristen» an: «Es ist mir peinlich, wenn ich sehe, wie meine Landsleute die törichte Gewohnheit haben, scheu zu werden vor Gebräuchen, die anders sind als die eigenen: sie fühlen sich nicht mehr in ihrem Element, sobald sie nicht mehr in ihrem Dorfe sind. Wohin sie auch reisen, sie behalten ihre Lebensweise bei und verabscheuen die Fremden.» Und dann der schöne und schreckliche Satz: «So viele ausradierte Städte, so viele ausgelöschte Nationen! Millionen von Menschen hat man über die Klinge springen lassen und den reichsten und schönsten Teil der Welt in Unordnung gebracht – nur um des Handels mit Perlen und Pfeffer willen!»

Doch blieb ein wesentliches Ziel: diese fremden Menschen zur Annahme des Evangeliums zu bewegen. So begab sich der spanische Jesuit Franz Xaver, der «Apostel Indiens», ein Freund des Ordensgründers Ignatius von Loyola, nach Goa, dann nach Malakka, auf die Molukken und nach Japan. Er starb 1552 in Macao an der Küste Chinas. Im Gegensatz zur Mission in Asien war die Amerikamission von wesentlich größerer Bedeutung. Dort wurden Bistümer errichtet, kirchliche Orden fanden sich ein und wetteiferten miteinander in missionarischer Begeisterung.

272 *«Die Rückkehr der zweiten holländischen Ostindienexpedition», Gemälde von Hendrik Corneliszoon Vroom (1566-1640), 1599.* **273** *Gefährliche Seefahrt: Amerigo Vespucci (1454 bis 1512), umgeben von Meeresungeheuern, auf der Fahrt in die Neue Welt. Kolorierter Kupferstich von Theodor de Bry aus «Americae Retectio», Frankfurt 1596.* **274** *Die Weltkarte des Martin Waldseemüller aus dem Jahr 1507. Auf dieser Karte ist zum erstenmal der Name «Amerika» erwähnt.*

Die Kolonisation der Neuen Welt bewirkte allerdings im Lauf von vier Jahrhunderten eine derartige Rivalität unter den europäischen Staaten und löste derart viele Kriege und Gewalttaten aus, daß sie eines der größten Hindernisse für eine Vereinigung der Europäer wurde. Darüber hinaus stellten die Massaker, die Bartolomé de Las Casas auf erschütternde Weise beschrieben hat, die Versklavung und die Ausplünderung der Indios eine schwere Schuldenlast dar.

Dennoch brachte dieses ausschließlich europäische Abenteuer der Entdeckungen eine außerordentliche Erweiterung des geistigen Horizonts, nicht nur durch das Kennenlernen bisher unbekannter Völker und Kulturen oder durch die Einfuhr neuer Lebens- und Genußmittel, sondern auch durch neue Kenntnisse in der Geographie.

Die Geographie. Erst allmählich lernte man, die einzelnen Entdeckungen aufeinander zu beziehen. So brauchte es lange Zeit, bis man erkannte, daß Marco Polos «Cathay» des 13. Jahrhunderts mit dem China, das die Portugiesen entdeckt hatten, identisch war. Hatte es überhaupt noch einen Sinn, den Vorstellungen des Aristoteles zu folgen? Er hatte die Welt in zwei Teile geteilt – das Abendland oder Europa und das Morgenland oder Asien, unter dem wichtigen Vorbehalt, daß Griechenland die Vorteile beider Welthälften in sich vereinige. Das gesamte Mittelalter hindurch hielt man an dieser Unterscheidung fest. Doch nun kam, in Verbindung mit der Klimatheorie, die Idee auf, daß die Teilung der Welt zwischen Nord und Süd verlaufe. In seinen *Sechs Büchern über die Republik* von 1576 entwickelte Jean Bodin die vor Montesquieu ausführlichste Theorie über den Einfluß des Klimas auf den Menschen. Dabei unterschied er drei Klimazonen: die nördliche, die südliche und, zwischen beiden, die gemäßigte Zone.

Europa im Angesicht der Türkengefahr

Die Eroberungen der Osmanen. Die Ottomanen oder Osmanen – die Bezeichnung leitet sich von ihrem ersten Sultan Osman I. Ghasi (1258-1326) her – waren in Kleinasien beheimatet, in unmittelbarer Nachbarschaft des alten Byzantinischen Reichs.

Ehe sie 1453 Konstantinopel eroberten, das von da an Istanbul hieß, hatten sie bereits Bulgarien, Serbien, Bosnien, Thrakien mit Adrianopel (Edirne) und einen Teil von Griechenland in Besitz genommen. Zur selben Zeit nahmen sie auch Anatolien ein. Die Osmanen waren Mus-

274

lime sunnitischer Richtung. Im 16. Jahrhundert unternahmen sie Vorstöße rund um das Mittelmeer. Große Sultane, vor allem Selim I. (1512-1520) und Sulaiman II. (1520-1566), den die Europäer den Prächtigen nannten, vermehrten die Eroberungen, sei es durch militärische Gewalt, sei es durch Diplomatie. Neben Syrien, Ägypten und dem Maghreb (ohne Marokko) bemächtigten sie sich einiger Mittelmeerinseln: Den Genuesen nahmen sie Lesbos, den Venezianern Euböa, den Johannitern 1522 Rhodos und 1570/71 Zypern. Die türkische Flotte besetzte vorübergehend den Hafen von Otranto. Auf dem Kontinent schlug das türkische Heer mit seiner Elitetruppe, den Janitscharen, 1526 bei Mohács das Heer des letzten ungarischen Königs, Ludwigs II., der in dieser Schlacht den Tod fand. Drei Jahre später belagerten die Türken Wien. Ihre Reiterei, die Spahis, unternahmen Raubzüge in Bayern und Mähren, und es bestand die Gefahr, daß Wien das gleiche Los ereilen würde wie Konstantinopel. Das Schicksal Europas stand auf dem Spiel.

Doch Wien hielt stand. Dafür nahm Sulaiman im Jahr 1541 Buda ein, 1543 Gran, und er ließ alle Gotteshäuser in Moscheen umwandeln. Er wurde der Verbündete König Franz' I. in dessen Kampf gegen Kaiser Karl V. und den Herzog von Savoyen. Die Flottenbasis Toulon stand den türkischen Korsaren zur Verfügung. Einer ihrer Anführer, Chaireddin Barbarossa, errichtete auf der anderen Seite des Mittelmeers, in Algier, einen Piratenstaat. Kardinal Jiménes de Cisneros und nach ihm Kaiser Karl V. versuchten vergebens, Tunis und Algier zurückzuerobern.

Erst nach dem Sieg der «Heiligen Liga» aus Venezianern, Spaniern und päpstlichen Truppen in der Seeschlacht von Lepanto (heute Nafpaktos, etwa 160 Kilometer westlich von Athen) am 7. Oktober 1571 über die Flotte Selims II., des Nachfolgers von Sulaiman dem Prächtigen, begann der allmähliche Rückzug der Osmanen. Istanbul indes blieb immer in ihrem Besitz.

«Europas» Widerstand gegen die Türken. Welch eine Fülle von Einstellungen gab es der türkischen Gefahr gegenüber unter den Europäern! Den Kampf bis zum Äußersten, in Form eines antitürkischen Bündnisses oder Kreuzzugs, ebenso wie den Kompromiß, ja sogar das Bündnis mit ihnen gegen innereuropäische Rivalen. Und wer waren eigentlich diese Türken? Ungläubige Barbaren oder die Gründer eines Reichs, dessen innere Ordnung den Europäern als Vorbild dienen konnte? Sollte man ihnen um jeden Preis entgegentreten oder vor ihnen in die Neue Welt fliehen, die sich gerade der Kolonisation öffnete?

Enea Silvio Piccolomini, der spätere Papst Pius II., hat vor und nach dem Beginn seines Pontifikats den Kreuzzug «Europas» gegen die Türken gepredigt. Daß die Türken in Konstantinopel waren, hieß in seinen Augen «in Europa, das heißt in unserem Vaterland, in unserem eigenen Haus, in unserer Domäne». In diesen leiderfüllten Worten schwingt jene Idee mit, die seit der Karolingerzeit hier und dort immer wieder angeklungen ist, daß die Christenheit, die *Christiana communitas*, Europa sei.

Christianus orbis Europam omnem tenet – die christliche Welt umfaßt ganz Europa. Dieser Satz stammt von einem indirekten Opfer der Türken, dem Kardinal Bessarion († 1472). Er war griechisch-orthodoxer Bischof von Nizäa und hatte von den letzten Kaisern des Byzantinischen Reichs den Auftrag erhalten, mit Rom über die Versöhnung der beiden christlichen Kirchen zu verhandeln. Als der Papst ihn zum Kardinal ernannte, verstieß ihn der griechische Klerus. Die Eroberung Konstantinopels durch die Türken zwang ihn dann, im Westen zu bleiben, wo er in der neu aufkommenden Platonforschung eine große Rolle spielte.

Ariost beklagt, daß «der schmutzige Türke Konstantinopel besetzt hält, den besten Teil der Welt». Tasso betrachtet den Kampf gegen die Türken als einen Kampf Europas gegen Asien. Der große portugiesische Dichter Luis de Camões spricht in seinen *Lusiaden* vom «armen Europa», das gegen den «wilden Osmanen» kämpfe. Angesichts der Türken meint der italienische Dichter Battista Mantovano (Giovan Battista Spagnoli): «Wir sind alle eine einzige Nation, die Nation Christi.» Er erfleht die Vereinigung «aller Völker Europas», des «großherzigen Europa». Erasmus von Rotterdam predigt den Kreuzzug sowohl in seinem *Lob der Torheit* als auch in seiner Schrift *De bello Turcis inferendo* (Über den gegen die Türken zu führenden Krieg), worin er Europa mit der Christenheit gleichsetzt. Das gleiche tut Juan Luis Vives in seinem Werk *De conditione vitae christianorum sub Turco* (Über die Lebensbedingungen der Christen unter türkischer Herrschaft) sowie in anderen Schriften, in denen er von den «Nationen Europas» spricht. Er schreibt sogar ein Buch, dessen Titel das Wort Europa enthält, zu jener Zeit etwas Ungewöhnliches: *De Europae dissidiis et de bello Turcico* (Über die Uneinigkeiten Europas und den türkischen Krieg).

275

276

Juan Luis Vives (1492-1540), ein Spanier aus Valencia, war Professor zuerst in Löwen, dann in Oxford und ließ sich schließlich in Brügge nieder. Er war ein großer Freund des Erasmus. In einem seiner Werke findet sich der bemerkenswerte Gedanke: «Wir besitzen zwischen Cadiz und der Donau ein Gebiet, das sich zwischen den beiden Meeren erstreckt – das überaus tapfere und mächtige Europa. Wenn wir uns vereinigen würden, dann wären wir nicht nur der Türkei ebenbürtig, sondern ganz Asien überlegen; das Genie der Nationen und ihr Mut beweisen es, und ihre großen Taten lehren es. Ja, nie-

277

275 *Einer der bedeutendsten Herrscher seiner Zeit: Sulaiman II. der Prächtige (R 1520-1566). Zeitgenössische Miniatur.* **276** *«Die Türken vor Wien», Illustration aus dem «Buch der Fertigkeiten», Istanbul 1588.* **277** *«Die Seeschlacht von Lepanto», 7. Oktober 1521. Fresko von Giorgio Vasari und Gehilfen in der Sala Regia des Vatikans, 16. Jahrhundert.*

mals hat Asien selbst einer mittelmäßigen Streitmacht Europas widerstehen können.»

Aber der Kreuzzug konnte nicht stattfinden, und der Sultan nahm nur mit Verachtung den Appell Papst Pius' II. entgegen, sich zum Christentum zu bekehren. Mehr noch, König Franz I. von Frankreich verbündete sich mit den Türken gegen den christlichen Kaiser Karl V. Wir werden später auf dieses entscheidende Ereignis zurückkommen, denn es führt den hoffnungslosen Verfall des Christentums vor Augen.

In der zweiten Hälfte des 16. Jahrhunderts waren dann die beiden Nachfolger Karls V., der österreichische Habsburger Ferdinand I. und der spanische Habsburger König Philipp II., für viele Christen die große Hoffnung der Christenheit. «Einer von ihnen wird sicher der Herr über ganz Europa sein», schrieb Briezio 1558 in seiner *Historischen Weltkarte*. Die Habsburger jedenfalls führten den unerbittlichen Kampf gegen die Türken an Donau und Save sowie auf dem Mittelmeer.

Da ein europäischer Kreuzzug unmöglich geworden war – wer konnte die Türken noch bekämpfen wenn nicht der Rest dessen, was vom Reich übriggeblieben war, das tapfere Deutschland, das die Katastrophe allein durchstand? «Von einer so riesigen Masse ist Europa auf ein einziges seiner Glieder eingeengt worden, auf Deutschland», schrieb der deutsche Geschichtsschreiber Johannes Sleidanus 1556. Der Niedergang Europas war für Luther die Folge des papistischen Götzendienstes – eine Angelegenheit der Südeuropäer. Für den Protestanten und Humanisten Kaspar Peucer, der eine furchtbare Katastrophe vorhersagte, gab es nur noch eine Hoffnung: den Kaiser als Verteidiger des Abendlandes.

In Wirklichkeit war es dann nicht der Kaiser, sondern sein spanischer Vetter, dem der große Abwehrschlag gelang. Selbst als Kaiser Ferdinand I. (R 1556-1564) im Jahr 1559 einen Waffenstillstand mit den Türken schloß, kämpfte Philipp II. im Namen der Christenheit weiter. Der Sieg in der Seeschlacht von Lepanto am 7. Oktober 1571 bedeutete indes noch nicht das Ende der türkischen Gefahr. Aber «der Zauber der türkischen Macht ist gebrochen», wie Fernand Braudel schrieb, und wenigstens zur See war die Wende eingeleitet. Von nun an befanden sich die Türken in der Defensive.

Von diesen Jahren trostloser Verwirrung

bleibt der Eindruck, daß der «türkische Schrecken» die Idee eines einigen Europa nicht gefördert hat. Geplatzt war der Traum eines *Europa nostra*, unseres Europa. *Misera Europa*, erbärmliches Europa, konnte man eher sagen. Untereinander zerstritten und unfähig, eine gemeinsame Front gegen die Türken zu bilden, entgingen die Europäer, wenn auch nicht alle, mit knapper Not der schlimmsten aller Gefahren. So war Europa für Hugo Grotius (1583-1645) – er erwähnt es nur einmal in seinem Hauptwerk *Drei Bücher über das Recht des Krieges und des Friedens* – auf ein relativ kleines Gebiet eingeengt, das im Südosten bis an die türkische Grenze reichte und im Norden an die Westgrenze Polens. Polen selbst und das Moskowiterreich gehörten nicht dazu.

Das türkische Modell. Wie lachhaft war der Gegensatz zwischen diesem Europa und dem Osmanischen Reich! Die Türken galten zwar als das «Untier aus dem Morgenland», doch es entwickelte sich auch eine ganze Literatur, in der die Vorzüge und die Errungenschaften der Türken herausgestrichen und als Vorbild empfohlen wurden. Eine interessante Meinung vertrat Traiano Boccalini (1556-1613), der Verfasser der *Ragguagli di Parnaso* (Nachrichten vom Parnaß). Boccalini war ein vom Leben Enttäuschter, ja ein Verzweifelter. Die ganze Welt schien ihm «verderbt» und «niederträchtig» – was ihn unter anderem dazu veranlaßte, die republikanische Regierungsweise vorzuziehen. Er glaubte nicht mehr daran, daß die Lage sich bessern könne. «Das wahre Vaterland des Menschen ist die freie Stadt», hatte er geschrieben. Nun versuchten die europäischen Fürsten alles, ja sie verständigten sich sogar untereinander, um den Triumph der Freiheit zu verhindern.

Weil es an Freiheit fehle, bedürfe es noch der «Staatsräson». Allein das Osmanische Reich habe dieses Ideal zu verwirklichen vermocht, trotz seines «barbarischen» Charakters. Die Elite-Armee der Janitscharen – sie war zum Teil aus entführten Christenknaben gebildet –, die Besonnenheit der Soldaten, das unerschütterliche Gebot, niemals ein Gebiet wieder herauszugeben, auf dem eine Moschee errichtet worden war, der Plan schrittweiser Eroberungen, der Verzicht auf Besitzungen in Italien – all das habe dazu beigetragen, aus dem Osmanischen Reich einen mächtigen Staat zu machen.

Diese türkenfreundliche Tendenz kam erst im Lauf des 17. Jahrhunderts voll zum Durchbruch, nicht zuletzt durch Reiseberichte wie Jean Chardins berühmtes *Journal einer Reise nach Persien und Ostindien* aus dem Jahr 1676. Hieß das, daß die Türkei schrittweise «Zugang» zu Europa fand? Der Verfall der Christenheit machte es vom 18. Jahrhundert an möglich. Doch der entstehende Nationalismus der christlichen Völker auf dem Balkan verzögerte eine Europäisierung der Türken und ermutigte den Widerstand beider Seiten gegen jede Form von Assimilation. Erst durch die nationale Revolution Kemal Atatürks im Jahr 1919 fand die Türkei Zugang zu Europa.

Vier große Erneuerer: Leonardo, Erasmus, Machiavelli und Luther

Für eine Annäherung an den Reichtum und die Vielseitigkeit des Zeitalters erscheint es zweckmäßig, vier überragende Persönlichkeiten gleichsam symbolhaft herauszustellen: den genialen Künstler, großen Gelehrten und Techniker Leonardo da Vinci; das Urbild des Humanisten, Erasmus von Rotterdam, einen Mann der Kultur und des Ausgleichs, den bekanntesten Intellektuellen seiner Zeit; den «positivistischen» Experten der Wissenschaft von der Politik und Initiator des modernen Realismus, Niccolò Machiavelli, und schließlich den Reformator Martin Luther, einen Mann voll innerer Unruhe und Leidenschaft.

Niccolò Machiavelli. Der Florentiner ist eine der bekanntesten Persönlichkeiten der Geschichte und zugleich eine der verkanntesten. Wenn das große Publikum von ihm spricht, dann denkt es an den «Machiavellismus», an hinterhältige Tricks und unehrenhafte, ja grausame Mittel, die der Zweck heilige, an einen zynischen Realismus zum Vorteil des Fürsten. *Der Fürst* ist in der Tat Machiavellis Hauptwerk. In Wirklichkeit war dieser Realist jedoch der Begründer der Wissenschaft von der Politik im modernen Sinn. Er wollte die Politik nicht mehr von der Theologie ableiten, sondern unmittelbar von der Erfahrung, wie er sie selbst im Staatsdienst erworben hatte. Auf politischer Ebene war er ein Feind des Papstes und des Klerus.

Machiavelli wurde 1469 in Florenz als Sproß einer alten, gutsituierten bürgerlichen Familie geboren, die wahrscheinlich in der Zunft der Notare eingeschrieben war. Sein Vater – er war Jurist, ein Experte für das Gerichts- und Finanzwesen – und seine Mutter, die ebenfalls einer alten Florentiner Familie entstammte, gaben ihm eine hervorragende Ausbildung. Der

278

junge Machiavelli studierte Jura. Es war die Zeit des Lorenzo de Medici (1449-1492), genannt der Prächtige, dem Machiavellis Vater ohne große Begeisterung diente.

Nach dem Tod Lorenzos wurde dessen Nachfolger Piero de Medici, der die französische Invasion unter König Karl VIII. nicht abzuwenden wußte, durch einen Volksaufstand 1494 aus Florenz verjagt. Vier Jahre lang regierte danach in der Stadt der Dominikanermönch Savonarola (1452-1498), der eine volksnahe, puritanische Republik errichtete. Vom Papst als Häretiker verurteilt, starb Savonarola 1498 auf dem Scheiterhaufen. In der neuen, gemäßigten Republik, die auf jene des Savonarola folgte, wurde Machiavelli Sekretär der Staatskanzlei und wenig später auch Kanzler des «Rates der Zehn». Zu diesem Zeitpunkt war er 29 Jahre alt und in der griechischen und römischen Geschichtsschreibung bewandert; er hatte besonders Titus Livius und Polybios gelesen.

In seinem neuen Amt erwarb er sich wertvolle Erfahrung in der politischen Praxis. Er hatte es vor allem mit der auswärtigen Politik zu tun, mit dem Krieg zwischen Florenz und Pisa, den Italienkriegen der französischen Könige Karl VIII. und Ludwig XII., der 1499/1500 Mailand einnahm und Herzog Ludovico il Moro gefangensetzen ließ. Machiavelli lernte auch den Borgia-Papst Alexander VI. und dessen Sohn Cesare kennen, der auf zynische Weise versuchte, ein Fürstentum in der Romagna zu erwerben. Machiavelli kannte ebenso Ludwig XII. von Frankreich, Ferdinand von Aragon, Papst Julius II., Kaiser Maximilian I. und die Regierenden der italienischen Republiken. Als Botschafter besuchte er Süddeutschland und unternahm eine Reise nach Frankreich. Im Jahr 1512 wurde er

279

280

278 *Der Begründer der Wissenschaft von der Politik: Niccolò Machiavelli (1469-1527). Gemälde von Santi di Tito (1536-1606), Palazzo Vecchio, Florenz.* **279** *«Der Fürst»: Cesare Borgia, Sohn Papst Alexanders VI. Gemälde von Bonifazio Bembo, Accademia Carrara, Bergamo, 15. Jahrhundert.* **280** *«Die Hinrichtung Savonarolas», Tafelbild (Ausschnitt) eines unbekannten Künstlers im Kloster San Marco, Florenz, 16. Jahrhundert.*

zum Botschafter bei Ferdinand von Aragon und Kastilien ernannt.

Im gleichen Jahr schlug die Koalition des Papstes die Miliz von Florenz, die Machiavelli aufgestellt hatte. Die Anhänger der Medicis übernahmen wieder die Macht in der Stadt, und Machiavelli, nun aller Ämter beraubt, zog sich auf sein Gut in San Casciano zurück, wo ihm als einziger Trost das Schreiben blieb. In dieser Zeit entstanden *Der Fürst* und die *Unterhaltungen über die erste Dekade der Römischen Geschichte des Livius*. Im Jahr 1519 trat er wieder in den Dienst seiner Vaterstadt, diesmal bei seinen ehemaligen Feinden, den Medicis. Für Kardinal Giulio de Medici schrieb er einen Diskurs über die Reform des Staates von Florenz und, ebenfalls im Auftrag der Medicis, von 1520 bis 1525 eine umfassende Geschichte der Stadt, die *Historien von Florenz*.

Nur einmal, nach der empfindlichen Niederlage der Franzosen in der Schlacht von Pavia 1525, als Kaiser Karl V. das Heer Franz' I. vernichtend schlug und der König von Frankreich in die Gefangenschaft des Kaisers geriet, bedienten sich die Medicis der diplomatischen Fähigkeiten Machiavellis. Er verhandelte in Rom und trug entscheidend dazu bei, daß 1526 in Cognac eine Liga zwischen Frankreich, dem Papst, Venedig, Mailand und Florenz gegen den Kaiser zustande kam.

Das Bündnis war ein Mißerfolg. Die kaiserlichen Söldner besetzten und plünderten im Mai 1527 Rom, und die Medicis wurden erneut aus Florenz vertrieben. Machiavelli floh mit ihnen aus der Stadt. Er war den Strapazen der Flucht nicht gewachsen und starb am 22. Juni 1527 im Elend, 58 Jahre alt.

Die Bedeutung Machiavellis liegt nicht in seiner politischen Laufbahn, die damals recht üblich war, sondern ausschließlich in seinem Denken. Er trennte radikal die Politik von der Metaphysik. In diesem Sinn war er ein Vorläufer einer realistischen Wissenschaft von der Politik und der «laizistischen Idee». Das bedeutete allerdings nicht, daß Machiavelli antireligiös eingestellt gewesen wäre; wohl aber war er antiklerikal gesinnt. Er verabscheute die Macht des Papsttums, sah er doch in ihr die Hauptquelle der Leiden Italiens. So wurde er auch zu einem Vorläufer des italienischen Patriotismus. Er trat für ein vereinigtes, föderatives Italien ein, nicht für eine Monarchie wie etwa in Frankreich oder in England, sondern für eine Republik, die jedoch im Fall einer Bedrohung die Möglichkeit haben sollte, eine Diktatur auf Zeit nach dem Vorbild des republikanischen Roms zu errichten.

Allzu viele Illusionen machte sich Machiavelli nicht; angesichts der Invasionen der Franzosen und der Spanier, die nun die Deutschen abgelöst hatten, verwarf er die Politik der italienischen Städte, zu ihrer Verteidigung Söldner anzuwerben, die stets bereit waren, zu der Partei überzulaufen, die ihnen den höchsten Sold anbot. Machiavelli orientierte sich in seinem Denken an Italien und nicht an Europa. Aber die Methode, die er vorschlug, konnte auf Europa angewandt werden und bot dabei den Vorteil, nicht das Unmögliche zu suchen. Im Unterschied zu seinem englischen Zeitgenossen Thomas Morus (um 1478-1535), dem Verfasser der *Utopia*, hielt er sich an die Erforschung der Wirklichkeit. So konnte ein anderer berühmter englischer Schriftsteller des ausgehenden 16. Jahrhunderts, Francis Bacon, von ihm sagen: «Man muß Machiavelli und anderen Schriftstellern dieser Art dafür danken, daß sie offen und ohne jede Verschleierung das beim Namen nennen, was die Menschen gewöhnlich tun, und nicht das, was sie wünschen.»

Erasmus von Rotterdam. Erasmus, der europäischste unter den Großen seiner Zeit, wurde um 1466 in Rotterdam als unehelicher Sohn eines Priesters geboren. Nach dem frühen Tod seiner Eltern kam er auf die Schule in Deventer, danach in Herzogenbusch. Obgleich er nur ein Jahr, von 1487 bis 1488, in einem Augustinerkloster verbrachte, wurde er 1492 zum Priester geweiht. Erasmus hatte nichts von einem Eiferer an sich und zog die Lektüre der Klassiker dem Predigen vor. So war er ein unabhängiger Mann, der jede Dramatisierung und große Gesten verabscheute. Er liebte die literarische Arbeit und das Gespräch mit geistreichen Menschen.

Als «lateinischer» Sekretär des Erzbischofs von Cambrai weilte er zunächst in Brüssel, dann ließ er sich an die Universität Paris schicken, um sich dort auf das Doktorat im Fach Theologie vorzubereiten. Nur mit einem geringen Entgelt des Erzbischofs versehen, dem er den Beinamen «der Antimäzen» gab, wohnte er im Kolleg Montaigu, das er bald wieder verließ. Um seinen Lebensunterhalt zu verdienen, betätigte er sich als Repetitor für deutsche und englische Studenten. Im Jahr 1499 lud ihn einer seiner englischen Schüler dazu ein, sein Land zu besuchen, das sich gerade von den «Rosenkriegen» zu erholen begann.

Dank seiner Bildung und seinem gepflegten Latein, das der plumpen Sprache an den Universitäten weit überlegen war, schloß er rasch Bekanntschaften in der gebildeten englischen Oberschicht. In Oxford traf er Gelehrte, die Griechisch konnten, eine Sprache, die er nie studiert hatte. Der Prinz von Wales, der künftige Heinrich VIII., bemühte sich um ihn. Erasmus lernte Thomas Morus kennen, John Colet, den Professor am Magdalen's College und herausragenden Gegner der Scholastik, sowie John Fisher, den Bischof von Rochester und Universitätskanzler von Cambridge. So wurde Erasmus in England, wie man sagte, «vom Mittelalter geheilt», und er selbst stimmte darauf ein Loblied an.

Danach unternahm Erasmus weitere Reisen, nach Italien, Frankreich, Deutschland und wieder nach England. Musik und Malerei interessierten ihn nicht. Raffael, Michelangelo und Leonardo da Vinci blieben ihm unbekannt. Erasmus war ein Bücherfreund, der sich stundenlang in den Druckereien von Venedig oder bei Frobenius in Basel aufhalten konnte. Er kannte alle Großen dieser Welt, und sein guter Ruf erreichte universelle Ausmaße. In einem Brief von 1519 schrieb Luther, als er noch nicht mit ihm gebrochen hatte: «An welchem Ort der Erde hat der Name des Erasmus noch keinen Widerhall gefunden?» Franz I. von Frankreich machte ihm den Vorschlag, das Collège de France zu leiten, das er als Konkurrenz zur Pariser Universität gegründet hatte. Erasmus war um seine Freiheit besorgt und lehnte ab. Am liebsten hielt er sich wohl in Italien auf, wo er 1506 in Bologna den Doktor der Theologie machte; er starb im Jahr 1536.

Das riesige Werk des Erasmus umfaßt Satiren wie *Das Lob der Torheit*, Übersetzungen der Kirchenväter und der Bibel, philosophische und theologische Abhandlungen wie zum Beispiel die Streitschrift *Vom freien Willen*, in der er Luther zu widerlegen suchte, und schließlich eine große Anzahl von Briefen, ein großartiges Dokument der humanistischen Bewegung seiner Zeit. Am Ende seines Lebens war die Zahl der Menschen, mit denen er einen Briefwechsel führte, auf etwa dreitausend gewachsen. Es gibt sechs Porträts von Erasmus, die Hans Holbein der Jüngere gemalt hat, zwei Bilder von ihm stammen von Albrecht Dürer und eines von dem flämischen Maler Quinten Massys.

281 *Ein großer Humanist: Erasmus von Rotterdam (1466-1536), Gemälde von Quinten Massys (1466-1530), Galleria Nazionale di Arte Antica, Rom.*

Leonardo da Vinci. Er lebte von 1452 bis 1519 und war mehr als nur ein großer Maler. Unter seinen Zeitgenossen gab es welche, die ihm an Genie gleich waren und im allgemeinen mehr produzierten als er: Botticelli, Michelangelo und Raffael in Italien; Albrecht Dürer und Hans Holbein der Jüngere in Deutschland; die Brüder van Eyck, die nach Vasari die Ölmalerei erfunden haben, in den Niederlanden; und schließlich die großen Malerschulen wie die flämische, die niederländische, die spanische und die französische gegen Ende des Jahrhunderts. Warum Leonardo hier besonders hervorgehoben wird, hängt damit zusammen, daß er – so André Michel – «noch mehr als zur Geschichte der Kunst zur Geschichte der menschlichen Intelligenz gehört». Er war Architekt und Bildhauer, Musiker und Dichter, Mathematiker, Astronom, Physiker und Chemiker, praktizierender Anatom, Botaniker, Geograph, Geologe und Optiker und schließlich ein Ingenieur, der tausend Erfindungen machte und bereits über den Flug eines Körpers nachdachte, der «schwerer ist als Luft».

Im Dorf Vinci bei Florenz wurde Leonardo 1452 als unehelicher Sohn eines Notars und einer Bäuerin geboren. Sein Vater gab ihm eine sorgfältige Erziehung mit auf den Weg. Im Jahr 1472 kam er in die Werkstatt des Verrocchio. Er arbeitete zunächst in Florenz, ohne seine Werke auch immer zu vollenden, denn seine geistige Neugier trieb ihn immer wieder in andere Richtungen. Um das Jahr 1483 verließ er Florenz und begab sich nach Mailand, wo ihn Herzog Ludovico il Moro – ein prunkliebender Tyrann und Förderer der schönen Künste – dazu ausersah, die Reiterstatue seines Vaters Francesco Sforza zu entwerfen und auszuführen. Leonardo nahm den Auftrag an und schlug zugleich eine Anzahl mechanischer Erfindungen vor: neuartige Kanonen, Kriegsmaschinen, nichtbrennbare Schiffe, den Bau von Straßen, Brücken, Tunnels und Wasserleitungen. In Mailand malte er sein berühmtes *Abendmahl*.

Die Einnahme Mailands durch die Franzosen und der Sturz seines Schutzherrn veranlaßten Leonardo, die Stadt 1499 zu verlassen und zunächst nach Mantua, dann nach Venedig und schließlich wieder nach Florenz zu gehen. Dort vollendete er im Jahr 1503 die *Mona Lisa*. Seine Leidenschaft für die Chemie spielte ihm einige Jahre später einen bösen Streich. Als er ein Fresko vollendet hatte, verschmolzen ihm die Farben, und er verließ 1506 ziemlich entmutigt Florenz. Er hielt sich in Mailand auf, das die Franzosen geräumt hatten, reiste dann nach Rom an den Hof Papst Leos X. und folgte 1516 einer Einladung Franz' I. nach Amboise. Dort starb er im Jahr 1519.

Mehr noch als sein Landsmann Giovanni Pico della Mirandola aus Modena (1463 bis 1494), der die Absicht hatte, ein Werk über alle erkennbaren Dinge – *De omni re scibili* – zu schreiben, und mehr als die anderen Enzyklopädisten verkörperte Leonardo die von der Scholastik befreite, säkularisierte Wissenschaft, die einzig auf Erfahrung und Berechnung beruht. Er hat mehr als 5000 Blätter mit den verschiedensten Aufzeichnungen hinterlassen, darunter mehrere tausend Skizzen.

In der Mathematik betätigte sich Leonardo hauptsächlich als Geometer, wobei er ein «außergewöhnliches Talent für das räumliche Denken» entwickelte. Wissenschaft bedeutete für Leonardo nicht Kontemplation, sondern Aktion. Entgegen der Legende hat er nicht das Fernrohr erfunden.

282

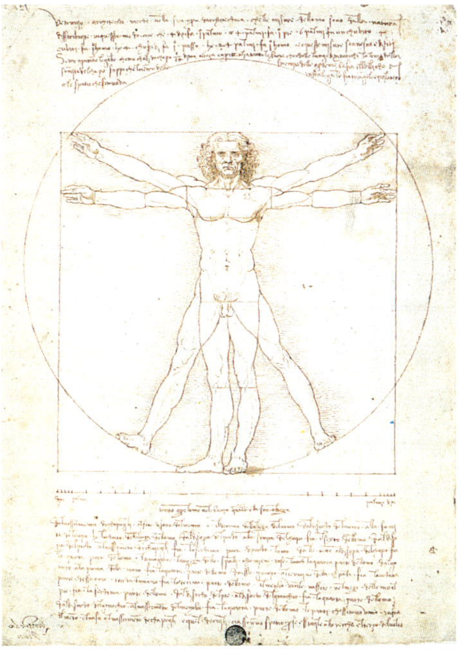

283

282 *Das Universalgenie der Renaissance – Maler, Bildhauer, Baumeister, Zeichner und Naturforscher zugleich: Leonardo da Vinci (1452-1519). Selbstbildnis im Alter, Rötelstiftzeichnung, Biblioteca Reale Turin.* **283** *Leonardo da Vinci: Zeichnung zu den Proportionen des menschlichen Körpers (nach Vitruv), Akademie Venedig.*

Als Schüler des berühmten deutschen Philosophen und Gelehrten Nikolaus von Kues (1401-1464) gab er die Vorstellung auf, daß die Erde der Mittelpunkt der Welt sei. Er glaubte höchstwahrscheinlich an die Kreisbewegung der Erde. Doch spielte er in der Astronomie im Gegensatz zu Nikolaus Kopernikus (1473-1543) eine recht bescheidene Rolle. Der zwanzig Jahre jüngere Kopernikus kannte das Werk des Nikolaus von Kues, nicht aber das Leonardos.

In der Physik dagegen erwarb sich Leonardo den Ruf eines «unvergleichlichen technischen Genies». Er entwickelte aus technischen Experimenten eine wahrhafte Wissenschaft der Mechanik. Er begriff außergewöhnlich rasch die Funktionsweise einfacher Maschinen und untersuchte, wiederum unter dem Einfluß des Nikolaus von Kues, die Wirkungen der Dynamik. Leonardo entdeckte nicht das Fallgesetz, auch nicht das Trägheitsprinzip. Aber er formulierte bereits das Prinzip von Wirkung und Gegenwirkung.

In der Chemie beschäftigte er sich vor allem mit der Zusammensetzung der Farbstoffe und mit der Farbenlehre, nicht zuletzt wegen der eigenen Malerei. Auch an der Geographie hatte dieser allseitig begabte Mann ein unermüdliches Interesse: so an der Verlandung von Seen, an Meeresablagerungen und an der Erosion. Die Anatomie kannte er von Grund auf. Er wies Analogien im Knochenbau zwischen Tier und Mensch nach und entdeckte die Bedeutung der Fossilien wieder, die bereits den Griechen bekannt gewesen, dann aber in Vergessenheit geraten war. Ergänzend zu seinen Studien fertigte Leonardo äußerst genaue Zeichnungen von Tieren und Pflanzen an, trieb Botanik und Meteorologie. So verkörperte er jene Entdeckerfreude, die für das Europa des 16. Jahrhunderts charakteristisch war. Er leistete einen bedeutenden Beitrag zu jenem Aufschwung des Geistes, der Europa, mehr noch als im vorhergehenden Jahrhundert, über die großen Weltmeere trug.

Martin Luther. Von all diesen Erneuerern war Luther durch sein Werk, wegen seiner leidenschaftlichen Persönlichkeit, der Spannweite seines Geistes und der Kraft seines Glaubens der größte. Diesem Feuerkopf gelang das, woran Wyclif gescheitert war und wo Johannes Huß nur einen begrenzten Erfolg erzielt hatte – die große Reform der Kirche, von der seit drei Jahrhunderten die Rede war. Er war nicht der einzige Reformator. Andere wie Calvin und Zwingli spielten eine ähnliche Rolle. Die Engländer machten ihre eigene Reformation. Und schließlich gab es, als Reaktion, die Gegenreformation oder besser die Erneuerung der katholischen Kirche.

Luther wurde im Jahr 1483 in Eisleben in Thüringen geboren. Fleiß, Sparsamkeit und Frömmigkeit kennzeichneten die Atmosphäre im Elternhaus. Der überstrenge Vater war Bergmann, die Mutter eine ein-

284 *«Sündige tapfer, aber glaube noch tapferer»: Martin Luther (1483-1546). Stich von Lucas Cranach d. Ä. (1472-1558).*

fache, ein wenig abergläubische Hausfrau. Sie schickten ihren Sohn auf die Lateinschule, zuerst in Mansfeld, dann in Magdeburg und zuletzt in Eisenach. Im Jahr 1501 ging er an die Universität Erfurt und erwarb dort 1505 den akademischen Grad eines *Magister artium*. Im selben Jahr trat er als Novize ins Erfurter Augustinerkloster ein. Er war ein frommer Mönch, der die Ordensregel streng einhielt. Aber seine Seele war aus Furcht vor der Hölle aufgewühlt und tief erschüttert. Würde er das ewige Heil durch gute Werke, durch tägliches Lesen der Messe, durch Askese erlangen? Er zweifelte daran.

Der Generalvikar des Augustinerordens für Deutschland, Johann von Staupitz, wurde auf den jungen Luther aufmerksam. Er bewog ihn, Theologie an der neuen Universität Wittenberg zu studieren, die 1502 durch den Kurfürsten von Sachsen, Friedrich den Weisen, gegründet worden war. Staupitz war dort als Lehrer tätig. Im Jahr 1512 wurde Luther an dieser Universität zum Doktor der Theologie promoviert.

Doch zwei Jahre zuvor hatte er eine furchtbare Erschütterung seines Glaubens erfahren. Im Auftrag seines Ordens war er nach Rom gereist, wo er den «lebendigen Mittelpunkt der Christenheit» anzutreffen hoffte. Doch was fand er vor? Das Rom der Borgia, das erst seit kurzem das Rom Papst Julius' II. geworden war. Papst Alexander VI. Borgia hatte in Ausschweifung und Verbrechen gelebt. Julius II. dachte mehr an Politik und an Krieg als an die Christenheit. In voller Rüstung zeigte er sich an der Spitze seiner Söldner. Luther ertrug das nicht. Außer sich vor Zorn entfloh er diesem «Sündenbabel» mit seinen Kurtisanen, seinen gedungenen Mördern und Kupplern, seinen simonistischen Priestern, seinen Kardinälen ohne Glauben und Moral. Als er wieder in Deutschland war, trug er einen unauslöschlichen Haß gegen die «große Hure» Rom in seinem Herzen. Im Turmzimmer seines Klosters machte er dann, im Jahr 1512 oder 1513, seine «große Entdeckung», die ihn wie eine göttliche Offenbarung überkam. Im Mittelpunkt seines «Turmerlebnisses» stand ein Satz des Apostels Paulus aus seinem Brief an die Römer (3, 28): «So halten wir nun dafür, daß der Mensch gerecht werde ohne des Gesetzes Werke, allein durch den Glauben.»

Mit den Werken des Gesetzes meinte man im allgemeinen die Befolgung äußerer Vorschriften und Gebote, wie sie im Judentum gepflegt wurden und die Paulus für die Christen ablehnte. Sie führten in die Irre, sagte Luther; der Mensch sei so erbärmlich und Gott so allmächtig, daß die Werke des Menschen, mögen sie auch noch so gut sein, Sünde blieben. Gott allein könne den Menschen durch seine Gnade «rechtfertigen», das heißt, ihn zum ewigen Heil führen. Das Zeichen, daß Gott den Menschen für die Rechtfertigung auserwählt habe, sei einzig und allein der Glaube, der unbedingte Glaube, mit Gott vereint zu sein. Diese Rechtfertigung hat Luther in dem Satz zusammengefaßt: *Pecca fortiter sed crede fortius* – sündige tapfer, aber glaube noch tapferer.

In Verbindung mit dem Haß auf das verderbte Rom sollte das «Turmerlebnis» Luther aus der katholischen Kirche vertreiben. Er wurde als Ketzer und als Schismatiker angeprangert.

Der Bruch mit der Kirche begann am 31. Oktober 1517, als Luther am Tor der Schloßkirche zu Wittenberg 95 Thesen anschlug. Anlaß dazu war ein skandalöser Mißbrauch, der Ablaßhandel der Kirchenfürsten; der Erwerb eines Ablasses sollte die Zeit im Fegefeuer verkürzen. Luther wurde sehr rasch eine Berühmtheit, und sein Leben war bedroht. Im Jahr 1521 reiste er nach Worms, um sich dort auf dem Reichstag vor Kaiser Karl V. und dem päpstlichen Legaten zu rechtfertigen. Dabei wich Luther nicht in einem einzigen Punkt von seiner Position ab: «Hier stehe ich, ich kann nicht anders. Gott helf' mir! Amen.» Auch entwickelte er die Idee einer «freien Auslegung» der Heiligen Schrift anstelle einer Interpretation, die durch die Kirche verbindlich festgelegt wurde. Luther war bereits viel zu populär, als daß man ihn

285

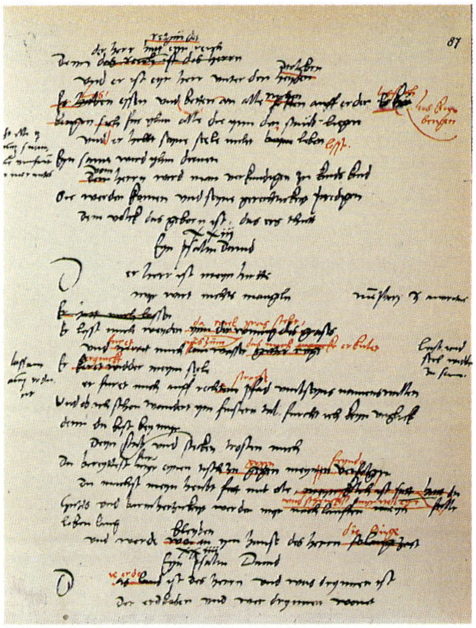

286

285 *Auf der Wartburg begann Martin Luther 1521 mit der Übersetzung der Bibel: Titelblatt der ersten vollständigen Ausgabe der «Biblia das ist die gantze Heilige Schrifft Deudsch» mit Holzschnitten aus der Werkstatt Lucas Cranachs d. Ä., gedruckt bei Hans Lufft zu Wittenberg, 1534.* **286** *Die Handschrift Martin Luthers: Autograph mit dem 23. Psalm.*

hätte verhaften können. Sein sächsischer Landesherr ließ ihn heimlich auf die Wartburg bringen, wo er in den nächsten Jahren Zuflucht fand. Dort begann er die Bibel ins Deutsche zu übersetzen: Die Lutherbibel ist der erste große Text der deutschen Literatur in moderner Sprache.

Luther war kein politischer Mensch. Er glaubte sich im Besitz der Wahrheit und verkündete sie durch Wort und Schrift, oft polemisch und grob, was ihn von Erasmus unterschied. Im Jahr 1525 brach in Deutschland der große Bauernkrieg aus. Die Bauern waren oft arm und wurden von den Feudalherren und den Fürsten unterdrückt. Anstatt sich an die Spitze dieser Bewegung zu stellen, die von Männern geleitet wurde, die ihn bewunderten, verurteilte Luther den Bauernaufstand. Noch im selben Jahr heiratete er Katharina von Bora, eine Nonne, die ihr Kloster verlassen hatte.

In einem der nächsten Abschnitte werden wir uns dem Luthertum und der evangelischen Kirche zuwenden. Dieser Kirche galt die Sorge des alten Luther, der 1546 in seiner Geburtsstadt Eisleben starb, im selben Jahr, als die katholische Kirche das Konzil von Trient einberief.

Der Humanismus als einigendes Band

Die Universitäten, der Ruhm des 13. und des 14. Jahrhunderts, waren im 16. Jahrhundert zunehmendem Verfall ausgesetzt. Sie versanken in einer sterilen Scholastik. Das schöpferische Denken wurde durch festgelegte Formen ersetzt, die immer subtiler wurden, dafür aber jeglicher Originalität entbehrten.

Die Scholastik war nunmehr das erstarrte, traditionelle Denken. Doch es gab zwei Lehrtraditionen, eine «realistische» und eine «nominalistische». Die Realisten waren davon überzeugt, daß alle Begriffe, Kategorien und Verallgemeinerungen wirklich existierten. Für sie gehörten zum Beispiel alle Menschen zur Kategorie «Mensch», sie glichen einander mehr als anderen Gruppen von Lebewesen, wie etwa den Tieren. Die Nominalisten hingegen, wie zum Beispiel der Schotte Duns Scotus (1265/66-1308) und der Engländer Wilhelm von Ockham (um 1285-1347), waren der Auffassung, daß der «Archetypus» nicht existiere. *Den* Menschen gebe es nicht. Es sei ein bloßer Name, den man aus Bequemlichkeit einer Vielzahl von Lebewesen gebe. Allein diese Lebewesen, ein jedes für sich, seien eine Realität. Doch die Nachfolger Wilhelm von Ockhams hatten wie die Realisten ihre Thesen zu Formeln erstarren lassen. So konnte die Welt weder durch den Realismus des Aristoteles oder eines Thomas von Aquin erklärt werden noch durch den Nominalismus.

Dem menschlichen Geist indes widerstrebt jegliche Versteinerung, und so ent-

stand eine kraftvolle Gegenbewegung gegen die Scholastik – der Humanismus.
Der Humanismus ist keine Lehre, sondern eine Geisteshaltung. Er schließt keine Lehre aus, stellt aber den Menschen und nicht die abstrakten Ideen in den Mittelpunkt des Denkens. Seine Fragen lauten: Was ist der Mensch? Welchen Platz nimmt er im Universum ein? Woher kommt er? Wohin geht er? Anstatt auf diese Fragen «dogmatische», fertige Antworten zu geben, untersucht man sie.
Der Humanismus kann sehr wohl christlich geprägt sein. Das war der Fall bei Erasmus von Rotterdam, dem Vorbild der Humanisten des 16. Jahrhunderts. Daneben existierte auch ein heidnischer, «weltlicher» Humanismus, der das religiöse Denken von der menschlichen Vernunft löste. Während die Scholastik in sich geschlossen ist, sich selbst kommentiert (die «Glosse») und sich letztlich im Kreis bewegt, ist der Humanismus offen und daher unbegrenzt verbesserungsfähig. Der Humanist führt den Begriff des unbegrenzten Fortschritts ein: ein fundamentaler Bruch des menschlichen Denkens mit einer fest verankerten Tradition.
Der Humanismus des 16. Jahrhunderts war ein ausschließlich europäisches Phänomen. Sein Ursprungsland ist Italien, wo man sich gegen die Scholastik der Universitäten wandte und wo eine neue Intellektuellenschicht entstand. Der große Dichter Petrarca aus Arezzo (1304-1374), der ein Freund Dantes war und nacheinander in Avignon, Rom und Florenz lebte, war einer der Vorläufer des Humanismus, nach Ernest Renan und Jacob Burckhardt «der erste moderne Mensch». Ein Aspekt dieser Modernität des Humanismus war paradoxerweise die Rückkehr zum klassischen Latein, die Suche nach der Reinheit der Sprache eines Cicero oder Horaz. Das Lateinstudium geschah zunehmend nach den Methoden der Text- und Sprachkritik. Den bekannten, mit Glossen übersäten Texten wurden neu gefundene hinzugefügt, wobei man sich auch der Epigraphie bediente. Nach Petrarca bemühte sich Lorenzo Valla (um 1407-1457) um die «Rückeroberung» des klassischen Lateins. Erasmus bewunderte ihn und gab seine Schriften heraus. Zum Studium des klassischen Lateins gesellte sich die Rückbesinnung auf das Griechische. Sie wurde durch den Versuch einer Versöhnung zwischen Byzanz und Rom unterstützt.
Mit Marsilio Ficino (1433-1499) und Giovanni Pico della Mirandola setzte sich die Entwicklung des Humanismus in Florenz fort. Von Italien aus verbreitete sich der Humanismus in ganz Europa, in die Rheinlande und weiter nach England. In England, wo die Universitäten nicht jenen Verfall erlebt hatten wie auf dem Kontinent, wurde der Humanismus vor allem in Oxford schnell angenommen. König Heinrich VIII. (R 1509-1547) konnte Latein, war Theologe und Musiker, seine Kinder schrieben lateinisch und französisch. Es ist ihm zu verdanken, daß das Griechische und das Hebräische in Cambridge gelehrt wurden. Auch Thomas Morus, der Kanzler des Königs, und Elisabeth I., die spätere Königin, waren in den Sprachen des Altertums bewandert.

287

In Spanien breitete sich der Humanismus zu Beginn des 16. Jahrhunderts nicht so schnell aus wie anderswo, mit Ausnahme der Stadt Alcalá de Henares. Die berühmte Bibel von Alcalá, die von der neugegründeten Universität dieser Stadt herausgegeben wurde, zeugt vom tiefen Einfluß des Griechischen und des Hebräischen.
Der Savoyer Guillaume Fichet (um 1433-um 1480) vor allem brachte den italienischen Humanismus nach Frankreich. Eine herausragende Rolle spielte auch Jacobus Faber, eigentlich Jacques Lefèvre d'Etaples (um 1450-1536), ein bewunderter Restaurator des Griechischen und der Schriften des «wahren» Aristoteles. Im Geist des Humanismus gründete König Franz I. im Jahr 1530 unter dem Einfluß von Guillaume Budé den Vorläufer des Collège de France. Jacobus Faber schrieb 1503 über die Studenten: «Sie geben geradezu in Massen die Philosophie und die Dialektik auf und stürzen sich auf die Lektüre der Grammatiker und Dichter, weil ihnen die Barbarei der Philosophen zuwider ist.»
Trotz alledem, und wenn auch in Löwen 1517 das Collegium Trilingue mit Latein, Griechisch und Hebräisch eröffnet wurde, wenn auch in Heidelberg, Mainz, Tübingen und Kolmar Lehrstühle für Griechisch und Hebräisch eingerichtet wurden und in Rom Papst Leo X. das «Kolleg der Weis-

287 *Der große italienische Dichter Francesco Petrarca (1304-1374), ein Freund Dantes und Vorläufer des Humanismus. Gemälde von Justus van Gent (um 1435-nach 1480).* **288** *Die Antike war das Vorbild der Humanisten und der Baumeister der Renaissance: die Fassade der Villa Almerico-Capra, genannt La Rotonda, bei Vicenza in Venetien von Andrea Palladio (1508-1580).*

288

heit» gründete, an dem Gräzisten ausgebildet wurden, lebten laut Pierre Chaunu 40 Prozent aller Humanisten zu Beginn des 16. Jahrhunderts in Italien. Italien «gab in Europa den Ton an».
Die geistige Neugier der humanistischen Gelehrten und ihrer Studenten wie auch ihr Arbeitseifer machten sich in allen Bereichen bemerkbar: in der Kunst, wo die Gotik der «klassisch» inspirierten Renaissance weichen mußte; in der Literatur, wo man die Gattungen und Sprachkunstwerke der Antike nachahmte; in der Wissenschaft, wo man sich zum Beispiel in der Medizin und in der Astronomie der empirischen Beobachtung zuwandte, wie auch in den entstehenden Sozialwissenschaften. All das erschütterte die sichtlich erstarrte Welt des 15. Jahrhunderts.

Die Reformation

Die Erneuerung der Kirche, die viele Gläubige seit Jahrhunderten ersehnt hatten, geschah im Verlauf des 16. Jahrhunderts. Besser wäre es, von *den* Reformationen zu sprechen anstatt von *der* Reformation, denn das, was man «Protestantismus» nennt, war von vornherein in mehrere Strömungen gespalten. Und es fand später auch eine breit angelegte katholische Erneuerung statt, als Antwort auf die «Dissidentenbewegungen». So war die Reformation im ganzen gesehen ein geistiges Abenteuer von starker Intensität und Erneuerungskraft.
Aus unserer europäischen Sicht der Geschichte sind die kirchlichen Reformbewegungen vor allem insofern interessant, als sie die Einzelstaaten konsolidiert haben. In der Tat übernahm man schließlich sowohl auf protestantischer als auch auf katholischer Seite – in einer Welt, in der man trotz Erasmus die Toleranz mißachtete – den Grundsatz, wonach sich der einzelne in der Regel zu der Religion seines jeweiligen Landesherrn bekennen mußte. *Cuius regio, eius religio* – man praktizierte die Religion des Landes, in dem man lebte. Auf jeden Fall trat damit auch ein Individualrecht in Erscheinung: das Recht des einzelnen, in ein Land auszuwandern, wo die Religion ausgeübt wurde, die er für richtig hielt.

289

Das lutherische Landeskirchentum. Nachdem Luther sich gegen die römische Kirche ausgesprochen und die «freie Auslegung» der Bibel propagiert hatte, trat er dafür ein, daß die sich zur Reformation bekennenden Fürsten über Kirchengüter verfügen konnten, die zu diesem Zweck «säkularisiert» werden sollten, sowie über das Recht, die Kirche ihres Landes zu regieren. Auf diesen Grundlagen entstand in den Jahren 1526 bis 1538 in Sachsen eine neue Kirche, die von den Lutheranern als Modell übernommen wurde. Die Fürsten ernannten die Pastoren und die Superintendenten, die wiederum die verschiedenen Kirchengemeinden inspizierten. Die Geistlichen erhielten das Recht zu heiraten. Marienkult und Heiligenverehrung wurden abgeschafft, Heiligenbilder und -figuren vielerorts aus den Kirchen entfernt. Zwei Sakramente, die einzigen, die Christus eingesetzt hatte und die in der Bibel erwähnt sind, behielten die Protestanten bei: die Taufe und das Abendmahl. Den Gottesdienst feierte man nur noch am Sonntag, in der Landessprache und mit vereinfachtem Kult.
Aus Überzeugung, manchmal auch aus politischem Kalkül traten zahlreiche Fürsten zur neuen Kirche über. Der Wandel vollzog sich in allen sozialen Schichten im Reich. Außer dem Kurfürsten von Sachsen schlossen sich der Landgraf von Hessen, der Hochmeister des Deutschen Ordens, zahlreiche Reichsstädte und Landesherren kleinerer Territorien sowie die Schweden, die 1523/24 gegen die Dänen Krieg führten, der lutherischen Lehre an. Nach seiner Niederlage gegen Schweden wurde auch Dänemark lutherisch. In den Niederlanden hatten die Lutheraner zahlreiche Anhänger.
Kaiser Karl V. – die «Katholische Majestät» Spaniens – versuchte, die katholischen Bischöfe im Heiligen Reich wieder einzusetzen und ihnen die säkularisierten Kirchen-

290

291

289 *Lutherisches Landeskirchentum: Johann Friedrich I. der Großmütige, Kurfürst von Sachsen, im Kreis der Wittenberger Reformatoren. Links Luther, rechts Philipp Melanchthon. Gemälde (Ausschnitt) von Lucas Cranach d. Ä., 1534-1539.* **290** *Der Reformator Johannes Calvin (1509-1564). Anonymes Gemälde (Ausschnitt).* **291** *Der Schweizer Reformator Ulrich Zwingli (1484-1531). Gemälde (Ausschnitt) von Hans Asper (1499-1571).*

güter zurückzugeben. Die Protestanten gründeten daraufhin 1531 den Schmalkaldischen Bund, der mit Franz I., dem katholischen König von Frankreich, gegen den Kaiser ein Bündnis schließen sollte. Im Jahr 1539 schlossen sich auch der Herzog von Württemberg und der Markgraf von Brandenburg den protestantischen Ständen an. Dem Kaiser blieb nichts anderes übrig, als das Luthertum offiziell anzuerkennen. Der Augsburger Religionsfriede von 1555 bestätigte faktisch das Prinzip *Cuius regio, eius religio*. Zwei Drittel von Deutschland blieben lutherisch.

Karl V. war dieser Auseinandersetzungen müde geworden und dankte ab. Österreich und das Heilige Reich überließ er seinem Bruder Ferdinand, die spanischen Erblande, die Niederlande, die italienischen und die überseeischen Besitzungen vermachte er seinem Sohn Philipp II. (R 1556-1598).

Zwingli. Viele Protestanten hielten Luther jedoch für zu gemäßigt. So zum Beispiel Ulrich (Huldrych) Zwingli (1484-1531), ein Priester aus Zürich. Er folgte zuerst den Lehren Luthers, verwarf aber dann alle Sakramente und gab den Gemeinden eine demokratische Struktur. Die Städte Zürich, Basel und Bern schlossen sich ihm an. Doch die Freiheit der Bibelauslegung führte dazu, daß rasch zahlreiche Sekten, Lehrmeinungen und Streitigkeiten entstanden.

Calvin. Vor diesem Hintergrund trat Johann Calvin auf den Plan. Er wurde im Jahr 1509 in Noyon geboren und entstammte einer bürgerlichen Familie. An den Universitäten Paris, Orléans und Bourges studierte er Jurisprudenz und betrieb auch humanistische Studien. Wahrscheinlich im Jahr 1534 schloß er sich dem Luthertum an und floh dann aus Frankreich, wo König Franz I. nach einigem Zögern – seine Schwester Margarete von Navarra schützte die Protestanten – ein Edikt verkündet hatte, das die Ausrottung der Ketzer anordnete. Calvin kam auf seiner Flucht zuerst nach Straßburg und dann nach Basel, wo er 1536 die *Institutio Christianae Religionis* (Unterricht im Christentum) veröffentlichte. Wie Luther war auch er der Ansicht, daß die Tradition der autoritären Bibelauslegung durch die römische Kirche zu verwerfen sei. Allein die Schrift zähle. Außerdem glaubte er an die Allmacht der göttlichen Gnade, die allein den Menschen zu retten vermöge. Er vertrat die «Rechtfertigung durch den Glauben», verwarf einige Sakramente, billigte die Heirat der Priester und hielt den Gottesdienst in der Volkssprache ab.

Die *Institutio Christianae Religionis* wurde 1541 auf französisch veröffentlicht und ist ein großes Werk der französischen Literatur. Doch im Gegensatz zu Luther glaubte Calvin nicht an die «Realpräsenz» Christi in Wein und Brot beim Abendmahl. Und mehr noch als Luther glaubte er an die Prädestination; Gott habe alles vorherbestimmt. Für Calvin ist Gott so mächtig, daß er auch nicht durch sein Vorwissen gebunden ist. Gott ist frei in seinen Entscheidungen und wählt die Menschen für das ewige Leben aus oder verdammt sie, wie es ihm gefällt. Diese Gnade ist unwiderstehlich, kein Mensch kann sich ihr entziehen. Irrtümer darf die Kirche nicht dulden; auch ist sie nicht dem Staat unterworfen.

Von 1541 bis zu seinem Tod im Jahr 1564 lebte Calvin in Genf, das zu einem «calvinistischen Rom» wurde. Ein Kolleg, das von Theodor Beza geleitet wurde, bildete dort die Pastoren aus, die nach bestandenem Examen vom Volk gewählt werden mußten. Ein Konsistorium aus Pastoren, vom Kolleg in ihr Amt gewählt, überwachte den Lebenswandel der Bürger und hatte das Recht, diese für Vergehen zu bestrafen. Das war zum Beispiel der Fall bei dem Arzt Michael Servet. Er stand unter der Anklage, die Dreifaltigkeit Gottes geleugnet zu haben, und wurde 1553 auf dem Scheiterhaufen verbrannt. Trotz dieser Strenge gibt es im Calvinismus eine ausgeprägte soziale und demokratische Tendenz. Den Kapitalismus indes verurteilte Calvin nicht.

Der Calvinismus verbreitete sich vor allem in Schottland (Presbyterianer), in den Niederlanden, in Böhmen, Ungarn, Siebenbürgen und in Polen. Er fand auch in Frankreich Unterstützung, wo vor allem Mitglieder des Hochadels sich seiner Lehre anschlossen.

Die Lage in Frankreich. Von 1559 bis 1598 war Frankreich Schauplatz grausamer Religionskriege. Besonders bekannt ist das Massaker der «Bartholomäusnacht», der Ermordung von mehreren Tausend Hugenotten. Sie wurde von König Karl IX. und seiner Mutter Katharina von Medici am 24. August 1572 angeordnet.

Die letzten Könige der Valois-Dynastie waren gestorben, ohne erbberechtigte Söhne zu hinterlassen. Der nächste Verwandte war Heinrich von Navarra, ein Nachkomme des sechsten Sohns von Ludwig dem Heiligen. Er war der Sohn Antons von Bourbon, der sich je nach seiner Interessenlage der Reformation angeschlossen oder sich an der Verfolgung ihrer Anhänger beteiligt hatte. Heinrichs Mutter indes, Johanna von Albret, war eine überzeugte Calvinistin. Ihr Sohn wurde das Oberhaupt der «Hugenotten»-Partei (die Bezeichnung «Hugenotten» ist vom deutschen Wort «Eidgenosse» abgeleitet und gelangte über die Genfer Calvinisten nach Frankreich). Im Jahr 1589 wurde Heinrich von einem Teil des Heeres zum König von Frankreich ausgerufen. Sogleich erhob sich gegen ihn die katholische Heilige Liga, die vom französischen Hochadel geführt und von den wohlhabenden Schichten, den Advokaten, Ärzten und Kaufleuten, unterstützt wurde. Heinrich IV. setzte sich in diesem schweren Konflikt

292

293

294

292 *Die Religionskriege in Frankreich: das Massaker an den Hugenotten in Paris in der Bartholomäusnacht, 23./24. August 1572. Gemälde von François Dubois, Kantonsmuseum Genf.* **293** *Die Hauptverantwortliche für die Bartholomäusnacht: Katharina von Medici, von 1533 bis 1560 Königin von Frankreich, Mutter Karls IX. Gemälde (Altersbild) von François Clouet.* **294** *Die anglikanische Kirche. «Bischof Sherburne bittet König Heinrich VIII., eine Urkunde zu bestätigen», Gemälde von Lambert Barnard, 1519.*

Karte 24: *Die Reformation und die Erneuerung der katholischen Kirche.*

schließlich durch, sah sich aber gezwungen, vom Calvinismus zum Katholizismus überzutreten.

Im Jahr 1598 erließ er das Edikt von Nantes. Es gestattete den Protestanten in Frankreich die freie Ausübung ihres Gottesdienstes und garantierte ihnen befestigte Plätze, die sie mit eigenen Truppen verteidigen durften. Im Jahr 1629 verloren sie auf Druck von Kardinal Richelieu diese Plätze, und das Edikt, das für einen absolutistischen König zu tolerant war, wurde von Ludwig XIV. 1685 als «verfassungswidrig» widerrufen. Die verfolgten Hugenotten blieben entweder unbeugsam im Land oder gingen ins Exil. Sie fanden in den Ländern der Reformation Zuflucht, besonders in England, in den Niederlanden und im calvinistischen Brandenburg, wo ihnen 1685 das Edikt von Potsdam eine sichere Bleibe garantierte.

Die anglikanische Kirche. Die Reformation in England war weit weniger «doktrinär» als die Reformation Luthers, Zwinglis und Calvins. Es handelte sich um ein Schisma gegenüber Rom, um die Gründung einer englischen Nationalkirche, die das Beiwort «katholisch» behalten wollte, also ingesamt gesehen um eine Opposition gegen den «Papismus»: *No popery!*

König Heinrich VIII., der 1509 den Thron bestiegen hatte, unterstützte zunächst die «Oxforder Gruppe». Sie bestand aus Schülern des Erasmus, unter ihnen Thomas Morus und John Colet, die sich um den großen Humanisten gekümmert hatten, als er sich in England aufhielt. Doch recht «weltliche» Gründe spielten beim Bruch mit Rom eine Rolle. Heinrich VIII., der mit Katharina von Aragon kinderlos verheiratet war, wollte sich scheiden lassen und Anna Boleyn ehelichen. Als ihm der Papst dieses Ansinnen verweigerte, ließ der König durch ein kirchliches Gericht die Union mit Rom aufheben.

Als erstes verkündete er die «Suprematsakte»: Nicht mehr der Papst, sondern der König war nun der alleinige Herr über die Kirche Englands. Der König nahm fortan das geistliche Amt wahr und verfügte auch – woran Heinrich VIII. ein brennendes Interesse hatte – über die Kirchengüter. Das Parlament stimmte der Suprematsakte zu. Wer sich weiterhin Rom verbunden fühlte und die königliche Suprematie ablehnte, wurde hingerichtet – so auch Thomas Morus. Der Bruch mit dem Papsttum war 1537 vollzogen. Schatzkanzler Thomas Cromwell übernahm den Aufbau der neuen Staatskirche. Die Klöster wurden geschlossen, ihre Güter beschlagnahmt und danach zu einem Spottpreis verkauft, was sich auf die Wirtschaft des Landes eher ungünstig auswirkte. Die Hierarchie der Bischöfe und der übrigen Geistlichkeit behielt man bei, Katholiken und Calvinisten wurden verfolgt.

Die katholischen Länder. Eine Anzahl von Ländern blieb fast ganz katholisch: Ita-

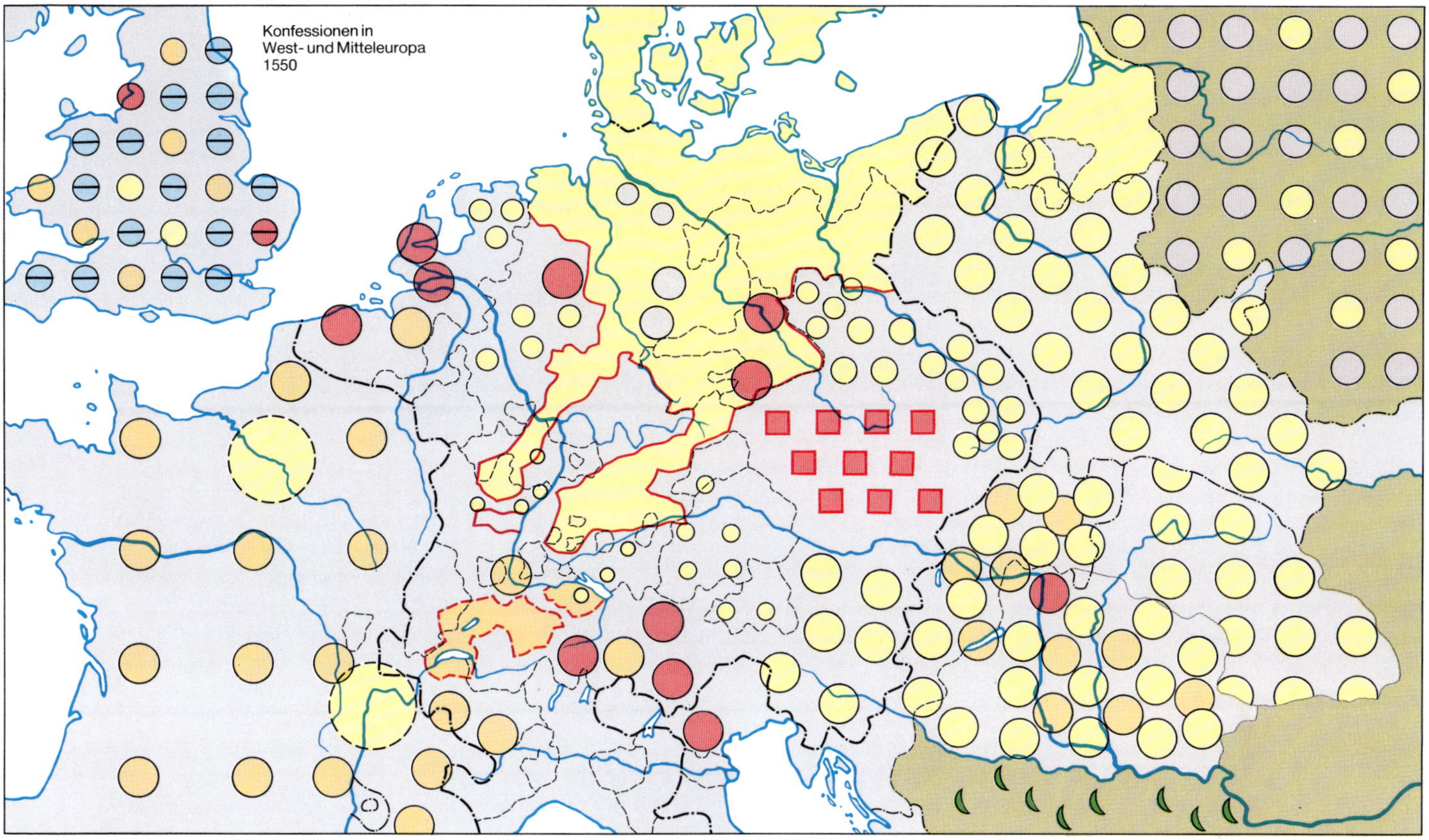

Konfessionen in
West- und Mitteleuropa
1550

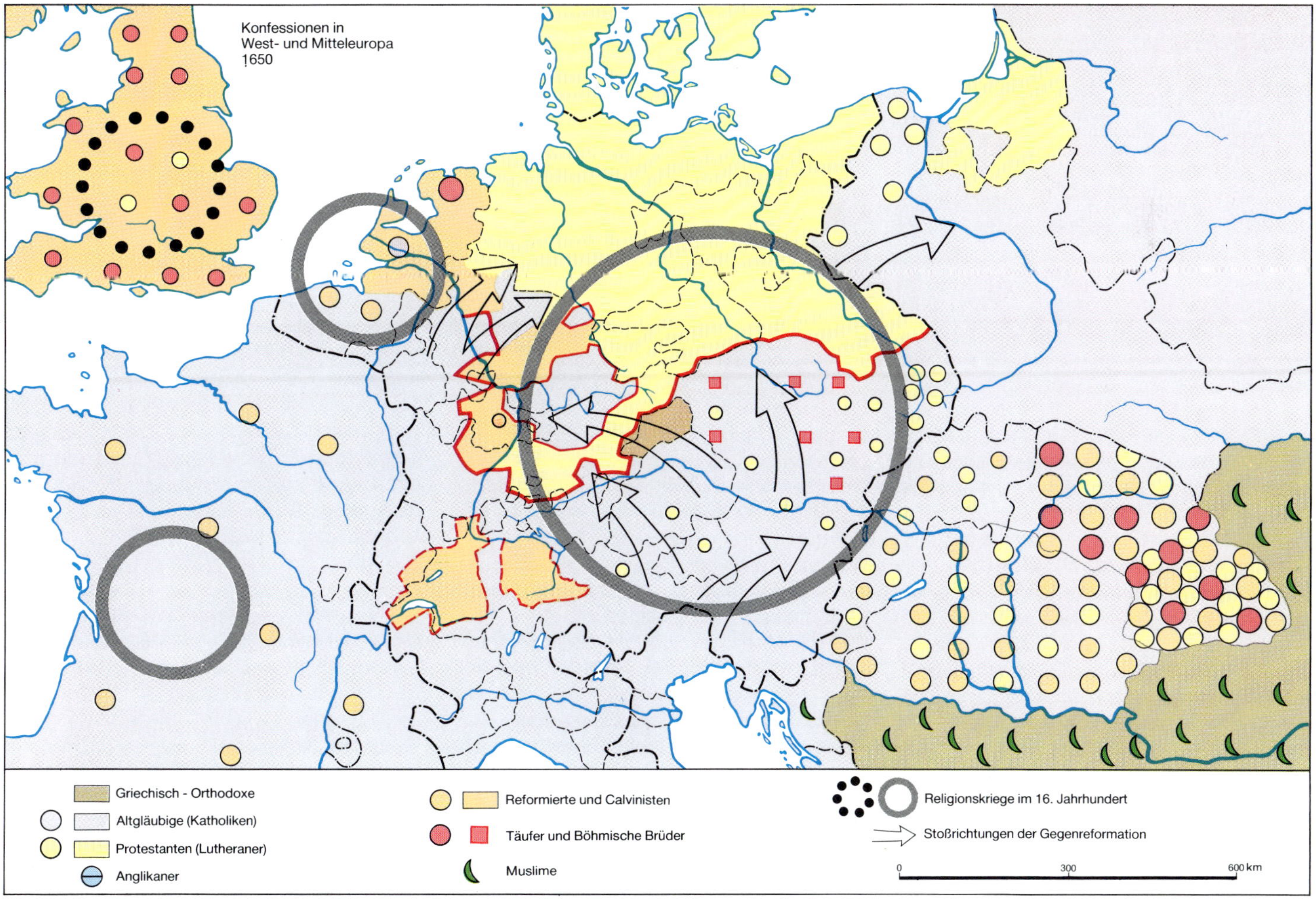

Konfessionen in
West- und Mitteleuropa
1650
Griechisch - Orthodoxe
Altgläubige (Katholiken)
Protestanten (Lutheraner)
Anglikaner
Reformierte und Calvinisten
Täufer und Böhmische Brüder
Muslime
Religionskriege im 16. Jahrhundert
Stoßrichtungen der Gegenreformation
0
300
600 km

lien, Spanien, Portugal, Bayern, das habsburgische Österreich, Polen, die Erzbistümer Trier, Mainz und Köln sowie einige andere Bistümer im Heiligen Reich und die Südprovinzen der Niederlande. Eine katholische Mehrheit gab es in Frankreich, Böhmen, Ungarn und Polen.

In Italien konnte das Papsttum, das nun völlig in italienischer Hand war, die Reformation verhindern. In Spanien war es Kardinal Francisco Jiménez de Cisneros (1436-1517) gelungen, eine wahrhaft katholische Reform der Kirche zu verwirklichen. Der Franziskaner aus Kastilien hatte an der Universität Salamanca Jurisprudenz gelehrt, war Beichtvater von Königin Isabella, Erzbischof von Toledo und bis zum Regierungsantritt Karls V. Regent von Kastilien. Im Jahr 1498 hatte er die Universität Alcalá gegründet, an der unter seiner Anleitung die mehrsprachige Bibel von Alcalá erarbeitet wurde, von der wir bereits gesprochen haben. Die Reform der spanischen Kirche durch Cisneros war ein bedeutendes Unterfangen, das auch die Kirchenzucht, das geistige und das spirituelle Leben einbezog. Die Orden wurden wieder auf das Armutsgebot verpflichtet und angehalten, ihre Reichtümer an arme Kirchengemeinden zu verteilen oder für den Bau von Hospitälern zu verwenden. Auch der Weltklerus sah sich fortan einer strengeren Kirchenzucht unterworfen. Ein Elementarkatechismus erschien. Cisneros beteiligte sich an der Verbreitung religiöser Schriften und ermutigte die Herausgabe geistlicher Werke in der Volkssprache.

In Portugal ging eine erfolgreiche Reform der katholischen Kirche von den Orden aus, vor allem von den Franziskanern, deren besonders aktiver Zweig sich *Capuchos*, Kapuziner, nannte. Nicht ohne Grund hat man diesen Versuch der inneren Erneuerung als «Ultrareform» bezeichnet.

Das Konkordat von Bologna. In Frankreich wurde die antipäpstliche Reformbewegung durch den Umstand gehemmt, daß der König nicht das gleiche Interesse wie Heinrich VIII. von England hatte, sich der Kirchengüter zu bemächtigen. Die «Pragmatische Sanktion» von Bourges aus dem Jahr 1438 war eine einseitige Entscheidung des Königs gewesen, der die Vergabe zahlreicher Kirchengüter von einer Wahl abhängig machte, sich dabei aber ein «Beraterrecht» vorbehielt. Die Päpste hatten dieser Situation niemals zugestimmt. Deshalb kam der Begegnung zwischen König Franz I. und Papst Leo X. vom 11. bis 15. Dezember 1516 in Bologna eine überaus hohe Bedeutung zu.

Die beiden Souveräne einigten sich darauf, ein Konkordat zu schließen. Das Konkordat von Bologna aus dem Jahr 1516 hob die «Pragmatische Sanktion» auf. Doch gestand der Papst dem König die Ernennung von Amtsanwärtern zu, und zwar in den Metropolitankirchen (Erzbistümern), Kathedralen (Bischofssitzen), Klöstern und Prioraten in Frankreich, der Dauphiné, der Grafschaft Vienne, der Bretagne und der Provence. Der Papst nahm dann die Einsetzung der ernannten Amtsanwärter vor, die den kirchlichen Vorschriften im Hinblick auf Alter, Fähigkeit und so weiter entsprechen mußten.

Trotz der Gegnerschaft des Parlaments und der Universität Paris, die das Konkordat nicht «gallikanisch» genug fanden, erzwang der König dessen Anwendung. Da er über die Güter verfügte, brauchte er sie nicht einzuziehen.

Das Konzil von Trient (1545-1563). Es genügte nicht, daß sich die katholische Kirche der Reformation in bestimmten Ländern widersetzte. Sie mußte sich auch selbst reformieren. Das war das Werk des Konzils von Trient; die norditalienische Stadt lag auf habsburgischem Territorium.

Papst Paul III. (1534-1549), der Initiator des Konzils, stach von seinen Vorgängern nicht durch Asketentum ab – er lebte wie ein Grandseigneur –, sondern durch eine zielgerichtete Energie. Der Kampf gegen die Türken, die Exkommunikation König Heinrichs VIII. von England, die Vermittlung zwischen Kaiser Karl V. und Franz I., der Bau von Sankt Peter in Rom, der nun Michelangelo anvertraut wurde – all das hätte genügt, Paul III. zu einem bedeutenden Papst zu machen. Doch er wurde darüber hinaus auch der Initiator einer Erneuerung der katholischen Kirche. Er stimmte 1540 der Gründung des Jesuitenordens zu und berief ein ökumenisches Konzil zur Reform der Kirche ein.

Das Konzil von Trient – oft auch Tridentinum genannt – wurde im Dezember 1545 eröffnet und dauerte mit mehreren Unterbrechungen bis 1563. Sein Ziel war es, die katholische Lehre festzulegen und gegenüber allen abweichenden Strömungen zu behaupten. Das Konzil wurde dieser Aufgabe gerecht. Als erstes hielt es an der Vorstellung fest, daß es die Willensfreiheit des Menschen gibt, daß Gott die Menschen nicht völlig in Erwählte und Verdammte vorherbestimmt, daß auch die Werke und nicht nur der Glaube den Menschen rechtfertigen. So befürwortete das Konzil einen traditionellen christlichen Humanismus, getreu dem Vorbild der Antike und optimistisch im Sinne des heiligen Augustin, des heiligen Bernhard und des heiligen Thomas von Aquin. Für die Katholiken ist entscheidend, daß der Mensch nach dem Ebenbild Gottes geschaffen wurde und trotz all seiner Schwäche dazu fähig ist, selbst schöpferisch zu sein, Wissenschaften und Künste, die Musik und die Dichtung, die Technik und so weiter hervorzubringen. Gott ist nicht nur allmächtig. Er erweist allen seine Gnade. Er ist unendlich in seiner Güte und beschenkt alle großzügig damit. Das Wesentliche ist die Liebe.

Der Hauptzweck der Kirche besteht darin, die Christen auf den Weg zum Heil zu führen. Sie ist die Emanation, das Fortwirken Gottes auf Erden. Gewiß sind die heiligen Bücher die Quelle der Wahrheit, aber der Heilige Geist macht es möglich, sie auszulegen. Deshalb müssen die Gläubigen der offiziellen Interpretation der Kirche folgen, das heißt der Tradition und nicht der eigenen, freien Auslegung.

Im Kult gilt es, die sieben Sakramente beizubehalten, die alle von Christus gestiftet wurden: die Taufe, die Buße (mit der Beichte), die Firmung (in der man des Heiligen Geistes teilhaftig wird), das Altarsakrament (die Kommunion, bei der sich die Opfergaben in Gestalt von Wein und Brot durch «Transsubstantiation» in den wirklichen Leib Christi verwandeln), die Ehe, die Priesterweihe und die Letzte Ölung.

Im Gegensatz zu den Protestanten ermutigte das Konzil auch die Verehrung jener, die bei Gott um Fürbitten anhalten können – der Jungfrau und Gottesmutter Maria und der Heiligen. Bilder, Statuen und Reliquien haben einen großen spirituellen und erzieherischen Wert. Der Gottesdienst selbst wurde durch die Liturgie geregelt, in der die Abfolge der religiösen Handlung während der Messe festgelegt ist. Ein anderer Beschluß des Konzils stellte die Kirchenzucht wieder her und untersagte das Anhäufen von Pfründen. Man mußte künftig mindestens 14 Jahre alt sein, wenn man eine Pfründe haben wollte, und 25 Jahre, um Priester zu werden. Priester wurden künftig in «Seminaren» ausgebildet, von denen es in jeder Diözese eines gab.

Die Leistung des Konzils war beachtlich. Einige Teilnehmer, so vor allem der Legat des Papstes, der Augustinermönch Girolamo Seripando, waren darum bemüht, daß die Tür zwischen der katholischen Kirche und den Protestanten nicht ganz zugeschlagen wurde. Gleichwohl wird heute aus europäischer Sicht deutlich, daß je nach der Zugehörigkeit zur Reformation, vor allem in Nordeuropa, oder zur katholischen Kirche, vorwiegend im Süden des Kontinents, zwei völlig unterschiedliche Geisteshaltungen die einzel-

295

296

295 *Die Erneuerung der katholischen Kirche: das Konzil von Trient (1545-1563). Tafelgemälde eines unbekannten venezianischen Künstlers, 16. Jahrhundert.* **296** *Die Gesellschaft Jesu, die treibende Kraft der katholischen Erneuerung: «Ignatius von Loyola überreicht Papst Paul III. die Ordensregel.» Gemälde in der Kirche Il Gesù, Rom, 17. Jahrhundert.*

nen Völker geprägt haben: hier der protestantische Individualismus, dort der Gemeinschaftsgeist des Katholizismus. Die treibende Kraft der katholischen Erneuerung war die Gesellschaft Jesu, eine Gründung des Spaniers Ignatius von Loyola.

Ignatius von Loyola. Íñigo López de Oñaz y Loyola wurde 1491 auf Schloß Loyola bei Azpeitia geboren. Er stammte aus einer alten Familie des Kleinadels von Guipúzcoa im spanischen Baskenland. Seine Jugend verbrachte er am königlichen Hof im Dienst des Großschatzmeisters von König Ferdinand dem Katholischen. Er wurde Offizier und erlitt 1521 bei der Verteidigung Pamplonas gegen die Franzosen eine schwere Verwundung: Eine Kanonenkugel zerschmetterte ihm das rechte Bein, und die Genesung zog sich hin. In dieser schweren Zeit quälte Ignatius der Gedanke, zwischen einem weltzugewandten Leben und der Frömmigkeit wählen zu müssen. Ein mystisches Erlebnis führte ihn dazu, der Welt zu entsagen. Er begab sich ins Kloster Montserrat und pflegte die Kranken in einem Hospital in Manresa, das etwa zehn Kilometer entfernt war. Strenge Askese bestimmte sein Leben, sein täglich

Brot erbettelte er. Am Ende dieser selbstauferlegten Prüfung wurde er krank, und wieder überkamen ihn Zweifel. Dies war von großer Bedeutung, denn er entdeckte dabei, daß man von guter Gesundheit sein mußte, wenn man sich mit aller Kraft in den Dienst Gottes stellen wollte. Körperliche Kasteiungen galt es also einzuschränken.

In dieser Zeit entstanden seine Exerzitien, die *Geistlichen Übungen*, die erst im Jahr 1548 veröffentlicht wurden. Sie waren dazu bestimmt, «den Menschen zur Selbstüberwindung und zur Führung seines Lebens anzuleiten, ohne daß er daran durch eine schädliche Gefühlsregung gehindert wird«. Unverkennbar sind hierbei die Spuren seines vormaligen Soldatenlebens: Künftig wird er ein «Ritter Christi» sein.

Aber er wollte dabei nicht allein bleiben. Eines Tages würde man die Ungläubigen bekehren müssen. Dazu bedurfte es einer langen Vorbereitung. So unternahm er zunächst, 1523, eine Pilgerreise nach Jerusalem. Danach entschloß er sich, Theologie zu studieren, damit er Priester werden konnte. Er ging an die Universität Alcalá, wo er von der Inquisition verdächtigt und ins Gefängnis geworfen wurde. Wieder in Freiheit, war ihm an der Universität Salamanca auch nicht mehr Glück beschieden.

Der Pariser Freundeskreis. So begab sich Ignatius 1528 nach Paris, nunmehr 37 Jahre alt. Er wohnte im Kolleg Montaigu, das der 18jährige Calvin gerade verlassen hatte. Trotz großer materieller Schwierigkeiten und der Notwendigkeit, sich sein Brot erbetteln zu müssen, begann er seine Studien wieder von vorn. Seine Zimmergenossen, Petrus Faber aus Savoyen und Franz Xaver, ein Landsmann aus Spanien, gingen ihm dabei zur Hand. Sie wurden, unter dem Einfluß der starken spirituellen Ausstrahlung von Ignatius, die ersten Jesuiten. Im Jahr 1533 erwarb er den akademischen Grad eines Lizentiaten. Mit seinen beiden Freunden, drei weiteren Spaniern – Diego Laínez, seinem künftigen Nachfolger; Alfonso Salmerón, einem vorzüglichen Linguisten; und Nicolás Alfonso, genannt Bobadilla – sowie dem portugiesischen Edelmann Simon Rodriguez d'Azevedo gründete er eine kleine Gruppe von Freunden, die begierig war, ihr Leben in den Dienst des Papstes und der Kirche zu stellen, die «Gruppe der Sieben». Sie war die Keimzelle des Jesuitenordens. In einer Kapelle auf dem Montmartre legten die jungen Männer ein Gelübde ab.

Die Gründung der Gesellschaft Jesu. Während Ignatius einige persönliche Angelegenheiten in Loyola zu erledigen hatte, setzte die Gruppe ihr gemeinsames Leben in Paris fort und vergrößerte sich um drei Mitglieder, die aus Frankreich und Savoyen kamen. Von entscheidender Bedeutung wurde die Reise Ignatius', Laínez' und Fabers 1538/39 nach Rom. Dort beschlossen sie, die «Gesellschaft Jesu» zu gründen; ihre Besonderheit sollte das Gelübde unbedingten Gehorsams gegenüber dem Papst sein.

Im Jahr 1540 bestätigte eine päpstliche Bulle die Gründung dieser «geistlichen Miliz» im Dienst der Kirche und unter dem Befehl des Papstes. Die Satzungen des neuen Ordens wurden allerdings erst 1550 fertiggestellt. Der General der Jesuiten sollte durch eine Generalversammlung auf Lebenszeit gewählt werden. Siebzehn Jahre waren für das Studium vorgesehen, ehe man als «Profeß» das feierliche Gelübde ablegen konnte.

Das Hauptziel der Gesellschaft war nicht allein das gottgefällige Leben ihrer Mitglieder, sondern vor allem die Mission. Man wollte die Protestanten wieder für den Katholizismus gewinnen, wie das in einigen deutschen Städten auch gelang, und die Ungläubigen in fernen Ländern bekehren.

Der Orden breitete sich außerordentlich schnell aus. Die Jesuiten waren auf ihre Aufgabe bestens vorbereitet, so daß sie die wahren Vorkämpfer der katholischen Erneuerung wurden; unter dem Befehl von Päpsten, die religiöser waren als Alexander VI. und Julius II., entwickelten sie sich zu einem beachtlichen Instrument katholischen Einflusses. Dies trug ihnen im Lauf ihrer Geschichte viel Widerstand von seiten der Souveräne ein, Verfolgungen, Vertreibungen und Verbote. Wie außerordentlich erfolgreich die Gesellschaft Jesu war, zeigt zum Beispiel die Tatsache, daß sie bei Ignatius' Tod 101 Häuser (darunter viele höhere Schulen) in 12 Provinzen besaß und etwa 1000 Ordensmitglieder zählte – in Europa, in Brasilien, in Indien, Japan, im Kongo und selbst in Äthiopien. Im Jahr 1616 hatte sich der Bestand an Häusern auf 436 in 37 Provinzen erweitert, und die Zahl der Jesuiten war auf 13112 gestiegen.

297

297 *Die Einführung des Gregorianischen Kalenders: eine Sitzung der Päpstlichen Kommission für die Kalenderreform. Titelbild des Einbanddeckels der Sieneser Steuerregister von 1582.* **298** *Der Aufschwung der Wissenschaft: das älteste «anatomische Theater» in Europa, Universität Padua, 16. Jahrhundert. Auf dem Tisch liegen anatomische Instrumente.*

Der Gregorianische Kalender. Unter den zahlreichen Brüchen mit der Vergangenheit, welche die Reformation in ganz Europa bewirkt hat, ist einer, der das tägliche Leben unmittelbar betrifft: die Einführung eines neuen Kalenders.

Mehr als fünfzehn Jahrhunderte lang lebte die gesamte europäische Christenheit, auch die griechische, nach dem Julianischen Kalender, den Caesar im Jahr 46 v. Chr. eingeführt hatte. Nach dieser Zeitrechnung setzte sich das Jahr aus 365 Tagen und 6 Stunden zusammen, und man trug diesem Vierteltag dadurch Rechnung, daß man alle vier Jahre ein Schaltjahr einfügte. Ein Jahrhundert vor Caesar indes hatte bereits der Grieche Hipparchos entdeckt, daß die wirkliche Dauer des Jahres 365 Tage, 5 Stunden, 48 Minuten und 47

Sekunden, die Differenz also 11 Minuten und 13 Sekunden beträgt. In der Mitte des 13. Jahrhunderts ging die wahre Tag- und Nachtgleiche der offiziellen schon um sieben Tage voraus. Man diskutierte darüber an den Höfen – Alfons X. von Kastilien errechnete 1252 seine *Alfonsinischen Tafeln* – und an den Universitäten, wo Gelehrte wie Robert Grosseteste und Roger Bacon über eine Kalenderreform nachdachten. Mehrere Päpste beschäftigten sich mit dieser Frage; doch die Konzile von Konstanz und Basel und das fünfte Laterankonzil (1512-1517) waren trotz umfassender Befragung berühmter Astronomen nicht in der Lage, die Diskussion zu einem Abschluß zu bringen. Das Konzil von Trient vertraute die Aufgabe in seiner letzten Sitzung dem Heiligen Stuhl an. Es war dann Papst Gregor XIII., der 1582 die notwendige Kalenderreform veranlaßte und den Gregorianischen Kalender einführte. Der neue Kalender legte fest, zehn Tage im Jahr der Reform zu streichen, so daß der 4. Oktober 1582 zum 15. wurde, und bestimmte, daß alle vierhundert Jahre drei Schaltjahre auszufallen hätten. Demnach würde das Jahr 1600 ein Schaltjahr sein, die Jahre 1700, 1800 und 1900 nicht, dafür aber wieder das Jahr 2000.

Im Jahr 1582 jedoch konnte eine Entscheidung des Papstes keine gesamteuropäische Wirkung mehr haben. So wurde die Kalenderreform nur von Italien, Spanien und Portugal angenommen, ein wenig später auch von Frankreich, von Lothringen, den katholischen Ländern in Deutschland und den Niederlanden. Savoyen, Holland und Seeland schlossen sich der Reform 1582 an. Doch in diesen protestantischen Ländern wurde das Edikt eines spanischen Königs als null und nichtig betrachtet, und der Julianische Kalender 1594 wieder eingeführt. Einige Schweizer Kantone übernahmen den Gregorianischen Kalender 1583, Österreich 1584, Polen 1585 und Ungarn 1587.

Die protestantischen Länder brauchten wesentlich länger, bis sie sich für den Gregorianischen Kalender entschieden. Im Elsaß wurde er 1648 durch Frankreich eingeführt, in Straßburg 1682. Um den Handel nicht durcheinanderzubringen, strich Schweden in der Zeit von 1696 bis 1748 elf Schaltjahre. Die protestantischen Staaten Deutschlands schlossen sich 1699, die Niederlande 1700, die restlichen Schweizer Kantone, darunter Genf, 1700 bis 1701 dieser Regelung an. Die letzten waren 1752 England und Irland. Die Länder der östlichen Orthodoxie wie Griechenland und Rußland behielten den Julianischen Kalender bis ins 20. Jahrhundert bei, weshalb zum Beispiel die «Oktoberrevolution» nach dem Gregorianischen Kalender im November stattgefunden hat.

298

Zusammenfassung. Im ganzen gesehen erstrahlte die dritte Renaissance – nach der karolingischen und jener im 12. Jahrhundert – im Italien des Quattrocento in unvergleichlichem Licht. Von hier aus verbreitete sie sich über ganz Europa und veranlaßte die Menschen, anders zu denken und die Welt auf ganz andere Weise zu begreifen. Im Zuge der Reformation lösten eine größere Freiheit der Kritik und eine verstärkte Tendenz zur «freien Auslegung» der heiligen Schriften als Reaktion auf die Mißbräuche Roms die Einheit der westlichen Christenheit auf.

Diese fundamentalen Wandlungen des geistigen Lebens wurden von politischen Ereignissen begleitet, die die Welt entscheidend veränderten. Im Jahr 1453 eroberten die Türken Konstantinopel; 1492 wurde Granada als letztes maurisches Königreich kampflos den Katholischen Königen Isabella und Ferdinand übergeben, womit die Reconquista beendet war; im selben Jahr entdeckte Christoph Kolumbus Amerika; 1498/99 erreichte Vasco da Gama Indien auf der Route um das Kap der Guten Hoffnung. Zu Beginn des 16. Jahrhunderts lag der Handel mit Indien in den Händen der Portugiesen. Die Spanier erforschten und kolonisierten die Neue Welt, die bald darauf den Namen Amerika erhielt. Europa entdeckte den Rest der Welt und eroberte ihn dank seiner militärischen Stärke. In Europa selbst gelangten der kosmopolitische Humanismus und die Reformation zum Durchbruch, die zwar in einigen Ländern zur Festigung des modernen Staates beitrug, zugleich aber unter den Europäern den Geist der Freiheit entfachte.

Für die folgenden vier Jahrhunderte übernahm Europa in Wissenschaft und Technik, in Literatur und Philosophie die Führung in der Welt.

12 Absolutismus, Aufklärung und Kosmopolitismus: das 17. und 18. Jahrhundert

Von der Monarchie nach göttlichem Recht zum aufgeklärten Absolutismus

Im 17. und 18. Jahrhundert erreichte die absolute Monarchie ihren Höhepunkt, wobei im 18. Jahrhundert die Erscheinungsform des «aufgeklärten Absolutismus» eine Variante darstellt. Die Monarchie in England seit 1685 war ungewöhnlich und bildet eine Ausnahme.

Vom Gesichtspunkt der großen Politik aus betrachtet, fanden gerade in jener Zeit schreckliche Auseinandersetzungen statt, die sich vor allem auf das Gleichgewicht in Europa bezogen und von Handelsrivalität sowie vom Kampf um Kolonien geprägt waren. Man denke hier nur an die Kriege zwischen Frankreich und Spanien von 1515 bis 1713, an die vier Kriege zwischen den Niederlanden und England in der kurzen Zeitspanne von 1641 bis 1674 oder auch an die acht Kriege zwischen Frankreich und England von 1689 bis 1815.

Der Dreißigjährige Krieg von 1618 bis 1648 – und seine Fortsetzung zwischen Frankreich und Spanien bis 1659 – war einerseits eine Nachwirkung der Religionskriege, in denen sich Katholiken und Protestanten gegenüberstanden, andererseits aber auch Ausdruck der Rivalität zwischen Frankreich und den Habsburgern in Spanien sowie in Österreich. Zugleich stiegen zwei Länder des Nordens zu Großmächten auf: für eine kurze Zeit Schweden und auf Dauer Rußland.

Ständewesen und absolute Monarchie. Der absolute König, der über jedem Gesetz steht, wie der Staatstheoretiker Jean Bodin in seinen *Sechs Büchern über den Staat* (1576) geschrieben hat, unterscheidet sich jedoch von einem Despoten, dessen Macht unbeschränkt und willkürlich ist: Die Fürsten Europas waren Christen, und alle Souveränität kam für sie von Gott. Der absolute Monarch christlichen Glaubens muß sich den Gesetzen Gottes, den Regeln der natürlichen Gerechtigkeit und den Fundamentalgesetzen des Staates unterwerfen.

Von einigen Ausnahmen abgesehen, war die absolute Monarchie während des 16. Jahrhunderts kaum anzutreffen. Wir haben in den vorangehenden Kapiteln gesehen, wie die Einheit Westeuropas durch die großen Invasionen zerstört wurde und wie zersplittert es zu Beginn des Wiederaufbaus war. Es gliederte sich in Territorialstaaten und Stadtstaaten, in denen es Korporationen und andere Formen der Selbstverwaltung gab; sie wurden von den Königen selbst gestattet und dienten der Festigung ihrer Macht. All das führte zum Ständewesen.

Innerhalb dieses Ständewesens stand der König oder Fürst mit seinem Hof, seinem Militär und seiner «Beamtenschaft» der Ständeversammlung gegenüber. Diese Versammlung hieß seit dem 16. Jahrhundert in Frankreich «Generalstände», in England «Parlament», in Dänemark, Schweden und im Heiligen Römischen Reich Deutscher Nation «Reichstag», in den Einzelterritorien des Reichs «Landtag». Im deutschen Reichstag waren jedem dieser Stände «souveräne« Befugnisse zugestanden worden, und der Westfälische Friede, der 1648 dem Dreißigjährigen Krieg ein Ende setzte, bestätigte diese Zersplitterung Deutschlands.

Für das Haus Habsburg der österreichischen Linie, dem durch die Wahl der Kurfürsten das Kaisertum überantwortet wurde und dessen Besitzungen nicht alle auf dem Gebiet des Heiligen Reichs lagen, präsentierte sich das Ständewesen in zahlreichen Facetten. Es gab die drei Landtage in den einzelnen Erblanden, einen in Österreich, dann den Landtag im Königreich Böhmen und den Reichstag für das Königreich Ungarn. Diese Ständeversammlungen setzten sich aus dem Klerus, dem Adel und aus Abgesandten der Städte zusammen.

299 *Selbstbewußtes, niederländisches Bürgertum: «Die Kompanie des Hauptmanns Frans Banning Cocq und des Leutnants Willem van Ruytenburch im Augenblick des Sammelns.» Gemälde (Ausschnitt) von Rembrandt van Rijn, 1642. Rijksmuseum Amsterdam.*

ZEITTAFEL 10: Europa im Zeitalter von Absolutismus und Aufklärung

17. Jahrhundert

Große Kriege		**1618–1648** Dreißigjähriger Krieg			**1688–1697** Pfälzischer Erbfolgekrieg (Einfall Frankreichs in die Pfalz)	**1697** Friede von Rijswijk
Britische Inseln	**1603–1625** Jakob I. (Jakob VI. von Schottland) regiert England und Schottland in Personalunion	**1625–1649** Karl I. **1645** Cromwell Oberbefehlshaber der Truppen **1649** Hinrichtung Karls I.	**1649** Erhebung in Irland von Cromwell niedergeworfen **1652** Vereinigung England-Schottland **1653–1658** Cromwell Lordprotektor	**1660–1685** Karl II.; Restauration der Stuarts	**1677** Wilhelm von Oranien heiratet Maria Stuart, die Nichte Karls II. **1685–1688** Jakob II.	**1688** Glorreiche Revolution; Bill of Rights; Thronbesteigung Wilhelms III. (Wilhelm von Oranien) und seiner Frau Maria II.
Niederlande Belgien	**1609–1621** Spanisch-niederländischer Waffenstillstand **1619** Hinrichtung Oldenbarnevelts		**1652–1654** Erster englisch-niederländischer Krieg	**1665–1667** Zweiter englisch-niederländischer Krieg (Beteiligung Frankreichs)	**1672–1674** Dritter englisch-niederländischer Krieg **1678** Friede von Nimwegen mit Frankreich	**1689–1720** Anthony Heinsius Ratspensionär der Niederlande
Frankreich	**1610** Ermordung Heinrichs IV. **1610–1643** Ludwig XIII. **1624–1642** Richelieu Kardinalpremier **1628** Kapitulation von La Rochelle	**1635** Frankreich tritt in den Dreißigjährigen Krieg ein **1643** Sieg der französischen Reiterei über das spanische Fußvolk bei Rocroi	**1643–1715** Ludwig XIV. **1643–1661** Kardinalpremier Mazarin **1648–1653** Aufstand der «Fronde» **1657** Franz.-engl. Bündnis (Mazarin, Cromwell)	**1659** Pyrenäenfriede mit Spanien **1670–1697** Lothringen französisch besetzt **1667–1668** Franz.-span. Devolutionskrieg um die spanischen Niederlande	**1672–1678** Niederländischer Krieg **1678** Friede von Nimwegen: Restitution der Niederlande; Teile Westflanderns und die Freigrafschaft an Frankreich	**1685** Aufhebung des Edikts von Nantes; Massenflucht von Hugenotten **1688–1697** Pfälzischer Erbfolgekrieg
Italien	**1613** Karl Emanuel von Savoyen dringt in die Lombardei ein; von Spanien geschlagen			**1647** Revolte Neapels gegen Spanien **1648** Revolte unterdrückt		
Spanien Portugal	**1598–1621** Philipp III. (Minister Lerma) **1609** Vertreibung der Moriskos	**1621–1665** Philipp IV.; Wiederaufnahme des Kriegs gegen die Niederlande		**1640** Aufstand in Katalonien; Unabhängigkeit Portugals; Johann IV. von Braganza König von Portugal	**1665–1700** Karl II. König von Spanien **1667/68** Devolutionskrieg zwischen Spanien und Frankreich um die spanischen Niederlande	**1678** Friede von Nimwegen **1683** Allianz zwischen Karl II. und Kaiser Leopold I.
Deutsche Staaten und Schweiz	**1618** Prager Fenstersturz; Beginn des Dreißigjährigen Kriegs **1619–1637** Kaiser Ferdinand II.	**1620** Niederlage des böhmischen Heers unter König Friedrich V. in der Schlacht am Weißen Berg **1625** Wallenstein Oberbefehlshaber der kaiserlichen Truppen im Reich	**1629** Friede von Lübeck zwischen Ferdinand II. und Dänemark **1630–1635** Schwedischer Krieg	**1633** Heilbronner Bund unter Führung des schwedischen Reichskanzlers Oxenstierna **1635–1648** Schwedisch-französischer Krieg	**1648** Westfälischer Friede	**1681** Frankreich annektiert Straßburg **1683** Die Türken vor Wien **1686** Kaiserliche nehmen Budapest ein
Skandinavien	**1588–1648** Christian IV. von Dänemark **1599** Staatsstreich in Schweden: der Lutheraner Karl IX. Wasa setzt Sigismund ab	**1611–1632** König Gustav II. Adolf (Kanzler Oxenstierna); Schweden wird Großmacht	**1629** Friede von Lübeck zwischen Ferdinand II. und Christian IV. von Dänemark **1632** Gustav Adolf fällt bei Lützen **1632–1654** Königin Christine von Schweden	**1638** Gründung der Kolonie «Neuschweden» in Nordamerika **1654–1660** Karl X. Gustav König von Schweden; Krieg gegen Polen	**1660** Friede von Oliva: Ende des Schwedisch-polnischen Kriegs **1675** Erneuter Krieg um die Beherrschung der Nordsee	**1697–1718** Karl XII. König von Schweden
Osteuropa	**1610–1612** Besetzung Moskaus durch Polen			**1654–1667** Russisch-polnischer Krieg	**1655–1660** Schwedisch-polnischer Krieg	**1660** Souveränität Brandenburgs über Preußen **1697–1733** August der Starke König von Polen
Rußland und Osmanisches Reich	**1613** Die Türken erobern Ungarn; Dynastie Romanow in Rußland	**1664** Türkischer Vormarsch bei St. Gotthard an der Raab von kaiserlichen Truppen gestoppt **1669** Die Türken erobern Kreta	**1689–1725** Zar Peter I. der Große	**1696** Rußland erobert die Festung Asow **1697–1698** Reise Peters des Großen nach Westeuropa	**1697** Prinz Eugen erobert Sarajewo	
Kolonien	**1600** East India Company **1602** Niederländische Ostindienkompanie **1607** Gründung Virginias	**1608** Champlain gründet Québec **1620** Mayflower **1621** Niederländische Westindienkompanie	**1628/29** Massachusetts **1643** New Hampshire	**1661** Französische West- und Ostindienkompanie **1664** Angriff der Engländer auf die Neuniederlande; Neuamsterdam wird New York	**1670** Gründung der Hudsons' Bay Company **1682** Franzosen erkunden das Mississippi-Gebiet	**1683** Gründung Pennsylvaniens **1688** Erster Protest gegen die Sklaverei durch deutsche Quäker in Germantown

18. Jahrhundert

1701–1713/14 Spanischer Erbfolgekrieg	**1733–1735** Polnischer Erbfolgekrieg **1738** Friede von Wien	**1740–1748** Österreichischer Erbfolgekrieg **1748** Friede von Aachen	**1756–1763** Siebenjähriger Krieg **1763** Friedensschlüsse von Paris und Hubertusburg	**1775–1783** Amerikanischer Unabhängigkeitskrieg **1783** Friedensschlüsse von Versailles
1702–1714 Anna I.; Spanischer Erbfolgekrieg **1707** Realunion mit Schottland; erstes Parlament des Vereinigten Königreichs	**1714–1901** Haus Hannover **1714–1727** Georg I. von Hannover **1721–1742** Robert Walpole Premierminister	**1727–1760** Georg II. **1748** Friede von Aachen	**1760–1820** Georg III. **1760–1761** William Pitt Premierminister	**1763–1790** Affäre Wilkes
	1713 Friede von Utrecht; Südprovinzen an Österreich (österreichische Niederlande)	**1751** Wilhelm V. Erbstatthalter		
1704–1709 Französische Niederlagen gegen Prinz Eugen und Marlborough **1712** Sieg bei Denain über Prinz Eugen	**1715–1774** Ludwig XV. **1725** Ludwig XV. heiratet Maria Leszczynska **1726–1743** Kardinalpremier Fleury	**1735** Lothringen wird Stanislaus Leszczynski, dem Schwiegervater Ludwigs XV., übertragen **1748** Friede von Aachen; Ende des Österreichischen Erbfolgekriegs	**1766** Stanislaus I. Leszczynski stirbt; Lothringen fällt an Frankreich **1768** Frankreich kauft Korsika von Genua	**1774–1792** Ludwig XVI. **1777** Frankreich greift aktiv in den Amerikanischen Unabhängigkeitskrieg ein
1713 Friede von Utrecht; Viktor Amadeus II. von Savoyen wird König von Sizilien **1720** Savoyen erhält Sardinien		**1748** Friede von Aachen: Parma und Piacenza an spanisch-bourbonische Nebenlinie der Habsburger		
1700–1746 Philipp V. von Spanien (Haus Anjou)	**1701–1714** Spanischer Erbfolgekrieg **1703** Englisch-portugiesischer Vertrag von Methuen	**1706–1750** Johann V. König von Portugal **1714** Zweite Heirat Philipps V. mit Elisabeth Farnese	**1717–1720** Spanien gegen Dreier-, später Viererallianz: Frankreich, England, Vereinigte Niederlande, deutscher Kaiser; Kämpfe in Italien, Seeschlachten	**1748** Friede von Aachen **1750–1777** Joseph I. von Portugal **1755** Erdbeben in Lissabon **1759–1788** Karl III.; aufgeklärter Absolutismus in Spanien
1701–1714 Spanischer Erbfolgekrieg **1701–1713** Kurfürst Friedrich III. von Brandenburg als Friedrich I. König in Preußen **1713–1740** Friedrich Wilhelm I. («Soldatenkönig»)	**1712** Vierter Landfriede der Eidgenossenschaft: konfessionelle Ordnung der Kantone **1711–1740** Kaiser Karl VI. **1713** Pragmatische Sanktion: weibliche Thronfolge im Haus Habsburg	**1736** Maria Theresia heiratet Franz Stephan von Lothringen (seit 1737 Großherzog von Toskana) **1740–1786** Friedrich II. der Große König von Preußen **1740–1742** Eroberung Schlesiens durch Preußen	**1740–1780** Maria Theresia **1748** Friede von Aachen **1756–1763** Siebenjähriger Krieg **1757** Friedrich II. siegt bei Roßbach und Leuthen **1763** Friede von Paris und Hubertusburg	**1765–1790** Kaiser Joseph II. **1779** Friede von Teschen; Ende des Bayerischen Erbfolgekriegs
1700–1721 Großer Nordischer Krieg **1709** Niederlage Karls XII. bei Poltawa gegen die Russen		**1721** Friede von Nystad: Schweden gibt Ingermanland, Estland, Livland und Teile Kareliens an Rußland und erhält Finnland zurück	**1718–1772** «Liberale Ära» in Schweden **1719–1727** Landgraf Friedrich von Hessen-Kassel als Friedrich I. König von Schweden	**1726** Englische Flotte vor Stockholm; Horn schwedischer Kanzler **1751–1771** Adolf Friedrich von Holstein-Gottorf König von Schweden; Partei der «Hüte» und der «Mützen»
1733–1735 Polnischer Erbfolgekrieg; Stanislaus I. Leszczynski gegen Friedrich August II. von Sachsen	**1764–1793** Stanislaus II. August, Günstling Katharinas der Großen von Rußland, letzter polnischer König	**1768** Konföderation von Bar: Katholizismus Staatsreligion in Polen	**1772** 1. Teilung Polens (Rußland, Preußen, Österreich)	
1703 Gründung von St. Petersburg in den Newa-Sümpfen **1717** Prinz Eugen erobert Belgrad	**1725–1727** Zarin Katharina I.	**1727–1730** Zar Peter II. **1741–1762** Zarin Elisabeth	**1762** Zar Peter III. **1762-1796** Katharina II. die Große	**1774** Friede von Kütschük-Kainardsche; Ende des Russisch-türkischen Kriegs
1713 Friede von Utrecht: Frankreich verliert Neuschottland, Neufundland und die Hudsonbai	**1716–1720** Spekulationen John Laws zur Sanierung der französischen Staatsfinanzen; Zusammenbruch der Staatsbank	**1748** Friede von Aachen: Austausch von Kolonien: Madras (Ostindien) an England, Louisbourg an Frankreich	**1758** Engländer nehmen Louisbourg und Duquesne (Pittsburgh) ein **1759** Fall Québecs	**1760** Einnahme von Montreal **1763** Friede von Paris: Frankreich verliert alle Besitzungen in Nordamerika an England bzw. Spanien

In Spanien wurden die «Cortes» in der Regierungszeit Philipps II. weitgehend oder zeitweilig aufgelöst wie überall, wo sich später der Absolutismus durchsetzte. Dafür trieb dieser Habsburger die Zusammenarbeit mit einer Reihe besonderer Ratsgremien in den Einzelreichen voran, so in Spanien, in Portugal von 1580 bis 1665, in Italien, in den katholischen Niederlanden und vor allem in Übersee.

Das Ständewesen im Zeichen der «Libertäten» gab es auch in Preußen. Dort wurde seit 1663, nach der Erbhuldigung an den Kurfürsten von Brandenburg, die landständische Verfassung bis zur Errichtung einer absoluten Monarchie schrittweise abgeschafft und durch eine der Dynastie verpflichtete Verwaltung ersetzt. Auch in Schweden gelang es dem König, die libertäre Verfassung schrittweise zu beseitigen und ein absolutistisches Regime zu errichten.

Die Suche nach Effektivität. War das Ständewesen mit seiner «korporativen Freiheit» ein Charakteristikum der europäischen Geschichte, so auch dessen zeitweilige Zurückdrängung durch die absolute Monarchie. Das Heilige Reich blieb in seiner regionalistischen, dezentralen und föderativen Struktur erhalten, während die beiden deutschen Hauptmächte Habsburg-Österreich und Hohenzollern-Preußen absolutistisch regiert wurden. Polen war das einzige Land, in dem die Macht zerfiel, bis es schließlich für 120 Jahre ganz von der Landkarte Europas verschwand. Holland und Großbritannien indes bildeten beide die große Ausnahme.

Die Schwäche des Ständewesens liefert eine Erklärung für diese allgemeine Entwicklung. Denn angesichts einer Ständeversammlung, in der man sich um die Macht im Staat und um Privilegien stritt, konnte der Schiedsspruch des Königs notwendig werden. Schließlich war seine «geheiligte» Gewalt kaum jemals in Frage gestellt worden. Zwar verschwanden die Stände und Korporationen nicht, aber sie konnten vom König von der eigentlichen Macht ferngehalten und somit entpolitisiert werden. In Frankreich wurden daher die Generalstände zwischen 1614 und 1789 nicht mehr einberufen. Als es dann 1789 doch geschah, weil das Königreich sich in einer Finanzkrise befand, war es bereits zu spät. Die Generalstände setzten vor allem dem königlichen Absolutismus ein Ende und lösten in der Folgezeit auch die Fundamentalgesetze der überkommenen Monarchie auf.

Unter Ludwig XIII. und seinem Kardinalpremier Richelieu sowie später unter Ludwig XIV. und Mazarin verloren die Hugenotten und die Adligen ihre Macht. Der König setzte einen Rat ein, der in verschiedene Unterausschüsse gegliedert war; der «Oberrat» bestand aus vier oder fünf «Ministern», die vom König allein ernannt wurden und jederzeit entlassen werden konnten. Souveräne wie Ludwig XIV. (R 1643-1715) in Frankreich, Karl III. (R 1759-1788) in Spanien und Kaiser Joseph II. (R 1765-1790) widmeten sich peinlich genau dieser «Selbstregierung». In

300

301

302

300 *Der Westfälische Friede beendete im Jahr 1648 den Dreißigjährigen Krieg: «Die Gesandten der europäischen Mächte legen im Rathaussaal zu Münster ihren Schwur ab.» Gemälde von Gerhard Terborch, 1648.* **301** *Europa im Zeitalter des Absolutismus: das Treffen König Ludwigs XIV. von Frankreich mit König Philipp IV. von Spanien aus Anlaß des Pyrenäenfriedens 1659. Gemälde von Laumosnier.* **302** *«Flötenkonzert Friedrichs des Großen in Sanssouci». Gemälde von Adolph von Menzel (1815-1905), 1852.*

dieser Hinsicht entsprach der Absolutismus einem persönlichen Regiment. In Schweden etablierte sich der Absolutismus nach dem Staatsstreich vom 19. August 1772, durch den Gustav III. aufgrund der neuen Verfassung die wesentliche Macht zugesprochen wurde. In der Ausübung der absoluten Gewalt sind die Premiers einiger Monarchen berühmt geworden: so Lerma in Spanien unter Philipp III., Olivares unter Philipp IV., Buckingham in England unter Jakob I. und Karl I., Concini in Frankreich während der Regentschaft der Maria von Medici, Richelieu unter Ludwig XIII., Mazarin zu Beginn der Herrschaft Ludwigs XIV., Oxenstierna unter Karl XI. und Karl XII. von Schweden sowie Struensee unter Christian VII. in Dänemark.

Der aufgeklärte Absolutismus. Seit Mitte des 18. Jahrhunderts sprach man von «aufgeklärten Despoten». Unter den Souveränen der bedeutenden Staaten wurden zu dieser Kategorie vor allem Friedrich der Große von Preußen (R 1740-1786), Kaiser Joseph II., Katharina die Große von Rußland (R 1762-1796) sowie Karl III. von Spanien gerechnet. Diese Herrscher nahmen für sich in Anspruch, Anhänger der Vernunft, Bewunderer der Philosophen und der Aufklärung zu sein. Dabei gaben sie vor, der erste Diener ihres Staates zu sein, und verstanden sich als «tugendhaft», «freigebig» und «empfindsam». Sie bedienten sich einer «republikanischen Rhetorik» und behaupteten, ihre Reformideen aus der *Enzyklopädie* Diderots zu schöpfen. Sie gründeten Akademien und Wissenschaftsgesellschaften, förderten Künstler aller Art und versuchten sich an Wirtschaftsreformen. Tatsächlich aber konnten sie im Vollbesitz der Souveränität auch ihre Härte zeigen.

Aufgeklärte Despoten waren vor allem jene Könige, die erkannt hatten, welch bedeutende Rolle die Philosophen in der Öffentlichkeit zu spielen begannen. Sie bemühten sich sehr, diese Intellektuellen für sich einzunehmen und sie als Propagandisten für ihre eigene Politik einzuspannen. Man denke hierbei nur an Voltaire am Hof in Potsdam (1750-1753) oder an Diderot, der Katharina II. von Rußland unterstützte.

Die Morgenröte der Freiheit: die Niederlande und Großbritannien

Während sich die allgemeine Entwicklung auf den Absolutismus einzustellen schien, gewann das Ständewesen in den Niederlanden und in Großbritannien an Kraft.

Kaufleute, Bürger und religiöse Fanatiker. Den Niederlanden und Großbritannien war eines gemeinsam: die Macht ihres Handels. Die Briten standen dabei an zweiter Stelle. «Wer das Meer beherrscht, der beherrscht auch den Handel; und wer den Handel beherrscht, dem gehört auch aller Reichtum der Welt und folglich die Welt selbst.» Dies war die Ansicht von Sir Walter Raleigh, dem berühmten Schriftsteller, Politiker und zeitweiligen Favoriten von Königin Elisabeth I., der entscheidend zur Niederlage der «Unbesiegbaren Armada» Philipps II. von Spanien 1588 beigetragen hatte. Die gewaltige Entwicklung des Überseehandels war zunächst die Basis für die Ansammlung von Kapital. Davon profitierten sowohl Angehörige des Adels als auch das Bürgertum der Städte. Diese «Kapitalisten» waren zahlreich genug, um auch politisch eine Rolle spielen und vor allem ihre Interessen verteidigen zu können, die nicht notwendigerweise mit denen des Königs identisch waren. Sie traten auch für eine Begrenzung der Macht des Königs ein und forderten für sich selbst «verbriefte Freiheiten».

Hat es zwischen Protestantismus und Kapitalismus einen Zusammenhang gegeben, wie der Soziologe Max Weber behauptete? Mit Sicherheit zwischen der «freien Auslegung« der Heiligen Schrift und der Freiheit des Denkens. Laut Weber bestand darüber hinaus ein Gegensatz zwischen dem Mißtrauen der katholischen Kirche gegenüber dem Zinswesen und der calvinistischen Überzeugung, wonach Reichtum auf Erden eine Belohnung Gottes für Fleiß und Sparsamkeit sei.

Zur selben Zeit führte die «freie Auslegung» der Bibel zur Bildung radikaler Sekten, so zum Beispiel in den Nordprovinzen der protestantischen Niederlande. Dort riefen die Täufer den Beginn des «Tausendjährigen Reichs» aus. Die Sekte verbreitete sich und bildete dabei sehr verschiedene Formen aus – bis hin zu den demokratischen Experimenten der «Rundköpfe» unter Cromwell in England. Unter den Rundköpfen befand sich wiederum die kleine Gruppe der «Leveller» oder «Gleichmacher», von denen einige «Kommunisten» waren.

Solche Ideen verschwanden niemals ganz von der europäischen Bühne, traten aber hinter einer anderen antiabsolutistischen Tendenz zurück, der einer gemäßigten und relativ liberalen Oligarchie.

Die spanischen Niederlande. Die Niederlande gehörten zu den Besitzungen Kaiser Karls V. und damit der Spanier, bis Philipp II. (R 1556-1598) dessen Nachfolge antrat. Von den siebzehn Provinzen der Niederlande waren nur jene im Norden protestantisch geworden, und zwar calvinistisch. Vierzig Jahre lang kämpften sie nun um ihre Unabhängigkeit von Spanien. Eine Liga von Adligen forderte die Abschaffung der Inquisition und die Einberufung der Generalstaaten. Die Generalstatthalterin Margarete von Parma, eine Halbschwester Philipps II., bezeichnete die Mitglieder dieser Adelsopposition als «Geusen», Bettler, ein Name, der zum Symbol des Freiheitskampfes der Niederlande gegen den spanischen Absolutismus wurde.

Die Vereinigten Provinzen. Die Vereinigten Provinzen wurden in den Jahren 1576 bis 1586 ins Leben gerufen. Im Jahr 1576 bestätigte die «Pazifikation von Gent» die Autorität Philipps II., aber auch die Freiheit für den Calvinismus in den Nordprovinzen. Im Januar 1579 betrieben die Hauptprovinzen des Südens ihre Einigung in Arras und bekräftigten die Beibehaltung der katholischen Religion. Einige Zeit später einigten sich auch die sieben Provinzen Holland, Seeland, Utrecht, Geldern, Overijssel, Friesland und Groningen. Sie gründeten die Utrechter Union und nahmen bald danach für ihr neues Gemeinwesen den Namen «Vereinigte Provinzen» an. In einer gemeinsamen Anstrengung dehnten sie ihr Gebiet bis in den Norden Flanderns und Brabants aus, wobei diese Region die Bezeichnung «Generalitätslande» erhielt.

Die von den Calvinisten geführte Utrechter Union begann daraufhin ihren Kampf gegen Philipp II. Dabei wurde ihr bald von Frankreich, bald von England Unterstützung gewährt. Im Jahr 1588 übernahmen die Generalstaaten die Macht und gründeten offiziell ihre Republik, und zwar in Form einer Föderation der einzelnen Provinzen.

Die neue Republik. Bei dieser Staatsgründung wurde ein relativ freiheitliches Regiment eingerichtet. In jeder Provinz lag die gesetzgebende Gewalt bei den Provinzialständen. Diese wiederum ernannten einen Ratspensionär, der Jurist zu sein hatte und die Verwaltung leitete, sowie einen Statthalter, der einst die Autorität des Königs repräsentiert hatte, jetzt aber Präsident der Provinzrepublik war.

Die Bundesgewalt stand den Generalstaaten zu, die sich aus vierzig gewählten Abgeordneten der einzelnen Provinzen zusammensetzten. Ein Staatsrat aus zwölf Mitgliedern kontrollierte die Armee und die öffentlichen Finanzen. Sehr schnell entstanden auf Bundesebene zwei neue Ämter: das des Großpensionärs und das des Statthalters, der den militärischen Oberbefehl zu Wasser und zu Land ausübte. Dieses Amt stand immer dem Prinzen von Oranien zu. Die beiden hohen Würdenträger der Republik gerieten bald in einen Kompetenzstreit, wobei der Großpensionär von Kaufleuten und Autonomisten der reichen Provinz Holland unterstützt wurde. Der Statthalter hatte die Bauern und die Seeleute auf seiner Seite, alles überzeugte Calvinisten; sie wünschten sich einen Statthalter, der im Vollbesitz der Macht einen stark zentralisierten Staat regieren sollte.

Das Königreich England. Seit dem 16. Jahrhundert war in England die Ansicht verbreitet, daß das Gesetz über dem König stehe und dieser ohne Zustimmung des Parlaments weder eine Steuer erheben noch ein Gesetz erlassen könne. Das Parlament setzte sich aus dem Oberhaus *(House of Lords)* und dem Unterhaus *(House of Commons)* zusammen. Dennoch verhielten sich die Könige und Königinnen des 16. Jahrhunderts, als wären sie absolute Herrscher, namentlich Heinrich VIII. (R 1509-1547), aber auch Maria Tudor (R 1553-1559) und vor allem Elisabeth I. (R 1558-1603).

Unter Jakob I. (R 1603-1625) und Karl I. (im Jahr 1649 enthauptet) aus dem Hause Stuart brach der Konflikt zwischen König und Parlament offen aus. Dabei gewann das Bündnis zwischen Bürgertum und Adel eine besondere Bedeutung. Es erklärt sich zum Teil daraus, daß die Adligen wenige Vorrechte besaßen und sich vor allem nichts dabei vergaben, wenn sie ihren Lebensunterhalt durch Arbeit verdienten. Der französische Historiker Roland Mousnier schrieb dazu: «In der Schule [...] saßen die Söhne der herrschenden Familien einer Grafschaft zusammen mit den Söhnen der Bauern, Kaufleute und Handwerker in einer Bank. Die Söhne der wenig begüterten Adligen heirateten häufig wegen der Mitgift die Töchter der freien Bauern.» Und der Historiker Henri Hauser bemerkte: «Im Mittelstand und unter den Handwerkern, bei den Kaufleuten der Hafenstädte, denen der Kampf gegen das ka-

303

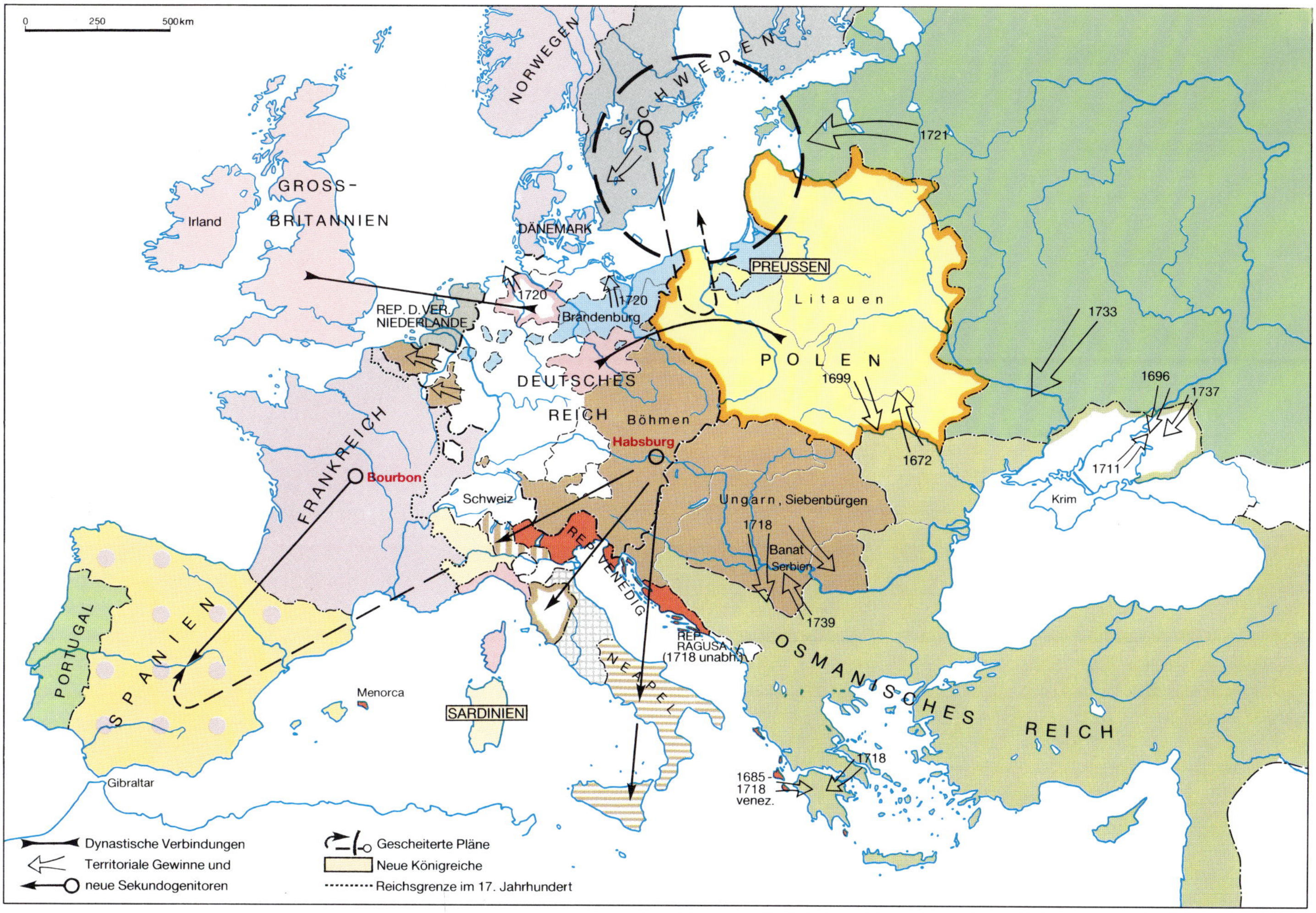

303 *Unter seiner Herrschaft brach in England der Bürgerkrieg aus: König Karl I. Gemälde von Anthonis van Dyck (1599-1641). Auf Betreiben Cromwells wurde der König 1649 hingerichtet.*
Karte 25: *Politische Kräfte und Konflikte im Zeitalter des Absolutismus.*

tholische Spanien als nutzbringende Verkörperung des protestantischen Glaubens erschienen war, beim niederen Landadel, der unter den Tudors reich geworden war, und damit bei der Mehrheit im Unterhaus stieg die Sympathie für einen strikten Calvinismus.»

Als Elisabeth I. im Jahr 1603 starb, wurde Jakob VI. Stuart aus dem armen Schottland als Jakob I. König von England. Er kümmerte sich wenig um das einfache Volk und um die Abgeordneten im Unterhaus, die allerdings unentwegt gegen die Politik des Königs protestierten.

Sturz und Tod Karls I. Karl I., der Sohn Jakobs I., folgte seinem Vater auf dem Thron des Königreichs von Großbritannien, das sich seit 1603 aus der Personalunion von England und Schottland zu bilden begann. Absolutistisch eingestellt, war er indes gezwungen, sich an das Unterhaus zu wenden, um von diesem Geld bewilligt zu bekommen. So mußte er 1628 in eine *Petition of Rights* (1628) einwilligen, die vorsah, daß ohne Zustimmung des Parlaments keine Steuern erhoben werden konnten. Darüber hinaus mußte Karl I. im Jahr 1641 das Habeas-Corpus-Prinzip anerkennen, wonach Verhaftungen ohne Einschaltung eines Richters unzulässig waren.

Diesen Einschränkungen seiner Macht begegnete Karl I. im Jahr 1629 mit einem Staatsstreich. Er ließ neun Mitglieder des Unterhauses verhaften und regierte elf Jahre lang ohne Parlament.

All das führte zu einer Revolution, die in Schottland ihren Anfang nahm. Im Jahr 1640 verhalfen die Wahlen zum Unterhaus der Revolution in ganz England zum Durchbruch, und der König erhielt weder von den Holländern noch von den Franzosen Unterstützung. Zwei Jahre später existierten in England bereits zwei Machtzentren: das Parlament in London und der König, der sich erst in York und dann in Oxford niedergelassen hatte. Während das Parlament Truppen aushob, besaß der König kaum Geld, um eine Armee zu finanzieren. Bald zerfiel das Land in zwei Teile: Im Westen, vor allem in Wales und Cornwall, sammelten sich die Royalisten und im Osten die Truppen des Parlaments. An deren Spitze standen Adlige und auch Bürger, die in der Regel Puritaner waren. Sie glaubten, daß Gott auf ihrer Seite stehe. «Armee der Heiligen» wurden sie genannt, immer häufiger auch «Rundköpfe», weil sie sich die Haare kurz schneiden ließen, während sonst die Mode der langen Haare vorherrschte. Diese Armee nun brachte der Reiterei des Königs bei Naseby 1645 eine vernichtende Niederlage bei. Karl I. floh im April 1646 nach Schottland, wo ihn seine presbyterianischen Untertanen, die der anglikanischen Kirche feindlich gesinnt waren, festnehmen ließen. Im Februar 1647 lieferten sie ihn den Abgesandten des Parlaments in London aus. Zu diesem Zeitpunkt gab es nur noch eine einzige Autorität im Land: die Armee der «Rundköpfe» mit Oliver Cromwell an der Spitze.

Oliver Cromwell (1599-1658) entstammte einer begüterten Familie aus der Grafschaft Huntingdonshire im Nordwesten von Cambridge. Er war Puritaner und galt als intolerant. Im Jahr 1640 wurde er von der Universität Cambridge für das Parlament vorgeschlagen und gewählt. Er war es, der die «Kavaliere» der Parlamentsarmee aufstellte, indem er eine Kerntruppe aus Adligen und vor allem aus freien Bauern, den *yeomen*, bildete. Cromwell besetzte mit seiner Armee London und «reinigte» das Parlament, das zum «Rumpfparlament» herabsank. Mit Hilfe der verbliebenen, fanatischen Abgeordneten errichtete er einen Hohen Gerichtshof, der Karl I. aburteilte und am 9. Februar 1649 hinrichten ließ – nach dem in England noch gültigen Julianischen Kalender am 30. Januar 1648.

Cromwell und die Republik. Das Rumpfparlament schaffte das Königtum und das Oberhaus ab und rief «ein freies Gemeinwesen» aus – *a free Commonwealth*. Diese Republik sollte elf Jahre lang Bestand haben, obgleich sie stets bedroht war. Doch Cromwells Tatkraft überwand alle Hindernisse. Das Rumpfparlament, das ihm zu nichts mehr nütze war, wurde aufgelöst und Cromwell zum «Lordprotektor» von Großbritannien ausgerufen.

Er führte zwar Reformen im Geist des Puritanismus durch, ließ aber auch eine relative Toleranz gegenüber Katholiken, Anglikanern der episkopalischen Richtung und selbst gegenüber Juden walten. Andererseits verfuhr er äußerst hart mit den Iren und den Anhängern der Stuarts. Was die Außenpolitik betraf, so kämpfte er an der Seite Frankreichs gegen das Spanien Philipps IV. Er verstärkte die Flotte, die von Admiral Robert Blake befehligt wurde. Bei Seegefechten im Mittelmeer und im Atlantik konnte sich Blake reicher Konvois der Spanier bemächtigen. Ebenso erfolgreich kämpfte er gegen die Holländer, und den Spaniern nahm er den wichtigen Hafen Dünkirchen, den Ludwig XIV. im Jahr 1662 für Frankreich zurückkaufte.

Dennoch scheiterte diese erste Revolution auf englischem Boden. Cromwell starb im September 1658. Sein Sohn Richard, der auf ihn folgte, war weder den Royalisten noch den Republikanern gewachsen. So kam es, daß der Oberbefehlshaber der Armee von Schottland, George Monck, in London einzog und Karl II. Stuart 1660 zum König von England ausrief. Die Revolution in England und die Ereignisse in den Niederlanden machen deutlich, daß die Republik als Staatsform während des 17. Jahrhunderts trotz des Siegeszugs des Absolutismus möglich war. Doch erst Englands zweite Revolution, die «Glorreiche Revolution» von 1688, sollte dann dauerhafte Ergebnisse zeitigen.

Karl II. und Jakob II. König Karl II. aus dem Hause Stuart (R 1660-1685) versuchte, den Absolutismus einzuführen. Als ihm das Parlament Gelder verweigerte, griff er zur Finanzierung von Kriegen wie von Hoffesten zu einem Mittel, das seine Untertanen wenig schätzten: Er nahm Hilfsgelder König Ludwigs XIV. an.

Dennoch blieb das Prestige des Königs weitgehend erhalten, und sein Bruder Jakob II. konnte ihm 1685 auf dem Thron folgen, obwohl er Katholik war. Doch fehlte es ihm an politischem Takt. So übte er Druck aus, um die volle Religionsfreiheit für seine Glaubensgenossen wiederherzustellen, und gestattete in seinem Palast katholische Gottesdienste. Die Engländer erwarteten, daß Jakobs Tochter Maria, die Gemahlin Wilhelms III. von Oranien, ihm im Königsamt folgen würde. Maria von Modena, die zweite Ehefrau Jakobs II. und wie er katholisch, brachte aber am 10. Juni 1688 Jakob Eduard zur Welt. Unterdessen hatte Jakob II. eine zweite «Indulgenzerklärung» zugunsten der «Dissenter» und der Katholiken veröffentlicht und angeordnet, die Erklärung in den Kirchen zu verlesen. Als der Erzbischof von Canterbury und sechs weitere Bischöfe dies ablehnten, wurden sie verhaftet und vor Gericht gestellt, jedoch freigesprochen. Das Vorgehen des Königs veranlaßte sieben hohe Würdenträger, unter ihnen Admiral Edward Russell und Henry Compton, der Bischof von London, eine Petition an Wilhelm von Oranien zu richten und ihn darin zu bitten, die Freiheiten Englands gegen den «papistischen» König zu verteidigen.

Die Glorreiche Revolution von 1688. Von den Generalstaaten der Vereinigten Provinzen unterstützt, richtete Wilhelm von Oranien am 10. Oktober 1688 eine Proklamation an die Engländer und an die Schotten. Zugleich rüstete er für die geplante Expedition nach England eine Flotte von 600 Schiffen, darunter 50 Kriegsschiffe. Am 15. November landete er bei Torbay. Das Heer König Jakobs II. war Wilhelm freundlich gesinnt und löste sich auf. Überall im Land erhob sich das Volk, besonders in London, und rief *«No popery»*, kein Papismus.

Jakob II. floh daraufhin nach Frankreich. Trotz der Unterstützung durch Ludwig XIV. sollte er den englischen Thron nicht wieder besteigen. Unterdessen wartete Wilhelm die Neuwahlen zum Unterhaus ab. Es erklärte am 7. und 8. Februar 1689 König Jakob II. für abgesetzt. Dann entschied es, daß die Krone von England nicht von ihm allein getragen werden sollte, sondern auch von seiner Frau Maria, einer geborenen Stuart: Auf den Münzen der neuen Regierung sah man deshalb die Porträts von «*William and Mary*».

304

304 *Oliver Cromwell. Porträt von Sir Peter Lely (1618-1680).* **305** *Eine Sitzung des englischen Oberhauses zur Zeit König Georgs III. (R 1769 bis 1820). Aquatinta von J. Bluck aus «The Microcosm of London», 1809, nach einer Zeichnung von Augustus Charles Pugin und Thomas Rowlandson.* **306** *Thomas Hobbes. Gemälde von John Michael Wright, 1669. King's College Cambridge.*

Die «Bill of Rights». Das Unterhaus bekräftigte seine Entscheidung mit einer Bestätigung aller bisherigen Parlamentsrechte, der *Bill of Rights*. Ihr lag keine abstrakte Philosophie zugrunde, wie der Erklärung der Menschen- und Bürgerrechte von 1789 in Frankreich. Es handelte sich vielmehr um eine Sammlung konkreter Regelungen. Was die Verfassungsgrundsätze betrifft, so erscheint die *Bill of Rights* wie eine Vorwegnahme der Zukunft: Das Gesetz steht über dem König. Steuern können nur mit Bewilligung des Parlaments erhoben werden, und zwar nur für ein Kalenderjahr. In Friedenszeiten darf kein stehendes Heer ausgehoben werden. Die *Bill of Rights* garantierte das Petitionsrecht und verbot es dem König, die Anwendung eines Gesetzes zu unterbinden, das vom Parlament ordnungsgemäß verabschiedet worden war. Gewaltverbrechen wurden künftig durch ein Geschworenengericht abgeurteilt. Grausamkeiten im Strafvollzug und überzogene Geldstrafen waren nicht mehr zugelassen.

Das besondere Glück Großbritanniens im Vergleich zu den Vereinigten Provinzen der Niederlande bestand vornehmlich darin, daß das Parlament beim Tode Wilhelms am 8. März 1702 darüber befand, wer ihm auf dem Thron nachfolgen sollte. Es entschied sich für Anna, die jüngere Schwester Marias. Und als Anna im Jahr 1714 ohne leiblichen Erben starb, schrieb das Parlament vor, daß die Krone an die Kurfürstin Sophie von Hannover überzugehen habe, die Enkelin Jakobs I., oder an ihr erstgeborenes Kind, sofern es Protestant war. Die beiden ersten Könige Englands aus der Welfen-Dynastie Hannover, Georg I. und Georg II., interessierten sich mehr für Hannover als für Großbritannien. Erst unter Georg III. (R 1760-1820) unternahm die Monarchie einen letzten Versuch, wenn nicht den Absolutismus, so doch wenigstens das «königliche Vorrecht» wiederherzustellen. Einen Höhepunkt dieser Auseinandersetzung bildete die «Affäre Wilkes», die 1763 begann. John Wilkes wurde wegen eines Artikels in seiner Zeitschrift *The North Briton* verurteilt und verlor daraufhin seinen Sitz im Unterhaus. Dreimal wurde er wiedergewählt, und die Londoner machten ihn sogar zu ihrem Bürgermeister. Im Jahr 1790 durfte er endlich sein Abgeordnetenamt wahrnehmen – ein entscheidender Sieg für die Pressefreiheit.

Grotius. Es ist wohl nicht erstaunlich, daß die Vereinigten Provinzen und Großbritannien – Länder, in denen es freiheitlicher zuging als anderswo in Europa – die größten politischen Denker des 17. Jahrhunderts hervorgebracht haben. Zu ihnen gehören der Niederländer Huig de Groot, bekannter unter dem Namen Grotius (1583-1645), der «Vater des Völkerrechts», sowie die Briten Thomas Hobbes (1588-1679) und John Locke (1632-1704).
Grotius, der aus Delft stammte, war ein Wunderkind. Bereits im Alter von acht Jahren schrieb er lateinische Gedichte. Im Jahr 1601 wurde er als Achtzehnjähriger zum Historiographen der Staaten von Holland ernannt und galt als einer der wichtigsten Mitarbeiter des Ratspensionärs Jan van Oldenbarnevelt. Dem Statthalter Moritz von Nassau war er feindlich gesinnt, und im Schauprozeß gegen Oldenbarnevelt wurde er 1619 zu lebenslänglicher Haft verurteilt. Mit Hilfe seiner Frau gelang es ihm aber, in einer Bücherkiste versteckt aus dem Gefängnis zu entkommen. Er floh zunächst nach Frankreich, dann nach Schweden. Von 1635 bis zu seinem Tod im Jahr 1645 war er Botschafter Schwedens in Paris. Sein Werk umfaßt Arbeiten zu Theologie, Philologie, Literatur und Geschichte; von herausragender Bedeutung sind seine Schrift *Von der Freiheit der Meere* von 1609 sowie das epochemachende Werk *Drei Bücher vom Recht des Krieges und des Friedens* von 1625. Darin wurden zum erstenmal sämtliche rechtlichen Verpflichtungen systematisiert, die zwischen souveränen Staaten bestehen, ohne daß ein Schiedsrichter existiert oder sonst eine Instanz ihre Konflikte beilegt.

Hobbes. Thomas Hobbes war ebenfalls ein Wunderkind und wie sein Freund, der Philosoph und Mathematiker Pierre Gassendi, ein Gegner René Descartes'. Der Franzose Gassendi erhielt im Alter von 16 Jahren einen Lehrstuhl für Rhetorik und mit 21 Jahren einen für Philosophie und Theologie. Hobbes, der Sohn eines anglikanischen Geistlichen, übersetzte als Schüler die *Medea* des Euripides aus dem Griechischen ins Lateinische. Er war ein glühender Royalist und mußte deshalb im Jahr 1640 nach Frankreich fliehen, wo ihm die Erziehung des Prinzen von Wales anvertraut wurde, des späteren Karl II. von England. Hobbes beschäftigte sich während dieser Zeit mit Gassendi, Galilei und Descartes. Im Jahr 1651 kehrte er nach England zurück.
Hobbes war ein Pessimist und davon überzeugt, daß der Mensch von Natur aus schlecht sei: *«Homo homini lupus»* – der Mensch ist dem Menschen ein Wolf. Es gebe kein anderes Recht als das der Gewalt, und es müsse notwendigerweise «ewig» Krieg geben. Zur Sicherung des Friedens bedürfe es daher einer despotischen Autorität, der sich vor allem der Klerus zu unterwerfen habe. Unter Hobbes' Werken zur Politik ist der *Leviathan* (1651) das bekannteste.

Locke. John Locke gehörte einer jüngeren Generation an. Er war der Sohn eines Gerichtsschreibers und ehemaligen Offiziers in der Armee der «Rundköpfe». Er selbst indes blieb ein Gemäßigter – der «weise Locke».
Er hatte in Oxford studiert und war dort

305

306

Professor am Christ Church College geworden. So konnte er sich in aller Ruhe seinen Studien widmen. Von 1682 bis 1688 lebte er in Holland im Exil und kehrte erst mit Wilhelm von Oranien nach England zurück. Locke war ein großer Philosoph und ein Kenner der Politik. In seinem Hauptwerk *Two Treatises of Government* (Zwei Abhandlungen über die Regierung) von 1690 verurteilte er die absolute Monarchie und befürwortete die bürgerlichen Freiheiten, die der Glorreichen Revolution und der *Bill of Rights* zugrunde lagen. Wie Hobbes glaubte auch er an einen Naturzustand ohne Gesetze, in dem die Gewalt triumphiere. Aber jeder Mensch versuche, seine Grundrechte, Freiheit und Eigentum zu schützen. Dieses Bedürfnis bringe die Individuen dazu, eine «bürgerliche Gesellschaft» und eine Regierung einzurichten, der sie einige ihrer Befugnisse abträten. Aber die Regierung dürfe nicht absolut sein, sondern müsse von jenen Gewalten begrenzt werden, welche die Individuen im Naturzustand besäßen. Werde die Regierung «tyrannisch», dann habe jeder einzelne das Recht, sich gegen sie aufzulehnen. Schließlich sei die Tyrannei eines Parlaments genauso zu verurteilen wie die eines Königs. Locke trat auch für die Meinungs- und Pressefreiheit ein.

Die Lehren Lockes waren nicht nur für die Gründer der künftigen Republik der Vereinigten Staaten von Amerika bedeutungsvoll, sondern auch für die Franzosen – für Voltaire, Montesquieu und den Genfer Jean-Jacques Rousseau. Lockes Philosophie führte zur Freiheit. Rousseau hingegen wurde der Vorläufer der jakobinischen Republik, als er dem frei und direkt ausgeübten «Gemeinwillen» eine Art Unfehlbarkeit zuerkannte.

307

308

309

307 *Der Philosoph John Locke. Porträt aus der Schule des Hofmalers Godfrey Kneller, um 1680, King's College Cambridge.* **308** *Der große Komödiendichter und Schauspieler Jean-Baptiste Poquelin, genannt Molière. Kupferstich von Nicolas-Bernard Lépicié (1735-1784).* **309** *William Shakespeare. Bildnis auf dem Titelblatt der ersten vollständigen Ausgabe der Bühnenwerke, erschienen bei Jaggard und Blunt, 1623. Kupferstich von Martin Droeshow.* **310** *«Die Anbetung des Namens Jesu» (Der Traum Philipps II.). Gemälde von El Greco (1541-1614), 1579. Im Vordergrund: die Häupter der Heiligen Liga, die 1571 die Türken in der Seeschlacht von Lepanto besiegten.*

Das 17. Jahrhundert: ein «goldenes» oder ein «eisernes» Zeitalter?

Nach der Renaissance und noch vor der Aufklärung erscheint das 17. Jahrhundert auf den ersten Blick als eine Zeit, die zumindest in Literatur und Kunst glänzende Werke aufzuweisen hat.

In Frankreich kam 1636 Pierre Corneilles *Cid* heraus, ein Jahr später erschien in Holland Descartes' *Abhandlung über die Methode*. Blaise Pascal starb 1662 im Alter von nur 39 Jahren, Jean-Baptiste Molière 1673 im Alter von 51 Jahren. Zusammen mit Jacques-Bénigne Bossuet, Jean Racine, Jean de La Fontaine, Jean de La Bruyère und vielen anderen gehörten sie zu den führenden Geistern im Zeitalter Ludwigs XIV.

In England begann nach dem «Elisabethanischen Frühling» William Shakespeare 1591 seine Stücke zu schreiben; er starb 1616. Nach ihm brachte das Land eine Reihe weiterer bedeutender Schriftsteller hervor, unter ihnen John Milton und John Bunyan.

Deutschland, das unter dem Dreißigjährigen Krieg besonders zu leiden hatte, erlebte eine Zeit des Niedergangs. Dennoch entstanden dort beachtliche Werke, wie der *Abenteuerliche Simplicissimus Teutsch* von Hans Jakob Christoffel von Grimmelshausen (1621-1676).

Italien blieb in vielen Bereichen führend in Europa, wurde aber in der Politik wegen seiner Zersplitterung vollends zum Spielball fremder Mächte. Es war das Land Galileis, ohne den man sich einen Descartes und einen Newton schwerlich vorstellen kann. Es war das Ursprungsland des Barocks, das Land von Künstlern wie Giovanni Lorenzo Bernini und Michelangelo da Caravaggio, von Komponisten wie Claudio Monteverdi und Alessandro Scarlatti. Die Commedia dell'arte stand auf ihrem Höhepunkt.

Spanien aber erlebte sein «Goldenes Zeitalter». Der große Miguel de Cervantes Saavedra, ein Zeitgenosse Shakespeares, wurde im Jahr 1547 in Alcalá de Henares geboren. Er war Soldat, wurde in der Seeschlacht von Lepanto verwundet und geriet später in türkische Gefangenschaft. Er war über fünfzig Jahre alt, als sein tragikomischer Schelmenroman *El ingenioso hidalgo Don Quixote de la Mancha* (Der sinnreiche Junker Don Quijote von la Mancha) erschien. Von diesem Werk hat man mit gutem Recht gesagt, es sei ein Roman, der zugleich der Welt und Spanien gehört. Zur selben Zeit besaß Spanien in El Greco auch einen genialen Maler, und spanische Dramatiker inspirierten ganz Europa, so Félix Lope de Vega, Tirso de Molina und Pedro Calderón de la Barca. Mit dem Tod Calderóns im Jahr 1681 gelangte das «Goldene Zeitalter» in Spanien an sein Ende.

310

Auch die Vereinigten Provinzen erfreuten sich ihres «Goldenen Zeitalters», vor allem nach der Unterzeichnung des Waffenstillstands mit Spanien im Jahr 1609. Wie der niederländische Schriftsteller Paul Rodenko schrieb: «Das 17. Jahrhundert war besonders in seiner ersten Hälfte für die nördlichen Niederlande die ruhmreichste Zeit ihrer Geschichte. In der Politik nahm die Republik nach dem Auslaufen des Waffenstillstands im Jahr 1621 den Krieg gegen Spanien wieder auf und erreichte für eine kurze Zeit die Position einer Großmacht [...] In der Wissenschaft wie in der Malerei und der Musik brachte dieses Land Männer von internationalem Rang hervor: Zacharias Janssen, Peter Paul Rubens, Anthonis van Dyck, Frans Hals, Rembrandt van Rijn, Jan Pieterszoon Sweelinck [...]. Und die Literatur war nicht weniger gesegnet.» Der Dichter und Geschichtsschreiber Pieter Corneliszoon Hooft war eine ihrer herausragenden Gestalten. In seiner Chronik *De Nederlandsche historieen* (1642-1654) erzählt er die Geschichte der Unabhängigkeitskriege von 1555 bis 1587.

In der zweiten Hälfte des Jahrhunderts war die Geschichte der Vereinigten Provinzen weniger glanzvoll. Im Jahr 1672 fielen französische Truppen ein, danach wurden die Holländer von Wilhelm III. von Oranien gezwungen, sich der politischen Entwicklung in England anzupassen. Doch die relative Freiheit der Holländer machte ihr Land zu einem Zentrum für Publikationen, die in anderen Ländern verboten waren, und zu einem Zufluchtsort für Philosophen wie Descartes und Spinoza sowie für Hugenotten, die nach der Aufhebung des Edikts von Nantes 1685 aus Frankreich vertrieben wurden. Die Universitäten in Leiden, Utrecht, Groningen und Rotterdam genossen europäischen Ruf. Drei Schlüsselwerke französischer Sprache wurden zuerst in den Niederlanden gedruckt: Pierre Bayles Zeitschrift *Nouvelles de la République des Lettres* (1683-1687), Jean Le Clercs *Bibliothèque Universelle et Historique* (1686) und Basuage de Beauvals *Histoire des ouvrages et des savants* (1687). Bayle arbeitete in den Vereinigten Provinzen an seinem großen *Historischen und kritischen Wörterbuch* (1696-1697), das zu einem Symbol der «Krise des europäischen Bewußtseins» an der Wende jenes Jahrhunderts wurde.

Wie die Literatur, so erlebte in Europa auch die Malerei eine Blütezeit. Italien, das nicht mehr die Heimstatt der großen Maler war, blieb dennoch dank den Ateliers von Bologna weiterhin sehr einflußreich, ob durch Michelangelo da Caravaggio, Guido Reni, Francesco Albani oder durch Giovanni Francesco Barbieri, besser bekannt unter seinem Spitznamen Il Guercino, der Schieler. Sie waren die Lehrmeister französischer Maler wie Charles Le Brun und Pierre Mignard. Nicolas Poussin verbrachte fast sein ganzes Leben in Rom. In Spanien wirkten die Maler Jusepe Ribera, Bartolomé Esteban Murillo, Francisco Herrera, Francisco de Zurbarán und der große Diego Rodríguez de Silva Velásquez. Aus Antwerpen kamen Peter Paul Rubens und Anthonis van Dyck, aus Leiden Rembrandt van Rijn. England schien sich lange Zeit mit den großen Malern aus den Niederlanden zu begnügen wie zum Beispiel mit van Dyck, dem Porträtisten König Karls I., und mit Rubens, der Maler und Diplomat zugleich war.

Trotz all dieser künstlerischen Leistungen blieb das Leben in jener Zeit für die große Masse der Europäer äußerst hart. Corneille war sich dieser Tatsache bewußt. Im Prolog zu seinem wenig bekannten Theaterstück *Das Goldene Vlies* von 1660 sagt Frankreich zu dem jungen Ludwig XIV., der gerade den Pyrenäenfrieden unterzeichnet und die spanische Infantin Maria Theresia geheiratet hat: *«L'Etat est florissant, mais les peuples gémissent / Leurs membres décharnés courbent sous mes hauts faits / Et la gloire du trône accable les sujets. / Je me lasse de voir mes villes désolées / Mes habitants pillés, mes campagnes brûlées.»* (Der Staat steht in Blüte, aber die Völker stöhnen. Ihre abgemagerten Glieder krümmen sich unter meinen Taten. Und der Ruhm des Thrones drückt die Untertanen nieder. Ich bin müde, meine zerstörten Städte zu sehen, meine geplünderten Einwohner, meine niedergebrannten Felder.) Fünfundfünfzig Jahre später bekannte Ludwig XIV. auf dem Sterbebett: «Ich habe zu sehr den Krieg und das Bauen geliebt.»

Die Bevölkerungskrise im 17. Jahrhundert. Wie groß die Armut gewesen sein muß, läßt sich vor allem an der demographischen Entwicklung ablesen. Marcel Reinhard, André Armengaud und Jacques Dupâquier schrieben dazu in ihrer *Allgemeinen Geschichte der Weltbevölkerung*: «Das Bevölkerungswachstum, das für das 16. Jahrhundert charakteristisch war, verlangsamte sich im größten Teil Europas gegen Ende des Jahrhunderts, um schließlich einer Stagnation zu weichen, wenn nicht einem Rückgang, der bis in die Mitte des 18. Jahrhunderts dauerte.» Dem Kapitel über diese Zeit gaben sie daher den Titel: «Die europäische Krise von 1600 bis 1740».

Es handelte sich tatsächlich um eine Krise, wenn auch um eine weniger katastrophale als jene der Pest im 14. Jahrhundert. Sie war durch eine Reihe von Heimsuchungen gekennzeichnet, darunter Hungersnöte, Epidemien und Kriege, welche die Sterblichkeit drastisch steigen ließen.

Aber das war nicht alles. Es gab eine nur wenig bekannte und komplexe Beziehung zwischen diesen ungünstigen Lebensbedingungen und der Geburtenrate. In Zeiten der Not, als man noch keine direkten Methoden der Empfängnisverhütung kannte, wurden andere Maßnahmen ergriffen. So war zum Beispiel, wie der Historiker Pierre Chaunu schrieb, «das Heiratsalter der Mädchen im alten Europa die wirkliche Waffe gegen die Empfängnis [...] In schlechten Zeiten wurden Heiraten aufgeschoben, in guten vorverlegt.»

Vielleicht war die Armut in Europa zum Teil auch dem Klima zuzuschreiben. Es scheint eine Kälteperiode gegeben zu haben, die 250 Jahre dauerte. Sie brachte einerseits die katastrophalen Winter von 1709 bis 1740 und vernichtete andererseits sowohl die Aussaat im Frühjahr als auch die Ernte im Herbst, so daß die Weizenpreise besonders in den Jahren 1606 bis 1609, 1639 bis 1644, 1663/64, 1672 bis 1677 und 1691 bis 1716 sehr hoch waren. Mit den Worten von Reinhard, Armengaud und Dupâquier: «Die Nahrungsmittelkrise bewirkte eine höhere Sterblichkeitsrate, gefolgt von einem Rückgang der Geburten; die unmittelbare Gegenmaßnahme war der Aufschub von Eheschließungen.»

Die Epidemien, darunter vor allem die Pest, fielen jedoch nicht immer mit den Hungerzeiten zusammen. Die Pest «hörte auf, die schlimmste Geißel zu sein», obgleich man sie noch in einigen Gegenden beobachten konnte. Auch die Lepra begann zu verschwinden. Der Sieg über beide Seuchen war einer Verbesserung der sanitären Verhältnisse zu verdanken. «Was die Pest betrifft, endete das Mittelalter im Jahr 1685», schrieb Pierre Chaunu. Dennoch gab es um 1720 noch einmal eine schwere Pestepidemie in Marseille.

Kriege trugen dazu bei, die Übel zu vermehren. Es gab offensichtlich eine Beziehung zwischen den Truppenbewegungen und der Verbreitung von Epidemien. So ging die Einwohnerzahl der Pfalz um 70 Prozent zurück. Jene von Württemberg verringerte sich von 450000 auf 100000. In Mecklenburg fiel die Zahl gar um 80 Prozent. Noch im Jahr 1700 lag die Einwohnerzahl Deutschlands unter dem Niveau von 1600. Erst um 1750 waren die Verluste wieder ausgeglichen.

Die Brutalität der Kriege im 17. Jahrhundert müßte unser Entsetzen hervorrufen, wären uns die Grausamkeiten des Zweiten Weltkriegs nicht bekannt. Lassen wir ein paar Beispiele sprechen. Im Jahr 1576

311 *Die Schrecken des Kriegs im 17. Jahrhundert: nach der Eroberung Magdeburgs am 20. Mai 1631 brannten die Kaiserlichen unter ihrem Generalissimus Tserclaes Graf von Tilly die Stadt nieder. Kolorierter Kupferstich, Einblattdruck aus dem Jahr 1631.*

drangen spanische Söldner in Antwerpen ein, einer befreundeten Stadt. Sie wurde, wie üblich, geplündert; sechstausend Menschen verloren ihr Leben. Im Jahr 1649 landete Oliver Cromwell in Irland bei Dublin und nahm im Sturm Drogheda. Wie alle Engländer hatte er noch die Massaker von 1641 in Ulster im Gedächtnis, wo irische Aufständische Tausende von Protestanten getötet hatten. Nun gab es weder in Drogheda noch in Wexford Pardon. Die Verteidiger wurden gnadenlos niedergemacht, alle Priester bekamen die Schärfe des Schwerts zu spüren, Frauen und Kinder verschonte man nicht. Das furchtbare Gemetzel, dessen Cromwell sich auch noch rühmte, und die darauf folgende Unterdrückung ließen auf der unglücklichen Insel einen unauslöschlichen Haß aufkeimen. Die Pfalz wurde zweimal von französischen Truppen verwüstet, in den Jahren 1674 und 1688, und zwar auf solch grauenvolle Weise, daß noch heute die Erinnerung daran in Deutschland wach geblieben ist.

Die Einwohnerzahl Europas im 17. Jahrhundert: eine Schätzung. Es ist nicht leicht, die Einwohnerzahl des alten Europa genau anzugeben. Die erste Volkszählung fand in Frankreich auf Anordnung von Finanzminister Jean-Baptiste Colbert 1663 statt. Ihr folgten bald Volkszählungen in Großbritannien, in den spanischen Niederlanden und in den Vereinigten Provinzen. In Preußen wurde eine Volkszählung 1740 durchgeführt, in Spanien erst 1787.

Deutlich ist der Gegensatz zwischen dem 17. Jahrhundert, in dem es in den Jahren 1630 bis 1650 zu einem Niedergang kam, und dem 18. Jahrhundert. Um 1700 gab es in Europa etwa 118 Millionen Menschen und in der ganzen Welt ungefähr 510 Millionen.

Nach Fernand Braudel zählte die Welt im Jahr 1650 höchstwahrscheinlich 470 Millionen, um 1750 zwischen 660 und 694 Millionen Menschen. Das entspricht einer Zunahme von 41 bis 47 Prozent. Die Zahlen für Europa, Rußland eingeschlossen, stiegen in derselben Zeit von 100 bis 105 auf 140 bis 144 Millionen Menschen, also um 37,1 Prozent. Dabei fiel die Einwohnerzahl Spaniens um die Mitte des 17. Jahrhunderts vermutlich von 8 auf 6 Millionen.

Auch im 18. Jahrhundert war die Armut weit verbreitet, doch wurden die großen Hungersnöte seltener, und die Epidemien gingen zurück. Die Tatsache, daß von 1770 an mehrere Revolutionen ausbrachen, zeigt immerhin, daß die Menschen ihre Lage zunehmend unerträglich fanden. Die Zahl der Menschen indes nahm immer mehr zu. So stieg die Einwohnerzahl in England und Wales von 5,826 Millionen im Jahr 1700 auf 6,14 Millionen im Jahr 1750 und auf 9,156 Millionen im Jahr 1801. Schweden zählte im Jahr 1720 etwa 1,45 Millionen und im Jahr 1800 ungefähr 2,347 Millionen Einwohner. Norwegen hatte im Jahr 1735 etwa 616000 und 1801 schon 883000 Einwohner. Die italienischen Staaten zählten ungefähr 13 Millionen Seelen zu Beginn des 18. Jahrhunderts und 18 Millionen an dessen Ende. In Deutschland stieg die Einwohnerzahl im 18. Jahrhundert rapide: von 1700 bis 1800 um 94 Prozent in Württemberg, um 132,5 Prozent in Ostpreußen und um 138 Prozent in Pommern. In den habsburgischen Landen betrug die Gesamtzahl der Einwohnerschaft 8,1 Millionen Menschen im Jahr 1725, während es 1789 bereits 22,5 Millionen waren.

Der Zuwachs an Menschen führte in den Vereinigten Provinzen zu einer regelrechten Übervölkerung; um 1750 lebten dort 1,98 Millionen und 1796 etwa 2,078 Millionen Menschen. Die spanischen Niederlande zählten im Jahr 1714 etwa 1,75 Millionen, 1784 ungefähr 2,8 Millionen und 1813 bereits 3,3 Millionen Menschen.

In Frankreich lassen sich die Zahlen für das beginnende 18. Jahrhundert nur unzureichend ermitteln. Im Jahr 1791 hatte das Land 26,3 Millionen Einwohner.

Schließlich weisen auch Spanien und Portugal eine steigende Einwohnerzahl auf. Sie nahm von 1723 bis 1797 um etwa 3 Millionen zu. Die Volkszählung von 1797 ergab für Spanien 10,5 Millionen Menschen.

Insgesamt belaufen sich die Schätzungen für das Jahr 1750 auf 140 Millionen Menschen in Europa einschließlich Rußlands. Das sind 19,2 Prozent der damaligen Weltbevölkerung von 728 Millionen Menschen. Um 1800 betrug die Einwohnerzahl Europas 167 Millionen bei einer Weltbevölkerung von 906 Millionen, was 20,6 Prozent entspricht. Mit anderen Worten: ein Fünftel der Weltbevölkerung lebte in Europa, das für fast zwei Jahrhunderte die führende Macht in der Welt werden sollte.

In derselben Zeit wuchs auch die Einwohnerzahl der Städte. In Osteuropa gab es nur wenige Städte, die zudem weit auseinander lagen. So hatte Polen im Jahr 1772 nur fünf Städte mit mehr als 20000 Einwohnern. Auch in Rußland gab es kaum mehr: Nur 4 Prozent seiner Menschen lebten 1794 in Städten; im Jahr 1897 waren es 13 Prozent. Keine Stadt im Osten erreichte die Einwohnerzahl von London, Paris oder Neapel. Im Jahr 1700 gab es in Europa zehn Städte mit mehr als 100000 Einwohnern; bis zum Jahr 1800 stieg deren Zahl auf 17, darunter fünf mit mehr als 200000 Menschen.

Im Berlin des Jahres 1783 zählte man 141000 Einwohner, unter ihnen 33000

312

312 *Um 1800 war London die größte Stadt der Welt: «Ansicht von London», Gemälde (Ausschnitt) von Antonio Canaletto (1697-1768).* **313** *Der klassizistische Baustil im Frankreich des 17. Jahrhunderts: die Kolonnaden (Detail) an der Ostfassade des Louvre von Claude Perrault (1613-1688), erbaut in den Jahren 1667 bis 1678.* **314** *Im übrigen Europa – vor allem im katholischen Süddeutschland – setzte sich das Barock durch: das Innere der Klosterkirche von Ottobeuren im bayerischen Allgäu. Die Abteikirche wurde von 1737 bis 1766 errichtet.*

Soldaten. London hatte bereits 1580 gut 123000 Einwohner, im Jahr 1700 mindestens 550000 und im Jahr 1801 zwischen 745000 und 900000. Zu diesem Zeitpunkt war London die größte Stadt der Welt. Die Zahl für Paris lag im Jahr 1789 zwischen 450000 und 600000. Neapel hatte im Jahr 1776 etwa 337000 und 1796 schon 417000 Einwohner. Wien erreichte im Jahr 1754 den Stand von 175000 und hatte 1793 bereits 235000 Einwohner, während Moskau im Jahr 1800 bei 230000 angekommen war.

Kennzeichnend für die Armut im Europa des 17. Jahrhunderts war, daß in fast allen Ländern die Bauern revoltierten. Meist erhoben sie sich gegen irgendeine Steuer. Doch ein weiterer Grund für die Bauernaufstände dürfte die Bevölkerungszunahme gewesen sein, die dazu führte, daß jede Familie mehr Menschen zu ernähren hatte. Vor allem in Frankreich brachen von 1629 bis 1639 und in den Jahren 1675 bis 1680 wiederholt Bauernaufstände aus. Die Behörden, die den Geldbedarf der Heere aufzutreiben hatten, bürdeten in dem Augenblick den Bauern eine größere Steuerlast auf, «als deren Belastbarkeit schon überschritten war» (Roland Mousnier). Vielleicht hängt die «Bauernraserei» auch damit zusammen, daß die Preise, die ein Jahrhundert lang gestiegen waren, zu sinken begannen. Von 1630 bis 1640 waren die Preise noch stabil gewesen, von 1640 bis 1675 fielen sie, und von 1675 bis 1685 blieben sie auf einem sehr niedrigen Niveau stabil – all dies eine Folge des sinkenden Imports von Edelmetallen aus Amerika. Einige der Aufstände hatten ihre Ursache auch in dramatischen Wetterstürzen, wenn zum Beispiel ein Hagelschlag innerhalb weniger Minuten die Ernte eines ganzen Jahres vernichtete. Dennoch waren spontan ausbrechende Bauernaufstände selten. Die meisten wurden von Landadligen oder Städtern geführt und richteten sich gegen den Fiskus oder gegen die «Tyrannei» des Staates.

Von der Autorität zu mehr Solidarität

Im Lauf von zwei Jahrhunderten änderte sich das europäische Denken von Grund auf. Im 17. Jahrhundert hatte der Angriff auf das Prinzip der Autorität begonnen, im 18. Jahrhundert trug er überall den Sieg davon. So schrieb der englische Historiker Norman Hampson in seinem Buch *Das Jahrhundert der Aufklärung*: «Der geistige Horizont der meisten Gebildeten im frühen 17. Jahrhundert wurde von zwei unbestrittenen Quellen der Autorität beherrscht: der Heiligen Schrift und den Klassikern. Beide Quellen trugen auf ihre Art die Vorstellung weiter, daß nach einem früheren Goldenen Zeitalter die Zivilisation in ständigem Zerfall begriffen sei. Die vernünftigste Tätigkeit für einen Zeitgenossen war deshalb auch, die Werke der glücklicheren ‹Alten› zu studieren, um auf diese Weise zu der Gesellschaft zurückzufinden, die jenen vertraut war. Die jüngsten geistigen Bewegungen in Europa, die Renaissance und die Reformation, hatten diese Einstellung gefördert und die Autorität heiliger Texte verstärkt. Die Renaissance und die Pädagogik des Humanismus gründeten sich weitgehend auf eine Erneuerung der griechischen und der lateinischen Bildung.»

Im 17. Jahrhundert indes wurde das Prinzip der Autorität immer mehr angezweifelt, ja geradezu aus den Angeln gehoben. Doch wie stark die Kraft der Kritik auch sein mag, der menschliche Geist sucht angesichts des Unbekannten immer nach Beistand. War die Zivilisation der Antike vollkommen gewesen, dann mußte die Wahrheit in den Schriften der «Alten» zu finden sein. So wurde Aristoteles in der Philosophie zum Vorbild, zumindest nach Auffassung des heiligen Thomas von Aquin, der Dominikaner und zahlreicher Theologen; Hippokrates und Galen waren es in der Medizin, Vitruv in der Architektur. Selbst beim Theater glaubte man, daß die «Regel der drei Einheiten» – von Ort, Zeit und Handlung – ein Erbe der Antike sei; jedes gute Theaterstück habe sie zu beachten.

Die Architektur. Der Widerstand gegen die «Alten» scheint in den schönen Künsten und in der Literatur ziemlich schwach gewesen zu sein. In der Wissenschaft hingegen war er beträchtlich.

Wenn es auch zutraf, daß die «Alten» und besonders die Griechen unübertreffliche Meisterwerke in der Bildhauerkunst und der Architektur hervorgebracht hatten, so schien es immer noch möglich zu sein, mit ihnen gleichzuziehen, indem man andere Wege einschlug. Diese Vorstellung begann allmählich das Denken der Menschen zu beherrschen.

So entwickelte sich im 17. Jahrhundert in der Architektur und in der Bildhauerei ein neuer Stil, das Barock. Der Architekt Francesco Borromini (1599-1667) und der Bildhauer Giovanni Lorenzo Bernini (1596-1680) vor allem waren die Begründer einer Kunst, die – so der Kunsthistoriker Victor L. Tapié – «die Linien und Inhalte befreite, dem Detail seinen eigenen Wert gab, unabhängig von seiner Einordnung in das Ganze, und die eine Freiheit,

313

314

ja eine Erfindungsgabe ausdrückte – bis hin zu Extravaganz».
Das Barock verbreitete sich in Italien und Spanien sowie in Lateinamerika, ebenso in Mitteleuropa und hier besonders in Deutschland; man denke etwa an die Benediktinerabtei in Weingarten, an den Zwinger und die Hofkirche in Dresden. Barocke Architektur gab es zwar auch in Frankreich und in England, aber sie sah sich in beiden Ländern einer klassischen Kunst gegenüber, die nicht so aufwendig war und in ihrer Klarheit maßvoll blieb. Sie wurde vom Hof gefördert. Als im Jahr 1665 Bernini nach Paris eingeladen wurde, um einen Plan für die Kolonnaden an der Ostseite des Louvre auszuarbeiten, legte er einen grandiosen und kostspieligen Entwurf vor. Aus Geschmacksgründen, vielleicht auch aus ökonomischen oder nationalen Gründen erhielt jedoch der Entwurf des Franzosen Claude Perrault den Vorzug. Diese Entscheidung hat man in Frankreich oft als den Triumph des Klassizismus über das Barock angesehen. Doch im Volk war das Barock sehr beliebt. Es sah in den Barockkirchen die Verkörperung des gegenreformatorischen Glaubens. So findet man auch in Frankreich trotz des Fehlens von Barockbauten Ausschmückungen im Stil des Barock.
In England hatte das Barock in den Jahren vor 1666 einigen Erfolg verbuchen können. Zu diesem Zeitpunkt, der mit dem großen Brand in London zusammenfällt, bekam der größte englische Architekt der Epoche, Christopher Wren (1632-1723), ein Kenner der Schlösser in Frankreich und Kritiker Berninis, den Auftrag, Saint Paul's Cathedral zu bauen. Seinen Entwurf von 1675 führte Wren in klassizistischem Stil aus. Die Kathedrale und ihre Kolonnade sind in der ganzen Welt berühmt.
Während die «geschwungene Linie» ihren Siegeszug fortsetzte, vor allem bei Möbeln und bei Verzierungen, entwickelten sich im 18. Jahrhundert in der Architektur zwei gegensätzliche Stilrichtungen: das Rokoko und ein Neoklassizismus, der sich stärker an die Vorbilder aus der Antike anlehnte. Ein Beispiel hierfür ist das Pantheon in Paris, das von Jacques-Germain Soufflot seit 1755 erbaut wurde.

Die Literatur. Auch in der Literatur lagen das gesamte 17. Jahrhundert hindurch die beiden Schulen der «Alten» und der «Modernen» miteinander im Streit. Die Anhänger der «Alten», die immer wieder bekräftigten, daß eine Literatur nichts wert sei, wenn sie nicht die griechische oder die lateinische nachahme, wurden schließlich von einem gewaltigen Willen zur Innovation verdrängt. Dennoch war die Nachahmung der Antike immer noch weit verbreitet, wenn auch nicht mehr so stark wie im 16. Jahrhundert, als zum Beispiel der französische Dichter Pierre de Ronsard (1524/1525-1585) eine *Ode à la fontaine Bellerie* (Ode an den Bellerie-Brunnen) geschrieben hatte, die eine unmittelbare Kopie der Horaz-Ode *O fons Bandusiae* war.

Die Wissenschaft. Wie gefährlich es sein kann, wenn Wissenschaft auf Autorität gegründet wird, zeigen zwei Beispiele. Das erste ist die Entdeckung des Blutkreislaufs. Der Römer Galen hatte ihn noch nicht gekannt. Er wurde erst von dem Engländer William Harvey (1578-1657) entdeckt, einem Professor am Königlichen Kolleg für Medizin in London und Leibarzt Jakobs I. Sein Buch *De motu cordis* (Über die Bewegung des Herzens) erschien 1628. Doch lange noch wehrten sich die Anhänger Aristoteles' und Galens gegen die Entdekkung. Einer von ihnen war Gui Patin von der Universität Paris, dessen Gegnerschaft zu Harveys «vermeintlicher Entdeckung» von Molière 1673 im *Eingebildeten Kranken* verspottet wurde.
Das zweite Beispiel für einen unangebrachten Glauben an die Autorität betraf die Erdumdrehung. Im Jahr 1543 veröffentlichte Nikolaus Kopernikus (1473 bis 1543) sein Werk *De Revolutionibus Orbium Coelestium Libri VI* (Sechs Bücher über die Umwälzungen der Himmelskörper), worin er nachwies, daß die Erde sich um die Sonne dreht. Der Däne Tycho Brahe (1546-1601) versuchte das Kopernikanische System mit dem Ptolemäischen zu versöhnen und machte Beobachtungen, die Johannes Kepler (1571-1630) in die Lage versetzten, seine drei Gesetze über die Bewegung der Planeten, die sogenannten Keplerschen Gesetze, zu formulieren. Sie wurden später von dem Engländer Isaac Newton (1643-1727) in seinen *Philosophiae naturalis principia mathematica* (Mathematische Grundlagen der Naturwissenschaft) von 1687 bestätigt. Unterdessen hatte der Italiener Galileo Galilei (1564-1642) das Fernrohr verbessert und 1632 seinen *Dialog über die beiden hauptsächlichen Weltsysteme, das ptolemäische und das kopernikanische* veröffentlicht. Er widerlegte darin die aristotelische Theorie, wonach die Erde im Zentrum der Welt stillstehe und alle anderen Himmelskörper in vierundzwanzig Stunden einmal um sie kreisten. Die Erde war damit nicht mehr der Mittelpunkt der Welt, sondern nur noch ein winziger Teil in einem Universum, das sich immer mehr wissenschaftlicher Beobachtung und Erforschung erschloß.

Das allein erklärt vielleicht bereits die allzu einfache Reaktion der Kirche, die es gewohnt war, ihr Lehrgebäude aus der Bibel, besonders dem Schöpfungsbericht, und den Schriften des Aristoteles abzuleiten. Bereits im Jahr 1616 verurteilte das Inquisitionsgericht in Rom die «Ansicht, daß die Sonne unbeweglich im Mittelpunkt der Welt stehe», als «verrückt, philosophisch falsch und ganz und gar ketzerisch, weil sie im Gegensatz zur Heiligen Schrift steht». Das Gericht fuhr fort: «Die Ansicht, daß die Erde nicht der Mittelpunkt des Universums sei und sich sogar täglich drehe, ist philosophisch falsch und zumindest ein Irrglaube.»

Nach der Veröffentlichung seines *Dialogs* wurde Galilei von der Inquisition nach Rom beordert und dort im Februar 1633 festgenommen. Von der Folter bedroht, widerrief er und wurde zu einer Gefängnisstrafe verurteilt. Der Legende nach soll er nach seinem Widerruf gesagt haben: *«Eppur si muove»* – Und sie [die Erde] bewegt sich doch! Die Physik Galileis beruhte auf Beobachtung und Experiment. Galilei hatte bewiesen, daß die Bewegung der Erde mathematischen Gesetzen gehorcht.

Erfahrung und Vernunft. Zwei Männer zogen die philosophische Konsequenz aus der neuen Naturwissenschaft Galileis. Der eine war der Engländer Francis Bacon (1561-1626). Er stellte die Autorität Platons und Aristoteles' in Frage, weil beide die Welt, über die sie nachdachten, nicht genügend untersucht hätten. Diese erschließe sich nur durch Erfahrung, deren Grundsätze er, Bacon, zu definieren suche. Doch der Empirismus allein reichte nicht aus.

Der Franzose René Descartes (1596-1650) ersetzte die aristotelische Lehre durch eine neue Philosophie, die auf Vernunft und Klarheit beruht: «Ich halte niemals eine Sache für wahr, die ich nicht klar und deutlich als solche erkannt habe.» Descartes war adliger Herkunft, diente 1618/19 als Soldat und widmete den Rest seines Lebens der Philosophie.

Im Jahr 1628 ließ er sich in Holland nieder, wo es mehr Freiheit gab als in Frankreich. In Leiden veröffentlichte er 1637 seinen berühmten *Discours de la méthode* (Abhandlung über die Methode), 1641 erschienen in Paris die *Meditationes de prima philosophia* (Meditationen über die Erste Philosophie). Descartes wollte die Geometrie und die Physik auf reines Denken gründen. Doch ohne Erfahrung und Experiment kann auch das reine Denken in die Irre führen.

Gegen Ende des 17. Jahrhunderts über-

315

nahm England die Führung im geistigen Leben Europas. Es überholte im Jahr 1712 Frankreich in der Buchproduktion. Und einem Engländer, Isaak Newton, Professor für Mathematik am Trinity College zu Cambridge, gelang die endgültige Synthese zwischen Vernunft und Erfahrung. Dabei folgte er den Prinzipien des großen französischen Philosophen und Mathematikers Blaise Pascal (1623-1662) und ging zugleich über sie hinaus. Auf der Grundlage von Analyse und Experiment entwickelte er ein neues mathematisches Instrumentarium, die Infinitesimalrechnung, eine Methode, die fast gleichzeitig von dem Philosophen und Mathematiker Gottfried Wilhelm Leibniz (1646-1716) ausgearbeitet wurde. Newton bewies, daß die Naturgesetze auch für die Himmelskörper gültig sind. Alle Bewegung geht auf die «universelle Schwerkraft» zurück. Sein Zeitgenosse Alexander Pope schrieb über Newton: *«Nature and Nature's laws lay hid in night:/ God said ‹Let Newton be!› and all was light.»* (Natur und Naturgesetze lagen in Nacht verborgen. Gott sprach: ‹Es werde Newton!›, und alles ward Licht.)

Die Religion. Die wachsende geistige Freiheit stellte die Kirche vor ein schweres Problem. Denn das Christentum ist eine Offenbarungsreligion: Gott ist in der Geschichte erschienen, um die Menschen die Wahrheit zu lehren. So kann Denken allein nicht zum Glauben führen, den das Konzil von Trient als «eine übernatürliche Tugend» definiert hat, «durch die wir – von der Gnade Gottes geleitet – das für wahr halten, was Gott uns offenbart hat, nicht weil wir die Wahrheit dem Licht der Vernunft ausgesetzt haben, sondern weil er die Wahrheit selbst ist und weder sich noch uns täuschen kann».

316

317

Wäre die Wahrheit über nichtreligiöse Dinge wie den Ursprung der Welt oder die Naturgesetze in einem heiligen Text enthalten, dann würde die Kirche völlig das Denken beherrschen. Die Reformation ließ die «freie Auslegung» zu, aber damit war die freie Auslegung des Alten und des Neuen Testaments gemeint, deren göttlicher Charakter über jeden Zweifel erhaben war. Wurden aber Inhalte der Bibel durch die Wissenschaft zurückgewiesen, zum Beispiel die Erschaffung der Welt in sechs Tagen, dann stellte sich die Frage, was von der Bibel überhaupt noch Gültigkeit besaß.

Descartes meinte, daß der «methodische Zweifel», der für die Wissenschaft notwendig sei, nicht auf die Religion angewandt werden sollte. Aber war das nicht eine bloße Vorsichtsmaßnahme seinerseits? Newton glaubte weniger an ein ständiges Eingreifen Gottes, sondern daran, daß Gott ein System allgemeiner Gesetze ge-

318

315 *Nikolaus Kopernikus, Domherr zu Frauenburg im Ermland und Begründer des heliozentrischen Weltbilds. Anonymes Gemälde, 16. Jahrhundert.* **316** *Galileo Galilei, der Begründer der modernen Naturwissenschaft. Porträt von Justus Sustermans, um 1636.* **317** *René Descartes. Porträt von Frans Hals, um 1640. Descartes zog aus der Naturwissenschaft des Galilei die philosophischen Konsequenzen.* **318** *Isaac Newton. Gemälde von John Vanderbank, 1726. Newton wies nach, daß die irdischen Naturgesetze auch für die Gestirne gelten.*

schaffen habe, deren Vollkommenheit der Mensch bewundern solle. Die Gläubigen haben es zu allen Zeiten sicher vorgezogen, ihren Glauben entweder auf eine höhere Form des Bewußtseins zu gründen – wie zum Beispiel Pascal – oder auf ein absolutes Moralgesetz, wie es der Philosoph Immanuel Kant (1724-1804) in seiner *Kritik der praktischen Vernunft* (1788) getan hat. Doch der neue kritische Geist machte vor der Bibelexegese, dem Leben Jesu sowie allen Bereichen der Wirklichkeit nicht halt.

Dies ermutigte zur Freiheit des Denkens, trotz aller Grausamkeiten der Inquisition und all der Leiden, die diejenigen erdulden mußten, die nicht so dachten, wie Kirche und Staat es vorschrieben. Das neue Ideal war der «freie Kampf der Wahrheit gegen den Irrtum», wie der französische Philosoph Hugues-Félicité-Robert de Lamennais (1782-1854) schrieb. Unglücklicherweise geht der Kampf weiter, denn es gibt immer noch Länder, in denen man seine Freiheit, ja sogar sein Leben verliert, wenn man seine Meinung sagt.

Toleranz und Mitleid. Der Verfall des Autoritätsprinzips zugunsten der Vernunft sollte eine selten praktizierte Tugend fördern: die Toleranz. Diese neue Einstellung gewann im Lauf des 18. Jahrhunderts besonders in religiösen Fragen an Boden. So hatte zum Beispiel in Frankreich König Heinrich IV. bereits 1598 das Edikt von Nantes erlassen, das den französischen Protestanten Toleranz gewährte. Das Edikt war aber eine politische Handlung gewesen; als Ludwig XIV. als frommer Katholik es im Jahr 1685 widerrief und die Protestanten verfolgen ließ, hielten das viele Franzosen für normal.

Ebenso erließ der Kurfürst von Brandenburg im Jahr 1685 das Potsdamer Edikt, das die Grenzen seines Landes für die Hugenotten öffnete, doch waren zur selben Zeit Katholiken von allen öffentlichen Ämtern ausgeschlossen. Im 18. Jahrhundert kam es jedoch in der Praxis zu wesentlichen Fortschritten. Das Toleranzedikt vom 17. November 1787 gewährte den Protestanten und ihrer Geistlichkeit in Frankreich Zugang zu allen Ämtern und Berufen, die bisher nur Katholiken vorbehalten gewesen waren. In Frankreich, so hat man gesagt, wurde die Toleranz erobert, während sie in den angelsächsischen und den deutschen Ländern – besonders in Preußen und in Österreich – eher von der Regierung verordnet wurde.

Ein Symbol dieses Kampfes, der sich in Frankreich zugunsten der Protestanten, anderswo zugunsten der Katholiken oder anderer Kirchen und Sekten abspielte, begegnet uns in der Gestalt Voltaires (1694 bis 1778).

Mit bürgerlichem Namen hieß er François Arouet und war der Sohn eines Notars an der Rechnungskammer. Im Alter von 21 Jahren nahm er den Künstlernamen «Voltaire» an. Er wurde sehr schnell in ganz Europa bekannt und von den Mächtigen gefürchtet. Seine grausam spitze Feder, sein kritischer Geist, die Klarheit seines Stils, der Umfang seiner Beziehungen und seiner Interessen beunruhigten sie in hohem Maße. In Ferney, nahe bei Genf und der Landesgrenze, hielt er sich die meiste Zeit auf, um, falls nötig, aus Frankreich fliehen zu können. Einige Herrscher schmeichelten ihm. Was zählte, war jedoch, daß Voltaire seinen ganzen Witz und Verstand in den Dienst der Toleranz und des Mitleids stellte. In mancher Hinsicht war er das, was man heute einen «engagierten» Schriftsteller nennt. Als zum Beispiel 1762 Jean Calas, ein protestantischer Kaufmann aus Toulouse, Opfer eines Justizirrtums wurde – wegen angeblichen Mordes an seinem Sohn war Calas gerädert worden –, kämpfte Voltaire für die Revision des Urteils.

In einem anderen Fall, dem des Protestanten Pierre-Paul Sirven aus Castres, konnte Voltaire noch rechtzeitig eingreifen. Eine von Sirvens Töchtern war entführt worden und sollte mit Gewalt zum Katholizismus bekehrt werden. Sie wurde geisteskrank und kam wieder frei; am 4. Januar 1762 fand man sie tot in einem Brunnen. Ihr Vater und ihre Mutter wurden wegen Mordes zum Tode verurteilt. Sirven floh im Winter über die Alpen nach Genf, unterwegs starb seine ältere Tochter. Nach neunjährigem Ringen erreichte Voltaire den Freispruch Sirvens. Nicht nur Protestanten verteidigte Voltaire. Er wollte aller Welt die Schändlichkeit des Justizirrtums vor Augen führen, vor allem wenn dessen Ursache Fanatismus war.

Ein anderer Schriftsteller, der Mailänder Cesare Beccaria (1738-1794), Marchese di Bonesana, veröffentlichte im Jahr 1764 ein kleines Werk, das in ganz Europa eine ungeheure Resonanz fand: *Dei delitti e delle pene* (Von den Verbrechen und den Strafen). Darin führte er aus, daß das Strafrecht begrenzt sein solle und die Strafe zur Schwere der Tat in einem angemessenen Verhältnis zu stehen habe – hängte

319

man doch immer noch Leute wegen Diebstahls und selbst wegen Wilderei! Beccaria wandte sich auch gegen barbarische Formen der Hinrichtung wie das Verbrennen und das Rädern. Ein Arzt aus Paris, Joseph-Ignace Guillotin, teilte diese Ansicht. Da die Todesstrafe fast überall angewandt wurde, sollte sie wenigstens rasch vollzogen werden. Aus dieser Überlegung entstand die Guillotine. Guillotin hatte sie zwar nicht erfunden, aber sein Name wurde unzertrennlich mit ihr verbunden, als die Akademie für Chirurgie im Dezember 1789 die Maschine guthieß. So schrecklich der Tötungsapparat war, er brachte wenigstens eine Verbesserung gegenüber den herkömmlichen Hinrichtungsarten.

Trotz all der Grausamkeiten, an denen so viele Europäer beteiligt waren – auch die Sklaverei und der Sklavenhandel in der Neuen Welt gehörten dazu –, gab es somit doch Hoffnung in Europa. Gerechtigkeit, Toleranz und Freiheit gewannen an Boden. Das Habeas-corpus-Prinzip und das System der Geschworenengerichte, der Kampf der Philosophen in Frankreich sowie der Einfluß Beccarias und seiner Anhänger: all das waren kleine, aber wichtige Schritte hin zu einer gerechteren, solidarischen Gesellschaft.

Das französische Europa und der Kosmopolitismus

Auf den ersten Blick sah es so aus, als würde Europa kosmopolitisch. Die Intellektuellen, die in Europa eine Art geistige Führung anstrebten, betrachteten die Idee eines «Vaterlands» häufig als Überbleibsel aus barbarischen Zeiten. Diese Haltung schien dadurch gerechtfertigt, daß «aufgeklärte Fürsten» so taten, als teilten sie diese Ansicht, und sich wie Friedrich II. der Große von Preußen für die irdischen Pflichten entschuldigten, die sie zu befolgen hätten.

Friedrich II. schrieb 1743 in seiner *Geschichte meiner Zeit*: «Ich hoffe, daß die Nachwelt, für die ich schreibe, in mir den Philosophen vom Fürsten und den Edelmann vom Politiker zu unterscheiden weiß. Ich muß gestehen, daß es sehr schwierig ist, Anstand und Redlichkeit zu bewahren, wenn man in den großen politischen Wirbelwind Europas geworfen wird.» Der Preußenkönig schrieb französisch, wechselte Briefe mit Voltaire und wurde an Geschicklichkeit und Durchtriebenheit nur noch von Katharina II. übertroffen, unter der Rußland zu einer Schiedsmacht in kontinentaleuropäischen Fragen aufstieg.

«Das französische Europa im Zeitalter der Aufklärung». Paris war schon aufgrund seiner Salons das Zentrum Europas. Aber die Stadt hatte einen Rivalen in Ferney bei Genf, wo Voltaire sich in den letzten Jahren seines Lebens aufhielt. Europas Kosmopolitismus fand seinen Niederschlag im allgemeinen Gebrauch des Französischen als Sprache der gebildeten Gesellschaft und der Aristokratie. *Das französische Europa im Zeitalter der Aufklärung* ist der Titel eines brillanten Buches von Louis Réau. Aber bereits im 18. Jahrhundert hatte es einen Vorläufer: *Paris, das Vorbild für fremde Nationen oder Das französische Europa* von Francesco Caraccioli, einem Italiener.

Warum war das Französische die Verkehrssprache in Europa? Würde es dies auf Dauer sein? Mit dieser Frage beschäftigte man sich intensiv. Bereits 1685 meinte ein gewisser Bouglé: «Die französische Sprache ist künftig der Dreh- und Angelpunkt für die Verständigung der Völker Europas.» Guy Miège, ein Genfer, der in London ein französisch-englisches und ein englisch-französisches Wörterbuch herausbrachte, vertrat die Ansicht, die französische Sprache sei auf dem Weg, eine Universalsprache zu werden. Und Gregorio Leti, der sein Buch über das Leben Crom-

wells ins Französische übersetzte, meinte, daß Französisch «in diesem Jahrhundert die geläufigste Sprache in Europa» geworden sei. Im Jahr 1714 war das Französische während des Friedenskongresses von Rastatt die Sprache der Diplomaten.
Was ist davon in der zweiten Hälfte des 18. Jahrhunderts geblieben? Die Rivalität mit dem Englischen kam auf und wurde durch eine steigende Anglomanie sowie den Glanz der englischen Literatur und Wissenschaft verstärkt. Schon Jean-Jacques Rousseau war nicht mehr sonderlich gut auf die herrschende Frankomanie zu sprechen. In seiner Schrift *Considérations sur le Gouvernement de la Pologne* (Betrachtungen über die Regierung Polens) gab er der Hoffnung Ausdruck, daß Polen seine eigenen «Gebräuche» bewahre. «[...] eine große Nation, welche sich nie zu sehr mit ihren Nachbarn vermengt hat, muß viele solcher Gebräuche haben, welche ihr eigentümlich sind und welche vielleicht täglich durch die jetzt in Europa allgemein herrschende Neigung, den Geschmack und die Sitten der Franzosen anzunehmen, entarten.»
Die beste Analyse der Situation machte Jean Le Rond d'Alembert (1717-1783) in seiner Einleitung zur *Enzyklopädie* Diderots aus dem Jahr 1751:
«Nach der Ausbreitung unserer Sprache in ganz Europa glaubten wir den Zeitpunkt gekommen, sie anstelle der lateinischen Sprache einzusetzen, die seit der Renaissance die Gelehrtensprache gewesen war. Ich gestehe, daß ein französisch schreibender Philosoph weit eher zu entschuldigen ist als ein Franzose, der lateinische Verse schreibt; ich will auch zugeben, daß dieser Brauch zur allgemeinen Ausbreitung des Wissens beigetragen hat [...]. Es ergibt sich aus alledem jedoch ein Übelstand, den wir hätten voraussehen müssen. Die Gelehrten anderer Nationen glaubten nach unserem Vorbild nun durchaus mit Recht, in ihrer eigenen Sprache noch besser schreiben zu können als in der französischen. England folgte also unserem Beispiel, Deutschland, wohin das Lateinische sich anscheinend geflüchtet hat, beginnt unmerklich, es seltener anzuwenden. Zweifellos werden die Schweden, Dänen und Russen bald folgen. So wird also noch vor dem Ende des 18. Jahrhunderts ein Philosoph, wenn er sich über die Entdeckungen seiner Vorgänger gründlich unterrichten will, zur Belastung seines Gedächtnisses mit sieben oder acht verschiedenen Sprachen verurteilt sein, und nachdem er mit deren Erlernung die kostbarste Zeit seines Lebens vertan hat, wird er vor dem Beginn seiner eigentlichen Forschungsarbeiten sterben.»
Zur Vorherrschaft der französischen Sprache und Literatur trat noch der Einfluß in der Kunst hinzu. Ein einziges Beispiel genügt: Das Schloß und der Park von Versailles wurden in ganz Europa nachgeahmt. «Die Nachahmungen des Schlosses von Versailles sind so zahlreich wie die Nachbildungen von Il Gesù und Sankt Peter in Rom», bemerkte Louis Réau hierzu.
So bauten die spanischen Bourbonen das Königsschloß von La Granja und die Bourbonen von Neapel das Schloß La Reggia in Caserta. In England wurde Hampton Court und in Holland Het Loo nach dem Vorbild von Versailles errichtet. Die meisten Nachbauten aber entstanden im Deutschen Reich: die kurfürstliche Residenz in Bonn, das kurpfälzische Schloß in Mannheim, das Schloß in Stuttgart, die Schlösser Schleißheim und Nymphenburg in Bayern, die Würzburger Residenz, Sanssouci in Potsdam und Schönbrunn in Wien. In Schweden wurden Drottningholm und der königliche Palast in Stockholm gebaut;

319 *Im Pariser Salon von Marie-Therèse Geoffrin (1699-1777): die erste Lektüre von Voltaires Theaterstück «Die Waise aus China» (1753/54). Gemälde von Anicet-Charles Lemonnier.*
320 *Die Residenz des Sonnenkönigs in Versailles, das Vorbild für die Schloßanlagen im Europa des 17. und 18. Jahrhunderts.*

320

321

322

in Rußland Peterhof, Zarskoje Selo und Pawlowsk; im belgischen Hennegau Belœil und in Wien das Belvedere, beides Residenzen des Prinzen Eugen von Savoyen; in Ungarn Schloß Esterháza und in Galizien Łańcut. Die Liste der berühmten Schlösser ist damit bei weitem noch nicht erschöpft.

Aber nicht nur das Schloß von Versailles regte zur Nachbildung an, sondern auch Schloß Marly, die beiden Lustschlösser Trianon, die Ermitage der Madame von Pompadour und natürlich die Parks und Gärten. So gab es zu Beginn des 18. Jahrhunderts eine einheitliche «Hofkunst» in Europa.

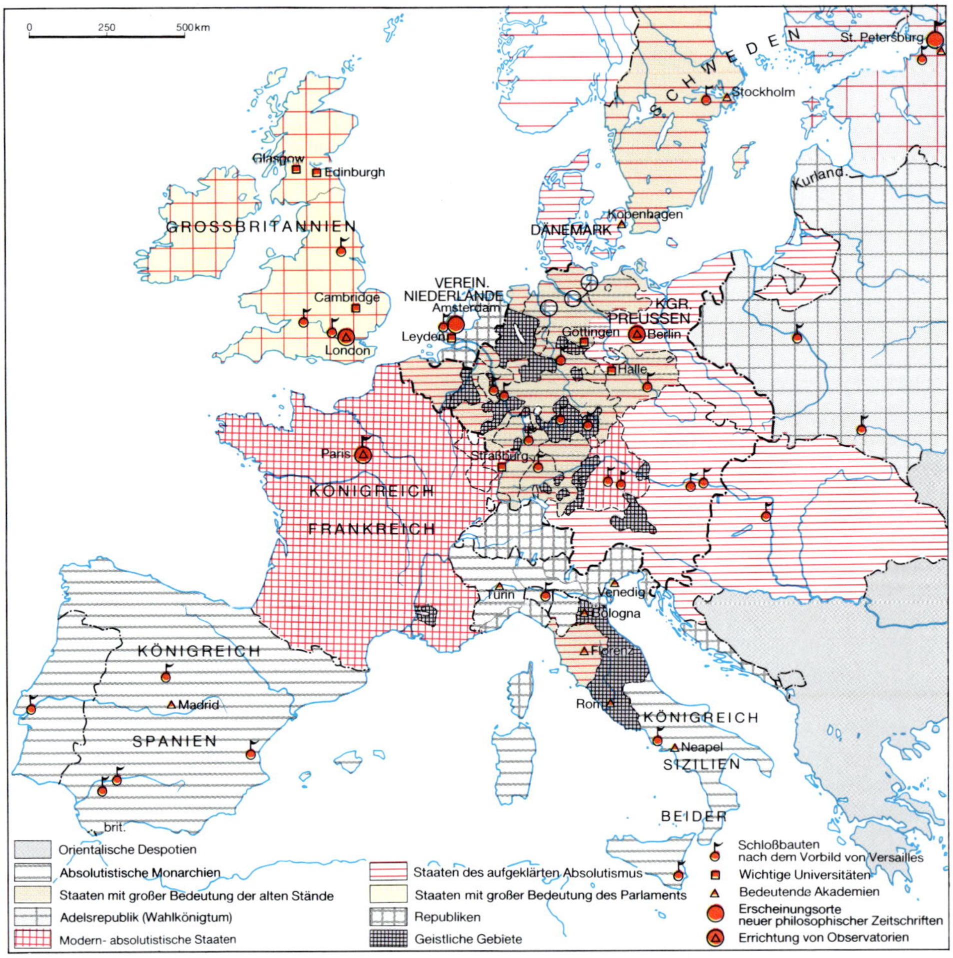

Das Europa der Musik. Noch eine andere Kunst Europas hat der Menschheit eine unerschöpfliche Quelle der Schönheit erschlossen: die Musik. Natürlich gab es auch in anderen Teilen der Welt große Musik. Aber die Europäer erfanden im Lauf mehrerer Jahrhunderte eine Vielzahl einzigartiger Musikinstrumente, deren Form und Klang immer mehr verfeinert und variiert wurden. Die Orgel, die Tertullian bereits im 3. Jahrhundert n. Chr. erwähnt, das Klavicembalo im 9. Jahrhundert, Bartolommeo Cristoforis florentinisches *gravicembalo col piano e forte* von 1709 und Hunderte anderer Instrumente – Holz- und Blechblasinstrumente, Saiteninstrumente, das Schlagzeug, Tasteninstrumente – wurden fast alle in Europa erfunden. Der Deutsche Gottfried Silbermann zum Beispiel übernahm Cristoforis Hammerklavier und entwickelte es 1745 zu voller Reife; und um 1770 entwarf Johann Andreas Stein eine leichtere Mechanik, die als deutsche oder Wiener Mechanik bekannt wurde. In London baute John Broadwood (1723-1812) Hammerklaviere; in Frankreich erfand Sebastian Erhard (1752-1831) die heute gebräuchliche Mechanik; ein anderer großer Klavierbauer in Paris war der Österreicher Ignaz Joseph Pleyel (1757-1831). Nach den Leiern, Zithern und Harfen der Antike kam im 9. Jahrhundert die sechssaitige Viola auf und im 17. Jahrhundert in Lyon die Geige. Der berühmteste aller Geigenbauer war Antonio Stradivari (1644-1737) aus Cremona.

323

324

325

Die Europäer zeichneten sich indes nicht nur durch die Erfindung von Musikinstrumenten und der Notenschrift aus, sondern entwickelten auch eine Vielfalt musikalischer Formen. Bis in 12. Jahrhundert hinein war der einstimmige Gesang üblich; doch von da an entfaltete sich die Mehrstimmigkeit oder Polyphonie. In Flandern war Orlando di Lasso (um 1532-1594), der in Mons geboren wurde, in Italien seine Ausbildung vervollständigte und Kapellmeister des Herzogs von Bayern wurde, ein Meister dieser Musik, in Italien Giovanni Pierluigi da Palestrina (1525-1594), der «Fürst der Musik», Kapellmeister an Sankt Peter und später an Santa Maria Maggiore zu Rom. Heinrich Schütz, von den Italienern angeregt, gründete eine deutsche Schule, während in Spanien Tomás Luis de Victoria wirkte.

Die Verbindung von Instrumentalmusik, Gesang und Theater führte zu einer großen Erfindung in Italien, der Oper. Der bedeutendste unter den frühen Opernkomponisten war Claudio Monteverdi (1567-1643) aus Cremona. Das ganze 17. Jahrhundert hindurch beschäftigten alle Höfe Europas Musiker aus Italien und richteten nach italienischem Vorbild Musikakademien ein. Der bekannteste italienische Hofmusiker war der Florentiner Giovanni Battista Lulli (1632-1687), der als Kind nach Frankreich kam, Franzose wurde und sich fortan Jean-Baptiste Lully nannte. Er arbeitete zunächst als Küchenjunge, bevor er Geiger und schließlich Oberintendant der königlichen Kammermusik am Hof Ludwigs XIV. wurde.

Im 18. Jahrhundert indes kamen die meisten musikalischen Genies aus Deutschland, unter ihnen Georg Friedrich Händel (1685-1759), der Direktor der Musikakademie in London wurde, und Johann Sebastian Bach (1685-1750). In der zweiten Hälfte des 18. Jahrhunderts erfanden deutsche Komponisten eine neue, epochemachende Musikform: die Symphonie. Sie war nicht mehr wie die Oper eine Mischung aus Theater, Orchesterklängen und Stimmen, sondern nur noch reine Musik. Ihren Höhepunkt erreichte die Symphonie mit Joseph Haydn (1732-1809), Wolfgang Amadeus Mozart (1756-1791), Ludwig van Beethoven (1770-1827) und Franz Schubert (1797-1828).

Der philosophische Kosmopolitismus: Voltaire. Der Inbegriff des kosmopolitischen Schriftstellers war Voltaire. In seinem *Philosophischen Wörterbuch* von 1714 findet sich zwar kein Artikel über «Europa», wohl aber ein Beitrag über das «Vaterland». Voltaire gibt darin keine Definitionen, sondern stellt lediglich Fragen. Und diese hatten ein klares Ziel, nämlich anschaulich zu erläutern, daß nur eine kleine Zahl glücklicher, besitzender Menschen glaube, sie hätte ein Vaterland. Aber wer hatte wirklich ein Vaterland? Wie stand es damit bei den Juden? Oder bei den Militärs, die ihre Dienste bald der einen, bald der anderen Seite anboten? Und wie war es um Abraham bestellt, der Ur verlassen hatte? Und um den Hunnenkönig Attila, einen Nomaden? Oder um die Mönche, die sich von der Welt zurückzogen? Das Vaterland war für Voltaire «eine Anzahl von Familien». Und er fuhr fort: «Je größer dieses Vaterland wird, um so weniger liebt man es; denn geteilte Liebe ist schwächer.»

321 *Das spanische Versailles: La Granja, der Sommerpalast der spanischen Könige. Die Gartenanlage entwarf René Carlier (1722).* **322** *Das ungarische Versailles: Schloß Esterháza, erbaut 1769 von Nikolaus Joseph Fürst Esterházy. Haydn wirkte hier dreißig Jahre lang als Kapellmeister.* **323** *Claudio Monteverdi. Porträt von Bernardo Strozzi (1581-1644).* **324** *Johann Sebastian Bach. Porträt von Elias Hausmann, 1746.* **325** *Porträt der Familie Mozart von Johann Nepomuk della Croce, 1780/81: an der Wand ein Bild der Mutter Anna Maria, am Klavier Maria Anna und Wolfgang Amadeus, rechts Vater Leopold.*
Karte 26: *Europa im Zeitalter der Aufklärung.*

Selbst für diejenigen, die sich einem Vaterland verbunden fühlten, sei es traurig, «daß man als guter Patriot oft der Feind der übrigen Menschheit ist. [...] So ist es also um den Menschen bestellt, daß er seinen Nachbarn Schlechtes wünschen muß, wenn er für das eigene Land Größe wünscht. Wer dagegen wünscht, daß sein Vaterland weder größer noch kleiner, weder reicher noch ärmer werden möge, der wäre ein Weltbürger.»

Der Kosmopolitismus Voltaires war durch und durch europäisch, denn, so Voltaire selbst, «die Völker Europas haben bestimmte Grundsätze der Menschlichkeit gemeinsam, die man in anderen Teilen der Welt vergeblich sucht; sie sind viel enger miteinander verbunden, sie haben ähnliche Gesetze; alle ihre Dynastien sind untereinander verschwägert; ihre Untertanen reisen ununterbrochen und knüpfen untereinander Verbindungen. Die christlichen Europäer sind das, was die alten Griechen waren: Sie führen zwar untereinander Krieg, aber sie bewahren dennoch gewisse Anstandsformen [...], so daß ein Franzose, ein Engländer oder ein Deutscher aus ein und derselben Stadt zu stammen scheinen, wenn sie sich irgendwo treffen.»

Rousseau, Montesquieu, Diderot. Jean-Jacques Rousseau ging noch weiter. In seinen *Betrachtungen über die Regierung Polens* schrieb er: «Es gibt heutzutage, was immer man auch sagen mag, keine Franzosen, keine Deutschen, keine Spanier, selbst keine Engländer mehr, es gibt nur noch Europäer. Alle haben den gleichen Geschmack, die gleichen Leidenschaften, die gleichen Sitten, weil keine eine nationale Gestalt durch eine besondere Einrichtung erhalten hat.»

Doch während Voltaire von dieser «Europäisierung» entzückt war, wies Rousseau sie erbittert von sich: «Was liegt ihnen daran, welchem Herrn sie nun gehorchen, welches Staates Gesetzen sie folgen? Solange sie nur Geld finden, das sie stehlen, und Frauen, die sie verführen können, so sind sie in jedem Land zu Hause.»

Montesquieu war durch und durch Weltbürger. Er hätte sich geweigert, seinem Herrscher irgend etwas Nützliches für die eigene Nation vorzuschlagen, das eine andere zugrunde gerichet hätte. «Zuallererst bin ich ein Mensch, danach ein Franzose.» Nutze etwas dem Vaterland, schade aber den anderen, dann sei dies ein Verbrechen. Etwas Nützliches für Europa, aber Schädliches für die Menschen sei ebenfalls ein Verbrechen. Ähnlich sprach Diderot in seiner *Enzyklopädie* von «Hohlköpfen und bornierten Geistern, die das Los des

326

Menschengeschlechts gleichgültig läßt und die derart von ihrer eigenen kleinen Gruppe – ihrer Nation – eingenommen sind, daß sie nichts jenseits von deren Interesse sehen. Diese Leute wollen, daß man sie gute Bürger nennt, und ich stimme dem zu, vorausgesetzt, daß sie mir erlauben, sie schlechte Menschen zu nennen.»

So erschien es den Philosophen des 18. Jahrhunderts ganz natürlich, sich selbst zuerst als «Menschen» und dann als «Europäer» zu bezeichnen. In seinem *Essai sur les mœurs et l'esprit des nations* (Essay über die Sitten und den Geist der Nationen) sprach Voltaire von «unserem Europa». Einem «Vaterland» oder einer «Nation» anzugehören war den Philosophen zuwider. Sicher handelt es sich dabei um ein recht komplexes Phänomen. Rousseau zum Beispiel, der gegenüber der Größe der Nation gewisse Vorbehalte hatte, hielt sich mehr für einen Patrioten als für einen Weltbürger. Für Voltaire galt das Gegenteil. In anderen Ländern, darunter in England, konnte der Kosmopolitismus in Patriotismus umschlagen. Das typische Beispiel hierfür gab Henry Saint John, der erste Viscount Bolingbroke (1678-1751). Als Führer der jakobitischen Konservativen lebte er lange Jahre im Exil in Frankreich. Er war ein Anhänger des Deismus und eines vernunftgemäßen Verhaltens. Alexander Popes *Essay on Man* (Essay über den Menschen) beruht zum Teil auf den Ideen Bolingbrokes. Doch Bolingbrokes *Patriot King* (Patriotischer König) wurde später vom Erzieher des künftigen Georg III. dazu benutzt, seinem Zögling die Grundlagen des Königtums beizubringen.

Der Weltfriede und die Ordnung Europas. Im 18. Jahrhundert redete man viel über den Frieden. Es bestand ein Zusammenhang zwischen dem Kosmopolitismus und einer gewissen Form des pazifistischen Utopismus. Ein lesenswertes Buch zu diesem Thema stammt von Sylvester John Helmleben: *Plans for World Peace through Six Centuries* (Pläne für den Weltfrieden aus sechs Jahrhunderten).

William Penn. Im Jahr 1693 schrieb der englische Quäker William Penn seinen *Essay towards the Present and Future Peace of Europe* (Essay über den gegenwärtigen und künftigen Frieden in Europa). Die europäischen Herrscher sollten vereinbaren, ein souveränes europäisches Parlament einzuberufen. Diese Versammlung würde die Rolle eines Schiedsrichters übernehmen, und jeder Staat, der sich weigerte, ihre Entscheidungen zu respektieren, würde sich der bewaffneten Macht der übrigen gegenübersehen. Außer im Fall eines Konflikts würden die nationalen Herrscher ihre Souveränität behalten. Abrüstung würde, falls sie verwirklicht werden könnte, dazu beitragen, die Entwicklung der Landwirtschaft, des Handels, der Wissenschaft und des Erziehungswesens voranzutreiben. Das Ansehen des Christentums sollte unangetastet bleiben, ja es könnte dazu dienen, Europa gegen die Türkengefahr zu einen.
Ein anderer Quäker und Schüler William Penns, John Bellers, schlug 1710 dem britischen Parlament einen ähnlichen Plan vor. Er trug den Titel: *Some Reasons for a European State* (Einige Gründe für einen europäischen Staat). Anders als Penn vertrat Bellers die Auffassung, die neue Ordnung solle zunächst gegen Frankreich gerichtet sein, das damals gegen fast ganz Europa Krieg führte. Wäre der Friede wiederhergestellt, könnte auch Frankreich an ihr teilhaben. Der Status quo würde durch einen Vertrag festgelegt und wäre dann unveränderlich: Alle Mitglieder des europäischen Bundes verzichteten auf weitere Ansprüche, und Europa würde in hundert gleich große Provinzen geteilt. Jede Provinz hätte dem Bund tausend Soldaten, Schiffe oder Geld zur Verfügung zu stellen. Die Staaten würden weiterbestehen und wären im Reichstag, dem Parlament, vertreten. Das Schiedsgerichtsverfahren war in etwa dasselbe wie in dem Vorschlag William Penns.

Der Abbé de Saint-Pierre. All diese Pläne fanden kaum Widerhall. Anders verhielt es sich mit dem *Projet de paix perpétuelle* (Plan für einen ewigen Frieden), das der Abbé Charles-Irénée Castel de Saint-Pierre in drei Bänden 1713 bis 1717 veröffentlichte. Der Abbé war Sekretär des Kardinals von Polignac gewesen, eines der drei Bevollmächtigten Frankreichs beim Friedenskongreß in Utrecht, der den Spanischen Erbfolgekrieg beendete. Der Vorschlag des Abbés gipfelte in einem Völkerbund mit dem Ziel, den durch die Rivalität zwischen Frankreich und Österreich bedrohten Frieden zu sichern. Die Souveräne würden zu diesem Zweck eine «Europäische Gesellschaft» gründen und «ständige Vertreter» in einen «immerwährenden Kongreß oder Senat» entsenden. Auch hier wären die Souveräne verpflichtet, den Status quo aufrechtzuerhalten. Jeder Krieg wäre untersagt, es sei denn, man habe sich für eine militärische Strafaktion entschieden. Besondere «Kammern zur Pflege des Handels» hätten Streitigkeiten in Wirtschaftsfragen beizulegen. Die Religion schließlich betrachtete der Abbé unter einem ökumenischen Aspekt.
Es war ein utopischer Plan, wie Leibniz dem Autor im Jahr 1715 zu verstehen gab. «Jeder große Fürst ist mit der Idee verheiratet, seine Macht zu vermehren», schrieb Friedrich II. im Jahr 1768 in seinem Testament. Wenn auch der Einfluß des Abbé de Saint-Pierre zunächst auf Intellektuelle begrenzt blieb, so inspirierte er doch auf lange Sicht zahlreiche Staatsmänner, unter ihnen Jacques Necker, Napoleon, Fürst Metternich und die Gründungsväter des Völkerbunds, besonders was Sanktionen, die kontrollierte Abrüstung und den Zusammenschluß souveräner Staaten betrifft.

Jean-Jacques Rousseau. Rousseau las das Werk des Abbé de Saint-Pierre mit großem Interesse. Im Jahr 1761 veröffentlichte er einen Abriß davon und fügte 1782 ein eigenes *Gutachten über den Plan eines ewigen Friedens* hinzu. Sein Grundgedanke war, Kriege durch die Bildung eines Fürstenbunds zu verhindern, denn die Fürsten seien die Urheber von Kriegen. Rousseau übernahm auch die Idee eines immerwährenden Reichstags. Die Fürsten, meinte Rousseau, würden einem solchen Plan allerdings nur dann zustimmen, wenn er ihren Interessen zu dienen scheine. Ihr Interesse sei der Friede. Rousseau bemühte sich daher um eine klare und logische Darlegung seiner These, worum sich der Abbé de Saint-Pierre in seinen Schriften kaum gekümmert hatte. In Wirklichkeit mißtraute Rousseau den Fürsten und hätte es vorgezogen, wenn ihre Herrschaft durch Staaten ersetzt worden wäre, die auf dem Gemeinwillen beruhten.

Jeremy Bentham. In den Jahren 1786 bis 1789 schrieb Jeremy Bentham einen Essay mit dem Titel *A Plan for an Universal and Perpetual Peace* (Ein Plan für einen universalen und ewigen Frieden), der erst

326 *«Ich kann keinem Ihrer Worte zustimmen, werde aber bis an mein Ende Ihr Recht, diese auszusprechen, verteidigen» – das Leitmotiv Voltaires war die Toleranz. «Voltaire in seinem Arbeitszimmer in Schloß Sanssouci», Gemälde von August Borckmann, 1874.* **327** *«Jean-Jacques Rousseau in armenischer Tracht», Gemälde von Allan Ramsey, 1766.* **328** *Denis Diderot, Herausgeber und Autor der «Enzyklopädie». Porträt von Louis-Michel van Loo, 1767.*

327

328

329 *«Kant und seine Tischgenossen», Gemälde von Emil Doerstling, 19. Jahrhundert. Kant hat mit seiner Vernunftkritik die Aufklärung, den «Ausgang des Menschen aus seiner selbstverschuldeten Unmündigkeit», philosophisch vollendet.*

1843, elf Jahre nach dem Tod des Autors, veröffentlicht wurde. Der Begriff «universal» hatte jedoch eine begrenzte Bedeutung: Jeder Kriegsstifter sollte «aus Europa verbannt» werden. Darüber hinaus war Benthams Plan eher dürftig – und utopisch; denn er beruhte auf dem Glauben, die öffentliche Meinung sei stark genug, sowohl den Entscheidungen eines übernationalen «Gerichtshofes» Achtung zu verschaffen als auch die Abrüstung zu erzwingen.

Immanuel Kant. Den letzten großen kosmopolitischen Plan des 18. Jahrhunderts veröffentlichte Immanuel Kant 1795 in Königsberg unter dem Titel *Zum ewigen Frieden*. Wie seine Vorgänger schlug Kant einen europäischen Staatenbund vor; wie diese lehnte er Geheimabkommen, stehende Heere und die gewaltsame Durchsetzung nationaler Interessen ab. Unter dem Einfluß des zunehmenden Nationalismus und der dritten Teilung Polens fügte er den Gedanken hinzu, daß kein unabhängiger Staat einem anderen untergeordnet sein könne. Kants System gründete sich jedoch auf die neue Idee, daß zur Sicherung des ewigen Friedens die innere Ordnung der Staaten republikanisch sein solle, weil in einer Republik der Staatsbürger über Krieg und Frieden mitentscheide. Wenn Kant sich auch über das Funktionieren des Staatenbunds nur vage äußerte, so war sein Vorschlag doch weniger utopisch als die Entwürfe seiner Vorgänger und übte zu Beginn des 20. Jahrhunderts einen großen Einfluß auf den amerikanischen Präsidenten Woodrow Wilson aus. Kant war in der Tat einer der ersten Verfechter kollektiver Sicherheit.

Die antifranzösische Reaktion. So verführerisch der europäische Kosmopolitismus auch gewesen sein mag, er beruhte auf einer falschen Voraussetzung. Zwischen «Europa» und dem «falschen Europa» unterschied der Literarhistoriker Paul Hazard in seinem meisterhaften Buch *Die Herrschaft der Vernunft* (1946).
Die zeitweilige Vorrangstellung des Französischen und der Erfolg französischer Moden riefen sehr bald eine antifranzösische Reaktion hervor. Es kam sogar zu Kampagnen gegen französische Sitten, die man als anzüglich verwarf, und gegen die französische Sprache selbst, die am Ende des Jahrhunderts in Deutschland, in den Niederlanden, in Dänemark und in Rußland an Einfluß verlor. Zur Zeit der Romantik begannen deutsche Schriftsteller die rationalistische und oft antireligiöse französische Literatur zurückzuweisen. Auch die französische Kunst kam aus der Mode. Vom Rokoko wandte man sich wieder der Antike zu. Die Landschaftsarchitekten entwarfen Gärten im englischen Stil, man wollte die unberührte Natur nachahmen, ein Vorhaben, das den Beifall Rousseaus fand. «Julies Garten» in der *Neuen Heloïse* hatte die Mode eingeleitet. Ihr huldigte Marie Antoinette, als sie den Architekten Richard Mique anwies, den «Weiler» beim Kleinen Trianon zu entwerfen, mit einer Wassermühle, mit Bergschafen und gefleckten Kühen.

Die Anfänge des Nationalismus

Die Ursprünge des Nationalismus in Europa. Nach Jacques Godechot war es der Jesuit Augustin Barruel, der im Jahr 1789 als erster den Begriff «Nationalismus» gebrauchte. Aber die Wirklichkeit hatte den Begriff schon vorweggenommen. Die ersten Anzeichen lagen bereits Jahrhunderte zurück. Der «Patriotismus», die Liebe zum Heimatort oder zum Heimatland, und die Abneigung gegen alles Fremde waren schon seit langem von einer positiveren Vorstellung überlagert, nämlich der, einer größeren, lebendigen, solidarischen Gemeinschaft anzugehören, die eine eigene Mission zu erfüllen habe. War diese Gemeinschaft Europa? Nein, Europa war zu groß. Doch innerhalb seiner Königreiche führte die Suche nach politischer Freiheit im Innern und nach Unabhängigkeit von äußerer Einmischung zu einer Erscheinung, die Hans Kohn in seinem Buch *Die Idee des Nationalismus* treffend analysiert hat. Von der alten Staatsvorstellung ging man zu der des Nationalstaats über und gelangte dabei schließlich zu der leidenschaftlichen Überzeugung, daß die eigene Nation die schönste, größte, edelste, gebildetste und wertvollste der Menschheit sei und daher höhere Rechte besitze als alle anderen.
Der Nationalismus entstand indes nicht auf einem homogenen Boden. In Ländern, die immer noch zerstückelt waren wie Deutschland oder Italien, konnte er nicht derselbe sein wie in Ländern, die bereits einen stark entwickelten Staat besaßen, so zum Beispiel Frankreich, England, die Vereinigten Provinzen, Spanien und die Schweiz. Die Französische Revolution sollte bald ans Tageslicht bringen, was im 18. Jahrhundert noch im Halbdunkel lag.

Der englische Nationalismus. In Großbritannien hat der Nationalismus vielleicht eine längere Geschichte als im übrigen Europa. Die Engländer waren die ersten, die das französische Europa ablehnten. Britische Intellektuelle weigerten sich, «französisiert» zu werden, eine Weigerung, die mit einer tiefen religiösen Strömung zusammenfiel, der «protestantischen Erweckung». Die Engländer fühlten sich dem Kontinent überlegen, überlegen an Wohlstand, Zusammengehörigkeit und Kultur, sie waren stolz auf ein Regierungssystem, um das sie von vielen Europäern, unter ihnen Montesquieu und Voltaire, beneidet wurden. Die Engländer des 18. Jahrhunderts wußten, daß sie eine Nation waren.

330 *Der Schweizer Theologe, Philosoph und Patriot Johann Kaspar Lavater. Gemälde von Johann Heinrich Lips, um 1800.*

Im Namen britischer Prinzipien – der individuellen Freiheit und der nationalen Unabhängigkeit (des späteren «Selbstbestimmungsrechts») – erhoben sich im Jahr 1776 die dreizehn englischen Kolonien in Amerika. Zwei Jahre später folgten die Iren diesem Beispiel, doch ohne Erfolg. Die amerikanische Nation, die sich auf die Unabhängigkeitserklärung gründete, war die erste, die sich aus kolonialer Abhängigkeit befreite, ein Vorbild für viele Staaten der späteren Dritten Welt.

Der niederländische Nationalismus. Auch in den Niederlanden entstand eine Reaktion gegen die kulturelle Hegemonie Frankreichs und die französische Sprache. Herrscherhaus und Bürgertum sahen sich der Partei der «demokratischen Patrioten» gegenüber, deren Führer Joan Derk van der Capellen im Jahr 1781 ein Pamphlet mit dem Titel *An das Volk der Niederlande* veröffentlichte, eine eindeutig nationalistische Schrift.

Frankreich und die Schweiz: Nationalismus à la Rousseau. In Frankreich und in der Schweiz entstand der Nationalismus ebenfalls aus dem Willen, Freiheit im Innern und Unabhängigkeit nach außen miteinander zu verbinden. Doch dank Rousseau nahm er eine eher rationale und politische Färbung an. Rousseaus Ideal war das «kleine Vaterland» Genf. Da der Gemeinwille nur dann wirksam sein könne, wenn er sich frei und direkt äußere, seien große Republiken eine Unmöglichkeit. Keine Republik sollte größer sein als Korsika. In seinen *Betrachtungen über die Regierung Polens* ging Rousseau dann jedoch Kompromisse ein. Vor allem in dieser Schrift und im *Contrat social* (Gesellschaftsvertrag) äußerte sich Rousseaus Leidenschaft für die Nation. Die Nation hatte für ihn einen absoluten Wert. Rousseaus Einfluß war in Frankreich besonders stark, weil seine Theorie mit den Bestrebungen der «Patrioten» übereinstimmte.
Ähnliches traf im kleinen auf die Kantone der Eidgenossenschaft zu. Der wachsende Nationalismus der Schweizer Patrioten fand seinen Niederschlag in der Literaturkritik Johann Jakob Bodmers (1698-1783) und in den *Schweizerliedern*, einem Liederbuch, das 1767 von Johann Kaspar Lavater herausgegeben wurde. Rousseaus Erziehungsroman *Emil oder Über die Erziehung* hatte entscheidenden Einfluß auf den Pädagogen Johann Heinrich Pestalozzi (1746-1827), der sein eigenes Kind nach Rousseaus Prinzipien zu erziehen versuchte.

Deutschland. Der deutsche Nationalismus nahm andere Formen an und trat erst später in Erscheinung. In dem zerstückelten Land hatte sich der Kosmopolitismus länger als anderswo in Europa halten können. Und selbst die preußische Monarchie, die Friedrich der Große mit Erfolg entwikkelt hatte, glich eher einem Staat als einer Nation. Weder Immanuel Kant noch Schiller dachten an einen deutschen Nationalstaat. Für Schiller waren «Deutsches Reich und deutsche Nation zweierlei Dinge». Johann Wolfgang von Goethe weigerte sich, patriotischen Haß gegenüber Frankreich zu empfinden, gegen «eine der gebildetsten Nationen der Welt». Für ihn lag eine der Tugenden der Deutschen in ihrem Individualismus.

Johann Gottfried Herder. Dennoch breitete sich auch in Deutschland der Nationalismus aus. Zu seinen literarischen Begründern zählten der Dichter Friedrich Gottlieb Klopstock, der Historiker Justus Möser und der Philosoph Johann Gottfried Herder (1744-1803).
Während Briten, Franzosen und auch Rousseau eine eher praktische, rationale Vorstellung von der Nation entwickelten, war Herders Idee durch und durch «romantisch». Von nun an konnte man von einem «deutschen Nationalismus» sprechen, der sich auf die deutsche Sprache und Kultur gründete und sich deutlich vom «klassischen Nationalismus» der Franzosen abhob.
Herder selbst empfand sich als Weltbürger und Humanist; er war ein Anhänger der Französischen Revolution. Er bewunderte alle Kulturen, besonders die slawischen. Seine große Entdeckung war das «Volk», eine Gemeinschaft, deren Grenzen vor allem durch die Muttersprache gegeben sind, das einzige, was man unbewußt lernt. Jedes Volk sei in ständigem Werden begriffen, ein jedes sei unverwechselbar und habe einen je eigenen Auftrag in der Geschichte der Menschheit zu erfüllen. Doch kein Volk stehe über dem anderen. «Die Torheit der nationalen Selbstüberhebung» gelte es «auszujäten». Wie alle Romantiker forschte auch Herder nach den Ursprüngen. Man begab sich auf die Suche nach der «Ursprache» und nach dem «Urvolk». Zog man aus der romantischen Idee der Nation jedoch den Schluß, daß alle Menschen gleicher Muttersprache auch einer Nation anzugehören hätten, dann mußte diese Idee zu einer Gefahr für die überkommene europäische Staatenordnung werden.

331 *Vittorio Alfieri, der bedeutendste italienische Tragödiendichter des 18. Jahrhunderts. Gemälde von François-Xavier Fabre, 1793.*

Der italienische Nationalismus. Die Situation in Italien war ganz besonders verwickelt. Bereits im 16. Jahrhundert bezeichneten sich alle Bewohner des Landes trotz seiner politischen Zersplitterung als «Italiener». Aber im 18. Jahrhundert verlor Italien die herausragende kulturelle Stellung, die es seit dem *Quattrocento* innegehabt hatte.
Dieser Verlust führte dazu, daß nur allmählich ein nationales Bewußtsein im eigentlichen Sinne entstand, wiederum weitgehend aus der Reaktion gegen den französischen Kosmopolitismus. Der Dichter und Dramatiker Vittorio Graf Alfieri (1749

bis 1803) ist hierfür das beste Beispiel. Seine Streitschrift *Il Misogallo* (Der Franzosenfeind) enthält eine beißende Kritik an Frankreich. Mit dem Mittel des Hasses wollte Alfieri den italienischen Nationalstolz wecken.

Der spanische Nationalismus. In Spanien war der Nationalismus lange Zeit nur latent vorhanden. Er wurde von der Kirche und einer Reihe absolutistischer Könige in Schranken gehalten. In den Jahren 1807 bis 1814, im Aufstand gegen Napoleon, gelangte der spanische Nationalismus indes zum Durchbruch. Der Dichter, Dramatiker und Staatsmann Gaspar Melchor de Jovellanos (1744-1811), der dem Magistrat von Sevilla angehörte, war ein Mitglied der Junta, die den Aufstand gegen die Franzosen führte.

Die Anfänge der industriellen Revolution

Wie alle großen Umwälzungen ist auch die industrielle Revolution tief in der Geschichte verwurzelt, und sie liefert einen weiteren Beweis dafür, daß der Mensch seinem Wesen nach schöpferisch ist. Technischer Erfindergeist trieb die Europäer bei der Erschließung und Eroberung der Welt voran.

Die Holländer im 17. Jahrhundert. Im 17. Jahrhundert bauten die Holländer die meisten Schiffe, beherrschten den Handel in der Ostsee, nutzten den Kupferabbau in Schweden und stützten die Kriegsindustrie Gustavs II. Adolf. Sie lieferten ihm eine ganze Flotte, darunter das berühmte, mit 64 Kanonen bestückte Schlachtschiff *Wasa*, das 1628 auf seiner Jungfernfahrt sank und erst 1961 geborgen wurde. Mit Hilfe der Navigationsakte von 1651 jagte Cromwell die Holländer aus den britischen Häfen; doch die Holländer drangen ins Mittelmeer vor und segelten bis Südostasien, wo ein erbitterter Konkurrenzkampf zwischen der Holländischen und der Britischen Ostindienkompanie ausbrach. Die Holländer vertrieben die Portugiesen aus Ceylon und aus Indonesien. Sie segelten bis nach Japan, bemächtigten sich Malakkas und entdeckten Tasmanien. In Amerika mußten sie zwar im Jahr 1664 Neuamsterdam an die Engländer abtreten, welche die Stadt in New York umbenannten, doch eroberten sie dafür mehrere westindische Inseln und die Küste von Guyana. Außerdem setzten sie sich in Guinea sowie am Kap der Guten Hoffnung fest.

Die Erschließung des Stillen Ozeans im 18. Jahrhundert. Im Fernen Osten stießen die Russen bis zur Halbinsel Kamtschatka vor; in Nordamerika erkundeten die Engländer den Sankt-Lorenz-Strom, die Großen Seen und den Mississippi. Die meisten Entdeckungen wurden jedoch im pazifischen Raum gemacht, durch britische Kapitäne wie George Anson (1697 bis 1762) um 1740, James Cook (1728 bis 1779) etwa dreißig Jahre später und George Vancouver (1758-1798) in den 80er Jahren des 18. Jahrhunderts. Unter ihren französischen Konkurrenten waren Louis-Antoine de Bougainville (1729-1811), nach dem die Bougainvillea benannt ist, und Jean-François de La Pérouse (1741-1788). Die Entwicklung des Sextanten und immer genauerer Chronometer erleichterte diese Expeditionen.

Frankreichs koloniale Verluste. Die Versuche der Franzosen, in Indien und in Kanada ein großes Kolonialreich zu errichten, scheiterten am systematischen Vorgehen der Engländer. Im Jahr 1713 verloren die Franzosen Neufundland, im Jahr 1763 ihre Kolonien in Kanada und Indien mit Ausnahme von fünf befestigten indischen Städten. Alles, was den Franzosen blieb, waren ein paar westindische Zuckerinseln, Mauritius und Réunion im Indischen Ozean sowie die Mündung des Senegal in Afrika.
Koloniale Eroberungen waren eine zusätzliche Quelle von Konflikten zwischen den europäischen Staaten und ein wesentliches Hindernis für die europäische Einigung. So hatte zum Beispiel der Krieg, der 1755 zwischen Frankreich und England ausbrach, seine Ursache vor allem in kolonialer Rivalität.

Das europäische Straßennetz. Der innereuropäische Handel hätte vielleicht die Rivalität der Europäer in Übersee mildern können. Doch zu Beginn des 18. Jahrhunderts befanden sich die Straßen in Europa noch immer in einem beklagenswerten Zustand. Erst um 1730/1740 begann man so etwas wie ein Straßennetz aufzubauen, ein Verdienst zentraler Behörden wie der *Ecole des Ponts et Chaussées* in Frankreich, die 1747 gegründet wurde. Der Zweck dieser Straßen war vor allem strategischer Art: Sie sollten die rasche Bewegung der Truppen ermöglichen. Das französische Straßensystem ging strahlenförmig von Paris aus. Nach diesem Vorbild bauten Piemont, die übrigen italienischen Staaten, die Niederlande, Preußen, Spanien, Belgien und Rußland ein Straßennetz auf. In Großbritannien ging man auf andere Weise vor. Die Straßen wurden von Privatgesellschaften gebaut, deren Mitglieder Grundbesitzer, Bauern, Kaufleute und Industrielle waren. Die Kosten trieb man durch Benutzungsgebühren wieder ein.

Die Kanäle. Waren die Franzosen die ersten, die ein modernes Straßennetz errichteten, so waren die Holländer die großen Kanalbauer. Bereits von 1429 an gewannen sie der Nordsee Marschland, sogenannte Polder, ab, ein Verdienst des «Waterstaat», der die besten Wasserbau-Ingenieure Europas ausbildete. Das holländische Kanalsystem reichte bis nach Frankreich hinein und wurde in England, aber auch in Spanien nachgeahmt. Reisen wa-

332

333

332 *Die großen Überlandstraßen Europas waren auch im 17. und 18. Jahrhundert noch ungepflastert. Eine niederländische Landschaft mit Windmühle, Gemälde von Jan Breughel dem Älteren (1568-1625).* **333** *Die neue Industrie entstand meist außerhalb der Städte und ihrer Zunftordnung: Hüttenwerk und Kanonengießerei in Julitabroeck, Niederlande. Gemälde (Ausschnitt) von Allaert van Everdingen, Mitte des 17. Jahrhunderts.*

ren immer noch lang und beschwerlich. Im Jahr 1660 hatte man zum Beispiel zehn Tage gebraucht, um von Paris nach Lyon zu gelangen; 1770 dauerte die gleiche Reise mit der Postkutsche immer noch fünf Tage.

Der Großhandel. Im Großhandel herrschte ein Wettbewerb zwischen privaten Unternehmern und sogenannten Handelskompanien, die sogar das Recht hatten, Truppen auszuheben und fremde Territorien zu erobern.

Alle Seemächte besaßen solche Kompanien; Rußland legte sich 1774 eine Kompanie für das Schwarze Meer zu. Doch die Monopole dieser großen Gesellschaften wurden Zug um Zug von den anpassungsfähigen privaten Unternehmen unterlaufen.

Auch in der Wirtschaft wurde wie in der Politik die Vorherrschaft Europas durch Konflikte zwischen den einzelnen Staaten getrübt, die unfähig zu sein schienen, Differenzen ohne Krieg beizulegen.

Zusammenfassung. Trotz all dieser Konflikte entwickelte sich im 17. und im 18. Jahrhundert in Europa immerhin ein gewisser Kosmopolitismus. Das 17. Jahrhundert glich einem «eisernen Zeitalter», in dem wiederholt bewaffnete Auseinandersetzungen, beginnend mit dem Dreißigjährigen Krieg, die Menschen in Schrecken versetzten, die bereits unter Hunger, Pest und Armut litten. Zur selben Zeit begannen europäische Philosophen, sich vom Prinzip der Autorität zu lösen. Die «Alten» wurden allmählich von den «Modernen» abgelöst. Der Italiener Galileo Galilei, der Franzose René Descartes, die Engländer Francis Bacon und Isaac Newton legten das Fundament der modernen Wissenschaft und Philosophie.

Im 18. Jahrhundert ging die allgemeine Armut weithin zurück, und Philosophen verbreiteten in fast allen Ländern das Licht der Aufklärung. Paradoxerweise herrschte zur gleichen Zeit fast überall in Europa die absolute Monarchie vor. Die Kriege, vor allem Kolonialkriege, gingen unvermindert weiter, und der Nationalismus breitete sich aus.

Zugleich entwarfen Intellektuelle Pläne für den ewigen Frieden. Ein Autor nach dem anderen legte dar, Europa, das bereits an der Spitze des Fortschritts liege, sei zur Einheit fähig – nach «liberalen» Revolutionen wie der Glorreichen Revolution von 1688 und der amerikanischen Unabhängigkeitserklärung von 1776.

Doch die westliche Revolution, das Thema des nächsten Kapitels, ersetzte die dynastischen Kriege bald durch eine andere, viel gefährlichere Form der Rivalität: den Konflikt zwischen bewaffneten Nationen.

13 Die große Revolution im Westen und das Ende der Illusionen

Der Gesamtheit der großen und kleinen Staaten Europas, die während des *Ancien Régime* von meist autoritären Monarchen regiert wurden, war kaum die Ruhe glücklicher Epochen vergönnt. Volksaufstände, Bauernunruhen und andere Revolten machten vor allem das 17. Jahrhundert zu einem «eisernen Zeitalter». Doch gab es in dieser Zeit auch zwei Revolutionen in England, die tiefgreifende Veränderungen in Wirtschaft und Politik bewirkten. Beide, der Bürgerkrieg von 1648 und die Glorreiche Revolution von 1688, lösten indes keine allgemeine Krise auf dem Kontinent aus, denn der Bürgerkrieg war zu fern und die Glorreiche Revolution zu gemäßigt.

Ganz anders stand es mit der amerikanischen Unabhängigkeitserklärung von 1776 und der Französischen Revolution von 1789. Beide Ereignisse erschütterten den gesamten Westen bis in die Grundfesten.

Die Einheit der westlichen Revolution

Die Ursachen jeder Revolution sind äußerst komplex. Sie ist zunächst ein Phänomen der «Gewalt», die von den Massen ausgeübt wird. Die amerikanischen Historiker Robert R. Palmer und Louis Gottschalk betonen mit ihren französischen Kollegen Georges Lefebvre und Jacques Godechot vor allem die innere Einheit der Revolutionen im Europa des 18. und des 19. Jahrhunderts, ihr «revolutionäres Klima». Jacques Godechot schreibt dazu: «Wie sollte man nicht über die Folge der Revolutionen von 1763 bis 1848 erstaunt sein? Da gibt es die amerikanische Revolution von 1763 bis 1783, die Revolution in Genf von 1768 bis 1781, die irische Revolution von 1782 bis 1784, die Revolution in den Vereinigten Provinzen von 1780 bis 1787, die Revolution in Belgien und Lüttich von 1787 bis 1790 und die französische Revolution seit 1787. Diese erfaßt nach und nach den größten Teil Westeuropas, zunächst Belgien und die Vereinigten Provinzen, wo sich die Unruhen 1780 kaum dämpfen lassen und 1787 wieder ausbrechen, dann Deutschland, Italien, die Schweiz und schließlich Malta, Polen und sogar Ägypten. Um das Jahr 1800 scheint sich mit dem Aufstieg Bonapartes in Frankreich und der Wahl Jeffersons zum Präsidenten der Vereinigten Staaten eine Stabilisierung abzuzeichnen. Aber die Revolution war noch lange nicht beendet.»

334 *Der Schwur der Abgeordneten des Dritten Standes im Versailler Ballhaus am 20. Juni 1789: Wir gehen erst auseinander, wenn wir dem Land eine neue Verfassung gegeben haben. Kopie (Ausschnitt) nach einem Gemälde von Jacques-Louis David (1748-1825).*

Die Agrarstruktur in Europa. Tatsächlich überlagerten sich mehrere Revolutionen, die je nach Situation der einzelnen Länder ein unterschiedliches Gewicht besaßen.

Zum Verständnis dieser Revolutionen muß man sich vor Augen halten, wie außergewöhnlich verschieden in Europa die öffentlichen Einrichtungen, die territorialen Verhältnisse, die feudalen Abhängigkeiten und die lokalen Privilegien waren. Demgemäß lassen sich drei große Gruppen von Ländern unterscheiden. Als erstes die Länder östlich der Elbe, Süditalien und Spanien. Dort herrschte der Großgrundbesitz vor. Die Bauern waren entweder Leibeigene oder landlose, in armseligen Verhältnissen lebende *cafoni* wie in Süditalien. Der preußische Junker, der russische Bojar, der polnische wie der ungarische Magnat hingegen genossen erhebliche Vorrechte. Der Handel lag vorwiegend in der Hand jüdischer Kaufleute und Geldgeber. Die Industrie war nur wenig entwickelt, und das Bürgertum hatte noch kein besonderes Gewicht.

Zur zweiten Gruppe zählte die Gesamtheit Kontinentaleuropas westlich der Elbe, nördlich des Apennins und der Pyrenäen

ZEITTAFEL 11: Europa zur Zeit der Französischen Revolution

	18. Jahrhundert			
Britische Inseln	**1760–1820** Georg III. **1776** 4. 7.: Unabhängigkeitserklärung der 13 amerikanischen Kolonien	**1780** England erklärt den Niederlanden den Krieg (bis 1784) **1781** Kapitulation britischer Truppen in Yorktown **1783** 3. 9.: Friedensschlüsse von Paris (USA und Großbritannien) und Versailles (Frankreich, Großbritannien, Spanien)	**1783–1801** William Pitt d. J. Premierminister **1792–1797** 1. Koalitionskrieg **1793** 1. 2.: Frankreich erklärt England und Holland den Krieg	**1794** England erobert den Großteil der Kleinen Antillen **1796** England erobert das Kap der Guten Hoffnung
Niederlande **Belgien**	**1780–1784** Englisch-niederländischer Krieg **1792** Schlacht bei Jemappes; Eroberung Belgiens durch die Franzosen	**1793** 1. Koalitionskrieg, Schlacht von Neerwinden; Niederlage der Franzosen **1794** Juli: Rückeroberung Belgiens durch Frankreich;	Pichegru erobert Holland und setzt dessen im Eis festsitzende Flotte außer Gefecht; Wilhelm V. flüchtet nach England	**1795–1806** Batavische Republik
Frankreich	**1774–1792** Ludwig XVI.; Finanzminister Turgot (1774–1776) **1777–1781** Finanzminister Necker **1778** 6. 2.: Allianz mit den USA; 7. 6.: Krieg mit England **1783** 3. 9.: Friede von Paris (Versailles): Anerkennung der Souveränität der Vereinigten Staaten **1783–1787** Finanzminister Calonne	**1787** Notabelnversammlung blockiert Steuerreform; Versuch einer Adelsrevolte; Revolutionsstimmung **1788** 8. 8.: Einberufung der Generalstände **1789** 5. 5.: Zusammentritt der Generalstände; Juni: Dritter Stand erklärt sich zur Nationalversammlung; 14. 7.: Sturm auf die Bastille; 26. 8.: Erklärung der Menschen- und Bürgerrechte; Annexion von Avignon und der Grafschaft Venaissin	**1791** Juni: Flucht der Königsfamilie nach Varennes; 3. 9.: Verfassung tritt in Kraft; Neuwahl der Legislative **1792** 20. 4.: Kriegserklärung an Österreich; 11. 7.: Krieg gegen Preußen; 20./21. 9.: Kanonade von Valmy; 22. 9.: 1. Republik **1793** 21. 1.: Hinrichtung Ludwigs XVI.; Annexion von Savoyen, Belgien, Nizza, Teilen des Rheinlands;	1. 2.: Frankreich erklärt England und Holland den Krieg; militärische Niederlagen (Verlust Belgiens); März: Aufstand in der Vendée; Juli: Bonaparte zeichnet sich bei der Belagerung von Toulon aus; 23. 8.: «levée en masse»; Oktober: «Großer Terror» **1794** 27. 6. (9. Thermidor): Verhaftung Robespierres; Sieg an allen Fronten
Spanien **Portugal**	**1759–1788** Karl III. König von Spanien **1780** Belagerung Gibraltars schlägt fehl	**1788–1808** Karl IV. König von Spanien **1792** Johann von Braganza, Gemahl Charlottes von Spanien, Prinzregent in Portugal	**1793** 1. 3.: Frankreich erklärt Spanien den Krieg; 15. 7.: Allianz Spanien–Portugal; Spanier besetzen Roussillon	**1795** Französische Armeen in Navarra und Katalonien; Juli: Friede von Basel mit Frankreich; Spanien verläßt die Koalition
Italien	**1793** 1. Koalitionskrieg: Sardinien und Neapel gegen Frankreich	**1796** März: 1. Italienfeldzug Napoleons; Transpadanische Republik; Cispadanische Republik; italienische Legion	**1797** 19. 2.: Friede von Tolentino mit dem Papst; Ligurische und Cisalpinische Republik;	17. 10.: Friede von Campo Formio: Anerkennung der Cisalpinischen Republik durch Österreich; polnische Legion in der Lombardei
Deutschland **Schweiz** **Österreich** **Preußen**	**1779** Allianz der 13 Schweizer Kantone mit Frankreich **1780–1790** Joseph II. alleiniger Kaiser; Toleranzedikt; Aufhebung der Leibeigenschaft **1786–1797** Friedrich Wilhelm II. König von Preußen	**1787–1792** Gemeinsam mit Rußland Krieg gegen die Türkei **1790–1792** Kaiser Leopold II.	**1791** Pillnitzer Deklaration (Leopold II. und Friedrich Wilhelm II.) **1792** 20. 4.: Frankreich erklärt Österreich den Krieg; Juli: preußischer Kriegseintritt; Franzosen nach der Kanonade von Valmy (20. 9.) im Rheinland	**1792–1806** Kaiser Franz II. **1792–1797** 1. Koalitionskrieg; Erfolge der Koalition (Österreich–Preußen) **1795** 5. 4.: Sonderfriede von Basel zwischen Frankreich und Preußen; Österreich trägt Hauptlast im Krieg gegen Frankreich
Skandinavien	**1766–1808** Christian VII. König von Dänemark	**1771–1792** Gustav III. König von Schweden; Liga der Neutralen (Schweden, Dänemark)	**1788–1790** Schwedisch-russischer Krieg; separatistische Verschwörung in Finnland	**1792** Ermordung Gustavs III.; Gustav IV. Adolf König von Schweden (1792–1809); Neutralität im 1. Koalitionskrieg
Osteuropa	**1764–1795** Stanislaus II. August König von Polen	**1790** 3. 5.: Polnische Verfassung schränkt Adelsprivilegien ein		**1793** 2. Teilung Polens (Rußland, Preußen)
Rußland	**1762–1796** Zarin Katharina II. die Große	**1780** Bewaffnete Seeneutralität zur Sicherung des Handelsverkehrs der Neutralen	**1787–1792** Krieg mit der Türkei	**1796–1801** Zar Paul I.

		19. Jahrhundert	
1797 England erobert Trinidad; Meuterei in der englischen Flotte; Portugal einziger Alliierter Englands **1798** 1. 8.: Seeschlacht bei Abukir; irischer Aufstand unter Wolf Tone mit französischer Hilfe niedergeschlagen	**1798–1801** 2. Koalitionskrieg Wiederherstellung der englischen Vormachtstellung im Mittelmeerraum; März: Fehlschlag der Invasion in Holland	**1801** Vereinigtes Königreich von Großbritannien und Irland; Rücktritt William Pitts d. J. **1802** 27. 3.: Friede von Amiens mit Frankreich	**1803** Mai: erneuter Krieg mit Frankreich **1804** Napoleon bereitet Invasion in England vor **1804–1806** William Pitt wieder Premierminister
1796 Holland verliert Kap der Guten Hoffnung und Ceylon an England	**1798–1799** Gemeinsames Operieren Rußlands und Englands vor der niederländischen Küste	**1800** Englisch-russische Invasion in Holland zurückgeschlagen	**1801** Gemäß Vertrag von Lunéville Belgien an Frankreich
1796 März: 1. Italienfeldzug Napoleons; Oktober: Ende des Konvents, Direktorium; 3. Verfassung; «Verschwörung der Gleichen» Babeufs **1797** 4. 9. (18. Fructidor): Fehlschlag des royalistischen Staatsstreichs	**1798** März: Wiederangliederung Mülhausens an Frankreich; Mai: Napoleon in Ägypten; 1. 8.: Niederlage von Abukir **1798–1799** 2. Italienfeldzug **1799** 8. 10.: Rückkehr aus Ägypten; 9. 11.: Staatsstreich vom 18. Brumaire; Neuordnung der Verfassung; Bonaparte tritt an die Spitze einer provisorischen Regierung	**1800** 14. 6.: Sieg bei Marengo gegen die Österreicher; 3. 12.: Auflösung der Selbstverwaltungsorgane der Revolution; zentralistisches Präfektensystem **1801** 9. 2.: Friede von Lunéville; 16. 7.: Konkordat mit Papst Pius VII.	**1802** 27. 3.: Friede von Amiens; 2. 8.: Verfassung des Jahres X (Konsul auf Lebenszeit) **1803** Verkauf Louisianas an die USA **1804** 21. 3.: Code Civil; 21. 3.: Hinrichtung des Herzogs von Enghien; 2. 12.: Napoleon krönt sich zum Kaiser der Franzosen
1796 18. 8.: Allianz Frankreich–Spanien **1797** 14. 2.: Englische Flotte schlägt die Spanier beim Kap São Vicente; Portugal einziger Alliierter Englands	**1798** Februar: Französische Intervention in Rom; Papst Pius VI. ausgewiesen; Tiberinische Republik (Rom)	**1801** 24. 1.: Konvent von Madrid; 21. 3.: Vertrag von Aranjuez (Frankreich erhält Lissabon von Spanien)	**1804** 5. 12.: Spanien erklärt England den Krieg
1798–1799 2. Italienfeldzug; Römische Republik	**1799** 29. 8.: Pius VI. gestorben	**1800** 14. 3.: Wahl von Pius VII.; 7. 6.: Masséna ergibt sich in Genua **1801** 29. 3.: Vertrag von Florenz mit Neapel; Etrurische Republik	**1802** 25. 1.: Bonaparte Präsident der Italienischen Republik (bis 1805); 11. 9.: Frankreich annektiert Piemont **1805** Königreich Italien (Napoleon König)
1796 Die Schweizer Ochs (Basel) und La Harpe (Waadt) konspirieren mit Frankreich **1797** 17. 10.: Friede von Campo Formio mit Frankreich **1797–1798** Rastatter Gesandtenkongreß verläuft ergebnislos **1797–1840** Friedrich Wilhelm III. König von Preußen	**1798** Helvetische Republik **1798–1801** 2. Koalitionskrieg: England, Rußland, Österreich, Portugal, Neapel und Türkei verbünden sich gegen Frankreich; Neutralität Preußens	**1801** 9. 2.: Friede von Lunéville	**1803** Reichsdeputationshauptschluß: territoriale Neugliederung Deutschlands; 19. 2.: Mediationsverfassung in der Schweiz (Napoleon)
1794 23. 3.: Nationaler Aufstand der Polen von Suworow niedergeschlagen	**1795** 3. Teilung Polens (Rußland, Preußen, Österreich)		
1798–1799 2. Koalitionskrieg; militärische Expeditionen unter Suworow in Italien gegen Frankreich		**1801** Zar Paul I. ermordet; Alexander I. Zar (bis 1825)	

335

mit Ausnahme der Vereinigten Provinzen. Neben dem Grundbesitz des Adels und der Kirche gehörte hier ein großer Teil des Bodens den Bauern, die allerdings dem Grundherrn bestimmte Abgaben zu entrichten hatten. Der Grundherr selbst arbeitete nicht; bestellte er seine Ländereien selbst, verlor er seinen Adelstitel. Die früher übliche Leibeigenschaft war weitgehend verschwunden.

Großbritannien und die Vereinigten Provinzen bildeten die dritte Gruppe. In diesen Ländern kannte man bereits eine fortgeschrittene Form der Wirtschaft. Der Adel konnte arbeiten, ohne sein Gesicht zu verlieren, und unterschied sich nur wenig von der wohlhabenden bürgerlichen Mittelschicht. Beide, Adlige und Bürger, waren an der Regierung beteiligt. Nur der Erstgeborene eines Lords konnte einen Sitz im Oberhaus einnehmen; die nachgeborenen Söhne oder «Kadetten» waren wie der Kleinadel und die bürgerliche Mittelschicht Gemeine und konnten nur in das Unterhaus gewählt werden. Auch dies führte zu einer Annäherung zwischen Adel und Bürgertum. Bauern und Handwerkern jedoch ging es in Großbritannien und in den Vereinigten Provinzen nicht besser als anderswo in Europa. Die Großgrundbesitzer versuchten ihre Ländereien auf Kosten des Gemeindelandes zu vergrößern, das den Bauern das Überleben sicherte. Die armen Bauern flohen vom Land in die Stadt und bildeten dort eine neue Unterschicht schlecht bezahlter Arbeiter, das spätere Industrieproletariat.

Die Agrarrevolution. Nach 1715 gab es in ganz Westeuropa keine Hungersnöte mehr. Doch die Zahl der Landbewohner war zu groß, als daß sie sich von der eigenen Scholle hätten ernähren können. Die Wohlhabenderen unter ihnen, die Ackerbesitzer, konnten zwar mehr Land erwerben, auch gab es westlich der Elbe nur noch eine geringe Zahl von Leibeigenen. Doch überall herrschte «Landhunger», der besondere Rechtsformen entstehen ließ. Entweder war der Bauer ein Pächter, der dem Landbesitzer einen bestimmten Zins zahlte, oder er war ein Halbpächter und lieferte dem Grundherrn einen Teil der Ernte ab, in der Regel die Hälfte. Es gab auch Bauern, die im vollen Besitz ihres Landes waren. Sie konnten es zwar verkaufen, neues hinzukaufen und das Ganze vererben, blieben aber häufig den Feudalrechten unterworfen. Dazu gehörten Jahresabgaben entweder in Geld oder in Naturalien sowie Frondienste. Außerdem besaß der Grundherr Sonderrechte beim Grundstücksverkauf oder bei Erbschaften, ein Monopol bei der Weinkelter, der Getreidemühle, beim Backofen, bei der Ölmühle oder selbst einem Kaninchengehege. Die Einhaltung dieser Rechtsvorschriften lastete schwer auf den kinderreichen Familien, die über kein Kapital verfügten und in erbärmlichen Verhältnissen lebten. Außerdem hatte der Bauer mehrere «gemeine» Steuern an den Staat zu entrichten wie zum Beispiel die *taille* in Frankreich oder die *talla* in Spanien, von der er im Unterschied zu Adel und Klerus nie befreit worden war. Schließlich hatte er noch den Zehnten für die Kirche aufzubringen.

Die materielle Ungleichheit wurde noch größer aufgrund besonderer Vorrechte der einzelnen Provinzen oder Städte und lokaler Gegebenheiten. Ein gutes Beispiel dafür ist die Salzsteuer in Frankreich. Man kann sich kaum vorstellen, wie gerade durch diese Steuerlast auf einer lebenswichtigen Ware den armen Leuten das Dasein erschwert wurde. Die Salzpolizei schreckte vor Übergriffen nicht zurück; wer die Steuer nicht bezahlte oder sich am Salzschmuggel beteiligte, wurde festgenommen und zur Galeere verurteilt.

Die Lage verschärfte sich noch durch eine allgemeine Preiserhöhung, nachdem in Brasilien Goldlager entdeckt worden waren und sich der Ertrag aus den Silberfunden steigerte. Das Überangebot von Gold und Silber führte zu einem Kursverfall und damit zu einer Preissteigerung bei Lebensmitteln. Die Löhne hingegen folgten dieser Entwicklung erst mit einiger Verzögerung. Und als schlechte Ernten hinzukamen – in Frankreich 1770, 1774, 1784 und vor allem 1788 –, stiegen die Lebensmittelpreise noch stärker. Das Ergebnis war eine große Not unter den Bauern und den Handwerkern in den Städten. Nachdem die Grundherren alte Urkunden hervorgeholt hatten, um höhere Feudalabgaben zu rechtfertigen, begannen die Bauern in einigen Gegenden die Archive zu verbrennen; gelegentlich gingen auch die Herrensitze in Flammen auf.

Die bürgerliche Revolution. Die Bedeutung der Bauern- und Handwerkerrevolution bestand darin, daß sie eine Reservearmee für die sogenannte bürgerliche Revolution lieferte. Diese war eng mit dem neuen Reichtum verbunden, den die städtische «Bourgeoisie» im Bankwesen, im Handel, im Handwerk, in Manufakturen oder in freien Berufen erworben hatte. Und diese Bourgeoisie stellte zunehmend Forderungen.

Zunächst und vor allem drängte sie auf die Abschaffung der Privilegien von Adel und Klerus, aufgrund deren diese beiden Stände weniger Steuern zahlten. Vor allem aber erhoffte sich die Bourgeoisie eine Beteiligung an der politischen Macht. Diese Forderung wiederum schloß die Ablösung der absoluten durch eine konstitutionelle Monarchie in sich. In diesem Sinne gab man sich eine geschriebene Verfassung mit einer Erklärung der Menschenrechte nach dem in ganz Westeuropa berühmten Vorbild der amerikanischen Verfassung aus dem Jahr 1787.

Die Revolution des Adels. Im selben Jahr begann in Frankreich die Revolution des Adels: ein erster Angriff gegen die absolute Monarchie. Offenkundiges Vorbild war die Glorreiche Revolution von 1688. Nur das Parlament konnte in Großbritannien Steuern erheben und so die Regierung kontrollieren. Alle Versuche König

336

Georgs III. (R 1760-1820), die Vorrechte des Königtums wiederherzustellen, schlugen fehl.

Auch in Frankreich gab es «Parlamente». Doch diese waren oberste Gerichtshöfe und setzten sich aus nichtgewählten Beamten zusammen, die ihre Ämter gekauft hatten und so in den Adelsstand erhoben worden waren. Diesen Parlamenten – vor allem dem von Paris – das Recht der Gesetzgebung und Steuerbewilligung zu gewähren, hätte einem Teil des Adels, der *noblesse de robe*, eine große Macht eingeräumt. Weil der Amtsadel der Bourgeoisie immer noch nahestand, unterstützte diese alle seine Forderungen, bis sie entdeckte, daß die erste Sorge jener «Parlamentarier» darin bestand, die eigenen Vorrechte zu sichern, besonders das Privileg, wenig Steuern zu bezahlen. Unter diesen Bedingungen schwand das Ansehen des Amtsadels zusehends. Der Adel insgesamt wurde schließlich, wie der Klerus, das große Opfer der Revolution. Es gelang ihm nicht, die Macht des Königs zu übernehmen, er verlor darüber hinaus auch die eigenen Privilegien. Viele Adlige bezahlten für ihren tatsächlichen oder vermeintlichen Widerstand gegen die Revolution mit dem Leben.

335 *«Die Unterzeichnung der Unabhängigkeitserklärung der Vereinigten Staaten durch den Kongreß in Philadelphia», 4. Juli 1776. Gemälde von John Trumbull (1756-1843).* **336** *«Der Dritte Stand unter der Steuerlast» – Karikatur aus der Revolutionszeit auf die Unterdrückung des Dritten Standes durch Adel und Klerus.* **Karte 27:** *Europa im Jahr 1795.*

Die «Große Nation» und Europa

Die Französische Revolution konnte kein von der übrigen Welt abgesondertes Phänomen bleiben. Zunächst hatte sie in den meisten Ländern Europas mehr oder weniger leidenschaftliche Anhänger, die man seltsamerweise wie in Frankreich selbst «Patrioten» nannte.

Ursache hierfür war eine Reihe von Faktoren: die weite Verbreitung der französischen Sprache in Europa; der Einfluß der französischen Philosophen des 18. Jahrhunderts auf die Intellektuellen in allen Ländern; die zahlreichen auswärtigen Beobachter in Frankreich, unter ihnen zum Beispiel der Engländer Arthur Young, Autor des vielgelesenen Buchs *Reisen in Frankreich* (1792), sowie Thomas Paine, ein Engländer, der amerikanischer Staatsbürger wurde und der in seiner Schrift *The Rights of Man* (Die Rechte des Menschen) die französische Verfassung von 1791 mit der Englands verglich. Paines Schriften wurden von republikanischen Gesellschaften in England verbreitet: der *Society for Constitutional Information*, die 1780 gegründet wurde, und der *London Corresponding Society* von 1792, deren Sekretär Thomas Hardy zusammen mit Horne Tooke und John Thelwall 1794 wegen Hochverrats verhaftet wurde. Tooke und Thelwall wurden freigesprochen und die gerichtliche Verfolgung Hardys fallengelassen.

In Irland führte die Feindschaft gegenüber England 1791 zur Gründung der *United Irishmen* (Vereinigte Iren) unter Theobald Wolf Tone. Im Jahr 1795 ging Tone in die Vereinigten Staaten und 1796 nach Paris, wo er eng mit dem Nationalkonvent zusammenarbeitete.

In den Vereinigten Provinzen setzten sich die französisch orientierten Patrioten aus Handwerkern und Bauern zusammen, während die holländischen Patrioten vor allem aus der oberen Mittelschicht kamen. Die einen wie die anderen wollten die Freiheit, aber die französisch orientierten Patrioten befürworteten eine Angliederung an Frankreich, die holländischen eine eigene, unabhängige Republik.

In den habsburgischen Niederlanden, wo man gegen die österreichische Vorherrschaft kämpfte, knüpfte Jan Frans Vonck, der Anführer der Demokraten, Kontakte zu den Franzosen, während sich die Konservativen unter Hendrik van der Noot nicht für Frankreich begeistern konnten. Sie siegten über die «Vonckisten» und errichteten am 10. Januar 1790 die Republik der Vereinigten Staaten von Belgien. Geist und Wortlaut der Unionsakte waren aber nicht vom revolutionären Frankreich, sondern von den «Konföderationsartikeln» der Vereinigten Staaten von Amerika inspiriert. Innerhalb weniger Wochen wurde die belgische Republik indes von einer kleinen österreichischen Armee besiegt.

In Deutschland interessierten sich zahlreiche Intellektuelle lebhaft für die Französische Revolution. So veranstaltete der weitgereiste, welterfahrene Kaufmann Georg Heinrich Sieveking 1790 in Hamburg ein Bankett, um den Jahrestag des Sturms auf die Bastille zu feiern. An der Festlichkeit nahmen achtzig Personen teil; alle, unter ihnen der Dichter Friedrich Gottlieb Klopstock, trugen die blauweißrote Kokarde. Einer der berühmtesten deutschen Philosophen, Immanuel Kant, Professor an der Universität zu Königsberg und nunmehr 65 Jahre alt, nannte sich bereitwillig einen Jakobiner, obgleich er der preußischen Monarchie gegenüber loyal war und jede gewaltsame Eroberung ablehnte. Ähnlich dachte der Philosoph Johann Gottlieb Fichte. Goethe nahm am 20. September 1792 an der Kanonade von Valmy teil, zog es aber vor, über dem Parteienhader zu stehen. Erst später veröffentlichte er seine *Kampagne in Frankreich*, worin er schrieb, daß er zu seinen Begleitern am Abend von Valmy gesagt habe: «Von hier und heute geht eine neue Epoche der Weltgeschichte aus, und ihr könnt sagen, ihr seid dabei gewesen.»

In Polen, wo es 8 bis 9 Millionen analphabetische Leibeigene gab – ferner 100 000 oft arme, auf ihren Gütern autonome Adlige, einige Magnaten mit riesigen Ländereien und ganz wenige Bürger in den Städten –, verstand sich König Stanislaus II.

337

338

337 *Friedrich Gottlieb Klopstock (1724-1803). Gemälde von Johann H. W. Tischbein, um 1800. Klopstock war anfangs ein begeisterter Anhänger der Revolution.* **338** *Friedrich Schiller (1759-1805). Porträt, Jakob Friedrich Weckherlin zugeschrieben, um 1780. Wie Klopstock wurde Schiller zum Ehrenbürger der Französischen Republik ernannt. Die Diktatur der Jakobiner lehnten jedoch beide ab.* **339** *Ein weiterer Ehrenbürger: der Schweizer Johann Heinrich Pestalozzi (1746-1827). «Pestalozzi in seiner Erziehungsanstalt Neuhof», nach einer Zeichnung von Conrad Ermisch, 1882.* **340** *Ehrenbürger der Französischen Republik und erster Präsident der USA: George Washington (1732-1799). Ölgemälde nach Gilbert Stuart, 1797.*

August als Anhänger der Aufklärung. Seine Reformen hatten jedoch keinen Bestand. Unter dem Einfluß von Patrioten wie Potocki und Czartoryski und um sich gegen Russen und Preußen zu behaupten, gaben sich die Polen am 3. Mai 1791 eine Verfassung, die von der revolutionären französischen Gesetzgebung inspiriert war. Ein Jahr später jedoch intervenierten auf Ersuchen von Magnaten die Russen und die Preußen in Polen. Sie schafften die neue Verfassung ab und erzwangen am 23. Januar 1793 die zweite Teilung des Landes.

Ungarn wollte durch eine «Ungarische Erklärung der Menschen- und Bürgerrechte» und einen «Verfassungsakt» größere Unabhängigkeit von Österreich erlangen. Kaiser Franz II. aber, der im Jahr 1792 auf Leopold II. gefolgt war, lehnte dies entschieden ab.

In der Schweiz, die aus dreizehn Kantonen und aus angegliederten, abhängigen Bezirken bestand, fanden sich zahlreiche Sympathisanten des revolutionären Frankreich. Sie kamen zum einen aus dem star-

339

ken Bürgertum, das jede Form von «Vasallentum» ablehnte, zum andern aus den aristokratischen Republiken der großen Kantone, welche die Patriotenpartei demokratisieren wollte. In den alten Bergkantonen, wo die direkte Demokratie die Regel war, blieb der französische Einfluß hingegen ziemlich schwach.

In Italien war die Agitation zugunsten der französischen Patrioten recht lebhaft. Das Vorhandensein revolutionärer Klubs, vor allem in Piemont und in Bologna, belegte dieses Engagement. In Spanien hingegen unterdrückte die Regierung alle profranzösischen Bestrebungen bereits im Keim, wobei sie sich der Unterstützung durch die Kirche sicher sein konnte. In Rußland und in den skandinavischen Ländern brachte die Französische Revolution kaum Umwälzungen hervor.

Für die profranzösischen und prorevolutionären Patrioten außerhalb Frankreichs gab es bald eine besonders hohe Auszeichnung: Am 24. August 1792 wurden auf Vorschlag des Dichters Marie-Joseph Chénier all jene Schriftsteller zu französischen Bürgern ernannt, die «die Grundfesten der Tyrannei untergraben und den Weg für die Freiheit vorbereitet« hatten. Das war der Fall bei den Engländern Joseph Priestley und Jeremy Bentham, bei William Wilberforce und Thomas Clarkson, engagierten Gegnern der Sklaverei, und bei James Mackintosh, der im Streit mit Edmund Burke lag. In Deutschland zählten zu den Erwählten Anacharsis Cloots, Joachim Heinrich Campe, Friedrich Gottlieb Klopstock und Friedrich Schiller; in der Schweiz Johann Heinrich Pestalozzi, der berühmte Erzieher und Schulreformer; in Polen der Soldat und Patriot Tadeusz Kosciuszko; in Holland Cornelis te Pauw, der Verfasser eines berühmten Buches über Amerika; und in den Vereinigten Staaten von Amerika George Washington, James Madison, Alexander Hamilton, Thomas Paine und der Dichter Joel Barlow. Cloots und Paine wurden sogar in den Konvent gewählt.

340

Die friedlichen Anfänge. Natürlich kann diese zufällige Streuung von Anhängern mit ihren Klubs, Zeitungen und Pamphleten nicht die Eroberungen erklären, die von 1792 an Frankreich für eine kurze Zeit zur stolzen, Europa beherrschenden *Grande Nation* machten, die um die Jahrhundertwende das *Empire* errichtete.

Anfangs schien alles für eine friedliche Politik zu sprechen. Die französischen Offiziere, oberhalb des Hauptmanns durchweg Adlige, ergriffen die Partei des Königs gegen die Nationalversammlung, und viele von ihnen weigerten sich, die im Juli 1789 eingeführte dreifarbige Kokarde – Blau und Rot waren die Stadtfarben von Paris, Weiß die Farbe des Königs – zu tragen. Diese Weigerung führte zu Streitereien zwischen Offizieren, Unteroffizieren und Mannschaften und artete gelegentlich in regelrechte Meutereien aus. Zahlreiche Offiziere gingen in die Emigration. Im Jahr 1792 waren von 9000 Offizieren etwa 6000 nicht mehr im Dienst. Die Nationalgarde, im Juli 1789 nach amerikanischem Modell gegründet – La Fayette, der «Held beider Welten», war ihr Befehlshaber –, konnte nur als Ordnungsmacht in Innern eingesetzt werden. Um sich zu bewaffnen, hatten die Massen in Paris am 14. Juli 1789 die Bastille gestürmt. Später wurde der Sturm auf die Bastille als ein Sinnbild des revolutionären Freiheitskampfes gedeutet. Zahlenmäßig schwach und schlecht ausgerüstet, befand sich die französische Armee in keiner starken Position. Nur vor diesem Hintergrund ist die am 22. Mai 1790 von der Nationalversammlung abgegebene Erklärung zum Frieden in der Welt zu verstehen. Frankreich verpflichtete sich darin, «keinen Eroberungskrieg zu führen» und «niemals seine Streitkräfte gegen die Freiheit eines anderen Volkes einzusetzen». Am 13. September 1791 nahm die gleiche Versammlung einen lokalen Aufstand zum Anlaß, Avignon mit der Grafschaft Venaissin zu annektieren, eine Enklave, die dem Papst gehörte.

Frankreich erklärt den Krieg. Am 20. April 1792 erklärte darüber hinaus König Ludwig XVI. von Frankreich dem König von Böhmen und Ungarn den Krieg, das heißt Kaiser Franz II., dem Bruder der Königin Marie Antoinette. Die Kriegserklärung war unter dem Vorwand erfolgt, Franz habe sich geweigert, in seinen Ländern die Versammlungen von Emigranten zu untersagen, die eine Bedrohung für Frankreich darstellten. Der französische Monarch konnte sich dabei auf die Zustimmung des Jakobinerklubs berufen, in dem Brissot die treibende Kraft war, Robespierre allerdings dagegen stimmte. Bald jedoch wurde der König von den Jakobinern in der Nationalversammlung entmachtet.

Die ersten Niederlagen kleiner französischer Einheiten an der Grenze zu den habsburgischen Niederlanden, dem heutigen Belgien, erschienen im Ausland als Beweis dafür, daß Frankreich keine schlagkräftige Armee mehr besitze. Als Preußen im Juli 1792 an der Seite Österreichs in den Krieg eintrat, glaubte daher der Oberbefehlshaber der Verbündeten, der Herzog von Braunschweig, er könne Paris mit Leichtigkeit erobern.

Neben den Resten der königlichen Armee, den Berufssoldaten mit zwanzigjähriger Dienstzeit, verfügte Frankreich indes über Freiwillige. Auf die Proklamation: «Das Vaterland ist in Gefahr», hatten sich viele Rekruten gemeldet, die meisten von ihnen Handwerker, kleine Bauern und Bürger aus den Reihen der Nationalgarde. Die Jakobiner rechneten damit, daß der König den Krieg nutzen werde, um wieder an die Macht zu kommen, etwa durch geheime Absprachen mit auswärtigen Fürsten, zum Beispiel seinem Schwager Franz II. Nach der gescheiterten «Flucht nach Varennes», im Juni 1791, hatten Ludwig XVI. und Marie Antoinette auf die Niederlage der völlig zerrütteten französischen Armee gehofft.

Tatsächlich aber beschleunigten die ersten Niederlagen und die Invasion des Herzogs von Braunschweig, der im September 1792 vor Verdun stand, die Revolution. Am 10. August 1792 wurde die Monarchie gestürzt und ein Nationalkonvent einberufen. Eine erste Welle des Terrors setzte ein, die «Septembermorde» von 1792. Die Entdeckung eines «Panzerschranks» in den Tuilerien, in dem Ludwig XVI. seine Korrespondenz versteckt hatte, führte im November 1792 zum Prozeß gegen den König vor dem Nationalkonvent und zu seiner Verurteilung. Am 21. Januar 1793 wurde König Ludwig XVI. hingerichtet.

Unterdessen hatte sich am 20. September 1792, einen Tag bevor der Nationalkonvent die Republik ausrief, die Kanonade von Valmy ereignet. Es handelte sich dabei um eine ziemlich begrenzte Schlacht, deren Bedeutung für die Geschichte allerdings beträchtlich war. Die Franzosen hatten die Hochebene von Valmy besetzt. Die gut ausgebildeten preußischen Soldaten

341

342

341 *Die Hoffnungen des Anfangs: «Alle Sterblichen sind gleich.» Allegorie auf La Fayettes Entwurf zur Erklärung der Menschen- und Bürgerrechte, 1789. Zeitgenössische kolorierte Radierung.* **342** *Die Einnahme der Bastille am 14. Juli 1789. Zeitgenössische kolorierte Zeichnung aus Epinal. Der Sturm auf das Staatsgefängnis des Ancien Régime wurde zum Symbol der Revolution schlechthin, der 14. Juli 1789 ist seit 1880 der Nationalfeiertag der Franzosen.* **343** *Der Beginn der Schreckensherrschaft: «Das Massaker in der Rue de l'Abbaye in Paris vom 2. bis 6. September 1792.» Zeitgenössisches Gemälde von Chauvet. Während der Septembermorde wurden dort 318 Priester und Gläubige erschlagen.* **344** *«Die Kanonade von Valmy am 20. September 1792.» Kopie (Ausschnitt) von Jean-Baptiste Mauzaisse nach einem Gemälde von Horace Vernet, 1831.* **345** *«Volk, ich sterbe unschuldig» – die letzten Worte König Ludwigs XVI. vor seiner Hinrichtung durch die Guillotine am 21. Januar 1793. Kolorierter Kupferstich (Ausschnitt), 1793.*

343

344

345

hatten an den Tagen zuvor Hunger gelitten und grüne Trauben von den umliegenden Weinbergen gegessen. Als der Nebel sich verzog, sahen die Preußen zu ihrer Überraschung, daß die Franzosen sich nicht wie angenommen zurückgezogen hatten, sondern ruhig ihre Schlachtstellung hielten. König Friedrich Wilhelm II. von Preußen und der Herzog von Braunschweig gaben den Befehl zum Angriff. Der Sieg schien ihnen sicher. Doch als die Franzosen nicht zurückwichen und *«Vive la Nation!»* («Es lebe die Nation!») riefen, kam der preußische Vormarsch ins Stocken, und der Herzog von Braunschweig befahl den Rückzug. «Der alte Fritz hätte sich nicht so verhalten», schrieb ein Augenzeuge. Und Goethe notierte: «Noch am Morgen hatte man nicht anders gedacht, als die sämtlichen Franzosen anzuspießen und aufzuspeisen [...]; nun aber ging jeder vor sich hin, man sah sich nicht an, oder wenn es geschah, so war es um zu fluchen oder zu verwünschen.» Die Bedeutung von Valmy besteht darin, daß es von nun an in der Kriegführung neben der Berufsarmee auch die Armee aus Bürgern gab. Der siegreiche französische General, der Elsässer Kellermann, schrieb: «Ich bot den Preußen die Schlacht an, aber sie wagten es nie, mich anzugreifen; selbst der härteste Feind kann den nicht besiegen, der zur Verteidigung der Freiheit entschlossen ist.»

Von 1792 bis 1795 kämpfte das revolutionäre Frankreich erfolgreich gegen fast ganz Europa. Nach Valmy folgte im November 1792 der Sieg über die Österreicher bei Jemappes, und Frankreich annektierte das heutige Belgien. Und während sich die Preußen auf das Rheinland zurückzogen, stießen die Franzosen nach Mainz und Frankfurt vor.

Die Erste Koalition und die Expansion der Revolution. Wo liegen die Gründe für die sogenannte Erste Koalition, die sich zu Beginn des Jahres 1793 formierte? Nacheinander traten zu diesem Zeitpunkt England, Portugal, die Vereinigten Provinzen, Spanien, mehrere italienische Staaten – Piemont-Sardinien, die Toskana und der Heilige Stuhl – sowie zahlreiche deutsche Staaten in den Krieg gegen das revolutionäre Frankreich. Es wäre sicher falsch, darin nur eine Reaktion der gekrönten Häupter Europas auf die Hinrichtung Ludwigs XVI. zu sehen. Einzig und allein der bourbonische König von Spanien, Karl IV., schien hier eine besondere Verpflichtung gespürt zu haben. Der wahre Grund lag darin, daß man zum Widerstand gegen ein Phänomen entschlossen war, das uns noch heute vertraut ist – den Expansionsdrang der Revolution. Weil die Revolution in den Augen ihrer fanatischen Anhänger im Besitz der Wahrheit ist, sollte sie auch in die benachbarten Länder getragen werden. Gab es dort – was oft der Fall war – bereits eine Anzahl von Patrioten, dann war die Annexion gerechtfertigt. Ein – gelegentlich manipulierter – Volksentscheid konnte ihr, wie in Avignon, vorausgehen.

Manipuliert oder nicht, das Prinzip der «Expansion der Revolution» wurde am 19. November 1792 vom Nationalkonvent gebilligt. Er versprach all den Völkern «Brüderlichkeit und Beistand», die ihre Freiheit wiedererlangen wollten. Das war eine doppelte Verpflichtung, nämlich endlose Kriege zu führen und die Entscheidung zu verantworten, welche Völker Beistand brauchten und welche nicht. Bald wurde darüber entschieden, ohne die Betroffenen zu fragen.

346

347

348

346 *Ein tugendhafter Terrorist: der Revolutionär Maximilien Robespierre (1758-1794). Anonymes zeitgenössisches Gemälde.* **347** *Die Schreckensherrschaft des Jahres II (1793) in Paris: ein Bürgerkomitee bescheinigt einem Franzosen, daß er bürgerlicher Herkunft ist. Zeitgenössischer kolorierter Kupferstich.* **348** *«Die Strickerinnen Robespierres.» Zeitgenössische Gouache von Lesueur, 1793.*

England hatte einen besonderen Grund, am Krieg gegen Frankreich teilzunehmen. Der neue Herr Belgiens, der französische Nationalkonvent, hatte den Hafen von Antwerpen wiedereröffnet – die Spanier hatten ihn seit 1609 aufgegeben. Nur durch die Schließung des Hafens, so dachten die Briten, sei London zur Handelsmetropole Europas und der Welt aufgestiegen. Benutzte die stärkste Macht des Kontinents Antwerpen als Seehafen, wäre dies für England eine ökonomische Katastrophe ersten Ranges.

Der Wohlfahrtsausschuß und die Schreckensherrschaft. Im März 1793 gelang es den Alliierten, unterstützt durch den Verrat des französischen Generals Charles-François Dumouriez, des Siegers von Jemappes, die Franzosen aus Belgien und den Rheinlanden zu vertreiben und über die Alpen und die Pyrenäen in Frankreich einzumarschieren. Diese Niederlagen führten in Paris zur Bildung einer starken «Revolutionsregierung». Sie stützte sich auf einen Wohlfahrtsausschuß, der vom Nationalkonvent abhängig war und eine Schreckensherrschaft ausübte. Zu seinen führenden Politikern gehörten Maximilien Robespierre, Georges Couthon und der 25jährige Louis-Antoine-Léon Florelle de Saint-Just. Das Motto von Saint-Just faßt kurz und bündig seinen fanatischen Glauben zusammen: «Keine Freiheit für die Feinde der Freiheit.»

Das Ergebnis dieses Regierungssystems und der neugewonnenen Macht der Revolution war die Rückeroberung Belgiens und der Rheinlande. Am 27. Juli 1794, nach dem Revolutionskalender der 9. Thermidor des Jahres II, fiel das Haupt Robespierres unter der Guillotine; um dieselbe Zeit rückten die Franzosen in Antwerpen und Brüssel ein. Die Niederlande wurden 1795 besetzt, und im selben Jahr brach die Erste Koalition durch die Friedensschlüsse von Basel und Den Haag auseinander. Nacheinander schlossen die Verbündeten Frieden mit Frankreich: erst die Toskana, deren Großherzog Ferdinand III. ein Schwager des Kaisers war, dann Preußen, Hessen-Kassel, die von den Franzosen besetzte Batavische Republik und schließlich Spanien. Nur Österreich, England, Portugal, einige italienische Staaten und Süddeutschland blieben mit der «Großen Nation» im Kriegszustand.

Wie hatte Frankreich diesen Erfolg erzielen können? Die hohe Einwohnerzahl des Landes spielte dabei sicher eine Rolle. Im Jahr 1800 zählte Frankreich 28,2 Millionen Einwohner, hinter Rußland mit 40 Millionen die zweithöchste Zahl. Es folgten Österreich mit 28 Millionen, das restliche Deutschland mit 23 Millionen, Italien mit 18 Millionen und die Britischen Inseln mit 16 Millionen. Insgesamt erreichte Europa eine Einwohnerzahl von 153,2 Millionen.

Mit Ausnahme der Britischen Inseln, die durch die Nordsee und den Ärmelkanal geschützt waren, und Rußlands war kein europäisches Land für sich allein in der Lage, Frankreich zu widerstehen. Doch wie brachte Frankreich es fertig, sich gegen die Erste Koalition zu behaupten?

Es gibt zwei Möglichkeiten, einen Gegner zu übertreffen: besser bewaffnet zu sein oder bei gleicher Bewaffnung ein zahlenmäßig überlegenes Heer zu besitzen. Doch weder die Revolution noch später Napoleon verbesserten die Bewaffnung der französischen Truppen. Die Armee benutzte immer noch das 4,4 Kilogramm schwere Charleville-Gewehr mit Feuersteinschloß und Ladestock. War das Bajonett aufgepflanzt, erreichte das Gewehr mit sechs Fuß die Länge eines erwachsenen Mannes. Bei den Kanonen war immer noch das Gribeauval-Modell aus der Zeit Ludwigs XVI. in Gebrauch; der Vorderlader wurde in zahlreichen Bronzegußformen hergestellt.

Die große Veränderung betraf die Truppe selbst. Valmy hatte bereits die Kampfkraft der französischen Freiwilligen gezeigt. Im Februar 1793 kam man auf Betreiben von Edmond Dubois de Crancé, einem einflußreichen Mitglied des Wohlfahrtsausschusses, überein, die alte weißbehoste Armee, die *culs-blancs*, mit den Freiwilligen, den *bleuets*, zu vermischen, die wie die Nationalgarde blaue Uniformröcke trugen. Im selben Jahr wurde ein Aushebungsgesetz für den Militärdienst verabschiedet, woraus 1798 das Konskriptionssystem hervorging, der gleiche Kriegsdienst für alle.

Der Beschluß des Nationalkonvents vom 24. Februar 1793, 300000 Mann auszuheben, löste den großen Aufstand in der Vendée aus. Die Menschen in Westfrankreich waren Royalisten und treue Katholiken. Sie lehnten es ab, für eine Sache kämpfen zu müssen, die sie verabscheuten. Der Aufstand war blutig und für kurze Zeit erfolgreich. Die Bestrafung durch die republikanische Armee war furchtbar. Im August kam es zu der berühmt-berüchtigten *levée en masse*, dem Vorläufer der allgemeinen Mobilmachungen des 19. Jahrhunderts. Das Dekret vom 23. August 1793 rechtfertigte die Massenaushebung als Notwendigkeit im Fall einer Invasion Frankreichs: «Von nun an bis zu dem Augenblick, an dem alle Feinde vom Territorium der Republik verjagt sind, müssen alle Franzosen Militärdienst leisten. Die jungen Leute zie-

349

hen in den Kampf; die verheirateten Männer schmieden Waffen und schaffen die Lebensmittel an die Front; die Frauen nähen Zelte und Uniformen und tun in den Krankenhäusern Dienst; die Kinder zerfasern altes Leinen, und die Alten begeben sich auf die öffentlichen Plätze, um den Mut der Soldaten anzustacheln und den Haß auf die Könige sowie die Einheit der Republik zu predigen.»

Die *levée en masse* machte es möglich, eine Armee von 1,2 Millionen Soldaten aufzustellen, eine unglaubliche Zahl für die damalige Zeit. In Wirklichkeit wurden nur 750 000 einsatzfähige Soldaten ausgehoben, aber auch diese Zahl war schon gewaltig genug. Eine derartige Massenaushebung erforderte eine effektive Verwaltung. In der Tat wurde die Große Armee immer wieder das Opfer massiver Fahnenflucht der Wehrpflichtigen, die sich nicht selten in entlegenen Gegenden versteckten. Die Einberufung zur Revolutionsarmee wurde immer mehr als bedrückend empfunden. Nach zwanzig Kriegsjahren machte sie Napoleon besonders auf dem Land äußerst unbeliebt. Zudem hatten die Revolutionäre die Katholiken in Europa gegen sich aufgebracht – durch die Verstaatlichung der Kirchengüter im November 1789 und durch die Einführung einer «Zivilverfassung» für den Klerus im Jahr 1790.

349 *Plakat aus der Zeit des ersten Koalitionskriegs, 1792: Jakobinermütze, Farben und Parolen der Republik. Das Plakat stammt aus dem Elsaß, dessen Bewohner sich für die freiheitlichen Ideale der Revolution begeisterten und dadurch Franzosen wurden.* **350** *«Der fröhliche Aufbruch der Freiwilligen zur Armee», September 1792. Zeitgenössische Gouache.*

350

Die Revolution und der Nationalismus in Europa

Das patriotische Empfinden ist ohne Zweifel so alt wie die Menschheit. Das Vaterland ist das Land der Eltern; im Englischen spricht man auch gern vom «Mutterland». Der Großteil der Menschen hat nun einmal eine gewisse Vorliebe für das eigene Vaterland, wie groß oder klein es auch sei.

Das Nationalstaatsprinzip. Das aus dem patriotischen Empfinden abgeleitete Nationalstaatsprinzip ist kein bloßes Gefühl mehr, sondern eine politische Idee. Jeder gehört einer bestimmten Gemeinschaft an, die sich über einen gewissen Raum erstreckt und eine bestimmte Anzahl gemeinsamer Merkmale besitzt. All das zusammen ergibt die Nation. Wenn darüber hinaus die Nation nicht geteilt ist und nicht von einer auswärtigen Macht beherrscht wird, sondern sich selbst regiert, und zwar durch eigene Institutionen, dann bildet sie einen Nationalstaat.

Im Verhältnis zum Patriotismus ist der Nationalismus eine eher junge Erscheinung. Er tauchte im 18. Jahrhundert in Westeuropa auf und dann in den englischen Kolonien Nordamerikas. In der ersten Hälfte des 19. Jahrhunderts breitete er sich in Mitteleuropa aus, auf dem Balkan und in Lateinamerika, in der zweiten Hälfte des Jahrhunderts erreichte er die arabische Welt, Indien, Südostasien und den Fernen Osten. Im 20. Jahrhundert erfaßte er dann die Völker und Staaten Afrikas.

Das sich entwickelnde Nationalgefühl läßt jede Fremdherrschaft als unerträglich erscheinen und fördert bei fremdbestimmten Völkern den Willen, die nationale Unabhängigkeit zu erlangen, notfalls mit Gewalt.

Man unterscheidet zwei Formen des Nationalismus: den deutschen oder «romantischen» Nationalismus und den angelsächsisch-französischen oder «klassischen».

Der romantische Nationalismus. Der romantische Nationalismus geht von der Idee aus, daß die Zugehörigkeit zu einer bestimmten Nation nicht auf Freiwilligkeit beruhe. Jeder hat von seinen Vorfahren eine Muttersprache ererbt, nationale Sitten und Gebräuche, eine nationale Literatur, Kunst und Folklore. All dies zusammen bildet das, was Johann Gottfried Herder, der Begründer dieser Lehre, den «Volksgeist» genannt hat.

Herder, 1744 in Mohrungen in Ostpreußen geboren, war ein Schüler des Philosophen Immanuel Kant in Königsberg. Er wurde Prediger und Professor, reiste durch Frankreich und lernte in Straßburg Goethe kennen. Er starb 1803 in Weimar, wo er als Generalsuperintendent tätig war und wo er auch Goethe wiedertraf. Zu seinen Hauptwerken zählen *Auch eine Philosophie der Geschichte zur Bildung der Menschheit* (1774) und *Ideen zur Philosophie der Geschichte der Menschheit*, deren vier Bände 1784 bis 1791 veröffentlicht wurden. Herder hielt nicht viel vom Rationalismus, weil dieser den Menschen überall gleichmachen wolle, so daß auch alle Nationen einander gleich würden. Jeder «Volksgeist» sei jedoch etwas «Einmaliges», «Wunderbares» und «Unerklärliches». Er gebe jeder Nation einen unverwechselbaren Charakter. An einem deutschen Nationalstaat hatte Herder indes kein Interesse. Das war erst bei einigen seiner Schüler in der napoleonischen Zeit der Fall, bei Johann Gottlieb Fichte, Friedrich Ludwig Jahn und Ernst Moritz Arndt. Doch auch für Herder waren die Elsässer Deutsche, weil sie einen deutschen Dialekt sprachen.

Der klassische Nationalismus. Die französischen Revolutionäre waren zu Beginn Universalisten. Was für einen einzigen Menschen wahr sei, sei auch für alle wahr. Hatte Descartes nicht gesagt, der gesunde Menschenverstand sei das einzige in der Welt, das überall gerecht verteilt sei? Aus diesem Grund sahen sich die Mitglieder der Verfassunggebenden Nationalversammlung und danach die des Konvents als Gesetzgeber für die ganze Menschheit. Die Mitglieder der Nationalversammlung waren Anhänger Montesquieus und traten für die Gewaltenteilung sowie für eine konstitutionelle Monarchie ein; die Mitglieder des Konvents folgten Jean-Jacques Rousseau und seiner Lehre von der Volkssouveränität. In der Erklärung der Menschen- und Bürgerrechte vom 26. August 1789, die der Verfassung von 1791 vorangestellt wurde, war die Rede von den natürlichen, unveräußerlichen und heiligen Rechten des Menschen. Mit anderen Worten: was für die Franzosen galt, hatte auch für alle anderen Völker Geltung. So heißt es in Artikel 3 der Erklärung: «Das Prinzip aller Souveränität liegt im wesentlichen bei der Nation.»

Das bedeutete, daß jedes Volk das Recht auf Selbstbestimmung hatte. Im Gegensatz zu Herder, der einem ererbten «Volksgeist» entscheidende Bedeutung beimaß, glaubten die französischen Revolutionäre, daß die Nation den freien Willen der Bürger verkörpere. Seinen Ausdruck fand dieser freie Wille im Volksentscheid, der bereits von den Aufständischen in Avignon im Juni 1790 angewandt worden war. Aufgrund dieser «klassischen» Nationalismusdoktrin, die sich auf den freien Willen gründete, waren die Elsässer selbstverständlich Franzosen, wenn sie es sein wollten, ungeachtet ihrer deutschen Muttersprache.

Am 14. Juli 1790 fand zum ersten Jahrestag des Bastille-Sturms auf dem Marsfeld in

351

351 *Johann Gottfried Herder (1744-1803). Gemälde von Franz von Kügelgen (1772-1820). Gemeinsame Sprache und Kultur machten für Herder eine Nation aus.* **352** *Französischer Verfassungspatriotismus: «Der Generalkommandant der Nationalgarde, La Fayette, schwört beim Föderationsfest auf dem Marsfeld in Paris auf die Verfassung», 14. Juli 1790. Anonymes zeitgenössisches Gemälde.* **353** *Die Erklärung der Menschen- und Bürgerrechte vom 26. August 1789 in allegorischer Umrahmung. Zeitgenössisches Gemälde.*

352

DÉCLARATION
DES DROITS DE L'HOMME
ET DU CITOYEN,
Décretés par l'Assemblée Nationale dans les séances des 20, 21
23, 24 et 26 aoûst 1789, acceptés par le Roi
PRÉAMBULE
LES représantans du peuple Francois, constitués en assemblée nationale, considérant que l'ignorance, l'oubli ou le mépris des droits de l'homme sont les seules causes des malheurs publics et de la corruption des gouvernemens, ont résolu d'exposer dans une déclaration solemnelle, les droits naturels, inaliénables et sacrés de l'homme: afin que cette déclaration, constamment présente a tous les membres du corps social, leur rappelle sans cesse leurs droits et leurs devoirs; afin que les actes du pouvoir legislatif et ceux du pouvoir exécutif, pouvant être a chaque instant comparés avec le but de toute institution politique, en soient plus respectés; afin que les reclamations des citoyens, fondées désormais sur des principes simples et incontestables, tournent toujours au maintien de la constitution et du bonheur de tous.
EN conséquence, l'assemblée nationale reconnoit et déclare, en presence et sous les auspices de l'Etre suprême les droits suivans de l'homme et du citoyen.
ARTICLE PREMIER.
LES hommes naissent et demeurent libres et égaux en droits; les distinctions sociales ne peuvent être fondées que sur l'utilité commune.
II.
LE but de toute association politique est la conservation des droits naturels et imprescriptibles de l'homme; ces droits sont la liberté, la propriete, la sureté, et la résistance à l'oppression.
III.
LE principe de toute souveraineté réside essentiellement dans la nation, nul corps, nul individu ne peut exercer d'autorite qui n'en emane expressement.
IV.
LA liberté consiste a pouvoir faire tout ce qui ne nuit pas à autrui Ainsi, l'exercice des droits naturels de chaque homme, n'a de bornes que celles qui assurent aux autres membres de la société la jouissance de ces mêmes droits; ces bornes ne peuvent être déterminées que par la loi
V.
LA loi n'a le droit de défendre que les actions nuisibles a la société, Tout ce qui n'est pas défendu par la loi ne peut être empêché, et nul ne peut être contraint à faire ce qu'elle n'ordonne pas.
VI.
LA loi est l'expression de la volonté générale; tous les citoyens ont droit de concourir personnellement, ou par leurs représentans, à sa formation; elle doit être la même pour tous, soit qu'elle protege, soit qu'elle punisse, Tous les citoyens étant égaux a ses yeux, sont également admissibles a toutes dignités, places et emplois publics, selon leur capacité, et sans autres distinction que celles de leurs vertus et de leurs talens
VII.
NUL homme ne peut être accusé, arreté ni détenu que dans les cas déterminés par la loi, et selon les formes qu'elle a prescrites, ceux qui sollicitent, expédient, exécutent ou font exécuter des ordres arbitraires, doivent être punis; mais tout citoyen appelé ou saisi en vertu de la loi, doit obéir a l'instant, il se rend coupable par la résistance.
VIII.
LA loi ne doit établir que des peines strictement et évidemment nécessaire, et nul ne peut être puni qu'en vertu d'une loi établie et promulguée antérierement au délit, et légalement appliquée.
IX.
TOUT homme étant présumé innocent jusqu'à ce qu'il ait été déclaré coupable, s'il est jugé indispensable de l'arrêter, toute rigueur qui ne serait pas nécessaire pour s'assurer de sa personne doit être sévérement réprimée par la loi.
X.
NUL ne doit être inquiété pour ses opinions, mêmes religieuses pourvu que leur manifestation ne trouble pas l'ordre public établi par la loi.
XI.
LA libre communication des pensées et des opinions est un des droits les plus precieux de l'homme; tout citoyen peut dont parler écrire, imprimer librement sauf à répondre de l'abus de cette liberté dans les cas déterminés par la loi.
XII.
LA garantie des droits de l'homme et du citoyen nécessite une force publique; cette force est donc instituée pour l'avantage de tous, et non pour l'utilité particuliere de ceux a qui elle est confiée.
XIII.
POUR l'entretien de la force publique, et pour les dépenses d'administration, une contribution commune est indispensable; elle doit être également répartie entre les citoyens en raison de leurs facultées
XIV.
LES citoyens ont le droit de constater par eux même ou par leurs représentans, la nécessité de la contribution publique, de la consentir librement, d'en suivre l'emploi, et d'en déterminer la quotité, l'assiette, le recouvrement et la durée.
XV.
LA société a le droit de demander compte a tout agent public de son administration.
XVI.
TOUTE société, dans laquelle la garantie des droits n'est pas assurée, ni les séparation des pouvoirs déterminée, n'a point de constitution
XVII.
LES propriétés étant un droit inviolable et sacré, nul n
peut en être privé, si ce n'est lorsque la nécessité publique, légalement constatée, l'exige evidemment, et sous la condition d'une juste et préalable indemnité.
AUX REPRESENTANS DU PEUPLE FRANCOIS

353

Paris das Föderationsfest statt. Aus ganz Frankreich hatten sich Abgesandte der Nationalgarde versammelt. In Anwesenheit des Königs schworen sie, gemeinsam zu leben und zu sterben. Die Feier war ein Widerhall der Worte, die einige Monate zuvor, im Februar 1790, ein Redner in Pontivy ausgerufen hatte: «Es gibt keine Bretonen oder Angeviner mehr, sondern nur noch Bürger ein und desselben Reiches [...], die vor dem Altar des Vaterlandes schwören, als Helden zu leben oder zu sterben.» Bretonen, Angeviner, Elsässer, Provenzalen, Bewohner des Languedoc und der Dauphiné existierten nicht mehr. Von nun an waren alle Franzosen.

Die Expansion der Revolution und die Enttäuschung der europäischen Patrioten

Vielleicht hätte die revolutionäre Regierung Frankreichs, wie sie es anfangs versprochen hatte, «den Frieden in der Welt» sichern können. Ein mächtiges Frankreich, das anderen Völkern beim Sturz ihrer «Tyrannen» behilflich gewesen wäre, hätte danach diese Völker sich selbst überlassen, damit sie ihre inneren Angelegenheiten nach eigenem Willen regelten, im Einvernehmen mit all den Ländern, die mit ihnen die gleichen Ideale teilten. Genau dies war nahezu überall in Europa die Hoffnung der Patrioten, der Anhänger der Französischen Revolution. Sie alle forderten Freiheit, Verwirklichung der Menschenrechte und eine Verfassung. Das Wort wurde durch die amerikanische Revolution populär, ebenso durch die Revolution von 1783 in den Niederlanden.

Doch die Revolutionsregierung hielt ihr Versprechen nicht. Ihre natürlichen Feinde waren die Anhänger des Ancien Régime und alle diejenigen, die sich den Ideen der Patrioten widersetzten. Nun machte sich die Revolution auch noch die Patrioten zu Feinden. Zu ihrer tiefen Enttäuschung mußten sie erkennen, daß die Revolution in Eroberungs- und Hegemoniestreben umschlug.

Die Gegenrevolutionäre. Zu den Gegnern der Revolution zählten zunächst alle, die sie von Anfang an bekämpft hatten: die adligen Emigranten und jene, die sie im Ausland aufnahmen, sowie die katholische Kirche, die der Revolutionsregierung die «Zivilverfassung» für den Klerus verübelte. Die unnachgiebigen Verteidiger der eigenen Privilegien sicherten der Gegenrevolution eine solide Grundlage sowohl in Frankreich als auch im Ausland.

Edmund Burke. Sie fand aber auch Rückhalt bei Intellektuellen. Der beste Anwalt der Gegenrevolution war der 1729 in Dublin geborene Schriftsteller Edmund Burke, Sohn eines protestantischen Vaters und einer katholischen Mutter. Als Kenner der Philosophen des 18. Jahrhunderts, Herausgeber der Zeitschrift *The Annual Register* und Abgeordneter im Unterhaus wirkte Burke überhaupt nicht wie ein typischer «Reaktionär». Er forderte Gerechtigkeit für die irischen Katholiken sowie für die Völker Britisch-Indiens und trat für die Unabhängigkeit der amerikanischen Kolonien ein. Aber wie Herder, dessen Werke er wahrscheinlich gelesen hatte, war Burke ein erklärter Gegner des Universalismus und des Rationalismus. Alles sei ein Produkt der Geschichte. Der Mensch an sich existiere nicht, die Lehre von den «vermeintlichen Menschenrechten» sei daher falsch. Für Burke gab es nur ein britisches Volk, für das der Liberalismus gut sei, ein französisches Volk, ein deutsches Volk und so fort.

Im Jahr 1790, lange vor Ausbruch des Kriegs zwischen Frankreich und England, veröffentlichte Burke seine *Betrachtungen über die Französische Revolution*. Darin wandte er sich voller Zorn gegen die englischen Anhänger der Französischen Revolution und besonders gegen die «Revolutionsgesellschaft», die einige von ihnen gegründet hatten. Für ihn hatte die Revolution von 1789 nichts mit der Glorreichen Revolution von 1688 zu tun. Mit äußerster Schärfe kritisierte er die Institutionen, welche die Verfassunggebende Versammlung in Frankreich einführte, weil die Revolutionäre im Namen der Vernunft rücksichtslos mit der Vergangenheit brachen und einen weltlichen Staat zu errichten suchten. Sie glaubten an eine abstrakte Freiheit, während es doch nur Freiheiten gab, die geduldig gegen alle Wechselfälle der Geschichte erworben worden seien. Burke glaubte nicht an Rousseaus «Naturzustand», in dem der Mensch gut sei, ehe ihn die Gesellschaft korrumpiert habe. In Burkes Sicht brachte die Gesellschaft selbst von Zeit zu Zeit und an verschiedenen Orten nützliche Errungenschaften hervor. Die ungeschriebene Verfassung Großbritanniens sei zum Beispiel hervorragend, weil sie in Jahrhunderten gewachsen sei. Burke verwies auf den Gegensatz zwischen dem englischen Garten mit seinen gewundenen Wegen, den Baumgruppen und natürlich fließenden Gewässern und dem streng geometrischen französischen Garten mit Kanälen, Springbrunnen, Wasserbecken, gestutzten Hecken und Bäumen.

Burkes Buch hatte in ganz Europa einen großen Erfolg, sogar in Frankreich. In Deutschland wurde es 1793/94 von Friedrich von Gentz übersetzt, dem späteren Berater Metternichs; es beeinflußte auch den Freiherrn vom Stein in Preußen und den Genfer Gegenrevolutionär Jacques Mallet du Pan. In Italien fand es weniger Anklang, und in Spanien wurde es von der Inquisition verboten.

Jacques Mallet du Pan. Im Gegensatz zu Burke war Mallet du Pan kein Gegner des Rationalismus, sondern in Wirklichkeit ein Liberaler. In der Genfer Republik gab es neben den «Repräsentanten», welche die Regierungsgeschäfte führten, und den

354

355

356

354 *«Tanz um den Freiheitsbaum» in einer deutschen Kleinstadt, vermutlich im Rheinland. Zeitgenössisches Gemälde. Doch auch die deutschen «Patrioten» waren von der Politik der Revolutionsregierung in Paris bald enttäuscht.* **355** *Die «Gegenrevolutionäre» gewannen an Boden: englische Karikatur auf die französische Nationalversammlung. Kolorierte Radierung von James Gillray, 1804.* **356** *Ein Verfechter natürlicher Grenzen: Georges-Jacques Danton (1759-1794). Porträt von Constance Charpentier, um 1790.*

«Bürgern«, die weniger wohlhabend waren und nicht in den Ratsgremien saßen, aber die Bürgerrechte genossen, zwei weitere Gruppen, die ebenfalls nicht in den Ratsgremien vertreten waren, die *natifs* oder einheimischen «Nichtbürger» und die *habitants* oder Zugereisten. Mallet du Pan hatte sie verteidigt, als sie 1766 einen Aufstand machten, und mußte Genf verlassen. Er reiste quer durch Europa. Im Jahr 1782, als in Genf eine neue Revolte ausbrach, trat er für einen Kompromiß ein. Seine Ideen publizierte er im *Mercure de France*, den er von 1788 bis 1792 leitete, und in seinen *Considérations sur la nature de la Révolution de France* (Betrachtungen über die Revolution in Frankreich), die er 1793 herausbrachte. Die Revolution war für ihn eine bloße Machtverlagerung und nur deshalb ausgebrochen, weil das alte Regime am Ende gewesen sei. Mallet du Pan sah voraus, daß «die Verlagerung der Macht unweigerlich zu einem Übergang des Eigentums auf die Sansculotten führt. Sie werden nicht mehr die Ärmsten der Armen sein, sondern eine Klasse von Eigentümern, welche die Macht für ihr eigenes Interesse gebrauchen.» Doch gebe es eine große Unbekannte, den Krieg, der zu einer Militärdiktatur führen könne.

Mallet du Pan stand der Menschenrechtserklärung und der Verfassung feindlich gegenüber. Sein Buch über das revolutionäre Frankreich machte ihn in ganz Europa berühmt. Von Bern aus korrespondierte er mit Gleichgesinnten in Berlin, London, Turin und vor allem in Wien, wo die Brüder Ludwigs XVI. Zuflucht gefunden hatten. Er beeinflußte auch Gentz und Kant.

Neben Burke und Mallet du Pan gab es auch noch andere berühmte gegenrevolutionäre Schriftsteller, in Frankreich etwa Louis de Bonald, in Savoyen Joseph de Maistre, in Deutschland Gentz, Georg Brandes, August Wilhelm Rehberg und Justus Möser. Ihr Denken und Handeln hatten jedoch weit weniger Einfluß auf die Ereignisse als das Verhalten ehemaliger Patrioten, die von der anmaßenden Politik der *Grande Nation* enttäuscht waren.

Bei mehreren Anlässen, unter dem Nationalkonvent und zu Beginn des Direktoriums 1795, stellte sich die Frage nach den Kriegszielen Frankreichs. Das erste und einfachste Ziel war, zu überleben und sich gegen die feindliche Koalition zu behaupten. Lazare Carnot, der im Wohlfahrtsausschuß und anfangs auch im Direktorium für den Sieg verantwortlich zeichnete, trat dafür ein, daß sich Frankreich mit den Grenzen von 1792 zufriedengebe, das heißt, mit dem Territorium des Ancien Régime, dazu Avignon und die Grafschaft Venaissin. Auch Robespierre setzte sich am 17. November 1793, in einer für Frankreich schwierigen Zeit, für eine gemäßigte Außenpolitik ein, die sich auf die Freundschaft mit «freien» Ländern wie den USA und der Schweiz stütze sowie auf Loyalität gegenüber traditionellen Bündnispartnern und die auf jegliche Eroberungen und Befreiungskriege verzichte.

Diese kluge Politik stieß sich indes an zwei anderen Zielen nationalen Ehrgeizes.

Natürliche Grenzen. Da war zunächst die Vorstellung von natürlichen Grenzen, die vor allem von rheinischen Patrioten wie Anacharsis Cloots und Georg Forster vertreten wurde. Georges-Jacques Danton begründete diese Politik am 31. Januar 1793 vor dem Konvent mit den Worten: «Die Grenzen Frankreichs sind durch die Natur gegeben: Wo auch immer unser Ausgangspunkt sei, wir finden sie am Rhein, am Ozean und in den Alpen. Dort müssen die Grenzen unserer Republik enden.» Mit dieser Formel rechtfertigten einige Konventsmitglieder während der Girondistenzeit die Annexion Savoyens, Belgiens, des Rheinlands, des Pruntruter Zipfels nahe Basel, der Grafschaft Nizza und Mömpelgards.

Dieselbe Politik wurde 1795 zu Beginn des Direktoriums verfochten, besonders von dem Elsässer Jean-François Reubell, nun vorwiegend aus strategischen Gründen. Schon damals widersetzte sich ein Großteil der Rheinländer heftig den französischen Annexionsplänen.

Expansion im Zeichen der Revolution. Noch gefährlicher war das zweite Ziel patriotischer Politik: die Expansion der Revolution. Viele Patrioten, die aus der Schweiz, Italien, Deutschland und den Vereinigten Provinzen nach Paris emigriert waren, hofften darauf und verbreiteten die Doktrin von den «Schwesterrepubliken».

Besonders aktiv in dieser Hinsicht waren die Holländer oder «Bataver», die im Oktober 1792 das «Revolutionäre batavische Komitee» von Paris gründeten. Ihr Ziel war der Sturz des Erbstatthalters Wilhelm von Oranien und die Errichtung einer «Batavischen Republik». Die einzige Schwierigkeit dabei war, ob Belgien – die habsburgischen Niederlande und das Bistum Lüttich – sich der Batavischen Republik anschließen oder direkt an Frankreich fallen würde.

Die Idee von den «Schwesterrepubliken» wurde besonders leidenschaftlich von dem Konventsabgeordneten und späteren Direktoriumsmitglied Louis-Marie de Larevellière-Lépeaux verfochten. Dabei mit der Batavischen Republik zu beginnen lag nahe, denn der Reichtum der Niederlande war allzu verlockend.

Die Batavische Republik. Die Möglichkeit, eine Batavische Republik zu errichten, ergab sich nach der Eroberung Belgiens im Jahr 1794. Die französischen Truppen drangen in die Niederlande ein, wobei ihnen ein strenger Frost zu Hilfe kam, der die Kanäle hatte zufrieren lassen. Amsterdam und Den Haag wurden besetzt, der Statthalter floh, und die Batavische Republik wurde gegründet. Im Frieden von Den Haag am 16. Mai 1795 annektierte Frankreich das niederländische Flandern, das heißt, die Gebiete an der unteren Schelde, Maastricht und Venlo. Gleichzeitig erkannte es die neue Republik an. Es war ein Kompromißfriede.

Nach diesem Modell forderten auch die italienischen und die schweizerischen Patrioten die Gründung von Schwesterrepubliken. Sie erkannten nicht, daß die *Grande Nation* die Batavische Republik nur ins Leben gerufen hatte, um sie auszubeuten und für eigene strategische Zwecke zu einem Satellitenstaat zu machen.

Zu Beginn des Jahres 1796 schlug das Direktorium vor, den Hauptangriff auf Deutschland zu richten, und zwar mit der «Sambre-und-Maas-Armee» im Raum zwischen Düsseldorf und Mainz sowie mit der «Rhein-Mosel-Armee» zwischen Mainz und Basel.

Bonaparte in Italien. Im Südosten sollte die kleine Alpenarmee, die aus 30000 bis 40000 schlecht ausgerüsteten, aber bergerfahrenen und revolutionär gesinnten Soldaten bestand, die Rolle von Hilfstruppen spielen. Das Direktorium ernannte im März 1796 General Napoleon Bonaparte, der sich bei der Niederschlagung eines Royalistenaufstands in Paris bewährt hatte, zu ihrem Befehlshaber. Der neue Kommandeur sorgte bald dafür, daß die Politik der Expansion sich durchsetzte, damit aber auch Diskriminierung und Ausbeutung, wie sie bereits im Fall der Batavischen Republik zutage getreten waren. Im übrigen war Bonaparte undiszipliniert. Er

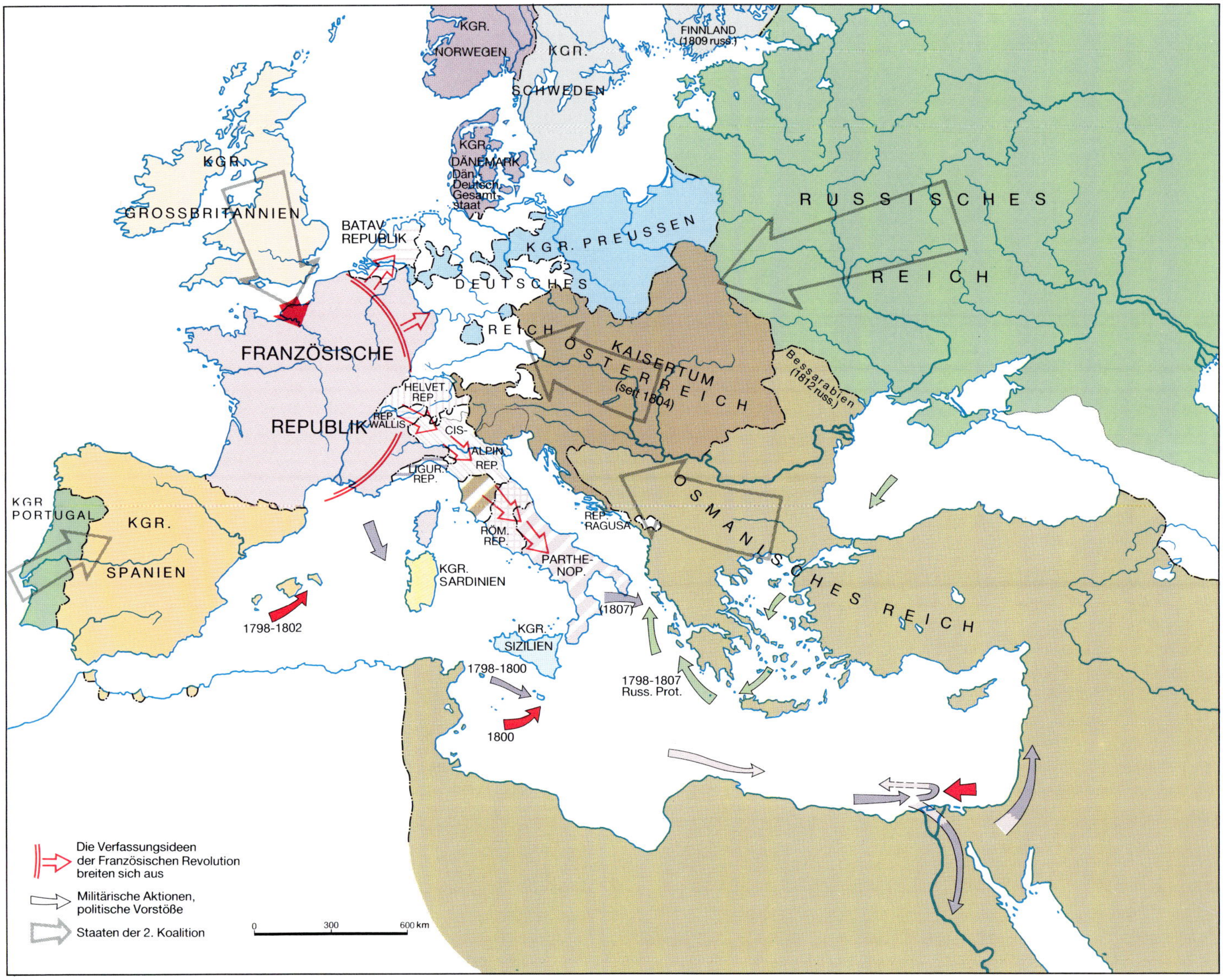

357

358

357 *«Die französische Invasion oder John Bull bombardiert die Rumtreiber-Schiffe.» Karikatur aus der Zeit des ersten Koalitionskriegs (1792-1797). Kolorierte Radierung von James Gillray, 1793.* **358** *Die französischen Revolutionstruppen beginnen mit der Eroberung der österreichischen Niederlande: «Der Sieg bei Fleurus am 26. Juni 1794.» Kolorierte Radierung von Anton Klauber nach Jacques-François-Joseph Swebach-Desfontaines, 1816.*
Karte 28: *Europa im Jahr 1800.*

handelte oft, ohne das Direktorium vorher zu fragen, und mißachtete gelegentlich dessen Anweisungen.

Was noch von der revolutionären Leidenschaft, vom Ideal der Humanität und des Universalismus eines Larevellière-Lépeaux übriggeblieben war, verlor sich jetzt in einer Flut persönlichen Ehrgeizes.

Der erste Feldzug Bonapartes in Italien, von April 1796 bis Februar 1797, bestand im wesentlichen darin, durch gewagte und überraschende Manöver die österreichische Armee von ihren italienischen Verbündeten zu trennen und diese zu einem Waffenstillstand zu bewegen. Das geschah dann auch nacheinander mit Piemont-Sardinien, dem Herzog von Modena, dem König von Neapel und dem Papst. Sie mußten alle sehr hohe Entschädigungen zahlen, auch in Gestalt sorgfältig ausgesuchter Kunstgegenstände wie zum Beispiel der Bronzepferde von San Marco in Venedig. Diese und andere Meisterwerke wurden nach Paris gebracht, wo man erklärte, man wolle die Menschen aufklären, sie besser und glücklicher machen und der Nation durch Überlegenheit in Kunst und Wissenschaft die Vormacht sichern, die sie durch Waffengewalt errungen habe. Der Historiker Jacques Godechot schrieb: «Fest steht, daß dieser Kunstraub wie auch andere Requirierungen und erzwungene Kontributionen die immense Leistung Frankreichs auf geistig-politischem Gebiet vergessen machte und viele von denen gegen die *Grande Nation* aufbrachte, die anfangs ihre emanzipatorische Mission freudig begrüßt hatten.»

Die Schwesterrepubliken. Schwesterrepubliken wurden mit Hilfe von Patrioten im jeweiligen Land gegründet. Zu diesen Patrioten gehörten Filippo Michele Buonarotti in Italien, in der Schweiz Frédéric-César de La Harpe, ein ehemaliger Lehrer russischer Großfürsten, sowie Peter Ochs aus Basel, der Schwiegersohn des Straßburger Bürgermeisters Frédéric Dietrich, in dessen Haus Claude-Joseph Rouget de Lisle die *Marseillaise* komponierte. So entstand von 1796 bis 1798 eine Handvoll Republiken: die Cispadanische, später Cisalpinische Republik, die Ligurische Republik um Genua, die Helvetische Republik, die Römische Republik und die Parthenopeische Republik mit Neapel als Zentrum.

Mit Ausnahme der Cisalpinischen Republik, die Bonaparte als sein Eigentum betrachtete, erwiesen sich diese künstlichen Staatsgebilde als lebensunfähig. Annexionen wie die Belgiens und der Rheinlande hatten die gleiche Wirkung wie die Gründung von Satellitenstaaten: unzählige Aufstände gegen die Große Nation. Sie nahmen vor allem während Napoleons Ägyptenfeldzug 1798/99 zu. Dreizehn Monate lang hielten die Österreicher Italien besetzt, und russische Truppen kämpften zum erstenmal in der Schweiz gegen die Franzosen. Im allgemeinen wurden die antifranzösischen Aufstände von Gegenrevolutionären geführt. Aber die Enttäuschung der Patrioten gab ihnen Auftrieb.

Enttäuschung in Italien. In Italien, wo Vittorio Graf Alfieri 1799 sein antifranzösisches Poem *Il Misogallo* (Der Franzosenfeind) geschrieben hatte, blieben die Bauern im Norden und in der Mitte des Landes, obwohl sie meist keine Leibeigenen mehr waren, der Kirche sehr ergeben. Während in Frankreich Bauern und Bürger Sympathien füreinander hatten und oft miteinander verbündet waren, konnten die Bauern in Italien die Bürger noch weniger leiden als die Adligen, denn der Bürger war der *gabellotto*, der Eintreiber der Abgaben für den Grundherrn. So hatte daher fast ganz Italien von 1793 bis 1795 gegen die Franzosen gekämpft. Trotz des von Napoleon erzwungenen Friedens flakkerten überall antifranzösische Erhebungen auf. Am 28. Dezember 1797 fiel der französische General Duphot in Rom, wo er heiraten wollte, einem Attentat zum Opfer. Sein Tod führte zu einer Strafaktion unter General Berthier, zur Vertreibung des Papstes aus Rom und zur Gründung der Römischen Republik. Doch die Erhebungen gingen weiter, vor allem nach der Abreise Napoleons nach Ägypten.

Revolte in Deutschland. Im Jahr 1796 kam es zu einer allgemeinen Erhebung der rechtsrheinischen Bauern, die von den Österreichern unterstützt wurden. Die Revolte griff aber nicht auf das linke Rheinufer über.

Probleme mit der Schweiz. In der Eidgenossenschaft hatten Patrioten wie Frédéric-César de La Harpe in Lausanne und Peter Ochs in Basel die Franzosen gebeten, die Unterdrückung der «Untertanenländer» durch die mächtigen Kantone zu beenden – so beherrschte zum Beispiel der Kanton Bern das Waadtland. Dieser Hilferuf kam 1797 dem Direktorium und Napoleon gelegen, da sie eine direkte Straße nach Mailand eröffnen wollten. Bald stellte sich heraus, daß die Patrioten in den großen Kantonen wie Bern und Zürich weitaus zahlreicher waren als in den alten Bergkantonen. Diese Urkantone kämpften dann auch in den Jahren 1798 und 1799 gegen die Franzosen mit äußerster Verbissenheit; das gleiche taten die Bewohner des Wallis, das noch kein voller Kanton, sondern nur ein «zugewandter Ort» war.

Der Bauernaufstand in Belgien. Im annektierten Belgien brachte die Ausweitung der Truppenaushebung von 1798 das Faß zum Überlaufen. Die Franzosen hatten keinerlei Vorsichtsmaßnahmen gegen einen Aufstand getroffen, weil sie glaubten, die Annexion des Landes durch Frankreich würde allgemein als endgültig hingenommen. Nun aber brach auf dem linken Ufer der Schelde, zwischen Antwerpen und Gent, der Bauernaufstand los. Die Kriegsdienstpflichtigen fällten die Freiheitsbäume und errichteten an ihrer Stelle Kreuze, verbrannten die Geburten- und Sterberegister auf den Standesämtern und plünderten die Gemeindekassen. Der Belagerungszustand wurde ausgerufen, und aus den Städten rückte die Nationalgarde an. Innerhalb von zwei Wochen wurde die gesamte Region westlich der Schelde unterworfen. Aber die Erhebung griff nun auf Luxemburg über, das sogenannte Wald-Departement. Die Aufständischen wandten die Guerillataktik an. Hätten sie genügend Waffen aus England oder Deutschland erhalten, hätten sie lange aushalten können. Aber sie erreichten nie das Meer, und die Rheinlande trennten sie von den besonders franzosenfeindlichen Regionen in Deutschland.

Die Zweite Koalition. Als Bonaparte 1799 in Ägypten Krieg führte, kam die Zweite Koalition zustande. Sie umfaßte England, Rußland, Österreich, die Türkei und Neapel und schien in der Lage zu sein, alle Eroberungen Frankreichs rückgängig zu machen. England brachte die Mittel für eine allgemeine Erhebung auf, die aber im einzelnen schlecht abgestimmt war. Es kam zu Aufständen in Kalabrien, in der Schweiz und in Holland. Die Parthenopeische Republik brach innerhalb kurzer Zeit zusammen; die Neapolitaner riefen: «Wir wollen keine Republik, wenn wir zahlen müssen wie bisher! Lang lebe der König, nieder mit der Republik!»

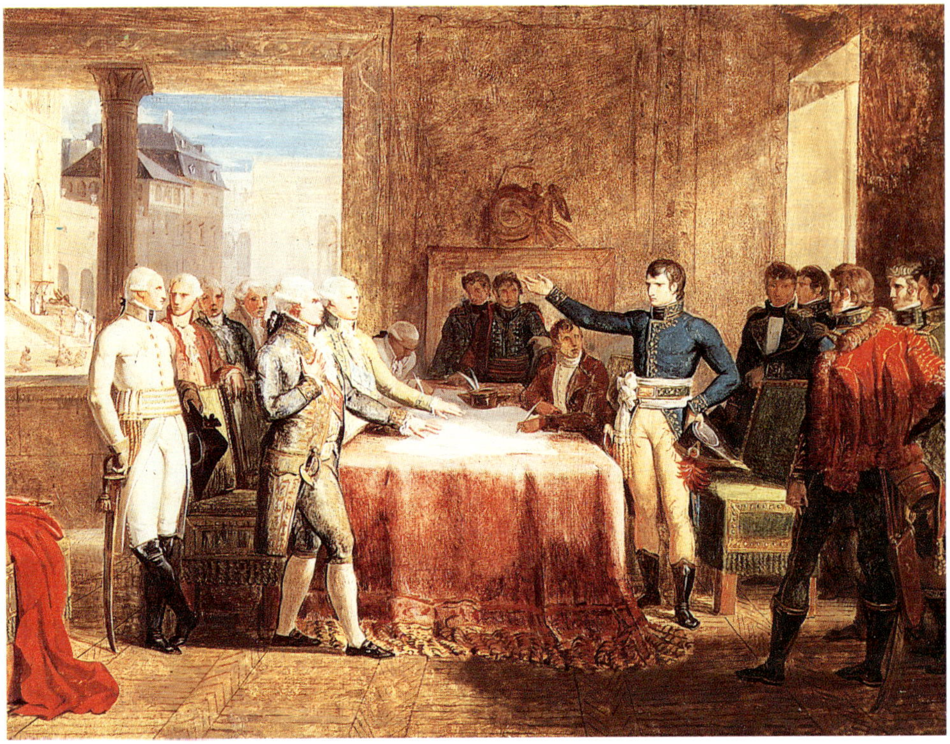

359

Es schien, als würden sich die Erhebungen auf Frankreich ausweiten. Doch die Rückkehr Napoleons und der Staatsstreich am 18. Brumaire im Jahr VII der Republik (9. November 1799) veränderten die Lage völlig.

Zusammenfassung. Nach zehn Jahren der Revolution in Frankreich, welche die gesamte westliche Revolution überschattete, waren die großen Hoffnungen des Beginns alle verschwunden. Wie so oft beruhte der anfängliche Enthusiasmus auch auf naiven Illusionen. Die Zeit brachte sie an den Tag, harte Tatsachen konnten nicht übergangen werden. Dazu gehörten der Egoismus der Menschen und der Widerstand der Privilegierten, aber auch der Ehrgeiz jener, die sich an deren Stelle setzen wollten. Zunächst versuchte man, die fälligen Reformen durch allgemeine Zustimmung zu verwirklichen. Dann griff man zur Gewalt und schließlich zu nacktem Terror. Die Revolution fraß ihre Kinder. Sobald sich die Gelegenheit bot, bemächtigten sich die falschen Revolutionäre, die Opportunisten, Zyniker und Profitjäger der öffentlichen Gewalt.

Dennoch gelangen der Revolution Reformen von bleibendem Wert: in der Politik, in der Sozialgesetzgebung, in der Verwaltung, im Steuerwesen und vor allem im Verfassungsrecht. Die Abschaffung der Stände und der Privilegien sowie die Gleichheit vor dem Gesetz waren Errungenschaften, die dem französischen Volk heute noch zur Ehre gereichen. Und auch einige vorübergehend eroberte Nachbarländer Frankreichs erfreuten sich dieser Reformen.

Im übrigen Europa jedoch war die Enttäuschung über die Revolution überaus tief. Das revolutionäre Frankreich hatte der Welt den Frieden nicht bringen können. Als es sich einmal auf den Krieg eingelassen hatte, war es dem Eroberungsrausch erlegen, nicht zuletzt eine Folge der *levée en masse* und der Wehrpflicht, die der Armee eine ungeahnte Schlagkraft gegeben hatten.

Ob durch Annexionen unter dem Vorwand, sich natürlicher Grenzen zu versichern, die es in Wirklichkeit nicht gibt, ob durch die Errichtung von Satellitenstaaten, sogenannten Schwesterrepubliken – das revolutionäre Frankreich behandelte die Nichtfranzosen schlecht. Sie hatten nicht

359 *General Napoleon Bonaparte auf dem Weg zum Eroberer: «Der Vorfriede von Leoben zwischen Frankreich und Österreich am 28. April 1797.» Zeitgenössisches Gemälde.* **360** *Das «ägyptische Abenteuer» Napoleons scheiterte kläglich – die Seeschlacht von Abukir am 1. August 1798: «Captain Fidley umsegelt die ankernde französische Flotte.» Gemälde von Nicolas Pocock (1740-1821).* **361** *Napoleon wird Erster Konsul – der Staatsstreich vom 18. Brumaire (9. November 1799): «Napoleon im Rat der Fünfhundert in Saint-Cloud.» Gemälde von François Bouchot (1800-1842).*

360

361

nur enorme Entschädigungen zu zahlen, sondern wurden auch zum Militärdienst eingezogen und mußten für eine Sache kämpfen, die nicht die ihre war.

All diese Ungerechtigkeiten waren indes mit dem «klassischen» oder französischen Nationalismus, der auf dem Selbstbestimmungsrecht der Völker beruht, nicht zu vereinbaren. Frankreich konnte nicht gleichzeitig Modellnation und *Grande Nation* sein, einerseits Begründer eines Europa gleichberechtigter, von Tyrannen befreiter Staaten und andererseits die «Große Nation», der Eroberer Europas. Wie im folgenden Kapitel zu lesen sein wird, entstand der Nationalismus in Europa aus einer doppelten Quelle: dem unmittelbaren Einfluß revolutionärer Ideen, die sich in Deutschland mit denen Herders verbanden, und der leidenschaftlichen, gewaltsamen Reaktion auf den Machtmißbrauch der *Grande Nation*. Von diesem Grundwiderspruch hat sich der Nationalismus bis heute nicht erholt.

Zahlreichen Menschen, die von der lateinischen Kultur und den Lehren der französischen Philosophen durchdrungen waren, mochte es im Jahr 1789 scheinen, daß der Sturz der «Tyrannen» zur Vereinigung Europas führen werde. Die Patrioten aller Länder fühlten sich als Teil einer brüderlichen Gemeinschaft von Gleichen. Doch eine große europäische Koalition fand sich gegen einen Nationalkonvent zusammen, der nicht nur republikanisch, sondern auch königsmörderisch, nicht nur siegreich, sondern auch für revolutionäre Eroberungen empfänglich war. Die Koalition ihrerseits entfachte die nationale Leidenschaft der Franzosen und führte zur Idee der *Grande Nation,* die von den übrigen Völkern als Bedrohung empfunden wurde. Ob Frankreich natürliche Grenzen forderte oder Schwesterrepubliken errichtete, allemal schien es die Hegemonie in Europa anzustreben. Sein Volksheer, das aus der *levée en masse* und der Wehrpflicht hervorgegangen war, war stärker als das jedes anderen Landes. Unter dem Befehl Napoleons konnte die *Grande Armée* Europa zugrunde richten.

So beendete die westliche Revolution ein Zeitalter, das europäisch und weltbürgerlich zugleich gewesen war. Beide Tendenzen blieben für lange Zeit unterdrückt. Die *Grande Nation* brachte Europa den Nationalismus auf zweierlei Wegen, die einander ergänzten. Der eine war die nationalistische Propaganda, der andere der Haß, den sie entfachte.

14 Europa unter Napoleon

Napoleons Wahlmöglichkeiten

In seinem Exil auf Sankt Helena sagte Napoleon, keine Tat solle ohne einen Plan ausgeführt werden.
Doch Napoleon war vor allem ein Pragmatiker, der, falls notwendig, seine Pläne jederzeit umwarf, und ein äußerst widersprüchlicher Charakter. Er war zugleich ein Egoist und gleichgültig gegenüber den Interessen Frankreichs, aber auch ein Patriot. Er war davon überzeugt, daß es natürliche Grenzen gebe, träumte aber auch von einem Weltreich und davon, im Orient den Spuren Alexanders des Großen zu folgen. Als Kontinentaleuropäer kümmerte er sich wenig um überseeische Fragen und war dennoch entschlossen, Frankreich die Herrschaft über die Meere zu sichern. Er strebte nach der Hegemonie und plante zugleich die Konföderation.

Die Anfänge seiner Karriere. Napoleon Bonaparte wurde am 15. August 1769 in Ajaccio auf Korsika geboren, einige Monate nachdem die Republik Genua die Insel an Frankreich verkauft hatte. Nach Studien an der Kriegsakademie in Brienne wählte er die Artillerie für seine militärische Laufbahn. Er bekannte sich mehr zum französischen als zum korsischen Patriotismus.
Bei Ausbruch der Revolution zählte er, ein unbekannter Leutnant, knapp zwanzig Jahre. Vor die Wahl gestellt, sich zwischen dem König und den Patrioten zu entscheiden, ergriff er Partei für die Revolution. Im Jahr 1793 zeichnete er sich bei der Belagerung von Toulon aus; im Dezember desselben Jahres wurde er zum Brigadegeneral befördert. Vorübergehend war er ein Anhänger Robespierres.

362 *Napoleon in der Nachfolge römischer Cäsaren und Karls des Großen: «Salbung Napoleons I. und Krönung der Kaiserin Josephine am 2. Dezember 1804 in der Kathedrale Notre-Dame zu Paris.» Gemälde (Ausschnitt) von Jacques-Louis David (1748-1825).*

Als das Ende des Nationalkonvents nahte, wurde Napoleon Adjutant von Paul de Barras, der am Sturz Robespierres mitgewirkt hatte und nun die Truppen in Paris befehligte. Gemeinsam schlugen Barras und Napoleon den Royalistenaufstand vom 12./13. Vendémiaire des Jahres IV (4. Oktober 1795) nieder. Dies war ein Wendepunkt in der Karriere Napoleons. Als 26jähriger löste er Barras als Oberbefehlshaber der Armee in Paris ab. Im Jahr 1796 bewies der Feldzug in Italien der ganzen Welt, daß Napoleon ein außergewöhnlicher General war.
Auf den Italienfeldzug folgte das ägyptische Abenteuer, das zu zahlreichen Spekulationen über die Motive Napoleons Anlaß gegeben hat. Die Erklärung könnte in bloßer Machtsucht liegen. Wo er diesen Machthunger stillte, ob im Osten, ob im Westen, spielte für ihn keine Rolle.
Allein die Umstände veranlaßten ihn, sich ostwärts, nach Ägypten zu wenden. Am 9. Oktober 1799 kehrte er nach Frankreich zurück und unternahm am 18./19. Brumaire (9./10. November 1799) einen Staatsstreich, der ihn zum Ersten Konsul und damit zum Herrscher über Frankreich machte.

Bonaparte als Erster Konsul. In dieser Situation traf Napoleon wahrscheinlich seine wichtigste Wahl. Wie alle gebildeten Zeitgenossen war er mit der lateinischen Kultur vertraut. Er wußte, daß im alten Rom der Republik das Kaiserreich gefolgt war, und hatte Sulla, Caesar und Augustus vor Augen. Er wußte auch, daß in England nach dem Bürgerkrieg ein General, George Monck, Herzog von Albemarle, die Monarchie wiedererrichtet hatte.

Bonaparte als Kaiser. Als Napoleon Erster Konsul geworden war, zögerte er nicht lange: Er wollte Cäsar werden. Der Weg war frei, nachdem am 21. März 1804 auf Befehl Napoleons der Herzog von

ZEITTAFEL 12: Europa im Krieg gegen Napoleon (1804–1815)

Britische Inseln	**1805** 11. 4.: Englisch-russisches Bündnis; 9. 8.: Beitritt Österreichs;	3. Koalitionskrieg Okt.: Seeschlacht von Trafalgar (Nelson)	**1806** 23. 1.: Tod William Pitts, Charles James Fox Außenminister (bis 13. 9.)	**1809** England kämpft in Spanien und Portugal gegen die Franzosen **1812** 18. 7.: Die USA erklären England den Krieg; Beitritt Englands zur 5. Koalition
Niederlande	**1806** Ende der Batavischen Republik. Proklamierung Louis Bonapartes zum König von Holland		**1810** März–Juli: Annexion Hollands durch Frankreich, Abdankung Louis Bonapartes	**1813** 2. 12.: Prinz Wilhelm von Oranien zieht in Amsterdam ein
Frankreich	**1804** 2. 12.: Napoleon krönt sich zum Kaiser der Franzosen; geplante Invasion in England scheitert **1805** Okt.: Niederlage bei Trafalgar; 2. 12.: Sieg bei Austerlitz; 26. 12.: Friede von Preßburg **1806** 21. 11.: Dekret von Berlin; Kontinentalsperre gegen England	**1807** 8. 7.: Friede von Tilsit; 14. 8.: Rücktritt Talleyrands 4. Koalition **1809** 14. 10.: Friede von Schönbrunn mit Österreich	**1810** Annullierung der Heirat Napoleons mit Josephine; 2. 4.: Heirat mit Maria Luise von Österreich **1811** 20. 3.: Geburt des «Königs von Rom»; April: Das Empire wird in 130 Departements eingeteilt **1812** 24. 6.: Angriff auf Rußland, Brand Moskaus, Rückzug der Grande Armée	**1813** 16.–19. 10.: Völkerschlacht bei Leipzig **1814** Jan.–April: Krieg in Frankreich; 31. 3.: Einzug der Alliierten in Paris; 4.–6. 4.: Abdankung Napoleons; 1. Restauration
Italien	**1806** Königreich Neapel für Joseph Bonaparte	**1807** Besetzung der Toskana und Roms	**1808** 2. 5.: Murat König von Neapel **1810** Geheimbund der Carbonari gegen die Franzosen	**1809** 20. 6.: Besetzung Roms; Juni: Pius VII. im Exil in Savona
Spanien	**1805** 21. 10.: Niederlage bei Trafalgar **1807** 27. 10.: Vertrag von Fontainebleau mit Frankreich **1808** 23. 3.: Murat in Spanien; 2. 5.: Aufstand von Madrid;	5. 10. 5.: Abdankung von Karl IV. und Ferdinand VII.; 6. 6.: Joseph Bonaparte König von Spanien; 1. 8.: Joseph Bonaparte läßt Madrid räumen; Volksaufstand und Guerillakrieg gegen die Franzosen	**1810** Revolte der spanischen Kolonien, Mobilisierung der Indios **1812** Juli: Wellington besetzt Madrid (bis Oktober)	**1813** 21. 6.: Wellington siegt bei Vitoria, vertreibt Joseph Bonaparte aus Spanien und Suchet aus Katalonien 12. 12.: Vertrag von Valencia; die Bourbonen kehren nach Spanien zurück **1814** Ferdinand VII. König von Spanien (bis 1833)
Portugal	**1807** 16. 10.: Die Franzosen besetzen Portugal	28. 11.: Die königliche Familie flüchtet nach Brasilien; Einzug Junots in Lissabon	**1808** Englisches Expeditionskorps unter Wellington kämpft gegen die Franzosen in Portugal (bis 1813)	
Deutsches Reich **Österreich** **Preußen** **Schweiz**	**1805** 9. 8.: 3. Koalitionskrieg; 20. 10.: Mack kapituliert bei Ulm; 2. 12.: Niederlage bei Austerlitz; 27. 12.: Friede von Preßburg; Murat Großherzog von Berg, Bayern und Württemberg Königreich	**1806** 12. 7.: Gründung des Rheinbunds; 6. 8.: Franz II. verzichtet auf deutsche Kaiserkrone, bleibt als Franz I. Kaiser von Österreich; 14. 10.: Niederlage Preußens bei Jena und Auerstedt; 27. 10.: Napoleon in Berlin **1807** 8. 7.: Friede von Tilsit, Reformen in Preußen; 18. 8.: Jérôme Bonaparte König von Westfalen **1808** Erfurter Fürstentag	**1809** 6. 7.: Sieg Napoleons bei Wagram; 14. 10.: Friede von Schönbrunn; Aufstand der Tiroler Bauern unter Andreas Hofer **1810** 12. 11.: Frankreich annektiert das Wallis; 13. 12.: Frankreich annektiert die deutsche Nordseeküste	**1812** Rußlandfeldzug Napoleons; Konvention von Tauroggen **1813** Preußen mit Österreich im Krieg gegen Napoleon; 16.–19. 10.: Völkerschlacht bei Leipzig; Zusammenbruch des Rheinbunds; 29. 12.: Schweiz hebt Mediationsakte auf **1814/15** Wiener Kongreß **1815** Napoleon kehrt von Elba zurück, Schlacht bei Waterloo
Skandinavien	**1805** 3. Koalitionskrieg: Schweden im Krieg mit Frankreich		**1807** Dänemark tritt Kontinentalsperre bei; englische Flotte beschießt Kopenhagen **1809** 13. 3.: Gustav IV. gestürzt, Karl XIII. König von Schweden (bis 1818); Bernadotte Kronprinz	**1812** Vertrag Rußland–Schweden: Schweden verzichtet auf Finnland, Bündnis mit Rußland **1814** Schwedisch-dänischer Krieg; Personalunion Schweden–Norwegen (bis 1905)
Osteuropa **Rußland**	**1805** 11. 4.: Russisch-englisches Abkommen; 3. Koalition 2. 12.: Niederlage bei Austerlitz **1806** 5. Russisch-türkischer Krieg (bis 1812); 19. 12.: Napoleon in Warschau	**1807** 8. 7.: Friede von Tilsit: Großherzogtum Warschau, Republik Danzig mit französischer Besatzung	**1808** Sept.: Erfurter Fürstentag, Napoleon trifft sich mit Alexander I.	**1812** 28. 5.: Friede von Bukarest Rußland–Türkei 24. 6.: Napoleon greift Rußland an; 7. 9.: Schlacht bei Borodino 19. 10.: Napoleon räumt brennendes Moskau, Rückzug der Grande Armée

Enghien, der hervorragendste der Bourbonenprinzen, unter der falschen Beschuldigung der Verschwörung ermordet worden war. Am 2. Dezember 1804 erhob sich Napoleon in der Sprache Roms zum «Augustus»: Er krönte sich zum «Kaiser der Franzosen». Als Kaiser versuchte er, eine neue Dynastie zu gründen. Für die meisten Mitglieder seiner Familie fand er ein Fürsten- oder Königtum. Nur einer ging leer aus: sein Bruder Lucien. Er hatte zwar beim Staatsstreich vom 18. Brumaire mitgewirkt, dann aber, im Oktober 1800, eine Schrift mit dem Titel *Parallelen zwischen Caesar, Cromwell, Monck und Bonaparte* veröffentlicht.

Napoleon sah sich unterdessen gezwungen, zwischen zwei Regierungsformen zu wählen. Bereits 1801 hatte er mit dem Papst ein Konkordat geschlossen und versucht, Revolutionäre, Royalisten und Katholiken miteinander zu versöhnen. Die Beziehungen zum Heiligen Stuhl zeigten, daß Napoleon als mögliche Alternative eine Art jakobinisches, antiklerikales Volkskaisertum vorgesehen hatte.

Die Eroberungen Napoleons

Aus der *Grande Nation* war ein *Grand Empire* geworden. Konnte daraus ein Weltreich hervorgehen? Oder vielleicht ein vereintes Europa?

Erste Eroberungen und der Friede von Amiens. Als Napoleon durch den Staatsstreich vom 18. Brumaire die Macht ergriffen hatte, traf er auf eine schwierige Situation. Frankreich hatte mit Ausnahme Genuas Italien verloren, und Österreich griff am Rhein und am Var an. Der Krieg endete mit dem zweiten Italienfeldzug und dem Sieg bei Marengo am 14. Juni 1800, dem der Feldzug in Deutschland folgte. Der Vertrag von Lunéville vom 9. Februar 1801 stellte den Frieden mit Österreich wieder her.

Frankreich hatte nun nur noch zwei große Gegner, England und Rußland. Zar Alexander I. festigte sein Bündnis mit England. Doch Englands Position wurde schwächer, als es Napoleon gelang, seine Beziehungen zu Spanien und zum bourbonischen König von Neapel zu verbessern, ebenso zu den Vereinigten Staaten von Amerika, den Emiren und Scheichs von Algier, Tunis und Tripolis. Im August 1801 indes mußten die Franzosen in Ägypten vor den englischen Streitkräften kapitulieren. Nach langwierigen Verhandlungen wurde ein Kompromiß erzielt. England bekam Trinidad und Ceylon, während Frankreich Antwerpen und seine Eroberungen in Italien behielt. Der Friedensschluß von Amiens vom 29. März 1802 fand in Europa große Zustimmung. In Frankreich hatte das Konkordat dazu beigetragen, den religiös motivierten Aufstand der bretonischen Royalisten, die *chouannerie*, zu beenden; auch

363 *Napoleon I., Kaiser der Franzosen, im Jahr 1812, vor dem Rußlandfeldzug. Gemälde (Ausschnitt) von Jacques-Louis David. In diesem Jahr stand Napoleon auf dem Gipfel seiner Macht. Nichts schien ihn aufhalten zu können, Herr über ganz Europa zu werden. Doch sein Europa beruhte auf Herrschaft und Unterwerfung, es brach bei der ersten Erschütterung zusammen.*

364

schiedene Arten von Territorien: das Frankreich der Departements, die unterworfenen Länder und die Vasallenstaaten. Zum Zeitpunkt des Staatsstreichs vom 18. Brumaire besaß Frankreich 98 Departements, darunter Savoyen, Nizza, Avignon, die belgischen Gebiete sowie die schweizerischen Bezirke Basel und Genf. Am Ende des Jahres 1800 kamen noch vier

364 *Die Hoffnung auf einen «römischen Frieden» in Europa – Napoleon als neuer Augustus: «Der Friede von Amiens.» Allegorisches Gemälde von Anatole Devosge (1770-1850).* **365** *Napoleon als vorbildlicher Gesetzgeber: am 21. März 1804 erließ er den «Code Civil». Erstausgabe in schwarzem Velours mit Goldbroderien.* **366** *Von Paris aus verbreitete sich unter Napoleon ein neuer Kunststil in ganz Europa: Empire-Wohnzimmer um 1820. Farbige Zeichnung. Der neue Stil nahm altrömische und altägyptische Elemente in sich auf, bevorzugte die gerade Linie, das Feierliche und Strenge.*

365

die Wirtschaftskrise von 1801 war überwunden. Der Erste Konsul stand auf dem Gipfel seiner Popularität.

Schwierigkeiten im Innern. Innenpolitisch stand Bonaparte erneut vor einer zweifachen Wahl. Konnte der Erste Konsul ein Garant der Freiheit bleiben und, wie er später sagte, ein «gekrönter Washington» werden? Napoleon war zu machtgierig, als daß ihn eine solche Lösung befriedigt hätte. Am 2. August 1802 hatte er sich nach einer Volksabstimmung zum Konsul auf Lebenszeit ernannt, was ganz und gar undemokratisch, eine Rückkehr zu monarchischen Formen der Herrschaft, war. Andererseits festigte Bonaparte die Errungenschaften der bürgerlichen Revolution durch den *Code Civil* vom 21. März 1804. So trugen zu Beginn des *Empire* die Münzen Napoleons Bildnis mit der Inschrift «Französische Republik – Kaiser Napoleon». Die Ähnlichkeit zwischen dem französischen Staat und der *res publica* des Augustus sowie zwischen dem *Code Civil* und dem römischen Recht war verblüffend.

Schwierigkeiten in der Außenpolitik. Wie wohl selten in der Geschichte war die Außenpolitik der alles bestimmende Faktor. So endete der Friede nach nur dreizehn Monaten, am 17. Mai 1803. Wer war für diesen Bruch verantwortlich, England oder Frankreich? Es ist oft schwierig, den jeweiligen Anteil an der «Kriegsschuld» festzustellen, wie zum Beispiel im Fall des Erstens Weltkriegs. Der Friede von Amiens war für England das äußerste Zugeständnis an Frankreich, während Napoleon, von seinen Siegen geblendet, den Vertrag als Ausgangspunkt für weitere Triumphe betrachtete.

Es war England, das die Feindseligkeiten wiederaufnahm. Der Hauptvorwand war Napoleons unter dem Druck französischer Fabrikanten erfolgte Weigerung, einen Wirtschaftsvertrag zu unterzeichnen, wie es der Friede von Amiens vorgesehen hatte. Napoleon hatte in der Tat die Absicht, den französischen Produkten ein Monopol auf dem europäischen Markt zu sichern, der bald durch die Kontinentalsperre geschützt wurde.

Das *Empire* hatte zu jener Zeit drei ver-

366

Departements auf dem linken Rheinufer hinzu. Diese 102 Departements bildeten das Frankreich der «natürlichen Grenzen», wie es im Februar 1793 von Danton vorgeschlagen worden war. Psychologisch gesehen ergaben sich daraus große Gefahren, denn Frankreich nahm in einer Zeit des aufkeimenden Nationalismus Minderheiten mit anderen Sprachen in sein Staatsgebiet auf. Doch die Grenzziehung wurde mit strategischen und sicherheitspolitischen Argumenten gerechtfertigt, ähnlich wie später französische Grenzforderungen 1918 und 1945. Im Jahr 1812 war die Zahl der Departements auf 130 gewachsen, von denen 44 außerhalb Frankreichs lagen.

Geographisch gesehen war dies absurd. Welchen Sinn hatte ein Staatsgebiet, das von der Mündung der Elbe bis zum Tiber reichte, vom Atlantik bis zum Wald-Departement in Luxemburg und zum *Mont Terrible*, dem heutigen *Mont Terri* im Schweizer Bezirk Pruntrut?

Der Hauptgrund für die Annexionen seit 1806 lag in der Kontinentalsperre, der Blockade britischer Waren. Maßnahmen gegen den Schmuggel waren leichter zu treffen, wenn die gesamte Küstenzone der Kontrolle französischer Präfekten, Polizei- und Zollbeamter unterstand.

Von Bedeutung für die Geschichte Europas war, daß in den nichtfranzösischen Departements – wenn auch nur für kurze Zeit – napoleonische Institutionen eingeführt wurden, die heute noch in Frankreich mehr oder weniger intakt sind: der *Code Civil* als bürgerliches Gesetzbuch; die Präfekten und Unterpräfekten, die Kantone und Gemeinden; eine Finanzordnung, die vor allem auf indirekten Steuern beruhte; das System zur Aufrechterhaltung von Ruhe und Ordnung mit einer Gendarmerie, die von der Armee abhängig war, und einer Polizei, die vom Innenminister befehligt wurde; das Konkordat mit dem Heiligen Stuhl, wonach die Bischöfe der katholischen Kirche von den weltlichen Behörden ernannt, aber von Rom in ihr geistliches Amt eingesetzt wurden; schließlich das Universitäts- und Schulsystem. In einigen Fällen – das gilt besonders für den *Code Civil* von 1804 – war der napoleonische Einfluß außerhalb Frankreichs von langer Dauer. Der *Code Civil* wurde in Italien übernommen, in Teilen Polens, in Holland, in einigen deutschen Staaten wie im Königreich Westfalen und im Großherzogtum Baden sowie schließlich in den «Illyrischen Provinzen» an der Ostküste der Adria.

Die Vasallenstaaten. Diese Staaten waren keine Erfindung des *Empire*. Sie hatten ihre Vorläufer in den «Schwesterrepubliken» zur Zeit des Direktoriums. Zu den wichtigsten Vasallenstaaten gehörten: das Königreich Italien, das von Mailand aus regiert wurde, das Königreich Neapel, die Helvetische Konföderation, die seit 1803 ein Satellitenstaat war, und Deutschland.

Am 12. Juli 1806 errichtete Napoleon den Rheinbund aus Baden, Württemberg und Bayern sowie dreizehn weiteren Staaten im Süden des heutigen Deutschland. Bald fügte er Teile Norddeutschlands hinzu, so vor allem Hannover, das zusammen mit anderen norddeutschen Staaten nach dem Frieden von Tilsit im Jahr 1807 zwischen Napoleon und Zar Alexander I. zum Königreich Westfalen wurde unter Jérôme Bonaparte, dem jüngsten Bruder Napoleons. Die Batavische Republik machte Napoleon zum Königreich Holland. Dessen Krone gab er Louis Bonaparte, seinem dritten Bruder. Dieser wurde aber später abgesetzt, weil er bei der Durchsetzung der Kontinentalsperre zu nachgiebig war.

Nach den Siegen von Jena und Auerstedt, der Besetzung Berlins, den Siegen von Eylau und Friedland eroberte Napoleon mit seinen Truppen ganz Mitteleuropa bis zur Memel. Er gründete 1807 einen neuen Satellitenstaat, das Großherzogtum Warschau, aus dem 1812 das Königreich Polen hervorging. Ende 1812 jedoch mußte sich Napoleon aus dem brennenden Moskau zurückziehen, die Armeen des Zaren besetzten das Großherzogtum.

Zur Zeit seiner größten Ausdehnung hatte das *Empire* mit seinen nichtfranzösischen Departements 44 Millionen, die Vasallenstaaten 18 Millionen Einwohner. Damit herrschte Napoleon über 82 Millionen von insgesamt 167 Millionen Europäern.

Er hatte zwar Untertanen und Vasallen, aber nur wenige echte Verbündete. Und selbst wenn ein Verbündeter dem Kaiser Truppen zur Verfügung stellte, geschah dies nur unter Zwang. Das erklärt nicht nur, weshalb Rußland, Preußen und Österreich sofort die Seiten wechselten, als sich die Möglichkeit dazu bot, sondern auch die Rückschläge in Spanien.

367

368

367 *Das Europa der Vasallenstaaten: «Tiddy-Doll» (Napoleon), der Lebkuchenfabrikant, zieht aus dem Ofen eine neue Serie von Königen. «Hopping Talley» (Talleyrand) knetet den Teig. Karikatur von James Gillray (1757-1815), 1806.* **368** *Jérôme Bonaparte, König von Westfalen (R 1807-1813), und seine Gemahlin Katharina von Württemberg auf der Terrasse ihrer Residenz in Kassel. Gemälde von François Kinson (1770-1839).*

369

Als Spanien die Erste Koalition verließ, schloß es zwei Verträge mit Frankreich, den ersten im August 1796, den zweiten im Jahr 1800. In diesem zweiten Vertrag trat es Louisiana an Frankreich ab, das wiederum die Kolonie 1803 an die Vereinigten Staaten von Amerika verkaufte. Die spanische und die französische Flotte wurden beide von dem englischen Admiral Horatio Viscount Nelson in der Seeschlacht von Trafalgar im Oktober 1805 vernichtet. Im Oktober 1807 unterzeichneten Frankreich und Spanien den Vertrag von Fontainebleau in der Absicht, Portugal unter sich aufzuteilen. Aber die Schwäche König Karls IV. und seines Ministers Manuel Godoy führte zu einem Aufstand in Spanien. Ferdinand, Karls erstgeborener Sohn, wurde zum König ausgerufen. Das nahm Napoleon zum Vorwand, seinen Schwager, den General Joachim Murat, am 2. Mai 1808 gegen Madrid marschieren zu lassen. Dieses Datum ging in die Geschichte Spaniens als *Dos de Mayo* ein. Murat warf den Aufstand in Madrid erbarmungslos nieder. Napoleon setzte später seinen Bruder Joseph auf den spanischen Thron und löste damit eine erbitterte Reaktion der Spanier aus.

Der Oberst und seine Feldwebel. In den Satellitenstaaten wurde Ungehorsam gegenüber dem Kaiser mit schwersten Sanktionen belegt. Das gleiche galt für seine Familie. «Mittelmäßigkeit unter meiner Verwandtschaft kann ich nicht länger dulden. Wer nicht mit mir aufsteigt, gehört nicht mehr zu meiner Familie. Ich mache aus ihr eine Familie von Königen, oder vielmehr von Vizekönigen.»

Die Mißstände der Besatzung. Die Anwesenheit selbst einer befreundeten Armee ist für die Zivilbevölkerung immer eine Belastung, erst recht dann, wenn die Soldaten in Privathäusern einquartiert werden. Spanien hatte darunter besonders zu leiden, was einer der Gründe für die Volkserhebung war. Noch härter schlug die Finanzierung der Feldzüge zu Buche, beruhte sie doch auf dem Prinzip, daß «der Krieg den Krieg ernährt». Die von den besiegten Ländern und Völkern erhobenen Kriegsentschädigungen waren beträchtlich. So kosteten die Feldzüge in Preußen und Polen den französischen Steuerzahler nichts, waren aber für die Einheimischen eine drückende Last.

Das Scheitern einer europäischen Wirtschaftsunion

Der Chauvinismus Napoleons. In Ermangelung eines Europas politisch gleichgestellter Staaten hätte man zumindest an eine europäische Wirtschaftsgemeinschaft denken können. Das war der Traum mehrerer Ökonomen, die fast alle Anhänger des großen Adam Smith waren. Zu ihnen gehörte auch der Franzose Jean-Baptiste Say (1767-1832), dessen *Traité d'économie politique* (Abhandlung über die politische Ökonomie) 1803 erschien, als der kurze Friede von Amiens gerade zu Ende ging. Im Jahr 1806 schlug Jean-Baptiste Dubois in seinem Werk *Du commerce français dans l'état actuel de l'Europe* (Über den französischen Handel in der gegenwärtigen Lage Europas) vor, auch die Wirtschaft in das «föderative Kontinentalsystem» einzubeziehen. Napoleon verstand von Wirtschaft nur wenig. Aber er war auch nicht bereit, die Wirtschaftspolitik anderen zu überlassen. Er mischte sich ständig ein und war erzürnt, wenn die Wirtschaft, was häufig geschah, nicht seinen Anordnungen folgte. Er fühlte sich geradezu gedemütigt, weil er die Wirtschaft nicht in den gewünschten Gleichschritt mit der Politik bringen konnte. Als Merkantilist glaubte Napoleon, soviel Gold wie möglich durch Zölle, Abgaben, Einfuhrbeschränkungen und andere Maßnahmen in der Staatskasse anhäufen zu müssen. Napoleon achtete immer darauf, daß Fortschritte in der Wirtschaft allein Frankreich zugute kamen, falls nötig auf Kosten der Landwirtschaft und der Industrie in den unterworfenen Ländern. Kein Wunder, daß sich dort zunehmend das Gefühl verstärkte, man arbeite für Frankreich und nicht für das eigene Wohl. Vor allem während der Wirtschaftskrise in den Jahren 1805 und 1810 bis 1812 war diese Stimmung eine mächtige Triebfeder für den antifranzösischen Nationalismus in Europa. Selbst das Straßennetz trug den Stempel eines «Frankozentrismus». Von Paris aus gingen die Straßen nach Deutschland, zu den Alpenpässen und in die übrigen Länder Europas.

Kontinentalsystem und Kontinentalsperre. Seit dem Sieg Nelsons in der Seeschlacht bei Trafalgar am 21. Oktober 1805 war England die Beherrscherin der Meere, und es verstärkte seine Seemacht durch den Bau weiterer Kriegsschiffe. So konnten die Engländer alle französischen und niederländischen Kolonien erobern und das Monopol im Kolonialwarenhandel erringen. Der Wirtschaftsegoismus der Engländer entsprach durchaus dem Napoleons.

In dem Gewirr internationaler Handelsvorschriften griffen die Engländer und Napoleon zu immer strengeren Maßnahmen der Wirtschaftspolitik. Am 16. Mai 1806 verhängten die Engländer eine Wirtschaftsblockade über alle deutschen Flußmündungen und danach über alle französischen Häfen. Nach seinem Sieg über die Vierte Koalition erließ Napoleon am 21. November 1806 das Dekret von Berlin, mit dem die Kontinentalsperre eingeleitet wurde. Ihre Grundidee war einfach. Der gesamte Handel mit England sollte untersagt werden. Die Vasallenstaaten wurden nacheinander dazu verpflichtet, sich dieser Maßnahme anzuschließen. Die Engländer übten Vergeltung; Napoleon antwortete mit den beiden Mailänder Dekreten von November und Dezember 1807.

Die neutralen Länder, besonders die Vereinigten Staaten von Amerika, wurden durch diese Maßnahmen hart getroffen; auch England erlitt zunächst schwere Rückschläge. Der Schmuggel begann. Die Engländer importierten aus Europa Getreide, Wein und Seidenstoffe, die Vereinigten Staaten Baumwolle. Der englische Schmuggel war hervorragend organisiert; die Schmuggler hatten Niederlassungen

369 *«Der 3. Mai 1808»: die Hinrichtung der Aufständischen in Madrid. Gemälde von Francisco Goya (1746-1828) aus dem Jahr 1814.*
370 *Die englische Flotte unter Admiral Nelson besiegt in der Seeschlacht von Trafalgar am 21. Oktober 1805 die französisch-spanische Flotte unter Admiral Villeneuve: «Das Schlachtschiff Le Redoutable.» Gemälde von Auguste-Etienne-François Mayer (1805-1890).*

370

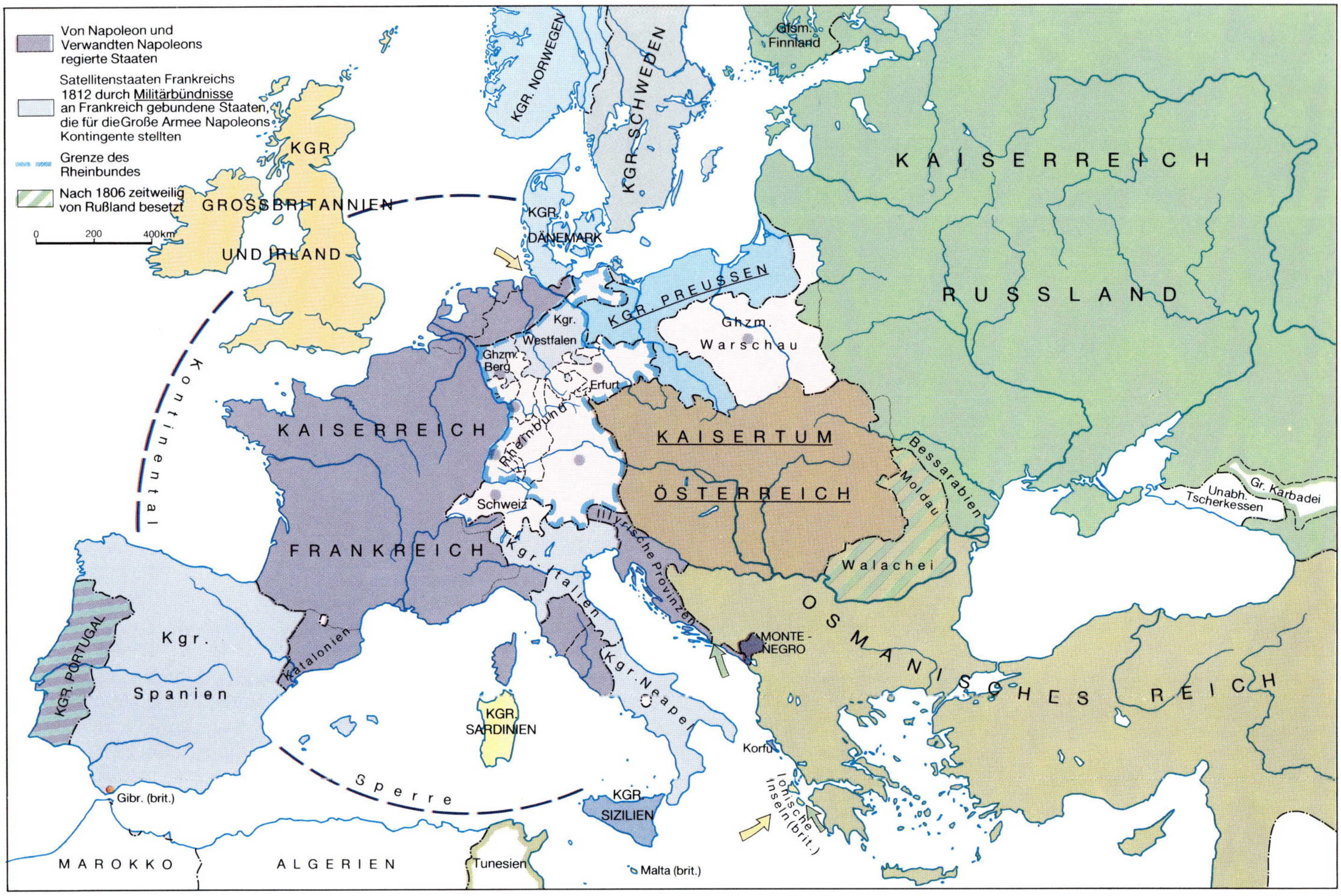

und Warenlager an schlecht bewachten Orten – in Saloniki, am Schwarzen Meer, entlang der Donau, auf Malta, auf den Balearen, in Gibraltar, an der spanischen Küste, in Holland, auf Helgoland und an den dänischen Meerengen.

In den Jahren 1810 und 1811 litten Frankreich und in noch höherem Maße die Vasallenstaaten unter einer schweren Wirtschaftskrise. Der französische Handel schrumpfte rapide, die Arbeitslosigkeit nahm zu. Napoleon beschloß daraufhin, am Schmuggel Geld zu verdienen und die Gewinne der Schmuggler dem französischen Fiskus zuzuführen. Auf diese Weise meinte er den geplanten Rußlandfeldzug finanzieren zu können. Im Dekret von Saint-Cloud vom 3. Juli 1810 gestattete Napoleon den Verkauf von Lizenzen für den Handel mit englischen Häfen, in denen man zum Beispiel Getreide verkaufen konnte. Die nach Frankreich eingeführten Kolonialwaren wurden mit hohen Abgaben belastet. In der Praxis funktionierte dieses System schlecht. Zahlreiche französische Schiffe kehrten nicht zurück, ihre Kapitäne betrieben Handel außerhalb der Kontinentalsperre, das heißt, im Dienst Englands.

371

371 *Mit dem Berliner Dekret vom 21. November 1806 hatte Napoleon eine Kontinentalsperre über Europa verhängt: Jeglicher Handel mit England war verboten. «Englische Waren werden bei Frankfurt am Main von französischen Besatzungssoldaten verbrannt.» Zeitgenössisches Aquarell aus dem Jahr 1810.* **Karte 29:** *Europa zur Zeit Napoleons, 1812.* **Karte 30:** *Die politische Ordnung Europas nach dem Wiener Kongreß, 1815.*

Aber auch England erlebte in den Jahren 1811 und 1812 eine schwere Krise. Man hatte den Markt mit Schmuggelwaren überschwemmt, so daß der Absatz britischer Güter schlagartig zurückging.

In Frankreich verlor das *Empire* im Bürgertum und bei den Bauern zusehends an Popularität. Im Jahr 1812 endete die Wirtschaftskrise, aber es war auch das Jahr der Niederlage Napoleons in Rußland.

Das Kontinentalsystem. All diese Handelsbeschränkungen mitsamt der Kontinentalsperre waren Kriegsmaßnahmen. Aber daneben gab es auch so etwas wie ein Kontinentalsystem, den Versuch, die europäische Wirtschaft in einer «kontinentalen Wirtschaftskonföderation» zu vereinen. Eine solche Wirtschaftsunion war jedoch nicht das Ziel Napoleons. Der französische Historiker André Fugier meint dazu: «Für einen Charakter [wie den Napoleons], dem jede partnerschaftliche Zusammenarbeit fremd war, konnte es nur eine Art von Beziehung geben: die der Vorherrschaft und der Unterordnung. Es sollte nur eine herrschende Wirtschaft geben, nämlich die französische, und untergeordnete Volkswirtschaften, die der Vasallenstaaten. Frankreich würde produzieren, verarbeiten und die Fertigprodukte verkaufen. Die unterworfenen Länder würden die Rohstoffe liefern und die Fertigprodukte abnehmen. So würde die politische durch die wirtschaftliche Vorherrschaft verstärkt, und die Siege der Kaiserzeit würden das Gold einbringen, das für Merkantilisten die einzige Quelle des Reichtums war.»

All dies stand in krassem Gegensatz zu einer Vereinigung Europas. Doch wollte Napoleon dies überhaupt? Der Frage soll nun nachgegangen werden.

Napoleon und die Einheit Europas

Ehe einige der Ideen und Visionen Napoleons betrachtet werden, sei zunächst ein Blick auf seine Taten geworfen.

Das Europa von Amiens. Ein angemessener Ausgangspunkt ist das Europa, das 1802 durch den Frieden von Amiens entstand. England mußte die «natürlichen Grenzen» Frankreichs hinnehmen. Es nahm auch die «Schwesterrepubliken», die sich bereits tiefgreifend verändert hatten, hin, ohne sie jedoch offiziell anzuerkennen. So behielt Frankreich seine Einflußzonen, besonders die in Italien, trotz des Versprechens gegenüber dem Zaren, Neapel irgendwann aufzugeben. Im großen und ganzen ließ sich Napoleon zu jener Zeit von der Vorstellung der *Grande Nation* leiten, die Nachbarn Frankreichs behandelte er als Satellitenvölker ohne Selbstbestimmungsrecht. Als in Holland bei einem Plebiszit über die neue Verfassung 16000 Bürger dafür und 25000 dagegen stimmten, zählte Napoleon die 347000 Enthaltungen kurzerhand zu den Ja-Stimmen und erklärte die Verfassung für angenommen.

Das Europa der Königreiche. Von 1806 an, nach den Siegen bei Jena und Auerstedt, errichtete der Kaiser ein zweites Europa. Diesmal handelte es sich um eine «Konföderation» unter seiner Führung. Sie war auf ein neues Prinzip gegründet, das der Familienbande. Europa war nicht mehr ein Europa von «Schwesterrepubliken», sondern ein Europa «brüderlicher Königreiche». Ihr Oberhaupt war jedoch der Kaiser, der kein Anzeichen von Unab-

372

hängigkeit duldete und nicht zögerte, die eigene Familie zu demütigen.

Außerhalb der Bruderkönigreiche gab es die Vasallenstaaten, an erster Stelle den Rheinbund, der in Deutschland zwischen Preußen und Österreich eine dritte Kraft bildete, die dem Kaiser völlig unterworfen war und sich ständig erweiterte. Das «Heilige Römische Reich Deutscher Nation», für Burke ein wesentliches Element des europäischen Gleichgewichts, war 1806 endgültig aufgelöst worden. So besaß Napoleon in Italien und in Deutschland feste Stützpunkte; darüber hinaus errichtete er Vasallenstaaten bis in die slawischen Länder: das Großherzogtum Warschau in Polen und die «Illyrischen Provinzen».

Das Europa des Kontinentalsystems. Nach 1809 begann sich ein drittes Europa abzuzeichnen, das Europa des Kontinentalsystems. Die Kontinentalsperre erforderte mehr Machtbefugnisse für Frankreich. Deshalb annektierte das *Empire* mehrere Küstenregionen. Darüber hinaus erzwang Napoleon Bündnisse, so mit dem besiegten und geschwächten Preußen und mit Österreich, das nach seiner Niederlage in ein «Familienbündnis» einwilligen mußte. Napoleon heiratete die österreichische Erzherzogin Maria Luise. Selbst Rußland, das seit 1807 sein Verbündeter war, betrachtete der Kaiser als mögliche Beute; jedenfalls bestand er darauf, daß Rußland ein ergebener Verbündeter zu sein habe.

Im Jahr 1809 zeichnete Klemens Wenzel Fürst Metternich, damals österreichischer Botschafter in Paris, gegenüber dem Grafen Stadion ein erschreckendes Bild von der Zukunft Europas:

«Europa verändert sich von Grund auf. Eine monströse Zentralregierung lastet auf schwachen Kolonien, die einzig und allein damit beschäftigt sind, ein kümmerliches Dasein zu fristen und die eigenen Ketten zu nieten. Spanien ist unterjocht, und das Osmanische Reich wird über den Bosporus gedrängt. Die Grenzen des *Großen Empire* erstrecken sich von der Ostsee bis zum Schwarzen Meer; Rußland wird in wenigen Monaten auf Asien begrenzt sein. Napoleons langgehegter Plan hat sein Ziel erreicht. Er ist der Herrscher Europas.»

Damit diese Vision Wirklichkeit werden konnte, mußte Rußland besiegt werden. Die Große Armee, die 1812 die Memel überquerte, schien dem Sieg nahe zu sein. Aber die Größe dieser zusammengewürfelten Streitmacht konnte ihre immense Schwäche nicht verdecken. Unter ihren 611 000 Soldaten befanden sich sowohl Franzosen als auch Bürger der unterworfenen und annektierten Länder: Pfälzer, Badener, Württemberger, Bayern, Sachsen, Thüringer, Preußen, Friesen, Österreicher, Schweizer, Polen, Litauer, Italiener, Illyrer, Spanier und Portugiesen. Wie viele von Napoleons Soldaten dienten ihrem fremden Herrn mit wirklicher Begeisterung? Wie viele wünschten insgeheim den Sieg des Zaren?

Napoleons katastrophale Niederlage in Rußland war das Signal zur allgemeinen Auflösung. Hätte Napoleon damals gesiegt, wäre aus dem «Kontinentalsystem» wahrscheinlich ein Reich nach römischem Vorbild geworden, geeint durch gemeinsame Institutionen und den *Code Civil* unter der Herrschaft des Kaisers.

So also sah im geschichtlichen Ablauf das von Napoleon errichtete Europa aus. Wie sah er selbst diese drei Europa im Rückblick, in seinen Schriften, die er im Exil auf Sankt Helena verfaßte, vor allem im *Mémorial de Sainte-Hélène* (Tagebuch von Sankt Helena), das Emmanuel Marquis de Las Cases 1821 herausgab?

373

372 *Der letzte Kaiser des Heiligen Römischen Reiches Deutscher Nation, Franz II. (R 1792-1806), im Krönungsornat. Historisches Gemälde von Ludwig Streitenfeld, 1874.* **373** *«Der Plum-Pudding ist in Gefahr»: Napoleon und Premierminister William Pitt beim Aufteilen der Welt. Satirisches Blatt von James Gillray, 1805.* **374** *«Napoleon empfängt Königin Luise von Preußen in Tilsit», 6. Juli 1807. Gemälde von Nicolas-Louis-François Gosse (1787-1878).* **375** *«Napoleon auf Sankt Helena.» Zeitgenössische kolorierte Federzeichnung.*

374

Ein europäisches Reich oder ein Weltreich? Die Idee eines «Universalreichs» taucht immer wieder auf. Sie rief bei Napoleon, der eine klassische und vor allem lateinische Bildung besaß, die Erinnerung an das Römische Reich wach. «Der Kaiser glaubte an die römische Geschichte, wenn auch nicht in allen Einzelheiten, so doch in ihren Ergebnissen» (*Mémorial*, 6. November 1815). Gleichzeitig erinnerte diese Idee auch an das Reich Karls des Großen. Napoleon, so meinte Metternich, betrachtete einen erfolgreichen Rußlandfeldzug «als den Schlußstein des Gebäudes, das er in seinen Träumen sah [...], eine Art Reich Karls des Großen unter einer bonapartistischen Dynastie».

Napoleon sagte dazu: «Ich selbst konnte nur ein gekrönter Washington werden. Aber nur in einem Kreis von Königen, die ich überzeugt oder besiegt hatte. Dann, und nur dann, hätte ich es mir leisten können, so maßvoll, uneigennützig und weise wie Washington zu sein. Das war realistischerweise nur durch eine Weltdiktatur möglich. Ich habe es versucht [...] Welcher Grund hätte mich aufhalten können, da ich nichts als Vorteile gehabt hätte?» (*Mémorial*, 29./30. November 1815).

Was also gehörte in seiner Sicht zu einem Weltreich? Viel mehr als nur Europa. Zuerst «mußte ich Moskau besiegen» (*Mémorial*). Warum gerade Moskau? Weil Rußland der Eckstein des ganzen Systems war. «Rußland besitzt noch einen riesigen Vorteil gegenüber dem Rest Europas; es verfügt über den seltenen Vorzug, eine zivilisierte Regierung und barbarische Völker zu haben» (*Mémorial*, 6. November 1815). Und jenseits von Rußland lag der Orient. In einem Gespräch mit dem Grafen Ségur – noch vor dem Exil auf Sankt Helena – schilderte Napoleon, was er getan hätte, wenn ihm Akkon in die Hände gefallen wäre: »Statt einer Schlacht in Mähren hätte ich eine Schlacht von Issus gewonnen [dort hatte Alexander der Große 333 die Perser geschlagen]: Ich hätte mich zum Kaiser des Orients gemacht und wäre über Konstantinopel nach Paris zurückgekehrt!»

Wenn es um die Macht ging, kannte Napoleon keine Skrupel. So sagte er zu Las Cases: «Paris ist sicher eine Messe wert. Und da sollte man nicht annehmen, das Reich des Orients und vielleicht die Herrschaft über ganz Asien seien keinen Turban wert? [...] Blicken Sie nur auf die Folgen, wenn ich einen gehabt hätte! Ich hätte Europa von der Rückseite genommen, die alte europäische Zivilisation wäre umzingelt gewesen, und wer hätte es dann gewagt, sich in das Schicksal unseres Frankreich und in die Erneuerung des Jahrhunderts einzumischen?» (*Mémorial*, 30./31. März 1816).

Vom Orient und von Asien wandte sich Napoleon mit seinem Traum von einem Weltreich Afrika zu. Wäre er länger in Ägypten geblieben, dann «hätte er unsere geographischen Expeditionen in Nordafrika weiter vorangetrieben» (*Mémorial*, 12. Mai 1816).

Selbst Amerika lag nicht außerhalb seiner Träume. Nach Waterloo wollte er sich im Norden des Staates New York niederlassen. Das wäre zum Vorteil Amerikas gewesen, denn solche Flüchtlinge «würden bald für das Volk in Kanada, das bereits französisch ist, ein natürlicher Anziehungspol sein und so eine starke Barriere oder sogar ein Widerstandszentrum gegen die Engländer bilden» (*Mémorial*, 26. Mai 1816).

Alle Gedanken Napoleons über Europa hingen mit seinen Weltreichphantasien zusammen. Ihn für einen großen Europäer zu halten hieße vergessen, daß er vor allem ein äußerst ehrgeiziger Mann und ein «Imperialist» im vollen Wortsinn war.

Europa aus der Sicht Napoleons. Dennoch ist es nicht uninteressant zu rekonstruieren, wie das ideale Europa, das er angeblich hatte errichten wollen, in seinen Augen aussehen sollte. Hätten die Engländer nach dem Frieden von Amiens nicht wieder den Krieg entfacht, dann «hätte ich [Napoleon] nichts von meinem Ruhm verloren, aber viel durch Einfluß gewonnen; ich hätte Europa moralisch erobert, so, wie ich im Begriff gewesen war, es durch Waffengewalt zu einen». Mit diesen Worten beginnt eine berühmte Erklärung des Kaisers, in der er eine Art «Europäische Konföderation» aus den wiedererrichteten Nationalstaaten beschreibt. «Einer meiner größten Gedanken war, Völker wieder zusammenzubringen, die in einem gemeinsamen geographischen Raum lebten, aber durch Politik und Revolution auseinandergetrieben und geteilt wurden. So gibt es in Europa, wenn auch zerstreut, mehr als 30 Millionen Franzosen, 15 Millionen Spanier, 15 Millionen Italiener und 30 Millionen Deutsche. Ich hätte aus jedem dieser Völker eine einzige, wirkliche Nation gemacht. [...] Nach dieser Vereinheitlichung wäre es möglich gewesen, sich der Vision einer idealen Zivilisation hinzugeben; bei solch einer Lage der Dinge hätte man Gelegenheit gehabt, überall die Einheit der Gesetzbücher, der Prinzipien, der Meinungen, der Empfindungen, der Gesichtspunkte und Interessen herbeizuführen. Dann würde es vielleicht dank allgemeiner Aufklärung möglich sein, davon zu träumen, der großen europäischen Familie so etwas wie den amerikanischen Kongreß oder die Amphiktyonien Griechenlands zu geben. Welch eine Perspektive der Stärke, der Größe, des Wohlbefindens und des Wohlstands!» (*Mémorial*, 11. November 1816).

Diese Äußerungen, die auch bei heutigen Anhängern eines föderativen und integrierten Europa Anklang finden würden, sollten indes mit größter Vorsicht aufgenommen werden. Napoleons weitere Bemerkungen machen deutlich, daß er eine solche «Konföderation» nur unter seiner Herrschaft anstrebte. Über die Spanier sagte er zum Beispiel: «In der Krise, der sich Frankreich gegenübersah, im Kampf

375

um neue Ideen, in der großen Auseinandersetzung des Jahrhunderts gegen das übrige Europa, konnten wir Spanien nicht abseits liegen lassen, als Beute für unsere Feinde. Es mußte aus freien Stücken oder mit Gewalt in unser System eingebunden werden.»
Die Annexion mehrerer Regionen Italiens durch Frankreich «war in meinen Augen nur vorübergehend erfolgt und diente nur dem Ziel, die Nationalerziehung der Italiener zu überwachen, zu garantieren und zu fördern». Im übrigen seien diese Regionen Frankreich «am meisten verbunden geblieben».

Die Einheit der Italiener und der Deutschen. Einzig und allein in Italien versuchte Napoleon offensichtlich, die Nation zu einen. Als er sich 1805 die Krone Italiens aufs Haupt setzte, sagte er zu Graf Melzi, dem ehemaligen Vizepräsidenten der Cisalpinischen Republik: «Ich habe immer die Absicht gehabt, eine freie, unabhängige italienische Nation ins Leben zu rufen. Ich nehme die Krone an, ich werde sie tragen, doch nur so lange, wie meine Interessen es erfordern.» Dieselbe Idee wurde von Joachim Murat, dem Schwager Napoleons, aufgegriffen. Am 10. November 1813 schlug er Napoleon vor, Italien unter seiner, Murats, Herrschaft zu vereinen und das Land für unabhängig zu erklären. Am 30. März 1815 richtete Murat eine berühmte Erklärung an das italienische Volk: «Italiener, die Stunde ist gekommen, in der sich das große Schicksal Italiens erfüllen muß. Die Vorsehung ruft euch dazu auf, endlich eine unabhängige Nation zu werden. Von den Alpen bis zu den Gestaden Siziliens erhebt sich ein einziger Schrei: Unabhängigkeit für Italien!»
In Deutschland hielt Napoleon die Vereinigung für unausweichlich. Wäre er von den Deutschen erst einmal gewählt, sagte er zu Las Cases, dann würde er ganz gewiß 30 Millionen vereinigte Deutsche regieren. Rußland, so glaubte er, hätte er besiegen können. Aber da er geschlagen und ins Exil verbannt worden sei, läge es da nicht an Rußland, Europa zu einigen? «Fände sich ein beherzter, tatkräftiger und fähiger Zar [...], würde Europa ihm gehören» (*Mémorial*, 5. November 1816).
Laut Las Cases hatte Napoleon ein eigenwilliges Bild von Europa. Wie konnte er erwarten, daß «kompakte», vereinte Nationen es hinnehmen würden, von Frankreich oder vielmehr von ihm selbst beherrscht zu werden? Und wie konnte er verkennen, daß der Nationalismus in Europa vor allem durch Frankreichs Eroberungskriege entfacht worden war?
Es wäre ein Fehler, die Vorstellungen Napoleons über ein vereintes Europa überzubewerten. Ebenso falsch wäre es, seine eigenen Gedanken mit den verführerischen Ausschmückungen der Napoleonlegende zu vermischen. Wirklich gewiß ist allein, daß Napoleon Europa als ein Ganzes betrachtete, das Rußland ein-, aber England ausschloß. Der Kontinent schien für ihn sehr viel Gemeinsames zu besitzen, ganz besonders auf geistiger Ebene und im Rechtswesen. «Er hatte für ganz Europa eine einheitliche Währung gewollt, einheitliche Maße und Gewichte sowie eine einheitliche Gesetzgebung. ‹Warum›, so fragte er oft, ‹hätte mein *Code Napoléon* nicht die Grundlage eines europäischen Gesetzbuches werden können? Dann hätten wir in Europa wirklich eine einzige Familie gebildet›» (*Mémorial*, 14. November 1816). «Er habe die Idee gehabt, sagte er, alle Geschichten Europas seit Ludwig XIV. zu vergleichen und zusammenzusetzen; und er bedauerte sehr, das Vorhaben nicht ausführen zu können» (*Mémorial*, 5. August 1816).

376 *«Ich habe immer die Absicht gehabt, eine freie, unabhängige italienische Nation ins Leben zu rufen. Ich nehme die Krone an»: der Kaiser der Franzosen als König von Italien. Gemälde von Andrea Appiani (1754-1817), um 1800.*

Metternich bestätigte diesen historiographischen Ehrgeiz Napoleons: «Zu jener Zeit bestand einer seiner Lieblingspläne darin, alle Archive Europas in Paris zu vereinen. Er sagte mir, er wolle für sie ein großartiges Gebäude zwischen der Kriegsakademie und dem Invalidendom errichten; nur Stein und Eisen würden für den Bau verwendet, um jede Feuergefahr auszuschließen.» Metternich bezweifelte, ob die anderen Staaten einen solchen Plan billigen würden. «Nun gut, das ist typisch für die Engherzigkeit, von der sich die Staatsmänner in Europa nicht frei machen können. Ich werde mein Projekt ausführen.»
Weit mehr als von irgendwelchem «Europäertum» war Napoleon von maßlosem Ehrgeiz getrieben. Sein schöpferischer Geist spielte mit einer Fülle oft widersprüchlicher Ideen, die Idee eines vereinten Europa war nur eine davon. Er unterschätzte sicher die Reaktionen, die seine Eroberungen und seine Herrschaft notwendigerweise hervorrufen mußten. Auf diese Weise hat er, wahrscheinlich ohne sich selbst darüber klar zu sein, viel dazu beigetragen, die nationalistische Glut anzufachen, die bereits in Europa schwelte und bald zu einem heftigen Feuersturm werden sollte.

Die Italiener. Auch in Italien entwickelte sich unter der französischen Besatzung durchaus ein Nationalgefühl, allerdings nicht so stark wie in Deutschland. Es war am stärksten auf der staatlichen Ebene. Zu Volksaufständen führte es allerdings nicht. Außerhalb des von Frankreich annektierten Gebiets, das sich entlang der ligurischen Küste und im Süden bis nach Rom erstreckte, war Italien zweigeteilt: in das Königreich Italien unter Napoleon und in das Königreich Neapel unter Murat. Von 1813 an intervenierten auch die Österreicher und die Engländer, um die Bourbonen zu unterstützen, die nach Sizilien geflohen waren.
Napoleons Stiefsohn Eugène de Beauharnais, der Vizekönig von Italien, mußte im Jahr 1814 die Waffen strecken, zur selben Zeit wie der Kaiser. In Mailand gründete eine Gruppe von Aristokraten die «Österreichische Partei» und eine andere, größere Gruppe die «Liberale italienische Partei», die sich für die Unabhängigkeit des Königreichs oder wenigstens Mailands und Venetiens einsetzte. Die Liberalen wurden von Österreich bekämpft.
Auf der anderen Seite fand Murat Unterstützung bei den republikanischen *carbonari* und bei den revolutionären Patrioten, Intellektuellen aus der bürgerlichen Mittelschicht, die für die Unabhängigkeit Italiens eintraten, zugleich aber auch die bürgerlichen Freiheiten und die liberalen Reformen bewahren wollten, die Frankreich in Italien eingeführt hatte. Murat schlug Napoleon vor, die Unabhängigkeit Italiens auszurufen und das Land zu einer Nation zu vereinen, unter ihm, Murat, als König. Als Napoleon dies ablehnte, erklärte ihm Murat am 3. Februar 1814 den Krieg und besetzte Rom, Ancona und Bologna. Doch

Murat traf auf den Widerstand der Verbündeten und Metternichs, die den Papst in Rom belassen wollten und der italienischen Einheit einen «Italienischen Bund» vorzogen, dessen Basis das «Königreich Lombardei-Venetien» unter österreichischer Oberherrschaft sein sollte.

Die «Hundert Tage» nach Napoleons Rückkehr aus Elba stürzten alles um. Murat verbündete sich wieder mit Napoleon und eroberte die Campagna. Am 30. März 1815 richtete er in Rimini die bereits erwähnte Proklamation an das italienische Volk, die ihn zu einem der Väter des italienischen Nationalismus machte. «80 000 Italiener rücken unter dem Befehl ihres Königs vor. Sie schwören, weder zu ruhen noch zu rasten, bis ganz Italien befreit ist.»

Murat zog daraufhin nach Bologna und Modena. Aber die Begeisterung für ihn beschränkte sich auf Intellektuelle, auf junge Leute, einige Adlige und eine kleine Anzahl von Offizieren. Der spätere Professor am Collège de France, der Ökonom und Jurist Pellegrino Rossi, wurde damit beauftragt, die Provinz zu verwalten. Gioacchino Rossini komponierte eine «Unabhängigkeitshymne». Das Glück war indes nur von kurzer Dauer. Murat geriet in bourbonische Gefangenschaft und mußte am 20. März abdanken. Für viele Jahre blieb Italien, in der Hand seiner «legitimen» Fürsten und beherrscht von Österreich, geteilt, ein bloßer «geographischer Begriff», wie Metternich gesagt hat.

Die Niederlage

Der große deutsche Militärtheoretiker Karl von Clausewitz schrieb in seinem Buch *Vom Kriege*, eine Großmacht besitze die Fähigkeit, die eigene Sicherheit gegen jeden anderen Staat zu behaupten. In diesem Sinne war Frankreich eine Großmacht. Um sie zu besiegen, bedurfte es einer Koalition, die aus so vielen Staaten wie möglich gebildet war. In den Jahren 1792 bis 1809 hatte sich Frankreich gegen fünf Koalitionen behaupten können. Nur die Sechste und die Siebte Koalition vereinigten alle europäischen Mächte. Der Sechsten Koalition, die sich im Jahr 1813 bildete, gehörten England, Rußland und Preußen an; Österreich trat ihr bei, als es am 12. August 1813 Frankreich den Krieg erklärte. Die Siebte Koalition von 1815 hatte die gleiche Zusammensetzung und bereitete in der Schlacht bei Waterloo den «Hundert Tagen» Napoleons ein Ende.

So waren es schließlich die Staaten und ihre Armeen, die über Napoleon den Sieg davontrugen. Aber auch die Völker hatten sich Napoleon und seinem *Grand Empire* widersetzt. In einigen Regionen und Ländern war dieser Widerstand erbittert.

Die Spanier. Die Abdankung Karls IV. und seines Sohnes, auf die im Juni 1808 die Ernennung Joseph Bonapartes zum König von Spanien folgte, löste einen gewaltigen Aufstand aus. Die schrecklichen Ereignisse am 2. Mai 1808, als eine Menschenmenge in Madrid von französischen Truppen zusammengeschossen und niedergesäbelt wurde, hat Francisco Goya in einem eindrucksvollen Gemälde der Nachwelt überliefert. Es gab in Spanien auch profranzösische Kreise; der Widerstand kam hauptsächlich von den Bauern und von der Kirche und war in erster Linie die Reaktion auf materielle Not. Die Kontinentalsperre hatte den Handel Spaniens mit seinen Kolonien unterbrochen. Auch Nationalstolz hatte am Maiaufstand entscheidenden Anteil. Innerhalb weniger Wochen schlossen sich 100 000 junge Männer den Aufständischen an. Die Portugiesen erhoben sich ebenfalls. Der französische General Andoche Junot, Herzog von Abrantes und Gouverneur von Portugal, wurde im August bei Vimeiro von einem englischen General besiegt, der bald berühmt werden sollte – von Arthur Wellesley, dem künftigen Herzog von Wellington. Bereits im Juli hatte ein ganzes französisches Armeekorps unter General Pierre Dupont bei Bailén in Andalusien kapitulieren müssen. Napoleons *Grande Armée* war nicht mehr unbezwinglich. Auch der Kaiser selbst konnte die Lage nicht retten.

377

377 *Der Schwager Napoleons, Reitergeneral Joachim Murat (1767-1815), Großherzog von Kleve und Berg (1806-1808), König von Neapel (1808-1815). Gemälde von Antoine-Jean Gros (1771-1835). Murat wollte 1813 König von Italien werden. Es kam darüber zum Bruch mit Napoleon.*

378

Kaum war er in Madrid eingetroffen, erfuhr er, daß Österreich sich wieder auf den Krieg vorbereitete. So mußte er nach Paris zurückkehren und sich Mitteleuropa zuwenden.
Die Erhebung in Spanien ging weiter; der Bürgerkrieg in der Vendée und die *chouannerie* in der Bretagne breiteten sich aus. Die Idee des Partisanenkriegs begann Gestalt anzunehmen, wenn auch die Militärs und die Militärtheoretiker sich erst im 20. Jahrhundert von der Wirksamkeit dieser Kriegführung überzeugen ließen. Sie setzt die Unterstützung durch die Volksmassen voraus sowie gnadenlose Strenge gegen alle, die mit der Besatzungsmacht «kollaborieren».

Die Russen. Der Rußlandfeldzug von 1812 endete für Napoleon in einer Katastrophe. Sie hatte mehrere Ursachen: die Weite des Landes, den harten russischen Winter und die Tatsache, daß die russische Armee in der Schlacht von Borodino am 7. September 1812 nicht vernichtet worden war. Hinzu kam der Aufstand des russischen Volks im Rücken der Front. Feldmarschall Michail Kutusow, der russische

379

378 *Der Krieg in Spanien: «Die Verteidigung von Burgos», 19. September bis 29. Oktober 1812. Das englische Expeditionskorps unter Wellington belagerte vergeblich die von General Dubreton verteidigte Festung. Gemälde von François-Louis Heim (1787-1865), um 1815.*

379 *Die Niederlage in Rußland: der Rückzug der Grande Armée, 1812. Zeitgenössisches Aquatintablatt.* **380** *Der Sieger über Napoleon: Feldmarschall Michail Kutusow (1745-1813). Gemälde von Roman Maximowitsch Wolkow, 1793(?).*

380

Oberbefehlshaber, nutzte diese Vorteile geschickt aus.

Der Rückzug aus Moskau wurde für die Große Armee zu einem furchtbaren Leidensweg. Der Guerillakrieg der russischen Partisanen war eine der Hauptursachen für die Niederlage Napoleons. Napoleon selbst hatte den «Volkskrieg» erfunden, in dem eine ganze Nation gegen den Angreifer mobilisiert wird. Jede Taktik ist dabei erlaubt, ohne Rücksicht auf die herkömmlichen Kriegsregeln.

Die Deutschen. In Deutschland kam unter den Intellektuellen der Umschwung mit Fichtes vierzehn *Reden an die Deutsche Nation*, die der Philosoph vom 13. Dezember 1807 bis 20. März 1808 an der Berliner Akademie hielt. Zu jener Zeit war die Stadt von den Franzosen besetzt.

Als Philosoph war Johann Gottlieb Fichte tief von Herder beeinflußt. Doch anders als Herder wollte Fichte einen deutschen Staat. Die Volkskultur müsse sich, so Fichte, auf die ursprüngliche deutsche Sprache, die «Ursprache», stützen. Einzig die Deutschen, das «Urvolk», besäßen die Kraft zu einer Erneuerung der gegenwärtigen Welt. Fichte glaubte an die Fähigkeit der Deutschen, Freiheit und Fortschritt zu verwirklichen.

In Deutschland ersetzten diese Theorien bald die der Patrioten, der Anhänger des revolutionären Frankreich, und die der Karolinger, die für einen Zusammenschluß der germanischen und der lateinischen Welt eintraten. Um Fichte sammelte sich eine große Schar Anhänger, unter ihnen der Staatsmann Heinrich Friedrich Karl Freiherr vom Stein, der im Jahr 1819 die *Monumenta Germaniae Historica* ins Leben rief.

Die berühmte Sammlung geschichtlicher Quellen war kennzeichnend für die gewaltigen Anstrengungen, die das gebildete Deutschland zu jener Zeit unternahm, um die Geschichte, die Legenden und die alten literarischen Texte der Deutschen wiederzuentdecken. In diesem Sinn wirkten auch der Theologe und Philosoph Friedrich Daniel Ernst Schleiermacher sowie der Dichter und Patriot Ernst Moritz Arndt.

Der Beginn des Aufstands in Deutschland. Nach der Einnahme Wiens am 12. Oktober 1809 wurde auf Napoleon im Schloß Schönbrunn ein Attentat unternommen, das jedoch fehlschlug. Im selben Jahr kam es zu Meutereien in der Armee.

Von April bis Oktober 1809 führte Andreas Hofer, der «Sandwirt» aus dem Passeiertal, die aufständischen Tiroler Bauern gegen die Franzosen und die mit ihnen verbündeten Bayern. Nach dem Frieden von Schönbrunn wurde Hofer gefangengenommen und auf Befehl Napoleons 1810 in Mantua standrechtlich erschossen.

In Preußen gründeten Freimaurer den Tugendbund, um die Kollaboration mit den Franzosen anzuprangern. Die preußische Regierung mißtraute dem Tugendbund und löste ihn im Jahr 1810 auf. Nach der Niederlage Napoleons in Rußland begann der eigentliche Aufstand in Deutschland.

Der Aufstand in Preußen. Als sich die Franzosen im Dezember 1812 von der Memel zur Weichsel zurückzogen, kam es in Ostpreußen zur Erhebung. In der Mühle des Dorfes Poscherun bei Tauroggen schloß der preußische General Yorck von Wartenburg am 30. Dezember 1812 mit dem russischen General Johann Diebitsch-Sabalkanski die Konvention von Tauroggen; das preußische Korps der Großen Armee wurde darin für neutral erklärt. Im Januar 1813 unterstützte der ehemalige preußische Minister Freiherr vom Stein die ostpreußische Erhebung und berief eine Versammlung aus Abgeordneten der Provinzialstände ein. In Wahrheit war dies ein Staatsstreich. Die Versammlung stellte eine Territorialarmee auf, die Landwehr. Bald weitete sich die Erhebung auf Brandenburg aus. Der preußische Patriotismus und der deutsche Nationalismus fanden besonders bei der studierenden Jugend Anklang. Dem ostpreußischen und brandenburgischen Beispiel folgten bald darauf Schlesien, Böhmen, Westfalen, Tirol, Norddeutschland, Hamburg und die übrigen Hansestädte.

Das übrige Deutschland. Der Freiherr vom Stein, der sich mehr als Deutscher denn als Preuße fühlte, versuchte eine allgemeine Erhebung, einen deutschen «Nationalkrieg» zu entfachen. Zusammen mit dem russischen Kanzler Karl Robert Graf von Nesselrode erließ er am 19. März 1813 einen Aufruf zur Befreiung Deutschlands. Deutschland sollte von den Franzosen befreit, der Rheinbund durch eine provisorische Kommission ersetzt werden; der Freiherr vom Stein würde den Vorsitz im Rat der Kommission übernehmen. Jeder deutsche Fürst, der nicht an der Befreiung mitwirkte, sollte seine Besitzungen verlieren.

381

382

381 *Der preußische Reformer und Staatsminister Heinrich Friedrich Karl Reichsfreiherr vom und zum Stein (1757-1831), seit 1812 Berater Zar Alexanders I. Gemälde (Ausschnitt) von Johann Christoph Rincklake (1764-1813), 1804.*
382 *Für die allgemeine Volksbewaffnung gegen Napoleon: der Philosoph Johann Gottlieb Fichte (1762-1814), 1811/12 erster gewählter Rektor der neugegründeten Universität Berlin. Aquatintaradierung von Friedrich Jügel nach einem Gemälde von Heinrich Anton Dähling, um 1810.*

383

hatte aber das Mißfallen Napoleons erregt, als er den Sachsen zu ihrer Tapferkeit in der Schlacht bei Wagram gratulierte. Im Jahr 1810 hatte man ihm die Anwartschaft auf den schwedischen Thron angeboten. So kämpfte er nun auf der Seite der Verbündeten gegen Napoleon und befehligte den rechten Flügel der Koalitionstruppen. Anstatt jedoch nach Holland zu marschieren, zog er nach Norden und griff Dänemark an. Er wollte den dänischen König zwingen, Norwegen, das in Personalunion mit Dänemark verbunden war, an Schweden abzutreten. Das gelang Bernadotte auch. Die Holländer indes, denen keine alliierten Truppen zu Hilfe kamen, mußten sich selbst befreien. Seit 1811 waren die Niederlande ein französisches Departement. Als sich der Hauptvertreter Napoleons in Holland, Charles-François Lebrun, mit einem Volksaufstand konfrontiert sah, verließ er am 16. November 1813 fluchtartig das Land. Einen Tag später waren Den Haag und Amsterdam in der Hand der Aufständischen, die sogleich ein Triumvirat

Einige Tage später ließ Feldmarschall Michail Kutusow einen ähnlichen Aufruf verbreiten. Bald entwickelte sich auch eine patriotisch gestimmte Dichtung, deren bestes Beispiel die Gedichtsammlung *Leyer und Schwerdt* von Karl Theodor Körner (1791-1813) ist, der im August 1813, kurz vor der Völkerschlacht bei Leipzig, als Freiwilliger den Tod fand.

War die deutsche Erhebung ein Volksaufstand? Ja, insofern ein Heer von Freiwilligen in die Landwehr strömte. Nein, wenn man die Erhebung mit dem Aufstand der Spanier gegen Napoleon vergleicht. Zudem hielt sich das rheinische Deutschland der Erhebung fern. Jacques Beugeot, der Verwalter des Großherzogtums Berg, bemerkte dazu, daß sich die oberen Klassen im Rheinland über Napoleons Niederlage in Rußland gefreut hätten, die Masse des Volkes aber darüber betrübt gewesen sei.

Aufs Ganze gesehen wurde Deutschland indes von einer großen Aufwallung patriotischer Leidenschaft gegen Frankreich überschwemmt. Zu ihren Zielen, die sich auf den romantischen Nationalismus gründeten, gehörte auch die Erweiterung des deutschen Staatsgebiets. Der Freiherr vom Stein forderte als Grenze die Maas, Luxemburg, die Mosel und die Vogesen. Der Publizist Johann Joseph Görres, anfangs ein Anhänger der Französischen Revolution, dann aber vom Terror und von Napoleon enttäuscht, wies in seinem *Rheinischen Merkur* die Grenzen von 1792 zurück. In den Jahren 1799/1800 hatte er sich in Paris für den Anschluß des linken Rheinufers an Frankreich ausgesprochen. Nun forderte er die Rückgabe Elsaß-Lothringens an Deutschland. Während der «Hundert Tage» schrieb er im *Rheinischen Merkur*, es werde künftig keine Sicherheit vor Frankreich geben, es sei denn durch Machtlosigkeit der Franzosen bei gleichzeitiger Überlegenheit der Deutschen. Die Franzosen seien zu jeglicher Moral unfähig.

Die Niederländer. Auch in den Niederlanden spielte die Volkserhebung eine wichtige Rolle. Dies war zum Teil auch eine Folge des Verhaltens von General Jean-Baptiste Bernadotte. Er war Franzose,

383 *Die Erhebung in Deutschland im Jahr 1813: «Nach der Einsegnung in der Kirche zieht ostpreußische Landwehr ins Feld.» Gemälde von Oskar Gräf, um 1860.* **384** *Die Sieger über Napoleon: Kaiser Franz I. von Österreich empfängt Zar Alexander I. von Rußland und König Friedrich Wilhelm III. von Preußen am 25. September 1814 vor Wien. Zeitgenössische Farblithographie.* **385** *Die endgültige Niederlage Napoleons nach den «Hundert Tagen»: die Schlacht von Waterloo, 18. Juni 1815. Begegnung zwischen dem preußischen Feldmarschall Gebhard Leberecht Blücher und dem englischen Feldmarschall Arthur Wellesley, Herzog von Wellington am Abend der Schlacht. Zeitgenössische Lithographie (Ausschnitt).*

384

385

unter Dirk van Hogendorp als provisorische Regierung einsetzten. Sie erließ einen Aufruf an Prinz Wilhelm von Oranien, den Sohn des 1806 verstorbenen Erbstatthalters Wilhelm V. Der Prinz, der in der Armee der Verbündeten gedient hatte, befand sich in England und landete unter dem Jubel der Menschen am 30. November 1813 in Scheveningen. Anfang Dezember zogen preußische Truppen unter General Friedrich Wilhelm Graf Bülow in den Niederlanden ein. Am 21. Juni 1814 erhielt Wilhelm von Oranien das Einverständnis der Verbündeten zu einer Union der nördlichen Niederlande mit den ehemaligen österreichischen Niederlanden und dem Bistum Lüttich. Die Union nannte sich «Königreich der Niederlande», der Prinz wurde als Wilhelm I. König des neuen Staats. Dies kam der Politik Englands entgegen, deren Ziel es war, den Hafen von Antwerpen nicht der Kontrolle einer Großmacht zu unterstellen und Frankreich mit einer Reihe kleinerer Mächte in Schach zu halten.

Die Belgier. Im Gegensatz zu den Niederlanden hatte es in Belgien keine Volkserhebung gegeben. Das Land, damals wie heute zweisprachig, war nacheinander im Besitz der Herzöge von Burgund, der Spanier, der Österreicher und dann der Franzosen gewesen. Für die Belgier war daher die nationale Frage besonders kompliziert. Zu Beginn der Franzosenzeit, vor allem aber nach dem Konkordat von 1801 schienen die Belgier zufriedengestellt. In Wirklichkeit wuchs die Unzufriedenheit. Als erste widersetzten sich die Katholiken der Religionspolitik Napoleons und seiner Verfolgung des Papstes. An der Spitze des Widerstands standen die Bischöfe und die Landpfarrer, die mehrmals versuchten, die Bauern zum Aufstand zu bewegen. Zudem wirkte sich die von der Kontinentalsperre ausgelöste Wirtschaftskrise für alle Belgier verheerend aus. Im Jahr 1813 war die Baumwollindustrie gezwungen, Tausende von Arbeitern zu entlassen. Die Häfen von Antwerpen und Ostende waren so gut wie geschlossen. Die Preise stiegen, und die Konkurse mehrten sich. Darüber hinaus war die Steuerlast drückend. Die Aushebung von Soldaten nahm drakonische Ausmaße an. Im Jahr 1811 wurden nicht weniger als 110 000 Mann ausgehoben, ein Jahr später waren es bereits 120 000, und 1813 mußten 160 000 Belgier auf die Fahne des Kaisers schwören. Die örtliche Polizei und die Behörden begünstigten die Fahnenflucht und gerieten so mit der inquisitorischen, verhaßten «Hohen Polizei» in Konflikt. Selbst der Bürgermeister von Antwerpen wurde unter dem Verdacht verhaftet, den Schmuggel zu fördern.
Dennoch wurden die Niederlagen Napoleons 1812 und 1813 mit gemischten Gefühlen aufgenommen. Die einen empfanden Genugtuung, die anderen waren beunruhigt; die Masse der Belgier verhielt sich passiv. Über eine Unabhängigkeit Belgiens gab es heftige Debatten; verwirklicht wurde sie dann erst 1830.

Die Schweizer. In der *Grande Armée* Napoleons kämpften ungefähr 9 000 Soldaten aus der Schweiz. Aber die Schweizer waren der napoleonischen Herrschaft überdrüssig. Nach der Niederlage Napoleons in Rußland beabsichtigte Metternich, der dabei von einigen schweizerischen Aristokraten insgeheim unterstützt wurde, das Territorium der Schweiz für den Durchmarsch nach Frankreich zu nutzen. Als 150 000 österreichische Soldaten die Rheingrenze zwischen Schaffhausen und Basel überquerten, waren die Schweizer Truppen zahlenmäßig zu schwach, um Widerstand zu leisten. Auch Genf wurde besetzt. Die Anwesenheit der Österreicher ermöglichte am 29. Dezember 1813 den Widerruf der Mediationsakte. Damit war der Weg für den späteren Bundesvertrag frei. Die Schweizer, einschließlich der Genfer, waren auch auf dem Wiener Kongreß vertreten. Während der «Hundert Tage» entschloß sich die Schweiz, obwohl die Neutralität des Landes in der Wiener Erklärung vom 20. März 1815 anerkannt worden war, auf der Seite der Verbündeten gegen Napoleon zu kämpfen. Schweizer Truppen nahmen an der Belagerung von Hüningen bei Basel teil.

Zusammenfassung. Seit der Zeit Karls des Großen schien Europa noch nie einer politischen Einheit so nahe zu sein wie unter Napoleon. Doch dieses Europa zog sich den Haß aller zu. Die Franzosen selbst, die gleichsam die Helden dieser Geschichte spielten, waren am Ende völlig ermattet. Die Mehrheit der Franzosen lebte auf dem Land. Die Bauern und die Handwerker in den Städten stellten die Masse der Kriegsdienstpflichtigen. Dies war Grund genug für weitverbreitete Unzufriedenheit; durch die Wirtschaftskrise im Gefolge der Kontinentalsperre konnte diese Unzufriedenheit nur noch zunehmen. Deshalb hatte sich Louis Bonaparte, Bruder Napoleons und für kurze Zeit König von Holland, gegen die Politik des Kaisers gewandt und versucht, die Kontinentalsperre zu durchbrechen. Napoleon setzte ihn ab, annektierte die Niederlande und machte sie zu einem französischen Departement.
Zur selben Zeit fand das *Empire* indes auch Zustimmung. In Mainz zum Beispiel war Jean Bon Saint-André ein erfolgreicher Präfekt. Auch in der Schweiz, in Italien und in Polen gab es zahlreiche Anhänger des napoleonischen Systems.
Das napoleonische Experiment zeigte indes in aller Deutlichkeit, daß Europa nicht mit Gewalt geeint werden konnte. Die Revolution und Napoleon selbst waren weitaus kühner, als es Ludwig XIV. gewesen war. Dessen begrenzte Versuche, das Gleichgewicht der Mächte in Europa zu mißachten, waren nichts im Vergleich mit den Bestrebungen Napoleons, es gänzlich zu zerstören. Napoleon wollte in der Tat Europa mit Gewalt vereinen, unter der Führung Frankreichs. Ein und ein Viertel Jahrhundert später versuchte Adolf Hitler die Länder Europas unter deutscher Hegemonie zusammenzufassen. Er gebrauchte dazu nicht nur militärische Gewalt, sondern den systematischen Völkermord. Als Eroberer wurden Napoleon und Hitler in ganz Europa verabscheut. Gegen das Europa der Diktatur schlossen sich die Europäer zusammen – in Bündnissen der Regierungen und in Widerstandsbewegungen der Völker selbst.

15 Ein europäisches Phänomen: die industrielle Revolution

Europa an der Spitze des Fortschritts

Ein Hauptmerkmal Westeuropas war seit dem 18. Jahrhundert der Reichtum an Entdeckungen und Erfindungen. Ein Teil von ihnen war das Ergebnis reiner Wissenschaft, ein anderer kam aus der angewandten Wissenschaft und diente dem Ziel der Güterherstellung. Die neue Technik war eine unmittelbare Umsetzung angewandter Forschung.

Warum nahm damals in Europa die Forschung einen solchen Aufschwung? Eine treibende Kraft für diese Entwicklung war wachsende Neugier. Auch stieg die Zahl der Gelehrten, die eher in Mathematik als in Theologie ausgebildet waren. Wohlhabende Bürger richteten zu ihrem Privatvergnügen Laboratorien ein, um darin zu experimentieren. So Madame du Châtelet (1706-1749), die Isaak Newtons *Principia mathematica* ins Französische übersetzte und Voltaire zu naturwissenschaftlichen Forschungen anregte; ebenso der französische Steuerpächter und General Antoine-Laurent Lavoisier (1743-1794), der die Zusammensetzung des Wassers sowie das Gesetz von der Erhaltung der Masse entdeckte und die Elementaranalyse in die Chemie einführte.

Es gab ganze Gelehrtenfamilien wie zum Beispiel die Bernoullis – Jakob, Johann, Nikolaus, Daniel, zwei weitere Johanns und noch einen Jakob –, allesamt Naturwissenschaftler und Mathematiker. Die Familie stammte ursprünglich aus Antwerpen, wurde von den Spaniern aus der Stadt vertrieben und fand Zuflucht in Frankfurt, später in Basel. Auch einige der vielen Einzelgelehrten sind hier zu nennen: Leonhard Euler (1707-1783), Mathematiker aus Basel; Joseph de Lagrange (1736-1813), ebenfalls Mathematiker, der in Turin als Sohn französischer Eltern geboren wurde; Pierre-Simon de Laplace (1749-1827), Mathematiker und Astronom aus der Normandie, sowie die Schüler Newtons, die sich besonders für Geometrie und Astronomie intressierten.

Das sind nur einige wenige Beispiele aus der wachsenden Zahl fähiger Forscher. Jede neue Entdeckung stachelte die Neugier weiter an. Der englische Historiker Charles Morazé hat den Drang der Europäer nach neuen Entdeckungen treffend beschrieben: «Nachdem es sich der Welt bemächtigt hatte, entwickelte Europa eine Zivilisation, die in sich den Keim des Fortschritts trug. Doch war der Fortschritt, wonach es strebte, nicht rein intellektueller Natur. Er schloß die Suche nach Wohlstand und Luxus ebenso ein wie die Suche nach Vernunft und Wahrheit. Das ewige Wechselspiel zwischen materiellen und geistigen Bedürfnissen der Menschheit war die treibende Kraft für den weiteren sozialen Fortschritt, dessen Hauptinstrument die Erziehung war. Und dieser Fortschritt im menschlichen Verhalten, in der Wissenschaft, der Gesellschaft und der Erziehung war Europas Geschenk an die Welt, der die Europäer so viel genommen hatten.«

Die Erzeugung von Energie. Menschlicher Erfindergeist brachte nicht nur Maschinen zur Erzeugung von Energie hervor, sondern auch Maschinen, die mit Hilfe dieser Energie zehn-, hundert- oder gar tausendmal mehr produzieren, als Handarbeit mit einfachen Werkzeugen je vermag. Wie diese beiden Maschinentypen zusammenwirken, läßt sich am Beispiel der Dampfmaschine einerseits, am Spinnen und Weben andererseits ebenso gut erkennen wie am Verhütten und Erzeugen von Eisen.

Viele dieser Erfindungen kamen zunächst aus Großbritannien und später aus Frankreich, das aber wegen der Revolutionskriege und des napoleonischen Abenteuers in Rückstand geriet. Sehr schnell holten Länder wie Belgien, Italien und Deutschland die älteren Industrienationen ein und überholten sie sogar.

386 *Die industrielle Revolution: der Dampfhammer des schottischen Ingenieurs James Nasmyth (1808-1890) aus dem Jahr 1839. Gemälde (Ausschnitt) von Nasmyth, 1831.*

ZEITTAFEL 13: Die industrielle Revolution in Europa: wichtige Erfindungen und ihre Erfinder

	18. Jahrhundert	*19. Jahrhundert*			*20. Jahrhundert*
Energie	**1784** Doppeltwirkende Niederdruckdampfmaschine James Watt (England) **1791** Elektrische Experimente Luigi Galvani (Italien)	**1800** Elektrische Batterie Alessandro Volta (Italien) **1802** Gasbeleuchtung (Bergbau) William Murdock (England), Nicolas Leblanc (Frankreich) **1827** Wasserrohrkessel Marc Seguin (Frankreich) **1859** Akkumulator Gaston Planté (Frankreich), erste Ölbohrungen in Ohio (USA)	**1860** Maschine zur Stromgewinnung Zénobe-Théophile Gramme (Belgien) **1867** Dynamomaschine Wilhelm von Siemens (Deutschland) **1870** Erstes Wasserkraftwerk Aristide Bergès (Frankreich) **1876** Ottomotor Nikolaus August Otto (Deutschland)	**1882** Stromleitung über größere Entfernungen Marcel Desprez (Frankreich) **1892** Erstes Benzinauto Gottlieb Daimler (Deutschland) **1897** Dieselmotor Rudolf Diesel (Deutschland)	**1903** Motorschiff **1910** Dieselmotor findet im Schiffsbau Eingang
Chemie **Metallurgie**	**1777** Chlorwasser Claude-Louis de Berthollet (Frankreich) **1784** Puddelstahl Henry Cort (England) **1791** Sodafabrikation Nicolas Leblanc (Frankreich)	**1805** Erste Zinkproduktion Jean-Jacques Dony (Belgien) **1827** Aluminiumgewinnung aus Tonerde Friedrich Wöhler (Deutschland) **1838** Soda auf Ammoniakbasis England **1841** Anilin **1842** Erste Polyphosphate	**1846** Nitroglyzerin **1854** Industrielle Aluminiumproduktion Henri Sainte-Claire Deville (Frankreich) **1856** Bessemerbirne Henry Bessemer (England) **1861** Industrielle Sodaherstellung Ernest Solvay (Belgien) **1867** Dynamit Alfred Nobel (Schweden)	**1870** Kalidünger, Zelluloidfabrikation John W. Hyatt (USA) **1875** Gilchristverfahren zur Entphosphorisierung des Roheisens Percy C. Gilchrist und Sidney G. Thomas (England) **1878** Chemische Nitrate, Stahl **1886** Aluminium-Elektrolyse **1892** Melinit Eugène Turpin (Frankreich)	**1909** Bakelit Leo H. Baekeland (Belgien)
Textilien	**1769** Wasserspinnmaschine Richard Arkwright (England) **1779** Feinspinnmaschine *(mule jenny)*, Samuel Crompton (England) **1785** Mechanischer Webstuhl Edmund Cartwright (England)	**1805** Seidenwebstuhl mit Lochstreifensteuerung Joseph-Marie Jacquard (Frankreich)	**1884** Kunstseide Hilaire de Chardonnet (Frankreich)		
Verkehr und Kommunikation	**1769** Straßendampfwagen Nicolas-Joseph Cugnot (Frankreich) **1781** Dampfschiff Claude-François de Jouffroy d'Abbans (Frankreich) **1783** Heißluftballon Brüder Montgolfier (Frankreich) **1792** Optischer Telegraph Abbé Claude Chappe (Frankreich)	**1804** Erste Lokomotiven auf Schienen Oliver Evans und Richard Trevithick (USA) **1807** Erste Fahrt des Dampfschiffs «Clermont» auf dem Hudson River Robert Fulton (USA) **1813** Konstruktion von Dampflokomotiven George Stephenson (England) **1825** Eisenbahnlinie Stockton–Darlington (England)	**1830** Eisenbahnlinie Liverpool–Manchester **1827** Schiffsschraube Joseph Ressel (Österreich) **1844** Erste Telegraphenleitung Samuel Morse (USA)	**1866** Erste Telegraphenleitung durch den Atlantik **1876** Telefon Graham Bell (USA) **1879** Erste elektrische Eisenbahn, erste elektrische Straßenbahn (Berlin) Werner von Siemens (Deutschland) **1888** Erster Kautschuk-Reifen John Boyd Dunlop (England) **1891** Erster Segelflug Otto Lilienthal (Deutschland) **1896** Erster Flug von Clément Ader (Frankreich)	**1900** Erster Traktor Benjamin Holt (USA) **1903** Flug der Brüder Wright (USA) **1909** Flug Louis Blériots über den Ärmelkanal (Frankreich) **1912** Flug über das Mittelmeer Roland Garros (Frankreich)
Maschinenbau	**1793** Baumwollentkörnungsmaschine Eli Whitney (USA)	**1808** Druckpresse Charles Stanhope (England) **1814** Dampfdruckpresse der *Times* (England) **1820** Erstes Schiff aus Metall auf dem Ärmelkanal (England)	**1830** Nähmaschine Joseph Madersperger (Österreich), erste Mähmaschine Cyrus H. McCormick **1837** Vervollkommnung des Pflugs Mathieu de Dombasle (Frankreich)	**1867** Erste Schreibmaschine **1869** Erste Schreibmaschine mit Walze Sir Emery Walker (England) **1875** Bindemäher	
Verschiedenes		**1809** Sterilisation von Konserven François Appert (Frankreich) **1812** Rübenzucker Benjamin Delessert (Frankreich) **1822–27** Photographie Joseph-Nicéphore Niepce (Frankreich) **1847** Erste Anwendung von Chloroform James Simpson (England) **1851** Londoner Weltausstellung **1855** Pariser Weltausstellung	**1862** Londoner Weltausstellung **1867** Gefrierapparat Charles Tellier (Frankreich); Pariser Weltausstellung **1873** Wiener Weltausstellung **1879** Kohlefadenlampe Thomas Alva Edison (USA)	**1882** Isolierung des Tuberkulosebazillus Robert Koch (Deutschland) **1883** Isolierung des Choleraerregers Robert Koch (Deutschland) **1885** Impfstoff gegen Tollwut Louis Pasteur (Frankreich) **1894** Wirkstoff gegen Diphtherie **1895** Erste Kinofilme Auguste Lumière (Frankreich) **1899** Aspirin	**1907** Triode Lee de Forest (USA), Anfänge der Elektronik **1909** Neonlampe **1912** Entdeckung wachstumsfördernder Vitamine Frederick Hopkins (England)

387

Die erste funktionierende Dampfmaschine scheint zu Beginn des 18. Jahrhunderts von dem Franzosen Denis Papin (1647-1712/14) konstruiert worden zu sein. Mit Hilfe dieser Maschine trieb er ein Schaufelradboot an. Papin, ein Hugenotte, war übrigens nach England geflohen und wurde dort 1681 Mitglied der *Royal Society*, bevor er 1687 als Professor für Mathematik an die Universität Marburg ging. Er war auch korrespondierendes Mitglied der französischen Akademie der Wissenschaften. Im Jahr 1698 entwickelte der englische Ingenieur Thomas Savery eine Maschine, die mit Hilfe von Dampf Wasser aus Bergwerken abpumpte. Es folgten 1705 die Dampfpumpe des Engländers Thomas Newcomen, 1769 der dreirädrige Dampfwagen des Franzosen Nicolas Cugnot und 1776 das Dampfboot des Marquis Claude-François de Jouffroy d'Abbans (1751-1832). Den entscheidenden Durchbruch erzielte der Engländer James Watt (1736-1819). Er benutzte einen vom Zylinder getrennten Kondensator, um Hitze zu gewinnen, einen doppeltwirkenden Zylinder zur Erzeugung von Kraft. Erst dadurch war die Dampfmaschine wirklich verwendungsfähig. Mit Unterstützung eines großzügigen und einsichtigen Industriellen, Matthew Boultons, begann Watt, seine Dampfmaschine herzustellen und zu verkaufen. Im Jahr 1800 trieben bereits 500 seiner Dampfmaschinen Webstühle, Eisenhämmer und andere Maschinen an.

Die Mechanisierung der Textilindustrie. Zu Beginn des 18. Jahrhunderts benötigte man für einen Baumwollwebstuhl vier, für einen Wollwebstuhl zehn Weber. Im Jahr 1733 erfand John Kay, ein Uhrmacher aus Lancashire, ein «Weberschiffchen», das die Arbeitsleistung eines Webers verdoppelte. Die Weber, von denen viele aus Mangel an Garn bereits arbeitslos waren, gerieten darüber derart in Zorn, daß Kay nach Frankreich fliehen mußte.

Doch es stieg der Bedarf an gesponnenem Garn. Irgendwann zwischen 1764 bis 1767 erfand James Hargreaves, ein Weber und Zimmermann aus Blackburn, die *spinning jenny*, eine Feinspinnmaschine, die eine Person in den Stand setzte, erst sechs bis sieben, dann achtzig Fäden auf einmal zu spinnen.

Das Garn dieser Maschine war jedoch weich und eignete sich nur für den Einschußfaden. Die Kettfäden mußten noch von Hand gesponnen werden. Richard Arkwright, ein erfolgreicher Barbier und Geschäftsmann aus Preston, entwarf 1769 zusammen mit John Kay eine verbesserte Spinnmaschine, die mit Wasserkraft angetrieben wurde. Ihr Faden war auch für die Kette fest genug.

Im Jahr 1779 gelang dann dem Weber Samuel Crompton aus Bolton die erfolgreiche Kombination beider Spinnmaschinen. Seine *mule jenny* spann ein festes, feines Garn, das für Einschuß- und Kettfaden geeignet war, besonders für Musseline, die früher aus dem Orient eingeführt worden waren. In Frankreich erfand Joseph-Marie Jacquard 1804 einen Webstuhl für Seide, mit dem man gemusterte Stoffe weben konnte.

In den Jahren 1779 bis 1812 sank der Selbstkostenpreis für Wollgarn um 90 Prozent. Viele Menschen, auch ärmere, konnten sich fortan bessere Kleider leisten als bislang die Reichen. Auch hatte Großbritannien nun einen vorzüglichen Exportartikel.

Dies sind nur einige Beispiele für die sich beschleunigende Gesamtentwicklung, in deren Verlauf mechanische Energie und neue Erfindungen in vielen Bereichen angewandt wurden. Der Historiker Alfred Sauvy schätzte einmal, daß infolge des technischen Fortschritts die Europäer des 20. Jahrhunderts mehrere hundertmal so viele Gebrauchsartikel zu ihrer Verfügung hätten als ihre Vorfahren im 18. Jahrhundert.

Das Eisen. Erfindungen im Metallguß und in der Eisenverarbeitung erleichterten Konstruktionen im Maschinenbau. Auf diesem Gebiet hatte England einen deutlichen Vorsprung. Mit den Worten von Jean-Alain Lesourd und Claude Gérard: «Im Jahr 1709 versuchte der Schmiedemeister Abraham Darby aus Coalbrookdale in Shropshire, Koks anstelle der üblichen Holzkohle zu benutzen, um Roheisen herzustellen. Das Verfahren war erst 1830 ausgereift. Bis 1753 waren Darby und seine Familie die einzigen, die Roheisen durch Verhüttung mit Koks herstellten. Sie nutzten die dabei sich bildenden Gase zur Erhitzung der Luft, die in den Hochofen geblasen wurde, und senkten so den Koksverbrauch um die Hälfte. Pro Woche erzeugten sie etwa 20 Tonnen Roheisen. Später fand das Verfahren größere Verbreitung; um 1806 wurden 97 Prozent des englischen Roheisens durch Verhüttung mit Koks hergestellt. Im Jahr 1788 gab es in England 60 Hochöfen auf Koksbasis, 1806 bereits 227 und zwanzig Jahre später 305. In Frankreich machte Ignace de

387 *Der englische Ingenieur James Watt (1736-1819), Erfinder der Dampfmaschine und Mitbegründer der Dampfmaschinenfabrik Boulton & Watt in Soho bei Birmingham (1775). Gemälde von Carl Fredric von Breda, 1792.* **388** *Kohleabbau mit Hilfe der Dampfkraft um 1800: Förderschacht einer Kohlegrube in den Midlands. Zeitgenössisches Gemälde.*

388

389

Wendel 1769 im lothringischen Hayange ähnliche Versuche. Um 1784 hatte er Kokshochöfen in Homburg in Betrieb. Im folgenden Jahr baute er zusammen mit dem englischen Ingenieur Wilkinson vier Kokshochöfen in Le Creusot. Aber noch 1805 wurden 98 Prozent des Roheisens in Frankreich mit Holzkohle erzeugt, 1850 waren es 50 Prozent. Erst um 1870 betrug der Anteil der Holzkohle bei der Eisenverhüttung 9 Prozent.»

Nach Spanien gelangte die industrielle Revolution nur zögernd. Von 1850 an entdeckte man dort jedoch ergiebige Erzvorkommen. In der Quecksilberproduktion nahm Spanien seit eh und je den ersten Platz ein; bis etwa 1900 war es auch in der Bleigewinnung führend. Daneben verfügte das Land über beträchtliche Zinkvorkommen. Bei Kupfer war es zeitweise der zweitgrößte Produzent in der Welt. Hochwertiger Eisenkies wurde aus dem Nordwesten des Landes vor allem nach England exportiert.

389 *Moderne Zeiten, 1831: «Der Fortschritt der Dampfkraft ist unwiderstehlich.» Verkehrschaos im Londoner Regent Park. Farblithographie von Henry Alken.* **390** *In Deutschland entwickelte sich neben dem Ruhrgebiet Oberschlesien zu einem bedeutenden Industrierevier. Aus einem 1798 errichteten Hüttenwerk entstand die Stadt Königshütte, heute Chorzów in Polen: «Der Coakplatz zu Königshütte». Farblithographie, um 1850.*

Die Eisenbahn. In den Jahren 1802 bis 1804 konstruierten der Amerikaner Oliver Evans und der englische Ingenieur Richard Trevithick die ersten Dampflokomotiven, die zunächst auf Holzgleisen fuhren. Später verwendete man für die Schienen Gußeisen, schließlich Stahl. Die Lokomotiven wurden in der Hauptsache in Bergwerken benutzt.

Im Jahr 1814 entwickelte der Bergwerksingenieur George Stephenson eine Lokomotive, die Vorläuferin der *Rocket* (Rakete), die auf Eisenschienen fahren sollte. Sie wurde später durch den französischen Ingenieur Marc Seguin verbessert, der 1817 einen Wirbelheizkessel konstruierte. Am 27. September 1825 zog die Lokomotive Stephensons mehrere Reisewaggons die 39 Kilometer lange Strecke von Stockton nach Darlington. Die Geschwindigkeit betrug 24 Kilometer pro Stunde.

In Frankreich wurde 1832 die Linie Lyon–Saint-Etienne und 1835 die Linie Paris–Saint-Germain eröffnet. Im Jahr 1851 besaß Frankreich ein Eisenbahnnetz von 3500 Kilometern; ein Fünftel des gesamten Warentransports lief über die Schiene. Dagegen verfügte das britische Eisenbahnnetz bereits über 10500 Kilometer. Die erste deutsche Eisenbahn fuhr am 7. Dezember 1835 auf der 6,1 Kilometer langen «Ludwigsbahn» von Nürnberg nach Fürth. Die folgende Tabelle zeigt – in Kilometern – den Ausbau des Eisenbahnnetzes in Europa zwischen 1850 und 1914:

Land	1850	1914
Großbritannien	10000	38500
Deutschland	5470	63000
Frankreich	3500	39500
Belgien	800	8800
Italien	120	18000
Spanien	102	10800

Dieses weitläufige Streckennetz ermöglichte eine rasche Verbindung zwischen den wichtigsten europäischen Städten. Wenn Madame de Sévigné im 17. Jahrhundert von Paris auf ihren Landsitz Les Rochers in Vitré reisen wollte – heute im Departement Ille-et-Vilaine –, mußte sie zuerst die Kutsche nach Orléans nehmen. Dort wurde die Kutsche auf eine *coche d'eau* geladen, eine Art Fähre, mit der man auf der Loire bis nach Nantes fuhr. Von dort ging es über schlechte Straßen mit der Kutsche nach Vitré. Für die ganze Reise brauchte man in der Regel 172 Stunden. Um 1782 hatte der Bau «königlicher Straßen» diese Reise auf 80 Stunden verkürzt, im Jahr 1814 auf 56 Stunden; 1971 dauerte die Reise drei Stunden und achtzehn Minuten.

In den Vereinigten Staaten von Amerika, wo die Entfernungen groß waren, wuchs das Eisenbahnnetz von 14500 Kilometern im Jahr 1850 auf 386000 im Jahr 1916. Ein Viertel des zum Bau benötigten Kapitals kam übrigens aus Europa.

390

391

391 *Die berühmte «Rakete» von George Stephenson (1781-1848). Zeitgenössischer kolorierter Holzstich.* **392** *Ein Zug auf der Eisenbahnlinie Liverpool–Manchester. Sie wurde von 1826 bis 1830 unter Stephensons Leitung erbaut. Zeitgenössische Farblithographie.* **393** *Der Ingenieur Rudolf Diesel (1858-1913), Erfinder des Dieselmotors, mit seiner Familie. Foto um 1895.*

Die fortlaufende Verbesserung der Dampflokomotiven verringerte unterdessen den Verbrauch von Steinkohle, und damit sank auch der Preis für die Fahrkarten erheblich. Auch wurden die korrosionsanfälligen Eisengleise nach 1870 durch Stahlgleise ersetzt.

Ein besonderes Merkmal des Eisenbahnwesens in Europa war der Bau der großen internationalen Tunnel. Dazu gehörten:

– der Semmering-Seitentunnel, der erste Alpentunnel der Eisenbahn (1848 bis 1854), 1430 Meter lang;
– der Mont-Cenis-Tunnel (1857-1871), 12,8 Kilometer lang, von Modane in Frankreich nach Bardonecchia in Italien;
– der Sankt-Gotthard-Tunnel (1872-1881), 15 Kilometer lang; bei seinem Bau verwendete man Dynamit;
– der Simplon-Tunnel (1898-1906), 19,8 Kilometer lang, von Brig in der Schweiz nach Domodossola in Italien;
– der Lötschberg-Tunnel (1907-1913), 14,5 Kilometer lang.

Waren, vor allem schwere Güter, wurden weiterhin auf Flüssen und Kanälen verfrachtet, die in Belgien, den Niederlanden und in Deutschland ständig verbessert und ausgebaut wurden. Im Gegensatz zu Großbritannien gab Deutschland seine Kanäle wegen der Bahn nicht auf. Im Jahr 1903 verfügte es über 14500 Kilometer schiffbare Flüsse und Kanäle. Rhein und Donau blieben große europäische Wasserstraßen.

Noch vor dem Ersten Weltkrieg begann die Entwicklung neuer Transportmittel, die später mit der Eisenbahn konkurrieren sollten. Neben den Dampfschiffen kamen Motorschiffe auf, die mit dem 1897 von Rudolf Diesel erfundenen Schwerölmotor ausgestattet waren. Die vielversprechendste Erfindung aber war der Benzinmotor. Zu Beginn der 1860er Jahre erfanden der Franzose Joseph-Etienne Lenoir und der Deutsche Nikolaus Otto einen Motor, der die beim Verbrennen von Benzin entstehenden Gase zum Antrieb nutzte.

Wissenschaftler, Ingenieure und Techniker aus ganz Europa arbeiteten daran, den Verbrennungsmotor, der leichter und sauberer war als die Dampfmaschine, für den Straßenverkehr nutzbar zu machen. Drei Deutsche zeichneten sich hier besonders aus: Siegfried Marcus (1831-1898), Gottlieb Daimler (1834-1900) und Carl Friedrich Benz (1844-1929).

Schöpferische Freiheit. Jede Nation in Europa rühmte sich, alle Erfindungen selbst und zuerst gemacht zu haben. Heute stimmen die Forscher darin überein, daß bis etwa 1850 die ersten Erfindungen der industriellen Revolution aus Großbritannien und Amerika kamen. Es folgte Frankreich, danach kamen in steigender Zahl Schweizer, Belgier, Deutsche, Niederlän-

392

393

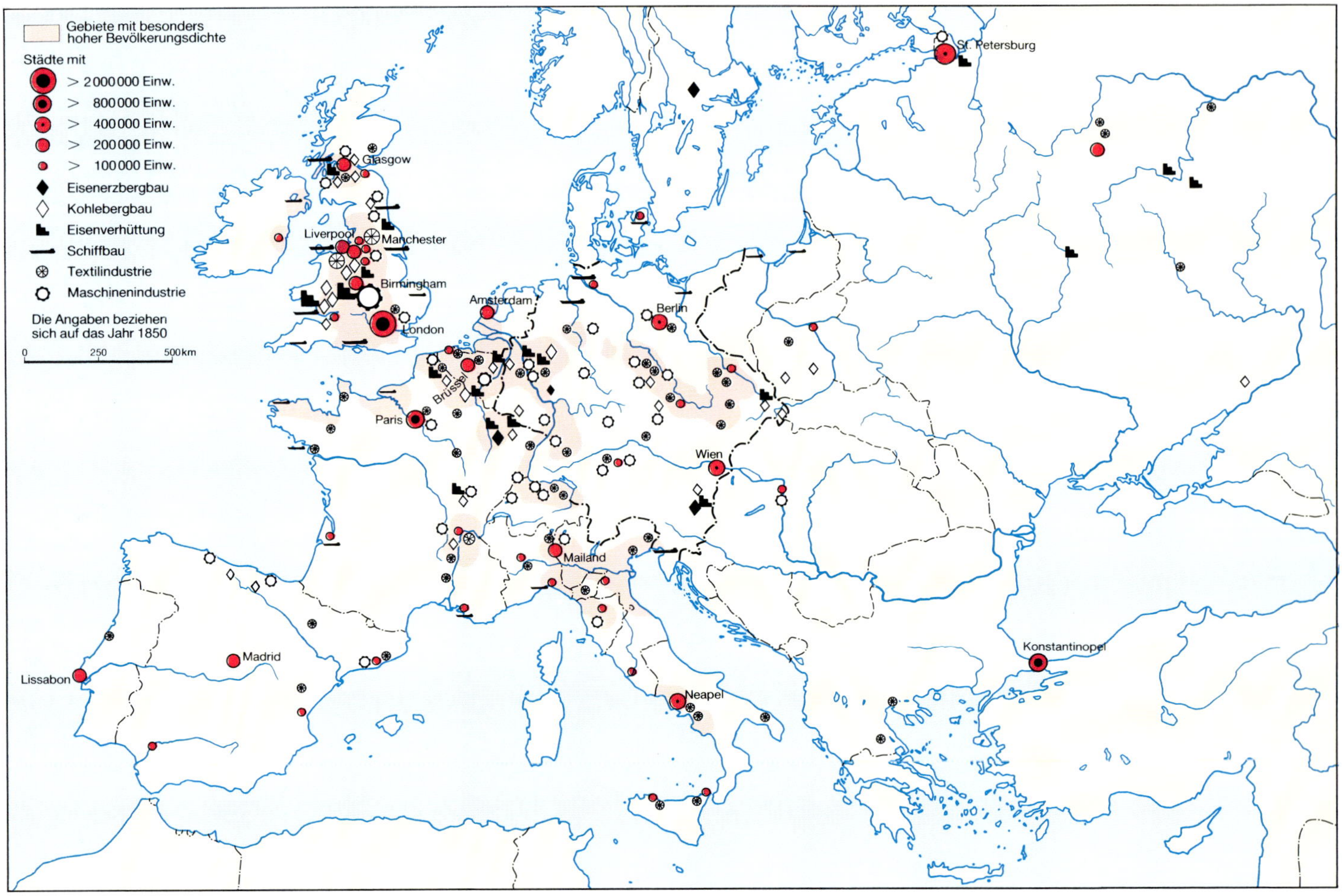

Karte 31: *Die industrielle Revolution, Mitte 19. Jahrhundert.* **394** *Die erste internationale Weltausstellung fand 1851 in London statt: Eröffnungszeremonie im Hyde Park am 1. Mai in Anwesenheit der königlichen Familie. Gemälde von Henry C. Selous, 1851.*

der, Schweden, Dänen und Italiener, später Spanier, Portugiesen und Angehörige anderer Nationen. Wie erklärt sich dieses Phänomen?

Es wurde bereits erwähnt, daß menschliche Schöpferkraft unter sonst gleichen Bedingungen sich dort am stärksten entfaltet, wo Freiheit des Denkens gewährleistet ist. Wenn dies auch als Erklärung allein nicht ausreicht, so trifft es doch auch heute noch zu, wie der 1989 verstorbene sowjetische Wissenschaftler Andrej Sacharow bezeugt hat. Forschung gedeiht selten, wenn sie von Bürokraten reglementiert wird. Gewiß, im 18. Jahrhundert war die religiöse Freiheit in Preußen größer als in Frankreich und in England. Aber das gesamte intellektuelle Milieu muß eben auch günstig sein. Wissenschaftlicher Fortschritt wird erstickt, wenn die Genehmigung einer Regierung erforderlich ist, damit ein Ingenieur mit dem anderen oder ein Labor mit dem anderen Ergebnisse austauschen können. Solche Einschränkungen gab es im England des 18. Jahrhunderts nicht. Seit 1673 kannte das Land die *Habeas-Corpus*-Bestimmungen, seit 1689 die Kontrolle durch das Parlament und die *Bill of Rights*; die Pressefreiheit war in der Regierungszeit Georgs III. (R 1760-1820) erkämpft worden, als John Wilkes und sein *North Briton* sich erfolgreich gegen Versuche behauptet hatten, die Zeitung zum Schweigen zu bringen.

Die Vereinigten Staaten folgten als erste dem britischen Beispiel und verbesserten es noch, indem sie Kirche und Staat voneinander trennten. Die Franzosen hatten sich schon vor der Revolution zunehmender religiöser Toleranz erfreut. Doch bis 1870 erlebte Frankreich aufeinanderfolgende Wellen von Freiheit, Terror und Despotismus, wobei die Freiheit immer mehr die Oberhand gewann. So besaßen Großbritannien und Frankreich, beide mit einer starken «geistigen Elite» ausgestattet und beide politisch freier als andere Länder, die besten Voraussetzungen dafür, Zentren menschlichen Erfindergeistes zu werden. Die Schweizerische Eidgenossenschaft, das seit 1830 unabhängige Belgien, das Italien Cavours und das Deutschland Bismarcks traten nacheinander in den Kreis freier Staaten.

Not macht erfinderisch. Erfindungen hängen auch vom Bedarf ab. Übersteigt die Nachfrage das Angebot, löst dies intensive Anstrengungen aus, die Produktionsmittel zu verbessern.

Edmund Cartwright, der den ersten mechanischen Webstuhl erfand, war Pfarrer und Domherr an der Kathedrale von Lincoln. Er hatte niemals zuvor einen Webstuhl gesehen und sich auch nie mit Mechanik beschäftigt, bis er eines Tages die Unternehmer von Lancashire darüber klagen hörte, daß man dringend einen mechanischen Webstuhl brauche, aber nicht imstande sei, einen zu bauen. Die Rolle solcher «Bastler» und Amateurtechniker wurde im Lauf des 19. Jahrhunderts immer bedeutender, wenn auch die meisten Erfinder in der Regel entweder Wissenschaftler waren oder im Umkreis der neuen Industrie arbeiteten. James Hargreaves, der Erfinder der Feinspinnmaschine, war Weber und Zimmermann, Samuel Crompton, der die Mulemaschine baute, war von Haus aus Weber.

Europa – Zentrum der Industrieproduktion

Wirtschaftskreisläufe. Werden wissenschaftliche Erfindungen in Industrie, Handel und Landwirtschaft angewandt, sollte dies theoretisch zu einem konstanten Wachstum der Produktion führen.
In einer so allgemeinen Darstellung ist es schwer, den qualitativen Fortschritt der letzten beiden Jahrhunderte zu umreißen. Der quantitative Fortschritt in der Güterproduktion und im Dienstleistungsgewerbe war indes offenkundig. Freilich gab es dabei Aufschwünge und Flauten. Einige Nationalökonomen wie François Simiand und Nikolaus Kondratjew haben festgestellt, daß es Wirtschaftskreisläufe gibt, die besonders mit der weltweit verfügbaren Goldmenge zusammenhängen. Wird das Gold knapp, steigt sein Wert, und die Goldmenge, die für dieselbe Menge an Gütern bezahlt werden muß, sinkt entsprechend. Im selben Maß fällt der Preis für die Waren, deren Wert an Währungen mit Golddeckung gebunden ist – eine «Deflation», die ihrerseits die Hersteller in Schwierigkeiten bringen kann. Die Produktion sinkt oder wächst weniger schnell. Das geschieht nach Simiand in der sogenannten B-Phase. Wenn umgekehrt Überfluß an Gold herrscht, sinkt sein Wert, und der Warenpreis steigt – die A-Phase nach Simiand. Wenn natürlich die Golddeckung einer Währung aufgehoben wird – wie 1971 unter US-Präsident Richard Nixon –, dann verschwinden Wirtschaftskreisläufe dieser Art automatisch.
Nach Kondratjew gab es von 1790 bis 1940 folgende mehr oder weniger intensive A- und B-Phasen:

A: 1790-1815
B: 1815-1847
A: 1847-1873
B: 1873-1896
A: 1896-1920
B: 1920-1940

Riesige Goldfunde in Kalifornien, im kanadisch-amerikanischen Grenzgebiet bei Klondyke sowie in Australien erklären die A-Phase in den Jahren von 1847 bis 1873, während die A-Phase von 1896 bis 1920 auf die neuen Goldminen in Südafrika zurückging.

Das Wachstum der Wirtschaft. Trotz dieser Kreisläufe kam es zu einem weltweiten Wirtschaftswachstum:
- Zu den alten Industriegebieten Europas in Großbritannien, Belgien und Frankreich traten seit Mitte des 19. Jahrhunderts das Ruhrgebiet und Oberschlesien in Deutschland, ferner das norditalienische und das böhmische Industrierevier (siehe auch Karte 31, Seite 288).
- Unter dem ersten Kaiserreich waren in Frankreich fast keine Dampfmaschinen in Gebrauch. Im Jahr 1850 besaß das Land genau 5322 dieser Maschinen mit einer Leistung von insgesamt 67000 Pferdestärken. Diese Zahl vervielfältigte sich bis 1913 auf das 15fache, die Zahl der Pferdestärken gar auf das 53fache.
- Der Energieverbrauch nahm von 1860 bis 1900 in Europa konstant zu, in den Vereinigten Staaten sogar sprunghaft. Er betrug in den USA rund 600 Milliarden Kilowattstunden, in Großbritannien 200 Milliarden, in Deutschland etwa 150 Milliarden, in Frankreich 60 Milliarden. Bereits um 1900 waren die USA die führende Wirtschaftsmacht der Welt.
- In den Ländern mit großen Kohlevor-

394

395

kommen stieg die Kohleproduktion rapide: in Großbritannien von 10 Millionen Tonnen im Jahr 1800 auf 290 Millionen Tonnen im Jahr 1913, in Deutschland (einschließlich Luxemburgs) von 1 Million auf 277 Millionen Tonnen in derselben Zeit. Länder mit geringen Kohlevorkommen wie Frankreich beuteten ihre Lagerstätten intensiv aus. Im Jahr 1913 erzeugte Frankreich 41 Millionen Tonnen Kohle; sein Verbrauch wuchs indes stärker als die Produktion.

– In der Kohleproduktion standen die USA im Jahr 1913 an erster Stelle. Sie erzeugten 513 Millionen Tonnen Stein- und Braunkohle, Großbritannien 290 Millionen, Deutschland 277 Millionen, Frankreich 40,8 Millionen und Belgien 22,9 Millionen Tonnen.
– In der Stahlproduktion waren die USA um 1900 ebenfalls führend, knapp vor den Ländern der späteren Europäischen Gemeinschaft für Kohle und Stahl, dem Europa der Sechs. Im Jahr 1913 produzierten die USA 31300 Millionen, Deutschland 17320 Millionen, Großbritannien 7680 Millionen, Frankreich 4610 Millionen und Belgien 2430 Millionen Tonnen Stahl. In den Jahren 1870 bis 1875 hatte der härtere Stahl das Eisen bei der Herstellung von Schienen fast überall in der Welt ersetzt.
– Bezogen auf den Goldfranc, wuchs der Welthandel in den Jahren 1850 bis 1913 auf das Siebenfache, der Handel Großbritanniens, der im Jahr 1850 weltweit führend war, stieg bei der Einfuhr auf das Fünffache und bei der Ausfuhr auf das Achtfache. Der gesamte Handel Frankreichs nahm ebenfalls auf das Achtfache zu. Der Handel Deutschlands und der Vereinigten Staaten wuchs wesentlich schneller als der Großbritanniens. Im Jahr 1913 betrug der Zuwachs für Deutschland, gemessen am Stand von 1875, das 3,5fache und für die Vereinigten Staaten das 4,7fache, für Großbritannien jedoch nur das Zweifache. Dennoch blieb das Inselreich bis 1914 die erste Handelsmacht der Welt.
– Der Anteil Deutschlands und der Vereinigten Staaten am Welthandel stieg in den Jahren 1840 bis 1913 auf Kosten Frankreichs und Großbritanniens. Der Anteil Englands sank von 32 auf 17 Prozent, der Frankreichs von 10 auf 7 Prozent, während der Anteil Deutschlands von 9 Prozent im Jahr 1880 auf 12 Prozent 1913 stieg, jener der USA von 8 Prozent 1840 auf 11 Prozent 1913.
– Das Nationaleinkommen Deutschlands vervierfachte sich von 1871 bis 1910, das der Vereinigten Staaten stieg auf das Fünffache. Um ähnliche Ergebnisse für England zu erhalten, muß man auf das Jahr 1851 als Vergleichsgrundlage zurückgehen.

Europa als Zentrum der großen Banken. Die industrielle Revolution ging mit einer steigenden Zahl von Erfindungen sowohl in der Grundlagenforschung als auch in der angewandten Forschung einher. Sie war auch die Reaktion auf einen wachsenden Bedarf an Gütern und einen zunehmenden Lebensstandard. Außerdem spiegelte und förderte sie zugleich den Wandel in der Einstellung der Menschen. Doch sie benötigte auch Kapital. Es hatte sich angehäuft, seit die Europäer zu Herren der Meere, zu Kolonisatoren und Großhändlern geworden waren. Daß sich Kapital in großen Mengen und flexiblen Formen ansammeln konnte, war ein Verdienst der Banken. Seit den «Geldwechslern» des Mittelalters hatten die Banken eine ständig zunehmende Bedeutung erlangt.

Im 19. Jahrhundert begann – so Jacques Laffitte 1830, kurz bevor er französischer Ministerpräsident wurde – «die Herrschaft der Banken». Zunächst einmal hatte jeder Staat seine Nationalbank. Nach dem Beispiel der 1694 gegründeten Bank von England entstanden 1765 die Preußische Bank in Berlin, 1800 die Bank von Frankreich, 1814 die Niederländische Bank, 1817 die Österreichische Nationalbank und der *Banco de San Carlos* in Madrid.

Neben diesen Nationalbanken gab es zahlreiche Privat- und Familienbanken wie jene der Mendelssohns, Bleichröders und Rothschilds in Deutschland. Die fünf Söhne des Gründers Meyer Amschel Rothschild (1743-1812), die «fünf Gentlemen von Frankfurt», eröffneten ein Netz von Banken in mehreren Ländern Europas: Salomon in Wien, Karl in Neapel, Nathan in London, James in Paris; Amschel Mayer, der älteste Bruder, führte das Stammhaus in Frankfurt.

In London waren die Familien Baring, Lazard, Schröder und Hambro tätig. In Paris waren oft Protestanten oder Juden Bankiers, so die Lazards, Hottinguers, Foulds, Eichtals, Mallets (aus Genf), Vernes, Mirabauds und de Neufflizes.

Neu war im Bankwesen die außerordentliche Zunahme kleiner Einzahler. Der Dis-

395 *«Die feierliche Eröffnung des Suezkanals am 17. November 1869.» Gemälde von Edouard Riou (1833-1900). Erbauer des Kanals war – nach Plänen des österreichischen Ingenieurs Alois Negrelli – der französische Diplomat und Ingenieur Ferdinand de Lesseps (1805-1894).* **396** *Baron James de Rothschild (1792-1868), Gründer des Bankhauses Rothschild in Paris. Gemälde aus dem Rothschild-Archiv.* **397** *Die Londoner Börse um 1820. Farblithographie von Thomas Rowlandson (1756-1827).*

396

397

konthandel, das Depositengeschäft, die Anlage von Wertpapieren und andere Bankgeschäfte wurden von immer mehr Kunden in Anspruch genommen. Vor allem nach 1850 tauchten die großen Depositenbanken mit ihren zahlreichen Geschäftsstellen auf; sie unterschieden sich deutlich von den älteren Effektenbanken. In Frankreich gehörten zu den Depositenbanken der *Crédit Lyonnais* und die *Société Générale*; in Deutschland die «vier Ds» – die Darmstädter Bank, die Diskontogesellschaft, die Deutsche Bank und die Dresdner Bank; in England die «großen fünf» – *Barclays, Lloyds, Midland, National Westminster* und *National Provincial*.

Die Effektenbanken waren und sind im langfristigen Investitionsgeschäft tätig und stützen große Unternehmen, betreiben also Finanzgeschäfte; die Depositenbanken haben es mit den alltäglichen Bankgeschäften zu tun.

Europa, der Bankier der Welt. Durch die außerordentliche Entwicklung des Bankwesens wurde Europa zum «Bankier der Welt», wie es im Titel eines berühmten Buches von Herbert Feis heißt.

Mehrere europäische Länder, Großbritannien, Frankreich und Deutschland vor allem, die dank ihren Rücklagen über beachtliche Finanzmittel verfügten, investierten im Ausland, weil sie dort höhere Zinsen erzielten als im eigenen Land. Man tätigte dabei die verschiedensten Geschäfte: das Angebot kurzfristiger Kredite; die Finanzierung von Staatsanleihen, die von ausländischen Regierungen oder auch örtlichen Behörden ausgegeben wurden; den Kauf von Aktien; Investitionen in ausländische Unternehmungen wie den Bau von Eisenbahnen, Häfen und Leuchttürmen, in öffentliche Arbeiten und jede Art von Fabriken; die Errichtung von Niederlassungen einheimischer Firmen oder eigener Bankfilialen im Ausland.

Der Kapitalsegen aus Großbritannien, Frankreich und Deutschland kam vor allem Rußland, Italien, Osteuropa, Lateinamerika und den Vereinigten Staaten zugute. Die USA waren bis zum Ersten Weltkrieg Schuldner gegenüber dem Ausland und stiegen erst nach 1920 zu einem Gläubiger auf. Weitere Empfänger waren bestimmte Kolonien, besonders Indien.

Es sei hier angemerkt, daß die Theorie vom «Wirtschaftsimperialismus», die 1902 von dem englischen Nationalökonomen John Atkinson Hobson in seinem Buch *Imperialism, a Study* und 1915 von Lenin in seiner Schrift *Der Imperialismus als höchstes Stadium des Kapitalismus* verfochten wurde, unter historischen Gesichtspunkten nicht zu halten ist.

Lenin war der Meinung, daß der Imperialismus – und dabei besonders der Kolonialismus – seine Wurzeln in der Ära des «Monopolkapitalismus» habe, in der das Industriekapital von den Banken aufgesogen werde. Die Banken und der Staat – nach Lenin der Vertreter des «Großkapitals» – seien darauf erpicht, Länder zu erobern, in denen sie dann ihren überschüssigen Reichtum investieren könnten.

In Wirklichkeit jedoch hatten die meisten europäischen Staaten ihre Kolonialreiche erobert, ehe sie das Stadium des Monopolkapitalismus erreichten. Und wenn auch die Briten etwa 50 Prozent ihrer Auslandsinvestitionen im eigenen Kolonialreich tätigten, so legten andererseits die Franzosen und die Deutschen nicht sonderlich viel Kapital in ihren Kolonien an.

Wohin wurden die Kapitalströme aus Europa gelenkt? England investierte 100 Milliarden Goldfrancs im Ausland, ein Viertel seines Nationalvermögens. Etwa fünfzig britische Banken spezialisierten sich auf dieses Geschäft, darunter die Kaiserliche Bank von Indien und die Bank von Hongkong. Nur 25 Prozent dieser Investitionen waren Kredite für ausländische Regierungen; 94 Prozent der Gelder wurden außerhalb Europas angelegt, etwa die Hälfte davon in den Ländern des *Empire*. Weitere Summen dienten der Finanzierung von Bergwerken und Eisenbahnen zum Beispiel in Lateinamerika und im Nahen Osten. Die Regierung unterrichtete die Bankiers über die politische Bedeutung bestimmter Projekte. Das englische Nationaleinkommen betrug im Jahr 1913 gut 2,2 Milliarden Pfund Sterling. Ein Zehntel der Summe kam aus den Zinsen der Auslandsinvestitionen.

Frankreich rangierte mit Auslandsinvestitionen von 45 Milliarden Goldfrancs weit hinter England auf dem zweiten Platz. Es gab zwischen beiden Ländern eine ganze Reihe von Unterschieden. Frankreich investierte sehr wenig in seine Kolonien. Auch lieh es seit 1815 viel Kapital an fremde Staaten. Die französische Regierung gestattete oder untersagte solche Anleihen je nach den Zielen ihrer Außenpolitik. Man nannte die Erlaubnis *admission à la cote*, Zulassung zur Kursnotierung an der Börse. So konnte zum Beispiel von 1871 bis 1914 kein deutsches Aktienkapital an der Pariser Börse notiert werden. Ein weiterer Unterschied zu England bestand darin, daß Frankreich trotz seiner Geldanlagen in Asien, im Osmanischen Reich und in Lateinamerika vor allem in Europa investierte – etwa in die Bergwerke von Bor in Serbien, in die Bergwerke von Aguilas in Südostspanien und in die Bergwerke von Laurion in Griechenland. Außerdem finanzierte Frankreich einen Großteil des europäischen Eisenbahnnetzes.

Seit 1887 nahm Rußland für französische Geldgeber eine bevorzugte Stellung ein. Das Interesse war gegenseitig. Frankreich suchte einen Verbündeten gegen Deutschland, dessen Einwohnerzahl nunmehr die Frankreichs übertraf. Rußland brauchte Kapital, um die Schäden seiner ungeschickten Finanzpolitik auszubessern – ein Bedarf, der nach der militärischen Niederlage gegen Japan im Jahr 1905 noch größer wurde. Im Lauf der Zeit ging überdies französisches Kapital immer weniger in Staatsanleihen und immer mehr in Privatinvestitionen: im Eisenbahnwesen, im Bergbau, in der Erdöl-, der Textil-, der Metall- und der Chemieindustrie sowie im Bankwesen. Französische Bankiers und Geschäftsleute neigten dazu, in Rußland so etwas wie den «Wilden Westen» Frankreichs zu sehen, worüber die russischen Geschäftsleute verständlicherweise verärgert waren.

Deutschland investierte hauptsächlich in Österreich-Ungarn, mit dem es verbündet war, aber auch in Spanien, Rußland, Portugal, Rumänien, Afrika und Lateinamerika. Es finanzierte eine Eisenbahnlinie im Osmanischen Reich, die berühmte «Bagdadbahn». Daneben hatte es besondere Interessen in China, namentlich in Tsingtau, dem deutschen Konzessionsgebiet. In Italien zog es Nutzen aus dem italienischen «Wirtschaftskrieg» gegen Frankreich und drängte dort den französischen Einfluß zurück. Mit Hilfe der *Banca Commerciale Italiana* erlangte Deutschland einen beherrschenden Einfluß auf die italienische Geschäftswelt. Hinzu kam, daß deutsche Kredite an auswärtige Regierungen «gebundene Kredite» waren, das heißt, der Kreditnehmer mußte sich vertraglich verpflichten, deutsche Waren abzunehmen.

399

398 *Um die Jahrhundertwende wurde Deutschland zu einer führenden Industrie- und Handelsmacht in Europa. Stahlguß bei Krupp: «Gießen einer Bramme für eine Panzerplatte.» Gemälde von Heinrich Kley, um 1900.* **399** *Ein technisches Großunternehmen aus der Zeit des Imperialismus: der Bau der Bagdadbahn Konya–Bagdad (3200 km): «Der erste Spatenstich.» Foto aus dem Jahr 1903.* **400** *Ein bedeutender Handelsplatz in Europa: die Leipziger Messe. Aquarellierte Radierung von Georg Emanuel Opitz, um 1825.*

Französische Geldgeber stellten keine solchen Bedingungen, es sei denn, sie wurden durch die Regierung dazu gezwungen. Das Ergebnis war, daß mehrere europäische Länder französisches Kapital benutzten, um Waffen bei Krupp in Essen zu kaufen statt bei Schneider in Le Creusot.

Deutschland war wie England in weit größerem Maße eine Handelsmacht als Frankreich, das wiederum beide in der Agrarproduktion übertraf. So kam es schließlich, daß Frankreich Rußlands größter Gläubiger war, Deutschland aber Rußlands größter Lieferant und Kunde.

398

Ein kurzes Experiment im Freihandel

Das Europa Napoleons III. Als Bonapartes Neffe Napoleon III. (R 1852-1870) nach der Revolution von 1848 in Frankreich an die Macht kam, hätte man vielleicht von ihm erwarten können, daß er einigen der europäischen Träume seines Onkels neue Gestalt geben würde. Er tat es nicht. Er gab sich von Zeit zu Zeit mit vagen Erklärungen zufrieden, die eher Hoffnung als konkrete Absichten ausdrückten. «Ich wünsche von ganzem Herzen, daß irgendwann der Tag kommt, an dem die großen Fragen, welche die Regierungen und die Völker entzweien, durch einen europäischen Kongreß friedlich gelöst werden können», erklärte er am 21. November 1863 vor dem Senat. Im Jahr 1867 äußerte er den Wunsch, daß sich eines Tages die «Vereinigten Staaten von Europa» verwirklichen ließen. Es fällt schwer, darin mehr zu sehen als bloße Rhetorik. Realpolitiker wie Bismarck hatten für solche sentimentalen Anwandlungen nur Spott übrig. Bismarcks Vorstellungen von Europa sahen ganz anders aus als jene seines glücklosen französischen Gegenspielers.

Doch während Napoleon III. wenig tat, um Europa politisch zu einen, errichtete er für eine Zeitlang so etwas wie eine europäische Wirtschaftsunion. In den 60er Jahren des 19. Jahrhunderts wurde Europa in

400

der Tat ein Wirtschaftsverbund. Und dies war den hartnäckigen Bemühungen Napoleons III. zu verdanken.

Napoleon III., Richard Cobden und Michel Chevalier. Die Wirtschaftshistoriker Charles Gide und Charles Rist schrieben: «In der Mitte des 19. Jahrhunderts setzte sich die Wirtschaftslehre von Adam Smith überall in Europa durch [...] Der Freihandel war für Nationalökonomen ein unerschütterliches Dogma. In Deutschland, England, Frankreich und Rußland gab es zwischen den führenden Köpfen der Wissenschaft in dieser Hinsicht völlige Übereinstimmung. Die Sozialisten interessierten sich entweder nicht für das Thema oder stimmten, wenn sie sich damit befaßten, den Wirtschaftsexperten zu.» Zwischen den Nationalökonomen und den Regierungen mußte jedoch ein breiter Graben überwunden werden. Auch hier ging England mit gutem Beispiel voran. Richard Cobdens Verein zur Abschaffung der Getreidezölle, die *Anti-Corn-Law-League*, die seit 1838 eine Kampagne gegen die Zölle auf Getreideeinfuhren geführt hatte, gelangte schließlich zum Erfolg, als Premierminister Robert Peel seinen bisherigen Standpunkt aufgab und 1846 das Gesetz zur Abschaffung der Getreidezölle im Unterhaus durchbrachte. In den folgenden Jahren ergriff England weitere antiprotektionistische Maßnahmen und wurde so zu einem Vorbild für die Anhänger des Freihandels.

In Frankreich waren damals vermutlich neun Zehntel der Geschäftsleute und Industriellen Protektionisten. Der «Französische Verein für den Freihandel», eine Gründung des Nationalökonomen Frédéric Bastiat, hatte vor dessen Tod im Jahr 1850 keine Erfolge zu verzeichnen. Bastiat war davon überzeugt, daß ein freies Wirken der «Marktkräfte» ohne Intervention des Staates zu günstigeren Ergebnissen führen würde. Sein Hauptwerk trug den Titel *Les harmonies économiques* (Die Wirtschaftsharmonien).

Wenn auch Bastiat den Triumph seiner Freihandelslehre nicht erleben sollte, so hatte er doch eine kraftvolle Persönlichkeit für seine Sache gewinnen können: Michel Chevalier, Professor für politische Ökonomie am *Collège de France*. Chevalier war ein Anhänger des Sozialisten Claude-Henri de Rouvroy Graf von Saint-Simon (1760-1825) und Assistent des Saint-Simonisten Barthélémy-Prosper Enfantin gewesen. Im Jahr 1832 wurde Enfantin – der unter anderem für die «freie Liebe» eintrat – strafrechtlich belangt und zu einem Jahr Gefängnis verurteilt. Chevalier kam mit ihm ins Gefängnis, aber nur für sechs Monate. Während der Haft im Gefängnis von Sainte-Pélagie brach er mit Enfantin und den Theorien Saint-Simons. Als Realist und Karrierist, der er war, erkannte Chevalier, daß er keine Zukunft haben würde, wenn er ein Anhänger der «saint-simonistischen Religion» bliebe. Auf einer Reise durch die Vereinigten Staaten, wo er das Eisenbahnwesen studierte, festigten sich seine Auffassungen weiter. Chevalier war der Erste seines Jahrgangs an der *Ecole Polytechnique* gewesen und übte nun den Beruf eines Bergbauingenieurs beim *Corps des Mines* aus. Er reiste auch nach England, und als Frucht seiner Reisen schlug er ein weiträumiges Eisenbahnnetz für Europa vor. Als ehemaliger Saint-Simonist hatte er eine Neigung für den Freihandel. Bastiat vollendete nun die Bekehrung, und Chevalier wurde bald der dynamischste Verfechter der Freihandelslehre.

In der Politik war Chevalier indes kein Liberaler. Auch dies war typisch für die

401 *Der französische Wirtschaftstheoretiker und Staatsrat Michel Chevalier (1806-1879), Verfechter des Freihandels und einer der Urheber des Cobden-Vertrags von 1860. Gemälde, Léon Cogniet (1794-1880) zugeschrieben.*

Schule Saint-Simons. So befürwortete Chevalier das autoritäre *Empire* Napoleons III. und erfreute sich der Gunst des neuen Regimes. Er nutzte sein wachsendes Ansehen, den Freihandel in Frankreich nach englischem Vorbild zu fördern. Seine Ziele waren dabei nicht nur wirtschaftlicher Art. Während er im Freihandel eine Möglichkeit sah, die Industrie zu entwikkeln und den Wohlstand zu mehren, war er zugleich ein aufrichtiger Pazifist und – für die damalige Zeit – erstaunlich frei von jeglichem Nationalismus. Durch wachsenden Handel hoffte er die Nationalstaaten so eng aneinander zu binden, daß Kriege künftig unmöglich würden. Darin stimmte er voll mit Richard Cobden überein, mit dem er eine freundschaftliche Korrespondenz unterhielt.

Auch Napoleon III. zeigte ein besonderes Interesse für die Ideen des Freihandels. Auf der einen Seite bewunderte er die Saint-Simonisten und hörte auf ihren Rat. Zu ihnen gehörten nicht nur Chevalier, nunmehr Professor und später Senator, sondern auch Bankiers wie die Brüder Emile und Isaac Pereire, die Familie Paulin Talabot und die Eichtals. Auf der anderen Seite war es Napoleons III. großer Ehrgeiz, Frankreich so wohlhabend wie England zu machen und dabei die guten Beziehungen mit der englischen Regierung aufrechtzuerhalten. Napoleon hatte sich nach seiner Flucht aus der französischen Festung Ham in England aufgehalten, gerade zu der Zeit, als die Briten sich für den Freihandel entschieden. Die Schwierigkeit für Napoleon kam indes von der gewählten Legislative, deren Abgeordnete überwiegend protektionistisch eingestellt waren.

Der Cobden-Vertrag von 1860. Es war Michel Chevalier, der dem Kaiser ein legales Mittel empfahl, die protektionistische Opposition zu überwinden. Die Verfassung von 1852 gab ihm nämlich das Recht, Handelsverträge zu unterzeichnen und zu ratifizieren, ohne die Zustimmung des Gesetzgebers einzuholen. Chevalier erhielt den Auftrag, in höchster Geheimhaltung mit Cobden einen französisch-englischen Handelsvertrag auszuhandeln, der die Zölle zwischen beiden Ländern drastisch senken sollte. Die französischen Zölle auf Kohle und die meisten Fertigwaren wurden auf ein Maximum von 30 Prozent festgesetzt, die Briten ermäßigten ihren Zoll auf Weine und Weinbrand aus Frankreich. Im Januar 1860 veröffentlichte der regierungsamtliche *Moniteur* den Vertragstext, der Gesetzeskraft besaß. Die französischen Industriellen protestierten heftig, doch aller Protest war vergebens.

Der «Cobden-Vertrag» war nur ein Anfang. In den folgenden Jahren beschloß die französische Regierung eine ganze Reihe liberaler Maßnahmen, besonders zur freien Einfuhr von Rohstoffen, zur Vereinfachung der Schiffahrtsgesetze und zur Niederlassung ausländischer Firmen in Frankreich. Sie sollten fortan dieselben Rechte genießen wie die einheimischen Firmen. Zahlreiche andere europäische Länder schlossen ähnliche Verträge mit Frankreich, so Belgien und das Osmanische Reich 1861, der Deutsche Zollverein 1862, Italien 1863, Schweden und die Niederlande 1865 und Österreich 1866.

Diese Staaten schlossen wiederum untereinander Freihandelsverträge. Mit den Abkommen hatte man noch keinen völligen Freihandel erreicht, war aber nicht mehr weit davon entfernt. Der amerikanische Historiker Rondo Cameron schrieb dazu in seinem Buch *Frankreich und die Entwicklung der Wirtschaft in Europa*: «Aufgrund der Meistbegünstigungsklausel und des Abschlusses ähnlicher Verträge durch die übrigen Nationen wurde Frankreich der Eckpfeiler in einem System internationaler Handelsbeziehungen, das die Welt weit näher an den uneingeschränkten Freihandel heranbrachte, als sie es je gewesen war.» Nur Rußland blieb protektionistisch.

In diesem nahezu freihändlerischen Europa gab es auch so etwas wie eine Währungsunion, wenigstens auf dem Kontinent. Dort war der Goldfranc die Währung Frankreichs, der Schweiz und – nach 1830 – Belgiens. Unter der Bezeichnung Lira hatte er auch Gültigkeit in Piemont, das ihn in ganz Italien einführte; ebenso war er bis 1830 Zahlungsmittel im Rheinland. Darüber hinaus bildete er die Währungsgrundlage in Griechenland, Spanien, Serbien, Rumänien und Finnland, das innerhalb des Zarenreichs eine gewisse Autonomie besaß. Am 23. Dezember 1865 gründeten Frankreich, Belgien, die Schweiz und Italien wegen des Wertverfalls des Goldes die *Union monétaire latine*, den «Lateinischen Münzbund», dem auch andere Länder beitreten konnten. Ungarn und Österreich schlossen sich 1867 an, Griechenland wurde ein Jahr später Vollmitglied. Aber in Deutschland widerstrebte es Bismarck, sich in dieser Frage festzulegen. Trotz des Drucks aus Wirtschafts- und Finanzkreisen zog er es vor, Deutschland eine neue Währung zu geben – die Mark.

Der Freihandel ist kein Garant des Friedens. Freier Verkehr von Waren, Menschen und Kapital, eine Währungsunion und selbst Abmachungen über das Niederlassungsrecht ausländischer Unternehmen – all das machte Europa in den 60er Jahren des 19. Jahrhunderts zu einer Art loser Wirtschaftsgemeinschaft. Sie war indes mehr eine «Freihandelszone» als ein «gemeinsamer Markt». Damals bedeutete sie jedoch den höchsten Grad an Wirtschaftsintegration, der jemals erreicht worden war.

Lag darin eine Hoffnung für die Zukunft? Hatten Cobden und Chevalier recht, in der Verflechtung der Nationalwirtschaften ein Element des Friedens zu sehen? Leider nicht. Sie hatten zuwenig den Nationalismus und dessen unwiderstehliche Kraft in Betracht gezogen. Der Handel wog wenig im Vergleich zu patriotischem Ruhm, zu territorialer Expansion und nationalem Prestige. Napoleon III. selbst verfolgte derart friedensgefährdende Ziele. Und Bismarck annektierte nach dem Deutsch-französischen Krieg 1871 Elsaß und einen Teil Lothringens im Namen der deutschen Einheit, ohne die Bewohner der beiden Länder in einer Volksabstimmung danach zu fragen, ob sie dies wollten oder nicht.

Gravierender war, daß sich die ökonomische Annäherung in einer Phase des Wohlstands und steigender Preise vollzogen hatte. Als 1873 eine schwere Wirtschaftskrise begann, lag die Versuchung nahe, den Freihandel aufzugeben, zumal in Frankreich von 1871 bis 1873 der Protektionist Adolphe Thiers an der Macht war. In Deutschland traf Bismarck 1879 die Entscheidung, zu hohen Einfuhrzöllen zurückzukehren. Im Jahr 1881 ergriff die französische Regierung Gegenmaßnahmen; und von 1887 bis 1897 führten Italien und Frankreich sogar einen «Zollkrieg» gegeneinander. Im Jahr 1892 trieb Félix-Jules Méline die französischen Zolltarife in schwindelerregende Höhe. Der Traum von einem wirtschaftlich geeinten Europa, der eine Zeitlang Wirklichkeit zu werden schien, hatte sich bereits bei den ersten Stürmen aufgelöst. In Briefen an den ehemaligen preußischen Minister von der Heydt brachte Michel Chevalier 1871 seine Verzweiflung darüber zum Ausdruck, daß all seine Hoffnungen zusammengebrochen seien. In der Tat hatte Bismarck, als er sich von 1862 bis 1879 dem Freihandel zuwandte, dies aus praktischen Gründen getan und nicht für das Wohl Europas. Als preußischer Monarchist hatte er sich im Revolutionsjahr 1848 der deutschen Einheit widersetzt, sie aber unter preußischer Führung schließlich verwirklicht. Historiker streiten sich noch immer darüber, ob Bismarck zum deutschen Nationalismus bekehrt worden ist oder ob er ihn lediglich in preußische Dienste gestellt hat. Doch die Vorstellung, von der deutschen zur europäischen Einheit überzugehen, wäre ihm sicherlich grotesk erschienen.

Europa war für Bismarck das Europa der Staaten, deren Rivalität durch das Gleichgewicht der großen Mächte in Schranken gehalten wurde. Deshalb erklärte er Preußen-Deutschland nach der Reichsgründung 1871 für saturiert. Europa war in Bismarcks Augen auch nicht das Europa des Rechts. Nicht daß er jemals gedacht hätte, daß Macht vor Recht gehe. Für ihn beruhte Recht ganz einfach auf Verträgen, nicht auf Moral oder Gerechtigkeit. Und Verträge, das wußte er nur zu gut, waren oft das Resultat einer Kraftprobe.

Der Triumph des Protektionismus. In Fragen der Wirtschaft war Bismarck alles andere als ein Doktrinär. Doch als er seine Abkehr vom Freihandel rechtfertigen wollte, stand ihm ein Doktrinär zur Verfügung. Im Jahr 1841 hatte der Nationalökonom Friedrich List seine Schrift *Das nationale System der politischen Ökonomie* veröffentlicht. Für ihn war die klassische politische Ökonomie in zu hohem Maße kosmopolitisch: Sie scheine davon auszugehen, daß die ganze Menschheit in einer großen Gemeinschaft vereinigt sei, in der es keine Kriege mehr gebe. Dies sei ein Irrtum, denn bei der Entwicklung der «Produktivkräfte» spiele die Nation eine wesentliche Rolle. Die angemessene Nationalökonomie gehe von der Nationalidee aus und lehre, wie eine gegebene Nation im gegenwärtigen Weltzustand unter Berücksichtigung der eigenen Lage ihren wirtschaftlichen Stand wahren und mehren könne. Daraus folgerte List, daß ein Land, das sich gegen die Konkurrenz bereits entwickelter Industriestaaten selbst industrialisieren wolle, eine protektionisti-

402

402 *Der Wirtschaftstheoretiker Friedrich List (1789-1846). Gemälde von Caroline Hövemeyer, 1839. List trat für «Erziehungszölle» ein, eine Schutzmaßnahme in der Zeit industriellen Aufbaus.*

sche Politik betreiben müsse. Genau dies täten die Vereinigten Staaten von Amerika, deren Politik List mit größter Aufmerksamkeit verfolgt hatte.
In der harten Auseinandersetzung zwischen einer liberalen und einer nationalistischen Wirtschaftspolitik, wie List sie vertrat, trug dessen Ansicht am Ende des 19. Jahrhunderts den Sieg davon. Für Europa war dies ein schwerer Schlag, auf dessen Folgen man nicht eindringlich genug hinweisen kann.

Die Lebenserwartung in Europa

Die Menschen in Europa haben heutzutage eine ziemlich hohe Lebenserwartung. In früheren Zeiten war sie aus verschiedenen Gründen äußerst niedrig – man denke bloß an Naturkatastrophen wie Frost, Überschwemmung und Dürre; an Krankheiten, gegen die es keine Mittel gab; an Hunger, Gewalt und Krieg.
Unaufhörlich hatte die Menschheit gegen all diese Plagen zu kämpfen. Allmählicher Fortschritt im Ackerbau, in der Bewässerungstechnik, der Düngung und Urbarmachung von Böden sowie in der Tier- und Pflanzenzucht trug dazu bei, den Hunger zu überwinden. Durch Versuch und Irrtum fanden Ärzte Heilmittel gegen Erkrankungen. Und der Kampf gegen den Krieg, so erfolglos er im allgemeinen auch blieb, beschäftigte doch politisch Verantwortliche zu allen Zeiten.

Die wissenschaftliche Revolution und die Lebenserwartung. Die «industrielle Revolution» und deren Voraussetzung, die «wissenschaftliche Revolution», erzielten im Lauf zweier Jahrhunderte mehr Erfolge, als in der gesamten bisherigen Menschheitsgeschichte erreicht worden waren.
Die Ergebnisse dieses Fortschritts waren jedoch zwischen Europa und dem Rest der Welt ungleich verteilt. Bei ihrer Beurteilung spielt die Lebenserwartung bei der Geburt eine maßgebliche Rolle. Zu berücksichtigen sind auch die jährliche Geburten- und Sterblichkeitsrate pro 1000 Einwohner. Das Zusammenwirken dieser Faktoren ist komplex. Zahlen gibt es nur für einzelne Länder, und es ist daher schwierig, die Geburten- und Sterberate für ganz Europa zu ermitteln.
Nach Jean-Alain Lesourd und Claude Gérard betrug 1740 die Geburtenrate in England 39,2 pro tausend Einwohner, die Sterblichkeit 38,5 pro tausend. Bis zum Jahr 1800 sank die Geburtenrate leicht auf 38,4 pro tausend, die Sterblichkeit fiel auf 27,1 pro tausend.
Frankreich war das erste Land, dessen Geburtenrate sogar – in den 30er Jahren des 19. Jahrhunderts – unter die Sterblichkeitsrate sank; die Zahl der alten Menschen nahm rapide zu, eine Entwicklung, die später für ganz Europa charakteristisch wurde.
In Spanien stieg die Einwohnerzahl von 15,5 Millionen im Jahr 1857 auf 21,3 Millionen im Jahr 1920. In dieser Zeit verringerte sich die Geburtenrate von 36 auf 29,3 und die Sterblichkeitsrate von 31 auf 23,2 pro tausend.

403

403 *Louis Pasteur (1822-1895) in seinem Laboratorium. Gemälde von Albert Edelfelt, 1885. Pasteur entwickelte unter anderem Schutzimpfungen gegen Cholera, Milzbrand und Tollwut.*

404

Seit 1715 gab es in Westeuropa keine Hungersnot mehr. Eine Ausnahme bildete allerdings Irland, das in den Jahren 1846 bis 1848 eine furchtbare Hungerkatastrophe erleiden mußte. Die Kartoffel, das Hauptnahrungsmittel zu jener Zeit, war von einer Schädlingsplage vernichtet worden. Viele Iren wanderten damals in die Vereinigten Staaten aus.

Die Zahl der Opfer von Erkrankungen konnte nach 1796 erheblich gesenkt werden; in jenem Jahr war es dem englischen Arzt Edward Jenner gelungen, die Wirksamkeit von Pockenschutzimpfungen nachzuweisen. Trotz anfänglichen Widerstands fanden die Impfungen rasch Verbreitung. Bis dahin hatten allein die Blattern etwa 10 Prozent der Sterbefälle ausgemacht, davon 30 Prozent bei Kindern von ein bis vier Jahren. Jacqueline Beaujeu-Garnier schrieb dazu in ihrem Buch *Géographie de la Population* (Bevölkerungsgeographie): «Die Entdeckung von Impfstoffen und die Forschungen Louis Pasteurs retteten vielen jungen Menschen das Leben. Das Institut Pasteur wurde im Jahr 1888 gegründet. Krankheiten und die Sterberate gingen immer mehr zurück. In England sank die Zahl der Todesfälle durch Typhus von 5800 im Jahr 1870 auf 2439 im Jahr 1906. In Italien verringerte sich von 1887/1892 bis 1949 die Zahl der Tuberkulosetoten von 2061 auf 492 pro 1 Million Einwohner, die Zahl der Malariatoten von 567 auf 2 und die Zahl der Opfer anderer Infektionskrankheiten von 3696 auf 383.»

Zur selben Zeit nahmen jedoch die Todesfälle bei Kreislauferkrankungen und bei Krebs zu – Leiden, die durch die höhere Lebenserwartung noch vermehrt wurden.

Mit der Entdeckung der Antibiotika kam es zu einem weiteren deutlichen Rückgang der Sterblichkeitsrate. In Frankreich stieg die durchschnittliche Lebenserwartung von 40 Jahren im Jahr 1860 auf 50 Jahre im Jahr 1913 und von 1938 bis 1950 von 56 auf 66 Jahre.

All diese Fortschritte in der Medizin wären indes weit weniger wirksam gewesen und vielleicht in einigen Fällen rein akademisch geblieben, hätte es zur selben Zeit nicht einen erheblichen Fortschritt in der Wirtschaft gegeben. Verbesserungen im Erziehungswesen, in Handel und Verkehr trugen dazu bei, die neuen medizinischen Kenntnisse zu verbreiten. In Norditalien zum Beispiel konnte die Zahl der Analphabeten von 1861 bis 1881 um etwa 13 Prozent gesenkt werden. Wenn sich der Gesundheitszustand des Durchschnittseuropäers verbessert hatte, dann vor allem auch deshalb, weil der Fortschritt in der Landwirtschaft dem Fortschritt in allen anderen Lebensbereichen vorausgegangen war, ihn begleitet und ermöglicht hatte.

All dies führte zu einer spektakulären Steigerung der Lebenserwartung. Im alten Ägypten lag sie zur Zeit der letzten Pharaonen unter 24 Jahren, im Ungarn des 13. Jahrhunderts bei 27 Jahren. In Schweden betrug sie von 1751 bis 1790 im Schnitt 33,72 Jahre für Männer und 36,64 Jahre für Frauen, von 1791 bis 1815 dann 33,35 Jahre für Männer und 38,44 Jahre für Frauen.

Hier einige Zahlen über die durchschnittliche Lebenserwartung für weitere europäische Länder von 1900 bis 1950:

Land		um 1900	um 1930	um 1950
Frankreich	Männer	48,3	54,3	61,9
	Frauen	48,7	59,0	67,4
Norwegen	Männer	54,8	60,9	67,8
	Frauen	57,7	63,8	71,7
England und Wales	Männer	–	58,7	66,5
	Frauen	–	62,6	71,2
Italien	Männer	44,2	53,7	–
	Frauen	44,8	56,0	–

Diese Zahlen für Europa, in denen sich die Segnungen der industriellen Revolution widerspiegeln, seien nun mit den Zahlen einiger außereuropäischer Länder verglichen. In Algerien lag 1955 die Lebenserwartung bei 45 Jahren, was ungefähr der Lebenserwartung in Frankreich um 1900 entsprach, in ganz Afrika bei 40 Jahren. In Korea betrug die durchschnittliche Lebenserwartung in den Jahren 1926 bis 1930 für Männer 32,4 Jahre und 34,9 Jahre für Frauen. Im industrialisierten Japan hingegen betrug sie 45 Jahre von 1925 bis 1930, 50 Jahre 1948 und 68 Jahre 1956, genauer: 67,2 Jahre für Männer und 70,2 Jahre für Frauen.

Das Wachstum der europäischen Bevölkerung. Was bei der Entwicklung Europas am meisten überrascht, ist das stetige Wachstum seiner Bevölkerung. Im Jahr 1789 lebten in Europa ohne Rußland 141 Millionen Menschen. Im Jahr 1955 waren es 396 Millionen. An Größe nimmt Europa nur 3,8 Prozent der festen Erdoberfläche ein, stellt aber 16,2 Prozent der Weltbevölkerung.

Von 1850 bis 1900 betrug die Wachstumsrate in Europa durchschnittlich 9,6 Prozent im Jahr, während die Zunahme in der Welt insgesamt bei 6,5 Prozent lag. Vom Beginn des 20. Jahrhunderts an war die Zuwachsrate in Europa weniger hoch, verglichen mit der enormen Geburtenrate in der übrigen Welt, weil bei gleichzeitiger Abnahme der Sterblichkeitsrate die Geburtenrate weniger stark stieg.

Um 1800 stellte Europa ein Fünftel der Weltbevölkerung, im Jahr 1950 nur noch ein Sechstel.

404 *Trotz anfänglichen Widerstands fanden Impfungen rasch Verbreitung: «In der Impfstube.» Gemälde von Reinhard Sebastian Zimmermann, 1864.* **405** *Armut und politische Verfolgung führten im 19. Jahrhundert zu einer Massenauswanderung aus Europa: «Mittagsmahl auf dem Vordeck eines Auswandererschiffes.» Kolorierter Holzstich, 1849.*

405

Europa – der Kontinent der Auswanderer. Die erschreckende Armut der Arbeiterschaft und die politischen Auseinandersetzungen des 19. Jahrhunderts führten zu einer Massenauswanderung aus Europa. 50 Millionen Menschen suchten in den Jahren 1815 bis 1914 ein neues Leben in Übersee und gründeten dort europäische Niederlassungen. Die meisten Auswanderer gingen in die Vereinigten Staaten von Amerika, die 32 Millionen Europäer aufnahmen. An zweiter Stelle folgte Kanada mit 4,5 Millionen, danach Australien, Neuseeland und Südafrika. Brasilien nahm 4,6 Millionen, Argentinien 6 Millionen Europäer auf.

Die Auswanderer kamen aus folgenden Herkunftsländern:

Großbritannien mit Irland	17,0 Mio.
Deutschland	10,0 Mio.
Italien	9,5 Mio.
Balkan und Donauländer	4,5 Mio.
Spanien	4,4 Mio.
Skandinavien	2,0 Mio.
Portugal	1,6 Mio.
Belgien und Niederlande	0,5 Mio.

Allein in Frankreich war die Auswanderungswelle nicht so stark. Die wenigen, die auswanderten, gingen nach Algerien, wohin auch Italiener, Malteser und vor allem Spanier kamen, die bald nach ihrer Ansiedlung französische Staatsbürger wurden.

Die Kehrseite der Medaille: das Proletariat

Die industrielle Revolution begann als rein europäisches Phänomen. Sie war auch 1914 noch weithin europäisch, trotz des Aufstiegs der Vereinigten Staaten und, etwas später, Japans.

Im ganzen gesehen veränderte jedoch die industrielle Revolution das Gesicht der Erde. Sie führte weltweit zu größerem Wohlstand und zu einer höheren Lebenserwartung.

Die Arbeiterbewegung. Wie alle großen Ereignisse in der Geschichte hatte die industrielle Revolution jedoch auch ihre Schattenseite. Zum einen steigerte sie die militärische, politische und wirtschaftliche Überlegenheit Europas über den Rest der Welt – auf dessen Kosten. Zum andern bewirkte sie, indem sie die Produktionsbedingungen veränderte, einen tiefen Wandel der Gesellschaft.

Das Ergebnis war die Heraufkunft einer neuen Klasse, des sogenannten Proletariats: Menschen, von denen Karl Marx gesagt hatte, sie hätten nichts als ihre Arbeitskraft zu verkaufen.

Das Proletariat des 19. Jahrhunderts, das in erbärmlichen Verhältnissen lebte, verschwand erst, als sich die Arbeiter vertragliche Garantien im Krankheitsfall, bei Arbeitsunfällen und bei Arbeitslosigkeit erkämpft hatten, dazu geregelte Arbeitszeit und bezahlten Urlaub, die Sicherung des Existenzminimums und vor allem eine Alters- und Invaliditätsrente.

Die meisten dieser Errungenschaften erstritten sich die arbeitenden Menschen selbst. Der «wilde Kapitalismus» brachte jede Art von Mißbrauch hervor: Hungerlöhne, unmenschliche Arbeitszeiten, Kinderarbeit, Schutzlosigkeit bei Arbeitsunfällen und bittere Armut für die Alten, die Kranken, die Schwachen, die Arbeitslosen, die nur durch private oder öffentliche Fürsorge überleben konnten.

Gegen solche Lebensbedingungen bildete sich zunächst eher spontan, dann immer mehr in organisierter Form die Arbeiterbewegung.

Zur gleichen Zeit entwickelten Intellektuelle, Geistliche, Politiker und einzelne Unternehmer, die über die Armut und die Ausbeutung der Arbeiter zutiefst empört waren, neue Ideen über Wirtschaft und Gesellschaft. Diese waren äußerst verschieden und manchmal widersprüchlich, aber man kann sie zu Recht alle als «sozialistisch» bezeichnen.

Ziel war es, dem *Laissez-faire*-Liberalismus

Zügel anzulegen, und zwar auf zweierlei Weise. Zum einen durch gemeinsames Handeln der Arbeiter selbst, die sich zu «Assoziationen», «Kooperativen», Vereinen und Gewerkschaften zusammenschlossen. Zum andern durch die Gesetzgebung des Staats, der mit Hilfe von Sozialgesetzen das Arbeitsleben regelte. Der Staat griff entweder ein, um Gewalt zu verhüten, indem er zwecks Aufrechterhaltung der Ordnung Konzessionen machte, oder er reagierte auf den Druck der Arbeitervertreter, von denen immer mehr seit der zweiten Hälfte des 19. Jahrhunderts in die Parlamente gewählt wurden.

Der Sozialismus begann um 1830 als utopische, romantische Idee. Dann wurde er, seit etwa 1850, realistisch, rational und reformistisch – mit Pierre-Joseph Proudhon in Frankreich, Ferdinand Lassalle in Deutschland und Robert Owen in Großbritannien. Zuletzt tauchte der revolutionäre Sozialismus auf, dessen Hauptrichtung vom Marxismus bestimmt wurde.

Tatsächliche Erfolge für die Arbeiter stellten sich erst nach 1880 ein, als die Arbeiterbewegung und die sozialistischen Intellektuellen zusammenzuarbeiten begannen.

Von den frühen Sozialisten waren die meisten entweder Reformisten, wie in England, oder Marxisten, die in Deutschland sehr zahlreich waren; ihre Partei nannte sich dort «sozialdemokratisch». Die beiden Richtungen waren in einigen Ländern etwa gleich stark, wie zum Beispiel in Frankreich, wo im Jahr 1905 ein Zusammenschluß der Reformisten unter Jean Jaurès und der marxistischen Gruppe unter Jules Guesde zustande kam.

Das Proletariat und der Zerfall der Zünfte. Die Lage in den außereuropäischen Ländern soll hier nicht erörtert werden. Sie wurden von den militärisch weit überlegenen Europäern oft auf brutale Weise kolonisiert, obwohl zum Beispiel der Wiener Kongreß im Jahr 1815 den «Sklavenhandel» verurteilt hatte. Die Sklaverei wurde im Britischen Empire erst 1833 abgeschafft; 1848 folgten die französischen Kolonien und erst nach dem blutigen Bürgerkrieg von 1861 bis 1865 die Vereinigten Staaten von Amerika. Die Ausbeutung der eroberten Länder setzte sich aber in anderen Formen fort. Und der materielle Fortschritt in den Kolonien – beim Straßenbau, beim Bau von Häfen, im Gesundheits- und Schulwesen – konnte die Demütigung durch die Fremdherrschaft nicht wettmachen.

Die Schattenseiten des materiellen Fortschritts zeigten sich jedoch vor allem in Europa selbst, wo die industrielle Revolution die neue soziale Klasse des Industrieproletariats hervorbrachte.

Gewiß war die menschliche Arbeit immer in geordneten Formen verlaufen. Seit dem hohen Mittelalter hatte es Zünfte gegeben, und jede besaß ihre eigene Ordnung, die von Meistern, Gesellen und Lehrlingen einzuhalten war. Einige Zünfte waren straffer aufgebaut als andere und banden ihre Mitglieder durch einen Eid. In vielen Fällen besaßen sie ein Monopol sowie den Schutz des Staates – oder wenigstens der Stadt – für Zunftordnung und Privilegien. In der Regel konnte jeder Geselle Meister werden, wenn er sein handwerkliches Geschick bewiesen und ein «Meisterstück» angefertigt hatte.

Die Anhäufung von Kapital vor allem im 18. Jahrhundert machte jedoch einen solchen Aufstieg immer schwieriger: Der wohlhabende Meister entfernte sich in seiner gesellschaftlichen Stellung immer mehr von seinem Gesellen. Wenn auch Zusammenschlüsse von Betrieben im 18. Jahrhundert selten waren, so kam es doch zur Errichtung von «Manufakturen», wodurch die Unterschiede zwischen einem mittelständischen Unternehmertum und der Manufaktur- oder Fabrikarbeiterschaft noch stärker wurden.

Kartelle und Streiks. Die revolutionären Ideen des Bürgertums führten zur Auflösung der Zünfte im Namen der «Gewerbefreiheit». Nach der Menschenrechtserklärung von 1789 waren alle Menschen vor dem Gesetz frei und gleich. Doch die Wirklichkeit sah anders aus. Die Auflösung

406

407

406 *Die Schattenseite der industriellen Revolution – das Elend der Arbeiter in den großen Industriestädten: «Warteschlange vor einem Obdachlosenasyl.» Gemälde von Sir Luke Fildes, 1874, nach einem Motiv von Charles Dickens.* **407** *Klassengegensätze: «Herrschaftsbesuch im Stahlwerk.» Ölgemälde (Maler unbekannt), 1859.*

der Zünfte ging mit Gesetzen einher, die jede Form von «Koalition» verboten, Vereinigungen von Unternehmern zur Durchsetzung von Preisen ebenso wie Zusammenschlüsse von Arbeitern zur Verteidigung ihrer Interessen durch Streiks.
In Frankreich wurde das Verbot von der verfassunggebenden Versammlung am 14. Juni 1791 erlassen, die sogenannte *Lex Chapelier*, die in die Artikel 431, 432 und 433 des Strafgesetzbuchs Eingang fand. In England, wo es immer noch Zünfte gab, verboten die Koalitionsgesetze von 1800 und 1801 sowohl Kartelle als auch Arbeiterassoziationen. In Deutschland wurde im damaligen Königreich Westfalen das französische System übernommen. Der Abzug der Franzosen führte zur Wiederzulassung der Zünfte bis etwa 1845/48. Erst 1869 wurde in Deutschland die Gewerbefreiheit eingeführt.
Natürlich konnte eine Unternehmervereinigung, die aus einer geringen Anzahl von Menschen bestand, leicht im verborgenen wirken. Eine Arbeiterassoziation indessen, die viele Menschen einbezog, war viel schwieriger zu verheimlichen und wurde auch viel härter bestraft. Die «Arbeiterbewegung» äußerte sich zunächst im wesentlichen in wagemutigen Streiks und Versuchen, Streiks und Vereinigungen zustande zu bringen.
In England wurden die Koalitionsgesetze 1824/25 aufgehoben. Streiks waren von nun an legal, aber einer Reihe von Einschränkungen unterworfen, die allerdings die Arbeiterbewegung Stück für Stück beseitigen konnte. In Frankreich erhielt die Arbeiterschaft erst 1864 auf Anregung Napoleons III. das Koalitions- und das Streikrecht gesetzlich zugestanden.

Die Arbeiter und der «wilde Kapitalismus». Kehren wir noch einmal zur Entstehung des Industrieproletariats zurück. Als die Industrie sich immer rascher entwikkelte, war der Bedarf an Arbeitern gewachsen. Anstatt in drückender Armut auf dem Land zu leben, zogen es viele Landarbeiter und Kleinbauern vor, in die Städte zu ziehen, weil sie sich dort ein besseres Leben erhofften. Das Bevölkerungswachstum erleichterte ebenfalls die Anwerbung von Arbeitern. Doch die Arbeiter waren unorganisiert und schutzlos; ihre Zahl war größer als die der vorhandenen Arbeitsplätze; viele von ihnen konnten aber auch nicht mehr in das Leben zurückkehren, das sie aufgegeben hatten. So waren sie dem Gutdünken der Arbeitgeber ausgeliefert, die den einzigen Besitz des Arbeiters, seine Arbeitskraft, so billig wie möglich kauften. Unterste Grenze dabei war die Gewährung des schieren Lebensunterhalts, um die Arbeitskraft zu erhalten, denn Arbeit wurde gebraucht. Bei der großen Anzahl Arbeitsuchender war es den Unternehmen ein leichtes, jeden zu ersetzen, der gegen die Hungerlöhne aufbegehrte.
In England, dann in Frankreich und Belgien, später auch in Norditalien und in Deutschland herrschten furchtbare Mißstände: ein fünfzehnstündiger Arbeitstag, Kinderarbeit von fünf Jahren an, keine Sicherheitsvorkehrungen am Arbeitsplatz, kein Kranken- und Arbeitslosengeld, keine Rente.
Um das Jahr 1850 verbrauchte in Großbritannien eine Arbeiterfamilie im Schnitt 60

408

Prozent ihrer Einkünfte für Nahrungsmittel – hauptsächlich Brot –, 20 Prozent für Unterkunft, 10 Prozent für Kleidung und 10 Prozent für andere Dinge. Es gab nur einen einzigen Ruhetag in der Woche und keinen Urlaub. Die Unterkünfte der Arbeiter lagen oft weit von der Arbeitsstelle entfernt und waren Elendsquartiere, Slums. Die Arbeitsdisziplin war überaus hart. Ein Arbeiter konnte nach Lust und Laune seines Unternehmers entlassen werden. Danach blieb ihm zum Überleben nur noch die öffentliche Wohlfahrt.

All diese Lebensbedingungen sind oft und ausführlich beschrieben worden; man lese nur das berühmte Buch *Die Lage der arbeitenden Klassen in England* aus dem Jahr 1845 von Friedrich Engels. Es war nur zu verständlich, daß die Not der Arbeiterschaft in Europa und der Groll gegen jene, die sie ausbeuteten, oft Gewaltausbrüche auslöste und schließlich zur Bildung einer starken Arbeiterbewegung führte.

Die britischen Gewerkschaften. Zunächst in kleinen Gruppen und illegal, dann mit Unterstützung durch das Gesetz begannen sich die Arbeiter zu vereinigen. England gab das Beispiel. Als erstes entstanden die *Friendly Societies*, die 1815 eine und 1872 vier Millionen Mitglieder hatten. An der Spitze des Kampfes standen die *Trade Unions*, die Gewerkschaften. Einige wenige existierten bereits vor der Aufhebung des Koalitionsverbots. Danach entwickelten sie sich in der Öffentlichkeit und hatten 1845 gut 100000 Mitglieder, obwohl sie nur gelernte Arbeiter wie zum Beispiel Schlosser aufnahmen. Im Jahr 1868 gaben sich die britischen Gewerkschaften einen Dachverband, den *Trade Unions Congress* (TUC), für nunmehr 118000 Gewerkschafter. Innerhalb von zwei Jahren stieg ihre Mitgliederzahl sprunghaft auf 735000.

Von 1889 an erfaßte die Gewerkschaftsbewegung auch die ungelernten Arbeiter. Während sich die «alten Gewerkschafter», die Facharbeiter, immer wieder mit einer der beiden großen politischen Parteien, den Konservativen und den Liberalen, verbündet hatten, gingen die «neuen» Gewerkschafter methodisch daran, Mindestlöhne und den Acht-Stunden-Tag zu erkämpfen. Ihre Parole lautete: *Eight hours' work, eight hours' play, eight hours sleep and eight bob a day* (Acht Stunden Arbeit, acht Stunden Spiel und Spaß, acht Stunden Schlaf und acht Schilling Lohn am Tag). Mit diesen neuen Gewerkschaften stieg die Zahl der Gewerkschafter von 1,6 Millionen im Jahr 1891 auf 4 Millionen im Jahr 1914. Nur eine Minderheit von ihnen war jedoch revolutionär.

Die «Gewerkschaftskammern» in Frankreich. In Frankreich war die Arbeiterklasse viel aggressiver als in England. Sie war die treibende Kraft der Revolution von 1830, zahlreicher Aufstände in dem sich anschließenden Jahrzehnt und auch der Februarrevolution von 1848.

Bei einer dieser Revolten, dem Aufstand der *canuts*, der Seidenweber von Lyon, im November 1831, ging es nicht um politische Ziele, die Demokratie, sondern nur um soziale Gerechtigkeit. Dasselbe traf für den Juniaufstand von 1848 zu, der 4000 Menschen das Leben kostete, und erst recht für die Erhebung der Pariser Kommune im Jahr 1871, bei der 17000 Menschen getötet wurden.

Erst seit 1867 begannen sich in Frankreich die *Chambres syndicales*, die sogenannten Gewerkschaftskammern, zu bilden. Im Jahr 1862 hatte eine Delegation von zweihundert französischen Arbeitern an der zweiten Weltausstellung in London teilgenommen. Voller Bewunderung für die englischen Gewerkschaften kehrte sie zurück und richtete ein Gesuch an die Regierung, ähnliche Vereinigungen in Frankreich zu gestatten. In einem Runderlaß der Regierung vom 31. März 1868 – der Kaiser selbst hatte ihn gebilligt – wurden die Gewerkschaftskammern zugelassen; achtzig waren bereits in Paris eingerichtet worden.

Die Pariser Kammern schlossen sich 1869 zusammen, und für eine steigende Zahl von Berufen bildeten sich Einzelgewerkschaften auf nationaler Ebene. Der militanteste Gewerkschafter jener Zeit, der Buchbinder Eugène Varlin, versuchte eine *Fédération des Fédérations*, einen Dachverband der Einzelgewerkschaften, ins Leben zu rufen. Er kam jedoch beim Kommunardenaufstand 1871 ums Leben, und das bedeutete auch das vorläufige Ende seines Plans. Im Jahr 1884 bestätigte ein Gesetz die Freiheit der Gewerkschaften. Doch erst 1895 gründeten die Gewerkschaften einen Dachverband, die *Confédération Générale du Travail* (CGT); im Jahr 1919 schlossen sich die christlichen Arbeiter zur *Confédération Française des Travailleurs Chrétiens* (CFTC) zusammen. Von insgesamt 10 Millionen Arbeitern im Jahr 1914 waren jedoch nur 600000 Mitglied einer Gewerkschaft; die Hälfte von ihnen arbeitete in der Industrie.

408 *«Kinder in einem englischen Kohlebergwerk.» Kolorierte Lithographie, 1844. Die Kinderarbeit war ein besonders schlimmer Mißstand zu Beginn der industriellen Revolution. Im Lauf des 19. Jahrhunderts wurde sie nach und nach verboten.* **409** *Der Aufstand der Kommune in Paris, 1871: «Pariser Barrikade.» Aquarell, Feder in Grau, von Edouard Manet (1832-1883). In der «blutigen Woche», vom 21. bis 28. Mai, wurde der Arbeiteraufstand niedergeschlagen. Etwa 17000 Kommunarden verloren ihr Leben.*

Die deutschen Gewerkschaften. In Deutschland zählte man im Jahr 1907 etwa 15 Millionen Lohnempfänger, unter ihnen 8,64 Millionen Industriearbeiter. Der Soziologe Werner Sombart schätzte, daß zwei Drittel der Deutschen damals dem Proletariat angehörten. Doch das trifft nur zu, wenn man den Begriff sehr weit faßt und sich nicht an die strenge Definition von Marx hält.

Die ersten deutschen Gewerkschaften entstanden nach 1860 in Sachsen. Zu dieser Zeit waren die Knappschaften, das Gegenstück zu den *Friendly Societies* in England, bereits weit verbreitet. Sozialistische «Freie Gewerkschaften» und christliche Arbeitervereinigungen kamen bald hinzu. Trotz gravierender Behinderungen durch Bismarcks «Sozialistengesetz» hatten die sozialistischen Gewerkschaften im Jahr 1890 etwa 300000 Mitglieder. Sie gründeten den Allgemeinen Deutschen Gewerkschaftsbund (ADGB), der 1913 bereits 2,5 Millionen Mitglieder hatte, während die katholischen Gewerkschaften 814000 und die Freien Gewerkschaften 765000 Mitglieder zählten. Insgesamt gab es in Deutschland über 4 Millionen Gewerkschafter, achtmal soviel wie in Frankreich.

Die Arbeiterbewegung, die in den Gewerkschaften den wirksamsten Ausdruck fand, erreichte ihre Ziele vornehmlich dadurch, daß sie ihre wichtigste Waffe einsetzte: den Streik. Gestreikt wurde auf verschiedene Weise: lang oder kurz, örtlich begrenzt oder landesweit, mit oder ohne Massendemonstrationen, friedlich oder gewalttätig; manche Streiks wurden von den Behörden geduldet, manche blutig niedergeschlagen. Erfolg oder Mißerfolg hingen oft davon ab, ob die Gewerkschaften ein Streikgeld zahlen konnten, von dem die streikenden Arbeiter und ihre Familien leben konnten, solange ihre Löhne von den Arbeitgebern einbehalten wurden. Die Gewerkschaften wollten vor allem den Arbeitslohn, die Lebens- und Arbeitsbedingungen der Arbeiterschaft verbessern; sie verhandelten zu diesem Zweck entweder mit Einzelbetrieben oder mit ganzen Industriezweigen. Am Ende der Verhandlungen stand der Arbeitsvertrag.

In politischer Hinsicht gewann die Arbeiterbewegung aber erst an Gewicht, als sie sich mit dem in Europa fast gleichzeitig aufkommenden Sozialismus verband.

409

«Sozial» und «Sozialismus». Zu Beginn der 30er Jahre des 19. Jahrhunderts tauchte das Wort «Sozialismus» zum erstenmal in der englischen, der französischen und der deutschen Sprache auf; um dieselbe Zeit erhielt das Wort «sozial» im Französischen eine völlig neue Bedeutung.

Es war eine Zeit der Revolutionen auf dem Kontinent – in Frankreich, Belgien, Polen, Deutschland, Italien – und großer Unruhen in England, wo die Wahlrechtsreform von 1832 die Gemüter besänftigen half. Der britische Historiker Alfred Cobban sprach daher von Revolutionen, die nie stattfanden, weil rechtzeitig Gegenmaßnahmen getroffen wurden.

In dieser aufgewühlten Atmosphäre angesichts einer neuen Armut in den Industriestädten schlug vielen Menschen das Gewissen. Voller Entsetzen über das Elend suchten sie nach einer radikalen Lösung. In Frankreich gebrauchte man das Wort «sozial» nicht mehr im traditionellen Sinn, wonach sozial derjenige war, der die bestehende Gesellschaft verteidigte. Jetzt bezeichnete «sozial» diejenigen, die die Gesellschaft verändern, das heißt, das Los derer bessern wollten, die Saint-Simon «die zahlreichste und ärmste Klasse» nannte. Auch das französische Wort *socialiste* (Sozialist), das früher soviel wie Traditionalist und Royalist bedeutet hatte, bezeichnete nun die Sozialreformer.

In England wurde das Wort *socialism* 1830/31 von dem Sozialreformer Robert Owen verwandt, in Frankreich das Wort *socialisme* von Pierre Leroux 1831/32. Um dieselbe Zeit tauchte der Begriff Sozialismus auch in Deutschland auf. Eigenartigerweise gebrauchten weder Saint-Simon, der 1825 starb, noch Charles Fourier, der zwei Jahre danach starb, den Begriff Sozialismus für ihre Sozialtheorien.

Von 1840 an fand der Begriff Eingang in die Sprache der Politiker. «Sozial» bezeichnete nun im Gegensatz zu «politisch» die Anteilnahme an den Lebens- und Arbeitsbedingungen der einfachen Menschen.

In seiner gelegentlich gleichmacherischen, gelegentlich kollektivistischen Form wurde der Sozialismus zum Schreckgespenst der Bourgoisie und sogar

410

vieler Bauern, die in Frankreich die Sozialisten als *partageux*, als «Teiler» und «Kommunisten», beschimpften.

Der romantische oder utopische Sozialismus. Bis etwa 1850 herrschte der sogenannte romantische Sozialismus vor. Er hatte seine Wurzeln im Mitleid, und seine Anhänger waren Intellektuelle, nicht die Arbeiter. Viele dieser Sozialisten glaubten, ließe sich irgendwo auf der Erde eine kleine Gemeinschaft nach ihren Vorstellungen verwirklichen, dann wäre dieses Beispiel derart anziehend, daß es die Welt allmählich verändern würde. Der Vorkämpfer dieser Denkweise war der englische Industrielle Robert Owen (1771-1858).

Seit Ende des 18. Jahrhunderts dachten zuerst in England, dem Mutterland der industriellen Revolution, zahlreiche Schriftsteller darüber nach, wie man durch Reformen das Los der Industrie- und Landarbeiter verbessern könne. Die napoleonischen Kriege vereitelten indes jeden praktischen Fortschritt. Danach unternahm Robert Owen, Besitzer einer großen Fabrik in New Lanark in Schottland, den Versuch, die Gesellschaft von Grund auf zu reformieren. Als Atheist wandte er sich gegen die Religion und schlug vor, kommunistische Gemeinschaften zu errichten. Für seine Fabrikarbeiter baute er eine Mustersiedlung; er begrenzte den Arbeitstag auf 10,5 Stunden und verbot die Arbeit von Kindern unter 10 Jahren. Darüber hinaus betrieb Owen Läden, in denen seine Arbeiter fast zu Selbstkostenpreisen einkaufen konnten. Mit seinem Vater begab er sich in die Vereinigten Staaten und gründete dort in Indiana 1825 die Siedlung *New Harmony*. Das Projekt scheiterte. Trotzdem kehrte Owen mit großem Ansehen nach Europa zurück. Zu einer Zeit, in der sich kleine Gewerkschaften entwickelten, versuchte er, alle Arbeiter Großbritanniens in einer umfassenden *Trade Union* zu vereinen, der alle Berufe angehören sollten. Im Jahr 1834 aber ging seine Fabrik in Konkurs und damit auch die Genossenschaft, die dem Unternehmen angeschlossen war. So hatte Owen mehr Einfluß auf die sozialistische Theorie als auf die praktische Entwicklung der Arbeiterbewegung.

Andere utopische Sozialisten bildeten eine Bewegung, die soziale Fragen der Politik unterordnete, den sogenannten Chartismus. An seiner Spitze standen Gemäßigte wie William Lovett und Radikale wie der Methodistenpfarrer J. R. Stephens und der irische Volksredner Feargus Edward O'Connor. Eine Zeitlang hatten die Chartisten zahlreiche Anhänger; doch die Bewegung zerfiel bald wieder, bis sie schließlich 1848 an ihr Ende gelangte.

In Frankreich setzte sich Charles Fourier (1772-1837) für die Errichtung von zahlreichen *phalanstères* ein. In diesen sich selbst genügenden Gemeinschaften sollten sorgfältig ausgewählte Männer und Frauen der verschiedensten «Passionen» wohnen und so die ideale Gesellschaft bilden. Im Lauf von nur drei Jahren würde die Welt bis nach Tibet mit solchen *phalanstères* bedeckt sein, glaubte Fourier. Er war ein großer Theoretiker der «Passionen», in denen er das geistige Gegenstück zu den Gesetzen der Anziehungskraft in der Physik sah, und glaubte nicht weniger als 814 solcher Passionen ausfindig gemacht zu haben. Die wenigen *phalanstères*, die man gegründet hatte, entwickelten sich jedoch nicht so, wie Fourier es sich vorgestellt hatte.

Etienne Cabet, ein ehemaliger Abgeordneter und Staatsanwalt auf Korsika, war Mitglied der republikanischen Geheimgesellschaft *charbonnerie*. Im Jahr 1834 ging er nach England ins Exil, wo er Owen kennenlernte. Er veröffentlichte 1840 den Roman *Voyage en Icarie* (Reise nach Ikarien), in dem er die Errichtung einer Musterkolonie vorschlug. Im Jahr 1848 sandte er eine Gruppe von 1500 «Ikariern» nach Texas; das Experiment, in einer Gemeinschaft zusammenzuleben, deren Grundlage das Gemeineigentum war, schlug jedoch fehl. Ein Jahr später ging Cabet selbst nach Amerika und zog mit den Ikariern nach Illinois. Doch Cabets autokratische Herrschaft führte dazu, daß er 1856, im Jahr seines Todes, ausgewiesen wurde.

Von 1840 bis 1850 gab es etwa dreißig solcher Kolonien und *phalanstères* in den Vereinigten Staaten. Die öffentliche Meinung in Amerika stand ihnen jedoch gleichgültig gegenüber.

In einem bescheideneren Rahmen waren andere sozialistische Intellektuelle tätig, so der christliche Sozialist Philippe-Joseph

411

412

413

410 *Die Spinnerei New Lanark in Schottland, Wirkungsstätte des Sozialreformers und Unternehmers Robert Owen (1771-1858). Farbige Zeichnung (Ausschnitt) von John Clark (um 1771-1863).* **411** *Das Idealbild einer «phalanstère» im Sinne Charles Fouriers. Lithographie (Ausschnitt), 1848.* **412** *Der französische Sozialphilosoph Charles Fourier (1772-1837). Gemälde von Jean Gigoux (1806-1894).* **413** *«Die schlesischen Weber». Gemälde von Karl Wilhelm Hübner, 1844. Die Hungerrevolte der schlesischen Weber im Juni 1844 wurde von preußischen Truppen blutig niedergeschlagen.*

Buchez, ein Arzt und Schüler Saint-Simons, der Schriftsteller Pierre Leroux, ein Freund der Schriftstellerin George Sand, sowie der Historiker und Journalist Louis Blanc. Sie entwarfen Reformpläne und gründeten Vereinigungen wie zum Beispiel Buchez die *Associations ouvrières de production* (Arbeiter-Produktionsgemeinschaften), und sie brachten Gesetzesvorschläge ein, darunter das Recht auf Arbeit, das im Jahr 1848, zu Beginn der zweiten französischen Republik, verkündet wurde.

Weniger erfolgreich als in England und Frankreich war der romantische Sozialismus in Deutschland. Saint-Simon hatte dort einige Anhänger, vor allem dank den Schriften Heinrich Heines, der seit 1831 in Paris lebte. Pressefreiheit gab es so gut wie keine, und die Arbeiterbewegung war noch recht schwach. Im Jahr 1844 wurde ein Streik der schlesischen Weber blutig niedergeschlagen. Der entrüstete Heine schrieb dazu das Gedicht *Die schlesischen Weber*, das die düstere Drohung enthält: «Deutschland, wir weben dein Leichentuch,/ Wir weben hinein den dreifachen Fluch –/ Wir weben, wir weben!» Deutsche Flüchtlinge in Frankreich gründeten zunächst den «Bund der Verbannten», dann den «Bund der Gerechten». Einer der Flüchtlinge war Karl Marx, der jedoch 1845 aus Frankreich ausgewiesen wurde. Von den deutschen Philosophen entwickelte eine Gruppe, die «Hegelsche Linke», den romantischen Sozialismus. Einer ihrer hervorragenden Sprecher war Moses Heß. Auch in Italien wirkten bedeutende Sozialisten. Filippo Michele Buonarrotti (1761-1837), in den Jahren 1795 und 1796 Schüler des revolutionären französischen Kommunisten «Gracchus» Babeuf, der 1797 wegen Verschwörung gegen das Direktorium hingerichtet wurde, veröffentlichte 1828 in Brüssel sein Hauptwerk, *Die Verschwörung Babeufs*. Als Kämpfer für die Freiheit und die Einheit Italiens stand er in Verbindung mit den *carbonari* und Giuseppe Mazzinis Bewegung «Junges Italien». Mazzini selbst war nicht nur Republikaner, sondern auch romantischer Sozialist. Seine Kontroverse mit Marx und dem russischen Anarchisten Michail Bakunin war zugleich typisch und bedeutsam für die Entwicklung des Sozialismus in Europa. Unter den italienischen Sozialisten befanden sich auch einige Saint-Simonisten in Florenz und Pisa. In Ferrara deckte die Polizei eine kommunistische Vereinigung auf. In Spanien veröffentlichte Flores Estrada im Jahr 1839 sein Buch *Die soziale Frage*.

All diese Intellektuellen vertraten einen gefühlsbetonten, reformerischen und leicht unrealistischen Sozialismus, der während der europäischen Revolution des Jahres 1848 vor allem in Frankreich und in Deutschland eine gewisse Rolle spielte. Anderswo waren ähnliche Bewegungen hauptsächlich national und liberal.

Der reformistische Sozialismus. Zwischen den romantischen Utopisten und den Anhängern des sogenannten wissenschaftlichen Sozialismus von Karl Marx und Friedrich Engels gab es auch eher gemäßigte Sozialisten, die sich weniger von leidenschaftlichen Gefühlen als von den Grundsätzen der politischen Ökonomie leiten ließen.

Der Franzose Pierre-Joseph Proudhon (1809-1865) war einer der bedeutendsten Denker dieser Gruppe, besonders auch hinsichtlich seines Einflusses auf die nichtmarxistischen Sozialisten. Anfangs war er einer der Wegweiser für Karl Marx, der ihn später heftig angriff. Proudhon gehörte zu den wenigen frühen Sozialisten, für die auch Europa wichtig war. Proudhon wünschte sich die europäische Vereinigung. Im März 1848 schrieb er an einen Freund: «Wie ich Ihnen schon sagte, die Konföderation der europäischen Republiken wird kommen, und was uns dann noch bleibt, ist die soziale Frage. Das ist reichlich genug.»

Proudhon war hier überoptimistisch. In anderen Dingen trafen seine Vorhersagen jedoch zu. So schrieb er 1853 in seiner *Philosophie des Fortschritts:* «Es ist ganz sicher [...], daß Europa ein Bund von Staaten wird, zusammengehalten durch ihre Interessen, und daß in diesem Bund, der durch das Wachstum von Handel und Industrie unvermeidlich ist, Initiative und Schwergewicht im Westen liegen.» Doch was würde geschehen, wenn der europäische Bund nicht zustande käme? Dann «stürzt sich das alte Europa in den Ruin [...] Wir enden dann wahrscheinlich bei fünf oder sechs großen Mächten, die alle bestrebt sind, das göttliche Recht wiederherzustellen und das gemeine Volk auszubeuten. Die kleinen Staaten werden geopfert, wie es einst bei Polen der Fall war. Dann wird es in Europa kein Recht, keine Freiheit, keine Grundsätze und keine Moral mehr geben. Und dann wird auch der Große Krieg zwischen diesen sechs Großmächten beginnen.» Diese letzten Sätze stammen aus einem Brief, den Proudhon im Jahr 1860 schrieb, vierundfünfzig Jahre vor dem Ausbruch des Ersten Weltkriegs.

Proudhon hatte viele Schüler. Aber er war nicht der einzige reformistische Sozialist von Einfluß. Im italienischen Sozialismus gab es ebenfalls einen reformistischen Flügel, an dessen Spitze der Gründer der sozialistischen Partei, Filippo Turati, stand.

414

Der marxistische Sozialismus. Bei der Betrachtung der Reaktionen auf die dunklen Seiten der industriellen Revolution kann die Bedeutung des Marxismus nicht genug hervorgehoben werden. In den Anfängen war es die Geschichts- und Wirtschaftsphilosophie, die zwei herausragende deutsche Denker, Karl Marx (1818-1883) und Friedrich Engels (1820-1895), entwickelt hatten. Anders als Proudhon setzten sich beide in ihrer Lehre nicht für ein vereintes Europa ein. Die Grundpositionen des Marxismus waren fast 130 Jahre lang geradezu eines der Haupthindernisse für jede Form europäischer Vereinigung.

Über Marx und Engels wurde so viel gesagt und geschrieben, daß wir uns hier mit dem Wesentlichen begnügen können.

Als Geschichtsphilosoph übernahm Marx den Materialismus Feuerbachs und die Dialektik Hegels, um die Geschichte als einen Prozeß darzustellen, dessen Hauptantriebskraft der Klassenkampf ist. In seiner Sicht der Dinge hatte die Bourgeoisie, unterstützt vom Proletariat, das Feudalregime bezwungen – genauer: die Aristokratie des Ancien Régime, das in Frankreich durch die «bürgerliche» Revolution von 1789 gestürzt wurde, eine Revolution, die 1830 ihre Vollendung fand.

Bald, so dachten Marx und Engels, würde es nun zum Sieg des Proletariats über die Bourgeoisie kommen. Das Proletariat würde an Zahl immer weiter wachsen und dabei den Großteil des Kleinbürgertums in sich aufnehmen, dessen Verelendung unablässig voranschreite. Sobald das Proletariat seine eigene Einheit und Stärke erkannt hätte, würde es mit Hilfe der Revolution die Macht ergreifen und die Handlanger des Bürgertums, die Armee, die Polizei, und den Staat vernichten. Dieser dialektische Prozeß, meinte Marx, werde sich weltweit vollziehen.

Das Kommunistische Manifest. In ihrem *Kommunistischen Manifest* von 1847, das 1848 erschien, verkündeten Marx und Engels die berühmt gewordene Devise: «Die Proletarier haben nichts zu verlieren als ihre Ketten. Sie haben eine Welt zu gewinnen. Proletarier aller Länder, vereinigt euch!» An die Stelle der nationalen Spaltungen setzten Marx und Engels die Spaltung der Klassen.

Marx, der nach den revolutionären Ereignissen der Jahre 1848 bis 1850 in England lebte, wirkte an der Gründung der Ersten Internationalen 1864 in London mit. Unterstützung fand er beim britischen Ge-

415

416

Manifest

der

Kommunistischen Partei.

Veröffentlicht im Februar 1848.

Proletarier aller Länder vereinigt euch.

London.

Gedruckt in der Office der „Bildungs-Gesellschaft für Arbeiter" von J. E. Burghard.

46, Liverpool Street, Bishopsgate.

417

418

414 «Pierre-Joseph Proudhon und seine Kinder.» Gemälde von Gustave Courbet (1819-1877). Der französische Frühsozialist und überzeugte Europäer lehnte die bestehende Eigentumsordnung ab – «Eigentum ist Diebstahl» –, geriet aber in schroffen Gegensatz zu Marx und zum Kommunismus. ***415*** *Friedrich Engels (1820-1895), seit 1844 Weggefährte von Marx. Plakat nach einem Gemälde von G. Tscherbakow.* ***416*** *Karl Marx (1818-1883), Begründer des «wissenschaftlichen Sozialismus». Foto, um 1870.* ***417*** *Titelblatt des von Marx und Engels verfaßten «Manifests der Kommunistischen Partei», Februar 1848.* ***418*** *Der französische Marxist Jules Guesde auf der Rednertribüne in der Salle Wagram beim Internationalen Sozialistenkongreß in Paris, September 1900. Zeitgenössischer Holzstich.*

werkschaftsverband, dem TUC, bei einer Gruppe französischer Gewerkschafter unter Eugène Varlin und bei vielen Deutschen. Doch die Erste Internationale überlebte die Pariser Kommune des Jahres 1871 nicht, an deren Kampf sich die führenden Köpfe der Internationalen und zahlreiche andere Revolutionäre beteiligt hatten. Nach heftigen Richtungskämpfen zwischen Marx und Bakunin kam es auf der Haager Konferenz von 1872 zur Spaltung, und vier Jahre danach löste sich die Erste Internationale auf.

Eine zweite Sozialistische Internationale wurde 1889 gegründet, genau hundert Jahre nach der Französischen Revolution; sie schloß die Anarchisten aus und hatte bis 1914 Bestand.

Das Kapital. Die Marxsche Geschichtsphilosophie beruht auf einer Wirtschaftstheorie, die der Autor im ersten Band seines Hauptwerks, *Das Kapital* (1867), ausgeführt hat.

Alles hänge, so Marx, von den «Produktionsverhältnissen» ab. Die Proletarier hätten außer ihrer «Arbeitskraft» nichts zu verkaufen. Aber anstatt den vollen Profit an sie weiterzugeben, zahle ihnen der kapitalistische Unternehmer nur ein striktes Minimum, um den «Mehrwert» einstreichen zu können. Das sei schiere Beraubung. Sie erst ermögliche die Anhäufung und Konzentration von Kapital. Das «Großkapital» werde auf diese Weise immer reicher, die Zahl der «Monopolkapitalisten» immer weniger. Ihre Ressourcen setzten sie in die Lage, diejenigen zu bezahlen, die ihre Verteidigung übernähmen – die «Lakaien» des Kapitals. Außerdem komme den Unternehmern der Überschuß an Arbeitern, die industrielle «Reservearmee», zustatten; sie könnten so die Löhne drücken. Der wahre Preis der Waren, meinte Marx, sollte sich aus der geleisteten Arbeitszeit und aus den Arbeitsanteilen zusammensetzen, die den Erfindern und den Betreibern der Maschinen zustünden. Die Revolution werde die Proletarier instand setzen, die Macht zu übernehmen und den Profit des Kapitals abzuschaffen. An diesem Punkt komme der dialektische Prozeß der Geschichte an sein Ende. Der Staat werde

absterben. Die Geschichte überhaupt, die eine Geschichte von Klassenkämpfen gewesen sei, gelange an ihr Ende, und es beginne die Herrschaft des Kommunismus, der sich auf das Prinzip gründe: «Jedem nach seinen Bedürfnissen, jedem nach seinen Fähigkeiten» – ein Prinzip, daß eine Überflußgesellschaft voraussetzt.
Marx und Engels bezeichneten ihren Sozialismus als «wissenschaftlich». Es war nur natürlich, daß die von Marx beeinflußten politischen Parteien diesen Begriff in ihre Propaganda übernahmen und behaupteten, sie allein könnten die Geschichte wissenschaftlich erklären. In Wirklichkeit beruhte ihre Erklärung auf Annahmen, die einzig und allein die Geschichte selbst als richtig erweisen konnte. Nach mehr als hundert Jahren gibt es immer noch kein Anzeichen eines solchen Erweises. Was Marx und Engels an ihrer Theorie für wissenschaftlich hielten, war die Tatsache, daß sie die Lebensbedingungen der Arbeiterklasse nicht mit Hilfe irgendwelcher Gefühle, durch den Appell an Mitleid oder schlechtes Gewissen verbessern wollten, sondern die unausweichlichen «Gesetze» zu entdecken suchten, nach denen sich das Los des Proletariats durch den oben beschriebenen dialektischen Prozeß der Geschichte verändern würde.

Die historische Bedeutung des Marxismus. Die historische Bedeutung des Marxismus liegt in dem außerordentlichen Einfluß, den er in der Weltgeschichte gehabt hat. Erstens durch seine Entwicklung innerhalb der sozialistischen Parteien, die sich zunächst in den europäischen Ländern bildeten. Zweitens durch die Konsequenzen, die ein anderer Theoretiker und genialer Politiker daraus zog, der Russe Wladimir Iljitsch Uljanow, genannt Lenin, der im November 1917 in Rußland an die Macht kam. Drittens durch die Tatsache, daß sich die breite, vielgestaltige sozialistische Bewegung, die in hohem Maße die Geschichte des 20. Jahrhunderts prägte, sehr früh in eine marxistische – oder marxistisch-leninistische, kommunistische – und in eine reformistische, sozialdemokratische Richtung spaltete. Die Marxisten waren eher systematisch, revolutionär und setzten auf die Gewalt, die Reformisten oder Sozialdemokraten wollten durch Reformen, auf dem Weg der Gesetzgebung die Lage der Arbeiter Zug um Zug verbessern. Die beiden Formen des Sozialismus lassen sich nicht miteinander vereinbaren.
Von beiden kann nur der «reformistische» Sozialismus «europäisch» sein. Im August 1915 schrieb Lenin in einem Artikel mit der Überschrift «Die Formel von den Vereinigten Staaten von Europa»: «In einem kapitalistischen Regime sind die Vereinigten Staaten von Europa entweder unmöglich oder reaktionär [...] Man kann sich die Vereinigten Staaten von Europa als eine Übereinkunft unter Kapitalisten vorstellen, aber zu welchem Zweck? Bloß zu einer gemeinsamen Politik, den Sozialismus in Europa zu zermalmen und die Kolonien zu behalten, die durch Banditentum erworben wurden.» Dem stellte Lenin «die Vereinigten Staaten der Welt» gegenüber – einer Welt, die zuvor durch das Proletariat erobert worden sei.

Die Anfänge der sozialistischen Parteien. Die Politik veränderte sich grundlegend, als die Arbeiterbewegung und der Sozialismus miteinander in Berührung kamen.
Im Jahr 1914 waren die Gewerkschaften bereits eine Macht in Europa. Doch wie stand es mit den sozialistischen Parteien?
In Großbritannien reduzierte die Macht der traditionell reformistischen Gewerkschaften den Einfluß des Marxismus auf ein Minimum. *Labour* – die Sozialisten – verbündete sich zunächst mit den Liberalen. Eine sozialistische Splitterpartei, die *Independent Labour Party* (ILP), wurde 1893 gegründet. Im Februar 1900 trafen sich in der Londoner *Memorial Hall* die Vertreter der ILP, der TUC und der *Fabian Society*, um ein *Labour Representation Committee* aus sieben Gewerkschaftern und sieben Sozialisten zu bilden. Sekretär wurde Ramsay MacDonald (1866-1937), ein ILP-Mann. Erst 1906 nannte sich die neue Partei *Labour Party*. Bei den Unterhauswahlen im selben Jahr erreichte *Labour* 29 Sitze, im Januar 1910 bereits 41 und 43 Sitze im Dezember 1910, bei der letzten allgemeinen Wahl vor dem Ersten Weltkrieg.
Der Einfluß des Marxismus war in Frankreich wesentlich stärker. Seit 1880 hatten sich dort kleinere sozialistische Parteien gebildet, darunter der *Parti Ouvrier Français* (die Französische Arbeiterpartei) von Jules Guesde, der einen vereinfachten Marxismus anpries. Alle diese Parteien schlossen sich für die Wahl im Jahr 1893 zusammen und brachten 43 Abgeordnete in die Nationalversammlung.
Im Jahr 1905, nach dem Internationalen Sozialistenkongreß in Amsterdam, vereinigten sich die beiden noch bestehenden sozialistischen Parteien und gründeten den *Parti Socialiste Unifié* (Vereinigte Sozialistische Partei), die französische Sektion der Arbeiter-Internationalen (SFIO), mit dem Marxisten Jules Guesde und dem großen Redner Jean Jaurès an der Spitze, der den Marxismus mit den Ideen der Aufklärung verband. Der Zusammenschluß der beiden Parteien führte zu steigenden Wahlerfolgen der Sozialisten: Im Jahr 1906 stellten sie 55 Deputierte, 1910 bereits 74 und 1914 gar 104 Abgeordnete von etwa 600 Mitgliedern der Nationalversammlung.
In Deutschland gründete Ferdinand Lassalle am 23. Mai 1863 in Leipzig den reformistischen Allgemeinen Deutschen Arbeiterverein. Doch Lassalle starb bereits ein Jahr später an den Folgen eines Duells, und die deutschen Sozialdemokraten gerieten zunehmend unter marxistischen Einfluß. So entstand 1869 in Eisenach die Sozialdemokratische Arbeiterpartei (SDAP) unter Wilhelm Liebknecht und August Bebel. Lassalleaner und Marxisten schlossen sich dann 1875 in Gotha zur Sozialistischen Arbeiterpartei Deutschlands (SAP) zusammen. Unter dem Sozialistengesetz begannen sich die Marxisten durchzusetzen. Die 1890 neu gegründete Sozialdemokratische Partei Deutschlands (SPD) war in ihrem Programm marxistisch, in der Praxis jedoch reformistisch. Die deutsche Sozialdemokratie wurde zur stärksten aller sozialistischen Parteien in Europa. In den Reichstag von 1871 hatte sie nur 2 Abgeordnete entsenden können, 1877 waren es schon 12, 1884 hatte sich die Zahl verdoppelt, und 1912 stellte die Partei mit 110 Abgeordneten die stärkste Reichstagsfraktion.
In Italien, wo das allgemeine Wahlrecht erst 1912 eingeführt wurde, hatte die marxistische Bewegung in Antonio Gramsci (1891-1937) einen bedeutenden Theoreti-

419

419 *Der Publizist und Politiker Ferdinand Lassalle (1825-1864), Begründer der Sozialdemokratie in Deutschland. Koloriertes Foto.* **420** *Der Sozialismus als Erbe der Französischen Revolution: Plakat zur Zweiten Internationalen. Farblithographie, Deutschland, um 1890.*

ker. Die ersten sozialistischen Abgeordneten waren 1895 gewählt worden. Im Jahr 1900 stellten die Sozialisten 33 von 480 Abgeordneten. Streiks waren zu jener Zeit besonders hart, und es kam häufig zu Ausschreitungen. In Rom fand 1903 sogar ein Generalstreik statt. Bei den Wahlen im Jahr 1912 erhielten die Sozialisten 850000 Stimmen und 50 Sitze im Parlament.

In den Niederlanden errang eine neue sozialistische Partei, eine Sektion der Arbeiter-Internationalen, im Jahr 1905 nur 7, 1913 aber bereits 18 von insgesamt 90 Sitzen im Parlament.

In Belgien wurde im Jahr 1885 eine Arbeiterpartei gegründet, die ebenfalls der Internationalen beitrat. Nach der Wahlreform von 1893 gab es 1,35 Millionen neue Wahlberechtigte, die über 2,066 Millionen Stimmen verfügten. Auf Anhieb gewannen die Sozialisten 29 von insgesamt 152 Parlamentssitzen. Nach einer weiteren Wahlreform erhielten sie 33 Sitze im Jahr 1899. Die Zahlen für 1912 lassen sich schwer ermitteln, weil die Sozialisten mit den Liberalen gemeinsame Wahllisten aufstellten.

In der Schweiz wurde im Jahr 1880 nach deutschem Vorbild eine Sozialdemokratische Partei gegründet. Bei den Wahlen zum Nationalrat im Jahr 1893 gewann sie keinen Sitz; doch 1902 stellte sie 7 und 1911 bereits 15 von insgesamt 182 Abgeordneten. Durch die Einwanderung deutscher und italienischer Arbeiter erhielt die Schweizer Sozialdemokratie Verstärkung.

Zusammenfassung. Bis ins 12. Jahrhundert waren Chinesen und Araber den Europäern in Wissenschaft und Technik überlegen gewesen; danach übernahmen die Europäer die Erfindungen jener beiden großen Kulturen.

Im 14. und besonders im 15. Jahrhundert übertraf schließlich das Abendland seine Lehrmeister nicht nur in der reinen Wissenschaft, sondern auch in der Schiffahrt, in der Waffentechnik, der Medizin und der Architektur.

Die im 18. Jahrhundert beginnende industrielle Revolution fügte diesen Errungenschaften erhebliche Fortschritte in der Herstellung aller Arten von Waren hinzu. Weitere Fortschritte gab es im Verkehrswesen, in der Biologie und in der Medizin. Von der Erfindung gingen die Europäer zur Massenherstellung über, die ihrerseits wieder zu Verbesserungen im Detail führte, bis schließlich eine weitere Erfindung die erste ersetzte. Wachsender Reichtum, verbunden mit besserer Ernährung und besserer ärztlicher Versorgung, senkte in Europa die Sterblichkeitsrate, noch ehe die Geburtenrate zurückging.

Aber dieser gewaltige Fortschritt hatte auch seine Schattenseiten. Die Anfänge des Industriekapitalismus waren begleitet von Armut und Ausbeutung der Arbeiterschaft, von zunehmender Ungleichheit zwischen Europa und der übrigen Welt sowie von der Eroberung außereuropäischer Länder. Gleichzeitig errichteten die zahlreichen Auswanderer aus Europa überall in der Welt europäische «Außenposten», so in einigen Ländern Lateinamerikas, vor allem aber in den Vereinigten Staaten, in Kanada, Australien, Neuseeland und bis zu einem gewissen Grad in Südafrika.

Der Erfolg der Europäer in der industriellen Warenherstellung ist offensichtlich. Einige Historiker haben von einer «zweiten industriellen Revolution» in den Jahren 1870 bis 1950 gesprochen, einer Revolution auf der Grundlage von Erdöl und Elektrizität; andere weisen auf eine «dritte industrielle Revolution» hin, deren Basis Elektronik, Atomindustrie und Weltraumfahrt bilden. In jüngster Zeit ist sogar von einer «vierten industriellen Revolution» die Rede, der Revolution der Industrieroboter und der Computer.

Doch all dieser Fortschritt war weit davon entfernt, die Europäer einander näher zu bringen und sie zum Austausch ihrer Erfindungen zu bewegen. Nur allzuoft rief er Rivalität unter den europäischen Völkern hervor, eine Rivalität, die durch den erstarkenden Nationalismus zusätzlich vergiftet wurde.

So begann schließlich in der Zeit nach 1914 der «Niedergang Europas» – zugegebenermaßen ein relativer, aber dennoch ein Niedergang.

420

16 Europa, die Romantik und die Nationen (1815-1870)

Der Wiener Kongreß (1814/1815)

Das napoleonische Drama, das zweiundzwanzig Jahre gedauert hatte, war zu Ende. Es würde kein geeintes, von Frankreich beherrschtes Europa geben, und damit war alle Welt zufrieden, einschließlich zahlreicher Franzosen, die, der Feldzüge und ewigen Kriege müde, von Konskription und von der Familie Bonaparte nichts mehr wissen wollten.

Wer hatte gewonnen? Ganz gewiß die Repräsentanten des alten Europa: vier «legitime» Herrscher und deren Minister, die dem besiegten Frankreich den fünften legitimen König aufnötigten, den Bourbonen Ludwig XVIII., Bruder Ludwigs XVI.

Hieß dies, daß sie die politischen Verhältnisse der Zeit vor 1789 wiederherstellen wollten und konnten? Dem stand allzu viel im Weg. Wie zu erwarten, herrschte nach dem Sturm unter den führenden Köpfen große Uneinigkeit. Da waren zum einen die Repräsentanten des alten Europa und zum anderen die des neuen Europa. Zu ersteren zählten vor allem jene, die «nichts dazugelernt, aber auch nichts vergessen» hatten, beispielsweise die unbeugsamsten unter den französischen Emigranten, die 1814 mit einer Perücke à la Louis XVI heimkehrten; oder die zahlreichen Aristokraten in allen Teilen Europas. So wurde dem jungen, 1814 geborenen Otto von Bismarck von seiner Familie eingeschärft, daß nur die preußische Monarchie zähle und daß Frankreich Preußens Erbfeind sei. Als Politiker ließ er sich freilich von solchen Klischeevorstellungen nicht beeinflussen.

Die einsichtigeren Verfechter des alten Europa erkannten im Jahr 1815, daß man sich arrangieren mußte und daß bestimmte Errungenschaften der Revolution, die durch Napoleons Eroberungskriege in alle Welt hinausgetragen worden waren, nicht rückgängig gemacht werden konnten, zum Beispiel die Verstaatlichung der Kirchengüter. Die großen «liberalen» Traditionen in Europa hatten tiefere, vielschichtigere Wurzeln – im Freiheitsgeist der Engländer und Amerikaner und in der Gewissensfreiheit der deutschen Reformation. Über die anderen Freiheiten sollte man noch jahrzehntelang debattieren: über Presse-, Versammlungs- und Vereinigungsfreiheit, das Recht auf gewerkschaftlichen Zusammenschluß und das Streikrecht.

Symbol dieser Freiheiten war – außer in Großbritannien – die schriftliche Verfassung. Es gab Länder ohne Verfassung, also autoritär regierte, und andere, denen die Verfassung oder «Charta» vom Souverän «oktroyiert» worden war, und zwar als Akt der Güte gegenüber den Untertanen, nicht jedoch als Anerkennung eines Rechts. Und schließlich gab es noch die aus der Nation, der nationalen Souveränität, oder aus dem Volk, der Volkssouveränität, hervorgegangene Verfassung, je nachdem, ob sie von einer verfassunggebenden Versammlung ausgearbeitet worden oder durch Volksabstimmung zustande gekommen war.

An der Frage, ob die Verfassung oktroyiert werden oder der Volkssouveränität entspringen sollte, schieden sich die Geister der gemäßigten Vertreter des alten und des neuen Europa. Fast überall schlug sich die Geistlichkeit, die katholische ebenso wie die protestantische, auf die Seite des alten Europa. Der «Bund zwischen Thron und Altar» bestand fort.

Zwischen den Verfechtern des neuen Europa herrschte längst nicht solche Eintracht. In England hatten die meisten der politisch Einflußreichen – Adlige, Bürger, Kaufleute – die Revolution und Napoleon nicht etwa deshalb bekämpft, weil sie sich als Vertreter eines neuen Europa fühlten, sondern aus nationalem Interesse. Dies läßt sich aus dem außergewöhnlichen Empfang schließen, der dem gefangenen Napoleon 1815 zuerst in Torbay und danach in Plymouth bereitet worden war:

421 *Italienischer Einigungskrieg gegen Österreich: die Schlacht von Solferino am 24. Juni 1859. Fresko (Ausschnitt) von Carlo Bossoli, 1859. Der Anblick Tausender von Schwerverwundeten veranlaßte den Schweizer Henri Dunant zur Gründung des Roten Kreuzes.*

ZEITTAFEL 14: Vom Wiener Kongreß bis zur Gründung des Deutschen Reichs (1815–1870/71)

Das Konzert der großen Mächte	**1815** 20. 9.: Quadrupelallianz zur Sicherung des 2. Pariser Friedens 23. 9.: Heilige Allianz	**1818** Aachener Kongreß: Aufnahme Frankreichs in die Quadrupelallianz	**1820** Kongreß von Troppau **1821** Kongreß von Laibach	**1822** Kongreß von Verona
Britische Inseln	**1829** Katholikenemanzipation **1830–1837** König Wilhelm IV.	**1832** Wahlrechtsreform **1837** Beginn der Herrschaft Königin Viktorias (gest. 1901)	**1838** 8. 5.: Gründung der Chartistenbewegung **1839–1841** Orientkrise	**1841–1846** Ministerium Peel **1845–1848** Große Hungersnot in Irland
Belgien **Niederlande**	**1815** Wilhelm I. König der Niederlande	**1830** Aug.: Belgische Revolution	**1831** Juni: Leopold I. König der Belgier; Frankreich unterstützt Belgien gegen die Niederlande	**1839** Londoner Protokoll: Garantie der Neutralität Belgiens
Frankreich	**1815** 2. Restauration; König Ludwig XVIII. **1818** Aachener Kongreß: Frankreich wird Abzug der Besatzungstruppen zugestanden	**1819** Besatzungstruppen verlassen Frankreich **1824–1830** König Karl X.	**1830** Julirevolution in Paris **1830–1848** Bürgerkönig Louis-Philippe	**1848** 22.–24. 2.: Februarrevolution; Ausrufung der Republik 25. 2.: Recht auf Arbeit; 3. 3.: Allgemeines Wahlrecht April: Konstituierende Nationalversammlung Juni: Blutiger Revolutionsmonat
Italien	**1820** Juli: Aufstand von Nola gegen den Bourbonen Ferdinand I.; Revolution in Neapel (General Pepe): Verfassung nach spanischem Vorbild	**1821** Militärrevolte in Piemont: österreichische Truppen schlagen den Aufstand nieder **1831** Febr.: Revolte in Zentralitalien (Menotti); österreichische Intervention	**1835** Franzosen in Ancona **1846–1878** Papst Pius IX.	**1848** Jan.: Revolution in Sizilien; Jan.–März: Verfassungen in Neapel, Florenz, Rom, Turin 12. 3.: Manin proklamiert Republik in Venedig 17.–22. 3.: «5 Tage von Mailand» 23. 3.: Karl Albert von Piemont führt Krieg gegen Österreich 24. 7.: Niederlage von Custozza
Spanien **Portugal**	**1814** Rückkehr der Bourbonen; König Ferdinand VII. von Spanien (bis 1833) **1815** Regierung unter General Beresford (England) in Portugal **1820–1822** Liberale Revolution in Spanien **1821** Rückkehr König Johanns VI. nach Portugal; Cortes beschließen liberale Verfassung	**1823** Französische Armee stellt die absolute Monarchie in Spanien wieder her **1826** Tod Johanns VI.; Dom Pedro verzichtet auf den Thron zugunsten seiner Tochter Maria II.; Bürgerkrieg bis 1834 **1833** Tod Ferdinands VII.; neue Verfassung und Nachfolgekrise	**1833–1839** 1. Karlistenkrieg; Herrschaft der Königinmutter **1834** «Viererallianz» Spanien (Isabella), Portugal (Maria), Frankreich und England gegen Don Carlos und Dom Miguel **1839** Don Carlos aus Spanien verjagt	**1840/41** Espartero, Führer der Progressisten, von den Cortes zum Ministerpräsidenten gewählt (1843 gestürzt) **1842** Bombardierung Barcelonas **1843–1868** Isabella II. Königin von Spanien; Militärputsch gegen Ministerpräsident Espartero
Schweiz	**1815** 7. 2.: Bundestag von Zürich proklamiert neuen «Bundesvertrag»: «Immerwährende Neutralität»	**1830** Unruhen in Basel und im Wallis **1841** Aufruhr im Tessin	**1846** Aufruhr in Genf **1847** Sonderbundskrieg: Sieg der liberalen Kantone	**1848** 12. 9.: Liberale Verfassung
Deutscher Bund **Österreich** **Preußen**	**1813/14** Befreiungskrieg, Niederwerfung Napoleons **1815** Gründung des Deutschen Bundes auf dem Wiener Kongreß **1819** Karlsbader Beschlüsse: Vorzensur von Zeitungen, Verbot der Burschenschaften	**1835–1848** Kaiser Ferdinand I. von Österreich	**1840–1861** Friedrich Wilhelm IV. König von Preußen **1847** Vereinigter Landtag in Preußen	**1848** Kommunistisches Manifest von Marx und Engels; Märzrevolution in Berlin und Wien; Flucht Metternichs; Vorparlament in Frankfurt 18. 5.: Deutsche Nationalversammlung eröffnet 2. 12.: Franz Joseph I. Kaiser von Österreich (bis 1916)
Skandinavien	**1815** Norwegen in Personalunion mit Schweden	**1818** Bauernaufstand in Norwegen **1818–1844** Karl XIV. Johann König von Schweden und Norwegen	**1830–1833** Liberale Reformen in Dänemark (Provinzparlamente) **1844–1858** Oskar I. König von Schweden	**1848** Unruhen in Schweden, liberale Reformen Oskars I. März: Friedrich VII. von Dänemark erklärt sich zum «konstitutionellen König»
Osteuropa	**1821–1829** Freiheitskrieg der Griechen **1827** Eine französisch-englisch-russische Flotte schlägt die Türken bei Navarino	**1829** Friede von Adrianopel	**1830** 29. 11.: Aufstand in Polen	**1848** Märzrevolution in Prag und Budapest 16. 3.: Lajos Kossuth (1802–1894) fordert ungarische Regierung
Rußland **Osmanisches Reich**		**1829** Friede von Adrianopel	**1830** Rußland – Osmanisches Reich: Autonomie für Serbien; Autonomie, dann Unabhängigkeit für Griechenland	**1833** Russisch-türkischer Vertrag von Unkiar-Skelessi
Kolonien	**1811–1825** Spanische Kolonien, außer Puerto Rico, Kuba und den Philippinen, unabhängig	**1814–1817** Spanische Erfolge gegen die Aufständischen in Lateinamerika		**1822** Unabhängigkeit Brasiliens **1823** Monroedoktrin

1830 Londoner Konferenz über Belgien	**1839–1841** Orientkrise	**1841** Londoner Dardanellenvertrag	**1849** Kaisertreffen in Warschau	
1846–1850 Freihandelszone **1848** April: Letzte große Chartistendemonstration	**1853–1856** Krimkrieg **1859** Premierminister Palmerston	**1860** Französisch-englisches Handelsabkommen	**1867** 2. Wahlrechtsreform	**1868–1874** Ministerium Gladstone
1840–1849 Wilhelm II. König der Niederlande	**1849–1890** Wilhelm III. König der Niederlande	**1865–1909** Leopold II. König der Belgier		
10. 12.: Louis-Napoleon wird zum Präsidenten gewählt **1851** 2. 12.: Staatsstreich Louis-Napoleons	**1852–1870** 2. 12.: Napoleon III. Kaiser der Franzosen **1853–1856** Krimkrieg Rußland–Türkei; Frankreich auf türkischer Seite	**1856** Pariser Friedenskongreß **1858** Treffen Napoleon III. – Cavour in Plombières: Frankreich für italienische Einheit gegen Österreich		
1849 Febr.: Republik in der Toskana und in Rom ausgerufen; Pius IX. flüchtet nach Gaeta 23. 3.: Krieg Piemont–Österreich; Niederlage von Novara; König Viktor Emanuel II. (1849–1878) 3. 7.: Französische und spanische Truppen erobern Rom zurück 26. 8.: Österreichische Truppen erobern Venedig zurück	**1852** Cavour Premierminister in Piemont **1853–1856** Piemont beteiligt sich am Krimkrieg **1856** Cavour stellt die «Italienische Frage» auf dem Pariser Kongreß	**1858** Treffen Napoleon III. – Cavour in Plombières **1859** Krieg Italiens gegen Österreich: Annexion der Lombardei durch Piemont (Vertrag von Zürich); Anschluß von Herzogtümern und der Romagna (nach Plebisziten)	**1860** Mai: Garibaldi erobert mit «Zug der Tausend» Sizilien, dann Süditalien und Neapel; Königreich beider Sizilien **1861** Königreich Italien; Florenz provisorische Hauptstadt; Tod Cavours	**1866** Italien mit Preußen gegen Österreich verbündet; Annexion Venetiens **1870** 20. 9.: Italienische Truppen besetzen Rom und den Vatikan; Rom Hauptstadt Italiens
1844–1848 General Narváez fünfmal Ministerpräsident **1846** Affäre der «Spanischen Heiraten»; Isabella heiratet ihren Cousin Don Francisco **1848** Demokratische Progressistenpartei in Spanien	**1851** Spanisches Konkordat; Militärrevolte in Portugal **1854–1856** Espartero Ministerpräsident	**1856** Espartero von O'Donnell gestürzt (Liberale Union) **1859/60** Krieg Spaniens gegen Marokko **1864–1868** O'Donnell Ministerpräsident	**1868** Nach «Pronunciamiento» der Flotte in Cadiz (General Prim, Admiral Topete) flieht Königin Isabella nach Paris **1869** Zusammentritt der Cortes in Spanien: Ausarbeitung einer Verfassung	**1870** 27. 12.: Ermordung General Prims Erster Arbeiterkongreß in Barcelona; Amadeus von Aosta König von Spanien **1870–1872** Spanische Republik
1849 Dez.: Bundesversammlung wählt 1. Bundesrat aus sieben Mitgliedern und macht Bern zur Hauptstadt	**1860** Konflikt mit Frankreich um Savoyen	**1864** 22. 8.: Genfer Konvention: Gründung des Roten Kreuzes	**1871** Mont-Cenis-Tunnel	
1849 28. 4.: Friedrich Wilhelm IV. lehnt die ihm vom Parlament angebotene Kaiserkrone ab 28. 6.: Auflösung des Parlaments; Rumpfparlament in Stuttgart; Niederschlagung der Revolution in Deutschland	**1861–1888** Wilhelm I. König von Preußen; seit 1871 Deutscher Kaiser **1862** Bismarck preußischer Ministerpräsident	**1864** 2. Deutsch-dänischer Krieg; Österreich und Preußen schlagen Dänemark **1865** Konvention von Gastein über Schleswig und Holstein	**1866** Deutscher Krieg: Österreich bei Königgrätz von Preußen geschlagen, Ende des Deutschen Bundes **1867** Gründung des Norddeutschen Bundes ohne Österreich; Doppelmonarchie Österreich-Ungarn	**1870** Juli: Frankreich erklärt Preußen den Krieg
1848–1851 1. Deutsch-dänischer Krieg (Schleswig-Holstein) **1849** Juni: Dänische Verfassung	**1852** 2. Londoner Protokoll sichert Christian von Sonderburg-Glücksburg die Herzogtümer Schleswig und Holstein nach dem Ableben Friedrichs VII.	**1859** Triumph der Liberalen in Norwegen (Sverdrup) **1864** 2. Deutsch-dänischer Krieg; Österreich und Preußen schlagen Dänemark	**1863–1906** Christian IX. König von Dänemark	**1865** Konvention von Gastein über Schleswig und Holstein
16. 6.: Aufstand der Tschechen von Windischgrätz niedergeschlagen **1849** Jan.: Österreicher besetzen Budapest	14. 4.: Republik Ungarn 13. 8.: Intervention russischer Truppen, Flucht von Kossuth	**1856–1858** Autonomie der Donaufürstentümer **1863–1913** Georg I. König von Griechenland	**1863** Aufstand in Polen **1866** Antitürkische Erhebung auf Kreta	**1881–1914** Karl von Hohenzollern als Karl I. König von Rumänien
1849 Russische Intervention in Ungarn	**1853–1856** Krimkrieg **1855–1881** Zar Alexander II.	**1861** Abschaffung der Leibeigenschaft in Rußland	**1863** Alvenslebensche Konvention Rußland–Preußen	
1830–1840 Eroberung Algiers durch Frankreich **1840–1842** Englisch-chinesischer Opiumkrieg	**1857** Sepoy-Aufstand in Indien; Ende der East India Company; Beginn der französischen Eroberungen in Indochina	**1857–1860** Französisch-englischer Krieg in China; spanische Expeditionen nach Marokko	**1861** Französisch-britisch-spanische Intervention in Mexiko; General Prim bricht mit französischer Armee	

«Unser Erscheinen erregte die Gemüter in England auf seltsame Weise; die Ankunft des Kaisers erfüllte die Menschen mit einer Neugier, in die sich Begeisterung mischte; das erfuhren wir aus den Zeitungen, die diesen Umstand im übrigen verurteilten. Ganz England eilte nach Plymouth [...] Um uns her sammelte sich auf dem Meer eine Vielzahl von Booten [...] Beim Erscheinen des Kaisers boten der Lärm, das Gewoge und das Gestikulieren so vieler Menschen ein einzigartiges Schauspiel; zugleich war unschwer zu erkennen, daß aus alledem keine Feindseligkeit sprach [...] Man gewahrte sogar, daß sich diese Stimmung noch verstärkte: Anfangs hatten sich die Leute damit begnügt, uns zu betrachten, dann hatten sie zum Gruß den Hut gezogen, und manche hatten ihn nicht wieder aufgesetzt; hier und dort waren gar Hochrufe zu vernehmen [...] doch all dies sollte uns bei den Ministern und deren Gefolgsleuten zum Schaden gereichen.» (Las Cases, *Mémorial*)

Unverdrossene Anhänger des Kaisers, also «Bonapartisten», gab es, von einigen wenigen Kriegsveteranen in anderen Ländern abgesehen, nur noch in Frankreich. Im Gegensatz zu ihnen waren die Verfechter des neuen Europa Menschen unterschiedlichster Couleur. Da war einerseits die «liberale» – der Begriff tauchte erstmals um 1818/19 auf – Bourgeoisie, die in den besiegten Ländern national gesinnt war. Andererseits fanden sich unter den Städtern, Handwerkern, Beamten, Kleinbürgern und Studenten – man denke an die «Burschenschaften» in Deutschland – republikanische Revolutionäre, die daran glaubten, daß «das Blut von Märtyrern nie vergeblich fließt», und die es in ihrem Überschwang nicht an zumeist schlecht vorbereiteten Protestaktionen gegen die «Tyrannen» fehlen ließen. Geheimbünde entstanden. Der berühmteste war die italienische *carboneria*, die sich über ganz Westeuropa ausbreitete. In Frankreich hieß sie *charbonnerie*. Sogar in Rußland gab es solche Enthusiasten, besonders unter den jungen Offizieren, wie der Dekabristenaufstand von 1825 zeigte.

Die Masse der zutiefst friedliebenden Bauern stand den republikanischen Bewegungen anfänglich feindselig gegenüber und kämpfte hartnäckig weiter um die Abschaffung der noch verbliebenen Feudalrechte wie zum Beispiel in Österreich, der Leibeigenschaft wie in Rußland und um die Aufteilung des Großgrundbesitzes.

Begreiflicherweise kann hier nur eine schematische Darstellung dieser ungemein komplexen Verhältnisse erfolgen, aber ein solcher Überblick ist für das Verständnis der Bedeutung des Wiener Kongresses und der weiteren Entwicklung Europas unerläßlich.

422

423

422 *Der Wiener Kongreß 1814/15: Sitzung der Bevollmächtigten der acht Signatarmächte des Pariser Vertrags. Kolorierter Kupferstich von J. Godefroy, 1819.* **423** *«Die Bedrückung des französischen Volkes unter dem absoluten Königtum.» Zeitgenössische französische Karikatur (kolorierte Radierung) auf die Wiedererrichtung der Monarchie unter Ludwig XVIII. (R 1814/15-1824) im Jahr 1814.*

In der Geschichte des neuzeitlichen Europa hat es drei große Friedenskongresse gegeben: den Kongreß von Münster und Osnabrück, der 1648 mit dem Westfälischen Frieden den Dreißigjährigen Krieg beendete; den Wiener Kongreß von 1815; und die Pariser Friedenskonferenzen von 1919. Jeder dieser Kongresse hatte sein unverwechselbares Gepräge. In Münster und Osnabrück ließen sich die Monarchen und die Fürsten von Unterhändlern vertreten. Auf dem Wiener Kongreß führten die Herrscher selbst – mit Ausnahme Georgs III. und Ludwigs XVIII. – mit ihren wichtigsten Ministern, allesamt Angehörige der obersten Gesellschaftsschicht, die Verhandlungen.

Vom 3. Oktober 1814 bis zum 9. Juni 1815 hielt sich in Wien alles auf, was in Europa Rang und Namen hatte, und es herrschte ausgelassene Feststimmung. Metternich beschrieb, nachdem er darauf verwiesen hatte, daß die drei Souveräne und der englische Außenminister Lord Castlereagh sich schon beim siegreichen Feldzug gegen Napoleon begegnet waren, den Wiener Kongreß folgendermaßen: «Dank einem in den Annalen der Welt einzigartigen Zusammentreffen der Umstände fanden sich die Hauptakteure des Dramas am selben Ort versammelt. [...] Der Chef des englischen Kabinetts hat fast ununterbrochen mit seinem österreichischen, preußischen und russischen Amtskollegen in Verbindung gestanden [...] Die diplomatischen Usancen mußten sich den Umständen beugen. Die schwierigsten Geschäfte, die kompliziertesten Angelegenheiten erledigte man gewissermaßen von Saal zu Saal: keine Kuriere, kein Austausch von Noten, keine Vermittler zwischen den Höfen [...] Die schwerwiegendsten Fragen wurden stets bei den zwanglosen Gesprächen zwischen den drei Souveränen, aber auch zwischen den Kabinettschefs erörtert und abgehandelt. Erst wenn diese Angelegenheiten zu einer gewissen Reife gediehen waren, wurden sie an die Minister verwiesen, die nun darüber konferierten und die Dokumente aufsetzten.»

Um die Großen scharten sich, wie hätte es anders sein können, die Kleinen. Da das Ziel des Wiener Kongresses nicht der

Friede mit Frankreich war – der Vertrag des ersten Pariser Friedens war bereits am 30. Mai 1814 unterzeichnet worden –, sondern die Aufteilung der Frankreich abgenommenen Gebiete, hatten sich alle mehr oder weniger legitimen Fürsten eingefunden. Am schlechtesten schnitten diejenigen ab, die Napoleon bis zuletzt die Treue gehalten hatten, sowie die Kirchenfürsten von einst.

Talleyrand: Legitimität und Gleichgewicht

Die herausragende Figur am Verhandlungstisch war Charles-Maurice de Talleyrand-Périgord, Fürst von Benevent (1754-1838). Dieser ehemalige Bischof von Autun mit den lockeren Sitten, der in seinem ganzen Leben drei Messen zelebriert hatte, war Revolutionär, jedoch nie Mitglied des Nationalkonvents gewesen. Später hatte er in der Zeit des Direktoriums und unter Napoleon eine Schlüsselrolle gespielt. Alles spricht dafür, daß er stets nur seine eigenen Interessen im Auge hatte, daß er ein Opportunist und ein Verräter war, wie sich in der napoleonischen Ära gezeigt hatte. In den Jahren 1814 und 1815 waren seine Interessen eng mit denen der Bourbonen verknüpft. Ihnen stellte er sich mit seiner außergewöhnlichen Intelligenz und Geschicklichkeit zur Verfügung; denn das besiegte Frankreich sollte weiterhin zu den Großmächten zählen. Alles Übel, erklärte er, sei von Napoleon und nicht von den Franzosen ausgegangen. Daher war das Entsetzen groß, als Napoleon, von der Insel Elba kommend, im März 1815 bei Cannes an Land ging, die Armee – müheloser als die Nation – für seine Zwecke zu mobilisieren vermochte und sich in das Abenteuer der «Hundert Tage» stürzte. Der Zweite Friede von Paris, vom 20. November 1815, dessen Bestimmungen viel härter waren als die des Ersten Pariser Friedens, sollte Frankreich dafür bestrafen, daß es den Kaiser mit offenen Armen empfangen hatte.
Zuvor hatte Talleyrand schon die Weichen gestellt, ja es war ihm sogar gelungen, einen Keil zwischen die vier großen Siegermächte zu treiben, indem er im Januar 1815 ein Bündnis zwischen Frankreich, England und Österreich gegen Preußen und Rußland zustande brachte.
Es war also nicht zuletzt Talleyrand, der die geistigen Grundlagen eines Systems schuf, das auf zwei großen Prinzipien beruhte: der Legitimität und dem Gleichgewicht der Mächte in Europa. Anders ausgedrückt, bestand für ihn die erste Pflicht darin, den rechtmäßigen Herrschern ihre verlorenen Gebiete zurückzugeben. Diejenigen Territorien, auf die kein legitimer Herrscher Anspruch erhob – Ländereien der Kirchenfürsten, Freie Reichsstädte, alte Republiken –, konnte man nach dem Gesichtspunkt des Gleichgewichts der Mächte verteilen.
Wie immer es Talleyrand als Mensch mit der Aufrichtigkeit gehalten haben mag – er war auf jeden Fall der konsequenteste Verfechter dieses Systems: «Gleichgewicht wird nur ein müßiges Wort sein, solange man nicht die flüchtige und trügerische Kraft, die leidenschaftlichen Gefühlen entspringt, jener wahrhaft moralischen, der Tugend innewohnenden Kraft hintanstellt. Die oberste Tugend in den Beziehungen zwischen den Völkern ist jedoch die Gerechtigkeit.»
Die Gerechtigkeit, von der Talleyrand sprach, hatte mit dem Recht der Völker nichts zu tun, sondern sie diente nur dem Prinzip der Legitimität. Er empörte sich über die Idee, daß «die Konfiszierung, die in den Gesetzbüchern aufgeklärter Nationen geächtet ist, im neunzehnten Jahrhundert durch ein in Europa allgemeingültiges Recht abgesegnet werden soll», daß «Souveränität allein schon durch eine Niederlage verloren oder durch einen Sieg erlangt werden kann», daß «die Nationen Europas durch keine engeren moralischen Bande miteinander verknüpft sind als durch jene, die sie mit den Inselbewohnern des östlichen Weltmeeres verbinden», daß «die Nationen nur nach Maßgabe der reinen Naturgesetze nebeneinander existieren» und daß «es das, was man das ‹öffentliche Recht Europas› nennt, nicht gibt», daß «die Gebräuche, die sich zwischen den Nationen herausgebildet haben und an die sie sich in ihren wechselseitigen Beziehungen seit drei Jahrhunderten uneingeschränkt und standhaft gehalten haben, für sie keinerlei Gesetzeskraft mehr haben; in einem Wort, daß der Stärkere immer im Recht ist».

424

425

424 Der französische Staatsmann Charles-Maurice de Talleyrand-Périgord (1754-1838), die herausragende Figur auf dem Wiener Kongreß. Gemälde von Pierre-Paul Prud'hon, 1807. **425** *Der britische Staatsmann Robert Stewart Viscount Castlereagh (1769-1822), Initiator der Quadrupelallianz. Gemälde von Sir Thomas Lawrence (1769-1830).*

Eindringlicher könnte wohl kaum die Auffassung vertreten werden, daß es eine grundlegende europäische Solidarität gebe und daß diese, auf Legitimität und Gleichgewicht beruhend, die verläßlichste Garantie des Friedens darstelle.
Talleyrands Strategie bestand darin, Bewegung in das System des europäischen Gleichgewichts zu bringen. England zeigte sich darüber beunruhigt, daß Rußland sich auf Kosten Polens hemmungslos ausdehnte, und Österreich beobachtete mit Sorge, wie Preußen sich Sachsen einverleibte. Preußen und Rußland handelten jedoch in gegenseitigem Einvernehmen.
Talleyrand konnte Castlereagh, den Repräsentanten König Georgs III. von England in Wien, und Metternich dazu bewegen, mit Frankreich ein Dreierbündnis zu schließen, um Rußland und Preußen Einhalt zu gebieten. Als er am 4. Januar 1815

seinem König Ludwig XVIII. in einem Brief die gute Nachricht mitteilte, verschwieg er allerdings, daß England, das mit Blick auf Frankreich ebenfalls um das Gleichgewicht besorgt war, für Preußen – im Austausch gegen einen Teil Sachsens – einen Großteil des Rheinlands und Westfalens herausgeschlagen hatte. Damit wurde Preußen zu einem Nachbarn Frankreichs, der sich fortan die «Wacht am Rhein» zur Aufgabe machte. Gleichzeitig übernahm das Königreich der Niederlande – Belgien und die Vereinigten Provinzen – die Wacht an der Maas. Später sollte sich herausstellen, daß das Gleichgewicht der Mächte eine nachhaltige Verschiebung erfahren hatte.

Metternich. Hauptstütze Talleyrands war ein Mann, der gewiß redlicher und weniger zynisch, dafür aber nicht so wendig war wie er: der österreichische Kanzler Klemens Lothar Wenzel Fürst von Metternich (1773-1859).

Frankreich hatte, wie gesagt, als erstes Land seine Verhandlungsziele formuliert. Auch die anderen Nationen hatten dies getan, ihre Ziele jedoch nicht so hoch gesteckt. In einem Memorandum vom 12. Februar 1815 schrieb der österreichische Diplomat Friedrich von Gentz: «Wer zu der Zeit, als der Wiener Kongreß tagte, das Wesen und die Ziele dieses Kongresses begriffen hatte, konnte sich auch über seinen Verlauf nicht täuschen, welche Resultate ihm auch immer vorschweben mochten. Von großen Schlagworten wie ‹Wiederherstellung der Gesellschaftsordnung›, ‹Erneuerung des politischen Systems in Europa›, ‹dauerhafter, auf einer gerechten Verteilung der Kräfte gründender Friede›, etc., etc., wurde ausgiebig Gebrauch gemacht, um die Völker zu beruhigen und um dieser feierlichen Zusammenkunft eine Aura der Würde und Größe zu verleihen, doch das eigentliche Ziel des Kongresses war die Aufteilung der dem Besiegten entrissenen Beute zwischen den Siegern.»

Weniger zynisch als Gentz, war Metternich für das Prinzip des Gleichgewichts empfänglicher als für das der Legitimität. In seiner Note vom 10. Dezember 1814, in der er gegen die Annexion Sachsens durch Preußen protestierte, vertrat er folgenden Standpunkt: «Wir wiederholen: Österreich hegt keinerlei Neid gegenüber Preußen, im Gegenteil, es erachtet diese Macht als eines der für das europäische Gleichgewicht der Kräfte nützlichsten Gewichte [...] Zwischen den großen Reichen des Ostens und des Westens liegend, ergänzen sich Preußen und Österreich gegenseitig in ihrem Verteidigungssystem; gemeinsam bilden die beiden Monarchien ein unüberwindliches Bollwerk gegen die Unternehmungen eines jeden auf Eroberungen bedachten Fürsten, der eines Tages womöglich den Thron Frankreichs oder Rußlands besteigt.» Zudem wollte Metternich aus der Auflösung der Republik Venedig Nutzen ziehen, die Illyrischen Provinzen zurückgewinnen, Österreichs Machtbereich auf Venetien ausdehnen und die alte Herrschaft der Habsburger über die Lombardei wiederherstellen.

Alexander I. Der Zar betrachtete sich als Hauptsieger über Napoleon und spielte sich deshalb als dessen Beschützer auf. Es bedurfte einer – weitgehend inszenierten – royalistischen Kundgebung in Paris und der Beharrlichkeit eines Talleyrand, damit der Zar klein beigab und die Rückkehr Ludwigs XVIII. auf den französischen Thron akzeptierte. Launisch, zum Mystizismus neigend und eine liberale Gesinnung vortäuschend, wollte Alexander I. (R 1801-1825) Rußland zu einem ebenso einflußreichen Land wie England machen und es, ähnlich wie seine sowjetischen Nachfolger seit 1960, in eine Seemacht verwandeln.

Eine Folge der napoleonischen Kriege war, daß Rußland weit nach Westen vordrang. Die Anziehungskraft des Abendlands blieb ungebrochen, und die Berührungspunkte vervielfachten sich. Zar Alexander I. fühlte sich im Innersten als Europäer. Seine politischen Ambitionen richteten sich auf Mitteleuropa, besonders auf das Großherzogtum Warschau. Nicht alle Ziele sollte er erreichen, aber immerhin wurde er nach dem Sturz Napoleons Herr in Warschau.

Bei einer ihrer Begegnungen in Wien führten der Zar und Talleyrand ein seltsames Gespräch, bei dem der zynische Talleyrand für Prinzipientreue eintrat und der für seine mystischen Neigungen bekannte Zar die Staatsräson hochhielt: «Ich behalte, was ich besetzt habe.» – «Eure Majestät werden doch nicht behalten wollen, was Ihnen von Rechts wegen nicht zusteht.» – «Ich handle im Einvernehmen mit den Großmächten.» – «Mir ist nicht bekannt, ob Eure Majestät auch Frankreich zu diesen Mächten zählen.» – «Ja, gewiß. Aber wenn Ihr nicht wollt, daß jeder seine Interessen wahrnimmt, was habt Ihr dann im Sinn?» – «Ich stelle das Recht über die Interessen.» – «Die Interessen Europas sind das Recht.» Da wandte sich Talleyrand ab und rief aus: «Europa! Unglückliches Europa!»

England. Sobald Napoleon unschädlich gemacht worden war und sich, auf eine entlegene, schwer zugängliche Insel mit ungesundem Klima verbannt, unter der Aufsicht eines tückischen Gouverneurs befand, verfolgte England nur noch zwei Ziele: in Europa statt territorialer Ambitionen Sicherung des Gleichgewichts, vor allem im Hinblick auf den Zaren; in Übersee Wahrung der meisten Holland und Frankreich abgenommenen Gebiete sowie Vereitelung der Bestrebungen Spaniens, seine aufständischen Kolonien in Amerika zu-

427

426

426 *Der österreichische Staatsmann Klemens Lothar Wenzel Fürst von Metternich (1773-1859), Verfechter des Gleichgewichts der Mächte und des Prinzips der Legitimität. Gemälde von Sir Thomas Lawrence, um 1815.* **427** *Der russische Zar Alexander I. Pawlowitsch (R 1801-1825). Miniatur von Karl Agricola auf einem Schwenkspiegel, Österreich 1815.*

rückzuerobern, mit denen England mittlerweile schwunghaften Handel trieb. Castlereagh sorgte sich nicht nur um das «Gleichgewicht der Mächte», sondern sprach auch vom *«Commonwealth of Europe»* und verwies damit auf die Idee einer allgemeinen Solidarität zwischen den Großmächten.

Ein Visionär: Claude-Henri de Saint-Simon. Wenn von dem für Europa so bedeutsamen Wiener Kongreß die Rede ist, darf nicht übersehen werden, daß er in eine äußerst rückschrittliche Zeit fiel und daß seine Teilnehmer keinen Blick für die Zukunft hatten.

Daher ist es sinnvoll, die Intervention des damals noch weithin unbekannten, im Jahr 1760 geborenen Grafen Claude-Henri de Saint-Simon in Erinnerung zu bringen. Er hatte im Amerikanischen Unabhängigkeitskrieg unter Washington gedient, war mit zweiundzwanzig Jahren zum Obersten befördert worden und hatte, nachdem ihm in einer Vision die Rolle eines «großen Philosophen und Neuerers» verheißen worden war, ein wildbewegtes Leben geführt. Er reiste viel in Europa, interessierte sich für die deutsche Philosophie, lernte Madame de Staël kennen und begeisterte Männer wie den Historiker Augustin Thierry und den Philosophen Auguste Comte.

Der Wiener Kongreß, der seit 1814 tagte, schien ihm eine günstige Gelegenheit, die eigenen Ideen bekanntzumachen. Er schickte jedem der Teilnehmer eine Abhandlung mit dem Titel *Neuordnung der europäischen Gesellschaft, oder von der Notwendigkeit und den Mitteln, die Völker Europas unter Wahrung ihrer Nationalität in einer einzigen politischen Körperschaft zu sammeln.*

Wie sollte das vonstatten gehen? Nun, man würde ein großes europäisches Parlament einberufen und es damit beauftragen, einen universalen Moralkodex auszuarbeiten. Da der Kongreß auf die Abhandlung gleichgültig reagierte, verfaßten Saint-Simon und seine Schüler diesen Kodex selbst. Saint-Simons große geistige Leistung bestand darin, daß er die Bedeutung und die Tragweite der zunehmenden Industrialisierung erkannt hatte. Der Demokratie nicht sonderlich zugetan, regte er die Bildung einer zunächst europäischen und schließlich weltumspannenden Regierung an, die sich unter dem Vorsitz eines Mathematikers aus Wissenschaftlern zusammensetzen sollte.

Saint-Simon, der 1825 starb, entschied sich schließlich gegen sein Europäertum und wurde Universalist. Sein letztes Buch, *Neues Christentum,* bewirkte, daß seine

428 *«Graf von Saint-Simon, Gründer der neuen Religion.» Lithographie von Gottfried Engelmann, 1825. Der Saint-Simonismus war von 1827 bis 1831 eine Modeströmung unter den Intellektuellen.*

Schüler eine ebenso kurzlebige wie bizarre Glaubenslehre entwarfen. Doch hat dieser Denker vielen Zeitgenossen vor Augen geführt, worin der wahre Geist Europas bestand, der Neuerungen hervorbringen sollte wie die Eisenbahn, den Suezkanal, die Alpentunnels, die Großbanken und -konzerne sowie die Intensivierung des Handels durch freien Warenaustausch. All dies war in Saint-Simons Ideen schon im Keim angelegt, und so wurde er, freilich ohne es noch zu erleben, durch seine Schüler letztlich doch zu einem großen Philosophen und Neuerer. Am Ende des Kongresses sollte allerdings die Restauration den Sieg davontragen. Die Wiener Kongreßakte vom 9. Juni 1815 regelte die territoriale Neuordnung Europas.

Das europäische Konzert

Die Verfassungen. Es galt nun, die durch die Verträge von 1814/15 entstandene Situation im Sinne des Legitimitätsprinzips zu konsolidieren. Gleich zu Beginn schien das neue europäische System durch die «Hundert Tage» bedroht. Warum nicht die siegreiche Koalition zu einer ständigen Einrichtung und zum Garanten für die bestehenden Verhältnisse in Europa machen?

Doch wie sollte diese Garantie aussehen? Man konnte sich gegen Frankreich absichern oder noch einen Schritt weitergehen und ganz allgemein die Grenzen in Europa garantieren, wie sie festgelegt worden waren. Im äußersten Fall konnte man nicht nur das Territorium, sondern sogar die Herrschaftsverhältnisse in den europäischen Staaten garantieren.

Abgesehen von vier Freien Reichsstädten in Deutschland und der jungen Helvetischen Konföderation wurden alle europäischen Staaten von einem Monarchen regiert, und einige hatten eine vom Souverän oktroyierte Verfassung. In Preußen, Österreich, Rußland, Dänemark, sämtlichen italienischen Staaten, Portugal und Spanien bestand der Absolutismus fort. Eine Garantie der Herrschaftsverhältnisse bedeutete also, das Legitimitätsprinzip nicht nur gegen die damals noch recht ungefährlichen Republikaner zu behaupten, sondern auch gegen die «Liberalen», wie man all jene bezeichnete, die vom Willen der Nation oder des Volkes redeten und die Macht des Herrschers einzuschränken suchten. Eifrigster Verfechter des Status quo war Metternich.

Die Heilige Allianz. Auf Betreiben Zar Alexanders I. wurde am 26. September 1815 «im Namen der Allerheiligsten und Ungeteilten Dreieinigkeit» zwischen ihm, dem orthodoxen Zaren, dem katholischen Kaiser von Österreich Franz I. und dem protestantischen König von Preußen Friedrich Wilhelm III. der Vertrag der «Heiligen Allianz» unterzeichnet. Die Herrscher gelobten, «durch die Bande einer wahrhaften und unverbrüchlichen Brüderlichkeit verbunden zu bleiben» und sich «bei jeder Gelegenheit und an jedem Ort Hilfe, Beistand und Unterstützung zu gewähren».

Dem Zaren zu Gefallen traten die Könige Frankreichs und Spaniens später zwar dem Bündnis bei, doch insgesamt stand man ihm eher skeptisch gegenüber. Tatsächlich hat die Heilige Allianz politisch nie eine Rolle gespielt, sondern wurde vielmehr zum Inbegriff für absolutistische Politik sowie für die Unterdrückung des Liberalismus und der nationalen Hoffnungen.

Der Brite Castlereagh, ein Gegner der Heiligen Allianz, leitete konkretere Maßnahmen in die Wege. Die Gelegenheit dazu bot ihm der Zweite Pariser Friede vom 20. November 1815. Zwei Beschlüsse wurden gefaßt.

Der erste findet sich in Artikel 6 des Friedensvertrags, der den Status quo festschreiben sollte: «Um die Erfüllung des vorliegenden Vertrags zu gewährleisten und zu erleichtern und um zum Wohle der Welt die innigen Bande zu festigen, die heute die vier Herrscher verbinden, sind die Hohen Vertragschließenden übereingekommen, zu bestimmten Zeitpunkten unter der Ägide der Herrscher oder von deren Ministern erneut Zusammenkünfte abzuhalten, die den wichtigen allgemeinen Anliegen und der Prüfung jener

Maßnahmen dienen sollen, welche zum jeweiligen Zeitpunkt als besonders zuträglich für die Ruhe und das Wohlergehen der Völker und für den Erhalt des Friedens in Europa erachtet werden.»
Der zweite Beschluß betraf die Einführung der sogenannten Botschafterkonferenz in Paris. Sie hatte die Aufgabe, über die Einhaltung des Pariser Friedensvertrags zu wachen, besonders im Hinblick auf die Zahlung der Kriegsentschädigung und die militärische Besetzung Frankreichs.

Die Quadrupelallianz. Aus diesem Bündnis blieb Frankreich trotz der Fürsprache des Zaren ausgeschlossen. Erst nachdem die Frage der hohen, 1815 festgesetzten Kriegsentschädigung geregelt war, wurde im Jahr 1818 in Aachen ein Kongreß einberufen, um die Besetzung des französischen Staatsgebiets zu beenden und Frankreich in das «Konzert der Verbündeten» aufzunehmen. Aus Furcht vor revolutionären Bewegungen oder bonapartistischen Komplotten entschied man sich für eine Kompromißlösung. Frankreich wurde zwar als vollwertiges Mitglied in den Vierbund, die sogenannte Quadrupelallianz, aufgenommen, doch zugleich erneuerte man heimlich die antirepublikanischen und antibonapartistischen Abmachungen von 1815. In der Folgezeit verlor die Quadrupelallianz immer mehr an Bedeutung.

Der Aachener Kongreß. Der Aachener Kongreß von 1818 formulierte das Grundprinzip des «Konzerts»: Ihm gehörten alle Großmächte an, aber nur sie, nicht jedoch absolutistisch regierte zweitrangige Staaten wie Spanien und schon gar nicht die Vereinigten Staaten von Amerika, die ohnehin ihrer Politik der Nichteinmischung treu blieben. Wie zu erwarten, hatte der Herzog von Richelieu, Frankreichs Ministerpräsident, mit aller Kraft für eine Aufnahme seines Landes als vollwertiges Mitglied gekämpft.

Das «Konzert», Metternichs bevorzugtes Instrument. Metternich unterschied drei Arten von Zusammenkünften:
1. Kongresse, bei denen das Amüsement mehr Zeit in Anspruch nimmt als die eigentlichen Verhandlungen;
2. Konferenzen, die meist auf Botschafterebene stattfinden, jedoch offiziellen Charakter haben und deren Ergebnisse in einem Protokoll zusammengefaßt werden;
3. Begegnungen, bei denen die Botschafter halbamtliche Gespräche führen, über die jedoch kein Protokoll geschrieben wird.
Das «Konzert» existierte bis 1914. Aber bis dahin fanden wenige Kongresse statt, an

429

429 *Die Ära Metternich – eine Zeit der Unterdrückung und Restauration in Deutschland: «Der Denker-Club. Wichtige Frage, welche in heutiger Sitzung bedacht wird. Wie lange möchte uns das Denken wohl noch erlaubt bleiben?» Zeitgenössische deutsche Karikatur, 1819.* **430** *König Ferdinand VII. von Spanien (R 1808; 1814-1833), ein Verfechter der absoluten Monarchie. Gemälde (Ausschnitt) von Francisco Goya (1746-1828).*

430

denen hochgestellte Persönlichkeiten teilnahmen, vom Pariser Kongreß (1856) und vom Berliner Kongreß (1878) abgesehen.
Die Kongresse von 1820 bis 1823 verdienen besondere Aufmerksamkeit. Auf dem Kongreß in der schlesischen Stadt Troppau Ende 1820 und auf dem Kongreß in der krainischen Hauptstadt Laibach Anfang 1821 wurde Österreich aufgefordert, «die Ordnung wiederherzustellen», nämlich den Absolutismus in Neapel und in Piemont. Schwerwiegender war eine auf dem Kongreß von Verona Ende 1822 getroffene, Spanien betreffende Entscheidung.
In den Jahren 1819 bis 1823 kam es in Spanien, Portugal, Neapel und Sardinien zu heftigen Aufständen der Liberalen. Sie hatten eines gemeinsam, nämlich daß sie von Offizieren im Verein mit Geheimbünden, den *carbonari* und den Freimaurern, vorbereitet und ausgelöst wurden. Ziel dieser vier Revolten war es, eine Verfassung nach dem Muster jener durchzusetzen, die die spanischen *Cortes* 1812 als Reaktion auf den französischen Einmarsch ausgearbeitet hatten. Diese Konstitution von 1812 hatte sich die Grundsätze der Französischen Revolution zu eigen gemacht, allerdings in einer viel realistischeren Weise als die Verfassung von 1791. Das machte sie zu einem Vorbild. Spanien erhob sich als erstes Land gegen seinen Herrscher Ferdinand VII., der den Absolutismus wiederhergestellt hatte. Portugal folgte dem Beispiel, und König Johann VI. mußte einer Verfassung zustimmen, die der spanischen von 1812 entsprach. In Neapel standen hinter dem Aufstand Offiziere, die dem toten Murat die Treue hielten, und die *carbonari*. In Piemont/Sardinien hatte die Revolution liberalen und nationalen Charakter.
In Verona beschloß man daraufhin, daß ein französisches Expeditionsheer König Ferdinand wieder in seine absolute Macht einsetzen sollte. Es war ein dramatisches Unternehmen, und es erklärt weitgehend die mehr als ein Jahrhundert währende Isolation des zwischen Liberalen und Absolutisten – dem Adel und einem Großteil des Klerus – hin- und hergerissenen Spanien. Nach einer Zeit grausamer Unterdrückung schwelte der Bürgerkrieg weiter, bis er schließlich von 1936 bis 1939 besonders tragische Formen annahm. Erwähnt werden müssen hier noch der Erbfolgestreit zwischen Maria Christine von Bourbon-Neapel, Ferdinands VII. letzter Frau, und Don Carlos, dessen Bruder, die unzähligen *Pronunciamientos* der Militärs und die «Hohenzollernkandidatur» für den spanischen Thron, die den Vorwand für den Deutsch-französischen Krieg von 1870/71 lieferte.
Wenn Spanien isoliert war, dann galt dies noch mehr für Portugal. Dort standen sich ebenfalls die «Konstitutionellen» und die «Absolutisten» gegenüber. Außerdem nahm Portugal damals an der europäischen Politik nur aufgrund des begrenzten Einflusses teil, den England seit dem Methuen-Vertrag von 1703 auf das Land ausübte.
Insgesamt hat das europäische Konzert, dieser mit großen Mängeln behaftete, vage Entwurf einer europäischen Staatengemeinschaft, im Fall Spaniens und Portugals zerstörerische Wirkungen gehabt. Daß Spanien ausgeschlossen blieb, war ein weiterer Beweis für die Schwäche dieses Systems.

Der Nationalismus, «Hydra der Revolution»

Hydra der Revolution» – diesen Ausdruck prägte Metternich in Anlehnung an die griechische Mythologie. Er hatte begriffen, daß jede nationale, liberale oder vom Volk getragene Revolution, die an einem bestimmten Ort niedergeschlagen wurde, anderenorts wieder ausbrechen würde. Für ihn lag die Gefahr in den nationalen Bewegungen der unterjochten Völker. Auf die traditionelle Legitimität im Sinne des Wiener Kongresses, die sich nur auf das «europäische Konzert» stützen konnte, wirkte sich der Nationalismus verheerend aus. Das «Konzert» diente allein den Interessen der Großmächte, allerdings eher den belangloseren. Die großen Fragen versuchte man weiterhin mit Gewalt und Krieg zu lösen. Doch Krieg zwischen Europäern stand im Widerspruch zu jeglicher Art von europäischem Zusammengehörigkeitsgefühl.

Der allgemeine Rahmen. Die nationalen Bewegungen müssen im Rahmen einer umfassenden, vielgestaltigen Bewegung gesehen werden, die ganz Europa betraf. Fortan bestand eine unlösbare Verbindung zwischen politischem Liberalismus und dem Nationalitätenprinzip. Gleichzeitig kam es zu ständigen Reibungen zwischen den Verfechtern des Absolutismus und denen des Liberalismus.
In der ersten Hälfte des 19. Jahrhunderts waren drei große revolutionäre und nationale Bewegungen zu verzeichnen:
1. von 1818 bis etwa 1825 hauptsächlich in Deutschland, Italien und Spanien;
2. von 1830 bis etwa 1834 vorwiegend in Belgien, Frankreich, Polen, Italien und Deutschland;
3. von 1848 bis 1851 in ganz Europa mit Ausnahme Rußlands; in diesen äußerst heftigen Umwälzungen siegte zwar überall die Reaktion, doch die Zeit war nun reif für tiefgreifende Veränderungen.
Diese revolutionären Bewegungen verliehen dem politischen Liberalismus und dem Nationalitätenprinzip* gewaltigen Aufschwung. Durch Sezession entstanden neue Staaten: Griechenland (1829), Serbien (1829), Belgien (1830), Rumänien (1856-1859), Bulgarien (1878) und Norwegen (1905), und im Zuge der Balkankriege lösten sich Thrakien, Makedonien und Albanien vom Osmanischen Reich.

Nationalismus und Sezession. Wie ist diese gewaltige Bewegung zu erklären? Seit 1945 haben die Historiker der Ostblockländer eine auf der Theorie des Klassenkampfes fußende Deutung versucht. Tatsächlich hatten sich die Massen, und zumal die Bauern, gegen die Großgrundbesitzer erhoben: gegen die britischen «Landlords» in Irland, die deutschen Gutsherren in Osteuropa. Doch eine solche Erklärung wirkt allzu simpel, denn sie berücksichtigt nicht die geistigen und moralischen Beweggründe, die, so scheint es, in manchen Fällen ausschlaggebend waren.
Es waren die Philologen und die Dichter, die die Achtung gegenüber der eigenen Sprache wiederherstellten. Zugleich rekonstruierten die Historiker die Geschichte ihrer Länder und erinnerten an die fernen Zeiten der Unabhängigkeit. Man denke nur an die großen deutschen Geschichtsschreiber des 19. Jahrhunderts wie Barthold Georg Niebuhr, Theodor Mommsen und Leopold von Ranke.

Die Griechen. In Griechenland komponierte der thessalische Patriot Rigas eine von der *Marseillaise* inspirierte griechische Nationalhymne, und überall in Europa entstanden innerhalb kurzer Zeit «philhellenische» Vereinigungen.

Die Südslawen (Jugoslawen). Von den südslawischen Völkern erreichte nur Serbien von 1805 bis 1829 eine gewisse Selbständigkeit. Drei nationalistischen Schriftstellern dieses Landes kommt Symbolcharakter zu. Vuk Karadžić (1787-1864), in der Herzegowina geboren, restaurierte buchstäblich die serbische Schriftsprache, indem er die kyrillische Schrift vereinfachte, so daß sie nicht nur einer Elite, sondern der ganzen Nation zugänglich wurde. Er beeinflußte die nationalistischen Dichter Branko Radičević (1824-1853) und vor allem Ljudevit Gaj (1809-1872). Letzterer machte die serbokroatische Sprache salonfähig und führte die lateinische Schreibweise ein. Allmählich erlangte die Nationalsprache Achtung, ja Bewunderung, und bald galt sie nicht mehr als Mundart.

Die Bulgaren. In Bulgarien verfaßte der 1722 geborene Paissi Chilendarski, ein Mönch vom Berg Athos, im Jahr 1762 eine *Slawisch-bulgarische Geschichte des Volkes, der Könige und der Heiligen,* die allerdings erst 1844 erschien. Die erste nichtkirchliche Schule Bulgariens wurde 1835 eröffnet. Übrigens spielte die Kirche in der nationalistischen Bewegung eine bedeutsame Rolle. Durch die Bildung des «Bulgarischen Exarchats» im Jahr 1870 machte sie sich de facto von der griechisch-orthodoxen Kirche unabhängig. Das Exarchat, damals größer als das heutige Bulgarien, ist seitdem zu einem nationalen Symbol geworden.

Neben diesen neuen Nationen, die nach Jahrhunderten des Vergessenseins wiedererstanden, sei noch auf drei alte, von anderen Staaten beherrschte Nationen hingewiesen:

- das Königreich Polen, aufgeteilt zwischen Österreich, Preußen und, vor allem, Rußland (Großherzogtum Warschau);
- das Königreich Böhmen, das 1620 in der Schlacht am Weißen Berg untergegangen war, und
- das Königreich Ungarn, dessen gesamter, von den Türken besetzter Osten nach und nach zurückerobert wurde.

Polen. Polen wurde erst 1919 wieder unabhängig. Der kosmopolitische Geist des 18. Jahrhunderts, von dem schon die Rede war, hatte dort eine Blüte ohnegleichen erlebt. Ausgehend von einer lateinisch-romanischen Grundlage, hatte das Land im Lauf der Zeit viel von der Kultur Frankreichs, Englands, Italiens und slawischer

431

432

Nachbarvölker übernommen. Beispielhaft dafür sind Leben und Werk von Männern wie dem 1798 geborenen Schriftsteller Adam Mickiewicz, dem Fürsten Adam Czartoryski, dem Komponisten Frédéric Chopin und dem Voltaire-Übersetzer Julian Niemcewicz.

In Frankreich und England äußerte sich das Interesse an der polnischen Frage in der Gründung eines *Comité polonais* und einer *National League for the Independance of Poland.*

Die Tschechen. Im Böhmen des 19. Jahrhunderts war der Historiker und Politiker František Palacký (1798-1876), Verfasser einer fünfbändigen *Geschichte Böhmens,* die überragende Gestalt. Es sollte indes noch bis zum Ende des Ersten Weltkriegs dauern, bis tschechische Politiker, namentlich Thomas Masaryk und Eduard Benesch, beschlossen, mehr als nur die Autonomie innerhalb der Donaumonarchie zu fordern.

Ungarn. In Ungarn wurde der Nationalismus hauptsächlich von einem Adel getragen, der dem Haus Habsburg feindlich gesinnt und darauf bedacht war, das «Königreich des heiligen Stephan» wiedererstehen zu lassen. Im Jahr 1825 veröffentlichte der Dichter Mihály Vörösmarty ein Epos, das das romantische Nationalgefühl schürte. Dieser Nationalismus nahm unter führenden Politikern wie József Eötvös und Ferencz Deák gemäßigte, unter dem Anwalt Lajos Kossuth hingegen gewaltsame Formen an: Es kam zu einem regelrechten Krieg.

431 *«Das Ende Polens»: Trauer nach der Niederschlagung des Aufstands von 1830/31 durch russische Truppen. Zeitgenössische Lithographie.* **432** *Die Revolution in Ungarn 1848/49: «Der ungarische Freiheitsheld Lajos Kossuth bietet den Landsturm auf.» Neuruppiner Bilderbogen Nr. 1312.* **433** *Die Julirevolution 1830 in Paris: «Die Freiheit führt das Volk an.» Gemälde von Eugène Delacroix, 1830. In dem Mann mit Gewehr und Zylinder hat sich der Künstler selbst dargestellt.*

Nach dem Preußisch-österreichischen Krieg von 1866 konnte Ungarn im Jahr 1867 gegenüber dem besiegten Österreich ein Statut der Gleichberechtigung durchsetzen. Danach sprach man von Österreich-Ungarn und der Doppelmonarchie. Fortan genossen die verschiedenen Nationalitäten des Reichs aufgrund der österreichischen Verfassung von 1867 weitgehende Gleichberechtigung, doch handelte es sich nicht um ein föderalistisches System.

Die alten Nationen. In den alten Nationen war das Nationalgefühl nicht weniger stark und führte zu äußerst heftigen Auseinandersetzungen: in Spanien wegen Gibraltar; in Frankreich wegen der Politik Napoleons III.; im Vereinigten Königreich bei der Masse der irischen Katholiken, die 1828 ihre Emanzipation durchsetzten, und – das protestantische Ulster ausgenommen – bei den Iren, die, wenn ihnen die Unabhängigkeit schon verwehrt war, zumindest *Home Rule*, die Selbstregierung, forderten. Norwegen löste sich aus der Personalunion mit Schweden und erlangte 1905 seine vollständige Unabhängigkeit.

Belgien. Das aus den ehemals katholischen Niederlanden und dem Bistum Lüttich bestehende Belgien hatte nacheinander zu Burgund, Spanien, Österreich und Frankreich gehört und war 1815 mit dem protestantischen Holland vereint worden, dessen König Wilhelm I. auch König der als Pufferstaat an Frankreichs Nordgrenze gedachten Niederlande wurde. Da sich die belgischen Katholiken ebenso wie die belgischen Liberalen – die einen lehnten das protestantische Haus Oranien ab, die anderen waren zwar antiklerikal, zugleich jedoch auch Gegner des autoritären Regimes – unterdrückt und diskriminiert fühlten, schlossen sie sich 1825 zu einer Union zusammen. Angespornt vom Beispiel der französischen Liberalen, die im Juli 1830 für kurze Zeit an die Macht kamen, erhoben sich die Belgier am 25. August desselben Jahres.

Viele Franzosen glaubten damals zu Unrecht, die Belgier wünschten einen Anschluß an Frankreich; aber dies traf nur für eine Minderheit zu. Der französische König Louis-Philippe und Talleyrand, sein Botschafter in London, waren sich darüber im klaren, daß England, nachdem es zwanzig Jahre lang Krieg geführt hatte, um Frankreich aus Antwerpen zu vertreiben, im Fall einer Annexion Belgiens durch Frankreich wiederum zu den Waffen greifen würde. Der 1830 gegründete belgische Staat verdankte seinen nationalen Zusammenhalt der Union zwischen Flamen und Wallonen. Etwa die Hälfte der Belgier, unter ihnen die loyalsten Katholiken, hatte als Muttersprache Flämisch, das jedoch von der geistigen Elite geringschätzig als Mundart abgetan wurde. Das Belgien des Jahres 1830 war nach den Worten des bedeutenden belgischen Historikers Henri Pirenne eine Art «französierter Block».

Die Diskriminierung der flämischen Sprache bewirkte, daß 1840 eine «Flämische Bewegung» entstand, die bis etwa 1860 im wesentlichen sprachliche und literarische Ziele hatte. Ihr Motto lautete: *De taal is gansch het volk* – die Sprache ist das ganze Volk. Im Jahr 1856 erreichte man, daß das Flämische fortan in den flämischen Provinzen dem Französischen gleichgestellt wurde und alle amtlichen Dokumente, Gesetze und Erlasse ins Flämische übersetzt werden mußten. Auch die flämischen Regimenter sollten künftig auf flämisch kommandiert werden. Von da an erkämpften sich die Flamen immer mehr Rechte, bis in den Jahren 1914 bis 1930 das eintrat, was Max Lamberty, ein Vordenker der Flämischen Bewegung, die «Flamisierung aller Flamen» genannt hat. Natürlich war diese konfliktträchtige Lage eine Bedrohung für die Einheit Belgiens.

433

434

434 *Königin Viktoria von England (R 1837-1901) empfängt Louis-Philippe, den König der Franzosen (R 1830-1848), in ihrem Salonwagen. Gemälde von Edouard Pingret (1788-1875).* **435** *Der italienische Staatsmann Camillo Graf Benso di Cavour (1810-1861), Einiger Italiens. Gemälde von Francesco Hayez (1791-1881).* **436** *«Die Einschiffung der Tausend in Quarto bei Genua», 1860: unter Führung Giuseppe Garibaldis (1807-1882) eroberten die Freischaren Sizilien und stürzten in Unteritalien die Bourbonen. Gemälde von Jean-Baptiste Tetar van Elven (1805-1879).*

435

Die Schweiz. In der Schweiz lagen die Dinge ganz anders. Dort konnte man keineswegs sagen, die Sprache sei das ganze Volk. Der Historiker Georges Andrey überschrieb in seiner *Neuen Geschichte der Schweiz und der Schweizer* das Kapitel über die Zeit von 1798 bis 1849 «Die Suche nach einem Nationalstaat».

Von 1798 bis 1814 stand die Schweiz unter französischem Einfluß. Während der «Hundert Tage» kämpften ihre Soldaten dann auf der Seite der Alliierten.

Am 20. November 1815 kam es beim Zweiten Pariser Frieden seitens der fünf Großmächte – Portugal zog später nach – zu einer «formellen und echten Anerkennung der immerwährenden Neutralität der Schweiz», der man «die Integrität und Unverletzlichkeit ihres Staatsgebiets innerhalb der neuen Grenzen» garantierte. Damit erkannten die Mächte ein Prinzip an, auf das sich die Schweizer seit eh und je berufen hatten.

Im Jahr 1832 empfahl Jakob Hess, Bürgermeister von Zürich, alle wichtigen Reformen hintanzustellen, «bis das Volk eine Nation werden will». Und Frédéric-César de La Harpe, der in der Helvetischen Republik eine führende Rolle gespielt hatte, klagte 1823: «Was uns arme Schweizer angeht, so sind wir keine Nation mehr.»

Der Patriotismus, das aus der Neutralität erwachsende Ansehen, die Vielzahl nationaler, eidgenössischer, vaterländischer und mehrsprachiger Verbände und Vereine für Pädagogik, Gesangskunst und Literatur, weiterhin der Vergangenheitskult – die großen Feierlichkeiten zu Ehren von Wilhelm Tell spielten dabei eine überaus wichtige Rolle – und der Einfluß Giuseppe Mazzinis, der «Jungen Schweiz»: All dies machte dann aus der Schweiz eine besonders festgefügte Nation.

In diesem Land, das seit 1816 keinerlei territoriale Veränderung mehr erfuhr, in dem drei Hauptsprachen gesprochen wurden und dessen Kosmopolitismus durch zahlreiche Ausländer – 1848 waren es 50000 bei einer Gesamteinwohnerzahl von 2,4 Millionen – zusätzliche Nahrung erhielt, in einem solchen Land entzündeten sich die Konflikte zumeist an religiösen und wirtschaftlichen, selten jedoch an sprachlichen Fragen. Nur die katholischen Kantone gerieten 1847 in Versuchung, sich aus der Eidgenossenschaft zu lösen. So kam es zum «Sonderbundskrieg». Er dauerte vom 4. bis zum 30. November, kostete rund hundert Menschenleben und endete mit einem mühelosen Sieg der anderen Kantone über den Sonderbund. Eine neue Verfassung, mustergültig für den modernen Bundesstaat, wurde 1848 angenommen.

Neben den alten Staaten und den stets aus gewaltsamen Sezessionskriegen hervorgegangenen neuen Nationalstaaten – nicht alle hatten in so friedlicher Weise ihre Unabhängigkeit erlangt wie Norwegen von Schweden – bildeten sich zwei große Staaten durch Verschmelzung von seit 1815 bestehenden Kleinstaaten: das Königreich Italien und das Deutsche Reich.

436

437

438

437 *Ein Bekenntnis zur Freiheit und Einheit der Deutschen: das Hambacher Fest vom 27. bis 30. Mai 1832. Etwa 30000 Demokraten und Republikaner aus Deutschland sowie Abordnungen aus Polen und Frankreich nahmen daran teil. Zeitgenössische Lithographie.* **438** *Die Revolution von 1848 in Berlin: «Die Errichtung einer Barrikade in der Großen Friedrichstraße in der Nacht vom 18. auf den 19. März 1848.» Lithographie nach einem Gemälde von Jean-Baptiste Isabey (1767-1855).*

Das Königreich Italien. Italien war in den Augen Metternichs lediglich ein «geographischer Begriff». Das Land bestand aus sechs Staaten und dem unter der Herrschaft Österreichs stehenden «Lombardisch-Venezianischen Königreich» mit Mailand und Venedig. Seit 1815 gab es erste Anzeichen für eine nationale Einigungsbewegung, das *Risorgimento*. Nach der Niederlage Piemont-Sardiniens gegen Österreich 1848/49 begriffen König Viktor Emanuel II. und sein Premierminister Camillo Graf Cavour, daß sie die Hilfe einer Großmacht mit einer starken Armee brauchten. Im Jahr 1859 führte Piemont-Sardinien, diesmal mit der Unterstützung Frankreichs, erneut Krieg gegen Österreich, und im April 1861 wurde das Königreich Italien ausgerufen. 1866 annektierte es Venetien, 1870 Rom. Die Forderung nach einer Eingliederung der «Irredenta»-Gebiete Trentino, Triest, Friaul und Istrien wurde erhoben, aber sie blieben bis 1918 österreichisch.

Das Deutsche Reich. Der Wiener Kongreß hatte den Deutschen Bund ins Leben gerufen, ein lockeres Bündnissystem, in dem die beiden größten deutschen Staaten, Österreich und Preußen, miteinander rivalisierten. Liberale Bestrebungen, die in der Einberufung der Frankfurter Nationalversammlung gipfelten, wurden nach 1848 zunehmend unterdrückt.

Zur tatsächlichen Einigung Deutschlands bedurfte es des diplomatischen Talents des im September 1862 zum preußischen Ministerpräsidenten ernannten Otto von Bismarck und dreier Kriege: des Deutsch-dänischen Kriegs von 1864, den Preußen nutzte, um Österreich zu kompromittieren; des Preußisch-österreichischen Kriegs von 1866, der am 12. Juli 1866 durch den preußischen Sieg in der Schlacht von Königgrätz entschieden wurde und zur Folge hatte, daß Preußen den Deutschen Bund auflöste und den Norddeutschen Bund ohne Österreich gründete; und schließlich des Deutsch-französischen Kriegs von 1870/71, der es Bismarck ermöglichte, das Deutsche Reich zu gründen, dessen Verfassung am 1. Januar 1871 in Kraft trat. Der deutsche Bundesstaat erhielt ein Parlament, den Reichstag, und dem preußischen König Wilhelm I. wurde die Kaiserkrone angetragen. Die Annexion des Elsaß und eines Großteils von Lothringen konsolidierte das neue Deutsche Reich. Elsaß-Lothringen erhielt den Status eines «Reichslandes», das heißt, es wurde gemeinschaftlicher Besitz aller deutschen Bundesstaaten unter preußischer Vormachtstellung. Der Reichskanzler war zugleich preußischer Ministerpräsident. In allen Ressorts, für die nicht ausdrücklich ein Staatssekretär des Reichs zuständig war, fielen die entsprechenden Kompetenzen dem jeweiligen preußischen Minister zu.

Das Europa der Romantik

Die große literarische, künstlerische und religiöse Bewegung, der man den Namen «Romantik» gegeben hat, war zweifellos ein gesamteuropäisches Phänomen. Man könnte meinen, daß sie so etwas wie eine «nordische» Reaktion auf den «mediterranen» Klassizismus darstellte. Dies jedenfalls behauptete der 1796 geborene Schotte James Macpherson, Autor einer der schönsten literarischen Fälschungen der Geschichte. Im Jahr 1760 veröffentlichte er *The Works of Ossian* (Ossians Werke), angeblich eine Übersetzung des Werks eines sagenumwobenen gälischen Barden dieses Namens. Seiner

Meinung nach nahmen die keltischen und die skandinavischen Völker in der Romantik eine Sonderstellung ein. Dem ist entgegenzuhalten, daß auch Italiener wie Alessandro Manzoni und Giacomo Leopardi diese Bewegung würdig vertraten. Die Romantik war vor allem eine Geisteshaltung, für die bezeichnend war, daß Gefühle und Empfindungen nicht selten den Sieg über die Vernunft davontrugen und daß sie ein Traumbild von Europa entwarf.

Europa und das «Vaterland». Bis zur Mitte des 19. Jahrhunderts war das Wunschbild eines «Europa der Nationen» meist mit einem Gefühl der Zuversicht verbunden. Die beiden wichtigsten ideellen Grundlagen dieses Mythos waren wohl, zumindest bis 1848, der Glaube an eine «Sendung» eines jeden Volkes, sobald es erst in einer Nation vereint wäre, und an die «Harmonie», die einem Europa der Nationen entspringen würde.

Schon in den Jahren vor 1830 finden sich zahlreiche Belege für diese Geisteshaltung, der es damals allerdings noch an Klarheit mangelte, da die Begriffe «Staat» und «Nation» oftmals in eins gesetzt wurden. Der französische Dichter Pierre-Jean de Béranger verlieh dem Wunschbild in dem 1818 geschriebenen Gedicht *La Sainte Alliance des Peuples* (Die Heilige Allianz der Völker) zwar ein wenig unbeholfen, zugleich jedoch äußerst eindringlich gleichnishaften Ausdruck, indem er den Frieden zu den Menschen sprechen ließ: «Ach, sagte er, wo ihr doch gleich an Tapferkeit seid,/ Franzosen, Engländer, Belgier, Russen oder Deutsche,/ so bildet, ihr Völker, eine Heilige Allianz/ und reichet euch die Hände.»

Der große deutsche Philosoph Georg Wilhelm Friedrich Hegel (1770-1831) hat seinen dialektischen Idealismus auf die Begriffe «Staat» und «Europa» angewandt. Der Staat war für ihn die Verkörperung des Absoluten und die Verwirklichung des Volksgeistes: «Der Staat ist die geistige Idee in der Äußerlichkeit des menschlichen Willens und seiner Freiheit.» Doch im gegenwärtigen Stadium der Menschheit sei der Staat darüber hinaus Ausdruck des abendländischen Geistes. «Die Weltgeschichte geht von Osten nach Westen, denn Europa ist schlechthin das Ende der Weltgeschichte, Asien der Anfang.» So Hegel in seinen *Vorlesungen über die Philosophie der Weltgeschichte.* Für Hegel war die Entwicklung der Geschichte also eine Entwicklung des Geistes. Dessen höchste Hervorbringung sei Europa und dessen Essenz wiederum Deutschland. Den vierten Teil seines Werks überschrieb er: «Die germanische Welt». Darin heißt es: «Der germanische Geist ist der Geist der neuen Welt, deren Zweck die Realisierung der absoluten Wahrheit als der unendlichen Selbstbestimmung der Freiheit ist, der Freiheit, die ihre absolute Form selbst zum Inhalt hat.»

Hegel war ein Theoretiker des Staates, nicht der Nation. Der französische Philosoph Théodore-Simon Jouffroy, wie Hegel Idealist und Liberaler, verkündete in seinem 1826 verfaßten Werk *L'Etat actuel de l'Humanité* (Die gegenwärtige Lage der Menschheit): «Die Bürgerkriege in Europa sind vorüber, die Rivalität zwischen seinen Völkern schwindet, wie unter Alexanders Herrschaft die Rivalität zwischen den griechischen Städten verschwand [...], und so wird Europa allmählich zu einer einzigen Nation, wie es ein Amerika, ein Asien und ein Afrika gibt. Um diese Einigkeit Europas gegenüber jenen Massen und um ein Gleichgewicht zwischen diesen Massen muß sich der Mensch nun kümmern.» So, wie für Hegel Deutschland die Essenz Europas ist, war Frankreich für Jouffroy «als Nation Vorreiter Europas». Der französische Historiker und Staatsmann François Guizot vertrat in der Folge ähnliche Anschauungen.

Sowohl bei Hegel als auch bei Jouffroy erschien das Begriffspaar der «Sendung» der Völker und der europäischen Einigung.

Sendungsbewußtsein und Überlegenheitsgefühl waren übrigens weit verbreitet und steigerten sich in der Zeit nach 1830. So schrieb Jules Michelet 1831 in seiner *Einführung in die Universalgeschichte:* «Wenn es auf der Welt etwas gibt, das alles andere als einfach und naturgegeben, sondern höchst künstlich, also durchaus nicht schicksalhaft, dafür aber zutiefst menschlich und frei ist, so ist es Europa, und am europäischsten ist Frankreich, mein Vaterland.»

Zwölf Jahre später gab der berühmte italienische Geistliche, Philosoph und Staatsmann Vincenzo Gioberti (1801–1852) seinem Hauptwerk den Titel: *Il primato morale e civile degli Italiani.* (Die moralische und bürgerliche Überlegenheit der Italiener). Und Giovanni Berchet, ebenfalls Italiener, beschrieb den «leidvollen Zustand, in dem sich Schmerz, Vernunft und Erkenntnis verbinden, um gemeinsam jenes europäische Nationalgefühl zu entwickeln, das die Völker einander allmählich näher bringt».

439

439 *Die Landschaft als Symbol: «Die gescheiterte Hoffnung.» Gemälde von Caspar David Friedrich (1774-1840), 1821. Eisplatten zermalmen erbarmungslos das schwache, hölzerne Schiff – eine symbolhafte Andeutung der Gefährdung menschlichen Daseins, des Scheiterns der politischen Freiheitsträume von 1813.*

440 *Das Europa der Romantik: «Liszt am Klavier.» Gemälde von Josef Danhauser, 1840. Auf dem Klavier steht eine Beethoven-Büste, an der Wand hängt ein Bildnis Lord Byrons. Von links nach rechts sind zu sehen: der Romancier Alexandre Dumas der Ältere, Autor der «Drei Musketiere», die Schriftstellerin George Sand, der Violinvirtuose und Komponist Niccolò Paganini und der Opernkomponist Gioacchino Rossini. Zu Liszts Füßen seine Geliebte Marie d'Agoult.*

Die Entwicklung der europäischen Idee. Damals tauchte das Wort «Europa» in den Namen von Zeitschriften auf: in dem 1817 von Muhrard in Bern herausgegebenen *Journal européen* und in der *Revue européenne,* einer Vorläuferin des *Correspondant.* Erwähnt sei hier auch François-René de Chateaubriands berühmter «Brief an die Herren Redakteure der *Revue européenne*». Von Philippe Buchez' *Européen* wird später noch die Rede sein. Man befaßte sich mit der «europäischen Zivilisation», so zum Beispiel François Guizot in seiner *Histoire générale de la civilisation en Europe* (Allgemeine Geschichte der europäischen Zivilisation) aus dem Jahr 1828, und der «europäischen Literatur». Der erste Artikel des blutjungen Giuseppe Mazzini im *Conciliatore* des Jahres 1829 war überschrieben: «Über eine europäische Literatur».

Seit 1830 wurde der Wunsch nach einem aus einträchtigen Nationen gebildeten Europa dringlicher und erfaßte immer mehr Menschen. Fernand Baldensperger hat in seinem Buch *Le grand schisme de 1830: Romantisme et Jeune Europe* (Das große Schisma von 1830: Romantik und Junges Europa) überzeugend die Spaltung dargelegt, die sich damals in der romantischen Bewegung vollzog. Die einen blieben einem rein literarisch-akademischen Ideal treu, während sich die anderen, deren Zahl stetig wuchs, einem zutiefst politischen und nationalistischen Ideal verschrieben. Pierre Renouvin drückte es in seiner *Histoire des relations internationales, XIXe siècle* (Geschichte der internationalen Beziehungen, 19. Jahrhundert) so aus: «Die emanzipatorische Tendenz überwiegt nun bei den italienischen, polnischen und bei einigen deutschen Romantikern, die sich der Literatur bedienen wollen, um das Nationalbewußtsein zu steigern.»

Der romantische Traum machte jedoch nicht bei der Nation halt. Er erstreckte sich vielmehr auf ein Europa, dessen einträchtige Verwirklichung man für möglich hielt – ohne allerdings den rechtlichen Rahmen näher zu definieren. In Frankreich war die Europa-Idee, wie bereits erwähnt, wesentlich von Saint-Simon geprägt worden. Eine Neuordnung der europäischen Völkergemeinschaft war für ihn «das einzige philosophische Ziel, das die Beachtung gebildeter Menschen verdient». Der Saint-Simonismus als Schule, genauer gesagt, als «Religion» mit «Vater» Prosper Enfantin als Oberhaupt, kümmerte sich kaum um diese Problematik, sondern schwelgte in einem pseudoreligiösen Mystizismus. Nur einige Realisten wie Michel Chevalier, Gustave d'Eichtal und die Brüder Pereire machten sich seltsamerweise Gedanken über den Aufschwung der Industrie und den Bau eines ausgedehnten europäischen Eisenbahnnetzes. Die überschwenglichsten Europäer waren in erster Linie abtrünnige Saint-Simonisten wie Auguste Comte und Philippe Buchez.

Buchez. Philippe Buchez (1796-1865), Gründer der *charbonnerie* in Frankreich, zum Katholizismus übergetretener Saint-

440

Simonist, Urahn des christlichen Sozialismus und großer Bewunderer der *montagnards*, der radikalen Demokraten in der Nationalversammlung, war von etwa 1830 bis zu seinem Tod der wichtigste Denker einer sozialistisch-christlichen Richtung innerhalb der Philosophie, die zeitweilig beachtlichen Einfluß genoß. Vom 5. Mai bis zum 6. Juni 1848 war Buchez der erste Präsident der verfassunggebenden Versammlung, also für einen Monat de facto französisches Staatsoberhaupt.

Ein Hauptziel Buchez' war es, die Lebensbedingungen der Arbeiter zu verbessern. Zugleich war er aber auch ein glühender Befürworter einer «europäischen Föderation», zu der man, wie er glaubte, erst nach einem «langen und beschwerlichen Kampf» gelangen würde, nämlich sobald «die von der christlichen Lehre proklamierte Gleichheit und Freiheit de facto und de jure die Grundlagen der menschlichen Gesellschaft bilden».

Buchez' Einfluß war unbestritten, zumal auf Henri Feugueray, einen Vorkämpfer der «Vereinigten Staaten von Europa».

In der Zeit vor 1848 wurde das Ideal eines aus den verschiedenen Nationen zu bildenden Europa nicht in Frankreich, sondern in Italien mit der größten Verve verfochten. Das lag nicht so sehr an der Klarheit und Kraft des Gedankens als vielmehr an der außerordentlichen Ausstrahlung Giuseppe Mazzinis.

Mazzini. Der Heros der nationalistischen Romantiker in Europa war zweifellos Giuseppe Mazzini (1805-1872), mochten seine Ideen noch so vage, mystisch und utopisch sein. «Selten findet man bei einem politischen Schriftsteller so häufig das Wort Europa wie bei Mazzini», so schrieb der italienische Historiker Carlo Curcio.

Eine Zeitlang gehörte Mazzini den *carbonari* an, brach dann mit dem Geheimbund und gründete in Marseille die Zeitschrift *La Giovine Italia* – Das Junge Italien. Aus rein nationalistischen Beweggründen kämpfte er für die Einigung seines Vaterlands und für die Errichtung einer Republik. In seiner Zeitschrift beschwor er die Rolle Italiens in einem neuen Europa, und wie Buchez entwickelte er die These von einer Sendung aller europäischen Nationen. Von da bis zur Idee einer Einigung der europäischen Völker war es nur noch ein Schritt, und Mazzini vollzog ihn, nachdem er mit seinen revolutionären Bestrebungen in Savoyen und Italien gescheitert war. Er flüchtete nach Bern und gründete dort mit sechzehn anderen Revolutionären – Italienern, Deutschen und Polen – am 15. April 1834 den Bund «Junges Europa», der sich zu Freiheit, Gleichheit,

441

Menschlichkeit, Brüderlichkeit zwischen den Völkern und stetigem Fortschritt bekannte. Die Mitglieder waren überzeugt, daß jedes Volk eine *besondere* Sendung habe, «die notwendigerweise zur Vollbringung der allgemeinen Sendung der Menschheit beiträgt».

Dem «Jungen Europa» traten verschiedene deutsche, polnische, italienische, schweizerische, französische und österreichische Vereinigungen bei und bildeten fortan die *Congrega* (Versammlung) des «Jungen Europa». Doch Mazzini ging noch weiter. Er faßte eine Art Föderation von vierzehn «nationalen» Republiken ins Auge. Der französische Historiker Pierre Renouvin schrieb, eine solche revolutionäre Erneuerung der Landkarte Europas sei Mazzini im Grunde wichtiger gewesen «als der Plan für eine künftige Gestaltung der internationalen Beziehungen, denn er war überzeugt, daß zwischen den Republiken von Anfang an der Geist der Brüderlichkeit herrschen würde». Übrigens trugen sich Mazzini und Buchez aus einer religiösen Grundhaltung noch mit einem anderen ehrgeizigen Ziel: dem christlichen Sozialismus.

Die Idee, die Nation als Übergangsstadium auf dem Weg nach Europa zu betrachten, zog viele andere Italiener in ihren Bann, unter ihnen auch den Philosophen und Staatsmann Vincenzo Gioberti und den Föderalisten Carlo Cattaneo, der dem Kreis jener angehörte, die als erste den Ausdruck «Vereinigte Staaten von Europa» im Munde führten.

Die «Vereinigten Staaten von Europa». Bei Heinrich Heine (1797-1856), dessen Denken laut Denis de Rougemont ein «Schwanken zwischen deutschem Nationalismus und weltumspannendem Liberalismus darstellte», finden sich Zeilen wie diese: «Alle Völker Europas und der ganzen Welt werden diesen Todeskampf

441 *Der italienische Romantiker und Nationalist Giuseppe Mazzini (1805-1872), Mitglied der «carbonari» und Gründer der «Giovine Italia», die er 1834 mit deutschen und polnischen Parallelgründungen zum «Jungen Europa» vereinte. Gemälde von Luigi Zuccoli (1815-1876).* **442** *«Heinrich Heine und seine Frau Mathilde.» Gemälde (Ausschnitt) von Ernst Benedikt Kietz, 1851.* **443** *«Victor Hugo pflanzt einen Freiheitsbaum auf der Place Royale in Paris, 1848.» Aquarellierte Bleistiftzeichnung von Julius Vogel.*

442

443

überstehen müssen, damit aus dem Tode das Leben, aus der heidnischen Nationalität die christliche Fraternität hervorgehe. Ich meine hier nicht alles Aufgeben schöner Besonderheiten, worin sich die Liebe am liebsten abspiegelt, sondern jene von uns Deutschen am meisten erstrebte und von unsern edelsten Volkssprechern, Lessing, Herder, Schiller usw. am schönsten ausgesprochene allgemeine Menschenverbrüderung, das Urchristentum.» Aber Heine konnte auch ausrufen: «Ja, die ganze Welt wird deutsch werden!» Der zwischen solchen Extremen pendelnde Heine mochte als Anhänger einer «Internationalen der Nationalisten» im Sinne Mazzinis gelten, um nochmals Denis de Rougemont zu zitieren.
Von 1848 an ging man für kurze Zeit weit über ein einträchtiges Europa der Nationen hinaus und entwarf Pläne für die «Vereinigten Staaten von Europa». Diese Bezeichnung erschien zuerst in einer am 25. Dezember 1847 in Rouen gehaltenen Rede des Advokaten Vésinet, dann in der Ausgabe des *Moniteur universel* vom 28. Dezember, in zwei Artikeln des schottischen Journalisten Charles MacKay im *London Telegraph* am 28. März und am 1. April 1848, in einem Artikel von Emile de Girardin in *La Presse* vom 10. August 1848 und schließlich am 30. September 1848 in der *Geschichte der Mailänder Erhebung* von Carlo Cattaneo. Henri Feugueray, ein Buchez-Anhänger, hob am 23. März 1848 in der *Revue nationale* die wirtschaftliche, geistige und politische Zusammengehörigkeit Europas hervor und regte einen Staatenbund an, ohne allerdings näher auf die rechtlichen Aspekte einzugehen. Emile de Girardin begnügte sich mit der Frage: «Warum sollte es nicht Vereinigte Staaten von Europa geben, wo es doch die Vereinigten Staaten von Amerika gibt?» Cattaneo machte sich Mazzinis Vorstellungen zu eigen: «Wir werden Frieden haben, sobald es die Vereinigten Staaten von Europa gibt.»

Die Friedenskongresse. Friedenskongresse tagten im September 1848 in Brüssel, im August 1849 in Paris und 1850 in Frankfurt. Die Initiative war von dem amerikanischen Pazifisten Elihu Burritt ausgegangen. Der Kongreß von Paris, bei dem Victor Hugo den Vorsitz führte, war der interessanteste; doch mögen die Worte des großen Dichters aus den *Douze discours* (Zwölf Reden) von 1850, die hier zitiert werden, noch so schön sein – mit den «Vereinigten Staaten von Europa» kam man kaum voran:
«Der Tag wird kommen, an dem du, Frankreich, du, Rußland, du, England und du, Deutschland, all ihr Nationen dieses Erdteils, zu einer höheren Einheit verschmelzen werdet, ohne eure verschiedenen Vorzüge und eure ruhmreiche Einzigartigkeit einzubüßen, und ihr werdet eine europäische Bruderschaft bilden, genauso, wie die Bretagne, Burgund, Lothringen und das Elsaß in Frankreich aufgegangen sind [...] Der Tag wird kommen, an dem sich zwei gewaltige Blöcke, die Vereinigten Staaten von Amerika und die Vereinigten Staaten von Europa, gegenüberstehen werden, sie werden sich über die Meere hinweg die Hand reichen, ihre Erzeugnisse und ihre Kenntnisse im Handel und in der Industrie, in den Künsten und in den Wissenschaften austauschen, den Erdball urbar machen, die Wüsten bevölkern und unter den Augen des Schöpfers die Schöpfung verbessern.»
«Im zwanzigsten Jahrhundert», schrieb Victor Hugo 1867 in einem Artikel mit dem Titel *Die Zukunft*, «wird es eine außergewöhnliche Nation geben. Diese Nation wird groß sein, was sie jedoch nicht daran hindern wird, frei zu sein. Sie wird hoch angesehen, reich, durchgeistigt, friedlich und dem Rest der Menschheit wohlgesinnt sein [...] Diese Nation wird Paris zur Hauptstadt haben, und sie wird nicht Frankreich heißen, sie wird Europa heißen. Sie wird im zwanzigsten Jahrhundert Europa heißen, und in den darauffolgenden Jahrhunderten wird sie, verklärter noch, Menschheit heißen.»
Große und schöne Pläne, große und schöne Weissagungen – darin bestand der Beitrag der Romantiker zur europäischen Idee. Bei der Schaffung Europas sind sie über den Nationalstaat nicht hinausgelangt. Der Weg vom Traum zur Realität ist lang und beschwerlich.

Die Zeit der Unruhen und Kriege (1848-1871)

In seinem Werk *Diplomacy by Conference* (Diplomatie durch Konferenzen) schrieb Lord Hankey, ein herausragender Unterhändler auf der Versailler Friedenskonferenz von 1919: «Es ist schon recht seltsam, daß das ‹Europäische Konzert›, dieses System des Gleichgewichts der Mächte, das sich im vergangenen Jahrhundert nach dem Scheitern der Quadrupelallianz entwickelt hat, von Erfolg gekrönt war, sei es bei der Vermeidung von Kriegen, sei es bei deren Eindämmung.» Hankey verwies besonders auf die Zeit zwischen dem Berliner Kongreß (1878) und dem Italienisch-türkischen Krieg (1911) und verglich sie mit der Ära der Antonine im alten Rom.
Hat das «Europäische Konzert» tatsächlich Kriege verhindert? Oder war es das ganz anders zu erklärende Ausbleiben von Kriegen, das die Entwicklung des «Konzerts» ermöglichte?
Fest steht, daß auf 31 Jahre des Friedens zwischen den Großmächten 23 von Revolutionen geprägte Jahre und schließlich vier große Kriege folgten – der Krimkrieg, der Krieg in Italien, der Deutsche Krieg und der Deutsch-französische Krieg. Jene 23 Jahre stellten in der Geschichte des 19. Jahrhunderts eindeutig eine Wende dar.

Napoleon III. Nach der «Reaktion» und dem Staatsstreich von 1850/51 schien Napoleon III. (R 1852-1870) die politische Bühne zu beherrschen. Er war ein zu phantasievoller Mensch, als daß er nicht auch von einem geeinten Europa geträumt hätte. Immerhin gelang es ihm, eine Art Freihandelszone zu errichten, zu der außer Rußland alle europäischen Staaten gehörten.
In seiner 1839 verfaßten Schrift *Les idées napoléoniennes* (Die napoleonischen Ideen) hatte Napoleon III. die These vertreten, daß es eine Art «europäischen Bund» zu gründen gelte. Zuvor müßten allerdings die nationalen Ziele verwirklicht werden, und Frankreichs «europäische Sendung» sei es, darauf hinzuarbeiten. Diese Schrift kam in mehr als einem Punkt den Vorstellungen von Buchez und Mazzini nahe, doch sie zeugte darüber hinaus vom mystischen und unstillbaren Ehrgeiz eines Menschen, der an seine Berufung glaubte.
Nachdem Napoleon 1852 Kaiser geworden war, machte er sich daran, die Grenzen in Europa unter Berücksichtigung der Nationalitätenfrage zu korrigieren. Er spielte

444

bei der Einigung Italiens eine wesentliche Rolle und förderte auch – von der Schlußphase abgesehen – die deutsche Einigung. Im Jahr 1863 überwarf er sich mit Rußland, weil er eine internationale Konferenz angeregt hatte, die über das Schicksal der aufständischen Polen entscheiden sollte. Er setzte sich für die Rumänen, die Serben und die Montenegriner ein, doch zugleich trachtete er stets danach, für Frankreich mit Blick auf dessen «natürliche Grenzen» Kompensationen auszuhandeln. Daß Napoleon III. Savoyen und Nizza annektierte und begehrliche Blicke auf Belgien und das Rheinland warf, schuf ihm Feinde in Europa.

Ein großer Kongreß in Paris. Der Pariser Friedenskongreß begann am 1. März 1856. Er sollte den Krimkrieg beenden, die Fragen des Osmanischen Reichs regeln, das Schwarze Meer neutralisieren und den rumänischen Fürstentümern Autonomie gewähren. Mehrere völkerrechtliche Angelegenheiten wurden behandelt, und Cavour nutzte die Gelegenheit, um die italienische Frage zur Sprache zu bringen. Fortan sollte Napoleon III. von Kongressen träumen: «Napoleon hatte eine Idee, die ihm teuer war und von der er von 1859 bis 1863 geradezu besessen war: Es war die Idee, Kongresse und Konferenzen abzuhalten.» Von all den Vorhaben war nur einem einzigen Erfolg beschieden, nämlich der Pariser Konferenz vom 22. Mai bis 15. August 1858 über die Vereinigung der rumänischen Fürstentümer Walachei und Moldau.

Bismarck, Napoleon III. und die Kriege. Bismarck war 1862 preußischer Ministerpräsident geworden. Er kannte Napoleon III. und hatte sich ein Bild von ihm gemacht.
Für Bismarck zählten nur Preußen und dessen König, und trotzdem war es Bismarck, der Deutschland unter Ausschluß Österreichs durch die Kriege von 1866 und 1870/71 einte. Dafür bieten sich zwei Erklärungen an: Entweder hatte sich dieser preußische Junker allmählich zum Nationalisten gewandelt, oder er hat sich den deutschen Nationalismus zunutze gemacht, um Preußens Macht zu vergrößern.
Was Bismarck damals tat, diente der Größe Preußens, und schadete nachhaltig der Sache eines solidarischen und einigen Europa. Auch Napoleon III. hat Europa keinen Dienst geleistet, indem er die Entstehung und Entwicklung von Nationalstaaten förderte. Immerhin muß ihm zugute gehalten werden, daß er eine systematische Kongreßpolitik betrieben hat. Bismarck hingegen vertiefte die Kluft zwischen den europäischen Staaten, indem er danach trachtete, die Mächte zu isolieren, die er bezwingen wollte: Österreich, um es von Deutschland abzutrennen, und Frankreich, um es zu nötigen, die deutsche Einigung hinzunehmen, die es seit Richelieu zu verhindern gewußt hatte.
Anläßlich der polnischen Revolution des Jahres 1863 war es Bismarck gelungen, Napoleon III. und den russischen Zaren zu entzweien. Im Jahr 1864 nutzte er eine im wesentlichen deutsche Angelegenheit, nämlich den Krieg Preußens und Österreichs gegen Dänemark wegen der Herzogtümer Schleswig, Holstein und Lauenburg, um Österreich zu isolieren. Anschließend richtete er es durch meisterhaftes Taktieren so ein, daß er freie Hand gegen Österreich hatte. Am 4. Juli 1866 siegte das preußische Heer bei Königgrätz. Vor dem Krieg hatte Bismarck es verstanden, Napoleon III., der einen europäischen Kongreß vorgeschlagen hatte, hinzuhalten, und nach dem Krieg erklärte er die «Trinkgeldpolitik», das heißt Napoleons III. Forderungen nach Kompensationen, für überholt, ja sogar für verabscheuenswert.

Der Kriegsausbruch 1870. Im Juli 1870 verwickelte Bismarck Frankreich in einen Krieg. Auslöser war bekanntlich die Emser Depesche. Am 14. Juli 1870 wurde im französischen Ministerrat der Vorschlag unterbreitet, einen Kongreß abzuhalten, und Napoleon III. stimmte zu. Doch unter dem Eindruck der als Provokation empfundenen Haltung Bismarcks vermochte er es nicht, dem Druck der Kriegswilligen und dem Drängen der Kaiserin Eugenie zu widerstehen. So erklärte Frankreich den Krieg.

Die «splendid isolation» des Viktorianischen England. England, auf dem Höhepunkt seiner Wirtschaftsmacht angelangt, besaß ein riesiges Reich und

444 *Napoleon III., Kaiser der Franzosen (R 1852-1870). Gemälde von Hippolyte Flandrin (1809-1864), 1863.* **445** *Der Deutsch-französische Krieg von 1870/71: «Die Schlacht von Sedan am 2. September 1870.» Zeitgenössische Radierung. Napoleon III. geriet in deutsche Gefangenschaft. Der «Sedanstag» wurde der eigentliche Nationalfeiertag der Deutschen im Bismarckreich.* **Karte 32:** *Europa im Zeitalter des Nationalismus: Völker, Sprachgrenzen, neue nationale Zusammenschlüsse.*

445

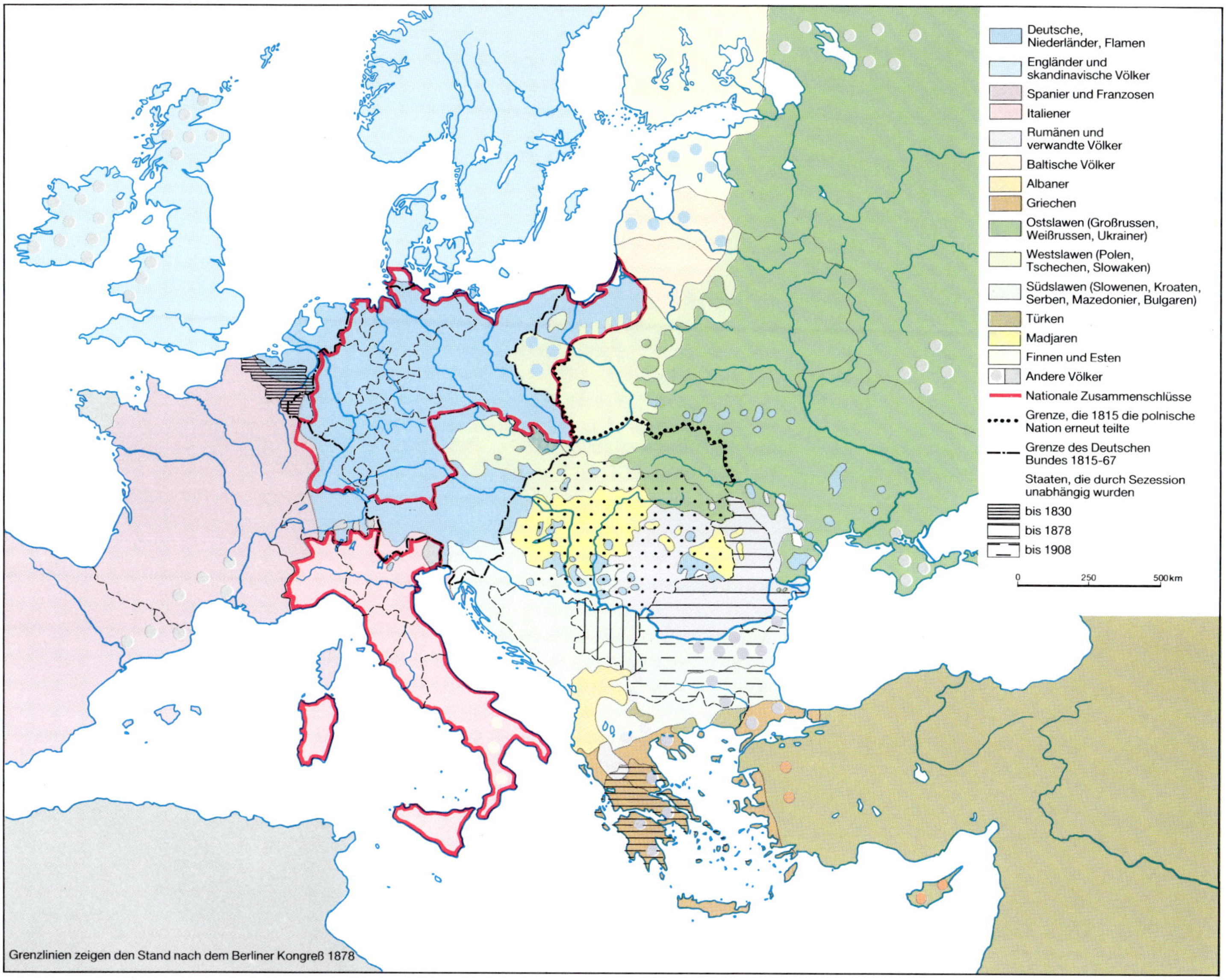

Grenzlinien zeigen den Stand nach dem Berliner Kongreß 1878

schwankte zwischen Imperialismus und der Idee kolonialer Selbstverwaltung; Kanada wurde 1867 Dominion. Zur Bildung eines wie auch immer geeinten Europa, mochte diese Einheit noch so zerbrechlich sein, trug England nicht mehr bei als Frankreich und Deutschland. Die Wirtschaftsmacht England praktizierte seit 1846 den Freihandel; das Land diente der ganzen Welt als Umschlagplatz für die wichtigsten Rohstoffe, und London stellte ein internationales Finanzzentrum dar, in dem Gold und Währungen frei gehandelt wurden. Deshalb betrieb England eher eine globale als eine europäische Politik und orientierte sich nach Übersee.

In Europa war England in erster Linie am Gleichgewicht interessiert. Es übte eine diskrete Kontrolle über den militärisch stärksten Staat des Kontinents aus, und das war in der Zeit von 1856 bis 1866 Frankreich. Keiner der großen Staatsmänner Englands war damals auf Bündnisse aus. Ihnen kam es darauf an, den Bestand des Osmanischen Reichs zu gewährleisten, und sie setzten sich energisch dafür ein, daß Gibraltar und Malta, später auch Zypern (1878) sowie Ägypten (1882) und Suez britisch blieben. England beobachtete mit Unbehagen, wie vom Osmanischen Reich, diesem Vielvölkerstaat, nach und nach die von griechisch-orthodoxen Christen bewohnten Länder abfielen. All dem maßen die Führungsschicht und die öffentliche Meinung in England verständlicherweise wesentlich größere Bedeutung bei als den «Vereinigten Staaten von Europa», für die man nichts übrig hatte und die, wären sie ohne England entstanden, eine unzulässige Bedrohung dargestellt hätten.

Zusammenfassung. Frankreich, Deutschland und England vereitelten mit unterschiedlichen Mitteln die Einigung Europas, während die übrigen Mächte dafür kaum Interesse zeigten. Die Epoche endete 1914 mit einem Blutbad.

17 Auf dem Weg in die europäische Katastrophe (1871-1914)

Nach einer Unterredung mit dem italienischen Außenminister schrieb der französische Botschafter in Rom, Marquis de Noailles, am 11. Mai 1875: «Monsieur Visconti-Venosta ist sich mit mir darin einig, daß gegenwärtig eine der Hauptgefahren im Fehlen dessen besteht, was man einst als Europa bezeichnet hat.» Einige Jahre später äußerte der französische Staatsmann Jules Ferry in *Le Tonkin et la Mère-patrie* (Tongking und das Mutterland) eine ähnliche Ansicht: «Es gibt kein Europa mehr, heißt es, aber sieht man denn nicht, daß ebendies unsere Schwäche ist? Es liegt in unserem Interesse, daß es noch ein Europa gibt, und wir sollten überall zur Stelle sein, wo es sich sammelt.» Kein Europa mehr? Was soll das heißen? Geblieben war der geographische Rahmen, in den man Rußland bald einbezog, bald nicht. Geblieben waren auch gewisse Gepflogenheiten des europäischen «Konzerts» – nicht nur Botschafterkonferenzen, auf denen bestimmte Fragen erörtert wurden, sondern auch Konferenzen auf höherer Ebene: der Berliner Kongreß von 1878 im Gefolge des Russisch-türkischen Kriegs, die Berliner Kolonialkonferenz 1884/85. In diplomatischen Kreisen herrschte weiterhin jene Einheitlichkeit der Herkunft, des Standes, der Gesinnung, der Sprache und der Verfahrensweise, die alles in allem für das 19. Jahrhundert so bezeichnend war.

Die Übersteigerung des Nationalismus

Gemäßigter Nationalismus im Sinne eines gefühlsbetonten Patriotismus und einer vernünftigen Haltung in allen den Grenzverlauf betreffenden Fragen hat nichts Anstößiges. Die allzu optimistischen Romantiker glaubten, daß sich zwischen zufriedenen Nationen notwendigerweise Harmonie einstellen und die «Vereinigten Staaten von Europa» aus ihr hervorgehen würden. Kant und Mazzini hatten dies vorausgesagt.

446 *Ahnungen kommenden Unheils in Europa am Ende der «Belle Epoque»: «Apokalyptische Landschaft.» Gemälde (Ausschnitt) von Ludwig Meidner (1884-1966).*

Eine neue Wertvorstellung. Leider sollten die schlimmen Erfahrungen der großen Kriege, die schwelenden Grenzkonflikte und der romantische Überschwang ein ganz neues Wertesystem hervorbringen. Ein gewisser Niedergang religiöser Inhalte machte es möglich, daß bei vielen Europäern das Vaterland zum höchsten Wert wurde. Für das Vaterland galt es zu sterben, andere Völker zu besiegen, zu beherrschen und andere Vaterländer zu vernichten. Die patriotischen Gesänge waren erfüllt von Stolz und troffen von Blut.

Der Chauvinismus. Diese neue Geisteshaltung wurde kurioserweise nach dem Rekruten Nicolas Chauvin benannt, einer volkstümlichen Figur aus einem Lustspiel, die von lachhafter Bewunderung für die Siege Napoleons erfüllt ist. Der Begriff ging in fast alle westlichen Sprachen ein: *chauvinism* auf englisch, *Chauvinismus* auf deutsch, *sciovinismo* auf italienisch, *szowinizm* auf polnisch. Mochte der Chauvinismus noch so primitiv sein – er erzeugte Fanatismus. Eine Beleidigung, selbst wenn sie nur eingebildet war, konnte ein Kriegsgrund sein. Die Emser Depesche war dafür ein Beispiel.

Das Mißtrauen. Schlimmer noch als Chauvinismus und nationalistische Hysterie war das wachsende Mißtrauen. So, wie das Staatensystem beschaffen war, gab es keine übergeordnete Instanz, der man sich bei einem Konflikt fügen mußte. Zynischer Realismus wurde immer mehr zur Grundhaltung europäischer Diplomatie, mit der Folge, daß sich sogar zwischen befreundeten und verbündeten Völkern tiefes Mißtrauen breitmachte. Um sich zu schützen, mußte man also stark sein.

ZEITTAFEL 15: Europa im Zeitalter des Imperialismus

	19. Jahrhundert			
Britische Inseln	**1874–1880** Ministerium Disraeli; Königin Viktoria Kaiserin von Indien	**1878** Berliner Kongreß	**1899–1902** Burenkrieg	
Frankreich	**1871** Friede von Frankfurt: Verlust Elsaß-Lothringens; Nationalversammlung; 3. Republik	**1877** Entlassung des republikanischen Kabinetts Simon durch Mac-Mahon **1878** Berliner Kongreß	**1886–1888** Boulanger-Krise **1888–1896** Französisch-italienischer Handelskrieg	**1890–1893** Französisch-russische Militärkonvention **1896, 1900, 1902** Französisch-italienische Abkommen **1898–1905** Théophile Delcassé Außenminister
Italien	**1876** Linksregierung	**1878–1900** König Humbert I.	**1882** Dreibund (Deutschland, Österreich-Ungarn, Italien) **1887** Niederlage im Krieg gegen Äthiopien	**1888–1896** Französisch-italienischer Handelskrieg **1896, 1900, 1902** Französisch-italienische Abkommen
Spanien **Portugal**	**1873/74** Spanische Republik **1875–1885** Alfons XII. König von Spanien **1876** Neue Verfassung	**1880** Anfänge der katalanischen Nationalbewegung **1885** Maria Christine von Österreich Regentin bis zur Volljährigkeit Alfons' XIII. (1902–1931); Ära Cánovas del Castillo	**1887** Versammlungsfreiheit in Spanien **1888** Gründung der Gewerkschaft UGT **1889** Zivilehe	**1890** Anfänge des baskischen Nationalismus; allgemeines Wahlrecht **1898** Spanisch-amerikanischer Krieg 10. 12.: Pariser Abkommen; Verlust Kubas, Puerto Ricos und der Philippinen·
Schweiz	**1873** Abbruch der diplomatischen Beziehungen mit dem Vatikan	**1873–1880** Schweizerischer Arbeiterbund	**1880** Gründung des Schweizerischen Gewerkschaftsbundes	**1881** Sankt-Gotthard-Tunnel
Deutschland	**1871** 18. 1.: Kaiserproklamation und Reichsgründung in Versailles **1873** Drei-Kaiser-Abkommen	**1879** Zweibund Deutschland, Österreich-Ungarn **1881** Dreibund (Deutschland, Österreich-Ungarn, Italien)	**1887** Rückversicherungsvertrag **1888–1918** Kaiser Wilhelm II. **1890** Sturz Bismarcks **1890–1894** Leo von Caprivi Reichskanzler	**1894–1900** Chlodwig Fürst zu Hohenlohe-Schillingsfürst Reichskanzler **1896** Krüger-Depesche **1898** 1. Flottengesetz
Österreich-Ungarn	**1873** Drei-Kaiser-Abkommen	**1879** Zweibund zwischen Deutschland und Österreich-Ungarn	**1882** Dreibund (Deutschland, Österreich-Ungarn, Italien) **1887** Mittelmeerentente	
Osteuropa	**1878** Kongreß von San Stefano und Berlin; Gründung Bulgariens	**1879–1886** Alexander I. Fürst von Bulgarien	**1881–1947** Königreich Rumänien	**1882** Königreich Serbien **1885/86** Bulgarisch-serbischer Krieg
Rußland	**1873** Drei-Kaiser-Abkommen	**1876–1878** Russisch-türkischer Krieg	**1881** Zar Alexander II. ermordet; Alexander III. (bis 1894)	**1894–1917** Zar Nikolaus II.
Kolonien	**1881** Französisches Protektorat in Tunesien	**1884/85** Berliner Konferenz; Beginn deutscher Kolonialpolitik	**1885** Frankreich annektiert Madagaskar **1887** England annektiert Ostafrika	**1894** Chinesisch-japanischer Krieg **1898/99** Faschodakrise

20. Jahrhundert

1902 Englisch-japanisches Bündnis	**1904** Entente Cordiale	**1905** Sinn-Fein-Bewegung in Irland	**1907** Englisch-russische Annäherung	**1911** Parliament Act
1904 Entente Cordiale	**1905/06** Erste Marokkokrise	**1906** Konferenz von Algeciras	**1911** Zweite Marokkokrise Nov.: Deutsch-französisches Abkommen über Marokko und Kongo	
1900 Humbert I. ermordet; König Viktor Emanuel III. (bis 1946)	**1903–1914** Ära Giolitti	**1909** Zar Nikolaus II. in Italien; Abkommen von Racconigi	**1911/12** Italienisch-türkischer Krieg (Libyen, Rhodos)	
1904 Französisch-spanisches Abkommen über Marokko	**1909** Juli: «Tragische Woche» in Barcelona nach Niederlage gegen die Rifkabylen in Marokko	**1910** Gründung der anarcho-syndikalistischen CNT **1911** Sturz des Königshauses in Portugal; 1. Republik	**1912** 27. 11.: Französisch-spanisches Abkommen über Marokko	**1914** Deutsch-englisches Abkommen über die portugiesischen Kolonien
1901 Friedensnobelpreis für Henri Dunant	**1911–1940** Giuseppe Motta Mitglied des Bundesrats			
1900–1909 Bernhard von Bülow Reichskanzler	**1905/06** Erste Marokkokrise	**1909–1917** Theobald von Bethmann Hollweg Reichskanzler	**1911** Zweite Marokkokrise; «Panthersprung» nach Agadir	
1906–1911 «Schweinekrieg» mit Serbien		**1908** Annexion von Bosnien und der Herzegowina		**1914** 28. 6.: Attentat von Sarajewo
1903 Militärputsch in Serbien; Peter I. Karadjordjewitsch König		**1908** Ferdinand I. Fürst von Bulgarien nimmt den Titel «Zar» an; Königreich Bulgarien (bis 1908)	**1911** Geheimbund «Schwarze Hand» in Serbien	**1912/13** Erster und Zweiter Balkankrieg
1904/05 Japan besiegt Rußland	**1905** Revolutionäre Unruhen in Sankt Petersburg und Moskau	**1907** Englisch-russische Annäherung	**1907–1911** Agrarreformen unter Pjotr Stolypin	
1900/01 Boxeraufstand in China	**1905** Chinesischer Revolutionsbund unter Sun Yat-sen			**1913** Südafrika: «Großer Marsch» der Inder in Natal unter Gandhi gegen die Apartheid

Selbst wenn die Regierungen vernünftiger waren als die nationalistischen Gruppierungen, wagten sie es dennoch nicht immer, sich ihnen zu widersetzen, weil sie Aufruhr und den Vorwurf des Verrats fürchteten. In den parlamentarisch regierten Ländern konnte eine Regierung wegen Mangels an Patriotismus gestürzt werden, und in den eher autoritär regierten Ländern hatten die stramm nationalistischen Militärs ein gewichtiges Wort mitzureden. Oft wagten die Zivilisten nicht, gegen sie aufzubegehren.

So erklärt sich beispielsweise, daß die deutsche Regierung 1905 dem Schlieffen-Plan für den Kriegsfall zustimmte. Der übersteigerte Chauvinismus bewirkte in manchen Fällen sogar, daß sich ein Regime, in dem die Militärs eine gewisse Macht erlangt hatten, über feierlich unterzeichnete Abkommen hinwegsetzte. Es war ein allgemeines Phänomen: Der russische Panslawismus stand dem revolutionären Panslawismus des egalitär und dem zaristischen Regime feindlich gesinnten Bakunin gegenüber; in Deutschland gab es den Pangermanismus des «Alldeutschen Verbands»; in Großbritannien den Imperialismus oder *jingoism*; beim französischen Nationalismus – er äußerte sich beispielsweise in der *Ligue des Patriotes*, dem Boulangismus, der *Ligue de la patrie française* und dem *nationalisme intégral* von Charles Maurras – drehte sich alles um die «Revanche»; und in Italien blühte der Nationalismus der *Irredenta*.

Die Staatsräson wurde für die Nationalisten oberstes Gebot. Anläßlich der Dreyfus-Affäre verkündeten die Nationalisten, es sei besser, einen Unschuldigen Zwangsarbeit verrichten zu lassen, als das Prestige und die Ehre der Armee zu ruinieren.

Zu der alldeutschen Bewegung und ihren rassistischen Ideen schrieb der amerikanische Historiker William Langer: «In der gesamten Bismarck-Zeit gibt es nichts, das mit jener Übersteigerung des nationalen Egoismus, mit jenem leidenschaftlichen Eroberungsdrang verglichen werden könnte.»

Bismarck: Realpolitik und bewaffneter Friede

Bis 1890 drehte sich in der europäischen Politik alles um Deutschland, genauer gesagt, um Bismarck; denn sein Land erlebte einen demographischen und industriellen Aufschwung, und die militärischen Siege von 1866 und 1871 hatten ihm Macht und Prestige eingebracht. Außerdem überragte Bismarck bei weitem alle anderen Staatsmänner. Ob es einem

447

gefiel oder nicht – das damalige Europa war das Europa Bismarcks.

Bismarcks Realpolitik. Bismarck war in erster Linie preußischer Staatsmann. Er war zwar auch Deutscher, allerdings unter der Bedingung, daß Deutschland von Preußen beherrscht wurde. Nationalgefühl hielt er für verzichtbar, und für die öffentliche Meinung hatte er nur Verachtung übrig. Der Staat, nicht die Nation bedeutete ihm alles. Ein historisch gewachsenes Staatsgebilde wie Österreich-Ungarn wollte er unbedingt erhalten, und er trachtete nicht danach, die von Deutschen bewohnten Gebiete außerhalb der Reichsgrenzen zu annektieren. Es störte ihn auch nicht, daß es in Deutschland polnische, dänische, ja sogar französische Minderheiten gab. Für diese Haltung sind Begriffe aus dem Bismarckschen Vokabular wie «Realpolitik» und «Interessenpolitik» bezeichnend. Sie zeugen von einer Abneigung gegen jede Art von Sentimentalität. In einem Brief vom 2. Mai 1857 an den preußischen General und Politiker Leopold von Gerlach schrieb Bismarck: «[Ich entnehme] den Maßstab für mein Verhalten gegen fremde Regirungen nicht aus stagnirenden Antipathien, sondern aus der Schädlichkeit oder Nützlichkeit für Preußen, welche ich ihnen beilege [...]» Vor dem preußischen Abgeordnetenhaus hatte er am 3. Dezember 1850 erklärt: «Die einzig gesunde Grundlage eines großen Staates, und dadurch unterscheidet er sich wesentlich von einem kleinen Staate, ist der staatliche Egoismus und nicht die Romantik, und es

447 *Das «nationale Kultbild» von der sogenannten Kaiserproklamation in Versailles am 18. Januar 1871 – ein Zerrbild der Wirklichkeit: die neue Reichsverfassung war schon am 1. Januar 1871 in Kraft getreten, unter Mitwirkung der Landtage und des norddeutschen Reichstags. Gemälde von Anton von Werner, 1885.* **448** *Reichskanzler Otto von Bismarck (1815-1898) in Friedrichsruh. Koloriertes Foto, 1886.* **Karte 33:** *Europäische Bündnisse im Zeitalter des Imperialismus, 1871 bis 1914 (oben).* **Karte 34:** *Europa vor dem Ausbruch des Ersten Weltkriegs (unten).*

448

ist eines großen Staates nicht würdig, für eine Sache zu streiten, die nicht seinem eigenen Interesse angehört.» Selbst der König, so Bismarck, habe nicht das Recht, die Interessen seines Landes irgendwelchen Gefühlen der Freundschaft oder der Abneigung dem Ausland gegenüber unterzuordnen. Bismarck glaubte nicht an ein bindendes europäisches Recht. Einem österreichischen Diplomaten, der ihn an den Grundsatz des Völkerrechts *Pacta sunt servanda* (Verträge müssen respektiert werden) erinnerte, antwortete er, Österreich und Preußen seien zu große Staaten, um sich durch den Text eines Vertrags binden zu lassen. Sie dürften sich nur durch ihre eigenen Interessen leiten lassen. Stehe dem ein Vertrag im Weg, müsse er gebrochen werden.
Im übrigen hätten nur die großen Staaten wirkliche Rechte. Im Jahr 1866 erklärte Bismarck gegenüber dem Prinzen Napoleon, dem Vetter Napoleons III., die Größe eines Staates messe sich an der Zahl seiner Soldaten. Es sei das Los der Schwachen, von den Starken verschlungen zu werden.

Bismarck gegen Europa. Im Jahr 1876 erhielt Bismarck von dem russischen Staatsmann Fürst Alexander Gortschakow aus Sankt Petersburg eine Depesche, in der es hieß: «Das Problem ist weder deutsch noch russisch, sondern europäisch», und Bismarck notierte sich an den Rand: «Wer von Europa spricht, ist im Unrecht, geographischer Begriff.» Es gibt keinen trefflicheren Beleg für den Niedergang des Europagedankens seit 1815. Bismarck bemerkte dazu, er habe das Wort «Europa» stets nur aus dem Mund von Staatsmännern vernommen, die von einer auswärtigen Macht etwas bekommen wollten, das sie für sich selbst nicht zu verlangen wagten. Dazu paßt ein Gespräch, das Bismarck 1863 mit Sir Andrew Buchanan, dem britischen Botschafter in Berlin, über Polen geführt hatte. Europa werde eine Besetzung Polens durch Preußen nicht dulden, hatte Buchanan gesagt, und Bismarck hatte geantwortet: «Wer ist Europa?» Stets fürchtete er gemeinsame Interventionen der anderen europäischen Staaten, so auch im Jahr 1870 in den Monaten der preußischen Siege gegen Frankreich: «Eine Einmischung konnte nur die Tendenz haben, uns Deutschen den Siegespreis vermittelst eines Congresses zu beschneiden. Diese mich Tag und Nacht beunruhigende Gefahr erzeugte in mir das Bedürfniß, den Friedensschluß zu beschleunigen, um ihn ohne Einmischung der Neutralen herstellen zu können.» Dergleichen hatten die anderen Regierungen gewiß nicht im Sinn. Was hätten sie schon

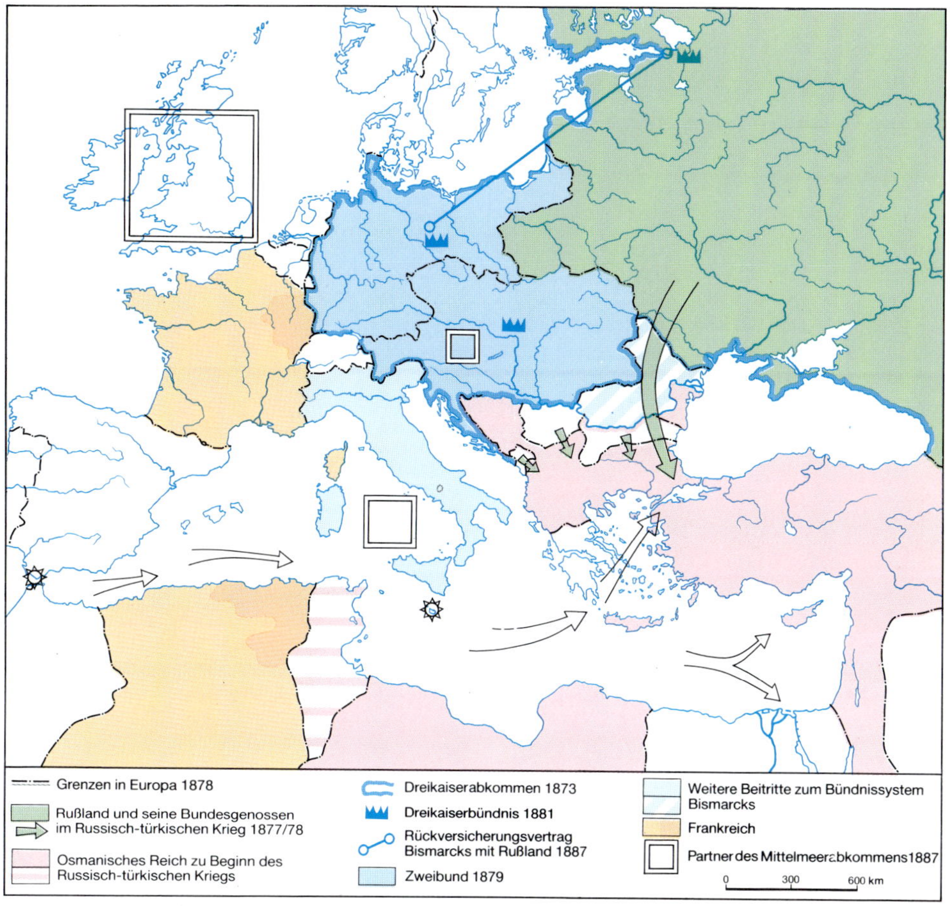

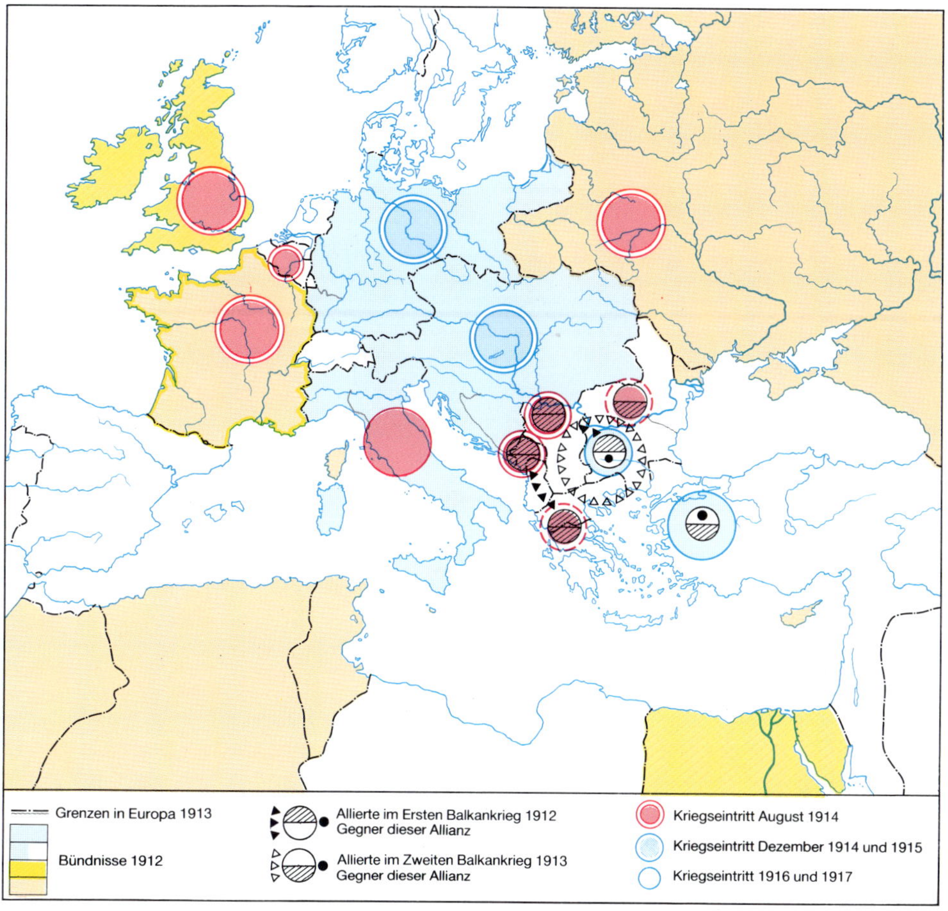

ausrichten können? Königin Viktoria schrieb an den preußischen König: «Ich habe Preußen bisher für eine der Großmächte gehalten, die [...] Garanten der Verträge, Wächter der Zivilisation, Wahrer des Rechts und getreue Schiedsrichter der Nationen gewesen sind [...] Wenn Sie, teurer Herr und Verwandter, diesen Pflichten entsagen, dann verzichten Sie auch in Preußens Namen auf diese Rolle. Und wenn solch ein Beispiel Nachahmer fände, dann wäre die Zivilisation Europas der Willkür der Stürme ausgeliefert.» Max Müller, deutschstämmiger Philologe und Professor für Philosophie in Oxford, sprach 1886 von der «schrecklichen und wahrhaft barbarischen Situation, in der wir leben», und er fuhr fort: «Wir leben wie Raubtiere in vorgeschichtlichen Zeiten. Was wird aus Europa, wenn sich kein Staat mehr sicher fühlt, solange er nicht mehr Kanonen als sein Nachbar hat?» Ähnlich dachte auch der englische Staatsmann William Ewart Gladstone, den Bismarck voller Verachtung «den Professor Gladstone» nannte.

Bismarcks relative Mäßigung. Ganz konnte Bismarck Europa jedoch nicht aus seinen Gedanken verbannen, denn die praktische Notwendigkeit eines Gleichgewichts der Mächte bestand fort. Hier erwies er sich nun als großer Staatsmann. Sein Ziel war es gewesen, aus Preußen die erste unter den Großmächten zu machen, aber daß Preußen die *einzige* wäre, hat er nie gewollt. In dieser Hinsicht trennten ihn Welten von seinem späteren Nachfolger Adolf Hitler. In *Gedanken und Erinnerungen* hat er dargelegt, daß er niemals vorhatte, 1875 einen Präventivkrieg gegen Frankreich zu führen, wie die Franzosen glaubten: «Ein solcher Krieg hätte meiner Ansicht nach nicht zu haltbaren Zuständen in Europa auf die Dauer geführt, wohl aber eine Übereinstimmung von Rußland, Östreich und England in Mißtrauen und eventuell in activem Vorgehn einleiten können gegen das neue und noch nicht consolidirte Reich, das damit die Wege betreten haben würde, auf denen das erste und das zweite französische Kaiserreich in einer fortgesetzten Kriegs- und Prestige-Politik ihrem Untergange entgegengingen. Europa würde in unserm Verfahren einen Mißbrauch der gewonnenen Stärke erblickt haben.»

Man beachte, wie er das Wort «Europa» im Zusammenhang mit dem Gleichgewicht der Kräfte verwendet hat. Weiter heißt es: «Grade der friedliche Charakter der deutschen Politik nach den überraschenden Beweisen der militärischen Kraft der Nation hat wesentlich dazu beigetragen, die fremden Mächte und die innern Gegner früher als wir erwarteten, wenigstens bis zu einem *tolerari posse* mit der neudeutschen Kraftentwicklung zu versöhnen und das Reich zum Theil mit Wohlwollen, zum Theil als einstweilen annehmbaren Friedenswächter sich entwickeln und festigen zu sehn.»

Und an anderer Stelle von *Gedanken und Erinnerungen* lesen wir: «Daß es für die russische Politik eine Grenze giebt, über die hinaus das Gewicht Frankreichs in Europa nicht vermindert werden darf, ist erklärlich. Dieselbe war, wie ich glaube, mit dem Frankfurter Frieden erreicht.» Bündnisse hielt Bismarck für unentbehrliche Elemente des europäischen Gleichgewichts; ohne sie wäre für ihn Deutschland in Gefahr gewesen.

Sein Respekt vor dem Gleichgewicht der Mächte ging so weit, daß er den Willen bekundete, durch Worte und Taten zu beweisen, «daß eine deutsche Hegemonie in Europa nützlicher und unparteiischer, auch unschädlicher für die Freiheit andrer wirkt als eine französische, russische oder englische. Die Achtung vor den Rechten andrer Staaten, an der namentlich Frankreich in den Zeiten seines Übergewichts es hat fehlen lassen, und die in England doch nur so weit reicht, als die englischen Interessen nicht berührt werden, wird dem Deutschen Reiche und seiner Politik erleichtert, einerseits durch die Objektivität des deutschen Charakters, andrerseits durch die verdienstlose Thatsache, daß wir eine Vergrößerung unsres unmittelbaren Gebietes nicht brauchen, auch nicht herstellen könnten, ohne die zentrifugalen Elemente im eignen Gebiete zu stärken. Mein ideales Ziel, nachdem wir unsre Einheit innerhalb der erreichbaren Grenzen zu Stande gebracht hatten, ist stets gewesen, das Vertrauen nicht nur der mindermächtigen europäischen Staaten, sondern auch der großen Mächte zu erwerben, daß die deutsche Politik, nachdem sie die *injuria temporum*, die Zersplitterung der Nation, gut gemacht hat, friedliebend und gerecht sein will.» Deutschland sei nun «saturiert», sagte Bismarck oft. Er ermunterte Frankreich sogar zu kolonialen Unternehmungen, nicht nur um es in Konflikte mit Rivalen zu verwickeln, sondern auch um es von der «blauen Linie der Vogesen» abzulenken und es in gewisser Weise für den Verlust Elsaß-Lothringens zu entschädigen.

Indes säte die Bismarcksche Politik mit ihrem zynischen Realismus und ihrer völligen Verachtung der «Gefühle» in der europäischen Diplomatie den Keim für gefährliche Entwicklungen, denen dann weniger geschickte Politiker nicht gewachsen waren. Dafür seien drei miteinander verknüpfte Beispiele angeführt: Elsaß-Lothringen, die Bündnisse, das Wettrüsten.

Elsaß-Lothringen. Als Bismarck das Elsaß und einen Teil Lothringens annektierte, ahnte er nicht, daß er auf lange Zeit das französische Nationalgefühl verletzte. Er hatte sich weitgehend die Argumente der Militärs zu eigen gemacht. Sein Begriff von Nationalität – sofern es so etwas für ihn überhaupt gab – war von Herders Theorien geprägt, und folglich waren Elsaß und Lothringen nichts weiter als deutsche Gebiete mit einem «französischen Firniß», der rasch abblättern würde. Die Tatsache, daß alle Abgeordneten beider Provinzen nach den Wahlen von 1871 zur französischen Nationalversammlung, den Reichstagswahlen von 1874 und auch noch jenen von 1878 «Protestler» waren, irritierte ihn höchstens ein wenig, genau wie die Welle der Empörung, die die Annexion Elsaß-Lothringens auf dem Höhepunkt der nationalistischen Epoche in ganz Europa ausgelöst hatte. Gladstone schrieb an seinen Staatssekretär des Äußeren, den Grafen Granville: «Während ich die Schuld Frankreichs immer tiefer fühle, sehe ich voraus, daß diese gewaltsame Verstümmelung und Angliederung vom Regen in die Traufe führen und den Anfang einer neuen Kette europäischer Verwicklungen bilden wird.»

Diese Prophezeiung bewahrheitete sich. Vierzig Jahre lang fand sich Frankreich nicht mit der Annexion ab. Wenn auch die «Revanche» mit dem Ziel, die «verlorenen Provinzen» zurückzuerlangen, trotz des Drucks gewisser Minderheitsgruppierungen nie ein Element der französischen Politik bildete und wenn die Elsaß-Lothringen-Frage auch keinesfalls den Ausbruch des Kriegs im Jahr 1914 erklärt, so war sie doch der Grund für die anhaltende Verstimmung zwischen Frankreich und Deutschland.

Bündnispolitik mitten im Frieden. Bismarck wußte dies genau. Er hielt die Revanchegelüste Frankreichs sogar für größer, als sie waren, und er ging davon aus, daß Frankreich nicht anders könne, als sich für die Revanche zu rüsten. Dies beunruhigte ihn, und deshalb zielten seine Politik und die seiner Nachfolger darauf, Frankreich durch Bündnisse Deutschlands mit anderen Staaten zu isolieren und es in der Rüstung zu übertrumpfen. Die Folge war ein Wettrüsten. Bismarck machte den Anfang, indem er 1879 mit Österreich-Ungarn den berühmten Zweibund schloß, auf den 1882 der weniger fest gefügte Dreibund zwischen

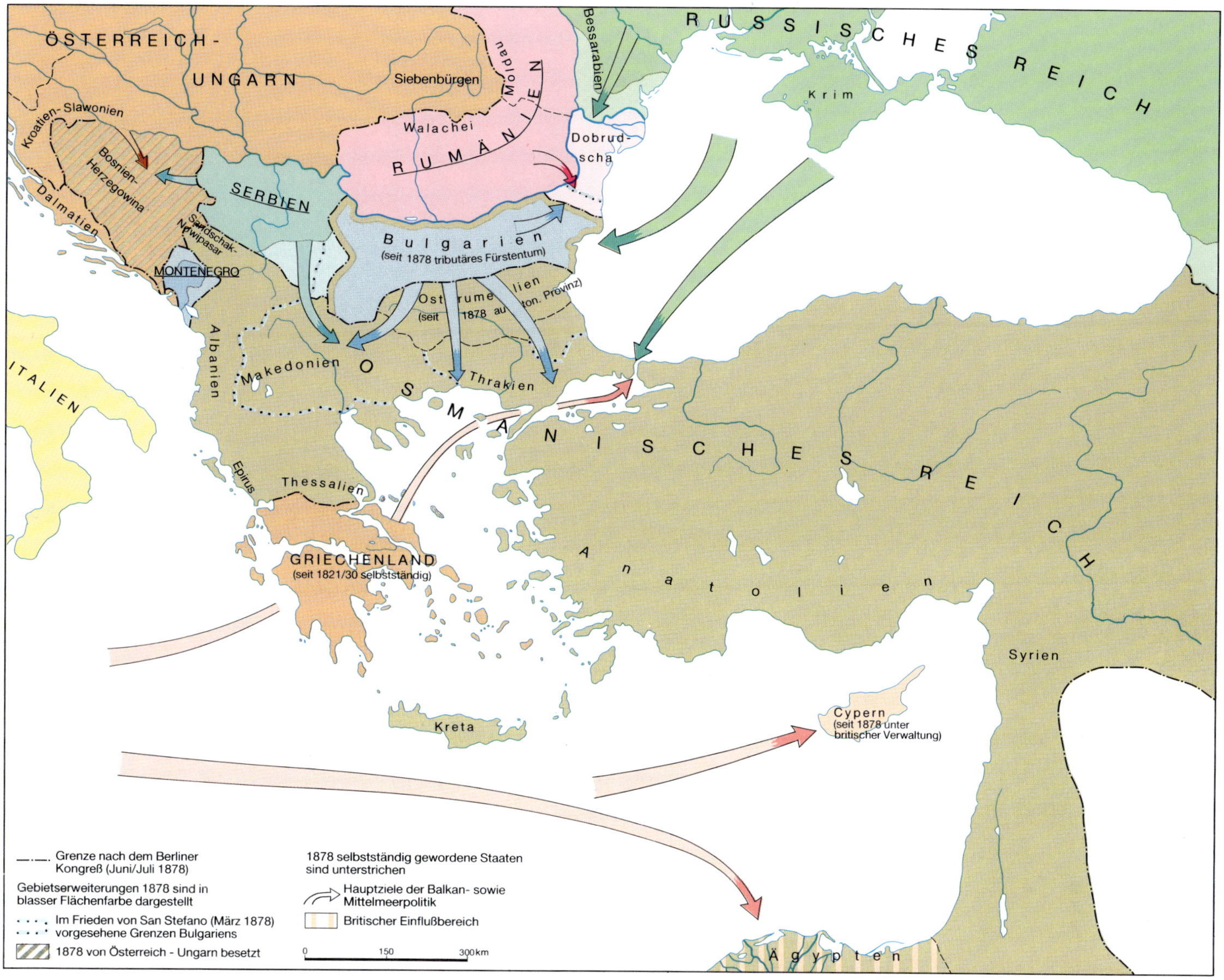

Karte 35: *Das Pulverfaß Balkan – nationale Unabhängigkeitsbestrebungen und Interessensphären der Großmächte.*

Deutschland, Österreich-Ungarn und Italien folgte. Frankreich hingegen schloß im August 1892 mit Rußland eine Militärkonvention und unterzeichnete am 8. April 1904 trotz aller Kolonialprobleme mit England die *Entente Cordiale*. Ein ähnliches Bündnis zwischen England und Rußland kam am 31. August 1907 zustande. Auf diese Weise wurde Europa in zwei gegnerische Lager gespalten: in die Tripelallianz und die Tripelentente, die beide gleich lange existieren sollten, denn das französisch-russische Bündnis sollte «genauso lange» Geltung haben wie die Tripelallianz, die ihrerseits wegen des französisch-russischen Bündnisses erneuert wurde. Nie zuvor in der neueren europäischen Geschichte hatte es mitten im Frieden solche permanenten Bündnisse gegeben. Bisher waren Allianzen immer nur je nach Anlaß und Bedarf geschlossen worden. Von nun an barg jeder Konflikt, der früher belanglos gewesen wäre, die Gefahr einer explosionsartigen Ausweitung. Es war das Unglück Europas, daß es schließlich tatsächlich zur Explosion kam.

Erich Eyck, der große Bismarck-Biograph, hat nicht gezögert, Bismarck die Hauptverantwortung anzulasten: «Die Abtrennung von Elsaß und Lothringen hat eine Wunde am Körper Europas aufgerissen, die niemals verheilt ist [...] Seit jenem Friedensschluß von Versailles haben sich die Völker des europäischen Kontinents unablässig bis an die Zähne bewaffnet gegenübergestanden, hat die Heeresverstärkung der einen Seite sofort die der anderen zur Folge gehabt. Wenn es auch noch vier Jahrzehnte dauerte, bis die Kanonen wieder sprachen, so haben doch die wachen Geister stets unter dem Gefühl der drohenden Katastrophe gestanden. Nicht zum wenigsten Bismarck selbst, dem der ‹cauchemar des coalitions› den Schlaf der Nacht raubte.» Andere deutsche Historiker wie Gerhard Ritter sahen dies ähnlich. Damit schmälern sie allerdings durchaus nicht die Größe eines Bismarck, der sich, nachdem er die von der französischen Politik so lange verhinderte Einigung Deutschlands erreicht hatte, friedfertig verhielt, weil er Deutschland nach den Eroberungskriegen für saturiert hielt. Sie verweisen allerdings darauf, daß die Einigung Deutschlands auch ohne die Annexion Elsaß-Lothringens möglich gewesen wäre und daß die strategischen Erwägungen, von denen Bismarck sich hatte leiten lassen, ihm den Blick dafür verstellten, welch unwiderstehliche Kraft kollektive Gefühle entwickeln können.

Der «bewaffnete Friede» und die Krisen. Es wäre ungerecht, allein Bismarck für den «bewaffneten Frieden» in Europa

449

verantwortlich zu machen. Als Friedrich Meinecke 1924 sein großes Werk *Die Idee der Staatsräson* verfaßte, wirkte in ihm zweifellos noch der Schock nach, den die französische Besetzung des Ruhrgebiets ein Jahr zuvor ausgelöst hatte. Wie viele seiner Zeitgenossen empfand er sie als brutal und ungerecht. Über Elsaß-Lothringen verlor er kaum ein Wort, und es klingt recht überschwenglich, wenn er schreibt: «In Bismarck vollzog sich die großartigste und erfolgreichste Synthese der alten Staatsräson der Kabinette und der neuen popularen Gewalten.» Oder: «Europa [war] in dem Zeitraum zwischen 1871 und 1914 staatlich so konsolidiert und befriedet, wie noch kaum je in der neueren Geschichte.» Denn der «bewaffnete Friede» artete schließlich zu Beginn des 20. Jahrhunderts zu einer Reihe schwerer Krisen aus: Erste Marokkokrise 1905 zwischen Frankreich und Deutschland; Krise wegen Bosnien und der Herzegowina 1908 zwischen Österreich-Ungarn und Rußland; Zweite Marokkokrise 1911 zwischen Frankreich und Deutschland; die Balkankriege 1913 zwischen Österreich-Ungarn und Rußland. Dazu kam die Krise zwischen Deutschland und England infolge des Wettrüstens zur See. Und schließlich brach im Juli 1914, da sich alle Großmächte in ihrer Existenz bedroht wähnten, der Erste Weltkrieg aus. Der Glaube an die Unvermeidbarkeit eines Kriegs trug zu dessen Ausbruch bei, und deshalb fällt es heutzutage schwer, für den «bewaffneten Frieden» lobende Worte zu finden, denn nach 44 Jahren endete er schließlich mit einem Massaker. Doch wäre der Krieg zu vermeiden gewesen?

Die Staatsräson. Meinecke hatte recht, als er darlegte, es habe sich im Grunde um einen «Mechanismus» gehandelt und es seien zweifellos gewaltige, ja unwiderstehliche Kräfte am Werk gewesen. Eine davon, die Einführung der allgemeinen Wehrpflicht, sei ursprünglich einer «defensiven Haltung» entsprungen, doch dann hätten die «irredentistischen Leidenschaften der Nationen» sie in eine «Offensivwaffe» verwandelt, «die den allgemeinen Frieden bedrohte»: «Der moderne, militärischen Berufsgeist mit allgemeiner Wehrpflicht verbindende Militarismus ist also nicht durch sich allein, sondern erst durch den hinzutretenden modernen Nationalismus zur wirklichen Kriegsgefahr für ganz Europa geworden.»

Eine andere, den Frieden gefährdende Kraft, sei der moderne Kapitalismus gewe-

449 *Der Abschluß des Berliner Kongresses am 13. Juli 1878: Bismarck beglückwünscht den russischen Bevollmächtigten Pjotr Andrejewitsch Graf Schuwalow. Gemälde von Anton von Werner, 1881.* **450** *«Die drei Kaiser und der Bauchredner aus Varzin.» Karikatur auf Bismarcks Bündnispolitik aus dem «Punch», 20. September 1884.* **451** *Die Furcht der Franzosen vor dem Koloß Deutschland: «Das Meeresungeheuer.» Französisches Flugblatt, 1887.* **452** *Proklamation Königin Viktorias zur Kaiserin von Indien am Neujahrstag 1877 in Delhi. Gemälde von M. E. Caddy.* **Karte 36:** *Die Balkankrisen in den Jahren 1912 und 1913.*

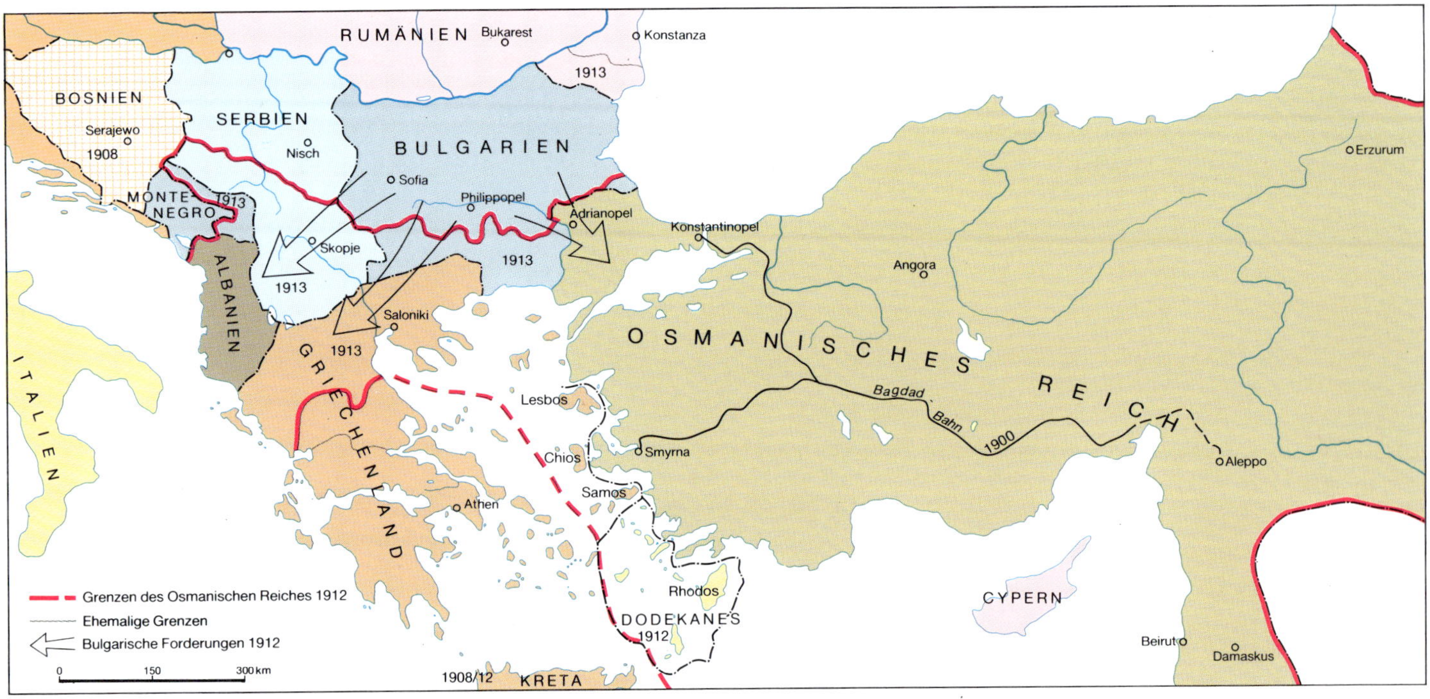

450

451

sen: «Nun aber hat es der moderne Kapitalismus bewirkt, daß Europa und seine Großmächte zuerst wohl ein ungeheures, nie erlebtes Maß von materieller Leistungsfähigkeit in sich entwickelten, dann strotzend von Kräften und Säften in den Kampf miteinander eintraten und sie alle, alle einsetzten und ausgaben bis zum völligen Zusammenbruch des europäischen Gesamtorganismus. Militarismus, Nationalismus, Kapitalismus – man kann keinen dieser drei vereinzelt anklagen, uns ins Unheil geführt zu haben. Nur durch ihr schicksalhaftes, ganz von selbst sich verstehendes Zusammentreffen sind die europäischen Großmächte zuerst auf die Höhe ihrer Macht und dann in einen Abgrund geführt worden, der auch den europäischen Siegern unter ihnen noch verhängnisvoll werden kann.»

Die Eroberung der Welt durch Europa geht weiter

Das Wiederaufleben des Kolonialismus. Hier soll nicht die äußerst strittige Frage beantwortet werden, warum viele europäische Mächte nach 1880 einen «Wettlauf» um neue Kolonien veranstalteten. Das Ende des Quasi-Freihandels und die Wiedereinführung von Zöllen durch die Länder, die sich mitten im industriellen Aufschwung befanden – Deutschland hatte 1879 den Anfang gemacht –, erklären den Wunsch, sich durch Eroberungen vielversprechende Märkte zu sichern. Der Wille, die eigene Macht zu vergrößern, schürte die Ambitionen, sich in Übersee «herrenlose» Territorien einzuverleiben; denn angesichts der nationalen Bewegungen kamen Eroberungskriege innerhalb Europas nicht mehr in Frage. Die Entwicklung der Dampfschiffahrt erzeugte zudem einen Bedarf an Stützpunkten, wo die Schiffe Kohle bunkern konnten, und die militärische Entwicklung zu Lande legte den Gedanken nahe, die Armeen durch leicht auszuhebende Truppen aus Übersee zu verstärken. Allein schon die Größe der überseeischen Territorien wurde anscheinend als Symbol der eigenen Macht gewertet.

Welchen Einfluß übte nun dieser Wettlauf, diese hastige Kolonisierung Afrikas, Südostasiens und Ozeaniens auf Europa selbst aus? Auf den ersten Blick scheint es, als habe er zwischen den Kolonialmächten, mochten sie auch noch so heftig miteinander rivalisiert haben, eine gewisse Harmonie gestiftet. Nach 1860 glaubte man bereitwillig an eine «Sendung» der zivilisierten Nationen zum Wohle der «Barbaren», die sich in Stammesfehden zerfleischten, von Krankheiten heimgesucht und von Sklavenhändlern verschleppt wurden. Länder, die noch nicht erobert waren, wurden von Juristen allen Ernstes zur *res nullius*, für herrenlos erklärt. Als Frankreich 1885 gegen China Krieg führte, bot Deutschland Beistand an und machte keinen Hehl daraus, daß es auf der Seite der «Zivilisation» stehe und gegen die «Barbaren» sei. Und als im Jahr 1900 in Peking die Botschaften von den «Boxern» belagert wurden, rückten alle europäischen Mächte, denen sich die Vereinigten Staaten von Amerika und

452

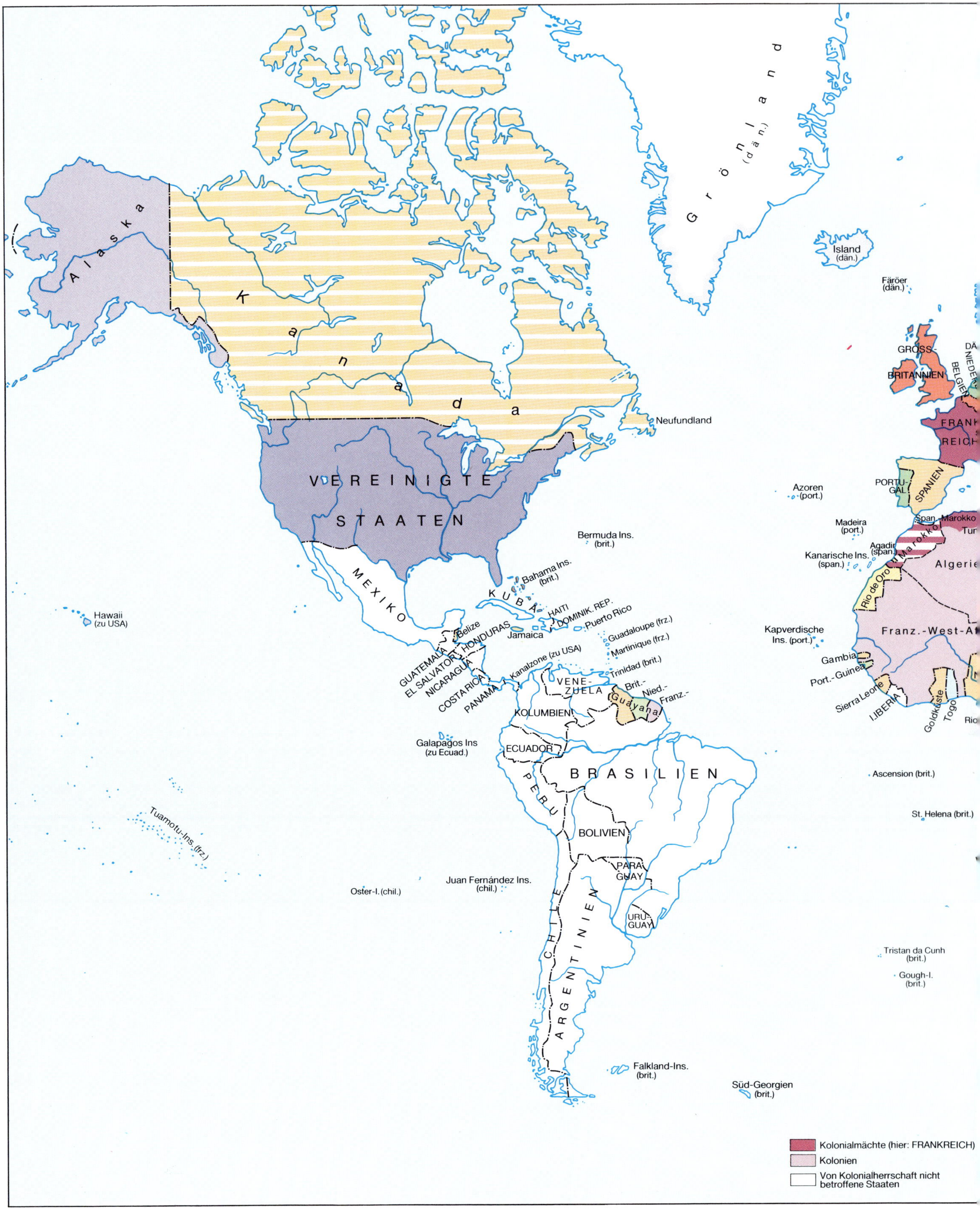

Karte 37: *Die europäischen Kolonialreiche vor Ausbruch des Ersten Weltkriegs.*

RUSSISCHES REICH
SCHWEDEN
ÖSTERREICH-UNGARN
RUM.
BULG.
SERB.
MON.
ALBAN.
GRIECHENLAND
OSMANISCHES REICH
PERSIEN
AFGHANISTAN
Mongolei
CHINESISCHES REICH
Tibet
NEPAL
BHU
Korea
JAPAN
Riu-kiu-Ins.
Formosa
Hongkong (brit.)
Brit. Indien (1877 Kaiserreich)
Burma
Franz.-Indo-China
SIAM
Andamanen (brit.)
Ceylon
Malediven (brit.)
Malaya
Brit.-Nordborneo
Brunei
Sarawak
Philippinen
Niederländisch-Indien
K.-Wilh.-Land
Papua
Bismarck-Arch. (dtsch.)
Salomon-Ins. (brit.)
Marianen (dtsch.)
Guam (span.)
Paláu-Ins. (dtsch.)
Karolinen (dtsch.)
Marshall-Ins. (dtsch.)
Wake I. (zu USA)
Gilbert-Ins. (brit.)
Ellice-Ins. (brit.)
Neue Hebriden (frz.)
Fidschi (franz.)
Neu-Kaledonien (franz.)
Norfolk (brit.)
Aleuten (zu USA)
Australien
Neu-Seeland
Libyen
Ägypten
Anglo-Ägypt. Sudan
Äquatorial-Afrika
Eritrea
Franz.-
Brit.-
ABESSINIEN
Ital.-Somaliland
Aden
Oman
Piratenküste
Sokotra (brit.)
Uganda
Brit.-
Belgisch-Kongo
Deutsch-Ostafrika
Sansibar (brit.)
Seychellen (brit.)
Tschagos-Ins. (brit.)
Komoren (frz.)
Angola
Nord-Rhodesien
Süd-
Njassaland
Port.
Deutsch-Südwest-Afrika
Madagaskar
Mauritius (brit.)
Réunion (frz.)
Swaziland
Südafrikanische Union
Bas.
Neu Amsterdam
St. Paul (frz.)
Crozet-Ins. (frz.)
Kerguelen (frz.)
Im 19. Jh. von Rußland eroberte Gebiete
Kolonial Einflußgebiete
Dominions u. Protektorate
Autonome Gebiete, die Anfang des 20. Jahrhunderts von China abfielen
Äquatorialmaßstab
0
1000
2000
3000 km

Japan anschlossen, in einer gewaltigen Bewegung der Solidarität zusammen.

Die «zivilisatorische Sendung». Vor dem großen Wettlauf sah es fast so aus, als hätten sich die Europäer abgesprochen, aus dieser «Sendung» eine gemeinschaftliche Unternehmung zu machen. Allem Anschein nach – der Anschein trog – war dies der Beweggrund Leopolds II., des Königs der Belgier, als er im September 1876 fünfunddreißig Geographen und Forscher aus England, Deutschland, Frankreich, Rußland, Italien, Österreich und Belgien nach Brüssel einlud. «Was uns heute hier zusammenführt», sagte er in seiner Eröffnungsansprache, «betrifft all jene, die es zuallererst verdient haben, daß sich die Menschheit mit ihnen befaßt. Der Zivilisation den einzigen Teil des Erdballs zu öffnen, in den sie noch nicht hat vorstoßen können; die Finsternis zu durchdringen, die ganze Völker umfängt – das, möchte ich behaupten, lohnt einen Kreuzzug, der dieses Jahrhunderts des Fortschritts würdig ist.» Es gelte, sich zusammenzutun, um «die Marschrichtung festzulegen, mit vereinten Kräften vorzugehen und [...] unnötigen Aufwand zu vermeiden».

Aus der Konferenz ging eine Internationale Afrikagesellschaft hervor, doch diese bewirkte nicht viel; denn die Franzosen und dann auch die Engländer mißtrauten den Absichten Leopolds II. Übrigens gründete der König, der nur die Interessen Belgiens und vor allem seinen persönlichen Nutzen im Auge hatte, später eine Internationale Kongo-Gesellschaft, die sich fast ausschließlich aus Belgiern zusammensetzte.

Die Idee einer «Sendung» der Zivilisierten zum Wohl der «Barbaren», willkommene Bemäntelung von Habgier und Ehrgeiz, nahm schnell rein nationale Züge an. In Frankreich berief man sich gern auf die von Albert de Mun formulierte Theorie von den Pflichten der überlegenen Rassen. «Die überlegenen Rassen haben ein Recht, denn sie haben auch eine Pflicht», sagte Jules Ferry am 28. Juli 1885 vor der Deputiertenkammer. «Sie haben die Pflicht, die niederen Rassen zu zivilisieren.» Georges Clemenceau hielt dem entgegen, dieses Argument erscheine ihm dürftig, weil die Preußen es als Erklärung für ihren Sieg über Frankreich benutzten. Charles Depincé berief sich 1900 in der Zeitschrift *Quinzaine coloniale* auf die Menschenrechte: »Für eine Eroberung gibt es nur eine Rechtfertigung: die Verbesserung der materiellen und moralischen Verhältnisse der unterworfenen Rasse durch die Nation der Eroberer.» Der französische Generalgouverneur von Algerien Merlin drückte es 1910 noch unverblümter aus: «Wir sind kraft des Rechts, das einer zivilisierten Rasse zukommt, ausgezogen [...], um die Territorien zu besetzen, welche rückständige, in der Barbarei verharrende Völker brachliegen lassen.» In England dasselbe Lied. Man denke nur an Rudyard Kiplings berühmtes Gedicht *The White man's burden* – Die Bürde des Weißen Mannes.

Die Verlagerung des europäischen Gleichgewichts nach Asien und Afrika. Es war, als hätten die Europäer beschlossen, das europäische Gleichgewicht mit seinen Regelungen und Funktionen – das System der Kompensationen, die Errichtung von Pufferstaaten, das «Konzert der Mächte» – in ferne Länder zu verlagern. Harry Hinsley schrieb in seiner *Cambridge History of the British Empire* (Cambridger Geschichte des Britischen Empire):

«Die europäischen Zwistigkeiten und Spannungen, die bisher auf den Kontinent beschränkt gewesen waren, wurden nach außen, in die unterentwickelte Welt projiziert [...] Seit Beginn dieser Epoche dominierten das politische Handeln der Regierenden, wenn nicht gar aller innerhalb eines Staates wirkenden Kräfte eher strategische als wirtschaftliche und finanzielle Beweggründe sowie Erwägungen des Gleichgewichts und der eigenen Position in bezug auf andere, nicht nur in Europa, sondern auf der ganzen Welt.»

Es überrascht deshalb nicht, daß Frankreich 1881 mit der Eroberung Tunesiens die Initiative ergriff. Jules Ferry erklärte, daß es unmöglich sei, «zu glänzen, ohne zu agieren, in die Weltpolitik einzugreifen, sich jedoch gleichzeitig aus allen europäischen Machenschaften herauszuhalten und jegliche Expansion in Richtung Afrika und Orient als ein verhängnisvolles Aben-

453

454

453 *Die «Generation der Enkel» in Deutschland litt nicht mehr an Bismarcks «cauchemar des coalitions», sie wollte ihren «Platz an der Sonne» haben: Kaiser Wilhelm II. (R 1888-1918) in Admiralsuniform. Gemälde von Carl Bublitz, 1900.* **454** *Deutsche «Weltpolitik» – germanisch-christliches Sendungsbewußtsein in der Wilhelminischen Ära: «Völker Europas, wahrt Eure heiligsten Güter!» Nach einem Entwurf Kaiser Wilhelms II. ausgeführt von Hermann Knackfuß, 1895.* **Karte 38:** *Krisenherde der Weltpolitik, 1871 bis 1914.*

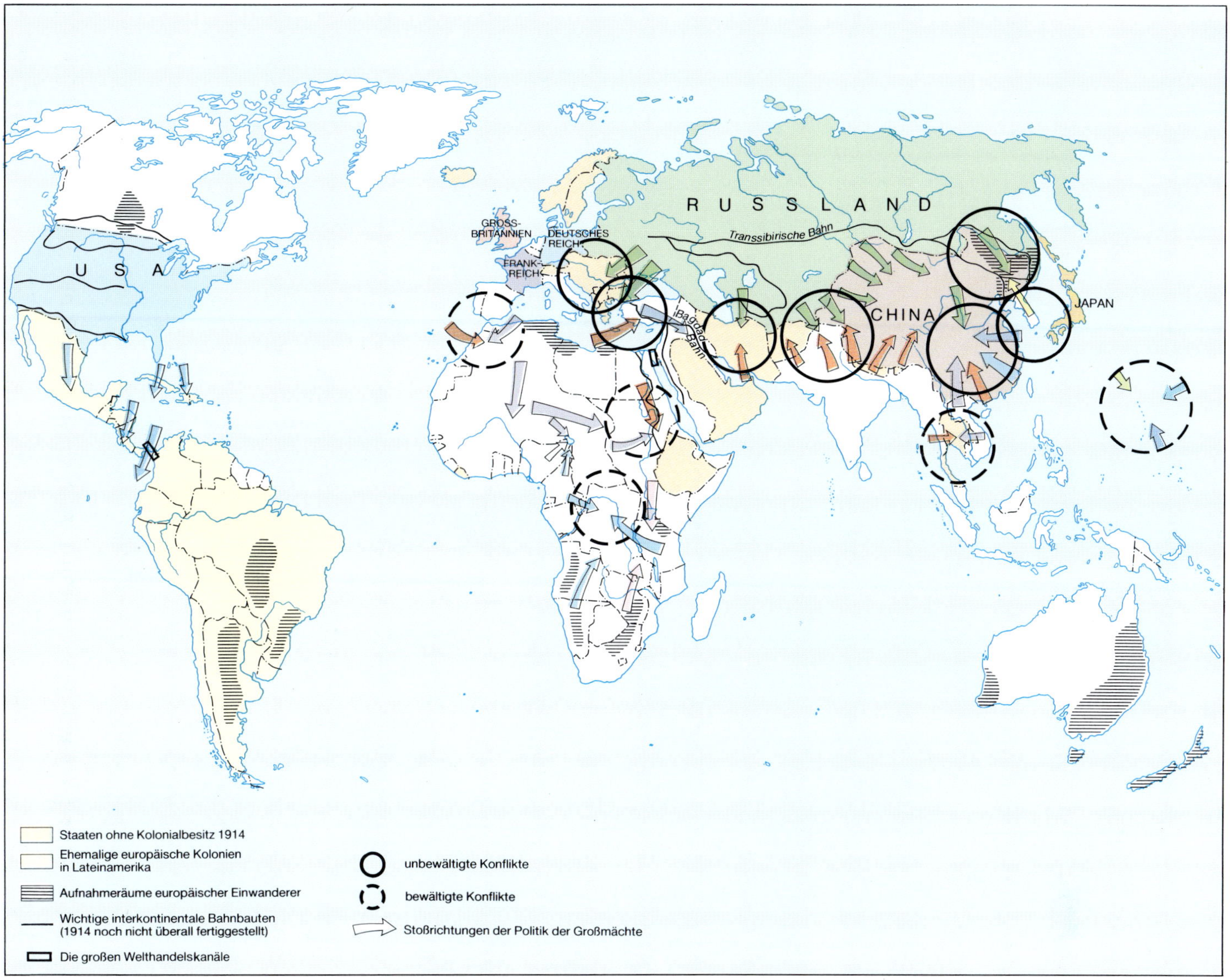

teuer zu betrachten. Eine solche Existenz, das können Sie mir glauben, kommt einer Abdankung gleich, einem Abstieg vom ersten auf den dritten oder vierten Rang.» In derselben Rede rechtfertigte er sich dafür, daß er mit Deutschland über koloniale Kompensationen für den Verlust Elsaß-Lothringens verhandelt hatte. Die öffentliche Meinung in Frankreich reagierte darauf überaus empfindlich und schloß sich nur zu gern der Ansicht Paul Déroulèdes, des Führers der Patriotenliga, an: «Sie nehmen uns zwei Kinder weg und geben uns dafür zwanzig Domestiken.»

Bismarck, der lange Zeit von sich gesagt hatte, er sei kein Kolonialist, ließ sich am Ende von denselben Überlegungen leiten wie Jules Ferry. Dies trifft auch für den Italiener Francesco Crispi sowie zahllose britische Imperialisten zu, die sich in der *Primrose League*, der *Imperial Federation League* und ähnlichen Verbänden gesammelt hatten.

Teilungen, Kompensationen, Pufferstaaten. Statt wie bisher andere Länder untereinander aufzuteilen und sich gegenseitig Kompensationen zu gewähren, zogen es die Kolonialmächte in einigen Fällen vor, halbwegs unabhängige Pufferstaaten zu errichten. So erklärt sich beispielsweise die eigentümliche Entstehungsgeschichte des «Unabhängigen Staates Kongo», dessen Souverän der König der Belgier wurde. Auch Ländern wie Siam, Persien und Afghanistan garantierte man durch eine Reihe von Vereinbarungen die Unabhängigkeit. Afghanistan wurde im Nordosten sogar um einen langen, schmalen und dünnbesiedelten Gürtel vergrößert, damit das russische Zentralasien und Indien keine gemeinsame Grenze hatten. China entging 1900 nur knapp der Aufteilung, weil sich die europäischen Mächte der in den USA formulierten «Doktrin der offenen Tür» anschlossen.

Zwar wurden die meisten kolonialen Fragen durch bilaterale Abkommen geregelt, doch hatte das «europäische Konzert» stets ein Wort mitzureden. Dies zeigte sich besonders anläßlich der Berliner Kolonialkonferenz 1884/85, als die Bedingungen und Regeln für die Annexion von Territorien in Zentralafrika festgelegt wurden. Das «Konzert» machte seine Autorität vor allem dann geltend, wenn es darum ging, in einem Gebiet, das sich eine der Kolonialmächte gern angeeignet hätte, ein gewisses Maß an Handelsfreiheit zu wahren. Aus diesem Grund wurde auf zwei Konferenzen, der von Madrid (1880) und der von Algeciras (1906), erklärt, jedes Land sei im Handel mit Marokko prinzipiell gleichberechtigt.

Alles in allem erhebt sich die Frage, was die koloniale Expansionspolitik zwischen 1880 und 1914 mehr gefördert hat: die europäische Einheit oder die Rivalität zwischen den Nationen. Zwar führte die Kolonialpolitik der einzelnen Staaten zu schwe-

ren Krisen, doch trifft es dennoch nicht zu, wie Lenin behauptet hat, daß «das Gesetz von der Ungleichheit der Entwicklung» zwangsläufig zu einer Aufteilung der Welt führte und den Ausbruch des Kriegs im Jahr 1914 zur Folge hatte.
Die Verlagerung ihrer Machtkämpfe auf andere Kontinente brachte den Europäern nichts ein. Wenn die fernen Kolonien für sie auch nicht gerade von lebenswichtigem Interesse waren, so wurde der Weltkrieg doch auch dadurch ausgelöst, daß sie dort bestimmte Interessen für bedroht hielten – und das, obwohl die Großen ihre kolonialen Streitigkeiten auf bilateralem Weg schon vor 1914 beigelegt hatten.

Die Schwäche des «Europäismus»

Parallel zu dieser Entwicklung, die in den einzelnen Ländern die heftigsten Emotionen freisetzte, erstarkten sowohl die pazifistischen Tendenzen als auch der klassenkämpferische Internationalismus der Sozialisten. In der Rückschau zeigt sich jedoch, daß die Bedeutung dieser Bewegung von den Zeitgenossen ein wenig überschätzt wurde, denn im August 1914 eilten auch die Sozialisten aller Länder, Frankreich und Deutschland eingeschlossen, zu den Waffen, um ihr bedrohtes Vaterland zu verteidigen. Zugleich entfalteten diejenigen unter den Intellektuellen, die Gegner des Nationalismus waren, eine hektische Betriebsamkeit. Dies war einer der Gründe dafür, daß Zar Nikolaus II. am 24. August 1898 vorschlug, eine internationale Abrüstungskonferenz einzuberufen. Er kam damit einer nicht zu leugnenden pazifistischen Strömung entgegen, die allerdings zwischen 1870 und 1890 eine gewisse Abschwächung erfuhr. Zu jenen, die energisch für den Frieden eintraten, gehörten Männer wie William Thomas Stead, Direktor der Londoner *Review of Reviews*, und der nicht ganz so resolute Franzose Léon Bourgeois von der Radikalen Partei.

Der proletarische Internationalismus. Der proletarische Internationalismus war zweifellos die wichtigste Kraft im Kampf gegen den übersteigerten Nationalismus. «Proletarier haben kein Vaterland», hatte Karl Marx gesagt. Zu jenen, die den Begriff des Vaterlands absolut verneinten, gehörten in Frankreich Gustave Hervé, ein ehemaliger Geschichtslehrer am Gymnasium der Stadt Sens: «Wir verabscheuen unsere Vaterländer, wir sind Antipatrioten.» Die überzeugten Sozialisten waren in der Re-

455

456

__455__ Überzeugte Sozialisten und Internationalisten: Rosa Luxemburg (rechts) und Clara Zetkin (links). Foto aus dem Jahr 1910. __456__ Den Krieg in Europa mit allen Mitteln verhindern: der französische Sozialist Jean Jaurès (zweiter von links) in Berlin. Foto, Frühjahr 1914. __457__ Die christlichen Staaten Europas bilden ein Ganzes: der Vater der deutschen Geschichtsschreibung, Leopold von Ranke (1795-1886). Gemälde von Fritz Hummel, 1885. __458__ Der Philosoph und Europäer Friedrich Nietzsche (1844-1900). Gemälde von Rudolph Köselitz nach einem Foto (1883), 1901. __459__ Der Schweizer Friedensnobelpreisträger Henri Dunant (1828-1910), Gründer des Roten Kreuzes. Zeitgenössischer Stich, nach 1901.

457

458

459

gel nicht so überschwenglich. Als Antimilitaristen waren sie der «Militärkaste» feindlich gesinnt und gegen ein stehendes Heer. Für Jean Jaurès ging es darum, den Krieg mit allen Mitteln zu verhindern; doch wie viele seiner Gesinnungsgenossen bekannte er sich zugleich zur Idee eines Vaterlands und billigte einen Krieg gegen «den Angreifer, den Feind der Zivilisation, den Feind des Proletariats», das heißt, gegen jeden Staat, der sich keinem Schiedsspruch beugen wollte.

Auf dem internationalen Kongreß von Stuttgart 1907 ließen der Bolschewist Lenin, die Sozialistin Rosa Luxemburg und der Menschewist Julius Martow über folgenden Paragraphen abstimmen: «Falls der Krieg trotzdem ausbrechen sollte, haben sie die Pflicht, ihn durch ihr Einschreiten schnellstens zu beendigen und sich mit ganzer Kraft die vom Krieg ausgelöste wirtschaftliche und politische Krise zunutze zu machen, um die untersten Schichten des Volkes in Aufruhr zu versetzen und so das Ende der kapitalistischen Herrschaft zu beschleunigen.»

Zwischen beiden Strömungen – dem Chauvinismus und dem internationalen Pazifismus – behauptete sich interessanterweise der Europagedanke, und einige der besten Köpfe jener Zeit wiesen in äußerst eindringlichen Texten auf die Notwendigkeit hin, den Nationalismus zu überwinden und ein europäisches Zusammengehörigkeitsgefühl zu entwickeln.

460

460 *Der schweizerisch-deutsche Staatsrechtler Johann Kaspar Bluntschli (1808-1881), ein Verfechter der europäischen Einheit. Holzstich, um 1875. Als Liberaler war Bluntschli von 1861 bis 1871 Mitglied der badischen Ersten Kammer und des deutschen Zollparlaments, seit 1873 Abgeordneter und zuletzt Präsident der badischen Zweiten Kammer.*

Deutschland: Ranke und Nietzsche. Der Historiker Leopold von Ranke (1795-1886) – vielleicht der größte Historiker seines Jahrhunderts – war sicherlich kein schlechter Deutscher, denn er liebte sein Vaterland sehr. Trotzdem fürchtete er die «wachsende Bedeutung der nationalen Souveränitäten». Europa war für ihn den Nationen übergeordnet, und er sah «die Gesamtheit der christlichen Staaten Europas als ein Ganzes, als eine Art Staat». Es gebe so etwas wie «ein Keimen des Abendlandes». Ranke, dieser große Deutsche, war Optimist und Christ. Der Philosoph Friedrich Nietzsche (1844-1900) hingegen war Pessimist und Antichrist. Er konstatierte zunächst ein äußerliches Phänomen, das sich seiner Meinung nach Tag für Tag verstärkte: das «Zusammenrücken der Europäer». Trotz des «Irrsinns der Nationalitäten», trotz der kurzsichtigen Politiker, die eine Politik der Entzweiung betrieben, «verkennt oder entstellt man lügnerisch die Zeichen, die ganz eindeutig beweisen, daß Europa eins werden will», schrieb er in *Jenseits von Gut und Böse*.

Auch andere Deutsche äußerten sich in ihren Schriften zur europäischen Einheit, so Constantin Frantz, Befürworter eines bundesstaatlich gegliederten «Großdeutschland» und Gegner der preußischen Hegemonie, obwohl er selbst preußischer Staatsbeamter war. Man kann ihn getrost als Theoretiker eines weltweiten Föderalismus bezeichnen, denn statt sich lange mit Gesamteuropa aufzuhalten, faßte er von Mitteleuropa aus den gesamten Erdball in den Blick. Genannt sei noch der Schriftsteller und Politiker Julius Fröbel, der 1859 ein Buch mit dem Titel *Amerika, Europa und die politischen Gesichtspunkte der Gegenwart* veröffentlichte.

Die Schweiz. In der Schweiz, diesem Musterbeispiel des Föderalismus, mangelte es nicht an Verfechtern der europäischen Einheit. Einer der bedeutendsten unter ihnen war Johann Kaspar Bluntschli aus Zürich. «Die Schweiz», schrieb er, «hat Ideen und Prinzipien hervorgebracht und verwirklicht, die für die Gesamtheit der europäischen Staaten einen Quell des Wohlstands und der Weiterentwicklung darstellen und denen es eines Tages bestimmt sein wird, den Frieden in Europa zu sichern.» In dem Artikel «Die Organisation des europäischen Staatenvereines», erschienen 1878 in der Zeitschrift *Gegenwart*, schlug er eine Union von achtzehn souveränen europäischen Staaten vor. Dieser Staatenbund sollte von einem Bundesrat als Vertretung der Staaten und einem Senat als Vertretung der Völker regiert werden. Eine supranationale Instanz befürwortete Bluntschli hingegen nicht, denn «die europäischen Staaten betrachten sich selbst als souveräne Personen. Deshalb kann man nicht über ein Zusammenwirken, eine Zusammenarbeit hinausgehen.» In seinem Buch *Die Schweizerische Nationalität* (1875) fügte er hinzu: «Eine europäische Konstitution, die einen neuen europäischen Einheitsstaat proklamiert, dem sich die bislang souveränen Staaten eingliedern müßten, ist nicht zu verwirklichen.»

Der berühmte Basler Historiker Jacob Burckhardt (1818-1897) war der Meinung, daß es bereits eine gewisse europäische Einheit gebe. Er schrieb: «Was wir nicht zu wünschen brauchen, sondern schon vorhanden vorfinden, ob wir uns dessen freuen oder es beklagen, das ist Europa als alter und neuer Herd vielartigen Lebens, als Stätte der Entstehung der reichsten Gestaltungen, als Heimat aller Gegensätze, die in der einzigen Einheit aufgehen.» Er befürchtete jedoch, die Staaten könnten sich zu «vorgeblich republikanischen Militärdiktaturen» entwickeln: «Mein Gedankenbild von den *terribles simplificateurs*, welche über unser altes Europa kommen werden, ist kein angenehmes.»

Italien. In Italien lebte die Idee der Vereinigten Staaten von Europa bei Cattaneos Schülern und Nachfolgern weiter. Angelo Brofferio erklärte seit 1851 wiederholt, es gelte nicht nur, die «Vereinigten Staaten von Italien», sondern darüber hinaus die «Vereinigten Staaten von Europa» zu errichten. Mauro Macchi vertrat auf dem Friedenskongreß von Genf 1868 dieselbe Ansicht. Und Alberto Mario, der sich ebenfalls auf Cattaneo berief, äußerte 1878, nur über einen Krieg gegen die Unterdrücker «werden wir zu den Vereinigten Staaten von Europa, also zum Bund der souveränen Völker gelangen». Tullio Martello brachte 1905 ein Buch über den italienisch-französischen Zollverein und die Vereinigten Staaten von Europa heraus. Stefano Jacini schrieb 1899 «von der zwingenden Notwendigkeit, eine halbföderalistische Staatengemeinschaft zu gründen, die in der Lage ist, den am Horizont des nächsten Jahrhunderts emporsteigenden Giganten die Stirn zu bieten, nämlich dem unwiderstehlichen Rußland in Asien und den Vereinigten Staaten von Nordamerika mit den Hunderten von Millionen Einwohnern, die jeder der beiden Kolosse dann zählen wird».

Andere Italiener, die nicht von Cattaneo beeinflußt waren, äußerten sich in ihren Schriften ebenfalls zu dieser Frage, so Terenzio Mamiani und der junge Historiker Guglielmo Ferrero, der gegen Ende des 19. Jahrhunderts die wichtigsten europäischen Länder bereiste, 1896 *L'Europa giovine* (Das junge Europa) publizierte und darin die Bedeutung der germanischen Völker hervorhob, die seiner Meinung nach stärker waren als die romanischen. In einem anderen seiner Werke mit dem Titel *Tra i due mondi* (Zwischen den zwei Welten, 1913) stellte er Amerika als Inbegriff der «Quantität» Europa gegenüber, das für ihn die «Qualität» verkörperte.

Spanien. Nach der Stagnation und der Isolierung im 19. Jahrhundert, in dem Spanien nahezu sein gesamtes Kolonialreich in Amerika eingebüßt hatte, stand dem Land noch eine weitere Katastrophe bevor. Im Krieg von 1898 gegen die USA, der durch den Frieden von Paris am 10. Dezember 1898 beendet wurde, verlor es Kuba, Puerto Rico und die Philippinen. Der Krieg hatte einen hohen Blutzoll gefordert und viel Geld gekostet. Die «Generation von '98», auch «Generation des Desasters» genannt, versuchte, diese traumatische Erfahrung zu verarbeiten. Der Bewegung gehörten Militärs, Politiker und Intellektuelle an, die Spanien «regenerieren» wollten und nicht frei von dem Ultranationalismus waren, der damals in ganz Europa um sich griff. Dennoch setzten sie auf Modernismus und Weltoffenheit. Die Generation von '98, schrieb der Schriftsteller José Martínez Ruiz, genannt Azorín, «war eine heftige Reaktion auf das düstere Spanien, das sich dem Vergnügen an Darbietungen voll Grausamkeit und Tod hingab».

Spanien brachte in jenen Jahren eine ansehnliche Generation von Romanciers und Lyrikern hervor, ganz zu schweigen von den Philosophen und Essayisten, die an Europa Interesse bekundeten: Miguel de Unamuno (1864-1936), ein «von Kastilien bezauberter Baske», Professor für Griechisch und Rektor der Universität von Salamanca; und José Ortega y Gasset (1883-1955), der fünf Jahre in Deutschland verbrachte und dessen Werk dort nach wie vor beträchtliche Beachtung findet. Im Jahr 1926 erschien sein berühmtes Buch *Aufstand der Massen*. Salvador de Madariaga (1886-1978) verfaßte 1939 das Buch *Le grand dessein* (Der große Plan). Zehn Jahre zuvor hatte er einen Artikel mit dem Titel «The United States of Europe, a Spaniard Object» (Die Vereinigten Staaten von Europa, ein Ziel Spaniens) verfaßt, und kurze Zeit danach schrieb er in einer amerikanischen Zeitschrift über «The Disunited States of Europe» (Die Unvereinigten Staaten Europas). Im Jahr 1952 indes veröffentlichte er sein Buch *Porträt Europas*, in dem es heißt: *Eppur Europa si muove* – und Europa bewegt sich doch.

461

462

Luis Díez del Corral, ein brillanter Ortega-Schüler, legte 1954 in seinem Buch *El rapto de Europa* (Der Raub Europas) überzeugend dar, daß die Generation von '98 immer zwischen der Nation und Europa hin- und hergeschwankt sei: «Unsere Geschichte war seit ihren frühesten Anfängen einer Pendelbewegung zwischen Isolation und Universalismus unterworfen.» Erst die Prägung durch das Römische Reich, dann die Abschottung unter den Westgoten – dieses Hin und Her hat der große Historiker Ramón Menéndez Pidal beschrieben. Nationalistische Strömungen wechselten mit Zeiten, in denen die Hinwendung zu Europa überwog, so unter den Herrschern Alfons VI., Alfons X., Karl I. und Karl III.

Wegen seiner geographischen Lage im äußersten Westen des Kontinents hat Spanien immer eine Existenz am Rande Europas geführt, doch zugleich stellt es in mancherlei Hinsicht eher ein Europa im Kleinformat dar als jedes andere Land. Madariaga nannte es dann ja auch «Europa *en miniature*», und in der Tat hat Spanien nicht nur eine außergewöhnliche Sammlung von Denkmälern der Geschichte zu bieten – Antikes aus vorrömischer und römischer Zeit, Mittelalterliches arabischer und christlicher Herkunft, Bauten und Kunstwerke aus Renaissance und Barock –, sondern auch eine moderne Stadt mit hochentwickelter Industrie wie Barcelona, die Gestade des Mittelmeers und des Atlantiks, «amerikanisierte» Stadtbilder.

Frankreich. Zahlreiche französische Autoren haben sich zu Europa geäußert, unter ihnen so verschiedene Geister wie der Sozialist Pierre-Joseph Proudhon, ein Anhänger des föderalistischen Gedankens, und der Nationalökonom Frédéric Le Play, der zur Wiederherstellung der mittelalterlichen Größe Europas die Rückkehr zu paternalistischen Familienstrukturen forderte. Die Geographen Vivien de Saint-Martin und Vidal de La Blache versuchten, Europa durch seine Beziehungen zur übrigen Welt zu definieren. Und Charles Lemonnier, dieser «strenge und insgesamt widersprüchliche humanitäre Rationalist», gab seit 1872 die Zeitschrift *Les Etats-Unis d'Europe* heraus, der eine lange Existenz beschieden sein sollte. Zu Abstraktionen neigend, hielt es dieser Denker für möglich, daß die Staaten, von den Völkern gedrängt, auf friedlichem Weg vom «Kriegszustand» zu einer «Rechtsordnung» finden könnten.

Ernest Renan. Unter den Literaten gab es drei überragende Gestalten: Ernest Renan (1823-1892), Georges Sorel (1847-1922) und Romain Rolland (1866-1944).
In einem kurz nach dem Deutsch-französischen Krieg, am 15. September 1871, verfaßten Brief schrieb Renan: «Die europäischen Nationen, wie die Geschichte sie geformt hat, sind Mitglieder eines großen Senats und als solche unantastbar. Europa bildet eine Konföderation von Staaten, die eine gemeinsame Auffassung von Zivilisation verbindet. Die Einzigartigkeit einer jeden Nation ergibt sich zweifellos aus Rasse, Sprache, Geschichte und Religion, jedoch auch aus etwas viel Greifbarerem, nämlich aus dem Einverständnis und dem Willen der einzelnen Provinzen eines Staates, zusammenzuleben.» Renan ließ sich durch den Verlust Elsaß-Lothringens zu einigen der trefflichsten Überlegungen anregen, die jemals über den Nationalismus angestellt worden sind, so in *Qu'est-ce qu'une nation?* (Was ist eine Nation?), erschienen 1887. Niemand hat besser die «französische» oder «klassische» These von der auf einem Willensakt gegründeten Nation verteidigt, im Gegensatz zu der «deutschen» oder «romantischen», derzufolge die Sprache die Grundlage einer Nation ist. «Die Sprache lädt zur Einheit ein, aber sie erzwingt sie nicht [...] Bei den Menschen gibt es etwas Höheres als die Sprache, und das ist der Wille. Der Wille der Schweiz, trotz der sprachlichen Vielfalt eins zu sein, ist viel wichtiger als eine oftmals nur unter Qualen herbeigeführte sprachliche Einheitlichkeit.» Ernest Renan lehnte die auf der Rassenzugehörigkeit gegründete Nation ebenso ab wie den Begriff der «natürlichen» oder «strategischen» Grenze, ja er geht noch einen Schritt weiter: Die Hegemonie, heißt es bei ihm, müsse abgeschafft werden.

Georges Sorel. Georges Sorel, ein Schriftsteller der Jahrhundertwende, sah die nahende Katastrophe voraus. Im Oktober 1908 schrieb er: «Europa ist schlechthin der Erdteil kriegerischer Kataklysmen. Die Pazifisten sind entweder Dummköpfe,

461 *Der Philosoph Miguel de Unamuno (1864-1936), führender Vertreter der um die Erneuerung spanischen Wesens ringenden «Generation von '98». Gemälde von Juan de Echevarría Zuricalday (1875-1931).* **462** *Der spanische Kulturphilosoph und Essayist José Ortega y Gasset (1883-1955). Gemälde von Sócrates Quintana.* **463** *Die Nation gründet auf einem Willensakt: der französische Religionshistoriker und Schriftsteller Ernest Renan (1823-1892). Gemälde von Jean Béraud (1849-1935).* **464** *Der französische Romancier Romain Rolland (1866-1944), Vorkämpfer einer europäischen Völkergemeinschaft. Foto, Villeneuve 1935.*

463

464

die die elementarsten Gesetze ignorieren, oder sie sind Halunken, die Demagogie betreiben und von ihren Lügen leben.» Er fuhr fort: «In Amerika hat man Menschen, die sich ganz ähnlich sind, in Staaten zusammengefaßt, die sich genauso ähneln. Eine schöne Geschichte! Aber wie wollt ihr es anstellen, daß sich Slawen zusammentun oder Kirchenleute oder revolutionäre Mystiker; bedächtige Skandinavier; ehrgeizige Deutsche; auf Macht erpichte Engländer; knauserige Franzosen; an ihrer Wachstumskrise leidende Italiener; balkanische Freischärler; kriegerische Ungarn? Wie wollt ihr in diesem Bienenkorb, dessen Bewohner sich den lieben langen Tag gegenseitig piesacken, Ruhe schaffen? Unseliges Europa! Warum ihm verheimlichen, was ihm bevorsteht? Bevor zehn Jahre verstreichen, wird es in Krieg und Anarchie versinken, wie es schon immer zwei- oder dreimal in jedem Jahrhundert gewesen ist.» Und am 18. Dezember 1912 schrieb Sorel: «Europa, dieser Friedhof, ist von Völkern bewohnt, die singen, bevor sie sich gegenseitig umbringen. Franzosen und Deutsche werden bald singen.» Ein Pessimismus, wie man sich ihn schrecklicher nicht vorstellen kann und der – leider – nur allzu gerechtfertigt war.

Romain Rolland. Georges Sorels Denken kreiste unablässig um Europa, und dasselbe gilt für Romain Rolland. Der Verfasser des *Jean-Christophe* war alles andere als ein Nationalist; er war vielmehr so sehr vom internationalen Wesen der Kultur überzeugt, daß er empört gegen die Folgen des patriotischen Rausches aufbegehrte. Es bedurfte großen Mutes, um 1914 eine Schrift mit dem Titel «Au-dessus de la mêlée» (Über dem Getümmel) zu veröffentlichen. Romain Rolland sprach darin «von dem Verbrechen gegen Europa und die Zivilisation, zu dem die Völker durch die Politik ihrer Regierungen und das Scheitern der mit der Wahrung des Friedens beauftragten Kräfte, also des Sozialismus und des Christentums, verleitet worden waren».
Die Krise von 1914 riß alles mit sich fort, und der «europäische Krieg» kostete nicht nur Millionen Menschenleben, sondern fegte auch die brüchigen Überreste des alten Europa hinweg.

Zusammenfassung. 1815 bis 1914: ein für Wissenschaft und Industrie glanzvolles, in der Politik jedoch so wildbewegtes Jahrhundert wie kaum ein anderes in der europäischen Geschichte. Alles schien sich gegen Europa verschworen zu haben: Krieg, Nationalismus, Bündnissysteme und sogar gewisse Formen des Pazifismus, denn dieser war entweder universalistisch, oder er berief sich auf den Klassenkampf, der sich definitionsgemäß über alle geographischen Grenzen hinwegsetzte.
Ein Jahrhundert lang bot die Geschichte der Nationen ein Bild außerordentlicher Vielfalt, während sich die Geschichte Europas zu Lasten der kleinen Staaten auf ein nicht genau definiertes Zusammenwirken der Großmächte, das «Konzert», reduzierte. Anlaß zur Hoffnung lieferte lediglich die Besinnung einiger Intellektueller auf den Gedanken der europäischen Einheit.
Es reicht, einige Begriffe unter die Lupe zu nehmen, um nachzuweisen, daß das 19. Jahrhundert durchaus nicht mit einer *Belle Epoque* ausklang, wie man das Ende jener Epoche genannt hat.
Nation: Dieser alte Begriff verlor unter der Einwirkung romantischen Überschwangs und «katastrophaler», aus den Revolutionen hervorgegangener Ideen seine rationalen Inhalte und nahm einen chauvinistischen Charakter an.
Zwischen den Nationen entstand ein wechselseitiges Mißtrauen, das Kriege auslöste. Zugleich machte sich die Haltung breit: «Da meine Nation den anderen überlegen ist, hat sie das Recht, sie zu drangsalieren oder gar zu vernichten.»
Staat: Die Entwicklung zielte auf den Nationalstaat, der sich selbst regierte und nicht von einer fremden Macht beherrscht wurde. So erklärt sich der zunehmende Zerfall von Vielvölkerstaaten wie des Osmanischen Reichs und Österreich-Ungarns einerseits und die Zusammenfassung von

465

Kleinstaaten zu großen Einheitsstaaten wie Italien und Deutschland andererseits. Der Staat wurde zur obersten Instanz, er war zu allem berechtigt, beispielsweise konnte er einem anderen den Krieg erklären.
Krieg: Die hundert Jahre von 1815 bis 1914 können in vier Abschnitte unterteilt werden:
- Von 1815 bis 1854 gab es keinen großen Krieg, dafür aber zahlreiche «Kampagnen», zumeist Strafexpeditionen in den Kolonien oder gegen liberale Bewegungen.
- Von 1854 bis 1871 kam es in Europa zu fünf großen Kriegen, dem Krimkrieg, dem Krieg in Italien, dem Deutsch-däni-

466

467

465 *Ein Meisterwerk der Industriemoderne und Symbol ungebrochenen Fortschrittsglaubens: der Eiffelturm in Paris. «Abstieg der Arbeiter von der Turmspitze.» Holzstich, Frankreich 1889.* **466** *Im Paris der «Belle Epoque»: «Dame mit Hunden im Bois de Boulogne.» Foto von Jacques-Henri Lartigue, 1911, Museum Ludwig.* **467** *Die Faszination der Moderne – Energie, Geschwindigkeit, Dynamik: «Der Lärm der Straße dringt ins Haus.» Gemälde von Umberto Boccioni (1882-1916), 1911. Boccioni war Mitverfasser des «Manifests der futuristischen Malerei» vom 11. Februar 1910.*

schen Krieg, dem Deutschen Krieg und dem Deutsch-französischen Krieg.

- Zwischen 1871 und 1914 fand zwar kein Krieg statt – zumindest gilt dies für die europäischen Großmächte; allerdings wurde Rußland 1904/05 von Japan besiegt. Aber es gab nicht enden wollende Unruhe und viele Krisen.
- Die letzte dieser Krisen löste den Weltkrieg aus, der vor allem ein europäischer Krieg war und einen grauenhaften Blutzoll forderte.

Bündnisse: Sie sollten der Sicherheit dienen. Von 1879 an wurden erstmals mitten im Frieden Allianzen geschlossen. Resultat: zwei sich zunehmend feindlich gegenüberstehende Heerlager.

Königreiche: Vor allem seit 1881 kam es zu einem Wettlauf um die Kolonien. Seit sich die Mächte in Europa nicht mehr gegenseitig Territorien streitig machen konnten, verlagerten sie ihre territorialen Konflikte nach Afrika, Südostasien und in den pazifischen Raum.

18 Europa zerstört sich selbst (1914-1945)

Der große europäische Krieg und seine außereuropäischen Folgen

Für den Ersten Weltkrieg, in Frankreich auch der «Große Krieg» genannt, war bezeichnend, daß sich zwei Blöcke mit ähnlicher Kultur gegenüberstanden: auf der einen Seite die «Mittelmächte» Deutschland und Österreich-Ungarn, verbündet mit dem Osmanischen Reich und Bulgarien, auf der anderen Seite die «Entente»: Rußland, Frankreich und Großbritannien, dazu die britischen Dominions, Belgien, Serbien, Italien, Rumänien, Portugal, Japan und schließlich auch die Vereinigten Staaten von Amerika, Griechenland, China und zahlreiche lateinamerikanische Staaten.

Die wichtigsten Kriegsschauplätze lagen in Europa: die französisch-belgische Front, die Front im Nordosten Italiens, die serbische Front bis 1915, die Front bei Saloniki, die rumänische Front und die Ostfront bis zur Kapitulation Rußlands im Jahr 1917.

Außerhalb Europas wurde in Syrien, Arabien, Transkaukasien, Persien, Ostsibirien und in mehreren Teilen Afrikas gekämpft. Doch entscheidend waren die Ereignisse an der französisch-belgischen Front.

Hier können weder die Politik, die zum Krieg führte, noch der Krieg selbst im Überblick dargestellt werden. Eine Geschichte Europas muß es sich zur Aufgabe machen, die tieferen Ursachen des Kriegs zu erforschen; sie hat darzulegen, daß er den katastrophalen Zusammenbruch eines überholten Systems bedeutete, nämlich den des europäischen Gleichgewichts, und daß einer der beiden Gegner nur dank dem Eingreifen einer außereuropäischen Macht, der Vereinigten Staaten von Amerika, siegen konnte.

Die tieferen Ursachen des Kriegs. Die Ermordung des österreichisch-ungarischen Thronfolgers in Sarajewo lieferte der Regierung Österreich-Ungarns einen Vorwand, um «mit den Serben Schluß zu machen». Seit dem Staatsstreich von 1903 hatte Serbien nachdrücklich die These von einer nationalen Zusammengehörigkeit der Südslawen (Jugoslawen) vertreten. Überzeugt davon, daß die serbische Regierung bei dem Mord von Sarajewo die Hand im Spiel gehabt hatte, tat der alte, historisch gewachsene Habsburgerstaat, was Staaten in solchen Fällen zu tun pflegen: Er berief sich auf sein Selbstverteidigungsrecht. Außerdem hatte Deutschland ja zugesichert, seinen Alliierten in jeder Hinsicht zu unterstützen.

Am 24. Juli 1914 erfuhr die Welt, daß Österreich-Ungarn Serbien mit der Zustimmung Deutschlands ein Ultimatum gestellt hatte, und plötzlich war die Krise da. Noch am selben Tag erging eine dringliche Note des deutschen Kanzlers Theobald von Bethmann Hollweg an die anderen Mächte, in der es hieß, es handle sich in diesem Fall um eine ausschließlich zwischen Österreich-Ungarn und Serbien zu regelnde Angelegenheit. Deutschland wünsche inständig eine örtliche Begrenzung des Konflikts, denn jegliches Eingreifen einer anderen Macht ziehe angesichts der vielfachen Bündnisverpflichtungen unberechenbare Folgen nach sich.

Am 28. Juli erklärte Österreich-Ungarn Serbien den Krieg. Drei Tage später, am 31. Juli, ordnete die russische Regierung als erste die allgemeine Mobilmachung an, weil sie der Ansicht war, sie dürfe nicht zulassen, daß Serbien, ein slawischer Staat, zu einem Satelliten Österreich-Ungarns degradiert würde. Am 1. August erklärte dann Deutschland nach einem Ultimatum Rußland den Krieg. Und da der Schlieffen-Plan von 1906 vorsah, daß die Feindseligkeiten zuerst gegen Frankreich eröffnet werden sollten und dies einen Vorstoß durch das neutrale Belgien erforderte, erklärte das Reich am 3. August 1914 auch Frankreich den Krieg und überfiel Belgien. Daraufhin erfolgte am 4. August die Kriegserklärung Englands an Deutschland.

468 *Die Selbstzerstörung Europas: englische Soldaten in einem zerschossenen Wald in Flandern, 1917. Zu dieser Zeit war die Kriegsbegeisterung des Anfangs in der Hölle der «Materialschlachten» längst verflogen.*

ZEITTAFEL 16: Europa zwischen den Kriegen (1919–1939)

Britische Inseln	**1922** Rücktritt der Regierung Lloyd George **1922/23** Irischer Bürgerkrieg	**1924** Zurückweisung des Genfer Protokolls **1924/25** 1. Regierung MacDonald (Labour Party) **1925** Konferenz von Locarno	**1928** Briand-Kellogg-Pakt **1929–1931** 2. Regierung MacDonald; Weltwirtschaftskrise
Niederlande **Belgien**	**1920** Geheime Militärkonvention Belgiens mit Frankreich; weiterhin strikte Neutralität der Niederlande	**1922** Allgemeines Wahlrecht für Frauen in den Niederlanden **1923** Jan.: Belgische Truppen im Ruhrgebiet	**1925** Konferenz von Locarno **1928** Briand-Kellogg-Pakt **1931** Wirtschaftskrise in den Niederlanden
Frankreich	**1919** 28. 6.: Versailler Vertrag 19. 9.: Vertrag von St-Germain (mit Österreich) 27. 11.: Vertrag von Neuilly (mit Bulgarien)	**1920** Jan.: Rücktritt Clemenceaus 4. 6.: Friedensvertrag von Trianon (mit Ungarn) 10. 8.: Friedensvertrag von Sèvres (mit der Türkei) 7. 9.: Geheime Militärkonvention mit Belgien	**1923** Besetzung des Ruhrgebiets **1924** Linkskartell unter Herriot 2. 10.: Genfer Protokoll **1925** Briand Außenminister; Konferenz von Locarno
Italien	**1919** Friede von St-Germain; Südtirol an Italien	**1922** 28. 10.: «Marsch auf Rom», Mussolini an der Macht **1924** Anerkennung der UdSSR	**1926** Mussolini Duce **1931** Päpstliche Enzyklika «Quadragesimo Anno»
Spanien **Portugal**	**1919–1923** Streiks, terroristische Anschläge **1923–1930** Diktatur unter Primo de Rivera **1926–1974** Autoritäres Regime in Portugal	**1928** Briand-Kellogg-Pakt **1931** 14. 4.: 2. spanische Republik; König Alfons XIII. im Exil	**1932–1968** Salazar portugiesischer Ministerpräsident; autoritärer Ständestaat **1933** Aufstände in Katalonien; Gründung der spanischen Falange
Schweiz	**1920** 16. 5.: Eintritt in den Völkerbund	**1928** Briand-Kellogg-Pakt	**1932** Genfer Abrüstungskonferenz ohne Ergebnis; Konferenz von Lausanne
Deutschland **Österreich**	**1919** Ebert Reichspräsident; Weimarer Republik 28. 6.: Versailler Vertrag 19. 9.: Friedensvertrag von St-Germain mit Österreich **1922** 16. 4.: Vertrag von Rapallo 31. 5.: Regierung Ignaz Seipel in Österreich 4. 10.: Genfer Protokoll, Hilfe vom Völkerbund	**1923** Besetzung des Ruhrgebiets; galoppierende Inflation; Hitlerputsch in München **1924** Dawes-Plan **1925** Hindenburg Reichspräsident; Vertrag von Locarno (Briand–Stresemann) **1926** Berliner Vertrag; Deutschland im Völkerbund	**1928** Briand-Kellogg-Pakt **1929** Young-Plan; Weltwirtschaftskrise **1930** Alliierte räumen das Rheinland **1931** Scheitern des Plans einer Zollunion Deutschland–Österreich; Hoover-Moratorium
Osteuropa	**1918** Auflösung Österreich-Ungarns: Unabhängigkeit für Ungarn, die Tschechoslowakei und Polen; Gründung der Republiken Lettland, Litauen, Estland; Finnland wird unabhängig; Königreich Jugoslawien	**1920/21** Sowjetisch-polnischer Krieg: «Wunder an der Weichsel»; Scheitern der Pläne Karls I., den Thron in Ungarn wiederzugewinnen; Kleine Entente (Tschechoslowakei, Jugoslawien, Rumänien)	**1923** Türkische Republik unter Kemal Atatürk (bis 1938) **1925** Bündnis Polens und der Tschechoslowakei mit Frankreich
Rußland **UdSSR**	**1921/22** Große Hungersnot; neue ökonomische Politik Lenins	**1922** Vertrag von Rapallo mit Deutschland **1924** Jahr der Anerkennung der UdSSR; Tod Lenins; Aufstieg Stalins	**1929** Zwangskollektivierung der Landwirtschaft **1930** Litwinow Außenminister
Kolonien	**1919** Deutsche Kolonien werden Völkerbundmandate; gewaltloser Widerstand unter Gandhi gegen die Briten in Indien	**1922** Ende des britischen Protektorats über Ägypten	**1926** Balfour-Deklaration über den Status der Dominien im Empire; Ende des Rifkabylen-Aufstands in Marokko

1931–1935 Regierung der nationalen Einheit unter MacDonald **1932** Konferenz von Lausanne: Ablösung der deutschen Reparationen	**1932/33** Ende der Rückzahlung der Kriegsschulden an die USA **1935** Scheitern der Genfer Abrüstungskonferenz; deutsch-britisches Flottenabkommen	**1936** Keine Intervention in Spanien **1938** Münchner Konferenz (Hitler, Mussolini, Chamberlain, Daladier)
1934 Tod des belgischen Königs Albert I.; König Leopold III. (bis 1944)	**1935** Scheitern der Genfer Abrüstungskonferenz; Kabinett van Zeeland als Regierung der «nationalen Konzentration»	**1936** Okt.: Belgien isoliert sich; Aufrüstung in den Niederlanden und in ihren Kolonien
1926 Französisch-rumänische Allianz **1928** Briand-Kellogg-Pakt **1932** Konferenz von Lausanne: Ablösung der deutschen Reparationen	**1932/33** Ende der Rückzahlung der Kriegsschulden an die USA **1934** Doumergue bildet das Kabinett der «Nationalen Einheit», Barthou Außenminister	**1936** Volksfront (Kommunisten, Sozialisten und Radikalsozialisten) unter Léon Blum **1938** Münchner Konferenz (Hitler, Mussolini, Chamberlain, Daladier)
1935 Front von Stresa **1935/36** Italienisch-äthiopischer Krieg, Annexion Äthiopiens	**1936** Achse Berlin–Rom; Unterstützung Francos	**1937** Enzyklika «Mit brennender Sorge»; Austritt Italiens aus dem Völkerbund **1939** Besetzung Albaniens
1936 16. 2.: Volksfront gewinnt die Parlamentswahlen; Staatsstreich Francos; 17. 7.: Beginn des Bürgerkriegs (bis 1939); internationale Brigaden, Legion Condor	**1936/37** Schlacht von Madrid **1937** April: Guernica **1938** März: Offensive Francos in Aragon	**1939** 28. 1.: Kapitulation Barcelonas 28. 3.: Einnahme von Madrid 1. 4.: Sieg Francos, Ende des Bürgerkriegs; autoritär-diktatorisches Regime
1935 Die Schweiz widersetzt sich Sanktionen gegen Italien		**1938** Rückkehr zur «integralen» Neutralität
1933 Hitler Reichskanzler; Beginn der «Gleichschaltung»; Konkordat mit dem Vatikan; Austritt aus dem Völkerbund **1934** Deutsch-polnische Nichtangriffserklärung; «Röhmputsch»; Ermordung des österreichischen Bundeskanzlers Dollfuß	**1935** Rückgliederung des Saargebiets; deutsch-britisches Flottenabkommen; allgemeine Wehrpflicht; Nürnberger Gesetze **1936** Achse Berlin–Rom; Remilitarisierung des Rheinlands; Intervention in Spanien (Legion Condor, Guernica)	**1938** 11. 3.: Anschluß Österreichs 29.–30. 9.: Münchner Konferenz (Hitler, Mussolini, Chamberlain, Daladier); Angliederung der sudetendeutschen Gebiete; «Reichskristallnacht» **1939** Einmarsch in die Rest-Tschechoslowakei; Hitler-Stalin-Pakt
1926 Staatsstreich Piłsudskis in Polen **1927** Eiserne Garde in Rumänien	**1934** Deutsch-polnische Nichtangriffserklärung **1935** Beistandspakt Frankreich–UdSSR–Tschechoslowakei **1936** Diktatur in Griechenland	**1938** Münchner Abkommen **1939** Einmarsch Deutschlands in die Rest-Tschechoslowakei; Italien besetzt Albanien
1933 Diplomatische Beziehungen mit Spanien und den USA	**1934** Beginn der «Säuberungen» und der Schauprozesse; Eintritt in den Völkerbund (bis 1939)	**1939** Molotow Außenminister; Hitler-Stalin-Pakt
1927 Irak formal unabhängig **1930** 1. Round-Table-Konferenz in London über Indien	**1931** Westminster-Statut: Gleichberechtigung der Dominien; 2. Round-Table-Konferenz mit Gandhi	**1934** Tunesien: Néo-Destour-Partei unter Habib Burgiba **1935** Government of India Act **1936** Italien erobert Äthiopien

469

470

469 *Die Ermordung des österreichisch-ungarischen Thronfolgers Franz Ferdinand und seiner Gemahlin am 28. Juni 1914 in Sarajewo wurde zum Anlaß des Weltkriegs: Ergreifung des serbischen Attentäters Gavrilo Princip.* **470** *Eine Stimme der Vernunft im Jahr 1914: der italienische Politiker und Staatsmann Giovanni Giolitti (1842-1928). Er wollte sein Land aus dem Krieg heraushalten.*

Aufgrund der französisch-englischen Flottenabkommen von 1912, die die Verteidigung des östlichen Ärmelkanals allein zur Sache der Engländer gemacht hatten, fühlten sich diese moralisch zum Eingreifen verpflichtet. Angesichts dieser Ereignisse stellte sich den Zeitgenossen die Frage nach der «persönlichen Schuld»: Kaiser Wilhelm II.? Der deutsche Generalstab unter Helmuth von Moltke? Der österreichische Generalstab unter Conrad von Hötzendorf? Raymond Poincaré, der Präsident der Französischen Republik? Alexander Iswolski, der russische Botschafter in Paris...? Diese Schuldfrage sollte die Atmosphäre noch lange nach Kriegsende vergiften. Franzosen und Deutsche hatten jedenfalls ein reines Gewissen.

Im Teufelskreis. Aus einem zeitlichen Abstand von mehr als siebzig Jahren kann heute dank einem tieferen Verständnis der Ursachen gesagt werden, daß der Erste Weltkrieg – im Gegensatz zu Bismarcks Kriegen – von keiner der beiden Parteien mutwillig ausgelöst worden ist, sondern daß ein teuflischer Mechanismus, den die damaligen Staatsmänner nicht in den Griff bekamen, den Krieg herbeigeführt hat.
Dieser Mechanismus funktionierte folgendermaßen: In einem Klima des Mißtrauens, das sich zwischen den Staaten Europas eingenistet hatte, und eines heftigen, emotionsgeladenen Nationalismus hatten die Regierungen angesichts einer ungewissen und zweifelhaften Zukunft vorsorglich Entscheidungen «für den Fall, daß...» getroffen.

1. Deutschland war entschlossen, in einen Krieg einzutreten, falls es andernfalls riskierte, von Österreich-Ungarn im Stich gelassen zu werden.
2. Frankreich war entschlossen, eher in einen Krieg einzutreten, als das französisch-russische Bündnis zu brechen.
3. Rußland war entschlossen, eher in einen Krieg einzutreten, als die jungen Balkanstaaten – in diesem besonderen Fall Serbien – unter österreichische Herrschaft geraten zu lassen.
4. England war – seit 1793! – entschlossen, eher in einen Krieg einzutreten, als zuzulassen, daß sich eine Großmacht in Antwerpen festsetzte.
5. Österreich-Ungarn war als Vielvölkerstaat – und als solcher unterschied er sich grundlegend von anderen Staaten – entschlossen, eher in einen Krieg einzutreten, als sich der zersetzenden Kraft einer nationalen, von Serbien geschürten Bewegung innerhalb eines von Österreich-Ungarn beherrschten «südslawischen» Volkes auszuliefern.

So sah die Lage aus, als der unerbittliche Lauf der Dinge die Staaten dazu zwang, die «für den Fall aller Fälle» vorgesehenen Maßnahmen zu ergreifen, weil sie sonst, so glaubten sie zumindest, zum Untergang verurteilt gewesen wären.
Bei den Staaten, die erst später in den Krieg eintraten, war übrigens nicht dieser Mechanismus, sondern eine wohlüberlegte Entscheidung ausschlaggebend. Und diese hatte mit dem «geheiligten Egoismus» zu tun, wie es ein italienischer Minister genannt hat. Es handelte sich um einen bewußten Akt, dem der Wille zugrunde lag, bestimmte Territorien für den eigenen Staat zu gewinnen.

Der Krieg oder das Scheitern des europäischen Gleichgewichts. Der Krieg führte in eindringlicher Weise vor Augen, daß die traditionelle, auf dem Gleichgewicht der Mächte gegründete europäische Ordnung durchaus in einem schrecklichen Blutbad enden konnte.
Nach welchen strategischen Gesichtspunkten wurde der Krieg geführt? Anfänglich glaubte man, daß er von kurzer Dauer sein würde, denn aus wirtschaftlichen Gründen schien ein langer Waffengang unmöglich. Doch dann kam man darauf, daß man nur sämtliche verfügbaren Mittel auszuschöpfen und einen Wechsel auf die Zukunft auszustellen brauchte, um alles finanzieren zu können – sofern die Bevölkerung dies hinnahm. Seit November 1914 stand fest, daß man sich auf einen langen, vor allem jedoch totalen Krieg gefaßt machen mußte. Der deutsche Vormarsch gemäß dem Schlieffen-Plan kam zum Stehen, die Umzingelung der französischen Streitkräfte scheiterte. Der «Wettlauf zum Meer» hatte zur Folge, daß keine der beiden Ar-

471

471 *Woodrow Wilson (1856-1924), von 1913 bis 1921 der 28. Präsident der Vereinigten Staaten. Seine berühmten «Vierzehn Punkte» vom 8. Januar 1918 waren eine Reaktion auf den universalen Anspruch der bolschewistischen Revolution Lenins.* **472** *Das Gräberfeld am Fort Douaumont: 700000 französische und deutsche Soldaten fielen 1916 in der «Abnutzungsschlacht» von Verdun.*

meen die andere einkesseln konnte, und so kam es zu dem berüchtigten «Stellungskrieg», bei dem die Front in Frankreich von Norden nach Süden bis Soissons und dann von Westen nach Osten bis zu den Vogesen verlief. Dieser Frontverlauf erwies sich trotz heftigster Angriffe rasch als unveränderlich. In einer Weise, wie man sie sich schrecklicher nicht hatte vorstellen können, wurde das europäische Gleichgewicht auf dem Schlachtfeld blutige Realität.

Die USA und das europäische Gleichgewicht der Schützengräben. Das Patt zwischen den beiden kriegführenden Bündnissystemen hätte Ludendorff, der Chef des deutschen Generalstabs, von Oktober 1917 bis Juli 1918 fast durchbrochen, und schuld daran waren die Russische Revolution, der deutsch-russische Waffenstillstand vom Dezember 1917 und der Friedensvertrag von Brest-Litowsk am 3. März 1918. Doch dann brachte das Eingreifen der USA endgültig die Wende. Am 11. November 1918, dem Tag des Waffenstillstands, befanden sich zwei Millionen amerikanische Soldaten in Europa.

Untersucht man die geschichtlichen Umstände des Kriegseintritts der USA, dieses gigantischen Ablegers des alten Europa, so zeigt sich, daß die USA nicht für Europa in den Krieg gezogen sind. Man ist eher versucht zu sagen: ganz im Gegenteil. Nachdem Präsident Woodrow Wilson erklärt hatte, die Amerikaner müßten «nicht nur im Handeln, sondern auch im Herzen» neutral bleiben, zog er am 22. Januar 1917 die Konsequenzen aus der Seekriegführung der Mittelmächte – Aufbringen von Schiffen mit «Konterbande», deutscher U-Boot-Krieg, Versenkung des Passagierdampfers Lusitania – und trat für einen «Frieden ohne Sieg» ein. Doch dann erfolgte ein Theatercoup: Am 1. Februar 1917 erklärte Deutschland den «uneingeschränkten U-Boot-Krieg». Das konnte Wilson nicht hinnehmen, denn nun stand das Prinzip der «Freiheit der Meere» auf dem Spiel. Nach Versenkung der ersten amerikanischen Frachtschiffe durch die Deutschen ließ er den Kongreß am 6. April 1917 über den Kriegseintritt der USA abstimmen. Von der Abscheulichkeit des deutschen «Militärregimes» überzeugt, bereitete sich der amerikanische Präsident

472

Der Erste Weltkrieg 1914–1918

1914

28. Juni:	Ermordung des österreichisch-ungarischen Thronfolgers Franz Ferdinand in Sarajewo
28. Juli:	Kriegserklärung Österreich-Ungarns an Serbien
1. August:	Deutsche Mobilmachung und Kriegserklärung an Rußland
3. August:	Kriegserklärung Deutschlands an Frankreich
3./4. August:	Einmarsch deutscher Truppen in Belgien
4. August:	Belgien und Großbritannien erklären Deutschland den Krieg
23. August:	Kriegserklärung Japans an Deutschland
26.–30. August:	Schlacht bei Tannenberg, russische Niederlage
5.–12. Sept.:	Schlacht an der Marne
10. Oktober bis 10. November:	«Wettlauf zum Meer»: Englisch-französische Umfassungsversuche mißlingen; Stellungskrieg
7. November:	Japan erobert den deutschen Stützpunkt Tsingtau in Schantung, ebenso besetzen die Japaner die deutschen Südseekolonien auf den Marianen, den Karolinen, den Salomonen und den Marschallinseln

1915

Februar:	Deutsche Offensive: Winterschlacht in Masuren
seit 19. Februar:	See- und Landkämpfe um die Dardanellen
23. Mai:	Italien tritt der Entente bei; Kriegserklärung an Österreich-Ungarn
14. Oktober:	Bulgarien verbündet sich mit Deutschland
5.–8. Sept.:	Konferenz von Zimmerwald im Kanton Bern

1916

21. Februar:	Kampf um Verdun («Hölle von Verdun»)
31. Mai/ 1. Juni:	Seeschlacht vor dem Skagerrak
24. Juni:	Französisch-britische Offensive: Schlacht an der Somme
24.–30 August:	Treffen europäischer Linkssozialisten in Kienthal im Kanton Bern
27. August:	Rumänien erklärt Österreich-Ungarn den Krieg, Italien tritt in den Krieg gegen Deutschland ein
12. Dezember:	Friedensdeklaration der Reichsregierung
26. Dezember:	General Joseph Joffre wird durch General Georges-Robert Nivelle als Oberbefehlshaber der französischen Streitkräfte ersetzt

1917

22. Januar:	Wilson fordert den «Frieden ohne Sieg»
1. Februar:	Erklärung des uneingeschränkten U-Boot-Kriegs durch Deutschland
12. März:	Februarrevolution in Rußland, Abdankung Zar Nikolaus' II.; Doppelherrschaft von Sowjets und provisorischer Regierung
6. April:	Kriegserklärung der USA an Deutschland
16. April:	Lenin kehrt auf deutsche Veranlassung aus seinem Schweizer Exil nach Petrograd zurück
2.–20. Mai:	Philippe Pétain ersetzt Georges-Robert Nivelle; Truppenmeuterei in Frankreich
9. August:	Generalstreik in Spanien
Oktober:	Italienische Front wird in Caporetto durchbrochen; Rückzug der Italiener bis hinter die Piave
November:	Generalstreik in der Schweiz
7. November:	«Oktoberrevolution» in Petrograd
16. November:	Kabinettsbildung unter Georges Clemenceau
22. Dezember:	Friedensverhandlungen zwischen Rußland und den Mittelmächten

1918

8. Januar:	Wilson verkündet das Friedensprogramm der «Vierzehn Punkte»
9. Februar:	«Brotfriede» Deutschlands, Österreich-Ungarns und der Türkei mit der Ukraine
3. März:	Friede von Brest-Litowsk: Verzicht Rußlands auf Livland, Kurland, Litauen, Estland, Polen; Anerkennung Finnlands und der Ukraine als selbständige Staaten
21. März bis 6. April:	Entscheidungskampf im Westen: deutsche Offensive in der Pikardie
18. Juli:	Gegenoffensive der Alliierten unter dem gemeinsamen Oberbefehl von General Ferdinand Foch: Zurückdrängung der deutschen Front
8. August:	Schlacht bei Amiens («der schwarze Tag des deutschen Heeres»)
3./4. Oktober:	Waffenstillstandsangebot der Deutschen an Wilson
3. November:	Waffenstillstand zwischen Österreich-Ungarn und den Alliierten
11. November:	Waffenstillstand von Compiègne zwischen den Alliierten und Deutschland

darauf vor, in dem gewaltigen Konflikt die Schiedsrichterrolle zu spielen. Im Januar 1918 gab er seine Kriegsziele bekannt, die «Vierzehn Punkte». Sie bildeten die Grundlage der Wilsonschen Außenpolitik. Interessanterweise war darin nirgends vom Nationalitätenprinzip die Rede.

Wilson setzte seine Ziele zuerst gegen die Deutschen durch, die ihn am 4. Oktober 1918 um einen Waffenstillstand auf der Grundlage der «Vierzehn Punkte» ersuchten; dann zwang er sie der Entente auf.

Fest steht, daß der schreckliche Krieg, der Europa zerrissen hatte, nur dank den Vereinigten Staaten so rasch beendet werden konnte. Ohne die militärische Macht der USA wäre die Entente zahlenmäßig unterlegen gewesen und hätte sich finanziell ruiniert.

Wilson kannte Europa schlecht. Er gab der «Balance of Power» die Schuld an dem Krieg, und deshalb kam für ihn in der Welt, die er aufbauen wollte, eine Neuauflage dieser Politik nicht in Frage.

Die Friedensverträge und ihre Schwächen

In seinen *Regards sur le monde actuel* (Blicke auf die gegenwärtige Welt) schrieb Paul Valéry 1931: «Die elenden Europäer haben lieber ‹Armagnaken gegen Burgunder› gespielt, als auf dieser Erde die Rolle zu übernehmen, die die Römer jahrhundertelang zu spielen gewußt haben.»

473

474

Achteinhalb Millionen Tote – das war die Bilanz des Ersten Weltkriegs. Wirtschaftlich waren nur bestimmte Landstriche von den Zerstörungen betroffen. Beispielsweise blieben Deutschland und England so gut wie ganz verschont. Doch Mittel- und Osteuropa versanken in Hunger, Not und Chaos.

Wilsons Weltpolitik. Die Friedenskonferenz von 1919 stand dem Wiener Kongreß von 1815 an Bedeutung nicht nach. Doch wie anders war nun alles! Jetzt mußte man bei den Verhandlungen von einem amerikanischen Konzept ausgehen, und Präsident Wilson, der seine *new diplomacy* durchsetzen wollte, spielte resolut die Schiedsrichterrolle. Seinen europäischen Kollegen, die er für gefährliche Imperialisten hielt, brachte er kaum verhohlenes Mißtrauen entgegen. Er war überzeugt davon, daß er nicht nur die USA, sondern die öffentliche Meinung der ganzen Welt vertrat und sich folglich direkt an die Völker wenden konnte. Zutiefst weltbürgerlich eingestellt, dachte er nicht in europäischen Begriffen, sondern in weltweiten Perspektiven. Kernstück seines Systems wurde der Völkerbund, und der war keine europäische, sondern eine weltumspannende Einrichtung, deren Auftrag es sein sollte, den Frieden zu sichern. Wilson wollte *the world safe for democracy*, das heißt, eine Welt, in der Sicherheit eine normale Entwicklung der Demokratie gewährleistete. Seine «neue Diplomatie» war von der Philosophie des 18. Jahrhunderts und dem europäischen Liberalismus geprägt. Ihr Verdienst bestand darin, daß sie als konkreter politischer Entwurf aus dem Geist eines großen Staatswesens erwachsen war.

Europa in den Fängen des Hasses. Von all den unberechenbaren Folgen des Kriegs war die schlimmste ein schier unüberwindlicher Haß. Ob Sieger oder Besiegter – jeder glaubte fest daran, Opfer der Kriegsgelüste des anderen geworden zu sein. Wilsons Unterscheidung zwischen der deutschen «Militärclique», die den Krieg zu verantworten habe, und dem «friedliebenden» deutschen Volk wurde

473 *Berliner Straßenszene, 1918: hungernde Menschen schlachten einen Pferdekadaver aus. Der Hunger in Deutschland war vor allem eine Folge der Blockade.* **474** *Der Friede von Versailles: am 28. Juni 1919 unterzeichnete die deutsche Delegation – Johannes Bell und Hermann Müller – im Spiegelsaal des Versailler Schlosses, dem Ort der sogenannten Kaiserproklamation von 1871, den Friedensvertrag. Gemälde von William Orpen, 1921.*

von den anderen Siegermächten mit Unmut aufgenommen, denn sie hielten das deutsche Volk für ebenso schuldig wie seine Anführer. Die Deutschen hingegen waren davon überzeugt, daß weder ihnen selbst noch ihrer Führung die Hauptschuld anzulasten war.

Aus Haß erwächst zwangsläufig der Wunsch nach Vergeltung. Die Reparationen, die der Besiegte zahlen sollte, wurden zum Sinnbild der Bestrafung. «Deutschland wird bezahlen», sagte man in Frankreich, und die Engländer gingen noch einen Schritt weiter: «bis zum letzten Penny». Im Wahlkampf des Jahres 1918 verstieg sich ein britischer Minister zu dem aufreizenden Ausspruch: «Man muß die Zitrone ausquetschen, bis die Kerne knacken.» In dem berüchtigten Artikel 231 des Versailler Vertrags hieß es, Deutschland und seine Verbündeten trügen die «Verantwortung für alle von ihnen hervorgerufenen Verluste und Schäden, die die alliierten Regierungen, ihre Partnerstaaten und deren Bürger infolge des ihnen durch die Aggression Deutschlands und dessen Verbündeten aufgezwungenen Krieges erlitten haben». Zwar hatten die Autoren dieses Textes den Begriff der moralischen Schuld vermieden, doch in den Augen der Deutschen, die diesen Artikel durch ihre Unterschrift anerkennen mußten, schloß er eine solche Schuld ein.

Deutschland sah sich als Opfer eines himmelschreienden Unrechts. Das Schlagwort vom Versailler «Schandfrieden» schürte den Haß auf die Alliierten. Rachegelüste vergifteten das öffentliche Leben. Davon sollten vor allem die sich bildenden ultranationalistischen Gruppierungen wie Adolf Hitlers Nationalsozialistische Deutsche Arbeiterpartei (NSDAP) profitieren.

Nach dem Ersten Weltkrieg gab es kein Europa mehr. Ließ es sich vielleicht wiederaufbauen?

Das neue Europa. Eine Gegenüberstellung des «Europas von Versailles» und des ein Jahrhundert zurückliegenden «Europa von Wien» zeigt zunächst einmal, daß zwei große, historisch gewachsene Staatsgebilde verschwunden waren: das Osmanische Reich und Österreich-Ungarn. Beim Osmanischen Reich bildete der Krieg nur den Abschluß eines hundertjährigen Auflösungsprozesses, bei Österreich-Ungarn jedoch kam der Zusammenbruch im Herbst 1918 abrupt als Folge der Niederlage. Eine Vielzahl von «Nachfolgestaaten» balkanisierte Mitteleuropa. Und da diese Staaten dank dem Nationalitätenprinzip unabhängig waren, bildeten sich alsbald rivalisierende Gruppierungen: Die «Zufriedenen» unter ihnen, Polen, die Tschechoslowakei, Jugoslawien und Rumänien, orientierten sich an Frankreich, die «Unzufriedenen», nämlich Bulgarien und Ungarn, näherten sich Italien an. Die Auflösung Österreich-Ungarns zerstörte das europäische Gleichgewicht, und damit verschwand auch ein Schutzschild gegen Deutschland. Diese Tatsache wußte sich Hitler zunutze zu machen.

Die politische Landkarte des neuen Europa trug dem Nationalitätenprinzip weit mehr Rechnung als die des alten Europa. Doch kam es nun wie nie zuvor zu konfusen und explosiven Situationen, weil in den neuen Staaten starke nationale Minderheiten existierten. Außerdem gelang es diesen Staaten nicht, wirtschaftliche Verhältnisse zu schaffen, die ihr Überleben gesichert hätten. So führte die übertriebene Nationalitätenpolitik zu unlösbaren Konflikten.

Die Tschechoslowakei war ein ganz und gar neuer Staat, Polen war nach einhun-

dertdreiundzwanzig Jahren wiedererstanden. Auf Kosten Rußlands wurden kleinere Staaten wie Finnland, Estland, Lettland und Litauen geschaffen. Dies bedeutete eine regelrechte «Pulverisierung» Europas. Sie war um so gefährlicher, als die aus strategischen Gründen nicht zu verteidigenden neuen Staaten an Rußland und Deutschland grenzten, also an zwei geschwächte, ruinierte oder zumindest durch die Friedensverträge in ihrer Handlungsfreiheit beschränkte Großmächte, die allerdings auf lange Sicht stark genug waren, um ihre Nachbarn zu vernichten. Es darf nicht übersehen werden, daß der Friede den Deutschen – sie nannten ihn deshalb «Diktatfrieden» – aufgezwungen und ohne das bolschewistische Rußland ausgehandelt worden war. Logischerweise konnte ein Vertragswerk, das unter Ausschluß zweier Großmächte, ja sogar gegen ihren Willen zustande gekommen war, nicht eben als «europäisches Völkerrecht» gelten, um hier einen Ausdruck Talleyrands zu verwenden.
Der Völkerbund war von vornherein zum Scheitern verurteilt; denn der amerikanische Senat weigerte sich, die Verträge zu ratifizieren. So gehörten dem Völkerbund von den sieben Großmächten der Welt drei nicht an: die USA, Deutschland und Rußland. Deutschland trat dem Völkerbund zwar 1926 bei, verließ ihn aber 1933 wieder. Rußland wurde 1934 aufgenommen. Auch Japan (1933) und Italien (1937) traten wieder aus. Bei keinem einzigen Konflikt jener Jahre wagte der Völkerbund energisch einzuschreiten.

Briands Entwurf einer europäischen Union

Aristide Briand leitete die französische Außenpolitik im Jahr 1921 und von 1925 bis 1932. Dieser gewandte, auf Versöhnung bedachte Mann, der ein feines Gespür für die Entwicklung der öffentlichen Meinung hatte, betrieb gegenüber Deutschland eine Politik der Annäherung und der Konzessionen, die im Vertrag von Locarno (1925) und in der Aufnahme des einstigen Feindes in den Völkerbund gipfelte. Briand war alles andere als doktrinär, er berücksichtigte bei allem, was er tat, die herrschenden Umstände und die geistigen Strömungen der Zeit. Daß es keinerlei europäische Organisationen gab, bedauerte er zutiefst. Da er von der Existenz und dem Erstarken proeuropäischer Tendenzen in der Politik wußte, gab er im Juli 1929 seine Absicht bekannt, eine Art europäische Union vor-

475

475 *Elend und Not im Nachkriegseuropa: die Hoffnung auf Frieden erwies sich als trügerisch, und die sogenannten Goldenen Zwanziger Jahre hatten auch eine Schattenseite: bettelnder Kriegskrüppel auf dem linken Flügel des Triptychons «Großstadt» von Otto Dix (1891-1969), gemalt in den Jahren 1927 und 1928. In seinen veristisch-expressiven Bildern prangerte Otto Dix Krieg und soziales Elend schonungslos an.*

Karte 39: *Die Neuordnung Europas nach den Pariser Vorortverträgen von 1919 und 1920.*

zuschlagen. In seiner Regierungserklärung sprach er von den «Vereinigten Staaten von Europa», und am 7. September 1929 unterbreitete er dem Völkerbund einen Plan, von dem noch die Rede sein wird.

Coudenhove-Kalergi und Paneuropa. Den Anstoß zu Briands Schritt hatte zweifellos der im Juni 1924 von Richard Graf Coudenhove-Kalergi veröffentlichte «Offene Brief an die französischen Parlamentarier» gegeben. In Frankreich hatten kurz zuvor Wahlen stattgefunden. Das «Linkskartell», das dem Völkerbund positiv gegenüberstand und eine versöhnlichere Haltung gegenüber Deutschland befürwortete, war an die Macht gekommen, Raymond Poincaré, der seit Januar 1922 Ministerpräsident gewesen war und auf die Erfüllung des Versailler Vertrags gepocht hatte, war zurückgetreten. Der Österreicher Coudenhove-Kalergi hatte seit 1922 in der deutschen und der österreichischen Presse für die Idee eines «Paneuropa» geworben. Im Jahr 1923 erschien seine Schrift *Pan-Europa*. Die europäische Frage wurde darin folgendermaßen gestellt: «Ist es möglich, daß auf der kleinen Halbinsel Europa fünfundzwanzig Staaten in internationaler Anarchie existieren, ohne daß ein solcher Zustand zu schlimmsten politischen, wirtschaftlichen und kulturellen Katastrophen führt?»
Coudenhove-Kalergi legte in seinem Brief an die französischen Parlamentarier dar, daß Europa sich zusammenschließen müsse, um sich gegenüber den drei Blökken UdSSR, USA und Großbritannien behaupten zu können. Nach lobenden Worten über die «Seelengröße des russischen Volkes» schrieb der Verfasser: «Jeder Europäer muß die russische Gefahr erkennen, und die Unabhängigkeit Europas kann nur auf eine Weise gewahrt werden: durch die Vereinigten Staaten von Europa.» Die «britische Welt» sei einst «wesentlicher Bestandteil Europas» gewesen, doch «jetzt ist er nur mehr ein Nachbar [...] Englands Mitgliedschaft in einer paneuropäischen Konföderation wäre nur möglich, wenn sich die Dominions von London abwendeten.» Coudenhove-Kalergi schlug ein «paneuropäisches Programm» vor: «Abschluß eines politischen, wirtschaftlichen und militärischen Bündnisses; Schiedsgerichtsbarkeit und Garantien zwischen allen demokratischen Staaten unseres Kontinentes; gutes Einvernehmen mit England und Amerika; Friede mit Rußland und dem Fernen Osten.»
Viele bedeutende Persönlichkeiten unterstützten das Projekt: Carlo Graf Sforza, Thomas und Heinrich Mann, Selma Lagerlöf, Sigmund Freud, Paul Claudel, Paul Valéry, Jules Romains, Miguel de Unamuno, José Ortega y Gasset, Salvador de Madariaga, Albert Einstein. Briand war ein guter Ministerpräsident. «Machen Sie schnell, schnell, schnell!» hatte er 1926 zu Coudenhove-Kalergi gesagt, und er muß dessen paneuropäische Richtlinien vor Augen gehabt haben, als er im September 1929 in Genf, in bestem Einvernehmen mit dem deutschen Außenminister Gustav Stresemann, der wenige Wochen später, am 3. Oktober, starb, eine Rede hielt.

476

477

478

476 *Richard Graf Coudenhove-Kalergi (1894 bis 1972), Gründer der Europabewegung, auf einer Kundgebung in der Berliner Singakademie, 20er Jahre.* **477** *Briands deutscher Partner, Reichsaußenminister Gustav Stresemann (1878-1929). Die Aufnahme (Ausschnitt) ist die letzte vor Stresemanns frühem Tod am 3. Oktober 1929.* **478** *Der französische Staatsmann und große Europäer Aristide Briand (1862-1932), von 1925 bis 1932 Außenminister seines Landes. Zusammen mit Stresemann erhielt er 1926 den Friedensnobelpreis.* **479** *Völkerbund-Gruppenbild in Genf, September 1926: in der ersten Reihe dritter von links Briand, daneben Stresemann, Emile Vandervelde und Sir Austen Chamberlain.*

Briands Genfer Rede. Er gehe an sein Thema mit einer gewissen «Scheu» heran, sagte Briand. Und: «Ich habe mich seit einigen Jahren an der Werbung für eine Idee beteiligt, die manch einer als hochherzig bezeichnet hat, vielleicht um sich selbst zu ersparen, sie töricht nennen zu müssen.» Im wichtigsten Teil seiner langen Rede führte Briand aus: «Ich meine, daß es zwischen Völkern, die geographisch so dicht beieinander liegen wie die europäischen, eine Art föderatives Band

479

geben sollte. Diese Völker müssen jederzeit die Möglichkeit haben, miteinander Verbindung aufzunehmen, ihre Interessen zu erörtern, gemeinsame Entschlüsse zu fassen und zwischen sich ein Band der Solidarität zu knüpfen, das es ihnen gestattet, im rechten Augenblick schwerwiegenden Umständen zu begegnen, falls sich diese einstellen. Dieses Band zu knüpfen, würde ich gerne nach Kräften mithelfen. Selbstverständlich würde diese Gemeinschaft vor allem in der Wirtschaft tätig werden, denn sie ist das dringlichste Problem. Doch bin ich mir sicher, daß das föderative Band, ohne an die Souveränität jener Nationen zu rühren, die einer solchen Gemeinschaft angehören könnten, auch in politischer und sozialer Hinsicht zuträglich wäre.»

Nichts Revolutionäres also: keine gewählte oder von den Parlamenten gebildete Versammlung, keine «Interessenvertretung» und keine supranationale «Hohe Behörde».

Immerhin einigten sich siebenundzwanzig Mitgliedsstaaten des Völkerbunds darauf, Briand mit der Abfassung eines Memorandums zu beauftragen. Dieses wurde den betreffenden Staaten am 1. Mai 1930 mit der Bitte um baldige Stellungnahme vorgelegt. Nun hatte jedoch zwischen September 1929 und Mai 1930 eine einschneidende Entwicklung eingesetzt: die von der Panik in der Wall Street im Oktober 1929 ausgelöste Weltwirtschaftskrise. Trotzdem fanden Briands aufrüttelnde Worte in Europa beachtlichen Widerhall. Zum erstenmal in der Geschichte hatte sich, wenn man von Napoleon III. absieht, ein amtierender Regierungschef für die Gründung der Vereinigten Staaten von Europa ausgesprochen.

Im Oktober 1926 trat in Wien erstmals ein «Paneuropäischer Kongreß» zusammen, und 1927 wurde Briand Ehrenvorsitzender. Zu den bekannteren Mitgliedern zählten die Franzosen Edouard Herriot, Paul Painlevé, Albert Thomas, Léon Blum, Edouard Daladier und Paul Boncour, der Engländer Noël Baker, die Deutschen Hjalmar Schacht und Joseph Wirth, die Griechen Eleutherios Venizelos und Alexandros Zaimis.

Briands Entwurf. Die Wirtschaftskrise entzweite die Geister und heizte den Nationalismus an. Deshalb hatten Briand und seine Helfer im Außenministerium am Quai d'Orsay bei der Abfassung des Memorandums äußerste Vorsicht walten lassen: Sie beschworen «das stark ausgeprägte Gefühl einer gemeinsamen Verantwortung angesichts der Gefahr, die den Frieden in Europa bedroht, sowohl in der Politik als auch in Wirtschaft und Gesellschaft», und sie versicherten, daß die rechtliche Gleichstellung und die Souveränität der Staaten nicht angetastet würden. Bemerkenswerterweise tauchten von 1930 an Begriffe wie «gemeinsamer Markt» und «europäische Gemeinschaft» auf. Und auch die Frage, ob der Politik oder der Wirtschaft der Primat zukomme, ein Dilemma, über das seit den 70er Jahren so viel geschrieben worden ist, stammt aus der Briand-Ära. Doch zurück zu dem Memorandum: Es regte die Bildung einer «europäischen Konferenz» nach dem Muster des Völkerbunds an.

Die Ablehnung des Memorandums. Die Antworten der sechsundzwanzig Partnerstaaten trafen in der Zeit vom 25. Juni bis zum 4. August 1930 ein und zeugten davon, wie fern es den Regierungen lag, sich ernsthaft mit dem Plan einer europäischen Organisation oder gar der europäischen Einigung zu befassen. Beim Lesen dieser Texte fällt auf, wie weit Briand seiner Zeit vorausgeeilt war. Der allgemeine Tenor der Antwortschreiben war höfliche Ablehnung, nur Jugoslawien, Bulgarien und – mit einigen Vorbehalten – Norwegen, Griechenland und die Tschechoslowakei reagierten positiv. Die Einwände der einzelnen Regierungen lassen erkennen, daß die Zerstückelung Europas, eine Folge der Beschlüsse von Versailles, die Einstellung der Völker widerspiegelte.

Die kritischen Einwände. Die Einwände der Kritiker Briands lassen sich nach sechs Gesichtspunkten zusammenfassen:

1. Das Pochen auf absolute Souveränität: Nur die Niederlande, die im übrigen ziemlich heftig Kritik übten, betonten die Notwendigkeit, nicht bei der staatlichen Souveränität stehenzubleiben.
2. Eine europäische Organisation könne dem Völkerbund schaden, und der weltumspannende Rahmen des Völkerbunds sei einer Beschränkung auf Europa vorzuziehen. Alle Staaten sprachen sich für den Völkerbund aus; einige lehnten seinetwegen den Briand-Plan ab, so die Niederlande, Italien, Dänemark, Schweden, England, Irland, die Schweiz und Polen.
3. Bedenken wegen eines eventuellen Übergewichts einer europäischen Organisation: manche Regierungen vertraten den Standpunkt, man könne sich mit den Sitzungen des Völkerbunds begnügen. Dies war die Haltung Schwedens, der Schweiz, Irlands und vor allem Englands.
4. Kritik am Primat der Politik gegenüber der Wirtschaft: sie kam von den Niederlanden, Österreich, Rumänien und Deutschland, das zweifellos das 1926 gegründete «Kohlesyndikat» im Sinn hatte, als es erklärte: «Die Koordinierung bestimmter, auf dem privaten Unternehmertum beruhender Wirtschaftszweige ist nach wie vor ein Tätigkeitsbereich, dem es bei der Neugestaltung der europäischen Wirtschaft einen wichtigen Platz einzuräumen gilt.» In der norwegischen Note hieß es: «Es wäre plausibler, bei der europäischen Zusammenarbeit von einer Lösung der wirtschaftlichen Fragen auszugehen, denn es scheint leichter, auf diesem Gebiet, auf dem sich die Mängel des gegenwärtigen Systems am deutlichsten zeigen, Resultate zu erzielen.» Portugal, Ungarn, Schweden, Luxemburg, Albanien und Belgien meldeten ähnliche Bedenken an. Die belgische Regierung erklärte: «Ohne einander untergeordnet zu sein, wirken die beiden

wichtigsten Triebkräfte der Völker, Wirtschaft und Politik, wechselseitig aufeinander ein.» Und das britische Antwortschreiben schließlich unterstellte dem französischen Plan eine Einengung auf das Wirtschaftliche, das Gegenteil dessen, was er beabsichtigte: «Die Regierung Seiner Majestät stimmt mit der französischen Regierung auch in der Ansicht überein, daß besonders in den Wirtschaftsbeziehungen eine engere Zusammenarbeit zwischen den Nationen Europas dringlich vonnöten ist.»

5. Befürwortung einer Ausweitung der Organisation auf die europäischen Staaten, die nicht Mitglieder des Völkerbunds sind: Italien wies «darauf hin, daß es [...] zweckmäßig wäre, den betreffenden Regierungen vorzuschlagen, die Regierung der Union der Sozialistischen Sowjetrepubliken und die Regierung der Türkischen Republik einzuladen, an der Ausarbeitung des Plans zur Gründung einer europäischen Föderation teilzunehmen». Estland hätte gern gesehen, daß «alle Völker Europas» zusammenarbeiteten. Deutschland sprach sich für eine Aufnahme der Sowjetunion und der Türkei aus, Ungarn und Griechenland setzten sich für eine Teilnahme der Türkei ein, Litauen, Luxemburg und Bulgarien befürworteten die Aufnahme möglichst aller europäischen Staaten in den Völkerbund.

6. Der Verweis auf bestimmte außereuropäische Verpflichtungen: Spanien dachte an seine «besonderen Beziehungen zu den hispanoamerikanischen Ländern» und an seine Position in Afrika, die Niederlande an ihre Territorien außerhalb Europas. Deutschland und Dänemark bestanden darauf, daß den politischen und zollrechtlichen Beziehungen bestimmter europäischer Staaten zu außereuropäischen Ländern Rechnung zu tragen sei. Portugal vertrat dieselbe Meinung, aber wieder war es England, das am stärksten auf Distanz ging. Auch die ablehnende Haltung Deutschlands unter Reichskanzler Heinrich Brüning muß hier ausdrücklich erwähnt werden. Nie zuvor in der Geschichte hatte man erprobt, wie stark das Zusammengehörigkeitsgefühl der Europäer sei, und 1930 stellte sich heraus, daß es recht schwach war.

Die Weltwirtschaftskrise und der Egoismus der Nationen

Der Niedergang Europas und der Aufstieg der USA. Der Erste Weltkrieg hatte schlagartig erhellt, wie weit Europa wirtschaftlich hinter die USA zurückgefallen war. Bereits 1914 waren die USA die stärkste Wirtschaftsmacht der Welt gewesen, und nach Kriegsende vergrößerte sich der Vorsprung noch. Von 1925 bis 1929 Motor der Prosperität, lösten die USA die große Krise der Jahre 1929 bis 1933 aus. Ihr Versuch, diese aus eigener Kraft und nicht durch internationale Zusammenarbeit zu meistern, trug maßgeblich zur wirtschaftlichen Abschottung der Staaten bei, wie sie nach 1933 die Regel wurde.

Bei Kriegseintritt der USA am 6. April 1917 war die Entente finanziell fast am Ende gewesen. Die Alliierten hatten zwar Anleihen von der amerikanischen Privatwirtschaft erhalten, doch ihre Kreditwürdigkeit war rasch erschöpft. Von April 1917 an konnten sie dann, nachdem der Kongreß ein entsprechendes Gesetz verabschiedet hatte, Gelder aus der amerikanischen Staatskasse beziehen, und zwar in ganz anderer Größenordnung.

Doch dies war weniger bedeutsam als ein anderer Sachverhalt: Im Jahr 1914 beliefen sich die amerikanischen Auslandsinvestitionen auf 2,5 Milliarden Dollar gegenüber einem europäischen Investitionsvolumen in den USA von 4,5 bis 5 Milliarden Dollar. Während des Kriegs bewirkten die riesigen amerikanischen Lieferungen an die Entente, daß ein Großteil des von den europäischen Mächten in den USA investierten Kapitals an die Amerikaner überging, die ihrerseits dank ihren enormen Gewinnen über 9 Milliarden Dollar im Ausland investieren konnten.

Daß sich die USA im Ersten Weltkrieg beträchtlich bereichert haben, belegen auch die Zahlen über das Nationaleinkommen und die rapide wachsende Nachfrage der Amerikaner nach Konsumgütern. Das Land erlebte damals einen regelrechten Boom. Am spektakulärsten war die Zunahme bei langlebigen Konsumgütern wie Autos, Häusern, Kühlschränken und Radiogeräten. Es trat das ein, was Walt Rostow *high mass consumption*, hohen Massenkonsum, genannt hat. Die Folge war, daß die Amerikaner den Europäern, was die Annehmlichkeiten des täglichen Lebens betraf, den Rang abliefen. Zwar herrschte weiterhin in großen Teilen der Bevölkerung – bei Farbigen, verarmten Weißen in den Südstaaten, Arbeitslosen und Slumbewohnern in den Großstädten – Not, auch die Farmer profitierten kaum vom Aufschwung; und dennoch entstand ein neuartiger, von den Europäern mit einer Mischung aus Neid und Spott betrachteter Lebensstil.

Die Reparationen. Dank ihrer Prosperität und ihrer Vormachtstellung gaben die USA bis 1929 auf dem internationalen Finanzmarkt den Ton an. Dann jedoch exportierten sie ihre Krise und deren katastrophale Folgen ins Ausland. Um das absurde System zu verstehen, das zehn Jahre lang geherrscht hatte, muß man bei den vom Krieg verursachten wechselseitigen Schulden der Staaten ansetzen. Da waren zum einen die laut Versailler Friedensvertrag von Deutschland zu leistenden Reparationen und zum andern die Schulden, die die Staaten der Entente untereinander – England war Hauptgläubiger – und vor allem gegenüber den USA hatten, wobei England der Hauptschuldner war.

Das Volumen der deutschen Reparationsleistungen wurde erst durch die «Zahlungsfestlegung» vom 1. Mai 1921 bestimmt: 132 Milliarden Goldmark. Das war ein illusorischer Betrag, den man zudem symbolisch in Zahlungsverpflichtungen der Kategorien A, B und C unterteilt hatte. Mit diesem Schachzug wollte man die Franzosen, die sich an die Devise «Deutschland wird zahlen!» klammerten, darüber hinwegtäuschen, daß man de facto auf 76 von den 132 Milliarden verzichtete.

Die wichtigsten Gläubiger Deutschlands waren in abnehmender Größenordnung Frankreich, England, Italien und Belgien. Einige kluge Köpfe wie der französische Abgeordnete André Lebon durchschauten schon am 22. Dezember 1918 den Aberwitz eines solchen Systems: Wie wollte man ein Volk von siebzig Millionen Menschen fünfzig oder sechzig Jahre lang zur Arbeit zwingen, wenn «die einzige Perspektive darin besteht, daß der gesamte Ertrag ihrer Arbeit dazu dienen wird, die von vorangegangenen Generationen gemachten Schulden zu tilgen»? Die franzö-

480

481

482

480 *Die Besetzung des Ruhrgebiets 1923: französischer Infanterist auf einem beschlagnahmten Kohlezug. Fotochrome.* **481** *Währungsreform in Deutschland, 1924: Kinder spielen mit gebündelten Geldscheinen.* **482** *Die Anleihe: «Um Gottes willen – das soll ich alles wieder zurückzahlen!» Karikatur zum Dawes-Plan von Th. Th. Heine aus dem «Simplicissimus» vom 3. November 1924.*

sische Öffentlichkeit gab sich der Illusion hin, daß dies möglich sei. Die Engländer hingegen zeigten sich unter dem starken Eindruck von John Maynard Keynes' brillantem kleinem Buch *The Economic Consequences for Peace* (Die wirtschaftlichen Folgen des Friedensvertrages, erschienen im November 1919) bald einsichtiger und erklärten sich bereit, die Wirtschaft Deutschlands, dieses potentiellen Großkunden für britische Exporte, anzukurbeln.

Die Deutschen, ausnahmslos schlecht auf die Reparationsleistungen zu sprechen, schwankten zwischen Verweigerung, die von den Ultranationalen und einigen Großindustriellen des Ruhrgebiets wie Hugo Stinnes gefordert wurde, und der «Erfüllungspolitik», die 1921 bis 1922 von Walther Rathenau und von Oktober 1923 an von Gustav Stresemann betrieben wurde. Erfüllungspolitik – das hieß zahlen, um zuerst das Vertrauen der Alliierten zu gewinnen und dann mit ihnen über einen Schuldennachlaß zu verhandeln.

Die Alliierten verfolgten 1921 eine Politik der Zwangsmaßnahmen und besetzten drei Städte des Ruhrgebiets. An diese Politik knüpfte Poincaré 1923 im Einvernehmen mit Italien und Belgien gegen den Willen der Engländer an, als er das gesamte Ruhrgebiet besetzen ließ. Der auf fünf Jahre befristete Dawes-Plan legte 1924 von Deutschland zu leistende Jahresraten zwischen einer und zweieinhalb Milliarden Goldmark fest, deren Transfer in Devisen nicht mehr von Deutschland, sondern von einem *Agent général des réparations*, einem Generalagenten für die Reparationen, mit Sitz in Berlin durchgeführt werden sollte. Dies bedeutete einen neuerlichen Schuldennachlaß.

Die Kriegsschulden. Die Amerikaner selbst hatten faktisch auf jede Form von Kriegsentschädigungen verzichtet. Da sie Reparationen für «politische Schulden» hielten, befürworteten sie deren Streichung. Das war gewiß klug, doch ließen sie es leider dabei bewenden. Von einer Annullierung ihrer sonstigen Außenstände wollten sie nichts wissen. «Kommerzielle Verbindlichkeiten» waren in ihren Augen unantastbar. Die internationale Zahlungsmoral, wie sie ihnen vorschwebte, machte die Begleichung solcher Schulden zur Pflicht, selbst wenn damit nur ein unerheblicher Beitrag zum Wohlstand ihres Landes geleistet wurde.

Angesichts der amerikanischen Forderungen blieb den europäischen Staaten nichts weiter übrig, als einer nach dem andern eine Zahlungsvereinbarung zu unterschreiben. Die Engländer machten am 18. Juni 1923 mit dem Baldwin-Mellon-Abkommen den Anfang. Italien schloß am 14. November 1925 eine günstigere Vereinbarung als England ab, während Frankreich sich noch lange sträubte. Die Krise des Franc, die in die Zeit der vom «Linkskartell» in den Jahren 1924 bis 1926 gebildeten Regierungen fiel, machte einerseits eine finanzielle Hilfe der USA dringend erforderlich und erschwerte andererseits eine vertragliche Regelung. In zwei Jahren lösten neun französische Finanzminister einander ab. Erst am 29. April 1926 konnte das sogenannte Mellon-Béranger-Abkommen unterzeichnet werden. Die Abgeordnetenkammer ratifizierte es jedoch nicht, was in der französischen und amerikanischen Öffentlichkeit eine anhaltende Kontroverse nach sich zog. Der einzige Lichtblick war, daß Deutschland seit Inkrafttreten des Dawes-Plans im Jahr 1925 regelmäßig seine Reparationen zahlte. Ein Wunder oder ein Beleg für die Zahlungsfähigkeit der Deutschen? Stresemann schrieb 1925 an den Kronprinzen, von 1927 an seien weitere Reparationsleistungen nicht mehr möglich. Wieder sollte es die Weltmacht USA sein, die verhinderte, daß sich diese realistische Vorhersage bewahrheitete.

Die amerikanischen Darlehen. Auf dem Höhepunkt der Prosperität stand den Amerikanern überschüssiges Kapital zur Verfügung, das sie im Ausland anlegen wollten. Nun hatte jedoch der Handelsminister Herbert Hoover seine beiden Kabinettskollegen Außenminister Charles

Evans Hughes und den Finanzminister Andrew Mellon, einen steinreichen Bankier, davon überzeugt, daß der Abfluß privater Gelder ins Ausland kontrolliert werden müsse. Im Sommer 1921 hatten sich die drei Minister mit dem Bankier John Pierpont Morgan jr. verständigt und von ihm im Namen der anderen amerikanischen Bankiers die Zusicherung erhalten, daß ohne vorherige Konsultation des Außenministeriums keine Auslandsinvestitionen mehr getätigt würden. Regierungen und Bürgern von Ländern, die ihren Zahlungsverpflichtungen gegenüber den USA nicht nachgekommen seien, werde man keine Kredite mehr gewähren.
Auch Japan, der UdSSR und Frankreich drehten die Amerikaner den Geldhahn zu. Deutschland hingegen, das bei ihnen keine Kriegsschulden hatte, wurde zum größten Nutznießer amerikanischer Investitionen.
Dank dem Kapitalstrom aus den USA verfügte Deutschland von 1925 bis 1930 über genügend Devisen, um die Reparationen bezahlen zu können. In seinen Memoiren schrieb Hjalmar Schacht, der Reichsbankpräsident jener Jahre, daß die Kriegsentschädigungen letztlich von den Ausländern getragen worden seien, die Deutschland Kredite gewährten.
So kam, von der ungezügelten Schubkraft des amerikanischen *Business* beschleunigt und von einer leichtsinnigen Regierung geduldet, jenes seltsame finanzielle Karussell in Schwung, das sich bald wie verrückt drehen sollte: Die Amerikaner liehen den Deutschen Geld. Deutschland zahlte damit den Alliierten die Reparationen. Die Alliierten beglichen mit demselben Geld ihre Schulden gegenüber den USA. «Wann hat das Spielchen wohl ein Ende?» fragte ein französischer Politiker. Doch alle Welt berauschte sich an trügerischen Erfolgen und merkte nicht, wie anfällig das unsinnige System war.

Ein Blick auf die Wirtschaft der wichtigsten europäischen Staaten. Weniger leichtfertig zwar als die USA, doch von zahlreichen Problemen geplagt, paßten sich die wichtigsten europäischen Staaten mit Ausnahme der UdSSR dem schwindelerregenden Rhythmus der amerikanischen Wirtschaft an.
Im Jahr 1913 belief sich das britische Volkseinkommen auf 2,021 Milliarden Pfund. 1921 waren es nur noch 1,804 Milliarden, und bis 1929 kletterte es auf 2,319 Milliarden. In Frankreich bezifferte sich das Volkseinkommen – nach einer Berechnung aus dem Jahr 1938 in Francs – 1913 auf 328, 1920 hingegen nur noch auf 250 Milliarden Francs. Im Jahr 1929 erreichte es mit 453 Milliarden den Höchststand. In Deutschland lag es im Jahr 1914 bei 45,7 Milliarden und 1931 bei 57,5 Milliarden Goldmark.

1929: Die große Krise bricht aus. Das nach amerikanischem Muster funktionierende Weltwirtschaftssystem gründete bis 1929 auf allgemeinem Optimismus. Keine politische Regelung beschränkte die Produktion, und so wurde die Gefahr einer Überproduktion immer bedrohlicher. Um den Umsatz anzukurbeln, entwickelte man ein Kundenkreditsystem, das den Banken große Gewinne einbrachte. Von dem Augenblick an, da die Kredite aus irgendeinem Grund abrupt verknappt würden, mußten der Umsatz zurückgehen, die Lagerbestände zunehmen und die Preise einbrechen, und das würde angesichts der dominierenden Rolle der USA einer Katastrophe gleichkommen. Genauso liefen die Dinge dann ja auch ab. Auslöser war eine jähe Vertrauenskrise infolge der überhitzten Börsenspekulation. Der »Schwarze Freitag«, der 24. Oktober 1929, an dem in der Wall Street der gewaltige Börsenkrach losbrach, ist seitdem zu einem symbolträchtigen Datum geworden.

Die Krise greift auf Europa über. Die Länder, die den USA fast ausschließlich Rohstoffe lieferten, waren die ersten Opfer der amerikanischen Krise. In dem ohnehin schon armen Lateinamerika wuchs das Elend noch. Unvergessen sind die Bilder, auf denen zu sehen ist, wie die brasilianischen Kaffeebestände in Lokomotiven verheizt wurden. Im Dezember 1929 lösten sich Argentinien, Uruguay und Australien vom Goldstandard, das heißt, sie werteten ihre Währungen ab, ein vergeblicher Versuch, die Exporte anzukurbeln.
Dem Fluß des amerikanischen Kapitals ins Ausland schien die Krise, besonders bei kurzfristigen Krediten, anfänglich nichts anhaben zu können. Noch im Frühjahr 1930 wurden neue Darlehen vergeben, doch bis Jahresende war der Strom fast versiegt. Von da an wurde ein jährliches Kreditvolumen von 60 Millionen Dollar – gegenüber zirka 200 Millionen Dollar im Jahr 1929 – nicht mehr überschritten.
Direktinvestitionen wurden zwar weiterhin getätigt, aber sie schwächten sich 1930 und 1931 stark ab und kamen 1932 ganz zum Erliegen. Nicht genug damit: um zahlungsfähig zu bleiben, riefen die Amerikaner massiv ihre Auslandsgelder zurück. Die Europäer taten dasselbe, allerdings in kleinerem Maßstab. Dieser Kapitalabfluß traf vor allem Deutschland, auf das 40 Prozent aller amerikanischen Investitionen entfallen waren, aber auch Österreich und England. Von Ende Mai bis Mitte Juli 1931 verlor die Reichsbank 2 Milliarden Dollar in Gold und Devisen.
Parallel zum Rückfluß des amerikanischen Kapitals kam es zu einer Erschwerung europäischer Exporte in die USA. Die Amerikaner kauften nicht nur weniger, sondern sie hielten es darüber hinaus für notwendig, am 17. Juni 1930 eine der drastischsten Zollschranken aller Zeiten zu errichten, den Hawley-Smoot-Tarif, der eine Erhöhung der vorher gültigen Zollsätze von durchschnittlich 26 auf 50 Prozent mit sich brachte. Die schon im Jahr 1930 labile und von Krisen geschüttelte europäische Wirtschaft brach 1931 zusammen.

483

Den Auftakt bildete der spektakuläre Konkurs der österreichischen «Creditanstalt für Handel und Gewerbe» im Mai 1931, auf den der Bankrott deutscher Banken, beispielsweise der «Danatbank», folgte. Im Juni griff die Krise auf England über. Frankreich, Belgien, die Niederlande und Italien, also die Länder des sogenannten Goldblocks, schienen eine Zeitlang leidlich standzuhalten – die französische Wirtschaft, teilweise archaisch strukturiert, fing die Schläge ab –, aber Ende 1931 und im Frühjahr 1932 brach auch über diese Länder die Katastrophe herein. Wenn man die deutsche Industrieproduktion von 1928 mit 100 beziffert, belief sie sich 1929 auf 100,1, 1930 auf 87, 1931 auf 70,1 und 1932 auf 58. In England bezifferte sie sich 1933 auf 86,5, in Frankreich 1929/30 auf 109,9, 1931 auf 95, 1932 auf 81.

Die politischen Konsequenzen dieser Krise sahen in jedem Land völlig anders aus. In Deutschland äußerten sie sich in dem gewaltigen Stimmengewinn der Nationalsozialisten bei den Reichstagswahlen im Juli 1932, dem wenig später die Machtergreifung Adolf Hitlers und die Errichtung einer totalitären und expansionistischen Diktatur folgten. In Italien, das bereits eine Diktatur war, bestärkte die Weltwirtschaftskrise Benito Mussolini in dem Willen, eine für die Besiedlung durch Italiener geeignete Kolonie zu erwerben, ein imperialer Traum, den der Duce dann in Äthiopien zu verwirklichen suchte. In Japan sah die Entwicklung ähnlich aus.

In England hingegen trieb die Krise die Menschen kurioserweise der Konservativen Partei in die Arme, eine Entwicklung, über die die Bildung einer Allparteienregierung hinwegtäuschte, deren Chef Ramsay MacDonald wurde, obwohl er der Führer der Labour-Partei war.

In Frankreich verschärfte die Wirtschaftskrise den Niedergang der Exekutive, führte zu einem raschen Wechsel der Minister und spaltete das Volk in verschiedene Gruppierungen. In den USA schien sie 1932 revolutionäre Formen anzunehmen: Arbeitslose und Kriegsveteranen begehrten auf, Farmer streikten, doch richtig Luft machte sich der Zorn des Volks erst bei den Wahlen im November 1932: Der glücklose Präsident Hoover, Symbolfigur von Prosperität und Optimismus, war der Krise gegenüber machtlos. Mit 22822000 gegen 15762000 Stimmen bereitete ihm sein Gegner Franklin Delano Roosevelt von der Demokratischen Partei eine vernichtende Niederlage.

Der Kampf gegen die Krise: die internationale Lösung. Die Staatsmänner und Finanziers der ganzen Welt waren durch die Krise und zumal durch deren Ausmaß zutiefst verunsichert. Welche Gegenmaßnahmen konnte man ergreifen? Die Frage war zunächst, ob jedes Land versuchen sollte, seine Probleme allein zu bewältigen, oder ob nicht vielleicht die Möglichkeit einer internationalen Lösung bestand. Für letztere gab es vor 1933 zaghafte Ansätze, denen Roosevelt allerdings auf der Londoner Konferenz 1933 einen Riegel vorschob.

Nachdem die Katastrophe über Europa hereingebrochen war, wurden die Fragen des internationalen Zahlungsverkehrs schier unlösbar. Erneut tauchte die Idee auf, Kriegsschulden und Reparationen ein für allemal zu streichen. Unter dem Eindruck der verheerenden Entwicklungen in Deutschland im Mai und im Juni 1931 verfiel Präsident Hoover nach einem Gespräch mit dem amerikanischen Botschafter in Deutschland, Frederic M. Sackett, auf die Idee, die internationalen Zahlungsverpflichtungen durch ein Moratorium ein Jahr lang ruhen zu lassen. Der Appell des Reichspräsidenten Paul von Hindenburg gab den Ausschlag. Am 20. Juni 1931 trat Hoover mit seinem Plan eines Moratoriums an die Öffentlichkeit: Für ein Jahr sollten alle Rückzahlungen von Staatsschulden ausgesetzt werden. Am 20. Juli begann in London eine Wirtschaftskonferenz, auf der das Moratorium trotz gewisser Bedenken Frankreichs, das von der Krise noch verschont geblieben war, beschlossen wurde. Der Zahlungsaufschub erstreckte sich gleichermaßen auf Reparationsleistungen wie auf Kriegsschulden, doch getreu der traditionellen Politik der USA beharrte Hoover weiterhin auf einer eindeutigen Unterscheidung zwischen beiden Kategorien.

Als das «Feierjahr» im Juni 1932 ablief, machte der amerikanische Außenminister Henry Stimson, der inzwischen Europa bereist hatte, den Vorschlag, die Kriegsschulden und die Reparationen zu annullieren. Konnte man das Moratorium nicht aus Rücksicht auf die öffentliche Meinung in den USA um ein weiteres Jahr verlängern? Hoover sprach sich in aller Form dagegen aus. «Er hat zu mir gesagt», notierte Stimson am 11. Juni 1932, «er sei grundlegend anderer Meinung als ich, und die Schulden müßten und könnten beglichen werden.»

Die Streichung der Schulden und Reparationen. Die Europäer hatten sich um dieselbe Zeit in Lausanne zu einer Konferenz versammelt und – wiederum gegen den Widerstand Frankreichs – beschlossen, Deutschland weitere Reparationsleistungen zu erlassen. In einer Art *Gentlemen's Agreement* verpflichteten sich die Unterzeichnerstaaten auf der Konferenz von Lausanne, das Abkommen erst zu ratifizieren, nachdem die USA auf die Rückzahlung der Restschuld verzichtet hätten.

484

483 *Die Weltwirtschaftskrise, ausgelöst durch den New Yorker Börsenkrach vom 24. Oktober 1929, griff rasch auf Europa über: Hungernde Pariser Bürger warten vor einer Volksküche auf einen Teller Suppe, Winter 1930/31. Deutschland hatte zu dieser Zeit bereits 4,35 Millionen Arbeitslose.* **484** *Das Ende der deutschen Reparationszahlungen: die Unterzeichnung des Vertrags von Lausanne am 9. Juli 1932. Foto Erich Salomon.*

Sie hatten jedoch die Rechnung ohne den Wirt gemacht: Die Mehrheit der Amerikaner, der Kongreß und der Präsident entrüsteten sich über das *Gentlemen's Agreement*, diese «europäische Verschwörung». Im Namen der Moral und in der absurden Überzeugung, daß die jährlichen Raten zur Überwindung der Krise beitragen würden, verlangten die Amerikaner das Unmögliche, daß nämlich die ruinierten europäischen Staaten weiterhin bezahlten. Die Folge war, daß die europäischen Schuldnerländer mit Ausnahme des «tapferen kleinen Finnland» einstimmig entschieden, die Zahlungen einzustellen. Dies wiederum bestärkte die Amerikaner in ihrem Isolationismus und verurteilte die Suche nach einer internationalen Lösung der Krise zum Scheitern.

Im Dezember 1932 hatte sich Hoover dafür ausgesprochen, vom Völkerbund im Frühjahr 1933 eine Weltwirtschaftskonferenz einberufen zu lassen. Im März 1933 schied Hoover aus dem Amt, und sein Nachfolger, der Demokrat Franklin Delano Roosevelt, ernannte Cordell Hull, einen Anhänger der Freihandelspolitik und Senator von Tennessee, zum Außenminister. Cordell Hull hatte durch seine Ansichten über eine «Wirtschaftsabrüstung» von sich reden gemacht. Ausgerechnet er war der Leiter der amerikanischen Delegation, als am 12. Juni 1933 in London die Weltwirtschaftskonferenz eröffnet wurde. Roosevelt erstickte jedoch jede Anwandlung, die Probleme auf internationaler Ebene zu lösen, im Keim: Durch den *Johnson Act* vom 13. April 1934 kapselten sich die USA von der restlichen Welt endgültig ab, indem sie die Vergabe von Krediten, auch privatwirtschaftlichen, an Länder untersagten, die ihre Kriegsschulden nicht beglichen hatten. Es waren also eindeutig die Amerikaner, die, unter den Augen der zaudernden Europäer, die Entscheidung zugunsten «nationaler» Rezepte gegen die Krise erzwangen. Die wichtigsten dieser Rezepte hießen Deflation und Goldstandard, Abwertung und Devisenbewirtschaftung.

Deflation und Goldstandard. Um der Krise Herr zu werden, versuchte man es in Deutschland unter Reichskanzler Brüning (1930-1932) und in Frankreich (bis 1930) zuerst mit der Deflation. Man beschloß, die Währung nicht mehr zu manipulieren, sondern sie an den Goldpreis zu binden. Das brachte das Risiko mit sich, daß die Exportgüter für den Weltmarkt zu teuer wurden. Es galt also, die Gestehungskosten zu senken. Eine Verminderung der Staatsausgaben sowie eine Senkung der Löhne und Gehälter machten dies möglich. Doch diese scheinbar logische Methode mußte fatalerweise zu einer sozialen Krise führen. Brünings Notverordnungen des Jahres 1930 waren einer der Gründe dafür, daß 107 Nationalsozialisten und 77 Kommunisten nach den Wahlen vom 14. September 1930 in den Reichstag einzogen.

In Frankreich trugen Pierre Lavals Dekrete zum Sieg der Volksfront 1936 bei. In den Jahren 1931 bis 1935 gehörten Frankreich, Belgien, Italien, die Schweiz und die Niederlande dem «Goldblock» an.

Abwertung. Die zweite Methode bestand darin, die Währung abzuwerten, das heißt, sie zu manipulieren. Sie wurde mit Erfolg in England (September 1931) und in den USA (April 1933), ohne Erfolg jedoch in dem von der Volksfront regierten Frankreich (September 1936) angewandt. Hauptziel war es, die Wettbewerbsfähigkeit der eigenen Exportwirtschaft auf dem Weltmarkt zu verbessern. Damit dies gelang, mußten die Preise auf dem Binnenmarkt einigermaßen stabil bleiben. Da die Importe verteuert wurden, mußte man sie entweder durch hohe Zölle beschränken – so das amerikanische System – oder sich Rohstofflieferungen zu besonders günstigen Bedingungen sichern, wie es das britische System der Zollpräferenzen im *Empire* vorsah.

Devisenbewirtschaftung. Die dritte Methode bedeutete im Gegensatz zu den beiden anderen eine Abkapselung vom Weltmarkt. Für die Devisenbewirtschaftung entschied man sich in Deutschland im Juni 1932, also kurz vor Hitlers Machtergreifung, in den meisten Ländern Mitteleuropas und des Balkans sowie in einigen lateinamerikanischen Ländern. Der Staat kontrollierte dort fortan den Devisenverkehr. Wenn ein ausländischer Hersteller beispielsweise einen deutschen Abnehmer belieferte, durfte der Kaufpreis der Ware nicht ins Ausland transferiert werden. Damit wollte man die Importe drosseln. Der ausländische Hersteller konnte seinen Erlös entweder in Deutschland ausgeben oder von einem «Clearing-Abkommen» Gebrauch machen, das heißt, seine Forderungen mit denen deutscher Importeure in seinem Land verrechnen lassen. Dieses System erschwerte den Welthandel. Seiner Einführung lag unter anderem die Absicht zugrunde, die Tilgung der Auslandsschulden unter dem Vorwand einzustellen, daß die nationale Währung nicht konvertierbar war. Für ein großes Land wie Deutschland bestand der Vorteil darin, daß es seinen Wirtschaftseinfluß auf andere Staaten Mitteleuropas und auf die Balkanländer ausdehnen konnte, denn diese waren darauf angewiesen, ihre Erzeugnisse – zum Beispiel rumänisches Erdöl, ungarisches Getreide, griechischen Tabak – in Deutschland abzusetzen. Wollten sie einen Gegenwert erhalten, blieb ihnen nichts anderes übrig, als deutsche Produkte zu kaufen. Für Hjalmar Schacht stellte die Devisenbewirtschaftung einen Notbehelf dar, der dazu diente, die eigene, von der Krise geschwächte Wirtschaft hinter geschlossenen Türen anzukurbeln. Hitler und Göring hingegen sahen in ihr eine Vorstufe der angestrebten Autarkie.

Demokratien, Bolschewismus, Faschismus

Zu einem Zeitpunkt, als der amerikanische Präsident Wilson an einen weltweiten Siegeszug der Demokratie glaubte, bildeten sich zwei zugleich politische, wirtschaftliche, soziale und ideologische Systeme, die diesen Siegeszug in Frage stellten: im Osten Europas der Bolschewismus, die von dem russischen Revolutionär Lenin, einem Anhänger von Karl Marx, im Jahr 1903 gegründete bolschewistische Partei, und in der Mitte Europas der von dem ehemaligen Journalisten sozialistischer Provenienz Benito Mussolini begründete Faschismus. Die Bolschewiki ergriffen 1917 in Petrograd die Macht, Mussolini brachte im Oktober 1922 durch seinen «Marsch auf Rom» Italien in seine Gewalt. Bezeichnender noch für den Trend jener Jahre war die Tatsache, daß ein ehemaliger Frontkämpfer des Ersten Weltkriegs, der mitreißende Redner und äußerst geschickte Demagoge Adolf Hitler, am 30. Januar 1933 in Deutschland, dem bedeutendsten Industriestaat Europas, *legal* an die Macht kam.

Die totalitären Regime. Die totalitären Regime machten sich daran, die Gemeinschaft der europäischen Völker mit ihrer langen, reichen Geschichte zu zerschlagen. Dabei konnten sie rasche Erfolge verzeichnen.

«Totalitarismus», das heißt, alles – das Leben, die Freiheit, die Rechte des einzelnen – einem höchsten Wert zu unterstellen, einer «Sache», die alles rechtfertigt, sogar Verrat, Lüge, Grausamkeit und Massenmord. Alles muß einer verordneten Dok-

485 *Wladimir Iljitsch Lenin (1870-1924), Führer der Bolschewiki, während der Revolution von 1905 in Sankt Petersburg. Gemälde von Wladimir A. Serow (1865-1911).*

485

trin gehorchen, der einzigen, vom Staat vorgeschriebenen Ideologie. In der Demokratie hingegen heiligt der Zweck nicht die Mittel, in ihr ist der Mensch – jeder Mensch – das höchste Maß der Dinge. Treffliches Symbol dafür ist der Begriff der Menschenrechte. Jedem Menschen steht es frei zu tun, was er für richtig hält, sofern er dadurch keinen anderen schädigt. Im totalitären Staat zählt allein die «Staatsräson», die Menschenrechte gelten nichts. In der Demokratie hat jeder Mensch das Recht, sich für eine beliebige Ideologie zu entscheiden. Der Bolschewismus erklärte zu seinem geheiligten Ziel den weltweiten Sieg des Proletariats, das heißt, der Arbeiterklasse. Doch kaum war Rußland zum «Vaterland» der Proletarier geworden, da verwandelte es sich unauffällig wieder in einen Nationalstaat.

Mussolinis Faschismus war weniger radikal als Hitlers Nationalsozialismus. Letzterer beruhte auf der Lehre von der Ungleichheit der Rassen und von der Überlegenheit der großen, blonden Arier (Indoeuropäer), die sich in Deutschland angeblich reiner erhalten hätten als anderswo. Es handelte sich also um rassistischen Ultranationalismus.

Unter dem Deckmantel des Klassenkampfes ließ Stalin Millionen von Widersachern beseitigen, vor allem die Kulaken, die wohlhabenderen Bauern. Hitler befahl im Namen der «Rassenreinheit» die Ermordung von Millionen Juden. Beide Diktatoren errichteten Konzentrationslager, in denen beflissene Schergen alles daransetzten, die Menschenwürde der Gefangenen zunichte zu machen. Jede der drei in der Zeit zwischen den beiden Weltkriegen existierenden politischen Parteiungen – Bolschewisten, Faschisten, Demokraten – versuchte sich auf Kosten der anderen zu profilieren, und dabei erwiesen sich die Demokraten als weit weniger erfolgreich, couragiert und zielstrebig denn ihre Gegner. In den 30er Jahren kam es zu einer Annäherung zwischen Bolschewisten und Demokraten, und 1939 verständigten sich überraschend die Nationalsozialisten mit den Bolschewisten.

Die Ursachen des Spanischen Bürgerkriegs. Eine der verhängnisvollsten Folgen dieser Aufspaltung war kurz vor dem Zweiten Weltkrieg der Ausbruch des Spanischen Bürgerkriegs, der sich nahezu drei Jahre hinzog und äußerst mörderisch war – eine Million Tote in einem Volk von fünfundzwanzig Millionen.

486 *Der «Duce» des faschistischen Italien: «Benito Mussolini grüßt das von Civitavecchia heimkehrende Bataillon.» Fotochrome aus dem Jahr 1927.* **Karte 40:** *Der Zusammenbruch der Demokratie in Europa und die Errichtung autoritärer und faschistischer Diktaturen von 1922 bis 1938.*

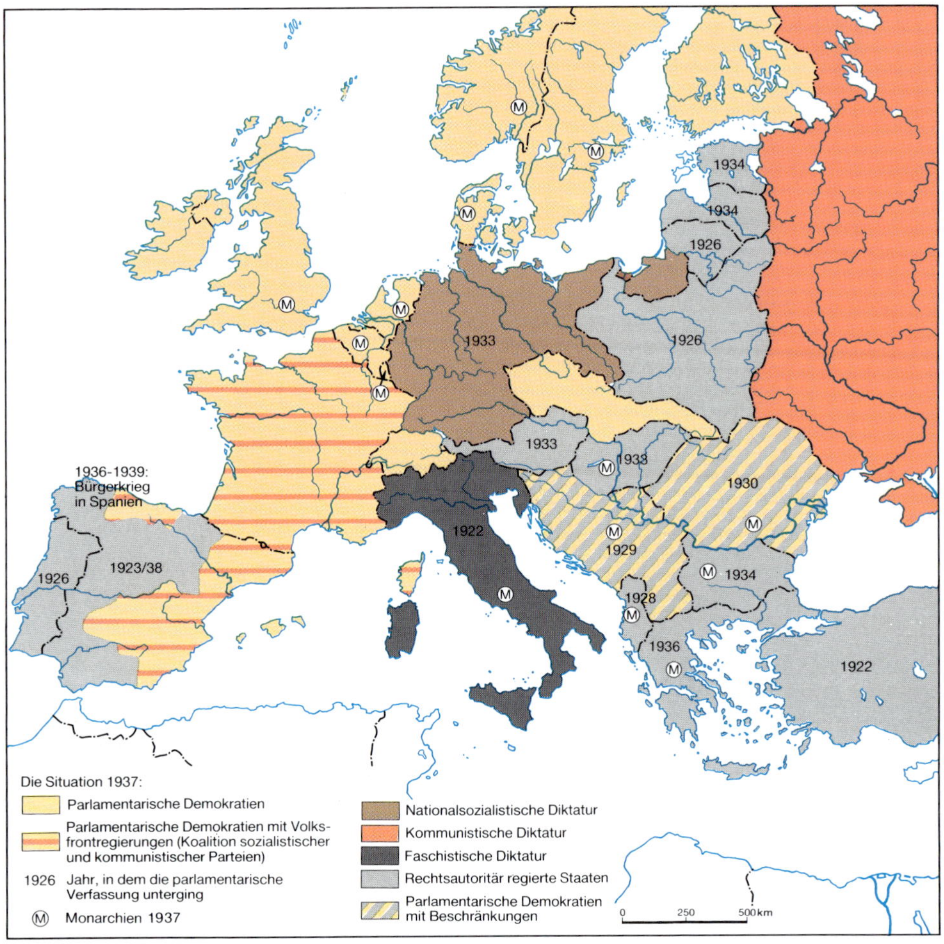

Es handelte sich zunächst um eine innerspanische Angelegenheit. Seit 1824 war das Land einer unablässigen Zerreißprobe zwischen einer fortschrittlichen, demokratischen und liberalen Tendenz einerseits und ultrakonservativen Kräften andererseits ausgesetzt gewesen. Keiner Regierung war es gelungen, diese Kluft auf Dauer zu überbrücken. Dies war um so tragischer, als Spanien danach strebte, sich aus seiner Isolation zu befreien, wie sich am Beispiel der Generation von '98 zeigte. Auch in der Folgezeit brachte Spanien erstrangige Schriftsteller, bedeutende Komponisten und Musiker wie Manuel de Falla und Pablo Casals sowie große Maler hervor, allen voran Pablo Picasso. Sie alle erlangten Weltruhm, und viele von ihnen lebten lieber im Ausland, in einer weniger überhitzten Atmosphäre als in ihrer Heimat.

Spaniens Wirtschaft war rückständig, trotz beachtlicher Bodenschätze und einiger wettbewerbsfähiger Industriezentren. Die Weltwirtschaftskrise löste in diesem Land revolutionäre Umwälzungen aus. Auf die Abschaffung der Monarchie 1931 folgten wildbewegte Jahre. Bei den Wahlen im Februar 1936 kam mit knapper Mehrheit die Volksfront an die Macht. Dies war einer der Gründe, warum mehrere Generäle, unter ihnen Francisco Franco, sowie zahlreiche Offiziere und die 1933 von José

487

488

487 *Die Schrecken des Spanischen Bürgerkriegs (1936-1939): «Guernica», das berühmte Gemälde von Pablo Picasso (1881-1973) aus dem Jahr 1937.* **488** *Die Parade der Sieger am 28. März 1939 in Madrid: nationalspanische Truppen marschieren an dem «Caudillo» Francisco Franco (1892-1975) vorbei.*

Antonio Primo de Rivera, dem Sohn des Diktators der 20er Jahre, gegründete Falange ein neuerliches *Pronunciamiento* vorbereiteten. Nach der Ermordung des Royalisten Calvo Sotelo brach am 17. Juli 1936 der Aufstand gegen die Republik los, der anfangs durchaus nicht überall erfolgreich war.

In dem sich anschließenden Bürgerkrieg zeigte sich, wie gespalten ganz Europa war. Das faschistische Italien schickte Freiwillige, das nationalsozialistische Deutschland tat es ihm gleich und unterstützte die Putschisten obendrein mit seiner Luftwaffe. Hitler benutzte Spanien als Testgelände für seine Waffen. Der republikanischen Regierung standen Frankreich und Großbritannien bei, zumindest theoretisch; denn schließlich waren sie demokratische Länder. Doch in England regierten die Konservativen, und in Frankreich befürchtete Léon Blum einen Bürgerkrieg. Massive Hilfe erhielten die Republikaner lediglich von der UdSSR. So standen sich also im Spanischen Bürgerkrieg Faschisten, Demokraten und Bolschewisten gegenüber. Die Faschisten gingen am entschlossensten vor, während Stalin zynisch auf einen günstigen Augenblick wartete, um sich mit Hitler zu verständigen und auf diese Weise die Gebiete zurückzugewinnen, die Rußland im Frieden von Brest-Litowsk im März 1918 hatte abtreten müssen. Die Schwäche der Demokratien ermunterte andere Länder kaum zu einer Politik der Annäherung. Auch sollte nicht vergessen werden, daß die Sozialisten in der UdSSR von 1934 an als die größten Feinde des Kommunismus gegolten hatten.

Nach der Einnahme von Barcelona und Madrid im Januar beziehungsweise März 1939 endete der Bürgerkrieg mit dem Sieg General Francos. In der Folge versuchte dieser Diktator, der strenggenommen selbst kein Faschist war, die beiden faschistischen Mächte, die ihm an die Macht geholfen hatten, hinzuhalten und sein ausgeblutetes, ruiniertes, von Haß zerrissenes Land, aus dem Hunderttausende unter schrecklichsten Bedingungen nach Frankreich geflohen waren, aus dem Weltkrieg herauszuhalten.

Das Unbehagen der Intellektuellen

In den 20er und 30er Jahren gab es in geistiger Hinsicht nichts, das sich mit dem gewaltigen Einfluß eines Adam Smith oder anderer Philosophen des

18. Jahrhunderts hätte messen können. Von den zahllosen Autoren jener Jahre, die Hunderte von Büchern und Tausende von Artikeln geschrieben haben, können hier nur die berühmtesten genannt werden: Oswald Spengler, Verfasser des Buches *Der Untergang des Abendlandes* (1918); Paul Valéry, dessen aus dem Jahr 1919 stammender und 1924 in *Variété I* abgedruckter Satz: «Wir, die Kulturvölker, wissen nun, daß wir sterblich sind» unvergessen ist; der große spanische Philosoph José Ortega y Gasset, der 1930 das Werk *Der Aufstand der Massen* herausbrachte; der Exilrusse Nikolai Berdjajew, der dem berühmtesten seiner Bücher den Titel *Ein neues Mittelalter* gab; Luigi Einaudi, der italienische Finanzwissenschaftler und spätere Präsident der Republik, der für den *Corriere della Sera* «Politische Briefe» schrieb und darin den Niedergang Europas analysierte; sein Landsmann, der Historiker und Essayist Guglielmo Ferrero, Verfasser von *La Vecchia Europa e la Nuova* (Das alte und das neue Europa); der deutsche Philosoph Karl Jaspers, Autor der Schrift *Die geistige Situation der Zeit* (1931); der französische Geograph Albert Demangeon, der 1920 das Werk *Le déclin de l'Europe* (Der Niedergang Europas) herausbrachte; der englische Schriftsteller Hilaire Belloc, Autor des Buches *The crisis of our civilization* (Die Krise unserer Zivilisation); der Franzose Julien Benda, Verfasser von *La trahison des clercs* (Der Verrat der Intellektuellen, 1927); Henri Massis, der im selben Jahr ein Werk mit dem Titel *Défense de l'Occident* (Verteidigung des Westens) veröffentlichte; Pierre Drieu La Rochelle mit seiner Schrift *Le jeune Européen* (Der junge Europäer); René Guenon, Verfasser der Abhandlung *La crise du monde moderne* (Die Krise der modernen Welt), und der niederländische Historiker Johan Huizinga, der 1919 sein grundlegendes Werk *Herbst des Mittelalters* vorlegte. Auch Jules Romains' Essay *Pour que l'Europe soit* (Auf daß Europa lebe) aus dem Jahr 1931 und die Schrift *Europe* des französischen Politikers Edouard Herriot seien hier genannt. Später wird noch von weiteren Werken aus den 30er Jahren die Rede sein.

Diese Aufzählung bekannter Autoren und Bücher jener Jahre soll zeigen, daß man in Deutschland, Frankreich, Spanien, Österreich, Holland und Italien überzeugt war, eine dramatische Krise zu durchleben. In England gab es weniger Buchtitel, die dies belegten, denn den Briten war ihr eigener Niedergang noch nicht recht bewußt geworden, und sie machten sich über Europa kaum Gedanken. Die beiden katholischen Schriftsteller Hilaire Belloc und Gilbert Keith Chesterton waren in dieser Hinsicht hellhöriger; freilich konnten sie nicht auf allgemeine Zustimmung hoffen, wenn sie vorschlugen: «In dieser Krise bleibt nur ein Ausweg – Gesundung durch Wiederherstellung des katholischen Glaubens.» Der französische Katholik Jacques Maritain war realistischer; er wünschte sich lediglich «eine hinreichende sittliche Einmütigkeit».

489

490

489 *Sorge im Hinblick auf «die geistige Situation der Zeit»: der Philosoph Karl Jaspers (1883 bis 1969). Foto um 1933.* **490** *Klage über die moralische und geistige Verunsicherung in Europa: der französische Dichter Paul Valéry (1871-1945). Foto um 1920.* **491** *Der italienische Sozialist Antonio Gramsci (1891-1937), einer der geistigen Führer der europäischen Linken.* **492** *Ein Warner vor der heraufziehenden Barbarei: der italienische Historiker Benedetto Croce (1866-1952).* **493** *Für einen streitbaren Humanismus: Thomas Mann (1875-1955) und Albert Einstein. Foto von Lotte Jacobi, Princeton (N.J.), 1938.*

Diese geistige Vielfalt berührte die Masse kaum. Das Volk begeisterte sich vielmehr für mitreißende Bewegungen wie den Kommunismus, der seine Existenz zwar den Werken und dem Wirken der Theoretiker Marx, Engels und Lenin verdankte, jedoch seit 1924, dem Todesjahr Lenins, und während der gesamten Stalin-Ära vor allem deshalb soviel Zulauf hatte, weil er weniger durch intellektuelle Raffinesse und die Kraft des Gedankens bestach, sondern die armen Leute nach soviel Widersprüchen und Wirren mit der Verheißung einer klaren Lösung und einer neuen Ordnung verführte.

Auch der Faschismus verdankte seine Anziehungskraft nicht seiner «Philosophie». Mussolini war kein Doktrinär, sondern ein Journalist, der den chauvinistischen Nationalismus in jeder Hinsicht auf die Spitze trieb.

Der Nationalsozialismus hingegen beruhte auf einer Doktrin, die Hitler in *Mein Kampf* und Rosenberg in dem Buch *Der Mythus des 20. Jahrhunderts* formuliert hatten. Doch welch erbärmliche Lehre! Sie berief sich auf die angebliche Ungleichheit der Rassen und appellierte an die niedersten Instinkte einer «überlegenen Rasse»: Herrschsucht, Brutalität, Kriegslüsternheit und Mordgier. Es bedurfte nur einer Wirtschaftskrise, damit die Wähler zu den extremistischen Parteien, also zu den Nationalsozialisten und den Kommunisten, überliefen und die Liberalen im Stich ließen, die bei all ihrer Mittelmäßigkeit immerhin die zunehmend mißachteten alten Traditionen Europas hochhielten.

Der Pessimismus der Intellektuellen. Die damaligen Intellektuellen bescheinigten ihrer Zeit eine tiefgreifende seelische und moralische Verunsicherung.

Paul Valéry glaubte in der europäischen Zivilisation drei verschiedene Einflüsse zu erkennen: den Roms, umschrieben als «Majestät der Institutionen und Gesetze»; den des Christentums, das «allmählich die Tiefen des Gewissens erreicht» und bewirke, daß alle Menschen vor Gott gleich würden; und den Griechenlands, der zur Folge hatte, daß «der Mensch sich selbst zum Bezugssystem macht, auf das alle Dinge zu beziehen letztlich möglich sein muß».

Doch die Europäer gaben in hellen Scharen die starken Bastionen auf, die ihnen bisher Schutz gewährt hatten, mochten sie auch noch so unvollkommen gewesen sein. Der Begriff der Rechtmäßigkeit wurde in dem Augenblick hinfällig, da der Krieg, also Raub und Gewalt, an die Stelle einer Art «europäischer Ordnung» und eines «europäischen Völkerrechts» trat.

491

492

493

Hemmungsloser, vom Faschismus geschürter nationaler Eigennutz, die unerbittliche Feindschaft des Sozialismus gegenüber der Bourgeoisie und sein Vorsatz, sie abzuschaffen, vereitelten jeden Schritt in Richtung einer *pax romana*, eines römischen Friedens in Europa. Das Christentum geriet durch die Abkehr vieler Menschen von den christlichen Werten zunehmend in Bedrängnis und bildete keinen Damm mehr gegen die Gelüste der selbsternannten Übermenschen. Was den von den Griechen hervorgebrachten Humanismus betrifft, so sei hier Thomas Mann zitiert. In seinem Essay *Achtung, Europa!* aus dem Jahr 1935 heißt es: «In allem Humanismus liegt ein Element der Schwäche, das mit seiner Verachtung des Fanatismus, seiner Duldsamkeit und seiner Liebe zum Zweifel, kurz: mit seiner natürlichen Güte zusammenhängt [...] Was heute not täte, wäre ein *militanter* Humanismus, ein Humanismus, der seine Männlichkeit entdeckte und sich mit der Einsicht erfüllte, daß das Prinzip der Freiheit, der Duldsamkeit und des Zweifels sich nicht von einem Fanatismus, der *ohne* Scham und Zweifel ist, ausbeuten und überrennen lassen darf. Ist der europäische Humanismus einer streitbaren Wiedergeburt seiner Ideen unfähig geworden?»

Allgemeiner Pessimismus bestimmte also das geistige Klima im Europa zwischen den beiden Weltkriegen. Der Schweizer Historiker und Diplomat Carl Jacob Burckhardt, 1937 bis 1939 Hoher Kommissar des Völkerbunds in Danzig, schrieb, im Augenblick sehe es so aus, als werde die Welt eher zusammenfallen, als daß eine der großen europäischen Nationen ihren Anspruch auf Überlegenheit aufgebe. Noch ein europäischer Bruderkrieg, und wir gelangten an einen Punkt, von dem aus wir den Rest der Welt nur noch mit unseren Giften verseuchen könnten.

Der Pessimismus war gerechtfertigt, denn der Bruderkrieg fand tatsächlich statt. Aber Pessimismus bringt zuweilen einen gewissen Optimismus hervor. Ortega y Gasset schrieb: «Stimmt es auch, wie man behauptet, daß Europa sich im Niedergang befindet und das Kommando abgibt, in einem Wort: abdankt? Ist diese scheinbare Dekadenz nicht vielleicht die wohltuende Krise, die es Europa erlauben wird, wahrhaftig Europa zu sein? Ist der offenkundige Niedergang der europäischen Nationen nicht vielleicht a priori notwendig, damit eines Tages die Vereinigten Staaten von Europa entstehen können und die europäische Vielfalt durch eine wirkliche Einheit ersetzt werden kann?» Das mag sein, aber in der Rückschau muß man leider feststellen, daß die Niederkunft von furchtbaren Wehen begleitet war. Julien Benda schrieb 1946: «In geistiger wie in politischer Hinsicht begann das 20. Jahrhundert, das vielleicht ein weiteres Mal Europas Verwirklichung erleben wird, mit der grimmigsten und mutwilligsten Zurschaustellung antieuropäischer Gesinnung, die man je gesehen hat [...] Heutzutage, da der nationale Gedanke anscheinend am Ende seiner Laufbahn angelangt und für die Europäer zu etwas Verderblichem geworden ist, kommt der Europagedanke auf. Aber geben wir uns keinen Illusionen hin, reden wir uns nicht ein, daß diese Idee ohne weiteres triumphieren werde, seien wir gewärtig, daß ihr jene andere Gesinnung, die sie entthronen will, starken Widerstand, heftige Gegenwehr und sehr ernst zu nehmende Hindernisse entgegensetzen wird.»

Es gibt wohl nichts Ergreifenderes als die Hartnäckigkeit, mit der manche Intellektuelle und militante Geister in den 30er Jahren für die Idee der Vereinigten Staaten von Europa gekämpft haben.

Die Optimisten. Dies traf beispielsweise auf Richard Graf Coudenhove-Kalergi zu. Im Jahr 1938 veröffentlichte er sein Buch *Kommen die Vereinigten Staaten von Europa?* Während für Amerikaner, Russen, Afrikaner, Asiaten und Australier «Europa» und «Europäer» vertraute Begriffe seien, «sind die einzigen Menschen der Welt, die nichts von Europa wissen und sich weder persönlich noch gegenseitig für Europäer halten, die Europäer selbst», schrieb Coudenhove-Kalergi. Der «Ordnung» der Vereinigten Staaten von Amerika stehe die «Anarchie» der «uneinigen Staaten von Europa» gegenüber, «vierunddreißig Staaten ohne jede Rechtsordnung, ohne Organisation, ohne gemeinsame [...] Behörde, ohne Verfassung, ohne Gerichtshof, ohne Polizei, ohne Solidarität. Eine Gesellschaft, deren Glieder [...] Mordwaffen gegeneinander erzeugen und anhäufen. Denen Gewalt vor Recht geht [...] Zwischen denen Faustrecht herrscht wie einst in den finstersten Tagen des Mittelalters zwischen benachbarten Burgen und Städten.» Europa dürfe entgegen den Absichten der Rassisten nicht mit Gewalt zusammengefügt werden. Das führe nur zu einem Wettrüsten. Und was die «Parzellierung» des europäischen Markts in «achtundzwanzig Wirtschaftszonen» betreffe, so werde diese zwangsläufig zum «Schaden der arbeitenden Bevölkerung» einen ruinösen Wettbewerb mit sich bringen. «Nur ein großer europäischer Markt mit vierhundert Millionen Konsumenten [...] könnte hier Abhilfe schaffen.»

Natürlich war «Paneuropa» nicht zu verwirklichen, solange sich große Teile Europas in der Hand von Diktatoren befanden. Dennoch verlor Coudenhove-Kalergi nicht die Hoffnung. Er glaubte daran, daß die Menschen eines Tages begreifen würden, wie absurd hoch und unnötig der Preis der Zerstückelung war. Im übrigen war er davon überzeugt, daß es bereits ein «Paneuropa» im Kleinformat gab: die Schweiz.

Die Paneuropa-Bewegung fand ihren Niederschlag in der Paneuropäischen Agrarkonferenz, die im Jahr 1936 in Wien abgehalten wurde.

Hier noch ein Beispiel für einen engagierten Schriftsteller, der zwar weniger bekannt war, dafür aber äußerst eindringliche Worte fand: Gaston Riou, Verfasser mehrerer Werke, darunter *S'unir ou mourir* (Einheit oder Untergang, 1929) und *Europe ma patrie* (Europa, mein Vaterland). Riou schrieb, der «große Mensch von morgen» müsse alle Staaten zwingen, eine verfassunggebende Versammlung einzuberufen, damit diese einen «finanziell, rechtlich, diplomatisch und militärisch gerüsteten Überstaat» gründe, einen «wirklichen Staat mit einem einheitlichen System im Zollrecht, in der Währung, der Justiz, der Diplomatie, dem Militärwesen und der Seefahrt». Riou war ein Mensch der Tat: Im Jahr 1937 leitete er einen großen Kongreß der europäischen Jugend. Männer wie Coudenhove-Kalergi und er standen nicht allein. Die Zeitschrift *Vereinigte Staaten von Europa* erschien nach wie vor, und in den 30er Jahren wurde eine Vielzahl von Büchern zu diesem Thema herausgebracht. Eines der berühmtesten war *I costruttori dell'Europa* (Gestalten und Gestalter des heutigen Europa, 1931) des im Exil lebenden Italieners Carlo Graf Sforza, ehemaliger Außenminister seines Landes, der dieses Amt später nochmals bekleiden sollte.

Jene geistige Strömung war indes nur ein schwaches Rinnsal, vergleicht man es mit der Sturmflut, die Hitlers rassistischer Nationalismus in Europa auslösen sollte.

Das monströse Europa Adolf Hitlers

Hitlers Außenpolitik fußte auf der allzu simplen These von der Ungleichheit der Rassen. Die großen, blonden und langköpfigen Arier seien eine überlegene und zudem die einzige schöpferische Rasse, die folglich dazu berufen sei, Europa und schließlich die ganze Welt zu beherrschen.

Dem Neodarwinismus zufolge können sich im Leben nur die Stärksten behaupten. Für die Stärksten hielten die Nationalsozialisten die «arischen» Deutschen. Daraus leiteten sie das Recht ab, die anderen zu beherrschen und all jene zu vernichten, die die «Reinheit der Rasse» gefährdeten.

Im Licht wissenschaftlicher Untersuchungen, die nachgewiesen haben, daß sich die europäischen Rassen seit dem Neolithikum vermischt haben, erscheint eine solche Theorie einfältig und grotesk. Dennoch gelang es Hitler, in einer hochentwickelten Kulturnation die Macht an sich zu reißen. Damit verfügte er über gewaltige Mittel, um seine absurden Thesen auf die Realität anzuwenden. Wenn sich die Macht in Händen eines fanatischen und verblendeten Doktrinärs befindet, kann dies jedoch zu einer furchtbaren Katastrophe führen.

Großbritannien trotzt Hitler. Hitlers unbestreitbares diplomatisches Geschick trug maßgeblich dazu bei, daß er bis 1941 eine Reihe von Erfolgen verbuchen konnte. Bis 1942 betrieb er durchaus nicht eine Politik des «totalen Kriegs». Er und seine Generäle behielten bei der Vorbereitung des jeweils nächsten militärischen Schritts

494

495

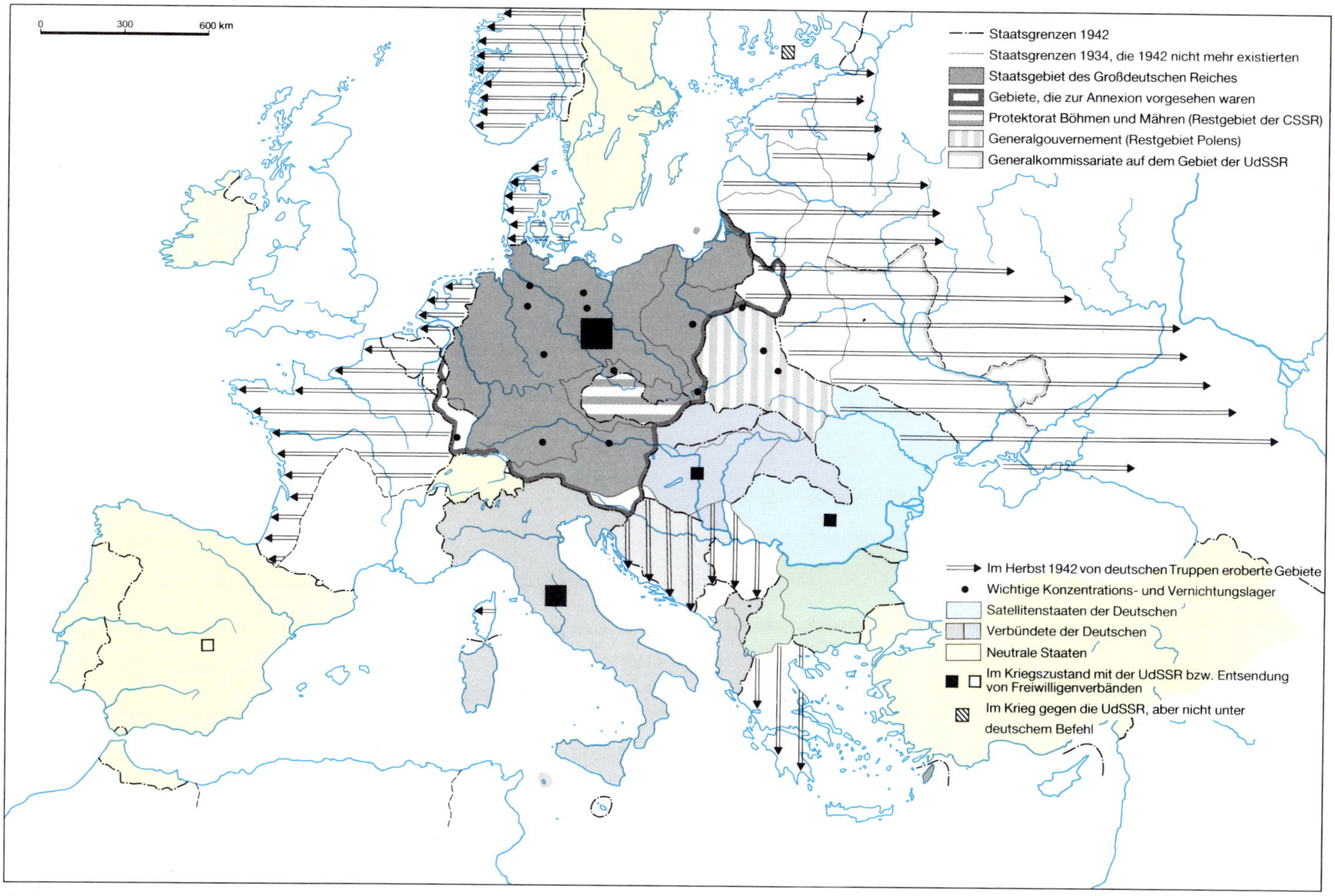

494 *Der «Führer und Reichskanzler» Adolf Hitler (1889-1945) bei einer Rede im Berliner Sportpalast, 1935. Fotochrome.* **495** *Nationalistische «Blut-und-Boden-Malerei»: «arische» Bergbauernfamilie, Gemälde von Rudolf Otto, ausgestellt in der Großen Deutschen Kunstausstellung im Haus der Deutschen Kunst, München 1944.* **496** *«Friede» war bis zur «Sudetenkrise» des Jahres 1938 eines der meistgebrauchten Wörter in der Propaganda der Nationalsozialisten: Hitler auf einer Kundgebung am 24. Oktober 1933 im Berliner Sportpalast.*
Karte 41: *Europa unter der Zwangsherrschaft Adolf Hitlers.*

496

stets die örtlichen Gegebenheiten im Auge. Von 1938 bis zum Herbst 1942 folgte eine Eroberung auf die andere. Dann trat im Krieg die große Wende ein. Ein Jahr lang, vom deutsch-französischen Waffenstillstand im Juni 1940 bis zum Überfall Deutschlands auf die UdSSR am 22. Juni 1941, stand Großbritannien Deutschland und Italien faktisch allein gegenüber. Die Briten hatten sich auf dem europäischen Kontinent nur in Gibraltar halten können, und es war die *Royal Air Force*, die eine deutsche Invasion auf den Britischen Inseln abwehrte. Das verlieh England ein einzigartiges Prestige. Trotz Störsendern konnten die Menschen in den besetzten Ländern die BBC empfangen. Natürlich war England nicht in der Lage, den Krieg allein zu gewinnen, aber es galt fortan als «Retter Europas».

Dieses Europa fiel Hitler von der russischen Front im Osten bis zu den Pyrenäen im Südwesten in die Hände. Lediglich Schweden und die Schweiz blieben neutral, was sie jedoch nicht daran hinderte, mit Deutschland schwunghaften Handel zu treiben. Das Europa des Jahres 1942 war nicht nur die von Hitler für uneinnehmbar erklärte «Festung Europa», sondern zugleich das «Neue Europa», das Hit-

Der Zweite Weltkrieg 1939–1945

1939

23. August:	Deutsch-sowjetischer Nichtangriffspakt
1. September:	Deutscher Angriff auf Polen
3. September:	Frankreich und England erklären Deutschland den Krieg; «Drôle de guerre» im Westen
17. September:	Einmarsch der Russen in Ostpolen
27. September:	Kapitulation Polens
26. Oktober:	Errichtung des Generalgouvernements

1940

9. April:	Hitler erobert Dänemark und Norwegen
10. Mai:	Winston S. Churchill britischer Premierminister; deutscher Angriff auf Holland, Belgien und Frankreich
10. Juni:	Kriegseintritt Italiens
13. Juni:	Die Deutschen in Paris
16. Juni:	Regierung Pétain in Frankreich
18. Juni:	Appell Charles de Gaulles an die Franzosen
25. Juni:	Deutsch-französischer Waffenstillstand
Juni/Juli:	Die UdSSR annektiert die baltischen Länder
Juli/Sept.:	Die Japaner besetzen Nordindochina
27. September:	Dreimächtepakt Deutschland, Italien, Japan

1941

April:	Deutsch-italienische Offensive unter Rommel in Nordafrika
6. April:	Die Deutschen besetzen Jugoslawien und Griechenland
13. April:	Sowjetisch-japanisches Nichtangriffsabkommen
22. Juni:	Deutscher Angriff auf die UdSSR
14. August:	Roosevelt und Churchill verkünden die «Atlantik-Charta»
7. Dezember:	Japanischer Überfall auf Pearl Harbor; Beginn des Kriegs gegen die USA
11. Dezember:	Deutsche und italienische Kriegserklärung an die USA
25. Dezember:	Die Japaner nehmen Hongkong ein

1942

1. Januar:	Washington-Pakt: Deklaration der Vereinten Nationen
15. Februar:	Japan erobert Singapur
8. März:	Die Japaner besetzen Niederländisch-Indien
2. Mai:	Die Japaner erobern Birma
26. Mai:	Englisch-sowjetische Allianz
3.–7. Juni:	Amerikanischer Sieg in der Seeschlacht um die Midway-Inseln
28. Juni:	2. deutsche Offensive in Rußland
8. November:	Invasion der Alliierten in Nordafrika
11. November:	Die Deutschen besetzen Südfrankreich

1943

14.–24. Januar:	Konferenz von Casablanca (Roosevelt, Churchill)
2. Februar:	Kapitulation der 6. Armee vor Stalingrad
10. Juli bis 17. August:	Eroberung Siziliens durch die Alliierten
5. Juli bis 13. Juli:	3. deutsche Offensive in Rußland – Schlacht von Kursk; sowjetische Gegenoffensive
7. Juli:	Sturz Mussolinis
14.–24. August:	Konferenz von Quebec
8. September:	Kapitulation Italiens
12. September:	Befreiung Mussolinis durch die Deutschen; Gründung der Repubblica Sociale Italiana
19.–30. Oktober:	Konferenz der alliierten Außenminister in Moskau
28. Nov. bis 2. Dezember:	Konferenz von Teheran (Roosevelt, Stalin, Churchill)

1944

4. Juni:	Die Alliierten in Rom
6. Juni:	Invasion der Alliierten in der Normandie
Juli:	Gründung des «Polnischen Komitees für die Nationale Befreiung» (Lubliner Komitee)
15. August:	Invasion der Alliierten in Südfrankreich
25. August:	General de Gaulle zieht in Paris ein: Befreiung von Paris und Frankreich
9.–18. Oktober:	Churchill, Stalin und Eden treffen sich in Moskau
22.–25. Okt.:	Seeschlacht bei den Philippinen
10. Dezember:	Bündnis- und Beistandspakt der UdSSR mit Frankreich

1945

12. Januar:	Sowjetische Großoffensive gegen die deutsche Ostfront
4.–11. Februar:	Konferenz der «Großen Drei» (Stalin, Roosevelt, Churchill) in Jalta
26. März:	Die Amerikaner erobern die Insel Iwojima
12. April:	Tod Roosevelts; Harry S. Truman Präsident der USA
25. April:	Zusammentreffen amerikanischer und sowjetischer Truppen bei Torgau an der Elbe
28. April:	Ermordung Mussolinis
30. April:	Selbstmord Hitlers in Berlin; Großadmiral Dönitz Nachfolger als «Reichspräsident»
2. Mai:	Kapitulation Berlins
7.–9. Mai:	Kapitulation Deutschlands in Reims und Berlin-Karlshorst
23. Mai:	Auflösung der Regierung Dönitz durch Alliierte
5. Juni:	Berliner Vier-Mächte-Erklärung
21. Juni:	Amerikaner besetzen Okinawa
6. August:	Abwurf der ersten Atombombe auf Hiroshima
8. August:	UdSSR erklärt Japan den Krieg
9. August:	Abwurf der zweiten Atombombe auf Nagasaki
21. August:	Japaner kapitulieren vor der Roten Armee (Mandschurei)
2. September:	Kapitulation Japans
8. September:	Offizieller Einzug der Amerikaner mit General MacArthur an der Spitze in Tokio

ler für die nächsten tausend Jahre nach seinen Vorstellungen zu formen gedachte. Zwei von Diktatoren regierte Länder, die ebenfalls neutral blieben, spielten eine Sonderrolle: Francos Spanien und Salazars Portugal. Beide traten nicht auf Deutschlands Seite in den Krieg ein, sondern gewährten der *Résistance* und den alliierten Piloten sogar die eine oder andere Hilfe. Im Juni 1943 erwirkte England von Portugal die Erlaubnis, auf den Azoren einen Luftstützpunkt einzurichten.

Hitlers «Neues Europa». In Mitteleuropa erstreckte sich «Großdeutschland» mit nahezu einhundert Millionen Einwohnern von Elsaß-Lothringen und Luxemburg im Westen bis zur Memel im Osten, von Schleswig im Norden bis Slowenien im Süden, später sogar de facto bis Triest an der Adria. Hitler annektierte nur deutschsprachige Gebiete; lediglich bei den Slowenen machte er kurioserweise eine Ausnahme, denn er hielt sie für Germanen, die aufgrund unglücklicher geschichtlicher Umstände ihre ursprüngliche Sprache verloren hatten.
Dem Großdeutschen Reich direkt unterstellt wurden die «Protektorate». Das erste war Böhmen und Mähren, später kamen das Generalgouvernement Polen, die Ostgebiete und die Ukraine hinzu, die den Kern des «Lebensraums im Osten» bildeten. Diese Protektorate wurden hochgestellten Nationalsozialisten überantwortet, die sie mit eiserner Faust regierten. Auch die Besatzungsgebiete wurden dem Reich teils unter ziviler, teils unter militärischer Verwaltung direkt unterstellt: Norwegen, Dänemark, die Niederlande, Belgien, das besetzte Frankreich, Jugoslawien sowie ein Teil Griechenlands. In manchen Ländern wie zum Beispiel Dänemark blieb die alte Regierung bestehen; die dänische Regierung versuchte, die Kontakte zur Besatzungsmacht auf ein Minimum zu begrenzen. Die rechtmäßigen Regierungen Griechenlands und Norwegens – in Norwegen wurde ein mit den Nazis sympathisierendes Regime unter Vidkun Quisling errichtet – waren nach Kairo beziehungsweise London ins Exil gegangen. In Belgien und in den Niederlanden gab es keine zur Kollaboration bereite Regierung im eigentlichen Sinne. In Frankreich regierte Marschall Philippe Pétain, ein siegreicher Veteran des Ersten Weltkriegs. Er unterteilte das Land in mehrere Zonen. Elsaß-Lothringen wurde de facto von Deutschland annektiert, die Departements Nord und Pas-de-Calais unterstanden bis Februar 1943 dem deutschen Militärbefehlshaber in Belgien. Am wichtigsten jedoch war, daß Frankreich in eine besetzte und eine nichtbesetzte Zone gespalten war. Im besetzten Frankreich bestand die französische Verwaltung unter der strengen Kontrolle des deutschen Militärbefehlshabers fort, im nichtbesetzten gab es eine im Prinzip freie Regierung, gegen die Deutschland allerdings gewaltige Druckmittel in der Hand hatte.
Die Beziehungen zwischen Frankreich und Deutschland regelte offiziell eine «Deutsche Waffenstillstandskommission» mit Sitz in Wiesbaden. Aber bestimmte deutsche NS-Größen wollten in Paris durch eigene Organisationen vertreten sein: Joachim von Ribbentrop ernannte einen Botschafter, Joseph Goebbels richtete eine Propagandaabteilung ein, und die Gestapo infiltrierte das Land.
Schließlich gab es noch unterworfene Länder, die als Verbündete Deutschlands ausgegeben wurden, in Wirklichkeit aber Satelliten waren. Sie mußten sich dem am 27. September 1940 zwischen Deutschland, Italien und Japan geschlossenen Dreierpakt anschließen, der die Bildung einer «neuen europäischen Ordnung» vorsah. Im Jahr 1940 traten ihm Ungarn, die Slowakei und Rumänien bei, 1941 folgten Bulgarien und Kroatien. Spanien stellte seinen Beitritt lediglich in Aussicht.
Am Krieg gegen die UdSSR nahmen Italien, die Slowakei, Finnland, Ungarn und Rumänien teil. Spanien schickte die aus Freiwilligen gebildete «Blaue Division». Die Satellitenrolle der Verbündeten Deutschlands offenbarte sich auf vielerlei Weise: Stationierung deutscher Truppen; Existenz autonomer nationalsozialistischer Parteien bei den deutschen Minderheiten; zumindest partielle Machtergreifung faschistischer Parteien, der «Eisernen Garde» in Rumänien, der «Ustascha» in Kroatien, der «Pfeilkreuzler» in Ungarn; antisemitische Gesetze.

497 *Die Politik des «Appeasement», der Beschwichtigung: Premierminister Neville Chamberlain mit dem berühmten «Stück Papier», der deutsch-englischen Sondervereinbarung vom 30. September 1938. Er hielt den «Frieden in unserer Zeit» für gesichert.* **498** *Der Einmarsch der französischen Mannschaft bei den Olympischen Spielen in Berlin, 1936.*

497

498

499 *«Die geistige Emigration.» Triptychon von Arthur Kaufmann (1866-1971), begonnen 1938, vollendet 1965. Unter den Abgebildeten auf dem linken Flügel unten v. l.: George Grosz, Arnold Schönberg, Josef Floch; letzte Reihe v. r.: Ernst Bloch, Günther Anders, Berthold Viertel, dazwischen Fritz Lang. Mittlerer Flügel unten: Albert Einstein, Erika Mann; dahinter v. l.: Arnold Zweig, Klaus Mann, Thomas Mann, Ludwig Renn; dahinter v. l.: Heinrich Mann, Paul Zucker, Otto Klemperer, William Stern, Ferdinand Bruckner; links dahinter: Paul Tillich. Rechter Flügel unten v. l.: Kurt Weill, Max Reinhardt, Helene Thimig, Ernst Toller; dahinter: Benedikt Fred Dolbin, Kurt Goldstein; dahinter: Erwin Piscator, Bruno Frank, Lotte Goslar, Oskar Maria Graf; ganz hinten: Curt Valentin und Hanns Jelinek.*

Die europäische Wirtschaft. Das «Neue Europa» war ein riesiger, von Deutschland gelenkter und ausgebeuteter Wirtschaftsraum. Deutschland konnte nun alle landwirtschaftlichen und industriellen Ressourcen ausschöpfen und wandte dabei verschiedene Methoden an. Eine bestand darin, die Wechselkurse so willkürlich festzusetzen, daß die Kaufkraft der Mark für die Besatzungsmacht und jeden einzelnen deutschen Soldaten erhöht wurde. So war der Kurs von zwanzig französischen Franc für eine Mark doppelt so hoch wie der tatsächliche Wert der Mark. Deutschland importierte zudem viel mehr, als es exportierte, und zugleich praktizierte es die Devisenbewirtschaftung. Doch das Clearing-Verfahren wurde nur bedingt angewandt. So kam es, daß Frankreich bis August 1944 in Berlin ein Guthaben von 163,327 Milliarden Franc angehäuft hatte, einen Betrag, den es logischerweise abschreiben mußte und der nur hatte zustande kommen können, weil der Staat die eigenen Exporteure bezahlte.

Eine zweite Methode stellten die Stationierungskosten dar. Im Falle Frankreichs beliefen sie sich zuerst auf 400 Millionen Franc, dann auf 300, dann, im November 1942, auf 500 und im Juni 1944 gar auf 700 Millionen Franc pro Tag. Frankreich bezahlte insgesamt 681,866 Milliarden Franc. Berechnungen zufolge beliefen sich die tatsächlichen Besatzungskosten der Deutschen nur auf 74 Milliarden Franc, also auf ein Neuntel der genannten Summe. «Frankreich hat so viel gezahlt, daß es für ein Heer von achtzehn Millionen Soldaten gereicht hätte», sagte einmal ein französischer Politiker.

Eine dritte Methode war, unter den verschiedensten Vorwänden Goldreserven zu beschlagnahmen und sich nicht nur die Lagerbestände, sondern auch Aktien bestimmter Fabriken und Betriebe wie etwa der Presseverlage anzueignen und die Anteile zu übernehmen, die Privatpersonen eines besetzten Landes an ausländischen Industrieunternehmen besaßen. Auf diese Weise mußten die Franzosen ihre Beteiligungen an den jugoslawischen Borminen, am rumänischen Erdölvorkommen und an ungarischen Banken abtreten.

Eine vierte Methode bestand darin, bestimmten deutschen Interessengruppen die Erlaubnis zu erteilen, in den der Zwangsherrschaft des NS-Regimes ausgelieferten Ländern Schwarzmarktgeschäfte großen Stils zu betreiben.

Im Grunde war es nichts anderes als Plünderung, und Hermann Göring, Beauftragter für den Vierjahresplan, erklärte denn auch am 6. August 1942 gegenüber den Reichskommissaren der besetzten Gebiete mit Nachdruck: «Früher nannte man das Plünderung, aber heutzutage ist man längst nicht mehr so brutal. Trotzdem habe ich die Absicht zu plündern, und zwar gründlich.»

Hans-Richard Hemmen, der Chef der Wirtschaftsabteilung des deutschen Militärkommandos in Frankreich, sagte im Dezember 1944:

«Ein immer größerer Teil der französischen Wirtschaft wurde zur Deckung des

deutschen Bedarfs herangezogen. Das ging am Ende soweit, daß die französische Wirtschaft, einschließlich der Rohstoffgewinnung und der Rüstungsindustrie, nahezu ausschließlich für die deutschen Bedürfnisse eingesetzt wurde.»
In den osteuropäischen Ländern betrieben die Deutschen diese Ausplünderung noch viel hemmungsloser. Dort machten die Nazi-Führer keinerlei Hehl daraus, daß der Hungertod von Millionen Polen und Russen sie kaltließ.
Die «Verbündeten» bekamen ebenfalls den Appetit der Deutschen zu spüren, vor allem gegen Ende des Kriegs. Ungarn beispielsweise, das ohnehin schon große Mengen von Lebensmitteln lieferte, wurde 1943 noch mehr an die Kandare genommen, um – so Rüstungsminister Albert Speer – «die bestmögliche Nutzung der ungarischen Industriekapazität gemäß den deutschen Erfordernissen sicherzustellen». Dieses Land mußte nun wie Frankreich Stationierungskosten bezahlen und Clearing-Abkommen unterzeichnen. In den ersten neun Monaten des Jahres 1944 exportierte es 692 000 Tonnen Bauxit bei einer Gesamtproduktion von 760 000 Tonnen sowie 641 000 Tonnen Erdöl bei einer Gesamtproduktion von 825 000 Tonnen nach Deutschland.

Die Fremdarbeiter. Eine weitere Methode wirtschaftlicher Ausbeutung in Hitlers «Neuem Europa» war die Zwangsverpflichtung von Arbeitskräften, die entweder an Ort und Stelle von der «Organisation Todt» beim Bau militärischer Befestigungsanlagen oder in Deutschland selbst eingesetzt wurden. Auf diese Idee verfiel man jedoch erst 1942. Zuvor hatten die Nationalsozialisten zwei Millionen sowjetische Kriegsgefangene verhungern lassen, die sie als Arbeitskräfte hätten nutzen können. Im März 1943 erklärte der Reichskommissar für die Ukraine, Erich Koch, die Deutschen seien «ein Herrenvolk, das bedenken muß, daß der geringste deutsche Arbeiter rassisch und biologisch tausendmal wertvoller ist als die hiesige Bevölkerung». Tatsache war, daß die meisten deutschen Arbeiter nach und nach zum Wehrdienst einberufen wurden, um die Lücken an der Front aufzufüllen, und daß man für sie Ersatz brauchte. Im Februar 1942 wurde der Architekt Albert Speer zum Reichsminister für Bewaffnung und Munition ernannt, während der Gauleiter Fritz Sauckel, ein ehemaliger Seemann und seit 1921 Mitglied der NSDAP, Amt und Titel eines Generalbevollmächtigten für den Arbeitseinsatz erhielt. Auf brutalste Art und Weise hob Sauckel in der Zivilbevölkerung der besetzten Gebiete ein riesiges Heer von Arbeitern aus. Hinzu kamen die Kriegsgefangenen sowie die aus politischen oder rassischen Gründen in Konzentrationslagern internierten Menschen. In den Vernichtungslagern ermordete man die jüdischen Frauen, Kinder und Greise sofort, während die arbeitsfähigen Männer bis zur völligen Erschöpfung in der Produktion «eingesetzt» wurden.
Das «Neue Europa» war für Deutschland zweifellos ein wirtschaftlicher Erfolg. Trotz der alliierten Bombenangriffe nahm die Produktion 1943 noch zu, und der Lebensstandard der Deutschen blieb zufrie-

500

501

500 *«Der Abschaum der Erde?» – «Der blutige Meuchelmörder der Arbeiter?» Englische Karikatur zum Hitler-Stalin-Pakt, 1939.* **501** *Polnische Fremdarbeiter in Deutschland, 1943.*

502 *Hitlers Weltmachtträume in Stein: die «Große Halle» in Berlin, dem künftigen «Germania». Entwurf von Albert Speer, 1937. Daneben zum Vergleich das Brandenburger Tor.*

502

denstellend, während in den besetzten Ländern, besonders in Griechenland und Rußland, Elend, ja sogar Hungersnot herrschte.

In psychologischer Hinsicht setzten die Nationalsozialisten, besonders Propagandaminister Goebbels, alles daran, um die Einheit ihres «Neuen Europa» zu untermauern. Dies war keine leichte Aufgabe, wenn man bedenkt, daß sie eine Zukunft unter dem Regiment ihrer «Herrenrasse» verhießen. Goebbels versuchte, schon in der Gegenwart die Weichen zu stellen: Das gesamte Pressewesen wurde streng kontrolliert, sofern die Besatzer es nicht ganz an sich rissen. Einheimische Journalisten, die sich dafür hergaben, den Deutschen als Sprachrohr zu dienen, wurden üppig entlohnt. Dennoch: nach der Schlacht von Stalingrad und der Landung der Allierten in Nordafrika lernten Deutschlands Gegner rasch, zwischen den Zeilen zu lesen.

Der antibolschewistische Kreuzzug. Da man eine «gemeinsame Sache« brauchte, erfand man den «Kreuzzug gegen den Bolschewismus».

«Ich wünsche mir, daß Deutschland siegt, denn sonst würde sich der Bolschewismus überall breitmachen», sagte Pierre Laval, Ministerpräsident der Vichy-Regierung, einmal. Diese Parole blieb bei einem Teil der Franzosen nicht ohne Wirkung. Doch nur die rechtsextremen Aktivisten setzten ihren Antikommunismus in die Tat um. So erklärt sich, daß eine «Legion französischer Freiwilliger gegen den Bolschewismus» aufgestellt werden konnte, deren drei- bis viertausend Soldaten deutsche Uniformen trugen. Es wurde auch eine zahlenmäßig kleinere *Légion tricolore* gebildet und in französischer Uniform an die russische Front geschickt.

In den anderen besetzten Ländern liefen die Dinge ähnlich ab. Überall verherrlichte der deutsche Propagandaapparat die ruhmreichen Taten der Waffen-SS, für die man aus den Einheimischen «rassisch taugliche Elemente» zu rekrutieren suchte. Widerstandsbewegungen wurden pauschal als «kommunistisch» abgestempelt. Die USA und England stellte man als altersschwache Länder hin. Von den USA behauptete man zudem, sie seien durch die Schwarzen und die Juden korrumpiert. Der alte Haß zwischen bestimmten Ländern wurde neu entfacht: Man verwies bei jeder Gelegenheit auf Waterloo, Faschoda und sogar auf die Jungfrau von Orléans. Für alles Übel wurden die Juden verantwortlich gemacht. Der Antisemitismus reicht zwar bis ins Mittelalter zurück, aber das Schreckliche an dem Hitlerschen System war, daß es den Völkermord praktizierte. In Radio und Presse wurde die Demokratie, angeblich ein Werk des Judentums, verhöhnt, und man trat die Freiheit, vor allem die des einzelnen, mit Füßen. Jedermann konnte jederzeit verhaftet und als «Geisel» erschossen werden.

Die Konzentrationslager und der Massenmord an den Juden. Je mehr die Nationalsozialisten die Hoffnung verloren, das «Neue Europa» auf ihre Seite zu bringen, desto mehr griffen sie zu Gewalt und Unterdrückung. Diesem Sachverhalt kommt aus der Sicht des Historikers entscheidende Bedeutung zu.

Hitler hatte die KZs errichten lassen, um seine politischen Gegner – Kommunisten, Sozialdemokraten, Christen – «auszuschalten». Mit Hilfe Himmlers und der SS entstand von Estland bis zu den Vogesen eine grauenhafte, organisatorisch perfekte «KZ-Welt». Man muß sich nur vor Augen halten, daß die Nationalsozialisten sechs Millionen Juden ermordet haben – 2,5 Millionen in den Gaskammern der Vernichtungslager, 2 Millionen in der Ukraine und in Bessarabien, 400 000 im Warschauer Ghetto –, um zu begreifen, daß Hitlers «Neues Europa» auf einer nie dagewesenen Verneinung jeglicher Menschlichkeit beruhte. «Ich möchte niemand leiden sehen und keinem weh tun; aber wenn ich erkenne, daß die Art in Gefahr ist, dann tritt an die Stelle des Gefühls eiskalte Vernunft: Ich sehe nur noch die Opfer, welche die Zukunft fordert, wenn heute ein Opfer nicht gebracht wird», sagte Hitler am 25./26. September 1941 bei einem Tischgespräch im Führerhauptquartier. Im Massenmord an sechs Millionen Juden und an Millionen anderer Menschen im

503

504

Das «Neue Europa»: **503** *Werbeplakat für den «Germanischen Landdienst» in Holland.* **504** *Hitlers «Weltanschauung»: «Hinter den Feindmächten: der Jude.» Plakat aus dem Jahr 1942.* **505** *Soldaten der «Französischen Legion» in Smolensk, November 1941.* **506** *Der Massenmord an den Juden: «Dichtgedrängt und halberstickt fuhren wir in geschlossenen Waggons. [...] wir wußten, daß dort die Öfen und Gaskammern auf uns warteten. Als wir abends in Auschwitz ankamen, trieb man uns nach Birkenau. Schon von weitem sahen wir den Himmel rot wie Brand.» Aus dem Bericht einer Überlebenden.* **507** *Kinder und Frauen am Zaun des Konzentrationslagers Auschwitz-Birkenau, Foto 1944.* **508** *Ein Inbegriff der Hölle auf Erden: Auschwitz. Foto 1986.*

505

Namen einer pseudowissenschaftlichen Lehre – darin äußerte sich Hitlers «eiskalte Vernunft». Er hatte allen Ernstes vor, nach den Gesichtspunkten des «Lebensraumes» und der wirtschaftlichen Autarkie ein «Neues Europa» aufzubauen.

«Sicher werde es nach uns Generationen geben, die die zur Zeit sich vollziehende Einigung Europas ebenso gleichmütig hinnähmen, wie ein Großteil der derzeit Lebenden das Bismarcksche Reich als etwas absolut Gegebenes ansehe. Welche Mühe es koste, den Westen, den Norden, die Mitte und den Osten Europas zu einer großen Einheit zusammenzuschweißen, das gerate so schnell in Vergessenheit, daß man auch den Wert solcher Hilfsmittel, wie er sie geschildert habe, erst dann wieder zu schätzen wisse, wenn man brennend auf sie angewiesen sei. Auf eins möchte er aber auch bei dieser Gelegenheit hinweisen – man könne ja gar nicht oft genug darauf hinweisen –, daß nämlich die *Zusammenschweißung* Europas nicht durch das Einigungsbestreben einer Fülle von Staatsmännern ermöglicht worden sei, sondern *nur mit Waffengewalt* zu machen gewesen wäre.»

So das Protokoll eines «Hitler-Monologs» in der Wolfsschanze in Ostpreußen am 29. Juni 1942. Zum Glück haben es dann andere verstanden, mit Waffengewalt zu verhindern, daß eine solche Monstrosität Wirklichkeit wurde.

Die Haltung der Europäer. Vereinfacht ausgedrückt, waren in der Bevölkerung der betroffenen Länder drei Haltungen zu unterscheiden: Kollaboration, Abwarten, Widerstand.

Abgesehen von einigen mit Deutschland «verbündeten» Ländern stellten die Kolla-

506

507

508

borateure überall eine Minderheit dar, und wo dies nicht so war, bemühten sie sich, wie die Finnen, die in der UdSSR ihren eigentlichen Feind sahen und die Hilfe Deutschlands brauchten, eine demokratische Ordnung aufrechtzuerhalten.
Die Kollaborateure rekrutierten sich entweder aus dem rechtsradikalen, zur faschistischen Ideologie «bekehrten» Milieu, für das der Bolschewismus ein Schreckgespenst war, oder aus Kreisen, die an den Sieg Deutschlands glaubten und es für ratsam hielten, sich rechtzeitig anzubiedern oder sich an den Meistbietenden zu verkaufen.
In der Mehrzahl der Länder verhielt sich das Gros der Menschen abwartend. Nachdem die anfängliche Benommenheit, die der Einmarsch der «disziplinierten» und «korrekten» deutschen Soldaten ausgelöst hatte, gewichen war, schlug den Besatzern alsbald Haß entgegen. Aber aus den verschiedensten Gründen setzten sich die Menschen nicht ernsthaft zur Wehr, sondern ignorierten den Feind, so gut es ging. Die zunehmende Rationierung der Lebensmittel nahm überdies ihre Sorge weitgehend in Anspruch. Da der normale Kalorienbedarf bei 2400 Kalorien pro Tag liegt und ein Erwachsener bei einer Tagesration von weniger als 1600 Kalorien nur wenige Monate überleben kann, ist es nicht verwunderlich, daß in einem Land wie Frankreich, in dem die amtliche Pro-Kopf-Zuteilung in den Städten auf maximal 1200 Kalorien täglich begrenzt war, sich alles ums Essen drehte. Zwar war der Hunger in Frankreich nicht so groß wie in Griechenland, wo auf den Straßen Leichen herumlagen, weil die Lebenden nicht die Kraft hatten, sie zu beerdigen, oder wie in Holland, wo die Menschen im Winter 1944/45 Tulpenzwiebeln aßen; doch auch in Frankreich verhungerten viele alte, kranke, arme und alleinstehende Menschen.
Ein kleiner Teil der Bevölkerung in den besetzten Ländern wollte indes nicht tatenlos das Ende des Kriegs abwarten, sondern leistete Widerstand. Anfänglich handelte es sich vorwiegend um Idealisten, ob der Niederlage und der Unterdrückung ihres Landes verzweifelte Patrioten und entschiedene Antifaschisten. Nach dem 22. Juni 1941, dem Tag des deutschen Überfalls auf die UdSSR, beteiligten sich die kommunistischen Parteien geschlossen am Widerstand, den manche Kommunisten bis dahin auf eigene Faust geleistet hatten. Dennoch formierte sich der Widerstand in ganz Europa erst nach 1943 in großem Maßstab – eine Folge der deutschen Niederlage bei Stalingrad, wie viele sowjetische Historiker behaupten, was für die UdSSR und einen Teil Osteuropas sicher zutrifft. Einer der Hauptgründe lag jedoch zweifellos in Gauleiter Sauckels Zwangsrekrutierung von Arbeitskräften; denn statt sich nach Deutschland verschleppen zu lassen, gingen Hunderttausende zumeist junger Arbeiter lieber in den Untergrund. All diese Menschen bildeten ein Reservoir, aus dem die bestehenden Widerstandsgruppen nun schöpfen konnten. «Gesetzlose» kann man in einem Guerrillakrieg immer gut gebrauchen.
Es gab verschiedene Formen des Widerstands, und die Guerrilla war gewissermaßen die höchste Stufe. Geographische Gegebenheiten spielen im Guerillakrieg eine ebenso bedeutsame Rolle wie die politischen Verhältnisse. Je gebirgiger, bewaldeter, unwegsamer und dünner besiedelt eine Gegend ist, desto leichter haben es die Partisanen. Die italienischen Wider-

509

510

511

512

Kollaboration und Widerstand: **509** *Kundgebung der «Nationalen Sammlung» Vidkun Quislings, 8. Januar 1941.* **510** *Jugoslawische Partisanenführer, 1944. Von links: Vladimir Bakarić, Ivan Milotinović, Edvard Kardelj, Tito, Alexander Rancović, Swtozar Vukmanović, Milovan Djilas.* **511** *Vergeltung der SS am 10. Juni 1944 in Oradour-sur-Glane: der Ort wurde niedergebrannt, über 600 Einwohner getötet.* **512** *Vor dem Volksgerichtshof in Berlin am 10. Januar 1945: Helmuth James Graf von Moltke, Gründer des «Kreisauer Kreises».*

standskämpfer operierten im Apennin und in den Alpen erfolgreicher als in der Poebene, und die französischen *maquisards* kamen in der Bretagne und im südlichen Teil des Landes besser zum Zug als im ebenen Norden. Das gebirgige Jugoslawien war für die Partisanen ein ideales Terrain, desgleichen Griechenland, die Slowakei und die riesigen Waldgebiete Rußlands. Den Widerstandskämpfern drohten Folter, KZ und Tod. Die Vergeltungsaktionen der deutschen Besatzer gegen die einheimische Bevölkerung häuften sich. Erinnert sei beispielsweise an das Massaker, das die Division «Das Reich» als Antwort auf die Sabotageakte der *maquisards* in Oradour angerichtet hat. Es entstand der Typus des harten, unbeugsamen Partisanen, dem oft nichts anderes übrigblieb, als gnadenlos anzugreifen. Manche dieser Männer übten nach der Befreiung ihres Landes eine wahre Terrorherrschaft aus. Doch dies schmälert nicht die Bedeutung all jener bewundernswerten Menschen, die es wagten, im Namen der Freiheit gegen Hitlers «Neues Europa» anzutreten. Sie haben nicht nur etwas bewirkt, sie waren auch Leitbilder.

Nicht vergessen seien auch die wenigen – einzelne und Gruppen –, die es wagten, in Deutschland selbst unter ungleich schwierigeren Bedingungen und nahezu ohne Aussicht auf Erfolg Widerstand zu leisten. In den Augen der Nationalsozialisten, der meisten damaligen Deutschen, aber auch der alliierten Regierungen waren sie schlicht «Landesverräter». Viele von ihnen hatten das Ausland rechtzeitig vor Hitlers Plänen gewarnt. Ihre Warnungen stießen auf taube Ohren. Fast alle diese Männer und Frauen bezahlten ihren Widerstand mit dem Leben, so General Hans Oster, Generaloberst Ludwig Beck, Claus Graf Schenk von Stauffenberg, Helmuth James Graf von Moltke, Pastor Dietrich Bonhoeffer, Harro Schulze-Boysen, Julius Leber, die Geschwister Scholl. Sie handelten als wahrhafte Europäer.

Dem Vergessen zu entreißen gilt es auch die Namenlosen überall in Europa, jene «unbesungenen Helden», die in einer Zeit unbeschreiblichen Terrors Anstand bewahrten und Menschen beistanden, die ihrer bloßen «Rasse» wegen verfolgt wurden.

Die Befreiung. Angesichts des von den Deutschen besetzten Europa, das einer starken Festung glich, standen für die westlichen Alliierten, das heißt die USA und Großbritannien, verschiedene Strategien zur Debatte. Wenn sie nicht der Sowjetunion einen allzu großen Teil der Kriegslast aufbürden und die daraus erwachsenden psychologischen und politischen Konsequenzen in Kauf nehmen wollten, mußten sie früher oder später an einer zweiten Front angreifen. Schon bei ihrer ersten Lagebesprechung im Atlantik vor der Küste Neufundlands, vom 9. bis 12. August 1941, also bereits vor Pearl Harbor, hatten sich Amerikaner und Briten darauf geeinigt, dem Kampf gegen Deutschland Vorrang einzuräumen. Die Amerikaner waren dafür, weil sie als An-

513

hänger der Lehren von Clausewitz den Feind dort angreifen wollten, wo er am stärksten war, die Briten, weil sie nur durch den Ärmelkanal vom «Neuen Europa» getrennt waren.
Europa wurde zweifellos von außen befreit. Im Osten brach die Rote Armee, wie Churchill es einmal ausgedrückt hat, der Deutschen Wehrmacht das Rückgrat. Der Preis war der Tod von rund 20 Millionen russischen Soldaten und Zivilisten. Nach der Schlacht von Kursk im Juli 1943 rückte die Rote Armee immer weiter nach Westen vor, erreichte im Sommer 1944 die Weichsel, im Januar 1945 die Oder und im April Berlin, wo sich Hitler am 30. April 1945 in seinem Bunker nahe dem Brandenburger Tor das Leben nahm.
In Süd- und Westeuropa landeten die angloamerikanischen Truppen zuerst in Sizilien (Juli 1943), dann in Süditalien (September 1943), in der Normandie (6. Juni 1944) und an den Küsten der Provence (15. August 1944).

514

515

516

Europa im Kampf gegen Hitler: **513** *Zwei Tage nach der Landung der Alliierten in der Normandie, am 8. Juni 1944, war der Brückenkopf gesichert.* **514** *Im befreiten Paris, 1944: General Charles de Gaulle und Winston Churchill bei der Parade am 11. November auf den Champs-Elysées.* **515** *Die Sieger: Winston Churchill, Franklin D. Roosevelt und Jossif W. Stalin auf der Konferenz von Jalta, 4. bis 11. Februar 1945.* **516** *Das Ende Hitler-Deutschlands: amerikanische und russische Soldaten am 26. April 1945 bei Torgau an der Elbe.*

Zusammenfassung. Europa, mächtiger, stärker, reicher und in den Wissenschaften weiter entwickelt als die anderen Erdteile, hatte sich von 1914 bis 1945 selbst zerstört. Auf den Ersten Weltkrieg (1914-1918) waren eine Zeit des «Scheinfriedens» (1918-1939) und schließlich der Zweite Weltkrieg (1939-1945) gefolgt. Manche, beispielsweise Charles de Gaulle und Winston Churchill, sprachen deshalb von einem zweiten «Dreißigjährigen Krieg».

Vermutlich waren jene dreißig Jahre das dunkelste Kapitel der europäischen Geschichte. Sämtliche Kräfte der Politik und der Wirtschaft hatten sich gegen den Geist der Einheit verschworen:

1. Der amerikanische Präsident Woodrow Wilson, dessen Eingreifen der Sieg der Entente im Ersten Weltkrieg zu verdanken war, dachte in weltpolitischen Dimensionen und hielt nichts vom «europäischen Gleichgewicht», dem er die Hauptschuld am Krieg gab.

2. Das bolschewistische Rußland, das seit 1922 offiziell UdSSR hieß, verstand sich als Gegenpol aller anderen Regierungen, sogar – oder vor allem – der sozialistischen. Der «Sozialismus in einem Lande» (Stalin) entpuppte sich bald als eine ebenso unverwechselbare wie kraftvolle Spielart des Nationalismus. In der zweiten Hälfte der 30er Jahre gab sich die Sowjetunion als Vorkämpfer des Völkerbunds. Am 23. August 1939 arrangierte sich der Diktator Stalin, dessen Terror, vergleichbar dem Hitlers, Millionen von Menschen das Leben kostete, aus taktischen Gründen überraschend mit den von ihm zuvor verketzerten Nationalsozialisten, denen er dann zwei Jahre lang, bis zu Hitlers Überfall auf die UdSSR, wohlgesinnt blieb.

3. Den demokratischen Staaten mangelte es – wie Frankreich – an Entschlossenheit, sie betrieben eine «Appeasement-Politik» wie England, das Hitlers Forderungen um des lieben Friedens willen nachgab, oder eine isolationistische Politik wie die USA.

Vor diesem Hintergrund entstanden zwei straff organisierte, brutale Regime: das des antidemokratischen, totalitären, ultranationalistischen Faschismus unter Benito Mussolini, der im Oktober 1922 durch den «Marsch auf Rom» in Italien die Macht ergriff; und, ein Jahrzehnt später, das des Nationalsozialismus unter Adolf Hitler, der am 30. Januar 1933 in Deutschland legal an die Macht kam und das Land innerhalb weniger Wochen in eine Diktatur verwandelte, die im Vergleich zum italienischen Faschismus von einem übersteigerten Rassismus geprägt war. Für beide Systeme waren paramilitärische Verbände bezeichnend: die Schwarzhemden in Italien sowie die SA und später die SS in Deutschland.

Von 1933 bis 1945 betrieb Hitler eine Politik der Gewaltakte:

- Er brach wiederholt den Versailler Friedensvertrag und unterjochte andere Völker.
- Er sammelte alle deutschsprachigen Menschen in einem «Großdeutschen Reich».
- Er brach 1940 die Macht des deutschen «Erbfeinds» Frankreich.
- Und er versuchte schließlich, seine Idee vom «Lebensraum im Osten» zu verwirklichen.

Mit seinem Angriff auf die Sowjetunion am 22. Juni 1941 beschritt er den Weg zu seinem Untergang. In seinem auf Rassismus und Massenmord gegründeten «Neuen Europa» hätten die anderen Völker ein Sklavendasein geführt.

19 Die Zeit des Wiederaufbaus und der Hoffnungen

Erste Reaktionen auf die Katastrophe: die Vorschläge vom Juli 1948

Der Anblick von Ruinen kann unter Umständen ein Ansporn sein. Nach den Jahren des Kriegs und des Widerstands, vor allem aber nach der Kapitulation der Nationalsozialisten verhalf das gewaltige Ausmaß der Zerstörungen vielen Europäern zu der Einsicht, daß es Abhilfe zu schaffen galt: Was entzweigegangen war, mußte wieder zusammengefügt werden. Nun kam es darauf an, jene tiefgreifende Reform zu verwirklichen, die aus heutiger Sicht zu den spektakulärsten der Geschichte zählt. Sie bestand darin, die verschiedenen europäischen Staaten «zusammenzuführen». Dieser Begriff ist mit Bedacht vage gewählt, da zu Beginn unzählige Varianten zur Debatte standen.

Die Spaltung Europas. Europa war von 1945 an gespalten. Schuld daran war nicht, wie allzuoft behauptet wird, die Konferenz von Jalta vom 4. bis 11. Februar 1945, sondern der Vormarsch der Roten Armee sowie die Abkommen vom Dezember 1944 über den Grenzverlauf der Besatzungszonen in Deutschland. Der «Geist von Jalta», ein letztes Aufflackern der Freundschaft zwischen den Alliierten, die im Krieg für dieselbe Sache gekämpft hatten, tat möglicherweise ein übriges, um die europäischen Einigungsbestrebungen zu behindern. Augenscheinlich hatten es sich die sowjetischen Politiker zum Ziel gesetzt, die Bildung eines festgefügten Machtblocks in ihrer Nachbarschaft um jeden Preis zu vereiteln und die kommunistischen Parteien Frankreichs und Italiens von der Notwendigkeit einer solchen Politik zu überzeugen. Während bis Ende 1947 in Verbänden, Bewegungen, Ausschüssen und in der Presse unablässig der große Entwurf einer europäischen Union propagiert wurde, machten sich Länder mit starken kommunistischen Parteien, also vor allem Frankreich und Italien, für ein neutrales Europa stark, dem eine Schiedsrichterrolle zwischen den Vereinigten Staaten und der Sowjetunion zukommen sollte. Frankreich betrieb unter General Charles de Gaulle, bis Januar 1946, und unter Georges Bidault, 1946/47, vorgeblich eine Politik des Gleichgewichts. Deren negative Folge bestand in der Weigerung Frankreichs, seine Besatzungszone in Deutschland mit der amerikanischen und der britischen zusammenzulegen, wie der amerikanische Außenminister James Byrnes am 6. September 1946 in Stuttgart vorschlug. Der einzige größere Erfolg der französischen Gleichgewichtspolitik bestand darin, daß man sich bei der Festlegung der jugoslawischen Grenze im Gebiet von Triest für die «französische Linie» entschied. Diese Wahl war wohl weniger auf das Geschick der französischen Diplomaten zurückzuführen als vielmehr auf die Tatsache, daß besagte Linie einen Kompromiß zwischen der von den USA weiter östlich und der von der UdSSR weiter westlich geforderten Linie darstellte. Wie hätte Frankreich auch als Vermittler auftreten können, da seine Macht doch gebrochen war?

Die der Idee eines «westlichen Blocks» feindlich gegenüberstehenden Kommunisten torpedierten, sofern sie wie in Frankreich und Italien in der Regierung vertreten waren, jegliche auf eine Einigung Europas zielende Politik schon im Ansatz. In der Präambel der französischen Verfassung vom Oktober 1946, für die sich bei der Volksabstimmung nur eine schwache Mehrheit, nämlich ein Drittel der Franzosen, ausgesprochen hatte, heißt es: «Unter dem Vorbehalt der Gegenseitigkeit akzeptiert Frankreich die für die Wahrung des Friedens erforderlichen Einschränkungen der Staatssouveränität.» Dies galt jedoch eher für die weltumspannende UNO als für eine noch zu gründende europäische Organisation.

Italien, wo man nach einer Volksabstim-

517 *Europa wächst zusammen: das Europäische Parlament in Straßburg verleiht den Sacharow-Preis für besondere Verdienste um die Menschenrechte an Alexander Dubček, 17. Januar 1990.*

mung im Juni 1946 die Republik ausgerufen hatte, wurde, nachdem der neutralistische, prosowjetische *Fronte Democratico Popolare* im Gefolge der Wahlen vom April 1948 auseinandergebrochen war, vollständig in das westliche Bündnis integriert, in dem es eine bedeutende Rolle spielen sollte.

Die öffentliche Meinung und Europa. Unter dem Eindruck dieser politischen Entwicklungen und auf der Suche nach einem Ausweg aus Armut und Bedrängnis setzte die Öffentlichkeit, den systematischen Vereitelungsbemühungen der Kommunisten zum Trotz, einen Teil ihrer Hoffnung auf die Bildung einer europäischen Union.

Wie konnten die europäischen Staaten ihre verlorene «Größe» zurückerlangen? Etwa indem sie ihren Kolonialbesitz absicherten? Er schien im Jahr 1948 durchaus gefährdet, zumindest was Frankreich, die Niederlande, Großbritannien und Italien betraf. Warum nicht die Größe oder aber einfach die gewohnte Selbständigkeit wiederherstellen, indem man über die kleinen Vaterländer hinausging und ein europäisches Vaterland schuf? Eine Vielzahl von Spielarten bot sich an: Einige Gruppierungen – Mitglieder der französischen Résistance, belgische und niederländische Sozialisten – forderten ein föderalistisches Europa. Im Juni 1944 war in Lyon ein *Comité parlementaire européen* (Europäischer Parlamentarischer Ausschuß) gegründet worden. General Charles de Gaulle hatte in Algier seinerseits Vorschläge unterbreitet, zu denen er sich hauptsächlich von Jean Monnet und von dem späteren Ministerpräsidenten René Mayer hatte anregen lassen. Nach Kriegsende waren Bewegungen wie die im Dezember 1946 gegründete «Union Europäischer Föderalisten» entstanden, zu der sich rund fünfzig Gruppierungen zusammengeschlossen hatten und deren Kongreß von Montreux im August 1947 die «erste europäische Veranstaltung der Nachkriegszeit» darstellte, wie der französische Historiker Pierre Gerbet betont hat. Andere Stimmen wiederum verwiesen auf die Notwendigkeit, Europa und den Sozialismus in einem Zug zu verwirklichen. Die Christdemokraten riefen im März 1947 die *Nouvelles équipes internationales* (wörtlich: neue internationale Mannschaften) ins Leben. Die Liberalen wollten über eine Konföderation, eine Art Commonwealth, nicht hinausgehen.

Geistiger Vater dieser Bewegung war der britische Oppositionsführer Winston Churchill, und in Frankreich verschrieben sich ihr Männer wie Raoul Dautry, André Siegfried, Paul Bastid, Paul Ramadier, Paul Reynaud und Pierre-Henri Teitgen, allesamt Mitglieder des «Französischen Komitees für Europa».

Der Erste Haager Kongreß. Auf dem Ersten Haager Kongreß vom 7. bis 10. Mai 1948 waren alle Richtungen vertreten. Über achthundert Persönlichkeiten aus allen westeuropäischen Ländern nahmen an diesem von Winston Churchill präsidierten «Europa-Kongreß» teil: Parlamentarier, Minister und ehemalige Minister, Gewerkschaftsführer, Schriftsteller, Journalisten, Universitätsprofessoren und, nicht zu vergessen, der Vorsitzende der westdeutschen Christdemokraten, Konrad Adenauer. Es wurde der Wunsch nach einem europäischen Parlament laut, doch auch in diesem Punkt zeichneten sich zahlreiche Tendenzen ab. Da gab es Föderalisten und Anhänger einer Union, Verfechter des Freihandels und Befürworter der Planwirtschaft. Auch faßte man ein europäisches Zollabkommen ins Auge. Der große spanische Schriftsteller Salvador de Madariaga führte den Vorsitz über den Kulturausschuß, in dem der Schweizer Denis de Rougemont als Berichterstatter fungierte.

Auf dem Haager Kongreß gründete man einen Verbindungsausschuß, aus dem am 25. Oktober 1948 die «Europäische Bewegung» hervorging. Für sie wurden vier Ehrenpräsidenten ernannt: der Brite Winston

518

519

Churchill (dessen Schwiegersohn Duncan Sandys die treibende Kraft dieser Bewegung war), der Franzose Léon Blum, der Belgier Paul-Henri Spaak und der Italiener Alcide de Gasperi. In jedem Land gab es einen Nationalen Rat.

Die Erklärung Bidaults. Das Verdienst des Haager Kongresses, der durch private Initiative zustande gekommen war, lag zweifellos darin, daß er die Regierungen mehrerer Länder auf den Plan rief. Von nun an sollte, sogar in Italien, auf die Politik des Gleichgewichts und der Neutralität eine Politik westlicher Bündnisse folgen. Das entscheidende Datum war der 20. Juli 1948. Auf einer in Den Haag abgehaltenen Konferenz der Unterzeichnerstaaten des Brüsseler Fünfmächtepakts (Frankreich, Großbritannien, Niederlande, Belgien, Luxemburg) erklärte der französische Außenminister Georges Bidault: «Dies ist ein Augenblick, vielleicht der einzige in der Geschichte, in dem es möglich ist, Europa zu verwirklichen. Deshalb ist es erforderlich, daß die Regierungen diese Bewegung unterstützen und die von ihr vertretenen Ziele in die Tat umsetzen.» Zwei Vorschläge wurden unterbreitet. Der erste lief darauf hinaus, die fünf Nationen zu einer Wirtschafts- und Zollunion zusammenzuschließen, die allen europäischen Nationen, die ihr beizutreten wünschten, offenstehen sollte. Der zweite Antrag sah die Gründung eines europäischen Parlaments vor, «in dem, abgesehen von unseren Parlamenten, auch die Parlamente jener Staaten vertreten sein sollen, die an diesem großen und hochgemuten Unterfangen teilzunehmen wünschen».

Der 20. Juli 1948 muß in der europäischen Geschichte als Wendepunkt oder doch zumindest als Ausgangspunkt betrachtet werden: Zum erstenmal unterbreitete eine Regierung offiziell ein Projekt, das die Verwirklichung Europas zum Gegenstand hatte. Zwar wurde der Begriff «supranational» nicht ausdrücklich genannt, doch tendierte Bidaults Entwurf wohl in diese Richtung. Vor 1914 war die Europa-Idee untrennbar mit dem Prinzip des Gleichgewichts der Mächte verknüpft gewesen. Georges Bidault agierte nun als Sprachrohr einer wesentlich von der starken christdemokratischen Bewegung geprägten Gruppierung. Die Christdemokraten übten damals großen Einfluß auf die Politik zahlreicher Länder wie Italien, Belgien, Luxemburg, Österreich, Deutschland und Frankreich aus.

518 *Nach der Katastrophe: Millionen von Menschen haben ihre Heimat verloren. Ein Flüchtlingstreck aus Schlesien. Fotochrome, Januar 1945.* **519** *Viele Städte Europas – es begann mit Warschau, Rotterdam und Coventry – lagen in Trümmern: Blick auf Dresden, 1945.* **Karte 42:** *Die Teilung Europas nach 1945 und die Einigungsbestrebungen in Westeuropa.*

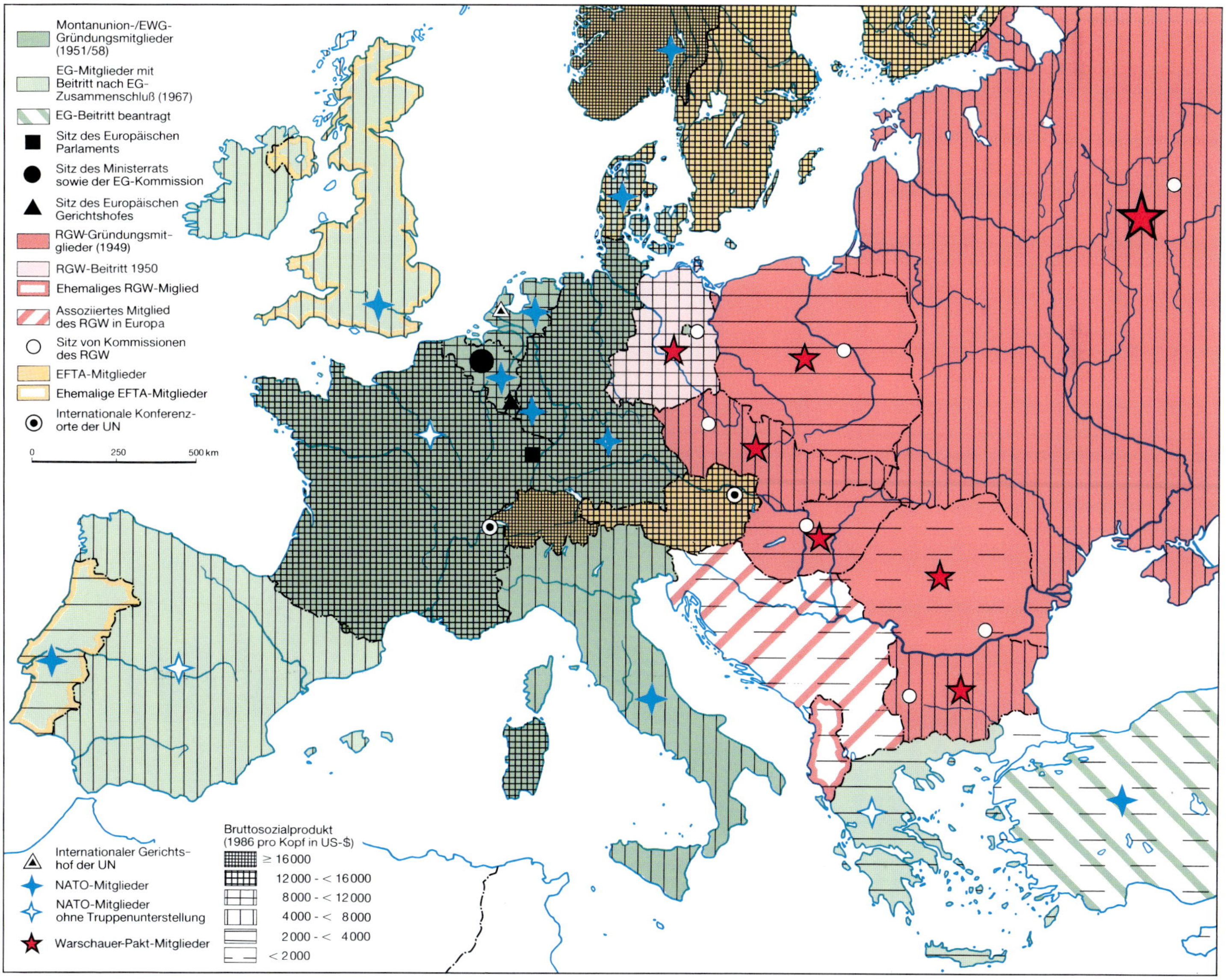

Der «Eiserne Vorhang». Diesen Begriff hat Churchill in Umlauf gebracht. Der Vormarsch der Roten Armee und die Festlegung der Demarkationslinie bewirkten eine Spaltung Europas durch eine faktisch unüberwindbare Grenze. Der Prager Staatsstreich vom 24. Februar 1948 führte dies kraß vor Augen. Fortan waren Ostmittel- und Osteuropa vom Westen abgeschnitten. Für Finnland sowie für Griechenland, wo ein von den Kommunisten geschürter Bürgerkrieg wütete, galt dies nur bedingt. Die Westmächte sahen sich einer Bedrohung völlig neuer Art gegenüber.

Die Misere der Europäer. Das Hauptproblem, das sich den westeuropäischen Ländern nach 1945 stellte, war der sogenannte *dollar gap* (Dollar-Kluft). In ganz Europa hungerten die Menschen, die Produktionsmittel waren weithin zerstört, und es herrschte dringender Bedarf an Nahrung und Maschinen. Nur den USA war diese Tragödie erspart geblieben. Aber wie sollte man den Amerikanern Lebensmittel und Maschinen abkaufen, wenn man kaum noch über Devisen oder Goldvorräte verfügte? Und wie sollte man sich Devisen beschaffen, wenn die Industrie keine Exportgüter erzeugen konnte, weil sie noch in Trümmern lag?

Um möglichst viele Arbeitsplätze zu schaffen, hielten es die Amerikaner für zweckmäßig, Dollars in die westeuropäischen Staaten zu pumpen. Anfänglich bestand die Hilfe aus vereinzelten Maßnahmen – etwa Krediten und dem Verkauf von überschüssigen Armeebeständen der USA in Europa zu Niedrigstpreisen. Das ließ keinen planvollen Wiederaufbau zu, bewahrte aber sozusagen die Patienten vor dem Hungertod. Da die Briten zunehmend ihre Vormachtstellung im östlichen Mittelmeerraum einbüßten und infolgedessen die Bedrohung durch den Osten zunahm, schlugen die Amerikaner ein sich über mehrere Jahre erstreckendes Hilfsprogramm vor, das im wesentlichen aus Spenden bestand: Im Rahmen der Truman-Doktrin vom 12. März 1947 sollte Griechenland und der Türkei sowohl wirtschaftlicher als auch militärischer Beistand geleistet werden, während der Marshall-Plan vom 5. Juni 1947 Unterstützung für ganz Europa und sogar für Rußland vorsah, das die Hilfe jedoch ausschlug. Trotz der verheerenden Krise Ende 1947 wurde der Marshall-Plan erst im April 1948 von Präsident Truman unterzeichnet. Unterdessen waren in Frankreich und Italien, beide von Streiks heimgesucht, die kommunistischen Minister abgesetzt worden.

Da die Europäer sahen, daß ihre letzten Reserven dahinschwanden; baten sie die USA mit Nachdruck um «Überbrückungshilfe». Die Not verschlimmerte sich, und die Gefahr einer Revolution nahm zu. General George Catlett Marshall konnte Präsident Harry S. Truman dazu bewegen, den Kongreß zu einer außerordentlichen Sitzung einzuberufen, auf der dann eine Überbrückungshilfe von beträchtlichem Umfang für Frankreich und Italien bewilligt wurde. Diese ermöglichte es den beiden Staaten, die Zeit bis zum Inkrafttreten des *European Recovery Program* (ERP) zu überbrücken, und bewahrte sie vor dem Kollaps, was wiederum den Ausgang der bereits erwähnten Wahlen in Italien im April 1948 erklärte.

Der übermächtige Einfluß der USA. Die Amerikaner, die der Ansicht waren, daß ein geeintes Europa sich besser gegen die bedrängende kommunistische Gefahr behaupten könne als eine Vielzahl kleiner Staaten, und die sich zudem auf ihre eigenen Ursprünge als eine Föderation von dreizehn ehemaligen Kolonien besannen, leisteten der europäischen Einigungsbewegung Vorschub, wobei sie die Verschiedenheit der einzelnen Länder mit ihrer langen Geschichte, ihrem nach all den Kriegen kaum überwundenen Groll und ihrer sprachlichen Vielfalt zweifellos unterschätzten. Mehr als die amerikanische Regierung drängte der Kongreß auf eine europäische Einigung, in deren Dienst er die Hilfeleistungen der USA zu stellen suchte. Das unverhohlene Ziel des Marshall-Plans, die Europäer zu einem Einvernehmen zu zwingen, bevor sie die ihnen angebotenen Kredite untereinander aufteilten, entsprang dieser Absicht. So positiv die Resultate für die Wirtschaft auch waren – Gründung der Organisation für europäische wirtschaftliche Zusammenarbeit (OEEC) und der Europäischen Zahlungsunion (EPU) –, auf politischer Ebene fielen sie eher dürftig aus. Man ist beeindruckt von der großartigen und zugleich vereinfachenden Vision der Amerikaner, die erkannten, daß es nötig sei, einen großen Wirtschaftsraum zu verwirklichen, wenn es ihnen auch schwer fiel zu begreifen, daß Europa nichts mit den dreizehn Kolonien des Jahres 1776 gemein hatte. Genau in diese Richtung tendierte der Marshall-Plan. Wichtigster Gesprächspartner der jungen und brillanten amerikanischen Technokraten der *Economic Cooperation Administration* (ECA), des mit der Verwirklichung des Marshall-Plans betrauten Gremiums, war Jean Monnet, der Hochkommissar des französischen Amtes für Wirtschaftsplanung. Die Beziehungen, die er damals mit vielen Amerikanern knüpfte, sollten sich als dauerhaft erweisen. In der Zeit der Vierten Republik und unter der Präsidentschaft de Gaulles fand Jean Monnet in Amerika zahlreiche Bewunderer. Dies trug mit dazu bei, daß er später auf einige amerikanische Präsidenten, vor allem auf John F. Kennedy, großen Einfluß ausüben konnte.

Die sowjetische Bedrohung. Im Jahr 1947 wurde man sich bewußt, daß man sich in einem «kalten Krieg» befand. Aus den alliierten Großmächten des Zweiten Weltkriegs waren potentielle Gegner geworden. Nach dem Prager Staatsstreich im Februar 1948 war die Angst vor einem dritten Weltkrieg größer als je zuvor in der Nachkriegszeit. Nach Schätzungen westlicher Militärs konnten die Sowjets die französische Stadt Brest am Atlantik in vierzehn Tagen erreichen. General Lucius D. Clay, Militärgouverneur der amerikanischen Besatzungszone in Deutschland, hatte am 5. März 1948 in einem Telegramm an den Chef des amerikanischen Nachrichtendienstes die Ansicht geäußert, daß «der Krieg mit dramatischer Plötzlichkeit ausbrechen» könne.

Am 31. März 1948 führte Marschall Wassili Sokolowski, Befehlshaber der sowjetischen Besatzungsstreitkräfte in Deutschland, Militärkontrollen auf den Verbindungswegen zwischen dem westlichen Deutschland und West-Berlin ein, und im Juli desselben Jahres wurde die Blockade Berlins beschlossen: Sämtliche Verkehrsverbindungen nach Berlin mit Ausnahme der Luftkorridore wurden unterbrochen.

Begreiflicherweise stärkten diese Ereignisse in den westlichen Staaten den Wunsch nach einem Bündnis. Am 17. März 1948 wurde der Brüsseler Vertrag geschlossen, der bereits lange vor dem kommunistischen Staatsstreich in Prag geplant gewesen war. In der Folge schlug der britische Außenminister Ernest Bevin vor, den Vertrag zu erweitern und ein atlantisches Sicherheitsbündnis vorzubereiten. Über die «Vandenberg-Resolution», die vorweg das Einverständnis des Senats mit einem solchen Bündnis signalisierte, wurde am 11. Juni 1948 abgestimmt. Als Georges Bidault am 20. Juli 1948 sein Europaprojekt vorlegte, tat er dies in einem prekären Moment, in dem allerdings schon konkrete Aussicht auf eine Konsolidierung der westlichen Welt bestand.

520 *Die Luftbrücke der Alliierten nach West-Berlin während der Blockade der Stadt durch die Sowjets vom 26. Juni 1948 bis 12. Mai 1949: ein «Rosinenbomber» landet in Tempelhof.* **521** *Der Volksaufstand vom 17. Juni 1953 in der DDR: junge Ost-Berliner werfen Steine gegen die anrollenden sowjetischen Panzer.*

520

521

Die Teilung Deutschlands. Bis zur Konferenz von Jalta und auch noch während dieser Konferenz sprachen sich sämtliche Alliierten für eine Teilung Deutschlands aus. Als Stalin in seiner berühmten Rede vom 9. Mai 1945 erklärte, es werde eines Tages ein wiedervereinigtes Deutschland geben, wurde den Engländern und Amerikanern klar, daß Deutschland im Begriff war, zum Streitobjekt zu werden, und daß man es sich mit den Deutschen nicht verscherzen durfte, indem man die Teilung oder die Aufspaltung des besiegten Landes in mehrere Einzelstaaten unterstützte. Lediglich Frankreich beharrte auf seinem Standpunkt: Wie einst Marschall Foch forderte de Gaulle die Abtrennung des Rheinlands und darüber hinaus die Internationalisierung der Ruhr. Bidault sollte nach dem Rücktritt des Generals noch bis Ende 1947 an dieser Forderung festhalten.

Nach der am 6. September 1946 vom amerikanischen Außenminister James Byrnes in Stuttgart gehaltenen Rede stimmte Großbritannien dem wirtschaftlichen Zusammenschluß der britischen und der amerikanischen Besatzungszone zu. Frankreich zog nicht mit. Es entstand also eine «Bizone» statt einer «Trizone». Auf der Konferenz der vier Außenminister im März 1947 konnte Bidault jedoch feststellen, daß die Angelsachsen die Politik der Zerstückelung in kleinem Maßstab tolerierten, indem sie den wirtschaftlichen Anschluß des Saarlands an Frankreich wenn auch mit dem Vorbehalt einer Revision dieses Statuts bei einem eventuellen Friedensvertrag zuließen. Einen solchen Friedensvertrag lehnte die UdSSR jedoch kategorisch ab. Dies und die militärische Bedrohung durch die UdSSR bewirkten einen Umschwung in der französischen Politik: Auf der Londoner Konferenz vom 5. Dezember 1947 verkündete Bidault, Frankreich sei bereit, Deutschland als wirtschaftliche Einheit zu betrachten, vorausgesetzt, das Saarland würde Frankreich wirtschaftlich angegliedert. Vom 15. Dezember an sprach man von einer «Trizone».

Nunmehr faßte man, nicht zuletzt wegen der Weigerung der UdSSR, sich an die vorangegangenen Abmachungen zu halten, die Gründung eines westdeutschen Staats ins Auge. Eben dies wurde dann Gegenstand der berühmten Londoner Konferenz. Die Londoner Verträge vom Juni 1948 legten fest, daß die Verfassung des westdeutschen Staats von Vertretern der zukünftigen Bundesländer ausgearbeitet werden sollte, aber der Zustimmung der drei Militärbefehlshaber bedurfte. Als Georges Bidault am 20. Juli 1948 seine Europaerklärung abgab, war er sich also dessen bewußt, daß die Neugründung eines

522

523

deutschen Staats durchaus im Bereich des Möglichen lag. In der Europapolitik sollte die Deutschlandfrage fortan zu einem zentralen Problem werden.

Dreißig Jahre Wohlstand in Europa

Der Aufschwung der europäischen Wirtschaft. Den äußeren Rahmen der für den Aufbau Europas so entscheidenden Maßnahmen bildeten Faktoren wie der folgenreiche Ost-West-Konflikt und der Einfluß der grundsätzlich antieuropäisch eingestellten kommunistischen Parteien. Zwei bedeutsame Entwicklungen sollten der europäischen Idee in den ersten drei Jahrzehnten nach dem Zweiten Weltkrieg besonders förderlich sein: der enorme Wirtschaftsaufschwung in Westeuropa einerseits und das Ende der kolonialen Streitigkeiten durch den Zerfall der Kolonialreiche andererseits.

Dreißig Jahre Wohlstand – der französische Ökonom und Soziologe Jean Fourastié hat diese Zeit *les trente glorieuses*, die glorreichen dreißig Jahre getauft, in Anspielung auf ein berühmtes Kapitel in der Geschichte Frankreichs: Während der Revolution von 1830 gelang es innerhalb dreier Tage, vom 26. bis 28. Juli, die ältere Linie der Bourbonen aus dem Land zu jagen. Diese drei Tage hatte man *les trois glorieuses*, die glorreichen drei Tage, genannt. Hier ging es nun aber um dreißig Jahre, nicht um drei Tage. Das anhaltende quantitative Wachstum hatte jedoch nicht allen Glück gebracht, sondern die bisweilen krassen Ungleichgewichte verschleiert.

Wirtschaftswissenschaftler haben darauf verwiesen, daß sich in diesen dreißig Jahren Phasen spektakulärer wirtschaftlicher Blüte mit Rezessionen, wenn nicht gar mit Krisen abwechselten. Der Aufschwung vollzog sich nicht in allen Ländern mit derselben Dynamik, aber global gesehen wurden ähnliche Resultate erzielt. Nur ein Land hinkte hinterher: Großbritannien. In dreiundzwanzig Jahren verdoppelte sich die britische Industrieproduktion, wohingegen sie sich in Deutschland verfünffachte und in Frankreich vervierfachte. Es war von einer «Verschärfung des Rückstands» und von der «englischen Krankheit» die Rede, und schuld war angeblich eine allzu hastige Verwirklichung des Wohlfahrtsstaats, in dem der Mensch so sehr umsorgt und verwöhnt wird, daß seine Kreativität verkümmert. England, zu Beginn des Jahrhunderts die größte Wirtschaftsmacht, rutschte bis 1973 auf Rang fünf nach den USA, der Bundesrepublik Deutschland, Japan und Frankreich. Im Jahr 1976 überrundete es Frankreich und kletterte auf Platz vier.

Der amerikanische Ökonom Charles P. Kindleberger vertrat in seinem Buch *Economic growth in France and Britain, 1851-1950* (Wirtschaftswachstum in Frankreich und Großbritannien, 1851-1950) die These, Frankreich habe sich zwar ebenso schnell wie England entwickelt, doch habe von 1945 an eine Art neuer Saint-Simonismus der französischen Wirtschaft einen zukunftverheißenden Expansions- und Entwicklungswillen gegeben. Nach der Krise von 1974/75 ließ dieser Elan allerdings nach. Ein gewisser Aufschwung der englischen Wirtschaft bewog den angesehenen französischen Wirtschaftshistoriker François Crouzet, ein Buch mit dem Titel *De la suprématie de l'Angleterre sur la France. L'économique et l'imaginaire. XVIIe-XVIIIe siècle* zu schreiben – Von der Überlegenheit Englands über Frankreich. Das Wirtschaftliche und das Imaginäre im 17. und 18. Jahrhundert.

522 *Der Volksaufstand in Ungarn 1956: ungarische Freiheitskämpfer in einer Budapester Straße.* **523** *Imre Nagy (1896-1958), der neue Ministerpräsident, umringt von begeisterten Anhängern, Oktober 1956. Nagy und andere Führer des Aufstands wurden von den Sowjets am 16. Juni 1958 hingerichtet.* **524** *Der Wiederaufbau Westeuropas: Marshall-Plan-Plakat, Deutschland 1949.* **525** *Straße in Rotterdam 1958.* **526** *Amerika hat Europa in Wissenschaft und Technik überflügelt. Die Landung auf dem Mond: Edwin Aldrin neben der US-Flagge, 20. Juli 1969, fotografiert von Neil Armstrong, der als erster den Mond betrat.*

Einer der interessantesten Fälle ist Spanien. Nach einer Phase wirtschaftlicher Stagnation in der ersten Hälfte des 19. Jahrhunderts konnte das Land bis zur Jahrhundertwende im Bergbau ein bemerkenswertes Wachstum verzeichnen. Nach dem Bürgerkrieg hatte die «Quarantäne» Franco-Spaniens die ohnehin geschwächte spanische Wirtschaft niedergehalten. Verschiedene Faktoren, besonders die Unterstützung Argentiniens und der USA, die Öffnung der Grenzen und die Zunahme des Tourismus, hatten dann bewirkt, was als der «große Wandel von 1958-1965» bezeichnet werden kann. Spanien folgte damals dem Beispiel der westeuropäischen Staaten und trat dem Internationalen Währungsfonds sowie der Organisation für wirtschaftliche Zusammenarbeit und Entwicklung (OECD) bei. Es wurden Abkommen mit den USA über die Ausbildung spanischer Wirtschaftsfachleute an der Harvard-Universität und mit dem relativ autoritär regierten Frankreich unter General de Gaulle geschlossen, das den Wirtschaftsexperten Jacques Rueff als Berater nach Spanien sandte. Eine umfassende Reform des Bankwesens, die Einführung eines Entwicklungsplans sowie Investitionsanreize für ausländisches Kapital beschleunigten den Aufschwung. Von 1960 an konnte Spaniens Industrie eine mittlere Wachstumsrate von 9 Prozent verzeichnen und wurde dabei lediglich von Japan und Südkorea übertroffen. Besonders spektakuläre Ergebnisse erzielte Spanien in der eisenverarbeitenden Industrie, im Schiffbau, in der Automobilindustrie und der Elektrotechnik. Seither gilt das Land als die «zehntwichtigste Wirtschaftsmacht der Welt». Vor diesem Hintergrund vollzog sich Spaniens Aufnahme in die Europäische Gemeinschaft im Jahr 1985.

524

Die Krise des europäischen Erfindergeistes. Die Beschleunigung des Fortschritts in Wissenschaft und Technik, gepaart mit einer starken Zunahme der Kaufkraft – sie hatte sich in Westeuropa von 1955 bis 1973 mehr als verdoppelt –, hat das menschliche Leben tiefgreifend verändert, und es wäre falsch, die «gute alte Zeit» zu verherrlichen. Wenn Europa im 19. Jahrhundert bei den Erfindungen eine Art Monopolstellung innegehabt hatte, so büßte es diese in der zweiten Hälfte des 20. Jahrhunderts ein. Die Sowjets schossen als erste einen Satelliten, den «Sputnik», in eine Erdumlaufbahn und schickten auch das erste bemannte Raumschiff ins All. Die Amerikaner betraten als erste den Mond. Westeuropa lief zwar den durch übermäßige Geheimhaltung und russische Bevormundung behinderten Ostblockländern in Wissenschaft und Forschung den Rang ab, doch blieb es, was die Erfindungen betraf, weit hinter den Amerikanern und den Japanern zurück.

Es wäre unmöglich, hier sämtliche Innovationen aufzuzählen, die die Veränderung der Lebensbedingungen beschleunigt haben. Man denke nur an die sprunghafte Zunahme von Kunststofferzeugnissen, an die Entwicklung der Elektronik, an Telekommunikation und Fernsehen, an die Miniaturisierung, an die rasch aufeinanderfolgenden Computer-Generationen, an Roboter und automatisierte Werkzeugmaschinen.

Eine der bahnbrechendsten Entdeckungen vor dem Zweiten Weltkrieg war die Atomspaltung (Otto Hahn 1938), die von 1945 an zunächst in den Dienst der Rüstung gestellt wurde und für die Menschheit eine schreckliche Bedrohung brachte. In den Jahren 1950 bis 1960 wurden die ersten Atomreaktoren entwickelt. Sie ermöglichten eine kostengünstigere Stromerzeugung. Die 1973 einsetzende Ölkrise trug mit zum Erfolg der Kernkraftwerke bei. Doch handelte es sich um eine zwiespältige Errungenschaft. Ein durch Unfall oder Krieg verursachter Schaden in einem Atomkraftwerk kann eine Katastrophe großen Ausmaßes hervorrufen. Auch in der Luft- und Raumfahrttechnik sowie in der Triebwerkstechnik wurden Fortschritte erzielt, desgleichen in der Medizin und in der Biologie, was die durchschnittliche Lebenserwartung erheblich steigerte. Die Gentechnik eröffnete die Möglichkeit, das menschliche Erbgut zu manipulieren, doch dies birgt unberechenbare Gefahren.

Die Problematik, die sich für die Menschheit aus diesem raschen Wandel ergibt, kann nicht vereinfachend dargestellt werden. Früher vollzogen sich Entwicklungen so langsam, daß die Menschen Zeit hatten, sich ihnen anzupassen und neue Gewohn-

525

526

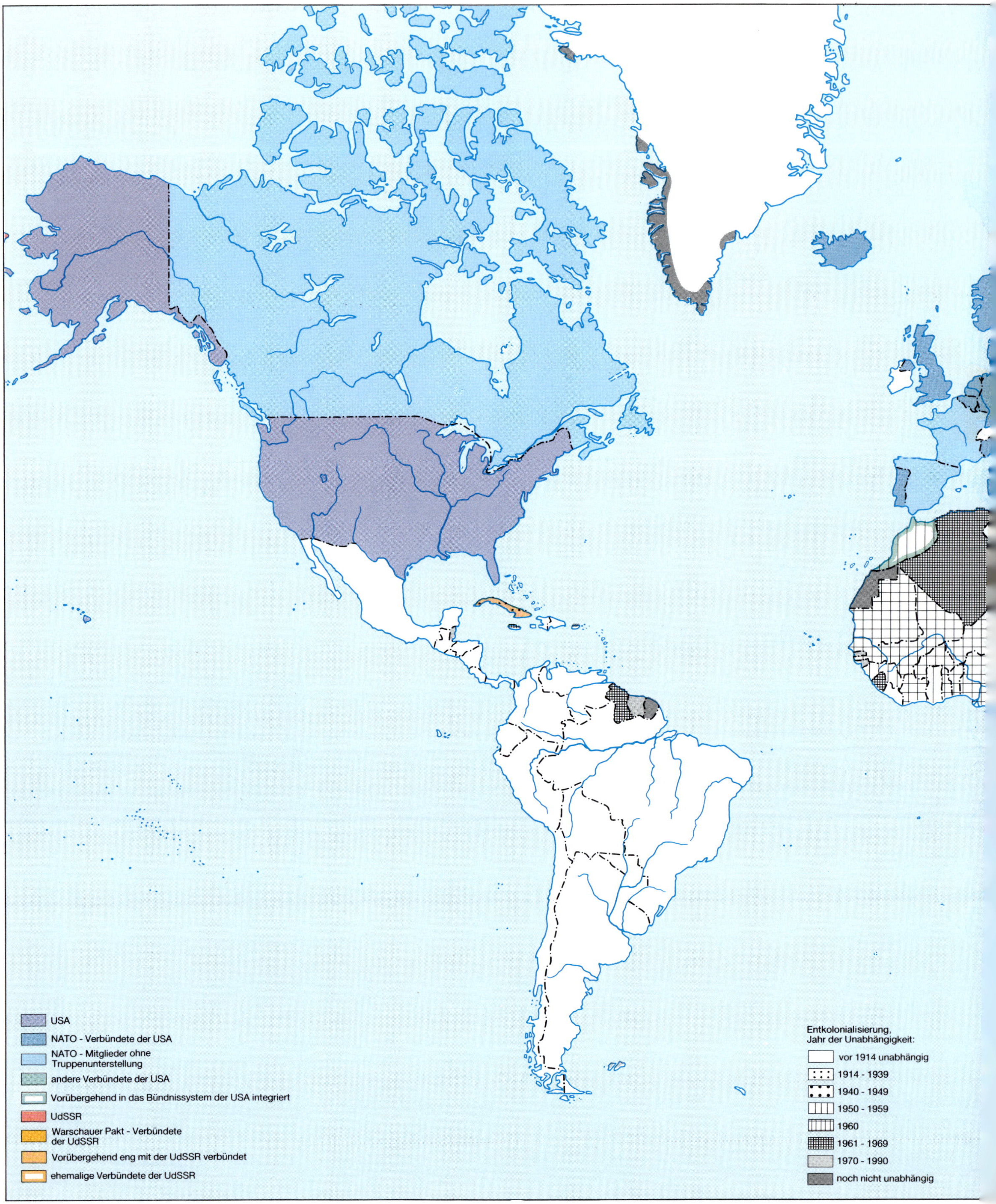
USA
NATO - Verbündete der USA
NATO - Mitglieder ohne Truppenunterstellung
andere Verbündete der USA
Vorübergehend in das Bündnissystem der USA integriert
UdSSR
Warschauer Pakt - Verbündete der UdSSR
Vorübergehend eng mit der UdSSR verbündet
ehemalige Verbündete der UdSSR
Entkolonialisierung, Jahr der Unabhängigkeit:
vor 1914 unabhängig
1914 - 1939
1940 - 1949
1950 - 1959
1960
1961 - 1969
1970 - 1990
noch nicht unabhängig

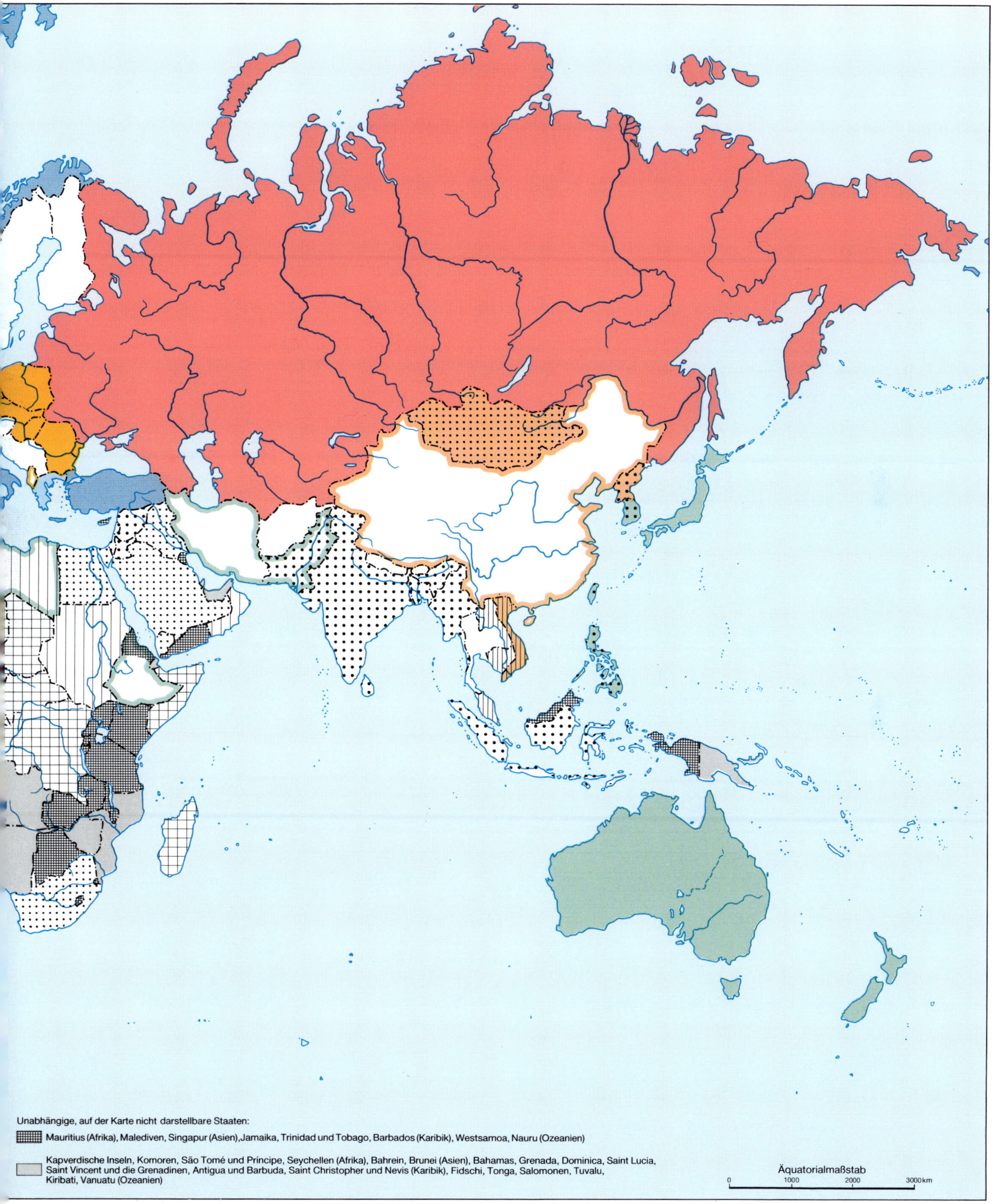

Karte 43: *Kalter Krieg und Befreiung der Dritten Welt.*

heiten anzunehmen. Beispielsweise hat das Fernsehen innerhalb von nur zwanzig Jahren die Welt erobert, und sein Einfluß wird immer größer. Wer vermag zu sagen, wie sich dies auf die geistige Verfassung der Menschen und auf die politischen Machtverhältnisse auswirken wird?

Drei Jahrzehnte der Entkolonialisierung

Der Zerfall der Kolonialreiche nach 1945 vollzog sich überraschend schnell. Die UdSSR war davon allerdings nicht betroffen. Die Russen hatten eine riesige, zusammenhängende Landmasse erobert. Zu ihr gehörten das weiträumige, vom Ural bis nach Kamtschatka reichende Sibirien; der sogenannte Ferne Osten, die China entrissene Küstenprovinz am Pazifik, in deren Süden die Russen Wladiwostok («Beherrsche den Osten») gründeten – die «Perle des Orients»; ferner Zentralasien, das im Süden vom Iran und von Afghanistan begrenzt wird – Afghanistan war nach Osten vergrößert worden, damit eine gemeinsame Grenze zwischen Rußland und dem von den Engländern beherrschten Indien vermieden würde; sowie Transkaukasien, das sich vom Kaspischen bis zum Schwarzen Meer erstreckt und Aserbaidschan, Georgien und Armenien umfaßt. Doch die UdSSR, dieses gewaltige Reich, steht hier nicht zur Debatte, und nur die Zeit wird zeigen, ob sich das eigentliche Rußland zu Europa bekennen wird.

Den Rest der Welt, mit Ausnahme Chinas und Japans sowie relativ kleiner Besitzungen der USA und Japans, hatten die anderen europäischen Staaten kolonisiert. Die Entkolonialisierung begann bei den besiegten Mächten des Ersten Weltkriegs und griff rasch auf alle anderen Kolonialmächte über. Deutschland verlor seine Kolonien 1919, Italien de facto 1943 und de jure 1949. Frankreich mußte in den Jahren 1945 bis 1962 fast alle seine Mandate, Protektorate und Kolonien aufgeben. Von seinem Kolonialreich blieben ihm nur ein paar winzige Überreste wie Dschibuti und die Komoren. Was Großbritannien anging, wurden in den Jahren 1945 bis 1957 alle südostasiatischen Gebiete, Indien, Pakistan, Birma, Ceylon und schließlich auch Malaysia, unabhängig. Die Niederlande mußten im Jahr 1949 hinnehmen, daß sich Indonesien von ihnen löste. Von 1957 an erlangten nach und nach die Länder Afrikas die Unabhängigkeit. Spanien, Belgien und Portugal verloren dort ihre Kolonien.

So schrumpften in drei Jahrzehnten die «abhängigen Gebiete» auf eine Handvoll Inseln und Kleinstbesitzungen zusammen, die irgendwann zumindest nominal ebenfalls in die Unabhängigkeit entlassen werden sollen, obwohl in den fraglichen Gebieten oft nur ein paar Tausend Menschen leben. Andere Kolonien wurden dem Mutterland angegliedert: die Hawaii-Inseln wurden zu einem Staat der USA, Martinique, Guadeloupe, Französisch-Guayana und die Insel Réunion zu französischen Übersee-Departements.

Europa und das Ende der Rivalität zwischen den Kolonialmächten. Auf die Einigung Europas wirkte sich das Ende der Rivalität zwischen den Kolonialmächten positiv aus. Viereinhalb Jahrhunderte lang waren die Europäer der restlichen Welt militärisch überlegen gewesen und hatten ihr ihre Herrschaft aufgezwungen. Das Machtvakuum in manchen Weltgegenden hatte auf die starken Nationen wie ein Sog gewirkt und eine bizarre Denkweise hervorgebracht: «Wenn ich nicht zugreife, dann tut es ein anderer.» Dies belegen Texte von Cecil Rhodes, Jules Ferry, Francesco Crispi, Leopold II. von Belgien und vielen anderen. Der Kolonialismus der Europäer könnte als die Verkörperung des antieuropäischen Geistes schlechthin bezeichnet werden, denn die Eroberungen in Übersee führten nicht etwa zu einer Solidarisierung der «zivilisierten Länder» – Juristen erklärten die afrikanischen Gebiete zur *res nullius*, zu herrenlosem Gut –, sondern zu einer verbissenen Rivalität zwischen den europäischen Nachbarn. Auf ihrem Kontinent hatten sie die Grenzen mehr oder weniger festgelegt, doch ergaben sich in den überseeischen Gebieten neue Reibungsflächen. Zwischen Portugal und Spanien, dann zwischen Holland und Portugal, Holland und England und schließlich zwischen England und Frankreich hatten sich an kolonialen Fragen bis 1815 grimmige, unerbittliche Kriege entzündet.

Von 1815 an löste die Rivalität der Kolonialmächte zahlreiche Krisen, jedoch kaum Kriege aus – abgesehen vom Krimkrieg (1853-1856), in dem die Engländer die «Indien-Route» gegen die Russen zu verteidigen suchten; dem Krieg zwischen Amerika und Spanien im Jahr 1898 wegen Kubas, Puerto Ricos und der Philippinen; sowie dem Russisch-japanischen Krieg von 1904/05 wegen der Mandschurei. Als Lenin in seiner Schrift *Der Imperialismus als höchstes Stadium des Kapitalismus* (1915) die These vertrat, daß die Aufteilung der Kolonien zwischen unterschiedlich stark industrialisierten Ländern zum Ausbruch

527

528

des Ersten Weltkriegs beigetragen habe, täuschte er sich mit Sicherheit, denn die großen Kolonialmächte hatten multi- und bilaterale Abkommen geschlossen, die sie alle mehr oder minder zufriedenstellten. Die Tatsache, daß Deutschland im Jahr 1919 seine Kolonien verloren hatte und daß Italien bei der Aufteilung der Welt zu kurz gekommen war, ließ bei den faschistischen Diktatoren dieser beiden Länder später den Wunsch entstehen, sich nachträglich zu entschädigen. So gelang es Mussolini, den Hitler in Mitteleuropa nicht recht zum Zug kommen ließ, Äthiopien zu erobern, und auch für Ägypten, Tunesien und den Tschad wurde Italien zu einer Bedrohung. Sogar unter verbündeten oder befreundeten Staaten führten Kolonialfragen zu Konflikten. Dies traf zum Beispiel in den arabischen Ländern des Nahen Ostens auf die Engländer und die Franzosen zu, bis Großbritannien Frankreich durch ein Ultimatum zwang, seine vormaligen Mandatsgebiete Syrien und Libanon 1946 zu räumen.

Doch nun sollte der Feind der einen Kolonialmacht nicht länger eine andere Kolonialmacht sein, sondern plötzlich begehrten die Kolonien gegen ihre Herren auf.

Die Kolonien erringen ihre Unabhängigkeit: **527** *Mahatma Gandhi (1869-1948), Führer der indischen Unabhängigkeitsbewegung, 1940. Foto: Tim Gidal.* **528** *Der letzte indische Vizekönig, Earl Louis Mountbatten of Burma, übergibt Pandit Nehru am 15. August 1947 die Insignien der Unabhängigkeit Indiens.* **529** *Frankreich fällt es schwer, sich von Indochina zu trennen: Fallschirmjäger in der Schlacht von Dien Bien Phu, 1954.* **530** *Die Algerier haben für die Unabhängigkeit gestimmt: Freude im Araberviertel von Algier am 2. Juli 1962.*

Die Eliten der unterjochten Völker sahen nicht ein, warum das Prinzip der Selbstbestimmung, das man sie an den europäischen Universitäten gelehrt hatte, nicht auch auf sie und ihre Landsleute angewandt werden sollte. Als Churchill im August 1941 zusammen mit Roosevelt die Atlantik-Charta unterzeichnete, ging er davon aus, daß sich das darin enthaltene Selbstbestimmungsrecht der Völker nicht von vornherein auf die britischen Kolonien erstreckte. Dabei hatten die Engländer in Sachen Entkolonialisierung schon Erfahrungen gesammelt. Die Nachfolger des Konservativen Churchill waren Mitglieder der Labour-Partei. Sie teilten Gladstones bereits in den 60er Jahren des 19. Jahrhunderts geäußerte Auffassung, daß die Kolonien früher oder später unabhängig werden müßten, und sie beschleunigten diesen Prozeß. Bei den Franzosen lagen die Dinge anders. Sie waren entschlossen, alles zu halten, was sie besaßen. Auf der 1944 vom «Kämpfenden Frankreich» einberufenen Konferenz von Brazzaville wurde, was die französischen Kolonien betraf, jegliche Art von Unabhängigkeit, Sezession oder gar Autonomie kategorisch ausgeschlossen. Diese ultrakonservative Haltung erklärt, weshalb Frankreich nationalen Erhebungen siebzehn Jahre lang (1945-1962) mit Repression und Kriegen begegnet ist. Es hatte mit Unruhen in der Levante, in Madagaskar, Tunesien und Marokko zu kämpfen und führte zwei Kolonialkriege, die beide acht Jahre dauerten: in Indochina (1945-1954) und in Algerien (1954-1962).

Die Erfahrungen der Zeit nach dem Zweiten Weltkrieg brachten die Kolonialmächte am Ende zu der Einsicht, daß die Kolonien in die Unabhängigkeit entlassen werden mußten. Um dies zu bewerkstelligen, bedurfte es realistischer Politiker, die es ertragen konnten, von einem Teil der öffentlichen Meinung ihres Landes aufs heftigste kritisiert zu werden. General Charles de Gaulle ist hierfür ein Beispiel. Es war seiner Autorität zu verdanken, daß über das Schicksal Algeriens, dessen Bevölkerung zu zehn Prozent europäischer Abstammung war, im April 1962 ein Referendum durchgeführt werden konnte, bei dem sich 90 Prozent der Franzosen für die Unabhängigkeit dieses Landes aussprachen.

In Südrhodesien, der einzigen den Briten noch verbliebenen Kolonie in Afrika, deren Bevölkerung ebenfalls zu zehn Prozent europäischen Ursprungs war, proklamierte eine aus Weißen gebildete Regierung im Jahr 1965 einseitig die Unabhängigkeit des Landes. Doch die britische Regierung in London erkannte diesen Schritt nicht an.

Diese Entwicklung entsprang vielleicht den guten Absichten mancher Europäer, vor allem aber einer Notwendigkeit. Die beiden Supermächte der Nachkriegszeit gaben sich antikolonialistisch: die Vereinigten Staaten von Amerika, die sich auf ihren eigenen Unabhängigkeitskrieg beriefen, aus Tradition, die Sowjetunion aus Gründen der Staatsdoktrin. Da wie dort hatte man begriffen, daß der Besitz von Kolonien durchaus nicht mehr wie in der Vergangenheit Machtzuwachs bedeutete, sondern die Kolonialmacht sogar schwächen konnte, nämlich dann, wenn es zur Sicherung der Herrschaft erforderlich war, ganze Heere loszuschicken oder nicht enden wollende Kriege zu führen, über die sich die Weltöffentlichkeit zunehmend entrüstete.

529

530

Europa und die wirtschaftlichen Folgen der Entkolonialisierung. Die Europäer hatten geglaubt, sich in den Kolonien wirtschaftlich entfalten, aus ihnen große Profite ziehen, sie in Kriegszeiten strategisch nutzen und in ihnen Soldaten rekrutieren zu können, was im Fall Frankreichs von 1940 bis 1944 zutraf. Die Emanzipation der Kolonien brachte die Kolonialmächte um alle diese Vorteile. Deshalb waren sie genötigt, ihrer Politik eine völlig neue Richtung zu geben.

Manche Länder wie zum Beispiel die Schweiz haben stets «mit dem Rücken zur Wand» existiert; sie konnten sich nicht aussuchen, auf welche Weise sie ihr Überleben sicherten. Auch Japan, das andere Länder mit Gewalt an sich gerissen hatte, befand sich nach seiner Niederlage in einer Situation, in der sein Fortbestand nur durch Mobilisierung aller Kräfte, nicht jedoch durch nackte Gewalt gewährleistet werden konnte. Das Resultat war überwältigend.

Viele Ursachen für Konflikte zwischen den Kolonialmächten von einst waren also aus der Welt geschafft. An die Stelle des Beziehungsgeflechts zwischen Kolonisatoren und Kolonisierten trat die Interessengemeinschaft der europäischen Staaten. Zwar bestanden die Bande zu den ehemaligen Kolonien auf kulturellem und in gewissem Maße auch auf wirtschaftlichem Gebiet fort, aber die direkte Unterstützung der einstigen Untertanen durch das Mutterland wurde durch die multilaterale Hilfe europäischer Organisationen ersetzt, die zunächst afrikanischen Ländern, später auch den AKP-Staaten – Afrika, Karibik und Pazifik – zugute kam. Das Ende der Konflikte zwischen den Kolonialmächten und das Wirken multilateraler Organisationen begünstigten den Aufbau Europas.

Die Ära der Baumeister Europas

Der Europarat. Der von Georges Bidault im Juli 1948 unterbreitete Vorschlag fand sofort die Zustimmung des belgischen Außenministers Paul-Henri Spaak sowie der Außenminister der Niederlande, Dirk Stikker, und Luxemburgs, Joseph Bech. Robert Schuman, der Georges Bidault wenig später als Außenminister ablöste, schlug mit Billigung seiner Regierung Verhandlungen vor «mit dem Ziel, eine aus Abgeordneten der einzelnen Parlamente zusammengesetzte europäische Versammlung zu bilden». Er stieß jedoch auf den Widerstand Großbritanniens. Ernest Bevin, der Chef des *Foreign Office*, war einem Zusammenschluß mit Kontinentaleuropa zwar nicht abgeneigt, aber er fürchtete, daß aus dieser geplanten Versammlung eine europäische «Exekutive» hervorgehen könnte. Daher schlug er im Gegenzug periodische Zusammenkünfte eines «Ministerausschusses» vor. So wollte er als Labour-Politiker auch der Gefahr vorbeugen, daß die in einer solchen europäischen Versammlung vertretenen Konservativen gegen seine Politik opponierten. Am 28. Januar 1949 einigte man sich schließlich auf einen Kompromiß. Man beschloß die Gründung eines «Europarats», der aus zwei Institutionen bestehen sollte: dem Ministerausschuß, dessen Sitzungen nicht öffentlich sein sollten, und der Beratenden Versammlung mit öffentlichen Sitzungen. Jedes Land sollte seine Repräsentanten für diese Versammlung selbst bestimmen. Die Versammlung sollte nur stark eingeschränkte Befugnisse erhalten und ihre Tagesordnung vom Ministerausschuß aufgestellt werden. Damit kam man der restriktiven Haltung der Briten mehr entgegen als den supranationalen Bestrebungen der vier anderen Nationen. Begreiflicherweise gab England als eine der drei großen Siegermächte zunächst einer traditionellen, am Commonwealth orientierten Politik den Vorrang. Dazu kam, daß die englische Sprache durch das Erstarken der USA gewaltig an Bedeutung gewonnen hatte, was wohl dazu beitrug, daß für England die angloamerikanischen, transatlantischen Bande wichtiger waren als die Beziehungen zum europäischen Kontinent.

Die Satzung des Europarats wurde am 5. Mai 1949 unterzeichnet und Italien unverzüglich als Mitglied aufgenommen. Der Europarat stand allen siebzehn Mitgliedsstaaten der Organisation für europäische wirtschaftliche Zusammenarbeit offen. An der ersten Sitzung, die am 8. August 1949 in Straßburg eröffnet wurde, nahmen Vertreter aus folgenden Staaten teil: Frankreich, Großbritannien, Italien (je 18 Sitze); Belgien, den Niederlanden und Schweden (je 6 Sitze); Dänemark, Irland und Norwegen (je 4 Sitze) sowie Luxemburg (3 Sitze) – also insgesamt aus zehn Staaten.

In der Folge wurden Island, Griechenland und die Türkei zur Teilnahme eingeladen.

Deutschland erscheint wieder auf der politischen Bühne. Im September 1949 kamen die drei westlichen Besatzungsmächte nach langwierigen Vorbereitungen überein, die Bundesrepublik Deutschland zu gründen. Der ehemalige Kölner Oberbürgermeister Konrad Adenauer (1876-1967) wurde wenig später zu deren erstem Kanzler gewählt. Dies führte auf sowjetischer Seite zur Gründung eines zweiten – kommunistischen – deutschen Staats: der Deutschen Demokratischen Republik. Sie wurde von der Bundesrepublik, die sich als einzige Rechtsnachfolgerin des Deutschen Reichs betrachtete, nicht anerkannt. Die Jahre 1948 und 1949 brachten eine Zuspitzung der Krise zwischen Ost und West sowie die stalinistischen «Säuberungsaktionen» in Osteuropa und die Blockade Berlins von Juni 1948 bis Mai

531

532

533

534

Baumeister Europas: **531** *Premierminister Winston Churchill und der italienische Außenminister Alcide de Gasperi im Garten von Downing Street Nr. 10, 1953.* **532** *Carlo Graf Sforza (1872-1952), von 1947 bis 1951 Außenminister Italiens.* **533** *Der französische Außenminister Robert Schuman und Bundeskanzler Konrad Adenauer in Paris, April 1951.* **534** *Der erste «Ehrenbürger Europas»: Jean Monnet, von 1952 bis 1955 Präsident der Hohen Behörde der Montanunion.*

1949. Am 4. April 1949 kam es zur Unterzeichnung des Nordatlantikpakts, eines Bündnisses zwischen den USA, Kanada und zehn europäischen Staaten. All diese Ereignisse, aber auch die Intensivierung der militärischen und der wirtschaftlichen Beziehungen zwischen Westeuropa und den USA festigten den europäischen Zusammenhalt.

Daß Deutschland wieder als politischer Faktor auf den Plan trat, erleichterte zunächst den Weg nach Europa nicht gerade. Ein Beispiel dafür war die Saarland-Frage. Die erste, sehr verständliche Reaktion der Bundesrepublik als Staat bestand darin, gegen die von Frankreich verfolgte Politik einer wirtschaftlichen, ja sogar politischen Abtrennung des Saarlands von Deutschland zu protestieren. Dies zuzulassen wäre im Prinzip einem stillschweigenden Verzicht auf Mitteldeutschland und auf die östlich der Oder-Neiße-Linie gelegenen Gebiete gleichgekommen.

Der Europarat sollte der eigentliche Leidtragende der Saarland-Kontroverse sein. Seine Befugnisse erwiesen sich als allzu begrenzt, und sowohl die Öffentlichkeit als auch die Presse, die an den Debatten von 1949 leidenschaftlichen Anteil genommen hatten, verloren das Interesse an ihm.

Jean Monnet. In dieser so entmutigenden Phase des europäischen Aufbaus sollten einige herausragende Persönlichkeiten in die Politik eingreifen, allen voran der in Cognac geborene Jean Monnet (1888-1979). Er hatte nie eine Universität besucht, kannte sich dafür aber bestens in den angelsächsischen Ländern aus, weil er dort den von seinem Vater hergestellten Cognac vertrieben hatte. Seit seiner Ernennung zum Beauftragten des französischen Handelsministers in London im Jahr 1916 spielte er dort eine wichtige Rolle. Später bekleidete er das Amt eines Stellvertretenden Generalsekretärs des Völkerbunds, betätigte sich als Bankier und wurde 1940 Vorsitzender des französisch-britischen Koordinierungskomitees für die gemeinsame Kriegsrüstung. Nach Frankreichs Niederlage schloß er sich nicht etwa de Gaulle an, sondern zog es vor, den Interessen der freien Welt in den USA zu dienen, wo er mit Präsident Roosevelt und dessen Berater Harry Hopkins Freundschaft schloß.

Nach der Landung der Engländer und Amerikaner 1943 rief er zusammen mit den Generälen Henri Giraud und Charles de Gaulle in Algier das «Komitee für die nationale Befreiung» ins Leben, in dem de Gaulle rasch die Führung übernahm. Im Jahr 1945 schlug Monnet General de Gaulle die Ausarbeitung eines «Entwicklungsplans» für Frankreich vor, und de Gaulle ernannte ihn zum Hochkommissar des Planungsamts, ein Posten, den Monnet bis 1950 innehatte. Der «Monnet-Plan» versinnbildlichte das Wiedererstarken der französischen Wirtschaft. Im Verein mit dem «Marshall-Plan» führte er zu einer äußerst engen französisch-amerikanischen Zusammenarbeit und brachte Jean Monnet neue Freunde ein.

Monnets einzigartige geschichtliche Bedeutung läßt sich auf zwei außergewöhnliche Gaben zurückführen: das Talent, sich Freunde zu schaffen, und die Fähigkeit, für die verschiedenen Probleme Lösungen zu finden, die er in aller Ruhe mit seinen Mitarbeitern und Freunden entwickelte, um sie dann voller Tatkraft und Entschlossenheit zu propagieren.

Der Schuman-Plan. In den Jahren 1949 und 1950 erfüllten mehrere Probleme Monnet mit Sorge, besonders der Streit um das Saarland mit seiner wichtigen Montanindu-

535 *Die Unterzeichnung des Vertrags über die Montanunion im Uhrensaal des Außenministeriums in Paris am 18. April 1951. Von links: Paul van Zeeland, Joseph Bech, Carlo Graf Sforza, Robert Schuman, Konrad Adenauer und Dirk Stikker.*

strie, der einer Aussöhnung Frankreichs und Deutschlands im Wege stand. Deutschland protestierte energisch gegen neuerliche Vereinbarungen zwischen Frankreich und dem Saargebiet. Als beunruhigend empfand Monnet auch die unzureichende Versorgung der westeuropäischen Industrien mit Kohle, die allzu langsame Verwirklichung Europas und die teilweise Lähmung des Europarats.

Mit Hilfe seiner Mitarbeiter, namentlich des Juristen Paul Reuter und der Wirtschaftswissenschaftler Etienne Hirsch und Pierre Uri, entwickelte Monnet einen ungewöhnlichen Plan, für den er zwar den damaligen Ministerpräsidenten Bidault nicht gewinnen konnte, der jedoch Robert Schuman (1886-1963), von Juli 1948 bis Dezember 1952 Außenminister, sofort überzeugte. Statt eine «institutionelle» Integration Europas ins Auge zu fassen, befürwortete Monnet «konkrete Schritte, die zuallererst de facto eine echte Solidarität bewirken». Zu diesem Zweck sollte «die Gesamtheit der französisch-deutschen Produktion von Kohle und Stahl unter eine gemeinsame oberste Behörde gestellt werden, die der Mitwirkung anderer Staaten Europas offensteht».

Dank dieser supranationalen Hohen Behörde, die Produktion und Vertrieb von Kohle und Stahl regeln würde, wäre ein weiterer deutsch-französischer Krieg unmöglich; und da diese beiden Produktionszweige den Kern der saarländischen Wirtschaft ausmachten, wäre es auch möglich, die politische Kontroverse endgültig zu lösen. Versöhnung *und* eine europäische Behörde – man würde zwei Fliegen mit einer Klappe schlagen.

Schuman erwirkte am 9. Mai 1950 die Annahme des Monnet-Plans durch die französische Regierung. Dieser Plan wurde fortan nach ihm benannt, und wenn er, der französische Außenminister, auch nicht Urheber dieses Plans war, so war es doch seiner Tatkraft zu verdanken, daß er trotz starken Widerstands durchgesetzt wurde: Nicht nur England hatte ihn abgelehnt, sondern auch die französischen Kommunisten und das *Comité des Forges*, der mächtige Verband der französischen Stahlunternehmer; auch manche Nationalisten hatten sich dagegen ausgesprochen.

Am 18. April 1951 wurde der Vertrag über die Gründung der Europäischen Gemeinschaft für Kohle und Stahl von sechs Ländern unterzeichnet: der Bundesrepublik Deutschland, Belgien, den Niederlanden, Luxemburg, Italien und Frankreich; Frankreich unterzeichnete auch im Namen des Saarlands.

Weshalb war Großbritannien nicht mit von der Partie? Schuman und Monnet hatten nach der Erfahrung mit dem Europarat – die teilnehmenden Briten hatten bei den Verhandlungen die Bildung einer supranationalen Behörde scheitern lassen – England die Bedingung gestellt, das Prinzip der Supranationalität zu akzeptieren, wenn es an weiteren Verhandlungen teilnehmen wollte. Die Labour-Partei und die Konservativen, ausnahmsweise einmal einer Meinung, lehnten dies ab. In der am 12. Juni 1950 veröffentlichten Schrift *European Unity* (Europäische Einheit) sprach sich die Labour-Partei kategorisch gegen eine noch so geringe Einbuße an nationaler Souveränität aus. Mit dem Schumanplan war der Grundstein zum «Europa der Sechs» gelegt, das trotz einer Reihe formaler Änderungen bis 1971/72 bestehen sollte. Es konstituierte sich zunächst in der Europäischen Gemeinschaft für Kohle und Stahl, der Montanunion. Zur Montanunion gehörten folgende Institutionen:

1. Die *Hohe Behörde*, bestehend aus neun für jeweils sechs Jahre ernannten Mitgliedern, von denen acht in gegenseitigem Einvernehmen bestimmt wurden – maximal zwei durften dieselbe Nationalität besitzen –, während das neunte hinzugewählt wurde.
2. Der *Ministerrat*, in dem jede Regierung durch einen ihrer Minister vertreten war. Die Aufgabe war es, die Politik der Hohen Behörde mit jeder der vertretenen Regierungen zu koordinieren.
3. Die *Gemeinsame Versammlung*: Frankreich, Italien und die Bundesrepublik entsandten je 18 Abgeordnete, Belgien und die Niederlande je 10, Luxemburg 4. Das Parlament konnte die Hohe Behörde durch einen Mißtrauensantrag mit Zweidrittel-Mehrheit absetzen.
4. Der *Gerichtshof* mit sieben in gegenseitigem Einvernehmen für sechs Jahre ernannten Richtern.

Der Vertrag wurde in der französischen Nationalversammlung mit 377 gegen 233 Stimmen, im Deutschen Bundestag mit 232 gegen 143 Stimmen ratifiziert.

Schuman, Adenauer und de Gasperi. Monnet und Schuman hatten begriffen, daß es galt, in großen Dimensionen zu denken und rasch zu handeln. In den USA nahm man das Europa-Projekt größtenteils begeistert auf. Zum Glück unterstützten es neben Schuman auch andere überzeugte Europäer, so der Deutsche Konrad Adenauer und der Italiener Alcide de Gasperi. (1881-1954). Schuman, Adenauer und de Gasperi waren alle drei Christdemokraten, und sie alle stammten aus Grenzgebieten: Adenauer aus Köln, Schuman aus Lothringen und de Gasperi aus dem Trentino. De Gasperi wurde als österreichischer Staatsbürger geboren, war in der Zeit vor Mussolini Abgeordneter im österreichischen Parlament und nach dem Ende des Faschismus in Italien 1944 Mitglied der Re-

gierung Ivanoe Bonomi. Später wurde er Ministerpräsident und trug maßgeblich zur Einigung Europas bei.
Adenauer war als vormaliger Zentrumspolitiker, Oberbürgermeister von Köln und Präsident des Preußischen Staatsrats unter der Herrschaft der Nationalsozialisten Verfolgungen ausgesetzt gewesen. 1945 wurde er, von den Amerikanern protegiert, erneut Oberbürgermeister von Köln. Er war Mitbegründer der CDU, der Christlich-Demokratischen Union. Als Vorsitzender des Parlamentarischen Rats nahm er an der Ausarbeitung der Verfassung für die Bundesrepublik teil. Er war ein Mann der Versöhnung, und als Europäer zog er die Einbindung eines erneuerten Westdeutschland in ein geeintes Europa der Wiedervereinigung im Zeichen eines suspekten neutralistischen Nationalismus vor.

536 *Die populäre «Ohne-mich-Bewegung» in der Bundesrepublik Deutschland lehnte jede Form einer deutschen Wiederbewaffnung ab: «Sei kein Esel, bleib zivil», Transparent auf einer der zahlreichen Protestversammlungen im Jahr 1954.*

Der Plan einer Europäischen Verteidigungsgemeinschaft. Gerade der Erfolg, der Monnets Ideen beschieden war, sollte zu einer Krise des Europa-Gedankens führen. Konnte man die Gemeinschaft der Sechs, die offenbar einem Bedürfnis entsprungen war, vielleicht heranziehen, um unlösbar scheinende Probleme zu bewältigen? Der Koreakrieg, der am 25. Juni 1950, also etwas mehr als einen Monat nach Verkündung des Schuman-Plans, ausbrach, lenkte das Augenmerk unweigerlich auf ein anderes zweigeteiltes Land: Deutschland. Alle Vorsätze und Vereinbarungen der Besatzungsmächte, eine Wiederaufrüstung Deutschlands zu verhindern, schienen unhaltbar angesichts der Notwendigkeit, daß Westdeutschland im Falle eines Angriffs von Osten her zu seiner eigenen Verteidigung beitragen müßte. Von den zwölf Mitgliedern des atlantischen Bündnisses legte deshalb nur ein einziges, nämlich Frankreich, sein Veto gegen eine Wiederbewaffnung Westdeutschlands ein. Dies führte zu starken Spannungen unter den Verbündeten. Von Monnet dazu gedrängt, unterbreitete der französische Ministerpräsident René Pleven den Vorschlag, die Bundesrepublik Deutschland wiederaufzurüsten, jedoch keine deutsche, sondern innerhalb der Gemeinschaft der Sechs eine europäische Streitmacht aufzustellen. Die Amerikaner, die dieser Idee anfangs ablehnend gegenüberstanden, stimmten ihr zu, nachdem sich der ehemalige Oberbefehlshaber der alliierten Streitkräfte General Dwight D. Eisenhower bereit erklärt hatte, das Kommando einer integrierten Streitmacht des Atlantikpakts zu übernehmen. So entstand das Oberste Hauptquartier der Alliierten Streitkräfte in Europa SHAPE *(Supreme Headquarters of Allied Powers in Europe)*. Eisenhower erwärmte sich für die Idee einer europäischen Streitmacht, und nach seiner Wahl zum Präsidenten der USA im November 1952 schienen er und sein Außenminister John Foster Dulles begeisterte Befürworter des Projekts zu sein. Die Verhandlungen über die Gründung der Europäischen Verteidigungsgemeinschaft (EVG), die parallel zu den Verhandlungen über die Bildung einer Montanunion liefen, zogen sich in die Länge. Hatte man ursprünglich vorgehabt, eine europäische Streitmacht aus Einheiten in Bataillonsstärke zu bilden (ein Bataillon umfaßt 1000 Mann), so entschied man sich schließlich für die realistischere Lösung, die Integration auf Divisionsebene. Erst am 27. Januar 1952 wurde der Vertrag in Paris unterzeichnet. Gleichzeitig erhielt die Bundesrepublik Deutschland staatliche Souveränität unter dem Vorbehalt, daß sie den Vertrag ratifiziere. Die Angelegenheit wurde durch das endlose Tauziehen um das Saarland erschwert. In Frankreich stand die öffentliche Meinung dieser Kontroverse eher gleichgültig gegenüber, wohingegen die Deutschen heftig reagierten, ein Indiz für die ungebrochene Kraft ihres Nationalgefühls.

Das Scheitern der Europäischen Verteidigungsgemeinschaft. Jetzt bestand das Problem nur noch darin, die EVG zu ratifizieren. Ihrem Aufbau nach war sie nur bedingt eine supranationale Institution. Die europäische Streitmacht, die aus etwa vierzig kleinen, von den Mitgliedsstaaten zu stellenden Divisionen von jeweils 13 000 Mann bestehen sollte, würde dem SHAPE und damit einem amerikanischen Oberbefehlshaber unterstellt sein. Die EVG wurde Anfang 1953 in der Bundesrepublik Deutschland, im Juli in den Niederlanden, im November in Belgien und im April 1954 in Luxemburg ratifiziert. In Frankreich stieß das Projekt bei den Kommunisten und einem Teil der Sozialisten auf Widerstand, denn sie wollten von einer Wiederaufrüstung Deutschlands, selbst innerhalb einer europäischen Streitmacht, nichts wissen. Auch traditionelle und gemäßigte Nationalisten wie der französische Staatspräsident Vincent Auriol, Edouard Herriot und allen voran General de Gaulle lehnten die Europäische Verteidigungsgemeinschaft ab.
Überzeugten Europäern hielt man vor, sie wollten, um ein deutsches Heer zu verhindern, die französische Armee opfern; auch unterstünde die geplante europäische Streitmacht dem Kommando eines Amerikaners und wäre folglich gar keine «europäische» Armee. Weiterhin argumentierte man, daß Frankreich einen Großteil seiner militärischen Ressourcen für den Kolonialkrieg in Indochina benötige und dafür, daß es sich in Tunesien, Marokko und Al-

gerien behaupte. Schließlich verwies man noch darauf, daß das einzige in militärischer Hinsicht mit Frankreich vergleichbare Land, Großbritannien, sich wohlweislich davor hüte, in irgendeiner Weise bei der europäischen Streitmacht mitzuwirken.
Am 30. August 1954 lehnte die französische Nationalversammlung die EVG ab.
Als Jean Monnet einige Jahre später auf das Scheitern der EVG angesprochen wurde, erwiderte er, das Projekt sei gescheitert, weil es nichts getaugt habe. Die Einigung Europas bestehe schließlich nicht in der Verwirklichung eines abstrakten Wunschbildes, sondern in der Anpassung dieses Wunschbildes an die Realität. Wenn eine «Hohe Behörde» alle Entscheidungen über die Kohle- und Stahlproduktion treffen konnte, so war dies noch lange nicht auf Armeen übertragbar, die immerhin aus vielen Menschen bestehen. Man kann keine supranationale Armee aufstellen, solange die Verbundenheit der Völker mit der jeweils eigenen Armee übermächtig ist. Im Jahr 1954 war ein solcher Schritt zweifellos verfrüht.

Die «Ersatzlösung» für die EVG. Obwohl der amerikanische Außenminister John Foster Dulles es für unmöglich erklärt hatte, konnte der französische Ministerpräsident Pierre Mendès-France dank der tatkräftigen Mithilfe Adenauers innerhalb von zwei Monaten eine Ersatzlösung für die EVG vorlegen: Man beschloß, den Brüsseler Vertrag des Jahres 1948 durch die Gründung der «Westeuropäischen Union» zu erweitern, der die Unterzeichnerstaaten von 1948 sowie Italien und die Bundesrepublik angehören sollten. Darüber hinaus kamen Mendès-France und Adenauer bei den mühseligen Verhandlungen in London vom 28. September bis 3. Oktober 1954 und in Paris vom 20. bis 23. Oktober 1954 überein, der Bundesrepublik zu gewähren, was sie verlangte: eine eigene Armee, gegen die die französische Öffentlichkeit anscheinend weit weniger einzuwenden hatte, als man in Regierungskreisen annahm; die Gleichstellung der Bundesrepublik Deutschland; die Aufhebung des Besatzungsstatuts und schließlich die Aufnahme in den Atlantikpakt als gleichberechtigtes Mitglied neben den vierzehn anderen Mitgliedern. Griechenland und die Türkei hatten sich 1950 den zwölf Signatarstaaten angeschlossen.
Zugleich wurde mit großer Sorgfalt ein Abkommen über das Saarland ausgearbeitet: In einem ersten Plebiszit sollten die Saarländer darüber abstimmen, ob sie mit der «Europäisierung des Saargebiets» einverstanden wären; falls ja, sollte in ihrem Land die Hauptstadt der «Vereinigten Staaten von Europa» entstehen, so, wie Washington im District of Columbia die Hauptstadt der USA geworden war. Dies war der Plan des Holländers Marinus van der Goes van Naters. Sobald der Friedensvertrag mit Deutschland unterzeichnet wäre, was angesichts der Haltung Rußlands illusorisch war, sollte ein zweites Plebiszit stattfinden. Im Oktober 1955 – die prodeutschen Parteien waren inzwischen zugelassen worden – sprachen sich 423 000 Saarländer gegen und 201 000 für die Europäisierung aus. Die französische Regierung zog daraus augenblicklich die rechtlichen Konsequenzen und beschloß, das Saargebiet an Deutschland zurückzugeben. Dank dieser Entscheidung waren sämtliche politischen Streitigkeiten zwischen Deutschland und Frankreich beigelegt. Was Elsaß-Lothringen betraf, so hatten die beiden wichtigsten deutschen Parteien, die SPD und die CDU/CSU, erklärt, die beiden Provinzen gehörten dem Wunsch ihrer Bewohner entsprechend endgültig zu Frankreich.

Europa im Aufwind. Monnet, der zu Recht «Vater Europas» genannt wird, hatte am Aufschwung Europas maßgeblich Anteil. Das Scheitern der EVG sollte für ihn kein Grund sein zu resignieren. Seit 1952 hatte er in Brüssel als erster Präsident der Montanunion amtiert. Im Jahr 1955 gab er diesen Posten auf, um auf eigene Faust das «Aktionskomitee für die Vereinigten Staaten von Europa» zu gründen. Es bestand aus Spitzenfunktionären europäischer Parteien und Gewerkschaften, ohne Kommunisten und Nationalisten, vor allem gaullistischer Couleur. Seine Aufgabe sollte es sein, große Konzepte zu erarbeiten. So empfahlen Monnet und sein Aktionskomitee:
1. den Komplex der nichtmilitärischen Nutzung der Atomenergie, für die sich immer mehr Menschen begeisterten, zu europäisieren;
2. viel größere Wirtschaftsbereiche als nur die Kohle- und Stahlproduktion zu europäisieren und sich
3. nicht auf den supranationalen Charakter zukünftiger Organisationen zu versteifen. An die Stelle der Hohen Behörde der Montanunion sollte eine einfache Kommission treten und die Entscheidungsgewalt im wesentlichen einem Ministerrat übertragen werden.

Über diese Vorschläge wurde in ganz Europa – inzwischen war am 1. Juli 1953 eine weitere europäische Institution gegründet worden, die Europäische Organisation für Atomforschung (CERN) – ausgiebig diskutiert, und dies veranlaßte Gaetano Martino, seit Oktober 1954 italienischer Außenminister und zuvor Rektor der Universität von Messina, seine Amtskollegen aus den fünf anderen Mitgliedsländern der Montanunion zu einer Konferenz in die sizilianische Stadt Messina einzuladen. Der Luxemburger Joseph Bech, ein verdienstvoller Europäer, führte bei dieser Konferenz den Vorsitz. Außer Gaetano Martino selbst nahmen der Franzose Antoine Pinay, der Deutsche Walter Hallstein, der Belgier Paul-Henri Spaak und der Niederländer Johan Willem Beyen teil. Die Minister ernannten den Franzosen René Mayer zum Nachfolger Monnets als Präsidenten der Hohen Behörde der Montanunion. Im übrigen war man sich darin einig, daß der Zeitpunkt gekommen sei, «beim Aufbau Europas eine neue Etappe einzuleiten».
Die «Resolution von Messina» sah die Bildung einer wichtigen Institution vor: «Die sechs Regierungen erklären hiermit, daß die Verwirklichung eines gemeinsamen europäischen Markts, frei von jeglichen Zollgrenzen und von quantitativen Beschränkungen, das Ziel ihres Handelns in der Wirtschaft darstellt. Sie vertreten die Ansicht, daß dieser Markt etappenweise verwirklicht werden muß.»
Weiterhin legte das «Spaak-Komitee» einen Bericht vor, in dem eine Koordinierung der Atomforschung befürwortet wurde. Für eine Europäische Atombehörde (EURATOM) interessierten sich vor allem die französischen Teilnehmer der Konferenz, zum Beispiel Félix Gaillard, Jean-François Denian, Pierre Uri und Paul Delouvrier. Andere, wie der Niederländer Dirk Spierenburg, der Deutsche Hans von der Groeben und der Belgier Albert Huppertts, richteten ihr Hauptaugenmerk auf den «Gemeinsamen Markt».
Die Realität sah dann so aus, daß die Amerikaner dank ihrer Schlüsselstellung in der Atomwirtschaft die EURATOM vorerst vom Verhandlungstisch fegten, während am Gemeinsamen Markt festgehalten wurde. Um eine europäische Organisation für die friedliche Nutzung der Atomenergie zu gründen, wäre es im übrigen erforderlich gewesen, daß die Europäer gemeinsam eine Isotopentrennanlage zur Herstellung von leichtangereichertem, in Kraftwerken verwendbarem Uran bauten. Doch die Amerikaner, die in der westlichen Welt auf dem Sektor der Isotopentrennung eine Monopolstellung innehatten, verfügten über ein einfaches Mittel, ein solches Projekt zu hintertreiben: Sie brauchten nur den Preis für Uran 235 drastisch zu senken, was Präsident Eisenhower am 20. Februar 1956 dann auch vorschlug, damit der Bau einer europäischen Isotopentrennanlage zu einem absurden Unterfangen geworden wäre. Trotzdem sollte die EURATOM im Jahr darauf verwirklicht

537

538

537 *Die Bundesrepublik wird NATO-Mitglied: Unterzeichnung der Pariser Verträge, 23. Oktober 1954. Am Kopfende des Tisches Anthony Eden, rechts stehend NATO-Generalsekretär Lord Ismay.* **538** *Gründung der EWG: Unterzeichnung der Römischen Verträge, 25. März 1957. Von links: Adenauer, Walter Hallstein, Antonio Segni, Gaetano Martino, Joseph Bech.*

werden. Doch für den Aufschwung Europas war der Gemeinsame Markt viel wichtiger.

Die Römischen Verträge, der Gemeinsame Markt und die EURATOM. Am 25. März 1957 wurden nach schwierigen Verhandlungen die Römischen Verträge unterzeichnet. Ihren Wortlaut hatte der belgische Staatsmann Paul-Henri Spaak, Vorsitzender des zwischenstaatlichen Ausschusses, abgefaßt. Nach der Unterzeichnung ratifizierten die sechs Signatarstaaten die Verträge anstandslos.
Für beide Institutionen, die Europäische Wirtschaftsgemeinschaft und die EURATOM, sind seitdem derselbe Gerichtshof und die später von 78 auf 142 Mitglieder erweiterte Parlamentarische Versammlung zuständig. Wie bereits erwähnt, erhielt die Exekutive nicht die Autorität einer obersten Hohe Behörde; vielmehr sollten die Minister der Mitgliedsstaaten die Politik der europäischen Gemeinschaften bestimmen. Eine in der EWG aus neun und in der EURATOM aus fünf Mitgliedern gebildete Kommission war für Koordinierungsfragen verantwortlich. Auf einen gemeinsamen Standort konnte man sich allerdings nicht einigen. So wählte man Brüssel als «vorläufigen» Sitz für die EWG und die EURATOM, während die Montanunion und der Europäische Gerichtshof in Luxemburg blieben. Die neuen Institutionen nahmen am 1. Januar 1958 ihre Tätigkeit auf. Der Gemeinsame Markt sollte am 1. Januar 1959 in Kraft treten, und die Zollschranken sollten von diesem Datum an stufenweise abgebaut werden.
Die Briten standen dem Vorhaben skeptisch gegenüber und regten daher die Errichtung einer großen europäischen Freihandelszone an. Am 1. Juni 1958 gelangte in Frankreich General de Gaulle an die Macht, nachdem die Republik im Gefolge des Militärputschs in Algerien vom 13. Mai 1958 in eine akute Krise geraten war. De Gaulle war ein glühender Verfechter des nationalen Gedankens und ein Gegner des Internationalismus sowie supranationaler Konzepte.

Der Aufbau Europas und der Gaullismus

Charles de Gaulle (1890-1970), der durch seinen Appell vom 18. Juni 1940 und sein Wirken an der Spitze des «Freien Frankreich» (später «Kämpfendes Frankreich» genannt) zur Symbolfigur des französischen Widerstands geworden war, hatte am 19. Januar 1946 überraschend sein Amt als Präsident der provisorischen Regierung aufgegeben, vielleicht weil er glaubte, die Franzosen würden früher oder später, der Parteienwirtschaft müde, auf ihn zurückkommen. Doch er mußte lange warten: Erst am 1. Juni 1958 kam er, zunächst als Ministerpräsident der Vierten Republik, wieder an die Macht. Er forderte, daß über eine von ihm ausgearbeitete Verfassung in einem Referendum abgestimmt werde. Am 28. September 1958 sprachen sich dann 80 Prozent der Franzosen für die Verfassung der Fünften Republik aus, die die Exekutive stärkte und ihr mehr Stabilität verlieh.

Adenauer und de Gaulle. De Gaulles Machtübernahme in Frankreich sollte für die Geschichte Europas weitreichende Folgen haben.
Die erste Maßnahme des Generals bestand darin, im Verein mit Bundeskanzler Ade-

nauer den Gemeinsamen Markt zu retten, der in der von den Engländern angeregten Freihandelszone unterzugehen drohte. Die französischen und die deutschen Verhandlungspartner bekämpften energisch ein solches Projekt, das dem wirtschaftlich mit dem Commonwealth verknüpften Großbritannien Vorteile verschafft hätte. Doch welchen Weg sollte de Gaulle einschlagen, der doch als Gegner supranationaler Konzepte bekannt war und maßgeblich zum Scheitern der Europäischen Verteidigungsgemeinschaft beigetragen hatte? Nach einer durchaus herzlichen Begegnung mit Adenauer im September 1958 schien sich der General zu einem Anhänger des Gemeinsamen Markts gewandelt zu haben. Die Bundesrepublik Deutschland und Frankreich lehnten eine große Freihandelszone ab und traten für eine kleine Wirtschaftszone, die *European Free Trade Association* (EFTA), ein, die Europäische Freihandelsgemeinschaft, die aus sieben europäischen Staaten gebildet werden sollte: England, der Schweiz, Österreich, Portugal, Dänemark, Norwegen und Schweden; später kamen noch Finnland und Island hinzu. Nach reiflicher Überlegung beschlossen die Amerikaner, den Gemeinsamen Markt zu unterstützen, und im April 1961 konnten sie die Engländer dazu bewegen, ihre Aufnahme in die EWG zu beantragen.

Frankreichs Partner lehnen den Fouchet-Plan ab. De Gaulle schwebte ein Europa vor, das mit dem Monnets und anderer «Gründerväter» nichts gemein hatte. Im Gegensatz zu Monnet glaubte de Gaulle nicht, daß die wirtschaftliche Einigung zwangsläufig zur politischen Einigung führen werde. Er gab sich mit einem gemeinsamen Markt für die Wirtschaft zufrieden und lehnte eine europäische Regierung ab. Sein Europa sollte ein «Europa der Vaterländer» sein, eine Konföderation, in der jeder Staat seine Souveränität behielte. Dies war es, was er unter dem «europäischen Europa» verstand, das ein Gegengewicht nicht nur zur UdSSR, sondern auch zu den USA bilden und eine konzertierte Außenpolitik betreiben sollte. Im Oktober 1961 legte eine Kommission von Regierungsvertretern unter dem Vorsitz des Gaullisten Jean Fouchet einen Vertragsentwurf vor, den «Fouchet-Plan». Er hatte die Gründung eines losen Staatenbunds anstelle der Vereinigten Staaten von Europa zum Inhalt. In der Bundesrepublik Deutschland, Italien und Luxemburg akzeptierte man den Plan als Verhandlungsgrundlage, während Paul-Henri Spaak für Belgien und Joseph Luns für die Niederlande dagegen opponierten. Sie forderten den Beitritt Englands zur EWG und blockten jegliche Diskussion über eine politische Einigung ohne England ab. Würde die von de Gaulle betriebene Politik eines «Bollwerks Europa» nicht vielleicht eine Schwächung des Atlantikpakts mit sich bringen?

Am 13. August 1961 wurde die – von der Sowjetunion im November 1958 entfachte – Berlin-Krise durch eine brutale Maßnahme beendet: Die Führung der DDR baute die Mauer zwischen West- und Ost-Berlin, die eine Flucht in den Westen so gut wie unmöglich machte. Das Zerwürfnis unter den Europäern war groß. Zwei unterschiedliche Konzepte von Europa und die Beziehungen der europäischen Staaten zu den USA standen zur Diskussion. Der amerikanische Präsident John F. Kennedy unterstützte die Pläne seines Freundes Jean Monnet.

539

540

541

539 *Die Teilung Europas schien besiegelt: der Bau der Mauer in Berlin, 13. August 1961. Ein Volkspolizist springt über die Stacheldrahtabsperrung in den Westteil der Stadt.* **540** *Deutsch-französische Versöhnung und Zusammenarbeit: Charles de Gaulle und Konrad Adenauer in der Kathedrale von Reims, 8. Juli 1962.* **541** *«Ich bin ein Berliner»: der amerikanische Präsident John F. Kennedy, Begründer der «atlantischen Partnerschaft», in West-Berlin, 26. Juni 1963.*

Präsident Kennedys «Großer Entwurf». Nach der Beendigung des Algerienkriegs im Jahr 1962 hatte General de Gaulle die Hände frei, um sich den großen Fragen der Weltpolitik zu widmen. Zum selben Zeitpunkt legte Kennedy, von Monnet dazu inspiriert und ermuntert, seinen «Großen Entwurf» vor. In seiner Rede zum Unabhängigkeitstag am 4. Juli 1962 machte er den Vorschlag, die Vereinigten Staaten von Amerika und die zukünftigen Vereinigten Staaten von Europa – einschließlich Großbritanniens – sollten sich zu einer, wie er es nannte, «atlantischen Partnerschaft» zusammenfinden, bei völliger Gleichberechtigung in politischer, sozialer, kultureller und, wie sich zeigen sollte, wirtschaftlicher Hinsicht. Nur in einem Punkt strebten die Amerikaner keine Gleichheit an: in der atomaren und der thermonuklearen Rüstung. Warum sollten die Europäer unnütz Mühe darauf verschwenden, solche Waffen herzustellen, da ihre unverbrüchlichen Verbündeten auf der anderen Seite des Atlantiks doch schon über ein derartiges Arsenal verfügten?
Was die Wirtschaft betraf, so ließ Kennedy den Kongreß, der ausnahmsweise mit ihm einer Meinung war, im Oktober 1962 über den *Trade Expansion Act* abstimmen. Dieses Gesetz sah unter gewissen Voraussetzungen die Senkung der Zölle vor. Übrigens gingen die Amerikaner bei der Berechnung der Zollgebühren für Importwaren nicht vom Nettopreis, sondern vom Verkaufspreis in den USA, dem *American Selling-Price,* aus, was zu heftigen Debatten in der sogenannten Kennedy-Runde führte.
Für de Gaulle hatte jedoch etwas anderes Vorrang, und das war die Atomrüstung. Die erste französische Atombombe, die im wesentlichen von Franzosen entwickelt worden war, explodierte im Januar 1960 bei Reggane in der Sahara. Die Amerikaner, die sich dazu entschlossen hatten, den Gemeinsamen Markt und nicht die englische Freihandelszone zu unterstützen, wollten die Engländer durch einen Technik-Transfer in der militärischen Nutzung der Atomenergie entschädigen. Doch wie stellten sich die Engländer dazu? Würden sie sich auf Gedeih und Verderb von den USA abhängig machen? Oder würden sie sich unter ihrem Premierminister Harold Macmillan doch dem französischen Konzept eines «europäischen Europa» anschließen?

Wegen der sowjetischen Raketenbasen auf Kuba war es zu einer Krise gekommen, die Präsident Kennedy im Oktober 1962 veranlaßt hatte, eine riskante Abschreckungspolitik zu praktizieren. Kennedy hatte sich durchgesetzt und in seinem Überschwang verkündet, die Amerikaner müßten mehr als je zuvor ihre *leadership* in der westlichen Welt geltend machen. Dieses Wort wird zumeist mit «Führung» übersetzt, aber Kennedy dachte dabei wohl eher an die Rolle eines Vorbilds oder eines Wegweisers.

De Gaulle lehnt den «Großen Entwurf» ab. General de Gaulle war davon ausgegangen, daß sich der britische Premierminister Macmillan, mit dem er sich am 15./16. Dezember 1962 in Schloß Rambouillet getroffen hatte, seinem Standpunkt anschließen werde. Daher war er zutiefst verstimmt, als Macmillan bei einem Treffen mit Kennedy in Nassau auf den Bahamas vom 18. bis 21. Dezember 1962 dem amerikanischen Projekt einer «multinationalen Streitmacht» so gut wie zustimmte. Dies lief darauf hinaus, daß das kleine britische Atomwaffenarsenal in der gewaltigen Streitmacht der USA aufgehen würde. Frankreich wurde ein analoger Vorschlag unterbreitet.
De Gaulle nahm zu Kennedys «Großem Entwurf» auf einer Pressekonferenz am 14. Januar 1963 Stellung. Er lehnte zunächst in aller Form eine Aufnahme Englands in die EWG ab. Das Land sei noch nicht reif für eine Verbindung mit dem europäischen Kontinent. Weiterhin sprach er sich gegen eine wie auch immer geartete Integrierung von Frankreichs künftiger *Force de Frappe* in die Streitkräfte der USA oder der NATO aus. «Ich wiederhole, was ich schon oft gesagt habe: Frankreich ist daran gelegen, seine eigene nationale Verteidigung zu haben.»

Der gaullistische Antiamerikanismus. Diese denkwürdige Pressekonferenz löste bei den Partnerstaaten Frankreichs sowie in Großbritannien und den USA heftige Reaktionen aus. Die Bundesrepublik Deutschland tat öffentlich ihr Mißfallen kund, und der am 22. Januar 1963 unterzeichnete Vertrag über die deutsch-französische Zusammenarbeit, der einen Schlußstrich unter die jahrhundertelange Feindschaft zwischen den beiden Ländern ziehen sollte, wurde vom deutschen Parlament nur mit einem stark einschränkenden Zusatz ratifiziert. Jean Monnets Komitee bezog ebenfalls gegen die Haltung de Gaulles Stellung.
Waren die Europa-Debatten anfänglich von Enthusiasmus und Aufgeschlossenheit für die Idee des europäischen Wiederauf-

542

baus geprägt gewesen, so kam es in den folgenden fünf Jahren immer wieder zu erbitterten Diskussionen, bei denen die nationalen Interessen der Mitgliedsstaaten zunehmend in den Vordergrund traten. Trug allein General de Gaulle die Schuld, wie seine Gegner behaupteten? Oder brachte der Ausbau der Wirtschaftsgemeinschaft automatisch Spannungen und Rivalitäten mit sich? Jedenfalls wurde diese Entwicklung durch General de Gaulles antiamerikanische Politik noch verschärft, zu der außer der Ablehnung von Kennedys «Großem Entwurf» folgende Schritte zu rechnen sind:
– die Anerkennung der Volksrepublik China ohne vorherige Rücksprache mit den USA im Januar 1964;
– die Erklärung vom 7. März 1966, durch die Frankreich sich aus dem integrierten Militärsystem der NATO löste – weshalb es in Brüssel zur Bildung des Integrierten Militärischen Stabs kam –, jedoch mit der Verteidigungsorganisation assoziiert blieb;
– die Aufforderung an die USA vom selben Tag, bis April 1967 ihre Militärbasen und Materialdepots in Frankreich abzubauen;
– Maßnahmen gegen die Weltwährungsordnung, die den Dollar begünstigte;
– der Freundschaftsbesuch des Generals in der UdSSR vom 20. Juni bis zum 1. Juli 1966;
– die Rede in der kambodschanischen Hauptstadt Pnom Penh vom 1. September 1966, in der de Gaulle den Amerikanern die Alleinschuld am Vietnamkrieg gab und die Neutralisierung Vietnams vorschlug;
– die Liefersperre für sechs von Israel bestellte und bezahlte Flugzeuge während des Sechs-Tage-Kriegs zwischen den arabischen Staaten und Israel (Juni 1967);
– die Rede vom 24. Juli 1967 in Montreal, in der de Gaulle vernehmlich für die Unabhängigkeitsbewegung von Quebec eintrat, als er deren Parole *Vive le Québec libre!* (Es lebe das freie Quebec!) ausrief.
Alle diese Punkte weisen eine Gemeinsamkeit auf: Was immer die Amerikaner vorschlugen, de Gaulle war dagegen. Andererseits ist es ihm jedoch nicht gelungen, seine eigenen, selten präzisierten Vorstellungen durchzusetzen.

Der Ausbau der Wirtschaftsgemeinschaft und ihre Grenzen. Der Gemeinsame Markt trat am 1. Januar 1959 in Kraft. Die Europäische Wirtschaftsgemeinschaft brachte zunächst die Liberalisierung des Binnenhandels und den Abbau jeglicher Schranken wie Kontingentierungen, Zölle und des Niederlassungsverbots für Personen. All dies wurde in Etappen verwirklicht. Nur die unterschiedlichen Steuersätze behielt man bei – ein Indiz für das Fortbestehen der nationalen Interessen. Auf Betreiben Frankreichs wurde eine gemeinsame Landwirtschaftspolitik eingeleitet, allerdings unter gewaltigen Schwierigkeiten. Frankreich forderte nämlich, daß die Liberalisierung des Handels mit Industrie-Erzeugnissen Hand in Hand gehen sollte mit einer zügigen Ausweitung der Absatzmärkte für die eigenen Agrarprodukte. Die komplexe Situation in diesem Bereich führte zu den «Marathonverhandlungen» über Agrarfragen von Dezember 1961 bis Januar 1962 und von Dezember 1963 bis Januar 1964.
Als die EWG-Kommission im Jahr 1965 vorschlug, ihr Budget beträchtlich aufzustocken und gemäß den Römischen Verträgen einen weiteren Schritt in Richtung Supranationalität zu unternehmen, näm-

542 *Alltag in der Europäischen Gemeinschaft: Landwirte protestieren jedes Jahr – hier in Paris – gegen unangemessene Agrarpreise.* **543** *Die Wertvorstellungen der Europäer wandeln sich: Auftritt der Beatles im Münchner Zirkus-Krone-Bau, 1966.* **544** *«Die Phantasie an die Macht»: die Studentenrevolte in Frankreich, Mai 1968. Arbeiter und Studenten demonstrieren gemeinsam gegen das «Establishment».*

543

544

lich die zur Beschlußfassung erforderliche Einstimmigkeit durch Stimmenmehrheit zu ersetzen, ergriff General de Gaulle eine drastische Maßnahme: Am 1. Juli 1965 beschloß der französische Ministerrat, daß Frankreich an den Sitzungen der Kommission in Brüssel fortan nicht mehr teilnehmen werde. Erst nach de Gaulles Wiederwahl zum Präsidenten im Dezember 1965 löste man das Problem. Vom 28. bis zum 30. Januar 1966 erarbeitete man einen Modus vivendi, der es Frankreich gestattete, seinen Platz in der Gemeinschaft wieder einzunehmen. Dies war eine äußerst heikle Entscheidung, denn einerseits sollte das neu eingeführte Prinzip der Stimmenmehrheit beibehalten werden, andererseits sollten bei «besonders wichtigen Interessen die Debatten so lange fortgesetzt werden, bis Einstimmigkeit hergestellt ist». Es liegt auf der Hand, daß dies das Scheitern der supranationalen Beschlußfassung bedeutete, und genau das hatte de Gaulle gewollt. Diese Krise hatte Folgen für die weitere Entwicklung der europäischen Institutionen. Dem von der Kommission betriebenen politischen Ausbau war ein Riegel vorgeschoben worden.

Im November 1967 lehnte Frankreich zum zweitenmal die Aufnahme Englands in den Gemeinsamen Markt ab, um die der britische Premierminister Harold Wilson ersucht hatte. Trotz der politischen Stagnation waren die wirtschaftlichen Resultate des Gemeinsamen Markts beachtlich. Das Handelsvolumen innerhalb der Gemeinschaft versechsfachte sich von 1958 bis 1970, und der Anteil des Außenhandels am Gesamtwirtschaftsvolumen der sechs Mitgliedsstaaten kletterte von 30 Prozent im Jahr 1958 auf 52 Prozent im Jahr 1972. Aber das bedeutete nicht, daß alle Probleme aus der Welt geschafft waren. Die schweren Studentenunruhen in vielen Ländern – in Frankreich wurde die Lage durch einen Generalstreik verschärft – waren ein Anzeichen dafür, daß sich eine neue Art von Unzufriedenheit breitmachte. Sie sollte General de Gaulle im April 1969 die Macht kosten. Nach seinem Rücktritt schraubte man die französischen Ambitionen auf ein bescheideneres und zugleich realistischeres Maß zurück, und dies erlaubte es, auf dem Weg nach Europa ein paar Schritte voranzukommen.

Der große Wandel setzt ein

Die Wissenschaften. Die Natur-, aber auch die Geisteswissenschaften haben sich in jüngster Zeit in spektakulärer Weise entwickelt. Die Folge ist eine Vielzahl praktischer Anwendungsmöglichkeiten und technischer Neuerungen. Beispielsweise wurden in den vergangenen zehn Jahren mit Hilfe von Satellitenteleskopen Tausende von bisher unbekannten Sternen und Sternensystemen entdeckt. Phantastische Fortschritte hat man auch in der Erforschung des menschlichen Gehirns und der Entstehungsgeschichte des Menschen erzielt.

Sittliche Werte. Auch in den sittlichen Wertvorstellungen vollzog sich ein Wandel, dem von 1967 bis 1969 in einer Anzahl von Ländern Studentenunruhen ganz neuer Art vorangingen. Es kam zur Liberalisierung der Sitten. Der von der Kirche gepredigte sakrale Charakter von Ehe und Familie wurde radikal in Frage gestellt. Sexuelle Freiheit, sprunghaftes Anwachsen der Scheidungsrate, nichteheliche Lebensgemeinschaften, Familienplanung, Erstattung von Abtreibungskosten – all dies sind im wesentlichen Phänomene der westlichen Welt. Ihre globalen Wirkungen sind noch nicht abzusehen. Sie erhöhen die Gefahr eines neuerlichen Rückgangs der europäischen Geburtenrate, die nach 1965 schon einmal einen starken Einbruch aufgewiesen hatte. Die Länder der Dritten Welt hingegen verzeichnen weiterhin eine hohe Bevölkerungszunahme, und da ihr Wirtschaftswachstum weit hinter dem der Industriestaaten zurückbleibt, führt dies zu einer explosiven Situation von internationaler Tragweite. Der Großteil der in den armen Ländern erzielten Fortschritte wird vom Bevölkerungszuwachs aufgezehrt.

Ideologie. Ein weiteres Phänomen war die Krise der «herrschenden Ideologie». Der unter großen Opfern errungene Sieg der UdSSR und das Wirken zahlreicher Kommunisten im Widerstand gegen die Achsenmächte hatten in den Jahrzehnten nach Kriegsende zu einer breiten geistigen und gesellschaftlichen Strömung geführt, die promarxistisch war und der die Überzeugung zugrunde lag, daß das sowjetische Regime dem amerikanischen Kapitalismus und Imperialismus überlegen sei. Bei den Studentenunruhen der Jahre 1968/69 schien sich diese Einstellung durchzusetzen. Dem vom kommunistischen Nordvietnam gegen die USA geführten Krieg kam in diesem Zusammenhang Symbolcharakter zu.
Diese «herrschende Ideologie» wurde jedoch weitgehend von einer anderen verdrängt, die die Unfreiheit in der UdSSR und deren Satellitenstaaten anprangerte. Der Versuch, in der Tschechoslowakei im April 1968 einen freiheitlichen Kommunismus zu verwirklichen, führte im August 1968 zu einer militärischen Intervention der UdSSR sowie anderer Staaten des Warschauer Pakts und im Frühjahr 1969 zur Beseitigung der letzten Spuren der freiheitlichen Bestrebungen des «Prager Frühlings». Die westliche Welt erfuhr von der Existenz riesiger Konzentrationslager in der UdSSR. Seit der Flucht des großen Schriftstellers Alexander Solschenizyn, der in einem solchen Lager interniert gewesen war, sind diese unter der Bezeichnung «Archipel Gulag» bekannt. Andere sowjetische Dissidenten – der bekannteste war der Atomforscher und Gelehrte Andrej Dmitrijewitsch Sacharow (1921-1989) – verurteilten öffentlich den Mangel an Freiheit, die Exzesse der politischen Polizei und den unbefriedigenden Lebensstandard. Die Tatsache, daß die UdSSR wirtschaftlich mit dem Westen nicht mehr Schritt halten konnte und in der wissenschaftlichen Forschung weit hinter den USA, Japan und Westeuropa zurückblieb, machte eine große Illusion vieler Menschen zunichte. Der Einmarsch der Roten Armee in Afghanistan Ende Dezember 1979 und die offensichtlich von Moskau befohlene Unterdrückung der polnischen Gewerkschaftsbewegung Solidarność, deren Erfolg die leninistische Doktrin Lügen strafte, taten ein übriges, um den Untergang der «herrschenden Ideologie» zu beschleunigen. Nun, da die Grundprinzipien der kommunistischen Doktrin von der Geschichte widerlegt waren – was blieb da außer militärischem Expansionismus noch übrig?
Diese Vorgänge schlugen sich in ganz Europa, besonders jedoch in Frankreich in den Wahlresultaten nieder: Die französische kommunistische Partei, die 1946 noch 28 Prozent der Stimmen auf sich ver-

545

546

547

548

545 *Russische Panzer in Prag, 1968: der «Prager Frühling» wird mit Gewalt unterdrückt.* **546** *Alexander Solschenizyn, Autor des «Archipel Gulag», aus der Sowjetunion ausgebürgert: erste Unterkunft im Landhaus Heinrich Bölls in Langenbroich bei Köln, Februar 1974.* **547** *Der russische Bürgerrechtler und Atomphysiker Andrej Sacharow nach seiner Rückkehr aus der Verbannung, 23. Dezember 1986.* **548** *Kampf für Freiheit und Demokratie in Polen: streikende Arbeiter, Anhänger der Solidarność, auf der Danziger Lenin-Werft, 1980*

einigen konnte, mußte sich im März 1986 mit weniger als 10 Prozent begnügen.

Das Wunschbild des Eurokommunismus. In den Jahren 1975 und 1976 glaubte man in Westeuropa einen Kommunismus neuer Machart, den sogenannten Eurokommunismus, realisieren zu können. Die kommunistische Partei Italiens, die bei den Wahlen im Juli 1976 ein Rekordergebnis von 34,7 Prozent der Stimmen erzielt hatte, die kommunistische Partei Spaniens und – wenngleich verhaltener – die kommunistische Partei Frankreichs schienen zeitweilig einen freieren, weniger von der UdSSR gesteuerten Kommunismus zu befürworten. Doch dieser Marschrichtung erteilte die französische kommunistische Partei alsbald eine Absage. Was die italienische KP betraf, so veröffentlichte das amerikanische Außenministerium im Januar 1978 eine Note, in der es nachdrücklich vor einer Aufnahme der Kommunisten in die italienische Regierung warnte. Nur in Frankreich, wo es von Juni 1981 bis März 1986 eine sozialistische Mehrheit gab, beschloß diese, drei kommunistische Minister – von insgesamt vierzig Ministern und Staatssekretären – zu ernennen. Aber die Meinungsverschiedenheiten zwischen Sozialisten und Kommunisten waren unüberbrückbar. Und als die Kommunisten beim Regierungswechsel im Juni 1984 ihre Forderungen nicht durchsetzen konnten, gingen sie wieder in die Opposition.

Der Siegeszug der Demokratie in Westeuropa. Der schwindende ideologische und politische Einfluß des Kommunismus in den westlichen Ländern kam der Einigung Europas, der sich die kommunistischen Parteien und die UdSSR stets geschlossen widersetzt hatten, mit Sicherheit zugute. Doch ein anderes, nicht minder bedeutsames Ereignis gab der Hoffnung Auftrieb, daß ein geeintes Europa früher oder später verwirklicht werden könnte: die Rückkehr Griechenlands, Portugals und Spaniens zu einer demokratischen Regierungsform.

Zwischen Griechenland und der Türkei war es wegen des mittlerweile unabhängig gewordenen Zypern zu einer Konfrontation gekommen, die den Sturz des sogenannten Obristenregimes herbeigeführt hatte. Die Obristen, die ihre innenpolitischen Schwierigkeiten durch einen Erfolg in der Außenpolitik zu übertünchen suchten, hatten in Zypern einen Staatsstreich gegen den Präsidenten Erzbischof Makarios angezettelt. Doch dieser Putschversuch wurde alles andere als ein Erfolg: Türkische Truppen landeten auf Zypern und besetzten 40 Prozent des Staatsgebiets. Die Diktatur der Obristen brach zusammen und wurde durch ein demokratisches System ersetzt. In einem Volksentscheid sprachen sich 70 Prozent der Griechen gegen den König, den sie als Komplizen der Obristen betrachteten, und für die Republik aus.

In Portugal, das seit 1926 eine Diktatur gewesen war, ergriff unter der Führung der Generäle António de Spínola und Francisco da Costa Gomes eine Gruppe von Offizieren, die von der Sinnlosigkeit der Kämpfe gegen die aufständischen Nationalisten in den Kolonien überzeugt waren, im April 1974 die Macht. Die beiden Generäle stützten sich auf die von jungen Offizieren geleitete «Bewegung der Streitkräfte». Es erfolgte die Zulassung der kommunistischen Partei unter dem Vorsitzenden Alvaro Cunhal, einem überzeugten Stalinisten – ein Ausnahmefall in Westeuropa. Zwei Kommunisten wurden in die Übergangsregierung aufgenommen.

Anderthalb Jahre herrschten revolutionäre

549

550

549 *Nach dem Sturz des Obristenregimes kehrt Griechenland zur Demokratie zurück: Konstantin Karamanlis, Ministerpräsident und Führer der «Neuen Demokratie», 1974.* **550** *Sieg der Demokratie in Portugal: freie Wahlen am 15. April 1975. Die Sozialisten unter Mário Soares werden stärkste Partei.*

Zustände: General Spínola wurde von der Macht verdrängt. Im März 1975 scheiterte ein Putschversuch der Rechten. Bei den Wahlen im April erhielten die Sozialisten unter Mário Soares 38 Prozent der Stimmen, die Kommunisten 13 Prozent. Im November 1975 wurde nach einem gescheiterten Putschversuch der Linken die Ordnung wiederhergestellt, was angesichts des verheerenden Zustands, in dem sich die Wirtschaft des Landes befand, von grundlegender Bedeutung war. Die Wahl von Admiral António dos Santos Ramalho Eanes zum Präsidenten der Republik im Juni 1976 besiegelte den Triumph der Demokratie in Portugal.

Entgegen zahlreichen Prophezeiungen vollzog sich in Spanien die Rückkehr zur Demokratie ruhig und geordnet. Seit Ausbruch des Bürgerkriegs im Juli 1936 hatte Spanien im Abseits gestanden.

Wenn auch das autoritäre Franco-Regime den faschistischen Systemen nicht unbedingt gleichzustellen war, so betrachtete die europäische Linke den General dennoch als letztes Überbleibsel der «Achse» in Europa. Die französische Regierung versuchte, besonders unter de Gaulle und Außenminister Georges Bidault, Franco zu stürzen, indem sie die Grenzen schloß und – ohne Erfolg – von der UNO Wirtschaftssanktionen gegen Spanien forderte. Das Land trat dem Europäischen Währungsabkommen erst 1959 bei. Es gehörte nicht der Europäischen Freihandelsgemeinschaft an und begreiflicherweise auch nicht dem Gemeinsamen Markt, mit dessen Mitgliedsstaaten es jedoch im Jahr 1970 ein Präferenzabkommen unterzeichnete. In den Europarat wurde Spanien erst 1977 aufgenommen.

Am 20. November 1975 starb General Franco, nachdem er umfangreiche Vorbereitungen für die Wiederherstellung der Monarchie der Bourbonen getroffen hatte. Juan Carlos, der Thronfolger, wurde zum König von Spanien proklamiert. Bei den ersten Wahlen erhielt die wieder zugelassene, von dem antisowjetisch eingestellten Santiago Carrillo geführte kommunistische Partei lediglich 11 Prozent der Stimmen. Auf dem internationalen Kommunistischen Kongreß, der im Juni 1976 in Ost-Berlin stattfand, sprach sich Santiago Carrillo unverhohlen gegen eine Führungsrolle der UdSSR im Weltkommunismus aus und forderte den Abzug der Roten Armee aus der Tschechoslowakei.

Die vollständige Demokratisierung Westeuropas stellt wohl die wichtigste Entwicklung in der Geschichte der europäischen Einigung dar. Ein enges Zusammenrücken von Ländern mit verschiedenen Sprachen, unterschiedlichen kulturellen Prägungen und oftmals widerstreitenden Wirtschaftsinteressen war ohne einen Grundkonsens kaum vorstellbar. In den europäischen Ländern fand fortan ein Tauziehen zwischen zwei Haupttendenzen statt. Die Sozialisten und die Sozialdemokraten wandten sich zunehmend vom Marxismus ab, hielten jedoch an der Autorität des Staates fest und wollten den Einfluß der Gewerkschaften stärken, während die gemäßigteren und die liberalen Kreise für eine Förderung der Privatinitiative eintraten.

Von der Dialektik zweier Extreme im Sinne des Klassenkampfs, der angeblich den Lauf der Geschichte bestimmt, kann nicht mehr die Rede sein, denn die Sozialisten bekennen sich zur freiheitlichen Ordnung, und die Liberalen schenken der «sozialen Sicherheit» mehr Beachtung als früher. Das Kräfteverhältnis zwischen diesen beiden Richtungen verändert sich in den fünfzehn westeuropäischen Ländern ständig und kann daher nicht schematisch dargestellt werden.

Vom «Europa der Sechs» zum «Europa der Neun». Angesichts der Vielfalt der Probleme kam der Aufbau Europas nur langsam voran. Bei der Erweiterung der Gemeinschaft der Sechs wurden rascher Fortschritte erzielt als bei der Durchsetzung des supranationalen Prinzips.

De Gaulles Rücktritt am 27. April 1969 gab den Weg für die erste Erweiterung der Gemeinschaft frei. Sein Nachfolger Georges Pompidou, der der Einigung Europas aufgeschlossener gegenüberstand, beschloß, das Veto aufzuheben, mit dem de Gaulle Großbritanniens Ersuchen um Aufnahme in die Europäische Gemeinschaft belegt hatte. Am 10. Juli 1969 bestätigte Pompidou, daß es «keine prinzipiellen Einwände gegen einen eventuellen Beitritt Großbritanniens oder eines anderen Landes zur Gemeinschaft» gebe. Die französische Regierung regte ein Treffen der Staats- und Regierungschefs an. Es fand im Dezember 1969 statt, kurz nach den Wahlen zum Deutschen Bundestag, durch die der Sozialdemokrat Willy Brandt dank einer Koalition mit den Liberalen an die Macht gelangte. Seine Wahl zum Bundeskanzler läutete in den Ost-West-Beziehungen eine Phase systematisch betriebener Entspannungspolitik ein, der sogenannten Ostpolitik, die einen Modus vivendi zwischen den beiden deutschen Staaten schuf und von der Unterzeichnung der Schlußakte von Helsinki, eines umfassenden Vertragswerks zwischen den beiden Blöcken, gekrönt war.

Auf der Haager Konferenz, an der auch der Belgier Jean Rey, Präsident der EG-Kommission, teilnahm, trat Willy Brandt als der entschlossenste Verfechter Europas auf. Man kam überein, am 1. Januar 1970 eine europäische Agrarordnung als letzte Stufe der Verwirklichung des Gemeinsamen Markts in Kraft zu setzen. In der gemeinsamen Währungs- und Atompolitik erzielte man jedoch kaum Fortschritte. Das Prinzip der Einstimmigkeit gewann wieder an Gewicht, und von einer supranationalen Politik war man weiter entfernt denn je. Der wichtigste Beschluß bestand in der Erweiterung der Gemeinschaft.

Großbritannien, Irland, Dänemark und Norwegen wurden eingeladen, der EG beizutreten, und am 22. Januar 1970 kam es zur Unterzeichnung eines entsprechenden Abkommens. Bei einem Referendum, das am 10. Mai 1972 in Irland abgehalten wurde, sprachen sich – bei einer Wahlbeteiligung von 70 Prozent – 83 Prozent der Wähler für einen Beitritt des Landes zur EG aus. In Dänemark fand das Referendum am 2. Oktober 1972 statt. Die Wahlbeteiligung lag bei 89 Prozent, und 56,7 Prozent der Wähler stimmten mit Ja. In Norwegen hingegen lehnte am 24./25. September 1972 bei einer hohen Beteiligung eine Mehrheit von 54 Prozent einen Beitritt ab: Nationalisten, Kleinbauern, Fischer, Künstler und Traditionalisten hatten sich den Kommunisten und den Neutralisten angeschlossen.

Fehlte nur noch Großbritannien. Die Labour-Regierung unter Harold Wilson bekundete zwar ihren Willen, der Gemeinschaft beizutreten, gab jedoch zu verstehen, daß sie bei den Verhandlungen einen harten Kurs verfolgen wolle: Großbritannien forderte eine Reihe von Sonderbestimmungen, die darauf hinausliefen, daß das Land zum EG-Haushalt weniger beisteuern würde als die anderen, und machte zahlreiche Übergangsregelungen zur Bedingung. Am 18. Juni 1970 gewannen die Konservativen die Wahlen. Neuer Premierminister wurde der proeuropäisch eingestellte Edward Heath. Es folgten lange, komplizierte Verhandlungen, die im Brüsseler Vertrag vom 22. Januar 1972 gipfelten. Er sah eine auf fünf Jahre befristete Übergangsperiode vor. Das Unterhaus stimmte dem Vertrag zu. Doch am 28. Februar 1974 gelangten Harold Wilson und die Labour-Partei wieder an die Macht. Sie verlangten neue Verhandlungen, die dann bis März 1975 dauern sollten. Bei dem am 5. Juni 1975 abgehaltenen Volksentscheid stimmten – bei einer Wahlbeteiligung von nur 65,5 Prozent – 67,2 Prozent der Wähler für und 32 Prozent gegen eine EG-Mitgliedschaft. Ebenso wie das gaullistische Frankreich lehnte England allerdings eine politische Einigung Europas ab und verwies auf die Priorität seiner Beziehungen zum *Commonwealth* und zu den USA.

Auch der französische Präsident Pompidou hielt eine Volksbefragung für ratsam. Dahinter steckte indes ein innenpolitisches Manöver, das darauf zielte, zwischen die beiden Bündnispartner der «Union der Linken» – die proeuropäischen Sozialisten und die antieuropäischen Kommunisten – einen Keil zu treiben. Die Rechnung ging aber nicht auf. Die Kommunisten sprachen sich zwar gegen einen Verbleib Frankreichs in der EG aus, aber die Sozialisten enthielten sich der Stimme. Insgesamt stimmte bei einer Wahlbeteili-

553

551

552

551 *Die neue Ostpolitik der Bundesrepublik: Bundeskanzler Willy Brandt ehrt bei seinem Staatsbesuch in Polen die Opfer des Warschauer Ghettos, 7. Dezember 1970.* **552** *Deutsch-französische Konsultationen am 5. Februar 1981 in Paris: Bundeskanzler Helmut Schmidt und Staatspräsident Valéry Giscard d'Estaing.* **553** *Vom «Europa der Sechs» zum «Europa der Neun»: in einer Volksabstimmung entscheiden sich die Briten am 5. Juni 1975 für den Verbleib in der EG.*

gung von knapp 60 Prozent die große Mehrheit mit Ja.

Im Jahr 1975 gab es also statt des Europa der Sechs ein Europa der Neun. Zu dieser Zeit wurde die Welt und vor allem Europa von einer Krise völlig neuen Typs heimgesucht. Hauptauslöser war die von der Organisation erdölexportierender Länder (OPEC) getroffene Entscheidung, den Rohölpreis beträchtlich anzuheben, um die Araber nach dem Jom-Kippur-Krieg (Oktober 1973) gegen Israel zu unterstützen.

Ebenfalls 1975 beschloß Monnet, sein Aktionskomitee für die Vereinigten Staaten von Europa aufzulösen. Der «Vater Europas» widmete seine letzten Jahre der Niederschrift seiner Memoiren, in denen er die tieferen Beweggründe seines Wirkens im Verlauf seines ereignisreichen Lebens darzulegen suchte.

Der Europäische Rat. Auf dem Weg zur politischen Einigung machte die EG nicht eben große Fortschritte. Immerhin wurden auf institutioneller Ebene zwei wichtige Neuerungen eingeführt. So beschloß man auf den von Pompidou angeregten «europäischen Gipfeltreffen» der «Sechs» in Den Haag und der «Neun» im Oktober 1972 in Paris, einen Europäischen Rat zu bilden, dessen geistiger Vater im wesentlichen Monnet war. Dieser Rat wurde jedoch erst gegründet, nachdem Helmut Schmidt am 16. Mai 1974 Kanzler der Bundesrepublik Deutschland und Valéry Giscard d'Estaing am 19. Mai 1974 französischer Staatspräsident geworden waren. Der belgische Premierminister Leo Tindemans unterstützte den französischen Präsidenten dabei mit Rat und Tat. Künftig sollten sich die Staats- und Regierungschefs dreimal jährlich zum «Rat der Gemeinschaft» zusammenfinden, um eine «politische Zusammenarbeit» in die Wege zu leiten. Zu einem Zeitpunkt, da der Ministerrat, der sich in Fachausschüsse aufgesplittert hatte, mit einer Flut diffiziler technischer Fragen zu kämpfen hatte, lenkte der Europäische Rat den Blick wieder auf die großen Zusammenhänge. In jedem Fall übernahm er eine Schiedsrichterrolle und stellte Richtlinien auf. Die Einführung des Europäischen Währungssystems im Jahr 1979 war ein Beleg dafür.

Das in allgemeiner Wahl gewählte Europäische Parlament. Die zweite, noch bedeutsamere institutionelle Neuerung war das in allgemeiner Wahl gewählte Europäische Parlament. Die Grundlage hierfür bildete ein Beschluß des Europäischen Rats vom 12. Juli 1976. Das Europäische Parlament sollte sich aus 410 für fünf Jahre gewählten Abgeordneten zusammensetzen: je 81 für die Bundesrepublik Deutschland, Italien, Großbritannien und Frankreich, 25 für die Niederlande, 24 für Belgien (12 Flamen und 12 Wallonen), 16 für Dänemark, 15 für Irland und 6 für Luxemburg. Der Wahlmodus eines jeden Mitgliedsstaats sollte respektiert werden. Laut Umfragen nahm die öffentliche Meinung diese Neuerung positiv auf. Bei den Wahlen zum Europäischen Parlament vom 7. bis 10. Juni 1979 erlangten die Parteien der Mitte die Mehrheit. Nach der Aufnahme Griechenlands in die EG zählte man einschließlich der 24 griechischen Abgeordneten 48 Kommunisten und 125 Soziali-

554

555

556

554 *Simone Veil, erste Präsidentin des Europäischen Parlaments, 1979.* **555** *Spanien ist Mitglied der Europäischen Gemeinschaft: Vor dem Sitz der Gemeinschaft in Brüssel wird am 25. Dezember 1985 die spanische Flagge gehißt.* **556** *Auf dem Weg zu einer politischen Union Europas: EG-Gipfel in der irischen Hauptstadt Dublin, 24. April 1990. In der vorderen Reihe von links: Helmut Kohl, François Mitterrand, Charles James Haughey, Margaret Thatcher, Giulio Andreotti.*

sten, während die übrigen Abgeordneten den Parteien der Mitte angehörten. Nach den Wahlen vom Juni 1984 waren statt 48 nur noch 42 Kommunisten – 1 Däne, 10 Franzosen, 4 Griechen und 27 Italiener – im Europäischen Parlament, dagegen 132 Sozialisten statt 125. Der Anteil der Parteien der Mitte war in etwa gleichgeblieben, doch hatten 16 Abgeordnete der Rechtsextremisten (allein 10 von ihnen kamen aus Frankreich) Einzug ins Europäische Parlament gehalten.

Aus den Neun werden die Zehn und schließlich die Zwölf. Die zweite Erweiterung der Gemeinschaft war die sogenannte Süderweiterung. Griechenland hatte sich schon 1961 um die Mitgliedschaft beworben; im Juni 1975 erneuerte es seinen Antrag, im Jahr 1981 wurde es aufgenommen.

Spanien beantragte am 27. Juli 1977 unter der gemäßigten Regierung Adolfo Suárez die Aufnahme in die EG; Portugal hatte das bereits am 28. März getan. Dies stellte einen wichtigen Schritt der beiden Staaten, die endlich die demokratische Freiheit zurückgewonnen hatten, in Richtung Europa dar. Portugal war 1976, Spanien 1977 in den Europarat aufgenommen worden. Auf Widerstand traf der Antrag der Portugiesen und der Spanier bei ihren potentiellen Konkurrenten unter den Mitgliedsstaaten, den Mittelmeerländern Italien und Frankreich, die befürchteten, die beiden Staaten der Iberischen Halbinsel könnten die Preise für Wein, Obst und Gemüse unterbieten. Daß sich die Verhandlungen in die Länge zogen, lag nicht an der Haltung Spaniens und Portugals, sondern an den zehn Mitgliedsstaaten der Gemeinschaft. Erst im Januar 1986 kam es zu einer Einigung.

Keine supranationale Regierung, keine gemeinsame Verteidigung, keine echte Einheitswährung (in der jetzigen Phase «floatender Währungen» stellt der Ecu nur eine Verrechnungseinheit dar, und zum Europäischen Währungssystem gehören nicht die Währungen aller Mitgliedsstaaten), keine umfassende Wirtschaftsgemeinschaft (mag die 1985 von den zwölf Mitgliedsstaaten unterzeichnete Einheitsakte diesen Prozeß auch beschleunigt haben) – dies ist die derzeitige Bilanz eines nur auf den Westen beschränkten Europa. Doch auf die osteuropäischen Länder, die in dem Maße, wie die Sowjetunion ihren Griff lokkert, ihr Schicksal selbst in die Hand nehmen, übt dieses Europa eine ständig wachsende Anziehung aus. Natürlich kommt es innerhalb dieser Gemeinschaft immer wieder zu Gegensätzen, aber die Urteile des Europäischen Gerichtshofs werden fast immer respektiert.

Zusammenfassung. In diesem Buch sollte unter anderem der Frage nachgegangen werden, ob die wie auch immer geartete Einigung Europas ein künstliches, aus dem Nichts entstandenes Werk darstellt oder ob sie die Hervorbringung einer langen Geschichte ist, die Europa ein im Vergleich zu den anderen Erdteilen unverwechselbares, einzigartiges Wesen verliehen hat.

Die viereinhalb Jahrzehnte, die seit dem Ende des Zweiten Weltkriegs vergangen sind, unterscheiden sich in einer Hinsicht grundsätzlich von den vorangegangenen Jahrhunderten und Jahrtausenden. Zum erstenmal in der Geschichte fördern die Regierungen der europäischen Staaten offiziell einen Einigungsprozeß, der sich auf der Grundlage gegenseitiger Abkommen und nicht mittels Eroberungskriegen oder hegemonialer Machtpolitik vollzieht.

Aus der Perspektive der Ideologen mag der Ost-West-Konflikt in all seinen psychologischen, geistigen, wirtschaftlichen, politischen und militärischen Erscheinungsformen als der entscheidende Faktor der Nachkriegszeit angesehen werden. Aus der Perspektive des Selbstbestimmungsrechts der Völker indes bilden der Zerfall aller Kolonialreiche mit Ausnahme des russischen, in dem sich allerdings Anzeichen des Zerfalls bemerkbar machen, und der Weg ehemals unterdrückter Völker in die Unabhängigkeit das entscheidende Moment.

Aus europäischer Perspektive betrachtet, begünstigte in diesem Zeitabschnitt eine Anzahl objektiver Faktoren die Einigungsbestrebungen. So konnte ein erster Schritt auf dem Weg zu einem geeinten Europa getan werden. Diesem zuletzt genannten Gesichtspunkt ist hier besondere Aufmerksamkeit geschenkt worden, doch ist er natürlich mit den beiden anderen untrennbar verknüpft. Es gibt eine Vielzahl von Büchern über den «Aufbau Europas», und dessen unterschiedliche Aspekte – politische, wirtschaftliche, juristische und administrative – sind in zahlreichen Werken behandelt worden. Begreiflicherweise konnte dieses Thema im letzten Kapitel nur schematisch abgehandelt werden. Dieses Buch soll vor Augen führen, daß es Europa in gewisser Weise schon seit mindestens fünftausend Jahren gibt und daß es an seinen Zerwürfnissen und Kriegen, an Haß und Gewalt unablässig gereift ist. Daß nun eine Periode beginnt, in der Eintracht wachsen könnte, erscheint uns als das Ergebnis einer im Guten wie im Bösen überreichen Vergangenheit.

Man sollte sich jedoch keinen Illusionen und keinem allzugroßen Optimismus hingeben und nicht davon ausgehen, daß das Werk nun vollbracht oder unumkehrbar sei. Das wird es nur sein, wenn sich die Europäer die günstigen Umstände zunutze machen und eine Politik der Einigung geschlossen unterstützen.

Nachwort

Ist es müßig, sich mit Geschichte zu befassen? Wenn man so manche Zeitgenossen reden hört, könnte man es fast glauben. Wir müssen realistisch sein, sagen sie, wir müssen funktionell denken. Wir alle streben nach Glück, das zwar etwas Persönliches ist, gleichzeitig aber einen gewissen allgemeinen Wohlstand und Komfort voraussetzt. Es ist also sinnvoll, diesen Wohlstand und diesen Komfort zu fördern. Deshalb brauchen wir mehr Ingenieure und Techniker, die für uns immer praktischere und preiswertere Gegenstände fabrizieren, damit wir im Wettbewerb neben unseren Handelspartnern in Europa und in der Welt bestehen können.

Was haben nun in einem solchen Denkschema Julius Caesar, Karl der Große, die Schlacht von Covadonga, die Schlacht auf dem Lechfeld, die Magna Charta, Martin Luther, die Französische Revolution und Trafalgar zu suchen? Dank den Naturwissenschaften sind wir Menschen in der Lage, Raketen zu bauen, Antibiotika und Computer zu entwickeln, ohne über all das Bescheid zu wissen. Aber da wir neben diesen Errungenschaften noch eine Leistung ganz anderer Art vollbringen wollen, nämlich die Vereinigung Europas, rückt unweigerlich die Geschichte in den Brennpunkt.

Die Naturwissenschaft vermag das Wesen des Menschen nicht zu erklären, das Studium der Geschichte aber kann uns helfen, den Menschen zu verstehen. Wir haben diese Reise durch die Zeit unternommen, um zu versuchen, die Europäer besser zu begreifen. Wir wollten herausfinden, ob und in welchem Ausmaß eine europäische Gemeinschaft existieren kann.

In diesem Buch wurden mehr als fünftausend Jahre Europa unter die Lupe genommen und der Versuch gemacht, diese Zeit Stück um Stück zu erhellen. Geschichtswissenschaftliches Unterfangen oder politische Stellungnahme? Darüber mag der Leser entscheiden.

Geschichtswissenschaftliches Unterfangen? Ja, sofern dieses Buch der bescheidenen und zugleich schwierigen Aufgabe des Historikers Rechnung trägt, nämlich der Suche nach Wahrheit, die so schwer zu fassen ist, weil es um Menschen geht. «Was ist Wahrheit?» fragte schon Pontius Pilatus. Was die Vergangenheit betrifft, so gibt es eine unumstößliche Wahrheit des Faktischen, denn Vergangenes ist, so wie es ist, für alle Zeiten abgeschlossen. *Ein und dieselbe Sache kann nicht zugleich sein und nicht sein.* Ein wirklicher Historiker gibt sich nicht als Propagandist her, er darf sich nicht auf Kosten der Wahrheit «engagieren». Dieses Werk ist ein Geschichtsbuch, und welche menschlichen Schwächen der Autor und seine Berater auch aufweisen mögen, so haben sie doch all ihre Mühe darauf verwandt, nichts zu schreiben, was ihnen nicht als wahr erscheint.

Politische Stellungnahme? Das ist der springende Punkt bei einem derartigen Unterfangen. In diesem umfangreichen Werk haben wir uns ihrer enthalten, aber im Nachwort möchten wir aus unserer Vorliebe für ein Europa, das aus sich selbst heraus nach und nach eine politische Einheit hervorbringt, keinen Hehl machen. Vermutlich führen zahlreiche Wege zu einer solchen politischen Einheit, doch das Vorankommen ist beschwerlich und langsam. Was immer mit Europa geschieht – es wird so sein, wie wir es gestalten.

Es kam uns jedoch auch darauf an, mit empirischen Methoden die Frage zu beantworten, ob die historischen Gegebenheiten ein derart neu zu gestaltendes Europa überhaupt zulassen. Das ist der eigentliche Zweck dieses Buches. Da es Europa offenbar schon vor den Nationen gab, ist die Anziehungskraft, die es auf uns ausübt, nicht nur gerechtfertigt – dabei geht es nicht um eine ethische Frage –, sondern

557 *Die friedliche Revolution in Deutschland: in der Nacht vom 9. auf den 10. November fiel die Berliner Mauer, das Symbol der Teilung Deutschlands und Europas. An diesem Tag fühlten sich die Deutschen als das «glücklichste Volk der Welt».*

558

559

560

561

von der Geschichte sogar abgesegnet. In diesem Sinn ist unser Nachwort durchaus eine politische Stellungnahme.

Die Umwälzungen in Mittel- und Osteuropa haben sich seit dem Herbst 1989 mit ungeahnter Schnelligkeit vollzogen. Sie sind das Resultat des geballten Aufbegehrens der Volksmassen. Nachdem die Menschen jener Länder durch Reisen und durch das Fernsehen die Lebensqualität ihrer westeuropäischen Nachbarn kennengelernt hatten, dürstete es sie nach Freiheit und materiellem Wohlstand, und sie verspürten den Wunsch, wieder am kulturellen, politischen und wirtschaftlichen Leben in Europa teilzuhaben. Deshalb nahmen sie schließlich ihr Schicksal selbst in die Hand. Dies mag unwiderruflich den Todesstoß für die unserem Kontinent 1945 aufgezwungene Nachkriegsordnung bedeuten, aber zugleich ergibt sich für Europa daraus eine große Chance. Lage und Stellung Deutschlands im Herzen Europas sollten bei der friedlichen Annäherung der Völker als wichtige Trumpfkarten ausgespielt werden, aber Voraussetzung dafür ist, daß die Europäer aus den vergangenen anderthalb Jahrtausenden ihrer Geschichte eine eindeutige Lehre ziehen.

Der hier vorgelegte Versuch einer Geschichte Europas soll Fragen aufwerfen, Kommentare, auch kritische, provozieren, zu Richtigstellungen und Ergänzungen einladen. Um den Rahmen für eine Debatte abzustecken, seien zwölf «philosophische» Thesen aufgestellt:

1. Im Gegensatz zur Vergangenheit, die unwiderruflich und unveränderlich ist, steht uns die Zukunft weitgehend offen. Wir Menschen können also die Zukunft selbst gestalten, zumal dann, wenn viele von uns am selben Strang ziehen und aus freien Stücken dieselben Anschauungen vertreten. Wozu wäre uns sonst das gegeben, was man Handlungsfreiheit nennt?

2. Dem Niedergang Europas nach vielen Jahrhunderten der Gewalt und nach zwei Weltkriegen kann durch unser Handeln

entgegengewirkt werden. Er ist kein unentrinnbares Schicksal.

3. Die einzige Möglichkeit, diesen Niedergang aufzuhalten, besteht in der Bildung eines zunächst konföderierten und schließlich föderativen Europa unter Wahrung traditioneller demokratischer Staatsformen und der errungenen Freiheiten.

4. Ein solches Vorhaben ist insofern natürlich, realistisch und legitim, als es eine europäische Gemeinsamkeit schon seit sehr langer Zeit gibt und sie sich wie ein Embryo allmählich entwickelt hat, trotz Kriegen, Konflikten, Blutvergießen und Tränen.

5. Jede einzelne der Nationalkulturen in Europa muß nicht nur bewahrt werden, weil sie eine Bereicherung des Ganzen ist, es gilt vielmehr, sie weiterzuentwickeln, zu fördern und zu beleben. Nur gute politische Beziehungen zwischen den europäischen Staaten gewährleisten, daß jeder Europäer mit seiner eigenen Kultur innig verbunden bleiben und gleichzeitig die der anderen besser kennenlernen kann.

6. Keine Gegend und keine Epoche Europas kann als Einzelphänomen analysiert werden. Wir alle stammen von megalithischen Kulturen ab, von Iberern, Ligurern, Kelten, Italioten, Germanen; wir alle sind nachhaltig vom Griechentum und mehr noch von der Bibel und vom Christentum geprägt. Megalithen, römische Heerstraßen und Bauten, Stadtrecht, romanische Kunst, Kathedralen, Universitäten, Seefahrt, industrielle Revolution, Menschenrechte – dies und vieles mehr macht das Wesen Europas aus.

7. Die vier Jahrhunderte, in denen Europa den Rest der Welt beherrschte, waren zugleich die Zeit der größten inneren Zerrissenheit, bekundet durch territoriale, nationale und imperiale Rivalitäten um überseeische Kolonialreiche. Wie gut also für Europa, daß sich die restliche Welt vom europäischen Kolonialismus befreit hat!

8. Nationalismus und Zerstückelung Europas in Nationalstaaten sind relativ junge und vielleicht vorübergehende, auf jeden Fall aber nicht irreversible Phänomene. Auf den Zerfall der großen Reiche und die verheerenden Folgen des Nationalismus folgten das Scheitern des Totalitarismus und der in den Jahren 1974 und 1975 vollendete Siegeszug der freiheitlichen Demokratie in Westeuropa. Dieser Demokratisierung verdanken wir, daß die Menschen in Europa ihre nationalistische Einstellung allmählich überwinden. Es bleibt zu hoffen, daß die Demokratisierung der Staaten des neuen Mitteleuropa, ja sogar der Sowjetunion und ihrer Republiken – besonders auch der Russischen – dieselbe positive Wirkung zeitigt.

Der Osten kehrt nach Europa zurück: **558** *Michail Gorbatschow, der die Umwälzungen in Mittel- und Osteuropa ermöglicht hat, am 7. Oktober 1989 vor der Volkskammer in Ost-Berlin.* **559** *Repräsentanten der neuen Tschechoslowakei: Václav Havel und Alexander Dubček, 26. November 1989.* **560** *Tadeusz Mazowiecki, erster frei gewählter Ministerpräsident Polens nach 1945, und Arbeiterführer Lech Wałesa, 20. August 1989.* **561** *Rehabilitierung: Mahnwache an den Särgen von Imre Nagy und weiteren Opfern des Ungarn-Aufstands, Budapest, 16. Juni 1989.* **562** *Die Revolution der Völker: Demonstration auf dem Wenzelsplatz in Prag am Abend des 24. November 1989.*

562

9. Die Perestrojka, das heißt, die Umgestaltung der UdSSR, ermutigt dieses neue Mitteleuropa, die inneren und äußeren Zwänge eines Kommunismus abzuschütteln, dessen Postulate von der Geschichte widerlegt worden sind.

10. Folglich ist Europa, dem im Westen durch Meere und Ozeane eindeutige, objektive Grenzen gesetzt sind, legitimiert, sich friedlich nach Osten auszuweiten; denn seine derzeitige Abgrenzung gegenüber der UdSSR stellt, falls die Demokratisierung dort Fortschritte macht, hoffentlich nur ein Provisorium dar.

11. Will man das unverwechselbare Wesen Europas erfassen, fällt zuerst auf, daß Europa zumindest vom 15. bis zur Mitte des 20. Jahrhunderts der schöpferische Mittelpunkt der Welt gewesen ist. Ein Grund dafür ist die geographische Vielgliedrigkeit des Kontinents, die die Anpassungsfähigkeit und den Erfindungsgeist der Menschen gefördert hat. Doch spielt hier auch die Tatsache eine Rolle, daß im christlichen Europa weder die Päpste noch die weltlichen Herrscher endgültig die Oberhand gewonnen haben. Europa ist also die Theokratie, wie die im Iran der Ayatollahs, und der Cäsaropapismus – die Herrschaft der Zaren als politischer und religiöser Oberhäupter des alten Rußland, die durch die «roten Zaren» der totalitären kommunistischen Partei abgelöst wurden – erspart geblieben.

12. In Europa mit seinen überseeischen «Ablegern» sind die Ideen der Toleranz und der Freiheit geboren worden, und dort haben sie sich allmählich weiterentwickelt. Damit wollen wir uns durchaus nicht der absurden Behauptung anschließen, der Europäer sei als Individuum den anderen Menschen geistig und sittlich überlegen. Noch ferner liegt uns die Vorstellung einer rassischen Überlegenheit. Hat uns doch eine solche Doktrin, die auf keiner wissenschaftlichen Grundlage fußt, die Greuel des Hitler-Regimes eingebracht. Aus verschiedenen historischen Gründen, die in diesem Buch erhellt werden sollten, entstanden und entwickelten sich in Europa immer wieder Herrschaftsformen mit Machtbefugnissen, die durch das Gesetz eingeschränkt wurden: bei den Wikingern, in den Städten des Mittelalters, in den Niederlanden und England, in der Französischen Revolution... Die Menschen in Europa haben für ihre Freiheiten und gegen staatliche Willkür gekämpft, sie haben angesichts von Folter und strengen Strafen Mitgefühl und Toleranz entwickelt.

Aus alledem folgern wir, daß die Einigung Europas möglich ist. Doch ergibt sich daraus sofort die Frage: Ist ein geeintes Europa lebensfähig?

563

564

563 *Die Bukarester feiern den Sturz des Diktators Ceaușescu, 22./23. Dezember 1989.* **564** *Demonstration für die Unabhängigkeit Litauens in Wilna, 11. Januar 1990.* **565** *KSZE-Wirtschaftskonferenz in Bonn, 11. April 1990: Bundesaußenminister Hans-Dietrich Genscher regt die Bildung eines gesamteuropäischen Wirtschaftsraumes an.*

Der hohe durchschnittliche Lebensstandard in Europa (zumindest im westlichen) und in seinen Tochternationen in Amerika, Asien, Australien, Ozeanien, gepaart mit Freiheit und Toleranz, bringt jedoch mit sich, daß sich zwei Gefahren gegenseitig verstärken. Einerseits könnte auf den Freiheitsrausch eine Laxheit folgen, die erfahrungsgemäß jene schwächt, die sich ihr hingeben. Andererseits könnte gerade diese durch Laxheit hervorgerufene Schwächung gefährliche Gelüste außerhalb Europas und in Europa selbst wekken: Fanatiker, aber auch Mafia und organisiertes Verbrechertum würden alles daransetzen, sich die Quellen der Macht und

565

des Reichtums zu sichern. Mit anderen Worten: Seit es keine europäischen Reiche mehr gibt, läuft Europa Gefahr, durch außereuropäische Großmächte bedroht, wenn nicht gar vernichtet zu werden.
Jede Laxheit bei der Beachtung der Werte, auf denen Europa beruht, kann verheerend sein. Laxheit als Mißbrauch der Freiheit führt zu Zügellosigkeit mit all ihren Begleiterscheinungen, wie Drogenkonsum, Korruption und Egoismus. Laxheit im sozialen Bereich bedeutet Arbeitsunlust und als Folge ein Zurückbleiben hinter den anderen oder aber eine exzessive Einwanderungspolitik. Diese ist exzessiv, sobald Integration angesichts der schieren Zahl und unzulänglicher Lebens- und Arbeitsbedingungen nicht mehr gewährleistet ist. Laxheit im Bereich der industriellen Produktion führt zu Umwelt- und Luftverschmutzung, zur Bedrohung von Flora und Fauna sowie der Gesundheit in Europa und der ganzen Welt. Laxheit im Bereich der Sicherheit des einzelnen bringt Terrorismus, Geiselnahme sowie ein Anwachsen des Fanatismus und des Verbrechertums mit sich.
Doch diese pessimistischen Gedanken sollen nicht das letzte Wort sein. Die Kräfte jeder einzelnen europäischen Nation können sich nur in der Gemeinschaft voll entfalten, und die Entwicklungen im neuen Mitteleuropa scheinen auf eine Stärkung dieser Kräfte und dieser Einheit hinauszulaufen.
Das Schöpferische hat schon immer zum Wesen Europas gehört. Die Einigung Europas muß sich nach einem völlig neuen, Schritt für Schritt zu entwerfenden Modell vollziehen. Dieses Modell ist anders als das jener dreizehn amerikanischen Kolonien von einst, in denen dieselbe Sprache gesprochen wurde. Wegen des Ausmaßes und der Zahl der Betroffenen hat es auch nichts mit dem Schweizer Modell gemein. Vielleicht kann dieses Buch den Europäern helfen, ihre eigene schöpferische Tradition zu verstehen und sich die neuen Wege auszumalen, die uns die Zukunft eröffnet.

Für dieses Nachwort zeichnen Jean-Baptiste Duroselle und Frederic Delouche. Ersterer ist der Verfasser des Buches, letzterer stand ihm nicht nur mit Rat und Tat zur Seite, sondern es ist ihm auch zu verdanken, daß dieses für den großen europäischen Markt bestimmte Werk gleichzeitig in acht Sprachen erscheinen und somit im Verlagswesen eine Art «Premiere» darstellen wird. Die Zusammenarbeit zwischen Autor und «Promotor» war so eng, fruchtbar und freundschaftlich, daß ein gemeinsam verfaßtes Schlußwort geboten schien.

Abbildungsnachweis

Archiv für Kunst und Geschichte, Berlin 33, 50, 73, 98, 142, 144, 153, 163, 195, 197, 207, 209, 213, 219, 234, 239, 240, 243, 252, 256,260, 263, 270, 271, 275, 278, 285, 287, 289, 290, 291, 293, 294, 302, 308, 309, 312, 316, 323, 324, 325, 326, 327, 329, 334, 335, 339, 341, 343, 344, 345, 347, 348, 349, 350, 352, 353, 354, 356, 357, 358, 359, 360, 361, 362, 363, 365, 369, 370, 371, 374, 376, 377, 378, 381, 382, 384, 385, 391, 398, 403, 406, 408, 415, 416, 419, 420, 422, 423, 429, 437, 441, 444, 446, 447, 448, 449, 450, 451, 452, 453, 454, 455, 460, 465, 469, 471, 481, 485, 488, 493, 508, 519, 520, 521, 534, 535; Archivo Luis-Agromayor, Madrid 147; Badische Landesbibliothek, Karlsruhe 215; Bavaria-Verlag, Gauting 205, 342 – Archiv v. Saint Denis-Parigi 157 – Berberich 27 – Füllenbach 49 – Jeiter 220 – Leidmann 12 – Nägele 13 – Nationalbibliothek, Turin 154 – Theißen 48; Bayer. Staatsbibliothek, München 158, 192, 233; Beeldbank en Uitgeefprojekten BV, Amsterdam 299; Bertelsmann Lexikon Verlag, Gütersloh 164, 190 393; Bibliotheca Apostolica Vaticana 198; Bibliothèque Nationale, Paris 151, 165, 191; Bildarchiv Preußischer Kulturbesitz, Berlin 1, 25, 30, 32, 84, 112, 150, 161, 189, 254, 273, 336, 355, 366, 380, 399, 405, 407, 417, 418, 440, 456, 473, 477, 478, 479, 480, 482/ VG Bild-Kunst Bonn, 489, 490, 494, 501, 504, 509, 510, 511, 512, 514, 515, – Albertina, Wien 379 – Bibliothèque Nationale, Paris 149, 162, 203 – Braun 390 – Braun/Galerie Weber, München 404 – Braun/Pinakothek, München 265 – Braun/Prado, Madrid 303 – British Museum, London 166 – Bygdöy/Museum 170 – Deutsches Literaturarchiv, Marbach 337, 338 – Freies Deutsches Hochstift, Frankfurt 330, 351 – Galerie der Stadt Stuttgart / Otto-Dix-Stiftung 475 – Giraudon 317 – Goethe-Nationalmuseum, Weimar 458 – Grimm 486, 505, 518 – Handschriftenabteilung 155, 236, 311, 431, 438, 445 – Heimatmuseum, Neuruppin 432 – Heimatmuseum, Reutlingen 402 – Heinrich-Heine-Institut, Düsseldorf 442 – Hofburg, Wien 372 – Hubmann 533 – Imperial War Museum, London 474 – Istituto Mazziniano, Genua 436 – Kartenabteilung 274 – Kelten-Museum, Hallein 63 – King's College Cambridge 248, 306, 307 – Kraft 28, 55 – Kraft/ Rheinisches Landesmuseum, Trier 101 – Kunstbibliothek 305, 400 – Kunstgewerbemuseum SMPK 427 – Kunsthistorisches Museum, Wien 128 – Kunstmuseum, Düsseldorf 413 – Kupferstichkabinett SMPK 253 – Kupferstichkabinett, Budapest 409 – Liepe/ Landesarchiv, Berlin 502 – Louvre, Paris 328 – Musée Cantonale, Lausanne 292 – Musée Carnavalet, Paris 346, 424 – Musée Dobrée, Nantes 237 – Museo de America, Madrid 264 – National Gallery, London 300 – National Portrait Gallery, London 340, 387 – National-Museum, Neapel 74 – Ostdeutsche Galerie, Regensburg 383 – Ottria/ Kapitolinisches Museum, Rom 116 – Remmer/ Glyptothek, München 93, 94 – Remmer/ Louvre, Paris 433 – Richter 507 – Rijksmuseum, Amsterdam 272 – Salomon 484 – Schloß Versailles 268 – Schwartzkopf 457 – Science Museum Library, London 386 – Staatsarchiv, Hamburg 231 – Staatsbibliothek, Bremen 156 – Universitätsbibliothek, Leipzig 315 – Vatikanische Sammlungen 79 – Victoria & Albert Museum, London 394 – Walker Art Gallery, Liverpool 388 – Westermann-Archiv 426; Bridgeman Art Library, London 230; The British Museum, London 143, 211; J. E. Bulloz, Paris 395; Bundesbildstelle, Bonn 540, 552, dpa. Frankfurt/ Düsseldorf – Wimmer 21, 530, 531, 537, 538, 541, 542, 543, 544, 546, 547, 548, 551, 555, 557, 559, 560, 565, 517, 526; Explorer, Paris – Bohin 320 – Wole 313 – Labat 244; Fabbri-Editore, Mailand 532, 470, 492, 506; Werner Forman Archive London – British Museum 57, 110, 120, 181, 60 – Statens Historiske Museet/Stockholm 177; Peter E. Frankenstein, Marbach 59; Archiv Gerstenberg, Wietze 121, 130, 146, 148, 425, 524; Dr. Tim Gidal, Jerusalem 537; Giraudon, Paris 204, 218, 267, 375, 401, 412, 414, 428, 430, 435, 463, 464; Bridgeman 434 – Lauros 301, 319, 364; Hamburger Kunsthalle, Hamburg 439; Claus & Liselotte Hansmann, München 39, 40, 42, 46, 47, 67, 85, 117, 119, 169, 176, 184, 210, 246, 286, 367, 373; Robert Harding, London 226, 269; Hirmer Verlag, Fotoarchiv, München 129, 188; Michael Holfort Photo Library, London 137 – British Museum 125; IFA-Bilderteam, München – Frima 6 – Koch 7 – Möller 4, 5; Imperial War Museum, London 468; Instituut voor Oorlogsdocumentatie 503; Jürgens Ost + Europa-Photo, Köln 202, 558; Keystone, Hamburg 472, 495, 500; Bildkunstverlag Gerhard + Waltraud Klammet, Germering 2, 8, 36, 38, 96, 123, 140, 186, 223; Karlheinz Klubescheidt, Rheda-Wiedenbrück 127; Kunsthistorisches Museum, Wien 102, 175; Helga Lade, Frankfurt – Arand 35 – Scharf 9; Laenderpress, Düsseldorf 18 – Lessing 37, 41, 44, 45, 52, 53, 54, 56, 58, 61, 62, 64, 65, 66, 75, 76, 78, 80, 86, 87, 88, 100, 104, 105, 109, 124, 224, 284, 298; Landesdenkmalamt Baden-Württemberg, Stuttgart 132; Larsen, Lennart/ Nationalmuseum, Kopenhagen 43; Franz-Karl Linden, Waldsee/Pfalz 70, 71; Mansell Collection, London 410; MAS, Barcelona 228, 255, 258, 259, 261, 266, 461, 462, 487/ VG Bild-Kunst Bonn; Bildagentur Mauritius, Mittenwald – Dietl 17; Federico Arborio Mella, Mailand 81; Minirel Création, Chenove – Bibliotheque Publique de Dijon 194; MM-Vision Multimedia, Mathias Michel, München 145, 180, 182, 133; Ann Münchow, Aachen 187; Musée de l'Homme, Paris 29; National Portrait Gallery, London 318; Nationalmuseum, Kopenhagen 179; Werner Neumeister, München 199, 206, 225, 229, 247; Niedersächs. Landesmuseum, Städt. Galerie, Hannover 467; Österr. Nationalbibliothek, Wien 159, 459; PCI, Rom 491; Axel Poignant Archive, London 172; Giustino Rampazzi, Turin 421; Rheinisches Bildarchiv, Museum Ludwig, Sammlung Gruber, Köln 466; Rijksmuseum, Amsterdam 333; Roger-Viollet, Paris 483; Scala, Florenz 22, 23, 24, 31, 69, 72, 77, 82, 89, 91, 92, 97, 99, 103, 106, 107, 108, 111, 113, 114, 118, 122, 131, 135, 138, 167, 168, 174, 183, 193, 196, 200, 212, 217, 222, 235, 241, 242, 245, 251, 262, 277, 279, 280, 281, 282, 283, 288, 295, 296, 297, 304, 310, 331, 332, 441; Schleswig-Holsteinisches Landesmuseum für Vor- u. Frühgeschichte, Schleswig 136; Marco Schneiders, Lindau 314; Toni Schneiders, Lindau 26, 51, 68, 90, 115, 126, 134, 141, 147, 152, 160, 178, 185, 208, 249, 250, 257; Ulrike Schneiders, Lindau 201; Elke Schwender, Bielefeld 221; sipa-press, Paris 389, 392, 397, 443, 545, 549, 550, 554, 556, 562, 563, 564 – Archives Rothschild 396 – Kinson 368; Stadt Kronach 216; Städtisches Museum, Mülheim 499; Statens Historiska Museum, Stockholm 171; Bildarchiv Steffens, Mainz 83 – Vierkotten 20; Stern-Syndication, Hamburg – Feurer 10 – Moldvay 561; Süddeutscher Verlag, Bilderdienst, München 476, 497, 513, 516, 523, 536, 553; Topkapi Saray Museum, Istanbul 276; Transglobe Agency, Hamburg – Feature Synd. 19; Ullstein Bilderdienst, Berlin – Camera Press 528 – Leibing 539 – 496, 522, 525, 529; ZEFA, Düsseldorf 15, 139, 214 – Borrengergen 14 – Damm 321 – Goebel 173 – Hackenberg 95 – Helbig 34 – Kasper 232 – Rosenfeld 16 – Schneiders 238 – Tom 322 – Woebbeking 11.

Autor der Karten ist Dr. Eckart Schwalm. Karte 1: nach Charles Morazé: «Das Gesicht des 19. Jahrhunderts», Düsseldorf/Köln 1959; Karte 19: nach dem Schulbuch «Erinnern und Urteilen», Klett Verlag; Karte 21: nach dem Schulbuch «Grundriß der Geschichte», Klett Verlag; Karte 32: nach dem Schulbuch «Geschichte und Geschehen», Klett Verlag.
Abbildung auf dem Vorsatz: Herzog August Bibliothek, Wolfenbüttel.
Frontispiz: Professor Erich Lessing, Wien.
Abbildung auf dem Schutzumschlag: Musées Royaux des Beaux-Arts de Belgique, Brüssel.

Personenregister

Die *kursiv* gesetzten Seitenzahlen beziehen sich auf Abbildungen

POTENTISS, AC INVICTISS, PRINCIPIBVS ET DOMINIS D. CAROLO QVINTO ET FERDINANDO SAC
EVROPÆ
SEPTEN
Nord
OCEANVS
HYPERBOR
Die Nord See
NORVEGIA
Schon
SCANDIA
SCOTIA
Nord See
IBERNIA
Irland
OCEANVS OCCIDEN.
Die groß West See
OCEANVS IBERNIC.
M. GERMAN
HOLLANDIA
M. BRITANNICVM
Engelland
Das Hoch Meer
Das Englisch Meer
MARE BRITANICVM
OCEANVS HISPANICVS
Die Hispanische See
BELGI CA
FRANCIA
CELTICA
GALLICVM
OCEANVS OCCIDVVS
See Im Nidergang
OCEANVS CANTABRIC
AQVITA
GALLIA TOGATA
OCCI DENS
West
OCEANVS OCCIDEN.
HISPANIA
MARE HISPANICVM
MARE GALLICVM
M. LIGVSTICVM
M. TYRRHEN
Balearisch Meer
SARDOVM PE
Sardinia
Corsica
MARE TYR
RHENVM
Sicilia
M. BALEARICVM
ATLANTICVM
Das Atlantisch Meer
MARE
MARE
Wendelmeer
MEDI
AFRI
MAVRITANIA
Numidia
Barbarey
BARBARIA
Atlantes
Algier
NVMIDIA
Zengitana
Affrica
Barbarey
Sud
AVSTER
OCEANVS
OCCIDVVS
GETVLIA
ET LIBYÆ INTERIO. PARS
Mittag